2008
中国民主促进会
年鉴

《中国民主促进会年鉴》编辑部

开明出版社
KAIMING PRESS

中国民主促进会第十二届中央委员会主席、常务副主席、副主席（左起朱永新、刘新成、王佐书、冯骥才、严隽琪、罗富和、潘贵玉、贺旻、蔡达峰、张帆）。

◀ 2008年12月1日至3日，民进十二届二中全会在京举行。

▶ 2008年12月2日，民进十二届二中全会进行小组讨论。

◀ 2008年12月3日，民进各省级组织负责人会议暨纪念“五一口号”发布60周年征文活动颁奖仪式在京举行。

▶ 严隽琪主席在民进十二届二中全会开幕式上作工作报告。

◀ 2008年12月3日，民进第一届中央监督委员会召开第一次会议。

▶ 2008年6月29日，民进十二届三次中常会在上海召开。

◀ 2008年6月29日，罗富和常务副主席在民进十二届三次中常会上报告民进中央2008年上半年工作。

▶ 2008年5月19日14点28分，民进中央机关全体干部职工与全国人民一道，为汶川地震遇难同胞沉痛默哀3分钟。

◀ 2008年6月1日，“为了灾区的孩子们——中国民主促进会抗震救灾书画义卖捐赠活动”在北京举行。

▶ 2008年5月31日，严隽琪主席前往什邡市、广汉市重点查看了学校受灾和学生安置与复课的情况。图为严隽琪主席在高坪镇和一位来自红白镇志愿服务的退休教师谈话。

◀ 2008年6月，冯骥才副主席就震后羌族文化遗产保护工作赴四川考察。

▶ 2008年11月28日，民进中央召开纪念改革开放30周年座谈会。

◀ 2008年6月15日，民进中国特色社会主义主题教育活动经验交流会在京召开。

▶ 2008年11月11日，民进中央在全国政协礼堂举办周建人同志诞辰120周年纪念座谈会。图为潘贵玉副主席主持座谈会。

◀ 2008年1月30日，民进中央召开学习贯彻中共十七大精神座谈会，并通过民进网站进行网络直播，有63个民进省市级组织在线收看了座谈会实况。图为王佐书副主席作辅导报告。

▶ 2008年5月23日，民进新任中央委员、省级组织副主委培训班在京举行。

◀ 2008年5月28日，民进中央副主席贺旻视察民进上海市委会。

▶ 2008年4月7日，民进中央召开纪念中共发布“五一口号”60周年座谈会。图为刘新成副主席在座谈会上发

◀ 2008年，民进中央将“完善文化投入机制、保障人民文化权益”作为重点调研课题。5月10日，严隽琪主席在江苏考察徐州博物馆。

▶ 2008年3月3日至14日，全国政协十一届一次会议在京举行。会议期间，民进中央向大会提交党派发言5件，党派提案17件，民进组提案6件。图为3月6日，民进组进行小组讨论。

◀ 2008年5月7日，罗富和常务副主席考察南京图书馆。

▶ 2008年10月14日至16日，第三届海峡两岸企业发展与合作暨天津滨海新区开发开放高层论坛在天津滨海新区召开。

◀ 2008年1月5日，中国民主促进会第十二届中央委员会专门委员会第一次全体会议在京召开。

▶ 2008年12月4日，民进中央参政议政年会暨信息工作会议在京召开。

◀ 2008年11月，第六届海峡两岸中华传统文化与现代化研讨会在福建省厦门市举行。

▶ 2008年5月15日，罗富和常务副主席赴山西省忻州市五台县高洪口学校考察。

◀ 2008年，民进中央积极推动和带动地方组织为西部教师培训献计出力。图为4月25日，民进上海市委会第四期西部教师培训班结业。

▶ 2008年6月9日，由民进中央、国家林业局、贵州省人民政府共同主办的“中国（毕节）石漠化治理与生态文明高层论坛”在贵州毕节开幕。

◀ 2008年3月9日，在全国政协十一届一次会议第三次全体会议上，蔡达峰委员代表民进中央作《加强社区文化建设 培育社会生活共同体》的大会发言。

▶ 2008年4月15日至17日，朱永新副主席赴贵州省毕节地区金沙县考察调研。

◀ 2008年7月4日，张帆副主席代表民进中央在全国政协十一届常委会第二次会议上建议：总结抗震救灾经验，完善“教育系统突发公共事件应急预案”。

▶ 2008年7月9日，民进2008年企业界会员联谊会会长联席会议在湖南省张家界市举行。

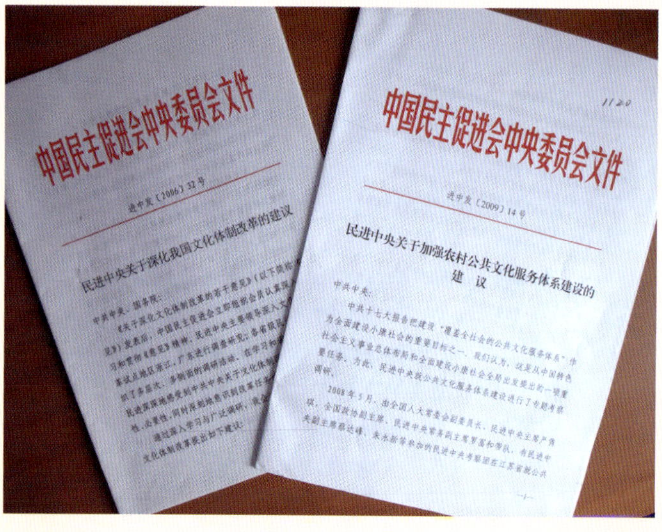

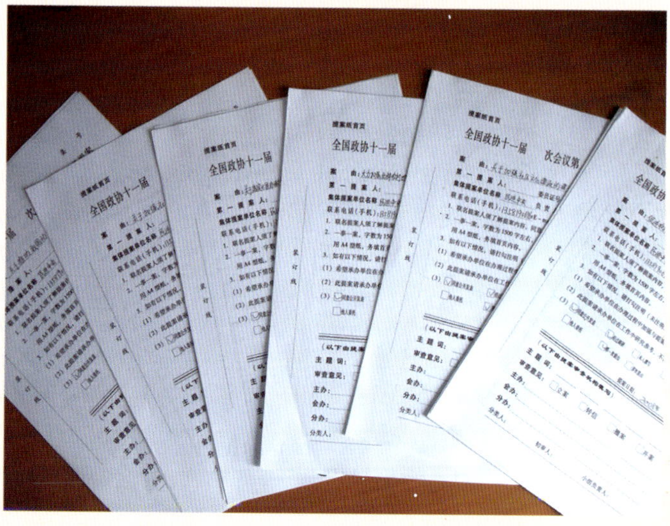

民进中央2008年提出的部分建议和提案。

编辑说明

一、指导思想

《中国民主促进会年鉴（试刊）》（2008年）以中国特色社会主义理论体系和中共十七大精神为指导，遵循唯物史观的基本要求，全面系统真实地收集和记述民进2008年度全面加强自身建设，努力推动建设适应时代要求的高素质参政党的进程的情况；认真履行参政党职能，为促进经济社会又好又快发展所取得的成绩和经验。

二、内容与结构

《年鉴》内容以民进中央委员会工作为主，兼顾省级组织工作，以载录资料为主，概述为辅。由中共中央、国务院、全国政协相关文献，中央委员会篇，省级委员会篇等三部分构成。

（一）中共中央、国务院、全国政协相关文献，多党合作事业重要文献

主要收录中共中央、国务院、全国政协2008年有关多党合作事业和民主党派工作紧密相关的重要文献。

（二）中央委员会篇

主要反映民进中央2008年在履行参政党职能、加强自身建设方面的总体情况，突出本年度民进的基本工作思路、新的举措和主要成果。由民进十二届中央委员会，工作概述，重要文献，重要意见建议，重要会议、活动，大事日志和彩页等七部分构成。

1. 民进十二届中央委员会：主要收录民进第十二届中央委员会主席、常务副主席、副主席简历，民进第十二届中央常务委员会委员名单，民进第十二届中央委员会委员名单，中国民主促进会章程。

2. 民进中央2008年工作概述：遵照民进十二届二中全会工作报告精神，结合民进中央机关各部门2008年度工作，概括反映中央委员会一年的工作情况。

3. 重要文献由重要文件和领导人讲话、报告、发言、文章构成。

重要文件：收录以民进中央名义作出的重要意见、决定和决议，发出的重要通知等。

领导人讲话、报告、发言、文章：主要收录民进中央领导同志（主席、副主席）代表民进中央在参加中共中央、国务院召开的民主协商活动中的发言，出席民进中央和全国性会议、活动的讲话和报告，在报刊发表的书面文章。收录主席讲话、文章20篇，收录常务副主席讲话、文章9篇，收录专职副主席讲话、文章7—8篇，其他副主席至少收录1篇代表民进中央所作的讲话或有关文章。民进中央领导同志讲话、报告、发言、文章编辑以时间先后为序。

4. 重要意见建议：主要收录民进中央向中共中央、国务院提交的重大意见建议；在全国政协会议上以民进中央和民进组的名义提交的发言和提案。

5. 重要会议、活动：主要收录民进中央全会、常委会、主席会及年度重点工作会议；

开展自身建设和履行职能的重大活动及列入年度工作要点的重要活动。

6. 大事日志：按时间顺序概述民进中央一年来的主要活动。

7. 彩页部分以照片的形式，主要反映中央委员会一年来在履行职能、加强自身建设等方面取得的成绩，围绕国家重大事件开展工作的情况。其中：民进第十二届中央委员会主席、常务副主席、副主席合影1张，二中全会2张，常委会1张，全国两会2张，政协常委会1张，思想建设5张，组织建设4张，参政议政5张，社会服务7张，抗震救灾4张。

（三）省级委员会篇

主要介绍我会29个省级组织在自身建设和履行职能方面的情况、成果和经验。

三、附录

在中共中央、国务院、全国政协等相关文献，多党合作事业重要文献部分中，以附录形式收录了中共中央、国务院有关政治协商和多党合作的重要新闻报道。

《中国民主促进会年鉴（试刊)》编辑部

2009年5月13日

目　录

一、中共中央、国务院、全国政协相关文献，多党合作事业重要文献

胡锦涛在全国政协新年茶话会上的讲话
（2008 年 1 月 1 日） …………………………………………………………（2）
附录：有关政治协商、多党合作的重要新闻报道 ……………………………（4）

二、中央委员会篇

（一）中国民主促进会第十二届中央委员会 ……………………………………（40）
1. 中国民主促进会第十二届中央委员会主席、常务副主席、副主席简历……（40）
2. 中国民主促进会第十二届中央委员会常务委员名单 …………………………（44）
3. 中国民主促进会第十二届中央委员会委员名单 ………………………………（45）
4. 中国民主促进会章程 ……………………………………………………………（46）

（二）民进中央 2008 年工作概述…………………………………………………（52）

（三）重要文献 ……………………………………………………………………（55）
1. 重要文件 …………………………………………………………………………（55）
民进中央关于认真学习贯彻胡锦涛同志在各民主党派中央、全国工商联新老主要领导人座谈会上重要讲话精神的决定
（2008 年 1 月 17 日） …………………………………………………………（55）
民进中央关于 2008 年在全会开展中国特色社会主义主题教育活动的通知
（2008 年 1 月 17 日） …………………………………………………………（56）
民进中央关于 2008 年在全会开展中国特色社会主义主题教育活动的方案
（2008 年 1 月 27 日民进十二届二次主席会议审议通过） ……………………（58）
民进中央中心学习组 2008 年学习计划
（2008 年 1 月 27 日民进十二届二次主席会议审议通过） ……………………（60）
民进中央 2008 年工作要点
（2008 年 1 月 28 日民进十二届二次主席会议审议通过） ……………………（61）
民进中央给受灾地区民进省级组织的慰问信
（2008 年 2 月 2 日） ……………………………………………………………（63）

关于在民进全会举办“薪火相传，共创未来——纪念中共发布‘五一口号’60 周年”征文活动通知
（2008 年 3 月 3 日） …… （64）
民进中央关于学习贯彻十一届全国人大一次会议和全国政协十一届一次会议精神的通知
（2008 年 3 月 18 日） …… （65）
民进中央关于积极支援四川省抗震救灾工作的通知
（2008 年 5 月 13 日） …… （66）
民进中央办公厅致民进四川省委会关于抗震救灾的慰问信
（2008 年 5 月 13 日） …… （67）
关于举行“民进抗震救灾书画义卖会”的通知
（2008 年 5 月 19 日） …… （68）
民进中央关于进一步动员全会力量做好抗震救灾工作的通知
（2008 年 5 月 22 日） …… （68）
民进中央办公厅发出在全会开展“为了灾区的孩子们——捐款献爱心活动”的通知
（2008 年 5 月 26 日） …… （69）
民进中央关于“为了灾区的孩子们”捐款（特殊会费）的管理使用原则意见
（2008 年 7 月 29 日民进十二届六次主席办公会议审议通过） …… （70）
民进中央关于开展改革开放 30 周年纪念活动的通知
（2008 年 8 月 4 日） …… （71）
致民进全体教师会员的慰问信
（2008 年 9 月 10 日） …… （72）
民进中央关于做好评选推荐民进全国抗震救灾先进集体和优秀会员的通知
（2008 年 10 月 8 日） …… （73）
民进中央关于认真学习贯彻中共十七届三中全会精神的通知
（2008 年 10 月 20 日） …… （75）
民进中央关于在全会深入学习贯彻科学发展观的通知
（2008 年 11 月 18 日） …… （76）
民进中央关于表彰民进全国抗震救灾先进集体和优秀会员的决定
（2008 年 11 月 30 日民进十二届五次主席会议审议通过） …… （77）
附：民进全国抗震救灾先进集体名单 …… （78）
民进全国抗震救灾优秀会员名单 …… （78）
中国民主促进会第十二届中央委员会第二次全体会议决议
（2008 年 12 月 3 日） …… （83）
民进中央中心学习组学习制度（修订案）
（2008 年 1 月 27 日民进十二届二次主席会议审议通过） …… （83）
民进中央领导下基层试行办法
（2008 年 1 月 27 日民进十二届二次主席会议审议通过） …… （85）
民进中央委员会会议制度
（2008 年 1 月 28 日民进十二届二次主席会议审议通过） …… （86）
民进中央主席、常务副主席、副主席工作规则（试行）

（2008 年 1 月 28 日民进十二届二次主席会议审议通过） …………………………………（ 90 ）
民进中央机关关于信访工作的规定（试行）
（2008 年 4 月 22 日民进十二届四次主席办公会议原则通过） ……………………………（ 91 ）
民进中央关于举办已故领导同志诞辰纪念活动实施办法
（2008 年 6 月 28 日民进十二届三次主席会议审议通过） …………………………………（ 93 ）
中国民主促进会中央监督委员会工作条例（试行）
（2008 年 12 月 3 日民进十二届二中全会通过） ……………………………………………（ 94 ）
2. 领导人讲话、报告、发言、文章……………………………………………………………（ 95 ）
在全国政协新年茶话会上的讲话
（2008 年 1 月 1 日） …………………………………………………………… 严隽琪（ 95 ）
无懈无滞　有思有行　开创专委会工作新局面
——在民进中央新一届专门委员会第一次全体会议上的讲话
（2008 年 1 月 5 日） …………………………………………………………… 严隽琪（ 96 ）
发扬科学精神　丰富科学宝库
——新春寄语全国科教界人士
（2008 年 2 月 5 日） …………………………………………………………… 严隽琪（101）
将道德教育融入中小学生的养成教育之中
（2008 年 3 月 10 日） ………………………………………………………… 严隽琪（102）
风雨同舟　继往开来
——在民进中央纪念中共发布“五一口号”60 周年座谈会上的讲话
（2008 年 4 月 8 日） …………………………………………………………… 严隽琪（103）
在纪念中共中央发布“五一口号”60 周年座谈会上的发言
（2008 年 4 月 29 日） ………………………………………………………… 严隽琪（105）
在正道上行
（2008 年 5 月 5 日） …………………………………………………………… 严隽琪（106）
在各民主党派、工商联抗震救灾座谈会上的发言（摘要）
（2008 年 5 月 30 日） ………………………………………………………… 严隽琪（108）
按高标准建设边远贫困地区学校
（2008 年 6 月 5 日） …………………………………………………………… 严隽琪（110）
认真总结经验　继续开展好主题教育活动
——在民进中国特色社会主义主题教育活动经验交流会开幕式上的报告
（2008 年 6 月 15 日） ………………………………………………………… 严隽琪（111）
在民进十二届三次中常会闭幕式上的讲话
（2008 年 7 月 1 日） …………………………………………………………… 严隽琪（118）
在“第三届海峡两岸企业发展与合作暨滨海新区开发开放高层论坛”开幕式上的讲话
（2008 年 10 月 14 日） ………………………………………………………… 严隽琪（125）
学习贯彻十七届三中全会精神，实现今年全会的工作目标
——在民进十二届四次中常会闭幕式上的讲话
（2008 年 10 月 19 日） ………………………………………………………… 严隽琪（126）

在2008上海民进教育论坛暨中国民办教育研究院揭牌仪式上的讲话（摘要）
（2008年11月1日）……严隽琪（132）
在第六届海峡两岸中华传统文化与现代化研讨会上的讲话
（2008年11月22日）……严隽琪（133）
继往开来　科学发展　开创民进工作新局面
——中国民主促进会第十二届中央常务委员会工作报告
（2008年12月1日）……严隽琪（135）
在2008年民进中央参政议政工作年会暨信息工作会议开幕式上的讲话
（2008年12月4日）……严隽琪（142）
在民进中央机关纪念改革开放30周年座谈会上的讲话
（2008年12月15日）……严隽琪（148）
齐心协力迎来中华民族21世纪新的腾飞
——在统一战线各界人士纪念中共十一届三中全会召开30周年座谈会上的发言
（2008年12月19日）……严隽琪（152）
与改革开放同行
（2008年12月23日）……严隽琪（154）
真抓实干　切实有效　创造民进专委会历史的新业绩
——在民进中央新一届专门委员会第一次全体会议上的总结讲话
（2008年1月5日）……罗富和（157）
统一思想认识　明确工作部署　扎实有效地开展中国特色社会主义主题教育活动
——在民进十二届二次中常会上的讲话
（2008年3月9日）……罗富和（160）
发展民办教育利国利民
（2008年3月9日）……罗富和（163）
在民进中国特色社会主义主题教育活动经验交流会闭幕式上的讲话
（2008年6月16日）……罗富和（165）
民进中央2008年上半年工作情况通报
——在民进十二届三次中常会上的讲话
（2008年6月29日）……罗富和（169）
在民进中央庆祝2008年教师节座谈会上的讲话
（2008年9月10日）……罗富和（174）
关于《中国民主促进会中央监督委员会工作条例（试行）》（草案）的起草说明
（2008年10月19日）……罗富和（177）
在2008年民进中央参政议政工作年会暨信息工作会议闭幕式上的讲话
（2008年12月6日）……罗富和（179）
在民进广东省委会六届三次全会上的讲话
（2008年12月25日）……罗富和（181）
人文精神是教育的灵魂
（2008年1月4日）……冯骥才（184）
要想到建立汶川的地震博物馆

（2008 年 5 月 21 日）…………………………………………………… 冯骥才（185）
传承羌族文化是我们的神圣职责
（2008 年 9 月 9 日）……………………………………………………… 冯骥才（186）
科学指导　措施得力　尽快扭转出生人口性别比持续升高的被动局面
（2008 年 3 月 12 日）…………………………………………………… 潘贵玉（187）
推进农科教一体化　促进农村可持续发展
——在政协十一届全国委员会常务委员会第三次会议上代表民进中央的发言
（2008 年 10 月 16 日）…………………………………………………… 潘贵玉（189）
学习贯彻中共十七大精神学以致用的五个问题
——在民进中央学习贯彻中共十七大精神座谈会上的讲话摘要
（2008 年 1 月 30 日）…………………………………………………… 王佐书（190）
传统节日有利于促进和谐文化
（2008 年 3 月 11 日）…………………………………………………… 王佐书（192）
努力把我会的宣传报道工作提高到新水平
——在民进全国优秀通讯员表彰暨宣传报道工作网络会议上的讲话
（2008 年 8 月 20 日）…………………………………………………… 王佐书（193）
在民进纪念改革开放 30 周年参政党建设理论研讨会闭幕式上的讲话
（2008 年 9 月 8 日）……………………………………………………… 王佐书（198）
在民进华东六省一市第十次工作研讨会上的讲话
（2008 年 10 月 16 日）…………………………………………………… 王佐书（201）
在四川民进抗震救灾表彰大会上的讲话
（2008 年 11 月 13 日）…………………………………………………… 王佐书（202）
民办教育促进教育公平与均衡发展
（2008 年 11 月 29 日）…………………………………………………… 王佐书（203）
让抗震救灾精神永远激励我们前进
——在民进全国抗震救灾先进集体、优秀会员表彰会上的讲话
（2008 年 12 月 1 日）…………………………………………………… 王佐书（204）
在民进上海市委机关干部座谈会上的讲话
（2008 年 5 月 28 日）…………………………………………………… 贺　旻（207）
历史的回顾与启示
——重温“五一口号”
（2008 年 4 月 8 日）……………………………………………………… 刘新成（208）
加强社区文化建设　培育社会生活共同体
——在全国政协十一届一次会议第三次全体会议代表民进中央作的发言
（2008 年 3 月 9 日）……………………………………………………… 蔡达峰（210）
学习抗震救灾精神　坚持生命关怀第一
（2008 年 6 月 6 日）……………………………………………………… 蔡达峰（211）
在与中共毕节地委、金沙县领导座谈时的讲话
（2008 年 4 月 16 日）…………………………………………………… 朱永新（213）
对新时期民主党派参政议政工作的几点思考

（2008 年 5 月 24 日） …………………………………………………… 朱永新（216）
在西部教师培训工作座谈会上的讲话
（2008 年 7 月 2 日） …………………………………………………… 朱永新（221）
在民进 2008 年企业界会员联谊会会长联席会议上的讲话
（2008 年 7 月 9 日） …………………………………………………… 朱永新（225）
关于人民检察院工作的建议
（2008 年 7 月 25 日） …………………………………………………… 朱永新（229）
在第三届海峡两岸企业发展与合作论坛暨天津滨海新区开发开放高层论坛新闻发布会上的讲话
（2008 年 10 月 13 日） …………………………………………………… 朱永新（231）
在第六届海峡两岸中华传统文化与现代化研讨会新闻通气会上的讲话
（2008 年 11 月 21 日） …………………………………………………… 朱永新（233）
推进流域综合管理，重建长江生命之河
——代表民进中央作的政协大会书面发言
（2008 年 3 月） …………………………………………………… 张 帆（236）
总结抗震救灾经验 完善“教育系统突发公共事件应急预案”
——在全国政协十一届二次常委会上代表民进中央作的发言
（2008 年 7 月 4 日） …………………………………………………… 张 帆（238）

（四）重要意见建议
创新义务教育体制机制，促进城乡师资均衡发展 ……………………（240）
关于加强社区文化建设的建议 ……………………（241）
关于推动我国动漫产业发展的建议 ……………………（243）
关于加强社区文化人才队伍建设的建议 ……………………（245）
关于落实《民办教育促进法》 构建公、民办教育共同发展格局的建议 ……………………（246）
关于加强体制机制创新，促进城乡师资均衡发展的建议 ……………………（248）
大力加强西部农村地区义务教育教师培训能力建设 推动我国教育质量均衡发展 ……………………（250）
关于加强城市流动人口计划生育工作的建议 ……………………（252）
关于进一步强化台湾农产品零关税进入大陆政策实施效果的建议 ……………………（253）
促进农村集体建设用地流转，推进我国工业化城镇化进程 ……………………（256）
关于改善环渤海地区生态环境承载力的建议 ……………………（258）
关于太湖水环境综合管理体制改革的建议 ……………………（260）
关于进一步加强甘肃民勤生态环境综合治理的政策建议 ……………………（262）
关于加强我国西部地区防沙治沙工作的建议 ……………………（264）
关于加强和完善国家农产品和食品市场安全监管的建议 ……………………（265）
完善政府支撑服务体系，促进我国中小企业发展 ……………………（267）
关于促进长江三角洲地区科技创新合作的建议 ……………………（269）
关于长江上游水电开发要考虑对流域生态环境影响的建议 ……………………（271）
关于建立国家级赤水河流域综合保护与综合管理示范区的建议 ……………………（272）

关于推进传统农业向现代农业转型的政策建议 …………………………………………………（274）
关于在社会主义新农村建设中大力加强法制宣传教育和法律服务的建议 ……………………（276）
以加强体育师资队伍建设为抓手，切实改善中小学生体质健康状况 …………………………（277）
关于促进成渝“全国统筹城乡综合配套改革试验区”农村金融市场创新的建议 …………（279）
关于进一步加强村级基层组织建设，切实推进农村基层民主法制建设的建议 ………………（280）
推进农村金融创新　促进统筹城乡改革 …………………………………………………………（281）

（五）重要会议、活动
许嘉璐、张怀西、严隽琪、朱永新与科技部、甘肃省委省政府领导同志座谈河西走廊星火产业带建设 ……………………………………………………………………………………（283）
民进第十二届中央委员会专门委员会一次全会在京召开 ………………………………………（284）
罗富和、王佐书走访农业部 …………………………………………………………………………（285）
罗富和、王佐书走访国土资源部 ……………………………………………………………………（286）
严隽琪、朱永新走访科技部 …………………………………………………………………………（287）
严隽琪、朱永新走访民政部 …………………………………………………………………………（288）
教育部部长周济走访民进中央　严隽琪、刘新成、朱永新出席座谈 …………………………（288）
严隽琪、朱永新走访国务院台湾事务办公室 ………………………………………………………（289）
中央统战部部长杜青林视察民进中央　严隽琪、罗富和、潘贵玉、刘新成、朱永新出席座谈 ……………………………………………………………………………………………（290）
严隽琪走访国家知识产权局 …………………………………………………………………………（291）
刘延东来民进中央召开基础教育座谈会 ……………………………………………………………（291）
民进中央十二届二次主席会议在北京召开 …………………………………………………………（292）
民进中央举行学习中共十七大精神报告会 …………………………………………………………（293）
民进中央召开学习贯彻中共十七大精神座谈会　王佐书出席并讲话 …………………………（294）
朱永新走访国务院扶贫办 ……………………………………………………………………………（294）
民进中央2008年中学校长教育改革座谈会在北京召开 …………………………………………（295）
民进中央向雪灾地区人民送温暖献爱心 ……………………………………………………………（296）
严隽琪做客中国国际广播电台接受采访 ……………………………………………………………（296）
严隽琪考察龙泉生态园并出席民进服务北京新农村暨龙泉生态园建设座谈会 ………………（298）
与时俱进　参政议政
——严隽琪接受《人民日报海外版》采访 ………………………………………………………（299）
罗富和、朱永新走访国家林业局 ……………………………………………………………………（300）
严隽琪出席全国政协十一届一次会议中外记者招待会 ……………………………………………（301）
中国民主促进会第十二届中央常务委员会第二次会议在北京召开 ………………………………（301）
朱永新在“教育改变中国”——第二届信孚公益论坛发表演讲 …………………………………（303）
全国政协十一届一次会议民进界成果丰硕 …………………………………………………………（304）
民进中央新老领导人深情送别方明同志 ……………………………………………………………（305）
朱永新走访人民教育出版社 …………………………………………………………………………（306）
民进中央办公厅、民进北京市委会联合举行民进学习传达两会精神报告会 …………………（307）
民进中央纪念中国共产党发布“五一口号”60周年座谈会隆重举行 …………………………（308）

最高人民法院院长走访民进中央　严隽琪、罗富和、王佐书出席座谈 …………………………（309）
参政议政　参政党的生命力
——严隽琪接受《光明日报》采访 ……………………………………………………………（310）
王佐书出席“薪火相传　共创未来——纪念中共中央‘五一口号’发布60周年理论研讨会”并发言 ……………………………………………………………………………………（312）
王佐书带队走访教育部　座谈教师队伍建设 ……………………………………………（313）
民进中央考察团在江苏进行文化投入机制专题调研 ………………………………………（314）
潘贵玉视察民进陕西省委会并讲话 ………………………………………………………（316）
再现历史　以史资政　以史育人
——民进中央代表出席党派史陈列馆开馆仪式和党派史研讨会 ……………………（316）
民进中央召开抗震救灾工作专题会议　严隽琪主持会议并作重要讲话 ………………（318）
民进新任中央委员、省级组织副主委培训班在京举行　严隽琪主讲第一课 …………（319）
贺旻视察民进上海市委会并讲话 …………………………………………………………（321）
“为了灾区的孩子们——中国民主促进会抗震救灾书画义卖捐赠活动”在京举行 …………（321）
严隽琪出席紧急保护羌族文化遗产座谈会并发出呼吁 …………………………………（323）
严隽琪、罗富和出席民进中央金沙县支边扶贫座谈会及民进捐赠签约仪式 …………（324）
严隽琪、罗富和出席中国（毕节）石漠化治理与生态文明高层论坛……………………（325）
罗富和出席最高人民法院情况通报会并发言 ……………………………………………（326）
民进中国特色社会主义主题教育活动经验交流会在北京举行 …………………………（327）
民进中央举行“为了灾区的孩子们”捐款仪式，并宣读致地震灾区民进组织和广大会员慰问信 …………………………………………………………………………………………（329）
冯骥才、朱永新出席紧急保护羌族文化遗产四川工作基地成立暨专家调研工作会并深入考察 ………………………………………………………………………………………………（330）
罗富和在宁夏调研农村改革与发展事业 …………………………………………………（331）
严隽琪、许嘉璐考察上海鼓励大学生创新创业工作 ……………………………………（333）
民进中央十二届三次主席会议在上海召开 ………………………………………………（333）
中国民主促进会第十二届中央常务委员会第三次会议在上海召开 ……………………（334）
刘新成视察民进内蒙古区委会并讲话 ……………………………………………………（337）
严隽琪、蔡达峰出席上海市慈善基金会“人文关怀阳光基金”成立仪式暨赈灾义演义卖活动 ………………………………………………………………………………………………（337）
历史见证：民进没有缺席
——中国民主促进会抗震救灾纪实 ……………………………………………………（338）
民进组织和广大会员为抗震救灾倾情奉献 ………………………………………………（345）
心手相牵　倾力相扶
——民进会员在汶川大地震中 …………………………………………………………（348）
严隽琪在内蒙古考察基层教师队伍建设和职业教育工作 ………………………………（352）
中国教育学会走访民进中央　严隽琪、罗富和、王佐书、朱永新出席座谈 …………（353）
民进中央：一场为“一件提案”召开的办理协商会
——民进中央关注中小企业发展状况纪实 ……………………………………………（354）
体育的盛会　文化的盛会

——严隽琪就北京奥运会接受新华社专访 …………………………………………………… (356)
民进全国优秀通讯员表彰暨宣传报道工作网络会议在民进中央举行 ………………………… (358)
民进各级组织和会员广泛参与迎奥运活动　积极为奥运作贡献 ……………………………… (359)
民进纪念改革开放30周年参政党建设理论研讨会暨民进中央与上海社会科学院合作签约揭牌仪式在沪举行 ……………………………………………………………………… (366)
践行师德　铸就师魂——民进中央庆祝第24个教师节座谈会在京举行 ……………………… (368)
给四川灾区的孩子一叶绿色方舟
——朱永新教师节谈四川灾后教育重建援助 ……………………………………………… (369)
普及羌族文化知识　共建灾区精神家园
——民进中央、中国民协、中华文化学院、冯骥才民间文化基金会、中华书局联合在京举办《羌族文化学生读本》首发式暨向地震灾区学生捐书仪式………………………… (370)
朱永新出席毕节试验区20周年座谈会并发言 ………………………………………………… (371)
冯骥才被授予“全国抗震救灾模范”荣誉称号…………………………………………………… (372)
第三届海峡两岸企业发展与合作暨滨海新区开发开放高层论坛在天津召开 ………………… (373)
民进华东六省一市第十次工作研讨会在烟台召开　王佐书致词并作报告 …………………… (378)
民进中央十二届四次主席会议在北京召开 ……………………………………………………… (379)
中国民主促进会第十二届中央常务委员会第四次会议在北京举行 …………………………… (380)
罗富和考察调研水库清淤工程和水资源可持续利用 …………………………………………… (381)
刘新成出席首届华北五省（市、区）民进主委联席会并讲话………………………………… (382)
冯骥才被聘请为国务院参事 ……………………………………………………………………… (383)
严隽琪出席何梁何利基金2008年度颁奖大会　蔡睿贤荣获“科学与技术进步奖”
…………………………………………………………………………………………………… (384)
严隽琪就“民进与改革开放30年”的主题接受新华社、人民日报记者采访 ………………… (384)
朱永新出席“中国西部农村义务教育教师培训能力建设”项目总结与推广会议并讲话
…………………………………………………………………………………………………… (385)
潘贵玉当选全国妇联副主席 ……………………………………………………………………… (386)
朱永新谈“解放教育思想，激发教育活力” …………………………………………………… (387)
严隽琪出席2008上海民进教育论坛暨中国民办教育研究院揭牌仪式并讲话 ……………… (388)
王绍鏊同志诞辰120周年纪念座谈会暨王绍鏊纪念馆落成仪式在同里举行 ………………… (389)
严隽琪出席改革开放30周年义务教育事业发展座谈会并讲话　罗富和主持会议
…………………………………………………………………………………………………… (390)
严隽琪出席纪念改革开放30周年文化事业发展座谈会并讲话　罗富和主持会议
…………………………………………………………………………………………………… (391)
周建人同志诞辰120周年纪念座谈会在北京召开 ……………………………………………… (392)
严隽琪出席第二届杨浦发展国际论坛并作主旨演讲 …………………………………………… (393)
王佐书出席四川民进抗震救灾先进表彰大会并讲话 …………………………………………… (394)
严隽琪出席第二届中国小学校长大会并讲话 …………………………………………………… (395)
罗富和出席《贵州草海湿地生态环境综合治理总体规划》评审会并讲话……………………… (395)
严隽琪出席民进重庆市委会成立50周年纪念大会并讲话 ……………………………………… (396)
第六届海峡两岸中华传统文化与现代化研讨会在厦门市召开 ………………………………… (397)

贺旻出席民进辽宁省委会纪念改革开放 30 周年大会并讲话 ……………………………… (403)
蔡达峰出席《国家中长期教育改革和发展规划纲要》座谈会并讲话………………………… (403)
民进中央纪念改革开放 30 周年座谈会在京举行 ……………………………………………… (404)
纪念改革开放 30 周年民进担任政府和司法机关实职人员座谈会在京举行 ………………… (405)
罗富和出席改革开放 30 年之中国民办教育纪念论坛　王佐书致词 ………………………… (406)
民进中央十二届五次主席会议在北京召开……………………………………………………… (407)
中国民主促进会第十二届中央常务委员会第五次会议在北京召开………………………… (408)
朱永新谈民进与中国教育的不解情缘…………………………………………………………… (408)
民进全国抗震救灾先进集体和优秀会员表彰会在北京召开………………………………… (410)
中国民主促进会第十二届中央委员会第二次全体会议在北京举行………………………… (411)
民进省级组织负责人会议暨纪念“五一口号”发布 60 周年征文活动颁奖仪式在京举行……………………………………………………………………………………………… (418)
2008 年民进中央参政议政年会暨信息工作会议在京举行…………………………………… (420)
中国民主促进会第一届中央监督委员会召开第一次会议…………………………………… (424)
严隽琪出席民进中央机关纪念改革开放 30 周年座谈会并讲话 …………………………… (424)
罗富和出席民进中央机关支部纪念改革开放 30 周年座谈会并讲话 ……………………… (425)
严隽琪出席最高人民法院座谈会并发言……………………………………………………… (426)
严隽琪做客人民网强国论坛…………………………………………………………………… (426)
严隽琪出席全国社会主义学院院长会议并讲话……………………………………………… (436)
罗富和出席民进广西区委会成立 50 周年纪念大会并讲话 ………………………………… (436)
严隽琪被评为人民网 2008 年度最受网友欢迎的嘉宾 ……………………………………… (437)

（六）大事日志
2008 年 1 月…………………………………………………………………………………… (437)
2008 年 2 月…………………………………………………………………………………… (442)
2008 年 3 月…………………………………………………………………………………… (448)
2008 年 4 月…………………………………………………………………………………… (459)
2008 年 5 月…………………………………………………………………………………… (469)
2008 年 6 月…………………………………………………………………………………… (482)
2008 年 7 月…………………………………………………………………………………… (493)
2008 年 8 月…………………………………………………………………………………… (507)
2008 年 9 月…………………………………………………………………………………… (512)
2008 年 10 月 ………………………………………………………………………………… (523)
2008 年 11 月 ………………………………………………………………………………… (530)
2008 年 12 月 ………………………………………………………………………………… (538)

三、省级委员会篇

民进北京市委会 2008 年工作概述 …………………………………………………………… (550)
民进上海市委会 2008 年工作概述 …………………………………………………………… (552)

民进天津市委会 2008 年工作概述 …… (555)
民进重庆市委会 2008 年工作概述 …… (559)
民进河北省委会 2008 年工作概述 …… (561)
民进山西省委会 2008 年工作概述 …… (564)
民进内蒙古区委会 2008 年工作概述 …… (567)
民进辽宁省委会 2008 年工作概述 …… (574)
民进吉林省委会 2008 年工作概述 …… (576)
民进黑龙江省委会 2008 年工作概述 …… (580)
民进江苏省委会 2008 年工作概述 …… (582)
民进浙江省委会 2008 年工作概述 …… (586)
民进安徽省委会 2008 年工作概述 …… (589)
民进福建省委会 2008 年工作概述 …… (591)
民进江西省委会 2008 年工作概述 …… (595)
民进山东省委会 2008 年工作概述 …… (598)
民进河南省委会 2008 年工作概述 …… (601)
民进湖北省委会 2008 年工作概述 …… (605)
民进湖南省委会 2008 年工作概述 …… (607)
民进广东省委会 2008 年工作概述 …… (609)
民进广西区委会 2008 年工作概述 …… (612)
民进海南省委会 2008 年工作概述 …… (615)
民进四川省委会 2008 年工作概述 …… (618)
民进贵州省委会 2008 年工作概述 …… (621)
民进云南省委会 2008 年工作概述 …… (623)
民进陕西省委会 2008 年工作概述 …… (627)
民进甘肃省委会 2008 年工作概述 …… (629)
民进宁夏区委会 2008 年工作概述 …… (633)
民进新疆区委会 2008 年工作概述 …… (636)

后记 …… (640)

一、中共中央、国务院、全国政协相关文献，多党合作事业重要文献

胡锦涛在全国政协新年茶话会上的讲话

（2008 年 1 月 1 日）

同志们，朋友们：

今天是 2008 年元旦。在这辞旧迎新的喜庆时刻，我们欢聚一堂，同庆佳节，畅叙友情，共商国是，感到格外高兴。首先，我代表中共中央、国务院和中央军委，向各民主党派、工商联和无党派人士、各人民团体，向全国广大工人、农民、知识分子、干部和各界人士，向人民解放军指战员、武警官兵和公安民警，向香港特别行政区同胞、澳门特别行政区同胞、台湾同胞和海外侨胞，向关心和支持中国现代化建设的国际友人，致以节日的祝福！祝大家新年好！

刚刚过去的 2007 年，是党和国家事业发展进程中的重要一年。全党全国各族人民坚持以邓小平理论和“三个代表”重要思想为指导，深入贯彻落实科学发展观，继续深化改革、扩大开放，全面推进社会主义经济建设、政治建设、文化建设、社会建设和党的建设，各项事业取得了新的重大进展。我们加快转变经济发展方式，增强宏观调控的科学性、预见性、有效性，着力提高经济增长质量和效益，国民经济保持了增长较快、结构优化、效益提高、民生改善的良好态势。我们坚持扩大社会主义民主，全面实施依法治国基本方略，推进社会主义法治国家建设，人民各项权益得到更好保障。我们大力推进社会主义核心价值体系建设，深化文化体制改革，加快发展文化事业和文化产业，人民文化生活更加丰富多彩。我们以解决人民最关心、最直接、最现实的利益问题为重点，加快发展社会事业，促进社会公平正义，和谐社会建设取得重要成果。我们隆重庆祝中国人民解放军建军 80 周年，加强军队革命化、现代化、正规化建设，推动国防和军队建设又好又快发展。我国首次月球探测工程取得圆满成功，开启了中国人走向深空探索宇宙奥秘的时代。我们隆重庆祝香港回归祖国 10 周年，坚持贯彻“一国两制”、“港人治港”、“澳人治澳”、高度自治的方针，扩大内地同香港、澳门的交流合作，促进香港、澳门长期繁荣稳定。我们牢牢把握两岸关系和平发展的主题，积极扩大两岸交流合作，坚决反对和遏制“台独”分裂势力及其活动，维护台海地区和平稳定。我们坚持统筹国内国际两个大局，开展全方位外交，致力于推进国际热点问题的妥善解决，为我国发展营造了良好外部环境，为推动建设和谐世界作出了新的贡献。我们全面推进党的思想建设、组织建设、作风建设、制度建设和反腐倡廉建设，党的建设取得新的成效，为经济社会发展提供了根本政治保证。

回顾党的十六大以来的 5 年，全党全国各族人民同心同德、开拓进取，战胜各种困难和风险，围绕全面建设小康社会的奋斗目标，奋力推进改革开放和社会主义现代化建设，开创了中国特色社会主义事业新局面，开拓了马克思主义中国化新境界。5 年来取得的重大成就，是全党全国各族人民团结奋斗的结果，为我们在新的历史起点上继续全面建设小康社会、发展中国特色社会主义奠定了坚实基础。

同志们、朋友们！

党的十七大，科学回答了党在改革发展关键阶段举什么旗、走什么路、以什么样的精神状态、朝着什么样的发展目标继续前进等重大问题，提出了实现全面建设小康社会奋斗目标的新要求，对推进中国特色社会主义伟大事业和党的建设新的伟大工程作出全面部署。今后 5 年，全党全国的任务归结起来说，就是要把党的十七大作出的各项部署落到实处，把党的十七大描绘的宏伟蓝图变为现实。

2008 年，是全面贯彻落实党的十七大作出的战略部署的第一年，是实施“十一五”规划承上启下的一年。我们将迎来改革开放 30 周年，还要举办北京奥运会和残奥会。做好今年的工作，对保持和发展我国改革发展稳定的大局具有重大意义。当前，国际国内形势继续深刻变化，我国发展面临的机遇前所未有，挑战也前所未有，机遇大于挑战。我们要全面贯彻党的十七大精神，高举中国特色社会主义伟大旗帜，以邓小平理论和“三个代表”重要思想为指导，深入贯彻落实科学发展观，继续牢牢抓住和切实用好重要战略机遇期，增强忧患意识，做到居安思危，始终戒骄戒躁，继续艰苦奋斗，不断开创党和国家各项工作新局面。

在新的一年里，我们要把学习贯彻党的十七大精神作为全党全国的首要政治任务抓紧抓好，在武装头脑、指导实践、推动工作上狠下工夫，切实使学习贯彻党的十七大精神的过程成为推动科学发展、促进社会和谐的过程。我们要坚持以经济建设为中心，紧紧围绕转变经济发展方式和完善社会主义市场经济体制，继续加强和改善宏观调控，着力控总量、稳物价、调结构、促平衡，积极推进改革开放和自主创新，着力优化经济结构和提高经济增长质量，切实加强节能减排和生态环境保护，更加重视改善民生和促进社会和谐，推动经济社会又好又快发展。我们要坚持党的领导、人民当家做主、依法治国有机统一，坚持和完善人民代表大会制度、中国共产党领导的多党合作和政治协商制度、民族区域自治制度以及基层群众自治制度，扩大社会主义民主，建设社会主义法治国家，推进行政管理体制改革，发展社会主义政治文明。我们要坚持社会主义先进文化前进方向，推进社会主义核心价值体系建设，深化文化体制改革，加快发展文化事业和文化产业，更加自觉、更加主动地推动社会主义文化大发展大繁荣。我们要加快推进以改善民生为重点的社会建设，扩大公共服务，完善社会管理，落实教育优先发展的政策措施，实施扩大就业的发展战略，合理调节国民收入分配，完善社会保障体系，加快建立基本医疗制度，着力解决城市低收入家庭住房困难，切实维护社会稳定，促进社会和谐。我们要着眼于全面履行新世纪新阶段军队历史使命，加快中国特色军事变革，加速推进国防和军队现代化建设。我们要以改革创新精神全面推进党的建设新的伟大工程，把党的执政能力建设和先进性建设作为主线，全面加强党的建设，切实增强党的创造力、凝聚力、战斗力，不断提高党的执政能力、保持和发展党的先进性。

在新的一年里，我们要坚定不移贯彻“一国两制”、“港人治港”、“澳人治澳”、高度自治的方针，严格按照特别行政区基本法办事，全力支持特别行政区政府依法施政，着力发展经济、改善民生、推进民主，鼓励香港、澳门各界人士在爱国爱港、爱国爱澳的旗帜下和衷共济，加强内地与香港、澳门交流合作，共同促进香港、澳门长期繁荣稳定。

在新的一年里，我们要坚持“和平统一、一国两制”的基本方针和现阶段发展两岸关系、推进祖国和平统一进程的八项主张，坚持一个中国原则决不动摇，争取和平统一的努力决不放弃，贯彻寄希望于台湾人民的方针决不改变，反对“台独”分裂活动决不妥协，牢牢把握两岸关系和平发展的主题，真诚为两岸同胞谋福祉、为台海地区谋和平，继续实施和充实惠及广大台湾同胞的政策措施，同包括台湾同胞在内的全体中华儿女一道努力，继续推进祖国和平统一大业。

在新的一年里，我们要高举和平、发展、合作旗帜，坚持独立自主的和平外交政策，始终不渝走和平发展道路，始终不渝奉行互利共赢的开放战略，坚持在和平共处五项原则的基础上同所有国家发展友好合作，推动同发达国家关系长期稳定健康发展，加强同周边国家的睦邻友好和务实合作，加强同发展中国家的团结合作，积极参与多边事务，继续同世界各国人民一道推进人类和平与发展的崇高事业。

要胜利完成今年的各项任务，我们必须大力发扬改革创新、求真务实、团结奋进的精神。改革创新，就是要坚持解放思想，锐意创新，开拓进取，毫不动摇地坚持改革方向，加快重要领域和关键环节改革步伐，着力构建充满活力、富有效率、更加开放、有利于科学发展的体制机制，充分激发全社会的创造活力。求真务实，就是要坚持立足我国国情、一切从实际出发，真抓实干，埋头苦干，按照客观规律和科学规律办事，切实推动科学发展、促进社会和谐。团结奋进，就是要坚持团结一切可以团结的力量、调动一切积极因素，万众一心，齐心协力，保持党同人民群众的血肉联系，巩固全国各族人民的大团结，为夺取全面建设小康社会新胜利、谱写人民美好生活新篇章凝聚起战无不胜的强大力量。

同志们、朋友们！

今年是我国实行改革开放30周年。改革开放是党在新的时代条件下带领人民进行的新的伟大革命，是对我们党和国家发展具有划时代意义的伟大事业。经过全党全国各族人民不懈努力，我国综合国力大幅度提高，我国人民生活显著改善，中国特色社会主义展示了蓬勃生机和活力。我们要按照党的十七大精神，联系党和国家工作全局，对改革开放进行系统回顾总结，以生动的事实、伟大的成就、成功的经验对全党全国人民进行坚持改革开放的教育，深刻领会改革开放是决定当代中国命运的关键抉择，深刻领会改革开放是发展中国特色社会主义、实现中华民族伟大复兴的必由之路，深刻领会只有改革开放才能发展中国、发展社会主义、发展马克思主义，进一步坚定走中国特色社会主义道路、坚持中国特色社会主义理论体系的决心和信心，在新的时代条件下继续把改革开放伟大事业推向前进。

同志们、朋友们！

在过去的一年里，人民政协高举爱国主义、社会主义旗帜，牢牢把握团结和民主两大主题，积极履行政治协商、民主监督、参政议政职能，充分发挥协调关系、汇聚力量、建言献策、服务大局的作用，为推动科学发展、促进社会和谐、推进“一国两制”实践和祖国和平统一大业作出了重要贡献。

在前进道路上，我们要巩固和壮大最广泛的爱国统一战线，坚持和完善中国共产党领导的多党合作和政治协商制度，团结全体社会主义劳动者、社会主义事业的建设者、拥护社会主义的爱国者、拥护祖国统一的爱国者，不断促进政党关系、民族关系、宗教关系、阶层关系、海内外同胞关系的和谐，为建设中国特色社会主义服务。人民政协要按照党的十七大的有关部署，紧紧围绕党和国家工作大局，保持和发扬人民政协的优良传统，扩大团结面，增强包容性，加强调查研究，关注社情民意，积极开展政治协商，完善民主监督机制，提高参政议政实效，推进履行职能的制度化、规范化、程序化，为全面建设小康社会、加快推进社会主义现代化作出新的更大贡献。

同志们、朋友们！

我国的发展前景无比美好，我们的伟大事业催人奋进。让我们高举中国特色社会主义伟大旗帜，大力发扬改革创新、求真务实、团结奋进的精神，同心同德，扎实工作，为实现党的十七大确定的目标任务而努力奋斗！

附录：有关政治协商、多党合作的重要新闻报道

温家宝主持召开座谈会征求对政府工作报告的意见

（2008年1月21日至25日）

1月21日至25日，国务院总理温家宝在中南海主持召开五次座谈会，征求对即将提请十一届全国人大一次会议审议的《政府工作报告》（征求意见稿）的意见。各民主党派中央、全国工商联负责人和无党派人士，经济、社会和自然科学领域的专家学者，科技、教育、卫生、文化、体育界代表，企业界代表和工人、农民等基层群众代表，分别出席了座谈会。

在座谈会上，大家一致认为，在党中央、国务院领导下，过去五年全国各族人民在中国特色社会主义道路上奋勇前进，战胜种种困难和挑战，改革开放和现代化建设取得了举世公认的巨大成就，社会生产力和综合国力跨上新台阶，改革开放取得重大突破，社会事业加快发展，民主法制建设扎实推进，人民生活显著改善。《报告》稿以邓小平理论和“三个代表”重要思想为指导，全面贯彻科学发展观，充分体现了党的十六大、十七大精神，体现了人民政府对人民高度负责的精神。回顾五年工作实事求是、全面客观，

讲成绩和进步令人信服，讲困难和问题不回避不掩饰；部署2008年政府工作目标明确、措施有力，突出了经济社会发展全局性的重大问题，突出了人民群众关注和期盼解决的重点问题。大家一致赞同《报告》稿的框架结构和主要内容，并就《报告》的具体修改和做好政府工作，提出了意见和建议。

在各民主党派中央、全国工商联负责人和无党派人士座谈会上，民革中央主席周铁农、民盟中央主席蒋树声、民建中央主席陈昌智、民进中央主席严隽琪、农工党中央主席桑国卫、致公党中央主席万钢、九三学社中央主席韩启德、台盟中央主席林文漪、全国工商联主席黄孟复、无党派人士胡四一等先后发言。他们对过去五年的政府工作给予充分肯定，对今年的政府工作部署表示赞成。他们还分别就巩固农业基础地位、加快经济结构调整和发展方式转变、加强资源节约和环境保护、推进社会建设、促进非公有制经济发展等方面，提出了建议。

温家宝在这几次座谈会上讲了话。他感谢各民主党派、全国工商联和无党派人士，专家学者，企业家和工人、农民等社会各界对政府工作的关心和支持。他说，大家知无不言，言无不尽，畅所欲言，实话实说，反映了许多真实情况，提出很多中肯的意见建议，对修改好《政府工作报告》和改进政府工作很有帮助，国务院将认真研究、采纳。他说，我们的政府是人民的政府，政府一切工作都要对人民负责。人民群众是国家的主人，政府工作好不好应由人民群众来检查、评判，要看人民群众赞成不赞成、满意不满意。正确的决策来自于群众，各级政府要坚持科学民主决策，广泛听取群众意见，着力解决群众生产生活中的实际问题。要确保正确行使权力，让权力在阳光下运行，让人民更好监督政府，从根本上增强政府的执行力和公信力，努力建设人民满意的政府，把政府工作做得更好。

国务院副总理吴仪、回良玉，国务委员周永康、曹刚川、唐家璇、华建敏、陈至立，党中央和国务院有关部门的负责同志分别参加了座谈会。

（中央政府新闻网）

中央纪委向党外人士通报党风廉政建设和反腐败工作情况
贺国强出席会议并讲话

（2008年1月30日）

中央纪委30日在北京向党外人士通报党风廉政建设和反腐败工作情况，并听取各民主党派中央、全国工商联领导人和无党派人士的意见和建议。中共中央政治局常委、中央纪委书记贺国强出席会议并讲话。

通报会由中央统战部部长杜青林主持。中央纪委副书记张惠新通报了党的十六大以来党风廉政建设和反腐败工作情况和下一步的工作部署。民革中央主席周铁农、民盟中央主席蒋树声、民建中央主席陈昌智、民进中央主席严隽琪、农工党中央常务副主席陈宗兴、致公党中央常务副主席王钦敏、九三学社中央主席韩启德、台盟中央主席林文漪，全国工商联主席黄孟复、无党派人士代表蒋明麟先后发言。他们充分肯定了近年来党风廉政建设和反腐败工作取得的成绩，赞成中央纪委、监察部下一步的工作部署，并就进一步加强反腐倡廉建设提出了意见和建议。

在认真听取大家的发言后，贺国强讲了话。他指出，中国共产党历来高度重视反腐倡廉工作，党的十六大以来，在以胡锦涛同志为总书记的党中央正确领导下，经过全党全社会的共同努力，党风廉政建设和反腐败工作取得新的明显成效，人民群众的满意度有所提高。但是腐败现象在一些领域和部门易发多发的状况仍未改变，还出现了一些案件多发的新领域，反腐倡廉建设面临许多新情况新问题。我们既要树立忧患意识、增强紧迫感，树立长期作战的思想，又要坚定信心，按照中央的要求，以更加坚决的态度、更加有力的措施，更加扎实的工作，不断把党风廉政建设和反腐败斗争引向深入。

贺国强强调，当前和今后一个时期，要认真学习贯彻党的十七大和胡锦涛同志在中央纪委二次全会上的重要讲话精神，按照改革创新、惩防并举、统筹推进、重在建设的基本要求，扎实推进反腐倡廉建设，坚决查处一批腐败案件，严厉整治一批严重损害群众利益的不正之风，重点解决一批领导干部违反廉洁自律规定的突出问题，制定出台一批反腐倡廉制度规定，推进一批改革措施。要适应新形势新任务的需要，大力加强纪检监察机关自身建设特别是纪检监察干部队伍建设，不断提高整体素质和工作水平，更好地履行好党和人民赋予的职责。

贺国强指出，长期以来，各民主党派、工商联和无党派人士在积极投身改革开放和现代化建设的同时，对党风廉政建设和反腐败工作十分关心和支持，做了大量的工作，发挥了重要作用。希望大家一如既往地关心支持党风廉政建设和反腐败工作，发挥学识渊博、联系广泛的优势，积极建言献策；继续参与特邀监察员等工作和纪检监察机关安排的专项检查、执法监督等活动；对各级领导干部和纪检监察机关进行监督；加强自身建设，保持清正廉洁，为推进反腐倡廉建设作出新贡献。

出席会议的党外人士还有何鲁丽、许嘉璐、罗豪才、张怀西、李蒙、张梅颖、张榕明，以及中央纪委、中央统战部的有关负责同志。

（新华社电）

中共中央举行党外人士迎春座谈会

（2008 年 2 月 3 日）

新春佳节来临之际，中共中央 3 日下午在中南海召开党外人士迎春座谈会，邀请各民主党派中央、全国工商联的领导人和无党派人士代表欢聚一堂，共商国是，喜迎新春。中共中央总书记、国家主席、中央军委主席胡锦涛代表中共中央、国务院，向各民主党派中央、全国工商联的领导同志和无党派人士，向统一战线广大成员，致以新春的祝福。胡锦涛强调，做好今年的各项工作，意义十分重大。要胜利完成今年各方面的任务，必须依靠各党派、各团体、各民族、各阶层、各界人士的团结奋斗。各民主党派、工商联和无党派人士要深入学习贯彻落实中共十七大精神，特别是要把中共十七大关于壮大统一战线、加强中国共产党领导的多党合作的重大理论观点、重大战略思想、重大工作部署落到实处，紧密团结广大成员和所联系的群众，紧紧围绕改革发展稳定大局，积极履行参政议政、民主监督职能，不断提高建言献策水平，继续为全面建设小康社会贡献智慧和力量。

座谈会由中共中央政治局常委、全国政协主席贾庆林主持。中共中央政治局常委、书记处书记习近平，中共中央政治局常委李克强，中共中央书记处书记、中央办公厅主任令计划出席。

座谈会上，民革中央主席周铁农、民盟中央主席蒋树声、民建中央主席陈昌智、民进中央主席严隽琪、农工党中央主席桑国卫、致公党中央主席万钢、九三学社中央主席韩启德、台盟中央主席林文漪、全国工商联主席黄孟复、无党派人士代表陈竺等先后发言。他们高度评价以胡锦涛同志为总书记的中共中央带领全国各族人民团结奋斗取得的重大成就，一致认为在中国共产党正确领导下，我国经济建设、政治建设、文化建设、社会建设取得了新的成就，特别是中国共产党第十七次全国代表大会的胜利召开，为夺取全面建设小康社会新胜利、开创中国特色社会主义事业新局面指明了前进方向。他们对中共中央、国务院为战胜雨雪冰冻灾害作出的一系列战略部署和措施表示拥护。大家围绕高举中国特色社会主义伟大旗帜、深入贯彻落实科学发展观、构建社会主义和谐社会、加强社会主义民主政治建设、进一步解决“三农”

问题、推进科技创新体系建设、推进医疗卫生体制改革和教育事业发展等提出了意见和建议，并表示要继承和发扬同中国共产党亲密合作的优良传统，为巩固和发展我国社会主义多党合作事业作出新贡献。

胡锦涛在认真听取大家的发言后发表了重要讲话。他说，2007年是我国发展进程中非常重要的一年。我们围绕推动科学发展、促进社会和谐，继续加强和改进各方面工作，各项事业都取得了新的成就。这些成就来之不易，是包括中国共产党、各民主党派、工商联和无党派人士在内的全国各族人民万众一心、共同奋斗的结果。一年来，各民主党派中央、全国工商联和无党派人士紧紧围绕经济社会发展的重大问题和人民群众关心的现实问题，深入开展调查研究、献计献策，受到中共中央、国务院高度重视，对改革发展稳定工作发挥了重要推动作用，产生了很好的效果。胡锦涛代表中共中央向大家表示衷心的感谢。

胡锦涛向大家通报了当前南方一些地区遭受历史罕见的低温、雨雪冰冻灾害的情况，介绍了抗灾救灾工作进展情况。强调要充分估计抗灾救灾的形势和任务，坚定必胜信念，继续把抗灾救灾作为当前最紧迫的任务扎扎实实抓好，当务之急是要千方百计做好保交通、保供电、保民生工作。全国上下要齐心协力、团结奋战，坚决打胜这场抗灾救灾的硬仗。胡锦涛说，各民主党派、工商联和无党派人士积极投身这场抗灾救灾斗争，发挥了重要作用。希望同志们继续努力、同舟共济，为夺取这场抗灾救灾斗争全面胜利作出更大的贡献。

胡锦涛强调，发展是中国共产党执政兴国的第一要务，也是我国社会主义多党合作事业的中心任务。希望同志们坚持第一要义是发展，抓住经济社会发展中的重大问题，特别是解决好人民最关心、最直接、最现实的利益问题，加强实地调查，开展深入研究，多建科学发展之言，多献共建和谐之策，多尽富民惠民之力。

胡锦涛指出，改革开放是中国共产党在新的时代条件下带领人民进行的新的伟大革命，是发展中国特色社会主义、实现中华民族伟大复兴的必由之路。在改革开放30周年之际，希望同志们积极开展具有各自特色的纪念活动，教育和引导广大成员和所联系的群众，深刻认识我国发展进步的动力源泉在于改革开放，实现人民幸福安康的现实途径在于改革开放，坚持解放思想、实事求是、与时俱进，加强对改革开放重大问题的研究和思考，为加快重要领域和关键环节改革步伐、全面提高开放水平作出积极努力。

胡锦涛指出，今年是中共中央发布纪念“五一”劳动节口号60周年。希望同志们以中共中央发布纪念“五一”劳动节口号60周年为契机，认真回顾同中国共产党团结合作的光辉历程，坚定不移地走中国特色社会主义政治发展道路，紧密团结在中国共产党周围，同中国共产党肝胆相照、荣辱与共，携手同心、团结奋进，不断开创我国社会主义多党合作事业新局面。

应邀出席座谈会的还有何鲁丽、成思危、许嘉璐、蒋正华、罗豪才、张怀西、李蒙、张梅颖、张榕明和王光英、孙孚凌、万国权、王文元，以及各民主党派中央、全国工商联有关负责人和无党派人士代表。

中央和国家机关有关部门负责同志参加座谈会。

（《人民日报》）

中共中央举行民主协商会
向各民主党派全国工商联和无党派人士通报情况听取意见

（2008年2月27日）

中共中央2月27日上午在中南海怀仁堂举行民主协商会，就深化行政管理体制和机构改革、中共中央拟向十一届全国人大一次会议推荐的国家机构领导人员人选建议名单和拟向全国政协十一届一次会议推荐的全国政协领导人员人选建议名单，向各民主党派、全国工商联和无党派人士通报情况，听取意见。中共中央总书记胡锦涛主持会议并发表重要讲话。

中共中央政治局常委吴邦国、温家宝、贾庆林、习近平、李克强出席会议。

胡锦涛在讲话中指出，要完善社会主义市场经济体制、发展社会主义民主政治、建设社会主义先进文化、构建社会主义和谐社会，要深入贯彻落实科学发展观，构建充满活力、富有效率、更加开放、有利于科学发展的体制机制，必须不失时机地深化行政管理体制改革。中共十七大从我国当前和未来发展的全局出发，强调要加快行政管理体制改革、建设服务型政府，并提出要抓紧制定行政管理体制改革总体方案。中共中央根据中共十七大提出的任务，在深入调查研究、广泛征求意见的基础上，形成了《关于深化行政管理体制改革的意见》和《国务院机构改革方案（草案)》。中共十七届二中全会审议通过后，将建议国务院把《国务院机构改革方案》提交十一届全国人大一次会议审议。

胡锦涛强调，切实做好新一届国家机构领导人员和全国政协领导人员人选的酝酿、提名工作，选出一个受到人民真心拥护的国家领导机构和全国政协领导机构，对于进一步动员全国各族人民全面贯彻中共十七大精神，高举中国特色社会主义伟大旗帜，以邓小平理论和“三个代表”重要思想为指导，深入贯彻落实科学发展观，为夺取全面建设小康社会新胜利、开创中国特色社会主义事业新局面而团结奋斗，具有十分重大的意义。中共中央政治局对此高度重视，在充分发扬民主，反复酝酿协商，全面考虑人选条件、各方面结构要求和工作需要的基础上，提出了建议名单。

胡锦涛指出，长期以来，同志们同中国共产党真诚合作，积极参政议政，踊跃建言献策，带头勤奋工作，为我国改革开放和社会主义现代化建设，为统一战线和我国社会主义多党合作事业发展，为坚持和完善中国共产党领导的多党合作和政治协商制度，作出了重要贡献。希望同志们牢记党和人民的重托，胸怀大局，心系人民，时刻从国家和人民的利益出发考虑问题。希望同志们团结带领民主党派广大成员继承和发扬民主党派长期以来形成的优良传统，切实搞好政治交接，坚定不移地走中国特色社会主义政治发展道路，巩固多党合作的良好政治局面。希望同志们进一步重视加强参政党自身建设，特别是要搞好领导班子建设和干部队伍建设，切实履行好参政议政、民主监督职能。希望同志们坚持民主集中制，努力学习，勤奋工作，加强团结，廉洁自律，树立良好形象，为全面建设小康社会、坚持和发展中国特色社会主义作出新贡献。

座谈会上，温家宝通报了《关于深化行政管理体制改革的意见》和《国务院机构改革方案（草案)》的有关情况。习近平就新一届国家机构领导人员和全国政协领导人员人选建议名单作了说明。

在民主和谐的气氛中，民革中央主席周铁农、民盟中央主席蒋树声、民建中央主席陈昌智、民进中央主席严隽琪、农工党中央主席桑国卫、致公党中央主席万钢、九三学社中央主席韩启德、台盟中央主席林文漪、全国工商联主席黄孟复、无党派人士代表陈竺等发了言。他们说，就事关全局的重大决策和重大人事方案听取意见，充分体现了中国共产党同民主党派、无党派人士的亲密合作关系。他们认为，《关于深化行政管理体制改革的意见》和《国务院机构改革方案（草案)》，新一届国家机构领导人员和全国政协领导人员人选建议名单，都是在广泛征求意见、充分酝酿协商的基础上形成的，体现了中共十七大精神，顺应新形势新任务的要求，考虑比较周全，都表示拥护和赞成，并就切实搞好行政管理体制和机构改革等提出了建议。

刘延东、李源潮、令计划、王沪宁、何鲁丽、成思危、许嘉璐、蒋正华、盛华仁、华建敏、罗豪才、张克辉、张怀西、李蒙、张梅颖、张榕明，各民主党派中央、全国工商联有关负责人和无党派人士代表，以及有关方面负责同志也出席了会议。

(《人民日报》)

政协十一届全国委员会一次会议在京开幕

（2008 年 3 月 3 日）

辉煌历史，崭新篇章。人民政协高举爱国主义、社会主义旗帜，迎来了又一次历史性盛会。中国人民政治协商会议第十一届全国委员会第一次会议，3 日下午在人民大会堂开幕。

政协第十届全国委员会常务委员会向大会作的工作报告提出：中共十七大描绘了在新的时代条件下继续全面建设小康社会、加快推进社会主义现代化的宏伟蓝图。面向未来，人民政协要继续肩负起时代赋予的光荣使命，在推动国家各项事业的发展中再创新的辉煌。

人民大会堂红旗招展，万人大礼堂内灯火辉煌。象征全国各族人民大团结的政协会徽悬挂在主席台正中，十面鲜艳的红旗分列两侧，格外醒目。

全国政协十一届一次会议应出席委员 2237 人，实到 2195 人，符合法定人数。

政协十一届一次会议主席团常务主席贾庆林、王刚、廖晖、帕巴拉·格列朗杰、白立忱、陈奎元、阿不来提·阿不都热西提、李兆焯、黄孟复、董建华、张梅颖、张榕明和大会秘书长郑万通在主席台前排就座。

党和国家领导人胡锦涛、吴邦国、温家宝、曾庆红、李长春、习近平、李克强、贺国强、周永康等在主席台就座，祝贺大会召开。

下午 3 时，王刚宣布大会开幕，全体起立，乐队奏响雄壮的中华人民共和国国歌。

贾庆林代表政协第十届全国委员会常务委员会，向大会报告过去五年的工作。他指出，五年来，在以胡锦涛同志为总书记的中共中央领导下，政协第十届全国委员会及其常务委员会牢牢把握团结和民主两大主题，切实贯彻《中共中央关于加强人民政协工作的意见》，紧紧围绕党和国家的中心工作，积极履行政治协商、民主监督、参政议政职能，为全面推进社会主义经济建设、政治建设、文化建设、社会建设作出了重要贡献。

贾庆林在报告中从巩固团结合作的思想政治基础、促进社会主义民主政治建设，围绕党和国家中心工作咨政建言、促进经济社会全面协调可持续发展等六个方面总结了十届政协的工作，并归纳了过去五年工作的六条主要经验，还对今后五年工作提出用马克思主义中国化最新成果武装头脑、紧紧围绕贯彻落实科学发展观献计出力等六点建议。

受政协第十届全国委员会常务委员会委托，张梅颖向大会报告十届政协的提案工作情况。她说，十届政协以来，政协委员、政协各参加单位和政协各专门委员会，共提交提案 23081 件，经审查立案 21843 件。这些提案在协助中国共产党和国家机关实现决策科学化民主化，促进社会主义经济、政治、文化和社会建设等方面，发挥了重要作用。截至 2 月 20 日，99.13% 的提案已经办复，提案反映的许多问题已经解决、许多工作取得了阶段性进展。

在主席台就座的领导同志还有：王乐泉、王兆国、王岐山、回良玉、刘淇、刘云山、刘延东、李源潮、吴仪、汪洋、张高丽、张德江、俞正声、徐才厚、郭伯雄、曹刚川、曾培炎、薄熙来、何勇、令计划、王沪宁、李铁映、司马义·艾买提、何鲁丽、丁石孙、成思危、许嘉璐、蒋正华、顾秀莲、热地、盛华仁、路甬祥、乌云其木格、韩启德、唐家璇、华建敏、陈至立、肖扬、贾春旺、王忠禹、李贵鲜、张思卿、罗豪才、张克辉、周铁农、郝建秀、徐匡迪、张怀西、李蒙。

中共中央、国务院有关部门负责人应邀列席开幕大会。各国驻华使节应邀旁听了开幕大会。

（新华社电）

十一届全国人大一次会议在京开幕

（2008 年 3 月 5 日）

第十一届全国人民代表大会第一次会议 3 月 5 日上午在人民大会堂开幕。国务院总理温家宝向大会作政府工作报告时指出，要高举中国特色社会主义伟大旗帜，以邓小平理论和“三个代表”重要思想为指导，深入贯彻落实科学发展观，更加重视加强和改善宏观调控，更加重视推进改革开放和自主创新，更加重视调整经济结构和提高发展质量，更加重视节约资源和保护环境，更加重视改善民生和促进社会和谐，推进社会主义经济建设、政治建设、文化建设、社会建设，加快全面建设小康社会进程。

人民大会堂大礼堂内，花团锦簇，灯火辉煌，气氛热烈。主席台帷幕中央国徽高悬，10 面鲜艳的红旗分立两侧。

大会主席团常务主席、执行主席吴邦国主持大会。大会主席团常务主席、执行主席习近平、王兆国、路甬祥、乌云其木格、韩启德、华建敏、陈至立、周铁农在主席台执行主席席就座。

胡锦涛、温家宝、贾庆林、曾庆红、李长春、李克强、贺国强、周永康等和大会主席团成员在主席台就座。

十一届全国人大一次会议应出席代表 2987 人。今天上午的会议，出席 2970 人，缺席 17 人，出席人数符合法定人数。

上午 9 时，吴邦国宣布：中华人民共和国第十一届全国人民代表大会第一次会议开幕。全体起立，军乐队高奏国歌。

温家宝代表国务院向大会作政府工作报告。报告共分两大部分：一、过去五年工作回顾；二、2008 年主要任务。

温家宝说，十届全国人大一次会议以来的五年，是不平凡的五年。在中国共产党领导下，各级政府和全国各族人民认真贯彻党的十六大精神，齐心协力，顽强拼搏，积极应对复杂多变的国际环境，努力克服经济社会发展中的各种困难，战胜了突如其来的严重非典疫情和历史罕见的低温雨雪冰冻等特大自然灾害，改革开放和现代化建设取得了举世瞩目的重大成就。

温家宝从加强和改善宏观调控、促进经济平稳快速发展，大力推进改革开放、注重制度建设和创新，全面加强社会建设、切实保障和改善民生等三个方面，对过去五年的工作进行了全面回顾。温家宝说，过去五年，我们在丰富实践中积累了许多宝贵经验，主要体会是：必须坚持解放思想；必须坚持落实科学发展观；必须坚持改革开放；必须坚持搞好宏观调控；必须坚持执政为民；必须坚持依法行政。

温家宝指出，我们也清醒地认识到，经济社会发展和政府工作中还存在不少问题，国内外形势发展变化使我们面临许多新的挑战和风险：经济运行中一些突出问题和深层次矛盾依然存在，涉及群众切身利益的问题有待进一步解决，国际经济环境变化不确定因素和潜在风险增加，政府自身建设和管理需要加强。

在报告 2008 年主要任务时，温家宝说，今年是全面贯彻落实党的十七大精神的第一年，国民经济和社会发展的预期目标是：在优化结构、提高效益、降低消耗、保护环境的基础上，国内生产总值增长 8% 左右；居民消费价格总水平涨幅控制在 4.8% 左右；城镇新增就业 1000 万人，城镇登记失业率控制在 4.5% 左右；国际收支状况有所改善。

温家宝指出，今年要着重抓好九个方面的工作：搞好宏观调控，保持经济平稳较快发展；加强农业基础建设，促进农业发展和农民增收；推进经济结构调整，转变发展方式；加大节能减排和环境保护力度，做好产品质量安全工作；深化经济体制改革，提高对外开放水平；更加注重社会建设，着力保障和改善民生；深化文化体制改革，推动文化大发展大繁荣；加强社会主义民主法制建设，促进社会公平正义；加快行政管理体制改革，加强政府自身建设。

温家宝还就国防和军队建设，香港、澳门和台湾问题以及我国的外交政策作了阐述。

温家宝报告过程中，会场多次响起热烈掌声。

根据会议议程，大会印发了国务院关于2007年国民经济和社会发展计划执行情况与2008年国民经济和社会发展计划草案的报告、国务院关于2007年中央和地方预算执行情况与2008年中央和地方预算草案的报告，提请审查批准。

会议经过表决，通过了十一届全国人大一次会议表决十一届全国人大各专门委员会主任委员、副主任委员、委员人选的办法，通过了十一届全国人大财政经济委员会主任委员、副主任委员、委员名单。

在主席台就座的还有：王刚、王乐泉、王岐山、回良玉、刘淇、刘云山、刘延东、李源潮、吴仪、汪洋、张高丽、张德江、俞正声、徐才厚、郭伯雄、曹刚川、曾培炎、薄熙来、何勇、令计划、王沪宁、李铁映、司马义·艾买提、何鲁丽、丁石孙、成思危、许嘉璐、蒋正华、顾秀莲、热地、盛华仁、唐家璇、肖扬、贾春旺、王忠禹、廖晖、帕巴拉·格列朗杰、李贵鲜、张思卿、白立忱、罗豪才、张克辉、郝建秀、陈奎元、阿不来提·阿不都热西提、徐匡迪、李兆焯、黄孟复、张怀西、李蒙、董建华、张梅颖、张榕明和中央军委委员梁光烈、陈炳德、李继耐、廖锡龙、常万全、乔清晨、靖志远、吴胜利、许其亮等。

香港特别行政区行政长官曾荫权、澳门特别行政区行政长官何厚铧列席会议并在主席台就座。

十届全国人大常委会委员列席大会。

出席全国政协十一届一次会议的政协委员列席大会。

中央和国家机关有关部门、解放军及武警部队、各人民团体的有关负责人列席或旁听了大会。

各国驻华使节旁听了大会。

（新华社电）

政协第十一届全国委员会选出领导人

（2008年3月13日）

全国政协十一届一次会议13日下午在人民大会堂举行第四次全体会议。大会选举中共中央政治局常委贾庆林为全国政协主席，同时选出25位全国政协副主席。

25位全国政协副主席是：王刚、廖晖、杜青林、阿沛·阿旺晋美、帕巴拉·格列朗杰、马万祺、白立忱、陈奎元、阿不来提·阿不都热西提、李兆焯、黄孟复、董建华、张梅颖、张榕明、钱运录、孙家正、李金华、郑万通、邓朴方、万钢、林文漪、厉无畏、罗富和、陈宗兴、王志珍。钱运录同时当选为政协第十一届全国委员会秘书长。

会议还选举产生了政协第十一届全国委员会常务委员298人。

（新华社电）

全国政协十一届一次会议闭幕

（2008 年 3 月 14 日）

中国人民政治协商会议第十一届全国委员会第一次会议在圆满完成各项议程后，于 14 日上午在人民大会堂闭幕。会议号召，人民政协的各级组织、各参加单位和广大委员，紧密团结在以胡锦涛同志为总书记的中共中央周围，高举中国特色社会主义伟大旗帜，以邓小平理论和“三个代表”重要思想为指导，深入贯彻落实科学发展观，锐意进取、开拓创新，为夺取全面建设小康社会新胜利、谱写人民美好生活新篇章而努力奋斗。

全国政协主席贾庆林主持闭幕会。全国政协副主席王刚、廖晖、杜青林、帕巴拉·格列朗杰、白立忱、陈奎元、阿不来提·阿不都热西提、李兆焯、黄孟复、董建华、张梅颖、张榕明、钱运录、孙家正、李金华、郑万通、邓朴方、万钢、林文漪、厉无畏、罗富和、陈宗兴、王志珍在主席台前排就座。

胡锦涛、吴邦国、温家宝、曾庆红、李长春、习近平、李克强、贺国强、周永康等在主席台就座。

上午 9 时，闭幕会开始。贾庆林宣布，中国人民政治协商会议第十一届全国委员会第一次会议应出席委员 2236 人，今天实到 2148 人，符合法定人数。

会议通过了中国人民政治协商会议第十一届全国委员会第一次会议政治决议、中国人民政治协商会议第十一届全国委员会第一次会议关于常务委员会工作报告的决议、中国人民政治协商会议第十一届全国委员会第一次会议提案审查委员会关于政协十一届一次会议提案审查情况的报告。

贾庆林在讲话中说，政协第十一届全国委员会第一次会议是在全国各族人民深入学习贯彻中共十七大精神，为夺取全面建设小康社会新胜利而奋斗的新形势下召开的。在中共中央、全国人大常委会、国务院的高度重视和有关部门的大力支持下，经过全体委员的共同努力，这次大会开得圆满成功，取得丰硕成果，是一次与时俱进、继往开来的大会，是一次民主团结、凝聚力量的大会，是一次求实鼓劲、催人奋进的大会。

贾庆林指出，会议期间，委员们通过大会发言、提交提案、反映社情民意信息、参加小组讨论等形式，重点就转变经济发展方式和完善社会主义市场经济体制、发展社会主义民主政治、推动社会主义文化大发展大繁荣、办好北京奥运会和残奥会、保障和改善民生等问题咨政建言，提出了很多有价值的意见和建议，充分体现了人民政协这一政治组织和民主形式的独特优势，展示了广大政协委员致力发展、关注民生的时代风采。

贾庆林说，今年是全面贯彻落实中共十七大作出的战略部署的第一年，也是十一届全国政协的开局之年。做好今年的各项工作，意义重大，影响深远。人民政协要按照中共十七大作出的战略部署，适应形势发展的新变化，顺应人民群众的新期待，紧紧围绕党和国家工作大局，充分发挥自身特点和优势，更好地履行政治协商、民主监督、参政议政职能，为全面建设小康社会、坚持和发展中国特色社会主义作出新的贡献。

出席闭幕会的领导同志还有：王乐泉、王兆国、王岐山、回良玉、刘淇、刘云山、刘延东、李源潮、吴仪、汪洋、张高丽、张德江、俞正声、徐才厚、郭伯雄、曹刚川、曾培炎、薄熙来、何勇、令计划、王沪宁、李铁映、司马义·艾买提、何鲁丽、丁石孙、成思危、许嘉璐、蒋正华、顾秀莲、热地、盛华仁、路甬祥、乌云其木格、韩启德、唐家璇、华建敏、陈至立、肖扬、贾春旺、王忠禹、李贵鲜、张思卿、罗豪才、张克辉、周铁农、郝建秀、徐匡迪、张怀西、李蒙。

中共中央、国务院有关部门负责人列席闭幕会。各国驻华使节应邀旁听闭幕会。

大会在雄壮的国歌声中闭幕。

闭幕会后，胡锦涛等党和国家领导人与出席会议的全体政协委员合影留念。

（新华社电）

十一届全国人大一次会议选举产生新一届国家领导人

（2008 年 3 月 15 日）

第十一届全国人民代表大会第一次会议 15 日上午以无记名投票方式，选举胡锦涛为中华人民共和国主席、中华人民共和国中央军事委员会主席，选举吴邦国为第十一届全国人民代表大会常务委员会委员长，选举习近平为中华人民共和国副主席。

会议经过表决，批准了国务院机构改革方案。

十一届全国人大一次会议上午 9 时在人民大会堂举行第五次全体会议，大会执行主席、主席团常务主席王兆国主持。

今天的会议应出席代表 2987 人，出席 2967 人，缺席 20 人，出席人数符合法定人数。

会议首先经过表决，通过关于国务院机构改革方案的决定，批准了这个方案。会议要求，国务院要加强领导，周密部署，保证机构改革方案的顺利实施。

随后，会议进行选举。与会代表经过表决，通过了由 35 名代表组成的总监票人、监票人名单。王燕文、高万能为总监票人。

选举正式开始，监票人首先对设置在会场的 28 个票箱和电子计票系统进行了检查。接着，工作人员开始分发选票。4 种不同颜色的选举票分发到每一位代表手中。

根据大会通过的选举和决定任命的办法，第十一届全国人大常委会委员长、副委员长、秘书长，国家主席、副主席，国家中央军事委员会主席，进行等额选举；全国人大常委会委员进行差额选举，差额比例为 7%。

国家主席、副主席和国家中央军事委员会主席的选举票，用汉文和 7 种少数民族文字印制。全国人大常委会委员长、副委员长、秘书长、委员的选举票，印有少数民族文字对照表，与选举票同时发给少数民族代表，以便对照写票。

会场后区，设有秘密写票处。

9 时 45 分，总监票人、监票人首先投票。之后，代表们开始投票。投票结束后，总监票人报告了发出和回收选票的情况，选举有效。

经过计票，10 时 51 分，工作人员开始宣读计票结果。

王兆国宣布：

吴邦国当选为第十一届全国人民代表大会常务委员会委员长；王兆国、路甬祥、乌云其木格、韩启德、华建敏、陈至立、周铁农、李建国、司马义·铁力瓦尔地、蒋树声、陈昌智、严隽琪、桑国卫当选为第十一届全国人民代表大会常务委员会副委员长；李建国当选为第十一届全国人民代表大会常务委员会秘书长。

161 人当选为第十一届全国人民代表大会常务委员会委员。

胡锦涛当选为中华人民共和国主席，习近平当选为中华人民共和国副主席。

胡锦涛当选为中华人民共和国中央军事委员会主席。

公布选举结果过程中，全场多次响起经久不息的掌声。

再次当选国家主席、中央军委主席的胡锦涛，起身向代表们鞠躬致意。全场再次响起长时间的热烈掌声。

再次当选全国人大常委会委员长的吴邦国、新当选国家副主席的习近平等，也向代表们鞠躬致意。

大会执行主席华建敏、周铁农、艾力更·依明巴海、刘胜玉、李建国、张文岳、钱运录、储波等在主席台执行主席席就座。

（新华社电）

十一届全国人大一次会议在京闭幕

（2008 年 3 月 18 日）

中华人民共和国第十一届全国人民代表大会第一次会议，在圆满完成各项议程，产生新一届国家机构组成人员后，18 日上午在人民大会堂闭幕。

国家主席胡锦涛在闭幕会上发表了重要讲话。他指出，面对新形势新任务，我们一定要全面贯彻党的十七大精神，高举中国特色社会主义伟大旗帜，以邓小平理论和“三个代表”重要思想为指导，深入贯彻落实科学发展观，继续解放思想，坚持改革开放，推动科学发展，促进社会和谐，继续全面建设小康社会，加快推进社会主义现代化。

大会执行主席、十一届全国人大常委会委员长吴邦国主持今天的大会。

胡锦涛、温家宝、贾庆林、李长春、习近平、李克强、贺国强、周永康等党和国家领导人在主席台就座。

大会执行主席、十一届全国人大常委会副委员长王兆国、路甬祥、乌云其木格、韩启德、华建敏、陈至立、周铁农、李建国、司马义·铁力瓦尔地、蒋树声、陈昌智、严隽琪、桑国卫在主席台前排就座。

在为期 13 天半的会议期间，近 3000 名代表肩负全国各族人民的重托，认真履行宪法和法律赋予的职责，审议批准了政府工作报告和其他报告，总结了五年来我国各方面工作取得的重大成就和有益经验，明确提出了今年乃至今后五年的主要任务和工作部署，依法选举和决定任命了新一届国家机构领导人员。

2932 名代表出席今天的会议。

上午 9 时，吴邦国宣布大会开始。

会议经过表决，通过了关于政府工作报告的决议，批准了政府工作报告。会议认为，过去的五年，我国改革开放和现代化建设取得了举世瞩目的重大成就。会议充分肯定国务院五年来的工作，同意报告提出的 2008 年经济社会发展目标任务和工作部署。

会议表决通过了关于 2007 年国民经济和社会发展计划执行情况与 2008 年国民经济和社会发展计划的决议，批准了 2008 年国民经济和社会发展计划；表决通过了关于 2007 年中央和地方预算执行情况与 2008 年中央和地方预算的决议，批准了 2008 年中央预算。

会议还表决通过了关于全国人大常委会工作报告的决议、关于最高人民法院工作报告的决议、关于最高人民检察院工作报告的决议，决定批准这三个报告。

这些决议通过时，全场响起热烈的掌声。

完成这些议程后，胡锦涛发表了重要讲话。他对这次大会选举他继续担任中华人民共和国主席，对各位代表和全国各族人民的信任，表示衷心的感谢。

胡锦涛说，担任中华人民共和国主席这一崇高职务，使命光荣，责任重大。我一定忠实履行宪法赋予的神圣职责，恪尽职守，勤勉工作，为民服务，为国尽力，决不辜负各位代表和全国各族人民的重托。

胡锦涛说，我们新一届国家机构工作人员肩负着人民赋予的重任，一定要响应时代的召唤、顺应人民的意愿，在履行职责的过程中切实做到：

第一，坚持民主法治。我们要始终遵循党的领导、人民当家做主、依法治国有机统一，坚定不移地维护社会主义民主制度、发展社会主义民主政治，坚定不移地维护社会主义法制的统一、尊严、权威，弘扬法治精神，促进社会公平正义，确保社会和谐稳定。

第二，坚持以人为本。我们要始终履行全心全意为人民服务的根本宗旨，尊重人民主体地位，发挥人民首创精神，保障人民各项权益，当好人民公仆，诚心诚意为人民造福。

第三，坚持求真务实。我们要始终发扬解放思想、实事求是、与时俱进的精神，深入实际、深入群众，抓住机遇、应对挑战，勇于变革、勇于创新，按照客观规律办事，不断开创各项工作新局面。

第四，坚持清正廉洁。我们要始终保持不骄不躁、艰苦奋斗的作风，自觉树立社会主义荣辱观，正确使用手中的权力，诚心诚意接受人民监督，严于律己、廉洁奉公，兢兢业业、干干净净为国家和人民工作。

胡锦涛说，中华民族波澜壮阔的奋斗历程告诉我们：只有自强不息才能把握命运，只有与时俱进才能跟上时代，只有改革开放才能强国富民，只有艰苦奋斗才能成就伟业。

胡锦涛说，当今世界正在发生广泛而深刻的变化，当代中国正在发生广泛而深刻的变革，我国改革发展进入了关键阶段。我们坚信，不管前进道路上出现什么样的困难和风险，只要我们坚定不移地走中国特色社会主义道路，紧密团结、锐意进取、居安思危、埋头苦干，我们就一定能够夺取全面建设小康社会新胜利，开创中国特色社会主义事业新局面！我们就一定能够实现中华民族伟大复兴，为人类作出新的更大的贡献！

吴邦国随后也发表了讲话。他说，第十一届全国人民代表大会第一次会议，在全体代表的共同努力下，圆满完成了各项预定任务。会议充分发扬民主，严格依法办事，开得很成功，是一次高举中国特色社会主义伟大旗帜、全面贯彻落实党的十七大精神的大会，是一次与时俱进、民主团结、求实鼓劲的大会。这次大会必将进一步激励和动员全国各族人民，万众一心、奋发图强，为夺取全面建设小康社会新胜利、开创中国特色社会主义事业新局面而团结奋斗。他代表十一届全国人大及其常委会，向十届全国人大代表，向十届全国人大常委会和各专门委员会组成人员，致以崇高的敬意和诚挚的感谢。

吴邦国说，这次大会选举产生了十一届全国人大常委会，并选举我继续担任委员长。这是各位代表和全国各族人民对我们的信任，我代表十一届全国人大常委会组成人员表示衷心的感谢。他说，我们将同全体代表一起，忠诚履行宪法和法律赋予的职权，恪尽职守，勤勉工作，竭诚为国家和人民服务，不辜负全国各族人民的重托。

吴邦国说，今后五年，是我国全面建设小康社会的关键时期。十一届全国人大及其常委会要全面贯彻党的十七大精神，高举中国特色社会主义伟大旗帜，坚定不移地走中国特色社会主义道路，坚定不移地以中国特色社会主义理论体系为指导，坚持党的领导、人民当家做主、依法治国有机统一，围绕中心，突出重点，扎实工作，把人民代表大会制度坚持好、完善好，把依法治国基本方略贯彻好、实施好，把最广大人民的根本利益实现好、维护好。

胡锦涛、吴邦国的讲话赢得全场多次热烈的掌声。

9 时 40 分许，吴邦国宣布：中华人民共和国第十一届全国人民代表大会第一次会议胜利闭幕。

大会在雄壮的国歌声中结束。

在主席台就座的还有：王刚、王乐泉、王岐山、回良玉、刘淇、刘云山、刘延东、李源潮、汪洋、张高丽、张德江、俞正声、徐才厚、郭伯雄、薄熙来、何勇、令计划、王沪宁、梁光烈、马凯、孟建柱、戴秉国、王胜俊、曹建明、廖晖、杜青林、白立忱、陈奎元、阿不来提·阿不都热西提、李兆焯、黄孟复、董建华、张梅颖、张榕明、钱运录、孙家正、李金华、郑万通、邓朴方、万钢、林文漪、厉无畏、罗富和、陈宗兴、王志珍和李铁映、司马义·艾买提、何鲁丽、丁石孙、成思危、许嘉璐、蒋正华、顾秀莲、热地、盛华仁、肖扬、贾春旺、王忠禹、李贵鲜、张思卿、罗豪才、张克辉、郝建秀、徐匡迪、张怀西、李蒙，中央军委委员陈炳德、李继耐、廖锡龙、常万全、靖志远、吴胜利、许其亮，以及乔清晨。

香港特别行政区行政长官曾荫权、澳门特别行政区行政长官何厚铧列席会议并在主席台就座。

中央党政军群领导机关负责人，各民主党派中央、全国工商联负责人和无党派代表人士列席大会。各国驻华使节旁听了大会。

18日下午，胡锦涛等党和国家领导人在人民大会堂会见了出席十一届全国人大一次会议的全体代表，同他们合影留念。

（新华社电）

纪念中共中央发布“五一口号”60周年理论研讨会召开

（2008年4月17日）

纪念中共中央发布“五一口号”60周年理论研讨会17日在京召开。全国政协副主席、中共中央统战部部长杜青林出席会议并讲话。

杜青林指出，各民主党派、无党派人士积极响应中共中央“五一口号”，是一个在统一战线、多党合作乃至我国民主政治建设发展史上具有里程碑意义的重大历史事件。纪念“五一口号”发布60周年，就是要继承和发扬多党合作的优良传统，巩固多党合作的共同思想基础；总结多党合作的历史经验，推进多党合作事业蓬勃发展；着眼实现全面建设小康社会奋斗目标、推进中国特色社会主义伟大事业，充分发挥多党合作的巨大优越性。

杜青林强调，“五一口号”发布60年来，我国多党合作事业走过了光辉历程，在维护国家政局稳定，推动经济社会发展，促进中国共产党科学执政、民主执政、依法执政，加强国家政权建设和推进我国民主政治建设中发挥了重要作用。60年不平凡的历程给我们诸多深刻启示：要把马克思主义中国化最新成果，科学发展观的基本要求，贯彻落实到多党合作事业的各个方面。必须面向实际，坚持走中国特色的政治发展道路；必须充分发扬民主，逐步扩大公民有序的政治参与；必须广泛凝聚力量，充分体现大团结大联合的主题；必须倡导包容存异，努力营造宽松稳定的政治环境；必须不断创新发展，始终保持多党合作的生机活力。

杜青林指出，在新的历史起点上推进多党合作事业实现新发展，要求我们始终坚持中国特色社会主义这一根本方向，坚持“长期共存、互相监督、肝胆相照、荣辱与共”这一基本方针，坚持服务全面建设小康社会伟大实践这一中心任务，坚持推进多党合作制度化规范化程序化建设这一重要保障。当前，要集中各方智慧和力量，深入研究、回答和解决构建中国特色社会主义政党制度理论体系，确保多党合作坚持走中国特色政治发展道路，参政党在国家政治社会生活中的功能定位，新一代党外代表人士的人才培养，完善多党合作运行机制等重大理论和实践问题，不断推动多党合作制度的完善和实践的发展，使这一基本政治制度更加富有中国特色，更加富有生机活力，更加富有实效，在推进中国特色社会主义事业伟大进程中再铸新的辉煌。

1948年4月30日发布的《中共中央纪念“五一”劳动节口号》提出：“各民主党派、各人民团体、各社会贤达迅速召开政治协商会议，讨论并实现召集人民代表大会，成立民主联合政府。”得到了各民主党派、无党派人士的热烈响应，标志着各民主党派和无党派人士公开、自觉地接受了中国共产党的领导，坚定地走上新民主主义、社会主义的道路。

各民主党派中央副主席、无党派人士代表和有关专家学者作了发言。中央统战部、各民主党派中央负责人、无党派人士等约100人参加会议。

（《人民日报》）

各民主党派中央新老领导人赴西柏坡参观学习

（2008年4月23日）

经中共中央批准，20日至21日，中央统战部组织各民主党派中央新老领导人和无党派人士代表赴当年中共中央所在地西柏坡参观学习并举行纪念会，纪念民主党派、无党派人士响应中共“五一口号”60周年。这是全国统战系统纪念“五一口号”发布60周年、开展“薪火相传、共创未来”主题系列活动的重要内容。

1948年4月30日，中国共产党为动员全国各阶层人民实现建立新中国的光荣使命，发布了纪念“五一”劳动节口号。“五一口号”得到了民主党派、无党派民主人士的热烈响应，他们发表宣言、通电和谈话，并接受邀请奔赴解放区，与中国共产党共商建国大计。

全国政协副主席、中共中央统战部部长杜青林在纪念会上指出，民主党派响应中共“五一口号”，标志着民主党派在政治上接受中国共产党的领导。中国人民政治协商会议第一届全体会议的召开，标志着中国共产党领导的多党合作和政治协商制度正式确立。纪念“五一口号”，就是要薪火相传，把民主党派、无党派人士与中国共产党团结合作的政治信念、高尚风范和革命传统永远传承，发扬光大；坚定走中国特色社会主义政治发展道路，增强坚持中国共产党领导的自觉性，进一步激发团结奋斗的豪迈情怀，继续谱写多党合作事业的崭新篇章，共创中国特色社会主义伟大事业的光辉未来。

杜青林强调，当前，我国的发展正处在一个新的历史起点上，中共十七大描绘了全面建设小康社会、加快推进社会主义现代化的宏伟蓝图。希望各民主党派、无党派人士重温多党合作历史，继承发扬优良传统，坚持走中国特色社会主义政治发展道路，坚定不移地接受中国共产党的领导，巩固发展团结和谐的社会主义政党关系，积极推进全面建设小康社会伟大事业，积极推进社会主义民主政治建设，加强参政党自身建设，实现新老交替基础上的政治交接，与中国共产党真诚团结、亲密合作，共同致力于中国特色社会主义伟大事业。

民革中央主席周铁农、民建中央主席陈昌智代表各民主党派中央在会上讲话。

周铁农说，“五一口号”的发布和民主党派、无党派人士的热烈响应，是我国多党合作发展史上具有里程碑意义的一件大事，标志着民主党派自觉接受了新民主主义革命的纲领、路线和中国共产党的领导。今天，高举中国特色社会主义伟大旗帜，已经成为中国共产党和各民主党派的共同信念和理想；坚持走中国特色社会主义政治发展道路，已经成为中国共产党和各民主党派长期合作的政治基础。

陈昌智说，60年来特别是改革开放30年来的巨大成就充分证明，中国共产党是领导全国人民战胜一切困难险阻，从胜利走向胜利的领导核心和根本保证。我们要努力继承和发扬在长期实践中形成的优良传统，不断加强自身建设，努力提高参政能力，多献求真务实之策，多做开拓创新之事，与中国共产党风雨同舟，并肩奋斗，共同战胜困难与挑战，完成历史赋予的使命。

纪念会上，民进中央原第一副主席张怀西、民盟中央主席蒋树声代表各民主党派中央向西柏坡纪念馆赠送“薪火相传，共创未来”牌匾并揭牌。中共中央统战部向西柏坡纪念馆赠送“共铸乾坤”油画。中共河北省委书记张云川在会上作了发言。

韩启德、严隽琪、桑国卫、张梅颖、张榕明、万钢、林文漪、厉无畏、罗富和、陈宗兴、王志珍等民主党派中央负责人、无党派人士以及中共中央统战部和河北省有关负责人近200人参加了纪念活动。

（《人民日报》）

民主党派政治交接学习教育活动经验交流会在京召开

（2008年4月28日）

民主党派以坚持走中国特色社会主义道路为主题的政治交接学习教育活动经验交流会28日在京召开。各民主党派中央常务副主席分别介绍了各自党派开展政治交接主题学习教育活动一年来的情况、成绩及经验。

全国政协副主席、中共中央统战部部长杜青林应邀出席并讲话。他指出，开展政治交接学习教育活动，是发展社会主义民主政治、实现统一战线和多党合作事业可持续发展的战略举措。一年多来，民主党派各级组织坚持“自觉、自主、自为”的方针，开展了形式多样、富有成效的活动，取得了阶段性重要成果，进一步增强了走中国特色社会主义政治发展道路的信念，增强了服务全面建设小康社会的责任感和使命感，继承发扬了与中国共产党长期合作形成的优良传统，加强了民主党派的自身建设。在活动中，各民主党派从中央到地方各级组织，坚持把学习贯彻中共十七大精神作为贯穿学习教育活动的鲜明主线，把正确把握政治交接内涵作为学习教育活动的重要环节，把加强思想政治工作作为学习教育活动的重要手段，把提高自身素质作为学习教育活动的重要内容，探索和建立了一整套行之有效的方式方法，积累了许多新的宝贵经验。

杜青林强调，当前中国特色社会主义事业站在一个新的历史起点上，我国发展面临着前所未有的机遇和挑战，机遇大于挑战。多党合作事业特别是参政党的建设，也面临着新的机遇和挑战。希望各民主党派把深入开展政治交接学习教育活动与纪念中共中央发布“五一口号”60周年、改革开放30周年活动有机结合起来，毫不动摇地坚持中国共产党的领导，深入贯彻落实科学发展观，坚持把思想建设贯穿始终，不断深化领导班子建设，建立健全长效机制，切实把政治交接作为民主党派自身建设的历史课题，作为多党合作事业发展的基础性工程，不断向深度和广度推进。

民主党派的政治交接，旨在推动各民主党派中央领导班子在实现新老交替的同时，把民主党派老一辈在长期革命、建设和改革实践中形成的坚定政治信念、优良品质和优良作风一代一代传下去。经过长期的探索和努力，民主党派的政治交接取得了显著成绩，多党合作的政治基础更加巩固，政党关系更加和谐，民主党派自身建设不断加强，在推进中国特色社会主义建设过程中发挥了积极作用。去年，为更好地完成各民主党派中央和省级地方组织领导班子换届，实现新一轮的新老交替，巩固多党合作的政治基础，各民主党派决定利用2年左右的时间，在广大成员中广泛开展以坚持中国特色社会主义为主题的政治交接学习教育活动。

民革中央主席周铁农、民盟中央主席蒋树声、民建中央主席陈昌智、民进中央主席严隽琪、农工党中央主席桑国卫、九三学社中央主席韩启德、台盟中央主席林文漪、民盟中央第一副主席张梅颖、民建中央第一副主席张榕明等出席会议。

各民主党派中央领导人和部分地方组织，中共中央统战部和各省、自治区、直辖市党委统战部负责同志出席会议。

（新华社电）

纪念中共中央发布“五一口号”60周年座谈会在京举行 贾庆林出席并讲话

（2008年4月29日）

纪念中共中央发布“五一口号”60周年座谈会29日在北京举行。中共中央政治局常委、全国政协主席贾庆林出席座谈会并讲话。

1948年4月30日，中共中央发布纪念“五一”劳动节口号，号召“各民主党派、各人民团体、各社会贤达迅速召开政治协商会议，讨论并实现召集人民代表大会，成立民主联合政府”，得到各民主党派、无党派人士的热烈响应。

贾庆林在讲话中说，各民主党派、无党派人士热烈响应“五一口号”，标志着各民主党派、无党派人士自觉选择了中国共产党的领导，走上了新民主主义、社会主义的道路，揭开了我国多党合作事业发展的历史新篇章。60年来，我国多党合作事业蓬勃发展，为社会主义革命、建设和改革事业作出了重要贡献。

贾庆林指出，实践充分证明，中国共产党领导的多党合作和政治协商制度，是我国的一项基本政治制度，具有巨大的优越性，一定要始终不渝地坚持；是符合中国国情的伟大创造，具有强大的生命力，一定要毫不动摇地发展；是实现社会主义民主的重要形式，具有独特的作用，一定要坚定不移地推进。60年来，中国共产党和各民主党派、无党派人士在团结合作的实践中积累了丰富经验，为继续推动多党合作事业发展提供了重要启示，这就是必须坚持中国共产党的领导，必须坚持大团结大联合，必须坚持发扬社会主义民主，必须坚持平等协商，必须坚持民主监督。

贾庆林强调，当前，我国正处于改革发展的关键时期，多党合作事业面临着新的形势和任务。要以纪念中共中央发布“五一口号”60周年为契机，继承和发扬各民主党派、无党派人士在同中国共产党团结合作中形成的优良传统和宝贵经验，进一步推动多党合作事业蓬勃发展，巩固和壮大最广泛的爱国统一战线，共同把中国特色社会主义事业推向前进。要高举中国特色社会主义伟大旗帜，确保多党合作事业始终沿着正确方向前进；要努力推动科学发展，共同致力于实现全面建设小康社会奋斗目标；要坚持长期共存、相互监督、肝胆相照、荣辱与共的方针，搞好团结合作，发展我国各政党民主团结、生动活泼的和谐政治关系；要加强自身建设，把执政党建设和参政党建设更好地统一于多党合作、共创伟业的历史进程中，努力形成执政党建设同参政党建设相互促进的良好局面。

座谈会上，民革中央主席周铁农、民盟中央主席蒋树声、民建中央主席陈昌智、民进中央主席严隽琪、农工党中央主席桑国卫、致公党中央主席万钢、九三学社中央主席韩启德、台盟中央主席林文漪、无党派人士代表陈竺等分别发言。大家认为，各民主党派、无党派人士热烈响应中共中央“五一口号”，在我国多党合作发展史上具有里程碑意义。回顾历史是为了更好地面向未来，我国多党合作的历史和经验，集中到一点，就是只有中国共产党的领导，才能彻底实现国家独立和民族解放；只有坚持中国共产党的领导，中国人民才有光明的前途和未来。

座谈会由全国政协副主席、中共中央统战部部长杜青林主持。

张梅颖、张榕明、厉无畏、罗富和、陈宗兴、王志珍和何鲁丽、成思危、许嘉璐、蒋正华、罗豪才、张怀西、李蒙，各民主党派中央、全国工商联有关负责人，无党派人士代表，中央和国家机关有关部门、统战系统有关单位负责人以及出席“政治交接主题学习教育活动经验交流会”的全体人员出席了座谈会。

（《人民日报》）

贾庆林赴四川地震灾区指导抗震救灾工作
各民主党派中央、全国工商联领导人一同前往

（2008 年 5 月 29 日）

中共中央政治局常委、全国政协主席贾庆林 5 月 29 日中午专程奔赴四川地震灾区，慰问受灾群众，看望救援人员，实地察看灾情，了解抗震救灾工作进展，指导抗震救灾工作。各民主党派中央、全国工商联领导人一同前往。

在飞往成都的飞机上，贾庆林摊开灾区航空遥感影像图，同全国政协副主席、中共中央统战部部长杜青林、民革中央主席周铁农、民盟中央主席蒋树声、民建中央主席陈昌智、民进中央主席严隽琪、农工党中央主席桑国卫、致公党中央主席万钢、九三学社中央副主席王志珍、台盟中央主席林文漪、全国工商联主席黄孟复，分析地震灾情和抗震救灾工作进展情况，研究部署抗震救灾工作。贾庆林说，灾情不仅时刻牵动着中共中央、国务院和全国各族人民的心，也紧紧牵动着各民主党派、工商联等统一战线各界人士的心。我们要以为国奉献、为民服务的态度，以认真细致、深入扎实的作风，深入了解灾区人民所急所需所盼，深入了解当前抗震救灾工作最重要最紧迫的问题，提出更多有价值的意见建议，为党和政府科学决策提供重要参考。

下午 4 时许，贾庆林等飞抵成都太平寺机场，立即同四川省委书记刘奇葆、省长蒋巨峰等一起前往四川省人民医院，亲切慰问正在这里接受治疗的受伤群众和救援人员。四川省人民医院收治了大量地震伤员。贾庆林来到受伤学生郭婷婷病床前，弯下身关切地询问："伤口疼不疼？对救治满不满意？"当听到贾婷婷说"不太疼"、"医生护士都很关心我"时，贾庆林鼓励她说："你很顽强，党和政府都非常关心你，你要增强信心，好好养伤，早点回到学校读书。"贾庆林还送给她一套奥运福娃玩具，并提前祝她和灾区的少年儿童六一节快乐。因救灾而受伤的刘文是民兵预备役人员，贾庆林对广大不畏艰险、奋勇救灾的救援人员表示感谢，并祝受伤救援人员早日康复。在慰问羌族受伤人员李孝斌时，贾庆林特意对当地的干部说，在重建的过程中要充分考虑少数民族的特点，充分体现民族特色，注重保护少数民族文化。贾庆林祝受伤的群众早日康复，他还叮嘱医务人员，要继续大力发扬救死扶伤的人道主义精神，发扬不辞辛劳、无私奉献的优良作风，全力治疗受伤群众，减轻他们的病痛，帮助他们早日恢复健康。

面对特大地震灾害，四川省各级政协组织和统战部门按照省委的统一部署，全力以赴投身抗震救灾。贾庆林对此给予充分肯定。贾庆林在看望四川省政协机关和统战部门干部时指出，要认真学习领会、坚决贯彻落实中共中央关于抗震救灾的决策部署，进一步增强责任感和使命感，广泛凝聚各方面的智慧和力量，全力协助党和政府做好安置受灾群众、恢复生产、灾后重建、维护稳定等工作。

贾庆林还会见了海内外佛教、道教界人士，对他们踊跃为地震灾区捐款捐物，并以各种方式开展祈福消灾活动，表示衷心感谢。

29 日晚上，贾庆林在火车上连夜听取了四川省委、省政府抗震救灾工作情况的汇报。他强调，要认真学习领会胡锦涛总书记的重要讲话精神，坚决贯彻执行党中央、国务院的决策部署，坚持以人为本，在继续做好被困群众搜救工作的同时，把安置受灾群众、恢复生产、灾后重建摆在更加突出的位置，扎扎实实做好抗震救灾各项工作，坚决打胜抗震救灾这场硬仗。要妥善安置被转移的受灾群众，当务之急就是要全力解决住的问题；要充分发挥社会主义制度集中力量办大事的优势，举全国之力，切实抓好灾后重建；抗震救灾是刻不容缓，恢复生产是长远之计，要在做好抗震救灾工作的同时，统筹安排各方面力量，尽快恢复生产；要广泛动员统一战线成员和政协委员投身抗震救灾斗争，充分发挥统一战线和人民政协的优势

和作用，为夺取抗震救灾和灾后重建的全面胜利作出重要贡献。

（新华社电）

贾庆林深入震中区映秀镇等地察看灾情 在成都召开各民主党派、工商联抗震救灾座谈会

（2008年5月30日）

中共中央政治局常委、全国政协主席贾庆林30日先后来到汶川特大地震震中区的映秀镇和都江堰市等重灾区，实地察看灾情，慰问看望灾区干部群众和救援人员，指导抗震救灾工作。他代表中共中央和胡锦涛总书记，在成都主持召开各民主党派、工商联抗震救灾座谈会。

30日一早，贾庆林乘直升机前往映秀镇察看灾情。一下直升机，贾庆林就踏着泥泞的道路，来到受灾群众面前，关切地询问灾情及抗震救灾情况。当得知受灾群众得到较好安置，贾庆林说，你们受苦了，党和政府正尽最大努力安排好大家的生活，希望你们振作精神，奋起自救，恢复生产，创造未来美好生活。

在地震废墟上，人民解放军指战员、武警部队官兵、民兵预备役人员和公安民警等正在紧张有序工作。贾庆林走到他们中间说，你们冲锋在前、不畏艰险、不怕牺牲、连续作战，发挥了主力军和突击队的重大作用。希望继续发扬优良传统，切实担负起艰巨的任务，发挥关键的作用，全力以赴地做好抗震救灾的各项工作。

贾庆林一直惦念着灾区的孩子们，他来到都江堰市幸福家园赈灾居民安置点看望学生。帐篷幼儿园的孩子们高喊着“贾爷爷好贾爷爷好”跑过来，贾庆林亲切地抱起一个个孩子；在临时教室，小学生们为贾庆林系上红领巾，争着说他们的学习生活情况……贾庆林动情地对孩子们说，你们有的失去了亲人，有的失去了老师、同学。我和你们一样难过和痛心。现在，看到你们都很坚强，我非常欣慰，看到了祖国的希望。六一儿童节快到了，祝同学们节日快乐。

离开学校，贾庆林来到紫坪铺水库察看大坝受损情况。他强调，要确保水库大坝安全，继续加强监测，做到万无一失。

下午，贾庆林来到广汉市赈灾救助中心。贾庆林对工作人员说，你们直接面对受灾群众，要扎实做好赈灾物资发放工作，及时把党和政府的关怀、社会各界的关爱送给受灾群众。贾庆林对在场的志愿者说，你们对受灾群众表现出了深厚的同胞之爱、手足之情，充分体现了“自愿、奉献、友爱、互助”的志愿者精神。

直升机在这次救灾中特别是在唐家山堰塞湖排危抢险中，发挥了重要作用。贾庆林在民航飞行学院直升机抗震救灾指挥中心对指挥人员说，希望大家继续全力以赴地做好直升机抗震救灾保障工作，为夺取抗震救灾斗争的全面胜利作出新贡献。

随后，贾庆林在成都主持召开各民主党派、工商联抗震救灾座谈会。他指出，各民主党派、工商联和无党派人士，充分发挥自身优势，广泛动员各方面力量，支持和参与抗震救灾斗争，发挥了独特作用，作出了重要贡献。患难之际见真情。这次抗震救灾是对中国人民精神和意志的一次重大考验，也是各民主党派、工商联和无党派人士同中国共产党风雨同舟、团结奋斗的又一次深刻体现。他希望统一战线各方面成员切实增强做好抗震救灾工作的责任感和使命感，协助党和政府解决好当前灾区最重要最紧迫的问题；充分运用和挖掘各方面资源，努力为灾后重建献计出力；紧紧抓住发展这个第一要务，为促进经济社会又好又快发展作出贡献。

中共中央政治局委员、国务院副总理、国务院抗震救灾总指挥部副总指挥回良玉在座谈会上讲话。全国政协副主席、中共中央统战部部长杜青林出席座谈会。

民革中央主席周铁农、民盟中央主席蒋树声、民建中央主席陈昌智、民进中央主席严隽琪、农工党中央主席桑国卫、致公党中央主席万钢、九三学社中央副主席王志珍、台盟中央主席林文漪、全国工商联主席黄孟复、无党派人士代表陈竺，分别结合实地察看情况发言，就受灾群众安置、恢复生产、灾后重建等建言献策，提出许多有价值、有见地的意见和建议。他们表示要坚决贯彻执行中共中央的决策部署，团结和带领广大成员和所联系群众，自觉肩负起抗震救灾的重任，为夺取抗震救灾斗争胜利和促进经济社会发展作出更大贡献。

座谈会后，贾庆林又连夜赶往绵阳灾区。

杜青林和各民主党派中央、全国工商联领导人还一同参加了看望慰问。

（新华社电）

中共中央、国务院在京召开省区市和中央部门主要负责同志会议

（2008 年 6 月 13 日）

中共中央、国务院 13 日上午在北京召开省区市和中央部门主要负责同志会议。

中共中央总书记、国家主席、中央军委主席胡锦涛，中共中央政治局常委、全国人大常委会委员长吴邦国，中共中央政治局常委、国务院总理温家宝，中共中央政治局常委、全国政协主席贾庆林，中共中央政治局常委李长春，中共中央政治局常委、中央书记处书记、国家副主席习近平，中共中央政治局常委、国务院副总理李克强，中共中央政治局常委、中央纪委书记贺国强，中共中央政治局常委、中央政法委书记周永康出席会议。

胡锦涛在会上发表重要讲话，全面分析了当前形势，提出了做好抗震救灾和恢复重建、推动经济社会又好又快发展、筹办北京奥运会等工作的总体要求和主要任务。温家宝在讲话中通报了前一阶段抗震救灾工作情况和当前经济形势，对地震灾后恢复重建对口支援、保持经济发展良好势头等工作作了具体部署。

会议强调，这次会议是在国际国内形势出现不少新的复杂因素、党和国家工作面临不少新的严峻挑战的情况下召开的。今年以来，全党全国全面贯彻党的十七大精神，以邓小平理论和“三个代表”重要思想为指导，深入贯彻落实科学发展观，全面推进经济建设、政治建设、文化建设、社会建设和党的建设，党和国家各项工作取得了新的重大进展。同时，我们也遇到了不少严峻挑战。面对这些复杂因素和严峻挑战，中央及时作出决策部署，各级党委和政府坚决贯彻落实中央的要求，带领广大干部群众万众一心、团结奋斗、沉着应对，保持了改革发展稳定的大局。当前，抗震救灾工作进入安置受灾群众和恢复重建前期准备阶段，实现今年经济社会发展预期目标进入关键时期，北京奥运会开幕在即，形势逼人，任务艰巨，全党同志必须统一思想认识、坚定必胜信心、全力做好工作。

会议强调，四川汶川特大地震是新中国成立以来破坏性最强、波及范围最广、救灾难度最大的一次地震，给四川、甘肃、陕西、重庆等地人民生命财产和经济社会发展造成重大损失。地震发生后，在党中央、国务院和中央军委坚强领导下，在国务院抗震救灾总指挥部直接指挥下，全党全军全国各族人民众志成城，各省区市和各部门紧急行动，人民解放军指战员、武警部队官兵、民兵预备役人员和公安民警勇挑重担，广大医疗卫生人员、新闻工作者、科技工作者齐心协力，灾区广大干部群众奋勇自救，各民主党派、各人民团体以及社会各界全力支援，各方志愿者自觉参与，香港同胞、澳门同胞、台湾同胞以及海外

华侨华人踊跃捐助，国际社会积极施援，形成了抗击地震灾害的强大力量，展开了气壮山河的抗震救灾斗争。经过前一阶段艰苦卓绝的努力，最大限度地解救了被困群众，受灾群众基本生活初步得到安排，社会秩序保持总体稳定，抗震救灾工作取得了重大阶段性胜利，显示了党和人民的伟大力量，弘扬了中华民族的伟大精神，谱写了自强不息、团结奋斗的英雄凯歌。

会议指出，当前抗震救灾形势依然严峻、任务十分繁重。要坚持以人为本，继续全力以赴做好救治伤员、安置受灾群众、加强卫生防疫、防范次生灾害、抢修基础设施等方面的工作，并在这个基础上，尽快开展灾后恢复重建工作。地震灾后恢复重建是一项十分艰巨的任务，必须全面贯彻落实科学发展观，充分发挥社会主义制度能够集中力量办大事的政治优势，举全国之力，精心规划、精心组织、精心实施，扎扎实实做好工作。一是要坚持一方有难、八方支援。灾区群众是祖国大家庭的一员，帮助灾区群众及早重建家园、恢复正常生活生产，是大家的共同心愿和义不容辞的职责。中央决定，按照“一省帮一重灾县”的原则，建立对口支援机制。要按照加强领导、抓紧实施，依据规划、有序开展，统一政策、有力保障，善始善终、搞好衔接的要求，在规划编制、建筑设计、专家咨询、工程建设和监理、城乡居民住房和基础设施、公共服务设施建设、恢复生产等方面认真做好对口支援工作。中央将采取一系列政策措施，拨出专项资金，大力支持地震灾后恢复重建。中央各部门也要按照中央要求做好支持地震灾后恢复重建工作。二是要坚持自力更生、艰苦奋斗。要动员和激励灾区广大干部群众发扬在抗震抢险斗争中表现出来的英勇气概，注重把政府推动和运用社会各方面力量结合起来、把建设物质家园和建设精神家园结合起来，坚定大灾面前压不垮、大难面前不低头的决心和信心，互帮互助、苦干实干，在中央和全国各地大力支持下，用自己的双手和辛勤劳动重建美好家园。三是要坚持科学规划、分步推进。地震灾后恢复重建是百年大计，要从长计议，经得起实践和历史的检验。要尊重规律、运用规律，深入调查、缜密研究，发扬民主、集思广益，总体安排、分步推进，坚持科学民主决策，充分听取包括地震灾区干部群众在内的各方面的意见和建议，在科学规划、科学设计、科学施工的前提下有重点、分步骤、高质量地推进恢复重建工作。四是要坚持因地制宜、分类指导。地震灾后恢复重建要从当地实际出发，与经济社会发展水平相适应，全面统筹、分类指导，立足当前、着眼长远，保证重点、兼顾一般，加强资源综合利用，努力争取最大效益和最好效果，让灾区人民满意，让全国人民满意。

会议指出，为了加快地震灾后恢复重建，中央制定了《汶川地震灾后恢复重建对口支援方案》，组织广东、江苏、上海、山东、浙江、北京、辽宁、河南、河北、山西、福建、湖南、湖北、安徽、天津、黑龙江、重庆、江西、吉林，对口支援四川省18个县（市）和甘肃省、陕西省受灾严重地区。承担对口支援任务的地方，要按照中央的统一部署，积极为灾区提供人力、物力、财力、智力等各种形式的支持，优先解决受灾群众基本生活条件，夯实灾区自我发展的基础和能力。

会议指出，重大自然灾害给人类造成重大损失，也加深了人类对客观规律的认识。我们要组织力量，对这次汶川特大地震以及抗震救灾工作进行系统的研究总结，从而更加深刻地认识和把握我国自然灾害频发的国情，更加有效地提高防灾减灾能力、加强全社会灾害防范教育、完善应急体制机制，更加有力地保护人民生命财产安全和经济社会发展成果。

会议强调，实践再一次告诉我们，发展是党执政兴国的第一要务，只有发展才能为我们应对各种困难和风险打下坚实物质基础。今年以来，各级党委和政府坚决贯彻落实中央关于今年经济工作的决策部署，保持了经济平稳较快发展的势头。特大地震灾害和国际经济不利因素没有改变我国经济平稳较快发展的基本面，国民经济继续朝着宏观调控的预期方向发展。这说明中央的方针政策和部署是完全正确的，宏观调控是卓有成效的，也说明我国经济社会发展具有强劲的动力和活力，具有应对困难局面的能力。同时，我们也要看到，今年经济社会发展面临十分复杂的局面，不确定因素增加。我们既要正确估计我国经济社会发展的有利条件和积极因素，坚定做好各项工作的信心；又要充分认识面临的问题和挑战，增强风险意识和忧患意识，积极做好应对各种困难局面的充分准备。

会议强调，我们要继续深入贯彻落实科学发展观，加强和改善宏观调控，增强宏观调控的预见性、针对性、灵活性，把握好宏观调控的重点、节奏、力度，深化改革开放，推进经济结构调整和发展方式转变，加大稳健的财政政策对结构调整、保障民生、地震灾后恢复重建的支持，全面完成经济社会发展各项任务。一是要综合运用经济、法律和必要的行政手段，以经济手段为主，注重标本兼治、远近结合，着力在治本上下工夫，千方百计抑制价格总水平过快上涨。要加强粮食、食用植物油、肉类等基本生活必需品和其他紧缺商品的生产，完善储备体系，确保重要产品和物资的有效供给。要提高价格调控的预见性，加强价格监测，加强市场监管，维护市场秩序。二是要全力抓好农业生产。要落实各项支农惠农政策，加大对农业的投入力度，提高农业综合生产能力。要始终坚持立足国内，实现粮食基本自给的方针，牢牢把握解决粮食问题的主动权。要加强对农业生产的组织，确保夏收夏种顺利完成，抓好秋粮生产，力争全年粮食获得好收成。受灾地区尤其要落实好各项扶持政策，抓好抢收抢种，严密防控重大动物疫情，加快水利重建，切实抓好农业生产恢复和发展。要强化协调配合，强化技术指导，切实做好防汛抗洪减灾工作。三是要扎实推进经济发展方式转变。要加快产业结构优化升级，加紧推进节能减排各项工作，大力优化投资结构，稳定和完善外贸政策。四是要进一步加强金融监管，促进资本市场健康发展，保持房地产市场稳定，切实防范金融风险。五是要积极推进重点领域和关键环节改革，在正确处理改革发展稳定的关系下，积极应对挑战，勇于克服困难，努力拓展对外开放广度和深度，加快提高开放型经济水平。要在全国大力开展增收节支、勤俭节约活动，优化支出结构，提高资金使用效益，严格控制行政开支，把资源更多用在地震灾后恢复重建上，用在解决群众生产生活困难上，用在国家经济社会发展最急需的地方。

会议强调，举办奥运会，是中华民族的百年期盼，是海内外中华儿女的共同心愿，也是我们对国际社会的郑重承诺。不论遇到什么困难和挑战，我们都要顺应全国各族人民的共同心愿，履行我们作出的国际承诺，坚决办好北京奥运会。现在距北京奥运会开幕不到两个月了，时间非常紧迫。我们必须更加发奋努力、更加深入细致地做好各项筹办工作，确保办成一届有特色、高水平的奥运会。要抓紧做好抗震救灾工作，尽快把受灾群众安置好，为举办北京奥运会营造良好氛围。要加强宣传舆论工作，引导广大干部群众深刻认识办好北京奥运会的重大意义，以任何困难都压不倒的英雄气概，更加出色地当好东道主、办好奥运会。要抓紧做好北京奥运会开幕式、闭幕式筹备工作，鼓励我国体育健儿大力发扬抗震救灾斗争中表现出来的顽强精神，强化训练，扎实备战，努力在北京奥运会上取得优异成绩。要深入做好奥运宣传工作，广泛开展迎奥运、讲文明、树新风活动，结合各类群众性精神文明创建活动开展丰富多彩的活动，形成讲文明、重礼仪、团结友善、热情好客的良好风尚。要全力做好奥运安保工作。

会议强调，要坚持在经济发展的基础上，进一步调整国民收入分配和财政支出结构，不断加大保障和改善民生工作力度，加强就业和社会保障工作，加快建立覆盖城乡居民的社会保障体系，大力发展教育、卫生、文化事业，加快建立基本医药卫生制度，切实解决好人民最关心、最直接、最现实的利益问题。当前，要重点做好困难群众就业、高校毕业生就业工作，及时帮助零就业家庭解决就业困难，特别是要大力帮助受灾地区劳动力就业，尽可能安排受灾群众参与灾后恢复重建；重点完善和落实城乡居民最低生活保障制度，加强对受灾群众、城乡特困户等困难群众的社会救助，妥善安排灾区孤儿、孤老、孤残生活；重点帮助受灾地区学生恢复上课，保证考上大学的贫困家庭子女和受灾地区学生都能入学；重点做好灾区卫生防疫工作，做好临时安置群众医疗卫生工作；重点保障受灾群众有临时和过渡住所，扶持有条件的受灾群众尽快重建家园，多渠道解决城市低收入家庭住房困难。

会议指出，各级党委和政府要全面分析和把握影响社会稳定的各种因素，抓紧完善维护社会稳定的体制机制和政策措施，确保社会大局稳定。要深刻认识和准确把握新形势下人民内部矛盾的特点和规律，发挥党和政府主导的维护群众权益机制的作用，加强思想政治工作，加强基层基础工作，深入开展矛盾纠纷排查化解工作，依法及时合理处理群众反映的问题。尤其要深入了解受灾群众的利益要求，对涉及群众切身利益的各种问题能够解决的要抓紧解决，引导他们稳定情绪、增强生活勇气，积极投入地震灾后恢复重建工作中去。要加强社会治安综合治理，深入开展平安创建活动，营造良好社会治安环境。要深入做好维护西藏和其他藏区社会稳定工作，坚决维护社会主义法制、维护人民群众根本利益。

会议强调，各级党委要增强政治意识、大局意识、责任意识，坚决贯彻落实中央的决策部署，紧紧围绕全党的中心任务，坚持一手抓抗震救灾工作，一手抓经济社会发展，更好地发挥领导核心作用。各级领导干部要深入基层、深入群众、深入一线，及时发现和解决工作中存在的突出矛盾和问题。要继续按照党的十七大对加强和改进党的建设作出的战略部署，全面推进党的建设各项工作，尤其要把深入学习实践科学发展观活动和引导广大干部讲党性、重品行、作表率与当前工作紧密结合起来，在各项工作中充分发挥党委的领导核心作用、基层党组织的战斗堡垒作用、领导干部的模范带头作用、共产党员的先锋模范作用。

会议指出，要大力弘扬抗震救灾的伟大精神，大力宣传抗震救灾斗争中涌现出来的先进思想和模范事迹，使之转化为自力更生、艰苦奋斗、重建家园的坚定意志，转化为办好奥运、建设祖国的实际行动，转化为推动科学发展、促进社会和谐的强大力量。广大党员、干部要牢记全心全意为人民服务的根本宗旨，关心群众疾苦，倾听群众呼声，千方百计为群众排忧解难，带头发扬艰苦奋斗精神，做到吃苦在前、享受在后。各级干部特别是领导干部要坚持实事求是、求真务实，扎扎实实为人民群众办实事、办好事，使我们作出的决策、采取的举措、开展的工作符合实际情况和客观规律，符合人民群众的愿望和利益，努力创造经得起实践、人民、历史检验的实绩。

会议强调，在前进道路上，我们还会遇到这样那样的困难和风险的挑战。我们一定要居安思危、未雨绸缪，把前进道路上可能遇到的困难设想得更严峻一些，把各项应对预案搞得更周密一些，把各方面工作做得更细致一些，经受住任何困难和风险考验，不断把党和国家事业推向前进。

王刚、王乐泉、王兆国、王岐山、回良玉、刘淇、刘云山、刘延东、李源潮、汪洋、张高丽、张德江、俞正声、徐才厚、郭伯雄、薄熙来、何勇、令计划、王沪宁、路甬祥、乌云其木格、韩启德、华建敏、陈至立、周铁农、李建国、蒋树声、陈昌智、严隽琪、桑国卫、梁光烈、马凯、孟建柱、戴秉国、王胜俊、曹建明、廖晖、杜青林、白立忱、陈奎元、阿不来提·阿不都热西提、李兆焯、黄孟复、董建华、张梅颖、张榕明、钱运录、孙家正、李金华、郑万通、邓朴方、林文漪、厉无畏、罗富和、陈宗兴、王志珍和顾秀莲，中央军委委员陈炳德、李继耐、廖锡龙、常万全、靖志远、吴胜利、许其亮等出席了会议。

各省区市、中央各部门、中央管理的部分企业主要负责同志，军队各大单位和武警部队主要负责同志出席会议。国务院抗震救灾总指挥部、北京奥组委等有关方面负责同志列席会议。

（《人民日报》）

统一战线人士考察北京奥运会比赛场馆和各项设施

（2008 年 7 月 16 日）

各民主党派中央、全国工商联负责人，无党派人士和全国性宗教团体负责人 16 日考察了北京奥运会的比赛场馆和各项设施。考察前，中共中央政治局委员、北京市委书记、北京奥组委主席刘淇与全国政协副主席、中共中央统战部部长杜青林一行进行了座谈。

刘淇代表北京市委、市政府和北京奥组委向各民主党派中央、全国工商联负责人，无党派人士和全国性宗教团体负责人在京考察表示欢迎，并介绍了奥运筹备工作的有关情况。他说，奥运筹办工作得到了各民主党派中央、全国工商联、无党派人士和全国宗教界的大力支持，目前北京奥运会各项筹办工作已准备就绪。奥运各项工程建设、城市基础设施建设已经完工，赛时指挥体系开始运行，世界各地的记者已来采访，各项接待服务工作已经就绪，节俭办奥运的方针得到落实，“三大理念”取得了一批实践成果，全国人民支持奥运、期盼奥运，我们有信心在党中央领导下，举办一届有特色、高水平的奥运会。

刘淇指出，要按照党中央要求，更加注重细节、精益求精，把奥运筹办工作中出现的问题消灭在萌芽状态，不辜负党和人民的期望，交出一份满意的答卷。他希望统一战线人士在考察中为奥运筹办工作多提宝贵意见，为办好奥运会献计出力作出贡献，通过我们共同努力，实现中华民族的百年梦想。

杜青林对奥运筹办工作所取得的成绩感到高兴。他说，奥运筹办工作取得的巨大成就，充分体现了中国共产党的坚强领导，体现了社会主义制度集中力量办大事的巨大优势，体现了改革开放30年我国综合国力的显著增强，体现了中华民族强大的凝聚力，展示了北京作为中国首都的豪迈气魄、创新精神和国际水准。统一战线广大成员要认真学习、宣传和弘扬奥运精神，更加积极地关心奥运、支持奥运、奉献奥运，立足本职岗位、发挥自身优势，把智慧和力量进一步凝聚到共襄奥运盛举上来。要以高度的政治责任感，切实做好民族、宗教和西藏等统一战线各项工作，积极协调关系、化解矛盾，努力营造团结和谐的社会环境，为举办有特色、高水平的北京奥运会作出积极贡献。

全国政协副主席罗富和、陈宗兴，各民主党派中央、全国工商联负责人，无党派人士和全国性宗教团体负责人，中共中央统战部以及北京市有关方面同志参加了座谈和考察活动。

（新华社电）

中共中央召开党外人士座谈会
就当前经济形势和经济工作听取意见

（2008年7月21日）

中共中央7月21日上午在中南海召开党外人士座谈会，就经济工作听取各民主党派中央、全国工商联领导人和无党派人士的意见和建议。中共中央总书记胡锦涛主持座谈会并发表重要讲话。他强调，做好经济工作，对于夺取抗震救灾全面胜利、办好北京奥运会、纪念改革开放30周年都具有十分重要的意义。我们要深入贯彻落实科学发展观，坚持发展是硬道理的战略思想，增强忧患意识，坚定必胜信心，牢牢掌握主动权，全面扎实做好各项经济工作。

中共中央政治局常委温家宝、贾庆林、习近平、李克强出席座谈会。温家宝通报了当前我国经济运行的情况，并介绍了中共中央、国务院关于做好下半年经济工作的基本方针和主要任务。

座谈会上，民革中央主席周铁农、民盟中央主席蒋树声、民建中央主席陈昌智、民进中央主席严隽琪、农工党中央主席桑国卫、致公党中央主席万钢、九三学社中央主席韩启德、台盟中央主席林文漪、全国工商联主席黄孟复、无党派人士胡四一先后发言。他们认为，今年以来，在以胡锦涛同志为总书记的中共中央领导下，我们一手抓抗震救灾工作，一手抓经济社会发展，保持了我国经济平稳较快发展的势头。他们表示赞成中共中央、国务院对当前我国经济形势的分析和对下半年经济工作的考虑，并就搞好宏观调控、抑制物价过快上涨、完善金融和财税政策、推进科技创新、加快结构调整、推进节能减排、关心群众生活、做好地震灾区恢复重建工作等提出了意见和建议。

在认真听取了大家的发言后，胡锦涛发表了重要讲话。他说，大家提出了很有见地的意见和建议，我们将认真研究、积极采纳。胡锦涛指出，今年以来，面对复杂多变的国际国内环境，我们认真贯彻落实中共十七大精神，以邓小平理论和“三个代表”重要思想为指导，深入贯彻落实科学发展观，坚持改革开放，加强和改善宏观调控，着力解决突出问题，保持了经济平稳较快发展的势头。胡锦涛代表中共中央、国务院，对各民主党派、工商联和无党派人士为抗灾救灾和灾后恢复重建、促进经济社会又好又快发展作出的积极贡献表示衷心的感谢。

胡锦涛强调，在充分肯定成绩的同时，我们必须深入分析当前我国经济发展面临的国际国内挑战和风险，加强研判，妥善应对。我们的战略判断仍然是：机遇前所未有，挑战也前所未有，机遇大于挑战。下半年经济工作的目标，要继续保持经济平稳较快增长、努力推动经济社会又好又快发展，继续把抑制物价过快上涨摆在突出位置、努力把物价涨幅控制在合理的区间内。为了实现这个目标，必须稳定政策，保持政策的连续性和稳定性；必须适时微调，把握好宏观调控的重点、节奏、力度；必须坚持区别对待、有保有压，灵活而准确地解决问题。

胡锦涛就做好下半年经济工作提出六点要求。一是全力保持经济平稳较快发展。要着力扩大国内需求尤其是消费需求，同时保持对外贸易平稳增长，充分利用国际国内两个市场、两种资源推动经济发展。要努力增加煤电油供给，支持中小企业解决生产经营困难，引导资本市场、房地产市场健康发展，稳定对经济发展的预期。二是有效抑制物价过快上涨。要继续综合运用经济、法律和必要的行政手段，着力在增加有效供给和抑制不合理需求上下工夫。要扩大市场供给，特别是要努力增加粮油肉菜等基本生活必需品的生产，强化市场监管。三是切实抓好农业生产。要努力实现粮食总产稳定增长，注意搞好品种结构平衡。要进一步落实和完善各项强农惠农政策，加大对农业的支持和补贴力度，采取措施降低农业生产成本，保护农民种粮积极性。四是积极推动经济发展方式转变。要推动产业结构优化升级，大力推进企业科技进步和创新，全力做好节能减排工作。五是继续推进改革开放。要坚定不移地推进改革开放，特别是要根据条件抓紧在重要领域和关键环节上取得新进展。要加快完善资本市场体系，深化行政管理体制改革，扩大对外开放。六是精心做好保障民生工作。要切实做好抗震救灾和灾后恢复重建工作，完善对口支援机制，尤其要抓紧把受灾群众生产生活安排好。要继续实施积极的就业政策，切实做好困难群众就业、高校毕业生就业工作，大力帮助受灾地区劳动力就业。要关注物价上涨对低收入群众生活水平的影响，加大财政对保障民生的支持力度，努力保证低收入群众生活水平不下降。

胡锦涛希望各民主党派、工商联和无党派人士加强对广大成员和所联系群众的引导，使他们既充分看到我国经济社会发展取得的巨大成就，又清醒认识面临的困难和挑战，坚定信心，迎难而上，以改革创新的精神、迎难而上的锐气、求真务实的作风，为夺取抗震救灾全面胜利、促进经济社会又好又快发展、确保北京奥运会圆满成功作出新贡献。

温家宝在通报时指出，做好下半年经济工作，一要保持经济平稳较快发展，把物价涨幅控制在合理的区间和经济社会发展可承受的范围内，把握好经济增长和抑制通货膨胀的平衡点；二要立足当前，着眼长远，着力解决制约经济长远发展的突出矛盾，为明年和更长时间经济持续健康发展创造条件；三要切实转变发展方式，加快调整经济结构，提高经济增长质量和效益；四要努力扩大国内需求特别是消费需求，同时在更高层次上利用两个市场、两种资源；五要加强总体布局、统筹区域协调发展，同时有针对性地解决各地区各领域存在的突出矛盾和问题；六要坚持以改革促发展，用改革的办法解决体制性、结构性矛盾，为科学发展提供体制机制的保障。

王岐山、回良玉、张德江、令计划、王沪宁、杜青林，中央和国家机关有关部门负责人出席座谈会。

出席座谈会的党外人士还有张梅颖、张榕明、厉无畏、罗富和、陈宗兴、王志珍和张宝文、马培华、王钦敏、陈抗甫、汪毅夫、孙安民、李稻葵等。

（新华社电）

胡锦涛等出席国庆招待会　温家宝发表讲话

（2008年9月29日）

攻坚克难铸辉煌，众志成城写华章。国务院29日晚上在人民大会堂举行国庆招待会，热烈庆祝中华人民共和国成立59周年。胡锦涛、吴邦国、温家宝、贾庆林、李长春、习近平、李克强、贺国强、周永康等党和国家领导人与1000多名中外人士欢聚一堂，共庆佳节。

今晚的人民大会堂宴会厅张灯结彩，喜气洋洋。主席台帷幕中央悬挂着巨型国徽，“1949—2008”的大字年号熠熠生辉，10面鲜艳的红旗分立两侧。

晚上6时许，伴随着欢快的《迎宾曲》，胡锦涛等党和国家领导人步入宴会厅，全场响起热烈掌声。

在庄严的国歌声中，招待会正式开始。国务院总理温家宝发表了热情洋溢的讲话。他首先代表中共中央、国务院，向全国各族人民致以节日的祝贺；向香港澳门同胞、台湾同胞以及海外侨胞，致以亲切的问候；向关心支持我国改革开放和现代化建设的国际友人，表示诚挚的感谢。

温家宝说，2008年是我国发展进程中极不平凡的一年。我们战胜了罕见的低温雨雪冰冻灾害和汶川特大地震灾害，谱写了感天动地的英雄凯歌。我们成功举办了北京第29届奥运会和北京2008年残奥会，实现了中华民族的百年梦想。我们圆满完成了神舟七号载人航天飞行，实现了空间技术发展具有里程碑意义的重大跨越。我们克服国际经济环境重大变化的不利影响，加强和改善宏观调控，保持了经济社会发展的良好势头。

温家宝指出，当前，我们在推进社会主义现代化建设中还面临许多困难和问题。我们对解决这些问题充满信心。我们的信心来自党和政府的坚强领导，来自全国各族人民的团结奋斗，来自对困难的充分认识和积极应对，来自改革发展积累的成功经验和国力基础。

温家宝强调，今年是中国改革开放30周年。改革开放是决定当代中国命运的关键抉择，是实现中华民族伟大复兴的必由之路。改革开放给中国带来了蓬勃生机，整个社会充满希望地活跃起来了，我们的国家持续快速地发展起来了。

温家宝说，我们将继续解放思想，坚持改革开放，推动科学发展，促进社会和谐，为夺取全面建设小康社会新胜利而奋斗。我们将继续同广大港澳同胞一道，共同维护和促进香港和澳门的长期繁荣稳定；继续同台湾同胞一道，共同开创两岸关系和平发展的新局面。我们将始终不渝地走和平发展道路，奉行独立自主的和平外交政策，推动建设持久和平、共同繁荣的和谐世界。

温家宝强调，让我们在以胡锦涛同志为总书记的党中央领导下，高举中国特色社会主义伟大旗帜，以邓小平理论和“三个代表”重要思想为指导，深入贯彻落实科学发展观，扎实工作，开拓进取，努力创造伟大祖国更加美好的明天。

欢快的乐曲声中，中外朋友频频举杯，共庆新中国59华诞，共祝中国繁荣富强、人民幸福安康。

招待会由国务委员兼国务院秘书长马凯主持。

柬埔寨太皇诺罗敦·西哈努克和太后莫尼列·西哈努克等应邀出席招待会。

出席招待会的还有：王刚、王兆国、王岐山、回良玉、刘淇、刘云山、刘延东、李源潮、张德江、徐才厚、郭伯雄、何勇、令计划、乌云其木格、韩启德、陈至立、周铁农、蒋树声、陈昌智、桑国卫、梁光烈、孟建柱、戴秉国、王胜俊、曹建明、廖晖、杜青林、白立忱、陈奎元、阿不来提·阿不都热西提、李兆焯、黄孟复、张梅颖、张榕明、钱运录、孙家正、李金华、郑万通、万钢、林文漪、罗富和、陈宗兴、王志珍和杨白冰、丁关根、张万年、姜春云、曹刚川、王汉斌、倪志福、布赫、铁木尔·达瓦买提、彭珮云、曹志、何鲁丽、成思危、许嘉璐、顾秀莲、热地、盛华仁、唐家璇、肖扬、韩杼滨、贾春旺、杨汝岱、宋健、孙孚凌、胡启立、赵南起、王文元、王忠禹、罗豪才、张克辉、郝建秀、李蒙，中央军委委员陈炳德、李继耐、廖锡龙、常万全、靖志远、吴胜利、许其亮，以及王克。

中央和国家机关有关部门负责人，解放军和武警部队负责人，各民主党派、全国工商联负责人和无党派人士代表，各人民团体主要负责人，北京市负责人，香港特别行政区和澳门特别行政区的一些人士，台湾同胞，华人、华侨代表，在华访问的部分外宾、国际知名人士、著名友好人士，各国驻华使节、各国际组织驻华代表、部分外国专家和配偶，也出席了招待会。

（《人民日报》）

中共中央召开党外人士座谈会征求对中共中央关于推进农村改革发展若干重大问题的决定的意见

（2008 年 10 月 13 日）

中共中央日前在中南海召开党外人士座谈会，就中共十七届三中全会文件听取各民主党派中央、全国工商联领导人和无党派人士的意见和建议。中共中央总书记胡锦涛主持座谈会。

中共中央政治局常委温家宝、贾庆林、习近平出席座谈会。

座谈会上，胡锦涛介绍了中共中央对起草中共十七届三中全会文件的考虑和文件稿形成过程。他希望各民主党派中央、全国工商联领导人和无党派人士畅所欲言，对文件稿提出修改意见和建议。

民革中央主席周铁农、民盟中央主席蒋树声、民建中央主席陈昌智、民进中央主席严隽琪、农工党中央主席桑国卫、致公党中央主席万钢、九三学社中央主席韩启德、台盟中央主席林文漪、全国工商联主席黄孟复、无党派人士陈章良先后发言。大家表示，赞同中共中央对农村改革发展 30 年来的历程回顾和经验总结，拥护提出的推进农村改革发展的指导思想、目标任务、重大原则、各项措施。他们就统筹城乡发展、加强耕地保护、保障国家粮食安全、加强农业科技推广体系建设、提高农业生产科技含量、加快农村金融体制改革、促进农民专业合作社发展、推进农村生态文明建设、培育新型农民、切实解决农村民生问题、深化两岸农业科技交流合作、健全基层民主管理、加强对农村工作的领导等提出了意见和建议。

在认真听取了大家的发言后，胡锦涛发表了重要讲话。他说，大家提出了许多有价值、有见地的意见和建议，体现了大家对农村改革发展的深入思考，我们将认真研究、积极采纳。

胡锦涛指出，我国是一个农业大国，农村人口占多数，要在这样的社会条件下领导人民进行社会主义现代化建设，就要把农业、农村、农民问题作为必须紧紧抓住的全局性和根本性问题。在长期实践中，我们党坚持把马克思主义基本原理同我国具体实际相结合，始终高度重视、认真对待、着力解决农业、农村、农民问题。改革开放以来，我们党多次召开中央全会，专题研究农业农村工作。在新的历史起点上推进改革发展，必须着力在农村改革发展上取得新突破；面对农业农村发展的新形势新任务，必须继续创新农村体制机制；贯彻落实中共十七大提出的实现全面建设小康社会奋斗目标的新要求，必须加快农村改革发展。夺取全面建设小康社会新胜利，开创中国特色社会主义事业新局面，农村改革仍然是我国改革的关键环节，农业农村发展仍然是我国发展的战略基础。抓住农村改革发展这个重点，就能掌握整个改革开放的主动权，就能带动我国经济社会新一轮发展。

胡锦涛指出，解决好农业、农村、农民问题是中国共产党全党工作的重中之重，也是统一战线广大成员参政议政的重要方面。希望大家继续增强对推进农村改革发展重要性和紧迫性的认识，切实把做好农业农村工作作为参政议政、民主监督的重要内容来抓；继续发挥人才荟萃、智力密集、联系广泛的优势，就推进农村体制创新、发展现代农业、促进农村全面进步等问题深入调查研究，及时发现和反映农村改革发展中的突出问题，提出加强和改进工作的意见和建议；继续积极开展兴校办学、决策咨询、人才开发、科技扶贫、社会服务，探索服务农村改革发展的新思路新途径，为社会主义新农村建设作出新的更大的贡献。

回良玉、令计划、王沪宁、杜青林，中央和国家机关有关部门负责人出席座谈会。

出席座谈会的党外人士还有张梅颖、张榕明、厉无畏、罗富和、陈宗兴、王志珍和张宝文、辜胜阻、王钦敏、陈抗甫、汪毅夫、谢经荣、袁驷等。

（新华社电）

受中共中央委托
杜青林向党外人士通报中共十七届三中全会精神

（2008年10月13日）

受中共中央委托，全国政协副主席、中共中央统战部部长杜青林13日向各民主党派中央、全国工商联领导人和无党派人士通报了中共十七届三中全会精神。

在传达胡锦涛同志重要讲话和《中共中央关于推进农村改革发展若干重大问题的决定》之后，杜青林说，中共十七届三中全会是在国际形势继续发生深刻变化、我国改革发展进入关键阶段召开的，是高举伟大旗帜，进一步团结凝聚全国各族人民共同奋斗的重要会议；是应对机遇挑战，进一步把党和国家事业推向前进的重要会议；是部署“三农”工作，进一步全面推进农村改革发展的重要会议；是充分发扬民主，进一步推进科学执政、民主执政和依法执政的重要会议。统一战线要把学习贯彻中共十七届三中全会精神作为重要政治任务，与学习贯彻中共十七大精神结合起来，与学习贯彻科学发展观结合起来，与正在开展的中国特色社会主义主题教育活动结合起来，深刻领会中共中央关于新形势下推进农村改革发展的重大战略思想和决策部署，深刻领会胡锦涛同志关于做好当前党和国家工作的科学分析和要求，进一步把思想认识统一到中共中央的重大决策部署上来，不断增强走中国特色社会主义道路的自觉性和坚定性，不断增强推动改革开放、服务科学发展的责任感和使命感。

杜青林指出，希望各民主党派、工商联和无党派人士等统一战线广大成员把“三农”问题作为围绕中心、服务大局的重中之重，发挥参政议政优势，围绕会议确定的各项任务，深入考察调研，积极建言献策，推动有关政策措施的制定完善和落实；发挥智力密集优势，开展智力支边和“温暖工程”等活动，实施教育扶贫和科技扶贫，推动科技成果在农业领域的转化应用，提高农业综合生产能力；发挥联系广泛优势，深入开展光彩事业和“千企帮千村”等活动，积极为农村发展牵线搭桥，在农业领域投资兴业，给农民增收创造机会。希望坚持把发展作为参政议政的第一要务，着眼我国经济社会又好又快发展，积极调查研究、建言献策，为党和政府决策提供重要参考。同时，引导广大成员和所联系群众不断增强大局意识、政治意识、责任意识，协助党和政府有效协调关系、理顺情绪、化解矛盾，维护安定团结的政治局面。希望各民主党派、工商联和无党派人士适应新形势新任务的要求，深入学习贯彻科学发展观，把科学发展观的要求落实到服务科学发展、促进社会和谐上来；进一步加强自身建设，切实提高履行职责的本领，更好地团结所联系成员和群众积极投身中国特色社会主义伟大事业。

韩启德、陈昌智、严隽琪、黄孟复、张梅颖、张榕明、林文漪、厉无畏、罗富和、陈宗兴、王志珍和何鲁丽、成思危、蒋正华、孙孚凌、罗豪才、张怀西等出席了通报会。各民主党派中央、全国工商联负责人和无党派人士，中共中央统战部及统战系统单位负责人参加了会议。

（新华社电）

政协十一届全国委员会常务委员会第三次会议闭幕
贾庆林出席闭幕会并讲话
会议决定：任命严隽琪为中央社会主义学院院长

（2008 年 10 月 18 日）

政协十一届全国委员会常务委员会第三次会议圆满完成各项议程，于 18 日上午在北京闭幕。中共中央政治局常委、全国政协主席贾庆林出席闭幕会并讲话。

这次常委会议的主要议题是学习贯彻中共十七届三中全会精神，为新形势下推进农村改革发展建言献策。会议期间，常委会组成人员认真学习中共十七届三中全会文件和会议公报，听取了中共中央政治局委员、国务院副总理回良玉同志关于中共十七届三中全会会议情况和会议精神的报告，并围绕推进农村改革发展进行了广泛深入的讨论，提出了许多宝贵的意见和建议。常委会组成人员完全赞同和拥护胡锦涛同志受中央政治局委托作的工作报告和重要讲话，高度评价中共十七届一中全会以来中央政治局的工作，完全赞同和拥护《中共中央关于推进农村改革发展若干重大问题的决定》。会议还反映了当前的社情民意，审议部分委员视察、考察报告和外事出访报告，通过了有关人事任免事项。会议开得生动活泼、富有成效，达到了预期目的。

贾庆林在讲话中指出，当前，人民政协要按照中共中央的部署和要求，组织参加人民政协的各党派团体和各族各界人士，认真学习中共十七届三中全会文件，准确把握中央精神，切实将思想和认识统一到全会精神上来。要深刻认识改革开放以来我国农村改革发展的光辉历程和宝贵经验，进一步增强解决好农业、农村、农民问题的信心和决心。要深刻认识我国农村经济社会发展的阶段性特征和面临的新情况新问题，进一步增强推动农村改革发展的紧迫感和责任感。要深刻认识推进农村改革发展的指导思想、目标任务和重大原则，进一步增强贯彻落实中央方针政策的自觉性和坚定性。要深刻认识新形势下推进农村改革发展的战略部署，进一步明确人民政协为推进农村改革发展服务的重点，积极为加强农村制度建设、发展现代农业、加快发展农村公共事业建言献策。他指出，一是要抓紧抓好推进农村改革发展的战略任务，加快建设社会主义新农村。二是要坚持推进农村改革发展的基本方向，走中国特色农业现代化道路。三是要认真落实推进农村改革发展的根本要求，加快形成城乡经济社会发展一体化新格局。

贾庆林强调，要重视国家粮食安全问题。把发展粮食生产放在现代农业建设的首位，坚持最严格的耕地保护制度，建立起科学、合理、有效的制度保障，确保农村发展战略目标的实现。

贾庆林对全国政协今后一段时间的工作进行了部署。要求以改革创新精神全面加强人民政协自身建设，切实抓好各项工作。认真开展深入学习实践科学发展观活动，切实搞好改革开放 30 周年纪念活动，积极做好十一届政协开局之年的总结工作。他强调，人民政协要密切关注、深入研究美国金融危机对世界经济和我国经济的影响，及时向中央建言献策。

会议决定：任命严隽琪为中央社会主义学院院长，因年龄原因，何鲁丽不再担任中央社会主义学院院长；决定增补王国卿为政协第十一届全国委员会委员；决定任命卞晋平为全国政协文史和学习委员会副主任（驻会）、张秋俭为全国政协教科文卫体委员会副主任（驻会）、邓宗良为全国政协民族和宗教委员会副主任（驻会）、王国卿为全国政协提案委员会副主任（驻会）；因工作变动，卞晋平不再担任政协第十一届全国委员会副秘书长。

中共中央政治局委员、全国政协副主席王刚主持闭幕会。

全国政协副主席杜青林、白立忱、阿不来提·阿不都热西提、李兆焯、董建华、张梅颖、张榕明、钱运录、孙家正、李金华、郑万通、邓朴方、林文漪、厉无畏、罗富和、陈宗兴、王志珍出席闭幕会。

中共中央和国务院有关部门负责人应邀参加闭幕会。

（《人民日报》）

中共中央召开党外人士座谈会
征求对经济工作的意见和建议

（2008年11月28日）

中共中央11月28日上午在中南海召开党外人士座谈会，就当前经济形势和明年经济工作听取各民主党派中央、全国工商联领导人和无党派人士的意见和建议。中共中央总书记胡锦涛主持座谈会并发表重要讲话。

中共中央政治局常委温家宝、习近平、李克强出席座谈会。温家宝通报了当前我国经济形势，介绍了中共中央、国务院关于做好明年经济工作的考虑。

座谈会上，民革中央主席周铁农、民盟中央主席蒋树声、民建中央主席陈昌智、民进中央主席严隽琪、农工党中央主席桑国卫、致公党中央主席万钢、九三学社中央主席韩启德、台盟中央主席林文漪、全国工商联主席黄孟复、无党派人士蒋明麟先后发言。他们认为，中共中央、国务院面对今年复杂多变的国际经济环境，采取了一系列促进经济社会发展的政策措施，确保了我国经济平稳较快发展和社会和谐稳定。他们赞同中共中央、国务院关于当前经济形势的分析判断和明年经济工作的思路，表示要动员广大成员同中国共产党风雨同舟，共同迎接挑战。他们就应对国际金融危机、加强和改善宏观调控、扩大内需、提高政府投入效率、加快理顺价格体系、推动金融监管体制改革等提出了意见和建议。

在认真听取了大家发言后，胡锦涛作了重要讲话。他表示，大家实事求是地评价了今年经济工作取得的成绩，客观分析了存在的问题，提出许多好的意见和建议。我们将认真研究、积极采纳。

胡锦涛指出，今年以来，国内外经济形势复杂多变、极不寻常。面对严峻形势，我们及时采取一系列有力举措，调整宏观调控的重点和力度，使我国国民经济保持了增长较快、价格回稳、结构优化、民生改善的总体态势。各民主党派、工商联和无党派人士紧紧围绕党和国家中心工作积极开展调查研究、建言献策，作出了积极贡献。胡锦涛代表中共中央、国务院向各民主党派、工商联和无党派人士表示衷心的感谢。

胡锦涛强调，必须清醒地看到，当前我国面临的国际经济环境相当严峻。我们一定要统筹国内国际两个大局，把困难估计得更充分一些，把措施准备得更周密一些，坚定必胜信心，扎实做好工作。

一是要把保持经济平稳较快发展作为明年经济工作的首要任务，确保经济又好又快发展。要坚定不移地坚持发展是硬道理的战略思想，牢牢扭住经济建设这个中心，坚持聚精会神搞建设、一心一意谋发展。我们所谋求的发展必须是全面协调可持续的科学发展，必须是讲求质量和效益的发展。

二是要加强和改善宏观调控，实施积极的财政政策和适度宽松的货币政策。要针对形势的快速发展变化，加强宏观调控的预见性、针对性、有效性，采取强有力的措施来扩大内需，把扩大居民消费需求放在更加突出的位置，增强消费需求对经济增长的拉动作用。

三是要巩固和发展农业农村经济的好形势，促进农业增产、农民增收。要更加重视农业、农村、农民工作，大幅度增加对“三农”的投入，千方百计确保农业不出问题，确保粮食和其他主要农产品生产稳定、市场稳定，积极推进社会主义新农村建设。

四是要加快转变经济发展方式，推进经济结构战略性调整。要把保增长、扩内需、调结构有机结合起来，把国际金融危机对经济结构调整形成的压力转化为动力，变挑战为机遇，加大产业结构调整力度，大力发展循环经济，努力形成新的经济增长点和新的竞争优势。

五是要深化改革开放，积极创新保障科学发展的体制机制。要毫不动摇地坚持改革方向，抓住时机推出有利于促进发展的改革措施，注意充分发挥市场在资源配置中的基础性作用，积极发展外向型经济，加紧实施出口市场多元化战略。

六是要坚持以人为本，促进民生改善和社会稳定。要实施更加积极的就业政策，加快完善城乡社会保障体系，加强食品药品质量安全工作，强化安全生产管理和监督。要深入基层、深入群众，关心群众疾苦，倾听群众呼声，热诚帮助群众解决生产生活中的困难，确保社会稳定和谐。

胡锦涛强调，要充分发挥统一战线的优势和作用，动员各方面力量共同为推动经济社会发展、维护社会和谐稳定献计献策、贡献力量。希望大家加强对各自成员和所联系群众的教育引导，使他们既充分看到面临的困难和挑战，又充分看到国家经济社会发展取得的巨大成就，特别是要深刻认识到我国经济发展具有巨大潜力，我国经过改革开放30年的积累具有抵御风险的强大能力，切实把思想认识统一到中央对国内外经济形势的分析判断上来，统一到中央的决策部署上来，坚定不移地做好经济社会发展工作。

王岐山、回良玉、张德江、令计划、王沪宁和中共中央、国务院有关部门负责人出席座谈会。

出席座谈会的党外人士还有张梅颖、张榕明、厉无畏、罗富和、陈宗兴、王志珍和张宝文、马培华、王钦敏、陈抗甫、汪毅夫、孙安民、郝如玉等。

（新华社电）

中共中央召开党外人士座谈会
听取对深化司法体制改革工作的意见
贾庆林主持　周永康通报有关情况

（2008年11月28日）

中共中央日前在中南海召开党外人士座谈会，就深化司法体制和工作机制改革问题听取各民主党派中央、全国工商联领导人和无党派人士的意见和建议。中共中央政治局常委、全国政协主席贾庆林主持座谈会并发表重要讲话。中共中央政治局常委、中央政法委书记周永康就深化司法体制和工作机制改革有关问题作了说明。

座谈会上，民革中央主席周铁农、民盟中央第一副主席张梅颖、民建中央主席陈昌智、民进中央主席严隽琪、农工党中央主席桑国卫、致公党中央主席万钢、九三学社中央主席韩启德、台盟中央主席林文漪、全国工商联副主席沈建国、无党派人士甄贞先后发言。他们认为，在中共中央的正确领导下，我国司法机关牢固树立社会主义法治理念，全面落实依法治国基本方略，积极稳妥地推进司法体制和工作机制改革，不断加强司法队伍建设，各项工作取得了新进展，为维护国家长治久安、保障人民安居乐业、维护社会公平正义、促进社会和谐稳定作出了积极贡献，为全面建设小康社会提供了坚强有力的司法保障。他们就加强对司法权力的监督与制约、落实宽严相济刑事政策、加强法官人才队伍建设、充分发挥司法机关在信访工作中的作用、切实加强司法经费保障、优化司法资源配置、深化审判管理机制改革、推进海峡两岸区际司法协助等方面提出了意见和建议。

在听取了大家的发言后，贾庆林同志作了重要讲话。他指出，深化司法体制和工作机制改革，是中共十七大作出的一项重大战略部署，是发展社会主义民主政治、建设社会主义法治国家的重大举措，是推动经济社会又好又快发展，促进社会和谐稳定的迫切需要。改革开放特别是中共十六大以来，我国稳步推进司法体制和工作机制改革，取得了重要的阶段性成果。从总体上看，我国司法制度与社会主义初级阶段的国情是基本适应的，与经济社会发展和人民群众的要求是基本适应的。但是，随着经济社会的发展和人民群众司法需求的日益增长，现行的司法体制、工作机制以及相关的法律制度在某些方面也出现了一些不适应的问题，需要进一步推进改革，以充分发挥社会主义司法制度的优越性。

贾庆林强调，司法体制改革是政治体制改革的重要组成部分，是中国特色社会主义司法制度的自我完善和自我发展。改革必须坚定不移走中国特色社会主义政治发展道路，坚持党的领导、人民当家做主和依法治国的有机统一；必须借鉴人类法治文明的优秀成果，但绝不照抄照搬西方政治制度、司法制度的模式；必须按照科学发展观的要求，从人民群众的司法需求出发，以促进社会和谐为主线，以加强权力监督制约为重点，进一步解决影响司法公正、制约司法能力的体制性、机制性、保障性障碍；必须坚持从中国国情出发，循序渐进地推进改革；必须坚持民主决策、科学决策、依法决策，使每项改革都体现科学发展观的要求。通过深化改革，使政法机关更好地履行维护党的执政地位、维护国家安全、维护人民权益、确保社会大局稳定的首要政治任务，使政法队伍真正担负起中国特色社会主义事业建设者、捍卫者的重任。

贾庆林指出，要精心做好司法体制和工作机制改革的组织实施工作。改革意见经中共中央同意印发后，各有关部门要根据任务分工，制定落实改革意见的实施方案，修订相关法律法规，确保改革顺利推进。在改革实施过程中，要进一步听取党外人士的意见。

马凯、孟建柱、王胜俊、曹建明和有关部门负责人出席座谈会。

出席座谈会的党外人士还有张榕明、厉无畏、罗富和、陈宗兴、王志珍和张宝文、马培华、王钦敏、陈抗甫、黄志贤、孙安民、彭雪峰等。

（新华社电）

受中共中央委托
中央统战部向党外人士通报中央经济工作会议精神

（2008年12月10日）

受中共中央委托，中共中央统战部常务副部长朱维群10日向各民主党派中央、全国工商联领导人和无党派代表人士通报了中央经济工作会议精神。

在传达了胡锦涛、温家宝同志的重要讲话和中央经济工作会议的主要精神之后，朱维群说，今年以来，我国经济社会发展经受了重大自然灾害和国际金融危机的多重考验。中央经济工作会议对此作出了明确判断和重大工作部署。统一战线要认真学习贯彻中央经济工作会议精神，统一思想、坚定信心，把思想认识统一到中共中央对国内外经济形势的分析判断上来，统一到中共中央的决策部署上来。

朱维群指出，面对当前国际国内的严峻形势，保持我国经济平稳较快发展，既是我国自身发展的需要，也是对世界经济的最大贡献。我们要顶住压力，克服困难，化压力为动力，变困难为机遇，就必须深入学习实践科学发展观。希望各民主党派、工商联和无党派人士把深入学习贯彻科学发展观与为当前经济工作建言献策紧密结合起来，把科学发展观作为促发展、保增长、保稳定的指导方针，把应对国际金融危机作为学习贯彻科学发展观的重要实践，不断增强学习贯彻科学发展观的自觉性和坚定性。

朱维群强调，统一战线历来是为党和国家中心工作服务的。希望统一战线广大成员在防范国际金融风险、抵御外部冲击，加大投资力度、优化投资结构，进一步扩大消费特别是居民消费需求，加快自主创新、全面提升市场核心竞争力，加快调整经济结构、转变发展方式，切实改善民生、保证群众生活安定等方面，多提有针对性的意见建议，多开展创造性的工作，同时充分发挥化解社会矛盾的作用，维护社会和谐稳定，为推动我国经济社会又好又快发展、夺取全面建设小康社会新胜利作出新的更大贡献。

周铁农、蒋树声、陈昌智、严隽琪、桑国卫、黄孟复、张梅颖、张榕明、林文漪、罗富和、王志珍和何鲁丽、蒋正华、张克辉、张怀西、李蒙等出席了通报会。各民主党派中央、全国工商联负责人和无党派人士，中共中央统战部及统战系统单位负责人参加了会议。

（《人民日报》）

纪念党的十一届三中全会召开30周年大会在京隆重举行

（2008年12月18日）

30年改革开放波澜壮阔，30年中华大地沧桑巨变。纪念党的十一届三中全会召开30周年大会18日上午在人民大会堂隆重举行。中共中央总书记、国家主席、中央军委主席胡锦涛在会上发表重要讲话。他强调，实践充分证明，党的十一届三中全会以来我们党团结带领人民开辟的中国特色社会主义道路、形成的理论和路线方针政策是完全正确的。党的十一届三中全会的伟大意义和深远影响，已经、正在并将进一步在党和国家事业蓬勃发展的进程中充分显现出来。我们要充分认识改革开放的重大意义和伟大成就，深刻总结改革开放的伟大历程和宝贵经验，坚持党的十一届三中全会精神，高举中国特色社会主义伟大旗帜，以马克思列宁主义、毛泽东思想、邓小平理论和“三个代表”重要思想为指导，深入贯彻落实科学发展观，在中国特色社会主义道路上，继续把改革开放伟大事业推向前进。

江泽民、温家宝、贾庆林、李长春、习近平、李克强、贺国强、周永康出席大会。大会由吴邦国主持。

鲜花竞艳，灯火辉煌，人民大会堂大礼堂内气氛庄重而热烈。主席台台口上方悬挂着“纪念党的十一届三中全会召开30周年大会”会标，帷幕正中是熠熠生辉的中国共产党党徽，10面红旗分列两侧。二楼眺台上悬挂着醒目的横幅：“紧密团结在以胡锦涛同志为总书记的党中央周围，高举中国特色社会主义伟大旗帜，以邓小平理论和‘三个代表’重要思想为指导，深入贯彻落实科学发展观，继续把改革开放伟大事业推向前进！”

上午10时，吴邦国宣布大会开始。全体起立，唱国歌。

胡锦涛发表了重要讲话。他指出，在邓小平同志领导下和其他老一辈革命家支持下，党的十一届三中全会作出了把党和国家工作中心转移到经济建设上来、实行改革开放的历史性决策。党的十一届三中全会标志着我们党重新确立了马克思主义的思想路线、政治路线、组织路线，标志着中国共产党人在新的时代条件下的伟大觉醒，显示了我们党顺应时代潮流和人民愿望、勇敢开辟建设社会主义新路的坚强决心。在党的十一届三中全会春风吹拂下，神州大地万物复苏、生机勃发，党和国家又充满希望、充满活力地踏上了实现社会主义现代化的伟大征程。

胡锦涛强调，30年来，以邓小平同志为核心的党的第二代中央领导集体、以江泽民同志为核心的党的第三代中央领导集体和党的十六大以来的中央领导集体，团结带领全党全国各族人民，承前启后，继往开来，接力推进改革开放伟大事业，谱写了中华民族自强不息、顽强奋进新的壮丽史诗。我们党集中全党全国各族人民智慧，形成了党的基本理论、基本路线、基本纲领、基本经验，制定和作出了指导改革开放和社会主义现代化建设的一整套方针政策和工作部署，成功开辟了中国特色社会主义道路。

胡锦涛指出，30年来，我们始终以改革开放为强大动力，在新中国成立以后取得成就的基础上，推动党和国家各项事业取得举世瞩目的新的伟大成就。我们锐意推进各方面体制改革，使我国成功实现了从高度集中的计划经济体制到充满活力的社会主义市场经济体制的伟大历史转折；不断扩大对外开放，使我国成功实现了从封闭半封闭到全方位开放的伟大历史转折；坚持以经济建设为中心，我国综合国力迈上新台阶；着力保障和改善民生，人民生活总体上达到小康水平；大力发展社会主义民主政治，人民当家做主权利得到更好保障；大力发展社会主义先进文化，人民日益增长的精神文化需求得到更好满足；大力发展社会事业，社会和谐稳定得到巩固和发展；坚持党对军队绝对领导，国防和军队建设取得重大成就；成功实施“一国两制”基本方针，祖国和平统一大业迈出重大步伐；坚持奉行独立自主的和平外交政策，全方位外交取得重大成就；坚持党要管党、从严治党，党的领导水平和执政水平、拒腐防变和抵御风险能力明显提高。30 年的伟大成就，为我们党、我们国家、我们人民继续前进奠定了坚实基础。

胡锦涛强调，此时此刻，我们更加深切地怀念毛泽东同志、邓小平同志等老一辈革命家。没有以毛泽东同志为核心的党的第一代中央领导集体团结带领全党全国各族人民浴血奋斗，就没有新中国，就没有中国社会主义制度。没有以邓小平同志为核心的党的第二代中央领导集体团结带领全党全国各族人民改革创新，就没有改革开放历史新时期，就没有中国特色社会主义。此时此刻，我们要向以江泽民同志为核心的党的第三代中央领导集体致以崇高的敬意，他们团结带领全党全国各族人民高举邓小平理论伟大旗帜，继承和发展了改革开放伟大事业，把这一伟大事业成功推向 21 世纪。全党全国各族人民要永远铭记党的三代中央领导集体的伟大历史功绩。

胡锦涛指出，改革开放以来我们取得一切成绩和进步的根本原因，归结起来就是：开辟了中国特色社会主义道路，形成了中国特色社会主义理论体系。在 30 年的创造性实践中，我们经过艰辛探索，积累了宝贵经验。胡锦涛从 10 个方面对这些宝贵经验进行了阐述。一、必须把坚持马克思主义基本原理同推进马克思主义中国化结合起来，解放思想、实事求是、与时俱进，以实践基础上的理论创新为改革开放提供理论指导。二、必须把坚持四项基本原则同坚持改革开放结合起来，牢牢扭住经济建设这个中心，始终保持改革开放的正确方向。三、必须把尊重人民首创精神同加强和改善党的领导结合起来，坚持执政为民、紧紧依靠人民、切实造福人民，在充分发挥人民创造历史作用中体现党的领导核心作用。四、必须把坚持社会主义基本制度同发展市场经济结合起来，发挥社会主义制度的优越性和市场配置资源的有效性，使全社会充满改革发展的创造活力。五、必须把推动经济基础变革同推动上层建筑改革结合起来，不断推进政治体制改革，为改革开放和社会主义现代化建设提供制度保证和法制保障。六、必须把发展社会生产力同提高全民族文明素质结合起来，推动物质文明和精神文明协调发展，更加自觉、更加主动地推动文化大发展大繁荣。七、必须把提高效率同促进社会公平结合起来，实现在经济发展的基础上由广大人民共享改革发展成果，推动社会主义和谐社会建设。八、必须把坚持独立自主同参与经济全球化结合起来，统筹好国内国际两个大局，为促进人类和平与发展的崇高事业作出贡献。九、必须把促进改革发展同保持社会稳定结合起来，坚持改革力度、发展速度和社会可承受程度的统一，确保社会安定团结、和谐稳定。十、必须把推进中国特色社会主义伟大事业同推进党的建设新的伟大工程结合起来，加强党的执政能力建设和先进性建设，提高党的领导水平和执政水平、拒腐防变和抵御风险能力。

胡锦涛强调，30 年来，我们党的全部理论和全部实践，归结起来就是创造性地探索和回答了什么是马克思主义、怎样对待马克思主义，什么是社会主义、怎样建设社会主义，建设什么样的党、怎样建设党，实现什么样的发展、怎样发展等重大理论和实际问题。30 年的历史经验归结到一点，就是把马克思主义基本原理同中国具体实际相结合，走自己的路，建设中国特色社会主义。30 年的经验是极为宝贵的财富，全党同志要倍加珍惜和自觉运用这些宝贵经验。

胡锦涛指出，30 年来，我们取得了伟大成就，但同我们的远大目标相比，同人民群众对美好生活的期待相比，我们没有任何理由骄傲自满、固步自封。全党同志一定要更加兢兢业业地工作，永远不辜负人民的信任和期望。全国各族人民一定要更加同心同德地奋斗，永远保持和发扬自强不息的进取精神。在新的国际国内形势下和新的历史起点上，我们必须坚定不移地坚持党的十一届三中全会以来开辟的中国特色社会主义道路，坚定不移地坚持党的基本理论、基本路线、基本纲领、基本经验，勇于变革、勇于创新，永不僵化、永不停滞，不为任何风险所惧，不被任何干扰所惑，继续奋勇推进改革开放和社会主义现代化事业。我们一定要坚持高举中国特色社会主义伟大旗帜，继续推进马克思主义中国化。我们一定要坚持改革开放的正确方向，着力构建充满活力、富有效率、更加开放、有利于科学发展的体制机制。我们一定要坚持抓好发展这个党执政兴国的第一要务，更好地做到发展成果由人民共享。我们一定要坚持戒骄戒躁、艰苦奋斗，不断开创改革开放和社会主义现代化事业新局面。

胡锦涛最后强调，我们取得的成就已经载入史册，新的更加艰巨繁重的任务正摆在我们面前。我们的事业崇高而神圣，我们的前景光明而美好，我们的责任重大而光荣。让我们更加紧密地团结起来，坚定不移地沿着党的十一届三中全会以来开辟的中国特色社会主义道路奋勇前进，继续解放思想，坚持改革开放，推动科学发展，促进社会和谐，为夺取全面建设小康社会新胜利、开创中国特色社会主义事业新局面、实现中华民族伟大复兴而团结奋斗，努力为人类作出新的更大的贡献。

吴邦国在主持大会时指出，胡锦涛总书记的重要讲话，高度评价了党的十一届三中全会在我们党和国家发展历史上的重要地位和伟大意义，深刻总结了30年来我们党领导人民进行改革开放和社会主义现代化建设取得的伟大成就和宝贵经验，明确指出了继续推进改革开放伟大事业的前进方向，号召全党全军全国各族人民继续解放思想，坚持改革开放，推动科学发展，促进社会和谐。我们一定要认真学习，深刻领会，全面贯彻到党和国家各项工作中去。

大会在雄壮的国际歌声中结束。

出席大会的领导同志还有：王刚、王兆国、王岐山、回良玉、刘淇、刘云山、刘延东、李源潮、张德江、徐才厚、郭伯雄、李鹏、朱镕基、李瑞环、尉健行、李岚清、曾庆红、吴官正、罗干、何勇、令计划、王沪宁、乌云其木格、韩启德、华建敏、陈至立、周铁农、李建国、司马义·铁力瓦尔地、蒋树声、陈昌智、严隽琪、桑国卫、梁光烈、马凯、孟建柱、戴秉国、王胜俊、曹建明、廖晖、杜青林、白立忱、陈奎元、阿不来提·阿不都热西提、李兆焯、黄孟复、张梅颖、张榕明、钱运录、孙家正、李金华、郑万通、邓朴方、万钢、厉无畏、罗富和、陈宗兴、王志珍和郑天翔、杨白冰、丁关根、田纪云、迟浩田、张万年、姜春云、吴仪、曹刚川、曾培炎、王汉斌、倪志福、邹家华、布赫、铁木尔·达瓦买提、彭珮云、周光召、曹志、李铁映、司马义·艾买提、何鲁丽、成思危、许嘉璐、蒋正华、顾秀莲、热地、盛华仁、唐家璇、肖扬、韩杼滨、贾春旺、杨汝岱、宋健、钱正英、孙孚凌、万国权、胡启立、陈锦华、赵南起、王文元、王忠禹、李贵鲜、罗豪才、张克辉、郝建秀、徐匡迪、张怀西、李蒙，中央军委委员陈炳德、李继耐、廖锡龙、常万全、靖志远、吴胜利、许其亮，以及傅全有、于永波、王克、王瑞林。

中央党政军群各部门及北京市主要负责同志，各民主党派中央、全国工商联负责人以及首都各界群众代表共约6000人出席大会。

（新华社电）

统一战线各界人士纪念中共十一届三中全会召开30周年座谈会在京召开

（2008年12月19日）

统一战线各界人士纪念中共十一届三中全会召开30周年座谈会19日在北京召开。会议总结了30年统一战线的成就和经验，研究了改革开放条件下统一战线的发展规律，明确了新世纪新阶段统一战线的发展方向。全国政协副主席、中共中央统战部部长杜青林出席会议并讲话。

杜青林指出，30 年来，统一战线顺应时代要求不断壮大，紧紧围绕中心、服务大局，为改革开放和社会主义现代化建设凝聚了广泛的思想共识、提供了强大的力量支持，作出了历史性贡献。30 年的发展启示我们：坚持加强和改善党对统一战线的领导，是增强统一战线凝聚力和向心力的根本保证；坚持以中国特色社会主义理论体系为指导，是推动统一战线理论和实践创新发展的思想基础；坚持把发展作为第一要务，是实现统一战线广大成员团结奋斗的共同目标；坚持高举社会主义、爱国主义两面旗帜，是形成海内外中华儿女大团结大联合的关键所在；坚持尊重、维护和照顾同盟者利益，是巩固党与党外人士联盟的基本要求；坚持和而不同、求同存异的理念，是始终保持统一战线团结稳定、宽松和谐的重要条件。

杜青林强调，要认真学习贯彻胡锦涛同志在纪念党的十一届三中全会召开 30 周年大会上发表的重要讲话精神，以更加宽广的视野、更加开阔的思路、更加开放的胸襟，坚持解放思想，努力探索统战工作新思路；坚持以人为本，切实把握统战工作新理念；坚持改革创新，建立健全统战工作新机制；坚持统筹兼顾，不断开创统战工作新局面，努力推动统一战线各项工作迈上新台阶。

座谈会上，全国人大常委会副委员长、民进中央主席严隽琪，全国政协副主席、全国工商联主席黄孟复，无党派人士代表、中国工程院院士、国家林业局社会林业发展研究中心主任王涛，中国藏学研究中心总干事拉巴平措，中国基督教三自爱国运动委员会主席傅先伟，全国台联会长梁国扬等分别发言。大家高度评价了中国共产党带领全国各族人民解放思想、大胆探索，团结奋斗、勇往直前，战胜了一个又一个困难，夺取一个又一个胜利，成功开辟了一条具有中国特色、中国气派的社会主义道路。大家表示，要始终同中国共产党风雨同舟、荣辱与共，始终坚持科学发展，积极参政议政、建言献策，为全面建设小康社会、构建社会主义和谐社会作出新贡献。

座谈会由中共中央统战部常务副部长朱维群主持。韩启德、周铁农、蒋树声、陈昌智、桑国卫、万钢、张梅颖、罗富和、陈宗兴和何鲁丽、蒋正华、张克辉、张怀西、李蒙等出席座谈会。各民主党派中央、全国工商联负责人，无党派人士代表，民族宗教界、新的社会阶层、港澳台侨界的代表，中央统战部和统战系统单位负责同志约 150 人参加座谈会。

（《人民政协报》）

二、中央委员会篇

（一）中国民主促进会第十二届中央委员会

1. 中国民主促进会第十二届中央委员会主席、常务副主席、副主席简历

严隽琪主席简历

严隽琪，女，汉族，1946 年 8 月生，江苏苏州人，民进成员，1967 年 9 月参加工作，丹麦技术大学海洋工程系毕业，研究生学历，工学博士学位，教授。现任十一届全国人大常委会副委员长，民进中央主席。

1962—1967 年	上海交通大学机械工程系学习
1967—1968 年	留校待分配
1968—1978 年	江苏徐州矿务局卧牛矿机电队工人，第一机电修配厂技术员、职工大学教师
1978—1981 年	上海交通大学机械工程系硕士研究生
1981—1995 年	上海交通大学机械工程系助教、讲师、副教授、教授、博士生导师（其间：1984—1986 年丹麦技术大学海洋工程系博士研究生）
1995—2000 年	上海交通大学校长助理兼机械学院院长，民进上海市副主委（1999. 12）
2000—2001 年	上海市政府信息化办公室副主任，民进上海市副主委
2001—2002 年	上海市副市长，民进上海市副主委
2002—2002 年	上海市副市长，民进上海市主委
2002—2007 年	民进中央副主席、上海市主委，上海市副市长
2007—2007 年	民进中央副主席、常务副主席（2007. 07，2007. 09 按部长级待遇）
2007—2008 年	民进中央主席
2008—2009 年	十一届全国人大常委会副委员长，民进中央主席，中央社会主义学院院长
2009—	十一届全国人大常委会副委员长，民进中央主席，中央社会主义学院院长，中国人民争取和平与裁军协会副会长

罗富和常务副主席简历

罗富和，男，汉族，1949 年 9 月生，广东南海人，民进成员，1968 年 11 月参加工作，芬兰赫尔辛基大学农林学院毕业，研究生学历，教授。现任中国人民政治协商会议第十一届全国委员会副主席，民进中央常务副主席、广东省主委，广东省农科院名誉院长。

1968—1973 年	广州军区生产建设兵团四师十团战士
1973—1976 年	广东农林学院学习
1976—1989 年	广东农林学院助教、副教授、教务处副处长（其间：1981—1983 年芬兰赫尔辛基大学农林学院硕士研究生；1988—1989 年芬兰林科院学习）
1989—1998 年	华南农业大学副校长（1995 年被评为教授）
1998—2001 年	广东省科委副主任，广东省科技厅副厅长
2001—2002 年	广东省农科院院长
2002—2003 年	民进广东省主委，广东省科协副主席，广东省农科院院长
2003—2005 年	民进广东省主委，广东省政协副主席，广东省科协副主席，广东省农科院院长
2005—2007 年	民进中央副主席、广东省主委，广东省政协副主席，广东省科协副主席，广东省农科院院长
2007—2008 年	民进中央常务副主席（2007. 12 按部长级待遇）、广东省主委，广东省政协副主席，广东省科协副主席，广东省农科院院长
2008—	中国人民政治协商会议第十一届全国委员会副主席，民进中央常务副主席、广东省主委，广东省农科院名誉院长，第八届、九届、十届全国人大代表

冯骥才副主席简历

冯骥才，男，汉族，1942 年 2 月生，浙江宁波人，1981 年 3 月入会，高中，编审。现任天津市文学艺术界联合会主席；民进中央副主席；全国政协常委；国务院参事；中国文学艺术界联合会副主席、中国民间文艺家协会主席、天津大学冯骥才文学艺术研究院院长。

1961 年至 1977 年先后在天津体院男子篮球队、天津和平区工艺美术社、天津工艺美术厂、天津工艺美术工人大学工作；1977 年至 1986 年先后在天津创作讨论室、天津市作家协会工作；1986 年起任天津市文学艺术界联合会主席。

1988 年起任民进中央常委、民进中央副主席。

潘贵玉副主席简历

潘贵玉，女，汉族，1946 年 8 月生，湖南安乡人，1984 年 1 月入会，大学。现任中国计划生育协会常务副会长、全国妇联副主席；民进中央副主席；全国政协常委、副秘书长；中国长城学会副会长兼秘书长。

1970 年毕业于北京师范大学；1972 年至 1983 年在湖南长沙市第二中学任教；1983 年至 1991 年先后任长沙市教育局局长助理、长沙市北区人民政府副区长、长沙市人民政府副市长；1991 年至 1993 年任湖南省人民政府省长助理；

1993 年至 2001 年任湖南省人民政府副省长；2001 年起任国家人口和计划生育委员会副主任。

1992 年起任民进湖南省委主委、民进中央常委；1997 年起任民进中央副主席。

王佐书副主席简历

王佐书，汉族，1947 年 9 月生，北京市人，1989 年 5 月入会，大学学历，学士学位，教授。现任全国人大常委、全国人大教科文卫委员会副主任委员、民进中央副主席。

1967 年从北京下乡到黑龙江省绥滨农场工作，1983 年 1 月毕业于哈尔滨师范大学化学系，历任哈尔滨师范大学讲师、教授、副系主任、校长助理、副校长，校长，民进黑龙江省委副主委、主委，黑龙江省人民政府副省长，民进中央副主席。第八、九届全国政协委员，第十届全国人大常委，财经委员会委员。第十一届全国人大常委，教科文卫委员会副主任委员。

曾先后获省级和省级以上奖励九项，享受国务院特殊津贴。在民主党派建设、参政议政、教育等领域有深入的研究，出版过多本著作，其中《论中国民主党派的政治交接》、《参政议政研究》、《中国文化战略与安全研究》、《构建社会主义和谐社会的软实力》、《中国民主党派与和谐社会》、《学与教的理论与实践》、《向课堂教学要质量》、《站在制高点上的中国企业家》等著作均产生了良好的社会影响。

贺旻副主席简历

贺旻，女，汉族，1957 年 10 月生，辽宁大连人，1994 年 12 月入会，研究生，博士，教授。现任辽宁省政协副主席；民进中央副主席、民进辽宁省委主委；全国人大常委。1978 年起就读于沈阳药学院制药系，后在辽宁师范大学、大连理工大学分别获硕士、博士学位。曾在沈阳药学院、大连大学从事教学科研工作。后历任大连市教委副主任，大连市人民政府副秘书长、市长助理、副市长。2002 年起任民进辽宁省委主委、民进中央常委、民进中央副主席。

刘新成副主席简历

刘新成，男，汉族，1952 年 3 月生，北京市人，2001 年 11 月入会，研究生，博士，教授。现任首都师范大学校长；民进中央副主席、民进北京市委主委；全国人大常委；北京市社科联副主席、教育部历史教学指导委员会副主任、国家社会科学规划办世界历史学科评审专家。

1978 年 4 月入北京师范学院（现更名为首都师范大学）学习，先后获学士、硕士和博士学位并留校任教，曾赴美国作高级访问学者；1991 年起先后任首都师范大学历史系副教授、教授，系副主任、主任，副校长、校长。

2007 年起任民进北京市委主委、民进中央常委、民进中央副主席。

蔡达峰副主席简历

蔡达峰，男，汉族，1960 年 6 月生，浙江宁波人，1995 年 1 月入会，研究生，博士，教授。现任复旦大学副校长；民进中央副主席、民进上海市委主委；全国政协常委；上海市人大常委会副主席；上海市文物管理委员会委员、全国高等教育学会理事。

1982 年毕业于同济大学建筑系获学士学位；1985 年毕业于同济大学建筑系获硕士学位；1985 年至 1987 年在上海文管委工作；1990 年毕业于同济大学建筑系获博士学位，后留校任教；1993 年起先后任复旦大学副教授、教授，文博系副主任、主任，教务处处长，副校长。

2007 年起任民进上海市委主委、民进中央常委、民进中央副主席。

朱永新副主席简历

朱永新，男，汉族，1958 年 8 月生，江苏大丰人，1982 年 8 月参加工作，同济大学管理工程学专业毕业，研究生学历，博士学位，教授，博士生导师。现任十一届全国人大常委，民进中央专职副主席，中国教育学会副会长。1978.02—1980.09 江苏师范学院政史系学习；1980.09—1982.08 上海师范大学教育心理研究班学习；1982.08—1987.02 苏州大学教育科学教研部助教、副教授；1987.02—1993.01 苏州大学教育部主任、副教授（其间：1990.10—1991.9 日本上智大学研究员），七届全国青联委员；1993.01—1996.10 苏州大学教务处处长、教授（其间：1994.09—1996.07同济大学管理工程学专业博士研究生），七届全国青联委员；1996.10—1997.12苏州大学教务处处长、教授；1997.12—2002.12苏州市副市长（其间：1998.06—2000.06复旦大学经济管理学院博士后）；2002.12—2007.12民进中央常委、江苏省副主委、苏州市主委，苏州市副市长，2007.12—2008.01民进中央专职副主席、江苏省副主委、苏州市主委，苏州市副市长；2008.01—2008.03民进中央专职副主席、第十届全国政协常委；2008.03起任民进中央专职副主席、第十一届全国人大常委。

张帆副主席简历

张帆，男，汉族，1957年8月生，福建福州人，1996年6月入会，研究生，硕士，研究员。现任福建省社会科学院院长；民进中央副主席、民进福建省委主委；全国政协常委；中国文艺理论学会会长、中国作家协会全委会委员、福建省文联主席。

1982年毕业于厦门大学中文系；1982年至1984年在华东师范大学获硕士学位；1984年至2000年先后任福建省社会科学院文学研究所副所长、所长；2000年起先后任福建省社会科学院副院长、院长。

2002年起任民进福建省委主委、民进中央常委；2007年起任民进中央副主席。

2. 中国民主促进会第十二届中央委员会常务委员名单

（共45人，按姓氏笔画为序）

卫小春	王　刚	王　毅	王佐书	牛汝极	邓宗全
左定超	石爱中	史贻云	冯小宁	冯骥才	朱永新
朱维芳(女)	刘新成	汤建人	严隽琪(女)	李进权	李国璋
何志敏	张　帆	张　涛	张雨东	张俊芳(女)	陈自力
陈凌孚	陈景秋	罗富和	罗黎辉	周洪宇	庞丽娟(女)
郑福田	赵光华	胡　军	姚爱兴	贺　旻(女)	袁祖亮
栗　甲	黄　震	盛昌黎(女)	程幼东	谢　勇	蔡达峰
蔡继明	潘贵玉(女)	薛　康			

3. 中国民主促进会第十二届中央委员会委员名单

（共197人，按姓氏笔画为序）

卫小春	马业新	马余强	丰镇平	王　刚	王　玲（女）
王　铮	王　康	王　毅	王旭烽（女）	王佐书	王建国
王建忠	王容川	王燕玲（女）	区　铁	牛汝极	方　熔
方　漪	方志远	尹幼奇	邓　婕（女）	邓宗全	左定超
石爱中	叶　青	史建新	史贻云	冯小宁	冯骥才
邢洁晨	吕桂茹（女）	朱　丽（女）	朱永新	朱晓进	朱维芳（女）
朱毅民	朱曙霞（女）	向　德	刘　苏	刘伟国	刘志奇
刘宏民	刘国玉	刘明国	刘学安	刘凯欣	刘新成
刘激涛	汤泽培	汤建人	严隽琪（女）	杜　军（女）	杜　婕（女）
李　斐	李名慈	李进权	李玛琳（女）	李志远	李国璋
李春生	李格明（女）	李焕喜	杨立新	杨建德	杨瑞生
连建伟	肖云汉	吴　毅	吴文彦（女）	吴正宪（女）	吴永发
吴庆宝	吴国平	邱立成	何志敏	邹　泓（女）	沈竹音（女）
张　帆	张　辰（女）	张　波	张　政	张　洪	张　珩
张　涛	张礼慧（女）	张传吉	张自立	张志勇	张志朝
张利平（女）	张雨东	张国轩	张金英（女）	张建豪	张承艺
张显友	张俊芳（女）	张效民	张润锁	张颐武	张震宇
陆迎一	陆瑞华	陈　申	陈　奇	陈友康	陈自力
陈其俊（女）	陈英旭	陈国安	陈建东	陈贵云	陈振楼
陈凌孚	陈景秋	陈智伦	武　斌	林圣雄	尚勋武
罗永章	罗富和	罗黎辉	金德岭	周国韬	周洪宇
庞丽娟（女）	府采芹（女）	郑介甫	郑学实	郑家建	郑福田
赵士林	赵光华	赵光育	赵丽宏	胡　卫	胡　玉（女）
胡　军	段维智	闻连利	姚树坤	姚爱兴	姚燕平（女）
贺　旻（女）	贺国庆	骆宝臻（女）	袁希钢	袁祖亮	耿金波
栗　甲	夏勇军	顾长卫	党新安	徐菊英（女）	徐博侯
高　云	唐　瑾（女）	陶凯元（女）	黄　田	黄　震	黄　藤
黄卫东	黄蓓佳（女）	梅廷彦	梅国平	盛昌黎（女）	康凤英（女）
康金成	阎　堃	梁　勇	屠　杰	隋国庆	程幼东
程霄玉（女）	傅勇林	鲁开垠	曾凡平	谢　勇	谢　端（女）
谢双成	谢坚强	谢彬如	虞吉林	鲍英菁（女）	褚以琳（女）
蔡达峰	蔡继明	臧铁军	阚丽君（女）	潘贵玉（女）	薛　康
霍　勇	檀润华	魏　刚	魏春雨	魏敦友	

4. 中国民主促进会章程

中国民主促进会章程

（中国民主促进会第十次全国代表大会 2007 年 12 月 5 日通过）

总　纲

中国民主促进会是以从事教育文化出版工作的高中级知识分子为主、具有政治联盟性质、致力于中国特色社会主义事业的政党。

本会是同中国共产党通力合作的参政党，是爱国统一战线的组成部分，是发展先进生产力、社会主义民主政治、社会主义先进文化和构建社会主义和谐社会，实现祖国统一、民族振兴的一支重要力量。

本会自 1945 年 12 月 30 日创立以来，在中国共产党的指引和帮助下，积极投入反内战、反独裁的爱国民主运动，为争取新民主主义革命的胜利和建立中华人民共和国，作出了重要贡献，谱写了革命的光荣历史。新中国成立后，本会努力促进社会主义各项事业发展，为建立和完善社会主义制度，推进改革开放和现代化建设，促进祖国统一发挥了积极作用。坚持接受中国共产党的领导，坚持爱国、民主、团结、求实，坚持立会为公，是本会的优良传统。

本会坚持中国共产党领导的多党合作和政治协商制度，贯彻“长期共存、互相监督、肝胆相照、荣辱与共”的方针，积极参加国家政权，参与国家大政方针和国家领导人选的协商，参与国家事务的管理，参与国家方针、政策、法律、法规的制定执行。在国家政治生活中认真履行参政议政、民主监督的职责。

本会以中华人民共和国宪法为根本活动准则。在社会主义初级阶段，本会的政治纲领是：高举中国特色社会主义伟大旗帜，以邓小平理论和“三个代表”重要思想为指导，深入贯彻落实科学发展观，弘扬爱国主义精神，坚定不移地贯彻执行“以经济建设为中心、坚持四项基本原则、坚持改革开放”的基本路线，切实履行参政党职能，为全面建设小康社会，构建社会主义和谐社会，推进现代化建设，完成祖国统一，维护世界和平和促进共同发展，把我国建设成为富强民主文明和谐的社会主义现代化国家而奋斗。

本会的基本任务是：

（一）积极参加社会主义经济建设，促进先进生产力的发展，推进改革开放和社会主义市场经济的发展，贯彻科教兴国、人才强国战略，增强自主创新能力，建设生态文明，为实现经济又好又快发展献计出力。

（二）促进社会主义政治建设，努力巩固和发展爱国统一战线，扩大社会主义民主，健全社会主义法制，推进社会主义政治制度完善和发展，促进政党关系和谐，维护社会和谐稳定，实现国家长治久安，巩固中华民族大团结。

（三）致力于社会主义文化建设，继承发展中华民族的优秀文化，吸收人类先进文明成果，建设社会主义核心价值体系，倡导良好思想道德风尚，提高全民族的思想道德素质和科学文化素质。

贯彻百花齐放、百家争鸣的方针，坚持为人民服务、为社会主义服务的方向，推进文化创新，增强文化发展活力，发展和繁荣文化出版事业。

（四）致力于社会主义社会建设，促进民生改善、发展成果共享，维护社会公平正义。推动全社会优先发展教育，促进教育改革和创新，促进社会体制改革和社会管理完善。

（五）努力促进“和平统一、一国两制”方针的实施，坚持一个中国原则，反对“台独”、反对分裂国家，实现祖国的完全统一。

（六）拥护和支持我国独立自主的和平外交政策，积极参加对外交流和友好活动，为维护世界和平、促进共同发展作出贡献。

（七）尊重劳动，尊重知识，尊重人才，尊重创造，充分发挥会员和所联系的知识分子的积极性和创造性，维护他们的合法权益，反映他们的意见与合理要求。积极提倡奉献和创新精神，推动会员为中国特色社会主义事业建功立业。

为确保政治纲领的实现，必须坚持共产党的领导与发扬社会主义民主的原则，体现政治联盟的特点，体现进步性与广泛性的统一；必须坚持中国特色社会主义理论体系，以政治交接为主线，继承和发扬我会的优良传统及老一辈领导人的高尚风范，遵循多党合作的政治准则，坚定不移地走中国特色社会主义道路；必须坚持以思想建设为核心，以组织建设为基础，以制度建设为保障，全面加强自身建设，不断提高全会的思想政治素质和参政议政能力；必须坚持贯彻民主集中制，促进领导决策的科学化、民主化；必须坚持解放思想、实事求是、与时俱进、开拓创新，努力把本会建成与中国共产党亲密合作、致力于中国特色社会主义事业和适应时代发展要求的高素质参政党，更好地担负起历史赋予的光荣使命。

第一章　工作总则

第一条　本会根据国家的法律法规和方针政策，紧密联系实际，创造性地开展工作，积极发挥参政党的作用。

第二条　本会以发展为参政议政第一要务，围绕中心，服务大局，加强与政府有关部门的联系，深入调查研究，对教育、文化、出版、科技等经济和社会发展中的重要问题提出意见和建议，参与协商决策和进行民主监督。

第三条　本会经常了解、及时反映社情民意，为化解矛盾，协调关系，促进社会稳定和谐发挥积极作用。

第四条　本会积极参加人民政协的各项活动，发挥本会在爱国统一战线中的作用。推动担任各级人大代表、政协委员和在各级政府、司法机关、高等院校、科研院所、人民团体、企业和其他社会组织等任职的会员认真履行职责，支持担任特约人员的会员开展工作。

第五条　本会面向社会，以人为本，关注民生，突出特色，以服务为宗旨，为人民群众多办实事，开展社会服务工作。

第六条　本会通过实践活动发现和培养人才，向各级人大、政府、司法机关和政协推荐人才，为各类人才充分发挥作用创造条件。

第七条　本会加强与台湾同胞、港澳同胞和海外侨胞的交往与合作，为实现祖国的繁荣和统一作出贡献。

第八条　本会把加强思想建设放在自身建设的首位，推动和帮助会员学习马克思列宁主义、毛泽东思想、邓小平理论、“三个代表”重要思想、科学发展观等重大战略思想，深入进行坚持基本路线的教育，爱国主义、集体主义、社会主义教育和会章会史教育。

第九条　本会的组织发展坚持以从事教育文化出版工作的知识分子为主、以大中城市为主、以有一定代表性的人士为主的原则。发展会员要注重质量，坚持发展与巩固相结合、有计划稳步发展的方针。

第十条　本会加强各级领导班子建设，坚持民主集中制，贯彻集体领导与分工负责相结合的原则，实行集体领导、民主集中、个别酝酿、会议决定的民主程序，把领导班子建设成为政治坚定、作风优良、工作高效、团结合作的领导集体。

第十一条　本会依法加强机关干部队伍建设、制度建设、作风建设、文化建设和信息化建设，强化服务意识，提高工作效率，推进机关工作的制度化、规范化和程序化。

第十二条　本会加强对会史的研究，积极开展统一战线、人民政协和民主党派理论与实践的研讨，推动参政党的理论创新和工作创新。

第二章 会 员

第十三条 中华人民共和国公民，从事教育文化出版以及科技等其他工作的知识分子，承认并愿意遵守本会章程的，可以申请加入本会。

第十四条 本会会员必须热爱祖国，拥护中国共产党的领导，爱岗敬业，努力为中国特色社会主义事业服务。

第十五条 申请加入本会，须有两名会员介绍，本人填写入会申请表，经基层组织和上级组织考察，由支部会员大会或支部委员会讨论通过，报省辖市或省级组织批准，并层报中央备案。

中央和省级组织必要时可以直接发展会员。

第十六条 会员有下列权利：

（一）会内的选举权、被选举权和表决权；

（二）参加本会有关会议和活动，阅读有关文件；

（三）参加本会组织的有关国家大事的讨论，反映意见，提出建议；

（四）对本会的工作和领导机构提出建议和批评；

（五）当合法权益遭受损害时，要求组织关心和帮助。

第十七条 会员应履行下列义务：

（一）遵守国家法律，维护国家利益；

（二）遵守本会章程，执行本会决议，参加本会活动，完成本会任务；

（三）参加国家的政治生活，发扬社会主义民主，维护社会主义法制；

（四）努力学习，不断提高思想政治水平和业务水平，做好本职工作；

（五）联系群众，接受本会组织和群众的监督；

（六）参加本会组织生活，交纳会费；

（七）工作变动或迁移他地时，须转组织关系。

第十八条 会员要求退会，必须正式提出书面申请，经所在基层组织讨论并提出意见，报省辖市或省级组织批准，注销会籍，并层报中央备案。

第十九条 会员没有正当理由，长期不参加组织活动，不交纳会费，不履行会员义务，经教育无效，或有其他原因，不宜保留会籍的，可由所在基层组织讨论，报省辖市或省级组织批准，作自行退会处理，并层报中央备案。

第三章 组织制度

第二十条 本会的组织原则是民主集中制。上级组织要经常听取下级组织和会员的意见，下级组织要及时向上级组织请示和汇报工作。下级组织要遵守和执行上级组织的决议。

第二十一条 本会各级组织的权力机构是各级会员大会或代表大会。在大会闭会期间，各级委员会即为领导机构。

第二十二条 本会各级委员会的人选，由同级会员大会或代表大会经过充分酝酿协商，采取无记名投票方式选举产生。

地方组织和基层组织的领导成员，由于特殊原因不能用选举办法产生的，可以由上级组织任命。

中央和省级组织在特殊情况下，经过一定程序，可以对所属组织领导机构的成员作适当调整。

第二十三条 地方组织的筹备、建立或撤消，须层报中央批准。

第四章　中央组织

第二十四条　全国代表大会是本会的最高权力机构，其职权是：

（一）听取、审议并批准中央委员会的报告；

（二）决定本会的方针、任务和其他重大事项；

（三）修改本会章程；

（四）选举中央委员会。

第二十五条　全国代表大会每五年举行一次，由中央委员会召集，必要时可以提前或延期举行。

出席全国代表大会的代表名额和产生办法，由中央委员会或中央常务委员会决定。

必要时可以召开全国代表会议，讨论和决定需要及时解决的重大问题。全国代表会议代表的名额和产生办法，由中央委员会或中央常务委员会决定。

第二十六条　中央委员会每届任期五年，全国代表大会如提前或延期举行，其任期也相应地改变。

中央委员会委员的名额，由上一届中央委员会或中央常务委员会提出，全国代表大会决定。

第二十七条　中央委员会在全国代表大会闭会期间，贯彻执行全国代表大会的决议，领导全会工作，对外代表本会。其职权是：

（一）听取、审议和批准中央常务委员会的报告；

（二）讨论和决定本会的重大事项；

（三）选举中央委员会主席、副主席、常务委员；

（四）必要时可以调整少部分中央委员。

第二十八条　中央委员会全体会议每年举行一次，由中央常务委员会召集，必要时可以提前或延期举行。

新一届中央委员会第一次全体会议，由代表大会主席团推定召集人主持会议。

第二十九条　中央常务委员会在中央委员会全体会议闭会期间，行使中央委员会的职权。

中央常务委员会由中央委员会全体会议选举产生，任期与中央委员会相同。

第三十条　中央委员会设主席一人，副主席若干人，任期与中央委员会相同。

中央委员会主席、副主席即为中央常务委员会主席、副主席。

中央委员会主席主持中央委员会的工作，召集中央常务委员会会议。副主席协助主席工作。

第三十一条　中央委员会主席、副主席组成主席会议，根据中央委员会和中央常务委员会的决定，领导中央日常工作。主席会议由中央委员会主席召集和主持。

第三十二条　中央委员会设秘书长，由主席会议提名，中央常务委员会任命。根据需要由中央常务委员会任命副秘书长，协助秘书长工作。

根据需要在中央机关中设立工作部门。各工作部门的负责人按国家公务员法的规定产生，由主席会议或主席办公会议任命，向中央常务委员会通报。

根据需要设若干专门委员会。其机构设置和主任人选，由中央常务委员会决定。

第五章　地方组织

第三十三条　本会的地方组织是：省委员会，自治区委员会，直辖市委员会；省（自治区）辖市委员会，直辖市的区委员会，地区委员会，自治州委员会；县委员会，县级市委员会，省辖市的区委员会。

第三十四条　本会地方各级会员大会或代表大会，每五年举行一次，必要时经上级组织批准可以提前或延期举行。

地方各级会员大会或代表大会由同级委员会召集。代表大会的代表名额和产生办法，由同级委员会或常务委员会决定。

第三十五条 地方各级会员大会或代表大会的职权是：

（一）执行全国代表大会、中央委员会和上级组织的决议和工作任务；

（二）听取、审议和批准同级委员会的报告；

（三）讨论并决定同级委员会的重大事项；

（四）选举同级委员会。

第三十六条 地方各级委员会每届任期五年。同级会员大会或代表大会如提前或延期举行，其任期也相应地改变。

地方各级委员会委员的名额，由上一届同级委员会或常务委员会提出，报请上一级组织批准。

地方各级委员会全体会议每年举行一次，由地方各级委员会或常委会召集，必要时可以提前或延期举行。

新一届地方各级委员会第一次会议，由主席团推定召集人主持会议。

第三十七条 地方各级委员会在同级会员大会或代表大会闭会期间，领导本级地方组织的工作，对外代表本级地方组织。

地方各级委员会的职权是：

（一）听取、审议和批准同级委员会或常务委员会的报告；

（二）讨论和决定本级组织的重大事项；

（三）选举同级委员会主任委员、副主任委员、常务委员；

（四）必要时经上一级组织同意，可以调整同级委员会的少部分成员。

第三十八条 地方各级委员会设主任委员一人，副主任委员若干人，由同级委员会全体会议选举，报请上一级组织批准。主任委员、副主任委员的任期与本届委员会相同。

第三十九条 地方各级委员会根据需要可设常务委员会。常务委员会由同级委员会全体会议选举产生，其任期与本届委员会相同。

常务委员会在同级委员会全体会议闭会期间，行使委员会的职权。

地方各级委员会的主任委员、副主任委员即为同级常务委员会的主任委员、副主任委员。

地方各级委员会的主任委员、副主任委员组成主委会议，领导委员会的日常工作。主委会议由委员会主任委员召集和主持。

第四十条 地方各级委员会根据需要可设秘书长，由主委会议提名，同级常务委员会任命（在不设常务委员会的地方，由同级委员会任命），报上一级组织批准。

地方各级委员会根据需要可设副秘书长和必要的工作部门。各工作部门的负责人按国家公务员法的规定产生，由主委会议任命，向同级常务委员会通报（在不设常务委员会的地方，向同级委员会通报）。

根据需要设若干专门委员会。其机构设置和主任人选，由同级常务委员会决定（在不设常务委员会的地方，由同级委员会决定）。

第六章 基层组织

第四十一条 本会的基层组织是基层委员会、总支部委员会、支部委员会。会员人数五人以上的可成立支部。会员人数较多的支部可设小组。省、自治区、直辖市委员会根据工作需要可在会员人数较多的单位或按会员的业务系统设立基层委员会或总支部委员会。

本会中央和各级地方组织可根据不同情况，设立直属支部或直属小组。不能编组的会员，应由其所属会的组织直接联系。

第四十二条 基层委员会、总支部委员会和支部委员会的委员由会员大会选举产生，委员名额由上一级组织决定。基层委员会、总支部委员会和支部委员会设主任委员、副主任委员，并根据实际情况，设组织、宣传等委员，由委员会选举。小组可推选组长一人。基层委员会、总支部委员会和支部委员会每届任期五年。必要时经上级组织批准，可提前或延期换届。

基层组织的建立、撤并和所选出的负责人，须报上级组织批准。

第四十三条 基层组织是实现本会政治任务的基础，其基本任务是：

（一）贯彻执行上级组织的决议和决定，组织会员积极参加本会的各项活动；

（二）结合本单位的中心任务开展活动，推动会员努力做好本职工作，为社会主义经济建设、政治建设、文化建设、社会建设贡献力量；

（三）了解会员对国家大政方针和地方重要事务的意见和建议，向上级组织和有关方面反映；

（四）组织会员过好组织生活，加强政治学习，关心会员的工作、学习和生活，增强团结，共同进步；

（五）做好所联系群众的工作，积极反映社情民意；

（六）教育会员遵纪守法，讨论对会员的表扬、奖励和处分；

（七）对申请入会对象进行考察和培养，做好发展会员的工作；

（八）收缴会费。

第七章　干　　部

第四十四条 本会各级组织按照德才兼备、注重实绩、会员公认、任人唯贤的原则选拔和任用干部。

本会各级组织应加强对干部的教育、培训和考核工作，努力提高干部队伍的整体素质，加强后备干部队伍建设，优化干部队伍结构。

第四十五条 本会各级领导干部必须具备以下的基本条件：

（一）坚持用中国特色社会主义理论体系武装思想、指导工作，坚持走中国特色社会主义政治发展道路，具有一定的政治把握能力；

（二）努力了解国情，熟悉政策，把握大局，善于带领所在组织的会员开展各项会务工作，具有一定的参政议政、组织领导与合作共事能力；

（三）认真执行本会的各项决议，模范地履行本会章程，有较强的事业心、责任感和奉献精神，热心会务，积极主动地开展本会工作；

（四）作风民主正派，求真务实，密切联系群众，善于团结同志，自觉接受组织和会员的批评监督；

（五）坚持立会为公，服务社会，服务人民，勤奋工作，清正廉洁，严格自律。

第四十六条 本会各级领导干部，无论是选举产生的，或是由组织任命的，均实行任期制，在同一职务上连选连任一般不超过两届。

第四十七条 本会建立健全监督制度和机制，逐步设立中央和省级组织监督机构，对领导班子成员遵守本会章程和履行领导职责的情况，对会员遵守本会章程的情况进行监督。

第八章　奖励与处分

第四十八条 对地方组织、基层组织和会员在社会主义现代化建设中，在履行参政党职责和自身建设中，做出显著成绩的，其上级组织应给予表扬或奖励，贡献特别突出的，可由省、自治区、直辖市组织上报会中央，在全会通报表彰。

第四十九条 会员违反国家法律和本会纪律，所属组织应按其错误性质、情节轻重和对待错误的态度，分别给予警告、撤消会内职务、留会察看、开除会籍的处分。

第五十条 对会员的处分须经所属组织委员会讨论通过，报上一级地方组织批准。其中撤消会内职务、留会察看的处分，须上报省级组织批准，层报会中央备案；开除会籍的处分，须经会中央批准。

留会察看处分，最长不得超过两年，在察看期间，没有会内的选举权、被选举权和表决权。

对会员的处分应严肃、慎重。

受处分的会员对处分有不同意见，有权向上级组织直至中央申诉。

第九章 附 则

第五十一条 本章程经全国代表大会通过后施行，解释权属于中央委员会。

（二）民进中央 2008 年工作概述

中国民主促进会第十二届中央委员会 2008 年工作概述

2008 年是民进十二届中央委员会的开局之年。一年来，会中央认真贯彻中共十七大精神，努力学习贯彻科学发展观，落实民进十大提出的各项任务，坚持以政治交接为主线，以领导班子建设为重点，继承和发扬我会的优良传统，实事求是、开拓创新。按照“执政党建设和参政党建设相互促进”的要求，努力推动会中央工作和地方工作相互促进、高素质参政党建设与履行参政党职能相互促进，理论研究与实际工作相互促进，全会呈现出无懈无滞、有思有行，团结、务实、奋进的良好局面。

一、深入开展中国特色社会主义主题教育活动，巩固我会的思想政治基础

一年来，会中央坚持以中共十七大精神为指导，以主题教育为主线，以领导班子建设为重点，以纪念中共发布“五一口号”60 周年和改革开放 30 周年为契机，精心筹划，精心组织，切实推进中国特色社会主义主题教育活动。会中央修订了《民进中央中心学习组学习制度》，将中心组学习与 4 次主席会、4 次常委会和 1 次全委会的学习相结合，开展专题学习，扩大了学习的覆盖面和辐射效应；通过组织宣讲、召开网络会议、制作专题网页、发表理论文章等，带动全会深入学习。

会中央以纪念中共发布“五一口号”60 周年和纪念改革开放 30 周年为契机，通过召开座谈会、研讨会，开展征文、知识竞赛、会中央领导带头撰写纪念文章、加强会史工作和会史教育基地建设、编纂《中国民主促进会年鉴（试刊）》等，引导全会把民进老一辈的历史选择转化为当代民进人的现实选择，大力宣传和学习民进的光辉历史和前辈们的高尚情操；深情回顾 30 年来民进为改革开放做出的积极贡献，认真总结改革开放促进民进发展的重要经验，努力探讨新的历史条件下参政党建设的规律。

各级地方组织在主题教育活动中，加强了对广大会员进行较为系统的中国特色社会主义理论教育，加强对广大会员进行多党合作优良传统的教育，加强对广大会员进行改革开放的教育，通过开展富有特色、形式多样的纪念活动，进一步坚定了继续解放思想、坚持改革开放的决心和信心，进一步增强了履行参政党职能的使命感和责任感。据统计，全会共举办各类学习宣讲活动 313 场次，各级领导干部带头宣讲 300 余人次，参加学习培训会员达 20399 人次，收到理论研究文章 535 篇。会中央专门召开主题教育活动经验交流会，及时总结、交流和推广各地方组织的经验，并就我会政治交接、思想建设的长效机制建设进行有益的探索，进一步巩固和扩大了主题教育活动成果。

二、以领导班子建设为重点，推进我会自身建设

加强参政党自身建设，是多党合作制度长期存在和发展的必然要求。会中央根据新形势、新任务的要求和我会换届后的实际情况，努力把高素质参政党建设与履行参政党职能相结合，以领导班子建设推动制度建设、作风建设，以理论创新促进工作实践，较好地推动了全会的自身建设。

2007年以来，会中央和各级组织换届陆续完成，加强领导班子建设显得十分重要和紧迫。会中央把领导班子建设作为2008年自身建设的重点，采取的主要措施有：一是紧密结合主题教育活动，坚持和改进中心组学习制度，进一步加强理论学习，加强领导班子的思想建设。二是强调集体领导，从完善制度入手，克服和杜绝工作盲目性、随意性，切实贯彻民主集中制。三是进一步加强领导班子作风建设，大力倡导求真务实的工作作风，大兴调查研究之风。四是努力在领导班子中营造民主务实、团结和谐的氛围。会中央领导班子成员定期开展集体谈心，适时进行个别谈心，还与中央常委、地方组织领导班子成员开展谈心，使会中央在民主决策、联系基层、搞好服务、有效指导工作等方面取得了可喜的进步。

为了进一步加强对领导班子新成员和后备干部的培养，会中央推荐70余名地方新任领导班子成员参加中共中央组织部、统战部、中央社会主义学院举办的各种培训班、研讨班，举办了48名同志参加的“民进新任中央委员、省级组织副主委培训班”，实现了对72名新任中央委员和101名省级领导班子成员的轮训，使班子新成员较系统地了解了统一战线和多党合作的历史经验、政策理论、面临的形势、任务与新岗位的要求，帮助他们提高认识，加强责任感，尽快进入角色开展工作。按照建设高素质参政党的要求，会中央就会内监督进行了认真的研究和探索。经过充分调查研究，在各民主党派统一协商意见的基础上，提出了开展会内监督的工作方案，筹备成立了民进中央监督委员会，制定了《中国民主促进会中央监督委员会工作条例（试行）》，为推动全会开展会内监督迈出了坚实的一步。

新形势新任务新实践，呼唤理论的创新和发展并指导实践工作。会中央立足参政党建设和履行职能的实际需要，把学习理论、实践理论、开展参政党理论研究作为加强自身建设的重要任务。明确提出要以中国特色社会主义理论体系为指导，密切联系实际，围绕解决工作中的实际问题开展理论研究。通过调整会中央统战理论研究会，成立参政党理论研究会，整合研究力量，建立骨干队伍，初步在会内建立起一支由团体会员和个人会员相结合、专兼职相结合的研究队伍。同时，积极利用社会资源，拓展研究平台，扩大与会外的合作，聘任特邀研究员，建立理论研究课题立项制度，结合形势积极开展理论研讨，召开了“民进纪念改革开放30周年参政党建设理论研讨会”，编辑出版理论研究文集等，较好地促进了全会理论研究工作的开展。

会中央高度重视机关建设，积极营造“鼓励干事业、支持干成事业”的环境。进一步完善了各项规章制度和工作流程，增强制度可操作性和实效性，增进部门间的相互配合，较好地适应了集体领导、贯彻民主集中制的要求，调动了机关各部门和工作人员的积极性，提高了机关工作的效率和质量；开展多种形式的学习交流、专题研讨和业务培训，推行机关专职干部会内轮岗交流和会外挂职锻炼，扩大了机关干部视野，进一步提高了政治思想水平和工作能力；多渠道培养和引进干部，进一步优化了机关干部队伍的结构；积极推进信息化建设，进一步完善了信息资源平台、网络安全系统、参政议政网站平台，基本实现了电子文档一体化，进一步加大了与地方组织机关的交流合作，对全会机关建设起到了示范带动作用。

三、发挥整体优势，积极履行参政党职能

2008年，会中央提出了“举全会之力、集全会之智”、“以新作为巩固老阵地，在顺势中开拓新领域”的工作方针，发挥我会的特色与优势，整合全会的智慧与力量，在履行参政党职能方面取得新成就。

会中央进一步加强了参政议政骨干队伍建设，成立了由173人组成的新一届专门委员会，聘请了新一届27人的特邀研究员，将一批学识渊博、参政议政能力强、社会影响大的会员和民进之友充实到参政议政骨干队伍之中。各专门委员会深入基层，创新工作，广泛调研，参政议政的积极性和主动性有更大的提高，发挥着越来越大的作用；特邀研究员能够发挥专业优势，提出独到的和前瞻性的有价值的意见，为我会的参政议政提供了有力的支持。

会中央建立了面向全会的参政议政课题的申报立项、提案形成和成果奖励机制，向各专门委员会和省级组织广泛征集课题建议，经过评审确定重点课题立项，课题成果再经过评审和转化，形成会中央在全国政协大会的发言和提案。会中央对确定的重点调研课题给予一定的经费资助和其他形式的支持，对作出突出贡献、发挥较大作用的参政议政提案进行表彰和奖励。这一机制得到了各省级组织和会中央专门委员会的积极响应与密切配合，先后向会中央提交课题 51 个，其中 11 个被确定为重点立项课题，还提交了 100 余篇调研成果，在参政议政工作中发挥了我会的整体优势。为配合新机制的有效运行，会中央开设了网上参政议政平台，与各省级组织和专门委员会、特邀研究员积极互动，有效地促进了全会参政议政资源的整合，进一步提升了参政议政的效率和质量。会中央深入开展调查研究，积极反映社情民意，取得了参政议政与民主监督的积极成效。会中央把“完善文化投入机制、保障人民文化权益”作为重点调研，在江苏、宁夏两地进行实地调研，协调上海、广东、浙江、四川等省级组织开展同步调研，并联合云南、甘肃、内蒙古三省区就“中国西部农村义务教育教师培训能力建设”进行研讨，在综合各方调研成果的基础上，形成多份调研报告，为中共中央、国务院制定和调整政策，提供了重要的参考依据。会中央还围绕事关全局的瓶颈问题和事关民生的热点难点问题，收集、整理、反映社情民意，通过多种形式向中共中央、国务院和有关部门提出建议。全会各级组织反映社情民意信息 2500 余篇，会中央编报 505 期，其中关于边远地区学校建设、宣传表彰抗震救灾教师、城市流动人口计划生育工作、灾区高校救灾和重建工作、基层粮食安全问题等多篇信息，得到了国家领导人的重视，已批转有关部门办理。

为了进一步挖掘参政议政资源，提高参政议政工作能力，会中央加强了与政府有关部门、研究机构和社会团体的合作。会中央领导先后走访教育部、文化部等 12 个部委局办，了解情况，交流信息，密切合作，取得了积极的效果；会中央分别与中央社会主义学院、上海社会科学院、中国教育学会、中国民办教育协会等单位建立了合作关系，成立了“民进中央—上海社科院合作中心”，形成了会内与会外合作的新机制，发挥了积极的作用。

会中央提倡把社会服务和参政议政相结合，按照“体现党派特色、发挥民进优势、继承优良传统、创新服务机制”的工作思路，努力推进智力支边，不断拓展工作渠道，积极促进海峡两岸民间交流，取得了良好的政治效益、社会效益和经济效益。会中央与国家林业局、贵州省人民政府共同主办了“中国（毕节）石漠化治理与生态文明高层论坛”，就石漠化治理政策和技术措施进行研讨，组织开展面向毕节石漠化治理试点地区的咨询服务活动，提出了可供决策参考的意见和建议，进一步推动了西南地区石漠化综合治理。启动了金沙县“民心有机农业试验示范园”项目，对促进当地农民脱贫致富起到了积极的辐射作用。会中央加强对西部教师培训活动的指导和引导，推动和带动地方组织为西部教师培训献计出力，帮助西部地区培训教师 3105 人次，对西部教育事业的发展做出了应有的贡献。

本着“教育、引导、支持、服务”的方针，会中央积极引导企业界会员把企业发展与国家发展结合起来，把个人富裕与共同富裕结合起来，建立了企业界会员联谊会联席会议制度，促进地方组织企业家联谊会的交流，为会员成长和会员企业发展提供服务，有效地促进了社会服务工作的开展。据统计，今年以来，经会中央牵线搭桥，除抗震救灾外，我会企业界会员向西部贫困地区捐款捐物 415 万元，向贫困地区捐建了 5 所希望小学。会中央在充分发挥叶圣陶研究会、民进企业家联谊会等工作平台作用的同时，推动成立了中国民办教育协会，为开辟我会社会服务工作的新渠道、拓展工作平台进行了新的探索。

会中央根据对台工作的新形势，积极与地方政府和有关部门合作，成功举办了“第三届海峡两岸企业发展与合作暨天津滨海新区开发开放高层论坛”和“第六届海峡两岸中华传统文化与现代化研讨会”，吸引了海峡两岸政界、学界和企业界人士的积极参与，促进了两岸学术交流、经贸合作和文化认同。会中央领导利用全国“两会”和北京奥运会之机，邀请香港特区的部分代表和委员座谈，接待台湾的政要和医师访京团等，产生了积极的影响。许多地方组织也结合自身优势开展了形式多样的海外联谊活动，增进了两岸四地的了解和互信。

四、主动部署，指导全会为抗震救灾多作贡献

2008 年 5 月 12 日，四川汶川发生特大地震灾害后，会中央第一时间做出反应，紧急行动，精心部署，有效指导全会抗震救灾工作。地震发生当晚，就向民进四川省委会等遭受地震灾害影响的民进组织和会员发出了慰问信，之后又四次发出通知，动员全会力量支援灾区。会中央领导亲赴四川灾区，实地查看灾情，慰问受灾群众，抢救民族文化，看望民进组织和会员，指导民进组织和会员的抗震救灾和灾后重建工作。地处灾区的四川、甘肃、陕西、重庆等地民进组织，临危不乱，挺身而出，自觉行动，勇于担当，主动投身抗震救灾。一批省市委员会领导和担任政府实职的干部，忠于职守、指挥有力、不辱使命、英勇战斗在抢险救灾的第一线；众多民进会员和干部群众，不怕牺牲、不怕疲劳、舍己为人、奋勇争先，涌现出许多令人感动和钦佩的人物与事迹。

按照中共中央、国务院的统一部署，全会各级组织和广大会员，齐心协力，扎实工作，充分发挥自身的特点和优势，广泛调动各方面力量，在抗震救灾中发挥了积极作用。会中央及时发动各级组织和广大会员，围绕抗震救灾和恢复重建积极建言献策，反映社情民意，先后就对口支援和灾区重建规划、兴建汶川地震博物馆、抢救羌族文化遗产等问题，提出意见和建议，受到有关部门的重视。印发了12期《民进中央抗震救灾工作简报》。全会开展了“为了灾区的孩子们”系列爱心捐助活动，收到416名书画界会员捐赠的834幅书画作品，全会通过多种形式，向灾区人民捐助款物1.4亿元（其中有862万多元的“特殊会费”）。有的会员深入灾区，开展心理咨询服务、承担灾区教师培训等工作，我会成员在震后羌族非物质文化遗产保护等方面，做出了突出贡献，被中共中央、国务院、中央军委授予“全国抗震救灾模范”荣誉称号。在“民进抗震救灾表彰活动”中，全会有12个单位被授予先进集体，113名个人被授予优秀会员，24个单位受到表扬。会中央还相继开展了一系列活动，大力宣传报道抗震救灾先进事迹，弘扬抗震救灾精神，民进网站的抗震救灾专题发布信息1400余条、图片和书画作品600余幅，编辑出版了《民进抗震救灾纪实》，会员纷纷抒写抗震救灾“真情感言”，切实体会到社会主义制度的优越性，体会到中共中央的坚强领导，体会到改革开放极大地提升了我国的综合实力，抗震救灾成为主题教育活动的重要组成部分。

在特大地震灾害面前，民进经受了考验，履行了应尽的责任。在抗震救灾中，民进各级组织快速反应、迅速行动、有力组织，充分发挥了领导核心作用；参加抗震救灾的民进各级领导干部奋不顾身、靠前指挥、执行有力，充分发挥了表率作用；广大民进会员义无反顾、尽其所能、舍己为人，充分体现了无私奉献的精神。这是我会多年来加强自身建设的成果，也是新时期民进人宝贵的精神财富。

我会在2008年能够顺利完成各项工作任务，取得一定的成绩，积累一定的经验，这是各级组织和广大会员共同努力的结果。在今后的工作中，我们要在工作思考上进一步提高前瞻性和预见性，在工作安排上要进一步加强统筹性和协调性，在工作机制上要进一步激发全会各级组织的活力和集成大家的智慧，使我会的各项工作迈上一个新台阶。

（三）重要文献

1. 重　要　文　件

民进中央关于认真学习贯彻胡锦涛同志在各民主党派中央、全国工商联新老主要领导人座谈会上重要讲话精神的决定

（2008年1月17日）

民进各省、自治区、直辖市委员会：

2007 年 12 月 24 日中共中央总书记胡锦涛同志在各民主党派中央、全国工商联新老主要领导人座谈会发表重要讲话后，在统一战线引起了热烈反响，民主党派广大成员深受鼓舞。为指导推动全会进一步学习贯彻胡锦涛同志重要讲话精神，会中央作出如下决定：

一、充分认识学习贯彻胡锦涛同志重要讲话精神的重大意义

胡锦涛同志重要讲话从发展中国特色社会主义的战略、全局和历史高度，全面总结了我国多党合作事业的丰硕成果和宝贵经验，深刻阐明了在新的历史条件下坚持和完善我国政党制度、推进多党合作事业的重大意义，对开创我国统一战线和社会主义多党合作事业新局面提出了明确要求，进一步丰富发展了马克思主义统一战线和多党合作理论，是指导新世纪新阶段多党合作事业发展的纲领性文献。认真学习贯彻胡锦涛同志重要讲话精神，对于我会深入贯彻中共十七大精神，进一步坚持和完善中国共产党领导的多党合作和政治协商制度，继续推进政治交接，建设高素质参政党，积极履行职能，具有重大的现实意义和深远的历史意义。各省级组织要认真做好安排部署，带领所属组织与广大会员认真学习领会、大力宣传贯彻胡锦涛同志重要讲话精神，把会员的思想和行动统一到讲话精神上来。

二、深刻领会和把握胡锦涛同志重要讲话的精神实质

胡锦涛同志的重要讲话内涵丰富，思想深刻，富有新意。各省级组织要引导广大会员领会和把握其精神实质。一是充分认识当前统一战线和多党合作的大好形势，倍加珍惜来之不易的可喜局面。二是深刻领会讲话对中共十六大以来我国多党合作新鲜经验的科学概括，始终牢记、坚持和运用这些经验，并在新的实践中继续加以丰富和发展。三是深刻领会中国共产党领导的多党合作和政治协商制度体现了我国社会主义民主政治的本质要求，突出了团结、民主、和谐的精神，具有合作、参与、协商的特点，有利于最大限度地统一思想、凝聚力量、集中智慧，符合全国各族人民的根本利益，符合中国特色社会主义事业的发展要求。四是深刻领会讲话对巩固和发展我国和谐政党关系提出的明确要求：始终高举中国特色社会主义伟大旗帜，进一步打牢多党合作的思想政治基础；深入贯彻科学发展观，进一步为实现全面建设小康社会奋斗目标献计出力；继续推进政治交接，进一步提高民主党派参政议政、民主监督的能力和水平。

三、结合实际学习贯彻胡锦涛同志重要讲话精神

认真学习贯彻胡锦涛同志重要讲话精神，要与学习贯彻中共十七大精神紧密结合起来，与学习贯彻民进十大精神紧密结合起来，与中国特色社会主义主题教育活动紧密结合起来，与开展纪念中共中央发布“五一口号”60 周年、改革开放 30 周年等重大活动结合起来。各省级组织和广大会员要从学习贯彻中共十七大精神的高度，加深对胡锦涛同志重要讲话的理解，进一步落实十七大对统一战线的新要求；要坚持民进的基本经验，切实贯彻落实民进十大的工作部署，更好地发挥参政党的重要作用；要认真回顾和总结我国多党合作与改革开放的光辉历程、伟大成就及成功经验，坚持在旗帜、道路和理论体系等重大问题上与中共中央保持高度一致，继承和发扬民进老一辈领导人的坚定信念、优良传统和高尚风范，增强接受中国共产党领导的自觉性和坚定性，坚定不移地走中国特色社会主义政治发展道路。

中国民主促进会中央委员会
2008 年 1 月 17 日

民进中央关于 2008 年在全会开展中国特色社会主义主题教育活动的通知

（2008 年 1 月 17 日）

民进各省、自治区、直辖市委员会：

2008 年是我会新一届中央委员会的开局之年，会中央决定在 2007 年全会开展的政治交接学习教育活动的基础上，深入开展中国特色社会主义主题教育活动（下简称主题教育活动）。认真开展主题教育活动，对于我会在新的历史起点上，继续搞好政治交接，进一步加强自身建设，积极履行职能，建设高素质参政党，具有极为重要的意义和作用。这是我会当前和今后一个时期首要的政治任务并贯穿全会的工做主线。现就如何开展主题教育活动通知如下：

一、明确主题教育活动的指导思想

开展中国特色社会主义主题教育活动，必须高举中国特色社会主义伟大旗帜，以邓小平理论和“三个代表”重要思想为指导，深入贯彻落实科学发展观，深入学习贯彻中共十七大精神，认真学习贯彻胡锦涛同志 2007 年 12 月 24 日在各民主党派中央、全国工商联新老主要领导人座谈会上的重要讲话精神，贯彻落实民进十大精神和中共中央贺词的要求，坚定政治信念、提高理论水平、指导实践工作；必须坚持我会行之有效的经验和做法，以学习培训为先导，以重大事件和活动为契机，以领导班子建设为重点，以班子建设带动队伍建设，围绕中国特色社会主义的主题，在我会兴起学习、教育和实践相结合的扎扎实实的教育活动。

二、把握主题教育活动的内容和重点

一是结合纪念中共中央“五一口号”发布 60 周年，深入开展多党合作历史经验和我会优良传统的学习教育，增强各级领导干部和广大会员接受中国共产党领导的自觉性和坚定性，坚持走中国特色社会主义政治发展道路毫不动摇，继承和发扬老一辈领导人的坚定信念、优良传统、高尚风范，进一步在全会巩固多党合作的思想政治基础。二是结合纪念改革开放 30 周年，深入开展坚持改革开放的教育，进一步坚定各级领导干部和广大会员高举中国特色社会主义旗帜，坚持中国特色社会主义道路和理论体系的决心和信心，继续深入贯彻落实科学发展观，进一步为实现全面建设小康社会奋斗目标献计出力。三是推进新一届地方组织领导班子的思想建设、作风建设、制度建设和后备干部队伍建设，使之成为政治坚定、作风优良、工作高效、团结合作、廉洁自律的领导集体。四是组织各级各类的学习、培训等活动，使主题教育活动覆盖全会各级组织。

三、落实主题教育活动的措施和要求

政治交接是我会一项长期的战略任务，主题教育活动是一项复杂的系统工程，要与 2007 年开展的政治交接学习教育活动相衔接。省级组织领导班子，特别是一把手，要高度重视，精心部署，加强领导，起表率作用；要对所属组织提出明确要求，确保主题教育活动取得实效。

会中央要深入实际、调查研究，及时了解和反映各地开展活动的情况，提供有针对性的指导与服务，大力宣传主题教育活动的有效做法和实际成果。省级组织要紧密配合会中央的安排部署，结合本地实际情况开展工作，创造经验。

会中央和省级组织之间、各省级组织之间、机关各部门之间，要加强协作、形成合力。要努力探索连动互动、资源整合、扎实有效的工作方式和方法，促进工作体制机制的创新，推动主题教育活动持久深入地开展。

民进中央办公厅

2008 年 1 月 17 日

民进中央关于
2008年在全会开展中国特色社会主义主题教育活动的方案

（2008年1月27日民进十二届二次主席会议审议通过）

根据《民进中央关于2008年在全会开展中国特色社会主义主题教育活动的通知》精神，经民进第十二届二次主席会议讨论通过，现提出今年我会开展这项工作的方案如下：

一、指导思想

开展中国特色社会主义主题教育活动（下简称主题教育活动），必须高举中国特色社会主义伟大旗帜，以邓小平理论和“三个代表”重要思想为指导，深入贯彻落实科学发展观，深入学习贯彻中共十七大精神和胡锦涛同志2007年12月24日在各民主党派中央、全国工商联新老主要领导人座谈会上的重要讲话精神，认真学习中共中央贺词，贯彻落实民进十大精神，坚定高举“一面旗帜”、坚持“一条道路”、坚持“一个理论体系”的政治信念。必须坚持理论联系实际，以学习培训为先导，以重大事件和活动为契机，以领导班子建设为重点，以班子建设带动全会建设，推动各项工作的开展。要围绕主题，注重实效，在我会兴起扎扎实实的主题教育活动。

二、主要内容

根据中央统战部有关会议精神，结合我会的具体实际，开展中国特色社会主义主题教育活动，要在2007年我会开展政治交接学习教育活动的基础上，主要抓好四方面工作：

（一）纪念中共中央发布“五一口号”60周年，深入开展多党合作历史经验和优良传统教育

1. 召开民进全国主题教育活动经验交流大会，总结交流自2007年以来开展政治交接学习教育活动四个阶段的收获、体会和经验，进一步推进我会的政治交接。

2. 参加中央统战部组织的各项纪念活动（包括：“多党合作历史经验与未来发展”专题研讨会、政治交接主题学习教育活动经验交流会、纪念“五一口号”发布60周年座谈会、会中央领导人赴西柏坡参观学习，举办文艺晚会、开展征文活动等），回顾和总结我国多党合作的光辉历程和成功经验，进一步增强走中国特色社会主义政治发展道路的自觉性和坚定性。

3. 召开民进中央纪念“五一口号”发布60周年座谈会，主要领导人发表讲话，撰写文章，引导广大会员自觉接受中国共产党的领导，继承和发扬我会的优良传统，进一步坚持和完善中国共产党领导的多党合作和政治协商制度。

4. 运用民进网站和会刊，集中宣传我国多党合作制度的优良传统、实践经验和理论成果，调整会中央会史展览馆布局，编制民进简介短片，建立会史教育基地，促进会史和统战理论研究的开展。

5. 各省级组织也要举办多种形式的相关纪念活动，深入进行多党合作历史经验和我会优良传统的教育，进一步巩固全会多党合作的思想政治基础。

（二）纪念改革开放30周年，深入进行改革开放历史成就和宝贵经验的宣传教育

1. 举行民进中央纪念改革开放30周年座谈会，会中央领导人将发表重要讲话，撰写文章，引导广大会员进一步坚定中国特色社会主义共同理想和信念，毫不动摇地坚持改革开放，更加自觉地贯彻中共中央的理论和路线方针政策。

2. 民进网站将与省级组织网站联合举办“改革开放30周年回眸”专题网页观摩活动，围绕改革开放开展专题大讨论，通过谈个人感受，回顾民进各级组织所作的贡献，对广大会员进行改革开放历史成就和宝贵经验的宣传教育。

3. 组织好会中央中心学习组学习，认真学习贯彻中共中央全会精神，对改革开放和我会的工作进行回顾总结，促进参政党理论建设与工作实践与时俱进。

4. 各省级组织要结合地方特色组织相关纪念活动，突出思想教育，营造浓厚氛围，引导广大会员继续解放思想，坚持改革开放，支持改革开放、参与改革开放。

（三）促进领导班子的思想建设、作风建设、制度建设和后备干部队伍建设

1. 各级领导班子成员要带头学习中共十七大精神，结合贯彻民进十大决议，带头宣讲学习体会，带头撰写心得体会文章，增强接受中国共产党的领导的自觉性和坚定性，增强贯彻落实科学发展观的自觉性和坚定性。

2. 各级领导班子要以贯彻民主集中制为重点，形成一套行之有效的制度。要建立健全领导班子学习制度、联系基层制度、会议制度、议事规则、谈心会制度、述职和民主评议等制度，建立健全内部监督机制。

3. 各级领导班子成员要继承我会的优良作风，要以党为师，自觉培育和树立良好的思想作风、学风、领导作风、工作作风和生活作风，在领导班子中形成团结和谐的氛围。

4. 各级领导班子要加强对后备干部队伍的培养和动态管理。建立干部选拔任用机制和合理的进退机制，及时把按程序产生的优秀的人选补充到领导班子中来。

各省级组织在年中要总结交流加强领导班子建设的经验、做法和体会，并向民进十二届三次中常会报告。

（四）开展各级各类的学习和培训，使主题教育活动覆盖全会各级组织

1. 会中央中心学习组进一步完善并落实学习制度，改进学习方法，紧密围绕中国特色社会主义这个主题，结合主席会、中常会和全会组织学习，中央领导集体以身作则，带头学习，带动全会深入学习贯彻中共十七大精神和民进十大精神。地方组织的学习也要进一步规范化、制度化，讲究实效。

2. 会中央和各省级组织要结合形势与工作任务，根据各地实际情况，围绕中共十七大的重大理论观点、重大战略思想、重大工作部署；多党合作事业的新发展、新要求；民进如何在新的历史起点上发扬成绩、承担历史责任等主要内容开展多种形式的宣讲活动。

3. 会中央局级领导干部分批参加中央统战部举办的学习贯彻中共十七大精神培训班。会中央通过中央社会主义学院举办的培训班，对新任中央委员和新任省级组织副主委进行会章会史的培训，并在二季度举办新任中央委员和新任省级组织副主委培训班。同时推动地方组织通过举办各类培训班、研讨班、短训班或"以会代训"等多种途径和方式对各级新任领导班子成员及骨干会员进行集中学习培训。

4. 会中央有关部门编制各种形式的学习材料，与各省级组织交流，并在会中央和省级组织的网站上刊登。民进宣传网站、会讯和民主杂志及时刊发我会领导干部和会员的学习体会文章，并向统战系统报刊推荐发表，积极宣传各级组织主题教育活动的工作成果和实际效果。

三、几点要求

（一）加强领导，确保实效

开展主题教育活动，是我会以政治交接为主线、加强自身建设的一项重大任务，是贯穿2008年全会工作的重点。各级领导班子，特别是一把手，要充分认识其重要意义，切实加强领导，精心部署安排，认真组织实施，把这项工作真正落到实处。要统筹协调组织、宣传、会史和理论研究等多种资源，形成开展主题教育活动的合力。

（二）因地制宜，与时俱进

各级组织既要按照会中央的部署和要求，安排好主题教育活动的有关工作，又要结合自身实际，开展富有特色和成效的活动。要根据形势的发展变化，随时调整计划和方案，充实新内容，提出新要求。

（三）及时反馈，加强交流

各级地方组织要有专人负责此项工作，注意收集事例，整理材料，统计数据，定期编写简报，及时向会中央反馈情况，总结交流经验和做法，促进主题教育活动扎实有效地开展。

民进中央中心学习组2008年学习计划

（2008年1月27日民进十二届二次主席会议审议通过）

为认真执行民进中央中心学习组学习制度，进一步加强会中央中心学习组的学习，根据民进中央2008年工作要点的要求，特制订民进中央中心学习组2008年学习计划。

一、学习主题和内容

紧密围绕中国特色社会主义这个主题，深入学习贯彻中共十七大精神，贯彻落实民进十大精神。

二、学习时间

每季度（至少）举行一次集体学习会，为期半天。

三、学习方法

1. 中心学习组集中学习与成员自学相结合；

2. 中心学习组集中学习与主席会、常委会、中全会、机关的学习相结合；

3. 中心学习组成员主题发言、讨论交流、实地参观学习与听取会内外专家专题讲座相结合。

四、学习安排

1. 专题一：中国特色社会主义理论体系

学习时间：2008年1月27日（十二届二次主席会期间）

学习要点：如何认识中国特色社会主义理论体系，特别是马列主义、毛泽东思想和中国特色社会主义理论体系之间的关系。

学习形式：邀请有关专家作专题报告。

主要成果：学习简报和录像资料。

2. 专题二：民主党派领导班子建设

学习时间：2008年6月（十二届三次中常会期间）

学习要点：结合中国特色社会主义主题教育活动，就民主党派领导班子建设问题进行研究。

学习形式：邀请有关专家作专题报告。

主要成果：学习简报和录像资料。

3. 专题三：回顾总结改革开放30周年的历程和经验，推动我会工作与时俱进

学习时间：2008年10月（十二届四次中常会期间）

学习要点：学习中共十七届三中全会精神，指导推动我会工作与时俱进。

学习形式：会中央领导、各省级组织负责人进行学习交流。

主要成果：学习简报、研讨会综述。

4. 专题四：学习中共十七届二中全会精神

学习时间：2008年12月（十二届二中全会期间）

学习要点：学习中共十七届三中全会精神。

学习形式：邀请有关专家作专题报告。

主要成果：学习简报和录像资料。

5. 备选专题：

（1）我国行政体制改革

学习要点：我国行政管理体制改革的必要性与紧迫性；国外行政管理体制改革的经验和做法；我国行政管理体制改革的基本任务；进一步的思考和建议。

学习形式：邀请有关专家作专题报告。

主要成果：学习简报和录像资料。

（2）经济全球化形势下看中国的发展

学习要点：全球经济一体化对我国经济的影响；我国经济发展的现状、特点及趋势；我国经济运行中值得关注的问题；对我国经济发展的政策建议。

学习形式：邀请有关专家作专题报告。

主要成果：学习简报和录像资料。

五、学习要求

1. 严格执行考勤制度，如确不能出席，须提前向中心学习组秘书请假告知事由。年终公布出席情况。

2. 坚持平时自学与集中学习研讨相结合，会前认真阅读学习资料、准备个人发言材料，会上认真听取报告发言，积极参加讨论。提倡撰写学习体会，发表理论文章。

3. 坚持理论学习与调查研究相结合，着力于解决实际问题，在武装头脑、指导实践、推动工作上下工夫、求实效。

六、分管部门职责

会中央宣传部教育处负责中心学习组的各项工作：参与制订中心学习组学习计划；安排落实具体学习活动，提供学习资料，做好学习和考勤统计、记录、编发学习简报；完成会中央领导交办的有关工作。

民进中央 2008 年工作要点

（2008 年 1 月 28 日民进十二届二次主席会议审议通过）

2008 年是会中央换届后的第一年。全会要深入学习贯彻中共十七大精神，高举中国特色社会主义伟大旗帜，以邓小平理论和“三个代表”重要思想为指导，深入贯彻落实科学发展观，落实民进十大和新一届会中央领导集体提出的各项任务。继承发扬我会的优良传统，继续坚持“以政治交接为主线，以参政议政和自身建设为重点，努力把民进建设成为适应 21 世纪的高素质参政党”的工作思路，坚定不移走中国特色社会主义政治发展道路，认清形势，扎实工作，开拓创新，把开展中国特色社会主义主题教育活动贯穿于各项工作之中，努力推进高素质参政党建设，积极履行参政党职能，为全面建设小康社会作出新贡献。据此，提出会中央 2008 年工作要点：

一、深入学习中共十七大精神，开展中国特色社会主义主题教育活动，切实加强思想建设

开展中国特色社会主义主题教育活动是加强政治交接的重要任务，要贯穿于各项工作的始终，要把学习贯彻中共十七大精神同学习贯彻胡锦涛等领导同志重要讲话精神结合起来，同学习贯彻民进十大精神结合起来，同我会深入开展的政治交接学习教育活动和全面履行参政党职能结合起来，不断深化政治交接，增强接受中国共产党领导的自觉性和坚定性。

1. 充分发挥中心学习组的先导作用，进一步完善会中央中心学习组学习制度，根据形势和工作实际，结合常委会和全会，安排好各次的学习内容；编发学习资料，开展多种形式的宣讲；年初召开会中央和部分省级组织座谈会，把我会政治交接学习教育活动推向新高潮。

2. 制定《关于 2008 年我会开展中国特色社会主义主题教育活动的方案》，做好规划、明确做法，并及时下发通知，指导全会开展学习教育活动。

3. 做好政治交接学习教育活动阶段性总结，拟在年中召开民进政治交接学习教育活动经验交流大会。

4. 做好重要纪念活动的筹备。围绕纪念中共中央“五一口号”发布 60 周年，纪念改革开放 30 周年等，开展系列活动，加强优良传统教育，巩固全会多党合作的思想政治基础。

二、以领导班子建设为重点，加强组织建设，夯实高素质参政党的人才基础

领导班子建设是提高我会干部队伍素质的关键。各级组织刚刚顺利完成换届，许多新同志走上了领导岗位。要以开展中国特色社会主义主题教育活动、加强全会领导班子建设为重点，带动其他各项工作，开创全会组织工作新局面。

1. 搞好政治交接，切实加强领导班子建设。完善会中央与地方领导班子学习与工作制度。拟在年中民进十二届第三次中常会上，专题研究领导班子建设工作，总结交流经验。

2. 完善后备干部队伍建设长效机制。制定《民进人才发展五年规划》，确定组织发展目标，充实后备人才库，有针对性地调整和改善会员结构。推动各省级组织制定本省的组织发展规划。

3. 加强培训工作。制订《民进中央 2008 年培训计划》，通过各种培训班、进修班、研讨班，有计划、有针对性地加强对各级领导班子成员的培训。

4. 探索会内监督机制，建立相关制度。对各级领导班子成员遵守会章、执行组织决议、贯彻民主集中制、廉洁自律等情况进行检查。

三、以科学发展观指导参政议政工作，发挥优势，加强集智聚力的体制与机制建设

深入贯彻落实科学发展观，继续解放思想，坚持改革开放，推动科学发展，促进社会和谐。继续坚持“巩固老阵地，开拓新领域”的工作思路，在事关全局和事关民生问题上，提出前瞻性、综合性、全局性、战略性意见和建议。通过骨干队伍的建设、合作联动机制的完善、信息网络的加强、调查研究的深入，不断提高我会的参政议政能力。

1. 努力做好高层协商工作。进一步健全全会参政议政工作网络和工作机制，组建新一届专门委员会，确定各专门委员会工作计划，做好重点课题的研究，为高层协商提供优质服务。

2. 深入开展调查研究。以中共中央部署的调研项目为重点，把专题调研和系列调研相结合，在调研成果的基础上形成向中共中央、国务院提出的意见、建议和为“两会”提案、议案、大会发言做准备。

3. 加强信息工作。调动会内资源，疏通信息渠道，提高信息工作质量与数量，总结信息工作经验，适时召开民进全国信息工作会议。

4. 继续打造平台，维护品牌。集成各方面力量，做好重要会议和活动的筹备，适时召开“第二届长江保护与发展”研讨会、民进中央参政议政工作年会；筹备“第二届中国教师发展论坛”。

四、整合力量，突出重点，为全面建设小康社会扎扎实实开展社会服务工作

社会服务工作是参政党为构建社会主义和谐社会和促进祖国完全统一贡献力量的重要职能。必须坚持以智力服务为主，发挥试点示范的推动作用，以开放式平台为依托，进一步集成各方力量，突出工作重点，创新工作机制，真心实意为人民服务。

1. 抓好重点项目：要以“中央统战部、各民主党派中央、全国工商联智力支边扶贫协调领导小组”重点项目为抓手，继续为贵州省毕节地区生态建设科技扶贫试验区的发展作贡献；以推进石漠化地区治理为目标，进一步推进黔西南州星火计划科技扶贫试验区“金银花”等项目的深度开发；促进甘肃河西走廊星火产业带建设。

2. 做好民进经济界会员工作。坚持“教育、引导、支持、服务”的方针，促进民进经济界会员之间相互学习与交流，推动我国民办教育事业的发展，增强自觉为构建社会主义和谐社会作贡献的社会责任感。

3. 继续推进海峡两岸民间交流交往。根据台湾情势，适时召开海峡两岸中华传统文化与现代化研讨会、企业合作与发展论坛；继续以叶圣陶研究会名义邀请台湾各界同胞到大陆访问，增进两岸人民的互相了解和同行间的沟通，为促进祖国和平统一大业服务。

4. 积极创造条件，发挥界别特色，鼓励与支持各级组织和会员围绕民生热点难点问题，创新工作机制和服务平台，开展多种形式的社会服务活动。

五、加强以参政党建设理论为重点的统战理论研究，推动会史工作，为会中央重大决策提供服务

坚持以中国特色社会主义理论体系为指导，按照中国共产党领导的多党合作和政治协商制度的本质要求，科学总结多党合作和参政党建设的实践经验，研究新时期参政党自身建设和全面履行职能面临的新形势新任务，不断提高在实践基础上的理论水平。

1. 探索为决策服务的机制。以服务会中央领导决策为重点，积极探索建立议事咨询服务的实效机制，做好会中央重大决策咨询服务工作，及时、准确地为会中央领导提供适用的信息和资料。

2. 加强理论研究。适时调整“民进统战理论研究会”组成人员，制定研究规划和研究课题，紧密结合我会实际，确立理论研究方向，有针对性地开展理论研究工作，筹备召开“参政党理论研讨会”，促进理论研究经常化。

3. 加强会史工作。适时调整“民进中央会史工作领导小组”组成人员，完善民进中央会史工作领导机制，建立会史研究骨干队伍，加强会史资料的抢救、收集、整理和编辑出版工作；加强对近期工作资料的收集和整理，编写《中国民主促进会年鉴》（试刊）。

4. 建立会史教育基地。充分挖掘会史教育资源，进一步加强我会优良传统教育，建立会史教育基地，增强教育功能；拓宽会史工作渠道，把会史学习与宣传思想工作、会员培训紧密结合起来，为全会思想建设和组织建设提供有力的支撑。

六、以机关干部队伍建设为重点，提高信息化应用水平，进一步加强机关建设

深入贯彻落实民进中央机关文化建设总体规划，以思想建设为核心，以队伍建设为基础，以制度建设为保障，提高工作人员综合素质，营造良好的机关文化氛围，努力推进高素质参政党机关建设。

1. 加强理论学习和业务培训。以提高干部素质为重点，以促进工作和人才成长为目的，进一步完善机关干部的培训体系，组织各种学习教育活动，开拓干部实践锻炼渠道，提高思想政治觉悟和工作能力。

2. 建立健全各种制度。积极探索工作规律，细化工作流程，进一步完善会议制度和相关制度，提高机关工作质量和服务水平。适时召开机关部门工作研讨会、处长工作研讨会、部门工作交流会和干部学习交流会等。

3. 加强信息化建设。按照注重应用、推动实际工作的原则，完善办文、办会流程与规范，提高民进中央网站信息服务和信息运用的能力。

4. 继续加强机关文化建设，组织机关文化建设研讨会，充分发挥机关群团组织的作用，丰富机关文化生活，增强机关凝聚力。

民进中央办公厅

2008 年 2 月 13 日

民进中央给受灾地区民进省级组织的慰问信

（2008 年 2 月 2 日）

今年 1 月 10 日以来，我国部分地区出现持续低温、雨雪和冰冻极端天气。低温雨雪冰冻灾害造成全国 19 个省、市、自治区发生程度不同的灾害，给受灾地区人民生产生活带来严重影响。其中，湖南、湖北、贵州、广西、江西、安徽、江苏等省区灾情比较严重。

冰雪灾害和人民群众的衣食住行，牵动着中共中央和国务院领导同志的心，牵动着全国人民的心，也牵动着会中央、地方组织和广大会员的心。我们代表全国其他省级组织和十万五千多名会员，通过你们，向遭遇灾情和面临困难的部分地区的群众，表示深切的关注和真挚的慰问，对你们积极协助当地中共党委和政府开展自救工作，表示崇高的敬意！

我国是社会主义国家，中国共产党是我们战胜一切灾害困难的领导核心和主心骨，"一方有难、八方支援"的社会主义制度，是我们夺取抗灾救灾工作胜利的坚强后盾。灾害发生后，中共中央、国务院十分关心、高度重视，胡锦涛、温家宝等中央领导同志亲临一线视察，指导抗灾救灾工作。国务院发出通知，对做好强降温降雪天气应对工作提出了明确要求。一支支工作队伍奔赴抢险一线，一批批生活物资运抵受灾地区，一笔笔捐款送交灾区人民……大雪无情人有情，近一个月来各方的艰辛努力，使我们更加感悟到中国共产党的先进性和执政能力，更加体会到我国社会主义制度的优越性和中华民族的传统美德，更加增强了在共产党和政府的领导下战胜灾害的信心和决心。

这次罕见的低温、雨雪冰冻极端天气，持续时间长，影响范围大，危害程度深。最近，中共中央统战部下发了《关于发挥统一战线的优势和作用，做好抗击雨雪冰冻灾害工作的通知》，号召统一战线广大成员紧急动员起来，积极投入抗灾救灾工作。

会中央希望你们带领所属组织和广大会员，在当地中共党委和政府的统一部署和安排下，以多种形式向灾区伸援手、送温暖、献爱心，以实际行动为受灾群众解困、为国家分忧。充分发挥我会的特点和优势，及时反映社情民意、沟通思想、理顺情绪，协助党和政府做好维护社会稳定的工作。会中央和其他省级组织也要积极开展多种方式的送温暖、献爱心活动。全会要通过多种途径，宣传中共中央、国务院关于抗灾救灾工作的一系列决策、部署和取得的进展、成绩，宣传民进组织和广大会员在抗灾救灾中涌现出来的好人好事，使广大会员在抗灾救灾中受到深刻教育。灾后，我会各级组织要结合实际情况，深入开展调研，为重建家园和恢复生产献计出力；加强对低温、雨雪、冰冻、大雾等灾害的监测预报预警研究，为促进党委和政府科学决策提供参考。

希望你们在抗击冰雪灾害的工作中注意健康和安全，随时保持与会中央联系渠道的畅通，进而把你们所做的工作及时宣传出去。盼望早日听到你们和广大群众一道，在当地党委和政府的领导下，夺取抗灾救灾胜利的喜讯。

民进中央办公厅
2008 年 2 月 2 日

关于在民进全会举办"薪火相传，共创未来——纪念中共发布'五一口号'60 周年"征文活动通知

（2008 年 3 月 3 日）

民进各省、自治区、直辖市委员会：

今年是中共中央发布"五一口号"60 周年。会中央宣传部将协助中央统战部宣传办公室，联合统战系统报刊和民进宣传网站、民进会刊，从今年 3 月 15 日开始，举办"薪火相传，共创未来——纪念中共发布'五一口号'60 周年"征文活动。现将有关事项通知如下：

一、征文活动的主题

以纪念中共中央发布"五一口号"60 周年为契机，认真回顾和总结我国多党合作的光辉历程、伟大成就及成功经验，推动我会各级组织和广大会员进一步继承和发扬老一代民主党派、无党派人士与共产党

团结奋斗的优良传统和高尚风范，搞好中国特色社会主义主题教育活动，始终不渝地接受中国共产党的领导，坚定不移地走中国特色社会主义政治发展道路。

二、征文活动的组织

1. 本次活动由中央统战部组织发起，各民主党派中央参加；我会中央宣传部和各省级组织宣传部门协助组织开展这一活动。

2. 本次活动由中央统战部成立统战系统的评委会，会中央宣传部、组织部、研究室负责人组成民进中央评委会。

3. 本次活动由人民政协报、团结报、中国统一战线杂志社具体组织实施，我会民进宣传网站、民主杂志社和会讯负责本会征文活动的具体实施。

三、征文要求

1. 征文内容：一是回顾和缅怀各民主党派和无党派人士与中国共产党团结奋斗的光辉历史；二是总结新中国成立以来特别是改革开放以来多党合作理论和实践的新发展；三是介绍多党合作中的成功经验与典型实例；四是谋划和展望多党合作的未来发展。

2. 征文体裁不限，篇幅1000—1500字。

3. 各地征文请宣传部门选择寄人民政协报总编室（100036 北京市海淀区西城区八里庄路69号）、团结报总编室（100006 北京市东城区东皇城根南街84号）或中国统一战线杂志社（100800 北京市西城区府右街135号），并注明：“纪念‘五一’口号发布60周年征文”，同时传送一份电子版给会中央宣传部（yangzhenmin@ mj. org. cn；xuchao@ mj. org. cn）；会中央宣传部负责组织会中央领导同志和选送机关干部的征文，传送人民政协报、团结报和中国统一战线杂志社。

4. 征文活动截止日期为2008年5月30日。

四、征文评选

1. 征文将在《人民政协报》、《团结报》、《中国统一战线》，民进宣传网站、《民主》和《会讯》刊登。

2. 征文将由统战系统评委会评出一、二、三等奖和优秀奖，并颁发证书及奖金；由民进中央评委会评出会内一、二、三等奖和优秀奖，并颁发证书和奖金。

3. 统战系统征文活动结束后，举行颁奖活动；会中央将在年底全会上举行颁奖活动。

民进中央办公厅

2008年3月3日

民进中央关于学习贯彻十一届全国人大一次会议和全国政协十一届一次会议精神的通知

（2008年3月18日）

民进各省、自治区、直辖市委员会：

十一届全国人大一次会议和全国政协十一届一次会议（以下简称“两会”），是在全国人民深入学习贯彻中共十七大精神的重要时机召开的重要会议。会议分别审议通过了《政府工作报告》、国务院机构改革方案和政协常委会工作报告等文件，选举产生了新一届国家机构领导人员和全国政协领导人员，必将对继续推进中国特色社会主义事业产生重要影响。民进中央完全赞成和拥护“两会”通过的各项决议和决定。

2008年是全面贯彻落实中共十七大作出的战略部署的第一年，是实施“十一五”规划承上启下的一年，也是我会新一届中央委员会的开局之年。认真学习贯彻“两会”精神，对于我会贯彻落实民进十大的工作部署，紧密围绕中心，服务大局，做好2008年的各项工作，具有十分重要的意义。

我会各级组织要高度重视，认真组织好对“两会”精神的传达、学习和贯彻。首先，要把学习贯彻“两会”精神同学习贯彻中共十七大精神结合起来，高举中国特色社会主义伟大旗帜，进一步认清形势和任务，统一思想，坚定信心，振奋精神。各级领导干部和广大会员要坚持用马克思主义中国化的最新成果武装思想，进一步解放思想，坚持改革创新，走中国特色社会主义发展之路。面对繁重而艰巨的改革发展任务和国内外经济形势发展的不确定因素，要始终保持清醒头脑，增强忧患意识，把思想和行动统一到中共中央和国务院关于做好今年工作的指导思想、大政方针和目标任务上来，把智慧和力量凝聚到实现中共十七大的战略部署、推进全面建设小康社会上来。

其次，要把学习贯彻“两会”精神同全面履行参政党职能、做好我会实际工作结合起来，深入贯彻落实科学发展观，进一步为实现全面建设小康社会奋斗目标献计出力。各级领导班子成员、骨干队伍和专门机构，要围绕经济社会发展中关系全局的突出问题和广大人民群众最关心的利益问题，多建科学发展之言，多献共建和谐之策，多尽富民惠民之力。要充分发挥我会的特点和优势，在促进建设社会主义核心价值体系、弘扬中华文化、倡导良好思想道德风尚、提高全民族文明素质等方面，发挥更大作用。要不断提高参政议政能力和民主监督水平，为促进社会主义经济建设、政治建设、文化建设和社会建设作出新贡献。

第三，要把学习贯彻“两会”精神同我会正在开展的中国特色社会主义主题教育活动结合起来，进一步搞好政治交接，加强自身建设，增强会的凝聚力和生机活力。各级组织要开展丰富多彩的活动，纪念中共中央发布“五一口号”60周年和改革开放30周年，认真回顾我国多党合作与改革开放的光辉历程、伟大成就及成功经验，在旗帜、道路和理论体系上与中共中央保持高度一致。要继承和发扬民进老一辈领导人的坚定信念、优良传统和高尚风范，增强接受中国共产党领导的自觉性和坚定性，巩固全会多党合作的思想基础，坚定不移地走中国特色社会主义政治发展道路。要坚持民进建设高素质参政党的基本经验，总结开展中国特色社会主义主题教育活动的新鲜经验，以改革创新的精神推动我会自身建设不断与时俱进。

会中央号召全会各级组织和广大会员，更加紧密地团结在以胡锦涛同志为总书记的中共中央周围，在中共十七大精神的指引下，高举中国特色社会主义伟大旗帜，坚持以邓小平理论和“三个代表”重要思想为指导，深入贯彻落实科学发展观，认真学习贯彻“两会”精神，切实履行参政党职能，团结一致，锐意进取，扎实工作，为全面建设小康社会、构建社会主义和谐社会谱写新的篇章！

民进中央

2008年3月18日

民进中央关于积极支援四川省抗震救灾工作的通知

（2008年5月13日）

民进各省、自治区、直辖市委员会：

2008年5月12日下午，我国四川省阿坝藏族羌族自治州汶川县发生7.8级特别重大地震灾害，四川、甘肃、陕西、重庆等许多省区市受到不同程度的地震影响，给当地人民群众人身安全和生产生活造成严重影响。地震发生后，中共中央总书记胡锦涛立即作出重要指示，要求尽快抢救伤员，确保灾区人民群众生命安全。国务院总理温家宝已赴四川地震灾区，现场指挥抗震救灾工作。在中共中央和国务院密切关注和直接部署下，受灾地区的抗震救灾工作正在紧锣密鼓地进行。

灾害无情人有情。为了协助做好抗震救灾工作，会中央号召我会各级组织和广大会员紧急行动起来，按照中共中央和国务院的统一部署和要求，把抗震救灾作为当前工作的首要任务，大力发扬“一方有难、八方支援”的精神，万众一心、众志成城，迎难而上、百折不挠，共同夺取抗震救灾斗争的胜利。目前抢险救灾的任务艰巨繁重，灾情不等人。因此，会中央要求全会各级组织和广大会员积极做好以下几项工作：

第一，按照当地中共党委和政府的有关部署，迅速动员起来，千方百计地协助党和政府做好抗震救灾工作，积极参加党和政府组织的救灾活动，通过多种方式和途径，为灾区群众送温暖、献爱心、作贡献。

第二，积极协助党和政府做好稳定人心的工作，当前要注意引导群众不听信、不传播谣言和小道消息，坚定战胜地震灾害的信心和决心，维护社会稳定和正常秩序。

第三，围绕抢险救灾、恢复生产和灾后重建，及时跟进参政议政和社会服务工作，为战胜这场特大地质灾害，建有用之策，献务实之言，做有益之事。

第四，保持与会中央联系的畅通，及时沟通情况，尽可能收集事例、做好统计，宣传各级领导干部和广大会员抗震救灾的好人好事，为夺取抗震救灾的胜利营造良好的舆论氛围。

会中央号召我会各级组织和广大会员，紧密地团结在以胡锦涛同志为总书记的中共中央周围，万众一心，众志成城，以实际行动夺取这场抗震救灾伟大斗争的最后胜利！

民进中央

2008 年 5 月 13 日

民进中央办公厅致民进四川省委会关于抗震救灾的慰问信

（2008 年 5 月 13 日）

民进四川省委会：

惊悉本月 12 日 14 时 28 分，四川省汶川县发生了严重地震。突如其来的地震灾害，造成人民群众生命财产的重大损失和公共设施的严重破坏。灾情牵动着全国人民的心，也牵动着广大民进会员的心。据了解，一些学校楼房倒塌，师生伤亡惨重。会中央代表全会各级组织和广大会员，向受灾学校的师生，向你们以及所有遭受地震波及影响的民进组织和会员，表示诚挚的慰问，对你们很快行动起来，投入抗震救灾斗争，表示由衷的钦佩！

地震发生后，胡锦涛总书记立即作出重要指示，要求尽快抢救伤员，保证灾区人民生命安全。温家宝总理赶赴灾区指导救灾工作。国家成立了抗震救灾总指挥部，国家地震局、国家减灾委、中国人民解放军总参谋部和成都军区都采取了紧急救援措施，一场灾区人民生命财产的保卫战已经打响。我们坚信，在中共中央、国务院坚强有力的领导下，有全国人民的大力支援，你们一定能够战胜灾害，赢得胜利。

目前抢险救灾的任务艰巨繁重，灾情不等人。因此，会中央要求民进四川省委会及各级组织做好以下几项工作。

第一，按照当地中共党委和政府的有关部署，在做好本职工作和自身防护的前提下，迅速动员起来，通过多种方式和途径，为灾区群众送温暖、献爱心、作贡献。我会各级领导干部和广大会员，要牢记在灾害面前最重要的是坚定、信心、勇气和科学有序的指挥，千方百计地协助党和政府做好抗震救灾工作，特别要关心受灾学校师生的安全。第二，积极协助党和政府做好稳定人心的工作，当前要注意引导群众不听信、不传播谣言和小道消息，坚定战胜地震灾害的信心和决心，维护社会稳定和正常秩序。第三，围绕抢险救灾、恢复生产和灾后重建，及时跟进参政议政和社会服务工作，为战胜这场特大地质灾害，建有用之策，献务实之言，做有益之事。第四，保持与会中央联系的畅通，及时沟通情况，尽可能收集事例、做好统计，宣传各级领导干部和广大会员抗震救灾的好人好事，为夺取抗震救灾的胜利营造良好的舆论氛围。

会中央号召我会各级组织和广大会员，紧密地团结在以胡锦涛同志为总书记的中共中央周围，万众一心，众志成城，以实际行动夺取这场抗震救灾伟大斗争的最后胜利！

民进中央办公厅

2008 年 5 月 13 日

关于举行“民进抗震救灾书画义卖会”的通知

（2008 年 5 月 19 日）

民进各省、自治区、直辖市委员会：

为了落实《民进中央关于配合党和政府积极支援四川省抗震救灾工作的通知》精神，弘扬我会优良传统，为夺取抗震救灾斗争胜利作出应有的贡献，经会中央领导研究决定，于 6 月 1 日在民进北京市委会（北京市西城区后英房胡同 9 号北京市民主党派人民团体办公大楼）举行“民进抗震救灾书画义卖会”。义卖所得全部用于灾后重建学校及救助受灾师生。

义卖会由民进中央主办，民进中央办公厅、民进北京市委会、中国开明公益基金会（筹）和开明书画院（筹）共同承办。

希望各省级组织积极动员本省书画界会员踊跃参与，捐赠书画时，请捐赠者尽量提供捐赠者简介及参考价。同时，请积极组织有关企业家积极参加购画。届时可来人在现场参加拍卖，也可通过电话认购。

由于时间紧迫，请尽快组织实施，募得的作品，可由省委会派专人于 5 月 28 日前送至会中央。如有困难，也可快递至会中央。

民进中央办公厅

2008 年 5 月 19 日

民进中央关于进一步动员全会力量做好抗震救灾工作的通知

（2008 年 5 月 22 日）

民进各省、自治区、直辖市委员会：

四川汶川特大地震灾害发生后，我会各级组织、机关和广大会员迅即响应会中央的号召，积极投入抗震救灾工作，截止到 5 月 22 日，共向灾区捐款 3665 万余元；灾区民进组织带领广大会员，顽强奋战在抗震救灾第一线，全会上下团结一心、共度时艰，在大灾面前表现出了立会为公、心系人民、奋力拼搏、无私奉献的精神。

目前，抗震救灾斗争形势依然严峻，任务艰巨，仍处在刻不容缓的紧要关头。会中央要求各级组织和领导干部认真学习贯彻胡锦涛总书记在四川召开的抗震救灾工作会议上的讲话精神，把抗震救灾作为当前最重要最紧迫的任务，切实加强领导，进一步动员全会的力量，支援灾区人民打胜抗震救灾这场硬仗。

当前，要着力抓好以下工作。

第一，全会各级组织和全体会员要大力发扬“一方有难、八方支援”的精神，广泛开展“为了灾区的孩子们”系列爱心捐助活动。这次特大地震灾害，其破坏之严重、人员伤亡之多、救灾难度之大都是历史罕见的。无论是抢救生命、安置灾民，还是恢复生产、重建家园，都需要巨大的财力和物力，需要全国人民伸出援助之手，仅有一次捐助是不够的。会中央决定在全会开展“为了灾区的孩子们”系列爱心捐助活动，组织书画作品义卖义捐，举全会之力为灾区人民作贡献。各级组织要按照会中央办公厅下发的通知，落实相关工作，会中央对于收到的捐款，每分钱都要公开，做到来源清、去向明、统计好，并在民进宣传网站上滚动播出。这些捐款将用于灾区师生救助和校园重建，定点、定项、集中使用，办好几件善事。

第二，灾区民进各级组织和广大会员要在中共党委和政府的统一领导下，努力做好灾区抗震救灾相关工作。这次地震灾害造成了巨大的伤亡和损失，抗震救灾的任务相当艰巨繁重。我会灾区组织处在抗震救灾的第一线，担任政府实职的领导干部要把中共中央和国务院关于抗震救灾的决策部署落到实处，不辱使命，组织协调好抗震救灾的各项工作。民进组织要带领广大会员协助中共党委和政府，稳定人心，理顺情绪，畅达社情民意，维护好特殊情况下的社会秩序，并在捐款捐物的同时，开展支教、医疗救助、心理安抚、自愿服务等专项工作，积极发挥民进组织在抗震救灾和重建家园中的作用。

第三，要大力宣传表彰抗震救灾中的好人好事，及时了解反映民进组织和会员在地震灾害中的情况。通过宣传各级领导干部和广大会员抗震救灾的先进事迹和崇高精神，营造民主党派投身抗震救灾斗争的浓厚氛围，展示我国多党合作制度在关键时刻发挥的重要作用。民进近11万会员是一个大家庭，各级组织要了解四川等省籍会员的家庭、亲人在这次地震灾害中的伤亡和财产损失情况，帮助他们寻找家人、安顿好生活，对遇到困难的会员要献出关爱之情，伸出援助之手，与他们共度难关。

第四，围绕抗震救灾、恢复生产、重建家园，有效开展参政议政和社会服务工作。当前，要把抗震救灾、恢复生产、重建家园作为我会参政议政和社会服务工作的重点，充分发挥民进自身特点和优势，围绕建立和完善重大突发事件应急机制、支援灾区师资队伍建设、灾区校舍重建、对师生和学龄前儿童实施灾后心理救援等方面议政建言、献计出力。同时，要研究汶川大地震对于我国经济、政治、文化、社会的影响，广泛收集、反映社情民意，为灾后各项重大决策提供依据。

第五，要把抗震救灾与正在开展的主题教育活动结合起来，把抗震救灾斗争作为坚定广大会员理想信念的课堂、锤炼考验各级领导班子及成员和机关干部队伍的熔炉。更有效地开展中国特色社会主义主题教育活动，进一步推进全会的政治交接，加强高素质参政党建设，提高参政议政能力和水平。要注意引导广大会员通过抗震救灾，加深对中国共产党的先进性的认识，对中华民族伟大凝聚力和社会主义核心价值观的认识，更加热爱中国共产党、热爱社会主义制度、热爱人民子弟兵，更加坚定自觉地接受中国共产党的领导，走中国特色社会主义道路。

民进中央

2008年5月22日

民进中央办公厅发出在全会开展“为了灾区的孩子们——捐款献爱心活动”的通知

（2008年5月26日）

民进各省、自治区、直辖市委员会：

为了贯彻落实《民进中央关于积极支援四川省抗震救灾工作的通知》精神，弘扬我会优良传统，以实际行动为灾区群众送温暖、献爱心、作贡献，经会中央领导研究决定，在全会开展“为了灾区的孩子们——捐款献爱心活动”。

此次捐款活动是“为了灾区的孩子们”——民进抗震救灾系列活动之一。募捐对象是全国重灾地区（四川、甘肃、陕西、重庆四省市）以外的全体民进会员。募捐所得款项将全部用于灾后重建学校及救助受灾师生。

本次捐款以省、自治区、直辖市为单位募集统计，请各省级组织发动本省会员踊跃参与。本省会员捐款汇总后，由来京参加6月15日召开的“民进中国特色社会主义主题教育活动经验交流会”的省级组织负责同志将捐款支票连同捐款情况统计表交民进中央办公厅，如汇款，可将款项汇入民进中央指定账户。上述捐款在管理使用中，要做到来源清、去向明、决策民主。会中央将适时以全体民进会员的名义把善款捐给灾区人民。对有大额捐款的组织和个人，将颁发证书；在使用该笔捐款重建的学校建筑物上，将铭刻民进会员的此次善举，以志纪念。

民进中央办公厅
2008年5月26日

民进中央关于“为了灾区的孩子们”捐款（特殊会费）的管理使用原则意见

（2008年7月29日民进十二届六次主席办公会议审议通过）

为贯彻落实《民进中央关于积极支援四川省抗震救灾工作的通知》精神，弘扬我会优良传统，以实际行动为灾区群众送温暖、献爱心、作贡献，经会中央领导研究决定，在全会开展了“为了灾区的孩子们——捐款献爱心活动”。为切实加强对此项活动收到捐款的管理，做到来源清，去向明，效益高，特提出以下原则意见。

一、捐款的管理

（一）“为了灾区的孩子们”专项捐款的使用立项及监督工作由会中央社会服务部负责。

（二）对上述捐款，会中央设立专门账户接收，捐款的财务账目管理由专业的出纳、会计人员负责。要严格按照会计制度记账、报账，做到手续完备，账目清楚，数字准确，保证款项来源清晰，去向明了。不得在捐款中列支管理费用。

二、捐款的使用

对上述捐款的使用，应符合以下原则：

（一）集中力量办大事，办实事，专款专用，保证此项捐款用于灾区并与灾区恢复重建相关；

（二）发挥民进自身优势，体现民进界别特色；

（三）注重调查研究，结合当地政府重建规划，发挥灾区省级民进组织的作用，使捐款的立项使用更切实有效；

（四）加强程序化、制度化管理，捐款使用项目必须经主席办公会议讨论决定，具体实施立项办法另定。

三、捐款的监督

（一）坚持公开、透明的原则，会中央及时向全会公布款项筹集及使用情况，接受全会监督；

（二）严格执行有关法律、法规，接受财政、审计等有关部门的监督、检查。

四、对向本活动捐款的民进组织及会员，由民进中央办公厅颁发荣誉证书，或在使用该项捐款重建的有形物上酌情以铭文等方式表彰或纪念。

民进中央关于开展改革开放30周年纪念活动的通知

（2008年8月4日）

民进各省、自治区、直辖市委员会：

今年是我国改革开放30周年。开展隆重的纪念活动，是全面贯彻落实中共十七大精神的重要举措，对于我会加强思想理论建设，坚持解放思想、与时俱进、开拓创新，具有重要的现实意义和深远的历史意义。

一、纪念活动的指导思想

纪念活动要按照中共十七大精神，高举中国特色社会主义伟大旗帜，以马克思列宁主义、毛泽东思想、邓小平理论和“三个代表”重要思想为指导，深入贯彻落实科学发展观，引导广大会员充分认识改革开放的伟大意义、巨大成就、成功经验和前进方向，牢固树立“中国共产党好、社会主义好、改革开放好”的信念，进一步增强接受中国共产党领导的自觉性和坚定性，增强走中国特色社会主义道路、坚持中国特色社会主义理论体系的坚定性；进一步解放思想，坚持改革开放，推动科学发展，促进社会和谐，以改革创新的精神，更好地加强我会自身建设，履行参政党职能，为夺取全面建设小康社会新胜利、实现中华民族伟大复兴作出新贡献。

二、纪念活动的教育内容

我会中央和地方组织将开展一系列纪念活动，在全会进行坚持改革开放重大意义的教育，主要包含三方面的内容：

1. 深刻认识改革开放的伟大意义和巨大成就

改革开放是中国共产党在新的时代条件下带领人民进行的新的伟大革命，是对中国共产党和国家发展具有划时代意义的伟大事业。改革开放30年来，我国各项事业取得了举世瞩目的伟大成就，形成了中国特色社会主义的旗帜、道路和理论体系。各级组织要引导广大会员深刻领会改革开放是决定当代中国命运的关键抉择，是发展中国特色社会主义、实现中华民族伟大复兴的必由之路，深刻认识只有改革开放才能发展中国、发展社会主义、发展马克思主义。进一步坚定全会走中国特色社会主义道路、坚持中国特色社会主义理论体系的决心和信心，进一步激发广大会员投身改革开放、促进科学发展、社会和谐，为国出力、为会增光的积极性和创造性。

2. 深刻认识改革开放的成功经验和前进方向

中共十七大报告总结了我国改革开放“十个结合”的宝贵经验，这十条宝贵经验，是中国共产党和人民经过长期实践和艰辛探索得来的，是今后深化改革开放的重要指导原则，必须在实践中长期坚持并继续丰富和完善。当前我国正处在把改革发展向前推进的重大历史关头，各级组织要引导广大会员认清形势，坚定信心，坚持运用改革开放的成功经验，排除来自“左”的和右的错误思想干扰，坚定不移地把改革开放的伟大事业不断推向前进。

3. 深刻认识民进在改革开放中的使命和作用

改革开放30年来，我会亲历了广阔而深刻的社会变革，见证了统一战线与多党合作理论与实践的丰富发展，特别是中国特色政党制度的发展完善及其发挥的重大作用，参与了改革开放各项事业的建设，并作出了重要贡献，民进的面貌随改革开放也发生了历史性变化。各级组织要以纪念改革开放30周年为契机，进一步解放思想，深入贯彻落实科学发展观，团结带领广大会员继续搞好政治交接，全面加强自身建设，不断提高全会的思想政治素质和参政议政等四种能力建设的水平，创新工作体制和机制，充分发挥好参政党职能，为推进社会主义民主政治，促进经济社会又好又快发展贡献智慧和力量。

三、纪念活动的原则要求

1. 提高认识，加强领导。各级组织要充分认识纪念改革开放30周年的重要意义，切实加强对这项工作的组织领导。要按照会中央的部署和当地中共党委统战部门的要求，加强策划，周密安排，制定方案，明确责任，确保纪念活动顺利开展。纪念活动既要隆重热烈，又要厉行节约。要注重面向基层、面向会员，组织广大会员积极参与纪念活动，在纪念活动中受到教育。

2. 加强引导，把握导向。改革开放30周年纪念活动具有很强的政治性、理论性、政策性，必须坚持以中共十七大关于改革开放伟大历史进程的重要论述和历史结论为依据。各级组织要加强正面宣传和对热点、难点问题的引导，坚持“研讨无禁区，宣传守纪律”，提高宣传的艺术和水平，在针对性和有效性上狠下工夫。

3. 知行并举，务求实效。各级组织要学好用好改革开放这部伟大的理论与实践相结合的教科书，用看得见、摸得着的事实和喜闻乐见的形式，对广大会员进行入脑入心的教育。要把纪念活动与学习贯彻中共十七大精神结合起来，与正在开展的中国特色社会主义主题教育活动结合起来，与弘扬抗震救灾精神结合起来，与促进经济社会又好又快发展结合起来，务求思想上有提高，视野上有开拓，工作上有推动。

民进中央

2008 年 8 月 4 日

致民进全体教师会员的慰问信

(2008 年 9 月 10 日)

尊敬的民进教师会员：

金风送爽，丹桂飘香。值此第二十四个教师节来临之际，民进中央谨向辛勤耕耘在我国教育战线的民进会员中的教师、教育工作者及离退休教职员工，致以节日的祝贺和亲切的慰问！

一年年斗转星移，一载载桃李芬芳。你们在平凡的岗位上默默无闻地奉献着自己的知识和青春，用辛勤的汗水，造就了生机勃勃、欣欣向荣的校园，培育了一代又一代自强不息、锐意进取的学子们。日复一日，年复一年，你们辛勤耕耘在三尺讲台上，为了学生的成长，为了国家教育事业的改革发展，日夜操劳，呕心沥血。

在今年的汶川大地震中，地震灾区教师们所表现出的坚强勇敢、无私无畏、沉着机智、大义凛然的精神，让世人震撼。谭千秋、吴忠红、向倩、张米亚等教师在危难时刻毅然决然地用自己并不强壮的血肉之躯为孩子撑起生的希望，他们用生命铸就了师德的崇高和师魂的伟大！

灾区的民进教师会员们为保护学生历尽艰难险阻，为维护教学秩序艰苦奋战在抗震救灾第一线。那地动天摇中的舍生忘死，那帐篷学校中的悉心呵护，是你们在用行动教导学生如何做人，在向世人诠释新时期师德的内涵！

后方的民进教师会员们以各种方式积极支援灾区。有的奔赴救灾前线抢救、安顿学生，有的对灾区师生进行心理救助，用爱温暖着一颗颗受伤的心灵；有的敞开胸怀，接纳灾区的孩子就学……而更多的民进教师会员则是一次又一次地慷慨解囊，边坚守在三尺讲台前，肩负起教书育人的责任，边与灾区师生守望相助、共度时艰……你们虽然没在前线奔波忙碌，但你们同样值得尊敬——因为，你们有一颗同样伟大的爱心！

民族振兴、教育为本，教育振兴、教师为本。值此佳节之际，希望全体民进教师会员坚持科学发展观，坚定不移地贯彻“以人为本”的理念，进一步增强历史责任感和使命感，加强师德师风建设，努力提高自身素质和业务能力，为贯彻科教兴国、人才强国战略，建设社会主义核心价值体系，提高全民族的思想道德素质和科学文化素质贡献智慧和力量！

中国民主促进会中央委员会
2008 年 9 月 10 日

民进中央关于做好评选推荐民进全国抗震救灾先进集体和优秀会员的通知

（2008 年 10 月 8 日）

民进各省、自治区、直辖市委员会：

当前，抗震救灾取得了重大阶段性胜利。在这场突发的巨大自然灾害面前，我会各级组织和广大会员积极响应中共中央、国务院的号召，团结一心，竭尽全力，以各种形式投身抗震救灾，作出了重要贡献。为了大力弘扬伟大的抗震救灾精神，广泛宣传在抗震救灾斗争中作出突出贡献的民进组织和会员的先进事迹，激励广大会员不断巩固政治交接成果，坚定不移地走中国特色社会主义政治发展道路，为推进改革开放和社会主义现代化建设事业、夺取全面建设小康社会新胜利作出更大贡献，会中央决定对我会抗震救灾先进集体和优秀会员进行表彰。现将有关事项通知如下：

一、评选推荐工作的组织领导

会中央成立评选推荐工作领导小组，在会中央主席办公会议领导下工作，罗富和常务副主席任组长，王佐书副主席任副组长，成员有：秘书长赵光华、办公厅主任吴新秋、组织部部长王建国、宣传部部长高保华、社会服务部副部长刘志奇、北京市委会常务副主委（北京市民政局原副局长）吴文彦。

二、评选推荐的范围和名额

（一）评选推荐范围

在抗震救灾一线解救被困群众、救治伤病人员、安置受灾群众、抢修损毁基础设施、加强卫生防疫、降低次生灾害威胁、抓紧灾后重建、加强对抗震救灾款物分配使用监管、维护灾区社会稳定、做好宣传报道，以及在抗震救灾非一线以多种形式为灾区抢险救灾、恢复生产、重建家园捐款捐物、献计出力，作出突出贡献的集体和个人。

（二）评选推荐对象

先进集体的评选推荐对象为地方组织（省、市、县）和基层组织；优秀会员的评比推荐对象为地方组织（省、市、县）和基层组织负责人，民进会员。会中央主席、副主席和省级组织的主委不参加优秀会员的评选推荐。

（三）评选推荐名额

此次拟表彰民进全国抗震救灾先进集体 6—8 个，民进全国抗震救灾优秀会员 100—120 名。评选推荐名额，抗震救灾一线和非一线的民进组织应有所区别，直接和间接参加抗震救灾的会员应有所区别，条件不足时可以空缺。具体分配如下：

先进集体：可以是省、市、县级组织和基层委员会、总支、支部。四川省委会：2 个；甘肃省委会、陕西省委会、重庆市委会：1—2 个；其他省委会 1 个。

优秀会员：四川省委会：20 名；甘肃省委会、陕西省委会、重庆市委会：4—6 名；其他省委会：1—3 名。

三、评选推荐的条件

（一）先进集体的评选推荐条件。符合下列条件之一者即可评选推荐为民进全国抗震救灾先进集体：

1. 地震发生后，坚决贯彻中共中央、国务院和民进中央的部署及要求，迅速组织会员全力抢救生命、救治伤员，转移安置受灾群众，做好卫生防疫工作，积极捐款捐物支援灾区，维护灾区社会稳定，组织领导得力，指挥部署有方，成绩显著；

2. 积极带领会员立足本职岗位，发挥民进界别优势，围绕抗震救灾、恢复生产和灾区重建，开展参政议政和社会服务工作，深入调查研究，积极献计出力，及时反映社情民意，为国分忧、为民解难，成绩显著；

3. 灾后迅速联系下级民进组织和所属会员，关心慰问受灾会员，克服困难坚持开展会务工作，努力做好宣传报道工作，团结凝聚会员积极参与抗震救灾工作，成绩显著；

4. 在抗震救灾中作出其他突出贡献。

（二）优秀会员的评选推荐条件。符合下列条件之一者即可评选推荐为民进全国抗震救灾优秀会员：

1. 抗震救灾指挥、协调有力，完成任务出色；

2. 为抗震救灾献计献策，提供决策参考，发挥重大作用；

3. 不顾个人安危，积极保护和抢救他人生命，帮助群众特别是儿童、学生疏散转移，成绩显著；

4. 深入灾区开展卫生防疫工作，全力抢救伤员，成绩显著；

5. 危急时刻保护国家、集体和公民财产，成绩显著；

6. 为灾区预防次生灾害、做好灾后重建提供帮助，成绩显著；

7. 协调、配置、使用抗震救灾物资资金，保障及时，监管有力，成绩显著；

8. 培训灾区教师、保护少数民族文化、提供心理救助，成绩显著；

9. 深入抗震救灾一线进行采访报道、文艺创作，成绩显著；

10. 恪尽职守，全力维护灾区社会稳定，事迹感人；

11. 以多种方式为灾区捐款捐物，竭尽所能，贡献突出；

12. 在抗震救灾中作出其他贡献。

四、评选推荐办法和要求

1. 高度重视，逐级做好推荐工作。各省级组织要加强对评选推荐工作的领导，做到周密组织，认真落实，将评选推荐的过程作为弘扬伟大的抗震救灾精神、大力宣传先进典型的事迹和崇高思想境界、凝聚全会力量的过程，激励各级组织和广大会员为推进改革开放、促进经济社会又好又快发展作贡献。

2. 严格标准和程序，确保推荐质量。各省级组织在推荐工作中要坚持实事求是的精神和公开、公平、公正的原则。坚持以抗震救灾中的政治表现、工作实绩和贡献大小作为衡量标准，严格把关，优中选优。评选推荐名单确定后，须经省级组织公示无异后方能上报。

3. 认真备好材料，如期上报中央。请各先进集体和优秀会员认真填写推荐表及 1000 字左右的事迹材料，各省级组织汇总、排序并加盖公章后统一报会中央组织部。请于 2008 年 11 月 5 日前将推荐表以电子版和纸质版两种形式报送。

4. 统一研究，决定评选结果。由会中央评选推荐工作领导小组根据各省级组织上报的评选推荐名单和事迹材料，统一研究决定评选结果并作出表彰决定。

中国民主促进会中央委员会

2008 年 10 月 8 日

民进中央关于认真学习贯彻中共十七届三中全会精神的通知

（2008 年 10 月 20 日）

民进各省、自治区、直辖市委员会：

中共十七届三中全会是在国际形势继续发生深刻变化，我国改革发展进入关键阶段召开的一次重要会议，会议听取和讨论了胡锦涛同志受中央政治局委托作的工作报告，审议通过了《中共中央关于推进农村改革发展若干重大问题的决定》（下简称《决定》）。

中国民主促进会中央委员会高度评价中共十七届一中全会以来中央政治局的工作，完全赞同中共中央对形势和任务特别是经济形势的全面分析，坚决拥护会议通过的《决定》。深入学习贯彻中共十七届三中全会精神，是当前和今后一个时期民进全会一项紧迫的政治任务。会中央对各级组织和广大会员提出如下要求：

一、深刻认识中共十七届三中全会重大而深远的意义

改革开放以来，我国波澜壮阔的农村改革极大地解放和发展了农村的社会生产力，使农村面貌、农民生活发生了巨大变化。随着经济全球化的深入发展，我国农业农村发展面临诸多挑战，农业基础薄弱、农村发展滞后、农民增收困难的局面尚未根本转变。在改革开放 30 周年之际，中共中央召开十七届三中全会，专题研究新形势下推进农村改革发展的若干重大问题，系统回顾总结我国农村改革发展的光辉历程和宝贵经验，决定加快推进社会主义新农村建设，大力推动城乡统筹发展，这对于全面贯彻中共十七大精神，深入贯彻落实科学发展观，夺取全面建设小康社会新胜利、开创中国特色社会主义事业新局面，具有重大而深远的意义。我会各级组织要引导广大会员，深刻认识新形势下推进农村改革发展的重要性和紧迫性，进一步解放思想、转变观念，把思想和行动统一到中共十七届三中全会的精神上来，毫不动摇地促进农村改革发展。

二、认真学习领会推进农村改革发展的重要论述和重大部署

中共十七届三中全会深入分析了当前农村改革发展面临的矛盾和问题，明确提出了新形势下推进农村改革发展的指导思想、目标任务、重大原则，从加强农村制度建设、积极发展现代农业、加快发展农村公共事业三个方面全面部署了新形势下推进农村改革发展的主要任务。《决定》在认识上有新突破，在理论上有新发展，在政策上有新举措，具有很强的战略性、指导性、针对性，是今后一个时期推动农村改革发展的行动纲领。我会各级组织要以领导班子、骨干队伍和机关为重点，带动广大会员认真学习领会《决定》关于推进农村改革发展的重要论述和重大部署，确定我会促进农村改革发展的指导思想和工作重点，把对农业、农村、农民的关注关心关爱落实到贯彻《决定》的行动上。

三、积极为实现推进农村改革发展的目标任务作贡献

推进农村改革发展是一项长期艰巨的历史任务，也是一项庞大复杂的社会系统工程。我会各级组织要带领广大会员深入学习贯彻科学发展观，坚持民进“立会为公、参政为民”的宗旨，发扬我会长期关注“三农”问题、深入农村调查研究的传统和作风，凝聚全会的智慧和力量，围绕推进农村改革发展的目标任务，找准我会工作的结合点、着力点，讲实话，出实招，办实事，求实效。坚持“巩固老阵地、开辟新领域”的方针，发挥民进的优势和特色，就推进农村体制创新、发展现代农业、促进农村全面进步等问题深入调查研究，积极建言献策，及时反映社情民意；继续做好科技扶贫、智力支边、兴教助学、医疗文化下乡等社会服务工作，探索服务农村改革发展的新思路新途径，为加快形成城乡经济社会发展一体化新格局作出新的更大贡献。

会中央号召各级组织和广大会员，紧密团结在以胡锦涛同志为总书记的中共中央周围，高举中国特色社会主义伟大旗帜，认真学习贯彻中共十七大和十七届三中全会精神，深入贯彻落实科学发展观，求真务实、锐意创新、真抓实干，为促进农村改革发展，夺取全面建设小康社会的新胜利而不懈奋斗。

民进中央

2008 年 10 月 20 日

民进中央关于在全会深入学习贯彻科学发展观的通知

（2008 年 11 月 18 日）

民进各省、自治区、直辖市委员会：

当前，中共全党正在开展深入学习实践科学发展观活动。各民主党派中央坚持执政党建设与参政党建设互相促进，最近就民主党派深入学习贯彻科学发展观的有关问题达成共识并形成了座谈会纪要。根据纪要精神，会中央决定在全会深入学习贯彻科学发展观。现将有关要求通知如下：

一、深刻领会学习贯彻科学发展观的重要意义

科学发展观是马克思主义中国化的最新成果，是我国经济社会发展的重要指导方针，是发展中国特色社会主义必须坚持和贯彻的重大战略思想。深入学习贯彻科学发展观，不仅是中国共产党的重大政治任务，也是我会更好地履行职能、发挥作用的客观需要。深入学习贯彻科学发展观，有助于全会进一步巩固多党合作的政治基础，构建长期和谐的政党关系；有助于切实把科学发展观转化为服务经济社会又好又快发展的科学思想和自觉行动；有助于不断提高履行参政党职能的能力和水平；有助于把我会建设成为高素质的参政党。

二、明确学习贯彻科学发展观的指导思想和总体目标

认真学习贯彻中共十七大精神，高举中国特色社会主义伟大旗帜，以邓小平理论和“三个代表”重要思想为指导，深刻把握科学发展观的科学内涵、精神实质和根本要求，努力增强贯彻落实科学发展观的自觉性和坚定性，不断提高服务经济社会发展和促进多党合作事业科学发展的能力。

要通过深入学习贯彻科学发展观，引导各级组织和广大成员更加自觉地维护中国共产党的领导，进一步坚定走中国特色社会主义道路的理想信念，努力在思想认识上有新提高；更加主动地围绕经济社会又好又快发展，进一步明确为科学发展服务的目标任务、主要内容和途径载体，努力在履行职能上有新作为；更加积极地加强领导班子建设，进一步提高以科学发展观指导参政党建设的能力，努力在自身建设上有新进步。

三、坚持学习贯彻科学发展观的基本原则

全会深入学习贯彻科学发展观，要在内容、方法和学风上着重把握以下基本原则：

1. 坚持做到几个结合。将深入学习贯彻科学发展观与中国特色社会主义主题教育活动结合起来；与今年纪念改革开放 30 周年活动，明年庆祝新中国成立 60 周年和纪念中国共产党领导的多党合作和政治协商制度确立 60 周年结合起来，与贯彻落实我会十大精神结合起来，与履行参政党职能结合起来。

2. 坚持自觉自为、因地制宜和正面教育为主。各省级组织要提高主动性和积极性，根据会中央确定的学习时间、范围、内容和方法，结合各地实际情况，制定方案，组织好实施；要以各级领导班子成员和工作骨干为重点，通过学习讨论，提高认识，加深理解，增强工作能力。

3. 坚持理论联系实际的学风。紧密结合形势，结合会员思想，结合工作，结合身边的人和事，采取务实有效的学习方式，务求提高全会的理论水平和推动各项工作的开展。

四、认真把握学习贯彻科学发展观的主要内容

深入学习贯彻科学发展观，要加强学习、提高认识，认真学习中共中央几代领导人关于科学发展的重要论述和中共十七大、十七届三中全会精神，切实把认识和思想统一到中共中央精神上来。要坚持理论联系实际，着力在领会和运用科学发展观的第一要义、核心、要求和根本方法几个方面取得实效。

1. 树立科学发展意识、全面发展意识、和谐发展意识，统筹好加强参政议政与搞好民主监督，统筹好加强参政党建设与发挥参政党作用，不断提高履行职能的水平。

2. 坚持把促进发展作为参政议政的第一要务，着力解放思想、大胆探索，更新服务发展的观念，转变服务发展的思路，创新服务发展的举措，不断提高服务科学发展的水平。

3. 坚持把实现和维护最广大人民的根本利益作为参政议政的出发点和落脚点，着力围绕人民群众最关心、最直接、最现实的问题，积极反映社情民意，协助中共党委和政府协调关系、化解矛盾，不断提高为构建社会主义和谐社会服务的水平。

4. 按照中国特色社会主义事业总体布局，着力抓住经济建设这个中心，努力增强考察调研、建言献策的综合性、战略性和前瞻性，不断提高为促进社会主义经济建设、政治建设、文化建设、社会建设以及生态文明建设协调发展服务的水平。

民进中央
2008 年 11 月 18 日

民进中央关于表彰民进全国抗震救灾先进集体和优秀会员的决定

（2008 年 11 月 30 日民进十二届五次主席会议审议通过）

2008 年 5 月 12 日 14 时 28 分，我国发生了震惊世界的四川汶川特大地震，受灾地区人民生命财产和经济社会发展蒙受了巨大损失。在中共中央、国务院和中央军委的坚强领导下，全国各族人民众志成城、迎难而上，展开气壮山河的抗震救灾工作，奋勇夺取抗震救灾斗争重大胜利，谱写了感天动地的英雄凯歌。

在抗震救灾的斗争中，我会各级组织和广大会员同全国人民一道，紧密团结在中共中央周围，坚决贯彻中共中央、国务院抗震救灾工作的统一部署，积极落实会中央有关要求，以高度的政治责任感和爱国情怀，全力支援灾区，临危不惧、冲锋在前，慷慨解囊、捐款捐物，建言献策、投身重建，彰显了我会立会为公、心系人民、奋力拼搏、无私奉献的精神，弘扬了时代的主旋律，展示了新时期民进会员的精神风貌，展现了我会多年来建设高素质参政党的成绩，特别是开展中国特色社会主义主题教育活动、加强领导班子建设的成果，为我会增添了新的光彩，赢得了新的荣誉。

为了大力弘扬万众一心、众志成城，不畏艰险、百折不挠，以人为本、尊重科学的伟大抗震救灾精神，激励全会各级组织和广大会员奋力推进改革开放和社会主义现代化建设事业，会中央决定，授予民进四川省委会等 12 个民进组织“民进全国抗震救灾先进集体”、授予吴文彦等 113 名会员“民进全国抗震救灾优秀会员”荣誉称号，对民进上海市委会等 24 个单位提出表扬，希望受表彰的先进集体和优秀会员，一定要珍惜荣誉、谦虚谨慎、戒骄戒躁、再接再厉，争取更大的成绩。

会中央号召，全会各级组织和广大会员要更加紧密地团结在以胡锦涛同志为总书记的中共中央周围，以邓小平理论和“三个代表”重要思想为指导，深入学习贯彻科学发展观，以先进集体和优秀会员为榜样，学习他们的先进思想和模范事迹，弘扬伟大抗震救灾精神，切实把抗震救灾精神转化为艰苦奋斗、重建家园的坚强意志，转化为努力工作、建设祖国的实际行动，转化为推动科学发展、促进社会和谐的强大力量，以更加坚定的信心、更加饱满的热情、更加扎实的工作，为夺取全面建设小康社会的新胜利、开创中国特色社会主义事业新局面而不懈奋斗！

中国民主促进会中央委员会

2008 年 11 月

附：

民进全国抗震救灾先进集体名单（共 12 个）

民进四川省委会
民进成都市委会
民进绵阳市委会
民进德阳市委会
民进广元市委会
民进重庆市委直属重庆医科大学支部
民进沙坪坝区委会
民进甘肃省委会
陕西民进企业联谊会
民进海淀企业支部
民进江苏省委会
民进广东省委会

民进全国抗震救灾优秀会员名单（共 113 人）

北京（3 人）

吴文彦　民进北京市委会常务副主委、民进中央社会和法制委员会主任
王广发　北京大学第一医院呼吸内科主任、民进北京市委会科技医卫委员会委员
余　刚　北京康信知识产权代理有限责任公司董事长、民进北京市委会联络委员会主任

上海（3 人）

汪志明　复旦大学附属华山医院副院长
陆　文　宝山中心医院主治医师
王康云　上海康耐实业发展有限公司董事长、上海民进企业家联谊会常务理事

天津（3 人）

王　翀　天津市第一中心医院普外科主治医师

王学玲　天津中学副校长、民进南开区委会主委
郑介甫　天津环渤海控股集团董事局主席、民进天津市委常委

重庆（6 人）

陈　勇　万盛区疾病预防控制中心健康教育科科长
肖　谦　重庆医科大学附属第一医院老年病科、涉外病房科主任
戴鹤鹏　重庆华博药业集团有限公司总经理
张　宏　重庆大川集团公司总裁
王　伟　重庆天泰集团董事长、民进大渡口区委会副主委
张珍容　民进渝中区委会专职副主委

河北（3 人）

韩艳刚　邢台民进中专学校校长
张公明　衡水市桃城区疾病预防控制中心副主任
甄金钟　房地产开发有限公司董事长、总经理，民进石家庄市委会委员

山西（3 人）

王东明　山西医科大学第三医院骨科副主任医师
郎　勇　太原市建设工程质量监督站科员
徐文龙　山西金时代房地产开发有限公司董事长、民进太原市委会副主委

内蒙古（3 人）

焦建钢　包头市 888 商厦董事长、民进包头市委会副主委
赵　敏　荣昊门窗有限公司总经理
刘维平　内蒙古红津化工有限公司总经理

辽宁（3 人）

刘　明　朝阳市二院眼科主任
马晓英　辽宁省卫生监督所传染病监督科副科长
胡劲松　大连市雅典娜整形美容医院院长

吉林（3 人）

郑万平　吉林大学第二医院医务科科长
王海军　长春市实验中学教师
葛艳华　吉林延安医院院长、民进吉林省委常委

黑龙江（3 人）

于长江　哈尔滨贵夫人皮草广场董事长
吴宝贵　哈尔滨人和佳商贸公司董事长
程晓霞　黑龙江省医院南岗分院肾内科副主任

江苏（3 人）

府采芹　　苏州市政协副主席、民进苏州市委会主委
祝义材　　雨润集团董事长、江苏民进经济界会员联谊会会长
蒋加平　　江苏天地龙集团董事长

浙江（3 人）

王一平　　杭州华星科技有限公司董事长、浙江民进企业家联谊会副会长
吴山明　　中国美术学院国画系教授、浙江开明画院院长
胡颖红　　浙江大学附属第二医院重症科主任

安徽（3 人）

李　鸿　　安徽医科大学第一附属医院骨科主任医师、民进安徽省直工委副主任
吴俊保　　安徽新华集团投资有限公司董事长
孙春启　　蚌埠二院心内科主治医师

福建（3 人）

陈国栋　　富士达（福建）鞋塑有限公司董事长
戴小力　　厦门大学公共事务学院社会学系副教授、民进厦门市委青年委员会主任
蔡格花　　三明市第一医院保健科副科长

江西（3 人）

阎海洋　　上饶市皮肤病性病防治所医务科长、民进上饶市委委员
万志刚　　江西达林实业有限公司董事长
赵　彤　　江西广益昌投资有限公司董事长、江西民进企业家联谊会常务理事长

山东（3 人）

朱孟宪　　临沂市建设安全工程质量监督管理处科长
韩俊朋　　山东海瑞林医疗科技有限公司董事长
徐　兰　　山东大学第二医院心理科主任

河南（3 人）

康迎宾　　华北水利水电学院水利学院副院长
刘鹏礼　　安阳市外出建筑队伍管理办公室主任、民进安阳市委委员
葛宝岳　　南阳理工学院心理健康教育中心主任、学生处副处长，民进南阳市委会副主委

湖北（3 人）

吴冲龙　　中国地质大学国土资源信息所所长
徐国青　　荆州市同诚通用航空有限公司总经理
李国庆　　武汉市霞峰防火门窗有限责任公司总经理

湖南（3 人）

王　东　郴州市卫生局局长、民进郴州市委会主委
张江波　湖南猎鹰实业有限公司总裁、民进湖南省委委员
唐湘麟　湘潭白石诗词协会副主席兼秘书长

广东（3 人）

陈永锵　广东省美术家协会副主席
林　炜　广东教育学院生物系副教授
姚本棠　原民进中山市委会主委

广西（3 人）

熊庆安　广西鑫凤置业投资有限公司董事长
吴小龙　广西小龙集团有限公司董事长
杨　宁　北海国发海洋生物产业股份有限公司总裁、民进南宁市委委员

海南（3 人）

林克周　海南兆南集团总裁
许尚华　海南金手指投资集团有限公司副总裁
禹　平　海南省建筑工程总公司直属公司总经理、民进海南省委会信息与联络委员会副主任

四川（20 人）

傅勇林　成都市人民政府副市长、民进成都市委会主委
赵爱武　广元市人民政府副市长、民进广元市委会主委
赵晓平　德阳市住房公积金管理中心主任、民进德阳市委会主委
李京平　绵阳市司法局副局长、民进绵阳市委会主委
唐明远　民进成都市委会专职副主委兼秘书长、民进四川省委常委
张清良　民进德阳市委会专职副主委兼秘书长、民进四川省委委员
周先忧　绵阳市涪城区政协副主席、民进绵阳市委会副主委
罗超盛　广元市青川县人大常委会副主任
朱　义　四川百利药业有限公司总裁
费永刚　四川先锋集团董事长、民进四川省委会经济委员会副主任
余华伟　内江市第二人民医院副主任医师
施　杰　四川鼎立律师事务所主任、民进四川省委会法制委员会主任
樊　斌　四川康维律师事务所主任、民进四川省委会社会工作委员会主任
郝玉海　成都华耐·立家建材连锁成都销区总经理
杨　伦　广元市人民政府办公室副科长
刘素英　广元市苍溪县人民政府副县长、民进广元市委会委员
雷　润　四川迪扬律师事务所副主任、民进四川省委会公共事业委员会委员
彭英文　四川英邦科技有限公司董事长、民进四川省委会经济委员会委员
蒋　琳　四川省江油中学实验学校副校长、民进绵阳市委会副主委

杨　荣　四川康利达包装装潢有限公司总经理

贵州（3 人）

周世立　贵州青利集团有限公司董事长兼总经理、民进贵州省委会副主委
高海翔　贵州英尔玛科技有限公司董事长
张金萍　贵州黔兴摩托车有限公司董事长

云南（3 人）

金飞豹　昆明金飞豹企业营销策划有限公司总经理、民进云南省委会经济与社会法制工作委员会委员
杨旭青　云南爱因森软件职业学院董事长
汪　涛　大理州电视台网络部主管

陕西（6 人）

张孝林　西安华海医疗信息技术股份有限公司董事长兼总经理、民进中央联络委员会副主任
任　芳　西京学院执行院长、民进陕西省委委员
王　超　西安凯华技术学院院长
王红军　西安交通大学第一附属医院副教授
李　杰　《华商报》首席记者
张宏伟　《华商报》首席记者

甘肃（6 人）

李　莉　甘肃省审计厅干部
李晓荣　甘肃省正生生物公司董事长、民进甘肃省企业家联谊会会长
贾义民　秦城四建副总经理
马　刚　兰州商学院艺术学院副院长
赵　军　甘肃省中医院主任医师
雷永正　兰州市佳怡口腔医院主任

宁夏（3 人）

赵浩宁　宁夏医学院附属医院骨科主任医师
赵　清　宁夏经纬实业有限公司董事长
杨少军　吴忠市宏远集团总经理

新疆（3 人）

李瑞莜　乌鲁木齐市第 44 中学校长、民进乌鲁木齐市委委员
齐亮夫　国家一级美术师
范晓明　新疆军区军旅书画院副院长、民进新疆区委会文化艺术出版委员会委员

中国民主促进会第十二届中央委员会第二次全体会议决议

（2008 年 12 月 3 日）

中国民主促进会第十二届中央委员会第二次全体会议于 2008 年 12 月 1 日至 3 日在北京举行。会议认真学习中共十七大和十七届三中全会精神，深入学习贯彻科学发展观，听取了“继续解放思想，促进科学发展”的专题报告，审议了严隽琪主席代表中央常委会所作的工作报告，审议通过了《中国民主促进会中央监督委员会工作条例（试行）》和《中国民主促进会第一届中央监督委员会主任、副主任、委员名单》，表彰了民进全国抗震救灾先进集体和优秀会员。全会认为，工作报告对 2008 年工作的总结实事求是，对 2009 年工作的部署切实可行。全会同意这个报告。

全会认为，中共十七届三中全会作出的《中共中央关于推进农村改革发展若干重大问题的决定》，对加快推进社会主义新农村建设，大力推动城乡统筹发展，夺取全面建设小康社会新胜利具有重大而深远的意义。民进各级组织和广大会员要认真学习贯彻中共十七届三中全会精神，深刻认识新形势下学习贯彻科学发展观，推进农村改革发展的重要性和紧迫性，进一步解放思想，积极促进改革开放，为开创社会主义新农村建设的崭新局面作出应有贡献。

全会充分肯定民进十大以来新一届中央常委会的工作。一致认为，中央常委会以中共十七大精神为指导，带领我会深入学习贯彻科学发展观，认真落实民进十大提出的各项任务，继承和发扬我会优良传统，坚持以政治交接为主线开展中国特色社会主义主题教育活动，以领导班子建设为重点，积极履行参政党职能，无懈无滞，有思有行，团结、务实、奋进，努力推进高素质参政党建设，各项工作取得了新成绩。

全会认为，2009 年是推进“十一五”规划顺利实施的关键一年。面对复杂多变的国际国内形势和前所未有的机遇与挑战，民进要保持清醒头脑，增强忧患意识，坚定必胜信念，与中国共产党风雨同舟，共度时艰。要从理论和实践的结合上深刻理解和全面把握科学发展观的科学内涵、精神实质和根本要求，积极推动发展，促进社会和谐。要巩固和扩大开局之年的工作成果，突出工作重点，创新工作机制，提高工作水平，推动会中央工作和地方工作相互促进、高素质参政党建设和履行参政党职能相互促进，以优异的成绩迎接新中国成立 60 周年，迎接人民政协成立 60 周年。

全会号召，民进各级组织和广大会员要更加紧密地团结在以胡锦涛同志为总书记的中共中央周围，高举中国特色社会主义伟大旗帜，深入学习贯彻科学发展观，同心同德，开拓进取，为把民进建设成为适应时代要求的高素质参政党，为全面建设小康社会而努力奋斗。

民进中央中心学习组学习制度（修订案）

（2008 年 1 月 27 日民进十二届二次主席会议审议通过）

为进一步加强、规范民进中央中心学习组的学习，提高学习效率，指导和推动全会各级组织的学习，民进中央中心学习组修订《民进中央中心学习组学习制度（2003 年）》如下：

一、学习时间

中心学习组每年度（至少）组织四次专题学习，时间一般在每季度末，学时半天，根据需要可适当延长。

二、学习内容

1. 邓小平理论、“三个代表”重要思想、科学发展观等重大战略思想。

2. 中共中央重要文件、重大方针政策和国家有关法律法规。

3. 国际国内重大形势。

4. 统一战线理论。

5. 民进中央重要会议和文件精神。

6. 民进会史。

7. 其他需要学习的重要内容。

三、参加学习人员

1. 民进中央主席、常务副主席、副主席；

2. 民进中央在京常委；

3. 民进中央秘书长、副秘书长；

4. 民进中央各专门委员会主任；

5. 民进中央机关各部门负责人。

根据需要，范围可扩大到全体民进中央常委和民进中央专门委员会副主任，以及民进中央机关干部和民进北京市委会干部。

四、组织领导

民进中央主席任中心学习组组长，常务副主席任副组长。组长的主要职责是：全面领导中心学习组的学习，提出学习要求，审定年度学习计划；组织中心学习组学习，监督学习制度的落实；主持学习讨论。副组长协助组长工作。

五、学习方法

1. 一般以专家报告和主题座谈形式为主，必要时可以论坛、参观等形式学习。

2. 集中学习与自学相结合。

3. 中心组学习与主席会、常委会、中全会的学习相结合。

4. 中心组学习与我会的理论研究工作相结合，鼓励中心学习组成员在有关报刊上发表理论文章。

六、学习要求

1. 1 月底以前制订年度学习计划（草案），明确重点学习内容和学习方式。

2. 根据主题遴选报告人或主题发言人，提前一个月将学习内容通知参加人员做好准备，备好相关学习资料。

3. 学习要讲究实效，注重理论与实践相结合。

4. 每次学习都要做记录，编写学习简报。简报及时发送给中心学习组成员、民进各省级组织及中央统战部一局，并在会中央宣传网上发表。

七、筹备与承办

1. 中心学习组的各项工作由宣传部负责，包括制订中心学习组学习计划；落实学习计划及相关服务，准备学习资料；完成主席交办的有关工作。

2. 学习计划与方案由宣传部起草，报常务副主席审核通过后报主席审定，提交主席办公会。

3. 办公厅及其他部门协助中心学习组学习的组织与落实。

民进中央领导下基层试行办法

（2008 年 1 月 27 日民进十二届二次主席会议审议通过）

为进一步加强领导干部作风建设，深入了解民进地方组织实际情况，充分听取基层会员的意见和建议，密切与地方组织和基层会员的联系，特制订民进中央领导下基层试行办法。

一、适用范围

民进中央主席、副主席。

二、基本原则

1. 会中央领导利用会内或会外工作到地方，要尽量安排到民进地方组织了解情况或看望会员。

2. 会中央领导下基层要注意兼顾全国各个省级组织。

3. 会中央领导下基层活动要注意轻车简从，节约简朴。

三、活动方式

1. 指导工作。会中央领导下基层督促会务工作的落实情况，就专题或综合工作进行指导，召开专门会议等。

2. 工作调研。会中央领导下基层为推进会中央某项工作，促进我会各项工作在地方的贯彻落实，开展调查研究或召开相关会议等。

3. 探访慰问。会中央领导下基层探访慰问会内老领导、有突出贡献会员、知名专家学者等相关活动。

四、安排程序

1. 确定活动内容。会中央领导下基层一般根据领导要求安排，也可根据会中央工作计划或地方邀请，由会中央有关部门提出意见，经秘书长报领导审定后安排。

2. 做好准备工作。会中央领导下基层内容和时间确定后，由活动主题直接相关部门与相关地方组织联系，制定活动安排建议，经活动主题直接相关部门负责人审核后，经秘书长报副主席、常务副主席、主席。

3. 周密组织实施。活动方案批准后，由活动主题直接相关部门通知陪同领导及有关人员，并做好反馈工作，落实往返机车票、用车及各相关事务。

4. 会中央兼职领导利用会外工作机会下基层，由会中央负责联系和协调。

五、参与人员

会中央领导下基层进行调研、慰问或指导工作时，由与活动主题直接相关部门的主要负责人和一名工作人员随同，必要时请秘书长或副秘书长参与。

六、协调分工

会中央领导下基层联络由活动主题直接相关部门负责承办，其他部门协办。具体分工：

1. 筹备工作。由活动主题直接相关部门或相关地方组织、基层组织共同负责全程会务与程序性公文起草等筹备工作。

2. 领导讲话稿。由活动主题直接相关部门负责起草会中央领导讲话稿；领导现场修改、即兴讲话由参与人员记录整理，经领导审定后归档。

3. 宣传报道。由宣传部按规定负责落实新闻宣传。

4. 内部信息。内部信息由办公厅秘书处负责报送各部门负责人阅知。

5. 成果转化。会中央领导下基层调研等情况由活动主题直接相关部门起草调研报告并送审；召开相关会议需印发会议纪要的，由会议直接相关部门起草纪要并送审；可以信息形式上报的由参政议政部负责摘编。

6. 资料归档。会中央领导下基层活动的资料，由活动主题直接相关部门汇总，并按规定归档；活动录音、摄影、摄像资料由活动参与人员初步整理，交办公厅信息技术管理处统一归档。

民进中央委员会会议制度

（2008 年 1 月 28 日民进十二届二次主席会议审议通过）

根据《中国民主促进会章程》有关规定，制定民进中央委员会会议制度。本制度包括：民进中央委员会全体会议制度；民进中央常务委员会会议制度；民进中央主席会议制度；民进中央主席办公会议制度。

一、民进中央委员会全体会议制度

根据《中国民主促进会章程》（以下简称“《章程》”）第二十七条规定：“中央委员会在全国代表大会闭会期间，贯彻执行全国代表大会的决议，领导全会工作，对外代表本会。”中央委员会全体会议是其履行职能的重要形式。

（一）民进中央委员会全体会议的职权

1. 听取、审议和批准中央常务委员会的工作报告；

2. 讨论和决定本会的重大事项；

3. 就重大事项进行讨论，提出意见和建议；

4. 选举中央委员会主席、副主席、常务委员；

5. 必要时可以调整少部分中央委员；

6. 提出下一届中央委员会委员名额。

（二）会议范围

1. 出席人员：本届中央委员会委员；

2. 列席人员：民进中央各专门委员会的主任、副主任；未担任中央委员的民进中央机关部门负责人；民进各省、自治区、直辖市委员会专职副主委。

（三）会议规则

1. 中央委员会全体会议由主席召集和主持，常务副主席、副主席协助。

2. 出席会议的中央委员人数必须超过应到中央委员人数的一半，会议有效。

3. 会议实行民主集中制原则，各项事项通过民主讨论、酝酿协商后决定。会议的决定和决议，须经出席会议的中央委员半数以上同意方可通过。

4. 会议通过的决定和决议由主席签发，或主席委托常务副主席签发。

（四）会期安排

民进中央委员会全体会议每届举行五次，每年举行一次，由民进中央常务委员会召集；每届第一次中央全会在代表大会选举产生新一届中央委员会后召开，会期一般为一天；其他四次一般每年第四季度召开，会期为三至四天（不包括报到和返程）。

（五）会议地点

一般在北京召开。

（六）会议筹备

1. 一般在全会召开前半年由主席办公会议议定本年度中央全会会议方案（草案）；中央全会的前期筹备工作由常务副主席负责，秘书长协助统筹；会议有关文件由相关部门负责，会务的准备工作由办公厅负责。秘书长根据责任分工组织落实并检查督办。

2. 民进中央办公厅提前三个月发出会议预备通知，成立中央全会文件起草小组并开始起草常委会工作报告；民进中央机关部门开始筹备中央全会有关文件和会务事宜。

3. 常委会工作报告（草案）一般应在10月中旬送常委征求意见。10月底根据反馈意见修改工作报告（草案），办公厅发出会议正式通知。

4. 11月上旬主席会议讨论工作报告（草案）；中旬民进中央机关成立中央全会秘书处负责承办中央全会的会务工作；中央全会秘书处秘书长一般由民进中央秘书长担任。

二、民进中央常务委员会会议制度

根据《章程》第二十九条规定："中央常务委员会在中央委员会全体会议闭会期间，行使中央委员会的职权。"中央常务委员全体会议是履行职能的重要形式。

（一）民进中央常务委员会议的职权

1. 审定中央委员会全体会议方案，审议提交中央全会的文件；

2. 部署年度重点工作，联系和指导地方组织的工作；

3. 讨论决定本会工作中的重大事项，听取各专门委员会、各工作部门的工作汇报；

4. 就重大事项进行讨论，提出意见和建议；

5. 决定全国代表大会的代表名额和代表产生办法；

6. 提出下一届中央委员会委员名额；

7. 任命中央委员会秘书长、副秘书长；

8. 决定中央机关工作部门设置；

9. 决定专门委员会设置和专门委员会主任；

10. 向常委通报会中央机关部门负责人任免。

（二）会议范围

1. 出席人员：本届中央委员会常务委员；

2. 列席人员：民进中央副秘书长、民进中央机关部门负责人、未担任常委的省级组织主委。

（三）会议规则

1. 中央常务委员会由主席召集并主持，常务副主席、副主席协助。

2. 出席会议的中央常务委员人数必须超过应到中央常务委员人数的一半，会议有效。

3. 中央常务委员会实行民主集中制原则，各项事项通过民主讨论、酝酿协商后决定。会议的决定和决议，须经出席会议的半数以上常务委员同意方可通过。

4. 会议通过的决定和决议由主席签发，或主席委托常务副主席签发。

（四）会期安排

每届中央委员会共召开21次常委会议；第一次常委会议通常在第一次中央委员会选举产生常务委员会后及时召开，会期半天。此后每年召开四次常委会议，会期视会议内容而定，一般安排如下：

1. 第一次常委会议一般在3月上旬两会期间召开，会期半天以内；主要内容是：学习贯彻两会精神，传达主席会议精神，部署全年重点工作和其他事项。

2. 第二次常委会议一般在二季度召开，会期三天（不含报到和返程）；主要内容是：政治理论学习，研究本年度重点工作，沟通情况，交流经验，其他事项。

3. 第三次常委会议一般在10月中下旬召开（中共中央全会之后），会期1至2天；主要内容是：学习贯彻中共中央全会精神，部署相关工作，研究中全会筹备工作，其他事项。

4. 第四次常委会议一般在12月上旬召开（中央全会之前），会期半天；主要内容是：审议通过提交中央全会审议的文件，决定中央全会的议程、日程，其他事项。

（五）会议地点

北京或其他省市。

（六）会议筹备

1. 一般在会前2个月由主席办公会议议定本次常委会议方案；常委会议的前期筹备工作由常务副主席负责，秘书长协助统筹，会议有关文件由相关部门负责，会务的准备工作由办公厅负责。秘书长根据责任分工组织落实并检查督办。

2. 办公厅提前一个月发出会议预备通知，两周后发出正式通知；相关文件会前一周由主席阅签定稿。

3. 常委会议的文秘、会务工作由秘书长统筹，以办公厅为主承办。

三、民进中央主席会议制度

根据《章程》第三十一条规定："中央委员会主席、副主席组成主席会议，根据中央委员会和中央常务委员会的决定，领导中央日常工作"。

（一）主席会议的职权

1. 讨论国家的大政方针，传达和学习重要会议精神，结合民进实际研究贯彻实施；

2. 确定中央常务委员会会议的议程草案，审议提请中央常务委员会通过的工作报告和其他文件；

3. 组织实施中央常务委员会的决议、决定；

4. 听取中央各专门委员会、各工作部门的工作汇报，处理有关重要事项；

5. 提名中央委员会秘书长；

6. 提名专门委员会主任，决定专门委员会副主任；

7. 任命中央机关部门负责人；

8. 审议或批准人事任免事项；

9. 决定其他重要事项。

（二）会议范围

1. 出席人员：本届中央委员会主席、副主席。

2. 列席人员：本届中央委员会秘书长、副秘书长，民进中央机关部门负责人。

（三）会议规则

1. 主席会议由主席召集和主持，常务副主席协助。

2. 出席会议的主席、副主席人数必须超过应到主席、副主席人数的一半，会议有效。

3. 主席会议实行民主集中制原则，各项议程经民主讨论，酝酿协商通过。会议决定和决议原则上须经出席会议的主席、副主席半数以上同意。

4. 会议通过的决定和决议、纪要或其他文件由主席签发。

（四）会期安排

主席会议一般每年举行四次：

1. 第一次主席会议一般在元月下旬召开；会期一般为三天；主要内容是：政治理论学习；研究领导班子建设；研究民进中央年度工作要点，重要部署；研究本年度两会发言和提案；其他事项。

2. 第二次主席会议一般在该年度第二次常委会议之前召开，会期一般为一天；主要内容是：政治理论学习；审议通过常委会议程、日程；审议通过提交常委会议的文件；研究常委会重大事项和主席在常委会议上的讲话内容；其他事项。

3. 第三次主席会议一般在该年度第三次常委会议之前召开，会期一般为半天；主要内容是：学习贯彻中共中央全会精神；审议通过常委会议程、日程；审议通过提交常委会议的文件；审议常委会议在中央全会上的《工作报告》（草案）；其他事项。

4. 第四次主席会议一般在该年度第四次常委会议之前召开，会期一般为半天；主要会议内容是：审议通过常委会议程、日程；审议通过提交常委会文件；研究常委会议和中央全会上的重大事项；其他事项。

（五）会议地点

北京或其他省市。

（六）会议筹备

1. 会前一个月由主席办公会议议定主席会议方案，主席会议前期筹备工作由常务副主席负责，秘书长协助统筹，会议有关文件由相关部门负责，会务的准备工作由办公厅负责。秘书长根据责任分工组织落实并检查督办。

2. 办公厅提前一个月发出会议预备通知，两周后发出正式通知；相关文件会前一周由主席阅签定稿。

3. 主席会议的文秘、会务工作由秘书长统筹协调，以办公厅为主承办。

四、民进中央主席办公会议制度

主席会议休会期间由主席办公会议代行主席会议职责，处理民进中央常务工作。

（一）主席办公会议的职权

1. 研究处理中央的重要会务工作；

2. 通过以民进中央名义发出的重要文件；

3. 提名中央委员会副秘书长；

4. 提名专门委员会副主任，决定专门委员会委员；

5. 任命中央机关部门负责人；

6. 批准中央机关处级以下干部的任免；

7. 决定其他事项。

（二）会议范围

1. 出席人员：本届中央委员会主席、在京副主席、秘书长。

2. 列席人员：本届中央委员会副秘书长、民进中央机关部门负责人。

（三）会议规则

1. 主席办公会议由中央委员会主席召集和主持，常务副主席协助。

2. 主席办公会议实行民主集中制原则。各项议程经民主讨论、酝酿协商通过。会议决定和决议原则上须经出席会议的主席、副主席半数以上同意。

3. 会议通过的决定和决议、纪要或其他文件由主席签发。

（四）会期安排

主席办公会议原则上每年度召开八次，一般在不召开主席会议的八个月中每月下旬召开；根据工作情况可提前或推迟举行；一般会期半天。

（五）会议地点

北京，民进中央机关。

（六）会议筹备

1. 主席办公会议方案由秘书长起草，常务副主席审核，主席审定。

2. 会议前期筹备工作由常务副主席负责，秘书长协助统筹，主席办公会审议的项目和文件由部门负责人负责准备和起草，经分管副主席审核阅签后提交会议；秘书长根据责任分工组织落实并检查督办。

3. 办公厅提前两周发出正式通知；主席办公会议的文秘、会务工作由秘书长统筹协调，以办公厅为主承办。相关文件会前一周由主席或常务副主席阅签定稿。

4. 会议纪要由主席签发。

民进中央主席、常务副主席、副主席工作规则（试行）

（2008年1月28日民进十二届二次主席会议审议通过）

根据《中国民主促进会章程》，参照《民进中央主席职责、副主席职责（试行）》的规定，结合我会实际，制定本工作规则。

一、主席领导民进中央的全面工作。

1. 负责主持民进全国代表大会的筹备工作，担任代表大会筹备委员会主任；负责主持代表大会主席团工作，担任代表大会主席团总召集人，代表当届中央委员会作报告。

2. 负责召集和主持中央委员会、中央常务委员会、主席会议、主席办公会议和中央决定的其他重要会议。

3. 领导民进中央全面工作，负责主持中央领导班子工作，在听取各有关方面意见的基础上决定副主席分工，支持和督促副主席分管的工作。

4. 代表会中央出席有关重要会议，签署民进中央对外和会内的重要文件，就重大事项与会外有关部门联系、沟通与协商。

5. 主持制定中央年度工作要点，部署中央工作，指导全会工作。

6. 领导民进中央机关建设及秘书长工作。

二、常务副主席协助主席工作，主持民进中央日常工作。

1. 协助主席工作，落实主席委托的有关工作。

2. 负责中央全会、常委会议、主席会议、主席办公会议的筹备工作，贯彻落实上述会议形成的决议和决定，组织实施。负责以民进中央名义举办的各类活动和会议的筹备。

3. 负责领导所分管的业务部门工作，贯彻落实中央的决定、决议，领导相关部门制定计划、方案、措施，落实民进中央的各项部署，出席相关的会议与活动，指导全会相关工作。

4. 协助主席协调各专、兼职副主席的分工与合作。

5. 负责统筹、协调民进中央与地方组织和其他单位的联系与交流。

6. 协助主席领导机关建设和秘书长工作。

7. 根据工作需要，受主席委托代行主席职责。

三、专职副主席根据分工负责分管的工作。

1. 按时出席主席办公会议、主席会议、常委会议、中央全会。

2. 负责领导中央机关分管部门的业务工作，贯彻落实中央的决定、决议，领导相关部门制定计划、方案、措施，落实民进中央的各项部署，负责相关会议与活动的筹备，督促、检查相关工作，指导全会相关工作。

3. 根据分工，负责与全国人大、全国政协、国家有关部委、各民主党派中央机关、社会团体等有关单位的联系，参加相关活动，出席相关会议。

4. 接受主席领导和常务副主席协调，负责其他的会务工作或临时交办的工作，代表会中央参加和出席有关的活动。

四、兼职副主席协助主席工作，承担领导班子的集体责任。

1. 按时出席主席会议、常委会议、中央全会，贯彻落实中央的决定、决议；整合资源，支持、配合会中央开展的各项工作与活动。

2. 在京兼职副主席按时出席主席办公会议。

3. 受会中央委托，出席有关会议、活动，代表会中央讲话，完成会中央委托的会务工作。

五、常务副主席、副主席适时向主席汇报分管工作，沟通情况，交换意见，提出建议。

六、为便于会中央工作统筹安排，主席、常务副主席、专职副主席按程序每月底通报下月工作初步安排，每周末通报下周工作日程。

七、会内外客人因公到会中央来访，原则上根据来访事由由分管副主席或部门对口接待；涉及多个部门时由秘书长请示常务副主席进行统筹。

八、地方组织邀请会中央专职领导出席庆典、会议、活动或其他公务，原则上由秘书长和职能部门根据制度规定提出意见，报常务副主席进行协调。

九、地方组织或会员因庆典、会议、活动或其他公务邀请会中央专职领导题词、题名、致电、致贺词，原则上由秘书长和相关部门根据制度规定提出意见，并报相关领导决定。

十、会外单位邀请会中央专职领导出席与会务有关的庆典、会议、活动或其他公务，原则上由秘书长报常务副主席，根据中央工作具体情况与有关领导协商安排。

本规则经主席会审议通过后试行一年，此前相关规定以此为准，解释权在民进中央主席会。

民进中央机关关于信访工作的规定（试行）

（2008 年 4 月 22 日民进十二届四次主席办公会议原则通过）

第一章　总　　则

第一条　为了进一步规范民进中央机关的信访工作，帮助会员通过正常渠道反映问题和要求，维护会员的合法权益，制定本规定。

第二条　本规定所称信访，是指民进会员采用书信、电子邮件、传真、电话或走访等形式，向会中央反映情况，提出建议、意见或者投诉请求的活动。

第三条　本规定所称信访事项，是指下列民进事务：

（一）对所属组织或其他会员违反《会章》规定行为的情况反映；

（二）对本人依照《会章》规定应当享有的权利受到侵害的投诉请求；

（三）对我会参政议政、社会服务、会史研究或其他工作的建议、意见；

（四）其他民进事务。

对各级人民代表大会以及县级以上各级人民代表大会常务委员会、人民法院、人民检察院职权范围内的信访事项，应当分别向有关的人民代表大会及其常务委员会、人民法院、人民检察院提出。

对依法应当通过诉讼、仲裁、行政复议等法定途径解决的投诉请求，应当依照有关法律、法规规定的程序向有关机关提出。

对不属于我会职权范围的信访事项，应当向相应的机关提出。

第四条　信访工作的职责：

（一）受理、交办、转送会员提出的信访事项；

（二）协调处理重要信访事项；

（三）督促检查信访事项的处理；

（四）研究、分析信访情况，开展调查研究，及时向有关单位反映情况、提出处理意见；

（五）对省级组织信访工作进行指导。

第二章　信访事项的受理

第五条　对信访人按照本规定提出的信访事项，应当予以登记，认真受理。

第六条　凡是采用书信、电子邮件、传真形式反映情况的，接收单位或个人必须登记备案，并根据信访事项交由相关部门办理；来信未注明接收人的，由秘书处负责拆阅、登记，呈送有关领导或部门阅处；写有领导人姓名的信件，由秘书处登记后交领导人秘书办理。

第七条　凡是采用电话形式反映情况的，接收单位必须登记备案，认真填写《电话记录单》，详细记录来电时间、来电人姓名、联系方式和来电内容等，并根据信访事项交由相关部门办理。

第八条　凡是采用走访形式反映情况的，由秘书处登记备案，并根据信访人提出的信访事项，转送相关部门接待，酌情处理：

（一）直接到会中央要求向领导人当面陈述意见和要求的，一般由秘书处负责接待，并做相关记录后呈送有关领导或部门阅处；

（二）反映会员权益受到侵犯或地方组织问题的，由秘书处与组织部联系，组织部予以接待；

（三）反映有关参政议政、社会服务、会史研究或其他会务问题的，由秘书处与相关部门联系，相关部门予以接待。

第三章　信访事项的办理

第九条　信访事项的办理，应当恪尽职守、了解情况，宣传法制、教育疏导与谈心安抚相结合，及时妥善处理，不得推诿、敷衍、拖延。信访办理情况需记录在案并向信访人进行及时反馈。

第十条　信访事项涉及省级组织的，应当由会中央协调办理；信访事项涉及省级以下组织的，应当按照“属地管理、分级负责，谁主管、谁负责”的原则，转送所属省级组织办理。

第十一条　发现可能造成社会影响的重大、紧急信访事项和信访信息时，应尽量做好安抚工作，在职责范围内依法及时采取适当措施，防止不良影响的产生、扩大，并及时向会中央领导和中共中央统战部报告；必要时，通报有关主管部门。

第十二条　民进中央机关工作人员与信访事项或信访人有直接利害关系的，应当回避。

第四章　信访事项的督办

第十三条　民进中央机关信访受理部门发现省级组织有下列情形之一的，应当及时督办，并要求该省级组织提交书面情况反馈，说明理由：

（一）无正当理由拒绝受理信访事项的；

（二）未按规定程序办理信访事项的；

（三）办理信访事项推诿、敷衍、拖延的；

（四）不执行信访处理意见的；

（五）其他需要督办的情形。

民进中央关于举办已故领导同志诞辰纪念活动实施办法

（2008年6月28日民进十二届三次主席会议审议通过）

中国民主促进会是同中国共产党通力合作的参政党，是爱国统一战线的组成部分。在我会历史上，出现了许多对我国革命和建设事业及我会的建立和发展做出过贡献并产生广泛影响的领导同志。这些领导同志逝世后，在他们诞辰的一定时期举办适当的纪念活动，缅怀他们的丰功伟绩，对于教育广大会员继承和发扬先辈们的光荣传统和优良作风，加强全会的思想建设，具有重要的意义。

根据《中共中央办公厅、国务院办公厅关于举办已故党和国家领导同志诞辰纪念活动的通知》的文件精神及民进中央惯例，使已故民进领导同志诞辰纪念活动适量有度，富有实际意义，特制定本办法。

一、纪念范围

民进中央已故主席、副主席。

二、纪念规格

1. 对民进主要创始人马叙伦、王绍鏊同志的诞辰纪念活动，在逢十周年时，举行规模在三十至八十人的纪念座谈会；逢五十、百周年时，经报中央统战部批准，召开一百人以上规模的纪念大会，并开展相关纪念活动。

2. 对已故主席的诞辰纪念活动，在逢十、五十、百周年时，举行规模在三十至八十人的纪念座谈会。

3. 对曾担任过全国政协副主席的已故副主席的诞辰纪念活动，在逢十周年时，发表纪念文章；逢五十、百周年时，举行规模在三十至八十人的纪念座谈会。

4. 对已故副主席的诞辰纪念活动，在逢五十周年时，发表纪念文章；在逢百周年时，举行规模在三十至八十人的纪念座谈会。

三、出席领导规格和邀请单位

1. 纪念大会出席领导规格为：民进中央主席、常务副主席、副主席、原主席、原副主席；

2. 纪念座谈会出席领导规格为：民进中央主席、常务副主席、专职副主席。

3. 邀请单位及个人为：中共中央统战部，已故民进领导同志曾经担任过领导职务的相关单位及亲朋故旧。

四、要求

1. 举办已故民进领导同志的诞辰纪念活动，要重点宣传他们的生平业绩和崇高精神。纪念活动要力求简朴，讲求实效，不搞形式主义。

2. 已故民进领导同志的诞辰纪念活动原则上由民进中央主办并承办，部分已故副主席的诞辰纪念活动可由民进中央主办并委托相关省级组织承办。

3. 已故民进领导同志的诞辰纪念活动，按照他们生前担任的最高职务，由民进中央研究室提出方案，经与组织部、宣传部交换意见后，报主席办公会审批。

五、本办法经主席会议审议通过后实行

中国民主促进会中央监督委员会工作条例（试行）

（2008年12月3日民进十二届二中全会通过）

第一章 总 则

第一条 为了加强会内监督，根据《中国民主促进会章程》的规定，制定本条例。

第二条 会内监督以邓小平理论和“三个代表”重要思想为指导，深入贯彻落实科学发展观，坚持民主集中制的组织原则，确保本会各级组织和成员始终坚持中国共产党的领导，坚定不移地走中国特色社会主义政治发展道路，切实履行参政党职能。

第三条 会内监督的重点是中央和省级组织领导班子及其成员遵守会章、履行职责和执行制度的情况。

第四条 会内监督坚持积极稳妥、循序渐进，惩防并举、重在预防的方针。

第二章 组织机构

第五条 中央监督委员会是会内监督的专门机构，在中央委员会领导下工作。

中央监督委员会每届任期与中央委员会相同。中央监督委员会组成人员由中央常务委员会提名，提请中央委员会决定。中央监督委员会成员届内如需要调整，由中央常务委员会决定。

第六条 中央监督委员会对中央委员会负责，每年召开一次全体会议，向中央委员会报告工作。

第七条 中央监督委员会下设办公室，与组织部合署办公，承担中央监督委员会的日常工作。

第三章 工作职责

第八条 中央监督委员会履行下列职责：

（一）对遵守多党合作政治准则、贯彻民主集中制和履行职责的情况进行监督；

（二）对本会廉政建设的有关政策、措施进行研究，提出意见和建议；

（三）对违反本会章程的行为进行核查，提出处理意见和建议；

（四）指导省级组织加强会内监督工作；

（五）对监督中的重要事项和重大问题与有关部门进行沟通和协商。

第四章 监督内容

第九条 《中国民主促进会章程》的遵守情况。中央和省级组织领导班子成员应当带头遵守本会章程。

第十条 领导班子议事决策规则的执行情况。严格执行中央和省级组织领导班子议事决策规则。

第十一条 集体领导和分工负责制的执行情况。中央和省级组织领导班子实行集体领导和个人分工负责相结合的制度。

第十二条 谈心制度的落实情况。健全中央和省级组织领导班子成员谈心制度。

第十三条 述职和民主评议制度的执行情况。健全中央和省级组织领导班子成员分别向中央和省级组织常务委员会述职和民主评议制度。

第十四条 信访处理制度的执行情况。中央和省级组织应分别依据中央和省级组织信访处理规定，处理来信来访。

第十五条 谈话和诫勉制度的执行情况。健全中央领导班子成员与中央常委和省级组织主要负责人谈话和诫勉制度。

第十六条 廉政建设制度的落实情况。中央和省级组织领导班子应重视廉政建设，中央和省级领导班子成员应带头严格要求自己，做廉政建设的表率。

第五章 附 则

第十七条 本会省级组织参照本条例设立会内监督机构。

第十八条 本条例由中央委员会负责解释。

第十九条 本条例自发布之日起施行。

2. 领导人讲话、报告、发言、文章

在全国政协新年茶话会上的讲话

（2008 年 1 月 1 日）

严隽琪

同志们，朋友们：

一元复始，万象更新，在 2008 年到来之际，我们在这里欢聚一堂，喜迎新春。在这美好的欢庆时刻，我谨代表各民主党派中央、全国工商联和无党派人士，向伟大的中国共产党致以崇高的敬意；向全国各族人民致以节日的祝贺；向香港特别行政区同胞、澳门特别行政区同胞、台湾同胞和海外侨胞致以节日的问候！恭祝大家新年快乐，万事如意！

2007 年，是我国发展史上非常重要的一年，也是十分振奋人心的一年。在以胡锦涛同志为总书记的中共中央领导下，全国各族人民坚持以邓小平理论和“三个代表”重要思想为指导，深入贯彻落实科学发展观，开拓进取、扎实工作，我国民族团结，社会稳定，人民安居乐业，呈现出一派欣欣向荣的美好景象。

2007 年，中国共产党第十七次全国代表大会胜利召开，这是在我国改革发展关键阶段召开的一次十分重要的大会。中共十七大所提出的各项任务和奋斗目标，充分体现了社会主义的本质要求和当代中国发展的要求，反映了广大人民群众的根本利益和共同愿望，得到了全国各族人民的热烈欢迎和竭诚拥护。我们各民主党派中央和全国工商联，要认真学习、深刻领会、全面把握、努力贯彻中共十七大精神，坚定不移地走中国特色社会主义政治发展道路，坚持和完善中国共产党领导的多党合作和政治协商制度，充分履行参政党职能，为促进科学发展、构建和谐社会，夺取全面建设小康社会新胜利作出应有的贡献。

2007 年，国务院新闻办公室发表了《中国的政党制度》白皮书。白皮书概括了几十年来特别是改革开放以来，我国多党合作积累的主要经验，深刻揭示了中国多党合作制度具有的历史必然性、伟大创造性和巨大优越性，科学总结了中国多党合作制度的重要价值、功能和在中国特色社会主义建设中的重要作用，进一步明确了中国共产党和各民主党派在国家政治生活中的地位、作用和相互关系。这对于推动我国多党合作事业的发展具有重要的现实意义和深远的历史意义。

2007 年，多党合作事业继续在创新中发展。各民主党派和全国工商联坚持以邓小平理论和“三个代

表”重要思想为指导，深入贯彻落实科学发展观，认真履行参政党职能，为国家的经济发展、社会进步和祖国统一大业作出了新的贡献。不久前，各民主党派和工商联分别召开了全国代表大会，认真回顾总结了过去5年的工作，明确了今后一个时期的主要任务，选举产生了新的中央领导集体。这对于搞好政治交接，继承发扬各民主党派和工商联的优良传统，坚持中国共产党领导的多党合作和政治协商制度，坚持走中国特色社会主义道路，为我国经济建设、政治建设、文化建设、社会建设作出新贡献具有重要意义。

2007年，中共中央和中央人民政府采取一系列重大举措，推进“一国两制”实践和祖国和平统一大业。我们坚定不移地贯彻“一国两制”、“港人治港”、“澳人治澳”、高度自治的方针，严格按照特别行政区基本法办事，全力支持特别行政区政府依法施政，着力发展经济、改善民生、推进民主，保持了香港、澳门的繁荣稳定。解决台湾问题、实现祖国完全统一，是全体中华儿女的共同心愿。我们要继续坚持“和平统一、一国两制”的方针和现阶段发展两岸关系、推进祖国和平统一进程的八项主张，深入贯彻胡锦涛总书记关于新形势下发展两岸关系的四点意见，坚决反对和遏制“台独”分裂势力及其活动，努力推动两岸关系继续朝着和平稳定的方向发展，进一步推动两岸同胞加强交流、交往与合作。我们深信，海内外中华儿女紧密团结、共同奋斗，祖国完全统一就一定能够实现。

同志们、朋友们，新的一年孕育着蓬勃的生机和活力，寄托着美好的希望，显示着美好的前景。让我们更加紧密地团结在以胡锦涛同志为总书记的中共中央周围，高举中国特色社会主义伟大旗帜，同心同德，开拓奋进，为夺取全面建设小康社会新胜利、实现中华民族的伟大复兴而努力奋斗！

无懈无滞　有思有行　开创专委会工作新局面

——在民进中央新一届专门委员会第一次全体会议上的讲话

(2008年1月5日)

严隽琪

各位委员、同志们：

今天，我们在这里共商民进如何在新的历史起点上，进一步发挥专门委员会的作用，提高参政议政能力的发展大计，意义重大。民进中央新一届领导班子在京成员全部出席会议。我们对各位怀着一份尊敬之情，因为大家都是在各自领域中造诣深、影响大的专家；带着一份感谢之情，因为大家在繁忙的本职工作以外，抱着对民进组织的热爱，为参政党发挥作用无私奉献；还怀着一颗期望之心，因为形势的发展对我们的参政议政能力建设提出了更高的要求。

首先，祝贺各位经过了比较规范的推荐和选拔程序，成为民进中央新一届专委会的委员、副主任和主任。借此机会，我作一个发言，向大家通报一些情况，交流一些想法，抛砖引玉。

一、关于专委会的性质和换届情况

(一）专委会是民进中央参政议政的工作机构

在座老委员超过了一半，但还有不少新委员，故有必要介绍专委会的“定位”，这其中有一个历史的演变过程。

2003年，就在这个会场，民进中央召开了第十一届中央委员会专门委员会成立大会，对专委会进行了大幅度调整并重新定位。使专委会由原来的参政议政咨询机构转变为在民进中央常务委员会和主席会议领导下参政议政的工作机构。具体表述为：一是会中央参政议政第一线上的基本单位；二是会中央领导集体参政议政的参谋部和智囊团；三是会中央联系广大会员和民进之友的纽带，以及基层组织发展会员的吸盘；四是中青年会员发挥作用、增长才干的舞台。新一届领导班子认为这个定位符合我们当前参政议政形势的需要，所以，在这里再重申一下。这个定位意味着专委会的担子和责任比起原来的咨询机构更重了，委员们发挥作用、增长才干的天地更广阔了。

实际上此次换届主要是由第十一届中央委员会操作，并由第十二届中央委员会认可和完成的。专委会按照上述定位，改变了曾经偏重于人事安排和荣誉照顾的做法，突出了专委会是会中央参政议政工作机构的性质。其任务就是要充分发挥专家的智力优势，为会中央建言献策、履行参政党职能提供强有力的支持。在此过程中，也希望专委会成为发现提拔、培养锻炼会内人才的舞台。

（二）关于专委会换届情况

1. 组成结构：

（1）机构设置。民进第十二届中央委员会共设立教育、文化艺术、出版和传媒、科技医卫、经济、社会和法制、妇女儿童、联络等八个专委会，基本延续上一届设置，并为了适应形势的发展和民进履职的需要进行了微调。如，将出版委员会更名为出版和传媒委员会，分出版和传媒两个方面；教育委员会设立高教、普教、职教及民办教育等各专业组；联络委员会则分为海外联谊、社会服务、民办学校等几块工作。

（2）人员结构。人数总规模基本不变（各专委会调整幅度有差异），委员总数173人，比上一届增加了10人，其中90人为继续提名，83人为新提名，调整幅度约为48%，主任、副主任总数56人，比上一届增加了11人，其中继续提名的29人，新提名的27人，调整幅度约为48%；新一届专委会成员平均年龄45岁左右，比上届有所降低；其中具有大专以上学历的171人，占委员总数的98.8%；有博士32人，硕士31人，知识层次优于上届；为了履行职能的需要，仍以在京委员为主，有142人，京外委员31人；男委员105人，女委员68人，比上届有所调整；一些专委会根据工作性质重新调整了委员结构，在人员安排上力图统筹兼顾。

2. 产生程序：

（1）坚持原则。根据《民进中央专门委员会委员提名产生办法》，此次新提名委员的条件主要把握4条原则：坚持中国共产党领导的多党合作和政治协商制度，具有一定的政治把握能力；热爱民进组织，热心会务工作，具有一定的参政议政能力和合作共事能力；在所从事的工作领域有较广泛的代表性和一定的知名度，有一定的影响和群众基础；在我会参政议政和社会服务工作中有一定建树、成绩较为突出。

（2）坚持民主集中制。按照提名产生程序，主任、副主任、委员的人选名单，分别通过不同层面、不同场合、不同会议，进行了多次慎重的、民主的讨论研究；经过上届会中央领导建议，秘书长、副秘书长、机关各部门负责人，各专委会主任、副主任，民进相关省级组织推荐；由会中央组织部会同参政议政部、社会服务部提出参考名单；在民主集中制原则的指导下，严格程序、认真酝酿、反复协商后，经民进十二届一次、二次主席办公会议审议通过。

应该讲，会中央各方面对这样的做法和结果是满意的，认为一批具有较好政治素质、较大社会影响、较深群众基础、较高参政议政能力、较强合作共事意识和热心会务的会员被充实到各专门委员会，特别是其中有很多中青年会员。会中央对新一届专委会寄予厚望。

会中央参政议政工作以及新一届专门委员会的工作由罗富和常务副主席分工负责，朱永新副主席分工负责社会服务工作，并协助罗富和同志分管参政议政工作。会中央机关将尽力为专委会提供良好的服务，保持经常的联系。其中，社会服务部联系协调联络委员会的工作，其余7个专委会由参政议政部联系服务。

二、参政议政工作面临挑战和机遇

（一）统筹国际国内两个大局，需要世界眼光和忧患意识

中共十七大报告指出，我国正处于重要的战略机遇期，作出两个“前所未有”、“机遇大于挑战”的

科学判断。报告指出“当今世界正处在大变革大调整中”，同时指出由于世界多极化、经济全球化，“国与国相互依存日益紧密”，特别提到“当代中国同世界的关系发生了历史性变化，中国的前途命运日益紧密地同世界的命运联系在一起”。改革开放以来，中国共产党在深刻把握当今复杂多变的国际、国内两个大局，科学总结世界各国政治发展成败经验教训的基础上，在我国全面参与经济全球化、与世界依存度日益加深的大背景下，领导中国开创出一条建设有中国特色的现代化发展的道路。中国的改革开放政策已把自己置于全球经济体系中，未来与机遇并存的挑战，不仅仅有国内原有的和不断出现的种种问题，也不仅有国际上显性的矛盾与摩擦，还有更加危险的、跨国界的隐性陷阱和危机。

1. 准备金融恶战：国际外交、世界贸易、军事冲突与金融货币体系是相互依存关系。纵观这些年来，国际上掀起的一阵阵“威胁论”、“崩溃论”，压人民币升值、产品召回、“反倾销”、知识产权纠纷等等事端层出不穷。更棘手的是国际金融联盟打中国资本的主意，较为表面的，例如打压中国资本的国有形式、限制中国资本的走向和杜绝中国资本进入西方核心企业，以“涉及国家安全”为名，对中国企业设置种种障碍，用许嘉璐主席的话说，“只许我进你的卧室，不许你进我的前庭”。而暗藏在背后的，则是危害更大而又为绝大多数人觉察不到的金融掠夺，而我国世界性的金融人才又十分紧缺，所以，有的专家发出这样的惊叹：到那个时候，中国在金融界有没有钱学森、邓稼先这样的民族脊梁。我们不能不对未来可能出现的金融恶战有所准备。

2. 能源与安全的新概念：上世纪 70 年代以来的外交、经济、货币、军事危机都有通过石油重塑经济关系和美国外交姿态的转变这些深层次的意义。有学者提出三个基本问题：谁拥有丰富的石油和天然气资源？谁来控制向国际市场的输出？谁来为这种敏感的运输提供安全保障？并认为其答案将使本世纪的世界经济和世界秩序发生实质性改变。国内军事专家说，经济结构变化（2006 年我国 GDP 的 60% 是进出口）使国家经济安全问题必须面向全球进行谋划；新科技使安全范围、观念面临新问题（国际法规定的国家制空权是 30 公里空间，但美国的卫星监测技术已达 800 公里）；改革开放使我国经济核心区与危险区重合，制海权尤为重要。

3. 外交的大思维：“人权高于主权”是西方干预外部世界的一种新国际理论。在经济全球化的世界上，任何国家都要改变传统意义上的绝对主权。在政治方面，中国政府认同民主和人权等理念是全人类的普遍价值，所不认同和反对的是西方为了实现这些价值所采用的方法，包括西方对中国本身和西方对其他发展中国家所采用的方法（动辄采用经济制裁、甚至采用武力）。中国在人道主义干预方面不断探索自己的道路。中国在承担国际责任方面仍然面临严峻的挑战。中国能否调整和重新解释甚至重建自己的国际政治话语？这也是中国作为一个崛起中的大国的国际责任。对美国“遏制中国”战略必须保持清醒头脑。有专家说，即使现在意识形态转变，美国依然要对我们进行遏制，因为它不容许身边出现和它势均力敌的对手。

近十多年来，在全球化的推动下，经济区域化已经是个大趋势。经济外交一直是中国的外交战略主体。中国强调“地区组织的开放性”概念。如果亚洲是开放的，那么一个意在遏制中国或者围堵中国或者孤立中国的安全同盟就会是无效的。这是一种全球化情况下的区域组织新思维。

4. 文化是软实力：美国的文化侵略，不仅赚取了巨额金钱，而且加强了美国的霸权主义和强权政治的扩张。1941 年，美国国务院就提出：“战后的现实要求美国在文化方面，如同在政治和经济方面那样，在全世界担负起领导责任。”前美国商务部高级官员大卫·罗斯科普宣称：“如果共同的价值观正在形成，它们应该是符合美国人意愿的价值观。”美国文化学者托马斯·英奇也说：“美国大众文化默默地起到了我国一位无声大使的作用。”我们不得不认识其背后美国政府的文化战略和文化产业政策，是“对内放松管制，对外进行扩张”，政府为文化产业的扩张提供经济和政策的支持。主要依靠的是对外贸易全球化，资本支持的全球化和跨国公司的商业运作。在大多数情况下，属于非政府部门的文化企业为巨额利润所驱动而进行的经营性活动，但在实际操作中无不受到美国政府的支持，尤其在对外宣传方面已与美国的国际战略紧密联系在一起。

（二）对国情的正确把握

中国将长期处在“不发达”的阶段，即初级阶段，这是中国的基本国情。首先当然是指生产力的不发达。我国人口多、底子薄、城乡和地区发展很不平衡。当前和今后相当长一段时间内，我国经济社会发展面临的矛盾和问题可能更复杂、更突出。还表现在社会主义制度的不够完善和不够成熟——社会主义市场经济体制不够完善、民主法制不够健全、社会不公与贪污腐败等问题仍存在。社会主义制度，从理论到实践，从不成熟到成熟，需要经历一个相当长的历史进程。

当代中国政治演进到今天，由于社会结构发生了前所未有的深刻变动，社会分层出现了许多引人注目的新情况，社会主要矛盾也出现了许多阶段性的特点。比如说，一个多样化的社会已经取代过去那种单一的社会，一个开放的社会已经取代过去那种封闭的社会，成万上亿自由流动的“社会人”正在取代过去那种一辈子依靠单位的“单位人”。诸如此类的变化，既使一个古老的民族重新焕发出了青春的活力，也给执政党和参政党出了许多必须研究和解决的难题。中国称得上是当今世界上独一无二的矛盾统一体：（1）总体意义上的富裕和人均意义上的贫穷；（2）速度之快（有数据表明，人的一生中，人均生活标准大约上涨100倍；工业革命时期，欧洲的平均生活标准大约提高50%。30年来，4亿中国人脱贫，约占上世纪全球减贫成果的75%）与均衡度之差；（3）发展劲头之猛与发展可持续性（质量及后劲）；（4）一个社会主义大国的崛起与现存西方引领的世界秩序。

（三）参政议政工作的思考

1．挑战：

（1）全球化的发展和中国特色社会主义事业的推进，使我们面临的问题更复杂，涉及面更宽广，对于民主党派的参政议政工作来说也是挑战“前所未有”；（2）民主党派趋同化，削弱了党派界别优势；（3）共产党内聚集了大量知识精英和掌握了各类研究机构，民主党派的知识优势相对降低；（4）民主党派成员的年轻化及政治参与热情的提高，对民主党派的影响力有更高期望。

2．有利条件：

（1）十七大明确了举什么旗、走什么路、怎样发展、发展的目标等一系列重大问题；（2）统一战线事业的发展，中国共产党对多党合作的重视和对民主决策的重视给我们提供了舞台；（3）民主党派自身建设的成就，政治参与热情和参政能力在与时俱增；（4）参政党的定位，可以较少受“权”与“位”、“政绩”的约束，可以较少受行政隶属和区划的约束，可以较少受学科分类、学术派别的约束，所以应该能更客观、真实、冷静地思考并提出建议，应该更能在学科交叉融合中创新地提出见识。

总之，十七大对四位一体建设进行了重大部署，今后要对经济、政治、文化、社会建设和实现全面小康进行参政议政，意味着对民进自身素质的要求更高了。如果不能深入社会实践的第一线，民进作为一个整体的知识结构如果不能与时俱进地改善，如果不能充分调动会内一切智力资源和会外的力量，将难以达到中国共产党的要求，也难以实现全体会员对我们的期望。

三、发挥好专门委员会的作用

2008年是民进新一届中央委员会的开局之年，又是许多重大活动、重大事件发生之年（政府换届、北京奥运、改革开放30周年、“十一五”关键年、“五一口号”发布60周年等）。专委会的工作及其水平在很大程度上决定着民进参政议政的力度和建言献策的质量，衷心希望新一届专门委员会积极适应新形势，迎接新挑战，认真履行职能，发挥好思想库与智囊团的作用。

（一）无懈无滞，有思有行

1．加强学习，提高认识水平。行成于思，思源于学。学习贯彻中共十七大精神应该是全国人民、全会，也是我们专委会当前和今后一个时期首要的政治任务。通过学习，提高自身素质和参政议政的水平，把我们的专委会建设成为学习型、思考型的工作机构。

特别是要学习领会科学发展观的精髓，增强贯彻落实科学发展观的自觉性和坚定性。科学发展观博大精深，第一要义是发展，核心是以人为本，基本要求是全面协调可持续，根本方法是统筹兼顾。我们必须以科学发展观统揽专委会工作，真正把这一重大战略思想落到专委会的工作计划和实施的全过程中，落实到大家的思想和行动中。

2. 继承传统，发扬成绩。过去的五年，是民进历史上最好的时期之一，全会始终坚持围绕中心、服务大局，积极履行参政议政职能，所以，中共中央的贺词对我们作出了高度评价和充分肯定。同时，我们注意理性思考，总结经验，这在民进十大报告中有系统的阐述。我们要珍惜这些宝贵经验，在继承的基础上，根据新形势加以发扬光大。如“巩固老阵地，开拓新领域”是全会都认可的工作战略，就意味着我们必须在老阵地上有新作为，在新领域中要发声音。

在加强和改进专委会工作方面，也积累了很多好经验与做法。如积极参加会中央的重大活动或重要会议，每年一项重大专题考察活动、一年一度的中央全会和参政议政工作年会、每年年初会中央走访国家部委、会中央中心学习组活动，都邀请专委会委员参加，在这些活动中扩大知情权、提高理论素养和拓展社会关系。又如专委会承担相当数量的全国政协大会、常委会、专题协商会等文字稿的起草工作，为会中央领导参与国家高层政治协商提供重要参考意见、反映社情民意，充分发挥委员的专业优势和专委会的智囊团作用。再如参与承办会中央的专题研讨会、高层论坛及两岸交流等重要活动，织就民进伸向社会各界的网络及联系广大会员和民进之友的纽带。民进十大报告对专委会工作作了充分肯定。衷心希望本届专委会不松懈、不停滞，继承好传统，深入调研，积极作为，在事关我国经济社会发展全局的瓶颈问题上和事关民生的热点难点问题上下工夫，提出高质量、高水平的意见和建议，为促进我国经济建设、政治建设、文化建设、社会建设作出新的贡献。

（二）开门办委，形成合力

专委会面临的任务十分繁重，而资源是有限的。这就需要我们开拓思路，开门办委，开放机制，充分利用全会和社会上各种资源，形成合力，提升专委会的能量。

一要充分整合全会资源开展参政议政工作。会中央与专委会都要在以下方面进一步探索：（1）协调发挥会中央机关各部门的合作与互相促进的作用，使资源共享，成果也可共享；（2）发挥民进地方组织、包括所属专门委员会的作用，探索联合调研、委托调研等多种协调合作的方式，就会中央需要探讨的问题或多方共同关注的课题进行合作，成果同样可共享。

二要充分利用社会资源开展参政议政工作：（1）会中央将坚持走访国家部委的做法，争取他们对我会的参政议政工作的理解和帮助，并邀请专委会的同志参加。今后，也可邀请相关部委的同志参加专委会的活动，或在形成提案和建议时应征求他们的意见。（2）联合有关社会团体和科研院所，广泛联系，广交朋友，并找到他们的业务与我们参政议政题目的共同点。我们专委会的专家学者很多人本身就是其中的骨干和负责人，有利条件是存在的。（3）发展民进之友，他们不是民进会员，但可以是我们的朋友与合作者。实际上，我们的参政议政特邀研究员队伍中就有非民进会员的专家学者，他们在我会的参政议政工作中发挥了重要作用，民进也为他们拓展了报国的途径，是双赢的。

举几个例子。去年 9 月份，会中央在杭州举办的“中国教师发展论坛”以及 11 月份在武汉举办的“长江保护与发展研讨会”，让我亲身感受到了承办者——会中央教育委员会、科技医卫委员会所发挥的主体作用和巨大活力。这两项参政议政活动虽然用民进中央的名义，实际上都是由这两个专委会筹措资金并具体操办的。参与的单位有两个国家部委，三所师范大学，四地民进省、市委员会，世界自然基金会和有关省市地方政府等，与会人员更是人才荟萃。论坛和座谈会收效很好，引起社会广泛的关注。这两个专委会已设计了有关的长效机制，希望打造成民进参政议政的特色品牌。

此外，上一届专委会在 2007 年首次开展了京外自主调研，得到中共中央统战部、国家计生委等单位资金上的大力支持，成果得到国台办等国家部委的高度评价。在 2007 年底召开的民进参政议政工作年会上，教育委员会主任庞丽娟同志、联络委员会主任陈守义同志作了大会发言，他们总结的经验被写入了民进十大报告，对全会起到了典型示范作用。

实践证明，只要我们广聚全会之力，广汇社会资源，广结民进之友，我们的参政议政能力会得到较大提高；我们专委会的参政议政成果数量会迅速增长，质量会大幅提升，渠道会不断拓宽；我们委员的报国之心和自身价值能更好得到实现。

在座的各位委员都是各界的知识精英，有着丰富的阅历和专业知识，平时在各自的单位努力工作、为国奉献；现在，民进中央的专委会又为大家提供了一个有组织的参政议政舞台，可以通过有计划、有组织的调查研究，凝聚更多的专家学者的智慧，对国家政治、经济、文化和社会发展提出更高水平或更大视野的意见和建议，多一条报效国家和人民的道路。但走上专委会的岗位，必然要在本职工作以外多花精力、更多付出、更多奉献，需要有强烈的政治责任感。这种责任感来自于知识分子的报国之心，来自于对民进组织的热爱，来自于对中国共产党领导的多党合作制度和参政党角色的体会和认识，从中体现出可贵的精神和品德。令人高兴的是，我们已经从新一届专委会主任、副主任们的身上看到了这种责任感和积极性。他们已经行动起来，在为制定本专委会未来五年规划和2008年度工作计划操劳，大家拿到的材料中就有他们心血的奉献，在接下来各专委会的讨论中，希望大家认真研究完善。

各位委员、同志们，进入新时期新阶段，中共中央提出的科学发展观和构建和谐社会的战略目标，对我们的参政议政工作提出了更高的要求，也提供了良好的机会；中共中央致民进十大的贺词中提出了殷切期望，为我们的参政议政工作指明了方向。中国共产党的执政能力在不断提高，各兄弟党派都在不断进步，广大会员与人民群众对民主党派参政议政所寄予的期望和要求越来越高。让我们在新的历史起点上，团结一心，开拓创新，扎实工作，把专委会的工作做得更好，把我会参政议政能力提高到一个新水平，为我国全面建设小康社会和把民进建设成为适应新世纪的高素质参政党，作出应有的贡献。有信念才有定力、有团结才有合力、有作为才有影响力、有创新才有活力。

祝大家新春快乐！

发扬科学精神　丰富科学宝库

——新春寄语全国科教界人士

（2008年2月5日）

严隽琪

科学是人类文明的璀璨成果，是现代化进程的助推力。科学的内涵无比丰富、精彩纷呈。人类在劳动实践中不断地获得对世界的认识、在思考研究中逐步地加深对规律的理解、在革新改造中持续地发展工具与方法、在学习教授中继承与传播着科学的知识。由于人类共同的努力，科学宝库才越来越丰富。但是，科学成果在造福人类的同时，又不断地提出新的问题和挑战，所以人类对科学的探索永无止境。

正是在这样的探索中，形成了宝贵的科学精神。科学精神意味着开拓创新的无畏、不懈追求的坚韧、实事求是的冷静、由表及里的睿智和默默奉献的高尚。它是先进文化建设的催化剂。在深入落实科学发展观，不断提高自主创新能力，建设创新型国家的努力中，尤其需要我们发扬科学精神。无论是创造和传播科学成果的过程，还是教育和培养创新人才的过程，都应该是实践和弘扬科学精神的过程。科学精神是最根本的科学素养。

中共十七大标志着中国经济社会迈向科学发展、和谐发展的新阶段。我们不仅要为中华民族在历史上曾对科学宝库作出过辉煌贡献而自豪，我们更要为科教兴国的时代重任所激励。愿科学精神随着十七大的春风遍布神州大地，愿中华儿女为人类的科学宝库增添新的辉煌。

（民进中央网站）

将道德教育融入中小学生的养成教育之中

（2008 年 3 月 10 日）

严隽琪

中共十七大报告提出，要把社会主义核心价值体系融入国民教育和精神文明建设全过程。以“八荣八耻”为主要内容的社会主义荣辱观，是社会主义核心价值体系的重要组成部分。少年儿童是祖国的未来，童年和少年时期不仅是人的智力水平增长的重要时期，也是人的文明道德素质、良好行为举止养成的最佳时期。俗话说“从小看看，到老一半”，耽误、错过了这一最佳养成时期，家长、学校和社会都将付出昂贵的代价。所以，义务教育的重要任务之一，就是要使建立在社会主义荣辱观基础上的中小学生的养成教育落在实处。

此前，中共中央和国务院的有关《意见》也已明确指出，德育对于中小学生更多的是养成教育，这符合教育和青少年学生身心发展的规律。但目前在中小学德育上还普遍存在一些问题。首先，在升学的压力下，考试规定的已有知识的传授成为学校最重要和最实在的任务，德育被虚化或淡化；其次，中小学教育成人化，说教管制的居多，潜移默化和生动活泼的较少；再加上科技手段更新、互联网等新媒体的发展，对青少年不宜的文化也更容易传播。因此，在中小学加强以社会主义荣辱观为基础、以公民常识和文明习惯为主要内容的养成教育，必须有进一步的推行措施，有效地将德育融入养成教育之中。

首先，根据不同年级的年龄特点对学生提出明确要求，强调不同年级学生在日常习惯、行为举止、表达用语、礼仪规定、劳动锻炼等方面的养成教育，使社会主义核心价值体系融入中小学教育内容和课程体系之中，融入中小学教师的教育教学活动之中，融入校园文化的每一个层面。其次，将国家意志体现在校园文化中。具体方法上，可以引导中小学生增强对国旗、国歌、国徽的认同，发挥历史、地理和语文课等的教化作用以及与现实的结合，规范教师的言行举止，精心设计课外活动等。第三，要使道德教育走出学校，走入社区，将道德教育作为社区文化建设的重要内容。为此，社区与教育部门负有对义务阶段学校在共建（资源共享、招生共管、活动共办）上的共同责任，尤其是要给予学生爱心培养和劳动机会，如扶助社区孤寡老人、维护社区环境卫生、美化社区环境等，倡导从身边做起，从小事做起。

综上所述，为促进中小学生的养成教育落在实处，我们建议：加紧研究制定养成教育的课程体系和评估标准；将中华优秀传统文化作为养成教育的重要内容；提高师德和教师养成教育水平；将校园文化与社区活动作为养成教育的重要载体；新闻媒体应将其作为必须的社会责任，而加以宣传和倡导。

（《民主》）

风雨同舟　继往开来

——在民进中央纪念中共发布“五一口号”60周年座谈会上的讲话

（2008年4月8日）

严隽琪

同志们：

60年前，中共中央发出了具有重要历史意义的《纪念“五一”劳动节口号》，从而在全国掀起新政协运动的高潮，迈出了民主建国的步伐。今天，我们在这里举行座谈会，缅怀先辈，重温这段光辉历史，对于民主党派在新的历史时期，搞好政治交接，积极履行参政党职能，具有重要的现实意义。刚才四位同志都做了情真意切的发言，我感到我们的座谈会一定会有益于我们知道历史、理解现实、明确责任。

1948年4月30日，在人民解放战争取得节节胜利的大好形势下，中共中央发布了“五一口号”，号召“各民主党派、各人民团体、各社会贤达迅速召开政治协商会议，讨论并实现召集人民代表大会，成立民主联合政府！”表达了全国人民的愿望和要求，也反映了各民主党派和所有爱国民主人士的政治主张，得到了社会各界的热烈拥护和积极响应。5月5日，民进和民革、民盟、致公党、农工党等民主党派以及有关团体的领导人联名致电中共中央毛泽东主席并转解放区全体同胞，积极响应“五一口号”，称赞这是“适合人民时势之要求，尤符同人等之本旨”，表示要“共同策进，完成大业”。同时，民进在香港还单独发表了宣言，指出“五一口号”是“近百年来中国革命史的结晶，是今后中国政治运动舵向的指标”，公开庄严宣布民进要团结在中国共产党的周围，参加共产党领导的爱国民主统一战线，为彻底推翻三座大山而共同奋斗。马叙伦先生还撰文公开明确表示，中国共产党是中国人民革命“当然的领导者”。此后，民进的主要领导人由上海及香港转入到了解放区，参加新政协的筹备工作。雷洁琼、严景耀先生，在西柏坡受到了毛泽东、刘少奇、朱德、周恩来、任弼时等领导的亲切接见，毛泽东主席还就当时的国内形势、对民主党派的要求、新中国的建设蓝图等内容，与雷洁琼、严景耀先生作了彻夜长谈，给民进以巨大的教育和鼓舞。

从各民主党派响应中共中央“五一口号”到中国人民政治协商会议第一届全体会议的胜利召开，各民主党派参与政治协商会议共同纲领的制定，标志着中国共产党领导的多党合作和政治协商制度的形成，掀开了我国社会主义政治发展的历史新篇章。同时也标志着民进公开、自觉地接受中国共产党的领导，坚定地走上了新民主主义和社会主义道路，标志着民进成为中国共产党领导的爱国统一战线的一个重要组成部分。

60年来，中国发生了深刻的变化，当年民进前辈旦暮期待和奋斗以求的“真正民主和平与民族解放”、“统一自主强盛的现代化国家”已经实现。在中国共产党的领导下，我们伟大的祖国已经发展成为一个经济发展、政治团结、社会进步的社会主义现代化国家，中华民族正以崭新、自信的姿态屹立在世界的东方。60年来，民进各界的老领导坚持正确的政治方向，带领全体会员，与中国共产党团结合作，风雨同舟，为新民主主义的胜利和新中国的创建，为社会主义革命和建设不懈努力，做了大量的工作。特别是改革开放以来，民进积极投身社会主义现代化建设，为坚持和发展中国特色社会主义，建设富强民主文明和谐的社会主义现代化国家努力奋斗，作出了应有的贡献。在这一过程中，民进也在不断进步和发展，成为一个致力于中国特色社会主义事业的参政党。

历史已经证明，中国特色社会主义政治发展道路，是近代以来中国人民在争取民族独立和国家富强的实践中，经过艰辛探索而选择的一条正确道路，是我国走向富强、民主、文明、和谐的保证；中国共产党领导的多党合作和政治协商制度，根植于中华民族崇尚和谐、注重协商的文明传统，符合中国特色社会主义事业的发展要求和全国人民的根本利益，在促进社会生产力的持续发展、更好地实现和发展人民民主、保持国家政局稳定和社会安定团结、推进社会主义和谐社会建设等方面发挥了极其重要的作用，是从我国国情出发、具有巨大优越性和强大生命力的政党制度；民进的前辈们在与中国共产党风雨同舟、团结合作的历程中，自觉坚定地接受中国共产党的领导，是民进能够有所作为、持续健康发展的根本原因，马老生前曾教导"我们只有跟着共产党走，才是在正道上行"，是民进宝贵的政治财富，我们必须很好地继承并结合时代精神不断发扬光大。

去年，民进中央和各省级组织完成了人事上的新老交替，今后一个时期民进自身建设的首要任务就是要搞好政治交接，通过深入开展中国特色社会主义主题教育活动，把民进老一代当时的历史选择转化为现代民进人自觉的现实选择。不管遇到多大的困难和风浪，都要确保我会自觉接受中国共产党领导的政治信念不变，与中国共产党亲密合作、肝胆相照的政治立场不变，实现科学发展、社会和谐的目标使命不变，为坚持和完善中国共产党领导的多党合作和政治协商制度、为巩固和发展中国特色社会主义政治发展道路作出新的贡献。

当今世界正在发生广泛而深刻的变化，当代中国正在发生广泛而深刻的变革。为我们带来了机遇，也带来严峻的挑战。我国改革开放取得的成绩举世瞩目，但处在社会主义初级阶段仍是我国的基本国情，社会矛盾出现了许多阶段性特点，我们面临的问题更复杂，涉及面更宽广。要实现全面建设小康社会的宏伟目标，还需要在中国共产党的领导下，全国各族人民坚持团结奋斗，克服困难，埋头苦干。

民进作为参政党，一要认清形势，居安思危，保持清醒的头脑，增强政治意识，牢记责任使命。坚持接受中国共产党的领导，把思想认识统一到中国特色社会主义旗帜下来，统一到中共中央关于当前形势的科学判断和做出的重大决策部署上来，统一到全面建设小康社会的宏伟目标上来。为党分忧、为国尽力、为民尽责。

二要贯彻落实科学发展观，努力履行好参政党职能，积极为全面建设小康社会献计出力。要继续解放思想，坚持改革开放，深刻领会科学发展观的精髓，深入调查研究，特别要发挥界别优势，在建设社会主义核心价值体系、弘扬中华文化、倡导良好思想道德风尚和提高全民族文明素质、推动社会主义文化大发展大繁荣等方面，作出新贡献。

三要要以改革创新的精神推动党派自身建设，提高履行参政党职能的能力和水平。要在全会大兴学习之风，加强思想建设、组织建设和作风建设。要完善制度机制，整合全会资源，利用社会资源，与时俱进地改善我会整体知识结构，提高参政议政和民主监督的能力水平，努力把我会建设成为适应时代发展要求的高素质参政党。

同志们，60年前，民进前辈们怀着对民族解放和国家富强的追求，积极响应中共"五一口号"，自觉选择中国共产党的领导，走上了同中国共产党风雨同舟、肝胆相照的"正道"。今天，坚持和发展中国特色社会主义、建设富强民主文明和谐的社会主义现代化国家，全面建设小康社会，已经成为包括民进在内的全国人民的共同理想信念和奋斗目标。我们紧密地团结在中国共产党的周围，沿着前辈的足迹，坚持中国特色社会主义政治发展道路，就是"在正道上行"。让我们继往开来、扎实工作，为中华民族的伟大复兴谱写新的篇章！

在纪念中共中央发布“五一口号”60周年座谈会上的发言

（2008年4月29日）

严隽琪

1948年4月30日，在人民解放战争取得节节胜利之时，中共中央发布了“五一口号”，号召“各民主党派、各人民团体、各社会贤达迅速召开政治协商会议，讨论并实现召集人民代表大会，成立民主联合政府！”“五一口号”表达了全国人民的愿望，也反映了各民主党派和所有爱国民主人士的政治主张，立即得到了社会各界的积极响应。从各民主党派响应“五一口号”到参与政治协商会议共同纲领的制定，以及中国人民政治协商会议第一届全体会议的胜利召开，标志着中国共产党领导的多党合作和政治协商制度正式形成，同时也标志着各民主党派公开、自觉地接受中国共产党的领导，坚定地走上了新民主主义和社会主义道路，成为中国共产党领导的爱国统一战线的重要组成部分。

60年来，民进前辈们旦暮期待和奋斗以求的“真正民主和平与民族解放”、“统一自主强盛的现代化国家”成为了现实。在中国共产党的领导下，中华民族正以朝气蓬勃的姿态屹立于世界民族之林。民进与中国共产党真诚合作，为新民主主义的胜利和新中国的创建，为社会主义革命和建设不懈努力。改革开放以来，民进为坚持和发展中国特色社会主义，为使祖国富强民主文明和谐作出了积极的贡献。民进自身也在进步和发展，成为致力于中国特色社会主义事业的参政党。今天，我们纪念“五一口号”的发布，就是要缅怀这段历史，学习先辈的精神，以指导现实的工作，创造更美好的未来。

中国特色社会主义政治发展道路，是历史的必然，是我国走向现代化的保证。各国的国情不同，必然导致政治发展道路的多样性。自“五一口号”开始，中国共产党倡导的新民主主义的具有中国特色的政治发展道路，成为了全中国人民的共同选择。民进的前辈在当年响应“五一口号”时就特别指出，这是“近百年来中国革命史的结晶，是今后中国政治运动舵向的指标”。在社会主义革命和建设中，特别是改革开放以来，中国特色社会主义政治发展道路的内容不断丰富和深化，为国家的现代化建设提供了坚强的政治保证。这是中国走向国家富强、民族振兴、人民幸福和社会和谐的康庄大道。

中国共产党领导的多党合作和政治协商制度，是在共产党的坚强领导下，与人民代表大会制度相辅相成的一个表达社情民意、协调各阶层利益、实施民主监督、扩大社会各界有序政治参与的基本政治制度。它符合全国人民的根本利益和中国现代化事业的发展要求，与中华民族崇尚和谐、注重协商的传统文化一脉相承，具有巨大的优越性和伟大的创造性。

各民主党派坚定地接受中国共产党的领导是民主党派能够有所作为、持续健康发展的根本保障。各民主党派、无党派爱国人士从实践中认识到，只有共产党才能救中国，才能承担起中国现代化建设领导者、组织者和推动者的历史重任，引领中国人民走上胜利与光明的社会主义道路。60年来，民进一直与中国共产党风雨同舟、团结合作。不管遇到多大的困难和风浪，始终坚持自觉接受中国共产党领导，始终坚持与中国共产党亲密合作、同心同德，始终坚持致力于社会主义事业发展，这已成为民进的政治财富与优良传统。民进创始人马叙伦先生曾嘱咐民进的同志：“我们只有跟着共产党走，才是在正道上行”，这是民主党派前辈们的共同心声，是对后来人的殷切期望。我们要继承和发扬这一优良传统，将民主党派老领导人的历史选择转化为当今党派新成员们自觉的现实选择。

我国30年改革开放取得了举世瞩目的成绩，但处在社会主义初级阶段仍是我国的基本国情。民进要在中共十七大精神指引下，认清形势，居安思危，增强政治意识，牢记责任使命。把党派成员的思想认识统一到中国特色社会主义旗帜下来，统一到中共中央关于当前形势的科学判断和做出的重大决策部署上来。民进要认真贯彻落实科学发展观，把发展作为参政议政第一要务。继续解放思想，坚持改革开放，深入调查研究，发挥界别优势，努力为全面建设小康社会的奋斗目标献计出力。民进要反映社情民意，及时了解党派成员和所联系的群众的利益诉求，扩大成员的有序政治参与，促进民主政治发展。民进要以改革创新的精神抓好自身建设，开展主题教育，加强学习与研究，完善制度与机制，提高履职的能力水平，努力成为适应时代发展要求的高素质参政党。

当年，民主党派的前辈们怀着对民族解放和国家富强的追求，积极响应中共“五一口号”，自觉选择中国共产党的领导，走上了同中国共产党风雨同舟的“正道”。今天，在中国共产党领导下，走中国特色社会主义政治发展道路，建设富强民主文明和谐的社会主义现代化国家，就是“在正道上行”。让我们沿着前辈的足迹，继往开来、共创多党合作事业的光辉未来！

在正道上行

（2008年5月5日）

严隽琪

1948年4月30日，在人民解放战争取得节节胜利的大好形势下，中共中央发布了《纪念“五一”劳动节口号》（“五一口号”），号召“各民主党派、各人民团体、各社会贤达迅速召开政治协商会议，讨论并实现召集人民代表大会，成立民主联合政府！”“五一口号”表达了全国人民的愿望和要求，也反映了各民主党派和所有爱国民主人士的政治主张，立即得到了社会各界的热烈拥护。在香港的各民主党派以及有关团体的领导人联名致电中共中央毛泽东主席并转解放区全体同胞，盛赞“五一口号”，并联合通电国内外各报馆、各团体和全国同胞，公开响应中共中央“五一口号”。此后，受中共中央邀请，各党派代表分赴解放区，参加新政协的筹备工作。

从各民主党派响应中共中央“五一口号”到参与政治协商会议共同纲领的制定，以及中国人民政治协商会议第一届全体会议的胜利召开，标志着中国共产党领导的多党合作和政治协商制度正式形成，翻开了我国民主政治发展的历史新篇章。同时也标志着各民主党派公开、自觉地接受中国共产党的领导，坚定地走上了新民主主义和社会主义道路，成为中国共产党领导的爱国统一战线的重要组成部分。

60年来，中国发生了深刻的变化，当年各民主党派前辈们旦暮期待和奋斗以求的“真正民主和平与民族解放”、“统一自主强盛的现代化国家”成为了现实。在中国共产党的领导下，我们伟大的社会主义祖国已经发展成为一个经济发展、政治团结、社会进步的现代化国家，中华民族正以朝气蓬勃的姿态屹立于世界民族之林。60年中，各民主党派与中国共产党真诚合作，和衷共济，为新民主主义的胜利和新中国的创建，为社会主义革命和建设不懈努力，做了大量的工作。特别是改革开放以来，各民主党派投身社会主义现代化建设，为坚持和发展中国特色社会主义，为使祖国富强民主文明和谐而努力奋斗，作出了积极的贡献。在这一过程中，民主党派自身也在不断进步和发展，成为致力于中国特色社会主义事业的参政党。今天，我们纪念“五一口号”的发布，就是要缅怀这段历史，学习先辈的精神，以指导现实的工作，创造更美好的未来。

邓小平同志曾指出：评价一个国家的政治体制、政治结构和政策是否正确，关键看三条，第一看国家的政局是否稳定；第二看能否增进人民团结，改善人民生活；第三看生产力能否得到持续发展。

历史向我们证明，中国特色社会主义政治发展道路，是中国人民经过100多年艰辛探索而选择的一条正确道路，是我国走向富强、民主、文明、和谐的保证。政治发展道路决定了一个国家实现政治民主目标的模式和路径。各国的国情不同，必然导致政治发展道路的多样性。近代以来，中国人民经历了一个对政治发展道路不断探索的过程。君主立宪制、多党竞争的议会制、一党专制等模式几乎都在中国有过尝试，但都由于不合国情而遭到失败。自“五一口号”开始，中国共产党倡导的新民主主义的具有中国特色的政治发展道路，成为了全中国人民的共同选择。民进的前辈在当年响应“五一口号”时就特别指出，这是“近百年来中国革命史的结晶，是今后中国政治运动舵向的指标”。在随后的社会主义革命和建设中，特别是改革开放以后，中国特色社会主义政治发展道路的内容不断丰富和深化，为国家的现代化建设提供了坚强的政治保证。我国社会主义事业取得的辉煌成就雄辩地说明，中国特色社会主义政治发展道路，符合我国的基本国情，坚持了科学社会主义的基本原则，具有鲜明的时代特色，体现了社会主义国家人民当家做主的要求。它在发展过程中经受了一场又一场的严峻考验。这是中国走向国家富强、民族振兴、人民幸福和社会和谐的一条康庄大道。

历史向我们证明，中国共产党领导的多党合作和政治协商制度，汇集了中国共产党和各民主党派的实践经验和政治智慧，推动了我国民主政治的发展和完善。它一方面通过共产党的坚强领导，支持和领导人民当家做主；另一方面通过政治协商，在国家政治体系内形成了与人民代表大会制度相辅相成的一个表达社情民意、协调各阶层利益、实施民主监督、扩大社会各界有序政治参与的重要机制。这一政党制度，符合全国人民的根本利益和中国现代化事业的发展要求，与中华民族崇尚和谐、注重协商的传统文化一脉相承。在促进社会生产力的持续发展、更好地实现和发展人民民主、保持国家政局稳定和社会安定团结、推进社会主义和谐社会建设等方面发挥了极其重要的作用，具有巨大的优越性和伟大的创造性，在新时期仍然必须不断坚持和完善。

历史向我们证明，各民主党派坚定地接受中国共产党的领导，是老一辈领导人当年的自觉选择，也是60年来各民主党派能够有所作为、持续健康发展的根本保障。在积弱积贫的旧中国，争取国家主权独立和领土完整、实现祖国发展和现代化，成了中国所有仁人志士和全民族的历史追求。从先辈们前赴后继的教训中，从自身经历的斗争实践中，各民主党派、无党派爱国人士逐渐认识到，只有中国共产党才能救中国，只有中国共产党才能承担起中国现代化建设和民主政治建设领导者、组织者和推动者的历史重任。中国共产党在这一历史追求的时代进程中逐步走向前台，引领中国人民走上了胜利与光明的社会主义道路。从公开响应“五一口号”到今天，民主党派一直与中国共产党风雨同舟、团结合作、肝胆相照。不管遇到多大的困难和风浪，始终坚持自觉接受中国共产党领导的政治立场，始终坚持与中国共产党亲密合作、同心同德的政治态度，始终坚持致力于社会主义事业发展的奋斗精神，这已成为民主党派的政治财富与优良传统。中国民主促进会创始人、第一任主席马叙伦先生曾谆谆嘱咐民进的同志：“我们只有跟着共产党走，才是在正道上行”，这是民主党派前辈们的共同心声，是对后来人的殷切期望。我们要继承和发扬这一优良传统，将民主党派老领导人的历史选择转化为当今各民主党派新成员们自觉的现实选择。

世界正在发生着广泛而深刻的变化，中国正在进行着广泛而深刻的变革。我们面临着前所未有的难得机遇，也面临着前所未有的严峻挑战。30年来，我国改革开放取得了举世瞩目的成绩，但处在社会主义初级阶段仍是我国的基本国情，社会矛盾出现了许多阶段性特点，新问题会不断出现、新矛盾会更加复杂。中共十七大已经明确了全面建设小康社会的宏伟目标，中国特色社会主义政治发展道路是多党合作的思想基础，是改革开放不断前进的政治保障。作为与中国共产党通力合作的参政党，民主党派必须要认清形势，居安思危，保持清醒的头脑，增强政治意识，牢记责任使命。坚持接受中国共产党的领导，把党派成员的思想认识统一到中国特色社会主义旗帜下来，统一到中共中央关于当前形势的科学判断和做出的重大决策部署上来，统一到全面建设小康社会的共同目标上来。民主党派必须要认真贯彻落实科学发展观，把发展作为参政议政第一要务。继续解放思想，坚持改革开放，深入调查研究，发挥界别优势，努力履行好参政党职能，为全面建设小康社会的奋斗目标献计出力。民主党派必须要通过体察民情、反映民意，及时准确地了解党派成员和所联系的群众的利益诉求，不断拓宽社会利益表达渠道，从各个层次和领域扩大社会成员的有序政治参与，推进中国的民主政治发展。民主党派必须要以改革创新的精神推动党派自身建设，加强学习和理论研究，完善制度与机制，整合会内外的资源，与时俱进地改善党派的整体知识结构，提高参政议政和民主监督的能力水平，努力成为适应时代发展要求的高素质参政党。

60 年前，民主党派的前辈们怀着对民族解放和国家富强的追求，积极响应中共“五一口号”，自觉选择中国共产党的领导，走上了同中国共产党风雨同舟、肝胆相照的“正道”。今天，坚持和发展中国特色社会主义、建设富强民主文明和谐的社会主义现代化国家，已经成为包括各党派在内的全国人民的共同理想信念和奋斗目标。紧密地团结在中国共产党的周围，坚持中国特色社会主义政治发展道路，就是“在正道上行”。让我们发扬“五一口号”精神，沿着前辈的足迹，继往开来、扎实工作，共创多党合作事业的光辉未来，为党分忧、为国尽力、为民尽责。为中华民族的伟大复兴谱写新的篇章！

（《人民政协报》）

在各民主党派、工商联抗震救灾座谈会上的发言（摘要）

（2008 年 5 月 30 日）

严隽琪

这场特大地震灾害，给灾区人民的生命财产造成巨大损失，全球震惊、举国动容。我们随团来到灾区慰问，现场目击灾情，为之震撼和揪心。但令我们深深感动和为之敬佩的是，四川省各级党委、政府和灾区的人民群众在党中央、国务院、中央军委坚强领导下，在人民解放军、全国人民的倾心支援下，坚强不屈地进行着艰苦卓绝的努力，抗震救灾工作有力有序有效。灾难是特殊的教育，我们更深切体会到中国共产党以人为本、执政为民的根本理念、社会主义制度“一方有难、八方支援”的优越性和改革开放造就的强大综合国力，愈加增强了接受中国共产党的领导，走中国特色社会主义道路的自觉性和坚定性。

民进与中国共产党风雨同舟、亲密合作，与灾区人民血缘相通，心手相连。民进中央多次召开专题会议研究部署抗震救灾工作，各级组织和广大会员踊跃捐款捐物，积极建言献策，更加爱岗敬业。此次四川之行，我们看到抗震救灾依然处在刻不容缓的紧要关头。我代表民进中央分别对对口支援和重建的规划提一些建议：

第一，过渡时期的对口支援应该内容更丰富，力求更实更佳效果。

目前国家已确定了以省为单位对四川地震灾区各市县的对口支援方案，对此提出三点具体建议：

1. 地震孤儿和暂时与父母分离的儿童抚养问题。在依法正式收养工作开展之前，应充分发挥对口支援地的福利机构的作用，可将地震孤儿和暂时与父母离散的儿童转移到这些福利机构中。利用非灾区的资源，从心理抚慰到生活照料和儿童教养，全面予以呵护。还应允许能给孩子提供良好学习和生活环境的城市家庭，暂时监护汶川地震灾区孤儿和暂时与父母离散的儿童。有关部门应按“急事急办、特事特办”的原则，迅速开展相关工作，为地震孤儿的短期抚养打开方便之门。对口支援地的教育、卫生等相关部门也应积极创造条件，为灾区孩子在当地入学、就医提供有力保障。

2. 灾区中小学教育问题。灾区中小学破坏严重，师资力量大减，除伤亡者外，能坚守教学岗位的教师因处理震后各自家庭的生活难题也身心疲惫，压力很大。建议尽快从非灾区调剂一批中小学教师，充实到灾区教学第一线，尤其是小学一、二、三年级各科任课教师。鉴于目前已近学期末，既可从非灾区选派教学经验丰富而退休不久、身体健康的男性教师组成支教志愿者队伍，还可挑选责任心强的大学生或研究生志愿者担任音、体、美教师。

再者，应立即着手考虑妥善安排灾区中小学生的暑期生活。建议，由对口支援方的省级教育主管部门牵头，积极组织中小学生夏令营活动。既可有利于灾区学生度过一个丰富、充实、值得终生纪念的夏天；又可使支援地青少年学生直接与灾区学生交流，直接帮助灾区学生，建立友谊；还可减轻灾区应急工作的压力，给大规模修建学校留出时间。

又者，如果灾区学校重建的周期较长，应考虑在对口支援地安排部分学生短期就学（一个学期，甚至一个学年）。否则，学生在简易校舍里读书学习时间长了，将带来一系列的身心发展问题。

还有受伤学生的安置、康复治疗问题，对口支援地也要积极帮助解决，毕竟那里的条件要好得多。同时，应注意在学生接受康复治疗的同时，尽量创造学习条件，不使学生的学业中断。

3. 安排部分灾区群众在对口支援地临时就业。努力由支援地向灾区有劳动能力而丧失劳动机会的群众临时安排就业机会，既可为他们带来收入，又可缓解灾区的压力。

第二，灾区重建规划方面，希望抓住关键时机进行重大体制机制创新，规划更美好的家园。重庆、成都是国务院批准的统筹城乡综合配套改革实验区，经过近两三年的试点建设，局部地区已经积累了一定的改革经验。现在，应把灾区的重建，作为大力推进城乡一体化综合改革的特殊时机，以科学发展观为指导，加大改革创新力度。在重建过程中，政府主导，鼓励社会自愿参与，积极运用市场机制，以小城镇建设为突破口，以城镇化为主线，以土地、户籍、就业等综合改革为重点，为实现城乡一体化的战略目标创造更好条件。建议土地改革应成为重建战略中的基础性改革，廉租房建设应当成为安置群众的首要选择，经济重建的重点应放在旅游业和特色农林业，出台投融资优惠政策，引导企业向灾区转移，迅速恢复灾区工农业生产，要将非物质文化遗产的保护纳入重建规划。

对规划有三条具体建议：

1. 学校建筑规划，除了完善校舍建筑抗震安全标准外，还应对学校建筑限高。在地质、气象灾害多发地区，应禁止修建三层以上的教室建筑。并避免将学校建在山谷或高层建筑近旁。

2. 进一步提高通信系统的应急能力。一要更重视卫星通信在重大灾害中的特殊作用，建立对中国卫星通信集团以及分散在政府等其他部门的卫星通信车辆的全面信息和应急通信时的统筹与联动机制。二要对我国人口多、话量大的国情有更清醒的认识，加大对灾害发生导致特大话量时的过载（拥塞）控制的能力建设，工业与信产部应制定并提出对电信运营商这方面能力的明确要求。三要加大推进电信、电视与互联网的融合，使灾害来临时能够跨地区、跨网络、跨企业地采取综合应急措施。四要为这些地区配备一些老式通讯设备，如无线电发报机等，作为灾害发生后，现代化通讯设施一旦失效时的备用者。

3. 尽快启动灾区文物、非物质文化遗产类损失的调查和抢救、重建工作。重灾区北川县是全国唯一的羌族自治县，羌族民族、民间文化保护工作具有特殊意义。民进将组织专家深入调研，再提出具体建议。

我们一定万众一心，在党中央的坚强领导下，一手抓抗震救灾，一手抓促进经济社会发展，希望与四川同在，与中国同在！

按高标准建设边远贫困地区学校

（2008 年 6 月 5 日）

严隽琪

汶川地震牵动着民进全体成员的心。特别是一些学校震塌，师生伤亡，更让人心痛不已。在灾区重建中，按高标准建设学校是一个不容忽视的问题。

学校是人员密集的公共场所，一幢教学楼内往往聚集几百上千人，但有的地方教学楼的抗震避灾设计存在缺陷。教室一般是以班级为单位设计，内部空间大、梁柱少，为了教学采光良好往往采用大面积的窗户，加上教学楼又大多设计单面外廊的走廊，墙体面积相应缩减，抗震承重能力不如写字楼和住宅，这是造成地震时损毁重的重要原因。

我国是世界上自然灾害最为严重的国家之一，洪涝灾害以及各种地质灾害等时有发生，且多发生在边远贫困地区。这些地方往往气候复杂、交通不便、信息不灵，一旦发生灾害抢救难度极大。这次汶川大地震也证明了这一点。实际上，即便是其他灾害，学校也常常受灾。2007 年淮河等地发生洪涝灾害，安徽全省教育系统有 14 个市、60 多个县（市、区）的 2559 所学校受灾，冲毁、倒塌校舍 3275 间、面积 105964 平方米，形成危房 471802 平方米。增强抗震减灾能力要提高房屋的抗震标准，而房屋的抗震标准每提高一度建设成本就会增加 5%—10%，目前提高所有房屋的建设标准显然是不现实的。但面对灾难痛定思痛，灾难面前先救孩子是全人类的共识。因此，越是边远贫困的地区，越是交通不便的地方，就越应该未雨绸缪。

目前，我国《建筑抗震设计规范》、《建筑工程抗震设防分类标准》和《中小学校建筑设计规范》，对中小学校建筑的抗震要求，以及校址选择、平面布局、教学及辅助用房、建筑层数和构造、交通和疏散等，都作了明确规定，但标准有待提高。建议政府有关部门在开展震灾调查的同时，结合工程科研的最新成果进行研究，修订建筑抗震设计标准，提高学校特别是边远贫困地区学校的抗震设计标准，并通过法律程序予以规范。政府应下拨专项财政经费，并通过各种渠道广募社会资金，对各地学校特别是边远贫困地区学校的建筑进行一次安全普查，下大力气全面整修不符合标准的学校；新建的校舍必须严格按照有关工程建设标准和抗震设防要求设计和建设，真正把学校建设这件大事办好。

关心学校、关心孩子，民进各级组织义不容辞。民进将积极履行参政党的职能，在灾区重建和促进经济社会发展中作出应有的贡献。

（《人民日报》）

认真总结经验　继续开展好主题教育活动

——在民进中国特色社会主义主题教育活动经验交流会开幕式上的报告

（2008年6月15日）

严隽琪

同志们：

从去年5月开始，我会贯彻广西会议的精神，广泛开展了以“坚持走中国特色社会主义政治发展道路”为主题的政治交接学习教育活动（以下简称“主题教育活动”）。民进十大之后，新一届会中央领导集体根据中共十七大精神，不断提高认识，加强调查研究，结合形势发展，进一步突出主题，加强领导，丰富教育活动的内涵与形式；各地方组织在会中央的部署和要求下，在各地统战部的指导和支持下，积极行动、切实推进，创造了许多宝贵的经验。在全会上下的共同努力下，主题教育活动取得了显著的成果。会中央决定，召开这次经验交流大会，目的是及时地回顾总结、交流经验、发现和解决问题，根据形势的发展，使下阶段的主题教育活动取得更好的成效。特别要指出的是，当前汶川特大地震的抗震救灾正处于关键时刻，这次地震灾害破坏之严重、人员伤亡之多、救灾难度之大都是历史罕见的。突如其来的大地震是灾难，是考验，也是特殊的教育。我们更加体会到中国共产党的先进性与坚强领导、社会主义制度的优越性、人民军队是新时代“最可爱的人”，体会到改革开放极大提升了我国的综合国力，具有伟大民族精神的中国人民是压不垮的。面对突如其来的地震灾害，民进表现出一个立会为公的参政党应有的爱国心、苍生情和责任感。全会紧急动员起来，以实际行动为受灾群众解难、为国家分忧、为抗震救灾进言，涌现了许多奋力拼搏、无私奉献的动人事迹与优秀人物。可以说，抗震救灾斗争实际上已成为主题教育活动的有机组成部分，是对我们主题教育活动成果的检验，也是推进和丰富主题教育活动的生动实践。所以，今天在这里举行的经验交流会，不能不与抗震救灾斗争紧密结合，在抗震救灾斗争中更深刻地理解主题教育活动的精神内涵；通过深入开展主题教育活动，为抗震救灾、恢复重建凝聚起更大的力量。

一、我会主题教育活动的总体情况与阶段成果

目前，全会多数组织的主题教育活动四个阶段已经基本完成，成果显著。总体情况如以下五个方面：

（一）明确把主题教育活动作为全会工作的主线，切实加强领导

会中央高度重视主题教育活动，明确提出：政治交接学习教育活动是贯穿全会工作的主线，全会的各项工作都要围绕着这条主线来进行，要形成部门之间、条块之间的共识与合力。

（1）会中央及时成立主题教育活动领导小组及工作机构，下发决定和总体方案，指出主题教育活动的重大意义和方向重点，提出“三增强、三提高”的目标，作出“四个阶段”的进度安排，并提出“五个结合”的指导原则，即要与换届工作相结合，与领导班子建设相结合，与会中央开展的大学习、大调查、大研究、大总结、大培训相结合，与做好全会各项工作相结合，与建立长效机制相结合等，明确中央主席和各级委员会主委是相应组织的主题教育活动的第一责任人。会中央主席会议、主席办公会议、常委会议多次听取工作机构的汇报，提出阶段性的指导意见。

（2）会中央先后确定了2个省级组织（上海市、河北省），3个市级组织（青岛市、济南市、珠海市）和2个基层支部（北京市委会直属农业科技支部、山西省委会太原中心医院支部）作为全会的试点单位，先行开展主题教育活动。这7个试点单位边实践、边总结，为我会不同层级的民进组织开展主题教育活动提供了生动的和宝贵的经验。

（3）为使主题教育活动更有针对性，会中央和各省市级组织都十分重视开展深入的调查研究。会中央在主题教育活动开展伊始，就设计了会员思想状况调查问卷，指导全会开展大规模的问卷调查，据不完全统计，共41341名会员参与问卷调查，中央和地方各级组织领导班子下基层调研达到4011人次。尤其是一年来，会中央领导先后赴7个试点单位调查研究，掌握了丰富的第一手资料，有利于对面上的指导。

（4）相继召开了民进全国思想政治工作会议、机关建设工作会议和政治交接学习教育活动工作会议等重要会议，对主题教育活动的情况进行及时的沟通和交流，结合形势进行研究和部署，适时编发工作简报，开辟网上专题栏目，有力地指导和推动主题教育活动的落实。

各省级组织的领导思想重视、行动有力，在紧张繁忙的换届过程中，认真学习领会主题教育活动有关文件精神。新一届的主委们把主题教育活动作为新一届领导班子工作起步的抓手，对主题教育活动的态度已不是“要我干”，而是“我要干”。主委们深入基层、广泛动员、认真调研、讲课办班。有的省级组织还确定了自己地方上的试点单位，把会中央的部署和要求进一步具体化、本地化。由于认识、思想、责任、工作“四到位”，目标、任务、措施、要求“四落实”，各地的主题教育活动形成了一级抓一级、一级带一级，逐级负责、层层落实的局面。

（二）认真学习中国特色社会主义科学理论，巩固全会多党合作的思想政治基础

主题教育活动就是一个学习科学理论、学习形势与国情、学习历史经验、学习优良传统的过程。

（1）学习的主题是中国特色社会主义理论体系，基本依据就是中共十七大精神和胡锦涛总书记一系列重要讲话精神、中共中央两个5号文件、《中国的政党制度》白皮书和民进的会章会史以及民进面临的形势与任务。会中央和各省级组织都选编、购置了教材；精心组织好专题学习；强调要真学、真懂，深入思考“什么是”、“为什么”和“怎么样”坚持中国特色社会主义政治发展道路，把思想和行动统一到“举什么旗”、“走什么路”这个根本问题上来。

（2）创新学习形式，丰富学习载体。会中央和各级地方组织举行各类报告会、座谈会、研讨会、培训班和宣讲活动；充分利用网站和会刊这两个平台，扩大学习的覆盖面和辐射力，形成相互借鉴、相互促进的局面。据不完全统计，截至今年5月底，全会共举办政治交接宣讲活动1157场次，领导干部宣讲1606人次，参加学习培训的会员达38755人次，收听宣讲的会员达59617人次。各级组织创造了很多富有成效的学习形式，例如，民进青岛市委会坚持“以讲促学”、“以研促学”、“以训促学”和“以考督学”、“以查督学”、“以果督学”，已在全会推广。多形式、大规模的学习，使领导班子与骨干成员、机关干部和广大会员全面接受了一次理论普及教育、历史传统教育和参政党行为规范教育。

（3）坚持理论联系实际，即思想实际和工作实际，强调学习理论要真信、真用。针对社会上曾有一股民主社会主义思潮，会中央举办了“如何认识民主社会主义”专题报告会，及时下发学习资料和报告录音，引导广大会员认清民主社会主义的本质，坚定中国特色社会主义的理想和信念。针对换届中容易出现的一些思想认识问题，一些省市级组织注意从社会主义民主政治建设的原则、我会的优良传统和会章规定的行为准则等方面进行正面引导，把学习落实到树立正确的人生观、名位观、价值观上来，提高了对坚持中国共产党的领导和党管干部原则的认识，提高了对民主集中制原则和程序的认识，和对民进“立会为公”的优良传统的认识，为换届工作的顺利进行提供了保证。

（4）学习与会史工作和多党合作理论研究相结合，进一步引导广大会员深刻认识我国多党合作制度的历史必然性和现实优越性，巩固了全会多党合作的思想政治基础。我会成立了会史工作委员会，加快抢救会史资料、建立会史教育基地、充实会史展览；即将出版的许嘉璐、张怀西等六位民进领导人论民主党派工作的专著，全面反映了民进九大以来的十年建设高素质参政党取得的成绩和经验；会中央领导和各地方组织负责人的宣讲和撰文，形成了一批政治交接学习教育活动的教材和理论研究成果。

（三）以领导班子建设为重点，促进参政党素质的提高

加强领导班子建设是主题教育活动的重点。去年我会中央和各省级组织领导班子进行了换届，全会在

开展主题教育活动的过程中，切实推动了地方组织领导班子建设。

（1）以坚定理想信念为重点，加强思想建设。会中央和各省级组织都进一步完善了中心组学习制度，领导班子成员带头学习，带头宣讲，带头撰写文章，为全会作出了表率。我会通过举办培训班、研讨班、短训班或“以会代训”等多种途径和方式，有计划地对各级新任领导班子成员及骨干会员进行了集中培训。会中央举办了多期新任省级组织主委、专职副主委和新任中央委员培训班，会中央领导同志亲自讲课。各地方组织也通过各种方式，加大对领导班子成员和骨干队伍的培训力度。大规模的学习培训，促进了领导班子成员“四种能力”的提高，特别是理论水平和政治水平的提高，增强了运用科学理论分析和解决问题的能力，培养了从全局观察和判断形势，抓大事、议大事的思维方式。

（2）以批评与自我批评、深入实际、深入基层为重点，加强作风建设。领导班子查找不足、整改提高，是学习教育活动中的关键环节。会中央新一届领导班子换届后不久就进行了深入坦诚的集体谈心。大家围绕着如何继承和发扬上一届领导班子的好传统，继续发展民进事业；如何做好专兼职主席、副主席等问题，坦诚相见、畅所欲言，加深了新一届领导班子成员之间的了解，沟通了想法和思路，取得积极效果。各地方组织领导班子广泛征求意见、召开民主生活会、撰写自评报告，总结出了“查思想观念、思路方法、工作作风、工作效能、体制机制”，“开好民主生活会、征求意见会、研究整改会、意见反馈会”等经验做法。通过查摆问题、找准症结，进一步明确了工作的努力方向和改进措施，调动了骨干队伍、专职干部和广大会员的积极性和创造性，增进了领导班子的团结和各级组织的凝聚力。

（3）以贯彻民主集中制、加强内部监督为重点，加强制度建设。会中央新一届领导集体从我做起，并推动全会各级领导班子建立健全以此为重点的领导制度和工作制度。2008年初，经过深入细致的研究，会中央制定下发了《民进中央主席、常务副主席、副主席工作规则》、《民进中央领导下基层试行办法》、《民进中央中心学习组制度》、《民进中央委员会会议制度》等一系列规章制度。会中央领导集体也非常重视会内监督机制的建立，正在积极探索和研究民进中央监督机构的构建与机制建设，并推动全会的监督机制建设。在会中央的带动下，许多地方组织都在总结提高阶段重点抓好建章立制工作，形成了一些新的制度。例如：面向各个层面的民主生活会制度、省委会领导班子成员述职与民主评议制度、会务重要情况通报和报告工作制度、主委与省委委员、机关干部约谈制度，民进会员担任政府和司法机关实职前的集体谈心警示制度、政协委员述职办法等等。

一年来，我会各级领导班子成员主动深入基层，密切联系广大会员，注意发扬我会的优良传统，严格按照制度和程序办事，自觉接受民进组织和广大会员的监督，在主题教育活动和抢险救灾斗争中涌现出一批德才兼备的优秀后备干部，各级领导班子出现了新气象、新面貌。

（四）隆重纪念“五一口号”发布60周年，继承多党合作优良传统

今年是中共中央发布“五一口号”60周年，会中央和各地方组织以纪念这一重大历史事件为契机，认真回顾我国多党合作的光辉历程、伟大成就及宝贵经验，切实加强了民主党派优良传统教育，丰富了主题教育活动的内容和形式：

（1）围绕纪念“五一口号”发布60周年，我会从中央到地方，都组织了各种形式的座谈会、学习会、报告会和理论研讨会，温故知新，揭示多党合作不平凡历程的重大启示。我会领导人参加了统一战线举行的系列纪念活动，发表了重要讲话，会中央和各地方组织领导积极撰写理论文章和纪念文章，引导广大会员深入了解“五一口号”发布的时代背景和历史意义，进一步认识到要把民进老一代当时的历史选择转化为现代民进人自觉的现实选择。

（2）赴爱国主义和统一战线教育基地，实地感受多党合作的历史，缅怀民进老一辈领导人选择正确道路的历史贡献。如：会中央新一届领导集体赴西柏坡参观学习；有关部门负责人出席了在重庆举行的中国各民主党派历史陈列馆开馆仪式；不少省市级组织组成代表团赴上海民进成立旧址、西柏坡等地参观学习。

（3）因地制宜开展寓教于乐、丰富多彩的纪念活动，营造广大会员广泛参与、感受教育、鼓舞和激励的浓厚氛围。会中央在全会举办了“薪火相传，共创未来——纪念中共中央发布‘五一口号’60周年”征文活动，我会各级地方组织积极响应。截止到5月底，会中央已收到来自各省市区征文400余篇，在报刊、网站和民主杂志上已刊发多篇。一些地方组织还举办了理论征文、知识竞赛、书画展、图片展和文艺晚会等纪念活动。这些活动促使基层组织和广大会员进一步学习会章、会史，进一步了解了中国共产党领导的多党合作和政治协商制度的历史渊源、理论政策。

（4）不少地方组织带领广大会员把思想收获转化为实际行动，通过法律咨询、名医义诊、农技咨询、创业咨询、科技扶贫、助残和慰问走访等活动，为促进社会和谐和稳定贡献民进组织的一份力量，向社会各界进一步宣传民进，宣传我国的政党制度。

通过上述一系列活动，在全会起到了认识历史、提高觉悟、坚定信念的作用。民进前辈们自觉坚定地接受中国共产党的领导，是民进能够有所作为、持续健康发展的根本原因，是民进宝贵的政治财富，必须很好地继承并结合时代精神不断发扬光大。

（五）凝聚全会智慧和力量，为抗震救灾献爱心作贡献

5·12汶川特大地震发生后，民进全会上下紧急行动起来，按照中共中央的决策部署，充分发挥党派自身优势，广泛动员各方面的力量，支援和参与抗震救灾斗争，发挥了积极的作用，作出了应有贡献。

灾情发生后，会中央连夜起草了《致民进四川省委会关于抗震救灾的慰问信》，向民进四川省委会和所有遭受地震灾害影响的民进组织和会员表示诚挚的慰问，并先后四次发出通知，要求全会把抗震救灾作为当前最重要最紧迫的任务，切实加强领导，进一步动员全会的力量，支援灾区人民打胜抗震救灾这场硬仗。不少省级组织纷纷给民进四川省委会发慰问信、打慰问电话，送去对灾区组织和会员的关心与支持。会中央及时召开主席办公会议和多次专题会议，研究部署全会抗震救灾工作，编写抗震救灾工作简报和制作网上专页，及时传达会中央精神和交流各地方组织抗震救灾动态。5月29日至31日，我代表民进随同全国政协主席贾庆林赴四川地震灾区，察看受灾情况，慰问受灾群众和民进四川省委会，自己也深受震撼和教育。

民进灾区组织和广大会员始终战斗在抗震救灾第一线。民进四川、甘肃、陕西、重庆等省市委员会身处灾区，临危不乱，一方面自觉积极地投入抗震救灾工作，另一方面主动了解基层会员的状况，并在第一时间和会中央沟通信息。其中四川成都、广元、德阳、绵阳4个重灾区的民进市委会在严酷的考验面前，表现英勇、事迹感人。这四个地区的主委都临危授命，接受重任：三个地区的主委傅勇林、赵爱武、赵晓平分别担任成都、广元、德阳市抗震救灾指挥部成员，另一位主委李京平担任绵阳指挥部下属的维稳领导小组副组长。他们和省委会副主委、省教育厅副厅长王康都不顾疲劳与个人安危，不辱使命，始终奋战在抗震救灾第一线，作出了突出的贡献。由于灾区的党政基层干部有很大损失，当地决定从民主党派机关抽调力量，充实到抗震救灾队伍中，有的地方就直接把一些工作交给民主党派来承担，我亲耳听到灾区领导对我夸奖党派的工作做得认真踏实，让人放心。不少会员在地震发生后第一时间奋不顾身赶赴灾区，从废墟中抢救幸存者、背运伤员，用自己的车转运伤员、灾民和物资，参加各种志愿者活动。省委会和其他市级组织真情援助灾区和受灾群众，踊跃捐款捐物，把全会各级组织和会员募集的各类救灾物品、医疗器械及时送到灾区。同时大家做好本职工作，加大宣传报道力度，及时跟进参政议政工作，积极反映社情民意。灾区的组织和会员在危难关头，体现了与祖国和人民共休戚、与党同心同德的崇高精神，为参政党的历史书写了光辉的篇章。

全国各地民进会员大力发扬“一方有难、八方支援”的精神，通过多种方式捐款捐物、奉献爱心：有的举办捐赠会，有的缴纳“特别会费”，经济界会员也倾心捐助；许多文化艺术界会员举行义演义卖；医疗卫生系统的会员主动报名，第一时间奔赴灾区救死扶伤；一些教育界的会员为灾区教育重建多办实事，例如由民进中央副主席朱永新发起的苏州新教育研究院团队第一时间赶赴绵阳，为灾区孩子进行心理

辅导，并全面负责起北川地区灾后教师的培训工作，还有一些会员主动联系免费接收灾区孩子上学，并提供一定的生活补助。据不完全统计，截至6月12日上午10点，民进各级组织机关、民进会员及民进会员所办企业、学校等共捐款物计人民币66，404，864元。除此之外，大家还响应会中央号召，积极投身会中央组织的“为了灾区的孩子们”系列爱心捐助活动。通过短短一周的发动，这个系列爱心捐助活动以“中国民主促进会抗震救灾书画义卖捐赠活动”6月1日在京拉开帷幕，共收到391位书画界会员的783幅饱含着爱心的书画力作，募得首期善款429万余元，为以民进名义做几件体现党派特色的善事提供了一定的条件。

为了在建言献策方面履行好参政党的职责，会中央加强了社情民意信息工作机制。中央两次发出征集抗震救灾、恢复重建信息的通知，呼吁民进各地信息员积极为救灾行动出谋划策，主动为灾区恢复重建献计出力。各专门委员会也积极行动起来。截至6月2日12点，会中央收到来自各地的抗震救灾信息316期，向中共中央统战部、全国政协研究室信息局报送信息61期，内容广泛，涉及灾区人员救治、群众安置、灾区防疫、农作物抢收、孤残救助、心理救助、学校恢复教学秩序、加强安全和减灾自救教育、捐助资金和物资管理、灾区重建的规划和资金筹集、应急通信、抗震救灾宣传、非灾区的公共建筑（主要是校舍）普查、灾区经济发展等等。其中已有多篇信息或建议由全国政协上报中共中央。这些工作充分体现了民进作为一个参政党的责任心，而且也是在非常时期对党派参政议政能力的一次检阅。

灾难是特殊的教育。灾区军民和我会各级组织及广大会员在抗震救灾中的感人事迹成为主题教育活动中最生动的内容。会中央和一些省级组织开设了抗震救灾专题网页，广大会员纷纷抒发抗震救灾的“真情感言”。这场抗震救灾斗争再次证明，中国共产党是带领我们战胜任何艰难险阻、发展中国特色社会主义的坚强领导核心，社会主义制度能够集中力量办大事，中国共产党领导的多党合作和政治协商制度是我国政治制度的一大优势。把抗震救灾斗争与主题教育活动结合起来，有力地促使我们净化心灵，升华思想，振奋精神，树立社会主义核心价值观，更加热爱中国共产党、热爱社会主义制度、热爱人民子弟兵，更加坚定自觉地接受中国共产党的领导、走中国特色社会主义道路。

总之，一年多来，在中共各级党委的高度重视和统战部门的支持下，通过全会的共同努力，我会的主题教育活动取得了阶段性成果，主要归结为：

第一，进一步坚定了我会干部和会员走中国特色社会主义政治发展道路的信念。对中国特色社会主义政治发展道路的内涵、特点和优势的认识更加全面，对中国共产党领导的多党合作和政治协商制度的理解更加深入，对参政党的地位、性质和历史使命的体会更加深刻，思想政治素质有了明显提高，更加自觉地坚持和完善我国社会主义政治制度和政党制度，坚决抵制西方政党制度和政治意识形态的渗透和影响，全会多党合作的思想政治基础不断巩固。

第二，进一步继承发扬了我会老一辈领导人与中国共产党长期合作形成的优良传统。各级领导班子成员和广大会员牢记我会的光荣历史和老一辈领导人“只有跟着共产党走，才是在正道上行”的谆谆嘱托，弘扬民进“坚持接受中国共产党的领导，坚持爱国、民主、团结、求实，坚持立会为公”的优良传统，巩固了全会“继承传统、以党为师、立会为公、参政为民”的共同价值理念，进一步增强了接受中国共产党领导的坚定性，更加自觉地与中国共产党风雨同舟、患难与共，使优良传统在新的历史条件下赋予新的时代内涵、体现时代精神。

第三，进一步增强了各级组织和广大会员服务全面建设小康社会伟大目标的责任感和使命感，履行职能的水平不断提高。在主题教育活动中，我会深入贯彻落实科学发展观，自觉围绕中心、服务大局，把实现科学发展、社会和谐的目标使命转化为参政议政、社会服务的工作方向、思路和举措；把立会为公、参政为民的共同价值理念转化成为为党分忧、为国尽力、为民尽责的实际行动。努力把握国际国内两个大局，注意发挥民进的优势和特色，加大调查研究的力度，不断创新体制机制，使履行职能的能力和水平不断提高。

第四，进一步加强了我会的自身建设，领导干部和广大会员的自身素质不断提高，组织凝聚力不断增强。在主题教育活动中，我会以领导班子建设为重点，带动机关和全会的思想建设、组织建设、作风建设和制度建设。努力提高班子的政治把握能力、参政议政能力、合作共事能力和组织协调能力，完善民主集中制；改进我会的思想政治工作，激发基层组织的活力，组织对会员的感召力和凝聚力明显得到增强。

二、我会开展主题教育活动的主要经验

一年多来，在开展主题教育活动中，我会从中央到地方各级组织，探索和建立了一整套行之有效的方式方法，积累了许多新的宝贵经验。

第一，坚持科学理论的指导，确保主题教育活动的正确方向。主题教育活动是近年来我会开展的一次大规模、集中进行的思想建设活动，必须坚持以中国特色社会主义理论体系为指导，才能正本清源、强基固本。我会把学习贯彻中共十七大精神贯穿学习教育活动，通过报告会、座谈会、研讨会等多种形式，围绕十七大确立的主题和提出的重大理论观点、重大战略思想、重大工作部署，引导广大成员全面学习领会，提高对高举中国特色社会主义伟大旗帜的重要性、走中国特色社会主义道路的必然性和中国特色社会主义理论体系的科学性的认识。

第二，切实开展思想政治工作，力求入脑入心。主题教育活动从根本上说是做思想政治工作。我会结合新一代民进会员的特点，从实际出发，通过学习身边事和身边人、组织参观会史教育基地、开展社会服务实践、加强社会热点引导、举行演讲比赛、书画展、文艺演出等便于参加、乐于参与、易于接受的多种活动形式，突出了主题教育活动的针对性和实效性。力求在主动参与、积极思考和触动内心的过程中树立正确的世界观、人生观、价值观，增强大局意识、忧患意识和参政党意识，自觉维护多党合作制度。

第三，既要坚持基本原则，又要鼓励自觉、自主、自为地创造经验。民主党派开展主题教育活动，是学习借鉴中国共产党党建的经验、加强参政党自身建设的重要举措。坚持以党为师，并积极取得各级中共党委与统战部门的支持、指导和帮助，坚持政治原则是主题教育活动顺利进行的保证。但参政党的特点是进步性与广泛性的结合，参政党建设的理论尚有待不断地研究与探索，各地的组织发展水平、政治资源配置也不尽相同。所以必须充分发挥各级组织的积极性、主动性和创造性，针对党派的特点、结合当地的实际，在统一的基本要求下，自主自为地开展自我教育活动，力求真正有所收获、有所提高。

第四，坚持知行并举，做到主题教育与实际工作两促进。理论联系实际，认识转化为行动，是检验主题教育活动成效的重要标准。我会自始至终坚持知行并举的原则，提出了主题教育活动“五个结合”的要求，明确指出要务求实效，避免“两张皮”，做到学习教育与实际工作“两促进、两不误”。以主题教育活动的开展推动各项会务工作，以参政党履职水平的提高来体现主题教育活动的效果。事实表明，只有通过“知”来推动“行”，通过“行”来强化“知”，才能使政治交接的内涵不断地内化为广大会员的价值取向、思维方式和行为模式。

第五，与时俱进，不断丰富内容，常抓常新。政治交接是民主党派永恒的主题，同时，政治交接的内涵又是随着时代的进步和形势的变化不断丰富发展的。在主题教育中，既要定计划、有进度安排，又要切合实际、根据形势的发展，不断丰富内容，创新形式。譬如，中共十七大召开、“五一口号”发布60周年纪念、改革开放30周年、抗震救灾等重大事件、重要纪念日乃至突发自然灾害，有的能预先考虑，有的就必须与时俱进地进行调整、补充与创新，做到常抓常新。

第六，重视制度建设，建立健全长效机制。政治交接是一项长期的战略任务，必须将阶段性活动与制度建设结合起来，完善长效机制，才能长期地影响民主党派的建设和发展。这就需要我们深入思考，及时总结，把握规律，把政治交接长效机制建设落实到我会各级组织的领导班子建设、后备干部队伍建设、内部监督机制建设、机关建设等各项制度建设之中，落实到相应的理论成果之中。

以上仅是一个初步的阶段性总结，供会议讨论。希望通过这次交流会，大家继续对我们的经验进行补充与完善。

三、进一步深入开展主题教育活动的意见

搞好政治交接是参政党长期的任务。我会必须以中共十七大精神为指导，坚持中国特色社会主义这个主题，抓住思想建设这个根本，突出队伍建设这个重点，随着形势的发展，把握重大事件的契机，加强制度建设，提高履行职能的能力，使主题教育活动取得进一步的实效。

（一）把抗震救灾与主题教育活动结合起来，在迎战困难中进一步坚定政治信念，锤炼和考验班子与队伍

当前抗震救灾形势依然严峻，任务十分繁重。民进各级组织要切实加强领导，进一步动员全会的力量，为夺取抗震救灾斗争胜利和促进经济社会发展作出应有贡献。一是要认真学习领会中共中央关于抗震救灾的重要指示精神和决策部署，统一思想认识，自觉讲大局、讲配合、讲奉献，团结广大会员以实际行动为灾区群众解难，为国家分忧。二是要发挥民进特点和优势，围绕灾区生产自救和恢复重建，建有用之言，献务实之策，办有益之事。继续开展“为了灾区的孩子们”系列爱心捐助活动和支教帮教工作，为灾区恢复学生上课、开展心理安抚，维护人心稳定和社会稳定作出积极努力。三是要大力宣传民进在抗震救灾中的感人事迹，弘扬民进的优良传统。引导广大会员深刻认识中国共产党的先进性，深刻认识社会主义制度的优越性，深刻认识中华民族的凝聚力和社会主义核心价值观，进一步坚定走中国特色社会主义道路的理想信念，更加爱岗敬业，自觉服务大局。四是把抗震救灾工作与深化领导班子建设，加强后备干部队伍建设结合起来。要在抗震救灾工作中检验领导班子思想建设和作风建设的成效，把灾难面前忠于职守、紧要关头不辱使命的优秀人才吸收到我会各级领导班子的后备干部队伍中来。

（二）把纪念改革开放30周年与主题教育活动结合起来，在搞建设谋发展中进一步坚定政治信念，提高我会的履职能力

改革开放30年明显增强了我国的综合国力，为取得抗震救灾斗争的阶段性胜利提供了坚强保障。我会各级组织要抓住这一有利时机，按照中共中央和各级统战部门的有关精神，在全会组织开展富有特点、多种形式的纪念活动，进行改革开放伟大历程、光辉成就和宝贵经验的教育。今年下半年，会中央将召开常委会，举行座谈会、理论研讨会和观摩展，开展网上大讨论，引导各级领导干部和广大会员对改革开放30年进行回顾思考，深刻认识中国特色社会主义与改革开放之间内在、有机、不可分离的联系，进一步坚定全会高举中国特色社会主义旗帜，坚持中国特色社会主义道路和理论体系的信念和决心，进一步明确解放思想的内涵，坚持改革开放，深入贯彻科学发展观，更加坚定地坚持聚精会神搞建设、一心一意谋发展，一方面引导会员们爱岗敬业，另一方面要对参政党理论建设与实践能力建设双推进，为我国经济社会的发展再上新台阶积极作贡献。

（三）继续深入学习贯彻中共十七大精神，不断改进我会的思想建设工作，把主题教育活动的有效经验和做法及时转化为政治交接的长效机制

今年下半年要继续深入学习贯彻中共十七大精神，结合学习《中国的政党制度》白皮书和新会章，组织开展宣讲活动，举办各级各类的培训，努力使主题教育活动覆盖全会各级组织。思想建设是一项根本性建设。特别是在当前我会新一代会员占主体的情况下，各级组织更要把思想建设作为政治交接和自身建设的核心，贯彻于主题教育活动始终。要引导广大会员牢固树立政治意识、大局意识和忧患意识，善于从政治上观察、分析和处理问题，自觉抵制西方两党制、多党制和议会制的影响，毫不动摇地走适合我国国情的政治发展道路。

主题教育活动为加强我会自身建设提供了重要载体，可以促进参政党理论建设和工作实践不断开拓创新。要善于把主题教育活动的具体经验系统化、成功做法制度化，建立政治交接的长效机制，这是一项具有创新意义和价值的工作。这些问题需要我们作深入而不是肤浅的、实质而不是表面的研究，也需要集中会内外的智慧来研究。希望与会同志解放思想，深入思考，积极提出自己的见解，供会中央参考，使我们能更好地落实民进十大提出的各项任务，开创民进工作的新局面。

由于突如其来的灾害的影响和其他一些情况，有一些省级组织还没有完成查找不足和整改提高阶段的工作任务，对此我们一方面表示充分理解，同时希望这些组织从实际出发，按照会中央的部署和要求，参照这次会议上兄弟省市的经验，认真搞好后两个阶段的工作，并与会中央主题教育活动领导小组办公室定期沟通。

同志们，多党合作薪火相传，政治交接任重道远。让我们在以胡锦涛同志为总书记的中共中央坚强领导下，高举中国特色社会主义伟大旗帜，团结一致、扎实工作、开拓进取，谱写多党合作和民进事业的崭新篇章，作出无愧于历史和前辈的贡献！

在民进十二届三次中常会闭幕式上的讲话

（2008 年 7 月 1 日）

严隽琪

各位常委、各位同志：

民进十二届三次中常会经过大家的共同努力，完成了预定的大部分任务，今天就要结束了。

在会议闭幕前，我想谈四方面意见：一是对本次会议作一个概括；二是对当前形势的认识；三是建设高素质参政党的几点思考；四是今年下半年的几项重要工作。

一、对本次会议的概括总结

这次中常会是一次学习、讨论、交流的会议，也是发扬民主、集中集体智慧的研究工作的会议。会议达到了三个目的：

（一）进一步学习贯彻中共十七大精神以及中共中央、国务院在 6 月 13 日召开的省区市和中央部门主要负责同志会议精神，认清当前形势。2008 年，全国各族人民认真贯彻中共十七大精神，落实科学发展观，各项工作取得了新的重大进展。同时也遇到了严峻挑战，这挑战既来自自然界，也来自国内改革深入所凸现的深层次矛盾和新问题，还有的来自国际敌对势力。面对挑战，中共中央及时作出决策部署，带领全国军民、广大干部群众万众一心、团结奋斗、沉着应对，保持了我国改革发展稳定的大局。当前，抗震救灾工作进入恢复重建的重要阶段，实现今年经济社会发展预期目标进入关键时期，北京奥运会开幕在即，形势逼人，任务艰巨。本次中常会听取了中共十七大精神的专题辅导报告，有助于我们加强对于坚持中国特色社会主义旗帜、道路和理论体系的认识，会议还对上半年工作进行了总结与研讨，这些对于我会认清形势，统一思想、坚定信念、团结奋斗，具有十分重要的意义。

（二）回顾工作与总结经验。去年底，会中央和各省级组织顺利完成换届，许多新同志走上了领导岗位。新一届会中央领导集体形成了“将开展中国特色社会主义主题教育活动贯穿于我会各项工作之中，以加强领导班子建设为重点，全面推进适应时代要求的高素质参政党建设”的工作思路。前不久，会中央召开了“中国特色社会主义主题教育活动经验交流会”，各省的专职副主委出席会议，并作了交流，取得了积极成果。在本次中常会上，罗富和常务副主席代表会中央对上半年工作进行了全面的报告，各省级组织主委就加强领导班子建设和抗震救灾工作作了很好的交流。可以看出，大家十分重视此次会议，都做了认真的准备，发言思路清晰，观点明确，重点突出。半年来，会中央从自身做起，并对全会进行了有力的指导。中央和省级组织的领导班子更加坚定自觉接受中国共产党领导的政治信念，坚持走中国特色社会主义道路，以政治交接为主线，推进领导班子建设，在开展主题教育活动的过程中，不断提高班子的政治把握能力、参政议政能力、组织领导能力和合作共事能力；并把思想建设、作风建设的成果落实到以民主集中制为重点的制度建设，比如加强领导与规划，强化学习制度，丰富学习方式，完善会议制度，改进决策程序，改进下基层制度，以及探索会内监督机制等等。我们感到中央和各省级组织都有很多切实有效的做法，其中不乏富有创新精神的探索，而且中国幅员辽阔，各地存在着许多具体差异，大家坚持把共同的理念、共同的目标、共同的原则和任务与本地的实际情况相结合，创造性地工作，成果显著，经验十分宝贵。全会呈现出政治方向明确，班子团结务实，工作全面推动的良好局面。本次会议花了大块的时间进行了省级组织之间的交流，我想一定会起到很好的互相鼓舞、互相学习的作用，而且也有利于我们继续进行深入的思考与总结。

（三）鼓舞精神，研究部署工作。会议期间，大家都在思考：如何把前一时期因特大地震灾难而集中引发的优秀民族精神长久地发扬下去？如何把全国人民同舟共济的团结局面长期地维持下去？如何保持换届以来我会所呈现的良好势头？如何确保全年既定的工作目标更好地实现？如何使我们的工作更加符合参政党规律和形势发展的要求？如何通过下半年的工作力争对国家发展和党派自身建设作出更大贡献？对这些问题，大家十分关注，贡献了不少思考与实践的成果、经验与建议，必将对推动下半年工作发挥重要作用。

会议还对一些重要的情况、重要的工作意向进行了通报，对一些很紧迫的重要问题作出了决策。

二、对当前形势的认识

我们认为，要成为一个高素质的参政党，必须符合时代的要求。那么我们所面临的时代又有哪些新的变化？胡锦涛同志在6月13日的重要会议上指出："国际国内形势出现不少新的复杂因素、党和国家工作面临不少新的严峻挑战。"对此，我想从国际、国内、执政党和科学技术等四个方面来谈谈个人体会。

（一）从国际来说，世界正在发生广泛而深刻的变化

为什么要关注国际？因为改革开放以来，中国的前途命运日益紧密地同世界的命运联系在一起。中国特色社会主义就是把握国际、国内两个大局，科学总结世界各国政治发展成败经验教训的基础上，在我国全面参与经济全球化、与世界依存度日益加深的大背景下，在中国共产党领导下，开创出一条建设有中国特色的现代化发展的道路。中国的改革开放政策已把自己置于全球经济体系之中。所以我们要时刻关注国际形势的变化。

当前，我们所面临的不仅有国际上显性的矛盾与摩擦，还有更加危险的、跨国界的隐性陷阱和埋伏。我们常说世界多极化、经济全球化、文化多元化，我个人认为"化"得最厉害的是经济全球化——经济稳定性变差，粮食、能源等初级产品价格上涨，次贷危机的影响，整个全球经济的不确定因素和潜在的风险明显增多。国际社会正面对很多超越国界和民族旧有分隔的新问题，例如温室效应、能源、粮食、国际恐怖主义等等。而且随着全球化进一步推进，国际形势将不可避免地进一步复杂化。

比方说金融问题。国际外交、世界贸易、军事冲突与金融货币是相互依存关系。纵观这些年来，国际上掀起的一阵阵"威胁论"、"崩溃论"，压人民币升值、产品召回、"反倾销"、控告"侵犯知识产权"等等事端层出不穷。我们不能不对未来可能出现的金融恶战有所准备。

又比方说能源与安全问题。上世纪70年代以来的外交、经济、货币、军事危机都有通过石油重塑经济关系和美国外交姿态的转变这些深层次的意义。有学者提出三个基本问题：谁拥有丰富的石油和天然气资源？谁来控制向国际市场的输出？谁来为这种敏感的运输提供安全保障？并认为其答案将使本世纪的世界经济和世界秩序发生实质性改变。2006年我国GDP的60%是进出口，经济结构的变化使国家经济安全问题必须面向全球进行谋划。科技的发展也使得我们旧有的国际惯例规定的安全范围日益面临新挑战。

还比方说文化的问题。用美国的政治家和学者的说法，"美国在文化方面，如同在政治和经济方面那样，要在全世界担负起领导责任。""美国大众文化默默地起到了我国一位无声大使的作用。"

所以现在我们的参政议政、我们的所作所为必须放在世界的大局内来考虑。

（二）中国正在发生广泛而深刻的变化

对国情的正确把握，需要我们具有历史眼光和大局意识：

1. 温家宝总理指出，中国将长期处在“不发达”的阶段，一是生产力不发达，二是我们的社会主义制度，从理论到实践，从不成熟到成熟，需要经历一个相当长的历史进程。

2. 中国面临着双重转轨：从传统社会走向现代社会，从工业社会走向后工业社会。同时面临双重转型：从计划经济体制向市场经济体制转型，从工业经济向知识经济转型。所以中共十七大说中国正处在历史发展的新起点。中国政治演进到今天，社会结构发生了前所未有的深刻变化，中央社会主义学院副院长张峰教授说现在中国阶层已经从简单到复杂，社会分层出现了许多引人注目的新情况，社会主要矛盾也出现了许多阶段性的特点，因而存在具体利益的差异和冲突，为改革和发展提出了重大理论问题和实际问题。所以既使我们这样一个古老的民族重新焕发出了青春的活力，也给执政党和参政党提出了许多必须研究和解决的难题。

3. 今年自然灾害严重而且频繁发生。雪灾、手口足病、汶川大地震、南方水灾，受灾面积、受灾损失和救灾难度为建国以来罕见。

4. 敌对势力的破坏与捣乱。藏独、疆独、民运分子、法轮功与西方敌对势力沆瀣一气，不断制造事端，对我国社会安定和改革开放，影响甚大。

所以中国称得上是当今世界上独一无二的矛盾统一体。特别是在现阶段，（1）我们在总体上是富裕的，GDP 总量达到全世界第四位，但是人均意义上是贫穷的；（2）速度之快与均衡度之差；（3）发展劲头之猛与发展可持续性；（4）一个社会主义大国的崛起与现存西方引领的世界秩序等等。这些都是我们面临的基本国情。

（三）执政党建设出现的新变化

当前，中国共产党作为执政党在不断地进步，而且是取得了历史性的进步。民进提出以党为师，我们要注意研究执政党出现的一些新变化。中共十七大提出要以改革创新的精神推动共产党建设的新的伟大工程，这从一个方面说明，不仅在中国革命的历史上，而且在当今中国，唯有中国共产党能承担起振兴中华、代表全国最广大人民利益的执政重任。

1. 中国共产党已经完成由以阶级斗争为纲的革命党到以发展为第一要务的执政党的一个历史性的转变，强调民生、以人为本的执政理念。

2. 中国共产党在理论创新方面卓有成效，马克思主义中国化理论成果形成了体系，回答了旗帜、道路等根本性问题。

3. 中国共产党进一步明确了主线——执政能力建设和先进性建设；重点——以理想信念为重点的思想建设、以保持与人民群众血肉联系为重点的作风建设、以健全民主集中制为重点的制度建设和以完善惩治和预防腐败体系为重点的反腐倡廉建设；目标——中共十七大报告中指出要建设立党为公、执政为民、求真务实、改革创新、艰苦奋斗、清正廉洁、富有活力、团结和谐的马克思主义执政党。

4. 党内民主在不断推进。例如地方党委的票决制、差额选举、公推直选，更加突出集体的作用、群众的作用，突出党员的主体地位，突出集体领导的决策与监督制度保证等等，这是一个重要的进步。

5. 多党合作与政治协商制度的坚持与发展，对参政党存在的必要性会产生重大影响。

6. 信息更加公开透明。

这些执政党的进步和变化也是我们民进在参政党建设中要认真考虑的。

（四）科学技术在日新月异地变化

科学技术的日新月异会产生新的方式和节奏，如生活方式、工作方式、交流方式、传媒介质等都会发生很多巨大变化。这次抗震救灾中出现了网上公民社会，就是一个突出的表现。如何用好这个双刃剑，趋利避害，对参政党来说也是一个新的挑战。

三、关于建设高素质参政党的思考

换届以来，作为民进中央主席，我时刻感到压力，而且碰到很多问题要去解决。这次中常会上，各位常委的发言给我很多启发。我想参政党是进步性和广泛性的代表，进步性最重要是政治，因为我们是政党；广泛性最重要是团结，所以我在主席会上说过，同时这也是我当地方主委时的感悟：作为一把手的关键是政治和团结。当然对于全会来说，要建立高素质参政党这两个关键词也是不能放松，同时主席班子还要抓实效。在这里我要提出两个“互相促进”，即参政党建设与执政党互相促进，地方组织的建设与会中央工作互相促进。

（一）搞好政治交接，深入开展中国特色社会主义主题教育活动是提高政治把握能力的必需

我们需要共同的奋斗目标、共同的政治立场、共同的价值观。用两个字来表示就是“同道”，我们只有“同道”才能走到一起，这是我们凝聚力的重要来源之一。所以政治交接必须继承我会的光荣传统，要学习历史，学习形势与国情，学习中国特色社会主义理论。政治交接本身具有与时俱进的品质。我想十年前的政治交接、五年前的政治交接和我们今天的政治交接在基本原则一致的情况下，它的内涵与方式都会发生与时俱进的变化。同时政治交接是具有长期性和继承性的，所以我们提出要把它转化成长效机制。同时政治交接具有整体性和关联性，它一定会反映在我们方方面面的工作中，不会单就政治交接而政治交接。绝不可能政治交接搞得很好而其他工作一塌糊涂。所以我们要在努力的实践中不断深化认识，总结经验，建立和完善参政党思想政治工作的长效机制。

（二）领导班子建设是提高政党素质的关键

《中共中央关于坚持和完善中国共产党领导的多党合作和政治协商制度的意见》强调指出：“为了坚持和不断完善中国共产党领导的多党合作和政治协商制度，民主党派需要加强思想建设和组织建设，首先是各级领导班子的建设。”换届后，中共中央领导同志对民进新班子明确提出了殷切的希望：一是搞好政治交接，继承光荣传统；二是发挥特点优势，为科学发展作新贡献；三是加强领导班子建设，适应形势发展需要。我想我们是按照中共中央的这个殷切希望在努力工作的。通过半年的工作，我认为在领导班子建设中，要切实加强三种意识：

1. 大局意识。前面专门分析的国际国内形势，就是我们对大局的一种认识。只有认识大局，定位才能准确，举措才能恰当。要认清形势、认识责任，围绕中心、明确重点，统筹兼顾、协调推进。

2. 忧患意识。只有有了忧患意识，我们头脑才能清醒，目光才能敏锐。我借用6月13日胡锦涛同志和温家宝同志在中共中央国务院召开的省区市和中央部门主要负责同志会议上的讲话：“全党、全国的主要领导同志要居安思危、未雨绸缪。把前进道路上的困难想得更严峻些，把应对预案搞得更周密些，把各方面工作做得更细致些。”

3. 创新意识。要解放思想、锐意改革。这里我也借用6月13日领导的讲话：“实事求是、出实招、求实效，使决策、举措和工作与时俱进，符合客观规律和不断变化的时代。”

在领导班子中要提倡三个观念：

1. 群众观念。要知道自己从哪里来，怎样走上领导岗位；到哪里去，怎样在岗位上尽自己的领导责任。所以必须要提倡向群众学习、为群众服务，接受群众监督。我们的班子着重要体现在深入群众、深入实际的作风建设上。

2. 集体观念。个人太有限，所处的位置不一定代表一个人的能力和水平。团结就是力量，在班子中要理顺情绪，开展谈心活动。而我们体现在工作上，就要大力构造合力聚智的体制与机制。

3. 民主观念。这是政党文明的体现，是科学决策的需要，党内和谐的需要。民主集中制必须不断地完善，并要体现在我们的议事决策的程序上、人事的制度设计与执行上。

（三）要加大理论建设力度

这是民进十大对我们领导班子提出的要求，我们五年以后要对民进十大交一份答卷，不是会议开完了

就算了。理论就是对内在规律的一种认识，不是虚的，谈理论不是与实际不搭界的。如果理论不清醒，不逐步深入对内在规律的认识，那么我们只能就事论事，不可能举一反三，不可能在风浪面前坚定，不可能主动、有前瞻性，也不可能事半功倍。理论研究是有实际需要的。所以上半年会中央一方面调整了统战理论研究会，加挂了参政党理论研究的这块牌子；另一方面，坚持以史为鉴，加强了会史工作和会史基地建设，确定了当前“以收集、整理、抢救和编辑会史资料为工作重点”的工作思路，明确了“新账不欠，老账抓紧还”的工作目标。理论研究不是纯理论而理论，要为会中央领导决策提供理论依据，为建设适应时代要求的参政党提供理论基础，为思想建设和组织建设提供有力的支持。在理论建设中也要积极通过体制、机制的创新和人才队伍建设来扩大理论研究的资源。

（四）组织工作对政党来说具有“强干健体”的重要意义

组织工作包含着制度、作风、人才等问题，所以我们对组织工作的要求是：人才建设要有新招，制度建设要有力度，作风建设要有新气象，基层组织要有活力。

本次会议上有常委发言：“人才兴，民进兴。”人才从哪里来？1. 要善于发现。在主题教育活动中、在实践和考验中（例如此次抗震救灾工作）、在参政议政和社会服务工作中发现人才。对在这次抗震救灾工作中涌现出来的好人好事、模范人物，各地要弘扬他们的事迹与精神，这也是为我们的人才队伍进行特殊的储备。除了发现以外，还要研究怎样让人才凸现的机制以及进一步使用的新招。2. 对于人才，我们要加大培养和培训力度，一方面要有学习的机会，一方面要给他压担子。一个党派的凝聚力，除了要“同道”以外，还要让所有成员感到有实现自身价值追求的渠道与机会，获得一种心灵上的满足。3. 要做好组织发展工作。组织发展工作肯定会有困难，但是所有的机遇必然与困难同在，困难必然包含着机遇，就看我们能不能去发现和抓住机遇。比如要注意研究社会阶层的新变化，要研究人才成长的自然规律和时代背景甚至民族构成，进一步优化我们的组织结构。4. 后备干部和骨干队伍的建设已经成为一项迫在眉睫的重大任务。因为新一届的换届从我们本次换届完成的那天就已经开始。刚才罗富和常务副主席就后备干部和骨干队伍的建设也专门作了介绍，这是个工作意向的通报，但主要的精神都在里面，我们会以民进中央的名义专门下发书面的通知，但是你们回去以后就可以照这个精神开始工作。在这里我要专门提一点：我们要主动与中共地方党委、统战部门取得联系，争取他们的关心、支持、指导和帮助。因为我们要“顺势而为”。这个“势”还是党管人才。所以我们要积极争取中共地方党委和统战部门的支持。5. 要进一步加强基层组织建设。在主席会上，大家一致认为基层一定要开展活动，有活动才有活力，有活力才有凝聚力。党派凝聚力的要素之三就是基层有活力、有凝聚力。我们各级领导班子都要支持下一级组织的工作，中央要支持省级，省级要支持下一级，大家都要支持基层的活动，通过基层的活动，为他们提供一些利益表达渠道，发挥作用、实现价值的机会，使他们有困难时可以向你倾诉，发挥一些化解矛盾、理顺关系的作用。

（五）参政议政能力建设

在参政议政能力建设中，我们面临着前所未有的机遇和挑战。这也是我个人作为主席感到的最大的压力。挑战的来源是：1. 我们事业的推进面临的问题更复杂，涉及面更宽广，挑战前所未有。虽然都说各党派有界别特色，但是如果在经济工作座谈会上，你就必须对经济工作发表意见。你说你不是经济特色，你不发表意见，或者发表的意见很空洞，那我们的会员也不会满意，我们自己也觉得没有尽到责任。这就是对我们的挑战：我们既要有界别特色，又要全面对中国特色社会主义事业发表真知灼见。2. 民主党派趋同化，削弱了党派界别优势。3. 执政党内聚集了大量知识精英，掌握了各类研究机构，降低了民主党派的知识优势。4. 兼职居多，大家凭自觉性、凭凝聚力的大小贡献力量，组织约束能力弱。5. 民主党派成员的年轻化及政治参与热情的提高，对民主党派的影响力有更高的期待。

当然，我们也是有有利条件的。1. 现在政治比较清明，执政党对我们走什么路、举什么旗等大政方针比较明确。这是很有利的。如果整个政局比较混乱，我们发挥作用就比较困难了。2. 统一战线事业的发展，共产党对多党合作的重视和对民主决策的重视。给予民主党派机会与支持，也考虑政治安排，各个党派都有一批人员进入到执政体系中。3. 民主党派自身建设，特别是改革开放以来，取得了巨大的成果，我们的能力不断提高。4. 我们参政党本身的位置不是以夺取政权为目标的，所以可以比较少地受到“权”、“位”、“政绩”的约束；比较少地受到行政隶属和区划的约束；比较少地受到学科分类、学术派别的约束，所以我们应该能够更加综合、更加系统、更加冷静、更加真实、更加减少顾虑地提出一些真知灼见。5. 我们专家学者所占的相对比例仍比共产党高，他们都有自己的本职工作。如果我们可以把这些专家学者的本职工作和他们在专业领域的强项和专业发展的需求发挥出来，这样他们兼职就不觉得是矛盾和负担了。因此，我们要充满信心。

刚才大家说参政议政一方面要围绕中心，另一方面要有前瞻性。要知道中心是什么，大局是什么，知道执政党碰到的难题是什么。我们上一届对参政议政工作有很好的两句话：“巩固老阵地，开辟新领域。”我们怎么在这个基础上很好地落实呢？我想在老阵地中要有新作为。不能说原来怎么做，现在还怎么做就叫巩固老阵地。只有通过新作为才能真正巩固老阵地。同时新领域——借用潘贵玉副主席的话——要“顺势开拓”，不是哪里都想去开拓。这个“势”，就是形势使然、优势使然、规律使然。这体现在我们重点的选择上，要很好地把握。

另外一个就是体制机制的完善和创新。我们想更早地来思考明年的重点调研题目，早做和广做预调研。调研题目不能光靠集中到哪个地方去跑一圈，必须要研究。研究就需要时间，而且要在更广的范围。所以这里至少要注意以下几点：1. 解决专门委员会的困难，进一步调动积极性与工作效率；2. 调动并集成专职、兼职主席们手里的资源。3. 地方和中央的互动与双赢。比如说刚才郑福田同志提到了内蒙的文化建设。如果说内蒙古区委会把这个问题作为重点调研内容，做到一定程度的基础上，我们就可以和他们联合起来。这样调研成果既可以推广到所有的民族地区，也可以作为民进区委会在内蒙古的一个成果。中央和地方不应该是单纯的中央要地方提供东西，而是中央支持地方，地方的成果反过来也支持中央，大家都能够受益。刚才说到的区域，我觉得要鼓励开片会。长三角、华东、长江流域已经把片会开起来了。至少对一些重大的发展区域，我们可以鼓励支持开一些片会。另外在申请立项的时候，应该鼓励联合申请。如果我们专门委员会和省里联合申请，甚至和研究中心联合申请，是不是可以优先考虑，可以加点分呢？这样本身在机制上就可以鼓励大家联合做一些事情。4. 社会服务与参政议政的互动。这个在石漠化治理等方面已经尝到甜头了。不要把他们截然分开，应该要成果互相转化。5. 会内与会外的互动。比方说政府、高校、研究院、社会组织等等与专职的会务干部互动。6. 调查与研究的结合。7. 应急与常规的互动。

（六）社会服务工作

多年来，我会真心实意服务社会，在社会服务工作中创造了许多经验，取得了很多成果。换届后，会中央坚持把社会服务与参政议政紧密结合起来，坚持以智力服务为主，发挥试点示范的推动作用；以开放式平台为依托，积极创造条件，进一步集成各方力量，创新工作机制，工作思路明确，重点突出，努力推进各种类型的社会服务工作，取得了一定实效。

在社会服务工作中，要“有所不为有所为”。无论是做科研，还是在政府、在党派，我都认为要把“有所不为”放在前面。大家不想做，就把“有所为”放在前面，现在要做的事情太多，一定要把“有所不为”放在前面。

同时，要突出重点。要继续做好品牌活动，坚持不懈，因为有些事情不是一年两年就能做成的，也不能捡一个，丢一个。但是就今天来说，灾后的重建，应该纳入我们下半年参政议政工作的重点。

四、下半年重点工作

关于我会下半年工作，6 月 28 日民进十二届三次主席会议进行了认真的研究，大家一致认为，今年上半年，我们按照“无懈无滞，有思有行”的要求，认清形势，把握大局，扎实工作，开拓创新，各项工作有了一个良好的开局。下半年，我们要进一步深化对时代新要求的认识，切实抓牢主题教育活动这条主线不放松，全面推动各项工作开展，完成年初确定的工作目标。希望做到三点：1. 在行动上要巩固和发展上半年的成果；2. 在思考上要不断总结深化；3. 着手对 2009 年工作的谋划。

（一）改革开放 30 周年

下半年有一个重大活动就是改革开放 30 周年纪念活动。我们国家通过改革开放得到了巨大的发展，民进在改革开放中得到了巨大的发展，在座的各位也都是在改革开放中才获得了机会，获得了发展。所以我想无论从我们个人，从我们民进，还是从我们国家，都要好好地纪念改革开放 30 周年，从而更加体会自觉接受中国共产党领导的必要性，拥护社会主义制度，进一步坚定走中国特色社会主义道路的决心。

关于下半年工作，中共中央在 6 月 13 日的会议上明确提出："要深入贯彻落实科学发展观，继续坚持'两手抓'，一手坚持不懈地抓抗震救灾，做好灾区生产自救和恢复重建工作；一手坚定不移地抓经济社会发展，促进经济平稳较快发展和社会和谐稳定。""要更加自觉、更加坚定地坚持聚精会神搞建设、一心一意谋发展，努力推动经济社会又好又快发展，不断提高我国的综合国力和抵御风险能力。"具体要求有四点：1. 有效治理通货膨胀；2. 全力抓好农业生产；3. 扎实推进经济发展方式转变；4. 注重防范经济风险，包括要大力开展增收节支、勤俭节约活动。

下半年，我们一定要贯彻落实中共中央精神，要结合改革开放 30 周年纪念活动，进一步总结经验，积极探索各项工作的长效机制。

（二）抗震救灾与恢复重建

温家宝同志指出："抗震救灾现在形势依然严峻，任务十分艰巨。"上次我在人大开常委会的时候，国务院的报告提出：准备用三年左右的时间，即在"十一五"期间初步完成重建；在"十二五"期间继续巩固发展。

我们面对抗震救灾工作的严峻形势和艰巨任务，一定要按照中共中央的部署和提出的科学规划、分步推进的重要原则，一方面直接参与灾后的重建，特别是灾区省级组织，以及我们承担对口支援的这些省的干部和会员。另外一方面，我们要加大参政议政力度，贡献智慧，反映社情民意，为夺取抗震救灾斗争的最终胜利作出我们最大的贡献。

要落实 6 月 13 日胡锦涛同志讲话要求："大力弘扬抗震救灾的伟大精神，大力宣传抗震救灾斗争中涌现出来的先进思想和模范事迹，使之转化为自力更生、艰苦奋斗、重建家园的坚定意志，转化为办好奥运、建设祖国的实际行动，转化为推动科学发展、促进社会和谐的强大力量。"

（三）北京奥运

胡锦涛同志在 6 月 13 日的会议上指出，"举办奥运会，是中华民族的百年期盼，是海内外中华儿女的共同心愿，也是我们对国际社会的郑重承诺。不论遇到什么困难和挑战，我们都要顺应全国各族人民的共同心愿，履行我们作出的国际承诺，坚决办好北京奥运会。""要清醒地看到，国内外敌对势力借北京奥运会对我施压促变的立场不会改变，进行干扰破坏的图谋不会改变。"

那么北京奥运民进要做些什么事情呢？希望我会各级组织都认真加以考虑。会中央希望：全会要加强宣传舆论工作；加强对热点和敏感问题的解疑释惑工作；扩大支持北京奥运会的民众基础；提高全社会安全防范意识和能力，打一场奥运安保的人民战争；广泛开展迎奥运、讲文明、树新风活动；向世界展示我们礼仪之邦的良好形象。

各位常委、各位同志：

希望大家能够将本次中常会的精神带回去，结合各地、各单位的实际情况，努力做好下半年工作。同时也希望大家继续思考，善于总结经验，与时俱进，使我会在自身建设和履行参政党职能两方面都能提高到一个新的水平。

我们相信，2008 年是一个奋斗之年，也必然会是一个胜利、进步之年。今天是党的 87 岁生日，我们也在这里表示祝贺。我们相信在中国共产党的正确领导下，中国特色社会主义事业一定会不断取得新的辉煌，实现全面小康的伟大目标！

最后感谢为这次会议作出积极贡献的会务组的各位同志，感谢上海民进！谢谢大家！

在“第三届海峡两岸企业发展与合作暨滨海新区开发开放高层论坛”开幕式上的讲话

（2008年10月14日）

严隽琪

女士们、先生们、朋友们：

10月的天津，金风送吉祥。“第三届海峡两岸企业发展与合作论坛暨天津滨海新区开发开放高层论坛”隆重开幕了。我谨代表中国民主促进会中央委员会，对论坛的召开表示热烈的祝贺！向各位来宾表示诚挚的欢迎！也向天津市政府在论坛会务上所作的努力表示感谢！

为了在促进两岸关系和平发展的民族大业中奉献党派之力，为了增进两岸同胞的福祉，中国民主促进会在前任主席许嘉璐先生的积极倡导、身体力行的影响下；在台湾有识人士的热情响应、共同努力下；在国务院台湾事务办公室、中共中央统战部、有关地方政府的通力合作下，发起举办了“海峡两岸企业发展与合作论坛”，本次已经是第三届了。前两届论坛分别与湖北省、陕西省政府合作，取得可喜的成果，起到了推动海峡两岸经贸合作与交流的积极作用，为两岸学者、企业家、经济界人士交流研讨搭建了平台，在两岸的工商企业界产生了较好的影响。在此，请允许我代表民进中央，谨向对论坛给予大力支持的政府与社会各方致以诚挚的谢意！向为祖国经济发展作出贡献的两岸各界人士表示真诚的感谢！也向论坛的倡导者及为两岸交流作出重要贡献的许嘉璐先生和台湾的老朋友们表示由衷的敬意！

今年是祖国大陆改革开放30周年。30年来，我国的经济与社会发展发生了举世瞩目的变化，今年，在党中央、国务院的坚强领导下，全国各族人民万众一心、众志成城，有效开展了抗击雨雪冰冻灾害和四川汶川特大地震灾害的斗争，保持了经济平稳较快发展的良好势头。在这个过程中，全体中华儿女空前团结，广大台湾同胞向灾区人民伸出了无私的援助之手，血浓于水的同胞真情在灾难面前更加突显。今年，大事和喜事也特别多，我们成功举办了一届“无与伦比”的奥运会和“同样精彩”的残奥会。神舟七号载人飞船成功发射，宇航员首次出舱进行太空行走。这些都极大地提升了中国的国际地位和国际形象。包括台湾同胞在内的所有中华儿女都由衷地感到自豪和光荣。

但是，我们也看到，当前国际形势十分动荡，美国次贷危机蔓延，世界粮食危机、能源危机加重。但危机中蕴含着机遇，挑战中能开拓新局面。两岸同胞更应该继续努力，“建立互信、搁置争议、求同存异、共创双赢”，俗话说：打虎亲兄弟。只要两岸同胞携手并肩，就一定能够战胜各种不利因素，实现共同和平发展，共同推进中华民族的伟大复兴。

目前，海峡两岸关系的发展进入一个新的历史时期，现在，两岸同胞对于加强交流往来的愿望更为强烈，两岸各个领域开展交流合作的前景更富期待。20多年来，两岸同胞共同努力，排除干扰，两岸经济交流与合作得以迅速发展，投资和贸易逐年增加，交流领域不断扩大，合作层次持续提高。海峡两岸经贸交流与合作的不断发展，可以使两岸互通有无、互利互惠、优势互补，实现双赢，符合两岸同胞的共同愿望和根本利益。在经济全球化趋势发展背景下，推进两岸全面合作，有利于两岸企业提升应对各种风险的能力，迎接挑战，共同发展。因此，我们今天在天津滨海新区举办的海峡两岸企业发展与合作论坛，深入探讨企业合作发展之策，共谋两岸发展的大计，具有重要的历史意义和现实意义。

我们此次论坛的主题是“海峡两岸企业发展与合作与天津滨海新区开发开放”。推进天津滨海新区开发开放，是祖国大陆从经济社会发展全局出发做出的重大战略部署。环渤海地区综合优势明显，发展潜力巨大，在全国经济社会发展中占有重要地位。我们相信，在不久的未来，她将成为我国继珠江三角洲、长江三角洲之后又一重要经济增长区，在全国经济、社会中扮演重要角色。9 月 27—28 日，第二届夏季达沃斯论坛在天津成功举办，来自 90 多个国家的 1500 余名嘉宾探讨了全球金融危机带来的挑战和机遇，也为迎接下一轮增长浪潮做准备，温家宝总理作了题为《改革开放是中国发展的永恒动力》的主旨演讲，强调了改革开放的重要性，申明中国继续深化改革开放的信心和决心。我们今天召开的论坛就是要为台湾企业扩大发展空间，为天津滨海新区引进更多合作伙伴，也是为祖国改革开放大业增砖添瓦。

中国民主促进会将继续与有关各方真诚合作，拓宽工作平台，创新工作机制，以中华传统文化和经贸合作为纽带，以内容丰富、灵活多样的活动为载体，展示我会对促进海峡两岸交流交往的诚意，鼓励与帮助台湾企业界人士到内地考察、投资，增进同台湾各界人士的友谊，促进大陆与台湾在教育、文化和经济等多方面交流。

两岸同胞血脉相连、文缘相承、感情深厚，这是两岸在各领域进行合作交流的历史、文化与情感基础。希望各位嘉宾在论坛上畅所欲言、坦诚交流，增进了解，谈出商机，谈出未来，以经贸交流的成果推动两岸交往与融合，以追求民族统一富强的理想互勉，合作发展，共创未来！

最后，衷心祝愿论坛圆满成功！谢谢大家！

学习贯彻十七届三中全会精神，实现今年全会的工作目标

——在民进十二届四次中常会闭幕式上的讲话

（2008 年 10 月 19 日）

严隽琪

各位常委、各位同志：

民进十二届四次中常会按照预定议程取得了重大收获。我要做的闭幕讲话主要有两个任务：一是通报民进十二届四次主席会议精神，二是对本次会议做最后陈述。发言分三方面：一是学习贯彻中共十七届三中全会精神；二是谈谈今年的形势；三是总结今年已做好的工作和及时规划明年工作。

一、学习贯彻中共十七届三中全会精神

中共十七届三中全会，对于全国人民在中共十七大精神指引下，进一步解放思想、落实科学发展观，开创改革开放的新局面，加快推进城乡统筹和社会主义新农村建设，具有重要的意义。

此次常委会，邀请了参与中共中央文件起草工作的郑新立同志作专题报告，审议通过了《民进中央关于认真学习贯彻中共十七届三中全会精神的通知》。各位同志做了很有见地的发言，并且很多同志都做了长期的深入的研究，这对全会学习贯彻好中共十七届三中全会精神，将起到指导和促进作用。

我希望各位常委、特别是各省主委回去后，及时安排部署所属各级组织和广大会员认真学习贯彻中共十七届三中全会精神。要把学习贯彻中共十七届三中全会精神同学习贯彻科学发展观结合起来，同纪念改革开放 30 周年结合起来，把思想和行动统一到中共中央的决策部署上来。

一是增强主动性，即增强我会关注“三农”问题的主动性。当前，我国改革发展进入关键阶段，农村改革仍然是我国改革的关键环节，农业农村发展仍然是我国发展的战略基础。我会要从国家事业发展的

全局和应对全球化挑战的战略高度，提高对推进农村改革发展重要性、紧迫性的认识，因为农业丰则基础强，农民富则国家盛，农村稳则社会安，我们要自觉关注“三农”问题，深入了解“三农”国情，积极服务“三农”工作。

二是把握规律性，即把握解决“三农”问题的规律性。推进农村改革发展是一项长期艰巨的历史任务，也是一个复杂的系统工程。三中全会总结了我国农村改革发展的成功经验，对推动农村改革发展的若干重大问题作出了重大部署。我会要深入学习有关文件，领会精神，这有助于我们把握解决“三农”问题的规律性，使我会在“三农”工作中更好的履行职能。

三是要提高有效性，即提高我会服务“三农”工作的有效性。多年来，我会几届中央领导集体一直关注“三农”问题，深入中西部广大农村调查研究，提出了许多有价值的建议和提案，为解决“三农”问题作出了积极努力。当前国家已经出台了多项支农惠农政策，政府职能正在逐步转化，我会要进一步解放思想，与时俱进，拓展视野，发挥民进的优势和特色，找准工作的切入点和抓手，切实提高服务“三农”工作的有效性。

二、今年的形势

科学判断国内外形势，善于抓住和勇于面对事关全局的主要矛盾，洞察事物发展的趋势和规律，是中国共产党制定正确的路线方针政策的根本依据，也是我会履行参政党职责的重要前提。

中共十七大以后，特别是今年，我们所面临的世情、国情和党情，发生了一些新的变化。我国经济遇到的困难和挑战不断，基本上处于“内外夹击”的状态，是近些年来“经济发展最困难的一年”。国际上，美国的次贷危机及其蔓延引发了全球“金融海啸”，经济形势动荡不安，还直接冲击我国巨额的外汇储备，影响我国企业的出口。国内，从年初我国南方遭遇罕见的低温雨雪冰冻灾害，到“5·12”大地震。此外，经济运行中的突出问题亟待解决，如，我国居民消费价格总水平仍在上涨，工业品出厂价格处于历史高位，一些地区和行业增长速度出现回落。面对新情况新挑战，中共中央、国务院沉着应对，果断决策，正确实施宏观调控，收到积极成效。上半年，在全球经济体普遍表现疲软、内外环境复杂严峻的情况下，我国经济仍然保持了10.4%的增长。

今年，抗震救灾斗争取得重大胜利、北京奥运会和残奥会取得圆满成功，神舟七号载人飞船的顺利升空，再次展现了中国人民不畏艰辛、勇攀高峰的激情与智慧，进一步增强了民族自信心、自豪感和凝聚力以及国际影响力。

值得关注的还有如台海局势的积极变化，把握好和平发展的主题，通过协商谈判务实解决各种问题，发挥政治智慧，开创两岸关系的新局面，是当代中国人包括我们民进的历史责任。

下面我着重谈谈今年发生的两件大事：

（一）美国次贷危机引发全球金融动荡，世界经济明显减速，形势复杂多变

西方舆论惊呼：“当今的金融体系是如此复杂，复杂得连银行家都似乎乱了分寸。盲目的政府、不负责的投资者、对短期利益的追逐、信贷紧缩……投机者是如何将实体经济置于危险境地的？为什么监管机构不闻不问？如今谁来为这一切买单？”

去年4月美国爆发了以美国第二大次级房贷公司新世纪公司破产事件为标志的次贷危机，房地产市场大量的抵押贷款，又经过“金融创新”将不良次级债权证券化处理，并将风险流通或扩散到各种金融主体、各个国家，即由房地产市场蔓延到信贷市场，进而演变为全球性金融危机。危机发生以来，对各国金融市场和实体经济的影响不断加深，多家金融机构出现巨额亏损甚至倒闭，股市、债市剧烈下跌。全球经济陷入衰退的风险日益加大。而无论政府怎么出招，终是纳税人要为银行家的错误买单。更为严重的是，次贷危机对美国实体经济造成影响并促使美国调整宏观经济政策，在全球化不断深化的今天，将演变成“美国次贷，全球振荡”的局面。

如何看待这场危机：“认为金融系统能自我调节的理论已经垮台……这个玩法过火、信贷失控、社会

不公因金融市场的恶性膨胀而加剧的时代将画上句号：政府监管将回归银行和资本市场，西方的负债式增长将成为历史。未来的经济发展将更多地从注重长期投资的资金身上获取融资。”过去，美国以两个基本理念来主导全球思维：一是认为低税收（但不减开销）、少管制、小政府的美国资本主义是经济增长的发动机，因此美国政府未能有效地对金融部门实施管制；二是认为美国是全球自由和民主的推动者，伊拉克战争已经证明，美国政府是在把“民主”作为它进行军事干预和更替他国政权的招牌。“中国发展出了一种以国家调控和巨额储蓄为基础的资本主义模式”。（中国特色社会主义——历史、文化、基础、发展阶段使然）“挑战面前，强者脱颖而出”。

理性对待“实体经济”与“虚拟经济”；正确认识“西方模式”与“中国特色道路”和因地制宜的重要性。

（二）另一件大事：中国共产党在全党开展学习实践科学发展观活动

中共中央决定从2008年9月开始，用一年半左右的时间，在全党分批开展深入学习实践科学发展观活动，重点是县级以上领导班子和党员领导干部。9月19日，胡锦涛总书记发表了重要讲话，对在中共全党开展深入学习实践科学发展观活动进行了全面部署。

胡锦涛总书记在讲话中提到今年以来，一些地方发生重大生产安全事故和食品安全事故给人民群众生命财产造成的重大损失，强调学习实践科学发展观，要紧紧围绕党员干部受教育、科学发展上水平、人民群众得实惠，进一步解放思想、实事求是、改革创新，切实增强贯彻落实科学发展观的自觉性和坚定性，着力转变不适应、不符合科学发展要求的思想观念，着力解决影响和制约科学发展的突出问题以及党员干部党性党风党纪方面群众反映强烈的问题，着力构建有利于科学发展的体制机制，提高领导科学发展、促进社会和谐的能力，使党的工作和党的建设更加符合科学发展观的要求。

中国共产党开展学习实践科学发展观活动，是在国内外形势发生新变化的情况下，加强自身建设的又一项重大举措，正逢其时。而且由于他的执政党地位，应该对中国历史的进程产生重大影响。参政党应该从中获取借鉴。

对于学习形势、把握大局，我谈三点体会：

（一）中国和世界谁也离不开谁、国内问题与国际环境的依存关系日益密切，所以一定要树立世界眼光，坚持改革开放，一定要增强机遇与风险并存的意识

美国的次贷危机给我国的宏观经济运行带来了巨大压力，面对股市下跌、出口减少和企业倒闭，很多人看不懂中国经济，产生了悲观情绪；更有甚者从极端错误的立场出发，把中国对外开放和“入关”污蔑为“重新沦为美帝国主义和国际大资产阶级的殖民地”。如何看待我国全面参与经济全球化遇到的风险和挑战，在对外开放的环境下如何确保国家的经济安全？这两个问题我们应当关注和思考。

第一，必须坚持对外开放，全面参与经济全球化。开放系统可以导致有序并产生新的活力，封闭系统一定会导致无序而走向死亡。当今世界经济全球化趋势深入发展，资源在全球范围内流动和配置，置身其外，就会被边缘化。随着国与国之间的经济联系日益紧密，相互影响越来越大，谁也不可能关起门来搞建设，回避竞争和风险。

第二，必须树立机遇与风险共存的意识，在开放中求安全。由于经济全球化的深入发展，各国经济相互依存，风险国际化难以避免。维护经济安全应成为常态，风险的事前预防高明于事后应对，在风险中把握机遇胜过于被动应对。民进作为参政党，应当密切关注美国次贷危机的影响。

我刚读了一本书《看不懂的中国经济》，作者是清华大学经济管理学院的韩秀云老师。此书对房价、股价、金价、钱价、人价和经济周期进行了深入浅出的分析，我读后的感想有：（1）中国的复兴与崛起不可阻挡，“中国经济的内在因素是好的，机会有很多”，“中国经济这辆高速列车才刚刚启动，只要中国改革开放的大政方针不变，中国经济的大增长、大发展，甚至大爆发还将在很长一段时间内继续前行，不会出现崩溃和衰退”。（2）中国的进步不会一帆风顺、风平浪静，必定还会经历挫折：“这种预期国内外

越是一致，短期的风险越高，也就越可能遭遇风险。”（3）政府和民众应取的态度是，当经济大起时，要克服贪婪，保持清醒；在遭遇挫折时，要克服恐惧，更坚强，学得更智慧。应当规避风险，抓住机遇，保护好改革开放30年中国人民辛苦创造的财富。

（二）政治是经济的集中体现，要重视思想政治工作，把握舆论导向，维护社会稳定

列宁曾经指出：“政治同经济相比，不能不占首位，政治是经济的集中体现。”毛泽东主席也说过：“政治是灵魂，政治工作是一切经济工作的生命线。”近一时期来国内外思想舆论界的事实再次证明，这些论断没有过时。很久以来，以美国为首的西方国家在经济上打压中国不能得逞时，就要在政治上制造祸端；每当我们遇到困难或发生失误时，国际敌对势力就会寻找代言人，在国内外掀起反华的鼓噪。今年国际敌对势力在互联网上，利用一些人开博客、写文章，制造矛盾，冲击我们的主流意识形态和价值观念：一是大肆渲染一些突发事件，推波助澜，扩大群众与政府的对立；二是利用今年经济运行中的困难，挑拨社会各阶层间的关系；三是用西方民主的模式，挑战中国共产党的执政理念；四是借拉萨“3·14”事件和发生在新疆等一些地区的爆炸案攻击中国实行种族歧视，挑拨民族关系；五是借纪念改革开放30周年之机，否定中国特色社会主义道路。这些现象告诉我们，在全球化和对外开放的环境下，西方敌对势力始终没有放弃对中国进行“西化”和“分化”的政治图谋。

社会上的思潮必然会反映到会内来。对此，我们更要加强思想政治工作，把握正确的舆论导向，有针对性地开展工作。我们的宣传部门和宣传阵地，要结合纪念改革开放30周年，引导广大会员进一步坚定接受中国共产党的领导、走中国特色社会主义道路的信念，理性看待当前的经济形势，正确理解中共中央加强宏观调控等关于经济运行的一系列决策和举措，保持对我国经济发展的信心，积极协助党和政府做好发展经济、理顺情绪、化解矛盾的工作，自觉维护改革发展稳定的大局。

（三）执政党建设和参政党建设互相促进，深入学习贯彻科学发展观

“执政党建设与参政党建设互相促进，提高执政党的领导水平和参政党的参政能力”，这是胡锦涛总书记在去年12月24日与各民主党派新老领导班子成员和主要领导同志座谈时的重要讲话中，总结中国共产党和各民主党派团结合作的一条重要经验。这条经验是我国多党合作事业可持续发展的一个重要保证。在上次中常会上，中央提出“两个促进”搞好民进工作，即“执政党建设与参政党建设互相促进、中央与地方互相促进”。民进要做到与中共真正的互相促进，不但要“以党为师”，还要“与党俱进”。

改革开放30年来，中国共产党在党建方面值得民进学习借鉴的经验很多。中国共产党的重大举措，必将对民主党派产生重大影响。科学发展观是发展中国特色社会主义必须坚持和贯彻的重大战略思想。我认为科学发展观指导我们去回答“要怎样的发展？实现什么样的现代化？”这让我回忆起，2001年我刚当上海市副市长的时候，黄菊同志找我谈话，就交给我这个问题。希望我在工作中考虑：我们要什么样的现代化。后来，因为黄菊同志调到中央，我们就没有继续谈论这个问题。我现在觉得科学发展观的确是回答了我们要实现什么样的现代化，包括什么是幸福等重要问题。我认为科学发展观将简单的单项指标变成了综合的指标体系，和谐成为了最重要的关键词。和谐当然包括了“灵与肉”，也就是精神与物质的和谐，所以我们要重视精神文明建设、要宏扬高尚的道德追求、要建立社会的信用体系；和谐当然包括了“局部与全局”的和谐，所以我们要重视流域或区域的合作、要重视全国经济增长极的多元化、要重视以“工业支持农业、城市反哺农村”为特征的城乡一体化、要重视国内政策与国际战略的呼应；和谐当然包括了“当下与长远”的和谐，所以我们要重视总体规划、保护环境、节约资源、防病防灾、教育培训与科学研究、体制与机制的改革。民进如何学习贯彻科学发展观，要转变哪些不适应不符合科学发展观的思想观念，要解决哪些制约科学发展的突出问题，要建立哪些有利于科学发展的体制机制，如何提高促进科学发展、社会和谐的能力，这需要我们会中央和全会同志认真学习、思考和实践。

三、善于总结今年工作和及时规划明年的工作

2008年是不平凡的一年，我们新一届中央领导集体，接过老一辈领导人的接力棒，从新的起点出发，

在大家的支持参与下，把民进的事业继续向前推进。开局之年对每一届中央委员会来说都很重要。今年会中央的工作有哪些值得总结与持续推进的要点？我先提一个初步的看法，希望大家思考和提出意见。

（一）重视学习和思考，认真总结经验、把握规律、理论联系实际，推动全会工作无懈无滞、有思有行

民进十大以来，会中央先后提出了两个新要求：一个是“无懈无滞，有思有行”，前四个字指精神状态、工作状态，强调要领导带头、尽早到位、振奋精神，不松懈、不停滞地推动民进事业改革创新、发展前进；后四个字指工作内容和方法，强调行成于思，思源于学，要做好工作，必须重视学习、善于总结、理清思路、顺应规律、务求实效。另一个是“执政党与参政党互相促进，民进中央和民进地方组织互相促进”。合起来就形成了“两无两有”、“两促进”，这可以说是今年会中央的工作方针。

这个工作方针蕴涵着两个思路：一是顺势而为，指的是要根据大局形势、党派优势和客观规律来开展工作；二是合力共赢，指的是要发挥中央和地方、会内和会外、专职与兼职的各种积极性，扩大民进的整体力量。

在这些方针原则的指导下，今年全会的工作始终贯穿了中国特色社会主义主题教育这条主线，突出了加强领导班子建设这个重点，进行了体制机制创新的探索。在加强自身建设和履行参政党职能中，在原有的工作基础上有新思路、新举措，取得新成效、新进展。如：（1）结合纪念中共发布“五一口号”60 周年、纪念改革开放 30 周年，抗震救灾斗争和迎奥运，加强中央指导与发挥地方主动性相结合，利用多种形式和媒体，不断丰富、强化和推进主题教育活动，使我们的思想政治工作做到了与时俱进，更加生动、有效；（2）下大力气从中央开始，抓领导班子的政治交接，促进领导班子的思想建设、制度建设和作风建设；（3）改进参政议政的工作制度，加强队伍建设，推进“中央与地方、参政议政和社会服务、会内与会外、常规与应急、老阵地与新领域”等的合作交流，进一步发挥我会整体力量，提高了履职的能力和效果；（4）明确参政党理论建设当前阶段的工作定位，制定研究规划，建立研究队伍和工作制度、初步搭建会内外研究平台，使我们的理论研究有了较好的起步。

（二）切实贯彻民主集中制，加强集体领导，改进领导作风，会内监督机制建设迈出新步伐

会中央领导集体建设的明确目标是要加强集体领导、扩大会内民主、实行会内监督，实现决策科学和作风过硬。所以我们从三方面进行了努力：

一是认真贯彻民主集中制，建立健全并执行领导班子议事规则，改进领导方式。会中央修订并认真落实了《民进中央主席、常务副主席、副主席工作规则》、《民进中央委员会会议制度》等议事规则，形成了以主席会议、常委会议和全委会议的重大事项决策体系和以部门负责人会议、专题会议和主席办公会议为主要形式的重大事项研究机制。对重大事项必须放到决策体系来，但是必须经过前面提及的研究机制做好充分的深入的研究，发挥好民主。特别是在全委会议闭会期间，积极发挥主席会议和常委会议的作用，加强驻会主席、副主席、兼职副主席和各中央常委的沟通协商，向常委会及时报告重大事项和征询各方面的意见，使得我们的中央决策能够更加科学有效，有更好的群众基础，也便于形成全会的合力。

二是会中央领导班子成员从自身做起，倡导深入、务实、创新的领导作风。会中央下工夫创新工作体制机制，制定或完善了领导下基层、做好信访工作和领导人生日祝贺、纪念活动等方面的制度和配套办法。提倡“正人先正己”，凡是要求地方组织做到的，会中央领导班子成员要求自己先做到。会中央领导班子成员带头学习宣讲，撰写理论文章；认真开展谈心活动；带头遵守规章制度；积极联系基层，深入开展调查研究，认真解决矛盾和问题。领导作风的建设保障了各项工作的落实。

三是制订会内监督工作条例。

（三）坚持解放思想、求真务实，用体制机制的创新促进各项工作的创新

会中央领导集体认为，面对参政党工作要求高、时间紧、难度大与自身人才、信息和组织资源不足这对突出矛盾，必须勇于改革创新，着力形成集智聚力的体制机制。今年在这方面的改进有：

一是对学习。我们把会中央中心学习组的学习活动与主席会议、常委会议和全委会议结合，扩大了学习的覆盖面和辐射效应，使会中央领导集体、会的骨干队伍和各省级组织共享学习资源。

二是建立会内参政议政课题申报立项机制、提案形成机制和成果奖励机制，建立网上参政议政平台。在今明两年重点调研课题的确定、中央和地方联合进行重大考察调研活动、为中南海重大协商会议做好准备等方面，集中了全会的智慧，发挥了极为有效的作用。

三是成立民进中央—上海社科院合作中心，我会首次与地方社科研究机构建立合作机制，拓展我们在经济社会形势分析、统战理论研究、学术交流和人才队伍建设等方面的资源。

四是参与或筹办社团组织，例如中国民办教育协会、开明基金会和开明书画院，为我会的社会服务工作开拓渠道，创新机制。

五是争取扩大我会专职干部在会内及向会外交流的渠道。如我会四个直辖市组织机关干部正在探索进行异地交流。

（四）在特大地震灾害面前经受考验，验证了主题教育活动和领导班子建设的成果

汶川特大地震灾害发生后，会中央紧急行动，积极部署，指导全会参与抗震救灾工作；灾区省市的民进组织临危不乱，在第一线组织广大会员展开了顽强有序的抗震救灾工作。全会开展了“为了灾区的孩子们”爱心系列捐助活动，各级组织和各界会员通过多种形式向灾区人民捐款捐物。围绕抗震救灾和恢复重建，积极建言献策，反映社情民意，做好宣传报道。

这场突如其来的巨大灾难，验证了我会开展主题教育活动和加强领导班子建设的成果。民进经受住了严峻的考验，形成了新时期民进人宝贵的精神财富：向灾区人民捐助了一笔达 1.12 亿元的捐款；向党中央、国务院提出了一批有分量的意见和建议；目前正在筹划支援灾区重建的一些力所能及的项目；涌现出一批抗震救灾的先进集体和优秀会员。这“五个一”在今年工作中写下了浓墨重彩的一笔。

在做好今年工作，认真总结经验的同时，我们希望继续坚持“无懈无滞，有思有行”，以大局意识、忧患意识和创新意识做好明年工作的规划。（1）深入学习贯彻中共十七大和十七届三中全会精神，学习贯彻科学发展观、隆重庆祝和纪念新中国和人民政协成立 60 周年，继续主题教育活动，建立政治交接的长效机制。进一步推进参政党理论建设。（2）今年的工作重点是领导班子建设。组织工作将是明年工作的一个重点，希望明年巩固和扩大今年领导班子建设的成果，抓好干部培训、后备干部队伍建设，为 2010 年届中调整和下一次换届打下扎实的基础。（3）围绕中共十七届三中全会提出的任务，关注民生与社会和谐的重大问题，积极参政议政；巩固与扩大在体制机制上的创新成果，凝聚全会之力，提高履职能力，以新作为来巩固老阵地，在顺势中开拓新领域。（4）加强会内监督机制建设，进一步推进会内民主建设。本次提交常委会议讨论通过的《中国民主促进会中央监督委员会工作条例（试行）（草案）》，是我会加快会内监督机制建设迈出的重要步伐。各位常委都提出了很多很好的意见，我个人也认为这个文本有很多需要商榷、研究和改善的地方，但是大家应注意这次即使通过，也是试行。这是因为，首先建设会内民主是一个历史潮流，是不可阻挡的。其次，会内民主必须要逐步推进，要在探索中推进，因为我们没有现成的经验。另外，无论是监督的内容、监督的范围、监督的方式，以及监督机构和监督制度都尚在建设中，所以必然这一条例是在这样的基础上建立的。但是，我们希望试行以后，能够得到执政党的推进，最终形成我会和共产党相互促进。另外，也希望各地方都能发挥主动积极性，积极探索，给中央也提供一些经验，形成地方和中央相互促进，从而不断完善监督条例。这个条例以会章为依据，并且在中央统战部和八个党派都进行了充分的协商，有一个党派之间的基本步调一致的问题。另外，在这个过程中，已经汇集了全会的经验和智慧，分别征求了每个常委的意见，而且修改了很多次，当然还要不断的修改。所以，我希望这次常委会能够原则通过，并在试行的过程中不断的总结经验。

各位常委、各位同志：

希望大家能够将本次中常会的学习成果和工作信息带回去，结合各地、各单位的实际情况，把会议的

精神传达好、贯彻好、落实好，一方面做好全会今年第四季度的工作。同时着手考虑中央和地方今年工作的总结和明年工作的谋划。希望大家的所思所得及时反馈给中央，我们共同为二中全会做好准备。

谢谢大家！

在2008上海民进教育论坛暨中国民办教育研究院揭牌仪式上的讲话（摘要）

（2008年11月1日）

严隽琪

上海民进教育论坛至今已经举办6次了，民进中央历届领导一直十分关注这个论坛。上海民进教育论坛在民进上海市委和有关各方的共同关注下，正在成为民进履行参政党职能的一个平台，成为推进教育改革与发展的一个阵地，成为教育界专家和关心教育事业的有识之士集思广益、学习交流的一个讲堂。目前我们正在隆重纪念改革开放30周年和深入学习贯彻落实科学发展观，此次论坛选择以“民办教育目标、定位和制度创新”为主题，就显得更加有意义。

要充分认识民办教育存在的必要性和重大意义。我国民办教育在发展的最初阶段，往往是从“穷国办大教育”、国家教育经费不足的角度被提倡的，20多年来，我国的民办教育也确实发挥了这方面的巨大作用。应该看到民办教育的发展，有利于满足人们对教育的多元需求、有利于增强教育改革的活力、有利于促进教育事业的发展。2004年我国出台了《民办教育促进法》，政府的基本态度更加明朗，民办教育的法制环境有了明显的改善，民办教育的战略作用更加全面地显现。当然，现在民办教育还存在很多问题，还有很多需要完善的地方。近年来，民办学校的办学水平不断提高，办学行为逐步规范，涌现出一批优秀办学者和先进办学单位，并形成了教育品牌，赢得了良好的办学声誉，有些民办学校的办学质量已经达到当地一流水平。我国办学体制改革之所以能够在较短时间内呈现多元化态势，主要就是因为这些来自社会基层的探索和创新，为办学体制改革注入了源源不断的活力。

要深入思考民办教育的发展方向。教育事业之所以是崇高的事业，是因为她的对象是人，是祖国的未来，是在塑造民族的灵魂。民办教育事业属于公益性事业，是社会主义教育事业的组成部分，要遵循社会主义教育事业的基本要求；民办教育要实施“以德为先”的道德要求，这是任何教育都必须遵循的；要贯彻“有教无类”的教育理念，幼小的孩子就定为天才或不可教，这是有问题的；无论是公办教育还是民办教育，都应该慈悲为怀，信用为本，要通过学校良好的管理而营利，但是不能追求利润最大化，不能以营利为目的，应该是富而办学，不是办学而富；要通过自身的办学特色与信誉在各地努力形成一批质量高、信誉优、特色明显的民办学校，希望民办教育提供体制改革和内涵发展的重要经验，为促进我国教育事业的改革和发展作出积极的贡献。

要在科学发展观的指导下发展民办教育。民办教育的发展，有赖于解放思想、改革开放的大环境。要在科学发展观的指导下把促进民办教育发展的共识落到实处。目前，国家正在制订教育的中长期发展规划纲要，民办教育是其重要组成部分，“体制改革和制度创新”的相当一部分内容，这些都与促进我国民办教育健康发展有关；通过政府提供机制、政策保障，优化资源配置，落实学校的办学自主权，必将会推动教育事业全面协调可持续发展；要认清国情和发展阶段，坚持实事求是，激发各类主体办好民办教育的积极性；民进教育论坛要围绕中国民办教育面临的相关法律法规的配套问题、促进民办教育发展的财政支持问题、管办分离中政府与学校的关系问题、教育中介服务业健康发展的问题、建立和完善民办学校的法人治理结构的问题和对不同教育阶段的民办学校区别对待的政策问题等等进行探讨研究，并提出真知灼见。

教育是民进的“老阵地”，教育领域的会员人数占比例最大。多年来，民进高度关注我国的教育事业，无论是参政议政、社会服务，还是直接投身于此项事业，民进各级组织和广大会员一直兢兢业业、积极努力，为解决教育领域的热点、难点问题作出了重要贡献。在新的起点上，民进各级组织和广大会员要以新作为来巩固老阵地，要把促进民办教育发展与贯彻落实科学发展观结合在一起，不断提高我们参政议政的能力和水平。要借此论坛，畅所欲言，建言献策，并形成参政议政的提案，以促进全会的工作，希望上海民进教育论坛、民办教育协会和民办教育研究院能够发挥越来越大的作用，希望中国的民办教育越办越好。

在第六届海峡两岸中华传统文化与现代化研讨会上的讲话

（2008 年 11 月 22 日）

严隽琪

女士们，先生们，朋友们：

今天我们齐聚在气候宜人、风景秀丽的厦门，共襄“第六届海峡两岸中华传统文化与现代化研讨会”这一盛事。在此，我谨代表民进中央向来自海峡两岸文化界的嘉宾们表示热烈的欢迎和诚挚的感谢。

中国民主促进会是以从事教育文化出版工作的中高级知识分子为主的参政党，建会 60 余年来，一直十分关注祖国文化事业的发展。近十年来，又对推进海峡两岸文化交流合作，促进两岸关系和平发展给予极大关注。在我会前主席许嘉璐先生的积极倡导、身体力行的影响下；在台湾以饶颖奇主席为代表的有识之士的热情响应、共同努力下；在国务院台湾事务办公室、中共中央统战部、有关地方政府的通力合作下，我们已经相继在苏州、淮安、咸阳、重庆、天水等地，围绕“吴文化”、“和合文化”、“秦汉文化”、“巴渝文化”、“伏羲文化”等主题，连续举办了五届“海峡两岸中华传统文化与现代化研讨会”。研讨会秉承“弘扬中华传统文化，促进祖国和平统一”之宗旨，以促进海峡两岸的文化交流与合作为己任，累计邀请了两岸文化界专家学者一千余人次参加，已经出版了四本论文集，在两岸均产生了较大的社会影响。

在此，请允许我代表民进中央，谨向对研讨会给予大力支持的政府与社会各方致以诚挚的谢意！向为祖国文化发展作出贡献的两岸各界人士表示真诚的感谢！也向研讨会的倡导者及为两岸交流作出重要贡献的许嘉璐先生和台湾的老朋友们表示由衷的敬意！再次向参加本次研讨会的所有朋友表示热烈的欢迎！

受前面几位精彩发言的激励，我也想就研讨会的主题发表几点粗浅的看法，欢迎批评指正。

（一）传统与现代化

任何文化与精神都是一定历史条件下人类活动的产物和人类情感的表达。社会的前进，其政治结构、经济体制必然会与文化精神紧紧结合在一起。比如，我们正在隆重纪念改革开放 30 周年，这 30 年祖国的高速发展，除了政治的和经济的显著原因外，我们一定会深入到文化层面，在思考有没有文化因素在起作用？又比如，面对国际金融风暴的蔓延，我们是深陷其中还是避开“风眼”，除了国界、制度等原因外，又有没有文化因素在起作用？

1. 主动自觉地维护一种文化的历史和传统，对自己身处的文化具有“自知之明”，明白其来历、形成过程、具有的特色和发展的趋向。中华文化绵延数千年，说明它坚韧的生命力值得中华儿女为它自豪，去深入学习、探究，去维护其精华。

2. 学习、探索和维护的目的。加强为适应新环境、新时代而进行文化转型的自主能力，要从传统和创造的结合中去看待未来。

所以，既不能“数典忘祖”，也不能“墨守成规”。简言之，既要知晓“从哪里来”，又要明白“向哪里去”。

如何对待传统文化问题，决不单纯是文化问题，更是一个关系民族命运发展的问题。

（二）民族性与世界性

一百多年来，中国都是在亦中亦西、古今相杂中走自己的路，就世界范围而言，文化自觉还表达了思想界对经济全球化的反应，它还包括要理解多种多样的文化。

改革开放30年，除了在经济实力上增长，除了城市面貌的日新月异之外，一个巨大的变化是中国人显得更宽容，更愿意与其他国家、其他民族进行平等的对话、学习别人的长处。这是一种自信。只有在理解的基础上，才能真正增强在多元文化的世界里确定自己位置的能力，经过自主的适应，和其他文化一起，建立一个多元共生的局面。在适应世界的同时，也以民族的特色为世界文明作出了独到的贡献。

所以，既要具有特色，又要和而不同、“美美与共”。

（三）中华文化之所以绵延千年，具有坚韧的生命力，一个重要原因就是它本身的包容性和融合力，是多民族文化、多地域文化的多元共生体。

今天我们召开的“第六届海峡两岸中华传统文化与现代化研讨会”主题是关于闽南文化。闽南文化是中华文化的重要组成部分，它在发展过程中融入了古越族土著文化和中原文化，兼收并蓄了外来文化的精华，在保留自身文化特质的基础上，形成了特色鲜明、内涵丰富的地域文化，成为中华民族文化中的一朵奇葩。客家人在千余年的历史中，由中原南迁到闽赣边区又逐渐播迁到港澳台，移居东南亚和世界各地，靠着勤劳、开拓、团结、热诚的精神，创造了独具特色的客家文化并为中国历史发展和世界文明作出了杰出的贡献。

目前，大陆以闽南文化为主要文化根基的区域已形成了独具特色的海峡西岸经济区。近年来，海西经济区建设不断推进，在两岸交流合作中发挥着越来越重要的作用。当前两岸形势发展面临历史难得的机遇，在建设发展好海西经济区的基础上，我们要充分发掘福建与台湾的地缘、血缘、文缘、商缘和法缘的优势，以推进经贸、交通、旅游、文化交流合作和载体建设为基础，形成以两岸经济机制一体化为共同愿景的区域经济共同体。这也体现了研讨会与地方政府合作，体现地域特色、促进当地发展的一个初衷。

今年的研讨会刚开幕，明年研讨会的地点与主题也已选定，那就是将在风景秀丽的“人间天堂”杭州，以医学文化为主题。这是从地域特色为主题向以领域为主题的一次尝试。这也表明中国民主促进会将继续与有关各方真诚合作，开拓工作渠道，创新工作机制，真心实意为增进两岸同胞福祉、谋求两岸关系和平发展尽力，为弘扬中华文化、为祖国母亲尽力！

两岸同胞血脉相连，我们有着来自于祖先、源自于故土、源自于中华文化的浸润所形成的深厚的感情基础和共同的研讨需求。今天嘉朋满座、学者云集，希望大家各抒己见，相互启发，加深友谊，增进理解。祝研讨会取得圆满成功！

谢谢大家。

继往开来　科学发展　开创民进工作新局面

——中国民主促进会第十二届中央常务委员会工作报告

（2008年12月1日）

严隽琪

各位委员、各位同志：

我代表中国民主促进会第十二届中央常务委员会，向大会报告工作，请予审议，并请列席的同志提出意见。

一

2008年是中华民族发展史上极不平凡的一年，是中共发布“五一口号”60周年，是我国改革开放30周年和北京奥运年，也是中国人首次漫步太空的圆梦之年。这一年中国也历尽艰辛与磨难，年初的低温雨雪灾害，随后汶川大地震成为国人的伤痛，金融危机在全球蔓延，世界经济增长减缓。中共中央、国务院沉着应对，坚强领导，科学决策，在复杂多变的形势下，带领全国人民齐心奋斗，我国经济保持平稳较快发展，改革开放迈出新步伐，民生改善取得了积极成效。

2008年是民进新一届中央委员会的开局之年。一年来，会中央认真贯彻中共十七大精神，努力学习贯彻科学发展观，落实民进十大提出的各项任务，坚持以政治交接为主线，以领导班子建设为重点，继承和发扬我会的优良传统，实事求是、开拓创新。按照“执政党建设和参政党建设相互促进”的要求，努力推动会中央工作和地方工作相互促进、高素质参政党建设与履行参政党职能相互促进，全会呈现出无懈无滞、有思有行，团结、务实、奋进的良好局面。

（一）深入开展中国特色社会主义主题教育活动，巩固我会的思想政治基础

深入开展中国特色社会主义主题教育活动，是民主党派在新时期搞好政治交接的体现，是民进沿着正确方向前进的保障，也是中共中央给民进十大贺词中提出的殷切希望。一年来，会中央坚持以中共十七大精神为指导，以主题教育为主线，以领导班子建设为重点，以纪念中共发布“五一口号”60周年和改革开放30周年为契机，精心筹划，切实推进。会中央领导集体以身作则，把中心组学习与主席会、常委会和全委会学习相结合，就中国特色社会主义理论、多党合作实践、领导班子建设、中共十七届三中全会精神等进行专题学习，扩大了学习的覆盖面和辐射效应。会中央还通过组织宣讲、召开网络会议、制作专题网页、发表理论文章等，带动全会深入学习。各级地方组织积极组织学习会、报告会、培训班，使广大会员接受了较为系统的中国特色社会主义理论教育，进一步认清了形势，明确了方向，坚定了在当前复杂多变的国际国内形势下，坚定不移地走中国特色社会主义道路的决心和信念。

今年适逢中共发布“五一口号”60周年，这是我国统一战线政治生活中的大事。当年民进和兄弟党派积极响应“五一口号”，开创了中国共产党领导的多党合作和政治协商制度的新局面。这是民主党派顺应历史的必然，也是民进的政治自觉。60年来，我会老一辈领导人以坚定不移的政治信念、旗帜鲜明的政治态度和高尚磊落的人格品质团结带领全体会员，为坚持中国共产党领导的多党合作和政治协商作出了历史性的贡献，为今天民进事业健康发展奠定了坚实的基础。为了进一步巩固和深化我会政治交接的成果，继承和发扬我会优良传统，会中央以纪念这一重大历史事件为契机，组织召开座谈会、研讨会和组织征文、知识竞赛等，积极推动各级组织开展丰富多样的纪念活动。会中央领导带头撰写纪念文章，引导全

会把民进老一辈的历史选择转化为当代民进人的现实选择。会中央还加强会史工作和会史教育基地建设，编纂《中国民主促进会年鉴（试刊）》，举办周建人同志诞辰120周年纪念座谈会、王绍鏊同志诞辰120周年纪念座谈会暨王绍鏊纪念馆落成仪式，大力宣传和学习民进的光辉历史和前辈们的高尚情操。各级组织也通过举办座谈会、研讨会、图片展、文艺晚会，组织参观西柏坡和民进成立旧址等，回顾多党合作的光辉历程和伟大成就，总结多党合作的宝贵经验，使广大会员深刻认识到中国共产党领导的多党合作和政治协商制度的历史必然性和现实优越性，进一步增强了走中国特色社会主义政治发展道路的自觉性和坚定性，进一步夯实了多党合作的政治基础。

今年是我国改革开放30周年。这30年是我国社会主义现代化建设取得辉煌成就的30年，是中国共产党领导的多党合作事业健康发展的30年。在全国各族人民隆重纪念改革开放30周年之际，会中央组织召开了纪念改革开放30周年座谈会、参政党理论研讨会、政府及司法机关实职人员座谈会、文化事业发展座谈会、义务教育发展座谈会，与中华职教社、中国民办教育协会、人民政协报共同举办“中国民办教育30周年”纪念活动，组织“改革开放30年回眸”专题网页观摩展等，深情回顾30年来民进为改革开放作出的积极贡献，认真总结改革开放促进民进发展的重要经验，努力探讨新的历史条件下参政党建设的规律。各级组织也结合自身实际，开展了富有特色、形式多样的纪念活动，进一步坚定了继续解放思想、坚持改革开放的决心和信心，进一步增强了履行参政党职能的使命感和责任感。

在这次主题教育活动中，全会各级组织积极主动、因地制宜、调动资源、追求实效，创造了新时期搞好政治交接的宝贵经验。据统计，全会共举办各类学习宣讲活动313场次，各级领导干部带头宣讲300余人次，参加学习培训会员达20399人次，收到理论研究文章535篇。为了使这些宝贵经验及时得到总结、交流和推广，会中央专门召开主题教育活动经验交流会，并就我会政治交接、思想建设的长效机制建设进行有益的探索，进一步巩固和扩大了主题教育活动成果，全会形成了良好的精神风貌。

（二）以领导班子建设为重点，推进我会自身建设

加强参政党自身建设，是多党合作制度长期存在和发展的必然要求。根据不断发展的新形势和我会换届后的实际情况，会中央努力把高素质参政党建设与履行参政党职能相结合，以领导班子建设推动制度建设、作风建设，以理论创新促进工作实践，较好地推动了全会的自身建设。

去年以来，会中央和各级组织换届陆续完成，一批新一代代表人士走上各级领导岗位，加强领导班子建设显得十分重要和紧迫。根据中共中央的希望和我会的实际情况，会中央从自身做起，把领导班子建设作为今年自身建设的重点。会中央采取的主要措施有，一是紧密结合主题教育活动，改进和坚持中心组学习制度，进一步加强理论学习，加强领导班子的思想建设。二是强调集体领导，从完善制度入手，克服和杜绝工作盲目性、随意性，切实贯彻民主集中制。制订了《民进中央主席、常务副主席、副主席工作规则》、《中央委员会会议制度》，建立了专题会议制度，扩大了主席会议和主席办公会议的出席范围，明确了领导集体和个人分工负责相结合的原则，明确了领导班子成员岗位责任，明确了主席办公会议、主席会议、中常会、中央全会的职责和组成，以及议事规则和程序，形成了以主席会议、中常会和中央全会为主要形式的重大事项决策体系，以部门负责人会议、专题会议和主席办公会议为主要形式的重大事项研究机制，并严格要求对重大事项的决定必须放到决策体系中来，必须经过研究机制进行充分深入的研究，有效地提高了决策的效率和质量。为使中央决策更加科学有效，建立更好的群众基础，形成全会合力，会中央加强了专兼职主席、副主席和中央常委的沟通协商，及时报告重大事项和征询各方面的意见。三是进一步加强领导班子作风建设，大力倡导求真务实的工作作风，大兴调查研究之风。制定了《民进中央领导下基层试行办法》、《民进中央机关关于信访工作的规定（试行）》、《关于民进中央领导人生日祝贺、纪念活动的规定（试行）》，《民进中央关于举办已故领导同志诞辰纪念活动实施办法》，明确了主要原则和内容，规范了工作程序和标准。四是努力在领导班子中营造民主务实、团结和谐的氛围。会中央领导班子成员定期开展集体谈心，适时进行个别谈心，还与中央常委、地方组织领导班子成员开展谈心，使会中央在

民主决策、联系基层、搞好服务、有效指导工作等方面取得了可喜的进步。

为了进一步加强对领导班子新成员和后备干部的培养，会中央积极推荐地方新任领导班子成员参加中共中央组织部、统战部、中央社会主义学院举办的各种培训班、研讨班，举办了“民进新任中央委员、省级组织副主委培训班”，基本实现了对新任中央委员和省级领导班子成员的轮训，使班子新成员较系统地了解了统一战线和多党合作的历史经验、政策理论，面临的形势、任务与新岗位的要求，帮助他们提高认识，加强责任感，尽快进入角色开展工作。各级地方组织也采取了切实有效的办法，加强领导班子建设和骨干队伍建设，对促进全会各项工作的开展，形成团结务实的新局面，起到了积极的作用。

按照建设高素质参政党的要求，会中央就会内监督进行了认真的研究和探索。会中央领导有计划地分赴全国29个省级组织和数十个市级组织进行调查研究，听取基层组织和会员的呼声，并经过中常会的讨论，形成集体经验和智慧，在各民主党派统一协商意见的基础上，提出了开展会内监督的工作方案，筹备成立民进中央监督委员会，制定《中国民主促进会中央监督委员会工作条例（试行）》（草案），为推动全会开展会内监督迈出了坚实的一步。

新形势新任务新实践，呼唤理论的创新和发展。会中央立足参政党建设和履行职能的实际需要，把学习理论、实践理论，开展参政党理论研究作为加强自身建设的重要任务。明确提出要以中国特色社会主义理论体系为指导，密切联系实际，围绕解决工作中的实际问题开展理论研究。通过调整会中央统战理论研究会，成立参政党理论研究会，整合研究力量，建立骨干队伍，初步在会内建立起一支由团体会员和个人会员相结合、专兼职相结合的研究队伍。同时，积极利用社会资源，拓展研究平台，扩大与会外的合作，聘任特邀研究员，建立理论研究课题立项制度，结合形势积极开展理论研讨，编辑出版理论研究文集等，较好地促进了全会理论研究工作的开展。在会中央带动下，许多地方组织相继成立了理论研究会，组织召开区域性的理论研讨会，取得了一定的研究成果。

会中央高度重视机关建设，积极营造“鼓励干事业、支持干成事业”的环境。进一步完善了中央机关的各项规章制度和工作流程，增强制度可操作性和实效性，增进部门间的相互配合，较好地适应了集体领导、贯彻民主集中制的要求，进一步调动了机关各部门和工作人员的积极性，提高了机关工作的效率和质量。为扩大机关干部视野，进一步提高政治思想水平和工作能力，会中央机关开展多种形式的学习交流、专题研讨和业务培训，推行机关专职干部会内轮岗交流和会外挂职锻炼，拓宽干部引进渠道，进一步优化了机关干部队伍的结构。会中央机关大力推进信息化建设，新建了信息资源平台、网络安全系统、参政议政网站平台，实现了电子文档一体化，进一步加大了与地方组织机关的交流合作，对全会机关建设起到了示范带动作用。

（三）发挥整体优势，积极履行参政党职能

我国改革开放的深入、社会主义民主政治进程的加快和多党合作事业的发展，对我会履行参政党职能的要求越来越高。会中央紧紧围绕国家的中心任务，努力把握改革与发展的大局，不断创新履行职能的工作体制和机制，提出了“举全会之力、集全会之智”、“以新作为巩固老阵地，在顺势中开拓新领域”的工作方针，较好地发挥了我会的特色与优势，较好地整合了全会的智慧与力量，较好地履行了参政党职能。

参政议政是参政党的重要职能，体现了参政党存在的价值。为进一步提升我会参政议政的能力和水平，提升全会的整体知识结构，优化参政议政人才队伍，发挥人才优势，会中央进一步加强了参政议政骨干队伍建设，成立了新一届专门委员会，聘请了新一届特邀研究员，把一批学识渊博、参政议政能力强、社会影响大的会员和民进之友充实到参政议政骨干队伍之中。各专门委员会深入基层，自主工作，广泛调研，在参政议政工作中的积极性和主动性有更大的提高，发挥着越来越大的作用；特邀研究员也能够发挥专业优势，提出独到的和前瞻性的意见，为我会的参政议政提供了有力的支持。

随着形势的发展和任务加重，参政党在履行职能时迫切需要发挥党派的整体优势。为此，会中央建立了面向全会的中央参政议政课题的申报立项、提案形成和成果奖励机制，向各专门委员会和省级组织广泛征集课题建议，经过评审确定重点课题立项，课题成果再经过评审和转化，形成会中央在全国政协大会的发言和提案。会中央对确定的重点调研课题给予经费资助和其他形式的支持，对作出突出贡献、发挥较大作用的参政议政提案进行表彰和奖励。这一机制得到了各省级组织和会中央专门委员会的积极响应与密切配合，先后向会中央提交课题51个，其中11个被确定为重点立项课题，还提交了100余篇调研成果，有力地支持了会中央的参政议政工作。为配合新机制的有效运行，会中央开设了网上参政议政平台，与各省级组织和专门委员会、特邀研究员积极互动，利用平台申报评选课题，组织专家评议，征求重要文件意见，提供相关素材，召开网上专题会议，沟通调研进展情况，共享成果，交流经验等，有效地促进了全会参政议政资源的整合，进一步提升了参政议政的效率和质量。在全国政协十一届一次会议期间，会中央向大会提交党派发言5件，党派提案17件，民进组提案6件，内容涉及社区文化建设、教师队伍建设、生态环境综合治理、中小企业发展等多个领域。其中，3件党派提案被列为重点办案，3件党派提案被全国政协列入《重要提案摘报》，得到了中共中央、国务院领导同志的高度重视。在中共中央、国务院召开的座谈会、情况通报会、全国政协常委会、专题协商会之前，会中央高度重视，充分准备，在广泛调研的基础上，及时启动参政议政快速反应机制，广泛征集各级组织、专家学者的意见和建议，形成我会意见，得到重视和采纳。

会中央深入开展调查研究，积极反映社情民意，取得了参政议政与民主监督的积极成效。会中央领导分赴各地，就农村改革与发展、经济形势发展、完善教育系统突发公共事件应急预案、推进农村金融创新和农科教一体化建设、教师培训管理体制改革、农村教师专业发展的长效机制、基层职业教育、农村教师队伍建设、养成教育等专题开展调研；会中央把“完善文化投入机制、保障人民文化权益”作为重点调研，在江苏、宁夏两地进行实地调研，协调上海、广东、浙江、四川等省级组织开展同步调研，并联合云南、甘肃、内蒙古三省区就“中国西部农村义务教育教师培训能力建设”进行研讨，在综合各方调研成果的基础上，形成多份调研报告，为中共中央、国务院制定和调整政策，提供了重要的参考依据。会中央还围绕事关全局的瓶颈问题和事关民生的热点难点问题，收集、整理、反映社情民意，通过多种形式向中共中央、国务院和有关部门提出建议。今年全会各级组织反映社情民意信息2475篇，会中央编报505期，其中关于边远地区学校建设、宣传表彰抗震救灾教师、城市流动人口计划生育工作、灾区高校救灾和重建工作、基层粮食安全问题等多篇信息，得到了国家领导人的高度重视，已被批转有关部门办理。

为了进一步挖掘参政议政资源，提高参政议政工作能力，会中央还加强了与政府有关部门、研究机构和社会团体的合作。会中央领导先后走访教育部、文化部等12个部委局办，了解情况，交流信息，密切合作，取得了积极的效果；会中央分别与中央社会主义学院、上海社会科学院、中国教育学会、中国民办教育协会等单位建立了合作关系，成立了“民进中央—上海社科院合作中心”，形成了会内与会外合作的新机制，发挥了积极的作用。

社会服务是我会为全面建设小康社会和促进祖国完全统一贡献力量的重要途径，也是拓展参政议政思路、发现人才、培养人才的重要渠道。会中央提倡把社会服务和参政议政相结合，按照“体现党派特色、发挥民进优势、继承优良传统、创新服务机制”的工作思路，努力推进智力支边，不断拓展工作渠道，积极促进海峡两岸民间交流，取得了良好的政治效益、社会效益和经济效益。会中央与国家林业局、贵州省人民政府共同主办了“中国（毕节）石漠化治理与生态文明高层论坛”，就石漠化治理政策和技术措施进行研讨，组织开展面向毕节石漠化治理试点地区的咨询服务活动，提出了可供决策参考的意见和建议，进一步推动了西南地区石漠化综合治理。启动了金沙县“民心有机农业试验示范园”项目，对促进当地农民脱贫致富起到了积极的辐射作用。会中央加强对西部教师培训活动的指导和引导，推动和带动地方组织为西部教师培训献计出力，帮助西部地区培训教师3105名，对西部教育事业的发展作出了应有的贡献。

本着“教育、引导、支持、服务”的方针，会中央积极引导企业界会员把企业发展与国家发展结合起来，把个人富裕与共同富裕结合起来，建立了企业界会员联谊会联席会议制度，促进地方组织企业家联谊会的交流，为会员成长和会员企业发展提供服务，有效地促进了社会服务工作的开展。据统计，今年以来，经会中央牵线搭桥，除抗震救灾外，我会企业界会员向西部贫困地区捐款捐物415万元，向贫困地区捐建了5所希望小学。会中央在充分发挥叶圣陶研究会、民进企业家联谊会等工作平台作用的同时，推动成立了中国民办教育协会，为开辟我会社会服务工作的新渠道、拓展工作平台进行了新的探索。

在连续数年积极开展促进海峡两岸民间交流活动，取得了良好社会影响的基础上，会中央根据今年对台工作的新形势，积极与地方政府和有关部门合作，成功举办了“第三届海峡两岸企业发展与合作暨天津滨海新区开发开放高层论坛”和“第六届海峡两岸中华传统文化与现代化研讨会”，吸引了海峡两岸政界、学界和企业界人士的积极参与，促进了两岸学术交流、经贸合作和文化认同。会中央领导还利用全国“两会”和北京奥运会之机，邀请来自香港特区的部分代表和委员座谈，接待来自台湾的政要和医师访京团等，产生了积极的影响。许多地方组织也结合自身优势开展了形式多样的海外联谊活动，增进了两岸的了解和互信。

（四）主动部署，指导全会为抗震救灾多作贡献

今年5月12日，汶川发生了新中国成立以来的特大地震灾害，给人民群众生命财产造成了重大损失。灾难是特殊的教育，也是严峻的考验；抗震救灾是坚定理想信念的课堂，是锤炼班子和队伍的熔炉，也是生动的中国特色社会主义主题教育活动。会中央第一时间做出反应，紧急行动，精心部署，有效指导全会抗震救灾工作。地震发生当晚，就向民进四川省委会等遭受地震灾害影响的民进组织和会员发出了慰问信，之后又四次发出通知，动员全会力量支援灾区。会中央领导亲赴四川灾区，实地查看灾情，慰问受灾群众，抢救民族文化，看望民进组织和会员，指导抗震救灾和灾后重建工作。地处灾区的四川、甘肃、陕西、重庆等地民进组织，临危不乱，挺身而出，自觉行动，勇于担当，主动投身抗震救灾。一批省市委员会领导和担任政府实职的干部，忠于职守、指挥有力、不辱使命、英勇战斗在抢险救灾的第一线；众多民进会员和干部群众，不怕牺牲、不怕疲劳、舍己为人、奋勇争先，涌现出许多令人感动和钦佩的人物与事迹。

按照中共中央、国务院的统一部署，全会各级组织和广大会员，齐心协力，扎实工作，充分发挥自身的特点和优势，广泛调动各方面力量，在抗震救灾中发挥了积极作用。会中央及时发动各级组织和广大会员，围绕抗震救灾和恢复重建积极建言献策，反映社情民意，先后就对口支援和灾区重建规划、兴建汶川地震博物馆、抢救羌族文化遗产等问题，提出意见和建议，受到有关部门的重视。全会开展了“为了灾区的孩子们”系列爱心捐助活动，向灾区捐款捐物，深入灾区开展心理咨询服务，承担灾区教师培训，取得了良好的成效。我会成员在震后羌族非物质文化遗产保护等方面，作出了突出贡献，被中共中央、国务院、中央军委授予“全国抗震救灾模范”荣誉称号；在“民进抗震救灾表彰活动”中，全会有12个单位被授予先进集体，113名个人被授予优秀会员，24个单位受到表扬。会中央还相继开展了一系列活动，大力宣传报道抗震救灾先进事迹，弘扬抗震救灾精神，会员们纷纷抒写抗震救灾“真情感言”，切实体会到社会主义制度的优越性，体会到中共中央的坚强领导，体会到改革开放极大地提升了我国的综合实力，抗震救灾成为主题教育活动的重要组成部分。

在特大地震灾害面前，民进经受了考验，履行了应尽的责任。全会通过多种形式，向灾区人民捐助款物1.4亿元，其中有800万元“特殊会费”。在抗震救灾中，民进各级组织快速反应、迅速行动、有力组织，充分发挥了领导核心作用；参加抗震救灾的民进各级领导干部奋不顾身、靠前指挥、执行有力，充分发挥了表率作用；广大民进会员义无反顾、尽其所能、舍己为人，充分体现了无私奉献的精神。这是我会多年来加强自身建设的成果，也是新时期民进人宝贵的精神财富。

各位委员，我们顺利完成了2008年的工作任务，取得了一定的成绩，也积累了一定的经验。这是各级组织和广大会员共同努力的结果。在此，我代表常委会向大家表示衷心的感谢！

在看到成绩的同时，我们也清醒地认识到，虽然开局良好，工作进展顺利，但面对复杂多变的国际形势和我国改革发展不断遇到的困难与挑战，我们在工作思考上还需要进一步提高前瞻性和预见性；面对执政党与社会各界对参政党履行职责的高度期待，我们在工作安排上还需要进一步改善统筹性和协调性；面对有限的资源和各地情况的差异，我们在工作机制上还应该进一步激发全会各级组织的活力和集成大家的智慧；面对多党合作事业的丰富实践，已迈开步伐的参政党理论研究尚需进一步展开等。我们要高度重视这些问题，认真思考和总结，切实采取措施，进一步改进工作。真诚地希望各位委员提出批评和意见。

二

当今世界正处在大变革大调整之中，国际国内形势继续发生深刻变化。世界金融危机继续蔓延，我们面临着前所未有的压力和挑战。但是，机遇和挑战同在，压力面前更需要坚定信心，困难面前更需要同心同德。中共十七届三中全会的召开，向我们提出了新要求，中共中央、国务院为应对金融危机、加强宏观调控出台一系列政策，对我们履行参政党职能提出了新任务。全会必须认清形势，保持清醒头脑，按照科学发展观的要求，巩固和扩大开局之年的工作成果。在新的一年里，要继续坚持高举中国特色社会主义伟大旗帜，以中国特色社会主义理论为指导，坚定不移地走中国特色社会主义政治发展道路；坚持继承和发扬我会自觉接受中国共产党的领导，爱国、民主、团结、求实，立会为公、参政为民的优良传统与作风；坚持按照执政党建设和参政党建设相互促进的要求，把高素质参政党建设与履行参政党职能相结合，形成会中央工作和地方工作相互促进的局面；坚持以科学发展观为统领，有思有行、集智聚力、顺势而为，创新工作机制，进一步提高工作水平。把组织工作和后备干部队伍建设作为2009年工作的重点，进一步抓好思想建设、制度建设、作风建设和理论建设，认真履行参政党职能，以更好的工作成绩，最佳的精神状态，迎接新中国成立60周年和人民政协成立60周年。

（一）深入学习实践科学发展观，切实加强全会的思想政治工作

科学发展观是马克思主义中国化的最新成果，是我国经济社会发展的重要指导方针。当前，中国共产党正在开展学习实践科学发展观活动，这是执政党在新形势下加强自身建设的又一项重大举措。深入学习贯彻科学发展观，也是民进更好地履行职能、发挥作用的迫切需要。各级组织和广大会员要提高对学习贯彻科学发展观重大意义的认识，努力把握科学发展观的科学内涵、精神实质和根本要求，坚持用科学发展观武装头脑、指导实践，努力增强贯彻落实科学发展观的自觉性和坚定性，推动全会各项工作更加符合科学发展观的要求。

中共十七届三中全会决定加快推进社会主义新农村建设，大力推动城乡统筹发展，这对于全面贯彻中共十七大精神，学习贯彻落实科学发展观，夺取全面建设小康社会新胜利，开创中国特色社会主义事业新局面，具有重大而深远的意义。全会要在明年的工作中贯彻好会议的精神。

2009年是中华人民共和国成立60周年，也是人民政协成立60周年。全会要大力弘扬以爱国主义为主题的民族精神，以改革创新为主题的时代精神，开展生动活泼、丰富多彩的庆祝活动，讴歌新中国成立60年来取得的辉煌成就，宣传人民政协成立60年来在政治协商、民主监督和参政议政等方面发挥的重要作用，激励广大会员更加自觉地接受中国共产党的领导，更加坚定地走中国特色社会主义政治发展道路，在中国共产党领导的多党合作事业中作出新贡献。

要在深入学习中国特色社会主义理论体系的基础上，加强理论研究，探索新形势下参政党建设和履行职能的规律和方法，促进理论研究的成果为创新工作思路、解决实际问题服务；推动主题教育活动更加深入开展，把具体经验系统化、成功做法制度化、政治交接长效化，使我会的思想政治工作更加深入扎实有效，多党合作的思想政治基础更加巩固。

（二）大力加强组织建设，推动组织健康发展

根据新形势新任务和我会组织现状，全会要进一步加强组织建设，巩固和扩大领导班子建设成果，抓

好队伍建设，加强会内监督，有序推进会内民主，增强基层组织活力，使全会的组织工作上一个新台阶。

各级领导班子和领导干部以身作则，率先垂范，奋发努力，是我们完成各项任务的重要保证。要不断提高领导班子成员的大局意识、政治觉悟、理论水平和工作能力。在班子中要切实贯彻民主集中制原则，增进班子的团结与互相配合，完善并认真执行领导班子的工作制度和谈心制度，增强群众观念，提倡实事求是和深入基层，进一步改进工作作风。

加强后备干部队伍建设是保持我会充满生机与活力的重要保障。各级组织领导班子要以高度的政治责任感，从多党合作事业和参政党建设的大局出发，积极培养一支政治素质高、代表性强、结构合理、数量充足、体现民进特色的领导班子后备干部队伍。要认真贯彻落实《民进中央关于加强省级组织领导班子后备干部队伍建设的意见》，制定制度化、规范化的工作程序，进一步完善后备干部培养、选拔、推荐、任用机制。要把后备干部队伍建设和组织发展工作、履行职能结合起来，不断充实后备人才库，夯实我会建设高素质参政党的人才基础。

推进会内监督是新时期参政党建设的一项重要工作，要在实践中探索，在探索中完善。在实施《中国民主促进会中央监督委员会工作条例（试行)》中，及时总结经验，逐步开展对领导班子履职情况的监督检查，逐步制定与条例相配套的实施细则和制度；要在学习和实践的基础上，逐步完善监督条例和制度，使之在促进我会的自身建设中发挥实效。

基层组织建设是全会各项工作的基础。要进一步加强对基层组织的指导，切实搞好基层组织建设，加强对基层组织负责人的培养和培训，充分发挥会员的积极性，进一步增强基层组织活力，促进基层工作的制度化和规范化。

（三）围绕国家中心工作，积极建言献策

全会要紧紧围绕中共十七大和十七届三中全会提出的各项任务，结合当前形势，坚持“以新作为巩固老阵地，在顺势中开拓新领域”的方针，充分发挥自身优势，认真履行参政党职责，积极围绕推进农村改革与发展、灾区生产自救和恢复重建、防范和应对金融危机，以及民生改善等问题，深入调查研究，积极建言献策，反映社情民意。

要继续巩固与扩大参政议政体制和机制的创新成果，不断提高参政议政的能力和水平。继续加强中央与地方的合作联动，发挥各专门委员会和参政议政特邀研究员的积极性，扩大和用好会外的参政议政资源，健全全会参政议政工作网络和工作机制，搞好网上参政议政平台建设，加强和改进反映社情民意的信息工作。

（四）探索社会服务新渠道新领域，为构建社会主义和谐社会做实事

全会要以为国为民的情怀和求真务实的态度，努力服务社会。要着力为农村的改革与发展服务，找准民进特色、优势与当地需求的结合点，以智力为主要的服务资源，以发挥地方组织的积极性为重要原则，以项目形式为扶贫工作的主要依托，继续做好科技扶贫、智力支边、兴教助学、医疗文化下乡、灾区重建的工作。要善于把社会服务工作中发现的带有政策性、全局性的问题，转化成参政议政的成果，善于把维护新阶层会员的合法权益与提高他们的思想政治素质相结合，积极开拓社会服务的新渠道，为民进会员和民进之友参与社会服务搭建平台。对台工作是我会已形成特色和较大社会影响的社会服务项目，要根据海峡两岸关系的新发展，以中华传统文化和教育、经贸合作为纽带，以内容丰富、灵活多样的活动为载体，积极推进两岸民间交流，为促进祖国和平统一大业作出新贡献。

（五）坚持以人为本，切实加强机关建设

参政党机关在全会工作中发挥着纽带和枢纽作用。全会各级组织要切实加强机关建设，高度重视机关干部队伍建设，加强和改善干部选拔、交流和任用的机制；切实加大干部业务培训、轮岗和挂职锻炼的力度；重视机关干部政治理论学习，不断提高理论政策水平，增强全局意识、公务员意识和服务意识，努力造就一支政治坚定、作风优良、学识丰富、业务熟练的高素质干部队伍。要进一步加强机关文化建设，坚

持以人为本，解决实际问题，增强机关活力，营造务实高效、团结和谐的机关氛围。

同志们！伟大的祖国前程似锦，多党合作充满生机，民进的事业大有可为。让我们更加紧密地团结在以胡锦涛同志为总书记的中共中央周围，高举中国特色社会主义伟大旗帜，深入学习贯彻科学发展观，团结带领全会各级组织和广大会员，继续解放思想，坚持改革开放，推动科学发展，促进社会和谐，继往开来，努力奋斗，同心同德，开拓进取，为把民进建设成为适应时代要求的高素质参政党，为全面建设小康社会作出新的贡献！

在 2008 年民进中央参政议政工作年会暨信息工作会议开幕式上的讲话

（2008 年 12 月 4 日）

严隽琪

同志们：

十二届二中全会昨天刚刚结束。与会同志一致认为这次会议是团结务实和奋进的会议。在这次会议上，中央委员认真审议了一年来中央常委会领导全会所做的工作，对 2008 年取得的成绩给予充分的肯定，对 2009 年工作提出了要求，进行了工作部署。我们今天这次会议是落实二中全会精神的重要会议。希望通过这次会议能够统一思想，把参政议政工作统一到学习贯彻科学发展观上来。要看到过去工作积累的经验是非常宝贵的，也是做好今后工作的非常好的基础；同时，面对新形势、新任务大家可以在此次会议上互相交流，进一步启发工作思路，落实工作部署。

在这里，首先还是要代表民进中央，对今天到会的、以及没有到会的，为了 2008 年参政议政工作做出方方面面贡献的同志们表示衷心的感谢！

一、对 2008 年工作的回顾、经验和体会

2008 年是很不平凡的一年，也是民进新一届中央委员会的开局之年。会中央带领全会学习贯彻科学发展观，围绕国家的中心任务，把握我国改革与发展的大局，“举全会之力、集全会之智”，努力创新参政议政工作体制和机制，形成“以新作为巩固老阵地，在顺势中开拓新领域”的共识，比较好地发挥了我会的特色与优势，比较好地整合了全会的智慧和力量，参政议政工作取得可喜成绩。

因为时间有限，我就用几组数字来反映 2008 年的参政议政工作。今年，中共中央、国务院在中南海内共召开高层座谈会、情况通报会 7 次，就国家经济社会发展和改革中的重大问题邀请各民主党派中央、全国工商联领导人进行协商。为了进海协商，我们动员了全会的力量。全会各级组织和专家积极给会中央提供 200 多篇建议、意见和素材，正因为得益于这些集体的智慧，最终形成了进海的发言，发言的质量得到了中共中央的充分肯定。今年在全国政协十一届一次会议期间，会中央向大会提交党派发言 5 件，党派提案 17 件，民进组提案 6 件。其中有 3 件党派提案被列为重点办案，3 件党派提案被全国政协列入《重要提案摘报》，得到了国务院领导同志的批示。在抗震救灾期间，会中央共收到各省级组织和专委会 600 余条反映社情民意信息，向全国政协、中央统战部共报送了 100 余条信息，向中共中央、国务院提出了一批有分量的意见和建议。年会前，各省级组织向会中央提供可作为 2009 年政协大会的党派提案发言的地方调研成果 100 多篇。这些仅仅是会中央直接掌握和使用的参政议政成果。各省市的在这里就不一一阐述了。在全会各级组织的共同努力下，全会的参政议政工作呈现了良好的发展态势。

我们认为取得成绩的原因可以归纳为三个方面：

首先是上一届会中央领导带领全会所做的工作给我们新一届中央委员会奠定了坚实的基础。参政议政工作需要有正确的思路，需要有一支人才队伍，也需要积累经验，而这些上一届都给我们留下了很好的基础。比如，民进十大报告总结的八条经验中，有一条明确提出："坚持围绕中心，服务大局，把发展作为参政议政的第一要务，是参政党承担的历史责任。"这是我们十大总结的经验。

上一届会中央领导集体明确提出把参政议政作为民主党派生命线。1998 年 5 月，许嘉璐主席在民进全国议政调研工作交流会上指出，民主党派的参政议政工作，是中共领导的多党合作的重要部分，是民主党派工作的命脉。在民进十届三中全会上，他指出，参政议政是民主党派工作的"生命线"。我觉得这个认识对统一全会参政议政工作起到了提纲挈领的作用。上一届会中央领导集体总结了参政党履行职能的经验，明确提出了"巩固老阵地，开拓新领域"的工作方针，这在全会也发挥了重大的作用。当时我在地方工作，就是以中央的方针来指导地方参政议政工作的。另外在队伍建设上，比如说专门委员会，过去是我们的咨询机构，在上一届明确作为参政议政一线的工作机构。这样一个定位的转变，使得我们利用专门委员会这样一个组织形式，团结了一大批会内外专家，通过他们又联系了会外的很多资源，为我们参政议政工作发挥了核心和骨干作用，也搭建了新的平台。还有一个经验就是加强与政府部门和社会团体的联系与合作。每年已经形成这样一个惯例，在年初的时候走访有关的政府部门和社会团体，使得我们至少达到情感上的交流，因为人与人之间的交往、资源共享要有情感交流，而且可以获得很多最新的党和政府的工作思考，了解政府的工作难点和解决问题的思路，使得我们的参政议政能从我们的渠道和他们的渠道上进行合作。我想这都是我们取得成绩的重要方面，在思路上、定位上、队伍上、做法上都有了良好的基础。

第二是省级组织和专门委员会的努力工作。

会中央参政议政依靠的力量有两大方面：一个是各省级组织，一个就是各专门委员会。2008 年参政议政工作中，省级组织和专门委员会做了大量工作，对提高工作水平发挥了很大作用。事例也很多，因为这里不是表彰会，时间关系，我只举两个例子：

比如我前面讲到的党外人士座谈会。一旦中央有需要，省级组织都及时召开相关专家座谈会，启动应急机制，给予会中央极大的支持。专门委员会也都通过各种途径向会中央提供一些能对党中央、国务院提供咨询、进行协商的意见。

再比如，我们在全国政协大会、政协常委会上提交的提案和发言，也有省级组织和专委会作出的很大贡献。在 2008 年的全国政协大会上，我会共提交党派提案 17 件，其中 9 件直接来自于各专委会，有 2 件直接来自省级地方组织的调研成果；提交民进组提案 6 件，其中 5 件直接来自省级组织，有 1 件来自专委会；3 件全国政协重点办案的党派提案均为专委会调研成果。今年全国政协统筹城乡发展专题协商会上，民进提交的发言是"推进农村金融创新，促进统筹城乡改革"（由甘肃省委会主委李国璋代表民进发言）就是在四川省提供会中央的调研报告的基础上修改而成的。

第三是本届会中央高度重视参政议政工作。

会中央在原来工作基础上进一步调动各方面积极性，在队伍、机制建设和资源整合方面继续努力，进一步提高我会参政议政能力，特别是在参政议政工作机制建设上进行了一些有益的探索和创新。概括起来有这样四句话：努力打造了一个平台，依靠了两支力量，建立了三个机制，并且提倡了一个转化。

一个平台，即民进中央网上参政议政平台。这是会中央用信息化手段整合全会参政议政资源的重要举措。通过网上平台，会中央与全会 29 个省级组织、会中央专门委员会和参政议政特邀研究员积极互动，利用平台申报课题、组织评议、征求意见、提供资料，召开网上专题会议，沟通调研进展情况，共享成果、交流经验等，有效地促进了全会参政议政资源的整合。

两支力量，一支是会中央专门委员会和参政议政特邀研究员队伍，一支就是各省级组织的参政议政工作队伍和专家队伍。今年，会中央进行了专门委员会换届，聘请了新一届参政议政特邀研究员。换届后的各专门委员会成员和参政议政特邀研究员满怀报国为民的情怀，以发挥参政议政骨干力量的责任感，有条不紊地开展工作，这些专门委员会已经不仅仅是会中央参政议政工作的参与者，而且是主动策划者，他们的积极性和主动性越来越得到发挥。同时，会中央注重发挥各省级组织的作用，无论是重要意见的征集、进海协商的发言准备，还是会中央的各项调研，以及反映社情民意信息工作等，都注意充分发挥各省级组织的积极性。如果没有这两支力量的支持，会中央不会取得这样大的成果。我和富和同志有机会经常进海协商，每次都感到重任在肩。因为几个党派实际上是在“亮相”，如果我们说不出真知灼见，我觉得既辜负了全体会员的期望，也辜负了党对我们的期望。而且各个主要部门的领导都列席会议，他们心里是有一本账的。党派的发言是不是真正经过深入调研，是不是确切反映实际情况，提出的建议是不是真正可行，在他们心里都会有判断。今年的几次进海协商，感到我们民进的发言是有一定分量的，既有对现状的真实反映，也有实实在在的措施建议。每一次进海的题目都不同，最近一个月一次是司法，一次是经济，专业性都很强，都不是民进传统的优势，但是我们经过多年的自身建设和发展，参政议政的体制与机制不断改善，使得在有需要的时候都有一批专家和会员给我们出主意，提出真知灼见，供会中央参考。这里要再一次向大家表示感谢。

三个机制，即参政议政课题申报立项机制、提案形成机制和成果奖励机制。会中央面对专门委员会和省级组织广泛征集课题。经过2008年的征集，我们在50多项中选出了11项重点调研课题，并对其给予经费资助和其他形式的支持。这些重点调研课题已经结题，成果已经提交中央。所以明年两会至少可以从11项里面挑出一个最好的。参政议政跟科研有点像，立项的时候我们都觉得是最好的，最可能出成果，但是由于种种主观客观理由，最后成果可能不如立项时预计得那么理想。所以这次有11项成果，我们就会比较有把握，当然花费的精力和努力也要加倍了。对这11项成果和省级组织、专门委员会提供的100多项调研成果，会中央正在进行提案评审工作，由各省级组织和相关专家对立项课题和省级组织提供的调研成果进行评审，然后经会中央建立的一套决策机制进行审定，最终将确定明年会中央在全国政协大会上提交的党派发言和党派提案，以及民进组提案。对入选的提案会中央将根据有关规定予以奖励。

提倡一个转化，提倡把社会服务中获得的社情民意、发现的问题，以及带有政策性、全局性的经验及时向参政议政成果转化。正如全会期间秦刚同志在科学发展观辅导报告中所说，有些理论提出是滞后于实践的，实践后得到理论上的提高，然后再用于指导实践。实际上这种转化我们一直在做，这次明确提出来就是使大家更有意识、更主动、更自觉地去做。举两个例子，比如我们召开的海峡两岸系列论坛，这是社会服务工作，但是其中可以获得可以促进两岸关系和平发展的很好的信息，甚至形成提案，我们就通过一定的途径向中央反映。还有抗震救灾工作中，今年到地震灾区去探望的时候，各党派针对抗震救灾发言，当时我代表民进发言的内容很多都是根据社情民意的信息转化来的。这两个转化都是比较成功的，我们要继续提倡成果的转化。

二、新形势与新任务

面临的形势和我们的责任。当前，国际国内形势正发生着深刻变化。尤其是世界金融危机的蔓延。从今年9月开始，金融危机在我们国家的影响已经开始显现，呈现出从东部沿海向中部内陆蔓延，从中小企业向大企业蔓延的趋势，从金融领域向实体经济蔓延等等趋势。世界金融危机的影响和我们自身在改革发展中长期存在的体制机制问题交织在一起。比如说粗放型发展引起的资源环境问题，比如说城乡一体化后出现的很多问题，包括现在农民工失业返乡等等类似这些问题交织在一起。用胡总书记的话说，我们面临的挑战是前所未有的，但是我们面临的机遇也是前所未有的。在挑战与困难面前，需要我们全会和党同心同德，坚定信心，克服困难。我们整个改革开放的历程，就是在不断挑战困难中前进；也就是我们在党的领导下，与党同舟共济，同心同德，荣辱与共。这次在进海协商经济工作的时候，锦涛总书记专门对民主党派表示感谢。他说，过去我们一直是同心同德、同舟共济，在面对经济可能会更困难的2009年，更需要大家集智聚力，同心同德。在挑战面前需要趋利避害的智慧和良策，所以希望全会上下都能认清形势，认真、深入地学习贯彻科学发展观，提高参政议政能力，为我们国家应对新的挑战贡献我们的智慧和力量，这是新形势新任务。

我想花一点时间，就深入贯彻科学发展观谈一点意见。当前，中国共产党正在开展学习贯彻科学发展观的活动，这是执政党在新形势下加强自身建设的重大举措。作为参政党，我们也必须深入学习贯彻科学发展观。我们是中共领导下的参政党，要做好参政议政工作，必须把握好科学发展观的内涵、精神实质、工作要求。这样我们的参政议政工作才能把握正确的方向，找准目标，才能真正围绕大局，献出我们的诤言良策。学习科学发展观要掌握好几点：

1. 发展是第一要务。科学发展，目的是要发展。发展是中国共产党执政的第一要务，发展是硬道理，是强国富民之本，也是社会和谐之本，必然也是民主党派参政议政的第一要务。所以我们一定要把促进发展作为着力点。目前面临经济危机，2009 年更要把促进我国经济平稳较快发展作为参政议政的重点。要主动思考，深入调研，积极准备，及时建议。现在党中央国务院已经采取了一系列重大举措，但是这些举措够不够？好的举措能不能执行不走样？我觉得这都是我们参政党要关注的重点。

2. 科学发展观的核心是以人为本。满足人民的需要和促进人的全面可持续发展，这是共产党不懈奋斗的目标，也是民主党派参政议政的出发点。所以我们必须围绕以人为本这个核心，把维护人民的根本利益作为参政议政的出发点，真正做到参政为民。当前，随着经济体制、政治体制和各方面改革的深入，各种利益关系的调整，使得一些深层次的矛盾和问题凸显出来。围绕民生，应该是参政议政的重点。要体察民情、反映民意，关注人文精神，深入基层、深入群众，积极反映社情民意，通过参政议政，促进把以人为本的要求落到实处。

3. 科学发展观是要追求全面协调、可持续发展。四位一体、全面发展是科学发展的内涵要求。既要坚持为经济建设这个中心服务，以经济建设带动其他方面工作的开展，又要通过推进政治建设、文化建设、社会建设，来为经济建设提供更有力的支持和环境，这样才能真正实现和谐社会、全面小康。又好又快发展，意味着我们既要解决当前的问题，又不能忘记未来子孙的需要；既要考虑人自身的需求，还要考虑人与自然的协调。这中间有很多我们参政议政的空间和需要。

科学发展观意味着实事求是，统筹兼顾。统筹兼顾是根本方法，实事求是是基本态度。这意味着我们要深入调研，尊重规律。统筹兼顾是科学发展观的根本方法，也要求我们参政议政要有大局的眼光，正确认识各方面的重大关系，需要我们不懈地学习，开拓眼界；需要我们踏踏实实，深入调研。这样我们才能掌握规律、认识规律、尊重规律。会中央在这次全会期间提出，学习贯彻科学发展观要和我们开展主题教育活动、坚定政治信念相结合，要和纪念新中国成立 60 周年和人民政协成立 60 周年相结合，要和自身建设、履行职能相结合。今天是参政议政会议，所以更需要学习贯彻科学发展观，用它来指导参政议政工作。

三、与时俱进，推动参政议政工作上一个新台阶

首先是提高认识，增强责任心。要认识到为什么把参政议政作为参政党的命脉和生命线。我认为参政议政是参政党的价值所在，这是由我们的政党制度决定的：我们的政党制度是中国共产党领导，中国共产党执政，各民主党派参政这样一个政党制度。所以我们进行参政议政，既是执政党的要求，也是政党的定位所决定的。这也是科学决策的需要：我们这样一个幅员辽阔、情况复杂的国家，要用这么短时间完成发达国家历史上那么长时间才实现的发展，我们实现的是大跨越，走的是从来没人走过的路。这时候尤其需要科学决策，其基础就是民主意志。参政党的作用就是要促进我们国家的一些重大决策更加科学，减少失误。这也是我们党派扩大社会影响的需要：一个党派在参政议政上有哪些重要的提案？有哪些民生问题是通过我们的作用促进解决的？这是人民对党派社会形象的认识，也是会员的期待，同时也是凝聚力的源泉。用什么将广大会员凝聚起来？在主题教育活动中，广西民进最先提倡会员自问（后来很多地方都提出）“我为什么加入民进？我为民进做了什么？我给民进留下什么？”我自己的切身体会是：报国的路很多，但是参加民主党派，让我多了一条报国的渠道，多了一扇信息的窗户，多了一座交流的桥梁。参政议政就是我们报国的一个渠道。我本来是用我的专业知识在我的专业领域为国效劳，现在我的专业知识可以影响国家决策。知识分子都希望实现自己的价值。如果我们参政议政能发挥作用，就会让会员觉得参加这个党派没有参加错，实现了价值，让我们党派更有凝聚力。所以说，参政议政是参政党价值所在。

参政议政也是我们素质和能力的表现，同时它会促进我们提高素质。素质和能力的体现我就不说了。反过来我们要做好参政议政，面对很多困难，我们就要去思考，要在思想上统一，在思路上梳理。调动大家的积极性，作风要务实。另外要建立我们的队伍，完善体制机制。实际上在推进参政议政工作的同时，就是在推进自身建设。我是从这样的两个角度来认识为什么参政议政是民主党派的命脉和生命线。

其次，“上一个新台阶”，就是顺势而为。参政党要顺势而为，这是我们主席班子在年初谈心会上形成的共识。这个“势”，一个是形势。我们的形势复杂多变，形势的需要在变化，形势许可的条件也在变化。我们一定要认清形势，才知道该做什么，什么时候去做，从什么角度去做。形势也包括了多党合作的框架。中国共产党领导，多党合作；共产党执政，民主党派参政。这也是“势”，是“大势”。改革开放进入关键时期这也是我们的大形势。所以为什么要对克服这次的金融危机坚定信心，其中一个基本判断就是，我国仍然处于战略机遇期。困难和挑战前所未有，机遇也前所未有。这就是“大势”，这也决定了我们的政策和一些思路。所以这个顺势而为首先是形势。

另一个是优势，换句话说就是我会的会情和实际情况。新时期民主党派的优势究竟在哪里？我们不断地分析，要把这个优势发挥到极致。我们肯定有弱势，那么就要通过努力把弱势减少到最低程度，这也是对我们的考验。民主党派以兼职人员为主，专门委员会的专家、主委们都是兼职为主，在时间上和精力上和专职人员比有弱势。但如果我们辩证地想一下，正因为是兼职，大家在专职岗位上的专业特长、在专业岗位上的人脉关系如果我们能吸引过来，那我们的十一万会员就不是十一万人了。所以要认清我们的优势，优势有两个含义，从人数看我们绝对不占优势，十一万会员和七千万共产党员怎么能比？但是我们是高中级知识分子为主，知识分子的相对比例要大，这是一个。另外我们掌握的财力有限，我们的重要资源是智力资源，我们是要把智力资源发挥到极致。我们民主党派没有求政绩的冲动，没有行政的限制，更超脱一些，也更可以讲一些真话。至少从总体上说，我们对“钱”“权”的追求要超脱一点。这些都是我们的优势。另外作为学者，学术流派也很多，各个领域都存在，而在我们这里，学术流派不是主要因素。这些都是我们的优势。我们要努力挖掘优势。这些优势有些是明显的，有些是潜在的，明显的要发挥好，潜在的也要把它变成明显的。这是顺势而为的第二个“势”。

再一个是客观规律。很多事情急不得，也不能太理想，它有一定的客观规律，这就考验我们的水平和能力。为什么现在强调调研，因为现在提建议不是拍拍脑袋就行了。共产党执政 60 年了，有大量的调研力量，如果我们不进行调研，很难提出深层次的意见，很难反映真正的客观规律。我们资源有限，顺势而为，才能达到事半功倍。

第三，坚持改革创新，不断完善参政议政工作机制。

创新是形势逼出来的，是任务压出来的，是责任心驱使的。创新是以效果来评价的，而不是用口号来评价。我们这里讲创新参政议政工作机制，是进一步集智聚力，是适应形势与任务的需要，是服务科学发展的需要。刚才谈到 2008 年工作，我想这里把大家比较关注的再提一下。

一是课题立项机制。我们已经做了改进，可以考虑是不是还有进一步改进的余地。这次中全会分组讨论中我参加了三个组的讨论，其中大家有很多好的建议，比如课题是不是要分层次，是不是要多种形式、多个平台、多个角度，我很同意，多个的积极性总比一个的积极性好。所以在课题立项方面，我们还可以继续思考，进一步发挥各级组织的积极性。

二是完善资源整合和共享机制。资源的共享就是利益的共享。利益不共享，资源共享是空话。我们要资源共享，除了要号召外，一定要在利益共享上多动脑筋，最终能实现专职和兼职、中央和地方、会内和会外、参政议政与其他工作的多赢。

三是参政议政与其他工作的成果转化机制。与社会服务成果的相互转化、与宣传工作成果的相互转化（宣传工作中也可以发现很多社情民意）、与信息工作的成果相互转化，互相转化就会起到互相促进的作用。

四是老阵地与新领域的关系。上一届领导提出“巩固老阵地，开拓新领域”，是总结了很多人的问题、意见和经验，最后归纳成这两句的。所以我们在新一届还是坚持这两句话，同时为了强调我们要把工作做得更好，我们提出“以新作为巩固老阵地，在顺势中开拓新领域”，看是不是能代表大家的共识。

五是常规工作和应急机制的结合与兼顾。这次参加二中全会讨论的时候了解到，宁夏的统计局长是我们的中央委员，他搞统计的，又是学财经的，他对经济数据既有便利，又很敏感。他在工作岗位上从6月就感觉到数据不对，因此从政府的渠道给上级提出了预警信号，得到了重视。我当时就说，如果会中央及时获悉，及时向中央政府提出来，那就是具有前瞻性的意见信息了。我为什么说这个例子呢？因为应急的东西往往不是预先能规划好的。比方说三中全会提出的有关三农的问题，比方说应对金融危机拉动内需，比方说灾区重建，这些是我们很有把握肯定是明年关注的。但是有些东西是我们现在预见不到的。这些应急的东西怎么办呢？我想这些都是可以讨论的，也希望大家出出主意。以前没有长效机制，全是临时抱佛脚，这样不行，但全是计划经济，没有一点灵活性也不行，我们就要不断探索。总之，希望大家能够进一步提高认识，为推进国家的科学发展的这样一个目的，一切来加强我会参政议政的体制机制建设、队伍建设和能力建设。

四、关于加强反映社情民意信息工作

会中央高度重视信息工作，把加强信息工作作为加强参政议政工作的一个重要题目。我这里就讲两点意见，一是要提高对信息工作重要性的认识；二是要进一步改进信息工作的机制和方式。

（一）提高对信息工作重要性的认识

对党派而言，反映社情民意信息工作是民主党派履行职能的重要基础、快捷渠道，是长效机制与应急机制的结合点；对国家而言，反映社情民意信息工作是发扬社会主义民主、促进科学民主决策的重要形式，是党和国家社会舆情汇集和分析机制的重要组成部分。有些问题，如果我们早点注意舆情的分析，早采取措施，就可以防患于未然，把矛盾解决于大爆发之前。所以信息工作对国家而言也是非常重要。

信息具有题材灵活、针对性强、时效性强、参与门槛低、成果转化潜力大、呈送便捷等特点。前面举过这个例子：今年汶川地震发生后，社情民意发挥了重要作用，通过社情民意信息渠道为救灾行动出谋划策，为重建家园献计出力，会中央收到相关信息600多期，向中共中央统战部报送100多期，这些我就不再具体说了。近几年我们有很多好的提案，包括蔡继明同志建议大幅度提高矿产资源补偿费，陈守义同志提出政府预算需要阳光监督，叶青同志提出应适时减免农产品流通税，胡卫同志提出的规范“名校办民校”等等，这些信息都引起了中央领导的重视，有效地促进了相关问题的解决。这不是我们事先立项的，这完全是从社情民意中提炼出来的。

（二）积极探索进一步加强社情民意信息工作的措施与途径

我们现在实行的有一些很好的制度，比如对省级组织，我们设置了专项奖励，这也是一种促进。在基层组织活动中曾经有地方搞过“五个一”活动，其中的一个“一”就是一年提出一条信息。我觉得作为政党来说，基层会员活动的时候，能不能谈谈身边的事，谈谈社情民意，将其作为我们基层活动的一部分。这些以前都有很好的做法，大家可以再好好交流。

特别对于成果转化我再多讲几句。社情民意信息工作必须要和专委会工作紧密结合。社情民意工作本来就是从提案、专题调研、会议活动中拓展出来的。它的“出身”决定了它和参政议政、和调研是密切相关的。参政议政定什么题目、提什么建议，必须了解和掌握相关的社情民意。专门委员会集中了一大批的专家学者，他们有的待时机成熟会拿出大块的成果，有的会随时有信息提供给我们，哪怕三言两语的社情民意也是成果，我们都要鼓励。所以社情民意工作要和专委会工作结合。

第二，社情民意要和专题调研结合。专题调研都是为了一些重点课题去调研，但是调研中间有很多意外的收获，这里就包括了社情民意。专题调研在出报告的时候，一个调研往往应该出一系列成果而不是一个成果。但是党派内部也有职能分工，这时候怎么协调呢？大家在思想上要认识到重要性，在工作上要紧密配合，在制度上要不断完善。

第三，要和社会服务工作结合。社会服务是我们基层活动的重要内容，是凝聚会员的重要形式，是我们树立社会形象的重要途径，但是要对全局发挥作用，最终还是要对国家制定大政方针产生影响。我们在一个点上服务，会发现一些问题，而且往往不仅仅是这个点上的问题，而是制度问题、是政策问题，这时候就应该转化为参政议政的信息。社会服务绝对不能只满足于完成一个项目，应该由这个项目带出一系列参政议政和社情民意的成果。

最后一点，希望从中央到地方都能进一步健全工作机构，加强人才队伍和制度建设。在会中央，社情民意是参政议政部门工作的一部分，各级组织可以根据实际情况，落实责任。机构我们不强求统一，因为各地情况不一样，但是希望都能够落实工作责任，加强机构和队伍建设，为社情民意工作提供必要的条件。一要建立健全社情民意信息的汇集机制，包括中央和地方，会内和会外等等。希望能够进一步延伸和拓宽社情民意信息的收集渠道，畅通会员参政议政的途径。我们 29 个省汇总报中央，这是一个传统做法，那么是不是可以放宽限制，比如有些省辖市，是不是可以直报？不管哪级组织发来的，成绩都算做省里的，实现多赢。或者会员可不可以直报？因为关口一多，时效性就要受影响。这些大家可以再探讨。二要建立健全社情民意的策划和分析机制。要定期联系或组织相关领域的专家学者和有关部门座谈，准确把握党和国家的重大战略部署和社会关注的问题，研究信息收集报送的重点。三要建立健全信息提炼机制和成果转化机制。我刚才说的是从社会服务中，从参政议政调研中，转化成一系列社情民意，这里说的是把社情民意分析后转化为参政议政成果。这两方面转化的机制还要研究。这里面就有信息的提炼。成果转化往往涉及几个部门。我们总向中国共产党、向国务院提意见，说他们部门之间不协调，我们民主党派人数相对少一点，权相对小一点，我们自己是不是能协调好？这里也有利益机制或惯性在里面，中央和各级组织都可以再探讨。

当然，我们还要加强宣传、营造氛围。比如对先进的表彰，刊物的刊登等等。

同志们，我相信，在中国共产党的坚强领导下，在科学发展观的指导下，在我会 11 万会员、各级领导班子和机关干部的共同努力下，我们一定能与时俱进，不断提高我们的参政议政能力，提供更多有价值的社情民意，使我会在履行职能中再创佳绩。

我的讲话完了，谢谢大家。

在民进中央机关纪念改革开放 30 周年座谈会上的讲话

（2008 年 12 月 15 日）

严隽琪

同志们：

刚才听了各位的发言，受到启发和鼓舞。如果说我当主席的信心逐步增强，也来源于机关的支持。我们不仅要埋头苦干，更要停下来想、看、交流。今天是怎么来的？今后的路怎么自觉主动地走好？今天，我们召开民进中央机关纪念改革开放 30 周年座谈会，这是我会纪念改革开放 30 周年系列活动之一。刚才，7 位同志从不同角度讴歌了我国改革开放 30 年取得的伟大成就，回顾了在我国多党合作事业进一步发展、参政党建设不断加强以及在此背景下，民进机关建设走过的不平凡的历程，也有自己与时代一起成长的感悟。时间有限，却情真意切。言语中反映了同志们对祖国的热爱，对多党合作事业的忠诚，对民进的深情，以及对机关工作的深入思考，对人生、对价值的思考。在此，我代表会中央领导集体，对中央机关在民进事业中发挥的作用和做出的成绩表示赞扬，对机关的同志们表示亲切的慰问和衷心的感谢！也借此机会向大家拜个早年！

一、民进机关的变化与成绩是多党合作事业发展的一部分，体现了改革开放的时代特点

30年前，改革开放吹响了中国新的伟大革命的号角，也开启了我国多党合作事业蓬勃发展的新阶段。改革开放拓展了民进的舞台，民进见证和参与了统一战线和多党合作理论与实践的丰富和发展，特别是中国特色政党制度的发展与完善。而民进也在改革开放的大潮中得到历练、发展和提高，展现出生机蓬勃的新局面。30年来，民进经历了从“拨乱反正、恢复发展，探索为四化建设服务”到“明确参政党定位，探索加强自身建设、全面发挥参政党作用”，再到“实现整体性新老交替和政治交接，探索建设高素质参政党、为全面建设小康社会作贡献”的三大阶段。民进积极适应新形势新任务新要求，积极履行参政党职能，切实加强自身建设，在思想、组织、作风、制度和理论等方面进行了不懈的探索和实践，取得了长足的进步。在这一历史过程中，全会机关建设不断加强，条件不断改善，制度不断完善，工作效率不断提高，人员不断充实。尤其是会中央机关工作人员的精神面貌焕然一新，工作水平大幅度提升，在全会的机关建设中起到了示范与带动作用，也为民进的发展尽到了应有的责任。可归纳为以下四个方面：

一是设施的明显改善。新建办公大楼、配置现代化办公设备、构建依托信息技术的工作平台，使工作环境大为改观。二是各项制度的建立和完善。办文、办事、办会的工作程序；选人、用人、培养人的人事制度；财务、内部审计与资产管理制度；行政管理制度等，使工作更规范有序。三是队伍建设大有起色。通过拓展与规范人员入口，优化了机关干部的年龄和知识结构；通过以政治交接为主线的思想政治教育及业务培训和能力建设，使队伍的素质不断提高。四是人文关怀与作风改进。机关工会、党支部、团支部和民进支部齐心协力，积极开展各项文化活动，对老干部尊重与关怀，对青年干部严格要求与锻炼培养。目前，在机关里，主动负责、勇于承担的精神；虚心学习、勤于思考的态度；不怕疲劳、连续作战的作风；团结和谐、互相配合的风格已形成可喜的机关文化氛围。

会中央机关的进步是民进事业发展的一个缩影，机关建设取得的显著成绩，与改革开放社会经济发展的大局分不开，与中国特色的社会主义政治发展道路分不开，也与在座各位以及老同志们一代代持续不断的努力和积累分不开。我虽然到中央工作时间不长，但对中央机关建设的成果已有了切身的体会。我知道机关今天的环境、条件、作风、能力来之不易，非朝夕之功，凝聚了许许多多干部群众的共同努力。我们在享用前人成果的同时，有责任认真总结经验、继承优良传统，并且坚持与时俱进，争取新的进步。

二、机关在党派工作中的重要位置

回顾30年党派工作发展的经验，有一条就是全会上下对机关工作在参政党建设中的重要性有着共识。在我国多党合作的政党体制中，参政党的机关建设居于极其重要的保证地位，因为他发挥着不可或缺的纽带、桥梁、参谋、窗口、文秘与后勤保障的作用。机关是承上启下的办事机构，是常设的工作班子，机关要贯彻实施领导班子的意图、决策和计划；要提供参与策划、起草修订文件的具体服务；要搜集、梳理、承转、上报基层组织、会员和社会的情况、意见及要求；要协调、整合、统筹各类资源；要组织各类会议或活动。机关作风和工作效率，反映了党派的精神面貌，关系到参政党履行职能的水平、影响到参政党自身的健康发展、影响到多党合作事业的巩固和发展。

30年的实践也不断地证明着机关建设的重要意义。仅中央机关，就有太多的例子可以举出来：胡总书记等中共中央领导在2003年对我中央机关信息化工作的充分肯定；会中央机关党、团支部荣获中直机关先进褒奖；每次中全会或代表大会等重大会议时，中央机关各部门在秘书长的统筹协调下，不怕疲劳、连续作战，提供了有效服务；这次抗震救灾中，机关各部门以“灾情就是命令、救灾人人有责”的高度责任心，主动提出建议，认真承担系列爱心活动的组织服务工作，积极开拓工作渠道，工作量大大超出了平常；等等。机关工作对会中央提供了强有力的支撑，也对全会各级机关起到了示范与带动的效果，给会内和会外的同志都留下了良好的印象。机关工作在促进会内的凝聚力，促进社会对民进的认可上起了不可替代的作用。

因此，建设高素质参政党，必须建设高素质参政党机关。我们要从加强中国共产党领导的多党合作和政治协商制度的政治要求，从参政党建设可持续发展的历史要求，从坚持改革开放事业的时代要求，进一步提高对建设高素质参政党机关的重要性、必要性和紧迫性的认识，努力把机关工作提高到新水平，为把我会建设成为适应新形势要求的高素质参政党奠定坚实的基础和提供有力的保障。

三、搞好政治交接，学习贯彻科学发展观，进一步推进高素质参政党的机关建设

记得在三次中常会上，我们曾经分析过我们的环境在不停地变化，所以我们也不能停下前进的步伐。环境的变化迫使我们不断创新，变化表现在：一方面，经济全球化的发展，深刻地影响国际与国内大局，不确定不稳定因素明显增多。改革开放以来，中国的前途命运日益紧密地同世界的命运联系在一起，使我们面临新的重大机遇和挑战。改革开放既使中华民族重新焕发出了青春的活力，也给执政党和参政党提出了许多必须研究和解决的新问题，对参政党的素质和履职能力提出了更高的要求。另一方面，中共十七大提出要以改革创新推动中国共产党建设的新的伟大工程，科学发展成为中国共产党执政的第一要务，中国共产党在马克思主义中国化的理论方面不断创新，形成了体系。这些重要的进步和变化对参政党建设必然产生重大影响，因为“执政党建设与参政党建设互相促进”是我国政党制度决定的，是参政党“顺势而为”的重要内涵。当前，中共在开展科学发展观的学习活动，我们也要认真学习实践科学发展观。第三方面，科学技术的日新月异会导致新方式、新节奏、新关系的出现，如生活方式、工作方式、交流方式、传媒介质语言乃至思维方式等等都会发生很多意想不到的变化。由此会对执政者，也对参政党提出如何用好双刃剑，如何趋利避害的新挑战。最后是党派自身，新中国前后出生、90 年代以后加入民主党派的同志陆续走上了民主党派各级领导岗位。同样，机关的负责人与机关的工作人员也在经历着自然的新老交替。所以，如何发扬好的传统，实现新的飞跃，这个任务摆在了新一届领导班子，也摆在机关干部的面前。所以民主党派，包括机关要认真学习历史，学习和继承老一辈民主党派领导人在长期革命和建设实践中形成的优良传统和高尚风范，及时总结经验，发扬好的作风。当前特别要深入学习贯彻科学发展观，今天的座谈会是实际行动，怎么创新，进一步适应建设高素质参政党的时代要求。提出三个方面供大家思考：

一要在理想信念和指导思想上形成坚定的共识（即三个认同）。

一是“道路认同”。就是坚持走中国特色社会主义的政治发展道路。这条道路是民进老一辈领导人当年作出的正确的历史选择，无论时代怎样变化，这条“正道”不能偏离。搞好政治交接是民进要长期坚持的一条主线，这是继承发扬民进光荣传统的需要，是坚持和完善共产党领导的多党合作和政治协商制度、夯实多党合作的思想政治基础的需要，也是机关必须遵循的政治原则。二是“目标认同”。争取民族解放、国家强盛和人民幸福，是中国特别是近二百年来，一代代仁人志士探索追求的崇高目标和前赴后继的无穷动力。全面建设小康社会、发展中国特色社会主义，是当代中国执政党和参政党共同的奋斗目标。我们必须认清肩负的历史任务，把发展作为参政议政的第一要务，学习贯彻科学发展观，与中国共产党，与中国人民共呼吸，同心同德、参政为民，也是机关干部工作责任心与工作热情的主要源泉。三是“文化认同”。文化是融化在血液里的天然联系。社会主义核心价值体系是优秀中华文化在新时期新阶段的体现。民进要加强党派自身的文化建设，推动全会形成价值理念的共识，以优秀中华文化的巨大魅力增强会员的爱国情感，努力建设现代中华民族共同的精神家园，为构建和谐社会、和谐政党奠定文化的基础，也是机关良好、健康氛围的保障。

二是加强作风建设提高工作效率。

会中央机关经过多年努力，培养的良好工作作风已产生了显著的政治效应和社会效应。但是加强机关作风建设是机关工作的长期任务，要不断地研究，不断地实践，不断地加强。当前和今后相当长的一段时期，中央机关特别是负有领导职务的干部一定要带头学习贯彻科学发展观，进一步增强大局意识（做到勤奋学习，开阔视野，自觉地服从和服务于大局，考虑问题、办事情都要从大局出发，坚定不移地坚持和完善我国的基本政治制度和政党制度，维护多党合作的政治格局，积极服务于参政党履行职责的需要，进一步增强事业心、责任感和使命感）。合作意识（无论在任何部门、任何岗位都要能够把自己的部门与岗位置于全机关工作大局中去思考，善于做换位思考，改善沟通机制、勇于担当、齐心合力）。服务意识（机关工作要为领导决策服务、为会员服务、为基层服务。需要工作讲质量，服务讲周到，处事讲方法，接待讲热情，需要认真细致，任劳任怨、敬业奉献）。进一步提高工作效率，确保会中央的决策部署得到及时的执行落实。达到“没决策之前为领导班子当好参谋助手、对已定的决策保持思想一致、贯彻落实的行动及时有力、部门间协调有序、气氛和谐积极”的目标。

中央机关的各个部门都承担着十分重要的工作：宣传工作（把方向、提精神、树形象）、组织工作（强干壮体、正风肃纪）、参政议政和社会服务工作（体现能力、实现价值）、理论研究（增强底气、提供后劲）、办公厅工作（资源配置、后勤支持），中央机关的各个岗位都意味着一份责任与任务，这些职能都不可缺少。但机关是一个整体，特别是党派机关的人力资源有限，任务却不断加重，所以工作作风和工作效率就日显重要。效率从何而来？在共同的思想基础上，在个人的素质和积极性得到提高的同时，体制与机制就成为关键的因素。合理的制度是根据实践需要而制定、改善和发展的，它必须有利于决策的落实、有利于合力的形成、有利于信息的通达、有利于流程的优化、有利于各级积极性的发挥。作风是什么？首先是领导干部的表率，作出榜样，抓出实效。领导干部要带头发扬勇于负责的精神，对矛盾和问题不回避，及时研究，积极推动解决；对涉及多个部门的问题要主动沟通，及时协调，不推委扯皮、揽功推过、以邻为壑。机关党、团、民进支部和工会组织要坚持好的传统，在营造健康、积极、向上的工作氛围中发挥骨干作用。部门领导和人事部门要加强了解干部群众，特别是机关年轻人在思想上、在进步需求上、在生活上的动态，给予热情关怀和积极引导。

三是重视机关干部队伍建设。

机关工作归根到底要靠人、靠队伍。队伍建设就是要完善选人用人的方式、方法，努力营造有利于优秀人才迅速成长，支持每个人干事业、干成事业的环境。这需要进一步解放思想，开拓人力资源管理的思路。建立尊重、爱护、关心干部的机制，努力做到对人不求全，充分挖掘、利用和发挥每个人的兴趣、特长，各尽其能。对优秀的年轻干部和业务骨干，要进一步加大选拔任用的力度，扭转和改变人才断层、青黄不接的现象。机关应继续创造、开拓各种培养与锻炼的机会，达到提升干部能力的目的。如通过调查研究、挂职锻炼、轮岗交流、搭建平台等，帮助机关干部特别是年轻干部，在实践中积累经验、提高素质、增长才干；也希望机关干部自觉、勤奋地学习。大学教育给我们最宝贵的是什么？是学习的本领。要向历史学习，向周围学习，做学习的有心人，学习科学发展观、多党合作理论，也要在工作实践中学习，努力钻研业务，不断提高自身能力和水平。

同志们，我们经历了改革开放的伟大历史进程，参与了统一战线与多党合作的伟大实践，见证了中国特色政党制度的不断发展和完善。回顾历史，总结经验，是为了更好地前进。如果要说我会或机关行之有效的经验和做法，那就是“以学习培训为先导，在继承中创新，在探索中完善”。

总之，形势的发展和任务的增多，对参政党机关建设提出的要求越来越高，对机关工作人员的要求越来越高。我们要清醒地认识到肩上责任，扎实工作，与时俱进，开拓进取，把机关建设提高到新的水平，为我会建设适应时代要求的高素质参政党作出新的贡献！

齐心协力迎来中华民族21世纪新的腾飞

——在统一战线各界人士纪念中共十一届三中全会召开30周年座谈会上的发言

（2008年12月19日）

严隽琪

同志们：

今天我们统一战线各界人士齐聚一堂，隆重纪念中共十一届三中全会召开30周年。我谨代表各民主党派中央发言，和大家一起回顾多党合作事业与改革开放同行的30年，心情格外激动。

改革开放是中国共产党在新的历史条件下带领人民进行的新的伟大革命，它极大地调动了亿万人民的积极性，成功实现了中国的伟大历史转折；极大地解放和发展了社会生产力，使我国经济持续快速发展，人民生活显著改善，城乡面貌日新月异，综合国力大幅提升，政治建设、文化建设、社会建设都取得举世瞩目的成就。今天的中国人民意气风发、欢欣鼓舞，今天的中华民族扬眉挺胸，屹立于世界民族之林。

历史雄辩地证明，改革开放是决定当代中国命运的关键抉择，是发展中国特色社会主义的强大动力，是实现中华民族伟大复兴的必由之路。改革开放的伟大实践，铺就了中国特色社会主义道路，形成了中国特色社会主义理论体系。今天，我们回顾总结改革开放的伟大历程、光辉成就和宝贵经验，最根本的就是要高举中国特色社会主义伟大旗帜，坚持这条道路和这个理论体系不动摇。

我国多党合作事业的发展与改革开放息息相关：多党合作的理论政策是不断与时俱进的中国特色社会主义理论的重要组成部分；多党合作的实践沿着中国特色社会主义道路而丰富发展，民主党派作为参政党的地位和作用日益显现；中国共产党全面推进党的建设新的伟大工程，促进民主党派的自身建设不断适应新要求、迈出新步伐。认真回顾和总结30年来我们走过的道路和取得的经验，会给我们启示和鼓舞，会使我们继续坚持改革开放的伟大事业，不断走向新的胜利。

第一，明确民主党派的性质，促进了党派自身发展壮大和参政党作用的发挥。

中共十一届三中全会后，以邓小平同志为核心的中共第二代中央领导集体强调民主党派是“各自所联系的一部分社会主义劳动者和一部分拥护社会主义的爱国者的政治联盟”，解决了新的历史条件下民主党派存在和发展的根本问题。十三届四中全会后，以江泽民同志为核心的中共第三代中央领导集体明确我国各民主党派是“致力于社会主义事业的参政党”，参政的基本点是“一个参加、三个参与”，为民主党派发挥参政党作用提供了理论支撑。十六大后，以胡锦涛同志为总书记的中共中央提出“各民主党派是各自所联系的一部分社会主义劳动者、社会主义事业建设者和拥护社会主义的爱国者的政治联盟”，为民主党派不断发展并为建设中国特色社会主义事业贡献力量奠定了基础。

第二，推进多党合作的制度化建设，促进了政治协商、参政议政、民主监督的规范化。

改革开放30年来，中国共产党领导的多党合作和政治协商制度上升为国家的一项基本政治制度，载入宪法并纳入社会主义初级阶段的基本纲领。在1989年、2005年和2006年，中共中央先后制定了三个具有里程碑意义的重要文件，标志着我国多党合作制度建设的加强和深化。随着多党合作制度化、规范化、程序化的稳步推进，民主党派参与政治协商，履行参政议政、民主监督职能的有效性不断提高。中共中央同民主党派中央政治协商的内容、主要形式、主要程序更加明确、规范；民主党派围绕执政党和政府中心工作，积极履行参政党职能，参政议政、民主监督的领域更加宽广，渠道更加畅通，形式更加丰富，制度更加健全；一大批民主党派成员走上各级政府和司法机关领导岗位，推动了国家政权建设。

第三，坚持走中国特色社会主义政治发展道路，坚持和完善多党合作制度，推进了我国社会主义民主政治建设。

胡锦涛同志在纪念中共十一届三中全会召开30周年大会上强调，我国政治体制改革是社会主义政治制度的自我完善和发展，必须坚持中国特色社会主义政治发展道路。中国特色社会主义政治发展道路，是中国共产党和包括各民主党派在内的中国人民自己选择的一条正确的政治发展道路。各民主党派引导广大成员和所联系的群众，增强对这条政治发展道路的自觉认同，坚持和遵循多党合作的重要政治准则，在借鉴人类政治文明有益成果的同时，坚决抵御西方政治制度和政党制度的渗透和影响，维护了“共产党领导、多党派合作，共产党执政、多党派参政”的政治格局。通过坚持和完善我国的多党合作制度，把选举民主和协商民主结合起来，坚持中国共产党的领导、人民当家做主和依法治国的有机统一，扩大人民群众有序的政治参与，畅通社会各阶层利益表达的渠道，促进执政党和政府决策的科学化和民主化，推进我国社会主义民主政治发展、社会主义政治文明建设积极稳步前行。

第四，共同致力于中国特色社会主义事业，为改革开放和现代化建设作出了重要贡献。

坚持和发展中国特色社会主义，建设富强民主文明和谐的社会主义现代化国家，已经成为我国各政党的共同奋斗目标。各民主党派坚持把促进发展作为参政议政的第一要务，紧紧围绕国家的中心工作，发挥自身特点和优势，认真履行参政议政、民主监督职能，积极推进社会主义经济建设、政治建设、文化建设、社会建设。改革开放30年来，各民主党派深入调查调研、积极建言献策，大力开展扶贫开发、兴办公益事业，及时反映社情民意、维护安定团结，加强对外联谊、开展交流交往，提出了大量利国利民的意见和建议，办成了许多有经济效益和社会效益的好事和实事。广大党派成员在本职岗位上建功立业，涌现出了一大批先进人物，为坚持改革开放，推动科学发展，促进社会和谐，实现祖国统一，作出了重要贡献。

第五，坚持执政党和参政党自身建设互相促进，实现了我国政党关系的长期和谐。

改革开放30年来，中国共产党科学判断所处的历史方位，全面加强党的先进性和执政能力建设，始终站在时代前列，充满生机和活力。中国共产党积极支持民主党派全面加强参政党建设。各民主党派把政治交接作为自身建设的长期战略任务，坚持继承和发扬老一辈领导人与中国共产党团结合作的优良传统，坚持用社会主义核心价值体系统领广大成员的思想，不断巩固多党合作的思想政治基础。按照参政党建设的目标和原则，以思想建设为核心，以组织建设为基础，以制度建设为保证，以领导班子建设带动队伍建设，逐步提高了参政议政、民主监督的能力。30年来改革开放的道路充满艰辛与曲折，各民主党派始终与中国共产党肝胆相照、荣辱与共，戮力同心应对来自国际与国内，政治、经济和自然界的各种风险和挑战，一道经受考验，一同胜利前进，促进了我国民主团结、生动活泼的和谐政党关系。

当前，我国进入了全面建设小康社会和加快社会主义现代化建设的新阶段，多党合作事业处于一个新的历史起点。回顾过去、展望未来，我们坚信多党合作制度和民主党派将有更大的发展空间，也将面临更为艰巨繁重的历史任务。民主党派要担负起时代和人民赋予的光荣使命，就要进一步为巩固和壮大最广泛的爱国统一战线作贡献，把改革开放以来多党合作事业的优良传统和宝贵经验传承下去；要进一步加强参政党理论建设，使中国政党理论作为中国特色社会主义理论的有机组成部分日臻完善，以增强民主党派“跟着共产党在正道上行”的自觉性和坚定性，继续当好共产党的挚友和诤友；要进一步学习贯彻科学发展观，加强对改革开放面临的重大问题和突出矛盾的研究和思考，提高民主党派服务科学发展和促进自身科学发展的能力和水平。

同志们，我们都是改革开放的见证者、参与者和成果的分享者，也是困难和风险的分担者。欣逢强国富民的新时期，我们深感荣幸与自豪；面对金融危机的巨大冲击，我们更要与中国共产党同心同德，共度时艰，回应挑战，转“危”为“机”。让我们怀着对祖国更加美好未来的信心和期待，在中国共产党的领导下，在多党合作的历史舞台上，齐心协力，把既定的宏伟蓝图变成现实，迎接中华民族21世纪新的腾飞，为人类的文明进步作出重要贡献。

与改革开放同行

（2008年12月23日）

严隽琪

今年是我国改革开放30周年。在历史的长河中，30年不过如白驹过隙般短暂，但是对于曾经积弱积贫的中华大地、对于曾经饱受动乱之苦的神州儿女，这30年是历史的巨变，具有非凡的意义。因为在这30年间，中国共产党领导13亿中国人民实现了中国命运的历史性转折，中国的经济、政治和社会发展取得了巨大的成就，数亿人摆脱了贫困，一个面向现代化、面向世界、面向未来的社会主义中国巍然屹立在世界东方。中国向着民主文明富强和谐大踏步前进的步伐吸引着全世界的目光。

30年来，社会主义民主政治建设与改革开放同行，多党合作事业进入了一个新的时期，民进也展现出生机蓬勃的新局面。回顾改革开放的伟大历程，必然要回顾并总结中国特色政党制度的历史经验，研究参政党建设的规律，这对于多党合作事业的与时俱进和对于参政党的自身建设都是十分必要的。

一、伴随改革开放的伟大历程，中国共产党领导的多党合作制度不断发展和完善，民进的面貌发生了历史性变化

改革开放30年来，中国共产党带领全国人民不仅取得了经济社会发展的丰硕成果，也扎实推进了政治体制改革和社会主义民主政治建设。这30年间，经过以邓小平同志、江泽民同志为核心的中共中央第二代、第三代领导集体和以胡锦涛同志为总书记的新一届领导集体的不懈努力，中国共产党领导的多党合作和政治协商制度上升为国家的一项基本政治制度，载入宪法并纳入社会主义初级阶段的基本纲领；坚持和完善这一制度，成为发展社会主义民主政治、建设社会主义政治文明、走中国特色社会主义政治发展道路的一个重要组成部分。

伴随我国多党合作制度的恢复与发展、坚持与完善，民进的面貌发生了历史性变化。中共十一届三中全会后，邓小平同志坚持拨乱反正，为民主党派重新定性；十三届四中全会后，江泽民同志坚持与时俱进，为民主党派准确定位；十六大后，胡锦涛同志坚持创新发展，对民主党派性质作了进一步充实和完善。从新民主主义革命时期带有阶级联盟性质的政治组织，到为社会主义服务的政治联盟，再到与中国共产党通力合作、共同致力于中国特色社会主义事业的参政党，民主党派的性质和地位发生了重大变化。多党合作理论与实践的创新发展，促进了中国民主促进会的发展壮大。民进会员的数量由1979年的6483人，发展到2008年的11万人，增长了16倍之多。

在1989年、2005年和2006年，中共中央及时总结多党合作新的实践经验，先后制定了关于坚持和完善我国多党合作制度、加强我国多党合作制度建设和加强人民政协工作的三个重要文件。文件阐明了民主党派和人民政协的性质、地位和作用，规定了共产党同民主党派合作与协商的政治准则，规范了政治协商，参政议政，民主监督的内容、程序和形式，提出了民主党派和人民政协发挥作用的一系列政策措施，为我国多党合作和政治协商提供了理论基础、政策依据和制度保障。文件的贯彻落实带来了多党合作事业的蓬勃发展，也直接推动了民进大踏步前进的步伐。

30年来，中国共产党高度重视加强和改善对多党合作事业的领导，坚持对民主党派实行政治原则、政治方向和重大方针政策的领导，支持民主党派独立自主地处理内部事务、全面加强自身建设，大力推动多党合作的制度化建设，切实照顾同盟者利益，为民进创造了良好的舆论环境和工作条件。同时，民进也继承和发扬老一辈领导人与中国共产党长期团结合作的优良传统，自觉坚定地接受中国共产党的领导，走中国特色社会主义政治发展道路。坚持以思想建设为核心，以组织建设为基础，以制度建设为保证，切实加强自身建设，搞好政治交接，提高了履行职能的各方面能力。

可以说，在这30年，民进各级组织和广大会员按照参政党“一个参加、三个参与”的参政基本点，以极大的政治热情投身于改革开放和现代化建设的伟大实践，活动舞台之广阔、工作领域之拓展、工作局面之活跃，都是前所未有的，在国家的政治生活和社会生活中发挥了重要作用。在这30年，民进始终与中国共产党肝胆相照、荣辱与共，戮力同心应对来自国际与国内，政治、经济和自然界的各种风险、危机和灾难，一道经受考验，一同胜利前进，促进了我国民主团结、生动活泼的和谐政党关系。

二、多党合作制度为建设和发展中国特色社会主义发挥重要作用，民进在改革开放和现代化建设中作出重要贡献

30年前，中共十一届三中全会开启了中国改革开放和现代化建设的新时期，掀开了建设和发展中国特色社会主义的新篇章。30年后，人们在回顾这一伟大历程取得的辉煌成就和宝贵经验时发现，中国的多党合作制度从中发挥了重要作用，民主党派作出了重要贡献。这一结论绝不是历史的偶然和人为的牵强，而是有着深刻的内在逻辑。

中国特色社会主义政治发展道路，是中国共产党和包括各民主党派在内的中国人民自己选择的一条正确的政治发展道路。民进作为中国共产党的亲密友党和参政党，引导全体会员和所联系的群众坚持对中国特色社会主义政治发展道路的政治认同，始终坚持和完善共产党领导的多党合作和政治协商制度。自1989年底至2007年底的18年间，民进中央领导人参加高层协商会、座谈会、情况通报会总计200余次，就中共中央重要会议文件、国家重要法律法规、重大政策措施、重要人事安排等问题，提出意见和建议，其中不少被采纳。目前全会担任县处级以上政府部门及司法机关实职的640人，其中副省部级以上领导职务的5人；担任全国人大代表和全国政协委员的分别是59人、77人，担任省及市县人大代表和政协委员的分别是1801人、9807人，担任各级特约检察员、监督员、教育督导员、审计员的1700多人。这些形式和途径有利于扩大人民群众有序的政治参与，畅达社会各阶层成员的诉求与愿望，促进执政党和政府决策的科学化和民主化，在保持稳定的前提下，推进我国政治体制改革和社会主义民主政治建设积极稳步前行。

在新世纪新阶段，民进始终坚持促进全会对建设全面小康社会的目标认同，把发展作为参政议政的第一要务，围绕中心、服务大局，凝聚会内外的力量和智慧，积极反映社情民意、开展参政议政和服务社会的工作。民进是以教育、文化、出版为主要界别特色的参政党，30年来坚持“巩固老阵地”，持续推进教育立法、教育改革、教师队伍建设、教育实践发展，大力促进文化体制改革、公共文化服务体系建设、文化产业发展；在近10年来，又不断“开辟新领域”，形成了节约合理利用资源、长江流域的水土保持、湿地保护、西部大开发和“三农”问题、星火科技与生态富民工程、加快民族地区发展、石漠化治理等一系列参政议政的新成果，并在全会发动了“城乡少年手拉手”、“星火西进”、“优秀教师西部行”、“民营企业西部行”等“六个西进”的活动，为促进经济社会的协调发展和人的全面发展，为缩小城乡区域发展差距，付出了巨大的心血和努力。

在对外开放和“一国两制”的大环境下，民进坚持对社会主义核心价值体系的价值认同，努力弘扬优秀的中华文化传统，致力于建设现代中华民族共同的精神家园，为实现社会的和谐、祖国的统一、民族的团结服务。民进全会形成了坚持接受中国共产党的领导、“立会为公、参政为民”的共同理念，广大会员还立足本职，为传播社会主义先进文化，提高全民族的思想道德素质和科学文化素质而努力工作。自2001年以来，民进中央连续举办了六届海峡两岸中华传统文化与现代化建设研讨会，三届海峡两岸企业合作与发展论坛，两届海峡两岸中学校长教育论坛。每届活动都得到了海峡两岸学界、经济界、企业界和政界有关人士的响应，与会者不但交流了学术成果，开展了经贸合作，也增强了中华民族和中华文化的凝聚力。

改革开放30年的实践证明，中国共产党领导的多党合作与政治协商制度深深植根于我国国情和中华文化传统中，具有巨大优越性和强大生命力。各民主党派是发展先进生产力、推进社会主义民主政治、弘扬社会主义先进文化和构建社会主义和谐社会的一支重要力量，也是实现祖国统一、民族振兴的一支重要力量。

三、在新的历史起点上，民进要认真总结改革开放以来的宝贵经验，坚持解放思想、与时俱进，再创辉煌

当前我国进入了全面建设小康社会和加快社会主义现代化建设的新阶段，多党合作事业处于一个新的历史起点。回顾改革开放30年的历程，我们应当更加自觉地坚持和运用宝贵的历史经验：

一是必须坚持中国共产党的领导，高举中国特色社会主义伟大旗帜。当前国际形势继续发生深刻变化，我国改革发展进入关键阶段。民主党派必须在旗帜、道路和理论体系上和中国共产党保持一致，坚持中国特色社会主义道路不动摇，坚持中国特色社会主义理论体系不动摇，才能不为风险所惧，不被干扰所惑，继续为建设和发展中国特色社会主义作出更大的贡献。

二是必须坚持解放思想、实事求是、与时俱进。在新的历史条件下，民主党派既要坚持传承老一辈领导人与中国共产党同心同德的优良传统和高尚的道德风范，又要大力弘扬改革创新的时代精神，坚持解放思想、与时俱进，在继承的基础上审时度势、把握机遇、发展创新。认真研究和解决出现的新情况、新问题，努力使党派工作体现时代性、符合规律性、富有创造性。

三是必须坚持学习贯彻科学发展观，围绕中心、服务大局、发挥优势、体现特色，为落实国家发展战略而奋斗。自觉地履行参政议政和民主监督职能，是民主党派肩负的重要历史责任。作为参政党，必须树立世界眼光和大局意识，学习形势、深入调研，才能顺势而为，提出具有前瞻性、全局性和可操作性的真知灼见。

四是必须坚持执政党自身建设和参政党自身建设互相促进。这是实现我国政党关系和谐、社会和谐的重要保障。参政党要从与执政党建设的比较、借鉴、互动中获取自身建设的各种资源和动力，努力探索参政党自身建设的理论、路径和体制机制的创新。

展望未来，我们坚信，进一步巩固和壮大最广泛的爱国统一战线将愈显其重要性，多党合作事业和民主党派将有更大的发展空间，也将面临更为艰巨繁重的历史任务。民进将和其他兄弟党派一道，继承与发扬多党合作的优良传统和宝贵经验；进一步加强参政党理论建设，以增强全会“跟着共产党，在正道上行”的自觉性和坚定性，促进和谐的政党关系；将进一步学习贯彻科学发展观，加强对改革开放面临的重大问题和突出矛盾的研究和思考，提高民进履行职能和自身建设的能力和水平，继续当好共产党的挚友和净友。

改革开放是中国共产党在新的时代条件下带领人民进行的新的伟大革命。民进是改革开放的见证者、参与者和成果的分享者之一，民进为此深感荣幸与自豪。改革开放体现了中国特色社会主义的强大生命力，是实现中华民族伟大复兴、走向现代化的必由之路。怀着对祖国更加美好未来的信心和期待，我们一定要在中国共产党的领导下，在多党合作的历史舞台上，与全国人民齐心协力，把既定的宏伟蓝图变成现实，迎来中华民族21世纪新的腾飞，对世界作出应有的贡献。

（《团结报》）

真抓实干　切实有效　创造民进专委会历史的新业绩

——在民进中央新一届专门委员会第一次全体会议上的总结讲话

（2008年1月5日）

罗富和

各位委员、同志们：

民进中央专门委员会全体会议顺利完成各项议程，马上就要结束了。会议的安排非常紧凑，在一天的时间中，我们听取了严主席作的重要讲话，各专门委员会分别总结了过去五年的工作，提出了今后五年的工作规划和2008年的工作重点，大家讨论得非常认真。刚才八个专门委员会的主任（副主任）介绍了讨论的情况，听了大家的介绍，我谈一点认识，供大家在工作中参考。

首先，谈谈会议的特点和收获。

民进中央新一届领导集体在严主席的带领下，高度重视参政议政工作。换届大会完成以后，我们首先抓的就是参政议政工作。领导集体就如何加强专门委员会工作提出了很多重要意见，经过主席会议、主席办公会议研究确定了召开这次专门委员会全体会议。这次会议筹备了一段时间，对于专门委员会的设置、人员的组成、原来工作的总结、今年工作的任务都作了相应的部署。所以，虽然会议时间紧，但是非常的成功。

（一）会议的特点

一是出席率非常高。200多位委员中约有160位委员出席了会议，出席率达到70%，刚才专门委员会的主任们说希望能调动70%的委员的积极性，从出席率来看，我们打响了第一炮！非常感谢大家对民进工作的热情、对专门委员会工作的热情。

二是精神非常振奋。我参加了教育委员会的讨论，刚才又听取了八位专门委员会主任（副主任）的汇报，体会到大家责任感强，精神振奋，认识到专门委员会这个平台、专门委员会委员这个角色是一个能发挥大家聪明才智的机会，一个能够反映民进作为参政党整体形象的机会。所以，大家虽然工作非常繁忙，但是热情也非常的高，在来之前对工作都有思考，在讨论中都发表了很好的意见。专门委员会今天的精神状况反映了民进十万多会员的精神状况，反映了民进作为参政党的一部分对多党合作事业的向心力。所以，精神非常振奋的特点是十分鲜明的。

三是讨论非常务实。大家在讨论中对会中央如何加强参政议政工作提出了许多很好的意见，也提出了许多改进工作的建议，出的都是“实招”，都是非常重要的参考意见，工作人员会把大家的意见整理好。我们在今后的工作中会很好地吸纳。

从同志们身上可以看到民进立会为公的崇高宗旨，参政为民的良好传统，我相信我们今后会进一步将这种精神发扬光大。

（二）会议的收获

首先是统一了思想认识。通过学习、讨论严主席的报告，大家认识到专门委员会工作的职能和重要性。专门委员会精英荟萃，是民进中央思想上的智囊团，代表民进履行参政议政职能，关于这一点的认识是高度统一的。同时，大家也非常认同严主席报告中提出的全局观念和忧患意识，增加了大家工作的责任感。

其次是增强了工作信心。大家谈到了工作压力很大，严主席在分析中也讲到过去的优势现在变成相对的劣势，或者说存在着一些不足。工作信心来源于民进的优良传统，来源于历届中央委员会建立起来的工作机制，来源于我们各位委员的高度热情，来源于全会智慧的集中。所以，工作虽然压力大、难度大，但是过去参政党建设的宝贵经验是我们做好专门委员会工作的宝贵财富，为大家树立工作信心。

第三是总结了工作经验。对于各个专门委员会五年来工作情况的总结，大家在讨论的时候都非常认同，认为要在原有的基础上不断发扬成绩，多总结工作。

第四是明确了工作方向。大家着重讨论了未来五年的规划，也回顾了中共中央在贺信中对民进的要求。关于专门委员会长期的发展方向，要特别对现在正在研究的一些领域孜孜不倦地研究到底。这是很重要的一个收获。

最后是研究了工作计划。尤其是大家结合会中央2008年的几项重要工作和重大活动，结合了各专门委员会的主要工作任务，对全年工作进行了进一步讨论。

以上五个方面是这次会议的收获。对于会中央来讲，最重要的收获就是认真听取、接受了大家的意见和建议，这将是我们今后做好工作的一个新起点。

其次，谈谈关于今后工作的一些建议。

首先是要努力学习。我到民进中央担任专职副主席时间不长，很多方面要向大家学习，在学习的过程中努力做好工作。严主席在报告中提到了学习的重要性，刚才八位主任（副主任）的发言中也都谈到了学习的重要性，建设学习型的参政党也好，提高自身素质适应工作的要求也好，唯有学习。对于学习来说，重要的是学习中共十七大精神和民进十大精神。关于中共十七大精神，大家学习得比较多，其中重要的还是科学发展观和以人为本，参政议政从各个方面提出建议的时候都要遵循宏观的指导原则。关于民进十大的报告，其中民进上一届领导集体十年来建设面向21世纪高素质参政党的八条经验，值得大家认真地学习，要在这个理论的指导下做好参政议政工作。

第二是继承创新，服务到位。我们总结了参政议政工作的经验，在人才队伍建设、机制的建立、平台的打造、手段的创新这些方面，我们首先是要继承。会中央经过近十年来的努力，在参政议政工作方面取得了很大的成绩，新一届的专门委员会组成以后，要多想想为什么这样做，这样做发挥了什么好的作用，我们后面怎么发挥这些好传统、好做法，继承是缩短我们工作距离，尽快进入角色的一条捷径。

当然，我们也要提倡创新。（一）工作制度和机制的创新。在原有的基础上，我们要进一步总结和改进工作，进一步建立工作的新机制，所以，无论是在人才、队伍，还是在参政议政机制、平台、手段上，希望大家都提出一些创造性的建议，使我们工作做得更好一些。现在，会中央正在逐步建立和完善相关的机制，比如说：1. 专门委员会重点调研课题申报机制。这是关于课题形成的机制。2. 专门委员会重点课题调研试行办法。包括会中央的专门委员会和各省委会如何联动，如何开展调研工作，如何和中央统战部组织的调研相结合等内容。3. 专门委员会委员参政议政成果记录在案制。要更好的发挥专门委员会委员的积极性，充分肯定委员们在参政议政工作中所作出的贡献。刚才几位主任（副主任）也谈到，希望通过各种形式，将委员们为参政议政所作的贡献呈献给所在单位，让所在单位的党委部门能够支持委员们开展工作。4. 专门委员会重点调研课题成果奖励制度。对于委员们的参政议政成果要有精神的嘉奖和力所能及的物质奖励。此外，还有专门委员会参政议政成果信息反馈制度等等，我们都正在酝酿、建立和完善。其中还包括了专门委员会的进入和退出机制。在今天的讨论上，教育委员会的同志也提出，不能用年龄作为退休的标准，有的同志有影响力，行政职务上退休了，可能有更多的时间参与参政议政的工作，我们要把这些同志的积极性发挥好；委员里也有些同志工作太忙，参加活动比较少，要如何退出，这些都是需要考虑和探索的。（二）手段的创新。今天大家讨论时谈到如何整合全会的资源，加强专门委员会和各省委会、基层组织的联动，如何充分利用会外资源，我认为信息手段是促进资源整合的非常有效的手段。会中央的参政议政部和宣传部正在沟通，在民进中央的网站上专门开通一个内部的参政议政平台，为每一个专门委员会设置一个栏目，栏目里面汇集了提案库、信息库和网上讨论的园地，甚至可以就提案工作召开网上会议，大家提出修改意见。严主席曾明确提出过要求，我们的网站要在发挥实际作用上下工夫，现在，民进中央的网站，我个人认为宣传作用发挥得非常好，但是还要发挥它在参政议政上的推动力，要在这方面有所作为，下面我们会专门研究这项工作，推动这项工作，希望能尽快开通，发挥它参政议政助推器的作用。大家在各个单位，业务工作非常忙的情况下，花一点时间在网上浏览参政议政工作的动向、正在酝酿提出的提案，发表自己的修改意见和建议，可以更快的汇集全会的智慧，促进参政议政工作的开展。

另外，我们既然把专门委员会作为工作机构，就一定要调整资源的配置，对专门委员会的工作给予适当的补贴，我们也很遗憾，这次京外的委员来开会，首先通知大家差费自理，这点是我们在今后的工作中要加以调整和改进的。

第三是明确重点，落实到位。

参政议政工作有一条指导原则，我觉得非常重要，就是有所为有所不为。参政党是业余闹革命，“兼职”是民主党派永恒的主题，如果以专职为主就失去了我们在社会上立足之地。我们正是靠兼职，正是靠我们所联系各领域的知识分子，来发挥参政党作用。

社会中热点、难点问题非常多，我们要突出重点，有所为有所不为。第一个重点是要按照中共十七大精神，按照中共中央在给民进的贺信中提到的定位，按照民进十大的要求来明确我们的工作重点——科学发展、社会和谐、文化建设、教育改革等等方面，需要在前瞻性研究的基础上长期跟踪，深入研讨，不断根据当时的工作重点提出提案、建议。第二个重点是要将专门委员会提出的专题调研作为工作的重点，每个专门委员会在未来五年规划和2008年年度工作计划中，都提出了一些重点调研课题，这些都是专门委员会经过酝酿，从若干个调研课题里筛选出来的，我们要把这些课题作为今年的调研，明年“两会”的发言、提案产生的源泉。第三个重点是要以社会热点作为我们的重点，尤其是围绕着教育、文化、出版这些我们传统的强项，结合社会热点，提出我们的工作重点，提出意见和建议。第四个重点是要进一步加强信息工作，信息工作是参政议政工作的基础，是反映问题的范围更广，反映渠道更快的一项工作，对于发挥参政党的作用非常重要。有些重要的信息可以通过民进中央的渠道，通过严主席的渠道，直接报送中共中央、国务院，各专门委员会、各省级组织要把信息反馈得更快，更敏捷。

上一届的会中央领导集体在参政议政工作方面做了大量的工作，是非常有成效的，现在的局面是上届领导集体打造出来的，我们会更多地向他们学习。

最后，我表一个态。许嘉璐主席曾经给民进广东省委会题词，要我们“效群英”，意指在座各位是群英，我们要为大家“效”，把大家的聪明才智集中起来，形成民进的意见和建议，不辜负大家的期望，在这里，我只能说我们会努力。会议就要结束了，在座的各位委员都是在本职工作上成绩显著的专家学者，今天抽出宝贵的时间，研讨参政议政工作，提出意见和建议，我代表会中央向你们表示衷心的感谢。今天严主席的报告我也深有同感，我是怀着对大家敬佩的心情、感激的心情和期望的心情来参会的，请大家多帮助我们，以后工作中的不足之处，还希望大家多提批评意见，我们一定努力地为大家服务，为全会的参政议政工作服务。谢谢大家！

统一思想认识　明确工作部署
扎实有效地开展中国特色社会主义主题教育活动

——在民进十二届二次中常会上的讲话

（2008 年 3 月 9 日）

罗富和

各位常委：

今年元月份，会中央下发了《关于在全会开展中国特色社会主义主题教育活动的通知》，经第十二届二次主席会议讨论通过，《关于在全会开展中国特色社会主义主题教育活动的方案》（简称《方案》）已下发各省级组织。现在，我受主席办公会议的委托，向大家通报会中央关于在全会开展中国特色社会主义主题教育活动的总体部署和工作要求。

一、关于主题教育活动的指导思想

“中国特色社会主义主题教育活动”最早见于中共中央致各民主党派代表大会的贺词，这个提法一出现，就引起了民进中央前任主席许嘉璐和新任主席严隽琪的高度重视。会中央决定 2008 年在去年开展以“坚持走中国特色社会主义政治发展道路”为主题的政治交接主题学习教育活动的基础上，在全会深入开展中国特色社会主义主题教育活动。

最近，中央统战部副部长楼志豪在各民主党派思想动态座谈会上指出：“这两个提法，后一个更完整一些，准确一些，是按十七大精神进行了一些调整，但这两个提法没有实质性区别。作为政党、参政党，更多要考虑的是走中国特色社会主义政治发展道路的问题，这两个题目是一致的，是不矛盾的。今年要通过纪念‘五一口号’发布 60 周年和改革开放 30 周年这两个载体，把中国特色社会主义政治发展道路的教育抓好，真正搞好政治交接，从根本上说要抓好政治交接主题学习教育活动。”

关于主题教育活动的指导思想，《方案》中包括了理论指导、预期目标、工作思路和原则。这就是：开展主题教育活动必须高举中国特色社会主义伟大旗帜，以邓小平理论和“三个代表”重要思想为指导，深入贯彻落实科学发展观。必须深入学习贯彻中共十七大精神和胡锦涛同志 2007 年 12 月 24 日在各民主党派中央、全国工商联新老主要领导人座谈会上的重要讲话精神，认真学习中共中央贺词，贯彻落实民进十大精神。必须围绕“一面旗帜、一条道路、一个理论体系”开展宣传思想工作，引导广大成员坚持高举中国特色社会主义伟大旗帜不动摇，坚持中国特色社会主义道路，特别是政治发展道路不动摇，坚持中国特色社会主义理论体系不动摇。必须坚持理论联系实际的原则和以学习培训为先导，以重大事件和活动为契机，以领导班子建设为重点，以班子建设带动全会建设，推动各项工作开展的工作思路。

二、关于主题教育活动的任务和部署

根据中央统战部的有关精神，结合我会的实际情况，要在 2007 年我会开展政治交接学习教育活动的基础上，主要抓好四方面工作：

（一）纪念中共中央发布“五一口号”60 周年，深入开展多党合作历史经验和优良传统教育

今年是中共中央发布“五一口号”60 周年，这是我国多党合作史上具有里程碑意义的一件大事。要把继承和发扬老一代民主党派、无党派人士与共产党团结奋斗的优良传统和高尚风范，坚定不移走中国特色社会主义政治发展道路作为主题，贯穿纪念活动的全过程。《方案》中安排了会中央的四项活动：一是在 6 月份召开民进全国主题教育活动经验交流大会，总结交流自 2007 年以来开展政治交接学习教育活动

四个阶段的收获、体会和经验。二是参加中央统战部组织的系列纪念活动，包括：一场理论研讨会、一次赴西柏坡参观学习、一次党派政治交接学习教育活动经验交流会、一场座谈会，还有文艺演出和征文等活动，这些活动大部分集中在4月份完成。三是召开民进中央纪念“五一口号”发布60周年座谈会。四是在民进网站和会刊集中宣传我国的多党合作制度，宣传《中国的政党制度》白皮书，调整会中央会史展览馆布局，编制民进简介短片，建立会史教育基地等等。《方案》对省级组织也提出了相关要求。

我们希望通过开展丰富多彩的活动，让广大会员了解中国共产党领导的多党合作和政治协商制度产生和发展的历程，了解民进会员和各级组织积极履行参政党职能的生动实践，了解我国多党合作制度的特点、优势和生命力。当前要注意针对极个别党派成员中出现的问题，加强正面引导，在解疑释惑、深化认识、坚定信念上下工夫，从而进一步增强广大会员接受中国共产党的领导、走中国特色社会主义政治发展道路的自觉性和坚定性。

（二）纪念改革开放30周年，深入进行改革开放历史成就和宝贵经验的宣传教育

纪念改革开放30周年，是今年中共中央和国家的一项重要工作。新时期多党合作与民主党派工作与改革开放息息相关、紧密相联。多党合作制度的完善与发展是改革开放的重大成果和鲜明标志之一。我会的纪念活动要在突出思想引导、抓好重点活动、营造浓郁氛围、展示辉煌成就上下工夫，在继续解放思想、坚持改革开放上取得一定成效。《方案》中安排了举行民进中央纪念改革开放30周年座谈会、民进网站与省级组织网站联合举办“改革开放30周年回眸”专题网页观摩活动，围绕改革开放开展专题大讨论，组织会中央中心学习组认真学习中共中央全会精神，对改革开放和工作进行回顾总结，促进我会的理论建设与工作实践与时俱进。《方案》还对省级组织提出了相关要求。通过这些活动内容，帮助各级领导干部和广大会员深刻认识开辟中国特色社会主义道路和形成中国特色社会主义理论的重大意义和深远影响，坚定中国特色社会主义共同理想信念，更加自觉地坚持改革开放，支持改革开放、参与改革开放。

（三）促进领导班子的思想建设、作风建设、制度建设和后备干部队伍建设

去年，会中央确定的六个试点单位已经完成了政治交接四个阶段的工作任务，全会完成了前两个阶段（调查摸底、学习教育）的工作任务，今年上半年应当完成后两个阶段（查找不足、总结提高）的工作任务，这个安排没有变化，各地可以参考试点单位的经验做法进行。会中央在去年下发了《关于加强地方领导班子建设的意见》。领导班子是政治交接学习教育活动的重点，开展学习教育活动正是加强领导班子建设的重要抓手。因此，在《方案》中要求领导成员一方面要带头参加并组织好主题教育活动，另一方面要落实会中央对加强地方组织领导班子建设的部署和要求，大力加强新班子的思想建设、作风建设、制度建设和后备干部队伍建设，并以贯彻民主集中制为重点，形成一套行之有效的制度。例如：领导班子学习制度、联系基层制度、会议制度、议事规则、谈心会制度、述职和民主评议等制度，建立健全内部监督机制。在年中召开的十二届三次常委会上，各省级组织要相互交流，用领导班子建设的成果来验证政治交接活动的成效。

（四）开展各级各类的学习和培训，使主题教育活动覆盖全会各级组织

开展主题教育活动，学习培训要先行。《方案》中提出了学习、宣讲、培训和成果宣传四方面的工作。会中央在今年头两个月已经有了实质性的工作进展。会中央中心学习组修订了学习制度，制订了2008年学习计划，这两个文件已经下发。同时，改进了学习方法，今年1月份中心学习组第一次学习结合主席会进行，邀请中央党校副校长李君如同志作了“中国特色社会主义理论体系”的辅导报告，范围扩大到兼职副主席、专委会副主任、会中央机关和北京市委会机关的干部参加。1月30日，会中央召开了学习贯彻中共十七大精神座谈会。王佐书副主席在会上介绍了学习十七大精神的四点体会和学以致用的“五个落实”，民进北京市委会、天津市委会、河北省委会的领导同志和宣传部门负责人专程到会发言，交流了三省市民进组织关于学习贯彻十七大精神的体会和工作部署。座谈会首次在网上直播，全会有63个省市级组织收看了直播。这两次学习活动的简报和纪要也已经下发。从1月中旬至2月中旬，会中央部

门负责人分三批全部参加了中央统战部在红螺山组织的学习十七大精神培训班，收获很大。民主杂志、会讯和民进宣传网站已经开始刊发有关学习体会文章和各种形式的学习材料。我们希望通过多种形式的学习培训，使主题教育活动覆盖全会各级组织。

三、关于主题教育活动的领导机构和工作班子

会中央换届之后，中国特色社会主义主题教育活动领导小组和办公室的人员有所调整：

领导小组由会中央主席、常务副主席、副主席组成。

民进中央主席严隽琪任领导小组组长；

民进中央常务副主席罗富和任领导小组副组长；

民进中央驻会副主席和兼职副主席为领导小组成员。

主题教育活动办公室由会中央领导和组织部、宣传部、研究室部门负责人和有关工作人员组成。

罗富和常务副主席、王佐书副主席领导办公室开展工作；

民进中央秘书长赵光华、组织部长王建国、宣传部长高保华、研究室副主任高友东为办公室成员。

四、关于主题教育活动的要求

为抓好主题教育活动，会中央提出以下要求：

1. 提高认识，加强领导

开展好中国特色社会主义主题教育活动，进一步打牢同中国共产党亲密合作的思想政治基础，是以胡锦涛同志为总书记的中共中央对民进新一届中央委员会的殷切希望，也是会中央在新起点上团结带领全会开创新局面的必然要求和重要保证。在《民进中央2008年工作要点》中，主题教育活动是统领全年各项工作的一条主线。我们的常委和主委作为一把手，应当进一步统一思想认识，切实加强领导，精心部署安排，认真组织实施，把这项工作真正落到实处。

2. 创新方式，注重实效

省级组织既要按照会中央的部署和要求，安排好主题教育活动的有关工作，又要结合自身实际，开展富有特色和成效的活动。针对地方和基层组织的不同情况，提出切合实际的要求。既要重视传统有效方式的运用，也要重视方式方法的创新；既要重视活动的过程，又要重视活动的效果；既要重视抓领导班子和骨干队伍，又要重视向基层辐射，促进思想政治工作更加深入有效。

3. 及时反馈，加强交流

及时总结经验，宣传推广典型，是我会开展政治交接学习教育活动的一条行之有效的经验。“好记性不如赖笔头”，省市级组织要有专人负责这项工作，注意收集事例，整理材料，统计数据，定期编写简报，及时向会中央反馈情况，总结交流经验和做法，确保主题教育活动取得丰硕成果。

民进上海市委会、河北省委会、山东省委会济南市委会、青岛市委会、广东省委会珠海市委会、山西省委会太原中心医院支部、北京市委会农业科技支部，作为全会政治交接学习教育活动的试点单位，一年来做了大量富有成效的工作，取得了实实在在的成果，继续作为今年主题教育活动全会的试点单位，发挥先行示范作用。

各位常委：

搞好政治交接是我会一项长期的战略任务，主题教育活动是一项复杂的系统工程，我们希望会中央和各省级组织能够联动、互动，形成合力，共同推动主题教育活动扎扎实实地开展。

发展民办教育利国利民

（2008年3月9日）

罗富和

民办学校的举办者普遍反映民办学校生存环境越来越艰难。这种艰难集中反映在真正由民营单位、社会团体和公民个人等民间资本投资举办的“纯”民办学校数量这些年在急速减少，“纯”民办教育正处于整体走弱和萎缩状态。认识存在偏差是民办教育不进反退、处境艰难的首要原因。政策难以落实是民办教育不进反退、处境艰难的核心问题。竞争环境恶化是民办教育不进反退、处境艰难的关键因素。公办名校是在政府长期财政支持和政策倾斜下形成的产物，公办学校举办的民办学校可以利用其优质资源和优惠条件，既从“计划”中得到好处，又从“市场”中获利，加剧了与民办学校的不公平竞争，挤压了民办学校的生存空间。

在当前和未来的很长时期内，人民群众对教育的多元需求仍将持续增加。要规范政府管理行为，为民办教育发展创造良好环境。要按照民办教育促进法的规定，把“促进”落到实处。

民办教育促进法实施以来，民办教育取得显著的发展。据教育部发布的《2006年全国教育事业发展统计公报》显示，我国各级各类民办学校（教育机构）已达到9.3万所，比2002年底增加近3万所，民办学历教育在校学生达2313.02万人，比2002年增加了一倍多。但是，数据所显示的民办教育大发展，与民办教育举办者的感受和民办教育发展的实际有很大差距。民办学校的举办者普遍反映民办学校生存环境越来越艰难。这种艰难集中反映在真正由民营单位、社会团体和公民个人等民间资本投资举办的“纯”民办学校数量这些年在急速减少，“纯”民办教育正处于整体走弱和萎缩状态。据有关数据，成都市2003年之前有40余所“纯”民办学校，但到2006年则仅剩1家。一些民办学校校长说，“民办学校不得不认为自己是夕阳教育”。

与”纯”民办学校艰难生存形成对比的是，“名校办民校”和独立学院的快速发展。据有关研究机构调查，在我国16527所民办中小学中，“名校办民校”占到三分之一以上。在与“名校办民校”、独立学院的不公平竞争中，“纯”民办学校受到了严重挤压，很多“纯”民办学校陷入“生源差、实力弱、生源愁”的恶性循环。

造成真正的民办教育整体走弱、发展空间萎缩的原因是多方面的。从宏观层面看，主要有以下几方面：

其一，认识存在偏差是民办教育不进反退、处境艰难的首要原因。一些基层政府和部门思想观念上仍存在“民办教育是权宜过渡、拾遗补缺”的错误观点。特别在当前国家财政情况好转、政府教育投入日益增大的环境下，一些人认为，没有民办学校，政府也有财力办好教育，办好每一所学校。甚至有人认为，“民办学校是‘私人’的。与其让民办学校‘赚钱’，不如自己办民校‘赚钱’”。

其二，政策难以落实是民办教育不进反退、处境艰难的核心问题。《民办教育促进法》赋予的“同等法律地位”得不到有效落实。本是公益性事业的民办教育始终受到不公正的税收政策的困扰。民办学校被当地税务部门按企业课以所得税。民办学校教师的养老保险也被纳入了企业序列进行缴纳。学校即使为教师缴纳与公办相同资历教师等额的养老保险金，到退休时，其所能享受的待遇也仍然只有公办学校教师的一半或更低，因此，民办学校教师的稳定受到很大影响，成为民办学校校长的心中之痛。

其三，竞争环境恶化是民办教育不进反退、处境艰难的关键因素。在同等法律地位得不到落实的情况下，“名校办民校”和独立学院的存在和发展又人为地制造了新的不公平。公办名校是在政府长期财政支持和政策倾斜下形成的产物，公办学校举办的民办学校可以利用其优质资源和优惠条件，既从“计划”中得到好处，又从“市场”中获利，加剧了与民办学校的不公平竞争，挤压了民办学校的生存空间。

我们认为，依据《民办教育促进法》的规定，民办教育与公办教育都是社会主义教育事业不可分割的组成部分。两者不同之处只是在经费来源、办学体制、管理体制等方面。而这些正是为我国教育资源的有效配置、办学体制的改革以及学校办学自主权的加大注入了活力。更为重要的是，民办教育改变了政府包办教育的状况，增加了教育供给方式的多样性和选择性，满足了社会不同层次的人对教育的需求，在当前和未来的很长时期内，人民群众对教育的多元需求仍将持续增加。中共十七大审时度势，明确提出要继续“鼓励和规范社会力量兴办教育”。为此，我们建议：

首先，要从国家和社会发展的高度正确认识民办教育的意义。要加强教育工作者特别是教育行政管理者对民办教育促进法的学习领会，加深对教育现代化发展中民办教育地位和作用的真正理解。民办教育贵在“民”。要明确“公平”是民办教育发展的前提，“扶持”是制定政策的关键，而“促进”则是法治的核心。

政府要将民办教育作为实施公共管理、提供公共服务的社会事业，纳入到国民经济和社会发展规划中。建议各地在成立民办教育专门管理机构的同时，根据实际情况建立教育行政部门为主，由劳动、人事、民政、财政、工商、税务、规划、公安等卫生部门共同参与的民办教育管理综合协调机制。

其次，要规范政府管理行为，为民办教育发展创造良好环境。政府要实现自身地位的转变，要从自己办教育转变为依法管理教育，从依政策直接参与、介入民办教育，转变为依法间接地监督、引导民办教育。政府应把工作重点放在明确并引导公办学校与民办学校实现不同的战略定位、发展重点和培养目标上。把办学竞争的利益和责任“归还学校、回归社会”，把办学的微观职能“归还校长、回归学校”。要坚决停止“名校办民校”，使政府权力从一般竞争性领域逐步退出，不要“与民争利”。

在政府转变职能的同时，要充分发挥民办学校依法自主办学、自主管理的积极性，在课程设置、招生计划上给以更大的自主权；要充分发挥民办教育协会在办学资质评审、教学水平评估和师生合法权益维护等方面的作用。从而构建一个政府指导性管理、行业自律性管理、学校自主性管理相结合的管理格局。

第三，要按照《民办教育促进法》的规定，把“促进”落到实处。要从学校层面的公平竞争，教师层面的公平待遇，学生层面的公平权益三个角度，落实民办教育与公办教育的“同等法律地位”。建议：一是明确民办学校参照“事业单位”进行管理，从而落实民办学校在税收、建议用地、信贷融资以及其他不以营利为目的的教学科研活动享有与公办学校同等的政策待遇。二是落实民办学校教师与公办学校教师同样的“事业编制”待遇，切实解决民办学校教师的后顾之忧，促进公、民办教师的双向流动。三是要给以承担义务教育任务的民办学校同等的生均经费，学校在学费中予以冲抵，以保障义务教育阶段学生的合法权益。

另外，在《民办教育促进法》实施五周年之际，建议全国人大组织关于民办教育促进法及其实施条例实施情况的执法检查。

我们相信，只要认识统一了，法律规范了，管理依法了，政策落实了，措施到位了，民办教育大发展的春天定会到来。

（《文汇报》）

在民进中国特色社会主义主题教育活动经验交流会闭幕式上的讲话

（2008 年 6 月 16 日）

罗富和

各位同志：

在全体与会同志的共同努力下，民进中国特色社会主义主题教育活动（以下简称“主题教育活动”）经验交流会圆满完成了各项议程，就要闭幕了。我受会中央的委托，就本次会议的情况做一个小结。

一、本次会议的概况

这次会议是在我会深入学习贯彻中共十七大精神和民进十大精神、主题教育活动取得阶段性成果，需要进一步巩固转化的新形势下，在抗震救灾工作进入恢复重建前期准备和对口支援阶段的关键时刻，召开的一次重要的会议。会议传达学习了胡锦涛同志 6 月 13 日在省区市和中央部门主要负责同志会议上的重要讲话精神，听取了严隽琪主席的重要报告和王佐书副主席的专题报告，交流了我会开展主题教育活动的经验，展示了主题教育活动的成果，通报了一个月来全会投身抗震救灾的工作情况，并就如何建立健全政治交接长效机制进行了研讨。会议期间还举行了“为了灾区的孩子们”各省级组织捐款仪式，宣读了大会致奋战在四川、甘肃、陕西、重庆等灾区一线的民进组织和广大会员的慰问信，组织观看了反映多党合作、民主协商建国的影片《肝胆相照》。

与会同志普遍反映，会议的时机非常好，及时的总结交流有利于全会深化对走中国特色社会主义道路、坚持接受中国共产党的领导、社会主义制度优越性的感性认识和理性思考。会议的主题鲜明、内容丰富、成果丰硕，大家围绕会议主题，发言热烈、意见中肯、体会深刻，对深入开展主题教育活动和灾区重建，提出了很多有价值的建议，体现了民进的优良作风。会议虽然只有短短的两天，但是开得很成功、很务实、很高效，可以说这既是一次经验的交流会，也是一次学习的研讨会，又是一次进一步做好各项工作的动员会。

本次会议得到了各省级组织的大力支持，民进北京市委会协助会中央完成了论文的阅读推荐工作。可以说，这次会议的筹备工作是很成功的，有全面的材料总结，广泛的小组交流，典型的大会发言，新颖的演示程序。大家在很短的时间内，集中精力开好会议，保证了会议的效果，达到了预期的目的。

二、本次会议的成果

会议期间，与会同志围绕开展主题教育活动的经验做法进行了交流和研讨，9 位同志的大会发言和 5 位同志的论文交流各具特色，反映出各地方组织在开展主题教育的过程中，坚持从领导班子和会员的实际情况出发，既有广泛的动员，又有针对的重点；既有组织领导，又有活动载体；既有工作部署，又有检查落实；既有对这次活动的总结，又有对长效机制的思考。根据他们的发言和各小组的综述，我们这次会议概括起来主要取得了以下共识和成果：

1．进一步明确了开展主题教育活动的重要意义、工作思路和方法

与会同志认真学习讨论了会中央领导在这次会议上所作的报告和讲话。一致认为，严隽琪主席的重要报告对我会开展主题教育活动的总结全面，重点突出；经验体会切合实际、深刻到位；对今后工作的部署思路清晰，操作性很强。王佐书副主席的重要报告，系统地阐述了政治交接的内涵，归纳了民主党派共同的优良传统，总结了民进开展政治交接的主要经验，在理论、内容，方法上，都对大家有很大启发。这两

个重要报告对各级组织进一步开展主题教育活动，推进政治交接，具有很强的指导意义。严主席在年初就明确提出要把在全会开展的中国特色社会主义主题教育活动作为指导全会各项工作的主线来部署、安排。通过这次会议，我们更加体会到开展主题教育活动，对于加强参政党自身建设，进一步坚持和发扬我会接受中国共产党的领导、坚持走中国特色社会主义道路的优良传统，坚持和完善中国共产党领导的多党合作和政治协商制度，具有极其重要的意义。因此我们要把它作为全会各项工作的主线进一步推进，进一步深化。

与会同志在会议期间，围绕着抗震救灾工作，进行了总结交流。大家认识到，灾难是特殊的教育，抗震救灾斗争是对我们主题教育活动成果的检验，也是推进和丰富主题教育活动的生动实践。当前和今后很长一段时间，我们要把开展主题教育活动与投身抗震救灾、重建家园紧密结合起来，在抗震救灾中更深刻地理解主题教育活动的重要实质，这就是参政党怎样在斗争中更加坚定地接受中国共产党的领导，高举中国特色社会主义伟大旗帜，坚定不移地走中国特色社会主义道路，更好地学习、实践和丰富中国特色社会主义理论体系，指导和推动参政党的各项工作。

2. 总结交流了我会开展主题教育活动的新鲜经验

一年多来，各级组织坚持"自觉、自主、自为"的方针，开展了形式多样、富有成效的活动，探索和建立了一整套开展主题教育活动行之有效的方式方法，取得了阶段性重要成果，积累了许多新的宝贵经验。昨天严主席的报告中对我会前一段开展主题教育活动的经验作了一个比较系统的总结，我这里只简单地概括一下这两天的各省级组织经验交流中，比较有特色的做法和经验。

一是在主题教育活动的目标和原则上，坚持求真务实。例如：民进江苏省委会提出，开展主题教育活动，要使会员的"五种意识"，即参政党意识、团结意识、敬业意识、学习意识、创新意识进一步强化，成为实现各项工作新突破的动力。民进山东省委会提出了"五个结合"的原则，即"上下结合、点面结合、长短结合、虚实结合、知行结合"，并强调，开展这项活动关键在做实，贵在出成效。

二是在主题教育活动的组织实施中，做到有力有效。例如：民进北京市委会强调，领导班子是关键，基层组织是基础，发挥机关枢纽作用是保障，讲求效果是宗旨。民进辽宁省委会提出要发挥主动性、增强针对性、鼓励创造性、讲求实效性。民进山西省委会则总结出了"五个到位"，即：认识到位、方法到位、载体到位、宣传到位、总结到位；建立了"四点工作法"，即：抓重点、攻难点、除盲点、出亮点。民进重庆市委会在工作中做到四"抓"四"促"：抓领导班子带头，促全面扎实开展；抓深入实际调研，促工作作风转变；抓分类学习培训，促整体素质提高；抓规章制度建设，促长效机制建立。民进广东省委会将理论学习与实践教育相结合，既有常态化的理论培训和研讨，又结合重大事件和纪念日，牢牢把握"广东是改革开放的前沿"这一特点，将学习教育活动与广东改革开放的实践结合起来。

三是在查找问题和改进提高阶段，确保不走过场。例如：民进上海市委会各级领导班子通过"四主动、四听取"，征求骨干会员、上级领导、下级和服务对象、所在单位党组织和统战部门的意见；民进河北省委会提出"查思想观念、思路方法、工作作风、工作效能、体制机制"。

以上只是我们在开展主题教育活动过程中形成的经验与做法中的很少的一部分。其他地方组织也有很多好的经验和做法，我就不一一列举了。在看到成绩的同时，我们也看到主题教育活动还存在着全国开展情况不够均衡，形式和方法还比较单一等不足，希望各地方组织能互相借鉴兄弟组织好的经验和做法，把主题教育活动进一步向纵深推进。

3. 初步形成了建立健全政治交接长效机制的思路和框架

要保证政治交接顺利进行，就必须建立健全相应的体制机制，这是与会同志达成的共识。大家结合实际，从不同角度对政治交接长效机制进行了比较深入的研讨和思考。

关于建立健全政治交接长效机制的原则。

有的同志提出要坚持从实际出发，处理好当前和长远的关系；要坚持尊重历史、尊重实践，处理好继承和创新的关系；要坚持务实管用，处理好系统和简便的关系；要坚持抓落实，处理好建立机制和执行推进机制的关系。

（1）关于建立健全政治交接长效机制的方法。

有的同志指出，推进和深化政治交接学习教育是基础性工作，社会实践是有效途径，要在完善和拓展这两个重要平台上下工夫。有的同志提出，要注意搞好三个系统配套：一是搞好自身建设内部的思想建设与组织建设、作风建设、制度建设的系统配套，二是搞好自身建设与参政议政、民主监督、社会服务工作的系统配套，三是搞好自身建设与和谐政党关系的系统配套。

（2）关于建立健全长效机制的内容。

许多组织提出了具体的设计，包括学习培训机制、考核评议机制、组织生活机制、民主决策机制、会内监督机制、激励机制、沟通关怀机制、后备干部培养机制、组织保障机制等等。这些制度都不是孤立的，只有系统运作、有效整合才能发挥协同效应。

（3）关于如何落实政治交接的长效机制。

一些同志还特别强调，实做与做实，是长效机制建设真正有效的根本。"纸上来纸上去"、"会议来会议去"、做文字游戏、表面文章的虚浮作风，对长效机制建设毫无益处，必须戒除。制度、措施定好，机制设计好，仅仅是开了个头，重要的是要使机制运转起来，把制度、措施落到实处，解决具体问题。这需要作风和本领的双重改善。

同志们这些思考和观点来自于主题教育的实践，我相信大家都深受启发。会中央将对大家的观点认真进行梳理，及时把一些成熟的思考和建议转化为制度。也希望各级组织、各位同志在此基础上，进一步解放思想，继续对政治交接长效机制的问题进行探索。

4．为抗震救灾、重建家园继续献计出力

在交流中，四川民进的同志向我们介绍了奋战在一线的民进组织和会员的感人事迹，各省级组织的同志交流了本地区为抗震救灾、恢复重建所做的积极努力。大家介绍了很多真实情况和感人事迹，我们了解不够、宣传不够、挖掘不够。我们为民进组织和广大会员的出色表现而自豪，我们还要把这些感人的事迹进一步挖掘出来、宣传出去。

在讨论中大家还围绕灾区重建提出了许多具体的建议，例如：针对当前救灾物资主要集中在四川的情况，有的同志提出灾区援助要均衡化；针对抗震救灾工作向恢复重建工作的阶段转移，有的同志建议媒体要注意引导灾区居民积极开展自救和积极投身自我重建，不能一味依赖外界支援；针对伤残孤儿认领救助相对较困难的问题，建议更加重视这部分孤儿的心理安抚；针对救援人员心理压力很重的问题，建议做好对救援人员的心理疏导工作等等。有的同志还结合党派实际，建议中央统战部组织各党派发挥智力集中的优势，按照"一省帮一县"活动模式，开展智力支持。这些建议我们将及时整理，并由参政议政部转化为信息或提案建议上报有关部门。

三、关于贯彻会议精神的几点意见

第一，要认真学习贯彻胡锦涛同志6月13日重要讲话精神。要认清当前国家面临的复杂因素和紧迫任务，进一步统一思想认识，建立必胜的信心，发挥民进的优势，为做好抗震救灾和恢复重建工作，促进经济又好又快发展，筹办北京奥运会，维护社会稳定，做出我们自己的努力。按照党中央、国务院对当前工作的部署，民进也要做好各项工作。首先是要注意宣传表彰各地组织和会员抗震救灾的先进事迹，并将其作为开展主题教育活动的重要资源。在抗震救灾斗争中，我们看到中国共产党执政为民的根本宗旨，看到人民政府为人民的有效组织和及时应对，看到人民解放军保护人民利益救灾救难的中坚力量，看到全民族的凝聚力，使我们更加坚定了接受中国共产党的领导、坚持走中国特色社会主义道路的坚定性。这些资源，我们要进一步宣传、升华，形成共识。二是要注意整个抗震救灾工作已经转入了灾区重建、对口支援的阶段，按照这个阶段的要求，各级组织要在贯彻落实中共各级党委和政府的工作部署中积极发挥民进的作用。其中特别要积极发挥界别优势，为对口支援灾区学校复课、西部地区教师队伍建设等多做工作，参政议政和社会服务等各项工作也要重点围绕安置受灾群众和恢复重建前期准备来开展。三是要维护社会稳定。面对各种挑战，面对奥运筹办，面对外部敌对势力和内部分裂势力的阴谋活动，民进作为参政党要及时疏导化解社会矛盾，及时反映社情民意，在促进民进和谐的基础上为维护社会稳定、促进经济社会又好又快发展、筹办北京奥运会、推进和谐社会等方面全力做好工作。希望有什么情况和问题，大家都及时向会中央反映。

第二，继续扎实深入推进主题教育活动。召开主题教育活动经验交流会不是意味着主题教育活动的一段结束，而是一个再动员。请大家回去认真传达严主席重要讲话和佐书副主席专题报告的精神，结合兄弟组织的经验，认真做好深化主题教育活动的各项工作。目前来看有的省级组织由于工作安排，尚未完成后两个阶段的工作，希望大家按照整个工作部署，把这两个阶段的工作做好，继续深化推进。深化主题教育活动的重点还是要围绕着领导班子建设、征求整改的意见，进一步改进工作，尤其要注意民主集中制的贯彻、各种会议制度的制定与执行、监督机制的建设等问题。关于监督机制的建立，八个民主党派已经形成共识，会中央今年下半年要着重推进这项工作。现在看来有的省级组织已经开展了这项工作，主要采取领导班子成员开展谈心、批评与自我批评，届中评议、加强常委会和全会的监督等方式进行，希望大家在这些工作的基础上进一步探索。

在这些工作的基础上，进一步推进机关建设和基层组织建设。民主党派成员主要是兼职，参政党作用的发挥，对外形象的塑造很大程度上是靠机关工作来支撑的。要进一步加强机关建设，提高我们的服务水平。要进一步加强基层组织建设，把主题教育活动的阶段性成果辐射到广大会员中去。

要把纪念改革开放30周年作为抓手来深化主题教育活动。我们广大的会员没有机会经历60年前中共中央发布“五一口号”的那段历史，但是改革开放也是一场革命，我们绝大多数会员都参与了其中。通过对改革开放30周年成就和经验的总结，进一步提升主题教育活动的主题，其核心就是拥护中国共产党的领导，坚定不移地走中国特色社会主义道路。

第三，要从实际出发，逐步推进建立政治交接长效机制的工作。思想建设是民主党派长期的战略任务，要把建立政治交接长效机制作为参政党党建理论建设的重要环节，做好长期规划、教材建设和骨干队伍培养等具体工作，全会应形成合力，不断加大这方面的工作力度，把研究成果转化为制度和机制固定下来。

这次会议，通过同志们的共同努力，比较圆满地完成了各项任务。参加这次会议的同志，绝大多数都是我们的专职副主委，是我们的机关干部。同志们在一线的会务实践里，坚定不移地把握住我们参政党的政治方向，认真贯彻落实我会的各项工作任务。通过这次抗震救灾，我们也看到我们的机关干部，非常有战斗力，政治信念很坚定，工作作风很深入，工作的效率不断提高。同志们的工作非常辛苦，会中央对大家的辛勤付出表示敬意。请各位同志回到各地都转达会中央对机关同志和广大会员的真挚问候，希望全会共同努力，按照会中央的要求，按照党和国家的各项要求，做好各项工作，为夺取抗震救灾的胜利，为经济又好又快的发展，为奥运会的成功举办，为维护社会的稳定，推进和谐社会的发展，做出我们自己的努力。

民进中央2008年上半年工作情况通报

——在民进十二届三次中常会上的讲话

（2008年6月29日）

罗富和

各位常委、各位同志：

我受严隽琪主席和各位副主席的委托，对民进中央2008年上半年工作情况向常委会作报告，请予审议。

2008年是我国全面贯彻落实中共十七大战略部署的第一年，是民进新一届中央委员会的开局之年。根据我会十大的工作部署和当前形势的发展，年初我们确定了2008年会中央工作的总体思路，即：认真学习中共十七大精神，全面贯彻落实科学发展观，深入开展中国特色社会主义主题教育活动，并将主题教育活动贯穿各项工作之中，以领导班子建设（思想建设、制度建设、作风建设）为重点，切实推进适应时代要求的高素质参政党建设；以工作体制、机制的创新，努力提高履行参政党职能的水平。为确保这一工作思路的落实，我们贯彻了“无懈无滞、有思有行”的工作要求。

半年来，严主席和会中央领导集体带头学习宣讲、带头撰写文章、带头交心谈心、带头建章立制、带头联系基层、带头调查研究、带头创新工作机制，按照《民进中央2008年工作要点》的部署，带领全会坚定不移地走中国特色社会主义政治发展道路，继承发扬我会的优良传统，认清形势，把握大局，扎实工作，开拓创新，使我会的各项工作有了一个良好开局。

下面我分五个方面向大家汇报，分别是抗震救灾工作、主题教育活动开展、领导班子建设、参政议政工作和社会服务工作。

一、集中全会智慧和力量，为抗震救灾献爱心作贡献

5·12汶川特大地震发生后，民进全会上下紧急行动起来，按照中共中央、国务院的部署和要求，充分发挥参政党优势，广泛动员各个方面的力量，迅速投入抗震救灾斗争，发挥了积极的作用，作出了应有的贡献。

（一）紧急行动，积极部署，指导全会抗震救灾工作

灾情发生的当天，会中央连夜起草发出了《致民进四川省委会关于抗震救灾的慰问信》，向四川省委会和所有遭受地震灾害影响的组织和会员表示慰问；并先后四次发出通知，要求全会把抗震救灾工作作为当前最重要最紧迫的任务，切实加强领导，进一步动员全会的力量，支援灾区人民打胜抗震救灾这场硬仗。会中央及时召开主席办公会议和多次专题会议，研究部署全会抗震救灾工作。会中央还及时编写抗震救灾工作简报12期，民进宣传网站在第一时间制作了网上专题“抗震救灾民进在行动”，及时传达会中央精神，交流民进全会抗震救灾工作动态，汇集民进会员的建议信息，促进了民进抗震救灾工作。

（二）会中央领导亲赴灾区，进行慰问和调研

民进四川、甘肃、陕西、重庆等省市委员会身处灾区，临危不乱，组织广大会员展开了顽强有序的抗震救灾工作。一批担任省市委会主委、副主委和政府实职的领导干部始终在一线指挥抢险救灾，广大会员奋勇参加救援工作，坚守岗位、募捐款物、建言献策，为抗震救灾、重建家园作出了突出贡献。5月29日至31日，严隽琪主席代表民进随同全国政协主席贾庆林赴四川地震灾区察看受灾情况，慰问受灾群众和民进组织及会员。6月18日冯骥才副主席和朱永新副主席，率领部分历史学家和羌族文化研究专家，

来到北川曲山镇、擂鼓镇和安县板凳桥等地调研，推动在抗震救灾和灾后重建过程中羌族文化遗产的保护工作。

（三）广泛发动全会捐款捐物，以实际行动支援灾区人民

会中央在全会开展了“为了灾区的孩子们”爱心捐助系列活动，先后举行了“中国民主促进会抗震救灾书画义卖捐赠活动”、民进各省级组织捐款仪式。全会29个省级组织积极响应，共有391位书画界会员捐出了783幅书画力作，募得首期善款429万余元。截至6月24日上午，民进各级组织和广大会员共为爱心捐助系列活动捐赠到帐善款703万，此外还有1093250元的捐款和价值1004000元的医疗设备已经通过民进四川省委会捐给了灾区。各级组织和广大会员发挥民进优势为灾区人民办实事。朱永新副主席发起的苏州新教育研究院团队已赶赴绵阳，为灾区孩子进行心理辅导，并全面负责起北川地区灾后教师的培训工作。据不完全统计，截至6月23日，民进各级组织及会员为抗震救灾捐赠款物共计人民币112432506元。

（四）发挥党派优势，为抗震救灾和恢复重建建言献策

地震发生后，我会积极建言献策，在抗震救灾中履行好参政党的职责。严隽琪主席在各民主党派、工商联抗震救灾座谈会上代表民进中央就对口支援和灾区重建规划提出了比较全面的建议。冯骥才、朱永新副主席提出了新建汶川地震博物馆、灾区教育和医疗系统重建、抢救民族文化遗产等方面的重要意见和建议。会中央两次发出征集抗震救灾、恢复重建信息的通知，民进各级组织的信息员、各专门委员会及时、主动为抢险救灾和恢复重建献计出力。截至6月20日上午9时，会中央共收到各级组织发出的抗震救灾信息431期，向中共中央统战部、全国政协研究室信息局报送信息85期，内容涉及灾区人员救治、群众安置、灾区防疫、农作物抢收、孤残救助、心理救助、学校恢复教学秩序、加强安全和减灾自救教育、捐助资金和物资管理、灾区重建的规划和资金筹集、应急通信、灾区经济发展等等。已有多篇信息或建议通过全国政协上报中共中央，得到了中共中央和有关部门的高度重视。

（五）大力宣传抗震救灾的感人事迹和优秀人物，把抗震救灾和主题教育活动紧密结合起来

在这次抗震救灾中，会中央加大宣传报道力度，把抗震救灾和主题教育相结合，对全会提升思想、振奋精神、凝聚会心起到积极作用。据不完全统计，目前民进宣传网站“抗震救灾民进在行动”专题网页共发布信息1400余条（含会员捐赠的书画作品近400余幅）。人民日报、政协报、团结报等报刊共刊发民进抗震救灾的稿件87篇，特别是宣传了傅勇林、赵爱武、赵晓平、李京平等奋战在抗震救灾一线的领导干部和民进会员的感人事迹，对民进全会是极大的鼓舞。广大会员纷纷抒发抗震救灾的真情感言，更加热爱中国共产党，热爱社会主义制度、热爱人民子弟兵，更加坚定了接受中国共产党的领导、走中国特色社会主义道路的信念。抗震救灾的各项活动不但标志着学习教育活动收到了明显实在的效果，也将学习教育活动推向了一个新的高潮。

二、深入学习中共十七大精神，开展主题教育活动，巩固多党合作思想政治基础

认真学习中共十七大精神，深入开展中国特色社会主义主题教育活动，是搞好我会政治交接，确保我会沿着正确方向和道路前进的关键。会中央高度重视主题教育活动，年初下发了2008年全会开展主题教育活动的通知和方案，对全会的主题教育活动进行整体部署和指导，并明确提出主题教育活动要作为贯穿全会工作的主线来开展。6月中旬，会中央举行了主题教育活动经验交流会，与会同志交流了开展主题教育活动的做法经验，探讨了如何建立健全政治交接的长效机制。会中央对下半年主题教育活动的各项工作进行了部署。这次会议对进一步深化我会主题教育活动起到了重要推动作用。

（一）深入学习中共十七大精神，明确方向，认清形势，胸怀大局

坚持科学理论的指导，是我会建设高素质参政党的一条基本经验。年初，会中央主席会议特邀中央党校副校长李君如同志作了《深入学习中国特色社会主义理论体系》的专题报告，会中央领导集体对中国特色社会主义理论体系的问题进行了系统学习和讨论。1月底，会中央举行了学习贯彻中共十七大精神座

谈会，并在民进宣传网站上进行直播。王佐书副主席在会上作了专题辅导报告，民进京津冀三个省级组织的负责人进行了交流，有63个民进省市级组织在线收看了座谈会。会中央领导和机关部门负责人结合下基层到地方宣讲中共十七大精神和会章会史，编发、录制了中共十七大精神、《中国的政党制度》白皮书以及新会章等学习辅导材料和光盘，并通过民进宣传网站、《民主》杂志等为各级组织开展宣讲活动提供指导与服务，有力地推动了学习宣讲活动的扎实开展。

（二）隆重纪念“五一口号”发布60周年，继承发扬我会优良传统，坚定全会走中国特色社会主义政治发展道路的信念

今年是中共中央发布“五一口号”60周年，会中央和各级地方组织以纪念这一重大历史事件为契机，组织了各种形式的座谈会、学习会、报告会和理论研讨会，会中央和各级地方组织领导积极撰写理论文章和纪念文章，阐明我国多党合作制度的历史必然性和现实优越性。会中央新一届领导集体和不少省市级组织赴西柏坡和民进成立旧址等爱国主义和统一战线教育基地，缅怀民进老一辈领导人选择正确政治发展道路的历史贡献。会中央在全会举办征文活动，收到来自各省市区的征文400余篇。一些地方组织还举办了知识竞赛、书画展、图片展、文艺晚会和社会服务等纪念活动。通过开展丰富多彩的纪念活动，全会更加深刻认识到中国特色社会主义政治发展道路是我国走向富强、民主、文明、和谐的保证，深刻认识到继承我会优良传统、自觉坚定地接受中国共产党的领导，是我会有所作为、继续健康发展的根本保证。

（三）加强理论研究和会史工作，提高参政党政治素质，巩固全会多党合作的思想政治基础

加强理论研究和会史工作，是加强我会思想建设、夯实共同思想政治基础的重要途径和基本环节。会中央确定了今后我会要把参政党理论作为主要研究方向，制定五年发展规划。调整了我会统战理论研究会的组成，建立一支由团体会员和个人会员结合、专兼职结合、会内会外结合的统战理论研究骨干队伍。会中央加强了会史的基础工作，确定了会史工作要以收集、整理、抢救和编辑会史资料为工作重点的工作思路，明确了“新账不欠，老账抓紧还”的工作目标，既抓紧对过去史料的收集整理和抢救，也通过编纂《中国民主促进会年鉴（试刊）》对现在资料进行整理编辑。在这一过程中，积极发挥会史的教育功能，通过对民进会史教育基地的建设，宣传民进的光辉历程和前辈的高尚情操，加强对我会优良传统的教育。

三、以领导班子建设为重点，加强组织建设，夯实高素质参政党的组织基础

去年12月，民进十大选出了会中央新一届领导班子。我们一班人，深感肩上担子的沉重，唯恐辜负了各级组织和广大会员的殷切希望。半年来，隽琪主席和各位副主席考虑得最多的问题就是如何进一步加强会中央的班子建设，把民进事业的接力棒接好、传好。当前开展的中国特色社会主义主题教育活动，为会中央和省级组织两级领导班子建设提供了有效载体和广阔平台。

会中央新一届领导集体从自身做起，要求省级组织领导班子做到的，会中央领导班子先要做到。会中央进一步完善中心学习组学习制度，主席、副主席带头谈心得体会、带头撰写文章，发挥表率作用，扩大示范效应。主席、副主席全部参加了中央社会主义学院举办的培训班学习。上半年举办了“民进新任中央委员、省级组织副主委培训班”，就中国特色社会主义理论、民进会务工作等内容进行了系统的培训。会中央领导班子成员带头下基层深入调研，上半年对主题教育活动、参政议政和社会服务等工作的调研力度明显加大。会中央领导班子带头交心谈心，开展民主生活，在年初的主席会议上，大家围绕着如何继承和发扬上一届领导班子的好传统、继续发展民进事业，如何做好专兼职主席、副主席等问题，进行了深入坦诚的集体谈心。会中央领导班子身体力行，在建章立制、促进体制机制创新方面，取得了一定进展，促进了领导班子成员“四种能力”的提高和会中央各项工作制度的完善。

在领导班子建设中，我们重点解决了两方面的问题：

（一）贯彻民主集中制，建立健全领导班子议事规则

我会历届领导为了保证民主集中制的贯彻落实，在制度上打下了很好的基础。这次换届后在继承的基础上，广泛征求意见，并根据统战部的要求，对原有制度进行了完善和补充。目前在议事规则方面已形成

的有：《民进中央主席、常务副主席、副主席工作规则》、《中央委员会会议制度》（包括中央委员会全体会议制度、中央常务委员会会议制度、主席会议制度、主席办公会议制度）等等。这些制度已在十二届二次主席会议上审议通过，相关文件下已发各省级组织。

在议事规则方面有以下几点新的尝试，已经初见成效：

1. 进一步明确领导班子成员岗位责任。在坚持集体领导和个人分工负责相结合的原则下，制定了主席、常务副主席、副主席工作规则，对主席、常务副主席、专职副主席的职责以及兼职副主席所承担的集体领导责任作了进一步明确。其中，首次对兼职副主席的职责有了明确的界定，提出了具体要求。

2. 加强了工作的制度化、规范化。明确了主席会议、主席办公会议、中央全会、中常会的职权、组成及议事程序规则等，使有关民主程序和决策程序进一步健全和完善。会中央全年的重要会议原则上规定为“1448”，即1次中央全会、4次中常会、4次主席会、8次主席办公会，再辅之以必要的行政会议、部门负责人会议来贯彻落实。力求集体领导、民主集中、个别酝酿、会议决定，增强领导班子的凝聚力，提高决策效率和工作效率。

3. 重大事项会议决定，但必须辅之以个别交换意见。隽琪主席经常说，一个高明的领导者，是能够妥协的领导者，关键是“度”的把握。要把制度的正面作用尽可能地发挥出来，同时要辅之以个别谈心，处理好规定和通融的关系，相互尊重，使得大家在集体中感到约束是合情合理的，又可以避免不必要的矛盾、误会、脱节和浪费。

4. 专题会议。为了提高主席办公会议决策的效率，我们借鉴政府的决策机制，在部门负责人会议和主席办公会议之间设计了专题会议制度，先由分管副主席、秘书长、相关部门同志进行专题研究，深入讨论，形成比较一致的意见，再提交主席办公会议审定，提高了决策的民主化和科学化水平。

5. 部门负责人列席主席会议。会中央本着一切决策“公开是原则，保密是特殊”的新观念，决定部门负责人列席主席会议，以沟通情况、统一思想，让他们不仅了解决策结果，而且知道决策形成的过程，从而使决策得到更好的贯彻落实。

（二）密切联系基层，形成良好的工作作风

结合主题教育活动，会中央把改进作风作为领导班子建设的一个重要组成部分，在深入实际、调查研究，联系基层、搞好服务，力戒形式主义、讲求实效等方面做了一系列工作，取得了一定成效。如：制定了《民进中央领导下基层试行办法》，对主席、副主席下基层的基本原则、活动方式、程序安排等方面作出规定。明确要求会中央领导利用会内或会外工作到地方时，必须尽量安排到民进地方组织了解情况、看望会员，并强调轻车简从、节约简朴。制定了《民进中央机关关于信访工作的规定（试行）草案》，帮助会员通过正常渠道反映问题和要求，维护会员的合法权益。制定了《关于民进中央领导人生日祝贺、纪念活动的规定（试行）草案》，对会中央领导题词、祝贺、探望、纪念活动等事宜的执行，进行了制度规范。

目前，会中央正在开展调查研究，探索建立会内监督机制。这方面有的省级组织已经做了大量的工作，会中央将进一步加大力量，进行认真梳理、总结，提出切合实际的工作原则。

四、深入贯彻落实科学发展观，发挥特色优势，加强参政议政的机制建设，提高参政议政工作水平

参政议政是参政党存在价值的体现。当前形势发展对我们参政议政工作的要求越来越高。根据今年1月主席会议的精神和民进的实际情况，我们确定了2008年参政议政工作的基本方向：一是围绕十七大提出的奋斗目标与改革发展的任务，要在老领域有新作为，新领域有新开拓，在事关全局的瓶颈问题上和事关民生的热点难点问题上积极建言献策；二是通过骨干队伍的建设、合作联动机制的完善、信息网络的加强、调查研究的深入，举全会之力，集全会之智，提高我会的参政议政能力。下面我着重谈谈参政议政的体制机制建设和发挥全会整体力量的情况。

（一）加强机制建设，提高参政议政的能力和水平上半年，会中央在发展、发现高素质的参政议政骨干力量，建立开放的体制和集成资源的机制这两方面做了积极有益的工作和探索：

一是加强队伍建设，提升服务质量。上半年成立了新一届专门委员会，聘请了特邀研究员，把一批学识渊博、参政议政能力强、社会影响力大的会员和民进之友充实到参政议政骨干队伍之中。同时，会中央努力提升服务质量，从人员、经费、信息等各个方面对专门委员会工作予以倾斜。新一届专门委员会都制定了五年工作规划和年度工作计划，并开始有条不紊地实施。会中央专门委员会已成为产生党派提案、提出政治协商意见的重要力量，发挥着越来越大的作用。

二是建立会内参政议政课题申报立项机制、提案形成机制、成果奖励机制。这是在广泛听取各位常委和会内同志意见后制定的。关于课题申报立项机制，我们在会中央各专门委员会选定课题的基础上，广泛吸收省级组织课题申报，通过网上评议从中筛选重点调研课题。关于提案形成机制，重点课题经过半年左右的调研之后，我们将在11月份形成提案，在明年两会期间作为会中央的提案和大会发言。关于成果奖励机制，即对作出突出贡献、发挥较大作用的参政议政提案进行表彰和奖励。通过三个机制的运作，调动全会的参政议政工作积极性。今年上半年课题申报立项机制已经开始启动，目前29个省级组织已经提交了46项课题，通过网上评议和专家评审，筛选了10个课题作为重点课题，最后由主席办公会确定下来。

三是建立网上参政议政平台，加强信息沟通与交流，用信息化手段整合全会参政议政资源。今年会中央在外宣网络的基础上，开辟了参政议政网上平台，设立了提案库、资料库等栏目，与各专门委员会、各省级组织进行互动。大家可以在内部网上组织课题讨论、专家评议。这一平台得到29个省级组织、专门委员会成员和特邀研究员的积极响应，目前处于试运行阶段，对重点课题的筛选已经形成重要意见。

四是加强与政府部门的合作。年初，会中央走访了10个国家有关部委，就我会为政协大会准备的提案向相关部门征求意见，并邀请国家有关部委参与我会的专题考察活动，争取指导和帮助。上半年中共中央政治局委员刘延东及教育部、文化部、最高人民法院等单位就教育、文化、司法等相关问题走访会中央，听取意见建议。会中央启动机关与骨干会员的联动机制，认真准备，提出了较高质量的意见和建议，得到有关部门的肯定。

（二）注重发挥我会优势特色和整体力量，深入开展调查研究，积极建言献策

换届之后，会中央新一届领导班子达成了这样一个共识，就是我们的参政议政工作，不仅要发挥民进的特色和优势，还要注重发挥我会的整体力量。根据中共十七大报告关于文化建设的重要论述，以及中共中央在致民进十大的贺词中对我会发挥自身优势、推动文化大繁荣大发展的嘱托，经过多次研究，我们决定今年把“完善文化投入机制、保障人民文化权益”作为重点调研课题。5月份，会中央赴江苏省进行专题考察调研，6月份又到宁夏等地进行了后续调研。今年的专题调研，会中央和江苏、宁夏两个省级组织进行了联动，考察回来提出问题、理出思路后，还要向其他省级组织征求意见，进行后调研。希望通过这种模式的逐步完善，能更好地调动和发挥全会力量，进一步提高民进的参政议政水平。

会中央每年都要进行一次重点的专题考察调研。这是中共中央委托中央统战部统筹安排各民主党派开展的一次非常重要的参政议政活动。各党派中央自选课题，经过考察调研，向中共中央提出相应的建议。这项工作首先要从专题考察的课题选择做起。这次会议我们给大家下发了《民进中央2009年专题调研选题征求意见表》，上面的选题是从会中央向各省级组织征求来的几十个参考选题中筛选出来的，请各位常委从中选出可以作为明年会中央专题考察调研的1—2个课题。希望在征求各省级组织和专家意见的基础上，通过问卷调查这种方式，听取各位常委的意见，确定明年会中央的专题调研选题，为主席会议决策提供广泛的基础。

五、整合力量，突出重点，为全面建设小康社会扎扎实实开展社会服务工作

社会服务工作是参政党为构建社会主义和谐社会和促进祖国完全统一贡献力量的重要职能。民主党派的社会服务工作，必须和党派的参政议政有机结合，相互促进，并为参政议政工作服务。这应是我会社会

服务今后的工作方向。上半年，会中央社会服务工做主要有以下几个方面：

（一）社会服务与参政议政有机结合，相互促进，共同提高

多年来，教育、可持续发展，特别是石漠化治理等方面，是我会参政议政和社会服务共同的课题和领域。今年上半年，会中央进一步推进石漠化治理工作，与国家林业局、贵州省人民政府在贵州毕节共同主办了“中国（毕节）石漠化治理与生态文明高层论坛”。论坛得到了国家林业局和贵州省人民政府的全力支持，到会的有国务院有关部门负责同志和包括两位院士在内的国内顶级专家。与会专家交流了石漠化治理的经验，就治理政策和技术措施进行了研讨，提出了可供决策参考的意见和建议，论坛办得很成功，对进一步推动西南地区石漠化综合治理和促进当地脱贫致富起到了积极的作用。

另外，在教育方面，会中央支持和引导各级组织和民进会员办学支教，如：上半年促成了中国民办教育协会的成立，推动上海、江苏等部分省级组织开展民进西部教师培训活动。同时，继续关注中国教师发展、民办教育发展、西部农村教师发展等课题，继续为教育的改革和发展建言献策，产生了比较好的影响。

（二）创新服务机制，搭台借力，集中力量办大事

民主党派开展社会服务工作，本身资源有限，要想把工作做好，必须充分利用各种资源。我会已有的工作平台包括叶圣陶研究会、民进企业家联谊会等。过去，通过这些平台做了大量的工作，特别是在促进祖国完全统一方面发挥了积极的作用。上半年，我们推动了民办教育协会成立，并在积极推进开明公益基金、开明书画院的筹备工作，这些平台将对我们整合资金、力量，做好党派工作发挥积极作用。

（三）继续推进海峡两岸民间交流交往。我会联络委员会开展了“海峡两岸农业合作试验区和台湾农民创业园情况调查”，已形成初步建议。今年下半年将继续筹办第三届海峡两岸企业合作论坛和第六届海峡两岸传统文化与现代化研讨会。

会中央上半年的工作虽然开局良好，进展顺利，但还存在一些不足。在工作思考上，前瞻性、预见性还需要进一步增强，在工作安排上，统筹性和协调性还需要进一步提升，在工作方式上，如何发挥全会的力量，形成中央、地方、基层组织的合力，还需要进一步探讨。

各位常委：

2008 年上半年会中央的工作概况我就汇报到这里，请大家在会上提出意见和建议。谢谢！

在民进中央庆祝 2008 年教师节座谈会上的讲话

（2008 年 9 月 10 日）

罗富和

各位老师，同志们：

大家好！在这金风送爽、硕果飘香的美好时节，我们迎来了第 24 个教师节。我谨代表会中央向辛勤耕耘在教育战线上的全会广大教师表示崇高的敬意！并致以节日的祝贺和诚挚的问候！

十年树木，百年树人，千秋伟业，教育为本。中国的未来发展，中华民族的伟大复兴，归根结底靠人才，人才培养的基础在教育。教师是人类灵魂的工程师。国家的兴衰系于教育，教育的质量在于教师。没有高水平的教师队伍，就没有高质量的教育。长期以来，民进全会广大教师和教育工作者自觉贯彻党的教育方针，在教书育人的岗位上勤奋工作、无私奉献，用自己的艰辛和汗水、学识和才智，为我国教育事业发展和推进社会主义现代化建设作出了重要贡献，涌现了一批像共和国首批特级教师王企贤、霍懋征，教

育家段力佩这样的优秀教师和教育工作者，赢得了全社会广泛赞誉和普遍尊重。

民进是以从事教育文化出版工作的高中级知识分子为主的参政党，其中教育界会员的比例接近70%，我们和教育有着天然而密切的联系。民进中央首任主席、著名的教育家马叙伦先生曾担任新中国成立后国家教育部部长和高等教育部部长，民进中央主席、著名的教育家叶圣陶先生也曾担任国家教育部副部长。民进作为一个以教育界成员为主的参政党，十分重视和关注教育事业的发展。改革开放30年来，民进各级组织积极为推动教育立法、推动教育改革、提高教育质量、提高教师队伍建设等问题建言献策、献计出力。在这里，我对民进这些年来为推进我国教育事业的发展，特别是推进教师队伍建设和教师发展所做的工作做一个简要的介绍。

我们今天和大家一起庆祝的教师节，就是在民进等社会各界的倡导下建立的。自70年代末起，民进中央叶圣陶、冰心等老一辈领导人就多次撰写文章、发表谈话，呼吁设立教师节。1981年在全国政协五届四次会议上，民进中央的17位政协委员徐伯昕、吴贻芳、史念海、李霁野、张明养、叶至善、徐楚波、郑效洵、马力可、霍懋征、葛志成、方明、巫宝三、张景宁、叶圣陶、雷洁琼、柯灵联名提交《建议确定全国教师节日期及活动内容》的党派提案。1983年在全国政协六届一次会议上，民进19位政协委员再次联名提出“为提高教师的社会地位，造成尊师重教的社会风尚，建议恢复教师节案”。这些建议均受到党和政府的高度重视。1985年，全国人大常委会批准确定每年的9月10日为教师节。

30年来，民进还为义务教育法、教师法、教育法、职业教育法、高等教育法、民办教育促进法，还有即将制定的学前教育法等教育法律、法规的制定、修订贡献了绵薄之力。以1993年10月颁布的《中华人民共和国教师法》的制定过程为例。从酝酿、调研、起草到颁布，民进付出了10年不懈的努力。1984年，民进中央和全国教育工会、全国政协教育组联合对教师流失问题进行调研。通过调研，我们提出，必须用法律保障教师的政治地位、社会地位和合法权益，从根本上稳定教师队伍。1986年在全国政协六届四次会议上，民进组21位全国政协委员联名提出“尽早制定《教师法》案”。1986年初，受有关部门委托，民进中央和全国教育工会、中国陶行知研究会、北京市教育科学研究所、北师大教育科学研究所共同组成《中华人民共和国教师法》联合起草小组。同年4月，民进在全会范围内组织讨论《中华人民共和国教师法》草案（一稿）。在综合社会各界意见的基础上，起草小组历时逾两年先后修改了四稿草案。1988年在全国政协七届一次大会上，全国政协常委、民进中央副主席葛志成作了“制定《教师法》，提高教师地位和待遇”的发言。

民进非常关注教师队伍建设，特别是农村教师队伍建设。自2004年起，民进中央一直都在就教师队伍建设进行调研。2004年，民进中央和14个省级组织共同就少数民族地区义务教育和教师队伍建设问题进行了调研。2005年，民进中央和重庆、内蒙、甘肃、云南等省级民进组织合作就教师队伍建设问题进行了调研。2006年—2008年，民进中央和内蒙、甘肃、云南等省级民进组织合作就教师培训问题进行了调研。2007年，民进中央在杭州市举办了“中国教师发展论坛”，教育部陈小娅副部长出席了论坛并讲话。自2004年起，民进中央在全国政协大会上每年都要就教师队伍建设问题，包括教师队伍建设的均衡发展、教师培训、代课教师等，提出相应的提案，总共提出了此类提案8件。

自教师节设立以来，民进中央每年都要举办庆祝活动，在节日期间慰问基层教师、为教师办实事。今天，我们在这里召开座谈会庆祝2008年的教师节，但座谈的内容却与往年不同。今年对于我们的共和国和广大教师们来说，都是不平凡的一年。5月12日，四川省汶川县发生8.0级特大地震。地震灾害发生时，正值学校集中上课时间，灾区学校校舍倒塌严重，师生伤亡惨重，学校损失巨大。在这场特大自然灾害面前，灾区广大教师和教育工作者以灾情为命令，视时间如生命，为保护灾区学生生命安全，为抗震救灾作出了重大贡献，涌现了许多可歌可泣的英雄人物，如用自己身体护住学生而牺牲的谭千秋、杜正香、汤鸿、向倩、张米亚、瞿万容……人的生命只有一次，但在生与死的瞬间，我们的教师却把生的希望留给了学生，把死的危险留给了自己。他们用义无反顾地选择，演绎了伟大的师德精神。

在我们的民进会员中，面对着突然而至的灾难，也涌现出一批表现突出的优秀教师。在这里我讲几个事例：

民进会员、德阳外国语学校小学部教导主任兼语文老师左一华，5 月 12 日下午他正在上语文课，地震来临之时，他临危不惧、果断镇定地紧急疏散了全班学生，35 个孩子都平安无恙。

民进会员、成都市白果林小学校长胡方廷在地震来临时，挺身而出，迅速组织老师疏散和安顿学生，并连续 80 余小时坚守在学校。在确保教学设施安全的前提下，在灾后第 4 天就组织师生在金牛区所有学校中率先全面复课。民进会员、白果林小学刘丽老师勇敢面对灾难，组织学生迅速有序地撤离，并将班上残疾儿童刘百邑从二楼背到操场。震后，白果林小学向所在区推荐的教育系统抗震救灾先进个人名单上有 3 个人，其中的 2 位就是我们的民进会员胡方廷、刘丽。

特大地震袭来时，正值幼儿园午休时。民进会员、重庆市聋儿康复中心主任邓小玲在第一时间，镇定地组织教师往返多次，或抱或牵，将 69 名正在酣睡的天真无邪的幼童全部迅速转移到安全地带。

这样感人的事例还有许多许多……在百年不遇的特大地震灾难考验面前，广大民进教育界会员，用实际行动履行着人民教师的职责，践行了民进人对党的教育事业的忠诚，交出了让民进和人民满意的答卷。

突如其来的特大地震灾害，见证了人民教师的高尚师魂，揭示了人民教师爱与责任的崇高境界。灾难面前，广大教师以英勇无畏和大爱之举，用爱和责任为学生筑起了生命长城，向世人展示了为人师表的精神风貌和崇高的人性光辉。他们用鲜血和生命，践行了人民教师的神圣职责，诠释了人民教师的高尚师德，谱写了人民教师的英雄赞歌。他们的英雄事迹可歌可泣，令人震撼，催人奋进，集中体现了新时期人民教师的光辉形象、崇高的师德风范和时代精神，受到全国人民的瞩目和赞誉，在地震废墟中矗立起令世人景仰的巍巍丰碑。他们是人民教师的杰出代表，是全国人民心目中的英雄，是全国广大教师和教育工作者学习的榜样。让我们对英雄教师表示崇高的敬意！

早在 5 月 25 日，教育部党组就作出决定，在全国教育系统开展向抗震救灾英雄教师学习的活动。民进作为以教育界成员为主要界别的参政党，要在全会范围内进一步推进向抗震救灾英雄教师学习的活动，号召全会的教育界会员向抗震救灾英模教师和全国教育战线优秀教师学习。学习他们生死关头，临危不惧，舍生忘死，奋不顾身保护学生的英勇献身精神；学习他们在大灾面前，化悲痛为力量，坚守岗位，忠于职守，重建校园，恢复正常教育教学秩序的自强不息精神。我会各级组织和广大教师和教育工作者要抓住开展向抗震救灾英雄教师学习活动的契机，大力宣传新时期人民教师的高尚师德和无私奉献精神，弘扬师魂，把英模教师的先进事迹和崇高精神作为师德教育的重要内容和生动教材，使抗震救灾精神成为推动教育事业发展和改革的强大精神动力。要在全会倡导尊师重教的良好风尚，形成全会人人关心教育事业的发展、支持教育改革的良好氛围。通过我们的努力在全社会进一步营造出尊重教师劳动、尊重教师创造、尊重教师贡献的良好社会环境，形成理解和支持教师在教育教学改革中的探索与创新，学校、社会和家庭共同育人的良好社会环境。

全社会尊师重教，我们的广大教师更应自尊自励，努力成为无愧于党和人民的人类灵魂工程师，以人民教师特有的人格魅力、学识魅力和卓有成效的工作赢得全社会的尊重。在此，我想对全会广大教师提出四点希望：

一是爱岗敬业、乐于奉献。全会广大教师要忠诚于人民教育事业，树立崇高的职业理想和坚定的职业信念，把全部精力和满腔真情献给教育事业，做爱岗敬业的模范。要进一步增强教师职业的光荣感、责任感和使命感，任劳任怨、忠于职守，不讲条件、不计得失，甘为人梯、乐于奉献，用辛勤劳动向学生灌输、传授知识，用智慧和良知去开启学生的心灵，用自己的爱心和言行去培养学生的健康人格，通过我们的辛勤劳动和真诚奉献，在平凡的岗位上做出不平凡的贡献。

二是淡泊名利、勤于治学。全会广大教师要自觉坚持社会主义核心价值体系，带头实践社会主义荣辱观，不断加强师德修养，把个人理想、本职工作与祖国发展、下一代健康成长紧密联系在一起，树立高尚的道德情操和精神追求，倡导学为人师、行为世范的职业精神，把立德树人作为教育的根本任务。要静下心来教书，潜下心来育人，努力做受学生爱戴、让人民满意的教师。要刻苦钻研、严谨笃学，养成求真务实和严谨自律的治学态度；树立终身学习理念，坚持不懈地学习新知识、新技能、新技术，拓宽知识视野，更新知识结构，不断提高教育、教学质量和教书育人本领。

三是勇于创新、精心育人。全会广大教师要踊跃投身教育创新实践，以自己的辛勤工作和实践为推进教育改革作出应有贡献。要积极探索教育教学规律，更新教育观念，改革教学内容、方法、手段，注重培育学生的主动精神，鼓励学生的创造性思维，引导学生在发掘兴趣和潜能的基础上全面发展，努力培养适应社会主义现代化建设需要、具有创新精神和实践能力的一代新人。

四是当好助手、为会争光。全会广大教师要时刻牢记自己的党派身份，在本职工作岗位上努力工作，以出色的工作成绩、良好的教师形象，为民进组织增光添彩。要在本职岗位上发挥好民主党派的作用，做好学校行政和基层党组织的助手；要在本职岗位上奋发进取，用一流的工作水平和质量，赢得同行和同事的尊敬，成为团结广大教师共同为推动学校教育工作发展出力的吸盘和带头人。要以民主党派成员的努力工作，为推动我国教育事业发展贡献出我们应尽的力量。

最后，预祝大家在今后的工作中不断创造新的业绩！

谢谢大家！

关于《中国民主促进会中央监督委员会工作条例（试行）》（草案）的起草说明

（2008 年 10 月 19 日）

罗富和

一、起草过程

根据《中国民主促进会章程》第四十七条的规定，会中央于年初提出了研究和起草民进会内监督条例的事项，组织部赴上海、江苏、安徽、湖北进行调研，就会内监督条例起草事宜广泛听取了当地民进基层组织、市级组织和省级组织的意见。在调研的基础上，组织部起草了《中国民主促进会会内监督条例（试行）》（初稿）。

5 月 9 日，中共中央统战部召集各民主党派中央召开专题会议，协商建立健全民主党派内部监督机制的问题。各民主党派中央经过协商，认为：根据各党派情况，可以制定各民主党派内部监督条例；也可以先制定各民主党派中央监督委员会工作条例，在试行过程中逐步完善，为制定各民主党派内部监督条例奠定基础。

5 月中旬，各民主党派经协商一致，提出《建立健全民主党派内部监督机制的有关问题（参考稿）》。组织部根据参考稿，在初稿基础上形成《中国民主促进会中央监督委员会工作条例（试行）》（草案）。7 月 16 日，严隽琪主席、罗富和常务副主席召开专题会议，专门研讨修改条例（草案）条款内容和文字表述事宜。7 月 29 日，民进中央主席办公会肯定了条例（草案）的结构和条款内容，并做了进一步修改。

8 月上旬，组织部就 7 月 29 日经民进中央主席办公会讨论修改后的草案稿向主席、副主席、秘书长征求意见，8 月中旬，收到反馈意见，主席、副主席、秘书长都原则同意这份草案，并提出文字表述方面的修改意见共 8 条。8 月下旬，组织部就草案稿向其他 34 位民进中央常委征求意见，9 月下旬，收到各位常委反馈意见。34 位常委都表示原则同意这份草案。其中，23 位常委未提出具体意见，11 位常委对草案的文字表述和条款内容提出了具体的意见和修改建议共计 33 条。其中，文字表述方面的修改意见共 21 条，条款内容方面的修改意见共 12 条。10 月 6 日，组织部就条例（草案）征求会中央常委意见的情况向民进中央主席办公会议做了汇报。根据主席办公会议精神，组织部对条例（草案）进行了修改，形成了《中国民主促进会中央监督委员会工作条例（试行)》（草案)。现将采纳各位常委意见修改后的条例（草案）提交本次主席会议（常委会议）讨论。

二、草案说明

草案共六章，总计二十条。

第一章总则，共四条：

第一条阐明了制定该条例的依据。

第二条阐明了会内监督的指导思想。

第三条阐明了会内监督的定位和重点：草案明确了监督各级组织领导班子及其成员遵守本会章程和履行领导职责的情况，监督会员遵守本会章程的情况；中央监督委员会监督的重点是中央和省级组织领导班子及其成员履行领导职责的情况。

第四条阐明了会内监督的基本原则。

第二章组织机构，共两条：

第五条阐明了中央监督委员会的性质、产生、任期、人员构成和调整；草案未对中央监督委员会具体构成进行规定，具体构成另行制定。

第六条明确了中央监督委员会下设办公室事项。

第三章工作职责，共一条：

第七条阐明了中央监督委员会在中央委员会的领导下履行五项职责。

第四章监督内容，共七条：

第八条《中国民主促进会章程》的遵守情况，依据本会章程明确了“本会会员，特别是各级组织领导班子成员应当遵守本会章程，参加本会活动，执行本会决议，完成本会交给的任务”。

第九条领导班子议事决策规则的执行情况，明确了“严格执行《民进中央主席、常务副主席、副主席工作规则（试行)》和省级组织领导班子议事决策规则”。

第十条集体领导和分工负责制的执行情况，明确了“中央和省级组织领导班子实行集体领导和个人分工负责相结合的制度”。

第十一条谈心制度的执行情况，明确了“健全中央和省级组织领导班子成员谈心制度。通过谈心会等方式……提高依靠自身力量解决问题和矛盾的能力。一般每年召开一次谈心会，可采取领导班子成员集体谈心和个别谈心两种形式”。

第十二条述职和民主评议制度的执行情况，明确了“健全中央和省级组织领导班子成员分别向中央和省级常务委员会述职和民主评议制度……领导班子成员在一届任期内一般在常委会范围内进行两次述职和民主评议，在届中和换届前各进行一次”。

第十三条信访处理制度的执行情况，明确了“中央和省级组织分别依据《民进中央机关关于信访工作的规定（试行)》和省级组织信访处理规则，切实履行职责，处理来信来访”。

第十四条廉政建设制度的落实情况，明确了“中央和省级组织领导班子应重视廉政建设……切实抓好廉政建设工作”。

第五章工作制度，共三条：

第十五条明确了“中央监督委员会在中央委员会领导下工作，对中央委员会负责。中央监督委员会一年召开一次全体会议，向中央委员会报告工作”。

第十六条阐明了中央监督委员会依据会章制定本会的纪律处分规定，并据此监督会的纪律处分情况。

第十七条明确了“中央监督委员会指导省级组织监督机构开展相应地方组织内部监督工作”。

第六章附则，共三条：

第十八条明确了本会省级组织参照本条例设立内部监督机构。

第十九条明确了条例解释权归中央监督委员会。

第二十条明确了“条例由中央委员会全体会议通过后，自发布之日起施行”。

在2008年民进中央参政议政工作年会暨信息工作会议闭幕式上的讲话

（2008年12月6日）

罗富和

同志们：

今年的参政议政工作年会暨信息工作会议开得非常好。同志们在百忙中从全国各地汇聚于此，听取了严隽琪主席的主题报告和全国政协信息局朱京生局长作的信息工作辅导报告，并且进行了讨论，发表了意见、建议。今天上午的交流发言也非常精彩，我们的参政议政“明星”叶青、陈守义和三个地方组织代表分别交流了他们多年来从事参政议政、信息工作的经验，有思有行；两个分组代表也先后汇报了小组讨论的情况，全面精炼。会议完成了预期的目标和任务。

经过两天半的学习、讨论和交流，大家提出了很多问题，贡献了很多智慧，我们对大家表示感谢。在这里，我讲几点意见。

首先，我想在这里再着重强调一下“专干队伍”在我们参政议政工作中的重要地位和作用。严主席在主题报告中提到，“会中央着力打造了一个平台，依靠了两支力量，建立了三个机制，提倡了一个转化”，其中两支力量，一支指的是会中央专门委员会和参政议政特邀研究员队伍，一支就是各省级组织的参政议政工作队伍和专家队伍。我们平时对我们的专干队伍强调的不够，其实，我们全会的专干队伍是一支非常有力、非常专业的队伍。这支队伍取得的成效是实实在在的，我们的参政议政工作能有今天的成绩，也是在座各位和没有到会的同志共同努力的结果。

说起来，我从兼职“干革命”到成为一名专干的时间并不算长，但是在这不算长的时间里我对专干的工作却有着很深的体会，那就是在我们的参政议政工作中专家的作用固然重要，但是如果没有一支高素质的专干队伍的运作，那么参政党在社会上的整体形象和在高层协商中发挥的作用不会达到这样的效果。因此，我们成绩的取得很重要的一条经验就是专家队伍与专干队伍相结合，也可以说这支专干队伍是我们工作成绩取得的重要基础。

我们感谢这支队伍，更要理解这支队伍。在小组讨论的时候，有好几位同志提出想轮岗，我非常理解，因为这个岗位的确累而且压力大，这是真话、是专干们真实的感受。现阶段，我们能给专干提供的条件和待遇还很有限，却需要通过这支队伍的工作体现参政党存在的价值，提升参政党的社会地位和影响力，可想而知，这支队伍要为之付出怎样的努力、做出多少牺牲。比如，有时候我们需要在很短的时间内、甚至是一个晚上，为高层协商提供意见建议，为了让我们的党派发出高质量的声音，我们需要征求专家和各方面的意见，但更需要专干们在更短的时间里凭借经验综合各方意见，抓住关键、找出问题、提出对策，实属不易。因此，我要再次感谢我们这支队伍在这一年间所发挥的重要作用。科学发展观一个重要的内涵就是以人为本，以科学发展观来指导我们的参政议政工作，就是要充分鼓励和肯定这支专干队伍的作用，要给予专干更多的表彰，要让全会都看到这支特别能吃苦、特别能战斗的专干队伍。

其次，我想在严主席的主题报告和辅导报告，以及大家在交流过程中提出的意见、建议的基础上，针对参政议政、信息工作提几点意见，供大家在工作中参考。

一、关注重点领域

“以新作为巩固老阵地，在顺势中开拓新领域”，强调的都是领域问题。在我看来，2009 年需要我们重点关注的关键领域有这样几个：

一是应对金融海啸的冲击，保持我国经济的平稳增长。这是一个非常重要的领域，也是我们相对不太熟悉的领域。尽管党和国家已经对这一问题看得很清楚，并且非常重视，但是从今年下半年的经济增长来看，形势依然严峻，劳动力、就业形势尤为紧迫。如何在国际金融危机肆虐和国内经济急剧下滑的大背景下“保增长、促发展”，需要动员全会以及所有我们联系的专家给予分析和建议。

二是保持社会稳定。比如重庆代表在小组讨论中反映由于农村教师待遇长期得不到兑现而可能引发大面积软罢工的情况，会中央当即将此信息进行了直报。据了解，党和国家已经掌握了这一情况，已经在逐步处理和解决中。类似这些影响社会稳定的群体性事件，还需要我们持续关注。中国的 2008 年，可谓是多事之秋，矿难、溃坝、出租司机集体罢工、食品安全问题、深圳龙岗歌舞厅起火事件等等。但是，我们透过这些突发事件的表象，其背后都隐藏着一个共同的尖锐问题——腐败，被国外称之为东南亚癌症的利益驱动和勾连。对待这些问题，我们要早关注、多关注，透过现象看本质，透过表象看根源，通过我们联系的知识分子，通过我们对社会、对社情民意的把握给执政党提供信息，这是我们的责任所在。

三是作为老阵地的教育问题，要继续关注《国家中长期教育改革和发展规划纲要》的修改和制定。具体情况大家都已经在会上了解了，我在此就不详细展开了，希望大家提前多做准备，在教育部进一步征求意见的时候，多提供意见建议。

四是要特别关注灾区重建的问题。灾后重建、灾后教育的重建已经迫在眉睫，希望大家多提好意见、多想好办法，在我们的优势领域更加关注灾区教师队伍重建和教师心理救助的问题，通过我们在教育口上担任实职的会员，在经济支援的同时多给予一些框架内的对口支援。

除了上述问题，明年需要我们重点关注的领域还有很多，比如教育文化出版、环境保护、民主法制建设都应该是我们关注的重点领域。

二、突出问题和对策

我们与执政党比较而言存在着很多不对称，比如人才的不对称、资源的不对称和信息的不对称。但是，在这种情况下，我们如何保证向执政党提出高质量的提案和信息？我认为，重点是要找准问题，提出对策。这就要求我们：一要早学习。根据党中央、国务院的安排和部署，尽早安排学习。二要广浏览。通过网络和平面媒体，大量浏览面上的情况。三要多调研。以预调研、后调研的形式，充分调动全会各级组织的力量，深入基层，深入一线，真正把调研做实。四要勤思考。五要常研讨。通过开神仙会等形式，让不同的意见进行交锋。

做到以上五点要求，并且做好长线研究与短线研究的结合、长线跟踪与应急相结合，我想，我们就更有把握筛选准问题，提炼好对策。

三、继续壮大我们的人才队伍

我们的参政议政和信息工作队伍建设，应该特别强调与组织工作相结合。其一是要把参政议政能力作为来挖掘、发展人才的衡量标准。其二是要把组织工作中对干部和后备干部的培养，放在参政议政工作中进行锻炼。即在参政议政工作中考验人、锻炼人、培养人。

四、加强能力建设

通过以会代训，或者专门的专业培训来提高这支专干队伍的整体能力。首先要提高写作能力。摒弃说教式的空话、套话，更加注重培养资料搜集、信息分析、文本加工的能力。其次要提高服务能力。软件上要提高为专家服务的水平，硬件上要添置为专家服务的工具，比如录音电话。第三要注重平台的延伸。在可能的技术支持下，以省为单位，最大限度地延伸民进中央参政议政网上平台，增进民进各级组织的交流和互动，最大化地发挥它的作用。第四要更加注重区域的协同。比如发达地区和后发地区的区域联动，会中央与地方组织专委会的领域联动，都需要我们不断探索，共同商量、共同策划、共同努力。

五、加强信息工作

一是要把组织建设、参政议政、社会服务工作与信息源、信息员工作结合起来。信息工作的重要性毋庸我多说。但是，信息工作是参政议政的基础性工作，我们也一定要坚持。现在有一种倾向，就是脱离参政议政专干队伍而单独建设信息员队伍，我认为这是不妥当的。"信息员"强调的是其做信息的职责，但是要紧紧依托参政议政这个源头，要格外强调与组织建设、参政议政、社会服务工作的结合，这样我们的视野就会更开阔、思路就会更广阔。二是要继续做好信息直报的试点工作。省会城市信息直报会中央的制度，要加快运作，使之成熟。但是，仍坚持以省为单位的统计方法。三是要注意保护信息提供的组织和个人。

今天是一个难得的机会，除了以上谈到的问题，我还想和大家交流、分享一下我个人在工作中的感受和体会。在我的工作经历中，提案和信息工作都经历了三个阶段：第一是发牢骚的阶段。尤其是我刚从国外回来的时候，对社会上的很多问题都看不惯，但是牢骚不解决问题。第二是提意见的阶段。主要是提批评性的意见。第三是提建议的阶段。我认为，建议、对策是最难提的，尤其是具有创新性、前瞻性、科学性、操作性的建议、对策。在党派的信息和提案中，最难的也是提建议和对策，但是，希望大家克服困难，把更多的精力投入到我们从事的事业中。

同志们，2009年的形势和挑战更为严峻，我们的工作也将更加繁重，我们不能过于乐观，更不能掉以轻心，我们要代表11万民进会员在这个舞台上发挥更大的作用，为党领导的多党合作事业的发展发挥积极的作用，要通过我们的努力进一步体现多党合作制度的优越性，用有力的事实向世界说明协商民主和选举民主同样重要，协商民主是中国特色社会主义民主的优势所在。

再次感谢大家，感谢全会的这支参政议政、信息专干队伍。以上意见供参考，不妥之处请批评。

在民进广东省委会六届三次全会上的讲话

（2008年12月25日）

罗富和

民进广东省委会六届三次全会圆满完成了各项议程。会议学习了中共十七届三中全会的精神，学习了胡锦涛总书记在纪念党的十一届三中全会召开30周年大会上的重要讲话，学习了汪洋书记在广东省纪念党的十一届三中全会召开30周年大会上的讲话，传达学习了会中央的全会精神。会议认真回顾广东民进2008年的工作，也提出了我们今后努力的方向，开得非常成功。

2008年对于中华民族、对于我们国家来说确实是极不平凡的一年。对此，大家都已经从各个方面作了表述。我想说的是，2008年是广东民进的工作十分出色的一年，是极不平凡的一年。作为广东民进的一个成员，我觉得非常自豪。我们大家一起共同落实中国共产党领导的多党合作制度，推进自身建设、履行职责，为中国特色社会主义事业添砖加瓦、建言献策、积极奉献，在本职岗位上也作出自己的努力。

2008年是改革开放30周年。对总书记的重要讲话，我比较认真地进行了学习，觉得非常深刻。总书记把改革开放30年定位为"新的伟大革命"，认为是近一个世纪以来，继辛亥革命、新民主主义革命和社会主义革命之后的“第三次革命”。这次革命，党“引领中国人民走上了中国特色社会主义道路，迎来了中华民族伟大复兴的光明前景”。对此，我感受很深，我们民进的老一辈跟共产党是经历过风雨的，为推翻国民党的专制统治、建立新中国也流过血。他们跟中国共产党的这种感情是在那个革命的年代建立起来的。我们这一代，不可能重复那一段历史。但我们却是在改革开放这场革命中，跟党同心同德，去建设中国特色社会主义。我们处在改革开放的前沿广东省，更是亲历了这场伟大的革命，我们也因此对党领导的多党合作制度有了切身的认识。

站在这样的高度去考虑我们2008年的工作，我觉得我们是交出了一份合格的答卷，不愧为在往高素质参政党这样一个建设目标前进的参政党。

还有一点我觉得特别有意义。民进广东省委会是1982年成立的，至今是26周年。可是，民进在广东的历史更长，可以从广州市委会上溯到民进第一个地方组织——港九分会。港九分会成立于1948年，到今年刚好是60周年。所以，我们今年的工作，也是民进第一个地方组织60年发展光辉历程的一份答卷。站在历史的高度，站在对传统传承的高度去回顾、总结我们的工作，这样会增加很多光荣感，也会增加很重的责任感。站在历史的高度，我们也会深刻地认识到“没有共产党，就没有新中国；没有共产党，就没有中国特色社会主义事业的发展和成功”；认识到“没有共产党，就没有我们参政党的发展和进步，也没有我们参政党在事业上发挥的重要作用”。

今年的工作做得十分出色，这是我们整个组织运作协调的结果。我们省委会领导班子不负众望、努力工作，形成了团结、互补、协调的领导集体。我们的常委班子对主委、副主委的各项工作给予了充分的信任和支持，为省委会重要决策的出台提出了许多宝贵意见。在座的全体省委委员，也高度重视并积极支持省委常委的工作。我们各个市委会、各个省直总支、各个支部的同志们，也都在努力地为广东民进的事业增光添彩。

纵观民进在广东60年的发展历程，最初我们主要靠领导人的风范和民进的光荣传统团结会员、引导工作。五届省委会确立了我们“以党为师、立会为公、参政为民、服务为本”的工作思想；六届省委会又把这十六个字上升为广东民进的核心价值，并提出“要以核心价值的弘扬、锤炼、提升、升华，作为引导我们全会工作的灵魂”。我认为，今年我们各项工作能做得比较好，很重要的原因在于我们已经达成了共识，大家都以身作则、身体力行地践行广东民进的核心价值。事实上，流畅于广东民进各级组织的，将大家凝聚在一起团结奋斗的，也正是这样一个核心价值。核心价值的弘扬，在团结会员、凝聚会心、增强战斗力上发挥了重要作用，使得我们向高素质参政党的建设目标又大大地往前迈进了一步。

对于2009年的工作，我想着重强调三个方面，请同志们在实施的时候共同参考。

第一是学习贯彻科学发展观。总书记在讲话中谈到：“党的执政地位不是一劳永逸、一成不变的”。同样，我觉得我们的参政党地位也不是天生就有、一劳永逸的。过去拥有不代表现在拥有，现在拥有不代表将来拥有。所以作为参政党，我们也要深刻地认识学习科学发展观的重要性。它是指导我们参政党建设和职能发挥的一个非常重要的理论体系，是弘扬多党合作制度、发展党领导的多党合作事业以及巩固参政党地位的重要保证。

许嘉璐主席曾经为广东民进题词“南巡谆谆音容在，代表黄钟振聩鸣。粤土腾腾春雨早，我侪能不效群英”。从中我们可以领会到，三个重要的思想——邓小平理论、“三个代表”重要思想和科学发展观，都是以广东的经验作为源泉，在调研过程中形成的。汪洋书记在讲话里也指出：科学发展已成为广东的时代主题。在谋划广东发展的时候，最重要的便是要以科学发展观为引领，进一步解放思想，破除自满情绪。所以我们广东民进对于学习贯彻科学发展观，应该有更高的自觉性，要从参政党的角度，按照中共广东省委高瞻远瞩的战略谋划导向，围绕社会经济发展过程中的实际问题，解放思想、创新工作、破解难题，更好地发挥参政党的作用。

第二是进一步加强组织建设。2009年民进中央的一项很重要工作便是加强组织建设，夯实高素质参政党建设的组织基础。民进广东省委也要有序地推进会内民主，促进组织工作上新台阶。首先，要按照思想认识的提高、决策制度的完善、民主集中制原则的贯彻等要求进一步加强班子建设，不断地交流、听取意见，加强会内监督。今年，我们已经在这方面进行了努力，但是问题和困难依然存在，还需要进一步地完善、加强班子建设，进一步地改进工作。

二是加强后备干部队伍建设。当前，民主党派的领导班子实行任期制，并以兼职干部为主，因此各级干部的后备队伍建设就显得尤为重要。而现在我们推进后备干部队伍建设的一整套程序（包括民主推荐的程序），也正是为了进一步发扬会内民主，使得民主集中制原则得以实施。总体而言，目前我们的后备干部队伍建设离时代的要求还有较大差距，必须通过后备干部队伍的选拔、培养、任用和推荐，使更多同志得到成长和锻炼的机会。在选拔人才的过程中，除了政治标准、业务标准、会务标准等各方面的标准之外，我们还要把参政议政能力作为选拔的一个非常重要的标准，因为我们参政党的主要职能还是参政议政。同时，要把后备干部的培养和锻炼放到参政议政的战线上来。因为不管是执政党、政府部门还是社会，往往是通过参政议政能力的发挥来认识民主党派人士和党派干部的。

三是推行会内监督制度。现在民进中央成立了监督委员会，我们揭阳市委会在会内监督上也已经实践了一年。明年，省委会也要试行这个工作，探索在省委会中怎样开展会内监督，怎样设置机构、制定条例和机制。当前，在党派内部开展会内监督还没有现成的经验模式可循。我们没有新设机构和新增编制，不能简单地参照中共纪律监督委员会或是监察部门的有关条例。会内监督现在还处在探索阶段，也许会有不完善的地方，也许会存在一些问题，但是我们必须不断地探索、不断地推进并完善会内监督工作。

四是加强基层组织建设。各级组织的活力，是参政党发挥作用非常重要的基础。我们要着力探索活跃基层组织的方法。严主席曾多次强调，加强基层组织建设不能总是组织学习，看大文件、谈体会。基层组织的活力在于它结合本单位的实际，开展丰富多彩的活动。这样才能增强组织的凝聚力，发挥组织的作用。2009 年我们不但要开展基层支部评选，表彰一批优秀的基层组织，而且要开展最富创意最具特色的支部生活评选，对各个支部开展的有意义、有特色的支部生活形式进行总结和宣传，从而增强参政党基层组织的活力。

五是带头试行“代表联系制”。过去，我们各级组织按照会员的分布选出代表参加代表大会。换届选举完成之后，代表们就完成了任务。现在中共为了加强党内民主，实行“代表的常任制”。党代表在选举结束后，还代表全党对中央委员会的工作进行监督、提出意见。而民主党派实行“代表的常任制”，还需要一个探索的过程。所以我们现在要试行的是“代表联系制”。委托各市委会对省代表大会的代表进行联系，尤其是要加强对那些不是市委会领导和总支委员的普通代表的联系。每隔一段时间，我们要寄省委会的工作情况报告给各位代表，听取他们的意见。要邀请代表们出席省委会开展的一些活动和会议，让他们了解并监督省委会的工作。

第三是进一步加强参政能力建设。中国共产党提出了执政能力建设，那么我们的参政能力建设也是非常重要的。现在，从各级组织到我们的机关，大家的积极性普遍都很高。但是我们离高素质参政党还有一定的差距，能力建设还需要进一步加强。在我们民主党派的机关里，还存在一些能力差距还比较大的事，因此机关的能力建设是非常重要的。要进一步加强机关干部各方面的能力，包括发通知的能力、综合专家建议做出文章的能力等。

在参政议政方面，加强建言献策的能力也很重要。发牢骚往往很容易，但要提到位的意见和建议却很难。当然，我们与党委和政府在人才、信息、资源上还不对称。党委和政府的许多政策是以优秀的人才、丰富的信息、充足的资源作为基础，在长期调研、充分论证的基础上形成的。这时参政党要提出意见和建议，这对能力是很大的考验。但是这样的能力我们必须具备，这也是中共对我们的期望。所以我们要共同努力，进一步地提高参政议政的能力。领导同志参加政治协商活动一定要依托于我们的组织，因为我们发言不是代表个人，而是代表党派、代表我们所联系界别的知识分子，对党委和政府的工作提出意见。这其中就包括收集信息和意见的能力，包括我们的会员、专家发现问题的能力，也包括我们形成建议和发言的能力。

要加强参政议政能力建设，就必须加强信息工作。要把信息工作作为参政议政的基础环节，而不能将两者分离开来。做好信息工作，肯定需要抓好信息员的队伍建设。但是，我们决不能把信息工作仅仅定位为信息员的工作，而是要首先考虑“信息源”，即信息来源的问题。这就涉及到我们参政议政的整个队伍，包括专门委员会、省委会、市委会和省直基层组织。大家不要只留意“两会”大会发言的提案，还要关注平时的信息工作。我觉得，我们参政党除了履行职能，还应该发挥协调关系、化解矛盾、维护社会稳定的作用。从这个意义上来说，抓好信息工作也是非常重要的。要通过加强信息工作，在党和政府的一些重要政策出台前，更多地反映我们的会员、我们所联系界别的知识分子的想法和要求，反映社会深化改革过程中新政策的推行可能引起的问题，及其对社会稳定可能造成的影响。通过协商民主和信息反映，解决一些问题，化解一些矛盾。所以，2009 年我们的全省信息工作会议要着重解决信息源的问题，而不是简单地关注信息员的队伍建设。

做好信息工作，加强参政议政能力建设，还要做到早学习、广浏览、多调研、勤思考、常研讨。所谓“早学习”，就是要根据党委和政府的关注点，提前对相关知识进行学习，这样就会更加主动。只有极早领会中央的精神，从所在地政府的角度出发并结合自身工作进行探索，我们才会有更大的思考空间和更充分的思考时间。“广浏览”，就是通过各种各样的渠道广泛地浏览，广泛地收集意见进行分析，从而拓宽思路。还有“多调研”，兴师动众调研方式，效果不一定好。我们要充分发挥预调研和后调研的作用，派出两三名同志，深入基层，听取意见，反而更容易发现一些实在的问题。另外还有“勤思考”、“常研讨”。提交论文、召开研讨大会，这是研讨的一种形式，但是太过于正式。很多情况下，思路是在闲谈的过程中产生的。像我们“水库清淤”课题的点子，就在吃饭聊天这样的非正式场合中提出来的。所以我觉得，我们“勤思考”、“常研讨”，需要进一步地放宽思维。在比较宽松的环境下，大家通过研讨和思想的交流，围绕职能发挥以及党和政府面临的问题，进一步创新思路，动脑筋、想办法、提建议。总之，我们发现问题、提出意见和建议就需要有这么一个过程，只有做好早学习、广浏览、多调研、勤思考、常研讨，才能去伪存真，不断地提升参政议政、建言献策的能力。

2009 年和今后的一段时间，我们面临的挑战还是比较大的。因为国际金融危机对我们的影响还未见底，许多促经济发展、保社会稳定的措施在进一步落实的过程中还会产生很多问题。尽管如此，我们对于做好 2009 年的工作还是很有信心的。因为我们有党的坚强领导，更有改革开放 30 年积累的坚固的物质基础和精神基础。全会就要结束了，希望大家认真传达和贯彻会议精神，鼓舞士气，振奋人心，团结广大会员开拓进取地开展工作，共同朝着高素质参政党的建设目标前进！在元旦、春节即将到来之际，也请大家转达民进广东省委会对各个地方老同志以及全省广大会员的节日问候。谢谢大家！

人文精神是教育的灵魂

（2008 年 1 月 4 日）

冯骥才

在经济全球化时代，我们常能听到“人文精神缺失”的叹息与无奈。

所谓人文精神，在我看来，是指人类共同信奉的那些真理性的精神。比如我们常说的科学精神、体育精神、民主精神、爱国精神、社会公平与平等的精神、人道主义精神等等，这些精神确保人能自由、幸福且有尊严地活着，有利于人的幸福与社会的进步和文明，其重要性不言而喻。

如今，人文精神的固有准则，特别是传统的价值观正遭遇到颠覆性的冲击，诸多迷惘和困惑摆在社会和个人面前。面对物欲横行与享乐盛行，我们却手无寸铁，无能为力——重建我们的人文精神迫在眉睫。重建不是推倒重建，而是面对当代社会现实的重新构建，做到有所坚持，有所担当。

要重建，根底在教育。或者说，人文精神就是教育的灵魂。教育，不只是知识教育，更重要的是精神教育。

从小学、中学直到大学，一个人所要完成的不只是知识性的系统的学业，更重要的是拥有健全而有益于社会的必备的素质——这个素质的核心是精神，即人文精神。具体到个人，它表现在追求、信念、道德、气质和修养等各个方面。

没有人文精神的教育，是残缺的、无灵魂的教育。任何知识如果只有专业目标，没有人类高尚的追求目标和文明准则，非但不能造福社会，往往还会助纣为虐，化为灾难。反过来，自觉而良好的人文精神的教育，则可以促使一个人心清目远、富于责任、心灵充实、情感丰富而健康。

当今中国的大学正在尝试采用多样化的方式进行人文教育，如开设人文讲堂、建立各种艺术组织与文化中心、开展校内外济困扶危的公益活动、招募志愿者参与社会实践等等，旨在扩大学生的精神视野、关切社会难点、加强心灵修养与审美素养，同时深化校园里崇尚精神的人文氛围，尤其是理工科大学已经渐渐看到人文精神教育的重要性。这都是十分积极的现象。

人文精神是人类创造的另一个太阳——照亮自己和照亮未来。我们需要通过教育，让人文精神的光辉继续照耀我们前进。

（《人民日报》）

要想到建立汶川的地震博物馆

（2008年5月21日）

冯骥才

面对大地震，当前最要紧的事是抢救生命和救助灾民，然而从未来着眼，要想到建立汶川的地震博物馆。

汶川大地震无疑是百年来罕见的大自然的灾难。建立一座博物馆首先是要见证这一灾害的巨大破坏力，见证这一悲剧的事实。无论在地震学、地质学、建筑学还是科学地抗震救灾方面都有重要的价值。更重要的是，它将见证当代中国人面对这一特大灾难表现出的特有的气质与崇高境界，它将坚实而鲜明地记忆着中国人勇敢、坚韧、博爱、团结和神圣的生命情感，这是我们这一代中国人伟大的精神创造。博物馆能将其珍藏，使其发扬。

世界上有一些非常著名的灾难博物馆，永远记载着历史上的天灾人祸。人祸方面如日本广岛的原子弹灾难博物馆、二战留下的奥斯威辛和毛特豪森集中营、南京大屠杀纪念馆等等；天灾方面的如意大利的庞贝遗址博物馆和唐山抗震纪念馆等。灾难博物馆不是展览痛苦，而是记忆着人类的命运及其表现出的生命的顽强与人性精神。它使人们认识自己，保持清醒，从中自警，或自我激励。

我想汶川地震博物馆应建在地震原址上；在结构方面主要应包括三部分：一是留下一块能够经典地显示灾难强度的废墟；二是一座式样独特的博物馆；三是抗震救灾纪念碑和遇难者人名墙。

大量典型的地震与救灾的见证应陈放在博物馆中，无论是实物还是音像。比如：一座震毁的小学校受难学生成堆的书包，那位把遗言留做短信的母亲的手机，大大小小写着失踪亲人姓名的纸板，遇难者名单，砸垮的汽车，压断了的担架，挖掘器械与生命探测仪，总书记在余震中讲话的录像，总理穿过的橙色的救生坎肩和向群众喊话的话筒，伞兵的伞，血迹斑斑的迷彩服，各地救援物资与各国救援队，野战医院的标示牌，航拍的地貌图，来自世界为灾区手写的捐款单，以及无以数计的震撼人心的照片与录像等等。

在整个大地震和救灾过程，一切不能遗忘的实物与资料，都将在博物馆构成永远的可视和可感的历史。历史，不仅是站在今天看过去，还要站在明天看现在。今天的一页终要翻过去，但我们要把今天的真实的情感与精神高度传到下一代，这便是建立博物馆的目的。

我之所以现在提出要考虑建立汶川地震博物馆，是希望有关方面（比如文博界）现在就要动脑子想一想应该怎么做，并开始收集具有见证意义的细节。许多珍贵的见证物往往认识不到就会丢弃。有些事办起来要有先有后，有些事必须及时地去做。如果事后才想到，从博物馆角度看，无比充实的现实就会因为缺失细节而变得有限与空洞。

我想，将来的汶川地震博物馆一定会为我们的后代永远地留下这个黑暗又光彩的今天；它将成为中国人心中一份沉甸甸继往开来的精神遗产。

（中新网电）

传承羌族文化是我们的神圣职责

（2008年9月9日）

冯骥才

今天开的会实际上是我们对3个月前的那次会议的一个兑现，那是由民进中央、中国文联联合举办的专家座谈会，当时，我们也是在人民大会堂，因为地震的关系，我们特意选择了四川厅，选择了一种情感，也选择了一种爱意。因为温家宝总理在北川有一个讲话，第一个提出要抢救羌族文化，为了响应温总理的号召，我们在会议上提出了《紧急保护羌族文化遗产倡议书》。于是，我们决定奔赴四川第一线，并把成都作为我们的工作基地，接下来半个多月的时间里，我们的学者不仅在四川地区做了考察，还召开了专家座谈会，把专家们提的一些非常好的意见，整理成上万字的建言书，提交给温总理，总理也做了批示。关于建言书和专家们的意见，就是今天大家手里所拿到的一本书——《羌去何处——紧急保护羌族文化遗产专家建言录》。随后我们到灾区调研时就决定要出一本《羌族文化学生读本》，首先把羌族历史文化放在这本书里送到灾区，帮助年轻一代做好他们文化的传承。

我们的目的全写在了《羌族文化学生读本》这本书开篇的寄语中。我们过去都没有专门给孩子写书的经验，也不知道教材应该怎么做。所以这本书要写的时候，诚惶诚恐，我们写完以后，决定给三方面的专家看。第一是请民进中央看，因为他们是以文化和教育为特色的党派，先给这些从事教育、负责编写教材的专家们看，请他们审阅、提意见。第二是给研究羌族文化历史的学者们看，我们就给北京的，特别是四川的一些羌文化学者看，请他们审阅、批评。第三是把书稿寄给了上海《咬文嚼字》编辑部看，请他们挑问题。我们的目的是对孩子们负责，今天这本书面世，它需要各方面的同志、各界的人士不断地提意见、不断地修订，希望它能够在羌族文化的传承上起到作用，希望受难的人民不仅得到生活的复原，文化也能得到复原。

像羌族这样受到这么大的自然灾害的民族，复原有很大的困难，我总觉得这次地震好像是一次恶作剧，好像是针对着我们这个非常古老的、为中华民族做出过卓越贡献的、有灿烂文化的、但是人口又少的民族而来的。地震重灾区如汶川、北川、理县这些地方，全是羌族的主要聚集地。95%的羌族人住在重灾区的中心地带，这次地震，羌族的30万人就损失了3万多人。无数的家园被损毁，他们的自然环境、生存条件、周边生态、生活家园被毁掉了。有些古老的山寨从2000多米的山坡上被推到山谷里，甚至推到堰塞湖里。他们赖以生存的自然环境、耕地都被破坏了。尽管这些年来，我们对羌族文化做了一些抢救，但是我们刚刚摸到边。我们民族的文化实在太灿烂了，我们的民族太多了，我们列入国家非物质文化遗产名录的羌族文化也不过就是五六项，大批羌民族文化在我们还不知道的时候已经消失了。很多杰出的羌族文化传承人，我们还不认识他的时候，甚至根本谈不上拜访，他们已经离开了我们，已经是人亡艺绝。

我对跟我同去的罗杨同志说，我们的民族文化那么博大精深，尤其是这次处于地震核心区的羌民族，这里有古村落、羌族民族文化典型代表的羌寨碉楼，有作为非物质文化遗产传习所的“绵竹年画村”，还有非物质文化遗产的专题博物馆，这些都记录着羌族文化的宝贵财富。我说无论如何，我们都要担负起抢救和传承羌族文化的重任，如果我们不出手帮助的话，羌族文化就会很快淡化、消失。我们中华民族有56个民族，每一个民族的文化都是我们的精神家园，我们56个民族一个都不能少，特别是少数民族，特别是没有文字的少数民族，他们的文化就存在于他们的非物质文化遗产中，如果没有这个文化，这个民族就没有了。民族文化是民族之本，所以保护、帮助我们的兄弟民族羌族，特别是这个在历史上创造过奇迹的伟大的羌族，产生过禹和炎帝的羌族，是我们神圣的责任。我们仅仅做一本书是远远不够的，接下来还有大量的工作，怎样能够在文化复原的过程中保持它的原性，是我们神圣的责任。我们文化界要投入到抗震救灾这个远远没有结束的工作中，使我们中华民族的文化的整体永远发挥它的光芒，永远保持它的辉煌。

（《中国艺术报》）

科学指导　措施得力
尽快扭转出生人口性别比持续升高的被动局面

（2008年3月12日）

潘贵玉

根据国家统计局历次人口普查和人口变动抽样调查可以看出，自20世纪80年代以来，我国出生人口性别比持续攀升，形势十分严峻，必须高度重视。20世纪70年代，我国出生人口性别比为106.32，属正常值103—107（即出生100个女孩的同时出生103—107个男孩）范围内。1982年为108.47，1990年为111.14，2000年为116.86，2005年为118.58，2006年为119.25，2007年为120.20。2000年以来，升高势头速度有所减缓，但仍居高难下，保持上升态势。目前，全国31个省（区、市）中，只有西藏地区属于正常，出生性别比在110以上的有27个省（区、市），占全国总人口的92.82%。

从户口类型来看，农业人口和农村地区更为严重。2005年全国农业人口出生性别比为121.97，非农业人口为113.24，农业人口比非农业人口高8个多百分点。其中农业人口出生性别比最高的是江西和安徽两省，都高达139以上，陕西次之，高达133.49。2000年以来，农村出生人口性别比一直在122以上，城市为115左右。说明农业人口是导致出生人口性别比上升的重点人群。

从胎次看，二胎以上怀孕时性别选择比较严重。2005年1%人口抽样调查结果显示，一孩出生性别比为108.41、二孩为143.22，比正常值高出36个百分点，三孩及以上高达152.88，比正常值高出46个百分点。据此推算，在第二胎怀孕中，至少有13%的妇女因选择性别而终止妊娠，在第三胎及以上怀孕中，至少有 15% 的妇女因选择性别而终止妊娠。如果加上 B 超检查为男孩没有终止妊娠的部分，在第二胎及以上怀孕的妇女中，至少有 1/4 以上进行过胎儿性别鉴定。

根据第五次人口普查结果，2000 年 0—9 岁十个年龄组中男孩比女孩多 1277 万。除去自然多出的部分，有几百万女孩没有出生或出生后夭折，这些女孩的生存权利被其家庭剥夺。一些媒体曾经报道，出生人口性别比升高将导致今后出现一定数量的“光棍”，造成男性择偶拥挤，并将全面影响未来社会经济文化等各方面。毋庸置疑，相对集中的单身男性群体缺乏正常的家庭生活，生理需求难以得到正常满足，部分人的责任意识淡薄，行为缺乏自我约束，非婚性需求增加，增加了性犯罪的可能性。骗婚、买卖婚姻、性暴力、拐卖妇女和女童等丑恶的社会现象都有可能增加，对社会伦理道德造成冲击。以家庭养老为主要方式的农村人口，特别是经济欠发达的农村地区，其性别比升高将造成大批男性青年难以组成家庭，择偶困难与经济贫困叠加，阻碍经济发展与社会进步。一批终身未婚的无子女老人“老无所养”，将加重国家社会保障的负担。这些现象有悖于社会主义精神文明建设的基本要求，必然阻碍社会进步，影响社会和谐。

对此，胡锦涛总书记在 2003 年中央人口资源环境工作座谈会上指出，要努力把握出生人口性别比的平衡。2004 年再次指出，出生人口性别比是有其内在规律的，长期失调将会造成社会问题。要加强责任制，力争经过三至五年的努力，使出生人口性别比升高的势头得到遏制。

近年来，有关部门积极行动，做了大量工作，但其势头尚未得到根本控制。诚然，要根本解决这一问题并非朝夕之功，必须运用政治、经济、教育、法律等手段多管齐下、标本兼治，并做好长期打算。然而，鉴于目前存在的严峻形势，必须科学指导，采取果断措施，尽快扭转出生性别比持续升高的被动局面，维护人口安全。为此，我们建议：

（一）修改《刑法》中有关条款，并在国务院统一领导下，建立有效的协调和问责制。全国人大法工委和国务院法制办应研究在《刑法》中增加处理“两非”涉案人员的相关条款，报全国人大通过实施，确保女婴的生存权和发展权。应建立一个国务院协调会议制度，加强出生人口性别比综合治理高层协调工作。要明确成员单位职责，定期召开会议，通报情况、协调部署，把综合治理工作不断引向深入。在查处“非医学需要鉴定胎儿性别、非医学需要终止妊娠手术”（简称“两非”）工作中要建立问责制。卫生和人口计生部门在查处“两非”案件中要发挥各自执法主体作用，严肃处理违法违纪人员；纪检、监察部门要对参与“两非”活动的在职人员予以严肃处理；公检法部门要加大力度打击溺弃女婴等违法犯罪行为，确保女婴生命安全。

（二）取消现行生育政策规定的一二孩生育间隔。影响出生人口性别比升高有一个重要原因，就是一些人利用现行生育政策有关一二孩间隔四年的规定，“合理”地进行生育性别选择。如一些符合二孩生育条件的人在生了一个女孩后，抢先再怀孕，然后进行胎儿性别鉴定，若是男孩则设法保留，若是女孩则以间隔不够为由申请终止妊娠。计划生育部门无法甄别其真实目的，只能按“计划外”处理，批准引产手术，由此导致出生人口性别比升高。根据有关专家测算，如果取消一二孩间隔规定，在今后 50 年内，对全国人口总量增加的影响最大不会超过 830 万。由此可见，每年的影响微乎其微，可忽略不计。

（三）建议在农村设立“生养女孩奖”。由于“重男轻女”、“传宗接代”等传统观念在中国人心中根深蒂固，再加上目前我国农业劳动对体力的实际需求，使得农民生育意识对于男性的偏好明显胜于城市市民。借鉴印度等国的经验，有必要在我国农村设立“生养女孩奖”，对农村实行计划生育的夫妇生养女孩给予奖励。以中央财政为主，各级政府增加投入，使生养女孩的夫妇得到奖励（此项奖励要与其他计划生育奖项相叠加）。从我国目前的财政情况和预测得奖人群来看，设立此项奖励不仅非常必要，也完全可以承受。另外，各地可依照当地实际情况，采取多种措施，扶助和奖励计划生育女孩户。

（四）建议对全国出生性别比影响大的省份做好督查指导工作。目前，出生性别比水平较高且人口数量较大、对全国总体出生性别比升高影响显著的省份有 11 个，包括：安徽、河南、江西、湖南、江苏、广东、河北、湖北、贵州、广西和陕西。2005年全国出生人口性别比比正常值高出了13个百分点，其中有10个百分点是由以上11个省的作用导致的。这些省份的出生人口性别比能否降低对全国起着至关重要的作用。建议以国务院名义组织督查组，赴11个省区督查指导工作。

当前综合治理出生人口性别比升高工作处于艰难的爬坡阶段，亟须统一认识，采取果断措施，尽快遏制出生人口性别比升高的严重势头，为中华民族繁荣昌盛作出应有的贡献。

（中国新闻网）

推进农科教一体化　促进农村可持续发展

——在政协十一届全国委员会常务委员会第三次会议上代表民进中央的发言

（2008年10月16日）

潘贵玉

改革开放30年来，我国的农村改革与发展取得了历史性的巨大成就，但仍存在着农业现代化与农村土地分散及低水平经营的矛盾、农业基础地位与农业经营效益低下的矛盾和农村劳动力过剩与新农村建设人才不足的矛盾。

为此建议，在新阶段的教育改革中，把农村教育综合改革作为突破口，探索农科教结合的教育模式。把大力发展中等职业教育作为重点，促进农村教育体制改革，打通普通教育、职业教育与普及农业科技推广之间的通道。改革农村教育模式，构建适应农村发展需要的农村教育体系。城市与农村对教育的需求不同，不能简单地将城市教育复制到农村。把提高劳动者的素质和科学文化水平作为农村教育的发展目标，突出农村教育的特色，在小学、初中教育中增加适应农村实际的职业教育课程，建立起以新农村建设实用型人才为目标的职教、普教双轨制办学体系。

建议大力发展以提高农民的科学文化素质、拓宽农民就业渠道为目的的农村职业教育培训体系。可利用党员干部远程教育体系，以省为主编写教材并制作音像制品，在每一所小学开办一个成人培训班，规定60岁以下的农民每半年接受一次培训。从中央电视台农业频道开始，各省、市、县的电台和电视台开辟专栏培训农民。改革户口和个人档案管理体制，全国一盘棋，引导人才流动。专业职称评定和行政干部提拔，都应有在乡以下工作的经历。建立寒暑假青年学生支农的常规机制，鼓励身体好并乐意支农的老同志支援农村。各种科研院所和涉农企业，特别是应用科技方面的单位，都在农村建立数个技术示范点和人才培训点。

建议财政增加对农业科技研发、推广和农民科技培训的投入，使农业的基础地位在科技和人才方面落到实处。此外，推进农科教一体化，以政府投入为主体，各级财政增加投入。不断开辟新的投入渠道，不断探索并逐步建立财政投入、银行信贷、社会投资和农民自愿投入等多渠道、多形式、多层次的支持农科教一体化的投入体系。

学习贯彻中共十七大精神学以致用的五个问题

——在民进中央学习贯彻中共十七大精神座谈会上的讲话摘要

(2008 年 1 月 30 日)

王佐书

中国共产党第十七次全国代表大会批准胡锦涛同志所作的报告，以马克思列宁主义、毛泽东思想、邓小平理论和“三个代表”重要思想为指导，深入贯彻落实科学发展观，科学回答了中国共产党在改革发展关键阶段举什么旗、走什么路、以什么样的精神状态、朝着什么样的发展目标继续前进等重大问题，对继续推进改革开放和社会主义现代化建设、实现全面建设小康社会的宏伟目标作出了全面部署，对以改革创新精神全面推进中国共产党建设新的伟大工程提出了明确要求。报告描绘了在新的时代条件下继续全面建设小康社会、加快推进社会主义现代化的宏伟蓝图，为我们继续推动国家各项事业发展指明了前进方向，是中国共产党和全国各族人民智慧的结晶，是中国共产党团结带领全国各族人民坚定不移走中国特色社会主义道路，在新的历史起点上，继续发展中国特色社会主义的政治宣言和行动纲领，是马克思主义的纲领性文件。在我看来，这是中国共产党执政能力的具体表现，是我国综合国力的显现。如何学习贯彻中共十七大精神，增强高举中国特色社会主义伟大旗帜的自觉性和坚定性，开创民进工作的新局面，我提出以下五个学以致用的问题，抛砖引玉，供同志们学习参考，共同提高。

一、落实在学习贯彻胡锦涛同志的重要讲话精神上来

2007 年 12 月 24 日，胡锦涛同志在接见各民主党派中央，全国工商联新老领导人座谈会上有一段讲话，其中讲到：

中国共产党和各民主党派在团结合作的实践中积累了许多成功经验，归结起来，最基本的有以下四点：一是必须高举中国特色社会主义伟大旗帜，坚持中国特色社会主义道路不动摇，坚持中国特色社会主义理论体系不动摇。二是必须立足国家发展大局，共同为落实国家发展战略和发展目标而奋斗。三是必须注重制度建设，不断提高政治协商、民主监督、参政议政的有效性。四是必须坚持执政党建设同参政党建设互相促进，提高执政党的领导水平和参政党的参政能力。在今后的征程上，我们要继续坚持和运用这些成功经验，不断开创我国社会主义多党合作事业新局面。

二、落实到增强接受中国共产党领导的自觉性和坚定性上来

中国共产党对各民主党派的领导是政治领导，即政治原则、政治方向、重大方针政策的领导。

在我本人看来，高举中国特色社会主义伟大旗帜，坚持走中国特色社会主义道路、坚持中国特色社会主义理论、坚持科学发展观是政治原则、政治方向、重大方针政策。这就是对民主党派的领导，在这个问题上，我们应当有清醒的认识。

增强接受中国共产党领导的自觉性和坚定性是我会提出的基本要求。如何增强接受中国共产党领导的自觉性和坚定性，在我本人看来，增强高举中国特色社会主义伟大旗帜，坚持走中国特色社会主义道路，坚持中国特色社会理论体系的自觉性和坚定性，就是增强接受中国共产党领导的自觉性和坚定性的具体表现之一。同志们，这是我们的本职，这是民进政治素质的具体表现。在这个问题上，我们应当有清醒的认识。

三、落实到建设高素质的参政党上来

什么是高素质的参政党，目前尚未见到定义。

建设高素质的参政党，就是建设高素质的民主党派。

我个人认为，高素质的参政党，就是能增强接受中国共产党领导的自觉性和坚定性，能高水平地履行参政党的职能并能取得一流的工作业绩，能自觉地与时俱进地加强自身建设的民主党派。简称“三能”。

如何将中共十七大精神贯彻落实到建设高素质的参政党上来，今天仅仅提出这一问题，这是一项长期的工作，也是必须做好的工作，需要仔细研究并落在实处。

四、落实到民主党派的政治交接上来

关于什么是政治交接，目前尚未见到定义，我个人认为，民主党派的政治交接，是上一届领导集体把本党派的政治思想和综合政治素质交给下一届领导集体，并使之得到保持、延续和与时俱进地丰富。换句话说，就是使民主党派的政治信念、政治主张、政治立场、政治原则、政治态度、传统作风等由上一届领导集体平稳地交给下一届领导集体，使之得到保持、延续，并能与时俱进地丰富并落实到思想和行动之中。

政治交接是一项长期的工作，换届只是形式上的交接，责任的转移。

实际上，学好中共十七大精神，提高民进的政治思想和综合政治素质，就是在做政治交接工作。如何把学习中共十七大精神与搞好政治交接结合起来，落在实处，这是学以致用的重要内容。

五、落实到我会开展的各项活动和实践之中

中共十七大之后，各民主党派相继召开换届大会，中共中央高度重视参政党的政治交接和自身建设问题，并寄予期待和厚望。2007 年 12 月 1 日，中共中央政治局常委李克强同志在民进十大开幕式上代表中共中央致贺词，他希望（我把希望看成要求）民进新一届中央领导集体带领广大成员，深入开展中国特色社会主义主题教育活动，切实搞好政治交接，继承和发扬同中国共产党亲密合作的优良传统，肩负起历史赋予的使命和广大成员的重托。12 月 8 日，中共中央政治局常委、全国政协主席贾庆林同志接见民进新老领导班子成员，他指出：坚持中国共产党的领导，坚持爱国、民主、团结、求实，坚持立会为公，是民进历届领导班子在长期实践中总结出来的弥足珍贵的政治财富和精神财富。政治交接不仅仅是组织上的交接，更是精神传统的交接，要努力把广大会员的思想和行动统一到实现党的十七大确立的目标和任务上来，统一到巩固和发展中国共产党领导的多党合作和政治协商制度上来。12 月 24 日，中共中央总书记胡锦涛同志在各民主党派中央、全国工商联新老主要领导人座谈会上发表重要讲话，希望各民主党派继续高举中国特色社会主义伟大旗帜，进一步打牢同中国共产党亲密合作的思想基础，继续深入贯彻落实科学发展观，进一步为实现全面建设小康社会奋斗目标献计出力，继续搞好政治交接，进一步提高开展参政议政、民主监督的能力和水平。

根据中共中央的这些精神，结合我会的实际，会中央决定在 2007 年全会开展政治交接学习教育活动的基础上，今年在全会深入开展中国特色社会主义主题教育活动，连续下发了《民进中央关于 2008 年在全会开展中国特色社会主义主题教育活动的通知》、《民进中央关于认真学习贯彻胡锦涛同志在各民主党派中央、全国工商联新老主要领导人座谈会上重要讲话精神的决定》。

上述文件明确了 2008 年将开展的主题教育活动的指导思想：必须高举中国特色社会主义伟大旗帜，以邓小平理论、“三个代表”重要思想为指导，深入贯彻落实科学发展观，把学习贯彻中共十七大精神同学习贯彻胡锦涛同志的重要讲话精神结合起来，同贯彻落实民进十七大精神和中共中央贺词的要求结合起来；坚持以学习培训为先导，以重大事件和活动为契机，以领导班子建设为重点，以班子建设带动全会建设。

文件提出了主题教育活动的内容和重点：一是结合纪念中共“五一口号”发布 60 周年，深入开展多党合作历史经验和我会优良传统的学习教育；二是结合纪念改革开放 30 周年，深入开展坚持改革开放的教育；三是推进新一届省级领导班子的思想建设、作风建设、制度建设和后备干部队伍建设；四是组织各级各类的学习、培训等活动，使主题教育活动覆盖全会各级组织。

文件要求各省级组织和广大会员：要从学习贯彻中共十七大精神的高度，加深对胡锦涛同志重要讲话的理解，进一步落实十七大对统一战线的新要求；要坚持民进建设高素质参政党的基本经验，切实贯彻落实民进十大的工作部署，更好地发挥参政党的重要作用；要认真回顾和总结我国多党合作与改革开放的光辉历程、伟大成就及成功经验，坚持在旗帜、道路和理论体系上与中共中央保持高度一致，继承和发扬民进老一辈领导人的坚定信念、优良传统和高尚风范，增强接受中国共产党领导的自觉性和坚定性，坚定不移地走中国特色社会主义政治发展道路。

政治交接是我会一项长期的战略任务，主题教育活动是一项复杂的系统工程，民进要在实践中不断摸索、积累经验，并及时转化为长效机制，促进思想政治工作的途径和方法更加深入有效。

传统节日有利于促进和谐文化

(2008 年 3 月 11 日)

王佐书

代表们一谈起春节、中秋节等重大传统节日，思绪万千。大家深情地说，这些节日凝聚着中华民族的精神和情感，承载着中华民族的文化血脉和思想精华，它是维系国家统一、民族团结和社会和谐的重要精神纽带，是建设社会主义先进文化的宝贵资源。中国传统节日是中华民族优秀传统的重要载体，具有传承中华民族文化、弘扬中华民族精神的作用。

一个节日最重要的是它的“形”和“魂”，“形”可以解释为节日的形式和载体，“魂”可以解释为节日的内容和精神。目前，我国有各种各样的节日六千多个，节日文化丰富多彩。因此，重视节日功能和节日文化给社会带来的和谐气氛，将为构建和谐社会增添新的力量。

改革开放以来，人们的生活水平日益提高，人们对精神文化生活的需求迅速增长，对亲情、友情、乡情、和谐、美满的渴求更加强烈，对传统节日的重视和关注乃至要求越来越高。传统节日可以为民族成员带来心理上的充实和精神上的补偿，人们心甘情愿地把时间、精力和金钱投入到在欢度节日的活动中，让各族各界群众在欢乐祥和的节日气氛中充分享受社会主义文明进步和改革开放取得的成果。

中华民族的传统节日显现出的功能和意义，有利于促进社会主义和谐文化，有利于中华传统美德的继承和传播。中华民族的传统节日最根本的是继承、弘扬中华民族优秀的传统文化，它能激励民族精神，传播民族精神，增强民族精神，最终将民族精神转化为实实在在的各种力量，推动社会前进。

我们过传统节日，也是一种实实在在的朴实的爱国主义引导、影响和教育，它可以激励民族自立自强的精神。人民有了这种精神，会迁移到其他所有活动中、思想中、工作决策中。中国的传统节日又是中华民族的文化遗产，是中华民族的尊严，是民族文化的根，是中华民族文化的一种符号。一个人真正懂得、感受、享受了自己民族丰富多彩的文化，激励民族成员从心里爱这个民族、国家，才能真正懂得自己民族的伟大，才会实心实意为民族效力。

(《光明日报》)

努力把我会的宣传报道工作提高到新水平

——在民进全国优秀通讯员表彰暨宣传报道工作网络会议上的讲话

（2008 年 8 月 20 日）

王佐书

同志们：

今天我们在这里召开网络工作会议，表彰民进全国第三届（2007—2008 年度）新闻宣传优秀通讯员，研究部署今后一个时期的宣传工作，进一步加强和改进全会的宣传报道工作。下面，我主要讲四个问题。

一、换届以来我会宣传报道工作的总体情况

宣传报道是我会的一项基础性工作。会中央坚持团结稳定鼓劲、正面宣传为主的方针，贯彻“巩固规模数量、提高质量层次、落实制度机制，进一步扩大我会对外宣传”的工作思路，使这项基础性工作开局良好，取得了新的进展。

一是中央和地方共同努力，不断扩大我会宣传报道的覆盖面。会中央领导集体十分重视宣传报道工作，加强领导并积极参与报道活动。以严隽琪主席为代表的会中央领导多次接受中央媒体的采访，冯骥才副主席就地震灾区羌族文化抢救等问题提出意见和建议，这些报道产生了良好的反响。会中央和各省级组织的宣传部门坚持和完善现有的宣传工作机制，调整了特约通讯员队伍，加强宣传的力量，促进了全会新闻宣传的开展。今年上半年全会 29 个省级组织在人民日报、人民政协报、光明日报、团结报等四家中央级报刊共发稿 291 篇，报道的层次在提高，范围也逐步扩大。各省级组织不仅在人民政协报统战新闻版上发稿，还在要闻版、教育在线周刊、民意周刊等版面有较大篇幅的报道；一些重要稿件刊发在《中国政协》和《中国统一战线》杂志上。

二是抓好常规工作的宣传，充分展示我会的工作全貌。全会大力宣传我会领导集体的工作思路和重要决策，宣传我会按照十七大提出的新要求，贯彻落实科学发展观，履行参政党职能取得的新进展、新成果，宣传我会开展中国特色社会主义主题教育活动，加强地方领导班子建设，推进自身建设的新举措、新经验。今年全国“两会”期间，我会在媒体共报道 1424 篇次，民进人大代表、政协委员接受媒体专访 171 次，在电视、网络视频、网上直播的报道共 65 场次。2008 年上半年全会在人民日报、光明日报、人民政协报和团结报报道共计 428 条，其中“关于开展完善文化投入机制大调研”、“中国（毕节）石漠化治理与生态文明高层论坛”、“民进召开主题教育活动经验交流会”等报道，都取得了较好的宣传效果。

三是抓好学习成果的宣传，把对中共十七大精神的学习贯彻引向深入。全会加大对理论学习的宣传力度，及时报道各级组织中心学习组的学习成果，积极向报刊推介会中央领导、省级组织主委、机关部门负责人撰写的理论文章。今年上半年先后有《学习贯彻中共十七大精神学以致用的五个问题》、《建设高素质参政党》、《在正道上行》、《加强参政党理论研究，推动多党合作实践》、《关于中国的政党制度白皮书的学习》等 12 篇理论文章在中央社会主义学院学报、人民政协报、团结报和《民主》杂志上发表，有效地宣传了全会对中共十七大精神的学习成果，形成用中国特色社会主义理论体系武装思想、指导实践、推动工作的浓厚氛围。

四是抓好重大事件和重要活动的宣传，传承多党合作的优良传统，弘扬抗震救灾的伟大精神。根据我国的实际情况，上半年全会围绕纪念中共“五一口号”发布 60 周年、民进参与抗击冰冻雨雪灾害和抗震救灾斗争、迎接北京奥运会等重大事件，大力宣传我会开展的“薪火相传、共创未来——纪念中共‘五一口号'发布 60 周年"系列纪念活动、"为了灾区的孩子们——中国民主促进会抗震救灾爱心捐赠"系列活动，以及民进迎奥运、讲文明、树新风等重要活动，取得了较好的实效。人民政协报、团结报、《中国统一战线》和《民主》杂志已刊发会中央领导和省级组织负责人撰写的纪念"五一口号"的征文 30 余篇；人民日报及统战报刊刊发了民进各级组织和广大会员参与抗震救灾斗争的报道 100 余篇，有 14 个省级组织发了专稿。

五是抓好典型的宣传，鼓舞人心、振奋精神、凝聚力量。全会宣传干部深入基层和会员中间，采写了大量人物通讯，深入宣传我会先进人物的感人事迹和思想境界，例如"铁肩担道义　正气促和谐"的吉林市律师、民进会员修保，毕生为中国教育的改革发展殚精竭虑、呕心沥血的"赤子"方明，用自己的全部积蓄筹建"农家书屋"的金心安，灾害面前挺身而出、关键时刻不辱使命的民进成都、广元、德阳、绵阳市委会主委傅勇林、赵爱武、赵晓平、李京平等等。这些先进典型对广大会员，起到了教育、鼓舞和激励的作用。

六是统筹发挥会内宣传媒体的作用，形成新闻宣传的综合效应。全会充分发挥网站、杂志、报刊等多种宣传媒体的优势和作用，努力形成宣传报道的综合效应。民进宣传网站是我会新闻宣传的重要平台，今年上半年制作了"抗震救灾——民进在行动"的专题网页，及时发布了我会抗震救灾工作的大量信息。《民主》杂志作为我会对外宣传的主阵地，开辟了"抗震救灾、万众一心"和"纪念'五一口号'发布 60 周年"专栏，连续多期刊发征文、通讯和综述文章，紧密配合了阶段性的宣传重点。重大宣传活动，网站、杂志、报刊一起策划部署、一同组织实施，已经成为我会新闻宣传的一个主要特点。

但是，我们也应当清楚地看到、想到，并要想方设法改进的工作是：我会宣传报道中有影响的深度报道还较少、重大突发事件报道时效性有待增强、省级组织之间工作不均衡，这些问题需要在现有工作的基础上有针对性地加以改进。

二、当前宣传工作的形势和重点

2008 年是全面贯彻落实中共十七大作出的战略部署的重要一年，是实施"十一五"规划承上启下的一年。1 月 21 日至 23 日，中共中央在北京召开了全国宣传思想工作会议，胡锦涛总书记出席会议并发表重要讲话，他在讲话中指出，我们要科学分析国际国内形势，准确把握党和国家工作大局，全面审视面临的机遇和挑战，充分认识做好新形势下宣传思想工作的重大意义。做好当前和今后一个时期的宣传思想工作，在新的历史起点上开创宣传思想工作新局面，要坚持高举旗帜、围绕大局、服务人民、改革创新。

高举旗帜，就是要把学习宣传贯彻中共十七大精神作为首要政治任务，高举中国特色社会主义伟大旗帜，坚持以邓小平理论和"三个代表"重要思想为指导，深入贯彻科学发展观，把坚持马克思主义基本原理同推进马克思主义中国化结合起来，用中国共产党的理论创新成果武装头脑、指导实践、推动工作，巩固马克思主义在意识形态领域的指导地位。要做好高举的工作，做好可持续高举的宣传工作。

围绕大局，就是要紧紧围绕经济建设这个中心，坚持正确导向，把社会效益放在首位，一手抓繁荣，一手抓管理，大力倡导一切有利于国家富强、民族振兴、人民幸福、社会和谐的思想和精神，着力推动科学发展、促进社会和谐，为改革开放和社会主义现代化建设提供有力的思想保证、营造良好的舆论氛围。

服务人民，就是要坚持以人为本，宣传报道要贴近实际、贴近生活、贴近群众，充分发挥人民主体作用，努力满足人民多层次、多方面、多样化的精神文化需要，让人民共享文化发展成果，让社会主义先进文化促进人的全面发展。

改革创新，就是要用时代要求审视宣传思想工作，以改革创新精神推动宣传思想工作，积极创新内容形式、方法手段、体制机制，增强吸引力和感染力，努力做到体现时代性、把握规律性、富于创造性。

这十六个字，体现了执政党的主张和人民要求的统一，体现了把握内在规律和反映时代特征的统一，体现了理论指导性和现实针对性的统一，是当前和今后一个时期宣传思想工作的总要求和基本遵循的原则。

6 月 20 日，胡锦涛同志在人民日报创刊 60 周年之际到人民日报社考察工作时指出，当今社会，随着经济社会快速发展和科技不断进步，信息传递和获取越来越快捷，新闻舆论的作用越来越突出。他在讲话中着重就提高舆论引导能力提出五点意见：第一，必须坚持党性原则，牢牢把握正确舆论导向。第二，必须坚持以人为本，增强新闻报道的亲和力、吸引力、感染力。第三，必须不断改革创新，增强舆论引导的针对性和实效性。第四，必须加强主流媒体建设和新兴媒体建设，形成舆论引导新格局。第五，必须切实抓好队伍建设，增强凝聚力和战斗力。这五点意见对新形势下新闻宣传工作提高舆论引导能力做出了深刻阐释，指明了新闻宣传努力和前进的方向。

学习贯彻胡锦涛同志两个重要讲话的精神，要求宣传思想战线的同志要清醒认识国际国内形势的新发展新变化，深入把握人民群众的新要求新期待，更好地承担起中共十七大赋予宣传思想工作的历史性任务。我会的宣传部门和宣传干部要以胡锦涛同志两个重要讲话的精神为指导，紧密结合当前多党合作的新发展、民进工作的实际，重点做好以下几项工作：

1. 重点做好民进学习贯彻中共十七大精神的宣传工作

学习贯彻中共十七大精神是中国共产党和全国的首要政治任务，也是民进宣传工作的首要政治任务。我会的宣传工作要引导广大会员深刻领会中共十七大提出的重大理论观点、重大战略思想、重大工作部署，推动我会学习贯彻十七大精神深入发展，努力把广大会员的思想和行动统一到中共十七大精神上来，把智慧和力量凝聚到实现中共十七大提出的各项任务上来。

学习宣传要紧密联系民进工作实际，大力宣传、深刻阐释十七大关于统一战线的新思想、新观点、新论述，不断深化对新世纪新阶段统一战线地位作用、目标任务和方针政策的理解，牢固树立中国特色社会主义理论在宣传工作中的指导地位。要紧密联系民进成员的思想实际，针对会员在学习过程中关注的问题，在解疑释惑、深化认识、提高觉悟上下工夫，巩固全会多党合作的思想基础。要创新宣传形式、深化宣传内容，紧密结合正在开展的中国特色社会主义主题教育活动，围绕“一面旗帜，一条道路，一个理论体系”开展宣传工作，引导会员高举中国特色社会主义伟大旗帜不动摇，坚持中国特色社会主义道路不动摇，坚持中国特色社会主义理论不动摇。

2. 重点做好民进贯彻落实科学发展观、促进经济社会又好又快发展的宣传工作

深入学习实践科学发展观，是中共十七大作出的重大战略部署，也是多党合作服务执政党和国家工作的重大任务。我会的宣传工作要着力引导会员全面把握科学发展观的科学内涵、精神实质、根本要求，深刻理解贯穿其中的科学立场、观点和方法，切实增强贯彻落实科学发展观的自觉性和坚定性，不断提高服务科学发展的能力和水平，促进科学发展的质量和效果。

要加强民进围绕我国经济社会发展的重大问题调查研究、建言献策，为促进科学决策、民主决策切实有效的宣传；要加强民进会员发挥科技优势、知识优势，为推进科教兴国、人才强国战略、提高自主创新能力作贡献的宣传；要加强民进积极履行职能的宣传；要加强民进推动祖国统一大业的宣传；要加强自身建设的宣传，特别是对突出典型和行之有效办法的宣传；要加强我会为和谐社会所做工作的宣传。在这些方面，宣传部门一定要找准切入点，如果不能找好切入点，宣传效果必定就会是有限的。

3. 重点做好民进纪念改革开放 30 周年活动的宣传工作

纪念改革开放 30 周年，是今年中国共产党和国家的一项重要工作。民进中央按照精心设计、精心组织、精心实施的原则，已经向各省级组织下发了民进开展这一纪念活动的通知和活动方案。我会的宣传工作要围绕突出思想教育、抓好重点活动、营造浓厚氛围、展示辉煌成就等重点，在会内推动继续解放思想、坚持改革开放上取得明显成效。

多党合作制度的发展与改革开放息息相关、紧密相联，改革开放不断深化扩大的 30 年，也是多党合作制度不断发展完善的 30 年。1989 年中共中央颁布的 14 号文件，是中国共产党历史上第一个关于多党合作和政治协商制度的文件，具有里程碑意义；以胡锦涛同志为总书记的中共中央继往开来、与时俱进，

于 2005 年、2006 年先后颁布了两个 5 号文件，进一步推进中国共产党领导的多党合作和政治协商制度以及人民政协工作的制度化、规范化和程序化。改革开放 30 年来，我会亲历了我国广泛而深刻的社会变革，见证了统一战线与多党合作事业的发展历程，参与了中国特色社会主义的建设事业，并作出了应有的贡献。存在决定意识，民进为改革开放作贡献，改革开放也推动民进的工作，民进的面貌在改革开放的进程中必然发生变化。我会的宣传工作要抓住这一历史性契机，充分反映改革开放 30 年的伟大历程、辉煌成就和宝贵经验，反映民进在改革开放历史进程中的突出成绩和重要经验，反映民进会员在改革开放伟大实践中的典型人物和先进事迹。

三、加强和改进我会宣传报道工作的几个问题

宣传报道是宣传工作的重要组成部分，加强和改进我会的宣传报道工作，目的就是要使之不断适应新闻宣传工作的新形势，主动服务广大民进会员的新需求，主动服务建设高素质参政党的要求，主动适应新时期多党合作制度的要求，着力解决工作中存在的主要问题，切实提高我会宣传报道工作的实效和质量。

1. 提高认识，统一思想，进一步加强和改进对我会宣传报道工作的领导

宣传工作是一项基础性工作，是我会工作的重要组成部分。随着多党合作事业的蓬勃发展和参政党职能的切实发挥，宣传工作的地位更加重要，作用更加突出，范围更加扩展。过去可以“只做不说”、“多做少说”，现在必须“蓄势待发”、“先声夺人”，不但说得好听，而且要做得好看；过去是在会内“自我循环”，现在已经扩展到社会和海外。由于互联网等新兴媒体的出现，宣传的方式和手段更加现代化和多样化。过去主要凭借单一、传统的宣传阵地，现在必须依靠多媒体的宣传网络。宣传工作中这些新变化，迫切要求我们加强和改进对宣传报道工作的领导。

首先是要加强对宣传报道的政治领导，坚持正确的政治方向和舆论导向。民进的宣传报道要坚定不移地以中共十七大精神为指导，严格遵守宣传工作纪律，对重大问题、敏感问题、热点问题的宣传必须要经过规定的报送和审批程序，做到把好关、把好度。其次是要加强对宣传报道的组织领导，注意做好宣传报道的计划安排和组织落实，并从人员、经费和有关条件方面予以保证。特别是要建立培养一支开展宣传报道的干部队伍，形成宣传报道工作网络，逐步改变宣传报道仅仅依靠一个部门和几个宣传干部的状况。三是要引导各职能部门增强新闻宣传意识，加强对宣传报道工作的支持。职能部门的支持和参与，是充分、高效、准确运用宣传资源，做好民进宣传报道工作的重要前提，也是营造民进工作良好氛围的内在要求。

2. 提高工作的主动性和时效性，加强对民进宣传报道的策划、协调和把关

我会的宣传工作担负着为坚持和完善多党合作制度、为促进民进工作发展提供舆论支持和思想宣传的任务，宣传报道应更加自觉、主动地服务于我会加强自身建设、履行参政党职能的各项工作，应注意结合会员普遍关心的问题提高新闻敏感性，理性正确地引导舆论。提高民进对热点问题和重大突发公共事件宣传报道的时效性，有了时效性才有引导性，有了引导性就在为坚定性做工作，这也是目前的工作实践中迫切需要研究解决的一个突出问题。

宣传部门要注意做好重要会议精神、重要活动、重大事件以及重要领导人接受媒体采访的宣传策划，从会议和活动筹备的源头介入，深入挖掘宣传报道素材，进一步利用电视、网络等宣传资源，在做好我会思想工作的同时，扩大民进宣传的社会影响。要注意做好“两会”、重大专题调研等专题活动的策划，在做好专题活动成果报道的基础上，积极关注专题活动过程中有新闻价值的事件，多出宣传报道成果。要注意做好参政党建设理论研究成果的策划与宣传，有计划地做好民进主要领导人重要文稿的收集、整理和转化，结合理论研究和会史研究开展理论宣传。宣传部门要提高对社会热点问题的新闻敏感性，主动做好报道素材的报送和报道方案的策划，提高工作的时效性；要建立应对重大突发公共事件的工作联系制度，提高宣传工作对突发事件的快速反应能力，不断掌握工作的主动权。

做好我会的宣传报道，必须发挥中央和地方、会内与会外两方面的积极性。会中央要加强与各级民进组织的沟通与协调，深入挖掘新闻题材，进一步整合宣传力量和宣传资源，努力形成民进宣传报道工作的

合力。宣传部门要加强与新闻媒体的协调合作，共同策划宣传主题和宣传方式，共同研究改进民进新闻宣传的有效办法，制定具体的宣传报道方案并认真予以落实。要注意掌握党派宣传工作政治性、原则性都很强的特点，进一步提高责任意识和把关能力。

3. 坚持深入实际、改革创新，不断增强民进宣传报道的说服力和影响力

在坚持正确导向的前提下不断提高舆论引导的有效性，是当前新闻宣传改革创新的着力点。增强民进宣传报道的说服力和影响力，关键是要坚持深入实际，要用我会履行职能的事实、典型和数字说话，用事实体现舆论引导的方向；要坚持改革创新，不断完善制度，着力改进作风和文风，切实增强民进宣传报道的影响力。因此，宣传报道要坚持贴近实际、贴近生活、贴近会员，真正扎根于民进工作的生动实践，并从实践中汲取营养，始终保持生机与活力。

加强和改进宣传报道，一是要鼓励宣传干部多深入基层，努力创作有感染力的宣传作品。生活和实践是新闻宣传、新闻写作的源泉，只有坚持“三贴近”，坚持钻进去，做到深入实际，深入基层，深入会员，才能保证新闻宣传的真实性，增强宣传报道的说服力。二是进一步完善民进省级组织新闻宣传的统计、通报、推荐、评比和表彰制度，建立健全会内宣传报道工作网络和工作机制。要增加头条新闻和通讯报道的分值，引导特约通讯员注重改进文风，切实提高新闻宣传的质量；要总结推广各级组织具有共性的工作经验，并有针对性地帮助薄弱地区开展新闻宣传工作，努力推动全会宣传报道的均衡发展。三是积极面向基层做好宣传报道。要把目光对准基层，把版面留给会员，通过开展对基层的宣传报道，逐步实现在同会员的交流互动中形成思想共识，在为基层提供信息服务中实现思想的引导和影响。

4. 拓展阵地、统筹协调、突出特色，切实发挥不同宣传媒体的独特作用

宣传网站（页）、新闻报刊以及会刊（报）是我会开展宣传报道的主要载体，进一步明确各自定位、突出各自特色、发挥各自优势，做好宣传资源的统筹和协调，是我会宣传报道工作面临的新课题和新任务。正如胡锦涛同志所指出的，互联网已成为思想文化信息的集散地和社会舆论的放大器，我们要充分认识以互联网为代表的新兴媒体的社会影响力，高度重视互联网的建设、运用、管理。

民进宣传网站（页）的建设要符合网络传播特点和新一代会员的实际需求，既不能对传统媒体的东西照搬照转、简单复制，又要注意加强彼此之间的统一组织和协调，要努力使民进网站（页）成为我会开展宣传报道的新型载体和有效形式。加强我会的宣传报道，需要从社会舆论多层次的实际出发，把握媒体大众化、对象化的新趋势，进一步加强民进在新闻报刊的宣传和会刊（报）的建设。各级民进组织要在巩固现有宣传报刊资源的基础上，不断拓宽民进新闻宣传的渠道，要注意及时了解媒体报道重点及用稿需求，有的放矢地推荐稿件，多刊发宣传报道民进的作品。要进一步明确会刊（报）的定位，继续在指导会务、思想教育、舆论引导和传递信息等方面发挥重要作用，同时在继承的基础上改革创新，办出水平、办出特色、办出品味，使传统的会刊（报）成为拥有一定读者群、受到会员欢迎，并具有一定吸引力和影响力的宣传读物。

四、对我会宣传干部的几点希望

加强我会宣传干部队伍建设，加快新闻宣传人才培养，是做好我会宣传报道工作的关键。这次会议上，我会各省市级组织的26名宣传干部被评为民进全国第三届新闻宣传优秀通讯员，我们由衷地感到高兴，并向他们表示真挚的祝贺。借今天会议的机会，对我会宣传干部提出以下几点希望，供大家参考。

1. 要坚定理想信念，保持清醒的政治头脑

无论是通讯员、网管员，还是会刊编辑，大家都处在党派宣传思想战线的前沿，面对改革开放以来不断涌现的各种社会思潮，以及“西强我弱”的国际舆论格局，必须把握好政治上、思想上的方向盘，宣传工作才有可能做好。当前，我们要深入学习贯彻中共十七大精神，以中国特色社会主义理论指导自己的思想和工作，坚定中国特色社会主义的理想信念，增强接受中国共产党的领导、走中国特色社会主义政治发展道路的自觉性和坚定性，提高政治敏锐性和政治鉴别力，在事关政治方向、事关根本原则的大是大非

面前，头脑清醒，立场坚定，态度鲜明，自觉识别和抵制各种错误思想。我们自己要坚持用马克思主义的立场、观点、方法认识世界，确立正确的世界观、人生观、价值观，唱响社会主义核心价值体系的主旋律，才能发挥宣传工作引导舆论、凝聚共识、推动工作的作用。

2. 要勤奋刻苦学习，努力提高自身素质

当今时代，社会飞速发展，随着新知识、新情况、新事物、新问题大量涌现，我们不懂得、不熟悉的东西越来越多。面对这样一种严峻的形势，我们每个宣传干部都应该有学习的紧迫感，要只争朝夕地学习，如饥似渴地学习，持之以恒地学习，重新学习，终生学习。要努力打牢包括统一战线理论在内的中国特色社会主义理论的基础、民进会史、新闻专业知识的基础，培养严谨求实的学风，一步一个脚印地积累知识；要努力拓展世界眼光，关注国际国内两个大局，广泛学习经济、政治、文化、社会、科技、法律等做好宣传工作所需要的一切知识，使自己的知识结构适应时代发展的要求，不断提高自身的综合素质，增强做好宣传工作的本领；要注意提高抓本质的能力、概括抽象的能力，以及用短话能把事情说明白的能力。

3. 要增强事业心和责任感，勇于在工作中历练成长

党派新闻宣传是一项政策性、专业性、规律性很强的工作，既需要掌握基础理论和专业知识，也需要经过大量的实践和反复的锤炼，不断总结和积累，才能逐步把经验转变为自己的能力和水平。任何成就，都是通过艰苦奋斗取得的。我们要不断增强党派宣传工作的事业心和责任感，发扬宣传干部“特别能吃苦、特别能战斗”的精神，切实履行宣传干部的岗位职责，努力在这个岗位上追求卓越、创造一流。特别是青年宣传干部要勇挑重担、攻坚克难，大胆探索、锐意进取，把理想信念体现在做好党派宣传工作的不懈奋斗之中，出色地接好党派宣传事业的班。

4. 要培养良好的工作作风，促进宣传工作深入有效

良好的工作作风是一个人的基本素质和精神风貌的体现，也是一个集体凝聚力、战斗力和工作质量的一种表现形式。大力提倡和自觉养成深入基层、联系会员，求真务实、团结协作的好作风，是做好我会宣传工作的一个重要保证。我们只有十分熟悉党派工作的理论和实际，保持与基层组织和广大会员的密切联系，才能写出有生命力、受人欢迎的宣传作品。我们只有坚持用事实说话，力戒套话、大话和空话，避免形式主义、程式化和走过场，才能增强宣传工作的针对性和有效性。

同志们，从以上四个方面的内容我们可以看出，党派宣传工作是一项重要、繁重而又艰巨的任务，需要我会的各级宣传干部共同为之继续兢兢业业地努力工作。让我们以中共十七大精神为指导，立足于多党合作事业的新发展和民进工作的新实践，不断更新宣传观念，拓宽宣传领域，丰富宣传内容，改进宣传手段，努力把我会的宣传报道工作提高到新水平。

在民进纪念改革开放30周年参政党建设理论研讨会闭幕式上的讲话

（2008年9月8日）

王佐书

同志们：

首先，这次会议我们开的是诸葛亮会，集众思广众益，把大家的智慧和力量、想法和做法聚集起来。会中央有一个聚集的过程，各省市有一个聚集的过程，使它成为我会的智慧和力量。这是一件非常重要的

事，也是会议的收获之一。第二，大家的发言，我很受启发，很受教育，大家在互相抛砖引玉，当然我要学习这块玉，我还要把这块玉带走，不但带走，我还要把这些玉作为我的财富。第三，一个会议如何获得可持续的效益，我建议大家思考十个字：1. 内容。会议什么内容，大家说了些什么话。2. 水平。我们今天的理论研讨会什么水平，我们把所有的研讨会一个一个地放在这里，我们是逐渐往上走呢，还是往下滑，心中必须有数。3. 方法。大家在研究理论的时候，用的是什么方法，用的什么工具，应当很好地研究。4. 趋势。今后我会理论研究的趋势，中央总体有什么要求，我们现在研究的趋势是什么，趋势和趋势之间有些什么相同点、不同点，怎么调节我们的工作，是一件非常重要的事。5. 问题。大家针对问题提出了很好的意见和建议，这些都是财富，是我们提高水平的力量和动力。第四，我们的理论研究要与时俱进，什么叫与时俱进，就是体现时代性，把握规律性，富于创造性。这十五个字需要研究，需要付出艰苦的努力才有可能做到。

“民进纪念改革开放30周年参政党建设理论研讨会”今天就要结束了。按照大家的话说，这次研讨会办得简短、紧张、精彩，有收获，有启发，有激励，有鞭策。在短短的一天半的时间里，通过专家发言、小组讨论、大会交流等形式，大家互相研讨、互相学习，甚至是争辩式的交流，会使我们的理论水平不断提高，这些对今后的理论研究都将起到很好的促进作用。

通过本次会议，每个人都有不同程度的收获，我们从不同角度、不同目的，总结了经验，收集了信息，并折射出一些深层次的思考和前瞻性的问题。思维始于问题，问题启发思维，收集会议上的问题具有极为特殊的作用。各级组织和广大会员，都在工作中努力加强学习，都在不断提高理论研究的水平，取得了可喜的成绩，但离我们的要求始终是有距离的。本次会议收到九十篇论文，论文质量普遍都比以前有不同程度的提高，很有思想，对我们今后的工作很有启发。会议结束后，会中央研究室将针对所有的论文，以及大家对本次会议和理论研究等方面提出的具体意见和建议、观点等一些具体的活思想，做实事求是的有价值的分析、总结、概括，为今后的理论研究打下一定的基础。

总结这次会议，我觉得有以下三点收获：

一、深刻认识改革开放的伟大意义，更加坚定了走中国特色社会主义道路的信心和决心

一个成功者和不成功者，他们在智力上几乎没有明显的差异，但在自信心、百折不挠的精神上，却有显著的差异，这就是非智力因素的作用，我把它看成是软智力的作用。信心和决心任何时候不可丢。

改革开放是中国共产党在新的时代条件下带领人民进行的新的伟大革命，对国家发展具有划时代意义的伟大事业。改革开放三十年来，我国的综合国力发生了翻天覆地震撼世界的变化，我国各项事业取得了举世瞩目的伟大成就，形成了中国特色社会主义的旗帜、道路和理论体系。改革开放三十年来，我会亲历了广阔而深刻的社会变革，见证了统一战线与多党合作理论与实践的丰富与发展，这就是从1989年14号文件，到2005年5号文件，现在都在落实，在落实中发展、在发展中落实，特别是中国特色政党制度的发展完善及其发挥的重大作用；参与了改革开放各项事业的建设，并作出了重要贡献。民进支持改革，改革也推进民进各项工作的发展，民进的面貌也发生了历史性变化。我会以纪念改革开放三十周年为契机，引导广大会员深刻领会改革开放是决定中国命运的关键抉择，是发展中国特色社会主义、实现中华民族伟大复兴的必由之路，深刻认识只有改革开放才能发展中国、发展社会主义、发展马克思主义。进一步坚定全会走中国特色社会主义道路、坚持中国特色社会主义理论体系的决心和信心，进一步激发广大会员投身改革开放、充分发挥好参政党职能，为推进社会主义民主政治，促进经济社会又好又快发展贡献智慧和力量。

二、明确了理论研究的方向和重点

建设适应时代要求的高素质参政党，是民主党派面临的艰巨历史任务。因此我们的理论研究，要把参政党理论作为主要研究方向，把应用理论作为研究的重点，并作为我会今后研究的着力点。我们的理论研究要以中国特色社会主义科学理论体系为指导，探索高素质参政党建设的理论体系和基本框架，不断提高

在实践基础上的理论水平，以理论创新带动工作创新，推动全会自身建设和履行职能的能力。

坚持以中国特色社会主义理论体系为指导，以服务决策为重点，以队伍建设为基础，以工作平台为依托，以制度建设为保障，不断提高综合政治素质和业务水平，努力为领导决策服务，是当前我会理论研究的具体要求。各级领导干部和理论队伍，要自觉按照中国共产党领导的多党合作和政治协商制度的本质要求，也是这个政党制度的鲜明特征，即共产党执政，民主党派参政，这个本质确实应当很好地挖掘内涵，提升我们的理论认识。科学总结多党合作和参政党建设的实践经验，研究新时期参政党自身建设和全面履行职能面临的新形势新任务，为全会思想建设、组织建设、作风建设、制度建设提供有力的支撑。

分析中国共产党的建设，即思想建设、组织建设、作风建设、制度建设四个方面；要求五大作风，即思想作风、学风、领导作风、领导干部的工作作风、生活作风。再有理论联系实际、密切联系群众和批评与自我批评“三大优良作风”。“三个八”，即“八个坚持、八个反对”，“八荣八耻”和八个良好作风。简短表述，即一力一性四建一防。“一力”，执政能力建设；“一性”，先进性建设；“四建”，思想、组织、作风、制度建设；“一防”，防腐败体系的建设。这就是中国共产党当前的理论建设。对民主党派的建设提出“四建五风”已与共产党的建设在表述上没有任何区别，对民主党派的领导干部又提出了“四力”，即政治把握能力，参政议政能力，组织领导能力和合作共事能力。要看准对我们的要求，我们应该研究什么、做什么，怎么做。

三、为今后的理论研究工作提供了有益的建议和思考

理论具有先导作用，理论建设是参政党建设的灵魂，在参政党建设中占有重要地位。这次理论研讨会总结了改革开放以来我会理论研究的部分经验，也提出了很多有益的建议和思考。如同志们在研讨时提出，目前我国参政党建设的理论储备不足，理论体系还不完备，理论建设滞后于实践的发展，不能完全适应新世纪参政党建设的要求；民主党派成员在结构、思想意识和工作制度方面都存在一些问题等等，都值得我们重视。下面我提几点建议：

1. 保持清醒头脑，坚定政治立场。始终保持清醒的头脑，坚定正确的政治方向和政治立场，明辨是非，永不迷路，永远走中国特色社会主义政治发展道路，这是我会建设高素质参政党的本质要求。目前，还是有少数党派成员对参政党的定位、定性存在着不全面的认识，对中国特色社会主义政党制度有不全面的认识，对西方的多党制、议会制存在不全面的认识。我们要保持清醒的认识，坚持正确的政治方向和政治立场，始终用马克思列宁主义、毛泽东思想、邓小平理论、“三个代表”重要思想和科学发展观等重大战略思想的科学理论体系武装自己的头脑。要加强理论的学习，准确地掌握理论、应用理论，注重理论的前瞻性和指导性，充分发挥理论对我会加强自身建设和履行职能的指导作用。

2. 加强研究规划，促进理论研究常态化。

3. 采取灵活形式，增进互相交流。今天是全会交流，还可以进行地方交流。

为什么召开理论研讨会？在我看来：

1. 理论是望远镜、是显微镜、是广角镜，它可以使我们把前面的路看直、看清、看准。

2. 理论具有穿透力、预见力、提高力。

3. 理论来源于实践，理论指导实践，理论高于实践，理论具有一般性的品格。

4. 理论可以使我们明确方向，找准重点，永不迷路。

5. 用理论的创新来带动推动其他方面的创新。

在民进华东六省一市第十次工作研讨会上的讲话

（2008 年 10 月 16 日）

王佐书

各位代表、各位同志：

金秋 10 月，在举国上下为北京奥运会的成功举办和神舟七号载人航天飞行获得圆满成功而欢庆的时刻，在中国共产党十七届三中全会胜利闭幕之际，民进华东六省一市第十次工作研讨会在烟台市隆重开幕了，在此我谨代表民进中央向大会的召开表示热烈的祝贺，向全体与会代表致以亲切的问候，向亲临大会的华东地区各省市党委统战部门的领导同志、烟台市的全体同志，向山东省委统战部、宣传部的领导致以崇高的敬意和衷心的感谢！

胡锦涛总书记在十七大报告中明确提出了“推动社会主义文化大发展大繁荣”的任务，首次在党代会报告中提出文化软实力，把文化软实力作为“综合国力竞争的重要因素”，高度强调加强文化软实力建设的重要意义。民进作为以文化、教育、出版界高中级知识分子为主体的参政党，理应高度关注国家的文化建设，为提升我国文化软实力做出自己的贡献。在即将兴起的全国文化建设新高潮中，民进如何秉承传统、发挥自身特色和优势，在促进文化发展方面有所作为，这是摆在民进各级组织面前的一个重大而迫切的实践性课题。重大表现在什么地方？迫切表现在什么地方？值得研究。今天，民进华东六省一市第十次工作研讨会正是针对这一重大课题进行专题研讨。本次会议将围绕“推动文化大发展大繁荣，提高文化软实力”这一议题，紧密结合各省（市）文化建设的实际，对文化建设的实践性问题进行深入研讨。我认为这个题目、这个角度选得好，相信同志们一定会献出自己的真知灼见和智慧，大家一定会有较大的收获，形成一些可供全会参考借鉴的思想成果和经验，为我国文化发展与繁荣尽我们的一份力量。在政治多极化、经济全球化、文化多元并存而又共融共生特别是互相影响的今天，我国的文化建设正面临着前所未有的挑战与机遇并存的压力。文化建设是一个极其复杂的问题，但不是复杂到无解，复杂到不能做事，复杂到不能提出意见和建议的程度。

长期以来，华东地区工作研讨会为本地区民进组织之间加强合作与交流提供了良好平台。华东六省一市各民进组织通过这个平台进一步加强合作、密切联系、相互学习与借鉴，不断促进各项会务工作的开展，为提高我会参政党素质作出积极的贡献，为履行民主党派的职责贡献力量。

本次以“推动文化大发展大繁荣，提高文化软实力”为主题的研讨会安排在山东省举行，具有特殊的意义。山东是经济文化大省，这里物产丰富，人杰地灵，孕育了绵延数千年的齐鲁文明和底蕴深厚的儒家文化。今日的山东，朝气蓬勃，开拓创新，经济社会长足进步，人民生活总体小康，齐鲁大地正以更加开放的姿态奉献社会，走向世界。烟台是一座美丽的海滨城市，我相信，本次华东六省一市会议在这里召开一定会有丰硕的收获，同时也期望这次会议能为山东省和烟台市文化发展与繁荣贡献一些力量。

同志们、朋友们，我国文化建设正在迎来一个春暖花开的季节。伴随着中华民族的伟大复兴必然会出现中华文化的繁荣与兴盛。让我们在以胡锦涛同志为总书记的中共中央坚强领导下，坚持社会主义先进文化前进方向，为加强文化建设，推动我国社会主义文化的大发展大繁荣作出贡献！

最后，祝会议取得圆满成功！祝各位代表和同志们身体健康，万事如意！

谢谢大家！

在四川民进抗震救灾表彰大会上的讲话

（2008 年 11 月 13 日）

王佐书

同志们，朋友们：

首先我代表民进中央祝贺民进四川省委会在这里隆重举行抗震救灾的表彰大会，对所有受表彰的单位和个人表示祝贺，向全体会员表示祝贺。

我非常高兴参加这个大会。

高兴的是：在张雨东主委的带领下，以张雨东主委为代表的广大民进会员，在重大特大灾害面前，临危不惧，沉着镇定，一不怕苦，二不怕死，你们用行动全心全意为人民服务，全心全意为灾民服务，全心全意为灾区服务，全心全意为国家的利益服务。你们的行动展现出民进会员的本色，展现出民进会员的优良品德，展现出民进会员的爱祖国、爱人民的感情、热情和精神风范，表现出民进会员的民族精神和时代精神。

高兴的是：通过你们在抗震救灾中吃大苦、耐大劳、舍生忘死的实际行动，为民进攒下了一笔花多少钱也买不到的精神财富，这就是大家在抗震救灾中表现出来的精神。你们实践着抗震救灾的精神，你们的行动书写了抗震救灾的精神，你们又用抗震救灾的精神激励你们的各项工作。我个人珍惜你们用血与汗换来的、表现的、铸成的抗震救灾的精神财富。

高兴的是：我有机会接受这次教育并向大家学习。

同志们、朋友们：

我个人认为，抗震救灾是一堂不可多得的多功能的最实际的人生大课堂，给我以多方面的教育和启示。

地震造成了硬实力的损失，但我们也要看到由硬实力的损失换来的软实力，这就是民族精神。

抗震救灾表现民族精神，锤炼民族精神，提升民族精神，我们在抗震救灾中受到了极为生动、极为实在、极为深刻的民族精神的教育。我们看到民族精神，我们感受到民族精神的力量，我们受到民族精神的哺育，这种精神将永远融入我们的血液之中，永远激励我们前进。

同志们、朋友们，抗震救灾的全过程显示的、说明了、证明了社会主义制度的优越性。四川民进会员全身心投入抗震救灾，是对坚持走中国特色社会主义道路的极为深刻的教育，为我会这次教育活动注入了任何人也抹不去的记忆，任何活动也不能代替的实践活动，使我们更加坚定了接受中国共产党的领导，坚持中国特色社会主义道路的决心。

应急的抗震救灾已经结束，但抗震救灾的精神将永远激励我们认真履行参政党的职能，将永远激励我们为建设高素质的参政党而努力工作。

最后，祝大家工作顺利！万事如意！

祝民进四川省委会在各项工作中取得更大成绩！

祝大家用血与汗铸成的精神永放光芒！

民办教育促进教育公平与均衡发展

（2008 年 11 月 29 日）

王佐书

2008 年是改革开放 30 周年，中国民办教育在探索与发展中走过了 30 年。30 年来，中国民办教育顺应时代发展、适应社会需求，从无到有、从小到大，已经发展成为中国教育事业的一支重要力量。

民办教育事业的发展，不仅为我国走出一条具有中国特色的教育发展之路积累了丰富经验，而且为提升全民文化素质、建设人力资源强国，贡献了重要力量。值此中国民办教育大型论坛开幕之际，我代表民进中央向大会表示热烈的祝贺！向全体与会同志，并通过你们向长期坚守在民办教育一线、为民办教育的发展作出不懈努力的广大教育工作者们，致以崇高的敬意、诚挚的问候和良好的祝愿！

民办教育对于中国而言，是一项既“古老”又“新颖”的事业。说其古老，我们可以追溯到 2500 年前，儒家学派创始人孔子就兴办了世界一流的中华私学；说其新颖，是因为改革开放以来，我国的民办教育焕发出了新的勃勃生机，特别是《民办教育促进法》颁布后，民办教育进入了一条新的持续、快速发展之路。

截至 2007 年底，全国共有各级各类民办教育机构超过 1 万所，各类学历在校生超过 2700 万人。另有培训机构 2 万余所，参加培训的人次近 885 万。实践证明，民办教育以其在投资机制、办学体制、管理方式上的优势，进一步挖掘和整合了社会资源，优化了教育发展格局，满足了人民群众不同层次的教育需求，为促进教育公平与均衡发展，为推动我国教育现代化进程作出了不可磨灭的贡献。

数字说明成绩，成绩来之不易。改革开放 30 年来，民办教育迅速发展壮大，实现了历史性的跨越式发展。这是几代民办教育工作者辛勤耕耘结出的硕果，更是中国共产党和国家坚持民办教育与公办教育并举的教育理念，采取一系列重大措施并扎扎实实推动民办教育改革与发展的必然结果。早在改革开放之初，党和国家就提出了“两条腿”办教育的方针，并第一次在宪法中对社会力量办学作出了原则性规定。1985 年，根据邓小平同志提出的我国新时期教育改革的指导思想：“教育要面向现代化，面向世界，面向未来”，中共中央下发了《中共中央关于教育体制改革的决定》，鼓励企业、社会团体和个人出资办学，我国教育体制进入了一个大改革的时期，过去单一的办学体制格局发生了变化，形成了以地方统筹管理为主的办学格局和多渠道融资的投入机制。国家教委又相继颁布了《关于社会力量办学的若干暂行决定》和《社会力量办学财务管理暂行规定》，这些法律性文件的实施标志着民办学校正式被纳入国家教育管理体系。1992 年，中共中央和国务院出台《关于加快发展第三产业的决定》，教育由上层建筑被重新定义为“社会生产力”的一部分。1993 年以后，在国家的倡导和地方政府的大力支持下，民办教育发展迅速。与此同时，我国也加快了民办教育的立法进程，从 1997 年国务院颁布的第一个民办教育法规《社会力量办学条例》，到 2002 年底《中华人民共和国民办教育促进法》正式出台，中国民办教育逐步走上了有法可依的发展轨道，进入了依法办学、依法管理、依法行政的新发展阶段。进入 2008 年，我国民办教育领域第一个经过法定程序成立的全国性行业组织中国民办教育协会正式挂牌成立，表明一个以政府办学为主体，公办教育和民办教育共同发展的格局正在形成。回首中国民办教育的 30 年风雨征程，中国共产党和国家始终以维护最广大人民群众受教育的权利为己任，顺应时代潮流，为提高我国民办教育质量、促进我国民办教育事业的健康发展营造了良好的政策环境和法制氛围。

中国民主促进会是以从事教育文化出版工作的高中级知识分子为主的参政党，和教育有着天然的密切的联系。30 年的改革开放中，民进始终致力于推动我国民办教育事业的发展，始终把推动民办教育立法、民办教育管理体制改革、民办教师队伍建设和民办教育实践的发展，作为履行参政党职能的重点领域。在近年来民进提交全国政协大会的发言和提案中，都有涉及促进民办教育发展的内容。在过去的三十年里，民进为促进民办教育的发展尽了应尽的一份力，在今后的岁月中，民进将一如既往地关注和支持民办教育事业的发展，为促进公办民办教育共同发展，构建中国特色教育体系，为推动我国教育现代化进程作出应有的贡献。

同志们，今天我们集聚一堂，共同纪念改革开放 30 年来我国民办教育事业取得的巨大发展。看今朝，看民办教育事业的发展，我们更加信心百倍、激情满怀。随着改革开放的深入发展，民办教育的改革和发展必将进入一个更深的层次、更高的阶段。

同志们，展望前路，挑战和机遇同在，动力和压力并存。面对机遇和挑战，需要我们更加清醒，需要我们理智思考，迎难而上。让我们坚持改革创新、积极探索，努力开创中国特色民办教育发展道路；坚持育人为本，以高度的社会责任感，促进民办教育事业又好又快的发展。让我们团结一心，振奋精神、积极探索，深入贯彻落实科学发展观，实施科教兴国战略和人才强国的战略，为进一步推进教育事业的改革与发展，把我国建设成为人力资源强国，贡献民办教育的全部力量。

让抗震救灾精神永远激励我们前进

——在民进全国抗震救灾先进集体、优秀会员表彰会上的讲话

（2008 年 12 月 1 日）

王佐书

各位委员、各位同志：

今天我们举行民进全国抗震救灾先进集体、优秀会员表彰会，对民进四川省委会等 12 个民进全国抗震救灾先进集体和吴文彦等 113 名民进全国抗震救灾优秀会员进行表彰，并对民进上海市委会等 24 个民进组织进行表扬。在这里特做一点说明：在抗震救灾中还有很多优秀集体和个人，但是名额有限，受表彰的单位和个人必定有限，今天受表彰的单位和个人仅仅是优秀中的代表。如民进江苏省委会副主委、中国书法家协会副主席言恭达，义卖书画，捐款一百余万元，这次并未列入受表彰、表扬的名单，其他各省也有类似的情况。在此，我代表会中央，向受到表彰的抗震救灾先进集体、优秀会员和受到表扬的民进组织，以及在抗震救灾工作中作出贡献的全国各级组织和广大会员，致以崇高的敬意和亲切的问候！

这次发生在四川汶川的特大地震，是新中国成立以来破坏性最强、波及范围最广、救灾难度最大的一次地震。中共中央、国务院和中央军委领导全党、全军和全国各族人民，迎难而上，顽强奋战，最大程度地抢救了被困群众，最大限度地减低了灾害损失。在抗震救灾斗争中，民进全会紧急动员起来，以实际行动为国家分忧、为受灾群众解难，涌现出许多动人事迹与优秀人物，表现出一个立会为公的参政党应有的爱国心和责任感。

面对特大地震灾害，民进从中央到地方，各级组织快速反应、迅速行动、有力组织，充分发挥了领导核心作用。

地震发生后，会中央连夜向灾区发出慰问信，随后向全会发出通知，迅速成立抗震救灾领导小组和办公室，多次召开主席办公会议和专题会议，研究部署全会抗震救灾工作。把抗震救灾作为最重要最紧迫的任务，举全会之力支持抗震救灾。会中央领导在第一时间联系民进四川省委会，询问受灾情况，并亲赴地

震重灾区查看灾情、慰问民进组织和广大会员，民进中央提出关于抗震救灾、恢复生产、重建家园的重大建议。会中央成功组织了“为了灾区的孩子们”系列爱心捐助活动，并征集抗震救灾信息，编写抗震救灾工作简报，制作抗震救灾专题网页，及时交流各地抗震救灾动态，对广大会员进行思想引导和人心凝聚。

四川、甘肃、陕西、重庆等受灾地区民进省市委员会坚决贯彻执行会中央的决策部署，在第一时间带领所属组织和广大会员奋力开展抗震救灾工作。面对极其惨烈的灾难，在极其困难的情况下，组织开展了对外联络、参政议政、宣传报道和基层会员工作。非灾区的民进组织发动广大会员通过捐款捐物、建言献策、对口支援等多种方式和途径，为灾区群众送温暖、献爱心、作贡献。

从中央到地方各级组织的坚强领导，使民进开展了一场行动速度最快、动员范围最广、投入力量最大的抗震救灾斗争。截至6月20日，共收到来自各地的抗震救灾信息431期，向中共中央统战部、全国政协报送信息85期；目前，民进各级组织和广大会员为抗震救灾捐赠款物共计人民币1.4亿元。民进有序和有效的抗震救灾工作有力地支援了全国的抗震救灾工作。

面对特大地震灾害，参加抗震救灾的民进各级领导干部奋不顾身、靠前指挥、执行有力，充分发挥了表率作用。

地震灾害发生后，我会在灾区各条战线上的领导干部临危授命，在生死考验面前，表现出对中国共产党充满忠诚，对人民充满感情，对事业充满责任。他们殚精竭虑、日夜奋战，为全力抢救生命、救治伤员，为全力展开卫生防疫，为全力防范次生灾害，为全力安置好灾区群众生活，为全力维护社会稳定，为全力恢复生产、子女上学、重建家园献计出力。哪里有困难，哪里有危险，哪里就有他们的身影和声音；他们以实际行动赢得了“党外干部工作靠得住”的美誉，为全会做出了表率。

面对特大地震灾害，广大民进会员义无反顾、尽其所能、舍己为人，充分体现了无私奉献的精神。

在地震灾害面前，民进广大会员与灾区人民守望相助，共克时艰。灾区会员挺身而出，冒着危险，主动参加抢险救援，医疗救治，安置受灾群众，开展卫生防疫，进行心理干预和救灾物资审计等多项工作。广大会员坚守本职工作，踊跃缴纳“特殊会费”，一些年事已高的老会员捐出自己的退休金，更有下了病危通知的会员捐出医药费了却最后一桩心事。医疗卫生界、科技界会员赶赴灾区，救死扶伤，预防次生灾害发生，教育界会员为灾区师生提供多种援助，文艺界、书法界、美术界会员创作诗词歌曲和书画作品，义演义卖、鼓舞人心。广大会员视灾区人民为亲人、视支援灾区为己任，表现出了强烈的政治责任感和无私奉献的精神。

当前，抗震救灾已经取得阶段性的胜利，这取决于中国共产党的坚强领导、中国特色社会主义优越性、我国改革开放30年积累的强大物质基础和中华民族强大的凝聚力。在同特大地震灾害的艰苦斗争中，全国人民展示出崇高的精神，这就是万众一心、众志成城，不畏艰险、百折不挠，以人为本、尊重科学的伟大抗震救灾精神。在抗震救灾这场斗争中，民进与中国共产党同心同德、和衷共济、共度难关，集中体现了新时期民进的光荣传统和优良作风。这也是我会多年来不断加强自身建设、认真开展中国特色社会主义主题教育活动成果的生动展现。

抗震救灾斗争取得阶段性的胜利，灾后重建工作漫长而艰巨。民进全会要认真学习贯彻胡锦涛同志在全国抗震救灾总结表彰大会上的重要讲话精神，进一步弘扬抗震救灾伟大精神，把抗震救灾斗争中培育和体现出来的好思想、好作风、好精神长期坚持下去。

第一，引导全会进一步坚定接受中国共产党的领导，走中国特色社会主义道路的理想信念。

地震灾害对于国家来说，是重大灾难，同时也是鲜活的教材。抗震救灾斗争是对主题教育活动成果的检验，也是推进和丰富主题教育活动的生动实践。民进全会要结合大力弘扬抗震救灾精神，更有效地开展中国特色社会主义主题教育活动，引导广大会员通过抗震救灾斗争中的亲身体验，加深对中国共产党的先进性和执政地位的认识，对中华民族伟大凝聚力的认识。事实教育我们，要更加热爱中国共产党、热爱社会主义制度、热爱人民子弟兵，更加自觉坚定地接受中国共产党的领导、走中国特色社会主义道路，进一步推进全会的政治交接，加强高素质参政党建设，提高参政议政能力和水平。

第二，组织全会进一步深入学习贯彻科学发展观，为灾区重建和促进经济又好又快发展献计出力。

面对当前复杂的国际、国内不确定因素，我国各项事业的发展面临着严峻的挑战，还要准备迎接更大的挑战、更大的困难。因此，我会各级组织要按照不久前会中央下发的关于在全会深入学习贯彻科学发展观的通知和方案的部署与要求，认真学习中共中央几代领导人关于科学发展的重要论述和中共十七大、十七届三中全会精神，切实把认识和思想统一到中共中央精神上来。要坚持理论联系实际，着力在领会和运用科学发展观的第一要义、核心、要求和根本方法几个方面取得实效，加强参政党建设与发挥参政党作用，不断提高全会服务科学发展和促进自身科学发展的水平。

第三，促进全会在实践中培养造就干部，切实加强领导班子建设和后备干部队伍建设。

抗震救灾斗争是坚定广大会员理想信念的课堂、锤炼考验各级领导班子及成员和机关干部队伍的熔炉。在特大地震灾害面前，民进各级组织、广大领导干部和会员经受住了严峻的考验，这与我会近年来加强组织建设，培养出了一支能打硬仗的队伍密不可分。我们要及时总结抗震救灾斗争磨练、培养干部队伍的经验，进一步完善干部培养的体制、机制，在实践中发现、培养、考验干部，在工作中培养、锻炼会员，将优秀的干部和会员充实到民进各级组织中，充分发挥民进基层组织的作用，切实推进我会的领导班子建设和后备干部队伍建设，为提高我会履行参政党职能的整体水平提供组织保障。

第四，推进宣传思想工作更加深入有效，为全会的各项工作提供思想保证。

抗震救灾斗争的胜利使我们更加深刻地认识到，越是面临重大挑战，越需要强有力的思想保证、舆论支持和精神动力。当前，我国意识形态领域形势纷繁复杂，社会思想意识日益多元化。全会要大力并有效宣传各级领导干部和广大会员抗震救灾的先进事迹，将其提升到思想的激励、精神的传承和人心凝聚的高度，使其成为民进宝贵的精神财富和宣传思想工作的有效载体。要创新宣传思想工作的方式和手段，真正做到贴近时代、贴近实际、贴近会员，以鲜活事例引导会员，使之能打动人心、凝聚人心、统一思想，使宣传思想工作真正成为我会工作不断开创新局面的精神动力和思想保证。

各位委员、各位同志：

严隽琪主席极为重视这次表彰会，特嘱咐我要把今天的话讲好、讲透、讲全、讲到位。根据我的水平，我肯定完不成任务。我深知，我的理解是肤浅的，但我尽力完成。

严隽琪主席对抗震救灾发表过多次讲话，我学习她的讲话，并尝试对她的讲话进行适当的总结、概括，给我印象最深的是：

她强调，通过抗震救灾的全过程，它充分说明了、体现了并应当深深地烙印在我们头脑之中的是：

1. 充分表明了社会主义制度的优越性。

2. 充分说明中国共产党全心全意为人民服务的宗旨。

3. 充分展现了改革开放以来取得的巨大成绩，展现的是中国的综合国力。

4. 充分展现的是中华民族的凝聚力，同时也看出中华民族的凝聚力在建国强国、抗震救灾中的作用，同时也看出中华民族凝聚力使中华民族自立于世界民族之林的重大作用。在抗震救灾中，表现了民族精神，锤炼了民族精神，提升了民族精神，同时，我们也得到了民族精神的哺育，展现了中华儿女极大的爱国热情，这是中国最大的软实力，也是中国最坚固的铜墙铁壁。

5. 在抗震救灾中，展现出民进会员的优秀品质，表现的是我会会员爱祖国、爱人民的感情、热情和精神风范，发扬了我会的优良传统，又丰富了我会的优良传统，这就是坚持接受中国共产党的领导，坚持爱国、民主、团结、求实，坚持立会为公。

6. 在抗震救灾中，我会会员特别是四川、重庆、陕西、甘肃等受灾地区的民进会员，表现了民族精神，并将这种精神有机地融入我会的各项工作之中，激励我们努力工作。

在抗震救灾中，我会会员特别是四川等灾区的民进会员，在重大灾害面前，临危不惧、沉着镇定，挺身而出，吃大苦、耐大劳，真正体现一不怕苦、二不怕死，舍小家、顾国家，表现出抗震救灾的精神。会员及广大干部的表现，用血和汗为民进熔铸了花多少钱也买不来的精神财富，这是不可多得，也不能多得的财富，这财富就是激励我会前进的抗震救灾的精神并激发出的力量，以及在会员心灵中产生的震撼。

如何对民进会员进行政治交接的教育？如何搞好政治交接的教育？抗震救灾为我们提供了极好的教材和政治交接的课堂。这课堂是最好的政治交接的教育，说它最好是因为用活生生的实践说明了交什么、怎么交、为什么交的问题。这是任何活动也代替不了的政治交接的教育，使我会更加坚定地接受中国共产党的领导，更加坚定地走中国特色社会主义道路。

各位委员，应急的抗震救灾已经结束，但今天的表彰会就是要进一步凝聚全会抗震救灾的精神，明确、珍惜、收藏、用好我会抗震救灾积累的精神财富，进一步并可持续地弘扬抗震救灾的精神，提高对抗震救灾意义的认识，进一步用好抗震救灾带给我们的巨大的政治财富。

今天的表彰会是一个极不平常的表彰会，说它不平常、说它极不平常，是因为我们应当收获的意义太多太多。今天的表彰会，不仅仅构成我会政治交接活动的一部分，更主要的是，它要求我们牢记抗震救灾的精神，弘扬抗震救灾的精神，让它永远激励我们前进。

同志们，2008 年是不平凡的一年，在中国共产党的坚强领导下，战胜了冰冻灾害和地震灾害，成功举办了奥运会。虽然世界风云变幻，但是有中共中央的科学决策和正确领导，有民族精神和民族凝聚力，我们有信心、有能力攻克道道难关、化解种种风险。在今后前进的道路上，我们要继续高举中国特色社会主义伟大旗帜，以邓小平理论和“三个代表”重要思想为指导，深入贯彻落实科学发展观，围绕推动科学发展、促进社会和谐，积极履行参政党职能，为夺取改革开放和社会主义现代化建设新胜利而努力奋斗！

在民进上海市委机关干部座谈会上的讲话

（2008 年 5 月 28 日）

贺　旻

严隽琪主席对民进中央新一届领导班子建设非常重视，她要求领导班子成员要多深入基层，了解情况。按照严隽琪主席要求，我利用在中国浦东干部学院参加中组部“经济增长方式转变”专题研讨班学习的机会到民进上海市委会机关一是看望大家，二是与各部室负责人座谈交流。

上海是改革开放的前沿，不仅高校集中，而且人才济济，上海民进历来是出经验的地方。听了你们的汇报后感到，民进上海市委会工作相当出色，不仅出思路，而且出经验。民进上海市委会在参政议政、社会服务、思想建设、组织建设和机关建设等方面一直走在全国民进的前列，出了许多好的经验与做法，在全国民进起到了带头和示范作用。

在参政议政方面，你们提出了许多很好的意见和建议，信息工作也做得很不错，每年会中央的提案，有很多都是在民进上海市委会提供材料的基础上完成的。

在社会服务方面，你们体现了全局观和大局观，措施办法比较具体，而且形成了一些制度。

在思想宣传方面，你们是政治交接学习教育活动的试点单位。上海的政治交接学习教育活动形式多样，体现会员特点，严主席在中央多次提到民进上海市委会政治交接学习教育活动经验好，简报出得多。你们的学习教育活动，不是为教育而教育，而是注重结合会员思想、组织建设和参政议政开展学习教育活动，使会员思想素质进一步提高，增强了坚持走中国特色政治发展道路的信念。

受严主席委托，我就你们的工作讲几点意见：

1. 今年的主题教育活动将在全会全面铺开，希望民进上海市委会在开展主题教育活动中，继续探索总结经验，为全会推进政治交接起到打基础的作用。

2. 将主题教育活动与抗震救灾工作紧密结合，教育引导会员积极参与抗震救灾工作，特别是要引导会员立足岗位建功立业，以实际行动支援灾区人民和灾后重建工作。

3. 要充分利用上海改革开放前沿的优势和人才优势，发挥好对全国民进的辐射作用。全国省级组织需要你们的辐射，各地民进组织发展不平衡，包括数量和质量，通过交流，共同提高，共同进步。

历史的回顾与启示

——重温“五一口号”

（2008 年 4 月 8 日）

刘新成

今年是中国共产党发布“五一口号”60 周年，值此之际，回顾该口号发布的过程，我有三点体会。

第一，我国的多党合作、政治协商制度是历史产物。

抗战胜利以后，中国向何处去？建立怎样的国家？怎样的政府？怎样的政党制度？这些问题摆在中国人民面前。1946 年初在重庆召开的政治协商会议面对的也是这些问题。在这次会议上，迫于中国共产党和各民主党派的压力，国民党签署了建立联合政府的协议。但不足 1 个月后，国民党就撕毁协议，试图通过战争，建立国民党的一党专政和蒋介石的独裁统治。他们一方面出兵进攻解放区，一方面胁迫各进步民主党派就范，以“非法团体”名义强令民主同盟等民主团体解散。是年 10 月国民党更召开了一党包办的国民大会。国民党的这些反动行径，遭到了中国共产党和进步民主党派的坚决抵制。在战场上，中国人民解放军展开艰苦卓绝的解放战争，在政治斗争中，共产党和民主党派人士一起揭露国民党的丑恶嘴脸。1948 年，随着中国人民解放军在战场上取得节节胜利，战争形势已经表明国民党蒋介石政权已陷入穷途末路。五一前夕，应时任新华社社长的廖承志之请，驻在西柏坡的中共中央领导责成有关部门按照逢重大节日发布宣传口号的惯例，草拟了“五一宣传口号”，呈毛主席（当时住在离西柏坡 70—80 里路的城南庄）审定。毛主席在审定时将原口号中的第五条“工人阶级是中国人民革命的领导者，解放区的工人阶级是新中国的主人翁，更加积极地行动起来，更早地实现中国革命的最后胜利”改为“各民主党派、各人民团体、各社会贤达迅速召开政治协商会议，讨论并实现召集人民代表大会，成立民主联合政府”。我们今天纪念的“五一口号”主要指的就是这一条。这一条口号为未来的新中国确定了政协—人大—政府的政权框架。周恩来同志 4 月 30 日在解释这一条时还指出，这里所说的政协是新政协，而不是旧政协，新政协是拥护新民主主义革命的各种进步政治势力的协商会议，不包括国民党等反动势力，并说该口号不是宣传口号，而是行动口号。这一条口号是在中共历次宣传口号中从未出现过的，一经发布，举国关注，更让远在香港的各民主党派主要领导人和知名民主人士欢欣鼓舞，他们一反隔周举行一天座谈会的常规，在 5 月 1—2 日连续开会，热烈议论，并于不久后代表各民主党派和人民团体纷纷通电响应。经过一段时间的准备，政治协商会议于 1949 年初召开。共产党与民主党派共商国是的政治协商制度从此成为我国的一项基本政治制度。凡是响应中国共产党“五一口号”的民主党派，后来大都参与了政治协商，后来成为中国的参政党。这一过程充分表明，我国的多党政治协商制度是历史的产物，是中国政治发展道路所决定的，对这一制度的形成，采取任何历史虚无主义的态度都是不对的。

第二，共产党在多党合作制中的领导地位是民主党派的自觉选择。

“五一口号”发布前后的历史表明，在上个世纪40年代后期的中国只有中国共产党及其领导的军队有力量抵制以致终结国民党蒋介石的独裁统治，而且只是在中国人民解放军在战场上从战略防御走向战略进攻前提下，中国才具备重提建立民主新政权的条件。因此当时包括民主党派在内的全国人民已经形成共识，即中国共产党是真正实现国家独立和民族解放这一伟大目标的基本保证，从事这一伟大事业必须有共产党的领导。著名民主人士沈钧儒说，中共的“五一口号”“一呼而天下应”，这昭示着共产党作为“呼者”在中国的政治制度中必然占领导地位。在前述5月1—2日的民主人士座谈会上，共产党员潘汉年以朋友身份出席，并向与会各位转达共产党或毛泽东先生的建议，大家即围绕建议进行讨论；5月2日，中共中央指示上海市委邀请各民主党派及其主要负责人参加研讨政协事宜的会议，而会议地点是在解放区，凡此种种，皆说明在为中国未来进行的政治设计中，中国共产党居于主导地位，而这一点也是得到各民主党派充分认同的。民进中央领导人马叙伦曾明确表示“我们的想法老蒋不听。现在的中国还是靠共产党掌舵”。在民盟内部，针对某些人提出的民盟应在国共之间不偏不倚，走第三条道路的主张，领导人罗隆基说：“民盟被国民党迫害到这种程度，只有（与共产党建立民主统一战线）这条路，没有第二条道路。”1949年初，到达解放区的各民主党派、各人民团体及无党派人士李济深、沈钧儒、马叙伦、郭沫若等人发表声明：“在人民解放战争进行中，愿在中共领导下，献其绵薄，贯彻始终，以冀中国人民民主革命至迅速成功，独立、自主、和平、幸福的新中国之早日实现。”1月22日，民进发表《为争取永久和平宣言》，宣布要在共产党的领导下，走彻底的新民主主义革命之路。1月27日民革发表声明，强调反对帝国主义、封建主义和官僚资本主义的革命必须在中国的无产阶级政党——中共领导下，才有不再中途夭折的保证。以上事实说明，当时的民主党派领导人或社会贤达已经充分认识到，他们只有通过和共产党密切合作才能在中国政治舞台上发挥重要作用。所以说，中国的多党合作制度建立伊始就是在中国共产党领导之下，而这一点同时也是民主党派自觉的、郑重的选择。

第三，共产党和民主党派合作的历史是肝胆相照的历史。

1948年春，国民党召开的所谓“国民大会”通过《动员戡乱时期临时条款》，声言不惜一切代价勘平“共匪”。拒绝参加“国民大会”的民盟，被国民党以“与共产党关系密切”为由勒令解散。由此，追求民主的各种政治力量都看清了蒋介石政权的反民主嘴脸，开始了针锋相对的斗争。1948年1月民革成立；同期民盟一届三中全会召开，恢复民盟领导机构。这样中国政坛就形成共产党与民主党派联合对敌的局面，这一局面决定了共产党与民主党派肝胆相照、荣辱与共的关系。

共产党不仅在反蒋斗争中高度重视与民主党派的团结，而且给予民主人士充分的尊重。毛主席在致李济深、沈钧儒两位老先生的信中一反在解放区演讲中惯用的“大老粗”语言，专门采用半文半白的文体，并在年长的友党领导人面前以弟自谦。周恩来在给上海和香港区委发指示时特别指出，与民主党派头面人物沟通，不能像党内同志一样，把人家叫来开会，而是要一家一家地登门造访。民主党派领导人对共产党的主张也每每明确其支持态度。民进领导人王绍鏊在阐述新政协性质时就呼应周恩来的意见：“我们现在召开的政协不是过去那个旧政协，新政协不准反动分子参加！”

“五一口号”所奠定的共产党与民主党派的关系是一种独具中国特色的政党关系，是一种建立在目标高度一致基础上的、团结合作的政党关系。

总之，“五一口号”是中国政治制度的一笔珍贵遗产，这一遗产在今天仍有重要意义。

首先，当今中国的政治现代化建设依然要走多党合作、政治协商的道路。

当前，无论从政治现代化的角度来看，还是从全球发展趋势来看，民主化都形成一股潮流。我国当前进行的政治改革，也以推进民主为核心内容。但民主建制必须符合国情，必须在历史传统的基础上继往开来。历史已经证明，多党合作、政治协商是在我国行之有效的民主制度，我们推进民主应该是在这一制度平台之上，不断完善民主制。任何随意性的“另起炉灶”的做法都是不负责任的，不科学的。

第二，在当今多党合作中，仍然必须坚持共产党的领导。

中国一个半世纪以来的发展道路表明，只有坚持中国共产党的领导，我国新民主主义革命、社会主义革命和改革开放三大革命才可能取得成功，各民主党只有在接受中国共产党领导的前提之下，在与中国共产党风雨同舟的历程中，才可能实现富民兴邦的伟大理想。我国的现代化属于后发追赶型发展模式，国际历史经验表明，这种发展模式需要有一个强有力的，具有高度社会整合能力的，能够维持安定团结局面的政党来领导，在当代中国只有共产党具有这样的能力。历史和现实共同证明。

第三，中国特色社会主义政治道路依然需要共产党和民主党派肝胆相照。

在人口如此众多，幅员如此辽阔，基础如此单薄，资源如此短缺的中国进行具有我国特色的社会主义现代化建设，是人类历史上空前伟大的事业。这一事业在取得举世瞩目的成功的同时，也遇到空前复杂、在历史上没有现成破解经验的难题，解决这些难题有赖于中华民族的集体智慧，民主党派的整体智力优势是不可或缺的智慧资源。因此执政党与参政党之间的“荣辱与共、肝胆相照”在今天就具有了新的意义，即共同深入学习和全面贯彻科学发展观。对民主党派来说，就是深入开展中国特色社会主义主题学习教育活动，切实搞好政治交接，加强自身建设，提高参政议政能力，与执政党一道把中国特色社会主义建设事业推向前进。

加强社区文化建设　培育社会生活共同体

——在全国政协十一届一次会议第三次全体会议代表民进中央作的发言

（2008 年 3 月 9 日）

蔡达峰

众所周知，计划经济体制下的居住地与职业的关系以及居民的稳定性不断弱化，市场经济体制下的人口自由流动不断加速，社区居民呈现出多样和多变的趋势，不同来源地、职业身份、思想意识、生活习惯的居民在社区交汇和流变。今天的社区，邻里关系疏远了，相互帮助少了；个体的维权意识增强了，纠纷调解多了；社区组织公共活动困难了，居民自发集体行动容易了。总之，居民缺乏把社区当作家园的那种认同感和归属感，甚至把它仅仅当作栖身之处，有些社区被居民戏称为“睡城”。

社区是居民自我管理的基层组织，建设意义重大。社会矛盾集聚于此，社会活力也孕育于此。中共十七大报告指出，要把城乡社区建设成为“管理有序、服务完善、文明祥和的社会生活共同体”。这既是社会建设的目标，也是文化建设的任务。我们体会，“社会生活共同体”意味着要让社区居民在自主管理社区事务中，逐步形成共同的价值观念和行为规范，形成共建共享、休戚与共、富有文化活力的“共同体”。文化是社会的灵魂。社区文化是培养社区居民自我教育和自我管理能力，建设“社会生活共同体”的最好途径。

民进中央就社区文化建设在云南省和山西省进行了重点考察调研，上海、江苏、四川、甘肃等省市的民进组织也围绕社区文化建设进行了调研。我们看到，十余年，社区文化建设越来越受到重视，社区文化建设取得长足的进步。

我们也看到，许多社区特别是中西部欠发达地区的社区文化的设施、经费和人才严重缺乏；文化建设和管理效益低下，资源匮乏与重复建设、闲置浪费现象并存；居民活动参与度较低，中青年居民兴趣淡漠，外来人口得不到服务等等。

总体来说，我国社区文化建设处于发展初期阶段，它的管理由政府主导而不是社区自主，经费依靠财政而没有社会参与，活动方式偏重临时的大型项目而轻视常规节目，建设内容以硬件设施为主，参与者以老年人为主。为了建设“社会生活共同体”，我们要提高社区文化建设水平，而关键是政府要进一步解放思想，重新定位自身在文化建设中的职能和角色，改进推动社区文化建设的方式。为此，我们提出五点建议。

第一，明确社区文化建设的政府责任。从公民的基本文化权益来说，除了政府提供的文化馆、图书馆等专业机构的文化服务之外，社区的文化生活也是公民文化权益的重要实现方式，理应有制度和经费的保障。建议将社区文化建设纳入政府公共文化服务范畴，并纳入地区社会文化发展规划，从资金、政策、制度上推动社区文化的建设。

第二，理顺社区文化建设的管理体制。目前，社区事务与文化建设分属不同的管理部门，没有形成工作合力。在政府机构的改革中，应考虑把社区文化建设的职能与社区管理统一起来，将其归并到一个部门。在此之前，要建立社区文化工作协调领导机制，在中央层面建立由中央精神文明办牵头，文化部、民政部等相关部委参与的部际协调机制。在地方，应建立由政府分管领导牵头、各相关部门参加的协调领导机构。

第三，改进社区文化建设的政府指导机制。要充分发挥社区居民的文化建设的主体作用，政府的职能应集中在文化活动指导和经费支持上。要转变群众文化汇演等运动型的活动模式，通过组建以社区居民为主的社区文化委员会、社区文化团体，为社区购买文化服务，向社区派遣文化指导员、文化信使等方式，推动社区文化建设深入开展。

第四，加强社区文化工作者队伍建设。社区文化队伍的缺乏，严重制约了社区文化活动的开展和质量的提高。我们要创造各种机会对社区文化工作者进行岗位培训和继续教育，提高其政治素质和业务水平。建议政府从人事政策和教育培训两个方面，专题研究社区文化人才建设问题，制订相应的人才建设规划和培训计划，帮助社区建立一支稳定的、有专业能力的文化工作队伍。

第五，制定相关优惠政策，鼓励社会力量参与社区文化建设。由于缺乏优惠政策和扶持措施，社会资金和资源对社区公益文化投入缺乏积极性。应出台相应的税费优惠政策，鼓励社会资金投入社区文化建设，鼓励企事业单位文体场所和设施向社区居民开放，形成社会资源共享、多方积极投入的社区文化共享、共建局面。

学习抗震救灾精神　坚持生命关怀第一

（2008 年 6 月 6 日）

蔡达峰

5 月 12 日四川等地区开始抗震救灾以来，涌现出大量可歌可泣的感人事迹。患难见真情，真情是无价的。家园需要修复，真情需要永记，这是美好生活必要的基础。

当生命被迫而无奈地遭到摧残的时候，人经受着真正绝望的痛苦。经历唐山地震的人们告诉我们，那时最紧迫需要的，就是越多越好的人。无论是为了获救，为了驱逐孤独无助的恐惧，还是为了临终的告别，总之，人是真正需要有人在身边的。

我们的领袖们最先赶到灾区，向废墟下被困的孩子伸出援手，向全国发出了抢救生命第一的号召。在巨大灾害的现场，有百废待兴的紧迫需求，有四面告急的巨大压力。一国的领袖，不怕压力，抛弃顾虑，把群众生命安危放在首位，这就叫坚持以人为本，这就是承担关怀民生的责任。我们各路救援官兵、医护人员迅速赶到灾区，我们无数志愿者自发赶到灾区，赶到受难者身边，向废墟宣战，向病魔开战，倾力拯救着生命。而更多的民众，以各种方式参与施救活动，无需动员，慷慨解囊，由衷地在悲伤、同情、焦急和关怀，真心以付出为荣幸，忘却了私心，搁置了纠纷。抢救生命，把人民的意志和国家的意志统一起来了，把全社会的力量凝聚起来了，举国哀悼，全民援助，高尚的人文精神空前地充分表达出来了。这种自觉的爱惜之心，正是民意最朴素和珍贵的基础，是中华民族伟大复兴的力量源泉。我们要高度珍惜抗震救灾中的这种人文精神，努力使之凝集起来，发扬下去，任何时候都把关怀和保护生命放在首位。

生命之珍贵，因为它是唯一的、有限的。保护和珍惜生命，是宪法规定的基本内容。今天我们提倡以人为本的科学发展观，就是以保护人的生命为前提。生命充满着威胁，天灾不可回避，人祸难以遏止，保护生命是人类永远不可停止的斗争。这次地震灾害再次警示我们，任何时候都必须争取生命之需要，包括抢救生命、防止生命危害、不主动侵害生命的努力。

人类经常有意或无意地侵害着自己的生命。自然界的变化，不针对人的生命情感，人要懂得它对我们生命的各种影响，使其不成为人的灾害，而为生活之资源。地震对生命的直接危害，相当部分通过建筑物实现的。建筑不能避免地震，但建筑要为人避震防震，抵御自然变化对人的伤害。地震之后，自然界还有相继的变化，还有许多我们称之为“次生灾害”的反应，这将涉及更大范围对保护生命的问题。而灾区重建，更是一个生命保护系统的建设。安置居民生活的任务是现实的，但生活必须是在一个足够安全的家园里。重建家园，不是经济为上，不是业绩为上，它应该努力不留下生命的隐患，应该能够全面预防生命危害，这是对我们科学发展能力的考验，也是发扬抗震救灾精神的要求。

中国有句非常精辟的口号“预防为主，抢救第一”。相比重大灾害现场的生命救援活动，平安时期的生命意识更不容易得到重视，而这恰恰是社会生命关怀的主要任务。生命不希望被抢救，但要减少抢救，我们就得更多地理解生命关怀的意义。灾害的悲伤是真切的，但真切的情感需要理性来保存。参加追悼会的人，常有对生命感触和人生的醒悟，但实际的生活习惯和态度并不由此转变。个人如此，何况一个社会。抗震救灾精神告诫我们，生命关怀应该成为全社会理性的指导思想和工作原则。

预防生命危害就是保持健康，健康是生命的质量，包括体质健康和心理健康。所以，在抗震救灾中，不但有全面的卫生防疫，还有个体的心理咨询。而在我们日常的生产工作中，不但要有劳动安全措施，还要落实作息制度；在个人生活中，不但要有体育活动，还要科学饮食和起居。每个人不但要懂得心力的付出，还要懂得身心保养，防止疾病感染、过度疲劳和精神忧郁；每个人不但要珍惜自身的健康，还要珍惜别人的健康，己所不欲，勿施于人。全社会要珍惜生命的代价，要防止公共环境污染，抵制过度劳作，关心不同群体的心理和体质承受能力，创造体育和文艺活动的条件，让公民在健康生活中得到快乐，为构建和谐社会的民生奠定基础。

每个人就是生命，关怀生命不仅在于生理和心理的健康，还在于人格。人有不同的作用，但生命是平等的，对生命尊严的要求是平等的。所以，施救是有敬意的，同情也是有敬意的。生命关怀说到底就是人文关怀，其核心是维护人的尊严，并体现在生命抢救与保护的全过程中。我们要尊重求生的需求，尊重各种求生的表达方式，这与人格没有关系。在我们的生命文化中，“贪生怕死”是联系在一起的，似乎求生不是强者的表现，有失尊严。其实，求生不是贪，求生可以怕，求生者不是弱者，而是怕别人以为自己是弱者。所以，关怀生命首先要树立平等意识，关怀双方是平等的，不能以生理或心理的需要误解到人格。

进一步说，每个人都可能怕无辜的伤亡，每个人也都可能有勇气面临死亡，这是对生命代价看法的问题。在地震灾害中，多少普通的父母和教师为了孩子而献身，多少普通的救援者冒着生命危险不退却，他们在关怀他人的生命，他们把他人生命重于自己的生命，视自己的尊严重于自己的生命，舍生取义，真令人敬仰。所以，所有对于生命的帮助，应该使人有尊严地得到。“请问您有什么吩咐”，“我能为您做些什么”之类敬语，这不是对长官专用的请示，而更应该用于问候生命受困者。

维护生命的尊严，需要每个人自己的努力，也需要他人给予的尊重。一个善于关怀生命的人或社会，不仅懂得自尊，也懂得尊重他人。在这次地震中，一个丈夫为了让已故的妻子体面地告别，将她与自己绑在一起，开着助动车送去安葬。一些救援队员，不光抢救生者，还抢护死者，向死者列队默哀。尊重死者是人类美德极致的表现，这里有最纯洁的尊重。生命关怀的思想基础，是以尊重他人为自身的需要，不以为彼此谋求依靠，也不以为彼此无须依靠，付出尊重就是得到尊严，这种思想是文明社会的基调。有境界的生命关怀，不讲究具体受援和救援关系，只追求关怀的效益。有些受援者将得到的资助移交给其他需要者，或建立专门的救助基金，这是处理尊重与尊严关系经典的案例。真正的生命关怀，忌讳自我炫耀，反对谋求回报，避免怀疑他人的爱心。那种等待回报的欲望，那种自以为有能力的心态，早晚会失落而不能持久，并否定了自身的尊严。那种近乎逼着受援者谈感受的做法，那些急乎张扬自己捐助业绩的举动，无论动机怎样，都远离了维护尊重和尊严的精神。

关怀生命本是人应有之性格，但如何真正文明有效地关怀生命，却并不是简单的事情，它需要有良好的环境予以激发，需要有理性指导发挥。抗震救灾精神告诫我们，生命关怀是社会建设永久的使命，它有细微全面的内容。灾害将会过去，生命之虞常在。抗震救灾中涌现的爱心，能否凝练出更好的社会共识，成为促进社会文明进步的力量，而不是热潮，这需要在全社会及时地推进生命教育，理性地探讨生命的意义，培育正确的生命意识，提高生命关怀的能力。而其中最为重要的事情，是全力加强学校教育，这绝不是想当然布置几节课就算落实的事情，而是要全面反省我们教育对人的作用，大力充实教育中人文精神，让我们的孩子从小懂得保护生命，维护人格，珍惜责任，懂得生活快乐和人生幸福的真实境界，这才能使他们的身心更加健康，心灵更加纯洁，人格更加高尚，这才是社会文明进步的希望和基础，才会有社会精神真正的升华，才是社会真实的大善，才是对灾害中遇难者的最好告慰。愿抗震救灾精神永存，愿灾害中遇难者安息，愿灾区群众生活更美好。

（民进中央网站）

在与中共毕节地委、金沙县领导座谈时的讲话

（2008年4月16日）

朱永新

首先，我代表民进中央领导集体，代表全国人大常委会副委员长、民进中央主席严隽琪，全国政协副主席、民进中央常务副主席罗富和，向金沙人民致以诚挚的问候。

通过一天的考察，看到金沙的建设取得了很大的成就，经济发展很快，我感到很高兴，对金沙下一步的发展充满信心，现在谈三点想法，供参考。

一、以试验区建立二十周年为契机，加大民进中央参与金沙四个文明建设的力度

我这里不用“帮扶”这个概念，智力支边扶贫不应是单向的，而应是双向的。民进为金沙做了一些事情，金沙也为民进的人才、智力优势发挥，为民进了解国情，参与区域发展提供了舞台。

毕节试验区的工作，是民主党派参与区域发展的生动体现，是中国共产党领导多党合作制度优势的生动体现，是多党合作的成功典范。试验区建设的成功经验值得探索，毕节的发展是应当受到关注的现象。八个民主党派持续二十年集中帮助一个区域经济快速成长，在古今中外历史上恐怕未曾有过。二十年来金沙GDP增长了20多倍，财政收入增长了35倍，城镇居民收入增长近60倍，这其中也有民进的一份心力，可能微不足道，但我们是实实在在参与到试验区建设过程中，金沙人民一直把我们微末的成绩记在心

里，令人感动。

再过十多天，就是著名的“五一口号”发布60周年。在新中国即将诞生的重要历史关头，中国共产党发出了建设联合政府的号召，各民主党派纷纷响应，共同参与共和国的创建，形成了多党合作的政治格局，这是民主党派自觉选择。60年来，共产党与各民主党派风雨同舟，肝胆相照，为建设完善新中国的政治制度进行探索，用实践证明了我国政党制度的独特魅力和政治优势。

只有适合国情的政治制度才是最好的。毕节的实践就是生动体现，具有特殊的政治意义。在这个重要的历史时刻，更要坚定对中国共产党领导的多党合作制度的信心，坚定推动区域经济发展大有可为的信念，进一步探索贡献智慧和力量的路径，锻炼参政议政能力。同时，我们民进也会积极服务社会，坚守在毕节的探索，用更多精力聚精会神地来帮助金沙发展。

二、以科学发展观为指导，进一步做好总书记提出的“开发扶贫、生态建设、人口控制”三篇大文章

胡锦涛总书记在担任中共贵州省委书记时提出了试验区建设三大主题，也即十二字方针，并亲自出面请中央统战部协调各民主党中央参与毕节试验区的建设。毕节的一些重大建设项目，一直得到国家的倾力支持和帮助，其政治优势是很多其他地区无法比拟的。

（一）开发扶贫

金沙全县还有2.32万人生活在贫困线以下，下次来考察我一定要去看看最贫困的农户，最穷的村庄，条件最差的学校。民生是政府工作的出发点，政府首先要保证公平，帮助最贫困的农户尽快脱贫。我们需要制定一个帮助2.32万贫困人口脱贫的计划方案，政府的阳光一定要照在他们身上。要发动各级机关作认真细致的调研，开展一对一，一帮一活动。当然，我们也要调动民进的资源参与和支持，争取到2010年甚至更早一些时候使贫困人口脱贫。

在扶贫工作中有两点还要引起注意，一是抓好农村低保及医疗保险工作，防止因病致贫、返贫现象。二是要保障贫困孩子有平等的受教育机会。贫困孩子往往因为不能支付微薄的餐费、文具费而失学。总之，我们要通过调研弄清每个贫困群众叫什么名字，在什么地方，有怎样的困难，把扶贫活动开展到每个贫困人口头上去。构建政府的凝聚力，充分体现社会主义社会的公正公平，这对每一级人民政府来讲，都是责无旁贷的。

（二）生态建设

一是石漠化治理。金沙进行了实实在在的探索，通过林业生态建设，石漠化治理成效显著，农民获得了实惠。工程性治理措施也有很大作用，发挥了固土、固水、固肥的功能，改变了水土流失的状况。

经过我们多方面研究论证及实地考察了解，金银花种植是治理石漠化的好项目。民进中央在国家林业局支持下，在黔西南州实施的30万亩金银花种植项目总体上是成功的。比如在安龙县大水井村，仅种植金银花一项，户均收入在1万元以上。金银花市场供不应求，后续产业也得到培育。建议金沙县组织人员到大水井村考察，与中国金银花专业委员会取得联系，研究在本地引种金银花的可行性。要吸收黔西南州的经验，同时避免在黔西南州实施项目的教训，不能走自发路线，从研发入手，解决花期短等技术难题，逐步扩大种植面积，使金银花这个好项目发挥生态富民、生态治理的双重作用。参加我们这次考察的北京锐星企业公司一行是从事生物医药投资的，今后可以帮助我们对金银花进行深度研究开发，培育金沙新的支柱产业。

总之，在金沙这个人地矛盾突出的地方，石漠化治理要放在更加重要的位置，制定系统计划，实现满目青山的目标。

二是要努力实现产业有序发展。煤电产业是金沙经济支柱，财税主要来源。作为资源型产业，对环境、地质都有不小的负面影响。在产业发展过程中要最大程度减少负面影响，提高准入门槛，强化管理，精心研究。比如推进电厂脱硫问题的解决，加快脱硫工艺改进；强化对运煤车管理和小煤矿管理。我们应当既要金山银山，更要绿水青山。不要绿水青山，可能会永远失去金山银山。

（三）人口控制

金沙县人口控制做得不错，下面的问题就是提升教育品质，变人口为人力资源、人才。今天的教育就是明天的科技，就是后天的经济，就是未来的核心竞争力。如果每一个金沙人的素质得到提升，那将很好地解放生产力。人的素质能体现一个地方的精神风貌，最美丽的风景线是人。所以我们要在教育事业上下工夫。

1. 学校常规管理。金沙县在普九和“两基”进程中可能匆忙了一些，软件建设方面存在问题，需要我们从基础做起。

2. 教师队伍素质问题。这是教育最重要的环节，有好的老师就会有好的孩子。民进中央针对教师队伍建设做过一些工作，但不够系统，缺乏深度、高度，这需要加以改进。教育两个最基本的问题是公平与效率。过去我们的教育资源过多地投入到了先进的学校，今后要更加注重公平，比如要逐步使所有学校的硬件配置标准化，包括村小在内，都要有符合一定标准的硬件。另外要推进素质教育。

三、以城乡规划为龙头，进一步加强基础设施建设，控制开发节奏，改变经济结构，经营土地资源

（一）规划是龙头

坚持“富规划，穷开发”，明确城市功能定位。苏州工业园区首期只有12平方公里，却花了250万美元来做规划。以金沙县城为中心往周边辐射，包括我们的乡村在内，尝试做概念规划。比如我们考察的位于安底乡的温泉具有很好资源优势，又有很好的地理位置优势，离重庆、贵阳、毕节都不算远，可以定位建成一个休闲、会议、娱乐等多位一体的中心，成为城市副中心。

（二）关于基础设施建设

金沙的交通还不是很便利。交通便利是促进产业发展的最大优势，尤其是第三产业对区位、交通条件要求更高。苏州的高速公路密集程度超过德国，最大限度地降低了物流成本。多一条路就会多很多条生产线。对金沙交通基础设施建设要进行谋篇布局，考虑与即将建成的毕节机场连通，接轨贵阳、重庆，融入城市圈之中。

（三）改变经济结构

金沙经济结构较为单一，第三产业也是围绕第二产业展开的。要对不同企业采取不同的政策支持力度，引进适合本地的创新型产业，带动城市发展。一些新的投资方向值得关注，比如医药产业，订单农业与农业产业化等等。这次考察中我们华南农业大学专家提出的几个产业发展方向就很好，如反季节蔬菜产业，试验示范阶段可以在我们民进联系的新农村建设点——西洛乡中心村民心有机农业示范园实施。民心有机农业示范园也是对农业产业化的有益探索。

（四）土地资源集约利用

要经营土地资源，建立自己的土地储备中心，政府现有的土地不要轻易出手。引进项目时要严格控制土地资源，不一定都采取出让的方式，也可以用租赁的方式，从招商引资方面提高土地集约使用能力。城市周边的开发更要小心。我这里要强调的是，人类对于大自然来说是很渺小的，做任何事情都要符合规律，特别是像金沙这样人口与土地资源矛盾异常突出的地方在开发中更要小心，要经营好有限的资源，不能掠夺式、破坏式地开发，做到“敬天命，畏天命”。不尊重规律的反面例子很多，比如位于河西走廊石羊河流域下游的民勤绿洲盆地，被腾格里和巴丹吉林两大沙漠所包围，却在绿洲上游建成号称亚洲最大的沙漠水库——红崖山水库，蓄水区蒸发量大，下游来水减少，地下水位得不到补充，成为破坏生态平衡的一个重要原因，加剧了绿洲的消亡，造成了很大的生态危机。

金沙是民进工作的重中之重，我们民进中央将集中主要精力来做。回去以后，有关部门要着手制定参与金沙四个文明建设的工作计划，落实好有关项目，一步一个脚印地去做，使我们的工作卓越、优秀，富有成效。

相信金沙会越来越好，成为率先实现科学发展的区域。

对新时期民主党派参政议政工作的几点思考

（2008 年 5 月 24 日）

朱永新

大家上午好！

很高兴能有机会和大家一起交流对参政议政工作的一些认识。

大家知道，我去年底才当选为民进中央副主席，今年初我辞掉了民进江苏省委会副主委、苏州市委会主委和苏州市副市长的职务，到民进中央做专职副主席。我在苏州工作了 30 年，就民进来说，我从一名基层会员，到支部主任，再到苏州市委会主委，可以说是一步一步，扎扎实实走上来的。在民进前辈的引领下，在参政议政方面做了一些工作，取得了一些成绩，积累了一些经验。到民进中央后，民进中央领导集体决定由罗富和常务副主席分管参政议政工作，由我协助分管，到现在，刚刚半年，我对参政议政工作的认识还不够全面、深入，今天一是谈一谈我个人的参政议政体会，和大家共同交流；二是介绍一下民进中央新一届领导集体关于参政议政工作的一些思路，供大家参考。

一、结合自身经历谈谈我对参政议政的一些体会

（一）我是一个十分普通的人，没有任何背景，父亲是乡村教师，母亲在镇招待所工作，高中毕业后，曾经当过小工、棉检员，恢复高考后，我考上了大学，毕业后在苏州大学工作。我之所以能够有今天这样的一点点成绩，能够成为民主党派中央的副主席，应该感谢中国共产党，感谢这个时代，尤其要感谢中国的政党制度，感谢中国民主促进会的关怀与培养。

1982 年夏天，我修完了上海师范大学教育心理学研究生班的课程，回母校苏州大学。在老东吴大学的一幢小洋楼里，我遇到在学术界颇有影响的教育心理学研究室主任邱光教授，成了他的助教。在他的指导下，我写下了第一份教案，完成了大学课堂上的第一次试讲。

1987 年，我破格晋升为当时江苏省最年轻的副教授，并且接替邱先生成为教育心理学研究部的主任。

在此期间，我知道不苟言笑的邱先生原来是民进苏州大学支部的负责人。老师的关爱，长者的慈祥，领导的威严，学者的深刻，邱先生的言传身教，耳提面命，让我对民进产生了感情。1988 年，在他的介绍下，而立之年的我，成了中国民主促进会的一员。

我的另一位介绍人是苏州大学图书馆的蔡竣年研究员。蔡老师是 1950 年从美国回来的心理学专业人才。我曾写了一篇论文《中国古代学者对于大脑研究的贡献》，请教她如何翻译成英文向国外投稿。在她的帮助下，该文后来发表于美国著名的学术刊物《大脑与认知》，把关于大脑功能定位的学说提前了 100 多年，30 多位国外心理学家来信表示祝贺。蔡老师快人快语，性格豪爽，关心他人胜过关心自己，给我留下了深刻的影响。所以当她动员我参加民进时，我毫不犹豫地答应了下来。

在填写申请报告的时候，我才开始接触民进的历史，开始认识马叙伦、王绍鏊、林汉达、周建人、赵朴初、叶圣陶、雷洁琼、谢冰心、傅雷、许嘉璐等许多我崇敬已久的名人，从此才把他们的名字与民进联系起来。由于我是学教育、研究教育、从事教育、管理教育的“教育人”，所以对叶圣陶、谢冰心和许嘉璐就格外有感情。

我是民进的后生，没有机会受到叶圣陶先生的耳提面命，但我对叶圣陶先生有着非常特殊的感情。不仅因为他是我们的苏州老乡，也不仅因为从我家的窗户就可以看到他曾经读书的学校，而是因为他作为一个教育家的思想和人格，对我产生了莫大的影响。我主持的新教育实验，许多思想来源于叶圣陶先生的教育智慧。

我也没有见过冰心先生，但先生对于教育的情感，希望政府重视教育和教师问题的呐喊，一直在撞击着我的心灵。我也经常要求自己，能够有冰心老人这样的情怀与骨气，能够多为中国的教育发展鼓与呼。

生逢其时，我有机会聆听许嘉璐主席的教诲。过去几年，我曾经多次陪同他考察教育，深为他对教育的关注和挚爱所感动。更让我感动的是，在我的十卷本的教育文集由人民教育出版社出版之际，许主席欣然作序，在这篇充满激情的长序中对我提出了殷切的期待。他写道：“我希望他在这方面不断提高锤炼，让这股教育理论界的清风连续地吹下去。我们期待着。”每当我看到许主席的这些文字，我都要求自己以许主席的道德文章为楷模，不断地充实自己，严格要求自己，做一个让周围的人敬佩的民进人。

我感到非常高兴的是，过去五年，除了许嘉璐主席外，我还得到民进中央其他领导人的教育。原第一副主席张怀西曾经亲自为我讲述他参政议政的故事，严隽琪主席指点我如何把党派工作与本职工作结合起来，原副主席陈难先、蔡睿贤、王立平以及现在与我一起共事的常务副主席罗富和，副主席冯骥才、潘贵玉、王佐书、贺旻、刘新成、蔡达峰、张帆等，他们的才华和人格，都给我留下了非常深刻的印象。

就这样，通过一个个民进人，我认识了民进，走进了民进。我想我也会努力让更多的人通过我去认识民进，走进民进。

（二）参政议政是民主党派的主要职能。我 1993 年担任苏州市政协委员，后来又担任江苏省政协委员、全国政协常委，现在我又担任了全国人大常委。作为一个民主党派成员，如何积极履行参政议政、民主监督职责？如何把参政议政的职责与本职工作有机地结合起来？如何把参政议政与自己的学术研究统一起来？围绕这三个问号，我反复探索、尝试、求解，初步掌握了以下三点经验：

第一，立足专业背景，将学术研究、本职工作和参政议政结合起来，以学术研究促进本职工作，从本职工作中挖掘提案参政议政。最近五年，我是中国教育学会副会长，苏州大学、南京师范大学的教育学博士生导师，也是苏州市主管教育的副市长。作为学者，我发动了被称为“新希望工程”的新教育实验，与全国乃至外国教育研究者一起，探讨教育规律，从理论基础、实施难点层面，为政府制定教育政策提供决策参考。作为分管教育的副市长，我又从政府教育决策和行动中，寻找教育问题的症结所在，探讨教育问题的解决之道，并形成提案递交给全国政协。

第二，立足中国国情，将报国情怀、民主监督、建言献策统一起来。在参政议政、民主监督的时候，不能不顾国情。如果只是照搬西方经验，迷信书本理论，就会误国误民。我出生于教师家庭，虽然在苏州市人民政府担任过十年副市长，但我从来没有离开过高等学府，从本科读到博士，从博士读到博士后，从中国读到日本，漫长的学术生涯塑造了我“知识报国”的书生情怀。我从不怀疑书生报国情怀的可贵，决不放弃“苟利国家生死以，岂因祸福避趋之”的报国情怀。但是，抒发书生报国情怀，履行政协委员职责，不能背离我国的历史、文化、经济、社会发展的实际，只有将书本和实践相结合，将书生情怀和理性精神相结合，将中国实际和国外经验相结合，将提案的及时性和建议的可行性相结合，才能真正有效地履行参政议政、民主监督的职责。我在撰写政协提案的时候，总是要考虑法律上是否允许，经济上是否合理，政治上能否广为各界所接受，进度上能否张弛有度易于控制。当然，取法乎上得乎其中，我想得好未必做得好，这一点需要在今后的参政议政平台上继续努力。

第三，立足民间社会，将国家大事、百姓生活、网络民声整合起来。不能高高在上，脱离群众，走马观花。不了解民间疾苦、民生百态，就不可能履行参政议政的职责。在过去的五年里，作为民进中央常委、全国政协常委，每年都有和国家领导人座谈国家大事的机会，可以径直听到最高决策层成员的声音，并向他们建言献策。我从不敢轻慢这些研探国家大事的机会，不敢将国家政策与平民百姓的柴米油盐割裂开来，这就需要我放下身架，蹲在民间。五年来，我从不间歇地在我创立的“教育在线”网站上，和普通的一线中小学教师一起撰写网络随笔，常有陌生的边远贫穷地区的教师拨打我的手机。带着一双政协委员的耳朵和他们交流，带着一双政协委员的眼睛走向贫困地区的教育，不仅推动了我倡导的“新教育实验”，更帮助了我参政议政。每年两会前夕，我都要在“教育在线”上正式征集提案和建议，主题帖叫“请为中国教育鼓与呼”，访问量很大，我在政协的很多提案，都是通过网络征集的，有一些提案直接来自于网友的建议。

（三）立足专业，立足国情，立足民间，就会产生高质量的提案和建议，有了高质量的提案和建议，就会帮助政府科学决策，改进公众的生活。在担任全国政协常委的五年中，我撰写了大量以教育为主题的提案，被新闻媒体称为“撰写教育提案最多的全国政协委员”。我是学教育的，后来又一直从事教育工作，我以教育为切入点，略举几例，来说明参政议政的意义和作用。

如关于免费义务教育的问题，2004 年我就提出了《在西部地区和其他贫困地区实行免费义务教育制度的提案》。2005 年财政部、教育部就宣布，从 2005 年春季学期开始，对 592 个国家贫困县的约 1600 万名农村义务教育阶段家庭贫困的中小学生，全面免费提供教科书，免收杂费，同时，逐步对寄宿生补助生活费。2005 年，我又提出在全国农村实施免费义务教育的建议，从今年秋季开始，全国的城乡就要全面实施免费义务教育了。

再如 2004 年我提出了《关于在全国范围停止“名校办民校”的政策的提案》。当时教育行政部门公开鼓励“公办不择校，择校到民校，名校办民校”，导致了大量民办学校的萎缩甚至倒闭关门。我的建议尽管暂时没有被采纳，但是随着时间的推移，大家认识到了它的价值。在新修改的义务教育法中，国家已经明确叫停了名校办民校。2007 年，中国共产党的机关刊物《求是》专门约我就这个问题撰写了文章。

再如教科书循环使用的问题。2007 年两会我提出了加大推进教科书循环使用力度的建议，并且在苏州进行了小规模的尝试。目前，教育部已经决定从 2008 年春季开始，在农村中小学建立部分科目免费教科书的循环使用制度，山东、山西、江苏等地已经着手开展此项工作。江苏省教育厅规定，在全省城乡义务教育阶段学生免费提供教科书以后，严禁向义务教育阶段学生再收取教科书费用。

再如高校负债的问题。2006 年、2007 年，我相继提出了《关于严格控制大学建设新校区的提案》、《关于尽快解决高校巨额贷款负债问题的提案》。我很高兴地看到，经过我们的呼吁，国家对高校债务问题高度重视。陈至立同志在一次会议上表示，目前高校债务存在潜在的风险，要把高校负债问题等提到议事日程上来。教育部在给我的提案回复中，也已经同意我提出的对于负债严重、无力偿还贷款的学校，采取“债（贷）转股”形式建立新型股份制高校的建议。

中国共产党和政府是非常开明的，只要我们的意见建议提到点子上，就会被采纳，就会为决策所吸收。

二、民进中央新一届领导集体对参政议政工作的一些思考

去年换届完成以后，民进各级组织发生了明显的变化，改革开放后入会的会员成为主体，达到 90%；五、六十年代出生、九十年代入会的新成员成为各级领导班子的主体，接近 50%。这是好现象，年轻会员基本素质好，思想活跃，年富力强。但是也有不足，缺乏老一辈领导人与中国共产党风雨同舟、肝胆相照，共同经受困难和风险考验的经历，对民主党派的性质、地位、作用认识不够。通过学习，应该说大家对我国革命、建设、改革及多党合作的历史，是有充分认识的，但是毕竟缺乏感性认识和亲身经历，缺乏参政党工作的经验。

从民进中央来看，新一届领导集体中，有四位是去年换届后才进入领导班子的，而民进中央的四位专职主席、副主席中，有三位过去是在地方工作，我们普遍感到，和前辈们相比，有较大的差距。而且，国际国内形势的变化，中国共产党的不断发展完善，都对参政党提出越来越高的要求。所以，在继承的基础上，还必须要适应形势的需要，开拓创新。民进中央严隽琪主席一再告诫我们，要“无懈无滞，有思有行”。我们民进中央的新一届中央领导集体，对参政议政工作形成了很多共识。这其中有继承，也有发展。

（一）深入贯彻落实科学发展观，加强学习，认清形势，把握大局是做好参政议政工作的前提胸怀全国，放眼世界，是我们做好参政议政工作的前提和基础。没有对国际国内形势的清醒认识，没有世界眼光，是做不好参政议政工作的。不掌握全局，就不可能找准参政议政的切入点。

中共十七大报告指出，我国正处于重要的战略机遇期，世界正在发生广泛而深刻的变化，中国正在发生广泛而深刻的变革。我们面临着不可多得的历史机遇，也面临着严峻的挑战。当今世界正处在大变革大调整中，由于世界多极化、经济全球化，国与国相互依存日益紧密，中国同世界的关系发生了历史性变化，中国的前途命运日益紧密地同世界的命运联系在一起。中国的改革开放政策已经把自己置于全球经济体系中，我们所面临的挑战，既有国内原有的问题，也有随着高速发展不断出现的新问题，更有来自国际上的风险和挑战。

这一切对执政党提出了更高的要求，同时也对参政党提出了更高的要求，作为与中国共产党“肝胆相照、荣辱与共”的亲密友党，我们必须以中国特色社会主义理论为指导，以科学发展观为指导，不断加强学习，提高观察分析的能力，树立全局意识。只有这样，才能提出真知灼见，才能做到参政参到点子上，才能更好地履行参政议政职能。

严隽琪主席对民进当前参政议政工作的挑战和有利条件进行了分析。挑战来自四个方面：（1）全球化的发展和中国特色社会主义事业的推进，面临的问题更复杂，涉及面更宽广，对于民主党派的参政议政工作来说也是挑战“前所未有”；（2）民主党派趋同化，削弱了党派界别优势；（3）共产党内聚集了大量知识精英和掌握了各类研究机构，民主党派的知识优势相对降低；（4）民主党派成员的年轻化及政治参与热情的提高，对民主党派的影响力有更高期望。

有利条件是：（1）十七大明确了举什么旗、走什么路、怎样发展、发展的目标等一系列重大问题；（2）统一战线事业的发展，共产党对多党合作的重视和对民主决策的重视给我们提供了舞台；（3）民主党派自身建设的成就，政治参与热情和参政能力在与时俱增；（4）参政党的定位，可以较少受“权”与“位”、“政绩”的约束，可以较少受行政隶属和区划的约束，可以较少受学科分类、学术派别的约束，所以应该能更客观、真实、冷静地思考并提出建议，应该更能在学科交叉融合中创新地提出见识。

（二）发挥集体智慧，依靠全会力量，是做好参政议政工作的基础

社会在发展，民主党派的工作也在飞快地发展，新的形势越来越多的要求我们在履行职能中体现自身价值，对我们的参政议政工作提出了越来越高的要求。从我国民主党派发展的规律、趋势看，真正发挥本党派界别特色和优势，主要体现在依靠集体力量，依靠各级组织和广大成员群策群力，团结一致，形成合力。我们的参政议政工作要逐步从由专家个体独立开展调研向专家群体联合开展调研转变；由会中央独立开展调研向地方组织共同参与转变；由会内独立操作调研向积极寻求外部社会资源支持转变。

首先，从党派中央这个层面来说，要特别强调集体领导，强调工作上分工不分家。党派中央参政议政的重要事项，都是经过集体讨论研究的，都是集体智慧的结晶。

会中央还注意协调发挥机关各部门的合作与互相促进的作用，使资源共享，成果共享。比如社会服务和参政议政要紧密结合，考核社会服务工作，不仅仅是直接服务的成效，更重要的是形成了参政议政强有力的提案，使我们的参政议政是在某一个点上进行了试验的，或碰过很多壁的、推不动的，或者是有成效的，从正反两方面提供经验。

其次，党派中央和省级组织的参政议政一定要结合起来。这种结合要从深层次、从利益、从可能性多考虑一些。党派地方组织、包括所属专门委员会，都在做大量的调查研究和参政议政工作，很多地方组织都取得了很有价值的成果，积累了丰富的经验。党派中央将逐步探索联合调研、委托调研等多种协调合作的方式，就中央需要探讨的问题或多方共同关注的课题进行合作。

合作一定要多赢，成果一定要共享。绝不仅仅是让地方组织协助会中央做工作，一定也要让地方组织从中受益，这是我们的指导思想。合作可以促进省级的参政议政水平提高，省级组织可以把合作成果在本省内运用，这样，省委会积极性就调动起来了。

第三，要调动广大成员的积极性，发挥成员参政议政的主体作用。我们参政议政要有冲锋部队，更要注重发挥主力部队的作用。当然，从完成项目来看，只能是少部分成员参与，但是冲锋部队是从主力部队中培养选拔出来的，没有坚实的群众基础，很难适应形势发展的需要，而且我们的重点项目，终究还只是点，一定要以点带面，推动全会范围的参政议政工作，树立全体会员参政议政的意识，参政议政不仅是各级组织的职责，也是每一位会员的责任。

当前，党派成员兼职的特性是广大会员参政议政面临的一个普遍性难题。我们在调研中经常会听到有会员提出这个问题。当然，这有客观的原因，但在客观条件无法改变的情况下，我们要尽量引导成员把参政议政和本职工作结合起来。成员们在本职工作中一定会有困惑，有困惑就会有思考，通过一定的参政议政技巧培训，引导他们把工作中发现的问题进行宏观思考，分析原因，提出解决问题的建议，其实就是很好的参政议政题目。大量来自一线的、鲜活的、有针对性的参政议政题目，将会极大丰富我会的参政议政内容。而且从成员本身来说，积极参政议政，也多了一条发挥作用的渠道。

第四，要充分利用社会资源开展参政议政工作。我们民进是以教育、文化、出版为主要界别的参政党，但是参政议政工作需要我们就各个方面的问题提出意见建议，这就需要我们突破局限，本着共赢的原则，学会借力。一是与部委的合作。会中央这几年形成了走访国家部委的制度，通过沟通交流，争取他们对我会的参政议政工作的理解和帮助，并邀请专委会的同志参加。我们设想，今后要邀请相关部委的同志参加我们的大调研，参加专委会的活动，或在形成提案和建议时应征求他们的意见。二是联合有关社会团体和科研院所，广泛联系，广交朋友，并找到他们的业务与我们参政议政题目的共同点。三是发展民进之友。我们参政议政特邀研究员队伍的非民进会员，在我会的参政议政工作中已经发挥了重要作用，民进也为他们提供了舞台，实现了双赢。

实践证明，只要我们广聚全会之力，广汇社会资源，广结各方朋友，我们的参政议政能力和水平会得到较大提高。

（三）加强体制机制建设，促进参政议政的制度化、规范化，是做好参政议政工作的重要保障

上一届民进中央领导集体非常重视参政议政的体制机制建设，并且为我们搭建了基本的框架。我们也在积极进行新的探索。

目前，已经建立了许多参政议政工作有关制度和机制。如，参政议政工作年会制度，参政议政课题决策机制，各级组织之间协作的联动机制，参政议政人才网络机制，专门委员会相关机制，参政议政特邀研究员制度，专题考察和调研制度，走访国家部委制度，反映社情民意信息的机制，利用社会力量开展参政议政工作的机制等。接下来，还将建立和完善会中央参与高层政治协商机制、参政议政课题申报和成果奖励制度等。

实践证明，制度建设和机制创新提高了我会参政议政工作的组织化、社会化程度，达到了扩展参政议政视野、扩大参政议政力量、扩充参政议政队伍，提高参政议政水平的目的。

下面我以专委会制度为例子做一些说明。

会中央在上一届把专门委员会定为工作机构是非常重要的一个举措。2003 年，会中央对专委会进行了大幅度调整并重新定位，使专委会由原来的参政议政咨询机构转变为在常委会和主席会议领导下参政议政的工作机构。具体表述为：一是会中央参政议政第一线上的基本单位；二是会中央领导集体参政议政的参谋部和智囊团；三是会中央联系广大会员和民进之友的纽带，以及基层组织发展会员的吸盘；四是中青年会员发挥作用、增长才干的舞台。其任务就是要充分发挥专家的智力优势，为会中央建言献策、履行参政党职能提供强有力的支持。在此过程中，也希望专委会成为发现提拔、培养锻炼会内人才的舞台。会中央现在共设立教育、文化艺术、出版和传媒、科技医卫、经济、社会和法制、妇女儿童、联络等八个专委会，委员总数 173 人。

专委会制度对民主党派的参政议政工作起到了非常重要的促进作用。比如去年民进中央举办的“中

国教师发展论坛”和“长江保护与发展研讨会”，就是民进中央教育委员会、科技医卫委员会筹措资金并具体操办的。

（四）“巩固老阵地、开拓新领域”仍是我会参政议政工作的重要指导原则

这是过去十年我会参政议政的重要经验。事实已经证明这一思路的正确性。会中央认为，我们要在创新中巩固老阵地，在顺势中开拓新领域，要思考如何把老阵地和新领域进行辩证的统一。教育和很多问题都是相互关联的，要把交叉地带作为我们参政党的切入点，比如说教育和文化的关系？教育和人事制度的关系？教育和科技的关系？跳出局部，有大局眼光，有系统的、深层次的思考，应是党派的优势。

这里有一个问题需要注意，就是界别优势的问题。参政议政必然要结合界别优势，这是毫无疑问的，但是我们的参政议政工作，中共中央、国务院需要我们参与的领域是全方位的，所以要有善于学习的本领，能迅速地抓住不同领域里问题的要害，提出真知灼见，绝不能只在熟悉的领域参政议政。

开拓新领域一定要抓住重点。社会中热点、难点问题非常多，我们的参政议政工作要突出重点，有所为有所不为。第一个重点是要按照中共十七大精神，按照中共中央在给民进的贺信中提到的定位，按照民进十大的要求来明确我们的工作重点——科学发展、社会和谐、文化建设、教育改革等等方面，需要在前瞻性研究的基础上长期跟踪，深入研讨，不断根据当时的工作重点提出提案、建议。第二个重点是要将会中央和各专门委员会提出的专题调研作为工作的重点。第三个重点是要以社会热点作为我们的重点，尤其是围绕着教育、文化、出版这些我们传统的强项，结合社会热点，提出我们的工作重点，提出意见和建议。第四个重点是要进一步加强信息工作。

（五）信息化建设是促进参政议政资源整合的有效手段

在信息化时代，必须有强有力的信息化手段，有效整合参政议政资源，实现效率最大化。民进中央充分发挥网站的作用，在发挥实际作用上下工夫，使网站在发挥宣传作用的同时，发挥参政议政助推器的作用。民进中央已经开通了内部使用的参政议政平台，里面汇集了我会的提案库、信息库和网上讨论园等地，还可以就提案工作召开网上会议。

以上谈了我对民主党派参政议政工作的一些初步认识，介绍了民进中央的参政议政工作思路，供大家参考。

谢谢大家！

在西部教师培训工作座谈会上的讲话

（2008 年 7 月 2 日）

朱永新

这个会开得很好，也非常及时。本来暑期前后很多省都要做一些教师培训的工作，另外，正好四川面临灾后教育重建问题，在这个时期开这个会是非常必要和及时的，而且年初已列入工作计划，所以我们按期进行。下面我想讲三个问题。

一、民进中央关于社会服务工作的思路

我把社会服务工作概括为四句话：

首先，社会服务工作要体现党派特点。作为一个参政党，参政议政和民主监督是我们最重要的两项基本职能。为了完成好参政议政工作和民主监督工作，需要加强自身建设。只有党派自身建设好了，才能把参政议政和民主监督工作做好。在这个过程中，社会服务工作是一个非常好的途径。作为党派来说，在社

会服务过程中去发现问题，解决问题，在直接参与区域经济发展，区域四个文明建设过程中锻炼队伍，扩大影响力。作为参政党，社会服务工作也是非常重要的方面。民主党派对外的两个重要平台，一个是参政议政，一个是社会服务。参政议政主要是在每年的两会上闪亮登场，说得精彩；那么，社会服务在很大程度上是在具体工作中做得精彩。我们的影响力往往是通过这两个方面体现出来的。我们的宣传部是把这两个部门做的工作放大出去，把声音传播出去，把形象树立起来；我们的办公厅做好后勤服务，我们的组织部做好队伍的保障。整个参政党最重要的两个队伍是参政议政队伍和社会服务队伍，所以在座的各位是我们民进很重要的方面军，是不可或缺的。更重要的是我们的工作和参政议政是紧密结合的，很多重要的选题，重要的建议都是在这个过程中实现和完成的。例如，最近在贵州召开的石漠化治理和生态文明的高层论坛，实际上既是参政议政的会议，同时也是一次社会服务的会议，它是我们在社会服务工作过程中发现的问题。我们在帮助贵州智力支边扶贫的过程中发现这个地方石漠化非常严重，40—60%的山石漠化，寸草不生。这样下去，当地老百姓很难致富，生态环境恶劣，水土流失严重。因此，在许嘉璐主席的带领下，我们在黔西南州实施了种植30万亩金银花的项目。金银花的叶子很大，生存能力很强，只要石缝中有一点点土就能成活。种植金银花，可以把石头覆盖成绿色，可以固土，而且不需要每年去种。现在每户农民平均年收入在一万元以上，农民脱贫致富了，当地农民说金银花是幸福花。金银花的种植对石漠化的治理起了很大作用。许嘉璐同志给中央写信，呼吁全国都来帮助治理石漠化。现在国家给100个县，每个县每年2000万元，治理石漠化。所以我们从社会服务走到了参政议政，提升了民主党派的品牌。在甘肃民勤的沙漠化治理跟石漠化治理很相似。两个大沙漠在民勤即将合拢，许嘉璐同志在星火产业带建设调研中发现了这个问题，给温总理写信，总理亲自到民勤调研，后来国家拨款40多亿元解决这个问题。民进中央在当地知名度很高，当地民进组织也感到很光荣，在老百姓中的威望也很高。在毕节地区虽然没有我们的组织，但事实上很多人已经成为民进之友。所以我们做社会服务工作一定要和党派特点紧密结合起来。实事求是地说，我们力量有限，和政府比，甚至和企业家比，我们能调动的资源极其有限。我们还是立足于自身建设，立足于参政议政来做好社会服务工作。社会服务工作绝对不是孤立的，不能理解为仅仅扶贫济困，做做善事。如果这样想就太狭隘了，就会跟慈善组织，社会公益机构没有区别了。所以我讲的第一句话是要体现党派特点。

第二句话是要发挥民进优势。文化教育是我们的强项。严隽琪主席强调，我们做社会服务工做主要以智力为主，发挥智力优势。进行智力支边扶贫，要以教育、文化、新闻出版界为主，包括我们在这次抗震救灾中，也要思考我们怎么在教育、文化上做文章。我们要做其他党派不能够做或者没有想到做的事情，或者他们想到了而没有我们做得好的事情，那才是我们的优势和特点。我们的社会服务工作一定要突出我们的优势。西部教师培训要在以前工作的基础上，把工作做得精致化、系统化，做出品牌来。

在工作方法上，要思考如何重点突破。民进社会服务工作要举全会之力，上下联动，左右互动，要致力于文化建设、品牌建设。我们现在互不通气的问题很严重。每个省都做了大量的工作，这些工作放到民主党派大的背景下，就是一粒沙子和一滴水。我们怎样通过一粒沙子看到世界，通过一滴水看到海洋，怎样把每个省的社会服务工作整合起来，凝聚起来，发挥我们的基层优势。严主席专门讲到要重点突破的问题，坚持品牌，做出影响。所以发挥民进的优势是值得研究的课题，我们在做社会服务工作时，脑子要有这根弦。

第三句话是继承优良传统。民进这些年在社会服务工作方面做了大量的工作，形成了自己的品牌特色。概括起来在三个领域里有自己的品牌。

第一个在智力支边扶贫方面，已经有特殊的品牌。例如在毕节地区。毕节是胡锦涛总书记在20年前担任贵州省委书记时，邀请八个民主党派和工商联到那里帮扶。每个党派和工商联帮扶一个县，我们民进在金沙县。我到会中央来时提到一个目标，就是面不要太大，一定要集中力量把金沙的事办好，因为这是八个党派扶贫工作的重点地区，具有非常重要的政治意义。在黔西南州，我们有金银花项目和民族村。民族村是我们民进牵头，也是一个重点；在甘肃民勤有沙漠治理项目和星火产业带的建设项目，河北滦平的智力支边扶贫工作是国务院扶贫办分给我们的，我的工作应该主要集中在这几个点。做一两个项目，做3—4年是做不出品牌效应的，必须是锲而不舍，坚持不懈，重点突破，才能做出品牌。各个省也要形成自己的品牌，才能做出影响。

第二个在海外联络交流方面，这也是很重要的内容。对台工作是我们民进最有特色的一个项目，这也是长期以来形成的品牌。我们有三个重要的平台，一个是海峡两岸中华传统文化与现代化研讨会，每年举办一届，现在已经是第六届了。主要是邀请海峡两岸的文化名人一起探讨中华传统文化问题。我们认为，两岸统一，最后不是靠枪和炮，而是靠人心的统一，文化的统一。海峡两岸的人都认同中华文化，自然就统一了。第二个是海峡两岸企业发展与合作论坛，每两年举办一届。影响政治的不是光政治家，还有企业家，特别是在台湾，企业家在后面悄悄地左右着政治家，企业家的力量影响着政治家的力量。所以我们在做企业家工作的同时，在一定意义上也是在做政治家的工作。大陆和台湾的经济已经联系的非常紧密，经济利益的一体化，有助于两岸的和平统一。第三个平台是教育——海峡两岸中学校长论坛，每两年举办一届。今年台湾方面主动提出来，希望明年的论坛放到台湾去办，由台湾承办。通过这个论坛，我们想凝聚更多的教育界的人士，更多地交朋友，扩大民进的品牌和影响力。

第三个是民营企业和民办教育界会员工作。尽管民进不是以企业界为主体的，但企业界会员是民进的一支重要力量，他们参与了我会许多工作。例如西部教师培训工作，除了教师在前面工作，还有企业家在后面提供经费。怎样为企业家服务好，怎样把企业家凝聚起来，这一点很重要。社会服务部首先要做好为企业家的服务工作，然后企业家和我们一起服务社会。在9日的湖南会议后，我们正式建立企业家联席会议制度。所谓联席会议制度，第一，我们推选年度主席。现在全国没有一个平台，往往是一个省或几个省在活动。我们希望把全国的平台做起来，加强企业家的凝聚力。每年开一次会，会议内容包括，请年度主席发表主旨报告，讲成长历程，成功之道，并参观他的企业，我想所有企业家对此都会感兴趣的；再有，请国家部委有关人士或著名的经济学家讲企业家最想了解的经济问题、政策问题、思想观念的问题等。每年请几个人，企业家可以得到大量的信息。第二，可以把企业家按行业分组，达到相互认识的目的。如分成房地产组、民办教育组等，和关联企业相互认识交朋友，相互讨论，有一个交流的平台。第三，每年出版一本年刊，刊登这一年民进企业家发生的故事、优秀的事迹。每个省将材料报上来，由执行主席汇制成刊，全面介绍企业家为四个文明建设做出的贡献。民办教育界会员也是如此，现在全国有300多个民办教育界会员，今后要参照企业家联席会议，自主开展活动。严隽琪主席在常委会上讲社会服务工作是有所不为，才能有所为。实际上就是说，不要开辟太多的战场，集中优势把重点工作做好，这是我们长期要做的。如果每个省市把力量聚集到这三个领域，我们的工作思路就清晰了。同时要建立会中央与各个省级组织社会服务部门的即时通报制度，全会统筹协调，一起做好社会服务工作。

第四句话是创新服务机制。最重要的要搭建工作平台。社会服务部门人员少，力量有限，关键是做好平台。除了以上提到的几个平台外，会中央正在筹建开明公益基金会。有了基金会后，对我们今后从事慈善事业，开展公益活动就有了一个平台，许多项目可以在基金会的平台上展开，而且基金会长期运作后，本身可以养人，基金会10%的费用可以用于管理费用的开支，基金会的人可以成为社会服务部的帮手，很多扶贫的工作可以通过基金会去做。我们等于既多了钱，又多了人，何乐而不为呢？会中央还在筹建开明书画院，冯骥才先生将出任第一任院长。画院成立以后，可以每年举办一次大型书画展，出画册；开展笔会的作品留在会中央，通过拍卖行将书画作品拍卖，筹得资金可以用于公益事业。这个平台的建立，会对增强民进在书画界和文化界的影响力起到很大的作用。再有一个平台是叶圣陶研究会。这是全国一级学会。我们要将它打造成凝聚中小学教师的平台，做成面向全国的优秀中小学教师为主体的、以民进会员为主兼顾民进之友的平台。每年可以搞一次论坛，搞一次十佳教师的评选，扩大民进在中小学的影响力，让那些最优秀的特级教师、校长进入研究会的班子。以后我们也可以建一个开明博物馆，把民进最珍贵的文物收集起来展出。

搭建平台，创新服务机制是很重要的，通过一个个平台，把民进各界别凝聚起来，利用专一团队的力量去做民进的事情。思路决定出路，只有理清思路，才能创出品牌。

二、关于西部教师培训工作的想法

听了各位的发言，了解到几年来大家为西部教育做了大量的工作。从大局说，没有农村的现代化，就没有中国的现代化；没有西部的现代化，就没有中国的现代化；没有西部农村教育的现代化，就没有中国教育的现代化。而教育的问题始终是影响着未来的一个重要的因素，因此，做西部教育就是关注中国教育的未来，而西部教育的关键是教师。过去很多情况下谈的都是以学生为本，一切为了学生，很少关注教师。其实中小学不是看校舍，而是看教师。有一个好教师，就有一班好学生；有一个好校长，就有一个好学校。教师问题是西部教育的牛鼻子，是西部教育的关键。因此，我们选择西部农村教师培训这个方向，是选对了。以前大家都有许多经验，我们需要系统地梳理一下西部教师的培训工作，全面进行总结，我们要思考如何深化、细化、系统化，形成核心竞争力，把它做出品牌，做成又一个智力支边扶贫的新的亮点。

第一，培训规模上可以进一步扩大。总体说，我们的西部教师培训规模还不够大，这个规模不仅仅是数量上的规模，更重要的是工作方向。首先，各省要做好本省的工作，对本省的“西部”农村教师培训要加强；第二，原来已经做的点要继续坚持，也要做出品牌。在工作过程中要不断改进、更新、提高。第三，如果各省要开辟新的培训点，希望与会中央联系，优先考虑会中央帮扶的点。今后会中央社会服务部要在年初把当年的社会服务工作基本思路、每年要做的重点工作以及智力支边扶贫的具体情况通报给大家，每个省在制定下一年度工作计划时就有所借鉴，这样我们就可以上下联动。各省若有好的项目，也可以同时作为会中央的项目。会中央社会服务部不仅要做好本部门的工作，还要协调各级组织和会员所做的社会服务工作。有些项目可以由重点省市牵头，把工作重心下移。西部教师培训工作要做成品牌，必须有更多的省介入，必须举全会之力，大家共同来做。第二，方法上可以多元化。可以把西部教师请进来，也可以到西部去。这样做成本低，效果更好。会中央可以把大家好的经验总结推广，从群众中来，到群众中去。第三，在内容上可以进一步深化。现在培训的内容多少有些形式化的倾向，时间很短的培训有些慰问奖励的意思。在培训教师的模式上和内容上如何深化值得思考，要做真正能提高教师的培训。第四，在管理上进一步规范化。例如，在什么样的教师可以来这个问题上，选送对象必须是一线教师，年富力强。在具体管理上要有规范，如不搞大型宴请，参观考察的时间要控制，而且参观地点尽量与授课内容有关；培训结束后提交总结；教师回去后一定要给全校教师做一个报告等等。会中央将着手出台《关于西部教师培训的若干意见》，将西部教师培训工作进一步制度化和规范化。

第三个问题是关于四川灾后重建问题。

四川汶川大地震后，会中央上下一心捐款捐物，表达我们对灾区人民血浓于水的情意，涌现了许多可歌可泣的事迹。特别是在四川灾区的民进的同志们做了大量的工作，让我们非常感动。到目前为止，全会共捐款捐物累计达到1.2亿元，直接到会中央账上的是703万元。会中央将依托灾区的民进地方组织，围绕灾区教育和文化事业的发展，将这笔钱用好。

在民进2008年企业界会员联谊会会长联席会议上的讲话

（2008年7月9日）

朱永新

同志们、朋友们：

大家好！

自1998年会中央在温州召开民进经济界会员座谈会以来，经过十年的努力，我会企业界会员队伍不断壮大。据不完全统计，目前全会有企业界会员1200多名，数量已经相当可观。民进企业界会员长期以来为我国的经济社会发展，为所在地区的“四个文明”建设，为民进的事业作出了非常大的贡献。借此机会，我谨代表会中央，代表严隽琪主席、罗富和常务副主席，感谢企业界会员长期以来为民进、为国家做出的贡献，向出席今天会议的同志们表示问候，也请大家把会中央的问候带给所有的企业家会员。

今天我讲四个问题：

一、无懈无滞，有思有行——民进中央换届以来的工作

去年底民进中央换届后，许嘉璐主席给我们提出了“无懈无滞”的要求，即不松懈，不停滞；严隽琪主席又提出了“有思有行”，即有思考，有行动。“无懈无滞，有思有行”，体现了政治交接，也体现了新一届民进中央领导集体有决心接过老一辈的接力棒，把工作做得更好。换届后，在严隽琪主席、罗富和常务副主席的领导下，民进中央做了大量的工作。

（一）在抗震救灾工作中展现了民进的风采。

“5·12”汶川大地震后，会中央在第一时间就采取行动。地震发生时，会中央的几位领导正在江苏进行文化调研，严隽琪主席和罗富和常务副主席在第一时间与民进四川省委会取得联系，并立即部署民进的抗震救灾工作。五月份，民进中央参政议政抗震救灾的信息数量，位列八个党派之首。会中央和全会各级组织积极行动，为灾区的重建捐款捐物，奉献爱心。在这一过程中，企业界会员发挥了重要作用。据不完全统计，到6月底，全会共捐款物计人民币1.2亿元，其中直接捐赠到会中央703万元。其中，江苏民进企业家联谊会的祝义才会长一人捐款3000万元。刚才大家推选他作第一届民进企业家联谊会联席会议轮值主席，他是当之无愧的。

在文化领域，会中央积极开展羌族文化遗产保护工作。这次大地震对羌族文化是毁灭性的、灾难性的。羌族在全国共有30多万人，在地震中死难的就有3万多人，其中包括很多羌族文化的传承人。民进中央和中国民间文艺家协会专门在人民大会堂召开了紧急抢救羌族文化遗产座谈会，严隽琪主席出席座谈会并讲话。之后，我和冯骥才副主席赴北川调研，成立了紧急抢救羌族文化遗产四川工作站。目前我们正在做羌族文化集成的工作。同时，在北川的中小学开展羌族文化教育，我们正在编写羌族文化读本，准备在新学期发到学生们的手中。

（二）积极开展政治交接主题教育活动。

今年是中共“五一口号”发布60周年，在中央统战部和民进中央召开的几次会议上，严隽琪主席代表民进中央发言，要求我们自觉地接受中国共产党的领导，自觉地把民进创始人马叙伦讲的“只有跟着共产党走，才是在正道上行”融入我们的理想，作为民进坚定的政治信念。

（三）认真履行参政议政职能。

我们始终认为，参政议政是参政党的生命线，参政党如果不参政议政，如果不能对国家的政治建设、经济建设、文化建设和社会建设做出独特的贡献，就有辱参政党的使命。

（四）大力推进社会服务工作。

参政议政更多地体现了党派的智慧和思想，通俗地说，是要说得精彩；社会服务则更多地体现在做上面，更多地体现在拓展民进的影响力，提升民进的品牌，联络社会各界与民进的感情上面，通俗地说，就是要做得精彩。

我到会中央分管社会服务工作后，对这项工作进行了梳理，形成了一些初步的认识：

一是体现党派特点。民主党派的社会服务工作，必须与参政议政紧密联系。这些年，会中央社会服务工作与参政议政结合，取得了很好的效果。如在贵州的石漠化治理，在民勤的沙漠化治理。

二是体现民进特点。围绕教育文化做文章，做其他党派难以复制的工作，做出民进的品牌，如羌族文化遗产的抢救等。

三是继承优良传统。长期以来，民进在社会服务工作中形成了很多品牌，各级组织社会服务部门的人员有限，我们要集中人力、物力、财力，继续把已经做出影响的几项活动作为重点。我们要举全会之力，各省市社会服务部门和会中央上下联动，左右互动，围绕重点，做出精品。

四是创建服务平台，创新服务机制。社会服务部门要把工作重心放在搭建平台上，让各个界别的会员唱主角，充分发挥会员的作用。会中央近期要成立开明书画院，把全国的民进书画家组织起来，为他们服务，同时希望各省也成立开明书画院，自主开展活动。这次会议上我们建立了“民进企业家联席会议轮值主席制度”，通过这个平台，把全国的民进企业界会员凝聚起来，提供舞台，让大家唱戏。会中央还计划把叶圣陶研究会打造成为全国民进中小学教师施展才华的舞台。我们准备建立的最重要的平台是中国开明公益基金会。民主党派的社会服务工作是公益性的，由于我们是财政拨款的单位，资金投入非常有限，因此工作开展受到很多限制，很多好的项目不能开展，好的经验得不到推广。为了整合全会力量，建立长效机制，为热心公益的会员和民进之友参与社会服务工作，参与社会公益事业提供平台，因此会中央决定成立中国开明公益基金会。

据了解，截止到去年，九三、民建、农工 3 家民主党派成立了 4 支基金。尤其是去年 7 月由民建中央倡议发起的“中华思源工程扶贫基金会”，从成立到现在，仅半年多时间就已募集了 8 千多万元的捐款，在这次抗震救灾工作中，基金会一次就捐出几千万元，产生了良好的社会效应。今年 1 月 16 日，在严隽琪主席带队走访国家民政部时，正式提出成立一个全国性公益基金会，民政部党组书记、部长李学举明确表示全力支持，当场将此事交办给民间组织管理局负责人。

爱心无大小，我们希望有更多的企业家参加到基金会里来。今后基金会还要推举理事长、副理事长、秘书长、副秘书长、理事和委员等人选。因此，基金会是最大的一个平台。

（五）加强自身建设。

尤其在制度建设方面，会中央作了大量的工作，制定完善了 100 多项制度规定。新一届领导集体将更多依靠集体领导，加强制度规范。

二、企业界会员是民进大家庭中的重要一员

这句话是许嘉璐主席 1999 年在温州的民进经济界会员座谈会上讲的。下面我和大家一起来回顾一下许嘉璐主席在那次会上的讲话，他说：大家加入到中国民主促进会的队伍里面来，是把民进当成自己的政治归宿，当成自己的家。大家都是在党的领导下的积极力量，都是统一战线中的成员，都是中国民主促进会的组成分子。大家在加入民进之前，都知道这是一个在中国共产党领导下的参政党，我们的奋斗目标是在中国建成社会主义现代化强国。大家在加入民进以后，积极参加会的各种活动，在发展企业、繁荣市场、回报社会等方面做了大量的工作，为民进增了光，为统一战线增了光。大家都是比较成功的企业家，几乎都经历过艰苦创业的阶段，酸甜苦辣都尝到了。但是大家坚信党的政策，坚持勤勤恳恳、坦坦荡荡地做事做人。大家都是幸运儿，因为赶上了以经济建设为中心和改革开放的时代，也可以说是赶上了民营企业发展的一个更为美丽的春天。大家都是中华优秀传统的继承者和新文化的建设者。大家从创业的那一刻起，就有着明确的创业目的、宗旨和原则。大家原来各有各的职业和工作，形成了把个人和国家紧紧连在一起的观念和习惯，说大一点就是以天下为己任。现在成了企业家，还是把民族的命运、人民的疾苦放在心头。从这一点上看，不过是换了个岗位，换了一种为国家为民族效力的方式。这就是为什么民进的企业家们都积极参加同心工程、光彩事业，为希望工程、为抗洪救灾、为贫困地区、为家乡、为民进中央捐款捐物的根本原因。这也是一种成功，一种人格保持和修养的成功，一种中国新兴的社会力量在具有中国特色社会主义特色的人格修养上的成功。因此，民进中央对企业界会员特别的关注和爱护，愿意为大家提供更多的服务。

在那次会议上，许嘉璐主席就考虑建立一个全会的民营企业界会员的联络组织。我们这个企业界会员联谊会联席会议制度，就是许主席这一思想的实践。今天通过的联席会议轮执主席制度，把这项工作又推进了一步。

企业界会员工作是我会社会服务工作的重要组成部分。近年来，北京、上海、天津、江苏、浙江、湖南、安徽、陕西、江西、山东、福建等11个省级地方组织，齐齐哈尔、深圳、湛江、南充等市级地方组织成立了民进企业界会员联谊会，贵州、山西、吉林、黑龙江等地方组织的经济工作委员会也在积极开展企业界会员联谊工作。在各级民进组织和大家共同努力下，在我们企业界会员在服务社会的同时，自身也取得了很大的发展。我会的企业界会员大部分出生在六七十年代，年富力强，热心公益事业，积极参政议政，部分民企会员是当地民进组织社会服务、参政议政的骨干，是当地的人大代表或政协委员，有些同志还当选了全国人大代表或全国政协委员。企业界会员联谊会是联系企业界会员的桥头堡，肩负着重要的责任，要积极协助所在的民进组织按照“教育、引导、支持、服务”的方针，做好这项工作。

今年是我国改革开放30周年。30年来，中国特色社会主义的伟大实践证明，我国新时期最鲜明的特点是改革开放，最显著的成就是快速发展，最突出的标志是与时俱进。在这一伟大的历史进程中，民营经济等非公有制经济快速发展，非公经济人士队伍迅速壮大，为建设中国特色社会主义和全面建设小康社会做出了重大贡献，取得了举世公认的成就。据有关部门统计，我国私营企业现已达538万家，占全国法人企业的80%以上，成为我国最大的企业群体；个体私营经济已占全国GDP的40%左右，成为推动经济发展的重要力量；民营经济等非公经济的就业人数占全国城镇就业的70%以上，成为社会就业的主要渠道；私营企业占绝大多数的中小企业提供了大约70%的技术创新、65%的发明专利和80%以上的新产品，成为自主创新的重要源泉。

在民营经济等非公经济蓬勃发展的同时，形成了以非公经济人士为主体的新的社会阶层。新的社会阶层在我国经济、政治、文化、社会建设中的作用日益突出。中共十六大做出了新的社会阶层是中国特色社会主义事业建设者的论断，进一步调动了非公经济人士的积极性、创造性。在党的方针政策指引下，涌现出一大批政治上有觉悟、经济上有实力、事业上有贡献、社会上有影响的非公经济代表人士，民进的企业界会员也是其中重要的一支力量。中共十七大站在新的历史起点上，对继续推进改革开放和社会主义现代化建设、实现全面建设小康社会的奋斗目标做出了全面部署，描绘了在新的时代条件下加快推进社会主义现代化的宏伟蓝图，也为民营经济等非公经济展示了更为广阔的发展前景，包括民进企业界会员在内的非公经济人士的事业将大有可为。

三、“从新平台上起飞”——对民进企业家联谊会的几点建议

（一）认真学习贯彻党的十七大精神。中共十七大认真总结了我国改革开放29年的实践经验，强调高举中国特色社会主义伟大旗帜的重要意义，提出了“科学发展观”、“构建社会主义和谐社会”、“夺取全面建设小康社会的新胜利”的战略思想和宏伟目标。企业界会员联谊会要配合所在民进组织，把学习贯彻中共十七大精神与我会政治交接主题教育活动结合起来，带领企业界会员深刻把握和领会精神实质，与加强高素质参政党建设和全面履行职能结合起来，准确把握新形势下中共中央关于我国经济、政治、文化、社会发展的战略部署，认真学习中国共产党对执政规律的认识，牢固树立全会的共同价值理念，继续推进我会高素质参政党建设，为全面履行参政党职能奠定坚实的思想基础和组织保障。要联系民营经济等非公经济发展和联谊会工作的实际，进一步营造联谊会和会员企业发展的良好环境，更好地参政议政、服务社会。

（二）继承我会优良传统，体现党派工作特点。坚持接受中国共产党的领导，坚持爱国、民主、团结、求实，坚持立会为公是我会的优良传统。企业界会员联谊会在开展工作中一定要坚持民进的优良传统。民进的企业界会员联谊会工作不同于一般性社团组织的联谊工作，我们的工作要与参政议政紧密结合，在工作过程中调查研究，发现问题，为国家制定宏观政策提供建议。要在工作中扩大民进影响力，发现人才，并把他们吸引到民进之中来。我们要心系社会，关心民众，同时，还要关心支持自己的组织。

（三）坚持正确方向，积极引导教育。包括企业界会员在内的广大非公经济人士是改革开放的实践者，是敢为人先的创业者和中国特色社会主义事业建设者，为国家的经济社会发展做出了重大贡献，应该得到全社会的充分肯定与尊重。同时对非公经济人士这一新阶层的教育引导也面临许多新课题。在新的历史条件下，社会呈现出不同的思想观念、价值取向、行为方式和利益要求，人们的选择性、自主性、差异性日益增大，非公经济人士队伍总体上是健康向上的，但构成比较多样、素质参差不齐。我们各联谊会要充分尊重、团结帮助、积极引导我们的企业界会员，把自身企业的发展与国家的发展结合起来，把个人富裕与全体人民的共同富裕结合起来，把遵循市场法则与发扬社会主义道德结合起来，自觉承担社会责任，坚定不移走中国特色社会主义道路，当好中国特色社会主义事业建设者。

（四）切实做好为会员服务工作。这是我们联谊会最重要的职责，也是增强联谊会组织凝聚力的关键所在。希望我们的联谊会要针对民营经济等非公企业在不同阶段的特点和需求，反映会员的所思所忧，针对各联谊会的实际，为会员的成长提高和会员企业的发展搭建平台、做好服务。

（五）大力推进工作创新。解放思想，大力推进工作思路、工作内容、工作方式、工作机制的创新，开创工作的新局面。我们要善于把握形势发展变化，注意研究工作对象的特点，不拘泥于传统经验，在坚持正确政治方向的前提下，只要有利于联谊会工作的创新，体现联谊会和民进企业界会员特色的事情，都要鼓励支持、大胆实践。要根据工作实际需要，不断开拓工作领域，丰富工作内涵。要善于合力借势，借助有关社会力量，实现企业界会员资源和社会资源的有效结合。要强化联谊会的科学管理，完善工作制度，使联谊会工作不断适应新的形势。

四、“从优秀到卓越”——对民进企业界会员的几点希望

我向大家推荐一本书——《从优秀到卓越》，这是一本非常好的企业管理的著作。优秀是卓越最大的敌人，正因为优秀，你有时不会走向卓越。所以作为一个企业，怎样从优秀到卓越是非常重要的。

会中央对大家有三点希望：

第一，树立社会责任感。有没有社会责任感，有没有理想，是经理人和企业家的重要区别。经理人为赚钱，企业家就不是，他要成为企业公民，成为有社会责任感的人。我最近在读爱因斯坦的《我的世界观》，虽然不是讲企业家的事，但是对企业家有借鉴作用。他说，“我们这些总有一死的人的命运多么奇特！我们每个人在这个世界上都只作一个短暂的逗留，目的何在，却无从知道，尽管有时自以为对此若有所感。但是，不必深思，只要从日常生活就可以明白：人是为别人而生存的——首先是为那样一些人，我们的幸福全部依赖于他们的喜悦和健康；其次是为许多我们所不认识的人，他们的命运通过同情的纽带同我们密切结合在一起。我每天上百次地提醒自己：我的精神生活和物质生活都是以别人的劳动为基础的，我必须尽力以同样的分量来报偿我所领受了的和至今还在领受着的东西。我强烈地向往着俭朴的生活，并且时常发觉自己占用了同胞的过多的劳动而难以忍受。我相信，简单淳朴的生活，无论在身体上还是在精神上，对每个人都是有益的。我从来不把安逸和享乐看做生活目的本身——我把这种伦理基础叫做猪栏的理想。照亮我道路的，是善、美和真。我觉得，人们所努力追求的庸俗目标——财产、虚荣、奢侈的生活，都是可鄙的。”

在西方，一个企业家如果在他离世之前没有把财产贡献给社会，他就被视为可鄙的。比尔·盖茨在这样年轻的时候，就把所有的财产捐赠给社会。我一直认为，有社会责任感、做公益活动的人是最幸福的。给予比得到永远幸福。

第二，有民进的情怀。有了民进情怀，就有了归属感。作为一个知识分子，在过去只有一个渠道报效国家，即把自己的学问做好，通过科技报国、知识报国。作为一个民进的会员，就多了一个报国的平台。我可以通过建议、提案，通过各种言论为国家的决策提供参考，为国家的经济社会发展贡献我的力量。作为企业家，应该有民进的情怀。当然，企业家把自己的企业做大了，就是对民进的支持，但是民进的重要活动，也都应该义不容辞、责无旁贷地关注。

第三，养成学习的习惯。一个企业家能不能持续的发展，能不能有创新的力量，取决于他能否善于学习，勤于学习。学习是一个人可持续发展的最重要的力量。做企业有时是靠机遇、靠胆识，但是机遇和胆识是与学习分不开的。随着社会的发展，随着管理的规范，经营企业更多的是靠我们的智慧，智慧的来源就是学习。

一个企业家应该有社会责任感，有民进的情怀，有学习的习惯，这样才能真正做一个好会员，做一个好的民进企业家会员。

最后，要特别感谢民进湖南省委会，中共张家界市委、市政府和张家界民进筹委会的同志们，为这次会议提供了周密的安排，热情的服务。

祝大家返程一路平安！

关于人民检察院工作的建议

（2008 年 7 月 25 日）

朱永新

今年是人民检察机关恢复重建三十周年。三十年来，人民检察院始终高举中国特色社会主义伟大旗帜，始终坚持中国特色社会主义法治道路，始终坚持中国特色社会主义检察制度，在打击刑事犯罪活动，认真查办、积极预防各类职务犯罪，强化对诉讼活动的法律监督，推进检察体制改革上不断取得新的成就。特别是中共十六大以来的五年中，人民检察院以邓小平理论和“三个代表”重要思想为指导，深入贯彻落实科学发展观，牢固树立社会主义法治理念，切实履行宪法和法律赋予的职责，坚持司法公正，维护社会公平正义，为全面建设小康社会提供了有力的司法保障。我们相信，在贯彻十七大报告精神的过程中，人民检察院工作必将取得更大的成绩，必将迈上一个新台阶。

对此次最高人民检察院与各党派中央的座谈会，民进中央高度重视。会前，我们广泛征集了民进地方组织和法律界别专家的意见，在集中各方面意见和近年来民进在司法工作方面参政议政成果的基础上，我代表民进中央就进一步加强检察工作和检察队伍建设问题，提出以下几点意见和建议，仅供参考。

一、用好现有的法律监督手段

众所周知，人民检察院是我国的法律监督机关，其主要职责是监督国家法律得到统一的遵守和执行。我国《刑事诉讼法》第三条、第八条，《民事诉讼法》第十四条，《行政诉讼法》第十条和《人民检察院组织法》第五条，分别规定了检察机关的公诉权、侦查权、侦查监督权、审判监督权、执行监督权等。这些既有监督性质也有制约特色的权力，与其他部门法赋予的权力一起，共同构成了完整的、独具中国特色的检察权体系，为检察机关开展法律监督提供了系统的、有效的法律支撑。按照“分工负责，互相配合，互相制约”的原则，只要用好这些法定的监督手段，检察机关就能依法对执法司法活动的每个环节进行有效监督，最终在全社会实现公平与正义。

如何提高法律监督制约的能力？周永康同志将三十年的检察实践浓缩成一句经典概括：用好现有的法律监督手段。

三十年的法律监督实践启示我们，法律固然需要修改完善，司法固然需要改革创新，但我们只有紧紧依靠现有的法律规定开展工作，才能脚踏实地解决当下的问题，才能恰到好处地把现有的职权用充分、用到位，从而使法定监督手段发挥出应有的效能。而法律监督手段得到了充分运用，本身就能推动法律监督制约能力的提高。规范手段，有所作为，保证监督权始终在法治的阳光下运行，就能使监督的结论经得起时间的检验，监督的效果赢得人民的信任。

二、大力推动间接法律监督权能和直接法律监督权能的建设

我国检察机关在侦查、公诉等间接法律监督方面已经取得了很大的成就，但有些方面还不尽如人意，如审判监督就一直没有很好解决。为进一步推进间接法律监督权能的效能，建议全国人大修改检察院组织法，人民检察院应能就法律监督特别是审判监督中发现的问题向权力机关或有关部门反映，由权力机关或有关部门通过罢免权、任免权和决定权或其他权力直接对其他国家机关及其人员产生影响。

在推动直接法律监督权能的建设方面，当前比较迫切的是进一步规范人民检察院的检察建议、检察通知。我国检察实务中虽有检察建议和检察通知，但法律效能不理想。作为法律监督的手段，检察建议与检察通知应通过立法进一步规范化，提升其法律效力。

三、建立公益诉讼制度

近年来，民众和法律界对公益诉讼的关注度逐渐加大。国有资产的流失、环境污染、经营暴利等严重侵害了社会公众的利益，亟须以立法形式明确公益诉讼的主体，以保护公众的利益。由于检察机关是直接对人民代表大会负责的司法机关，建立以检察机关提起为主的公益诉讼制度应是最佳选择。

有关方面应尽快出台关于公益诉讼的司法解释，建立由检察机关提起公益诉讼制度，并就公益诉讼做出具体明确的程序规定。在此之前，最高人民检察院可责成各地检察院充分利用现有法律资源，积极开展各类公益诉讼，并在认真总结经验的基础上，就各地开展公益诉讼的有关具体问题提出规范性的指导意见。

检察机关对行政公益诉讼的发动可以有两种途径：一是依照法律和法定程序，应公民的起诉请求而发动。二是依职权直接行使此项职权。但必须受到法律的严格限制，以免造成司法权对行政权的过分干预。

四、加强检察队伍建设

三十年来，检察机关的队伍建设初见成效，初步建立了一支结构合理、素质优良的检察人才队伍。但我们也应看到，目前人民检察院的队伍建设仍面临着队伍编制不够、基层检察队伍人员素质有待提高、经济发达地区和欠发达地区队伍发展不平衡等一些问题。

随着我国经济的发展，社会关系的变化，利益格局的变动，社会矛盾的交织，许多案件的处理难度日益增大，这些新情况、新问题对我国司法人员的知识结构、法律技能和水平都提出了更高的要求。因此，需要进一步加强检察官队伍建设。在这里提出几点建议：

1. 建立健全我国的检察官定期培训制度。一是确立在职检察官定期进行脱产培训，并将此与晋升制度相结合；二是为确保培训质量，避免重复建设和资源浪费，建议撤消省级以下检察院的培训机构，所有培训统一由中央和省两级承担；三是检察官培训应根据工作岗位（包括刑事、民事、知识产权等等）和任职年限的不同而分类进行；四是加大对非法律专业检察长的培训力度，丰富其法律知识，提高其业务水平。

2. 构建具有中国特色的检察官助理制度。各级检察机关虽然拥有占检察人员绝对数量的检察官，然而，事无巨细的办案方式在一定程度上导致了其工作效率的低下。以检察官为中心，配备几名辅助官目前已成为国际通例。人民检察机关应尽快就建立中国特色的检察官助理制度，逐步规范、完善该制度，为真正实现检察官职业精英化搭建有效平台。

五、完善基层检察院的经费保障机制

经费保障不足，是制约基层检察机关依法履行职责一个重要因素，这一问题特别是贫困地区尤为突出。随着经济与社会的发展，近年来检察机关经费保障状况有了一些改善。但是由于缺乏稳定、有效的检察经费保障体制，基层检察经费保障仍面临许多问题。为保障检察机关依法履行职责，必须改革和完善检察机关经费保障体制。在此提出两点建议：

1. 逐步对地方检察机关业务经费实行省级财政统筹，提高省级以下检察机关的经费保障能力，更好地发挥上级检察机关的领导作用，实现从制度上保证检察机关依法独立行使检察权的改革目标。

2. 由最高人民检察院从中央申请设立特别业务经费，用于对基层检察院的经费补助。对中央专款的补助范围、分配方法以及地方配套比例等做出明确规定，真正使中央补助专款成为贫困地区检察院稳定的经费来源，逐步缩小与其他地区在经费保障方面的差距。

六、建立最高人民检察院和各省（市、区）高级检察院与民主党派联系沟通机制

民主党派的民主监督是人民检察院外部监督的一个重要部分。建立人民检察院与民主党派长期的合作和联络制度，可以采取人民检察院向各民主党派定期集体通报工作的制度，听取民主党派对检察院工作的意见和建议。这样，更有利于人民检察院不断改进工作。同时，民主党派也可有更多的机会了解检察院工作情况，协助检察院克服困难，解决实际问题。

七、推进党外人士在检察院的实职安排

依据中共中央两个五号文件的相关精神，希望能够在全国所有的省（市、区）高级人民检察院都配备由党外人士担任的副院长。同时，希望在全国更多的中级人民检察院配备党外副院长。进一步完善对党外副院长的管理制度，如党外副院长列席法院党组会议的制度。

在第三届海峡两岸企业发展与合作论坛暨天津滨海新区开发开放高层论坛新闻发布会上的讲话

（2008 年 10 月 13 日）

朱永新

各位记者朋友：

大家下午好！

首先我代表论坛组委会感谢各位记者朋友能够在繁忙的工作中抽出时间，来参加这次新闻发布会。

为进一步推动海峡两岸经贸合作与交流，第三届海峡两岸企业发展与合作论坛暨天津滨海新区开发开放高层论坛，在国务院台湾事务办公室和中华海外联谊会的大力支持下，由中国民主促进会中央委员会和天津市人民政府共同主办，经过有关单位积极筹备，将于 2008 年 10 月 14 日至 16 日在天津举办。下面我就这次论坛活动的有关情况，向大家作一些介绍。

我想先为大家介绍一下海峡两岸企业发展与合作论坛的一些背景资料，以及我们本次论坛之所以选择天津、选择滨海新区作为举办地的初衷，最后再为大家介绍一下本次论坛的一些报道亮点，希望能给各位媒体朋友这几天的采访报道提供线索和参考。

首先，谈一谈民进中央举办海峡两岸企业发展与合作论坛的背景。

台海局势发生重大变化以来，对台工作成为包括中国民主促进会在内的各民主党派的一项重要职责。近年来，为发展两岸关系、推进祖国和平统一进程，我们做了许多工作，其中“海峡两岸企业发展与合作论坛”可谓是我们的“品牌”项目之一，也是中国民主促进会履行参政党职能的一个重要窗口。

迄今为止，民进中央已经在国务院台湾事务办公室和中华海外联谊会的支持下，于2005年和2006年与湖北省政府、陕西省政府成功举办了两届海峡两岸企业发展与合作论坛。这是国内第一次以民主党派名义直接开展的对台工作。两次论坛取得了众多经贸洽谈成果，对促进两岸交流往来具有积极意义和影响，也是民主党派与省级政府成功举办的两岸经贸交流活动。两次论坛期间，我会企业家同与会人士特别是台湾企业家进行了充分交流，促进了相互了解，增进了感情，共达成了39项合作协议，利用资金总额相当可观。其中，首届海峡两岸企业发展与合作论坛（湖北武汉）吸引了海峡两岸200多位经济界、企业界人士与会。论坛期间，涉及高科技、机械制造、食品加工、建筑材料、纺织、造纸、物流及农业等领域的21个台商投资项目签订合同或协议，总投资金额达3.97亿美元。第二届海峡两岸企业发展与合作论坛（陕西西安）有来自海峡两岸的300多位经济界、企业界、学术界人士参加。论坛期间，为陕西引资达42亿元，并形成了多个合作意向，共有18个合同与协议顺利签约，涉及餐饮娱乐、果汁饮料、酒店经营、温泉旅游、生物制剂、电子配件等领域。

可以说，前两次论坛的成功举办不仅为海峡两岸企业家提供了良好的经贸合作平台，为举办地——湖北和陕西带来了商机，为促进中部地区崛起和西部大开发，以及增进两岸之间的共信互利提供了良好契机，更增强了大家对中华民族和“一个中国”的认同，宣传了我国改革开放以来的伟大成就，展示了中国特色的社会主义政党制度与中国参政党的活力和魅力。我想，以往两届论坛所取得的成绩对于民进继续做好对台工作不仅是一种激励，也积累了宝贵的经验。为此，我们把这项工作以模式和机制的形式固化下来，作为长设论坛，不断使民进中央的对台工作更加富于特色、取得实效。以上我所讲的就是民进举办海峡两岸企业发展与合作论坛的缘起和目的。

接下来，我想谈谈我们为什么将本次论坛的举办地点选取在天津，并以滨海新区的开发开放作为论坛的主题之一。

今年是改革开放30周年。回顾30年的历程不难发现，我们国家在每个发展阶段都制定了有针对性的宏观经济发展战略，从西部大开发到振兴东北老工业基地，再到促进中部地区崛起。促进区域协调发展、共享改革发展成果，是落实科学发展观，构建和谐社会的必然要求，也是新时期我国经济发展中党和政府高度重视并积极推进的理念。环渤海经济圈的开发开放是我国改革开放进程和社会经济发展规划中区域战略布局的重要一环，2006年8月8日，国务院又决定在“十一五”期间重点开发天津滨海新区，以带动环渤海经济圈的发展，由此可见天津和滨海新区在环渤海经济圈发展中的重要地位。

作为同中国共产党亲密合作的参政党，民进始终遵循围绕中心、服务大局的工作方针，坚持围绕经济建设这个中心和改革发展稳定的大局开展工作，这是各民主党派的根本任务，也是民进履行参政党职能的出发点和归宿。为此，民进要在中国特色社会主义事业和实现中华民族伟大复兴的历史进程中作出应有的贡献，就必须使自己的工作积极服务于党的路线方针政策和重大战略决策。

这也就引出了我们选取举办地的原则，即论坛的主题和内容要与当前国家区域经济协调发展的总体战略相契合、相一致。前两届我们之所以选择在武汉和西安举办论坛的原因，是因为可以为中部地区崛起和西部大开发战略的实施作出积极贡献。本次我们之所以把举办地选择在天津，是因为这里是环渤海经济开发圈的重点。所以我们本次论坛提出的宗旨就是：发挥中国民主促进会的参政党作用和优势，推动海峡两岸经贸交流与合作，促进天津经济社会发展和滨海新区开发开放，促进祖国统一和中华民族振兴。

最后，我想提供给大家几个采访报道的亮点。

一是论坛规格高。随着两岸经贸、文化、科技交流的不断深入和升温，论坛的影响正在逐渐扩大，受到了越来越多权威机构的重视。本次论坛由民进中央和天津市政府主办，国务院台办、中华海外联谊会支持，由台湾会馆、天津市台办、天津市商务委员会、滨海新区管理委员会、民进天津市委会、中国贸促会天津市分会承办，使得论坛的举办有了充分的组织保证。而这次论坛将有全国人大常委会副委员长、民进中央主席严隽琪，全国政协副主席、民进中央常务副主席罗富和等国家领导人出席论坛并讲话，国务院台办、海峡两岸关系协会、中共中央统战部、天津市委市政府、民进中央等方面的领导和负责人也将出席并致辞，还有海峡两岸和香港特区企业界、学界和政界知名人士与会做主题演讲和点评。特别值得一提的还有十届全国人大常委会副委员长、十一届民进中央主席许嘉璐到会做主旨演讲。这些重量级人物的出席将会进一步提升论坛的规格和层次，使论坛更加精彩。

二是论坛内容充实。论坛期间将有开闭幕式、主旨演讲、主题演讲、滨海新区专题论坛、分组交流、实地参观考察、闭幕式等重要活动，此外，还要举行两岸企业经贸交流、项目洽谈等配套活动，可谓形式多样、丰富多彩。我想，这里面有许多可宣传的资源，希望媒体朋友能够根据自身的关注点，采取多种形式，对领导同志和专家、学者的重要言论、精辟论述进行深度报道。

三是论坛成果多样化。之所以这样说，是因为论坛为天津、为滨海新区搭建了一个展示的舞台，为如何做大做强企业提供了一个沟通的契机，为怎样建设优秀的企业文化等问题提供了一个交流的平台。因此，对论坛期间的项目洽谈活动，希望参与论坛报道的媒体都能够及时追踪采访，给予积极的宣传。同时对于党和政府发展两岸关系、促进祖国统一、鼓励台湾企业界人士到大陆投资发展、参与环渤海经济开发的方针政策，对于共同弘扬中华优秀传统文化，增进互信、互利和互惠的效果，希望大家也多做一些报道，多挖掘一些故事。

各位朋友：

第三届海峡两岸企业发展与合作暨天津滨海新区开发开放高层论坛，明天就要开幕了。我们相信，本次论坛必将取得圆满成功。多年来，在座的新闻媒体给予了津台经贸交流与合作大力的支持、宣传，为津台经贸交流与合作达到今天的影响和规模作出了努力，藉此，我再一次代表中国民主促进会和第三届海峡两岸企业发展与合作论坛组委会对你们表示衷心感谢。我们期待新闻界的朋友们在这次论坛期间宣传天津和滨海新区，扩大天津和滨海新区的社会影响，给津台企业发展与合作带来更多商机，进而推动天津经济社会全面发展，促进两岸关系和平稳定。相信我们会合作愉快。

谢谢大家！

在第六届海峡两岸中华传统文化与现代化研讨会新闻通气会上的讲话

（2008 年 11 月 21 日）

朱永新

各位记者朋友：

大家下午好！

请允许我代表本次会议组委会感谢各位记者朋友能够在繁忙的工作中抽出时间，来参加这次新闻通气会。

为进一步加强两岸文化界之间的交往和交流，为进一步传承和弘扬中华优秀传统文化，第六届海峡两岸中华传统文化与现代化研讨会即将在厦门召开。本届研讨会的主要议题是：1. 闽台文化的缘与起及其在现代化过程中的意义；2. 客家文化在中华文化中的地位和价值；3. 历代人群迁徙对中华文化发展的影响。下面我就这次研讨会的有关情况，提前向大家作一些介绍。

我首先介绍一下第六届海峡两岸中华传统文化与现代化研讨会的背景，说到背景就不能不介绍一下中国民主促进会。民进于1945年12月30日在上海正式成立。民进中央首任主席马叙伦先生是新中国的第一任教育部长和高等教育部部长，历任主席周建人、叶圣陶、雷洁琼、许嘉璐等都是著名的教育家或者社会活动家。现任主席是严隽琪女士。在民进会员中，有很多知名的文化教育界人士，如：王绍鏊、许广平、林汉达、徐伯昕、赵朴初、郑振铎、傅雷、柯灵、冰心等。

民进是以教育文化出版为主要界别的参政党，如何发挥民进的界别特色和组织优势，为发展两岸关系、推进祖国和平统一进程作出自己的贡献，是民进中央领导集体一直在思考的一项重要工作。民进开展对台工作、促进海峡两岸的经济文化交流，需要搭建适宜的工作平台，为此，自2002年以来，民进中央以叶圣陶研究会的名义，连续在江苏苏州、淮安、陕西咸阳、甘肃天水以及重庆成功举办了5届海峡两岸中华传统文化与现代化研讨会，历届研讨会以中华传统文化为纽带，以“弘扬中华传统文化，促进祖国和平统一”为宗旨，为推动海峡两岸的文化交流交往作出了积极贡献。今天借通气会的机会，我向大家简要介绍一下前五届研讨会的情况。

第一届海峡两岸中华传统文化与现代化研讨会，于2002年5月12日至5月18日在苏州市会议中心举行。来自台湾地区、香港特区和祖国大陆的60多位专家学者汇聚苏州，共同就中华传统文化与当代中国发展、中华传统文化研究的方法论以及中华传统文化的现代阐释等问题进行了交流和研讨。

第二届海峡两岸传统文化与现代化研讨会，于2004年11月1日至4日在江苏淮安市召开。来自台湾地区、香港特区和祖国大陆的80多位专家学者出席，研讨会的主题是：在经济全球化大潮中如何传承和发展中华传统文化。

第三届海峡两岸中华传统文化与现代化研讨会，于2005年10月5至8日在陕西省咸阳市举行，有关单位的领导以及两岸专家学者100多人出席，研讨会的主要议题是“秦汉对中华文化的影响”、“和合文化的现代意义”。

第四届海峡两岸中华传统文化与现代化研讨会，于2006年10月6至9日在甘肃省天水市召开，来自台湾地区、香港特区和祖国大陆的120位专家学者出席，研讨会的主要议题是：伏羲与中华文化；周易与和合哲学；周易与儒学；伏羲文化与西方文化之比较。

第五届海峡两岸中华传统文化与现代化研讨会，于2007年6月19至22日在重庆市召开，两岸三地的专家学者和各界人士200余人出席，研讨会的主要议题是：巴渝文化研究；中华文化的多元一体；抗战时期文化及其现实意义。

从以上简要的情况介绍中可以看出，历届研讨会在“中华传统文化与现代化”这个大主题下，选择了经济全球化背景下中华文化的传承与弘扬、秦汉文化、伏羲文化、巴渝文化等两岸学者共同关心的主要议题，进行了深入的研究和探讨。同时随着出席人数和会议规模的不断扩大，以及学术研究水平的不断提高，研讨会的影响也在进一步提升。与会的很多学者都认为，研讨会办得一届比一届好，影响一届比一届大，在推动和弘扬中华传统文化，促进海峡两岸文化交流与合作方面，发挥了越来越重要的作用。大家的一致共识就是，中华传统文化博大精深、源远流长，是连接海峡两岸同胞的精神纽带，两岸应携起手来，共同继承和弘扬中华传统文化。我们认为，这是海峡两岸走向和平统一、共同繁荣发展、实现中华民族伟大复兴的重要途径。

在几年来的工作实践中，我们感到通过举办海峡两岸中华传统文化与现代化研讨会也给我们带来了许多其他方面的收获。比如民进中央在举办研讨会的过程中，先后与国台办、中华海外联谊会以及各举办地的党政部门加强了沟通和联系、建立了良好的合作关系。我们在这种合作过程中不仅彼此加深了了解，更为重要的是为新时期多党合作制度的实践作出了积极的探索，其中任何一点的积累、收获和经验都将是十分宝贵的。我们相信本届研讨会与厦门市委、市政府的合作也将为多党合作的实践留下一笔宝贵的财富。再比如，民进中央与海峡两岸一大批学术界、文化界的人士建立了工作联系和深厚的友谊，不仅大大拓宽了民进开展工作的渠道，也为民进履行参政党职能凝聚了更多的社会资源。此外，民进会内很多的会员也积极参与研讨会，研讨会的举办不仅为这些会员提供了交流交往的平台，也极大地增强了民进组织内部的凝聚力。

当前，在两岸中国人的共同努力下，随着台湾岛内形势的发展和变化，两岸关系呈现良好发展势头，特别是今年6月，海协会和海基会在中断9年后，又一次在“九二共识”的共同政治基础上恢复商谈并就两岸周末包机、大陆居民赴台旅游签署了两项协议；11月陈云林会长和江丙坤董事长在台湾举行了历史性会谈，就两岸海运直航、平日包机、邮政、食品安全等四项议题签署了协议，实现了两岸“通邮、通商、通航”，这些都标志着新形势下两岸关系改善和发展有了一个良好开端。第六届海峡两岸中华传统文化与现代化研讨会选择在厦门召开，顺应了当前两岸关系的新发展，因此具有了更为重要和特殊的意义。

自古以来，福建与台湾一衣带水，不仅语言相通，习俗类同，而且骨肉相亲。生活在福建、台湾两地的人民共同创造的闽台文化，体现在语言文字、民间信仰、戏剧音乐等各个方面，已经成为了中华优秀传统文化的重要组成部分。厦门濒临台湾海峡，面对金门诸岛，与台湾宝岛和澎湖列岛隔海相望。由于这种特殊的地理环境和历史背景，厦门一直处于两岸经济文化交流交往的前沿。今年是我国改革开放30周年，厦门也是大陆改革开放初期最早批准设立的经济特区之一，对推进改革开放一直具有龙头和示范作用。正在实施的海峡西岸经济区发展战略，将使这一区域成为中国经济发展的发达区域，成为服务祖国统一大业的前沿平台，也必将给厦门带来新的发展契机。因此，本届研讨会选择在厦门召开不仅抓住两岸关系新发展的“天时”，也凭借厦门的“地利”，再加上我们合作双方的“人和”，让我们对本届研讨会的成功、成果和影响充满期待。

最后，我向大家介绍一下研讨会期间几个采访报道的亮点。

一是研讨会规格高。本次研讨会由民进中央和中共厦门市委、厦门市人民政府共同主办，届时将有全国人大常委会副委员长、民进中央主席严隽琪，全国政协副主席、民进中央常务副主席罗富和等国家领导人出席论坛并讲话，国务院台办、海峡两岸关系协会、中华海外联谊会、中共厦门市委市政府、民进中央等方面的领导和负责人也将出席并致辞，还有海峡两岸和香港特区的专家学者与会做主题演讲和点评。特别值得一提的是十届全国人大常委会副委员长、十一届民进中央主席许嘉璐将到会做主旨演讲。文化部原部长、著名作家王蒙，中国国民党中央评议委员会主席团主席、中华海峡两岸客家文经交流协会理事长饶颖奇，东方人文学术研究基金会荣誉董事长陈葵淼，国民党中常委、中华两岸文化经济协会理事长廖万隆，以及北京大学、台湾大学等两岸知名大学和科研机构的近百位专家学者将出席研讨会。

二是研讨会内容充实。研讨会期间将有开幕式、主旨演讲、主题演讲、分组交流、实地参观考察、闭幕式等重要活动，可谓形式多样、丰富多彩。我想，这里面有许多可宣传的资源，希望媒体朋友们能够根据自身的关注点，采取多种形式，在对研讨会活动进行全面报道的同时，对领导同志和专家、学者的重要言论、精辟论述进行深度报道。

三是研讨会成果多样化。本届研讨会的举办，对于宣传党和政府发展两岸关系、促进祖国统一的方针政策，对于共同弘扬中华优秀传统文化，增进互信、互利和互惠的效果将继续发挥积极的作用。本届研讨会的主要议题是闽台文化和客家文化。客家是中华民族大家庭中重要的一员，具有显著特性的汉族民系，是汉民族中的一个地缘性群体。而客家文化是这个群体在其形成与发展过程中，为适应和改造生存条件而创造出来的全部物质文化与精神文化的总和。客家民系分布很广，其中粤闽赣边三角地区是其主要聚居地，在国外以东南亚为主。据学术界估计，客家人现约有4000至5000万左右。客家文化是特定历史条件下形成的，以移民为代表的地域性文化。客家文化不仅具有中原文化的深厚底蕴，而且在它孕育成长的过程中，经历了一次次的内部整合，吸取了周边文化的很多营养。对周边文化的兼收并蓄，带来了客家文化的绚丽多姿和独特韵味。海峡两岸都十分重视对客家文化的研究，并取得了很多学术成果，客家文化的研究已经成为两岸文化交流的重要内容。因此，本届研讨会的主题具有鲜明和浓郁的地方特色，希望大家在这方面也多做一些报道，多挖掘一些故事。

各位朋友：

第六届海峡两岸中华传统文化与现代化研讨会明天就要开幕了。我们相信，有在座各位新闻界朋友的共同努力，本届研讨会的宣传报道将为研讨会的圆满成功举办增添新的助力光彩。多年来，在座的新闻媒体朋友为促进两岸文化交流交往做出了积极的努力，在此，我再一次代表中国民主促进会和第六届海峡两岸中华传统文化与现代化研讨会组委会向你们表示衷心感谢。我们也期待新闻界的朋友们在这次研讨会期间能够再接再厉，继续为弘扬中华优秀传统文化，促进两岸关系和平稳定发展写出更多更好的报道文章。相信我们的合作会愉快和顺畅。

谢谢大家！

推进流域综合管理，重建长江生命之河

——代表民进中央作的政协大会书面发言

（2008 年 3 月 6 日）

张　帆

各位委员：

长江是一条生命之河，她不仅养育了中华文明，而且是我国实现全面、协调、可持续发展的重要基础。众所周知，长江流域内创造了全国 38% 的 GDP，生产了全国 34% 的粮食，养育了全国 33% 的人口，蕴藏了全国 57% 的地表径流和 53% 的水能可开发量，是我国重要的经济产业带、战略水源地，同时也是我国连接东中西部的“黄金水道”。

自 20 世纪 50 年代以来，特别是改革开放 30 年来，长江流域的开发在灌溉、供水、发电、航运、岸线利用等方面均取得了举世瞩目的成就，为整个流域乃至全国的经济社会发展提供了重要支撑。

在流域开发取得巨大成就的同时，我们也应当看到，这条生命之河正在受到来自环境污染、资源配置、生态阻隔和极端气候灾害的严重威胁，其生态系统的完整性不断受到侵蚀，长江流域实现可持续发展的目标面临着严峻的挑战，主要表现在以下几个方面：

一是长江干流水质总体良好，但局部污染严重，整体呈恶化趋势。

长江超过 40% 的省界断面水体劣于Ⅲ类水标准，90% 以上的湖泊呈不同程度的富营养化状态。在经济高速发展的同时，未能从整体上考虑流域产业的规划布局，高能耗、高水耗、高污染的重化工企业迅速在沿江地区大规模聚集和扩张，而环境保护工作却相对滞后，导致流域污水排放量逐年增长，环境污染在流域内出现从东部向西部、从城市向农村、从干流向支流延伸的发展态势。流域整体水质逐年变差，流域生态安全特别是水环境安全问题日益突出，严重威胁长江流域经济的可持续发展和沿岸人民的饮水安全。跨行政区的流域性污染治理成为目前流域管理的最重要议题。

二是水能资源开发不合理，航运落后面貌没有得到根本改善。

长江水量丰富，水能资源开发对我国能源可持续发展具有战略意义。但大规模的梯级水库的建设和运行将显著改变长江天然的水文过程、水沙分配比例，这将对流域生态系统与环境产生重大而长远的影响。

目前的长江中上游大量水电开发规划遵循的是“利用每一米水头”的原则，如果规划的水电工程全部实施，长江上中游干流和相当多的支流将被部分渠化或完全渠化，自然河流将转变为半天然河流或人工控制的河流，片面开发水电功能无疑会影响河流的整体性，导致河流生态功能遭到破坏，严重影响河流的健康。此外，长江素有“黄金水道”之称，运输潜力至少与20条京广线相当，但目前运能开发利用率不到40%，同交通运输发展、综合运输体系建设和保障国民经济持续、快速、健康发展的需求不相适应。

三是长江中下游江湖阻隔，水生态不断退化，生物多样性保护任务艰巨。

长江中下游地区湖泊密布，历史上均与长江自然连通，形成了自然的江湖复合生态系统。近几十年来，大规模围垦、修堤和建坝等不合理人类活动与江湖关系自然演变过程相叠加，导致长江中下游绝大部分湖泊失去了与长江的水力联系，导致湖泊水流不畅、淤积加重、面积萎缩，调蓄洪水能力下降，加剧湖泊水质恶化、沼泽化和富营养化，天然鱼类等水生生物资源衰退，物种生物多样性下降。长江鲥鱼早已消失，白鳍豚也难觅踪迹，人称“水中活化石”的中华鲟数量锐减，长江中重要的经济鱼类“四大家鱼”鱼苗发生量骤降了90%，天然捕捞量大量减少。人类活动对长江水生态环境的影响大部分是不可逆转的，随着长江流域经济开发活动的加剧，水生态和生物多样性保护的任务非常迫切，而且更加艰巨。

四是长江防洪形势依然严峻。

20世纪90年代以来，洪水灾害几乎年年发生。近50年来，在全球变暖的影响下，长江流域气温明显升高，流域大部分地区夏季降水量呈增加趋势，尤其是极端降水占总降水量比重显著增加，极端气候事件的频度和强度都在上升。三峡工程作为长江防洪治理的关键工程，建成后将大大缓解洪水危害最严重的中游地区防洪压力，但长江中下游仍有80万平方公里的集水面积，河道泄洪能力与湖泊调蓄能力仍显不足，蓄泄洪区建设严重滞后，而且三峡工程运行后已经引起中下游河道冲淤变动与江湖蓄泄关系等新的变化，长江防洪形势仍十分严峻，洪涝灾害仍然是威胁人民群众生命财产安全的心腹大患。

没有长江，就没有华夏文明；没有健康的长江，就不会有未来中国的现代化。保护长江，合理开发利用长江，不仅是沿江各省市县的需要，而且是全社会、全中国乃至全世界人民共同的愿景。

我们应清醒地看到，尽管长江实施流域管理在过去50年取得了长足的进步，但是目前的流域管理体制和机制仍然存在着诸多问题，无法解决不断变化和日益复杂化的流域性问题。

一是与流域管理相关的法律法规协调性不够。法律的制定和修订具有明显的部门导向，缺乏统筹，责权不清，难以形成综合管理的体制。

二是流域管理体制不顺。长江流域水行政管理，涉及水利、环保、交通等10多个部委以及19个省（自治区、直辖市）政府，缺少协调的多头管理严重影响管理成效，增加管理成本，流域管理机构无法起到流域综合管理的作用。随着流域内不同利益集团对河流开发的不同利益诉求的冲突加剧，需要各利益相关方整体协调的制度安排。

三是流域监测体系不完善、管理手段与监督机制不健全。一方面，流域的相关监测数据和基础信息缺乏，缺少交流平台，影响流域决策的科学性；另一方面流域管理机构缺乏必要的行政和法律监督管理手段，经济手段难以操作，流域综合规划修编滞后于专项规划，流域综合管理措施难以得到具体落实。

针对目前长江现状，迫切需要对长江实行流域综合管理。所谓流域综合管理是指：在流域尺度上，通过跨部门与跨行政区的协调管理，综合开发、利用和保护流域水、土、生物等资源，最大限度地适应自然规律，充分利用生态系统功能，实现流域的经济、社会和环境福利的最大化以及流域的可持续发展。实行流域综合管理是当前世界各国治理水问题的普遍趋势，也是解决我国日益严峻的流域性资源环境问题的重要途径。为此，民进中央在2005年两会期间就曾提出“关于建立流域综合管理体制的建议”。根据形势发展以及新的变化，我们提出如下建议：

一、建立实施流域综合管理的法律法规体系。从国家层面研究制定《大江大河法》的可行性，并把它列入本届人大的立法计划。同时根据流域综合管理的原则修订相关涉水法律，将流域综合管理的理念纳入到各类流域性规划的制定和修编过程中，特别是长江流域综合规划的修编要充分体现流域综合管理的整体思想。

二、改革流域管理体制，适应综合管理的要求。配合国家“大部制”的改革方案，改革现行流域管理体制。建议在国家层面，优先在环境保护领域开展大部制试点，并将水质水量以及流域管理的相关职能划归国务院环境保护行政主管部门，实施综合管理，同时将流域管理机构划归新的国务院环境保护行政主管部门统一管理。继续推进地方环境保护管理体制改革，开展省对市、市对县的环境保护行政垂直管理的改革试点，以减少省内各行政区环境保护工作的冲突。流域管理机构的改革是一个漫长的过程，从长远看，流域管理机构要进行决策权和执行权的分离，不断加大流域地方自主治理的水平，形成民主参与和高效协调的流域管理体系。

三、建立国家层次的流域综合管理协调机构。建立国务院资源与环境保护协调会议制度，负责协调包括流域综合管理在内的跨部门、跨行政区的资源环境管理事务，由相关中央政府部门、流域流经的省市区政府和主要利益相关方作为成员，负责流域事务的高层决策和协调工作，定期召开会议，提出问题并协商解决。

四、完善流域综合管理手段，建立相应机制。建立比较完善的行政与经济手段相结合的综合性政策体系和激励机制，以推动流域综合管理工作；逐步建立起支撑流域综合管理的监测、科研、技术创新体系，通过建立信息共享、信息发布的机制和平台，使流域管理的有关决策者、公众及其他利益相关方能够及时、便利地了解真实的流域状态、存在问题及相关的治理经验，而且便于将一个流域的经验教训与其他流域分享。

五、推进公众参与，加强宣传和教育。逐步提高公众参与程度，在相关法律和体制的保障下，提高公众参与的能力，拓展参与的渠道。从国家层面来看，在相关立法中加强对社团组织、公民等非政府主体参与流域管理的权益规定；出台具体的公众参与的程序性规定。从流域层面来看，建立各利益相关方的参与机制。在各个政府部门，进一步加强信息披露和意见征求。充分发挥媒体的作用，利用舆论监督流域管理部门依法行政，提高广大公众积极参与流域管理的积极性和责任感；建立完整的可持续发展教育体系，积极鼓励民间环保组织的发展，认真开展广泛的环保宣传教育活动，使公众了解水资源供需形势，强化水资源危机感，培养节水意识，建设节水型社会。

总结抗震救灾经验
完善“教育系统突发公共事件应急预案”

——在全国政协十一届二次常委会上代表民进中央作的发言

(2008 年 7 月 4 日)

张　帆

在抗震救灾已经进入灾后重建阶段的时候，我们有必要及时总结教育系统抗震救灾的经验，根据此次抗震救灾中出现的新情况和新问题，以及各级教育部门创造性和针对性地采取的一系列措施，来进一步修订和完善“教育系统突发公共事件应急预案”，为今后可能发生的突发公共事件特别是自然灾害类突发事件做好充分的应对准备。

在汶川大地震中，学校被毁严重，学生和教师伤亡惨重。在国务院抗震救灾总指挥部的统一领导下，教育部采取紧急应对措施，启动“教育系统突发公共事件应急预案”，并按照预案要求，多次召开会议研究部署教育系统抗震救灾工作，连续发出紧急通知，指导受灾地区教育部门做好抗震救灾工作。四川、甘肃、陕西等省受灾地区教育部门也全力开展抗震救灾工作，发出了一系列指导性文件，并前往一线组织教育系统开展抗震救灾。可以说，这些应急和恢复措施对保障广大师生生命安全、恢复正常教学秩序发挥了重要的作用。

此次启动的“教育系统突发公共事件应急预案”，是教育部于2005年10月报国务院备案，并向各地教育行政部门和高校印发实施。虽然根据今年5月1日施行的《政府信息公开条例》第二章第十条的规定，“突发公共事件的应急预案、预警信息及应对情况”已被列为政府应重点公开的信息，但此应急预案至今还未向社会公示。因此，我们首先建议要向社会公开“教育系统突发公共事件应急预案”。一方面，有利于教育系统内各级教育行政部门、各级各类学校、特别是广大师生了解预案内容，更主动地参与到防灾、减灾与应急、重建工作中来。另一方面，也有利于教育系统外的政府其他系统以及体制外各方面资源协助教育系统落实预案。

回顾抗震救灾中各级教育系统所采取的应对措施，很多内容是目前应急预案没有涉及或只是笼统规定的。我们认为，现有应急预案有几点不足：一是预案主要是就应急的组织指挥体系、预警信息报送、发布和响应程序等内容做了原则性规定，对于教育本身的特殊性考虑不足。特别是缺少与教育教学本身相关的应急措施，如对校舍的修复和重建、教学秩序的恢复、教学内容的调整等。二是缺少如何运用全国教育系统资源应对突发事件的具体方案。由于一些突发事件特别是自然灾害涉及范围广，造成危害严重，仅在某一省内调配教育资源，很难满足受灾地区的教育应急需求。三是缺少对从灾情基本消除到灾后重建开始前这一阶段的应急措施。四是现有预案总体上重救灾、轻防灾，对于应急保障特别是培训演练保障只有原则性要求，没有监督和处置办法。

我们认为，“教育系统突发公共事件应急预案”是在国家突发公共事件应急机制下的具体类别的应急预案，是提供给政府在防患未然和统筹应对突发公共事件的教育资源调配与建设的标准化方案，应更加突出教育的特性，增强针对性、指导性和可操作性。

一是要完善校舍建设基本标准。教育和建设部门要联合开展学校建筑设计标准修订工作，对于不同地质、气候、环境下的学校建筑标准进行分类制定。同时，要建立学校建筑年检制度，由教育、建设、质量监督等部门和相关专家组成检查组，严格按照学校建筑基本标准，对每所学校的建筑质量进行年检。

二是要增加教学秩序恢复方案。应包括师生临时安置方案、临时校舍教学秩序管理方案、临时教学内容和课程设置方案、推迟中考高考应急方案等。这些都需要在预案中明确可行的标准和具体的规定，以便在最短时间内恢复学校正常秩序，保障教育教学的延续性。

三是要增加防灾减灾监督措施。要对各级各类学校现行的一些与预案规定的安全要求相违背的做法和规章，进行一次全面的检查和清理。要对学校是否按预案要求制订应急疏散预案，开展避险、自救、救护的教育、训练和演习情况进行抽查。要将检查结果纳入到对学校督导和校长的考核体系中，对于不符合要求的学校，限期及时整改，直至达标。

四是要完善教育资源调配机制。其内容应包括区域内和跨地区教师调配方案、临时教师补充机制、教师志愿者管理办法、教学用具和教科书调拨机制、临时教学帐篷和活动板房储备制度以及教育系统救灾资金物资监管制度等。对当前开展的教育系统对口支援灾后学校恢复重建工作，也要及时进行总结和完善，形成相应机制。

（四）重要意见建议

创新义务教育体制机制，促进城乡师资均衡发展

各位委员：

实现教育公平和教育均衡发展是构建社会主义和谐社会的重要基础。促进城乡基础教育的均衡发展，已经成为推进教育公平、建设人力资源大国的重要历史性任务。实现区域和城乡之间的教育质量均衡发展，其关键在于教师水平的均衡发展。

为了提高农村教师的素质和满足农村基础教育对教师的需要，国家教育主管部门已经出台了不少举措。如实施“两基攻坚计划”、“农村教师素质提升工程”和“农村义务教育阶段学校教师特设岗位计划”等政策措施，在一定程度上提升了现有农村教师的素质。但是由于历史的原因，我国区域之间、城乡之间经济、社会发展不平衡的制约，以及现有政策未能完全落实到位，城乡教师水平不均衡状况的改善仍不乐观。

目前，我国城乡教师的质量和数量差距显著，城乡教师资源配置极不均衡。这一问题在中西部地区、特别是农村地区尤为突出。师资问题已成为影响教育质量公平的“瓶颈”。主要表现在三方面：第一数量不足。在西部广大农村地区，中小学教师尤其是公办教师严重不足，还存在着大量的代课教师，师生比低于国家标准。与城市地区教师相对过剩、师范院校毕业生很难进入教师队伍的状况相比反差极大。第二质量偏低。在中西部不发达地区和偏远落后的农村地区，教师的学历达标率较低、职称较低，相当一部分是由民办教师转为正式教师的。这些教师由于条件所限普遍存在着教育观念发展滞后、知识结构比较单一、教育教学方式相对落后等情况，难以适应新课改的要求，有的甚至连基本的教育教学质量都难以保证。更令人担心的是，现有农村优秀教师仍不断地流向城市，使已不均衡的城乡教育更是雪上加霜。第三结构失衡。主要表现在“五多五少”：即在城乡结构上是县城多，农村少；在学段结构上是小学多中学少；在学科结构上是传统学科多，新型学科少；在学历结构上是专科、高中学历者多，本科学历者少；在年龄结构上是50岁以上的多，30岁以下的少。2007年，我们在甘肃、云南、内蒙古三省区调研中发现，英语、计算机、数理化课程教师紧缺，音、体、美、劳技等科目的教师严重缺乏。许多学校音、体、美、计算机课都没有专任教师，只能请其他学科教师兼任或数个学校共用一个教师。

我们认为，缺乏制度保障是导致教师资源非平衡发展的重要原因。农村义务教育的硬件设施建设可以在下定决心、保证资金的条件下较快得到解决，而教师队伍建设显然是一个长期的、需要提早关注和着手解决的问题。因此，应把加强中西部和农村地区义务教育教师队伍建设，作为实现教育公平的具有战略性的措施。并着眼于加强有利于教育均衡发展的教师管理、流动和合理配置的体制机制创新，从根本上促进教育均衡发展，保障教育公平的实现。为此，我们建议：

1. 以教师流动制度促城乡师资均衡发展

一方面，要加强教师流动制度化建设。将城市教师支教和农村教师到城市学习进修的政策、措施制度化。建立健全城镇中小学教师到农村任教服务期制度；就近组织城镇中青年骨干教师到农村中小学兼课，缓解农村中小学师资不足和学科结构失衡的矛盾；鼓励和引导城镇办学水平较高的学校与农村学校建立长期稳定的“校对校”对口支援关系；师范院校及其他举办教师教育的高校要在农村中小学建立实习基地，引导高年级学生到农村中小学实习支教；建立、健全农村教师到城市学校学习进修制度。

2. 以利益补偿机制促城乡师资均衡发展

应建立对义务教育阶段的农村教师的利益补偿制度：

一是设立农村教师特殊津贴。建议在国家扶贫资金中单列“中西部义务教育教师特殊津贴”等扶持教师流动资金，对乡镇或以下的义务教育阶段的农村教师给予特殊津贴奖励，改善现有农村教师的生活待遇。特殊津贴制度可先在国贫县试点施行。

二是给与政策优惠。建议对义务教育阶段的农村教师提供优惠政策：到农村任教的大学毕业生和教师，可以保留其城市户籍，允许他们在农村工作若干年后返回城市继续从事教育或其他工作。在农村工作超过一定年限的教师子女，高校招生时采取一定比例的降分政策。在农村一地工作满 10 年的城市教师（保留城市户籍），有权参与乡村宅基地分配，用于解决其在农村的住房问题。

另一方面，建议抓紧研究、制定农村教师流失补偿制度，使流入地对流出地有所补偿，流出学校可用补偿金聘用其他合格教师，或为本校在职教师提供进一步学习进修的机会。

3. 以免费师范教育制度促城乡师资均衡发展

建议在教育部所属六所师范院校的师范类专业全面恢复实行免费教育后，国家财政加大对地方师范院校的扶持力度，在全国范围的师范院校全面推行免费师范教育；完善招生、培养和分配方案。省市师范院校应坚持面向农村、面向边远山区的办学宗旨，为农村及老、少、边、穷地区充实教师；并把人才的培养和就业纳入法制化管理的轨道，切实保证免费师范生毕业后的定向就业。

4. 以教师培训制度促城乡师资均衡发展

建议设立国家“中西部义务教育师资建设基金”，重点支持中西部贫困地区的教师培训。各级教育财政拨款中增设教师培训科目（专项经费），实行中西部义务教育教师免费岗位培训。加强教师教育的制度化建设，各级教育行政部门应着力整合本地行政教研力量和教师培训机构，形成区域性的教师学习与专业发展支持中心。以教师专业发展需求为导向，针对不同学科、不同地区的教师，制定多元的培训计划，开展多种形式的培训。严格执行和逐步完善教师资格制度、教师培养、培训机构认定制度，教师继续教育制度和督导评估制度，并加强对教师培训的监督和管理。

各位委员，要尽快改变我国目前区域之间、城乡之间师资水平差距过大的现状，不仅是国家教育主管部门当前的重要任务，更是国家贯彻落实科教兴国战略的国家工程，需要全国、全社会共同关注和支持的百年大计。我们呼吁：为了中华民族的未来发展，全社会都要来支持教育的改革与发展，支持义务教育体制机制创新，促进城乡师资均衡发展，为落实我国教育优先发展战略献计出力！

（全国政协委员、民进中央秘书长赵光华在全国政协十一届一次会议上代表民进中央的书面发言）

关于加强社区文化建设的建议

中国民主促进会中央委员会

中共十七大报告中提出，要“把城乡社区建设成为管理有序、服务完善、文明祥和的社会生活共同体。”

社区是社会的基本单位，是社会的细胞。随着我国经济社会的发展和改革的深化，越来越多的“单位人”变成了“社会人”，传统的单位管理转变为社会的管理。随着改革的深化，城乡社区的结构、功能也发生了很大变化。伴随着人口在城市与乡村之间的大量频繁流动、公民自由选择居所等，新型城乡社区正在兴起。人们以多种多样的身份从不同的社会空间进入社区，也把不同的思想、需求和问题带到了社区，使社区成为各种社会问题和思想问题比较集中的地方。在此情况下，社区成为精神文明建设的前沿阵地和社会稳定的基础。因此，“把城乡社区建设成为管理有序、服务完善、文明祥和的社会生活共同体”，就成为社会建设的一个非常重要的内容。

加强社区建设，既要加强社区环境、社区管理制度和机构建设，更需要加强社区文化建设。

社区文化建设是社区建设的灵魂。社会的和谐，凝聚于文化的和谐。和谐的社区，离不开和谐的社区文化。社区文化是社会主义精神文明建设重要载体和途径，在服务城市建设管理、优化公民活动环境、提高居民生活质量、促进社会进步、维护社会稳定等方面都发挥着不可替代的作用。

近年来，中央和地方政府十分重视社区的文化建设，不断加大对社区文化建设的指导和投入。但社区文化建设的发展中还存在一些问题，主要有以下几个方面：

1. 对社区文化建设的重要性认识不够。

一是对社区文化建设的重要性认识不足，定位不准。一些地方的领导把社区文化建设简单地等同于社区居民的休闲和健身娱乐，没有予以应有的重视。多数街道没有文化建设发展规划，社区文化建设流于形式，简单化。

二是社区文化建设缺乏必要的指导和考核。在对社区工作的检查、指导、考核中，社区文化建设始终没有成为关注的主要内容。

2. 社区文化建设主管部门不明确。社区文化建设的管理没有明确的管理部门和职责范围，没有一个较为规范的管理模式。文明办、文化、民政、科技、教育、妇联、老龄办等单位都在介入社区文化建设，但都是各管一段，缺乏统一规划和协调。

3. 缺乏相应的法规政策。由于社区建设是近些年出现的新事物，国家没有相应的法律规定；对社区文化建设的评价指导、社会力量参与社区文化建设、社区内的社会文化资源共享等问题也没有相关的政策规定，造成社区在实际工作中对经费投入及资源的共享方面很难操作。

4. 社区文化建设的经费投入不足。城市社区大多没有经济来源，经费主要靠上级政府的财政支持。近年来，社区的经费较以前有了大幅度的提高。但随着社区工作的发展和人民群众对文化需求的不断增长，政府所拨经费也只能勉强保证最基本的办公需求，社区文化活动的开展受到经费制约。不少社区文化活动室建起来后，由于缺乏资金，不能更新、添置设备，文化活动和培训活动不能正常开展。

5. 社区文化设施建设相对不足，且发展不平衡。在一些地方，特别是中西部欠发达地区，社区文化活动场所紧缺的情况仍较为突出，缺乏必要的活动器材和设施，无法充分满足群众不断增长的文化需求。

在同一城市中，一些经济条件较好的街道、社区和一些新规划、开发的小区，文化设施较为齐全。一些老居民小区，文化设施则相对比较落后，文化活动难以开展。

6. 社区文化活动资源未能得到有效整合。

主要体现在部门分割、条块分割的现象相当突出。一方面，社区文化建设基础设施缺乏，另一方面，一些社区内的企业、部队、学校等机关单位的文化活动场馆，经常处于闲置状态。一些单位以安全、设施维修经费开支大等为由，拒绝资源共享，造成文化资源的极大浪费。

7. 社区文化骨干队伍缺乏。

搞好社区文化建设，需要有一支具有较高文化素质和道德水平，同时具有文化专业的一技之长、热心于社区文化的骨干队伍。现实的情况是社区文化管理专职干部、骨干力量普遍较为缺乏，严重地制约了社区文化活动档次和水平的提高。

搞好社区文化建设，需要各级政府和有关部门提高认识，加大投入，加强指导。为此，提出如下建议：

1. 提高认识，理顺机制。各级领导应从构建和谐社会、繁荣社会主义文化的高度来认识社区文化建设的重要性，把社区文化建设作为公共文化建设的一项基础性工作纳入当地经济社会总体发展规划之中。要强化协调机制，整合资源，确保各个部门对社区文化建设真正负起责任来。建议在中央层面建立由中央精神文明办牵头，文化部、民政部等相关部委参与的部际协调机制，统筹领导全国的社区文化建设。各地也应建立由政府分管领导牵头、各相关部门参加的协调领导机构。

2. 把社区文化建设纳入公共文化服务体系建设的范畴，予以专项投入。目前，社区文化没有专项的资金。应将其纳入公共文化服务体系建设的范畴，并列出专项，以保障社区文化软硬件建设的资金来源。同时建议中央财政在对中西部地区的转移支付中设立专项，用于支持中西部贫困地区的社区文化建设。

3. 制定相关优惠政策，鼓励社会力量参与社区文化建设。由于缺乏优惠政策和扶持措施，社会资金和资源对社区公益文化投入缺乏积极性。应出台相应的税费优惠政策，鼓励社会资金投入社区文化建设，形成社会资源共享、多方积极投入的社区文化共享、共建局面。

4. 加强社区文化建设的研究，制定社区文化建设发展规划。建议有关部门加强对社区文化建设的研究，在深入研究的基础上制定出社区文化建设的发展规划。应着眼于“管理有序、服务完善、文明祥和的社会生活共同体”建设，对社区文化建设的内涵、外延做深入研究。

5. 加强社区文化人才队伍的培养工作。文化部群艺系统长期从事群众性文艺活动和人才培养工作，应将社区文化人才队伍的建设作为其主要工作，并制定出中长期培养规划，抓实抓好。

关于推动我国动漫产业发展的建议

中国民主促进会中央委员会

动漫产品是广大人民群众，特别是未成年人喜爱的文化产品。发展动漫产业对于满足人民群众的精神文化需求，建设社会主义核心价值体系，推动文化产业发展，促进社会主义文化大发展大繁荣都具有重要意义。发展动漫产业也是确保国家的文化安全，提升文化软实力的题中应有之义。2006 年，国务院发布了《关于推动我国动漫产业发展的若干意见》（以下简称“《意见》”），在一系列政策的扶持和鼓励下，我国掀起了发展动漫产业的热潮，并取得了一定的成果。

自 2004 年以来，中国动漫产业有了长足的发展。很多地方把发展动漫产业作为地区文化产业发展重点，出台了地方的优惠扶持政策。动画作品尤其是原创动画作品的产量迅速增加，2007 年已完成 10 万分钟的动画长片。许多高校也陆续设立了动漫专业及动漫学院。

但在动漫产业取得长足发展的同时，也暴露出一些问题。主要表现在：

第一，动漫基地发展速度过快，数量过多，质量不高，重复建设严重。

据不完全统计，2004 年 12 月至今，我国（不包括港澳台地区）共建设了 60 余个动漫（动画）产业基地，北京、上海、重庆、广州等 25 座大中型城市都建设有动漫产业基地。其中国家部委授牌的基地有 42 个，分别由文化部、广电部、科技部、新闻出版总署和教育部授牌。与韩国、日本、法国、美国等国家以一个城市为动漫产业中心向周边辐射的发展模式相比，我国的动漫产业可谓“遍地开花”，土地、资金、人力、物力的浪费都较大。

大部分基地的公共技术服务等平台没有真正建设起来，不能满足企业需求，且没有解决运营机制问题，设备使用率很低。一些地方以基地建设为名行“圈地”之实，打着建设基地的旗号获得低价的土地并进行商业开发，基地投资人变成了地产开发商和物业商。由于缺乏统一的规划，60 多个动漫基地的发展模式雷同，出现基地抢企业和基地资源闲置的现象。

第二，多头管理，权责不清，缺乏统一协调。

动漫产业从创作、播映、出版到衍生产品生产等各个环节由多个部委管理。目前，动画片题材审批由广电总局主管，漫画出版审批由新闻出版总署主管，动画片播出平台（电视台、电影院线）由广电总局主管，动画作品纸媒出版由新闻出版总署主管，动漫舞台剧由文化部主管，商标注册由工商总局主管，知识产权保护由新闻出版总署主管。此外，动漫光盘出版审批、网络游戏审批、漫画与动画的进出口审批、动画教育培训、动画技术平台研发等由新闻出版总署、文化部、信息产业部、科技部、教育部等不同部委交叉管理，各部委之间权责不清。从近年来文化部、广电总局、新闻出版总署等部门分别批准各自的“动漫基地”、分别主办各自的“动漫论坛”，就可见问题之一斑。

第三，企业数量虽多，但缺少龙头企业，缺乏优秀作品。

据国家工商总局统计，从2002年到2006年，全国动漫类企业从120多家猛增到5470多家。在这些企业中，自主制作能力超过10部、10000分钟的企业目前只有三辰和宏梦两家，中小型“作坊式”企业占多数。这些企业主要依靠代加工盈利，原创动漫还没有建立起成熟的盈利模式。据广电总局统计，2006年我国动画片产量为8.1万分钟，2007年超过10万分钟。在这些作品中，缺乏具有国内或国际影响力的优秀作品。

第四，动漫教育盲目发展，毕业生不符合企业需要，人才结构明显失衡。

人才问题是发展动漫产业的核心问题。目前，动漫产业发展上游缺少高端的创意、编导、项目管理方面人才，下游缺乏市场营销、国际授权和代理等方面人才。当前，与动漫相关的专业和院系快速膨胀，大部分动漫教育机构师资水平和硬件水平都较低，造成动漫相关专业的毕业生数量剧增，但符合企业需要的人才却相对缺乏。大部分毕业生形象设计、编创能力较低，多处于模仿阶段，缺乏创意。在开设动漫相关专业的千余所院校（包括中专及中专以上）中，多数在培育制作人员，使制作类人员严重过剩、创意及管理类人才严重缺乏的矛盾更加突出，人才整体结构更为失衡。

针对上述问题，提出如下建议：

一、明确各主管部门的权责，充分发挥扶持动漫产业发展部际联席会议的作用。

解决问题的根本，在于按照十七大报告中提出的实行职能有机统一的大部门体制，整合文化管理机构，构建文化管理新格局。但在实行大部门体制改革之前，应采取如下措施改进管理方式：

1. 赋予扶持动漫产业发展部际联席会议（以下简称“联席会议”）统筹管理动漫产业的职权。应改变联席会议只是松散合作、缺乏管理职权的现状，提高联席会议的级别，赋予其统筹管理动漫产业的职权。在联席会议的统一协调之下，加强各主管部门的沟通与合作，提高服务能力。

2. 通过联席会议协调，明确文化部、广电部、科技部、新闻出版总署、教育部、信产部等相关部委管理动漫产业的内容和范围，出台各部门管理的权责分工细则，避免重叠和交叉。依据《行政许可法》，公布各部委相关的行政许可内容和审批办法。

3. 在联席会议的统一协调之下，各相关部委试点建立统一的、固定的办公场所或管理平台，为企业提供“一站式”服务，建立各部委协调一致、深度合作、信息共享的机制。

二、建立统一规划，健全考核机制，加强对动漫产业基地的管理。

1. 由联席会议对全国动漫产业发展布局进行统一规划，改变各地都在建动漫基地、多个地方都争创“动漫之都”的局面。在现存区域发展格局的基础上，选择一到两个具有产业集聚优势和发展前景的城市作为发展动漫产业的中心城市。对中心城市的动漫基地在政策上给于一定倾斜，引导和扶持这些基地重点建设公共技术服务平台、教育培训平台、产品产权交易平台、衍生产品研发平台和融资平台，以推动产业集聚。对于正在大力发展动漫产业又没有被规划为中心城市的地区，敦促当地政府根据整体发展规划并结合本地区的特点，作出地区产业特色，实现与中心城市的互补和协调。

2. 建立动漫基地评估标准和考核机制，对现有基地进行考核，对不达标的基地进行整改。鼓励各省、各个基地根据本地实际进行规划，不必大而全、小而全，要走各具特色的发展道路。增进各个基地之间的合作，实现资源共享，优势互补。

三、统筹中央和地方政府扶持政策，重点支持动漫龙头企业和动漫精品创作。

1. 鉴于目前中央和地方政府对于动漫产业的发展均有扶持政策和资金，应按照市场规则进行整合和统筹。建议中央和省级的扶持资金主要用于支持动漫产品的播出和出版，对原创动漫播出和动漫出版物按照一定标准给予补贴；市级政府的扶持资金主要用于对动漫企业的扶持，对优秀原创产品给与奖励，建立担保基金、为动漫企业融资进行担保。

2. 推动有实力的企业通过兼并、股份合作等方式，按产业链进行资产重组，建立2到3个动漫集团。中央政府和地方政府配合，集中财力扶持具有发展潜力的重点企业或企业集团。

3. 由中央财政拨专款进行动漫精品项目扶持。主要由政府出资，采取政府招标、企业投标的方式，对具有品牌潜质的项目进行重点扶持，集中国家力量打造中国品牌。

4. 研究产业发展的有效激励政策，在税收、产品推广、市场准入等方面制定相应的优惠政策。

四、加强动漫人才队伍的建设，为动漫产业的发展提供人才支持。

尽快建立动漫人才培养的评估机制，健全学校软硬件条件、师资水平、课程安排、学生毕业考核等方面的考核标准，对不符合标准的学校进行整改或淘汰。引导高校培养各个层次、各个门类的动漫人才，而不仅仅是制作人员。鼓励高校丰富培养模式，尝试与企业联合培养的方式，并加强国际交流合作。同时，要引导帮助企业对现有人才进行再培养，及时进行知识更新。

关于加强社区文化人才队伍建设的建议

中国民主促进会中央委员会

中共十七大报告中提出，要“把城乡社区建设成为管理有序、服务完善、文明祥和的社会生活共同体。”

社区文化建设是我国文化建设的重要基础之一。建设一支高素质的社区文化人才队伍是搞好社区文化建设的必要条件。

近年来，各地在加强社区文化建设、培育基层文化人才队伍方面做了很多工作，也取得了一定成效。但由于种种原因，社区文化人才队伍的建设还不能适应实际工作的需要。主要表现在：

1. 文化管理干部严重缺乏。发展社区文化建设，需要专职的文化管理干部队伍。但因为各种原因，在许多街道中没有这样一支队伍，往往是其他街道干部兼任，由于工作、时间、精力等多种原因，使得他们很难全身心地投身到社区文化建设中来。同时，由于街道文化干部的待遇偏低，与专业文艺团体存在较大的差距，加之工作任务繁杂，存在着现有文化管理干部队伍人员不稳定问题。

2. 社区文化骨干队伍缺乏。搞好社区文化建设，需要有一支具有较高文化素质和道德水平，同时具有文化专业的一技之长、热心于社区文化的骨干队伍。然而，现实的情况是社区文化建设的骨干力量、各类文化人才普遍较为缺乏。且由于开展文化活动和培训的经费不足，社区文化骨干队伍的培养力度不够。这种情况严重地制约了社区文化活动档次和水平的提高。

培育和建立一支拥有高素质的文化管理人才和文化专业人才的文化队伍，是加强社区文化建设的迫切要求。为此，提出如下建议：

1. 注重文化专职干部的培养和选拔。

——在选拔任用街道干部时，应通盘考虑社区建设的各个方面对人才的需求，根据工作需要及职务要求聘用文化管理干部。

——对街道文化管理建设的干部进行定期培训，上级主管部门也可组成小分队经常深入社区对文化建设进行指导、帮助。

2. 培养社区文化活动带头人。

——在工作中发现、培养文化骨干，通过他们组织群众开展各类文化活动。

——加大对社区文化人才队伍建设的投入力度，有关部门定期举办社区文化讲习班和文化技能培训班，培养社区文化骨干。

3. 鼓励相关院团的文艺、体育人才投身社区文化建设。文化艺术团体的工作人员是社区文化建设的一支重要力量。除了按照政府的统一安排参加社区的各种活动之外，还应制定激励政策，鼓励他们深入社区，组织、参与群众性的文化活动。

4. 鼓励、发展社区文化类群众性组织。通过群众性文化组织，广泛开展灵活多样、健康有益的文化、体育、科普、教育、娱乐等活动，满足居民日益扩大的精神生活需求。

5. 城市街道主管社区文化建设的科室，聘请地区有一定文体特长的居民群众组成指导小组，结合本地特点，开展各项群众性的文化、体育、教育、科普活动。

6. 加强政府对社区文化建设的指导。可参考四川一些地方的做法，抽调宣传文化系统干部职工担任“文化信使”，在辖区内每个社区配备一名“文化信使”。其主要职责是和街道负责文化建设的同志、社区的居民委员会进行协调、沟通，指导开展各类文化活动。

关于落实《民办教育促进法》构建公、民办教育共同发展格局的建议

中国民主促进会中央委员会

民办教育是我国教育事业不可缺少的一部分，它满足了人们多样化的教育需求，促进了多元化教育格局的形成，推动并深化了教育领域中办学体制、管理体制和运行机制的改革，为我国的教育现代化进程做出了不可磨灭的贡献。2003年开始施行的《民办教育促进法》旨在促进民办教育的发展，但是由于认识上的不统一，不同部门政策的不协调性以及民办学校自身建设的问题，处于体制之外的民办教育并没有得到充分的发展，反而处于不断萎缩状态。主要体现在以下三个方面：

一是整体力量正在走弱。国有或公办学校举办的民办学校和独立学院的数量不断增长，真正意义上的民办学校逐步萎缩，民办学校在整体上走弱。

二是待遇依旧不平等。公、民办学校的税收政策、教师的社会保障待遇、学生的优惠政策等都得不到有效落实，公、民办学校教师不能合理流动，民办学校教师流失现象日益严峻。

三是无序竞争导致生存环境恶劣。民办学校间的无序竞争，导致其在教学、管理、招生、收费等方面出现混乱现象和严重问题。

当前，在全国财政情况好转、政府教育投入日益强大，公办学校办学条件不断改善、教师待遇日益提高，民办学校原来与之竞争的优势不复存在的大环境下，民办教育的发展遇到了前所未有的挑战。

我们认为，应进一步认识到民办教育发展不是解决政府财力不足的应急措施，而是具有多元办学，增加教育事业活力的深层作用。民办学校具有的体制优势、机制优势和时空优势对于公办学校乃至整个教育事业的改革和发展具有借鉴和促进作用。要按照《民办教育促进法》的立法原意，从国家教育事业发展的战略高度，进一步重申和明确“促进民办教育发展”的指导思想，真正实现法律所赋予的四个平等地位：即民办教育和公办教育、民办学校和公办学校、民办学校教师和公办学校的教师、民办学校学生和公

办学校的学生都具有同等的法律地位，从而促进形成公办学校和民办学校优势互补、公平竞争、共同发展的格局。为此，我们建议：

1. 加强民办教育相关法律政策的协调性、科学性和可操作性。

一方面，鉴于相关部门对于《民办教育促进法》落实不力的情况，建议全国人大对《民办教育促进法》进行执法检查，并由国务院相关部委就《民办教育促进法实施条例》中的相关条款进行解释，改变现有法规政策过于原则、操作性较差的状况，保证民办教育法律实施过程中的公平、公正。另一方面，鉴于不同部门对于民办教育政策的不协调性，建议重点加强《民办教育促进法》与部门法律法规的协调和清理，解决法律法规之间的内在冲突，保障民办教育同等法律地位的实现。同时，要鼓励地方政府结合区域实际制定有特色的地主性法规，实现以点带面、逐步推进的立法模式。

2. 明确界定民办学校与公办学校不同的战略定位、发展重点和培养目标，构建公民办教育共同发展的格局。鼓励公办中小学承担普及型国民基础教育，民办中小学承担特色型基础教育；公办高校将发展重点放在深化教学改革、努力提升教学质量与科学研究水平上；而民办高校则应以承担高等教育大众化乃至普及化的教育教学任务为己任。

3. 从学校层面的公平竞争、教师层面的公平待遇、学生层面的公平地位三个角度，为民办教育的生存和发展创设公平环境。

（1）关于学校层面的公平竞争。民办学校法人性质未加以细致明确，使民办学校的税收、建设用地、信贷融资以及其他不以营利为目的的教学科研和经营活动都无法享有与公办学校同等的政策待遇。特别是税收政策上的不平等严重阻碍了民办学校的后续发展。建议教育部出面，协调财税部门，对现行的民办教育税收政策进行修订，对从事学历教育的民办学校缓征企业所得税。明确各类民办学校税收优惠政策的范围，改变现行以“由国家财政部门拨付事业经费”或“经费纳入国家财政专户管理的学校”作为税收优惠标准的做法。对不要求合理回报的民办学校给予享受公办学校同等的税收优惠待遇：民办高等教育以所在地公办高校同类专业的生均事业经费作为衡量标准，民办基础教育以所在地同类学校生均事业经费为衡量标准，收费相当或低于这一标准的免征企业所得税；高于这一标准的，对高出部分征收企业所得税；对要求合理回报的民办学校制定独立的税收优惠政策。使税务部门在征税时有法可依，也使民办学校明确自己的税收义务，保障其合法权益。

（2）关于学生层面的公平地位。无论是在公办学校还是民办学校的义务教育阶段的学生都有享受政府提供的免费义务教育及其经费保障的权利。对于承担义务教育任务的民办学校，应根据接受地段学生的数量和所在区县公办学校生均经费的标准拨付教育经费。政府拨付教育经费后，学校应在原有的学费标准中扣除或冲抵政府拨付的经费额度。在同省范围内，可以采取统一结算义务教育券，实行财政转移支付的办法。对于跨省接受义务教育的学生，也可以采取教育券的方式，进行省际间结算。接受政府财政资助的民办学校，经费使用应受到政府的监督。同时民办学校学生在助学贷款、奖学金以及火车票等方面享受公办学校学生同等的优惠政策。

（3）关于教师层面的公平待遇。建议由教育部牵头，会同人事、编制和民政部门等单位共同协商，依据有关法律法规的精神，明确民办学校参照“事业单位”进行管理。给予民办学校教师与公办学校教师同样的“事业编制”待遇。正规事业编制中由国家承担的费用部分，可以由民办学校承担，不增加国家的财政的负担。

4. 充分发挥民办教育办学体制机制灵活的特点，给民办学校充分的办学自主权，使民办学校走上特色教育和内涵发展的道路。

（1）给予基础教育阶段的民办学校以课程选择的权利，鼓励民办学校向特色方向发展。允许学校自主选择教材，对管理水平、师资质量较高的民办学校进行课程松绑试验，校本课程实施计划一旦确定，应报送教育主管部门备案，同时，民办学校有权拒绝除国家和地方以外的所谓计划外课程和摊派课程，努力向特色方向发展。

（2）民办学校可根据国家法律法规的有关规定，自主开展招生工作。根据情况，适当增加高中阶段和高等教育阶段民办学校的自主招生计划数。教育行政部门制订招生政策，应对公办、民办学校一视同仁，如果由于生源不足而须对招生计划进行调整的，公办学校和民办学校应同比例减少班级数和班额数。招生工作应贯彻“公办不择校，择校找民办”的原则。

（3）组织制定更为切实可行、适应自身区域特点、有利民办高校发展的地方性教育评估标准。如允许电子图书可折合并冲抵一定数量的纸质图书数量，教学用房（特别是实验实训场所）可以有适当比例的租赁等，鼓励民办高校将有限的办学经费用于师资队伍建设和学科专业发展上，更好地提高人才培养的质量。

（4）在财政性教育经费预算中开列民办学校资助项目，做大、用活民办教育专项资金，在学校内涵发展方面给予更大的扶持和激励。借鉴日本、韩国和我国台湾地区的做法，专项资金的方式可以帮助民办学校克服资金困难，改善办学条件，开发校本课程，优化专业结构，提高教育教学质量。

5. 在促进民办学校内涵发展的同时，要加强学校的内部管理，规范办学行为，促进民办教育健康持续发展。

（1）完善民办学校法人治理结构。要加强对民办学校日常管理必备的民主程序（如举办方与校长的法定分工，教职工代表大会、工会等职责的履行流程）的监控。采取奖励与惩罚相结合的手段，从制度层面上规范民办学校的办学行为，制止各种不正当竞争，净化民办教育的发展环境。

（2）完善民办学校财务会计制度。在国家没有单独出台适合民办学校的财务会计制度前，在法律允许的框架下，建议由教育、民政、税务等政府职能部门共同协商制定适合于民办学校的暂行会计制度，明晰民办学校的办学成本构成，以便于准确反映民办学校的运行情况。只有明确了可列入办学成本的科目，民办学校才能准确地核算办学成本，制定合理的收费标准，合理回报也才有可靠的依据。对极少数财务管理混乱、资产安全问题突出的民办学校（尤其是民办高校），实施财务监管。

关于加强体制机制创新，促进城乡师资均衡发展的建议

中国民主促进会中央委员会

促进城乡基础教育的均衡发展，已成为推进教育公平、建设人力资源大国的重要历史性任务。要实现区域和城乡之间的教育质量均衡发展，其关键在于教师水平的均衡发展，核心是建设一支与21世纪发展相适应的高素质教师队伍。

为了提高农村教师的素质和满足农村基础教育对教师的需要，国家教育主管部门已经出台了不少举措。如实施“两基攻坚计划”、“农村教师素质提升工程”和“农村义务教育阶段学校教师特设岗位计划”等政策倾斜措施，在一定程度上提升了现有农村教师的素质。但是由于历史的原因，我国区域之间、城乡之间经济、社会发展不平衡的制约，以及现有政策未能完全落实到位，城乡教师不均衡状况的改善仍不乐观。

我国中西部地区、特别是农村地区，以及农村地区的不同区域都存在着教师资源配置的不均衡现象，主要表现在以下三个方面：

第一数量失衡。在西部广大农村地区中小学教师尤其是公办教师严重不足，还存在着大量的代课教师，师生比低于国家标准。与城市地区教师相对过剩、师范院校毕业生很难进入教师队伍的状况相比反差

极大。更令人担心的是，现有农村优秀教师仍不断地流向城市，使极不均衡的城乡教育更是雪上加霜。

第二质量失衡。由于专业学历偏低，职后培训较少，发展条件所限，中西部不发达地区和偏远落后的农村地区的教师普遍存在着教育观念发展滞后、知识结构比较单一、教育教学方式相对落后等情况，难以适应新课改的要求，有的甚至连基本的教育教学质量都难以保证。

第三结构失衡。主要表现在“五多五少”：即在城乡结构上是县城多，农村少；在学段结构上是小学多，中学少；在学科结构上是传统学科多，新型学科少；在学历结构上是专科、高中学历者多，本科学历者少；在年龄结构上是50岁以上的多，30岁以下的少。

我们认为，缺乏制度保障是导致教师资源非平衡发展的重要原因。应着眼于加强有利于教育均衡发展的教师管理、流动和合理配置的体制机制创新，从根本上促进教育均衡发展，保障教育公平的实现。为此，我们提出如下建议：

1. 以教师支教与进修制度促城乡师资均衡发展

支教制度：国家应尽快完善城市教师到农村，尤其是贫困、边远地区的薄弱校和缺编校支教的制度。各地教育行政部门应该充分发挥对当地学校和教师资源的统筹规划和组织协调的作用，并积极会同有关部门制定并落实鼓励城市教师到农村支教的相关保障措施，以切实保障支教制度的实施。建立教师支教职责及其效果考核评价制度，将教师支教效果作为其晋升职称和职务，参评优秀教师或特级教师的必备条件。

进修制度：国家要充分重视并尽快建立农村教师定期到城市学校学习进修的制度。各省、市、县级教育行政部门要结合本地实际，研究制定当地农村教师到城市学校学习交流的整体规划与年度计划，并制定相关政策，以保障农村教师到城市学校学习的各方面支持条件。特别是针对农村学校师资少、工作任务重因而教师难以有时间到城市学习，各地教育行政部门要在保证教学内容、时间与质量的前提下，创造性地制定政策，允许农村学校统筹安排、灵活调整教学时间，如学科间轮换教学时间，或将部分教学时间调到周末、节假日或寒暑假，以保障农村教师有时间到城市学校学习进修。

对城市对口支援接待农村教师进修的学校，各级教育行政部门应制定相应的要求与激励政策：选择优质学校作为农村教师学习交流的基地；选择优秀师资“传帮带”农村教师；城市学校应为农村教师低价或者免费提供基本的食宿，并提供良好的学术条件，通过多种方式全面提升农村教师的教育素质与能力；将城市学校“传帮带”农村教师的数量及其实效作为考核、奖励优质学校和优秀教师的重要方面。

经费保障：各省级政府要在中央扶贫款中单列用于教师支教和进修的专项经费。

2. 以利益补偿机制促城乡师资均衡发展

对义务教育阶段的农村教师提供职称、户籍、土地、退休等方面的优惠政策。

职称政策。在每年职称评审、晋升和优秀教师、教坛新秀等各种荣誉称号评比中，应该向农村教师倾斜，确保其占相当比例。在农村至少服务5年，是教师评上职称或获得各种荣誉称号的基本要求。在农村工作时间较长者优先考虑。

户籍政策。到农村任教的大学毕业生和教师，可以保留其城市户籍，允许他们在农村工作若干年后返回城市继续从事教育或其他工作。

土地政策。在农村一地工作满10年的城市教师（保留城市户籍），有权参与乡村宅基地分配，用于解决其在农村的住房问题。

返聘政策。在本人自愿的前提下，农村教师在退休后可以返聘回学校继续工作，其待遇与退休前保持一致。这样可以在一定程度上缓解农村教师紧缺现象。

3. 以教师培训制度促城乡师资均衡发展

要加强中西部农村义务教育教师培训能力建设，以培训制度建设为基础，整合区域内培训资源。

培训制度建设：要加强教师教育的制度化建设，严格执行和逐步完善教师资格制度、教师培养、培训机构认定制度和教师继续教育制度。要建立对本省、市、县教师培训质量的监控和评估制度，将教师培训纳入教育督导检查范围，加强对教师培训的监督和管理。

培训资源整合：各级教育行政部门应着力整合本地行政教研力量和教师培训机构，形成区域性的教师学习与专业发展支持中心。要以教师专业发展需求为导向，针对不同学科、不同地区的教师，制订多元的培训计划，开展多种形式的培训。要建立和完善校本培训制度，以教科研为载体，鼓励和支持当地高校和教师培训机构与中小学建立合作关系。

培训经费保障：建议设立国家“中西部义务教育师资建设基金”，重点扶持中西部贫困地区的教师培训。各级教育财政拨款中增设教师培训科目（专项经费），实行中西部义务教育教师免费岗位培训。

4. 以免费师范教育制度促城乡师资均衡发展

在教育部所属六所师范院校的师范类专业全面恢复实行免费教育后，国家财政应加大对地方师范院校的扶持力度，在全国范围的师范院校全面推行免费师范教育。省市师范院校应坚持面向农村、面向边远山区的办学宗旨，为农村及老、少、边、穷地区充实教师。有条件的高等师范院校招收本科生可扩大招生地区范围。由此带来的培养经费的分担问题，可由学校所在地和生源所在地协商解决。同时，要把人才的培养和就业纳入法制化管理的轨道，切实保证免费师范生毕业后的定向就业。

大力加强西部农村地区义务教育教师培训能力建设推动我国教育质量均衡发展

中国民主促进会中央委员会

“十五”以来，国家重视了区域和城乡之间的教育均衡发展，特别是在义务教育阶段，中央财政加大了向农村倾斜、向贫困地区倾斜的政策，实施了一系列重大教育措施和“工程”、“计划”，取得了预期的效果。我们看到，广大农村地区和西部欠发达地区义务教育的办学条件明显改善，义务教育质量得到提高。

但是，正如教育主管部门和社会各方面普遍认识到的，推动我国教育的均衡发展，实现教育的质量公平，起决定性作用的是教师队伍的综合素质水平。为此，结合着新课程改革，教育主管部门大力推进教师培训工作，制订了教师全员培训计划，规定了教师继续教育课程以及实施办法，加大了教师培训的经费保障力度，推动教师培训体制改革等等，取得很大成效。但是，民进中央在西部农村地区调查发现，支撑着义务教育教师综合素质提高的教师培训体系本身却整体上能力不强，不能够满足西部义务教育改革和发展的需要，不能满足西部地区教师专业发展的需要，已经成为西部巩固和提高义务教育质量的瓶颈问题。我们认为，西部乃至全国义务教育的巩固和提高，亟待加强教师培训体系的能力建设。

在我国，各级政府教育主管部门附设的教研室（中心）、电教室（馆、中心）、单独设立的区县级教师进修学校（师资培训中心）和省市级教育学院，加上师范院校，构成一个教师培训体系。承担义务教育阶段教师培训任务的机构主要是教研室、电教中心、进修学校。我们认为，一个工作体系的能力是由运行、管理体制机制和资源投入决定的。

西部农村义务教育教师培训体系存在的问题主要表现在：

一、管理体制不顺。调查发现，在教师培训管理上，教育部门和人事部门都在管，造成政出多门、重复培训，加重了教师的培训负担。在教育系统内部教研室、进修学校、电教馆多个机构并存，协调难度大，协同效益差，更导致教师业务培训和理论提高脱节。

二、在培训组织管理方面存在严重的行政化倾向，管理粗放，形式主义普遍。一些教育行政部门在不做需求分析的情况下，制订培训规划，随意性很大。而承担主要培训任务的县级教师进修学校则被动地承接上级下达的任务，即使偶尔有自己设定的培训计划，也没有做扎实的培训需求分析。教师参加培训的积极性不足，只是迫于培训与晋升职称、年度考核的压力而不得不应付培训。

三、培训经费不足。据调查，大部分地区和学校反映教师培训经费紧张。西部不少地区的农村中小学教师承担了30%以上的培训费用。资金缺乏限制了教师培训的规模，也导致培训时间被迫压缩，课程被简化。在某些地方，不少教师培训机构“零经费运转”，完全依靠向教师个人收费，致使教师负担过重，挫伤了参加培训的积极性。

四、工学矛盾突出，节假日安排培训普遍。由于严重缺编，教师离不开岗位脱产学习进修，造成“工学矛盾”突出。致使需要脱产学习进修等较长时间的系统培训无法进行。许多培训工作只能是蜻蜓点水，难以讲深讲透，收效自然无法保证。在教师日常工作负荷大、压力大的情况，大部分教师培训又都安排在寒暑假和周末，严重影响教师群体的身心健康。

五、培训机构及培训者的能力和素质水平不高。现有培训机构及培训者的水平跟不上教师培训的需要，培训活动形式化，培训资源缺乏、内容陈旧、知识老化、模式单一、手段方法落后，脱离中小学的教学实际，无法满足新课改的需要。由于普遍缺乏对培训者的培训，致使培训者自身的素质不高，缺乏专家和优秀的学科专业人员，影响了培训质量，也造成教师的不信任。

六、培训资源贫乏。教师培训部门师资力量、技术设施参差不齐，在培训过程中硬件、信息、高水平培训者等资源条件非常有限，造成了培训工作在低水平、小覆盖、较封闭的状态下运行。许多县级教师培训机构被合并至县职教中心，而职教中心已将主要精力放在电大函授、职教等能够创收的工作上，教师培训的职能在逐渐弱化。

我们认为，为了在西部农村地区建立促进教师专业可持续发展的长效机制，使西部农村义务教育教师培训能力得到加强，必须促进教师培训管理从行政化管理向服务性管理转变，探索以需求为导向的培训规划与培训管理；必须在县一级整合教研室与教师进修学校的培训资源，构建资源统筹配置与使用的新型教师专业发展机制；必须引导进修学校与教研部门携手，与中小学建立合作关系，形成以学校为平台、以研训合一为宗旨、以骨干教师培养为抓手的校本培训长效机制。

为此，我们建议：

一、理顺教师培训管理体制，加强教师培训工作的统一管理。明确教育行政部门为中小学教师继续教育的主管部门，负责教师培训资格认证管理。人事行政部门应与教育行政部门统筹协调，以服务好教师职称评定工作为唯一出发点，在教师职称评定时无条件认可。建议将教师培训工作作为教育督导重要指标，纳入区县政府政绩考核范畴。

二、推动地方整合教师培训资源，实现机构整合和职能融合，提高培训综合效益。应加快培训机构改革，实现区域内教师进修、教研、电教等相关部门和机构资源的有效整合和合理配置。可以将区县教研室合并到进修学校，组建师资培训和教研中心。同时，依托进修学校内部的电教室成立区县教育信息中心，负责区域内中小学的信息技术教育、电化教学和网络资源的管理与服务。通过职能融合，形成“研、训、管”三位一体的模式。

三、国家适时启动“教师培训体系能力建设工程”。对教育持续发展来说，加强在职教师培训和提高师范院校办学水平，是一个问题的两个方面，不可偏废。在财力允许的情况下，国家应尽快启动覆盖全国教师培训体系的能力建设工程，并优先支持西部、农村地区教师培训体系的建设。主要内容是充实基层培训机构的培训力量，提高培训者的培训能力。

建议国家、省、市加大对基层培训机构培训者的培训力度，一方面，鼓励培训者在现有基础上参加各种形式的学历进修、业务培训、支教锻炼和教育科研。另一方面，要定期性地面向社会招聘高层次的教师进入培训者的队伍，以保持整个培训者队伍的活力和创造力。

四、以需求为导向，以效益为重点，全面推进教师培训模式创新。培训机构要着眼于区域内教育事业发展的基本情况和教师队伍建设的实际需要，加强培训的针对性。在培训内容上，可采取“菜单式”培训，组织区域内特级教师、教学能手、教研员成立专家团队，形成培训课程“菜单”，由中小学教师自主选择培训课程。

加强进修学校对基层学校校本研修的指导。进修学校的教研员要经常性地到基层学校督导工作，通过听课、评课等开展以课例为载体的校本研修活动。

推广远程教育和网络研修系统，拓展教师培训新领域。

五、制定培训考核评价标准，保障和推动培训工作有效开展。建议制定新的中小学教师继续教育学分管理登记办法。将每位教师的继续教育情况，按培训类别和所在学校教师继续教育开展情况，划分等级，折合成继续教育学分，记录到《教师继续教育手册》。继续教育学分与教师年终考核、评优选先、职称评聘挂钩。

关于加强城市流动人口计划生育工作的建议

中国民主促进会中央委员会

近年来，我国人口和计划生育工作在党中央、国务院的正确领导下，经过不懈努力，取得了显著的成绩，低生育水平保持持续稳定。但正如2008年1月15日举行的中国计划生育协会第六届全国理事会第三次会议指出的，我国目前的低生育水平仍存在反弹的风险，在一些地区甚至呈现出反弹的势头，对此必须予以高度重视。相关资料表明，我国超生群体中有一半以上是城市流动人口。因此，加强流动人口的计生服务和管理既是遏制人口生育水平反弹的重点，也是完善流动人口公共服务的重要组成部分。

根据我们2007年在北京、上海、宁波、东莞和长沙五个流动人口较多的城市进行的调查，我们认为，目前在城市流动人口计划生育工作中有以下问题值得引起有关方面重视：

一、流动人口计划生育服务管理体制尚未健全，致使服务和管理上存在许多薄弱环节。以流入地为主、实行属地管理的计生服务管理体制尚未健全，致使流动人口的服务和管理上都存在空白和漏洞。无论是流入地还是流出地，计生部门为流动人口提供的计划生育服务均未到位，针对处于生育旺盛期的低龄流动妇女的计生服务更显欠缺。目前现有的针对流动人口的管理方式和方法仍然比较传统，缺乏现代管理新工具和新手段，计生管理的信息化水平较低，人口信息的采集、分析和研究滞后于计生管理需求，导致流动人口计划生育动态管理水平较差。

二、流动人口计划生育管理和服务的手段缺乏系统整合，难以很好地适应流动人口实行计划生育的需要。当前流动人口不仅数量巨大，而且其结构也发生了越来越多的变化。他们在教育、就业、收入、观念等方面的差异，以及对经济、政治和文化方面需求的多样性，使得流动人口对计划生育的需要愈益呈现出多元化和个性化特点。目前主要以“办证”、“验证”、避孕节育为主的单一管理服务手段就显得十分滞后，不能整合相关部门的资源，难以形成经济、社会、人口和计划生育相互协调和支撑的合力，因而也就难以适应新的形势、新的变化和新的需求。

三、流动人口应享有的计划生育合法权益没有切实保障。按照有关法规，已婚育龄妇女计划生育基本服务应该都是免费的，流动人口也不例外。但调查中却有近三分之一的被访者在办理婚育证明时需要交费，有47.2%的人自费购买避孕药具。许多被访者根本不知道可以得到免费的避孕药具，有些虽然知道避孕药具可以免费提供，但却不知道如何获得。在不少地区，其中也包括一些发达地区，流动人口应享有的计划生育合法权益迄今仍难以实现。

加强流动人口的计生服务和管理既是遏制人口生育水平反弹的重点，也是完善以农民工为主体的流动人口公共服务的重要组成部分。针对流动人口计划生育工作存在的上述问题，我们提出以下建议：

第一，实行以流入地为主，流入地与流出地并重、双向考核的管理服务体制。要做好双向把关、双向反馈、双向管理工作：双向把关即流出地要为流动人口办理婚育证明等，将计生情况登记表、合同、计生证明、身份证、结婚证、孕情通报单及《委托代管协议书》等立卷归档。流入地要及时查验流动人口原籍有关部门签发的婚育证明等；双向反馈即对外出已婚育龄妇女做到定期检查孕情、环情，并将检查结果及时反馈给流出地（或流入地）有关部门；双向管理即要求长期外出或居住在外地的已婚育龄妇女，一律由流出地和流入地签订《委托代管协议书》，一旦发现计划外怀孕及时采取补救措施。流入地政府要把流动人口计划生育管理服务作为政府应予承担的职责，纳入城市计划生育服务体系，调整财政预算，落实所需经费，实行属地化管理，列入社区经常性工作范围，提供与社区居民同等的服务，享受同等的合法权益和优惠政策。流出地政府要依法落实流出人口及其家属应享有的奖励优惠政策，严禁搭车收费，不得要求流出人口返回孕检，不得异地设站孕检。

第二，建立信息共享制度、数据公告制度和综合信息管理平台。建立全国统一的以信息化为基础的动态服务和综合管理平台，实现流出地与流入地之间，计生部门与公安、卫生、劳动保障、民政、农业等部门之间的信息共享，通过信息管理平台或者其他方法提交、反馈有关信息，对流入育龄人口的基本情况进行数据交换，重点是流动人口已婚育龄妇女的婚姻、生育、生殖保健服务、避孕节育措施和持证等情况。注重强化计划生育信息的采集、变更、传递、反馈等环节，实行统一采集、部门共享、专业补充、双向互通的模式，做到及时采集、适时变动、异地查询、交换共享、动态分析、分级监控。实现对流动人口尤其是已婚育龄妇女的经常化、动态化跟踪管理和服务。

第三，将流动人口计划生育服务和管理纳入流入地计生管理体系，“公平对待、一视同仁、强化服务、完善管理”。要将流动人口计划生育服务和管理纳入流入地计生管理体系，坚持“属地化管理、市民化服务”，由传统的粗放式管理向依法管理、温馨服务转变，由户籍人口为主向户籍、流动人口并重转变。对流动人口计划生育工作，要同对当地居民一样，保障其享有同等的计生服务和奖励优待政策，如免费获得避孕药具、免除计生手术费用及术后补助等。通过建立利益导向机制，鼓励流动人口自觉实行计划生育。

第四，完善流动人口计划生育工作考核评估标准和指标体系。现行流动人口计划生育工作考核在评估过程中存在考核结果和工作目标脱节现象，导致考核结果难以客观地反映流动人口计划生育管理的成效。要建立起一套以服务型管理为原则的考核评估机制，设立一系列服务导向型的考核标准和绩效考核制度，将部门绩效与领导考核直接与流动人口管理服务情况挂钩，严格执行“一票否决制”，促使各部门在流动人口的管理服务上责任、措施、实施都切实到位，使之更具合理性、可操作性，充分发挥相关政府部门机构对流动人口管理尤其是服务职能作用，更有效地推进流动人口计划生育的服务和管理。

关于进一步强化台湾农产品零关税进入大陆政策实施效果的建议

中国民主促进会中央委员会

为推动台湾农产品在大陆的销售，切实解决困扰台湾农产品丰产滞销的问题，祖国大陆对原产于台湾地区水果、蔬菜、水产品等实施零关税措施，还建立了“紧急采购台湾过剩水果机制”。为保证台湾农产品能顺利快捷通关入境，降低台湾农产品在大陆销售的运输成本，大陆海关、国家质检总局和有关口岸检验检疫机构、交通部等相关方面也相继实施了一系列优惠政策和便捷措施。

该措施实施几年来，政策效果已初步显现。据有关部门的统计，2005 年大陆零关税输入台湾水果 1158.5 吨，免税额人民币 180 万元；2006 年，大陆零关税输入台湾水果 3088 吨，免税额人民币 501 万元。贸易量和贸易额的增长对于稳定台湾岛内水果市场价格和增加台湾农民收入有积极的作用。此外，为了解决台湾农民的“丰产滞销”问题，祖国大陆还启动“紧急采购台湾过剩水果机制”三次，化解了台湾果农的危机。

但在政策实施过程中，也遇到了一些困难和问题。

1. 零关税台湾水果面临多方竞争，没有优势价格。

零关税台湾水果目前占领的仅是大陆高端水果市场的一部分，与之竞争的主要是来自东南亚国家生产的热带进口水果。大陆进口的台湾水果是东南亚国家同类热带水果价格的 1—2 倍，有的甚至更高。造成台湾水果价格高的原因是多方面的，其中一个重要原因是两岸没有实现直航，运输和保鲜成本非常高昂，加之在岛内的土地、人工、运输等成本也高，导致了台湾水果在大陆售价偏高。高昂的售价制约了台湾水果在大陆的销售，从长远看，不利于大陆对台优惠政策惠及广大的台湾农民。

2. 紧急采购的台湾水果品质堪忧，台湾农民从中受惠不多。

据大陆承担紧急采购任务的企业反映，紧急采购的台湾水果的品质明显不如正常进口的台湾水果，品质参差不齐，有以次充好，大量水果存在开箱即销毁的现象。

由于紧急采购是委托台湾省农会或国民党指定的机构来进行的，中间环节较多，有的单子给了亲信，成为其谋取暴利的手段，农民得到的实惠非常有限。

3. 紧急采购影响了承担紧急采购的大陆企业的正当经济利益。

紧急采购的操作方法实为计划经济中的紧急调拨，违背了市场规律。集中的紧急趸购，导致台湾水果价格飙升，承担紧急采购任务的大陆企业除了要承担价格上涨带来的成本增加外，还要自行承担因水果品质得不到保证而带来的经济损失。由于是紧急采购，目前企业无法进行索赔，也得不到国家相应的补偿。此外，有些品种不在零关税的目录里，加重了企业的负担。

4. 台湾水果货源供应不稳定。

台湾水果在大陆的销售还处于培育和发展阶段，想要形成稳定的销售渠道和消费群体，需要有稳定的货源支持。但是，台湾水果价格波动幅度大、货物供应量有限，对市场的发育和持续发展都会产生不利影响。厦门、广州、深圳等地几个大型的农产品批发市场都设有专门经销台湾水果的区域，但很多商铺没有营业或只有少量台湾水果在销售。批发市场的负责人表示，由于台湾水果货源供应的不稳定，影响了商户经营台湾水果的积极性，从而减少了台湾水果在大陆的销售量。出现上述现象的原因主要有两点：一是很多台湾水果有季节性，其经营者大多为当地的农会组织，其经营的水果品种比较单一，水果没采摘时，就不来销售；二是台湾未划定专门区域的水果专供大陆市场，果农们也没有专门根据大陆市场的需求，对果树的管理和采摘采取专门的措施。

为了进一步强化台湾农产品零关税进入大陆政策实施效果，为推动台湾农产品在大陆的销售，提出如下建议：

1. 充分发挥“小三通”和厦门台湾水果销售集散中心的作用。

降低台湾水果的成本最根本措施是实现两岸直航。在当前不能实现直航的情况下，应充分发挥“小三通”的优势，鼓励和支持金门地区成为台湾岛内水果及其他农产品输往厦门乃至福建、广东沿海地区的中转便捷通道，发展金门与厦门的民间贸易往来。这既有利于减少运输环节、节约时间、降低运费、保证品质，也有利于发挥厦门台湾水果销售集散中心应有的作用。

2. 减少台湾水果在大陆销售的中间环节，给予经销商适当的政策优惠。

目前，台湾水果在进入大型零售市场的时候面临抽成比例过高和拖欠货款的问题。在上海的一些超市，抽成比例占到销售额的20%至30%，无形中提高了台湾水果的售价；很多企业还受到零售商拖欠货款的困扰，有的拖欠达三四个月，给企业造成很大的资金压力。建议，政府对进入大型零售市场销售台湾水果的企业或经销商适当减免相关税费，或当他们面临资金压力时可在贷款方面给予适当优惠；鼓励台湾水果经营者开展直销，减少中间环节。

3. 规范台湾农产品产地标识，严格市场准入。

台湾水果刚刚进入大陆时，一些地区发现了用大陆生产的台湾品种水果冒充从台湾进口的台湾产地水果的现象。虽然现在假冒者日渐减少。但是，为了加强对台湾产地农产品品牌的保护，建议规范台湾农产品产地标识，严格市场准入。有台湾水果进口商还提出，希望海关在验放每批进口的台湾水果时，发放相应的进口证明文件，供销售商摆在销售现场，以利消费者识别真伪。

4. 进一步完善紧急采购台湾过剩水果机制。

在高度重视政治效益的同时要兼顾大陆和岛内企业的合法经济效益，充分利用市场规律做好紧急采购工作，才能有效地帮助台农解决实际问题。建议：

一是与国民党或台湾农会组织达成遵循市场规律、利用市场化运作来完成紧急采购的共识，不断拓宽进口渠道；

二是在实施紧急采购时，政府要对大陆的采购单位给予适当的话语权，不能简单地照单全收，避免出现紧急采购被个别人和小团体利用获利；

三是适当给予从事紧急采购的企业相关的优惠政策，减少其损失。

5. 利用大型涉农企业在香港、澳门的分支机构，实现对台湾农产品的产地考察、验货。

实现对台湾水果产地的考察、监控、验货、包销是进一步巩固和深化祖国大陆优惠政策重要步骤，也是让台湾农民尤其是中南部农民直接感受到大陆的诚意和善意的直接手段，对做好台湾人民的工作有正面积极的意义。由于台湾当局的种种限制，大陆商贸企业和普通工作人员不能直接面对台湾农民。建议政府鼓励和支持大陆的大型农业企业利用其在香港、澳门的分支机构和人员，加强与台湾的水果产区的联系，经常性地到产区考察，拜访基层农会、合作社以及产销商，直接与台湾农民面对面地交流。在逐步实现对台湾水果产地的考察、监控、验货、包销的过程中，通过大陆农业企业良好的声誉和销售成绩，让台湾农民确实感受到大陆良好的意愿，从而切实做好台湾农民的工作。

6. 可考虑全面开放台湾水果准入。

尽管目前开放的台湾水果品种，其产值已占到台湾水果产值的75.7%，超过台湾水果品种的2/3，但对岛内果农而言，还有一部分品种未被批准进入大陆，这可能会导致一部分台湾果农和农业组织在心理上有落差。为了让台湾果农和农业组织都感受到大陆的诚意，建议开放所有台湾水果准入大陆。

7. 建立台湾农产品价格监控机制，避免大规模零关税进口台湾农产品，特别是紧急采购时出现负面效应。

大陆方面在采购台湾农产品的同时应对采购的数量和时机做比较准确的把握，否则一旦出现大规模采购和紧急采购数量过大，极易使台湾某些农产品价格波动剧烈，价格上涨过快。为此，建议政府鼓励和支持民间建立台湾主要农产品价格监控机制，其工作机构可设在经营台湾农产品的大陆企业内或相关科研机构内。台湾的大宗水果销售采取的是竞价拍卖的方式批发，台北市三个较大的水果拍卖市场的价格较能够反映出某些水果的价格水平。通过对其拍卖价格实时监控，大陆方面就能及时地了解岛内农产品的价格信息，为正常进口台湾水果或准确把握紧急采购的时机提供较为客观的参考依据，既解决了岛内农产品“丰产滞销”的问题，使台湾农民得到实惠，又避免了因大规模采购导致价格猛涨而影响台湾民众的正常生活。

促进农村集体建设用地流转，推进我国工业化城镇化进程

中国民主促进会中央委员会

我国城镇化、工业化的加速和目前建设用地紧缺的矛盾十分突出。2020 年要达到城镇化率 60%、工业化率 70% 的目标，需要增加 1.5 亿亩建设用地。而在 18 亿亩耕地红线下，未来 13 年实际可以增加的建设用地不足 3000 万亩。1.2 亿亩建设用地缺口成为我国经济发展最严重的资源约束。

要妥善解决上述建设用地缺口，除了节约集约使用现有城市建设用地，将一些低山和丘陵开辟为建设用地外，一个重要的途径就是统筹配置城乡建设用地，加快农村集体建设用地向城市的流转。

目前我国城乡建设用地存量结构亟待调整。全国城乡建设用地总量为 3.41 亿亩，但城镇建城区 5700 万亩，承载着 5.7 亿人，而农村建设用地 2.84 亿亩，只承载着 7.4 亿人，全部建设用地中不足 17% 的城市建设用地却承载着全国多于 43% 的人口，农村建设用地是城市建设用地的 5 倍，农村人均占用建设用地是城市人口的 3.8 倍。从理论上说，通过对农村建设用地特别是宅基地合理规划和调整，就可以节省大约三分之二的建设用地。因此，随着农村人口流向城市的城镇化进程和农村集体建设用地的节约和集约使用，城乡建设用地总量不但不会增加，还有可能减少。这里的关键在于，如何在城镇化进程中促进农村集体建设用地向城市建设用地合理有序有效的流转。

目前，农村集体建设用地的流转试点工作已在全国部分省市展开。农村集体土地流转一方面给当地经济发展注入了巨大的活力；另一方面，由于当前法律和政策调整的滞后，集体建设用地流转中也普遍存在着一些问题，主要有以下几个方面：

1. 现行的试点和地方法规与国家法律冲突

目前，农村集体建设用地流转试点工作已在部分省市展开，一些省级人大和政府也颁布了一些相应的法规和政策。但是，由于我国宪法和土地管理法都规定城市的土地归国家所有，农村集体土地只有通过政府征收或征用才能转化为城市建设用地，所以，只要农村集体建设用地未经国家征收和征用便进入市场，无论采取何种形式，都会改变城市土地单一国有的格局，从而与宪法和土地管理法产生抵触。

2. 土地管理体制不健全，导致农村集体建设用地流转无序

目前农村集体建设用地流转大多处于自发和无序状态，一是由于城乡二元结构下城市规划只规划国有土地，对于流转到或即将流转到城市来的农村集体建设用地尚未纳入城市建设整体规划中；二是由于地方政府的利益驱动，导致区域内土地的开发整理、农村集体建设用地的流转都由各行政区各自决策，缺少全国统一的规划协调和统筹安排；三是违反规划擅自转变农地用途的现象仍十分严重。根据 2007 年对全国 90 个城市的突击审查结果，违规利用土地的宗数达到 60%；涉及的土地面积达到总数的 47%。

3. 农村集体建设用地和国有建设用地产权地位不平等

农村集体建设用地和城市建设用地产权地位的不平等表现在：城市国有建设用地有正式的土地使用权拍卖市场，实行市场定价，而农村集体建设用地流转的使用权市场体系和价格制度一直没有建立起来，以致造成“同地不同价”；城市建设用地使用主体有使用权证，可以作为抵押到银行等融资机构进行再融资和资产评估，而农村建设用地没有使用权证，也不能进行上述的抵押和融资行为，不具有资产功能。

4. 农村集体建设用地流转中产权界定不清

《土地管理法》第十条对集体土地产权作了如下规定：农民集体所有的土地依法属于村农民集体所有的，由村集体经济组织或者村民委员会经营、管理；已经分别属于村内两个以上农村集体经济组织的农民

集体所有的，由村内各该农村集体经济组织或者村民小组经营、管理；已经属于乡（镇）农民集体所有的，由乡（镇）农村集体经济组织经营、管理。

从上述规定中，我们看不出到底谁是集体土地所有者的代表？三种形式的集体土地所有权究竟如何在经济上得到实现？集体土地的经营管理者是否享有集体土地的处分权和收益分配权？

事实上，对于已经由农户承包的集体农业用地来说，其经营管理的责任当然已经落实到“农户个人”头上，法律赋予的乡政府、村委会和村民小组的集体土地的经营管理者地位已不复存在，那么，集体农业用地的所有权该如何实现？而对于集体建设用地来说，上述法律规定的经营管理者是否拥有土地的收益分配权和处置权呢？

为农村集体建设用地有序流转，提出如下建议：

1. 进一步改进和完善法律制度

从1999—2000年国土资源部在芜湖、苏州和湖州等地进行集体建设用地流转试点，到2005年广东省人民政府颁布《广东省集体建设用地使用权流转管理办法》（省政府100号令）；从2003年中共中央、国务院下发的《关于做好农业和农村工作的意见》（中发［2003］3号）到2007年国务院办公厅下发的《关于严格执行有关农村集体建设用地法律和政策的通知（国办发［2007］71号），再到2007年国土资源部制定的《农民集体所有建设用地使用权流转管理办法》（建议稿），都表明了中央和地方政府对农村集体建设用地流转积极肯定的态度。但是，正如前面已经指出的，只要农村集体建设用地未经国家征收和征用便进入市场，无论采取何种形式，都会改变城市土地单一国有的格局，从而与宪法和土地管理法产生抵触。

如果考虑到现行的宪法是2004年刚刚修改过的，在短期内不宜再做修改，建议对土地管理法做出如下修改：原有城市的土地归国家所有，新增城市土地可以采取多种所有制形式。对于新增的公益性用地，继续通过征收或征用的方式获得，并实行国有；对于非公益性用地，在符合城乡建设统一规划的前提下，由用地单位通过市场而获得，农村集体建设用地可以进入市场自由交易。

通过上述修改，农村集体建设用地的流转以及相关的政策法规与宪法和土地管理法之间的冲突就可以基本消除了。

2. 加强城乡建设用地统筹规划，推行增减挂钩

如前所述，我国目前城乡建设用地总量已达到3.41亿亩，其中农村建设用地是城市建设用地的5倍，农村人均占用建设用地是城市人口的3.8倍。从总量上看，推进工业化和城镇化进程与保持18亿亩耕地并没有尖锐的矛盾。这里的关键是要加强城乡土地统筹规划，实行“增减挂钩”。所谓“增减挂钩”，就是城市建设用地增加和农村建设用地减少相挂钩。这个政策已在一些地方试点，是一个城乡建设用地统筹规划的有益尝试。

为了更好地推行“增减挂钩”政策，建议：

一是以大城市为依托加快城镇化进程（因为大城市比中小城市和城镇更节省土地），改变大中小并举，特别是优先发展小城镇的战略；

二是要把城镇化落到实处，不仅要让农民离土又离乡，还要让农民进厂又进城，并在城市安居乐业，变成城市居民；

三是要改革征地制度，非公益性用地，一律通过市场公平交易，这样一方面可以引导制造业向城市边缘的工业园区集中，另一方面使农民分享城镇化和工业化进程中由于土地转用所带来的巨大收益；

四是改革农村宅基地制度，推行宅基地有偿使用和有偿转让，这样可以激励进城定居的农民放弃农村的宅基地，使“增减挂钩”政策落到实处。

3. 促进工业化和城镇化过程中土地的节约和集约使用

要按照国务院有关节约集约用地的要求，加快城市规划相关技术标准的制定和修订，尽快出台新修订

的人均用地、用地结构等城市规划控制标准，并利用价格和税收等经济手段，促使各项建设建筑密度、容积率、绿地率达到合理标准。节约集约用地、盘活存量土地的责任在地方政府。而目前城市许多土地的闲置，有相当大一部分是由地方政府本身的原因造成的。建议国务院和国土资源部对由于地方政府本身的原因所造成的土地闲置，提出有效的治理和改进措施，同时建议地方人大对地方政府违规征地和闲置浪费土地的行为进行有效的监督。

4. 建立统一的城乡建设用地市场

要加强城乡土地市场体系建设，实行国有建设用地和集体建设用地“统一市场”，达到“同地、同权、同价”。进行城乡土地市场体系建设，关键在于赋予城乡集体建设用地相同的权益，“同权”是根本。同为建设用地，已经不存在土地转用问题，应当具有平等的产权，实行“同地，同价”。在此过程中，国家的税收政策也应进行相应的调整，使集体建设用地和国有建设用地负担相同的税费。城乡统一的市场体系建设不仅会增加国家和地方的税收，而且会更高效地利用现有的建设用地存量资源，同时形成合理的土地价值发现机制，有利于引导长期投资。

5. 明确界定农村集体建设用地各种权利

目前，农民集体建设用地流转中，“集体产权”主体即农民的利益和资产收益份额在分配机制中没有体现出来，而处于“管理者”地位的农村基层组织（村、乡）却获得了大部分集体资产的收益，以致“管家成了主人”。因此，农民集体建设用地流转下一步改革的目标应该是对流转土地的产权主体、权利和利益边界进行法律确认，还原农民作为土地资产所有者的地位和应得的权利。这一方面有助于保证农民根据其产权地位分享工业化的成果，另一方面也有助于遏制基层政府卖地的冲动，有利于形成和谐的微观市场结构。

6. 要用经济手段落实城乡建设用地统筹规划

目前有关限制经营性集体建设用地流转以及禁止城镇居民购买农村宅基地和农民住宅或“小产权房”等政策，无非是担心房地产业的高利润会诱使大量农用地非法违规转变为建设用地。但是，我们可以主要借助于经济手段并辅之以分类管理，而不是因噎废食或用一刀切的方式来保证城乡建设用地统筹规划的实施。

其一是政府通过大批推出廉租房和经济适用房，有效地遏制城市房地产价格特别是住房价格不合理的上涨。

其二是严格土地用途管理，确保城乡建设规划落实不走样。

其三是促进集体建设用地能够有序合法地进入市场。

其四是政府给予农业有力的保护，对种粮农民给予合理的补偿，保证用于农业的土地收益不亚于非农业用地。

关于改善环渤海地区生态环境承载力的建议

中国民主促进会中央委员会

渤海地区是我国继珠江三角洲、长江三角洲后的中国经济发展的第三个“增长极”。随着经济的高速发展，环渤海地区的生态环境承载力的压力将变得越来越大，如何在经济开发建设中，保护好环渤海地区的生态环境是一个重大课题。

渤海是我国最大的近封闭型内海，海域面积约7.7万 km^2，平均深度18 m。渤海资源十分丰富，其石油开采、渔业、盐业、旅游业和港口开发等在全国都占有优势。环渤海地区以辽东半岛、山东半岛、京津冀为主的环渤海经济圈，人口密集，是我国北方经济最发达的地区。环绕渤海的16个沿海城市，依托其特殊的自然条件和地理位置，强化港口产业支撑，大力发展石化、精细化工、海洋工程、盐化工、造船、汽车、钢铁、装备制造、现代物流业、旅游服务业等临港产业，形成一个大型经济区，成为我国北方经济发达的地区之一。但是，在环渤海区域经济快速发展的同时，近岸海域的环境在不断恶化，环境问题日益突出，已危及到环渤海经济的可持续发展。突出表现在以下几个方面：

1. 近岸海域水质超标严重

渤海大部分沿海城市的近岸海域，污染物超标严重，海洋环境恶化。根据2006年国家环保总局的数据，渤海最大超标污染物是无机氮，超标倍数达6.4；石油类超标倍数6.2；pH、化学需氧量和铅都存在超标现象，但程度较轻；溶解氧、铜也有超标。Ⅳ类、劣Ⅳ类海水为21.7%，上升2.5个百分点。主要污染因子是无机氮、活性磷酸盐和石油类。渤海湾水质为重度污染，Ⅰ、Ⅱ类海水比例不足40%。

2. 近海渔业资源急剧衰退

渤海是海洋生物产卵区、索饵区和洄游区，污染严重使海洋自然生态系统遭到破坏，生物多样性发生变化，水产资源减少。经济鱼类向短周期、低质化和低龄化演化。80年代以后，渤海大型鱼类资源基本破坏，小型鱼类资源严重衰退。对虾资源减少到最低谷，最近7年产量为1000吨—3000吨，而历史最高为30000吨，相差10倍以上。

3. 赤潮频繁发生

近年来，渤海几乎所有近岸海域都发生过赤潮，造成鱼、虾、贝类大量死亡，经济损失惨重。1989年在河北黄骅海域发生的赤潮影响到辽宁、山东、天津，面积达1300平方公里，造成损失3亿多元。1998年渤海赤潮发生重大赤潮灾害，其规模和延续时间皆为史无前例，污染发展状况十分严重。另外，突发性溢油事件也频繁发生，油类污染使渤海海水溶解氧降低，海水中鱼虾贝类由于油膜堵塞而窒息死亡。

4. 一些优良岸线和滩涂正逐渐减少。辽东湾、黄河三角洲、河北等地原有较多湿地，近几年受人为和自然因素影响，面积大为缩小。辽河口湿地甚至在20年间退化了60%—70%，黄河三角洲湿地损失1/3以上。

问题的成因：

1. 陆源污染

目前，环渤海区域的沿海各城市都在大力发展港口建设和沿海工业。港口建设及临港工业开发过程产生大量的废弃物，包括生活垃圾、工业企业排放的废水、港口城市排放的生活污水，以及违章倾废致使渤海海域的生态环境恶化，海洋环境和资源遭到破坏。根据2006年入海河流断面水质检测，Ⅴ类和劣Ⅴ类高达三分之二。直排海污染源废水和主要污染物排放总量为废水9.3亿吨，COD9.2万吨，石油类598吨，氨氮1.05万吨，总磷910吨。

2. 渤海自净能力差

渤海是一个近乎封闭的浅海，纳污能力差，水交换能力更差，海水自净能力有限，渤海海水的更新周期为15年。一些海洋科学家认为，大约需要200年左右才能够把这个已污染的渤海海水置换成一个正常的渤海海水。生态环境破坏容易恢复难，有的永远难以恢复。

3. 海域环境管理薄弱

环渤海区域是我国经济发展较快的地区，也是污染负荷量增长最快的地区，是环保压力日益加重的地区。但该地区环境管理跟不上地区经济发展，许多环保部门对海域环境尚未设专门机构甚至无专人管理。海洋环境保护投资比例严重失调，造成海洋环境保护队伍不稳定、组织协调工作不得力的局面。

自2001年10月1日国务院批复《渤海碧海行动计划》以来，在环渤海四省市人民政府和国务院有关部门的共同努力积极配合下，环渤海地区环境保护工作得到一定加强。为保护环渤海地区的生态环境，实现可持续发展，特提出以下建议：

1. 尽快制定“渤海环境污染防治条例”，加强对治理海洋污染的硬性约束

为了尽快改善渤海环境质量，加强渤海污染环境治理，国务院于 2001 年批准实施专门针对渤海污染环境管理治理的《渤海碧海行动计划》，要求控制近岸海域污染，恢复渤海生态环境。国家海洋行政管理部门有针对性地制订了《渤海综合整治规划》、《渤海沿海资源管理行动计划》以及《渤海环境管理战略》等专项计划。这些专项计划在一定程度上遏制了渤海环境质量的进一步恶化。但要从根本上改变渤海环境质量不断恶化的局面，还需有法规和制度的保障。因此，建议尽快制定《渤海环境污染防治条例》，以更严格法规和制度控制渤海海域环境污染。

2. 建立渤海海域的区域性协调管理机制

目前，环渤海地区的入海河流缺乏全流域的环境综合管理。流入渤海的较大河流有海河、辽河、黄河、滦河和小清河。海域中陆源污染物的来源涉及到整个流域。建议由国家环保局牵头、国家海洋局，建立渤海海域的区域性协调管理机制，加强区域和流域合作，强化各省市协同治理、解决区域性海洋环境和生态保护问题。积极实施渤海环境保护总体规划，对渤海海域的主要入海河流，逐一地制定流域环境污染治理规划，与陆地环境管理紧密配合，最终制定出全渤海海域环境综合治理规划和政策。

3. 国家和沿海三省二市要加大投入，实行渤海湾近岸海域 COD、氮、磷总量控制

陆源入海排污超标是造成近岸海域环境污染的主要成因，因此，应作为控制与治理的重点。要加大政府投资与社会资本运作力度，改造和扩建现有污水处理厂，建设新的城市污水处理设施，提高其污水处理能力，减少污染物排放总量。严格实施排污总量控制制度。

4. 尽快实施近岸海域环境功能分区管理

按照全国主体功能区规划要求，优化渤海开发空间，促进渤海开发利用规模、强度与渤海资源、环境承载能力相适应。目前，环渤海地区的一些省市已经制定了本地区的海洋功能区划，应在此基础上尽快制定环渤海地区近岸海域环境功能区划，对渤海海域实行综合的环境功能分区管理。加大实施生态治理工程，科学制定水产养殖业的发展规划，在市区和风景区近岸海域应禁止进行浮筏养殖，特殊情况可在离岸 2000 m 以外海域进行浮筏养殖。严格保护湿地，保护流域和区域生态平衡，搬迁改造污染严重的企业，保护水源地。

5. 贯彻科学发展观，把环渤海区域建成循环经济发展示范区

调整产业结构，合理规划沿海及近岸的企业布局，对排放废水、废气、废渣等严重污染海域的企业要限期搬迁、整改或关闭。大力发展循环经济，积极推动产业循环式组合、企业循环式生产、资源循环式利用，全面推行清洁生产，重点在煤炭、建材、电力、轻工、化工、冶金等高资源消耗行业推广循环经济的生产方式。加强对港口、船泊的环境污染监管工作。加强港口城市生活垃圾和废旧物资的回收、加工、利用，提高资源回收和循环利用水平。

关于太湖水环境综合管理体制改革的建议

中国民主促进会中央委员会

太湖流域以占全国 3% 的人口，承载着全国近 12% 的 GDP 总量，在各大流域中经济发展水平最高，但水环境质量是最差的区域之一，且近年来持续恶化。

太湖流域严峻的水环境状况，来自于流域经济迅速发展，人口规模大、密度高，工业生活污水排放持续增长带来的压力，同时也与流域水环境管理体制不能适应形势发展的需要密切相关。

一、太湖流域管理体制改革面临的主要问题

（一）部门协调问题。在现有的体制框架中，部门冲突、特别是环保部门与水利部门在流域水污染管理领域缺乏有效协作，已经成为流域水环境管理面临的主要体制障碍之一。从多个流域的管理实践来看，目前部门协调的难度要高于地区协调的难度。无论是成立于1996年的由国务院各部委和苏浙沪两省一市领导组成的太湖水污染防治领导小组，还是2002年开始的污染防治联席会议，实际效果均不理想。

（二）中央对地方的监管问题。我国的水环境保护实行统一管理与分级、分部门管理相结合的制度，国家环保总局是水污染防治的主管部门，地方政府对所在地区的水环境质量负总责。实际上，国家环保总局对地方环境管理的监督十分缺乏，由于地方经济发展的优先考虑和制度不健全，国务院制定和颁布的环境政策往往难以落实到位，在环保问题上出现了中央对地方监管制度的缺失。

（三）流域管理体制不顺。我国目前的水污染防治管理体制是以行政区域管理为主的，在体制安排上存在与流域性污染不对称，各行政区污染责任不清，相互推诿责任，导致严重的跨界水污染问题。

目前太湖流域的水环境管理机构除地方环保局外，主要是太湖流域管理局和华东环境督查中心。太湖流域管理局作为水利部的派出机构，其主要职能是负责流域内水功能区划和调度，其职能相对单一，无力承担跨部门、跨区域的流域性问题的综合协调与管理任务，难以科学地协调各行政区间利益，无法制定并贯彻落实有效的跨行政区水污染防控管理意见及相关政策制度。与此同时，2002年由国家环保总局授权建立的华东环境督查中心，在2006年5月被明确为执法派出机构之前，具有执法主体不明确、督查中心信息不畅以及职责不清等弊端。自2006年5月后至今，以监督、协调、应急作为工作思路的华东环保督察中心，依旧被身份模糊、信息不畅、职权不清等管理体制问题所困扰。

（四）区域协调与合作问题。就流域水资源和水环境管理而言，缺乏对跨行政区的江河、湖泊综合开发利用的具体政策。缺乏跨地区的信息公开和通报制度，加之监测体系不健全，不能确保流域各地区及时获得准确、必要的水量和水质信息。此外，目前我国在跨行政区的补偿机制方面还十分薄弱。

太湖流域所在的长三角地区，区域合作已经有了较大程度的发展，特别是过去十年间在水污染防治的区域合作方面也有了一些尝试，积累了一定经验。例如，江浙边界跨行政区水污染防治，已经初步建立了两地区合作的“六大机制”。这是该流域进一步开展和加深区域环境合作的有利基础。除了流域各省区自身的努力，中央政府能否为区域合作确立一个好的制度框架，特别是区域协商、决策的规则，是区域合作顺利与否和成效如何的关键。

（五）排污企业的监管问题。排污企业的监管主体是地方政府。很多排污企业有法不依、超标排放，“违法成本低，守法成本高”，有法制不健全的原因，但根子在地方政府执法不力、监管不力。随着太湖地区经济高速发展，纺织印染、化工原料及化学制品制造业成为太湖地区的支柱产业。随着环境治理力度的加大，一些污染严重的工业企业转移到了监管相对薄弱的农村，大量工业污染沿着河网再进入太湖。因此，如果环保目标不能真正纳入地方政府的绩效考核范围，建立对地方政府官员的环境保护问责制，上述现象就很难从根本上改变。

自种植业、养殖业生产所产生的污染，特别是氮、磷等营养物质，已成为引起中国近年来湖泊富营养化和水华事件频发的主要污染物。包括太湖流域在内，面源污染已经成为水环境恶化的主要原因之一。近年来太湖总氮和总磷的主要来源除工业污染外，农业点源污染和城市生活污染的比例显著增加，对于太湖最突出的富营养化问题，以工业污染治理为主的措施很难起到预期效果。因此，在太湖流域的水环境综合治理规划中，面源污染的控制也需要引起足够的重视。

二、太湖流域管理体制改革的建议

太湖流域水环境管理体制改革，可以分别从机构、机制两方面着手设计。

（一）机构改革。建议成立由国务院代表和流域各主要省区政府代表参加的“太湖流域水环境保护委员会”，作为太湖流域水资源水环境保护的议事和协调机构，该委员会可以在已有的太湖水污染防治领导小组和水污染联席会议基础上形成。该委员会行使国务院授权的太湖流域综合管理的决策权，研究起草流域法规，审查修订流域综合规划、区域规划和专项规划以及大型工程项目；协调处理流域环境保护工作和管理的重大问题，调处流域重大水事纠纷。各部门的流域机构和各省相关部门机构，逐步成为执行机构，主要任务是执行流域综合管理决策。

（二）机制建设。

1. 建立地方官员环保考核问责机制，特别是建立断面水质责任制和区域排污总量责任制，将环境指标真正纳入地方官员考核体系。

2. 建立跨行政区的环境合作机制。鼓励地区之间探索建立各种区域环境合作机制，为地区合作搭建平台。

3. 建立跨行政区的污染补偿机制。探索通过建立流域基金、制定流域上下游之间补偿原则的多种途径，建立跨行政区污染的经济补偿机制。

4. 建立健全跨行政区的纠纷调解机制，包括协商机制、仲裁机制、法律诉讼机制等。

5. 建立健全统一的污染监测体系和信息公开机制。建议国家环保总局与水利部协作，建立太湖水环境质量的统一评价标准体系，及统一的水环境质量监测发布系统。

6. 建立强制性的水环境信息公开和披露机制。建立流域地区间的信息通报机制，特别是水污染事故通报机制，增强跨区域联合处理水危机的能力。

7. 积极引入评估和利用经济手段，完善排污收费制度。采取多样化的特许经营模式，鼓励民间资本和外资参与环境基础设施建设，特别是污水处理设施建设。

8. 积极探索建立环境容量有偿使用制度。通过试点，探索建立基于水体最大排放负荷的总量控制制度，公平分配初始排污权，采取排污权有偿获得。

9. 推进和健全公众参与机制，扩大公众知情权。推行政务公开，实行环境保护政策法规、项目审批、案件处理等政务公告公示制度。完善相关政府网站，公开发布环境质量、环境管理等环境信息。建立企业环境信息披露制度。发挥舆论监督作用，监督流域管理部门依法行政，监督政府与企业的环保行为。

关于进一步加强甘肃民勤生态环境综合治理的政策建议

中国民主促进会中央委员会

民勤县位于河西走廊石羊河流域下游，全县总面积 1.59 万平方公里，其中荒漠化面积占 94.5%。目前，民勤县的东北西三面被腾格里沙漠和巴丹吉林沙漠包围，成为我国四大沙尘暴策源地之一。

近年来，在国务院各部委、甘肃省政府的支持下，武威和民勤的干部群众采取了各种防沙治沙措施，使民勤的生态环境在局部有所改善。但民勤的生态环境恶化趋势并未得到遏制，绿洲沙化速度在逐渐加快，呈现出整体恶化的态势，突出表现在：

一是两大沙漠在民勤合拢的趋势越来越紧迫。近年来，由于沙化面积的扩大和流沙推进的速度不断加快（平均每年 8—10 米的速度前移），腾格里和巴丹吉林两个原始沙漠已在民勤县北部的青土湖会合，从东、北、西三面对民勤形成包围之势。在民勤县的南部，只有一条狭窄的通道和武威相连，两大沙漠最近的距离已不到 8 公里。民勤绿洲已成为两大沙漠包围中的一叶孤舟，被两大沙漠吞噬的危机越来越紧迫。

二是石羊河上中游来水逐年减少，水资源濒临枯竭。水是维持民勤绿洲存续的命脉。上世纪 50 年代，民勤县石羊河入境水量为 5.4 亿立方米，到 90 年降至 1.5 亿立方米，自 2000 年起来水量跌破 1 亿立方米。“十五”期间，上游来水年均递减 1000 万立方米，2005 年的来水量只有 4600 万立方米。照这一速度递减下去，数年以后石羊河下游可能完全断流。

三是地下水位大幅度下降。民勤县目前境内可供水量在 1.5 亿立方米左右，而县内总需水量在 6.8 亿立方米。供需的缺口全靠抽取地下水来弥补。地下水的过度抽采，导致地下水位急剧下降，从上世纪 70 年代初的 1—9 米下降到现在的 12—25 米。2001 年至 2006 年，全县地下水位平均由 14.256 米下降到 17.788 米，5 年间下降 3.532 米。民勤 18 个乡镇，有 13 个地下水位已降至 21—25 米。由于地下水位过低，植物无法靠根系吸取地下水维持生存，全县已有 13.5 万亩人工沙枣林枯梢和死亡，35 万亩白刺、红柳等天然植被处于死亡和半死亡状态。

四是绿洲内耕地沙化的速度呈加速状态。据全国最近一期（1998—2003 年）的沙化普查监测结果显示，5 年间民勤监测区内耕地的风蚀沙化面积增加了 11035.49 公顷（约合 16.541 万亩），主要为人为开荒、弃耕引起的耕地沙化。据有关资料，从上世纪末前推的 100 多年间，民勤的耕地沙化面积为 84 万亩。近年来，民勤绿洲北部有 10 多万亩耕地因盐渍化被迫弃耕，395 万亩草场退化，58 万亩林地沙化，沿沙边缘地带的人民群众被迫移民，大量土地撂荒，沙化进程加剧。

五是民勤县遭遇风沙的危害越来越严重。根据县治沙所的沙尘暴监测仪器的数据推算，目前，每年有数以十万吨计的风沙落在民勤县内和绿洲腹地，近年来，绿洲内沿沙地带大量耕地沙化，植被退化导致危害加剧，年均风沙日数达 139 天，8 级以上大风年均 27.8 天，沙尘暴年均 37.3 天，最大风力达 11 级。

中共中央、国务院领导对石羊河流域特别是民勤绿洲的生态状况高度重视，多次做出重要批示。2007 年 10 月，温总理亲临民勤视察，提出了在石羊河流域治理中，必须打好三套“组合拳”：一是石羊河上中下游的治理。上游要涵养水源，保护祁连山冰川；中游要加强管理调度，科学合理用水；下游要关井节水，恢复生态。二是通过实施工程、生物、灌溉等措施，兼顾生态、生产、生活。三是植树造林，因地制宜，多种沙生植物。之后，在国家发改委和甘肃省的共同努力下，石羊河流域重点治理规划正式出台并启动。

要认真落实温总理的指示，稳步推进重点治理规划，必须认识到石羊河流域重点治理是一项复杂的系统工程，民勤县的荒漠化和生态恶化是整个流域生态治理的难点所在。

我们认为，民勤的生态保护、防沙治沙工作具有重要的战略意义。民勤的问题不是一个地区的问题，而是关系国家和民族发展大计的问题。民勤作为石羊河下游的绿洲，像尖刀一样插入两大沙漠之间，起到阻隔两大沙漠合拢和南进的作用。如果民勤失守，两大沙漠握手后共同南进，武威将面临着被沙漠吞噬的威胁，河西走廊也会在不远的将来消亡。民勤的存亡，不仅关系河西走廊的安危，更关系到整个西部地区的生态安全。若民勤失守，作为风沙源，它的影响所及将是半个中国，将对华北地区乃至华东地区的环境质量产生重大影响。保护好民勤绿洲，进行民勤生态环境综合治理，绝不仅仅只是民勤县、武威市、甘肃省的区域性问题，而是事关整个国家的生态安全和经济安全的全局问题。

民勤县目前最为紧迫的问题、最根本的问题归结到一点，就是生态环境的综合治理。要将防沙固沙、改善生态、保护民勤绿洲作为各项工作的核心目标，要贯彻生态效益优先的原则，一切工作的出发点和落脚点都要紧紧围绕民勤生态环境的改善，这应成为当前围绕民勤保护所进行的各项工作中压倒一切的重中之重。

基于民勤的重要战略地位，以及民勤、武威乃至甘肃省的实际情况，我们建议中央政府在国家层面上实施甘肃民勤生态环境综合治理工程，保护和拯救民勤绿洲。具体建议如下：

第一，全力开展甘肃民勤生态环境综合治理相关工作。以甘肃省为主，同时整合国家发改委、林业局、环保总局、水利部、农业部、教育部、卫生部等多个相关部委力量和资金，共同来做好保护和拯救民勤绿洲的工作。

第二，在石羊河流域重点治理规划的基础上制定一个具有权威性的综合治理规划。这个规划的制定，一要科学，二要争取时间。可以在现有重点治理规划基础上进行全面系统研究并加以完善，制定切实可行的民勤生态环境综合治理规划。

第三，“民勤生态环境综合治理工程”应以保护民勤生态环境为工程的核心内容。在民勤大力实施以防沙固沙、退耕还林还草为主的生态治理，以期在近期能使民勤的生态环境总体恶化的趋势得到遏制。同时应明确，民勤现有的水资源应优先保证生态用水，降低农业用水额度。

第四，以民勤为重点，落实对石羊河流域的重点治理规划。坚持“南养水源、中保绿洲、北防风沙”的原则，实现对石羊河全流域水资源的统一管理。在上游保护祁连山生态；在中游实施节水，进行农业结构调整，改变以高耗水的种粮和制种为主要产业的传统产业模式，同时，大力发展高效节水的阳光农业，以星火龙头企业带动高效节水农业的发展；在下游，逐步停止传统的大田粮食种植，大力发展林草和沙地经济。

第五，增加生态移民力度，减轻人口对水资源的压力。生态移民应与城镇化、省内外移民及产业移民等途径结合进行，以减少农业人口为主要目标。支持和鼓励当地的农民从土地上转移出来，从事防沙固沙、保护民勤植被的工作，并引导他们从事沙地经济的经营，发展林下经济，实现生态效益和经济效益的平衡。

第六，加强对有关防沙治沙、旱寒地区植物的科学研究。要深入研究沙生植被的特性，加快培育超旱生和旱生植物，掌握更为丰富的监测植被减轻沙尘暴危害的科学数据，为防沙治沙、涵养水源、改善环境奠定科研基础。

关于加强我国西部地区防沙治沙工作的建议

中国民主促进会中央委员会

中共中央、国务院始终高度重视防沙治沙工作，采取了一系列强有力的措施。建国伊始，就在沙区组织开展了农田防护林和防风固沙林建设。改革开放之初，实施了三北防护林体系建设等一系列防沙治沙工程。进入新世纪以来，实施了一系列重大生态建设工程推动了防沙治沙事业的发展，为保障经济社会可持续发展作出了重大贡献。特别是三北工程，通过近 30 年的建设，共完成造林保存面积 2500 多万公顷，为遏制土地沙化、水土流失等灾害作出了积极的贡献。

西部地区是我国沙化土地的集中分布区。据监测，西部的新疆沙化土地面积 7463 万公顷，西藏 2170 万公顷，青海 1256 万公顷，分别占三省区土地面积的 44.8%、17.6% 和 17.4%。其中，三省区的流动沙地面积分别为 2849 万公顷、129 万公顷、42 万公顷，半固定沙地分别为 808 万公顷、110 万公顷、102 万公顷。1999 年至 2004 年的 5 年间，西藏、青海、新疆沙化土地分别扩展 19.8 万公顷、12.29 万公顷、5.21 万公顷，三省（区）具有明显沙化趋势的土地面积达 902 万公顷。

西部地区的土地沙化，对工农业生产和地区经济的发展产生了严重影响。西藏、青海、新疆三省（区）直接遭受风沙危害的农田 120 万公顷，草场 2300 万公顷。近年来，因沙化危害，新疆每年粮棉减产 13 亿公斤，西藏农牧业每年的直接经济损失高达 8.2 亿元，农牧民年人均减收近 400 元，四川西北部因沙化扩展导致天然草场生产力下降近 50%。农牧民生活乃至生命财产安全受到威胁。资料显示，西藏、青海、新疆三省区有 2700 万人口和 1500 万少数民族人口直接遭受风沙危害。曾被誉为全国牧业经济百强县的青海省玛多县，近20年间因沙患再度返贫。新疆塔克拉玛干沙漠南缘地区因沙尘天气多发成为矽肺病高发区。

西藏、新疆、青海、内蒙古等省（区），地处我国西部边陲，是我国少数民族的聚居区，战略地位十分重要。由于风沙肆虐，当地各族群众特别是少数民族群众生活环境恶劣，生活水平低下，对民族团结和边疆稳定构成严重隐患。因此，尽快将西部地区的生态恢复好、治理好，对于加快实施西部大开发战略、推进构建社会主义和谐社会具有巨大的战略意义。

三北工程是我国西部防沙治沙的主要工程，对缓解西部地区沙化，改善生态环境发挥了重要作用。但与西部地区沙化程度相比，还需要加强工程的实施力度。2005年三北地区有露沙地80276平方公里，与1994年相比，露沙地增加14939平方公里，年均增加1494平方公里。目前三北地区还有沙化土地148万平方公里，占全国沙化土地的85%，其中近期具备治理条件的沙地有近40万平方公里，如果按照三北四期工程“十五”期间年均32万公顷的治理速度，完成这一任务需要100多年的时间，加快工程实施力度和速度势在必行。同时，三北地区还有31.8万平方公里具有明显沙化趋势的土地，如果保护利用不好，极易演变成新的沙地。

国家“十一五”规划纲要确定了我国生态建设的总体目标：“十一五”期间，要实现生态环境恶化趋势基本遏制，到2020年，实现生态环境明显好转。

我国西部沙区是生态建设和保护工作的重点和难点，加强西部地区防沙治沙工作，尽快遏制沙化扩展趋势，不仅是实现上述目标的迫切需要，也是增进民族团结、维护边疆稳定、构建和谐社会的迫切要求。

为此，我们提出如下建议：

一、作为三北工程的补充，建议国家有关部门尽快组织编制西部重点地区防沙治沙规划。依据全国防沙治沙规划，在对西部地区进行全面系统地调研的基础上，制定科学、可行的区域性综合防治规划，实行科学防治、综合防治、依法防治。

二、建议中央财政增加对三北四期、五期工程建设的投入，加大实施力度和实施速度。同时，建议中央财政在“十一五”后期特别是“十二五”期间，增加对西部重点地区防沙治沙的投入，统筹安排，以期经过2—3个五年规划或更短时间的专项治理，从根本上遏制西部重点地区沙化扩展趋势，使西部地区生态环境有一个明显改善。

三、建立生态保护区，加强沙化土地封禁保护区的建设和管理。三北地区是我国沙化土地封禁保护区的集中分布区域，要超前谋划，及早动手，摸清底数，编制规划。对沙化土地封禁保护区，要制定严格的封禁保护措施，禁止一切破坏植被的生产建设活动，充分发挥大自然的自我修复力，逐步形成稳定的天然荒漠生态系统。

四、建议加强防沙治沙科学研究。全球气候变化对我国荒漠化扩展和防沙治沙带来深刻影响。建议加强全球气候变暖情况下我国干旱区荒漠植物和荒漠生态系统对干旱的响应研究，预测未来全球变化情景下我国西北地区植物的水分利用格局和荒漠生态系统的碳代谢与水分平衡，为我国西北干旱区的植物引种、植被恢复、生态系统保护以及荒漠化防治等提供科学依据。

关于加强和完善国家农产品和食品市场安全监管的建议

中国民主促进会中央委员会

目前，我国农产品和食品安全监管网络体系逐步完善，食品市场、物流配送体系和食品安全信息化建设不断加强，农产品和食品安全的检测和专项整治取得一定成效，有效控制了突发食品安全事件，国家农产品和食品的市场供应能力和监管能力不断提高。但是，农产品和食品市场安全存在的问题仍然不容乐观。

从全国看，2007 年虽然全国粮食产量达到 5 亿吨，增产 0.7%；棉花产量突破 700 万吨，增产 3% 以上；肉类总产量 8130 万吨，比上年增长 1%；全年水产品产量 5475 万吨，增长 3.5%。其中，猪、牛、羊肉分别增长 4.3%、5.3% 和 7.8%。全年水产品产量 5250 万吨，增长 2.8%。但是农产品原料供应，价格一直是持续增加的，特别是在猪肉价格翻番的同时，其他农产品和食品价格也有明显增长，如 2007 年我国鸡蛋平均零售价格为 7.76 元/千克，比上年上涨了 24.43%。2007 年 12 月“菜篮子”产品批发价格环比指数为 101.7（以上月为 100），比上月上涨了 1.7%；同比指数为 115.9（以上年同期为 100），比上年同期上涨了 15.9%。从 2007 年 12 月份全国城乡批发市场“菜篮子”产品价格看，猪、牛、羊肉和淡水鱼价格仍在小幅上涨，且涨势愈加明显，茄果类蔬菜和水果价格涨幅都在 7% 以上。今年 1 月，全国多数城市牛奶价格就持续上涨，2008 年春节农产品和食品供给虽然没有出大问题，但是市场安全调控是严峻的，也预示着今年的农产品和食品供给和市场监管形势是困难的。

当前农产品和食品市场安全监管方面最突出的问题有三点：

一是小规模生产经营方式造成农产品和食品市场安全监管难度大、成本高。

与欧美国家大规模的生产方式不同，我国农业和食品产业，不管是原料生产，还是食品生产，绝大多数是小规模生产经营方式，食品生产的种类和品种多，知名品牌少，大企业少，农产品和食品市场安全监管难度大。而且小规模的农产品和食品生产方式也难以短期改善，加上大中城市农产品和食品周转和控制平台的信息和物流能力还存在众多漏洞，在这种情况下，监管范围大而分散，安全监管难度更大、成本更高，容易造成农产品和食品供应失衡，价格波动大，损失大，效益低下。

二是全国农业生产发展制约因素未得到改善。

1. 农业生产资源匮乏程度有增无减：（1）耕地资源不断减少。据国土资源部调查，从 1996 年到 2004 年我国耕地面积减少 1 亿多亩，年均减少 1000 多万亩。近两年国家采取最严格的土地管理政策，年耕地减少量也还维持在 400 万亩左右。（2）水资源紧缺。今后水的供需矛盾仍将更加尖锐，并成为影响粮食生产的重要制约因素。（3）灾害性气象的影响作用依然很大。我国农业生产仍然是“靠天吃饭”，但是，我国气候的基本特征就是降水的地区分布极不平衡，年际降水变化大，旱涝、雪灾等灾害性天气频繁。

2. 农业生产的综合生产能力低、后劲不足，如农田水利基本设施老化、破坏现象比较普遍。统计表明，“十五”时期，我国有效灌溉面积比“九五”的增长幅度下降，增幅徘徊在 1% 以内。农业生产规模小、效率低，抵御风险能力差。我国的人均耕地不足 1.5 亩，“十五”时期，农户平均每人经营耕地面积在 1.96 亩到 2 亩左右，比“九五”时期的平均 2.8 亩有所下降。农业和食品生产成本却不断增加。

三是农产品和食品市场安全信息系统和发布制度亟待进一步加强建设和提高管理水平。

目前，由于农产品和食品市场安全信息系统不够完善，加上政府权威性的信息渠道不畅，以及部分媒体和网络的报道片面，小道消息流行时有发生。

2008 年奥运会即将在北京举办，我们不仅要有效控制农产品和食品质量安全风险，也要确保农产品和食品市场安全，防止农产品和食品供应失衡、物价失控、农业和食品业损失、农民利益受到侵害，农产品和食品市场安全监管工作不容松懈。具体建议如下：

一、完善国家农产品和食品市场安全监管机制，以市场体系建设确保农产品和食品市场安全监管落到实处

国家不仅要通过多渠道构建农产品和食品安全“从农田到餐桌”全过程的预防和控制体系，同时，要加大农产品和食品市场安全周转和控制平台建设，在国家大中城市重要农产品和食品物流集散地——农

产品和食品交易中心市场，设立农产品和食品市场安全监管部门派出机构，建立与农产品和食品市场安全监管中心密切联系的信息分机构和强有力、高水平的检测分机构，不仅对进入终端市场前的农产品和食品安全进行抽样检测和监管（变分散监管为集中监管），而且要对农产品和食品物流数量和变化进行监管。逐步建立动态的农产品和食品市场安全监管体系。

二、大力推进优质农产品基地、农产品加工和食品生产基地的扶持力度，倡导和推行健康养殖和清洁种植，从源头上为农产品和食品市场安全提供一定保障条件

国家要大力推进优质农产品基地、农产品加工和食品生产基地的扶持力度，倡导和推行健康养殖和清洁种植，推动 GAP（良好农业规范）在种植业和养殖业的实施，实施清洁生产战略，大力推动健康养殖和清洁种植，以达到农业生产的规范化和标准化。尽可能依靠安全无害化处理的有机肥、作物轮作、种植豆科作物等措施增加土壤肥力，利用生物防治技术和物理防治方法控制作物病虫害等。加大投入，在全国重要的区域或省份建立国家和区域优质农产品基地、农产品加工和食品生产基地，为农产品和食品市场安全提供一定保障条件。要制定国家激励的价格政策，建立逐步提高农产品和食品价格的体系，引导农民和企业加大对农业和食品产业的投资力度。

三、重视农产品、食品仓储能力建设和提高物流能力

要像重视粮食仓储一样重视居民生活重要农产品和食品的仓储、物流能力建设，尽快在重要大中城市构建一定数量的国家重要农产品和食品战略仓储库，建立国家农产品和食品的预警和应急机制。一方面通过市场调节调控农产品和食品的供应，另一方面，通过国家农产品和食品应急系统保证农产品和食品的供销平衡和市场安全，防止农产品和食品物价的过大波动。

四、加大对农产品和食品市场和物流体系重大科技工程专项投入，提高农产品和食品市场安全监管能力，从技术上确保农产品和食品市场安全

目前，农产品和食品市场安全监管所涉及的科技，如农产品和食品供应信息和处理体系技术、物流集成技术、农产品和食品市场安全评估技术等方面的总体技术水平落后，不能满足监管工作的需要。最近出现的农产品和食品市场安全问题的出现都经过了一二年的积累，如猪肉供应短缺和价格暴涨，本来是可以预警的，但是，由于市场安全预警研究和监控不够完善，才使多年的问题积累爆发。国家应该加大农产品和食品市场安全工程建设和物流体系安全重大科技工程专项的投入，提高农产品和食品市场安全科学、技术研究和装备研究的发展速度和水平，提高农产品和食品市场监督管理部门的监管能力。

完善政府支撑服务体系，促进我国中小企业发展

中国民主促进会中央委员会

中小企业是促进我国经济社会发展的重要力量。据统计，目前，我国中小企业占全部企业户数的99%，占工业总产值60%左右，实现利税约40%，由中小企业提供的就业人数为劳动力总数的75%。在社会新增就业机会中，中小企业约占80%。

中小企业最主要、最大的、最积极的作用在于它能创造更多的就业岗位和机会。这是世界各国政府将中小企业作为扶持重点，调动一切政府资源，为其发展提供良好的外部环境和社会化服务的根本原因。据有关资料显示，发达国家每千人中，中小企业的数量平均为50个，而我国每千人中，中小企业的数量还不到10个。如果能达到发达国家每千人中有五十个中小企业的水平，就可以解决4亿人的就业问题。

目前，我国中小企业在发展中遇到一些困难和问题，如政策环境不完善，创业门槛高，市场准入和退

出机制不健全，鼓励支持中小企业创业的政策尚缺乏相应的配套措施；针对中小企业融资特点的金融产品单一，融资渠道狭窄；中小企业的税费负担较重，在西部地区，“乱收费”现象依然严重；信用体系还较薄弱，中小企业的信用意识普遍较弱；持续发展能力弱；管理水平低，制度建设滞后于企业发展速度。

具体而言，当前在中小企业发展中，体制障碍和政策阻力的根源仍旧在于政府职能转变相对滞后，具体体现在如下几个方面：

1. 对于中小企业的观念歧视仍然存在，很多惠及中小企业发展的政策措施没有落实到位，企业权益遭受侵害的情况时有发生。内外资企业税率统一后，中小企业的名义税赋负担将得到减轻，但在税收之外的收费尚存在很大的不确定因素，税收之外的各种政策走向也不明朗，众多的不确定因素，影响着企业家投资实业的积极性，不少企业反映各种名目的收费实际上已经大于正式税收。

2. 融资渠道窄、贷款困难。融资扶持是中小企业发展的瓶颈，这方面在法律上和政策上虽无障碍，但操作上和运作上却举步维艰。由于现阶段我国资本市场不完善，融资渠道单一，商业银行贷款仍旧是目前小企业最重要的外源性融资来源，但信息不对称导致良好银企关系无法建立并且维持。与小企业发展的融资需求相比，小企业贷款工作仍然存在较大差距，主要银行业金融机构小企业贷款占各项贷款余额目前仅14.7%，中小企业被迫高息吸收民间资金。

3. 市场准入限制多，政策不平等。一些行业和领域在准入政策上虽无公开限制，但实际进入条件则限制颇多，主要是对进入资格设置过高门槛。人们将这种“名义开放、实际限制”现象称为“玻璃门”，看着是敞开的，实际是进不去的，一进就碰壁。

4. 政府管理体制不顺。政府部门对非公有制经济多头管理、各自为政。在地方，部门、机构之间在非公有制经济管理上往往是涉及利益时大家都插手，遇到困难时大家都回避，承担责任时大家都推诿。

5. 社会服务体系远未建立。大量中小企业特别需要的创业辅导、企业诊断、技术支持、员工培训等政府服务和社会服务，或是基本没有，或是尚处于起步阶段。相当部分中小企业深感创业难、经营难、有了问题解决难，处于无助地位。

我国中小企业既是一个数量庞大、富有活力的经济群体，又是一个相对处于弱势的群体；既存在创业难、发展难的问题，又存在企业规模不大、实力不够强、总体素质偏低、增长方式粗放、市场竞争力不强等问题。要保持我国经济社会又好又快发展，必须重视和促进中小企业发展，尽快建立并完善惠及我国众多中小企业的支撑服务体系。为此，提出如下建议：

1. 加快政府职能转变，为中小企业创造良好的外部发展环境，提供优质的服务。加快政府职能转变，切实把政府经济管理职能转移到为市场主体服务和创造良好发展环境上来。促进中小企业发展涉及到劳动保障、财政、税务、金融、教育、人事、工商等多个部门，涉及法律、政策、公共服务、社会文化等各种发展环境，需要多个部门形成工作合力。政府应当树立“小企业大就业”的意识，增加公共服务的供给。政府职能的转变将理顺政府和企业之间的关系，政府一般不再是企业的投资决策者和经营管理者。企业按照现代企业组织的要求，由投资者决策，由经营层负责经营管理。

2. 正确引导和提供支持。政府应当引导中小企业改变发展思路，调整产业结构，特别是污染型、劳动密集型的企业，有了一定积累之后，应当向科技型企业发展。鼓励中小企业走专精新特之路、走与大企业配套之路、走农产品深加工之路、走劳动密集型发展之路、走科技进步之路、走外向型发展之路、走现代服务之路、走产业集群之路、走诚信经营之路、走科学发展之路。

3. 着力构建中小企业社会化服务体系，为中小企业创业与发展提供良好的服务环境。可以推广温州经验，在全国推广中小企业促进协会、中小企业服务中心的做法，成立全国中小企业服务机构联合体，形成覆盖全国的中小企业服务网络，围绕信息咨询、资金融通、技术创新、市场开拓、法律援助和管理咨询等方面，贴近企业，主动开展专业化服务，力促企业发展。

4. 多管齐下解决融资难瓶颈，力促中小企业信用担保体系建设。政府应当引导银行业金融机构转变经营理念，打破只片面强调大客户的陈旧观念，要按照科学发展观的要求，提高小企业融资的成本核算能力，简化信贷业务流程，完善金融产品创新。政府应当对非正规金融加以合理的引导，使其发挥对企业融资的积极作用，对社会发展正效应多的地下金融，政府应使其身份合法化。政府要支持发展中小企业担保机构，同时，应加强管理，制定相应的政策法规，规范其业务行为，使其健康发展。政府要加强对小企业的辅导和服务，建立合理的小企业信用评级体系，促进中小企业信用担体系建设。

5. 完善政策法规体系，加大创新支持力度。要从财税金融支持、实施政府采购促进、促进人才流动、降低创新风险、支持企业投入等方面入手，制定和落实相应的政策措施，鼓励中小企业提升自主创新能力。采取政府支持引导、企业自主运作、社会广泛参与的方式，建立一批服务机构，搭建一些必要的服务平台，为企业创新提供设计、信息、研发、试验、检测、新技术推广、技术培训等全方位服务。鼓励和支持企业与科研院所开展联合、合作，发挥社会力量为中小企业创新服务。

6. 加大政策财政支持力度，为加快发展提供政策保障。制定鼓励创业投资的税收政策，对创业投资企业向中小高新技术企业投资所得的收益予以一定的税收减免。设立科技型中小企业创业投资引导基金，在创业投资企业设立初期，引导基金将以参股方式进入创业投资企业，吸引和带动社会资金流向创业投资领域。同时，改变简单划一的税收征收制度，在核定企业税额时，应把企业在增加就业方面的贡献列为重要参数，对劳动密集型企业，设定较低的纳税额度。根据不同的行业进入门槛，设定相应的纳税额度，门槛越高，税率越高，对垄断行业，可以设定更高的税率。对直接面向一般消费者的低端服务业，在设定税率时，要考虑上游税赋负担转移因素，尽量减少重复收税。

7. 鼓励并支持中小企业"走出去"。加强对海外商企的引导和服务，例如帮助所在国中资企业组建商会，按照当地法律保护企业的合法权益，通过与当地的商会组织联系，解决海外民企融资、营销和管理方面的困难。这不仅有利于中资企业的成长发展，也大有益于营造良好的外交环境。

8. 建立中小企业风险预警机制。中小企业尤其微小企业信息来源渠道少，对市场的把握和经济形势的判断能力差，生产经营中的风险更大，如原材料涨价，宏观调控政策实施，许多中小企业处于被动，无法应对，去年以来的银根紧缩，已使一些中小企业陷入困境，有的已关门失业。为此建议政府建立中小企业风险预警机制，把有关信息和可能发生的风险及时地传递给广大中小企业，使其早做准备，制定应对措施，减少损失，以利稳健发展。

关于促进长江三角洲地区科技创新合作的建议

中国民主促进会中央委员会

长三角地区是我国重要的经济增长极，其经济总量占全国的20%以上。目前，长三角地区已进入由投资驱动向创新驱动转型的发展阶段，加快地区间的科技创新合作既有条件又有必要。2003年，三地签订了《沪苏浙共同推进长三角创新体系建设协议书》，并建立了"长三角创新体系建设的联席会议"制度。这种通过建立工作机制推动三地的科技创新合作，取得了很好的成效。

目前三地科技创新合做主要存在以下三个问题：

1. 在行政设置分割情况下，三地产业不互补，市场不统一，资源配置效率低，资源短缺与浪费并存，使得三地科技合作的进一步发展受到限制。

2. 三地相关部门间合作机制欠缺，政府层面在科技合作方面的制度性安排不多，合作政策缺乏衔接，区域内技术转移和科技资源共享的长效机制薄弱。

3. 区域内要素流动的市场环境和市场体系不完善，科技协调发展机制软弱。

走创新合作、科学发展之路，既是三地自身发展的迫切需要，也是提升地区经济竞争力和抗风险能力的战略需要。应在现有基础上，以进一步解放思想、深化改革，以共需共赢为原则，以增强区域整体创新合作优势、实现整体发展利益最大化为目的，冲破行政设置阻隔，进一步拓宽合作领域，完善合作机制，尽快从事务性合作向政策性对接转变，从局部性合作向整体性谋划转变，从阶段性合作向长期制度安排转变，在更大范围内整合资源，在更高层次上实现优势互补，在合作机制、政策保障、体制创新等方面力争有新的突破，形成“以政府为引导、以市场为基础、以企业为主体”的区域化科技创新合作新格局。

基于以上认识，建议从以下六个方面，推动当前和今后三地科技创新合作向一体化转变：

1. 建立省部级长三角科技创新协调机制

长三角地区初步建立了科技合作机制，也取得了一定成效。在新时期建设创新型区域的要求下，区域合作需要从国家更高层面来协调推动。建议科技部牵头，会同沪苏浙三省建立“长三角科技创新合作联席会议制度”，以从省部级层面，协调长三角地区科技创新合作关系。

2. 推动建立“国家科技创新综合试验示范区”

这是关系到长三角能否依靠创新率先发展的一个战略性措施。要结合长三角直面国际竞争的特点，以提高产业国际竞争力为主要目标，开展自主创新试点示范。建议科技部会同有关部门进一步积极研究推动。

3. 促进一些关键的自主创新政策措施的制定和落实

《国家中长期科技发展规划纲要》出台了一系列配套政策，建议将配套政策切实落实，如企业研发费用税前抵扣等。建议发改委等部门尽快出台降低“首台套”创新产品的市场准入门槛和鼓励消费者使用节能降耗新产品的政策，同时支持在长三角地区先行先试。

4. 实现三地政务信息联通，形成区域性统一市场准入标准

建议三地政府按照“统一标准、合作建设、资源共享、推动应用”的思路，争取在全国率先建成区域性信用体系。目前，可以首先建设统一的政务信息共享发布平台，实现政务信息的联通与共享。探索建立区域性统一市场准入标准，使三地科技合作的框架能够更加清晰，合作机制更加深化。建立三地执法信息共享平台，联合进行重大整治专项活动；建立三地保护知识产权的协调机制，形成促进创新发展和保护地方品牌的发展环境。

5. 联合申报重大攻关技术项目，推进技术创新链和产业链的融合

建议三地政府充分发挥区域内国家创新中心和科研中心的作用，在及时跟踪世界科技创新动态的过程中，精心组织、联合申报科技部重大攻关科技项目，并争取列入国家重点支持计划。可集中力量、联合支持一些重大科学研究和技术开发项目，争取在较短的时间内有所突破，占据高新技术的前沿领域。把发展高新技术产业与改造提升现有产业结合起来，整合三地重点开发区，推进技术创新链和产业链的融合。运用政府采购政策支持自主创新和高新技术，建立政府采购自主创新产品协调机制，提高整个地区在国际产业链分工体系中的地位。

6. 推动行业管理服务制度创新，为科技创新和转化提供重要支撑

建议三地政府共同编制行业科技合作发展规划，加快构建三地行业技术转移网络，促进区域间专门技术转移交易和科技成果转化，大力发展具有竞争优势的特色产业，做大做强区域特色经济。以金融服务创新为切入点，加强金融对科技创新的扶持，如创设产业投资基金，试行资产证券化，创新浮动利率债券等。

关于长江上游水电开发要考虑对流域生态环境影响的建议

中国民主促进会中央委员会

长江上游地区水能资源丰富，水能蕴藏量占全流域近90%。目前，上游地区水能开发利用程度不到20%（中下游地区已经超过50%），除乌江流域和上游干流区间河段水电开发程度比较高，而其他流域水电开发程度还比较低，在长江江源至宜宾河段，水电开发不到经济可开发量的5%。未来20年，长江水电开发的主战场在长江上游地区，将有一批水电工程开工建设，届时在长江上游干支流将形成较大规模的梯级水电站群。这些水电站及水库投入运行后，将对长江上游及全流域的生态与环境产生重要影响。大规模的梯级水库的建设和运行将显著改变长江天然的水文过程、水沙分配比例。如果现行规划的水电工程全部实施，长江上游地区水库总库容将达到河川径流量的61%，除赤水河等少数支流外，长江上游干流决大多数河段都将布满梯级水库，相当多的天然河流将转为半天然河流或人工控制的河流，这种变化将给长江的生态系统和环境带来长期的影响。

长江上游流域面积约100万公顷，不仅水能资源丰富，而且森林、矿产和旅游等资源也十分丰富，同时，长江上游区处于我国地形第一和第二阶梯，地势陡峻，山高谷深，土层浅薄，地质构造活动强烈，外动力地质现象如泥石流、滑坡、山崩等灾害严重，生态与环境脆弱。

长江上游地区森林资源十分丰富，是我国仅次于东北的第二大林区，也是长江水土资源保护的重要屏障。森林主要分布在金沙江、岷江、大渡河、嘉陵江等河流的上游。多年来，由于不合理开发，重伐轻造，森林植被锐减。不少地区的森林已经破坏，有些演替为草灌群落，生态系统自我调节能力大为下降，土地退化和水土流失面积不断扩大。

长江现有鱼类370种，上游地区的有鱼类230种，其中仅见于上游水体的有103种，如中华腹裂鱼、重口腹裂鱼、布氏哲罗鱼等受到特殊的自然条件影响，仅在上游地区形成优势种群。

长江上游地区是水系、山脉、生物和人文的综合体，风景名胜和人文古迹众多，具有自然遗产、观赏和科学研究等价值。如有三峡、九寨沟、黄果树、三江并流等自然奇观，有国宝大熊猫栖息地。到2003年为止，已经建立国家级自然保护区32个，保护区面积达到200万公顷。长江上游每一条河流由于所处的地理位置不同，景色各异，自然风光具有唯一性。长江上游地区人类活动已经有100万年的历史，有各类重要遗址数十处，文物点更是数不胜数，仅受三峡水库影响的文物点就达1087处。

健康的长江不仅应该为人类服务，而且也应为流域自然生态系统提供良好的环境，流域水文循环和生态系统的维持需要自然的长江。所以，在开发和利用长江上游地区的水能资源时，应该深入了解上下游地区生态与环境敏感点，充分考虑所在水文循环、河流生态、水生物、资源、环境和人文等方面的制约因素，避免或减少水电开发对生态与环境的影响。

长江上游梯级水电站建设对流域生态与环境的影响十分复杂，短时间内较难看出明显影响，应本着科学务实的态度全面客观分析，处理好保护生态环境与水电开发的关系。水电开发的规划、设计、建设和管理者应该广泛听取各方面的意见，鼓励公众参与，尽量采取措施，减小水电工程对流域生态与环境的影响，为此提出如下建议：

1. 政府及各部门、流域管理者、水库管理者和其他利益相关者都应该具有生态与环境保护的理念，充分认识到水电站建设和运行给生态与环境带来的不利影响，同时应该认识到问题的复杂性和长期性。

2. 加强流域综合管理，在长江干支流水资源综合规划中，应从长江全流域角度，根据各河段特点，制定河流生态流量标准，作为水电站规划、设计、建设和运行的依据。水电站建设必须保持河流必要的生态流量，并从流域的角度考虑梯级水电站的生态调度。

3. 在“长江流域综合规划”的修编过程中，应谨慎论证和安排水电和水库建设，综合考虑河流的经济和自然功能，逐步实现水利设施的生态调度，特别是金沙江中游的水电开发。应根据修编好的长江流域综合规划，调整水电开发专项规划。

4. 以流域为单元，定期进行生态与环境监测，进行长期的科学观测和科学研究，对水库建设不仅应进行环境影响预测评价，更重要的是需要建立后评估制度，在工程完成后观测和分析对流域生态与环境的影响。

5. 水电站的规划不能仅考虑水能利用的经济指标，还要考虑水电站及水库对各类自然保护区及生态与环境敏感区的影响，应将避免和减少这种影响作为规划的重要目标。对于已经造成影响的，应该采取必要的工程和非工程措施进行修复。

6. 从法律等制度上建立合理的生态补偿机制，需要水电站受益者向受影响的河流生态和弱势群体进行补偿，建立流域生态与环境保护工作和研究费用的投入机制。

关于建立国家级赤水河流域综合保护与综合管理示范区的建议

民进组

赤水河是长江上游的一级支流，位于川、滇、黔三省接壤地带，地跨4个地级和13个县级行政单位。全长444公里，流域面积18932.2平方公里，河流总落差1588米，河口多年平均流量309立方米/秒。赤水河流经的13县总人口1028.4万人，人口密度273人/平方公里，现有143.5万人贫困人口，6个国家重点扶贫县。

赤水河孕育了茅台等中国酒文化的杰出代表，是长江上游自然环境保持最好的流域，是一条洁净、自然流淌的生态河。赤水河茅台上游至今生态保存完好，水质无污染，富含对酿酒有益的微量物质，水质达到II类标准。赤水河也是唯一干流无坝的长江支流，保持自然河流特征，是长江上游珍稀、特有鱼类的主要栖息地或产卵场。赤水河流域保存有世界同纬度地区最好的常绿阔叶林带。已建成3个国家级、1个市级，7个县级自然保护区。

赤水河流域是重要的生态旅游胜地，存有许多古人类遗址、古文化遗址和革命历史遗迹，具有重要的文物保护和旅游开发价值。

当前，赤水河生态环境面临的潜在威胁和挑战。主要表现在以下几方面：

1. 粗放工业化导致的环境威胁

资源型重污染工业优先发展。流域内大多数县、市处在粗放工业化发展阶段。由于资源禀赋和区域内经济发展差异，以矿产资源开发，特别是煤炭和硫铁矿资源开发为主的资源型重污染工业成为流域上、中游各县的主导产业，对中游的美酒基地造成极为不利的影响，对中、下游的旅游产业发展带来负面作用。因此，流域上、中、下游产业发展方向和布局急需统筹协调，实现流域产业结构高级化、轻型化，发展环境友好型企业。

2. 无序城镇化引起的环境威胁

赤水河流域城镇化发展迅速。赤水河流域城镇化水平低，仅为16.45%（2005年），其中古蔺县仅为

0.52%。预计，未来流域内城市化率每年增加1%左右，流域内每年将新增170万吨生活垃圾，4.3亿吨生活污水。如果城镇生活污水基本直接排放，生活垃圾露天堆放或简单填埋，是赤水河流域水质恶化的巨大隐患。

城镇化发展迫切需要进行流域城镇化综合规划，使市政基础设施，特别是城镇污水、固体垃圾的处理设施发挥最大的经济与生态效益，使城镇人口规模与基础设施建设布局相一致。

3. 深度贫困化和水土流失造成的生态环境破坏

赤水河流域是中国西南部生态型贫困区域。流域内有6个国家级贫困县，流域贫困人口约125万人，占中国贫困人口的1/20，是我国人口、资源、环境矛盾最突出的地区之一。

流域上游喀斯特地区水土流失严重，是石漠化危害最严重的区域之一。贵州毕节、大方、金沙、仁怀、遵义、桐梓六县（市）喀斯石漠化面积152750.89hm^2，石漠化趋势还没有得到根本遏制，贫困导致的生态破坏型土地开发利用在中、上游地区依然严重。

上、中游地区深度贫困与水土流失是经济发展与生态环境退化相互作用的结果，很难单纯依赖贫困地区内部的力量解决。通过流域上、中、下游的合作，综合考虑贫困与环境治理的关系，兼顾各区域的利益，对解决贫困与水土流失问题意义重大。

4. 流域不同发展与保护规划的衔接和协调缺位

尽管流域的各级行政区域，各相关职能部门都制订了相应的发展与保护规划，三省有关部门还进行了发展和保护议题的相互协商，但是，缺乏从流域整体角度进行衔接和协调的机制和模式。由于行政区划、经济发展和资源禀赋差异，流域的上、中、下游很难形成统一的保护与发展规划。上游地区资源型高污染工业为首选，中游地区是中国的美酒基地，下游地区生态保护成为核心问题，必须从各区域发展实际出发，进行各种规划的衔接和协调，保障流域的整体利益。

从行政管理职能上，流域内没有相应的管理机构进行规划的衔接和协调，也没有根据综合规划，指导各部门和各区域进行规划管理的协调机制。现有规划的衔接和协调缺位，导致各部门之间沟通不够，各地区发展规划不协调，规划修编不及时，未考虑生态区域保护等等问题的产生。因此，流域的生态环境得不到有效的保护和治理。

赤水河是小尺度流域中最典型的跨省流域综合管理单元，推进流域综合管理具有广泛的代表性和借鉴意义，建议在赤水河流域建设国家级的“赤水河流域综合管理示范区”，为中国探索流域综合管理提供前瞻性、战略性的实践案例。为此，提出如下建议：

第一，尽快开展《赤水河流域综合保护与发展规划》编制工作。

依据流域综合管理基本原则，以各部门和各区域已制定的规划为基础，从流域整体出发，衔接、协调和修改各相关规划，制定《赤水河流域综合保护与发展规划》。在流域综合规划编制过程中，采用参与式方法编制，保障各方利益。规划中应包括：

1. 自然环境与社会经济基本情况：区域生物多样性、自然资源与社会与经济状况等；

2. 人口与城市化发展战略；

3. 生态区域评估与主体功能区定位：确定重点开发区、限制开发区和禁止开发区；

4. 产业选择与布局：确定主导产业、支柱产业和基础性产业；

5. 区域、部门与专业规划的整合与协调：以流域综合规划为核心，整合、协调和修编流域现有各类规划；

6. 污染控制与治理：流域污染减排的总量设定、目标分解与污染治理综合措施；

7. 生态修复工程综合方案；

8. 国家级《赤水河流域级综合保护与发展示范区》建设。

第二，尽快建立赤水河流域综合管理与保护协作机制。

构建黔、川、滇三省赤水河流域综合管理多方参与协作机制与管理模式，统一流域发展与保护策略。开展广泛的协作机制讨论，建议从以下方面开展：

1. 三省共同成立赤水河流域保护与发展协调委员会；
2. 三省携手设立保护与发展协调办公室（联系处或秘书处）；
3. 三省联合制订关于赤水河流域综合管理的章程与文件；
4. 建立网络、论坛、简报、定期会议等信息共享平台；
5. 研究流域立法的可行性和立法模式；
6. 三省联合或分别制定关于赤水河流域保护与发展的法规或条例；
7. 三省人大依法监督赤水河流域综合管理。

第三，推动多方参与的流域综合管理与生态保护。

鼓励利益相关方参与综合流域管埋机构，促进社团组织、公民和企业参与流域综合管理，明确其权利和义务，制定具体参与的程序性规定。主要应包括：

1. 推进企业参与赤水河保护与发展综合规划；
2. 探讨和建立企业与区域间生态补偿机制；
3. 建立循环经济与可持续工业企业示范和推广；
4. 建立社区参与的可持续农业产业发展示范；
5. 加强宣传，提高公众意识，建立公众监督与建议平台。

（民进中央科技医卫委员会提供）

关于推进传统农业向现代农业转型的政策建议

民进组

传统农业向现代农业转型是我国农业发展的大趋势，它既是农业发展本身的必然要求，也是整个国民经济增长方式转变的重要内容。目前，各地都在调整农业结构、培育现代农业方面做了很多工作，取得了一些较好的经验。

进入新世纪以来，随着我国加入WTO，以及市场化、工业化、城市化进程加快，我国农业发展面临的形势发生了一些重大的变化，既给农业发展带来了良好的机遇，也使农业发展面临更大的挑战。主要表现在：

1. 竞争格局、消费格局变化使得农产品的市场竞争力越来越成为决定性的因素，国内外市场对农产品的内在品质和安全质量要求越来越高；

2. 二三产业与农业争夺资源要素的矛盾日益突出，耕地、水、能源资源的紧缺和农业环境的污染恶化越来越成为农业发展的制约瓶颈；

3. 农业区域分工和产业升级，使发展劳动密集型、技术密集型、高附加值的农产品成为必然的选择，优化农业区域布局、提升农业产业层次显得越来越重要。

由此可见，在当前经济市场化、全球化的大背景下，依靠土地、劳动力等传统生产要素来维持生产的传统农业已越来越难以为继。同时，我们必须看到在发展现代农业的过程中，还面临着一些条件和体制等因素的制约：

1. 农业劳动者年龄老化、经营规模难扩大的局面短期难以改变。由于传统农业低效益和非赢利性，年轻力壮的农村劳动力大量转移到二三产业就业；农业生产经营者的兼业化、副业化、边缘化特征也日趋明显；各类农民经济合作组织也普遍存在规模不大、稳定性较差等问题，生产经营规模扩大的局面短期难以改变。

2. 农业基础依然比较薄弱。农田基础设施薄弱，抗灾能力不强；动植物疫情形势严峻，禽流感等重大动物疫病时有发生、威胁大；农业外来生物入侵风险加大，农业面源污染治理任务相当繁重。

3. 农业产业化组织带动力还比较弱，利益联结机制不健全。生产经营主体规模偏小，组织化程度低，不仅对土地产出率构成制约，还制约优质资源导入农业；农业产业化组织和农民专业合作组织普遍规模小，经营不规范，带动能力弱，大部分企业与农民的利益联结机制不完善。

4. 农产品科技含量和市场竞争力有待进一步提高。农业科技投入不足，应用研究力量较弱，科技对农业的支撑力不足，技术推广体系不健全；农产品加工率、商品率不高，市场竞争力低；农产品物流体系发展滞后，流通交易方式传统，市场导向作用不明显。

5. 农业保险面不大，贷款难问题依然严峻。农业政策性保险还处于试点阶段，参保面和品种都还不够广，在参保中还存在针对性不强、带有一定强制性的现象；金融机构更多地是从农村吸收存款，较少发放涉农贷款，且贷款利率高于给城镇中小企业的贷款利率。

面对挑战和存在的问题，我们应借鉴国外发展现代农业的经验，注重对农业的补贴和保护，注重依靠农业科技进步，注重完善农业信息化体系；注重提高农业组织化程度，注重农业服务体系的建设。

为此，提出如下建议：

1. 加强对“三农”工作的领导，完善新农村建设工作体系。充分发挥各级新农村建设领导小组办公室的作用，充实和加强“三农”工作综合机构，完善统筹协调、分工协作的新农村建设工作体系。明确涉农部门职责与分工，各涉农部门要分工明确、责权统一、协调配合，综合部门把握宏观调控，侧重结构调整，行业部门则负责政策的落实和具体操作。

2. 推进区域农业协调发展，加大对落后地区和特殊区域的支持力度。要贯彻落实中央关于区域经济协调发展的精神和国家区域发展战略，进一步加强对西部、东北、中部和东部沿海地区农业和农村经济发展的指导工作，加大对革命老区、民族地区、边疆地区、贫困地区、水库移民地区等特殊区域的支持力度，建立区域协调发展的长效机制。

3. 重点加强对现代农业的投入，构建粮食生产稳定发展的支持保护体系。进一步健全工业反哺农业、城市带动农村的机制，大幅增加对农业科技、农民培训、农民产业化与信息化、农业环境整治、农业基础设施建设、农产品质量卫生安全监测体系建设等方面的投入。要建立多元化的农业投入机制，积极探索信贷支农的新办法，切实解决农民和龙头企业贷款难问题。进一步加大粮食生产投入和各项补贴力度，建立支持保护体系，从而保证农民种粮收入与种植经济作物收入基本持平、与外出务工收入缩小差距，以此稳定和扩大粮食播种面积，保障国家粮食安全。

4. 执行适应现代农业发展的用地政策，提高规模化、集约化经营水平。要稳定和完善农村基本经营制度，切实保障农户的土地承包权，搞活土地的经营使用权。按照“自愿、依法、有偿”的原则，鼓励专业大户、农业企业采取转让租赁、招标承包、股份合作等方式，实现耕地、水面、园地、林地的规模经营，提高农业的规模化、集约化经营水平。同时，执行最严格的耕地保护制度，有效遏制耕地减少、面积下滑的势头。

5. 紧紧依靠农业科技创新，建立健全农业科技创新服务体系。实施现代农业科技创新工程，重点组织实施一批农业生物技术、农产品精深加工技术、现代工程农业技术和农业新品种选育等重大农业科技项目，突破一批关键性技术，创建一批农业科技专业创新平台和区域创新平台。依托涉农高校、科研院所、农技推广机构，培育和壮大农业科技人才队伍，建立健全农业科技创新服务体系。

6. 强化金融对现代农业的支持。要积极探索信贷支农的新办法，推出一些符合实际、农民急需的信贷产品，优化融资服务，为农业龙头企业、专业合作社及主导产业提供贴息贷款和小额信贷，切实解决它们贷款难问题。加快农业信用担保体系建设，地方财政可按实际担保额给予一定的担保风险补助。继续推动信贷支农产品创新，推进林权抵押贷款，探索土地承包经营权抵押等多种贷款方式，扩大信贷支农渠道。完善政策性农业保险办法，适当增加保险品种，特别是一些农业龙头企业、专业大户及主导产业需要保险的农业项目，大力支持农林牧渔业互保。

7. 发展农业服务产业，构建社会化农业服务体系。一方面，加快农业科技体制、农村金融、保险、农产品流通等领域的改革，为高效生态农业发展提供更多的社会化服务；另一方面，把农业服务产业作为纳入现代服务业的发展规划，出台明确的产业导向政策，引导多种投资主体发展农业信息、科技、保险、信贷等服务产业。

关于在社会主义新农村建设中 大力加强法制宣传教育和法律服务的建议

民进组

当前我国农村的法制建设无论是与城市的法制建设相比较，还是与农村经济建设取得的成就相比，都存在较大差距和明显滞后，从而都严重影响着农村市场经济的建立和民主政治的建设进程。

这种差距与滞后主要表现在以下四个方面：

一是部分农民法律观念还比较淡薄。一些农民不严格履行经济合同，在生产过程中投机钻营，违法经营；私自买卖土地，改变基本用途；在选举中因一点蝇头小利，出卖自己的神圣权利，也有个别人用各种不正当方式拉选票贿选。

二是部分农村干部不愿意用法律手段解决工作中遇到的难题。一些农村干部遇到难题，认为走法律的路子太慢了，不如拉牛、抬粮，甚至抓人来得快；对依法治理的认识存在片面性，认为依法治村就是依法治民；认为基层工作依法管理不如老办法管用，群众知道的法律知识越多就越难管等等。

三是农村普法宣传工作机制存在缺陷。担任普法宣传和法律援助的农村司法所，没有根据农村新情况及时更新普法内容，不能适应新形势下农村法制工作的客观要求。一些农村普法工作形式单一，工作处于被动应付状态。司法所的普法人员缺乏，经费设施得不到落实。

四是农民群众依法自我保护意识不强。农民受到不法侵害时，很少找法律部门解决，依法维护自己民主权利的意识较差。少数地方乡镇政府对村委会的法律地位不尊重，仍习惯于用行政手段干预村委会的工作，村民听之任之，无动于衷。

上述问题的存在，不利于推进社会主义新农村建设，必须采取切实可行的办法加以解决。针对目前农村的实际状况，应着力抓好农村的法制宣传教育和法律服务工作：

1. 健全农村基层司法机构，积极完善法制宣传教育工作机制。

政府应加强乡镇司法所的力量，录用法律专业人员到乡镇司法所工作，对农村群众提供更多的法律援助。充分发挥农村人民调解员、司法助理员、基层法律服务工作者和法制宣传教育志愿者等队伍的作用。动员城市法律工作者对农村人民调解员、司法助理员和法制宣传教育志愿者进行传、帮、带。开展经常性的法律下乡活动，变法律下乡为法律常驻乡。动员和组织广大法律志愿者和有关社会力量在农村开展法制宣传教育。

2. 大力开展农村基层法律服务，切实保障农民合法权益。

逐步建立农村法律顾问制度。基层法律工作者要及时为农村集体、民营企业和村级经济组织提供法律服务，引导和帮助企业依法经营、依法管理，维护企业合法权益和农村经济秩序，促进农村经济的发展壮大。围绕增加农民收入、土地承包、农民减负、农村税费改革等方面的问题，提供必要的法律指导和法律服务，帮助农民群众同各种坑农、害农和损害农民民主权利行为作斗争，维护广大农民群众的合法权益。

3. 探索新思路，开创农村法制宣传教育的新局面。

创新农村法制宣传教育载体。在充分利用农村传统法制宣传教育阵地的基础上，充分发挥报刊、电视、广播和网络等大众传媒在法制宣传教育中的积极作用，将网络法制教育向农村延伸。有条件的地方，可利用法制宣传教育网站、远程教育、法律服务热线等手段开展法制宣传，形成多形式、立体化、全覆盖的法制宣传教育网络体系。同时，鼓励民间自发的法律宣传活动，形成自觉学法、知法、守法的良好社会氛围。

以加强体育师资队伍建设为抓手，切实改善中小学生体质健康状况

民进组

中小学生的身体状况既与千家万户的幸福相关，更影响着民族的未来和国家的竞争力。中小学生正处在身心发展的关键时期，通过科学的体育锻炼，促进其健康成长，养成良好的锻炼习惯和生活方式，对全民健康素质的提高具有重要作用。我国体育工作取得了许多成就，但是目前中小学生的体质健康状况仍然堪忧。据有关调查显示：我国青少年学生在耐力、爆发力、力量素质等方面呈下降趋势；肥胖率和近视率居高不下。

造成中小学生体质健康状况下降的原因是多方面的。中小学体育工作的弱化是其中一个重要原因。在应试教育没有实质性突破的大背景下，体育课程的地位越来越边缘化、内容越来越形式化。主要有以下几个方面：

1. 学校对体育工作和体育师资的建设重视不够。在我国的学校教育工作中，体育还没有被完全摆到应有的重要位置。许多学校领导认为体育课与学校的升学率无关，因而过度强化与升学相关的学科，体育在学生综合素质发展中的重要作用被忽视。一些学校在课时安排、经费保证以及体育教师的课时费、培训进修等方面没有按《学校体育工作条例》、《体育法》等相关法律法规政策操作。很多中小学体育教师反映，体育教研组没有话语权，不能参与体育专项经费的使用规划，体育教学时间受到挤占，课外体育活动得不到保证。

2. 学校体育经费投入不足，体育教师待遇偏低。学校体育活动的经费至今没有明确的标准。有的地方虽然根据自身情况配备了一定数额的经费，但是这笔经费如何使用、每年的增减幅度都缺乏相应的预算规范。大多数学校的体育教师课时费标准低于语、数、外等学科的教师，体育教师的年终奖金也大大少于上述学科的教师。

3. 体育教师质量参差不齐，培训与进修效果不佳。目前体育教师的质量也呈现出参差不齐的状况。一些教师的知识、能力结构有待优化和提高，许多体育教师对学生兴趣爱好、性格特征不太清楚，不善于了解学生的心理，教学时简单机械，不能很好地调动学生的积极性。对体育教师的培训工作有待提高，不少体育教师反映他们的培训和进修形式单一，难以拓宽教师视野，效果不理想。

4. 学校与教师承担了学生安全的重大压力，制约体育工作的开展。目前，学校和体育教师对学生参

加体育活动担心受伤的程度远远高于家长。为了防范安全事故，部分学校严格限制学生在校内外的活动空间和时间，这种过度的保护和限制行为大大减少了学生进行课外活动的机会，对学生的体质发展造成了一定的影响。而体育教师因为承担了较重的学生安全责任，普遍不敢不愿开展大运动量的体育活动。

此外，中小学校体育教育的宏观管理、课程教学、设施设备、社会参与等因素，也都在不同程度上影响到学校体育的开展情况，影响到青少年学生的体质健康状况。

在上述因素中，我们认为中小学体育教师队伍建设问题十分突出和重要。应以加强中小学体育师资队伍建设为突破口，在学校体育教育的宏观管理、投入保障、师资培养、课程教学、社会参与等方面多下工夫，切实改善青少年体质健康状况。为此，提出如下建议：

1. 政府和各级各类学校应高度重视学生体育工作

要进一步明确政府部门、教育机构主要领导为体育工作第一责任人的规定。学校体育工作成效应纳入地区教育行政部门负责人、学校校长的考核范围之列。政府在制订新的学校督导标准时，应增加学校体育工作在学校全面评价中的权重，制订学校体育工作专项评价的实施细则和具体指标，从领导重视、制度建设、设施配置、课程开发、队伍发展、资金投入、氛围营造、资源利用等方面对学校体育工作进行全方位、多层次的评价，将督政与督学有机地结合起来。

2. 逐年增加学校体育经费的投入，提高体育教师专项津贴

要把学校体育工作经费作为专项纳入年度教育经费预算内，逐年增加，确保学校体育经费不少于公用经费的5%；通过相关财政补贴，对体育教师的额外工作量提供相应的补贴；设立学校体育专项奖励基金、“体教结合”特色学校专项经费。同时，鼓励企事业单位、社会团体、个人资助学校体育活动。

3. 大力开展学校体育科研，促进体育教师的专业成长

要创新体育教师培训模式，整合本地区体育师资资源、技术资源，建立多层次、多形式、多途径的培训体系。应加强学校体育方面的科研工作，通过课题的形式，吸引教师参与到教学研究中来，探讨体育教学的规律，不断提升自己的教学能力和水平。同时，要鼓励学校非体育教师，特别是其中有体育特长和兴趣的教师，协同组织、指导和督促学生参加丰富多样的课外体育活动，养成师生良好的体育习惯，提升学校师生的身心素质。

4. 改变课程评价制度

学校应要求每个学生必须并达到国家统一颁布的学生体质健康标准，才能正常毕业。严肃处理在体育成绩上弄虚作假的行为，高一级学校应对入校新生进行体质复测，对不符合实际情况的新生做出相应处理。

5. 建立安全监护人制度，分担学校和体育教师的压力

设定专用安全检查表单与评估形式，帮助教师检核学校体育活动环境，防患于未然。参与校外体育大型活动时，必须由班主任或指导教师陪同学生活动，每次外出活动尽量要求有条件的家长陪同学生参与，也可以联系一些社会力量（例如社区义工）随同学生参与，增强对学生的安全监护。

6. 建立安全告知制度，加大保险公司介入的力度

与学生家长签订安全合同协议，引起学生家长的高度重视，分清事故的界限，避免学校不必要的体育安全事故纠纷。家长或学生向学校和教师告知孩子的健康状态、不宜参与的活动，学校和教师向学生与家长告知哪些活动存在哪一类风险、不适合于患有某种疾病人群等等。适当提高学生意外伤害事故保险的费用，让保险公司更多介入学生体育安全事故的理赔，明晰赔付条款，采取理赔市场化机制，确保学生与学校利益。

关于促进成渝“全国统筹城乡综合配套改革试验区”农村金融市场创新的建议

民进组

2007年6月7日国务院批准成都、重庆两地设立全国统筹城乡综合配套改革试验区。成都和重庆都是典型的“大城市带大农村”行政区划，实行以城带乡、以工促农的方针，让城乡居民共享改革开放成果，构建试验区全域范围内城乡基础设施、社会事业、社会保障、医疗卫生等共享机制应是改革的重点，而农村金融市场创新则是试验区统筹城乡改革的重要抓手。

目前，城乡金融二元化的问题比较突出，主要体现在：

——农村金融市场和城市金融市场二元分割，农村金融机构离乡进城，农村金融资源大量流向城市，“三农”发展资金严重匮缺，如农业银行市场定位已经由农村向城市转移，大量拆并乡镇网点、收缩县一级机构，随着粮棉油市场逐步放开、农业发展银行政策性金融功能越来越弱化，农村邮政储蓄只存不贷、资金外流严重；

——农村金融市场供给主体单一，基本上以农村信用社为主，难以满足小额分散、缺乏抵押、多元化的农村金融需求；

——农业保险体系严重缺失，由于农业保险的赔付率高，保险公司经营农业保险往往处于亏损状态，基本上退出了农险市场；

——农村非正规金融组织虽然相对灵活，但缺乏必要的政策引导与监管，缺乏组织化和规范化，交易成本相对较高。

统筹城乡经济发展，优化配置农村金融资源显得尤为重要，因此，应当立足于加快农村金融创新，积极创新农村金融服务模式，切实改善农村商业信贷环境，尽快改变农贷资金高成本、高风险、低利润、低质量状况，切实推进农村金融改革进程。

成渝统筹城乡综合配套改革试验区具有金融体制改革方面先行先试的政策优势。应充分利用试验区优势，推进农村金融创新，为解决城乡金融二元化问题进行积极探索。为此，提出如下建议：

1. 完善“三农”投资管理体制，改善农村商业信贷环境。政府应进一步改革和完善农村投融资体制，健全农业投入机制，认真总结试验区财政支农资金“拨改投”的改革经验，积极探索现代农业产业投资、小城镇建设、农民新村建设和农村社区发展的各种切合实际的模式。应改进现行的信贷管理体制，合理授权授信，加大贷款营销力度，加强对县域工业、农业产业化龙头企业和农村专业户、专业合作社的信贷扶持和发展。积极推进全国金融服务“三农”试点工作，在试验区试行国外已有成功经验的涉农贷款免税模式，鼓励国有银行和农信社增加面向农村、农民的小额贷款业务。可在成渝地区建立由政府和银行（农业银行或农业发展银行）共同扶持的专业小额贷款担保公司，开展农民小额贷款担保服务。担保公司的担保基金，政府从支农资金投入、银行从业务费用中各出一部分。

2. 出台地方性农业保险政策法规，降低涉农保险风险。成渝地方政府应与有关部门（如农业）和有关方面（如保监会）协调制定地方性农业保险政策和法规，建设新型农业保险平台，逐步推动试验区农业保险市场的发展。政府应采取相应措施，对商业性保险公司无力承担的保险范围，实行低费率和高补贴的政策，推广成都市“地方政府农业发展风险资金+农村专业户小额参保资金+保险公司承保”模式的经验。同时借鉴国外商业性保险公司的“农险”运作经验，用政策性投入引导商业性保险（特别是国内的保险公司）进入农村市场，降低涉农保险风险。

3. 放宽农村非正规金融的限制。应放宽农村非正规金融的限制，制定更加宽松的政策，引导民间资本投向农村金融市场。要采取“宽进严管”措施，引导非正规金融与正规金融的“并轨”，让更多的农村内生金融资本，如互助会、民间钱庄、私募资金等从地下走到地上，阳光化、“合法化”。同时，按照银监会的有关规定，加快在成渝地区发展村镇银行、农民资金互助社、小额贷款公司等三类新型农村金融机构，为健全我国农村小银行、小信用系统，实现城乡金融市场统筹发展探索经验。

4. 试行农民的宅基地和土地使用权抵押贷款。农村地区金融改革，重点应解决农村的小额信贷问题，而解决这一问题的重要手段在于解决农村居民的抵押贷款问题。如果农民的宅基地和土地使用权可以进行抵押，那么农民融资难问题将得到良好的改善。建议借鉴一些地方试行的林权抵押贷款的办法，由地方政府和中国人民银行制定相应政策规定，允许成渝地区在农民宅基地和土地使用权抵押贷款问题上先行先试。

关于进一步加强村级基层组织建设，切实推进农村基层民主法制建设的建议

民进组

加强村级基层组织建设和民主法制建设是实现新农村“生产发展、生活宽裕、乡风文明、村容整洁、管理民主”目标的有力保障。当前，部分农村，尤其是老少边贫地区农村，村级组织弱化，民主法制建设存在缺陷，一定程度上牵制了新农村建设。主要问题在于如下几个方面：

一、政府职能错位，使农村村民委员会行政化。就现行县乡管理体制来看，县级政府是直接面对社会、功能完备的基层政府，而乡镇则不是一级功能完备的政府（如无相对独立的决策权、财政和司法机构等），缺乏相应的施政能力。但现实当中，责任重而权能弱的乡镇政府为了完成上级任务，只有采取各种方式将行政责任进一步向下延伸，力图在下面找到自己的“腿”，由此造成村民委员会的行政化。村委会虽然性质上是村民自治组织，所承担的任务却主要是政府工作，导致具体的村务工作、各种农村公益事项边缘化、村干部“官僚化”。

二、农村集体经济薄弱，实行村民自治举步维艰。我国大部分农村集体经济基础薄弱，“空壳村”的比例很大，在没有外界支持、农村自身积累缓慢甚至负债的情况下，低成本运作村民自治难度很大，对村干部素质要求很高。农村基层工作陷入困境：没有集体积累，集体经济无从发展。集体经济不发展，任何公益事务都要向群众伸手，“两委”的地位、威信、凝聚力自然无从实现。由此形成恶性循环，结果是村民自治组织涣散，村务靠“权力”推动，基层民主、公益事项举步维艰。

三、农村经济发展过程中，村级组织作用逐步淡化。土地承包后村民由集体社员转化为个体经营户，村民的集体观念、组织化程度相对减弱，村民与村干部关系疏远。同时，农村劳动力转移使农村人口骤减，村“两委”干部也大部分外出务工，村干部长期在外，影响了农村干群关系，影响农村公益事业和中心工作的有效开展，村组织功能弱化。

四、村“两委”权责划分不明晰，村务监督机制不健全。在少数农村，村“两委”权力纷争依然存在，一方坚持发挥领导核心作用，参与、干预村政，一方要按《村民委员会组织法》办事，党支部要支持和保障村民直接行使民主权利。焦点往往集中在财务支出、宅基地审批等经济利益方面。此外，有些村虽建有村务公开、财务收支监督小组，但监督缺少力度，对违规违约行为也没有制约手段，甚至缺乏反映

渠道，形同虚设。

五、基层直选未能落实，基层干部贪污腐败屡见不鲜。中央大力提倡的基层直选工作，在贫穷、困难的地方推广落实得较好，到了城乡结合部“油水”很足的地方，却往往又采取上级党委政府任命的方式。对于这样产生的干部没有好的监督方法，因此近年来，经济相对发达的地方的这类基层干部中出现了一批贪污腐败分子，他们造假骗取国家退耕还林资金之类的专项资金，侵占、挪用财政拨付的专项资金和各种补助，损害了党和政府在基层群众中的形象，也直接导致了当地经济社会发展的退步。

六、偏远农村普法教育缺失，村民法律意识淡薄。村民法律意识、民主意识淡薄，特别是一些以宗派家族势力把持村务的农村，外姓村民和弱势村民合法权益受到侵害时往往采用忍让、躲避或者极端方式处理。某些村规民约违背少数村民意志，侵害了村民合法权益。

加强农村基层组织建设和民主法制建设既是建设社会主义新农村的核心内容，也是新农村建设取得成功的必要保障。为此提出建议如下：

一、加快县乡行政管理体制改革，使村民自治落到实处。建议采取“县政、乡镇派、村治”的管理体制。县级政府独立承担法律责任，直接对本县政务和人民负责。乡镇为县政府的派出办事机构，接受县政府委派，专事县政府委托的任务。村委会只是协助政府工作，其主要任务是带领村民自治。村里的公共事务及支出由村民会议或村民代表会议决定，村委会直接对本村村民负责。

二、加快农村集体积累，加快农村公共设施建设，提高村民自治能力。只有集体经济有了积累并发展和壮大，村民自治才真正有基础，也才能真正落到实处。在加快农村经济发展之外，要通过多种渠道，增强村民自治能力（包括村委会的管理能力）。其一，对农村基层组织承担的政府工作，地方财政应该给予适当补贴；其二，国家在推行公共服务均等化，加快农村公共设施建设过程中，诸如交通、电力、通信、水利、文化等建设项目，要合理发挥农村两委的作用，在项目设计、资金管理、设施维护等方面，都要吸收村委参与，从制度、程序方面引导农村基层组织建设的发展和进步。

三、落实村民（代表）会议制度，健全村治结构。

1. 加强对农村普法教育工作的领导，特别应突出《村民委员会组织法》以及地方的《村民委员会选举办法》的宣传工作，使村民依法自治在农村深入人心。

2. 加快《村民委员会选举法》的立法进程，完善基层群众自治制度的法律体系，支持、引导因地制宜地完善村支部“两推一选”办法、村委会直选办法。

3. 由全国人大常委会组织或者委托省级人大组织开展以健全合理的村治结构建设为重点的《村民委员会组织法》执法检查活动。该法自 1998 年公布施行以来，从未组织过执法检查。从推进社会主义新农村建设和社会建设着眼，这样的执法检查非常必要。

4. 县乡政府应对切实推动村民自治制度建设，重点在落实村民会议或村民代表会议制度；通过督促、检查，严格落实村务公开、财务监督等制度，引导农村在现有经济水平下加快集体积累，禁止大规模举债搞新农村建设；加强村级“两委”干部队伍建设，加强村干部教育培训，建立激励约束机制。

推进农村金融创新　促进统筹城乡改革

目前，城乡发展不协调、不平衡，是我国发展进程中面临的一个突出问题，破除城乡二元结构的体制机制，是下一步改革的重点。

金融是当代经济的核心，是统筹城乡发展的“第一推动力”。统筹城乡综合配套改革的建设离不开和谐的城乡金融体系的支持。因此，我们认为应该以农村金融体系改革作为促进城乡协调发展的一个切入点。在调研中我们发现，目前城乡金融二元对立的现象突出，农村金融体制落后，金融资源十分稀缺。国有商业银行基本上退出了农村，农发行业务范围十分有限，邮政储蓄是只存不贷的“抽水机”。农村信用社成为农村金融供给的主体，但农村信用社难以满足小额分散、缺乏抵押、多元化的农村金融需求；农业保险体系严重缺失，基本上退出了农险市场；农村非正规金融组织缺乏必要的政策引导与监管，缺乏组织化和规范化，交易成本较高。农村金融市场供给远不能满足农村发展的需求，已经成为制约统筹城乡发展面临的突出问题。

2007 年 6 月 7 日国务院批准成都、重庆两地设立全国统筹城乡综合配套改革试验区，走出了统筹城乡发展的关键一步。成都和重庆都是典型的“大城市带大农村”行政区划，建立成渝试验区，通过局部地区探索为全国统筹城乡发展积累经验，对改变我国城乡二元结构体制机制的意义重大。我们建议，成渝试验区要抓住统筹城乡改革契机，进一步扩大和补充成渝试验区金融改革的试点范围和试点内容，立足于加快农村金融创新，积极改革农村金融服务模式，切实改善农村商业信贷环境，尽快改变农贷资金高成本、高风险、低利润、低质量状况，推进农村金融改革进程。

一、构建适应农村多层次金融需求，政策性金融、商业性金融、合作金融和其他形式农村金融组织各有定位、功能互补、产权明晰、可持续发展的多层次农村金融机构体系。

建议从以下几个方面入手：

（一）以优惠政策鼓励农业银行和农业发展银行服务农村。建议在农业银行面向“三农”金融服务改革试点的基础上，针对成渝地区特点，引导农业银行和农业发展银行服务重心下沉，根据行政区划或人口数量，设立一定密度的网点；试行国外已有成功经验的涉农贷款免税模式，鼓励银行在银监会允许范围内面向农村和农民开展较大数额的贷款业务；鼓励增加面向农村、农民的小额贷款业务，可在成渝地区建立由政府和银行共同扶持的专业小额贷款担保公司，开展农民小额贷款担保服务，担保公司的担保基金，政府从支农资金投入、银行从业务费用中各出一部分。

（二）深化农村信用社改革，强化支农职能。一是改革农村信用社产权制度，明晰产权关系，完善法人治理结构，转换经营机制；二是改革农村信用社管理体制，将农村信用社的管理交由省级政府负责；三是国家在资金、财税、利率等多方面给予政策扶持，鼓励使用浮动利率吸纳资金，使农村的资金留在农村，帮助农村信用社消化历史包袱。同时农村信用社要认真总结各地在支农服务中“以自身信用为担保来贷款”等好的做法和经验，大力推广农户小额信用贷款等各种行之有效的服务方式；要进一步加大资金投放力度，合理确定贷款投向，支持农民发展生产，促进农村产业结构调整；要根据农民和农村经济发展的需要，进一步拓宽服务领域，创新服务品种，增加服务手段。

（三）大力发展民间金融组织，鼓励发放小额贷款。农村小额贷款是世界公认的适合农村包括贫困地区的贷款方式、融资方式。与孟加拉小额信贷机制不同的是，我国农村新型金融机构设立开始，就允许办理存、贷款业务。以我国首家乡镇银行为例，目前开办的乡镇银行贷款业务分小额农户贷款、微小企业贷款、专业农户贷款三类，其中小额农户贷款最高贷款金额不超过 2 万元，贷款手续非常简单方便，只凭信用无需担保即可获得；其余两类贷款最高金额不超过 10 万元，需要信用和担保。这种新型金融组织从诞生起，就以其灵活简便、面向农村而受到广泛欢迎。

成渝地区可按照银监会的有关规定，总结试点地区经验，加快发展村镇银行、农民资金互助社、小额贷款公司这三类新型农村金融机构，大力发展小额贷款。同时采取“宽进严管”措施，引导非正规金融与正规金融的“并轨”，让更多的农村内生金融资本，如互助会、民间钱庄、私募资金等从地下走到地上，阳光化、“合法化”。

二、探索建立农业保险体系和农业灾害转移分摊机制，出台地方性农业保险政策法规，降低涉农保险风险。

目前成渝农村地区农业保险体系严重缺失，由于农业保险的赔付率高，保险公司经营农业保险往往处于亏损状态，基本上退出了农险市场。建议试验区与国家有关部门（如农业）和有关方面（如保监会）协调制定地方性农业保险政策和法规，建设新型农业保险平台，逐步推动试验区农业保险市场的发展。试验区可采取相应措施，对商业性保险公司无力承担的保险范围，实行低费率和高补贴的政策，推广成都市“地方政府农业发展风险资金＋农村专业户小额参保资金＋保险公司承保”模式的经验。借鉴国外商业性保险公司的“农险”运作经验，用政策性投入引导商业性保险（特别是国内的保险公司）进入农村市场，建立政府和公司结合、基本保险和补充保险相结合的保险体系，降低涉农保险风险。对于地震、洪水等巨大自然灾害，建议试验区政府成立专门基金或者专业公司运作农业巨灾保险。

三、及时总结宅基地和土地使用权抵押贷款经验，适时出台配套政策，并在实施中不断完善。

农村金融改革，重点在于解决农村的小额信贷问题，而解决这一问题的重要手段之一就是解决农民的抵押贷款问题。如果农民的宅基地和土地使用权可以进行抵押，农民融资难问题将得到良好的改善。从全国范围看，我国农村社会保障体系尚未完全建立，现在放开土地承包经营权、宅基地使用权的转让和抵押条件尚不完全成熟，但作为试验区的成渝地区已经先行试点。

今年3月，全国首个农村产权流转担保公司在成都成立，主要业务是对土地承包经营权、林权等流转行为进行担保；对利用农村各楼权属证明质押融资进行担保；对利用宅基地、农村房屋、新居工程等抵押融资进行担保等。同时，还对农村建设贷款进行担保、对乡镇企业等贷款进行担保、对农村劳动者进城自主创业小额贷款进行担保等等。由此开启了成都农民宅基地、农村房屋、土地承包经营权流转的大门。因此项工作在国内是首创，只能边开展边摸索，建议试验区政府及时跟进，适时出台配套政策，解决运行中出现的问题，不断加以完善；同时及时总结，为全国范围内推进农村产权制度改革、促进农村资产资本化，拓展新农村建设融资渠道积累经验。

（全国政协常委、民进甘肃省委会主委李国璋在政协十一届全国委员会常务委员会第二次会议上的发言）

（五）重要会议、活动

许嘉璐、张怀西、严隽琪、朱永新与科技部、甘肃省委省政府领导同志座谈河西走廊星火产业带建设

2008年1月2日，全国人大常委会副委员长许嘉璐、全国政协副主席张怀西、民进中央主席严隽琪上午在民进中央会见科技部、甘肃省有关领导并座谈。科技部党组书记、副部长李学勇，中共甘肃省委副书记刘伟平，省委常委、省人民政府副省长冯健身，省长助理郝远出席会议。民进中央副主席朱永新主持会议。科技部农村科技司司长杜占元，甘肃省武威市市委书记张绪胜，武威市副市长陈明，甘肃省科技厅厅长张天理、副厅长陈继，民进甘肃省委会副主委尚勋武，甘肃省星火办主任张建韬，民进中央社会服务部负责人参加会议。会议听取了甘肃省科技厅关于《甘肃省河西走廊星火产业带建设情况汇报》。在1999年中共中央和国务院作出实施西部大开发战略的决策后，民进中央就以极强的政治敏锐性、高度的责任感和历史使命感、开始关注西部大开发并积极深入西部地区展开“三农”问题调查研究。许嘉璐、张怀西多次率民进中央考察团到甘肃考察调研，4次亲赴河西走廊视察，4次在京听取星火产业带建设汇报，并亲自担任河西星火产业带领导小组顾问。2000年3月，民进中央向全国政协大会提交的《关于建设陇海线星火产业开发带，推动中、西部经济发展的建议》被列为1号提案。国家科技部又将此“星火西进”的1号提案列入到“十五”星火计划中。河西走廊星火产业带建设自2003年启动以来，区域内经济较快

发展，特色优势产业发展势头良好，龙头企业规模和效益明显增长，农村科技服务能力和水平、农民素质不断提高。

许嘉璐充分肯定了河西走廊星火产业带取得的成绩，他指出，民进围绕河西走廊星火产业带所做的工作，本质就是为农民服务，受益的是农民。他希望，甘肃省增强信心，科学分析自然条件，抓住机遇，创新体制和机制，把产业带建设与民勤的国家治沙工程相结合，大力发展沙区经济；民进对“星火西进”的重要性和紧迫性要进行再认识，积极为西部大开发献计出力。

张怀西说，河西走廊星火产业带的建设得到了甘肃省委、省政府的高度重视和科技部的大力支持，发展思路清晰，规划中的每一个产业都有具体的目标和工作，并综合考虑资源、人员特点，从建立至今取得了很大的成绩。他建议，将沙漠化治理作为河西走廊星火产业带建设的一个课题，注重环境与经济的可持续发展；注重新能源的研究与开发，把当地充足的太阳能资源应用于生产与生活。

严隽琪说，甘肃省、科技部的党政领导和民主党派坐在一起，共商国家发展大计，是多党合作的生动体现。党派的工作一定要围绕大局，服务于国家大政方针、发展战略；必须深入研究，贴近民生，真正了解情况，才能提出真知灼见。民进老一辈领导对“三农”问题、对西部大开发的感情一以贯之，更难得的是他们身体力行，为我们树立了榜样，创造了很多好的经验。民主党派正在进行政治交接，我们要把老班子创造的经验、所建立的传统、正在开展的事业，无懈无滞地继续下去。河西走廊星火产业带建设是贯彻落实科学发展观的实际行动，甘肃要改变经济增长方式，重视科技创新，提高劳动力素质，将生态文明、物质文明一起抓，民进也将一如既往地关注和支持星火产业带的发展。

李学勇说，民进在解决“三农”问题的工作中，始终把民生放在首要位置，提出了许多建设性的建议。科技部与民进围绕落实科技兴国战略、西部大开发战略，在多年的合作中携手前行，同心同德，肝胆相照。他表示，科技部将一如既往地重视和加强与民进的合作，在新的起点、新的征程力争取得更大的成绩。

民进中央社会服务部与甘肃省科技厅下午在民进中央共同举办甘肃省河西走廊星火产业带建设专家顾问组第二次工作会议。冯健身、朱永新、郝远，15 位专家顾问组顾问，中央统战部、科技部、甘肃省科技厅、民进中央社会服务部负责人出席会议。

民进第十二届中央委员会专门委员会一次全会在京召开

2008 年 1 月 5 日，中国民主促进会第十二届中央委员会专门委员会第一次全体会议在京召开。民进中央主席严隽琪，常务副主席罗富和，副主席潘贵玉、刘新成、朱永新出席会议。副主席王佐书主持会议。新一届 8 个专门委员会（以下简称“专委会”）成立。会议认真贯彻落实中共十七大精神和中共中央致民进十大贺词提出的新要求，全面总结上一届各专门委员会的工作成绩和经验，讨论研究本届各专门委员会 5 年工作规划和 2008 年工作计划。

严隽琪在讲话中指出，民进中央各专委会上一届已由原来的参政议政咨询机构转变为在民进中央常务委员会和主席会议领导下参政议政的工作机构。一是会中央参政议政第一线上的基本单位；二是会中央领导集体参政议政的参谋部和智囊团；三是会中央联系广大会员和民进之友的纽带，以及基层组织发展会员的吸盘；四是中青年会员发挥作用、增长才干的舞台。

严隽琪说，进入新时期新阶段，中共中央提出的科学发展观和构建和谐社会的战略目标，对我们的参政议政工作提出了更高的要求，也提供了良好的机会；中共中央致民进十大的贺词中提出了殷切期望，为我们的参政议政工作指明了方向。2008 年是民进新一届中央委员会的开局之年。专委会的工作及其水平在很大程度上决定着民进参政议政的力度和建言献策的质量。新一届专门委员会必须无懈无滞、有思有行。

严隽琪希望，新一届专门委员会要积极适应新形势，迎接新挑战，认真履行职能，切实发挥好思想库与智囊团的作用。要树立世界眼光和忧患意识，统筹国际国内两个大局，正确把握初级阶段基本国情，清醒认识民主党派的优势与不足，与时俱进地改善整体知识结构。有信念才有定力、有团结才有合力、有作为才有影响力、有创新才有活力。要深入调研，积极作为，在事关我国经济社会发展全局的瓶颈问题上和事关民生的热点难点问题上下工夫，提出高质量、高水平的意见和建议，为我国全面建设小康社会和把民进建设成为适应21世纪的高素质参政党，作出应有的贡献。

罗富和作总结讲话。他指出，此次会议统一了思想认识，增添了工作信心，研究了工作任务，明确了发展方向，总结了工作经验。新一届专门委员会今后应着眼于努力学习，提高委员作为参政党成员的政治理论素养和大局责任意识，使我们的认识到位；继承创新，在借鉴以往成功经验的基础上，继续建立健全科学有效的工作机制、制度，使我们的服务到位；明确重点，围绕中共中央的中心工作抓前瞻性的战略研究，抓专题调研，抓反映社情民意信息工作，使专委会的工作落实到位。

会议期间，8个专门委员会主任作了履职发言，各专委会对5年工作规划和2008年工作计划进行了讨论，会中央有关领导及部门负责人参加了讨论。委员们在分组会上提出了许多宝贵的建议，补充、完善了提交2008年全国政协大会的民进中央发言、提案素材，研讨了2008年各专门委员会重点调研课题，讨论、推荐了2008年可供会中央和省级组织参考的重点调研课题。民进中央秘书长赵光华及各部门负责人参加会议。

民进中央共设立了8个专门委员会。委员总数173人，主任、副主任56人，平均年龄45岁。具有大专以上学历的171人；其中，博士32人，硕士31人。

中国民主促进会第十二届中央委员会专门委员会一览：

教育委员会（31人）	主任　庞丽娟（女）
文化艺术委员会（35人）	主任　胡　军
出版和传媒委员会（32人）	主任　李春生
科技医卫委员会（27人）	主任　王　毅
经济委员会（30人）	主任　蔡继明
社会和法制委员会（22人）	主任　吴文彦（女）
妇女儿童委员会（18人）	主任　邹　泓（女）
联络委员会（33人）	主任　梁　勇

罗富和、王佐书走访农业部

2008年1月7日，民进中央常务副主席罗富和、副主席王佐书一行来到农业部，开始2008年民进中央走访活动的第一站。农业部副部长危朝安及部分司局负责同志热情接待了民进中央一行。双方就今后继续加强联系与交往，继续在一些共同关心的领域开展协作与配合进行了坦诚而务实的沟通，农业部还就民进中央为2008年全国政协大会准备的相关提案素材稿，提出了中肯的意见建议。

罗富和首先代表民进中央主席严隽琪向农业部一直以来对民进中央工作的支持和帮助表示衷心感谢。他指出，民进长期以来“情系三农”，在不久前闭幕的民进十大开幕式上，李克强同志代表中共中央致民进的贺词中，对5年来民进在“三农”问题上参政议政所做的诸多工作给予了高度评价，这不仅是对民进工作的肯定，也是对民进中央与农业部亲密合作的肯定，希望我们今后还可以携手并肩，深化合作，为服务“三农”助力。罗富和说，民进中央原主席许嘉璐，原第一副主席张怀西多年来身体力行，每年都亲自带队走访农业部等各大相关部委，使民进中央建立起了一套比较完善的走访制度，而自己作为民进中央新一届领导班子中的新成员，一定会很好地继承这一工作方式和工作作风，把已经取得的参政议政工作成果进一步做深做实，同时带领民进继续为推进我国“三农”问题的破解多作力所能及之事。

王佐书也就此次走访的目的作了说明，并表达了民进中央愿与农业部建立长效联络机制，在更多方面寻求合作的良好期望。

危朝安说，农业部作为主管农业与农村经济发展的重要部门，承载着我国9亿农民的期望和重托，必须做惠及广大农民的工作，“三农”问题松懈不得、大意不得、麻痹不得。农业部在以往的工作中要感谢有民进这样一位难得的朋友，未来的工作中也希望能够继续借助民进下情上达的畅通渠道，扎实推动各项工作的有效开展。他在讲话中，就推进区域农业协调发展，保障农产品基本自给，构建粮食生产稳定发展的支持保护体系，加快修改和完善土地管理法规，规范农村集体建设用地流转收益的分配使用监管等问题介绍了有关情况，并对阻碍“三农”发展的某些症结性问题进行了客观而有针对性的分析。

座谈中，民进中央经济委员会主任、清华大学人文社会科学学院教授蔡继明，民进中央经济委员会副主任、北京农业局副局长尹幼奇，民进中央科技医卫委员会副主任、中国农业大学食品科学与营养工程学院教授黄卫东，民进会员、北京市优质农产品产销服务站副站长王宏，分别就基层农业技术推广体系改革、转基因食品的安全、农产品加工体系构建、农业市场建设与市场安全等问题，与农业部各司局负责同志交换了意见。民进中央社会服务部、参政议政部负责人随同走访。

罗富和、王佐书走访国土资源部

2008年1月9日，民进中央常务副主席罗富和、副主席王佐书走访国土资源部。国土资源部部长、党组书记、国家土地总督察徐绍史，副部长贠小苏等热情接待了民进中央一行。双方就促进有关的法律、法规的衔接，加强有关国土资源的培训和教育以及今后继续加强联系、交往、交流与合作，进行了坦诚而务实的沟通。国土资源部领导还就民进中央为2008年全国政协大会准备的相关提案素材稿，提出了中肯的意见、建议。

罗富和首先代表民进中央主席严隽琪向国土资源部多年来对民进中央工作的支持和帮助表示衷心感谢，并转达许嘉璐、张怀西同志对国土资源部的问候和谢意。他指出，加强国土资源保护是贯彻科学发展观的重大举措，也是国土资源部的重要职能。各地的发展对土地的需求越来越大，土地管理的难度也越来越大，国土资源部坚决执行国家的有关改革政策，在土地监察方面收到了很好的效果。关于农村集体建设用地的有序流转问题，是解决农村建设用地问题的重要抓手，节约农村用地，牵扯到新农村建设、“三农”问题的解决和城镇化的进程，实行最严格的耕地保护制度是必须的，土地流转问题的解决还要在节约用地上做文章，做到城乡统筹、统一规划、统一布局，土地资源的分配要加强政策引导，体现节约用地的原则。

王佐书就此次走访的目的作了说明，并希望与国土资源部就共同关心的问题，继续加强合作与交流。

徐绍史说，感谢民进中央长期以来对国土资源工作的关心和支持。他简要介绍了国土资源部的机构、职能及国土资源工作情况。他说，近年来，随着我国经济社会的发展，资源、环境的瓶颈问题越来越突出，国土资源工作成为经济社会发展大局中的重点和难点。当前，国土资源工作在参与宏观调控、耕地保护、节约集体用地、整顿和规范矿产资源开发秩序、推进矿业权市场建设、地质找矿等方面，都面临着重大机遇和挑战，国土资源法制、体制、机制方面也存在着诸多的不适应，要求我们进一步解放思想，按照党的十七大提出的深入贯彻落实科学发展观的要求，结合经济社会发展对国土资源工作提出的现实需求，研究改革创新思路，使党的十七大精神在国土资源系统落地生根，变成工作部署和政策措施。

座谈中，民进中央经济委员会主任、清华大学人文社会科学学院教授蔡继明，民进中央科技医卫委员会副主任、北京师范大学地理与遥感科学学院副院长王民，分别就有关法律、法规的衔接问题和加强对国民进行有关教育的问题，与国土资源部领导及有关司局负责同志交换了意见。民进中央参政议政部负责人随同走访。

严隽琪、朱永新走访科技部

2008 年 1 月 15 日，民进中央主席严隽琪、副主席朱永新走访科技部。科技部部长万钢，科技部副部长、党组成员曹健林热情接待。双方围绕共同关注的科技领域问题以及今后如何继续加强联系、交往、交流与合作，进行了坦诚而务实的沟通。科技部相关司局领导还就民进中央为 2008 年全国政协大会准备的相关提案素材稿，提出了中肯的意见、建议。

严隽琪对科技部一直以来对民进参政议政工作的支持表示感谢。她认为，十七大报告中明确指出，“提高自主创新能力，建设创新型国家”是“国家发展战略的核心，是提高综合国力的关键”，并将其放在促进国民经济又好又快发展的八个着力点之首，这是前所未有的。民主党派应以推动发展作为参政议政的第一要务，而且要围绕中心、服务大局。执政党和政府的资源很多，但民主党派也有自己的优势和特点。一是民主党派由知识分子组成，智力因素密集；二是民主党派有自己参政议政的特殊渠道；三是不受地域限制、部门限制、学科限制。许嘉璐、张怀西等民进老一代领导人情系“三农”，心怀西部，带着感情参政议政，他们创造了这种与政府部门互访合作的形式，我们不但要把这种感情传承下来，更要把这种方式传承下来，在新的历史时期发挥更大的作用。她希望，科技部能继续为民进参政议政提供信息，帮我们找准着力点，在可操作性方面提供一些建议，提升我们参政议政的高度和质量。

朱永新介绍了民进近年来围绕科技问题所作的主要工作。他指出，民进多年来一直非常关注我国科技事业的发展，围绕科技问题进行了广泛的调查和研究。在此基础上，形成了“关于大力推进生态家园富民工程的建议”、“关于推进可再生资源研究与开发的建议”等一系列的政协大会提案、发言和建议书。在共同推动陇海线星火产业带、河西走廊星火产业带建设、生态家园富民工程的过程中，民进中央也和科技部结下了深厚的友谊，很多工作得到了科技部的大力支持。他希望，民进中央和科技部在今后的工作中加强交流，在甘肃省河西走廊星火产业带建设，石羊河流域综合治理，贵州省黔西南州“星火计划、科技扶贫”试验区与毕节“开发扶贫、生态建设”试验区帮扶工作等方面继续合作，取得更好的成效。

万钢感谢民进中央对科技部工作的关心。他系统介绍了科技部今年的工作思路，就落实科技中长期规划，实施重大专项，落实《科技进步法》以及配套细则等问题作了说明。他欢迎民进在科技领域的专家，为科技部工作提出好的建议，促进双方今后更加顺利的合作。

座谈中，民进中央科技医卫委员会主任、中科院科技政策与管理科学院研究所副所长王毅，民进中央联络委员会主任、中国流行色协会常务副会长梁勇，民进中央科技医卫委员会副主任、国家科技部农村科技司产业处处长胡京华，分别就促进区域内科技创新与合作、推动“星火西进”、合理分配科技计划中的人员费、建立科学诚信体系等共同关注的问题，与科技部各司局负责同志交换了意见。民进中央社会服务部、参政议政部负责人随同走访。

严隽琪、朱永新走访民政部

2008 年 1 月 16 日，民进中央主席严隽琪、副主席朱永新下午走访民政部。民政部党组书记、部长李学举，党组成员、副部长窦玉沛及部分司局负责人热情接待民进中央一行。双方就今后继续加强交流与合作，继续在一些共同关心的领域开展协作与配合进行了坦诚而务实的沟通，并就今年 3 月份召开的全国人大、全国政协会议的相关问题交换意见。座谈会上，民政部对民进中央成立专项基金会的有关事宜，叶圣陶研究会开展活动的情况，筹建中国民办教育协会等表示支持。

严隽琪对民政部一直以来对民进中央工作的支持和帮助表示衷心感谢。她说，民政工作的社会性、群众性和多元性很强，其政治性也很强、很重要。基层民主政治建设的意义非常重大，是建设社会主义和谐社会的重要内容。这就涉及到政府职能的转变，而政府职能的转变要依靠社会资源。充分发挥我们民主党派在民政工作中的作用，能够更好地体现我们中国特色社会主义政治制度的优势。民进能否在民政工作方面更好的履行参政议政职能、提出真知灼见，对我们既是机遇也是挑战。她指出，民主党派相对于政府部门有着自身的优势和特点，我们没有部门的约束，也没有区域的约束，可以更充分地提一些建议。她希望，双方应该建立一个比较密切的合作形式，这样可以提高民进参政议政工作的起点，也可以将民进全会的各种资源整合起来，与民政部联合，更好地为社会服务。

朱永新介绍了民进中央及民进各级组织近年来开展或参与的各种社会公益活动，如“光明行”、拥军优属、城市社区建设、捐资助学、扶贫济困等活动。他说，近年来，民进中央主管的社团——叶圣陶研究会，广泛联系会员及海内外研究叶圣陶教育、文化、编辑出版方面的学者和有关学术团体，为推动我国教育、文化、出版事业的改革和发展，开展了一系列活动，取得了一系列成绩。他希望，双方在今后的工作中继续加强交流与合作，取得更好的成效。

李学举对民进中央长期以来对民政部工作的关心和支持表示感谢。他系统地介绍了民政部的机构、职能及民政工作情况，就民政部近期的工作情况和下一阶段的工作设想，以及工作中存在的难点和亟须解决的问题作了说明。他欢迎民进在社会服务领域的专家，为民政部工作提出好的建议，促进双方今后更加顺利的合作。

座谈中，民进中央联络委员会主任、中国流行色协会常务副会长梁勇，民进中央联络委员会副主任、北京锐星企业公司董事长刘红，分别就成立专项基金会和民进书画院，筹建中国民办教育协会，中国社会保障制度的建设，社会慈善事业等问题，与民政部有关司局负责人交换了意见。民进中央社会服务部、参政议政部负责人随同走访。

教育部部长周济走访民进中央
严隽琪、刘新成、朱永新出席座谈

2008 年 1 月 17 日，教育部部长周济、副部长陈小娅等一行上午走访民进中央，与民进中央领导及民进中央教育委员会部分成员座谈，听取民进中央关于教育领域相关问题的意见、建议。民进中央主席严隽琪，副主席刘新成、朱永新出席座谈会。

周济代表广大教育界员工向民进对教育领域多年来的多方关心表示感谢。他说，教育部近 5 年来本着

"巩固、深化、提高、发展"的八字方针，义务教育以加强和发展农村教育为重点，职业教育以服务为宗旨、以就业为导向，高等教育不断提高人才培养质量，同时，将素质教育作为教育工作的主题，把坚持教育的公益性和促进教育公平作为国家的基本教育政策，进一步促进教育改革开放，使中国特色社会主义现代化教育体制更加充满活力。周济强调，当前和今后一个时期建设人力资源强国要从坚持教育优先发展、全面实施素质教育和普及，发展，提高各级各类教育三个方面入手；将以切实加强教师队伍建设，大力促进教育公平，坚持教育改革开放作为推动我国教育改革发展的举措。周济希望，教育部今后能够继续和民进保持经常性联系，在保证教育投入、建设师资队伍、引导民办教育健康发展，以及加大正面宣传和舆论监督的力度等方面共同努力，办好人民满意的教育。

陈小娅就农村教师队伍建设问题做了补充。她指出，必须重点解决农村教师基本待遇的保障，培训体系的支撑和人事制度的改革等主要方面。

严隽琪对教育部的来访表示欢迎，对教育部多年来给予民进中央的支持表示感谢。她说，近年来我国教育事业改革所取得的成就有目共睹，教育部此次来访给民进中央所带来的新信息，为今后民进在教育领域更有效地做好参政议政工作提供了重要参考。严隽琪说，教育改革是永恒的主题，随着社会的发展变化，受教育人群对教育的需求也是动态的，此外，教育事业发展重要性的再度提升，新问题、深层次问题的不断出现，都为参政党的工作提供了广阔的空间。她指出，中国共产党领导的多党合作和政治协商制度是中国特色社会主义制度优越性的重要体现，中共和民主党派有着共同的奋斗目标，我们要利用好这一制度，不断把我国的各项事业推向前进。民进愿和教育部建立起长期联络机制，在新时期、新起点上，继续完善合作方式，提升合作效果，以使民进未来的中长期调研更切合实际，所提意见、建议更具前瞻性、全局性、针对性和可操作性。严隽琪还就优质教育资源标准必须多元化、新农村建设需要新农村教育和教育投入等问题发表了看法。

朱永新就民进参政议政和社会服务工作的有关情况作了介绍。刘新成以及民进中央教育委员会主任庞丽娟，副主任诸平、程方平分别就代课教师、新课程培训、制定中长期教育发展规划、教育督导工作等问题与教育部领导进行了坦诚的沟通。

民进多年来一直非常关注教育事业的发展，先后就少数民族义务教育、农村师资队伍建设、农村教师培训管理体制改革、高等教育体制改革、农村中小学布局调整、城乡教师流动制度化建设、"普九"欠债问题、科研管理体制改革、中小学养成教育、校园文化建设、职业教育体系的建设、民办教育发展和学前教育立法工作以及教育决策的科学化民主化等问题进行了广泛的调查和研究。在此基础上，形成了一系列的政协大会提案、发言和建议书。如《加强农村教师队伍建设，促进义务教育均衡发展的建议》、《关于落实农村义务教育投入保障新机制的建议》、《关于当前我国农村中小学布局调整的对策与建议》、《关于在义务教育阶段大力推行养成教育的建议》等提案和发言。其中一些提案和发言产生了一定的社会影响，得到了包括教育部在内的一些国家部委的重视和采纳。民进中央秘书长赵光华和各部门负责人参加座谈会。

严隽琪、朱永新走访国务院台湾事务办公室

2008年1月18日，民进中央主席严隽琪、副主席朱永新下午走访国务院台湾事务办公室。国台办主任陈云林、常务副主任郑立中、副主任王富卿热情地接待了民进中央一行。双方围绕共同关注的对台工作问题以及今后如何继续加强交流与合作进行了沟通。

严隽琪对国台办一直以来对民进中央工作的支持和帮助表示衷心感谢。她说，祖国的完全统一是全民

族的大事，是每个中国人民所盼望的。加强海峡两岸交流，做好台湾同胞的工作，推进祖国和平统一大业的进程也是民主党派的重要任务和责任。李克强同志在中共中央致民进十大的贺词中充分肯定了民进过去几年在对台工作中所做的努力和成果，给予我们很大的激励。民进新一届领导班子要在许嘉璐、张怀西等民进老一届领导班子打下的良好基础上继续努力，进一步发挥民进在文化教育方面的特点和优势，为促进两岸交流多做工作。她说，对台工作政策性特别强，希望进一步加强和国台办的联系，及时了解两岸关系的形势政策，同时希望在今后的工作中得到更多的支持。

朱永新介绍了民进中央近年来特别是2007年开展的对台工作情况。他说，民进中央积极响应中共中央号召，根据对台工作的新形势，从自己的特色和优势出发，先后举办“第五届海峡两岸中华传统文化与现代化研讨会”、“海峡两岸《康熙字典》学术研讨会”、“海峡两岸基础教育论坛”，开展台湾农产品零关税进口大陆问题调研活动，邀请台湾医护界人士来京考察交流，为台湾企业家牵线搭桥促进甘肃民勤地区发展等活动。其中，“海峡两岸中华传统文化与现代化研讨会”和“海峡两岸企业发展与合作论坛”，已成为统战系统对台工作的品牌项目，为两岸文化、经济界的交流与沟通架起了友谊的桥梁，对凝聚两岸人心、促进祖国和平统一大业早日实现发挥了积极作用。

陈云林欢迎民进中央一行的到来。他说，民进是对台工作一支不可或缺的重要力量，感谢民进多年来在促进两岸文化、经济交流上所做的大量卓有成效的工作。他简要介绍了当前的台海形势，希望大家共同努力，为台海局势朝着有利于和平稳定发展的方向贡献力量。

国台办就民进2008年对台工作的项目介绍了相关背景情况，并就民进中央为2008年全国政协大会准备的相关提案素材稿，提出了中肯的意见建议。民进中央联络委员会主任、中国流行色协会常务副会长梁勇介绍了联络委员会2008年拟开展的重点调研课题。民进中央秘书长赵光华，民进中央联络委员会、参政议政部、社会服务部、研究室负责人随同走访。

中央统战部部长杜青林视察民进中央
严隽琪、罗富和、潘贵玉、刘新成、朱永新出席座谈

2008年1月22日，中央统战部部长杜青林，副部长楼志豪下午视察了民进中央。民进中央主席严隽琪，常务副主席罗富和，副主席潘贵玉、刘新成、朱永新热情接待。严隽琪向杜青林简要介绍了自民进第十次全国代表大会闭幕以来，民进中央一个半月的主要工作情况和中央机关干部队伍建设、文化建设、信息化建设等情况。

杜青林在讲话中对民进中央换届以来各项工作迅速展开、工作安排思路清晰、重点突出表示了赞扬，认为“起步良好、开局不错”。在谈到中国特色社会主义主题教育活动时，杜青林强调：一、主题教育活动要突出主旋律，把握好基调，体现十七大的主线，切实解决好高举旗帜的问题，在坚持中国特色社会主义道路，贯彻中国特色社会主义理论体系，加强党的领导方面，认识能有新的提高；二、要紧密联系思想实际和社会实际，深入、扎实地开展主题教育活动；三、要抓住领导班子建设的关键，抓工作骨干，稳步推进主题教育活动。在谈到参政议政工作时，杜青林强调，作为民主党派成员，在做参政议政工作时，首先要有主人翁的高度责任感；第二要有政治理念、政治头脑；第三要有大局意识、全局观念；第四在工作中要讲究方式、方法。杜青林一行还兴致勃勃地观看了民进中央参政议政成果的多媒体演示。

中共中央统战部一局局长常荣军，办公厅主任安七一，一局副局长孙凌雁，一局副巡视员陈延武，一局二处处长陈静陪同视察。民进中央秘书长赵光华和各部门负责人参加座谈。

严隽琪走访国家知识产权局

2008年1月23日，民进中央主席严隽琪一行上午走访国家知识产权局，与知识产权局局长田力普和部分司局负责同志座谈，就国家知识产权保护和受理专利申报等相关问题进行沟通、交流。田力普首先向民进中央一行介绍了国家知识产权局的历史发展沿革和机构组成概况，以及近期知识产权局主要开展的工作和目前知识产权事业所面临的新形势、新问题。

严隽琪在座谈中表示，知识产权局工作非常重要，也十分辛苦，但是通过辛勤工作在知识产权战线上每一位同志的努力和奉献，一个充满活力、协调发展、全面进步的知识产权事业新局面正在形成。严隽琪说，知识产权工作肩负的任务是多重的，要本着激励创新和激励转化的原则开展各项工作，要处理好知识产权保护和共享的关系，特别是对于处于不同发展阶段的不同企业要采取不同的引导方式。同时，要千方百计地鼓励和支持企业作为专利申报的主体，对于重大的攻关项目，也要找出它们的特点和不同，哪怕是细微的区别，也要积极申报知识产权的保护，同时避免恶意专利申报情况的发生。严隽琪强调，科技发展是多学科融合创新的结果，因而知识产权保护也要在维护国家主权的前提下，主动向国际规则靠拢，改革体制、完善机制，来适应新形势下国际合作的新要求。她认为，知识产权工作目前面临的挑战恰恰就是民主党派未来可发挥作用的天地，她真诚地恳请知识产权局为民进的参政议政工作多提供一些权威的信息资料和统计数据，增加民进今后在这方面建议的准确度和可操作性。

座谈会上，民进中央出版和传媒委员会主任李春生，委员张洪、徐晓敏，民进中央联络委员会副主任余刚还就如何促进企业发展自主知识产权，如何建立专利申报的质量监督体系，如何不断加强知识产权人才队伍建设等问题交换了意见。会后，严隽琪在田力普陪同下参观了专利受理大厅、知识产权陈列馆和文献服务大厅。民进中央秘书长赵光华和参政议政部研究室负责人随同走访。

刘延东来民进中央召开基础教育座谈会

2008年1月25日，中共中央政治局委员、全国政协副主席刘延东来民进中央召开基础教育座谈。民进中央主席严隽琪，常务副主席罗富和，副主席刘新成、朱永新和民进教育界会员代表出席座谈会。

刘延东说，我在统战部工作16年，与民进的同志结下深厚的友谊。值此新春佳节来临之际，请隽琪和富和同志向全国民进会员转达我的新春问候与祝福。她指出，改革开放30年来，国家对教育的投入越来越大，推动教育事业迅速发展，取得巨大的成就。党的十七大对教育事业的发展提出更高的要求。如何按照十七大精神，办好人民满意的教育，开创教育工作新局面是我们需要面对的问题。她强调，要办好人民满意的教育，需要全社会和全体教育工作者的共同努力，希望民进帮助中央就教育问题做一些可行性研究。

严隽琪说，刘延东同志来民进中央召开基础教育座谈会，说明中央领导人对基础教育的重视，也是对民进界别特色的肯定和希望，激励民进在教育方面做好参政议政工作。

罗富和、刘新成、朱永新就教育问题提出了意见建议。北京师范大学教育学院教授、民进中央教育委员会主任庞丽娟，北京朝阳区教委调研员、民进中央教育委员会副主任诸平，北京教科院基础教育研究中心小学数学教研室主任、特级教师吴正宪，北京大学哲学系教授、民进中央文化艺术委员会主任胡军在座谈会上分别就基础教育改革、教育均衡发展、农村义务教育、教师队伍建设、素质教育、校园文化、德育和经费投入保障机制等问题发言。中共中央统战部一局、六局及民进中央参政议政部负责人参加座谈。

民进中央十二届二次主席会议在北京召开

2008 年 1 月 27 日至 29 日民进中央十二届二次主席会议在北京召开。民进中央主席严隽琪主持会议。常务副主席罗富和，副主席冯骥才、潘贵玉、王佐书、贺旻、刘新成、蔡达峰、朱永新、张帆出席会议。秘书长赵光华、机关部门负责人列席会议。

会议听取了中共中央党校副校长李君如关于中共十七大精神学习的辅导报告。报告对加强民进领导班子建设和今后的工作很有指导意义。

会议对民进中央 2008 年的重点工作进行了部署。会议强调，2008 年是我会第十二届委员会的开局之年，是非常关键、任务繁重的一年。为深入学习贯彻中共十七大精神，贯彻落实胡锦涛总书记、贾庆林主席接见民进新老班子时的讲话和李克强同志代表中共中央给民进十大贺词中提出的任务，贯彻落实民进十大提出的各项任务，全会要做到：一、认真学习贯彻中共十七大精神，高举旗帜，坚定走中国特色社会主义道路。二、清醒认清形势，把握大局，进一步发挥参政党作用。三、以中国特色社会主义主题教育活动为主线，继承传统，推进参政议政和自身建设迈向新台阶。四、深入贯彻落实科学发展观，发挥特色和优势，为推动社会主义文化大发展大繁荣作贡献。五、明确目标和任务，鼓足干劲，扎扎实实做好各项工作，开创民进事业的新局面。

会议审议通过了《民进中央关于 2008 年开展中国特色社会主义主题教育活动的方案（草案)》，并研究了相关工作部署。会议要求 2008 年全会要以纪念中共中央“五一口号”发布 60 周年和改革开放 30 周年为契机，以领导班子建设为重点推动全会各项工作。

会议审议通过了《民进中央主席、常务副主席、副主席工作规则（试行)》（草案)、《民进中央领导下基层试行办法（草案)》，研究了领导班子工作分工。会议决定，《民进中央主席、常务副主席、副主席工作规则（试行)》（草案）和《民进中央领导下基层试行办法（草案)》自即日起试行。

会议研究了会内监督机制建设。会议认为监督机制建设非常必要，首先要从会中央做起，积极探索和研究会中央监督机构的构建与机制的建设，逐步形成制度和规范，并推动全会的监督机制建设。

会议审议通过了《民进中央中心学习组学习制度（草案)》。会议要求中心学习组的学习要增强理论性、实效性，对全会各级组织的学习起到引导、示范作用。

会议审议了《民进中央委员会会议制度（草案)》。该制度进一步推进了民进中央全会、中常会、主席会议、主席办公会议的制度化、程序化建设。该制度的建立与完善是新一届民进中央领导集体学习贯彻中共十七大精神，加强自身建设的一项重要举措。

会议审议了《中国民主促进会第十二届中央常务委员会第二次会议方案（草案)》，会议研究了民进中央将在 2008 年全国政协大会上的发言和提案（草案)，研究了民进中央 2008 年重点调研科目，研究了 2008 年会中央各专门委员会的调研课题（草案)，研究决定下发在中国民主促进会第十次全国代表大会上通过的《中国民主促进会章程（修正案)》。

会议还研究了其他事项。

民进中央举行学习中共十七大精神报告会

2008 年 1 月 27 日，民进中央在京举行学习中共十七大精神报告会，会议邀请中共中央党校副校长李君如作中国特色社会主义理论体系专题报告。民进中央主席严隽琪主持并讲话。她指出，学习贯彻中共十七大精神是民进今后一个时期的首要政治任务。胡锦涛同志在去年 12 月 24 日同各民主党派中央、全国工商联新老主要领导人座谈时强调，高举中国特色社会主义伟大旗帜，最根本的是坚持走中国特色社会主义道路，坚持中国特色社会主义理论体系。对于参政党来说，首先要增强对走中国特色社会主义政治发展道路的认识，政治上的坚定，必须要有理论上的清醒，要促进民主党派的自身建设，就要从理论上、从历史上、从现实的实践中，对中国特色社会主义理论体系加强学习，理解世界的形势、了解我国的国情，做到直面矛盾、困难和需求，提高民进的理论水平，坚定信念，以理论指导工作，投身中国特色社会主义的伟大实践。

民进中央常务副主席罗富和，副主席冯骥才、潘贵玉、王佐书、刘新成、朱永新、张帆出席报告会。

李君如的报告从学习实践中国特色社会主义理论体系重要性和紧迫性、中国特色社会主义理论体系是马克思主义中国化的最新成果、中国特色社会主义理论体系的依据、提出中国特色社会主义理论体系范畴的意义、中国特色社会主义理论体系中三大组成部分的关系、中国特色社会主义理论体系是科学的理论体系六个方面，论述了中国特色社会主义理论体系的历史渊源、丰富内涵和指导意义。

李君如说，十七大的主题是：高举中国特色社会主义伟大旗帜，以邓小平理论和“三个代表”重要思想为指导，深入贯彻落实科学发展观，继续解放思想，坚持改革开放，推动科学发展，促进社会和谐，为夺取全面建设小康社会新胜利而奋斗。这个主题和贯穿这个主题的整个报告，充分体现了我们党承前启后，继往开来；高瞻远瞩，求真务实；开拓创新，全面推进中国特色社会主义事业发展的战略思想和战略部署，鲜明地回答了当代中国举什么旗、走什么路、以什么样的精神状态、朝着什么样的发展目标继续前进的根本问题，为中国共产党和国家的各项工作指明了前进方向，也是对在走中国特色社会主义道路问题上的一些模糊认识作了回答。

李君如说，中国特色社会主义理论体系是马克思主义的普遍原理与中国特色社会主义实践相结合的产物，有着丰富的理论依据、现实依据、历史依据和时代依据。中国特色社会主义理论体系是对马克思主义中国化的最新概括，明确了邓小平理论、“三个代表”重要思想和十六大以来中共中央提出的科学发展观等一系列重大战略思想是中国特色社会主义理论体系的重要范畴，反映了中国共产党对执政规律、社会主义建设规律、人类社会发展规律的新认识。中国特色社会主义理论体系的三大组成部分是一脉相承、与时俱进的。中国特色社会主义理论体系是一个科学的理论体系，其精髓是解放思想、实事求是、与时俱进、求真务实，是不断发展的、开放的理论体系。

民进中央秘书长赵光华及各部门负责人，民进中央各专门委员会部分成员，民进中央和民进北京市委会工作人员参加报告会。

民进中央召开学习贯彻中共十七大精神座谈会 王佐书出席并讲话

2008年1月30日，民进中央召开学习贯彻中共十七大精神座谈会。民进中央副主席王佐书出席并讲话。民进北京市委会、天津市委会、河北省委会领导和宣传部门负责人到会。座谈会采取视频方式，在民进网站进行网络直播，这种会议安排和宣传方式在民进中央是第一次，有63个民进地方组织在线收看了网络直播。进而，共同启动民进2008年围绕中国特色社会主义主题开展的学习宣讲活动。

王佐书所作的重要讲话，从高举中国特色社会主义伟大旗帜、坚持不移走中国特色社会主义道路、始终不渝坚持中国特色社会主义理论体系、牢牢把握科学发展观的重大战略思想等四个方面，介绍了学习中共十七大精神的体会。他指出，中共十七大报告，是中国共产党团结带领全国各族人民坚定不移走中国特色社会主义道路，在新的历史起点上，继续发展中国特色社会主义的政治宣言和行动纲领，是马克思主义的纲领性文件。报告显示了中国共产党的政治实力和执政能力，是我国综合国力的显现。他提出，在中共十七大报告中，中国特色社会主义一面旗帜、一条道路、一个理论体系这“三个一”成为鲜明的、贯通的、完整的统一体。十七大报告的主题把新时期29年以来以及今后一个时期改革发展进程中，中国共产党所要坚持的最重要、最关键的东西都提炼和揭示出来了。“三个一”同“四个坚定不移”是有深刻内在联系的：只有始终坚持“三个一”，“四个坚定不移”才能保持正确方向；只有全面做到“四个坚定不移”，才能真正坚持和发展中国特色社会主义。他的讲话，以精选的理论、历史和实践依据，回答了为什么要增强高举“一面旗帜”、坚持“一条道路”、“一个理论体系”和贯彻“一个重大战略思想”的自觉性和坚定性的问题。

王佐书指出，学习中共十七大报告要做到学以致用，从五个方面充分落实到我会的工作中。第一，落实在学习胡锦涛同志的重要讲话精神上来。第二，落实到增强接受中国共产党领导的自觉性和坚定性上来。第三，落实到建设高素质参政党上来。第四，落实到民主党派的政治交接上来。第五，落实到我会开展的各项活动和实践之中。

王佐书强调，要加强理论学习，理论来源于实践，理论指导实践，理论高于实践，理论具有普遍性的品格，理论决定头脑怎么想、眼睛怎么看、事情怎么干、路怎么走、钱怎么花的问题。理论决定思想，思想决定行动。学习理论完全是为了应用，让我们在应用上多下工夫，这也是学习理论的目的。

民进北京市委会副主委、北京市民政局副局长吴文彦，民进天津市委会副秘书长李云，民进河北省委会专职副主委王丽红在座谈会上先后发言。介绍了所属组织和广大会员学习贯彻中共十七大精神的基本思路和工作部署，交流了学习心得。民进中央宣传部介绍了在全会组织开展十七大精神宣讲活动的安排意见。民进中央部门负责人和工作人员参加座谈会。

朱永新走访国务院扶贫办

2008年1月30日，民进中央副主席朱永新走访国务院扶贫办。国务院扶贫开发领导小组副组长、办公室主任范小建、行政人事司司长司树杰、政策法规司司长刘福合、国际合作与社会扶贫司副司长谭卫平等热情接待。

朱永新说："这次到贵办一是来认个门，我刚刚从苏州到民进中央工作，先来这里报个到。二是对你们长期以来对民进中央社会服务工作的支持表示感谢。三是介绍一下民进的有关工作和今后的相关工作思路。"他说，智力支边工作始终是民进社会服务工作的重中之重，长期以来，民进坚持在贵州毕节、黔西南、甘肃河西走廊以及河北滦平等地区开展扶贫工作。他特别介绍了民进老一代领导人身体力行指导支边扶贫工作的情况。他表示，今后我们还要进一步发扬传统，发挥民进的优势，在教育扶贫等方面特别是从人的角度，从根本上做一些工作。他认为，扶贫工作很重要的是要解决人的问题。他希望，今后在扶贫工作上能更多地得到扶贫办的支持。

范小建对民进中央领导的来访表示感谢，他认为，重视与国家部委的沟通是民进中央很好的传统，民主党派的扶贫工作需要我们今后多多关注。他谈了几点思考，一是希望民主党派今后继续配合国家开展扶贫开发工作。二是扶贫部门的扶贫工作要加强与党派的合作。他认为民进的优势在教育文化等方面，而扶贫办多是行政人员，严重缺乏技术力量，与民主党派在扶贫工作上的合作空间是比较大的。三是做扶贫工作眼界要宽，思路要活。国务院扶贫办要进一步主动求得民主党派中央以及社会各界的支持，集思广益。民进中央联络委员会副主任余刚和社会服务部负责人随同走访。

民进中央2008年中学校长教育改革座谈会在北京召开

2008年1月31日，民进中央2008年中学校长教育改革座谈会在民进中央召开。全国人大常委会副委员长许嘉璐，民进中央主席严隽琪，国家教育部副部长、党组成员陈小娅，民进中央常务副主席罗富和，民进中央副主席朱永新，民进中央秘书长、中国教育学会高中教育专业委员会常务副理事长赵光华，国家教育部基础教育司巡视员朱慕菊，中国教育学会高中教育专业委员会理事长、北京中加学校校长王本中，中国教育学会高中教育专业委员会副理事长兼秘书长厉益森出席会议。严隽琪主持会议。十余名来自全国各地知名中学的校长参加会议，共同探讨中学教育发展与创新人才培养问题，以及当前高中教育中的热点、难点问题和对策。有11位校长分别围绕高中教育改革、创新人才培养等问题发言，交流各自学校的办学经验，并针对某些难点问题提出切实可行的建议。

许嘉璐认真听取发言，并阐述对高中教育发展的看法。他认为，教育是民生的必需品，高中增办极大促进了我国高中教育事业的发展，但同时也带来了一些新问题。这些问题是高校扩招和高中增办，即高中走向大众化道路后必然会出现的。我国的高中教育发展正处于过渡期、转型期，高中应在力所能及的范围内进行探索，推动改革，引导社会，转变人才观、成长观，努力提高学生的人文素养。在谈到如何培养创新型人才时，他认为，高中阶段是人的创新思维与创新技能的养成期，而文化是创新的动力，我国应在高中教育中适当加入传统文化的内容，并积极改革现有的高中教育发展模式，加强高中与高校的联系。

陈小娅指出，高中教育承上启下的重要性不言而喻。对于教育整体而言，我国教育现在正处在一个新的起点上，首先是义务教育的全面普及，其次是高等教育进一步大众化，这种下推上拉的趋势使高中教育有了很大的发展。现在高中教育正处于普及发展阶段，如何处理好高中教育普及和创新之间的关系，如何处理好高中继承特色和发展的关系，如何处理好高中发展统一性和多样性的关系，值得我们研究和思考。在高中阶段，创新人才培养的关键是学校注重提升教育的质量和发展内涵。她希望名校、老校在大力提高教师素质，推进课程改革；遵循教育规律，提高教育内涵；善于借助外力，更加自主、大胆、多样地办学等方面，积极探索培养创新人才之路。

朱永新认为，高中教育是我国教育体系的关键一环，也是牵动着教育改革的关键一环。当前的高中教育应在回到教育原点、建设精神家园、缩小社会差距、破除学历至上、均衡教育资源配置、构造高考立交、淡化文理分科、张扬个性特征、资助贫困学生、强化高中与大学的联系等十个方面进行思考和改进，民进也愿意为高中教育的发展贡献自己的力量。

朱慕菊在讲话中感谢民进多年来对教育事业发展的关注，感谢本次会议上大家贡献了如此丰富的信息。她就高中事业发展过程中的政府保障机制，高中课程改革中的困惑和期待谈了自己的看法。她认为，目前，高中事业发展的方针的确不够清晰，财政保障机制也尚不完善，在课程改革的推动过程中，必须继续对行政权力给予约束，同时要争取给学校以更大的办学自主权。

民进中央研究室、参政议政部负责人也参加了座谈会。

民进中央向雪灾地区人民送温暖献爱心

2008 年 1 月中旬以来，我国南方部分地区遭受数十年未遇的雨雪冰冻灾害，给受灾地区人民生产生活带来严重影响。持续的雪灾，几乎使半个中国陷于瘫痪之中。冰雪灾害和人民群众的衣食住行，牵动着中共中央和国务院领导同志的心，牵动着全国人民的心，也牵动着民进中央，民进各级地方组织和广大会员的心。最近，中共中央统战部下发了《关于发挥统一战线的优势和作用，做好抗击雨雪冰冻灾害工作的通知》，号召统一战线广大成员紧急动员起来，积极投入抗灾救灾工作，协助党和政府做好抗灾救灾工作，帮助灾区人民过好春节。

全国人大常委会副委员长许嘉璐，民进中央主席严隽琪，号召全会和民进中央工作人员开展多种形式的“送温暖、献爱心”活动，帮助灾区群众早日走出困境，让灾区人民在艰难困苦中感受到我会的关爱和支持。2 月 2 日，民进中央机关工会、民进支部、中共支部和共青团总支积极响应并发出倡议，向受灾地区捐款捐物，全国人大常委会副委员长许嘉璐，全国政协副主席张怀西，民进中央主席严隽琪，民进中央常务副主席罗富和等同志，民进中央工作人员，民进中央所属开明出版社和《民主》杂志社，都参加了捐赠，共捐款 30000 元。

另悉，贵州省毕节地区遭受了历史罕见的特大冰冻雪凝灾害，给广大人民群众的生命财产造成了严重的损失。近日，毕节地区行政公署向民进中央报告了受灾情况。

毕节是民进中央开展智力支边的定点扶贫地区，得知毕节地区受灾情况后，会中央领导高度重视，严隽琪主席、罗富和常务副主席、朱永新副主席作出批示，决定以民进中央名义，从以往民进企业界会员的捐赠款中拨出 10 万元，捐给毕节灾区人民，帮助毕节地区灾后重建和尽快恢复灾区人民的生产生活。这笔捐款将通过贵州省毕节地区行政公署驻北京联络处捐赠给受灾较为严重的毕节金沙县。

严隽琪做客中国国际广播电台接受采访

2008 年 2 月 4 日，民进中央主席严隽琪做客中国国际广播电台《CRI 会客厅》节目，接受了主持人郭丹的采访，就民进事业的发展、参政议政的重点和个人工作的经历体会，作了亲切生动的谈话。

“时不我待，与时俱进”

严隽琪从 2002 年 12 月开始担任民进中央副主席，直到 2007 年 12 月在中国民主促进会第十次全国代表大会上当选为主席，整整五年时间。谈到这五年来的感受，严隽琪概括为八个字，“时不我待，与时俱进”。她说，这五年正是国际国内形势发展非常迅速的五年，五年中，我们的国家发生了非常大的变化，而且完全融入了经济全球化的发展背景。在这五年中，不断有新人加入我们民进，他们的成长经历，工作背景，他们的思想状况都有新的特点，所以对我们来说，如何加强民主党派自身建设，更好地发挥好参政党的作用，是当前一个时期的重要课题。就我个人来说，从市长转换到党派中央领导人，不同的岗位有不同的要求和不同的任务，我也要与时俱进，更加努力地学习，继续充实自己，唯有努力实践，积极开拓，才能符合这样一个时代的要求。

无比信任和期望，崇高的责任和义务

严隽琪说，我能够当选民进中央主席这个岗位，意味着中国共产党和全体民进会员对我的无比信任和期望，意味着崇高的责任和义务，是时代选择了我。中共十七大胜利闭幕，我们国家的发展站在了一个历史的新起点上。对民主党派来说，未来五年，中共十七大报告为我们明确了新的任务，指明了发展方向。我们要努力地学习贯彻十七大精神，作为一个参政党，这是非常重要的。形势要求我们拓展眼光，要有大局意识，加强战略思维，要了解我们的国情，深入实际，调查研究，这样我们才能做科学发展观的实践者和献策者。另外，党派自身建设很重要，要搞好政治交接，把老一辈的优良传统和高尚风范传承下来。

只有把个人的发展和时代的发展同步，舞台才会变得无穷大

40 年丰富的工作经历，严隽琪把它分为两个阶段。前 10 年在徐州基层煤矿工作，随后这 30 年，从出国留学到进入国家“863”计划专家组负责重大科研项目，从担任副市长再到现在成为党派的领导人，个人事业的发展始终与中国改革开放的进程同步。严隽琪说，我大学毕业四十年，前十年是在煤矿劳动锻炼，后三十年就完全是和改革开放同步的，我 1978 年读研究生，是“文革”以后的第一批研究生。我一直认为，个人其实很渺小，只有把个人的发展和时代的发展同步，舞台才会变得无穷大。而人无论处于什么位置，经历都是财富。严隽琪的话语中流露出谦逊和质朴。她认为，无论搞科研，做市长还是担任党派领导人，毕竟不同中也有相通之处。首先，都要按照客观规律做事情，要讲究科学规律、实事求是。其次，都必须依据客观实际做决定、拿主意。最后，一个人的能力总是有限的，在任何位置都要发挥团队精神，把团队中每一分子的积极性激发出来。这些相通的东西会帮助我尽快地转变思路，转换角色。

比较坚韧，注意感情的融洽和谐，具有亲和力

严隽琪说，由于科技的发展，特别是从事脑力劳动，男女在体力上的差异已经不是很重要了，而且现在家务劳动社会化，也为女性解放提供了客观的条件。但是我很幸运地说，家里的长辈和我的先生很支持我，帮我摆脱了很多家务的羁绊，使我能够义无反顾地出国留学，回国后又能全身心地投入工作，家庭成了我的港湾。这些对一个女性来说都是很重要的。我自己觉得，女性比较坚韧，注意感情的融洽和谐，具有亲和力。

当选主席后的变与不变

严隽琪说，我比较喜欢北京的文化氛围，每个地方都有它的优点，我的习惯就是，到哪里我就想哪里的好处，到哪个岗位，我就想这个岗位给我带来的好处，这样就有利于我全身心的投入。我在当选主席时就说过，我必须有所不变，也必须有所变化。不变的是接受中国共产党的领导，走中国特色社会主义道路的信念，不变的是作为一名普通知识分子报国为民的赤子情怀，不变的是长期科研工作所养成的踏实刻苦的工作作风，不变的是谦虚平淡的处事态度。但是毕竟我现在的位置变了、任务变了，所以我又必须有所改变，要有更强的责任心，要更加努力地工作，要更好地团结同志，要发挥出我们集体的力量。

过去的十年是民进发展历史上最好的时期之一

严隽琪说，过去十年是民进发展上最好的时期之一，这十年是改革开放深入的十年，是中国共产党领导的多党合作事业大发展的十年。去年公开发表了《中国的政党制度》白皮书，让全世界了解中国政党制度的历史演变、产生的根源，以及它在现实中发挥的巨大作用，我想这就是我们民进能处于一个最好发展时期的历史背景。此外，随着时代的要求，我们民进的自身建设逐步地制度化、规范化，程序化，在思想建设、组织建设、作风建设、制度建设等各个方面取得了前所未有的进步。现在社会经济高速发展，改革开放继续深入，给了我们参政党发挥作用的一个巨大舞台。为什么说“之一”呢，我想一代人有一代人的责任，一代人有一代人的作用，我们很难用绝对的字眼来描绘这一时期，但是用“之一”来描绘是当之无愧的。这个说法对我们新的领导班子既有压力，也有促进，是我们用来勉励自己继续前进的动力。

不断地涉足新领域，才能真正解决老阵地的问题

严隽琪指出，过去五年民进发挥自身特色，在推进出版业的改革，促进教育的改革和发展，弘扬中华优秀传统文化、促进文化体制改革等方面，做了大量的工作。随着形势发展，随着国家的进步，随着科学发展观的贯彻，“老阵地”上不断面临新问题，而且老阵地上的新问题往往跟经济、科技、医卫、司法、三农、环境等问题有错综复杂的关系，所以要求我们不断地涉足新领域，才能真正解决老阵地的问题。因此，要拓展眼光，要提升能力，在这个方面，我想我们应当做得更好。

关于三农问题，从教育的角度，过去五年我们做了许多工作，比如呼吁免费义务教育，呼吁西部农村教师发展问题。十七大把教育列为民生，所谓民生，就是国家和政府必须保障解决的问题，是执政之基。三农问题中的农村教育问题，从上学难到办学难，从办学难到办好学，都是老阵地中的新问题。要解决这些深层次的问题，绝对不能就教育谈教育，必须把教育和其他领域，比如人事制度的改革等等方面相结合。新农村建设必须要有新农村教育，这对我们教育的内容、教育的形式和教育的考核标准都提出了新的要求。科技富农、教育富农是我们要考虑的重要问题，另外就是教育均衡化的问题，民进中央将重点关注区域平衡方面的问题。还有就是文化的问题，十七大把推进文化大发展大繁荣，共建中华民族共同的精神家园作为今后的一项重要任务，文化对当代中国人和全世界华人来说，是我们的精神纽带，所以民进作为以文化为界别特色之一的民主党派更应该在这方面多作贡献。

严隽琪表示，在今后的五年里，民进将继续“巩固老阵地”，不断“开拓新领域”，与时俱进地开展参政议政工作，进一步提高参政议政的质量和水平。

民进今后一个时期工作的着力点

严隽琪强调，首先我们要树立高度的责任感，发展中国特色社会主义，需要全体中国人民的共同努力，需要共产党和民主党派同心同德、齐心协力。现在民进全会上下开展的中国特色社会主义主题教育活动，就是要增强我们的责任感和使命感，巩固我们的思想政治基础，增强我们履行职能的动力。第二，要加强对改革开放中一些深层次问题的研究，树立大局意识和忧患意识，使我们看问题时能够找准关键点。第三，自身建设也要有改革创新精神，完善制度、体制和机制，使得我们的智力可以集聚起来，力量更大一些。通过加强自身建设，使每一个会员的聪明才智在参政议政的平台上得到发挥，能够发表真知灼见，提出一些真正可操作的建议。

严隽琪考察龙泉生态园并出席
民进服务北京新农村暨龙泉生态园建设座谈会

2008年2月20日，民进中央主席严隽琪赴北京市门头沟区龙泉务村，考察民进北京市委会下属农业科技支部科技支农品牌——龙泉生态园，并出席民进服务北京新农村暨龙泉生态园建设座谈会。龙泉生态园是一个依靠现代科技建立起来的，集生产、科普示范、研究、推广为一体的节能型、循环型的温室农业基地。在高大宽敞的温室里，悬挂式的暖风设备保持了室内的恒温；苗圃中栽培着抗严寒、抗贫瘠、抗病害的几十个品种的山野菜；墨西哥鼠尾草、葡萄迷迭香、巴格旦鼠尾草等几十种引进的能净化室内气体的芳香植物散发着清香；室内水渠中摇曳着数种能净化水质的水生植物；园内喷灌使用的都是收集起来又经过物理净化的雨水……严隽琪饶有兴致地考察了截蓄雨水灌溉系统，野生蔬菜、有机特菜、芳香植物等多种作物的种植繁育情况，不时询问生态园的建设情况，各类作物的生长环境、经济价值等情况，并欣然为生态园题词“情系三农”。据悉，自1999年以来，民进北京市委会和北京农学院依托农业科技支部，选派专家在门头沟区龙泉镇龙泉务村“科教兴村示范基地”持续开展科教支农工作，取得了良好的社会效益和经济效益。2005年在民进北京市委会和北京农学院的共同努力下，龙泉生态园项目正式启动，目前一期建设任务全部完成并通过验收，二期建设项目已经启动，将进一步探索建设社会主义新农村形势下的新型社会服务和农业推广模式。农业科技支部也在服务三农的实践中锻炼队伍、培育人才、坚定信念，树立起民进会员不求名利、不求回报、立会为公的社会形象。

民进服务北京新农村暨龙泉生态园建设座谈会由民进北京市委会副主委蔡继明主持，民进北京市委会委员、北京农学院教授徐践，北京市农业局副局长、民进北京市委会农业科技支部主任尹幼奇，门头沟区委副书记郭光磊，门头沟区龙泉镇党委书记高连发，北京农学院书记王慧敏等分别作了发言。

严隽琪在座谈会上代表民进中央感谢民进北京市委会、民进区级组织以及民进支部同志们的工作和奉献，使得社会认可民进组织，这证明了我国多党合作制度的必要性和重要性，也体现了民进的社会价值；感谢中共北京市委、区委、镇党委以及有关单位对民进工作的大力支持和帮助，这充分证明我国的多党合作制度是有旺盛生命力的。她说，面对当前国家发展的形势和任务，民主党派领导同志需要更多地深入基层，了解基层，从基层吸取营养，全面考虑党派的工作，这次考察民进北京龙泉生态园，听取民进北京市委会农业科技支部的汇报，是第一次走访基层支部，时间虽然有限，印象很深刻，收获也很多。民进北京市委会在门头沟区的科技支农工作已经持续做了9年，正是在大家的共同努力下，才使得社会认可了民进的工作，体现了民进的社会价值，她代表民进中央感谢民进北京市委会、民进区级组织以及民进支部同志们，同时也感谢中共北京市委、区委、镇党委以及有关单位对民进工作的大力支持和帮助，龙泉生态园的成功经验充分证明了我国多党合作制度的旺盛生命力。

严隽琪指出，民进北京龙泉生态园的发展，从一个侧面说明了贯彻落实科学发展观的重要性，也就是要求我们按规律办事，不断深化对自然规律、社会规律的认识，树立正确的思想观念，建立良好的工作平台和工作制度。她指出，参政党建设也要有规律，农业科技支部的经验说明党派组织建设要注重四个方面，一是所在单位领导要有统战工作意识，二是党派工作要与自身专业特色、社会发展大环境相结合，三是基层组织带头人要有个人魅力，四是要依靠党委统战部门帮助党派组织培养后备干部队伍。

严隽琪希望，龙泉生态园二期建设要进一步解放思想、改革创新，为更多的农业人员、更广的农业地区提供科技服务，不断扩大作用和影响。同时，民进进一步总结经验，推广经验，并围绕农业产业效益、农业科技体系、节水农业等问题参政议政，切实履行参政党职能。

民进中央秘书长赵光华和宣传部、社会服务部负责人，民进北京市委会副主委兼秘书长李焕喜随同考察。中共北京市委统战部、中共北京市委会教育工委、民进北京市委会、中共门头沟区委以及北京农学院有关负责同志参加活动。

与时俱进　参政议政

——严隽琪接受《人民日报海外版》采访

（2008年2月26日）

“民进将继续‘巩固老阵地’，不断‘开拓新领域’，与时俱进地开展参政议政工作，进一步提高参政议政的质量和水平。”这是去年12月6日当选中国民主促进会中央委员会主席的严隽琪为民进未来5年参政议政工作提出的指导方针。新年伊始，民进中央相关组织机构即进行了调整，进一步提高了参政议政的水平和能力。

针对民进新一届中央委员会近日推出的一系列新举措，严隽琪近日接受了本报记者的书面采访。

问：1 月 5 日，民进第十二届中央委员会的 8 个专门委员会正式成立了。请问，与以往相比，8 个专门委员会有哪些变化？其作为中央常委会和主席会议领导下参政议政的工作机构，对民进今后的发展将发挥怎样的作用？

答：变化是发展的需要。2003 年，上一届民进中央委员会就对专委会进行了大幅度调整，确立了 8 个专门委员会的基本建制，并将其定位为在民进中央常务委员会和主席会议领导下参政议政的工作机构。本届专委会成立大会上，再次明确了专委会的职能。应该说，在新形势下，责任更重，工作空间也更大了。

本届中央委员会的构架，基本延续上一届的设置，但根据形势的发展、人员的更替和民进履职的需要进行了必要的调整。重要的变化第一是年轻化。新一届专委会成员平均年龄 45 岁左右，比上届组建时有所降低。第二是学历层次更高。其中具有大专以上学历的 171 人，占委员总数的 98.8%；有博士 32 人，硕士 31 人。第三是原“出版委员会”更名为“出版和传媒委员会”，反映了领域的新变化。

今后 5 年，民进中央专委会的工作将着力围绕中共中央的中心工作抓前瞻性战略研究，抓专题调研，努力在事关经济社会发展全局的瓶颈问题上和事关民生的盲点、难点问题上提出质量好、水平高的意见和建议。

问：贵会一直以来推动的修订、完善教师法的工作目前进展如何？

答：作为以教育文化出版为主要界别的参政党，教育问题一直是民进关注的焦点和参政议政的重点，推动修订、完善《教师法》是其中的一项重要工作。

随着时代的变化和教育领域出现的新问题，《教师法》同样面临着修订和完善的新课题。去年的全国政协大会上，民进中央提交了《关于促进城乡教师有序合理流动的制度化建设的建议》，建议通过修改《教师法》，明确义务教育教师作为教育公务员的法律地位，建立义务教育教师的教育公务员制度，以明确其权利、义务和责任，保障其地位和待遇，以增强农村教师职业的吸引力，提高教师队伍的稳定性，并促进教师队伍整体素质的提高。同年，在由民进中央主办的中国教师发展论坛上，与会者达成了共识，即结合《教师法》的修订完善相关条款，使教师任职资格、进修培训、师范教育的地位、投入等条文更符合中国现实和发展的需要。民进中央将在此基础上补充和完善，使之成为一份有分量的意见建议。

民进将就教师队伍建设的关键问题展开调研，特别是教师身份、编制、待遇和培训等问题着重进行研究，为全国人大和教育部等修订《教师法》提出可资借鉴的立法建议。

新春寄语：人民日报海外版记载着国家的发展风貌，表达着人民的诉求情感，是世界人民了解中国的窗口，也是海外游子心中的家园。中国民主促进会愿通过贵报向海内外朋友致以最诚挚、美好的新春祝福。祝愿我们伟大的祖国繁荣昌盛，祝愿我们的人民幸福安康。

罗富和、朱永新走访国家林业局

2008 年 2 月 26 日，民进中央常务副主席罗富和、副主席朱永新下午走访国家林业局。国家林业局党组成员、中央纪委驻国家林业局纪检组组长杨继平，国家林业局党组成员、副局长祝列克热情接待。双方围绕共同关注的林业方面问题以及今后如何继续加强联系与合作进行了沟通。

罗富和对国家林业局一直以来对民进参政议政、社会服务工作的支持表示感谢。他认为，民进今后要深刻理解林业系统在生态建设和国家行政体系建设中的重要作用，通过具体项目加强与林业局的合作，通过深化合作提升项目的政治效益、经济效益和社会效益。他希望，林业局今后能为民进进一步做好参政议政、社会服务工作提供建议，民进也会积极宣传我国林业系统取得的成绩，为林业建设的健康发展鼓与呼。

朱永新介绍了民进近年来围绕林业问题所作的参政议政和社会服务的工作情况，他希望在甘肃省石羊河流域综合治理与民勤防沙治沙、贵州省黔西南州“星火计划、科技扶贫”试验区帮扶工作、毕节“开发扶贫、生态建设”试验区帮扶工作等项目中继续得到林业局的支持，深化双方的合作。

杨继平认为，民进一直高度关注林业工作，特别在防沙治沙、防治石漠化、扶贫开发等方面，深入实际，作了大量的调研，提出了许多促进林业发展的建议，双方在贵州黔西南实施的金银花种植项目、在四川金沙江干热河谷实施的生态治理工程等项目中都有很好的合作。他代表国家林业局对民进多年来对林业事业的高度重视和大力支持表示感谢。座谈中，祝列克介绍了林业局今年的工作重点、林业部门抗击冰冻灾害的情况以及进行灾后重建的措施，并就深化与民进的项目合作提出了建议。民进中央社会服务部、参政议政部负责人随同走访。国家林业局各司局负责人参加座谈。

严隽琪出席全国政协十一届一次会议中外记者招待会

2008 年 3 月 6 日，全国政协十一届一次会议下午在人民大会堂举行中外记者招待会。8 个民主党派中央主席在回答记者提问时表示，随着我国政治体制改革的不断深化，中国共产党领导的多党合作和政治协商制度，必将在社会主义民主政治建设中发挥更大的作用。

中央人民广播电台的记者提问严隽琪：“有人说协商是一种中国式的民主形式，也有人不很赞同，想请问严主席，它在中国的政治体制当中能发挥怎样的积极作用?”严隽琪回答说，中国共产党领导的多党合作和政治协商制度是明确载入宪法的，所以它是有权威的法律依据的。这个制度的程序化、制度化、可操作性不断加强，特别是中共十六大以来，发布了相关的中央文件，所以这个程序越来越明确。她进一步从自己任党派中央主席 3 个月来就参加中共中央 5 次高层协商会的亲身感受说明了中国的民主协商制度的优越性。首先，它有利于执政者听到来自于多方面的声音，正所谓“兼听则明”。民主党派作为政党，可以有组织地进行深入的专题调研，提出有分量、有质量的意见、建议。其次，它可以让民主党派通过社情民意渠道，反映所联系的知识分子以及他们对社会观察所得到的一些利益诉求和意见、建议。严隽琪用数字举例，去年一年，民进有 500 条信息提交全国政协。第三，它使我们直接参加国家政权，民进有 56 位全国人大代表和 77 位全国政协委员，还有不少成员担任政府和司法机关实职以及特约监督人员。在政府实职这个位置上，曾作过上海市副市长的严隽琪的直接感受是有职有权。因此，这样一个制度，是历史演变的结果，凝聚了中国共产党和各民主党派以及全国人民共同的政治智慧，是符合现实国情的。她最后强调，这个制度是有利于我们未来发展的一种选择。

中国民主促进会第十二届中央常务委员会第二次会议在北京召开

2008 年 3 月 9 日，中国民主促进会第十二届中央常务委员会第二次会议在京召开。民进中央主席严隽琪，常务副主席罗富和，副主席潘贵玉、王佐书、贺旻、刘新成、蔡达峰、朱永新、张帆等常委出席会议。会议报告了民进中央十二届二次主席会议情况，对民进全会学习贯彻两会精神、深入开展中国特色社会主义主题教育活动进行了研究和部署。

严隽琪主持会议并讲话。在介绍了年初举行的民进中央十二届二次主席会议的主要内容后，她指出，这次主席会议是会中央领导班子第一次集体学习和谈心，提高了对肩负责任的认识。在这次会上，主席们都表示决心继承我会优良传统，发扬成绩；而且要进一步坚定信念，与时俱进，理清思路，使我会的各项工作在 2008 年开好局。严隽琪对 2008 年全会的工作提出要求：

第一，要学习贯彻中共十七大精神，高举中国特色社会主义伟大旗帜，将主题教育活动贯穿全会的各项工作。她说，学习贯彻十七大精神是我会当前和今后一段时期的首要的政治任务，深入开展主题教育活动是贯穿全会今年工作的主旋律。中国特色社会主义主题学习教育活动，既是思想教育工作、理论研究工作的主题，也是履行职能的主题，更是各级领导班子建设的主题。我们要紧密联系实际，把学习中共十七大精神同学习贯彻民进十大精神结合起来，同我会履行职能紧密结合，与我会组织建设，特别是各级领导班子建设相结合，迎来中共“五一口号”发布 60 周年、我国改革开放 30 周年纪念活动两个高潮，在进一步促进共同的政治信念、共同的目标使命、共同的价值追求的过程中，使全会的各项工作上一个新台阶。

第二，要深入贯彻落实科学发展观，认清形势，把握大局，发挥特色和优势，履行好参政党职能。她说，党的十七大报告指出，我国正处于重要的战略机遇期，作出两个“前所未有”、“机遇大于挑战”的科学判断。一方面，改革开放的成就举世瞩目，把我国发展推向新的历史起点；另一方面，改革已进入攻坚阶段，全面建设小康社会进入关键阶段，国内原有的和不断出现的种种问题，国际上显性的矛盾与摩擦，还有更加危险的、跨国界的隐性陷阱和埋伏，这一切都对我会的参政议议政水平提出了更高的要求。我们要认清国际国内形势，拓展世界眼光，建立忧患意识。要在全会大兴学习之风，以中国特色社会主义理论为指导，提高观察分析问题的能力，扩大眼界，树立全局意识，更好地发挥参政党作用。她特别强调，提高全会的参政议政能力和水平，要注意工作体制机制的创新，研究如何建立使会中央和地方组织、专职与兼职、参政议政与社会服务结合起来，形成合力的工作制度和机制。

第三，以领导班子和干部队伍建设为重点，抓好制度建设，推进我会的组织建设。她说，我会各级组织刚刚顺利完成换届，许多新同志走上了领导岗位。会中央要把加强领导班子建设作为今年组织工作的重点，以政治交接成果推进各级领导班子建设，以学习教育的成果促进领导班子建设，不断提高政治把握能力、参政议政能力、组织领导能力和合作共事能力；进一步加强以民主集中制为核心的制度建设，探索会内监督机制，以民主集中制推进领导班子工作的制度化、规范化、程序化，以会中央领导班子建设为先导，推动地方组织领导班子建设。她介绍了 3 个月来会中央领导班子在规范自身议事规则、完善民主集中制和加强制度建设方面的新举措和新进展。

第四，大力加强理论建设。她说，坚持以中国特色社会主义理论体系为指导，以服务决策为重点，以队伍建设为基础，以工作平台为依托，以制度建设为保障，不断提高综合政治素质和业务水平，努力搞好领导决策服务、理论研究和会史研究，是当前我会理论研究的具体要求。各级领导干部和理论队伍，要自觉按照中国共产党领导的多党合作和政治协商制度的本质要求，科学总结多党合作和参政党建设的实践经验，密结合民进实际，有针对性地开展理论研究工作。同时，要继续加强会史资料的抢救工作，充分挖掘会史教育资源，建立会史教育基地。拓宽会史工作渠道，把会史学习与宣传思想工作、会员培训紧密结合起来，为全会思想建设和组织建设提供有力的支撑。

严隽琪说，今年的两会是我们国家在深入贯彻中共十七大精神、迎来改革开放 30 周年和举办北京奥运会的重要年份召开的重要会议，会议即将完成的各项议程，作出的各项决议，必将对继续推进中国特色社会主义伟大事业产生重要影响。希望各位常委结合学习贯彻全国两会精神，要以更加昂扬的精神状态，更加旺盛的精力，把民进各项工作抓紧抓实抓好，不辜负中共中央的信任和民进广大会员的重托。

罗富和通报了《民进中央关于2008年在全会开展中国特色社会主义主题教育活动的方案》，他从纪念中共中央发布“五一口号”60周年，深入开展多党合作历史经验和优良传统教育；纪念改革开放30周年，深入进行改革开放历史成就和宝贵经验的宣传教育；促进领导班子的思想建设、作风建设、制度建设和后备干部队伍建设；开展各级各类的学习和培训，使主题教育活动覆盖全会各级组织四个方面，对2008年在全会开展这项工作进行了部署。他说，搞好政治交接是我会一项长期的战略任务，主题教育活动是一项复杂的系统工程，希望会中央和各省级组织能够联动、互动，形成合力，共同推动主题教育活动扎扎实实地开展。

会议审议通过了民进中央关于学习贯彻两会精神的通知。

民进中央各部门负责人列席会议。

朱永新在“教育改变中国”——第二届信孚公益论坛发表演讲

2008年3月10日，民进中央副主席朱永新在“教育改变中国”——第二届信孚公益论坛发表演讲。他说，这次两会上温总理的政府工作报告，明确提出要办人民群众满意的教育，要把教育作为第一民生优先发展教育，提出在全国城乡实施免费的义务教育，要提高高等教育的质量。总理还提出目前有三项重要的工作：一个是素质教育，一个是加大教育投入，还有一个就是提高教师的水平。这些方子都开得非常好。朱永新指出，教育改变中国是一个很大的主题。演讲中，他提出了三个观点：回到教育原点，要关注农村教育，建设精神家园。

朱永新说，教育是通过塑造美好的人性，培养美好的人格，让孩子们能够真正的拥有一个美好的人生，同时能够建设一个美好的社会。对教育的目标、方向，我们应该重新认真思考。学生不是为分数活的，也不是为考试活的，甚至在一定意义上不是为就业活的，教育是为了让人成为一个社会学意义上的人，教育是为了让我们人类能够获得更美好的未来，是为了让人类不断的走向崇高。

第二，要关注农村的教育。教育有两个关键点，一个是钱的问题，一个是人的问题。钱的问题就是加大投入，人的问题关键是教师。只要有了好教师，就会有好教育。条件差一点，艰苦差一点也没关系。当初西南联大是什么条件，照样培养出无数优秀的科学家。我刚刚从贵州回来，发现他们那里老师缺得太多，目前在编教师缺4610个——仅仅是一个地区。怎么缺那么多的老师？七八十个孩子挤在一间教室，你说我们的教育品质怎么能够保证？农村教育是我们木桶里面的最短的一块板。当务之急是让每个学校有基本的教师，同时要提升农村教师的品质。我觉得农村教师，事实上他们有一颗非常善良的心，同时也非常热爱那片土地。但是很多老师缺乏基本的教育知识、教育素质。如果有好的培训，我相信他们能够提升。最近我们新教育研究院在贵州的凤冈做了一个培训教师的实验，我们不是简单的给他们上一堂课，也不是简单的把他们请到城里来进行培训。这种教育是无法真正改变教育品质的，真正要改变教育品质，我们的研究人员和教师必须要和这些老师们一起生活。应该通过日常的教育生活启发和引导他们，和他们共同读书，共同讨论，共同成长。

第三，建设精神家园。十七大报告里面提出要建立社会主义核心价值体系，这次政府工作报告里面再次提出要建立社会主义核心价值体系，没有在教育的部分讲出来，是在文化建设的部分提的。一个人不能没有灵魂，一个国家也不能没有灵魂。我们所有的人应该有共同的精神家园，这个精神家园从哪里来？我们认为应该从我们的教育来，在基础教育阶段，把共同理想和价值观传递给孩子。我们的教育要让孩子从小就接受人类最伟大的思想和中华的经典，我们不可能像西方一样通过宗教或者是其他的途径，我们唯一能够选择的就是通过阅读，通过我们在基础教育阶段，让我们的孩子能够和最伟大的思想对话，和最伟大的智慧去交流，和最伟大的人物去沟通，这样才有可能真正的建设共和国的精神家园。

朱永新说，这三个问题也许是教育改变中国目前要改革的当务之急。

全国政协十一届一次会议民进界成果丰硕

2008 年 3 月 14 日，中国人民政治协商会议第十一届全国委员会第一次会议在北京人民大会堂闭幕。民进组 45 位全国政协委员参加本次会议。会议期间，委员们听取和审议了政协全国委员会常务委员会工作报告、政协全国委员会常务委员会关于提案工作情况的报告，列席了第十一届全国人民代表大会第一次会议，听取并讨论了政府工作报告及其他有关报告，选举了政协第十一届全国委员会主席、副主席、秘书长、常务委员，审议通过了政协第十一届全国委员会第一次会议政治决议、政协第十一届全国委员会第一次会议关于政协全国委员会常务委员会工作报告的决议、政协第十一届全国委员会第一次会议提案审查委员会关于政协十一届一次会议提案审查情况的报告。

委员参政议政取得丰硕成果。会前，民进组的委员们以强烈的责任感，胸怀大局，关注民生，贴近百姓，抓住关系国计民生的重大问题，进行了深入的调查研究，准备了数量多、质量高的提案。全国政协十一届一次会议期间，民进中央、民进组、民进组政协委员共提交大会口头发言、书面发言、党派提案、民进组提案、委员个人以及联名提案共计 187 件。提交发言 22 份，其中，党派大会口头发言 1 份，民进中央和民进组委员个人书面发言 21 份。大会口头发言为蔡达峰委员代表民进中央的发言《加强社区文化建设，培育社会生活共同体》。提交提案 165 件，其中，民进中央党派提案 17 件，民进组 45 位政协委员提交民进组提案 6 篇，委员个人提案 81 篇，委员联名提案 61 篇。上述提案多着眼于构建社会主义和谐社会，重点关注“三农”、新农村建设、教育改革与发展、文化的大发展大繁荣、转变政府职能、食品安全、环境保护和节约型社会等经济社会发展的热点和难点问题，反映民生，建言献策。

认真准备发言，小组讨论热烈。在这次政协大会上，民进组围绕全国政协常委会的工作报告和提案工作报告，政府工作报告、计划报告和预算报告、政府机构改革方案及“两高”报告等内容，共进行了 12 次小组讨论。委员们紧紧围绕主题，认真研读会议文件，精心做好准备，在发言中做到言之有物、引用数据准确、所提的建议切实可行。

第一，主题集中。3 月 5 日，民进组委员针对政府工作报告进行小组讨论，发言的委员都紧扣主题，热烈讨论，进行阐述，提出建议。会前，委员们纷纷报名发言，会上，有的委员发言后，其他委员作补充，存有不同观点和意见时，展开讨论，气氛和谐融洽，会议效果明显。中央电视台对小组讨论情况做了录像，从当晚的新闻联播中的播出效果看，收到良好的社会效果。政府机构改革方案是今年委员们讨论的重要内容。委员们认为，国务院机构改革方案体现出的政府机构改革方向，完全符合中共十七大提出的要求，改革方案的出台适时、适度，代表了时代发展的方向。委员们建议国务院机构改革应遵循减事、分权、渐进的原则，并对继续深化机构改革提出了建议。

第二，内容务实。从热议温家宝总理的政府工作报告到讨论“两高”的报告，无论是教育部、文化部的领导到民进组听取委员的发言，还是委员们平时在发言中提出的问题和建议，都贴近现实，反映真实的情况，建议具体且具有操作性，没有夸夸其谈、空洞无物的现象。委员们都感到有话可说，有事可做。谈问题实实在在，都有很强的针对性。每次小组讨论委员们踊跃发言，都有言犹未尽之感。建银大厦驻地各组简报显示出，民进组被摘登的文字量大、内容丰富。

第三，建议突出。今年，民进组委员们讨论气氛热烈，反映问题尖锐，教育公平、农村义务教育、社会保障、文化事业和文化产业的发展、环境污染、政府机构改革、司法体制改革及司法队伍建设等等，这些社会热点、难点问题，委员们都尖锐地指出来。更重要的，委员们在提出问题的同时，都经过认真思考，提出了很多好的意见与建议，成为鲜明特点。这些意见和建议，既有专家层的，也有领导层的。其中，许多解决问题的办法和措施被作为《快报》素材与《情况汇总》及时上报。

第四，委员献良策，政府纳诤言。3 月 7 日，民进组委员们与国家教育部、文化部的有关领导共商国是。委员们不搞客套，不走过场，就我国教育的改革与发展、文化事业和文化产业的发展问题各抒己见，建言献策。委员们建议："高等教育应协调发展、平衡发展"、"农村师资队伍应该享受房改政策的阳光"、"推动文化大发展大繁荣，需要解放思想，开拓创新，杜绝浮躁；需要完善调控机制，加大对文化的投入力度"、"我们一方面要推动文化创作的精品化，另一方面要让广大人民群众都能享受到精品文化的陶冶、教育与传承。"一段段肺腑之言发自委员们对国家经济社会各项事业发展的赤诚之心。教育部副部长陈小娅、文化部纪检组组长李洪峰对委员们的发言表示感谢，并对委员们提出的问题做了回答，认为委员们提出的建议求真务实，符合实际，对于妥善处理好这些方面的问题具有一定的借鉴作用，并表示将仔细研究这些意见和建议。

博客直通百姓，简报反映信息。政协大会期间，我会多位代表委员已成为两会明星博客。从前年开始，两会代表委员开始在主流网站开设博客，我会多位委员的博客取得了很好的反响。今年这种影响继续扩大，在人民网 2008 两会博客中，有 11 位是民进会员。在民进组的委员中，蔡达峰、区鉷、蔡继明、赵丽宏等委员在自己的博客中，征求对自己提案的意见，抒发参加大会的体会，这种形式也得到了越来越多的网民和媒体的认可。我们在统计中发现，民进代表委员的博客被很多媒体转载，众多网民在自己的博客里引用民进代表委员博客的文章，并展开讨论，起到了很好的宣传效果，已经形成了民进的"两会明星博客"。委员们将网友的意见和建议带到小组会上，这些信息在小组讨论的简报中得以体现，开辟了政协委员参政议政、反映社情民意的新途径。

吸引媒体关注，展示委员风采。民进组政协委员参政议政亮点多，吸引了中央和地方众多媒体的关注，纷纷对民进组的委员进行采访报道。蔡达峰委员在庄严的人民大会堂所作口头发言，铿锵有力、内容精彩，赢得了在场委员的热烈掌声，发言后，中央电视台新闻频道"灵泉看两会"栏目在大会堂演播厅对蔡达峰委员进行了即时采访，他所作的题为《加强社区文化建设，培育社会生活共同体》的发言，被称为"边缘而温暖的提案"。潘贵玉委员吁保护女职工合法生育权的提案受到媒体的关注。据不完全统计，会议期间，民进组政协委员共接受了包括 50 余家报纸、20 余家电台、电视台，10 余家网站和 10 余家杂志在内的近 100 家媒体的近 200 次采访，全面而充分地展示了委员们的个人魅力和风采，更使民进参政议政的成果广为社会所知，达到了良好的社会效果。民进组政协委员在普遍受到媒体关注的同时，潘贵玉、蔡达峰、张帆、邱立成、蔡继明、言恭达等多位委员更是成为新闻媒体追逐的"亮点"、"热点"人物。应媒体要求，还安排了多场委员专访和采访，取得了电视上有影，广播里有声，报纸上有文，网络上有字的全方位、立体化的宣传效果。引起社会反响，展现了民进的风采，扩大了民进的社会影响力。

民进中央新老领导人深情送别方明同志

2008 年 3 月 16 日，民进中央新老领导人深情送别方明同志。我国著名教育家、社会活动家、中国陶行知研究会会长，中国民主促进会第三届中央参议委员会副主席，第四届中央委员会委员，第五、六、七、八届中央常务委员会委员，第十、十一届中央委员会顾问方明同志告别悼念仪式，于上午十时在北京八宝山东厅举行。全国政协副主席、民进中央常务副主席罗富和，全国人大常委会原副委员长、民进中央原主席许嘉璐，全国政协原副主席、民进中央原第一副主席张怀西，民进中央原副主席蔡睿贤、王立平，民进中央原顾问王鸿祯出席告别悼念仪式。民进中央敬献花圈和挽联。全国人大常委会副委员长、民进中央主席严隽琪，民进中央副主席王佐书、朱永新在方明同志病重期间曾到医院探望。

方明同志是著名教育家陶行知先生的学生。1917 年出生，江苏无锡市人。曾历任中国教育工会全国委员会副主席、主席、分党组书记，世界工会联合会下属教育工会国际（FISE）副主席；第三届全国人大代表，第六、七、八届全国政协委员，第七届全国政协教育文化委员会副主任。

方明同志于 1949 年加入中国民主促进会，是中国民主促进会老会员，他几十年如一日热忱参加民进工作。在担任全国政协委员期间，方明同志积极履行委员职责，和民进组的部分政协委员联名提出《建议确定全国教师节日期及活动内容》、《尽早制定“教师法案”》等提案，为保障教师的合法权益、在全社会树立尊师重教的风尚积极建言献策，作出了重要贡献。在担任民进中央顾问期间，他以极大的热情关注国家的建设、教育事业和民进的工作，直到生命最后一息。方明同志在民进组织和会员中享有崇高威望，深受民进广大会员敬重和爱戴。告别悼念仪式现场的一副巨型挽联，正是方明同志奋斗一生的写照：“七十年殚精竭虑忧国民，一辈子呕心沥血为教育，爱满民进。”

中央统战部一局副局长杭元祥，民进中央秘书长赵光华、原秘书长陈益群，民进中央办公厅、组织部、宣传部、社会服务部负责人也参加了告别悼念仪式。

朱永新走访人民教育出版社

2008 年 3 月 19 日，民进中央副主席朱永新上午走访人民教育出版社。人民教育出版社社长李志军、总编辑助理魏运华、社长助理王志刚等领导热情地接待了民进中央一行。双方围绕如何继续深化民进中央、叶圣陶研究会与人民教育出版社的交流与合作进行了沟通。已故的叶圣陶先生曾任民进中央主席，也是人民教育出版社第一任社长。叶圣陶研究会是民进中央主办，由热心于叶圣陶学术思想的研究、有志于继承和弘扬中华优秀传统文化的专家、学者和相关团体自愿结成的学术性团体，是全国性的、非营利性的社会组织。现任名誉会长是雷洁琼、许嘉璐，现任会长是张怀西。自 1989 年叶圣陶研究会成立以来，便广泛联系会员及海内外研究叶圣陶教育、文化、编辑出版方面的学者和有关学术团体，在推动我国教育、文化、出版事业改革与发展方面做了大量的工作。

朱永新说，民进与人民教育出版社的关系源远流长，叶圣陶研究会更是从成立之初就与之紧密合作，特别是近年来叶圣陶研究会在促进海峡两岸文化教育交流方面，人民教育出版社也参与其中并给予了大力支持。他代表民进中央、叶圣陶研究会，对人民教育出版社表示诚挚的感谢。

朱永新在谈到叶圣陶研究会今后的工作时说，民进是以教育、文化、出版界中高级知识分子为主的参政党，其中 70% 的会员从事教育工作，可以说民进的教育力量比较强大。民进应积极发挥教育方面的优势，深化与人民教育出版社的合作，不断加强叶圣陶研究会在教育领域的影响。叶圣陶研究会在规范自身工作的同时，要更多地面向中小学教育领域，尽量吸收在中小学校一线工作的、优秀的、有成就的、有思想的教师入会，为他们服务。人民教育出版社在这方面非常具有优势，相信通过双方的共同努力，一定会为发挥中小教一线老师在课程改革中的主体作用搭建起良好的平台。

在谈到精品教材问题时，朱永新说，一定要打造教材出版的“国家队”，真正给中小学生提供一流的、高品质的基础教育教材。要防止教材出版的不正当竞争。我们期待人教社作为“国家队”，能够学习国外教材编写出版的先进经验，吸引人才加入教材编写队伍，为推进我国素质教育作出新的更大贡献。

李志军代表人民教育出版社欢迎民进中央一行的到来。他说，许嘉璐先生、严隽琪主席对人民教育出版社的工作非常支持，双方合作所取得的成绩也是有目共睹的。他表示，人民教育出版社将一如既往的支持叶圣陶研究会的工作，祝愿叶圣陶研究会在人民教育出版社和民进的共同支持下越办越好、越来越有声色。民进中央社会服务部、叶圣陶研究会有关负责人，人民教育出版社民进支部主任等参加座谈。

民进中央办公厅、民进北京市委会联合举行民进学习传达两会精神报告会

2008年3月22日，民进中央办公厅、民进北京市委会上午联合举行“民进学习传达两会精神报告会”。全国人大常委会副委员长、民进中央主席严隽琪主持会议并讲话。全国政协副主席、民进中央常务副主席罗富和，全国人大常委、民进中央副主席王佐书、刘新成、朱永新，民进中央原名誉副主席楚庄出席会议。

严隽琪在讲话中指出，今年的“两会”举世瞩目、成果丰硕、意义深远。传达好、学习好、贯彻好两会精神，对于民进紧密围绕中心、服务大局，更好地履行职能、发挥作用具有十分重要的意义。严隽琪说，本次两会的特点是更加民主、更加开放和更加务实。她强调，学习贯彻两会精神，一是要正确认识形势，把握大局，把思想认识统一到中国特色社会主义旗帜下来，统一到中共中央关于当前形势的科学判断和作出的重大决策部署上来，增强忧患意识、政治意识、大局意识和责任意识，为党分忧、为国尽力、为民尽责。二是要贯彻落实科学发展观，坚持解放思想，深入调查研究，为民生问题、生态环境保护、精神文明建设建言献策；为扩大公民有序政治参与，畅通社会利益表达渠道，增强有效民主监督，促进政府职能转变作出应有贡献。三是要深入开展中国特色社会主义主题教育活动，进一步坚定接受中国共产党领导的政治信念，实现科学发展、社会和谐的目标使命，继承发扬民进“爱国、民主、团结、求实”的优良传统，以改革创新的精神，促进自身建设的与时俱进。她希望，民进会员要努力做好本职工作，为弘扬优秀中华文化，形成良好的社会公德、职业道德和家庭美德，建设精神文明尽心尽力，为中国特色社会主义宏伟大厦添砖加瓦。

罗富和传达全国政协十一届一次会议精神。他说，本次政协会议理论和方法更加创新，团结与民主两大主题更加突出。他指出，每年两会都是民进向全社会集中展示参政议政成果的极好机会，我们应该很好地利用这一平台，积极建言献策。全会提高参政议政的层次、水平、质量和效益，必须提高认识，把参政议政当作民主党派的生命线；必须整合资源，举全会之力、用社会之力，实现“整体大于部分之和”的目标；必须完善机制，建立健全科学有效的参政议政工作机制，努力把握参政议政的规律；必须搭建平台，加强沟通交流，建立互动机制，特别是构建网上参政议政平台。

王佐书传达十一届全国人大一次会议精神。他在传达人大会议精神中分析了会议和代表们所提议案的基本特点，并从个人角度出发解读了政府工作报告、人大常委会工作报告、两高报告和胡锦涛总书记闭幕讲话等会议内容，并就国务院机构改革等大家关心的热点问题进行了重点阐释。

民进中央秘书长赵光华，民进中央各部门负责人，各专门委员会主任、副主任，民进北京市委会副主委庞丽娟、吴文彦、李焕喜出席报告会。民进北京市各区委会、区工委及各基层支部负责人及部分会员，部分离退休老同志，民进中央、民进北京市委会干部等200余人参加报告会。

民进中央纪念中国共产党发布“五一口号”60周年座谈会隆重举行

（2008年4月8日）

民进中央纪念中共发布“五一口号”60周年座谈会上午在机关隆重举行。全国人大常委会副委员长、民进中央主席严隽琪，全国政协副主席、民进中央常务副主席罗富和，民进中央副主席王佐书、刘新成、朱永新出席座谈会。

1948年4月30日，在人民解放战争取得节节胜利的大好形势下，中共中央发布了“五一口号”，号召“各民主党派、各人民团体、各社会贤达迅速召开政治协商会议，讨论并实现召集人民代表大会，成立民主联合政府!”5月5日，民进和民革、民盟、致公党、农工党等民主党派以及有关团体的领导人联名致电中共中央毛泽东主席并转解放区全体同胞，积极响应“五一口号”，称赞这是“适合人民时势之要求，尤符同人等之本旨”，表示要“共同策进，完成大业”。同时，民进在香港还单独发表了宣言，指出“五一口号”是“近百年来中国革命史的结晶，是今后中国政治运动舵向的指标”，公开庄严宣布民进要团结在中国共产党的周围，参加共产党领导的爱国民主统一战线，为彻底推翻三座大山而共同奋斗。马叙伦先生还撰文公开明确表示，中国共产党是中国人民革命“当然的领导者”。此后，民进的主要领导人由上海及香港转入到了解放区，参加新政协的筹备工作。雷洁琼、严景耀先生，在西柏坡受到了毛泽东、刘少奇、朱德、周恩来、任弼时等领导的亲切接见，毛泽东主席还就当时的国内形势、对民主党派的要求、新中国的建设蓝图等内容，与雷洁琼、严景耀先生作了彻夜长谈，给民进以巨大的教育和鼓舞。

座谈会上，严隽琪回顾了“五一口号”发布的时代背景和历史意义，以及民进老一辈领导人积极响应“五一口号”，同中国共产党风雨同舟、亲密合作的历程。她说，60年前，中共中央发出了具有重要历史意义的《纪念“五一”劳动节口号》，表达了全国人民的愿望和要求，也反映了各民主党派和所有爱国民主人士的政治主张。从响应中共中央“五一口号”到参加协商建国，民进公开、自觉地接受中国共产党的领导，坚定地走上了新民主主义和社会主义道路。

严隽琪强调，中国特色社会主义政治发展道路，是近代以来中国人民在争取民族独立和国家富强的实践中，经过艰辛探索而选择的一条正确道路；中国共产党领导的多党合作和政治协商制度，是从我国国情出发、具有巨大优越性和强大生命力的政党制度；民进老一辈领导人自觉坚定接受中国共产党的领导，是民进能够有所作为、持续健康发展的根本原因。

严隽琪指出，去年，民进中央和省级组织完成了人事上的新老交替，今后一个时期民进自身建设的首要任务就是要搞好政治交接，通过深入开展中国特色社会主义主题教育活动，把民进老一辈当时的历史选择转化为现代民进人自觉的现实选择。不管遇到多大的困难和风浪，都要确保我会自觉接受中国共产党领导的政治信念不变，与中国共产党亲密合作、肝胆相照的政治态度不变，实现科学发展、社会和谐的目标使命不变。面对当今世界和当代中国正在发生的广泛而深刻的变化，民进必须把思想认识统一到中国特色社会主义旗帜和全面建设小康社会的宏伟目标上来；必须贯彻落实科学发展观，履行好参政党职能；必须努力把民进建设成为高素质参政党，为坚持和完善中国共产党领导的多党合作和政治协商制度、为巩固和发展中国特色社会主义政治发展道路作出新的贡献。

罗富和主持会议。他希望大家进一步深刻理解“五一口号”的意义及其重要性，学习民进老一辈与中国共产党亲密合作、为民分忧的高尚情怀和人格魅力，学习民进老一辈为国家富强、民族振兴的无私奉献精神，继承他们的优良传统，并将之不断发扬下去，努力做好自己的岗位工作和民进的会务工作。

会上，民进中央副主席、北京市委会主委、首都师范大学校长刘新成，民进中央科技医卫委员会副主任、国家科技部农村科技司产业处处长胡京华，民进中央文化艺术委员会副主任、北京大学中文系教授张颐武，民进中央社会和法制委员会副主任、最高人民法院民事审判二庭审判长吴庆宝先后发言。

刘新成说，历史已经证明，多党合作、政治协商是一个符合我国国情，并被现实证明是行之有效的民主制度，我们必须坚持这一制度，继续在这一制度平台上，不断完善我国的民主制度。各民主党派只有在接受中国共产党领导的前提之下，在与中国共产党风雨同舟的历程中，才可能为国家的强盛，民族的振兴发挥作用。

胡京华说，今天我们重温“五一口号”这段历史，使我们对各民主党派几十年来与中国共产党风雨同舟、患难与共的历程有了进一步的了解；回顾我国多党合作制度的形成，使我们更加坚信，只有坚持中国共产党的领导，才能彻底实现国家独立和民族解放；历史和实践证明，各民主党派、无党派人士自觉地、郑重地选择中国共产党的领导是正确的选择，是历史的必然。

张颐武说，我们民主党派成员应该自觉地参政议政，履行参政党的职责，不断进取。一方面，努力做好自己的本职工作，扎扎实实地为社会作贡献。另一方面，必须在社会发展的诸多问题和矛盾上进行一些调研和思考，在参政议政方面作出自己的贡献。只有这样，我们民主党派的先辈们开拓的接受中国共产党的领导，履行参政党职责的历史传统才会得以传承，我们才可以无愧于时代和社会对我们的要求。纪念“五一口号”，重温二十世纪先辈的奋斗历程，确实让我们感受到自己的责任。我们一定要将“五一口号”的精神发扬光大，让“五一口号”所体现的多党合作、政治协商和在中国共产党领导下努力奋斗的精神得到发扬，为中华民族的伟大复兴贡献我们的力量。

吴庆宝说，“五一口号”的划时代意义就在于确立了中国共产党在我国社会政治生活中的领导地位，以此纪念活动为契机，振奋精神，鼓舞斗志，不断激发创造热情，在中国共产党的正确领导下，我们要把祖国建设得更加雄伟壮丽、和谐文明，无愧于时代的嘱托，无愧于祖国悠久的文明历史，无愧于祖国更加强大的未来。

民进中央在京部分委员，各专门委员会在京部分主任、副主任，中共中央统战部一局有关同志，民进中央、民进北京市委会干部150人参加座谈会。

最高人民法院院长走访民进中央
严隽琪、罗富和、王佐书出席座谈

2008年4月14日，全国人大常委会副委员长、民进中央主席严隽琪，全国政协副主席、民进中央常务副主席罗富和，全国人大常委、民进中央副主席王佐书，与来访的最高人民法院院长、首席大法官王胜俊，最高人民法院副院长、大法官万鄂湘座谈。

王胜俊说，这次到民进中央来，一是拜访、二是感谢、三是请求。高院加强与各民主党派的联系与沟通，对于加强人民法院工作具有重要作用。民进在民主革命时期、社会主义建设和改革开放时期，都为国家的经济发展和社会进步作出了重大贡献，是一支重要的政治力量。中国共产党领导的多党合作和政治协商制度是我国民主政治制度重要组成部分，中共中央充分尊重民主党派的意见，重大决策和重要部署都要听取民主党派的意见，人民法院在推进依法治国、建设法治国家的新形势下，有必要加强与民主党派的沟通，听取民主党派的意见。感谢民进在不同历史时期对中国法制建设、对人民法院建设提出的宝贵建议和作出的贡献。王胜俊希望民进在法官队伍的建设，最大限度地满足人民群众的司法需求、确保社会公平正义，推动司法体制改革，推荐优秀人才等方面提出意见和建议。

严隽琪说，民进作为参政党，参政议政是基本职能、是参政党的生命线。在新的时期，随着我国经济社会的发展和改革的深入，面临着新的矛盾和问题，如何提高参政议政能力，使提出的意见和建议更具有前瞻性和可操作性，是我们面临的紧迫课题。民进会员联系着一大批民进之友和群众，通过我们的工作，在会员和群众之间作好理顺情绪、凝聚力量、化解矛盾的工作，以促进社会和谐。我们要加强与高院的信息沟通，加强人员往来，有些问题可以进行合作研究，建立对口联系的机制和途径，使双方的合作体现中国共产党领导的多党合作和政治协商制度的优越性，使我们参政议政的渠道更宽、平台更大。

罗富和主持座谈并讲话。他说，最高人民法院由院长带队到民进中央莅临指导，在民进历史上尚数首次，这是对民进工作的鼓励，希望今后在民进的参政议政、自身建设工作中，进一步得到高院的指导和支持。

会上，民进广东省委会副主委、广东省知识产权局局长、广东省高级人民法院原副院长陶凯元，民进中央社会与法制委员会副主任、最高人民法院民事审判二庭审判长、高级法官吴庆宝，民进中央社会与法制委员会委员、北京市义方律师事务所主任律师方志远，民进中央社会与法制委员会委员、中国行政法学会副会长、郑州大学法学院副院长、教授、博士生导师沈开举先后发言，就法院的审判工作、法官的队伍建设、预防司法腐败等问题提出建议。

最高人民法院党组成员、大法官、政治部主任李克，最高人民法院办公厅副主任倪寿明，最高人民法院政治部副主任刘贵祥，民进中央参政议政部研究室负责人参加座谈。

参政议政　参政党的生命力

——严隽琪接受《光明日报》采访

(2008年4月15日)

记者：您有10年的煤矿工作生涯，20年的大学任教经验，6年的上海副市长经历，如今当选为民进中央主席，您如何看待自己角色上的转换?

严隽琪：我1967年大学毕业，到徐州煤矿当工人。回顾这段工作经历，我至少可以举出四点益处：十年煤矿生活让我了解了矿工的状况；感受到了工人师傅淳朴善良的关心；体验到了知识被用到实践中的喜悦；锻炼了自己在艰苦环境中的心理承受能力。这是我人生很重要的基础。

1978年我到上海交通大学攻读硕士，因为我从小的理想是当个居里夫人那样的科学家，1984年出国留学，回国后不久受命出任国家“863”计划七人专家组成员，从事科技教育事业。后来，担任上海市副市长，到今天让我做党派的负责人。这30多年中，我的事业和我国改革开放是同步的，这是改革开放给我的机会。这其间，我的体会是个人实际上是很渺小的，但是一旦和这个时代的需要合拍的时候，会发现事业的平台是非常宽广的。

的确，对我而言每次岗位的变化都是挑战。但回想起来，虽然这之间有所不同，却也有相通之处，那就是都要讲求规律、实事求是，都要脚踏实地、深入探究。当年在国家“863”专家组，我白天做专家，晚上做学生，学习对于我已然成为一种习惯，因此，从市长转换到党派中央领导人，我依然要学习，我有学习的能力，也有学习的愿望，更有学习的需要，相信一定可以克服差异带来的挑战。

当选为民进中央主席后，对于这样一个新的工作岗位，必然会对我提出新的要求，我们会面临新的任务、新的问题，我必须要有所变化，但有些根本的东西是不能变的。不变的是接受中国共产党的领导、走中国特色社会主义道路的坚定信念；作为一名普通的知识分子，报国为民的赤子情怀不能变；长期的科研工作所养成的踏实、刻苦的工作作风不能变；另外，谦虚、平淡的处世态度不能变。但毕竟位置变了，任务变了，所以我必须改变的就是要有更强的责任心、更加努力地工作、更好地团结同志发挥集体力量，也就是“四变”和“三更加”吧。

记者：2008 年是民进新一届中央委员会的开局之年，请您谈谈今后民进中央领导班子将如何带领中国民主促进会发挥优势来更好地为国家献计献策。

严隽琪：形势和任务是不等人的，我们的工作必须不懈不滞、有思有行。民进首先要开展好中国特色社会主义主题教育活动，进一步加强自身建设。我们必须学习贯彻好中共十七大精神，把民进十大总结的宝贵经验继承下去、发扬光大，让共同的政治信念、共同的事业追求、共同的价值理念成为我们团结全会的基础。其次，参政议政是一个参政党生命力的体现。民进要根据科学发展观的内涵，加深对履行参政议政、民主监督职能的理解，发挥民进的特点和优势，为促进我国的经济、政治、社会、文化的全面发展作出积极努力和应有贡献。

民进是以文化教育出版高中级知识分子为主要组成的党派，民进在参政议政工作中有一个口号，就是“巩固老阵地、开拓新领域”，所谓“老阵地”，就是教育、文化、出版，所谓“新领域”，就是经济、科技、医疗、社会等其他方面。我们提出要在“老阵地”上有新作为，因为随着时代的发展，“老阵地”也会不断碰到新问题。同时国家的发展，对民主党派参政议政的需要是全方位的，所以我们不断开拓新领域，力争为我国的改革和发展，提出高质量、高水平的意见和建议，作出独特的贡献，在新的历史时期，为全面建设小康社会做出新的贡献，永葆参政党的生命力。

今后，民进将在事关全局的瓶颈问题上和事关民生的热点难点问题上，进一步提高参政议政的质量，进一步健全参政议政工作网络。调动资源，开展系列调查研究。民进计划将以促进我国环境保护与可持续发展为目的，召开“第二届长江保护与发展”研讨会；以促进我国教育改革与发展为目的，以教师发展为重点，筹备“第二届中国教师发展论坛”。

记者：教育是民进参政议政的老阵地，也是民进界别的特色，历年来在这方面花了大量精力，在未来几年中，民进在教育领域有什么新的想法呢？

严隽琪：教育改革是个永恒的课题，也是民进参政议政的重点之一。中共十七大报告把教育提到了“民族振兴的基石”的高度，足见教育问题的重要性。

我本人长期从事教育工作。我觉得教育和人力资源有关系，它决定着我们国家的人力资源是强还是弱，同时它又和科技创新有关系，因为教育既有培养创新人才的任务，同时它的科研成果也是我们自主创新所需要的。我们能做的事情还很多很多，学前教育、义务教育，包括高等教育、职业教育，还有终身教育，这些都面临着新的时代提出的新的需求，同时人民群众对教育的需求也越来越高，所以这方面民进还有很多的空间去参政议政。

目前，民进在教育方面参政议政的重点主要是立足于推进教育体制机制上的创新。2008 年，民进中央将继续围绕中国教师的发展问题展开更为系统、更为细致的调研，在促进教师资源合理配置，教师队伍整体质量的提高，教师师德修养的提升，公办、民办教育共同发展等问题上拿出更具说服力、更有操作性的意见和建议。

继续推进学前教育立法和民办教育实践也是民进中央在 2008 年的参政议政工作重点。2008 年，民进中央将针对学前教育的管理体系，学前教育从业人员的资格、职责与权利，学前教育机构的条件等规范、明确问题，作更有针对性地调研，提出更符合新形势的意见和建议。同时，民进中央还将着力推进中国民办教育协会的建立，并使之能够逐步开展工作。我们希望能够通过与一些社会团体和公益性组织的合作，为民进参政议政提供更广泛的资源。

王佐书出席“薪火相传　共创未来——纪念中共中央‘五一口号’发布60周年理论研讨会”并发言

2008年4月17日，民进中央副主席王佐书出席了在中央统战部举行的“薪火相传　共创未来——纪念中共中央‘五一口号’发布60周年理论研讨会”，同与会的兄弟党派中央负责人、无党派人士代表，以及统战理论方面的专家学者一道，回顾中国共产党领导的多党合作事业60年来走过的光辉历程、取得的伟大成就和宝贵经验。王佐书代表民进中央作了《民主党派开展政治交接的主要经验》的发言。

王佐书在发言中论述了民主党派政治交接的主要内容、特点、重大意义和中国民主促进会政治交接的基本经验。

他指出，民主党派的政治交接，是上一届领导集体把本党派的政治思想和综合政治素质交给下一届领导集体，重点是继承和发扬民主党派老一辈长期与中国共产党团结合作形成的政治信念、优良传统和高尚风范，关键是增强接受中国共产党领导的自觉性和坚定性，核心是坚持走中国特色社会主义政治发展道路，目的是巩固多党合作和政治协商的政治基础和组织基础，推动和实现我国统一战线和多党合作事业的可持续健康发展。

他认为，民主党派的政治交接以政治把握为前提，是非实物的交接，并将长期存在，具有政治性、长期性、综合性的特点。民主党派搞好政治交接，有利于自身的建设与发展，有利于巩固多党合作和政治协商的政治基础，有利于推动和实现统一战线和多党合作事业的可持续发展，有利于贯彻落实科学发展观，构建社会主义和谐社会。

他说，多年来，民进中央领导集体围绕政治交接进行了积极探索，做了大量工作，积累了可喜的经验，巩固了政治交接的成果，并将这些经验归纳为以下七个方面：

一、坚持以政治交接为主线。搞好政治交接是保证多党合作事业可持续发展的前提和基础。民进始终坚持以政治交接为主线，以参政议政和自身建设为重点，增强接受中国共产党领导的自觉性和坚定性，坚持多党合作和政治协商制度，坚持走中国特色社会主义道路，结合国际国内发展变化的新形势、新要求，有力地推动了政治交接活动的深入开展，不断深化政治交接的内涵。

二、坚持以科学理论为指导。包括邓小平理论、“三个代表”重要思想以及科学发展观等重大战略思想构成的中国特色社会主义理论体系，是对中国特色社会主义事业发展规律新的认识和总结，是马克思主义中国化的最新成果，是推进政治交接的共同思想政治基础。始终坚持以中国特色社会主义理论体系统一认识，坚定政治立场，把握政治交接的内在规律，用科学理论体系指导和推进政治交接。

三、坚持创造性地继承和发扬老一辈的优良传统。继承和发扬优良传统，是政治交接的重要内容。多年来，民进秉承“坚持接受中国共产党的领导，坚持爱国、民主、团结、求实，坚持立会为公”的优良传统，进而形成了“继承传统、以党为师、立会为公、参政为民”的共同意志。这是全会与时俱进，创造性地继承和发扬优良传统，不断深化政治交接的智慧结晶和理论升华。我会始终把优良传统教育贯穿于全会各项工作之中，“印入”会员的头脑之中，使之得到继承和发扬。

四、坚持以领导班子建设为重点。领导班子负有带领和引导全体成员的重大责任。特别是在当前新老交替新形势下，只有把各级领导班子建设成为政治坚定、作风过硬、工作扎实、团结奋进的领导集体，才能够带好队伍，切实履行参政党职能。因此，领导班子建设的重点是：加强理论学习；提高政治把握能力、参政议政能力、组织领导能力和合作共事能力；坚持民主集中制原则。

五、始终做好后备干部的培养工作。此项工作是搞好政治交接的关键问题。政治交接不是阶段性任务，后备干部队伍建设不是权宜之计，应该年年做，届届做。我们深刻领会政治交接的实质，把后备干部的培养纳入工作日程，充实后备人才库。既注重把一批年轻有为、热心会务、能够坚定不移的接受中共领导的同志推上领导岗位上，使其得到锻炼；又注意发展一些素质高，能力强的同志入会。

六、把思想政治工作贯穿始终。通过有计划、有步骤、创造性地开展思想教育工作，引导广大成员牢固树立由社会主义核心价值体系所倡导的价值观念，不断提升政治思想和综合政治素质。加强时事政策教育，引导广大成员客观地认识我国改革发展稳定面临的形势和任务，正确地对待出现的新情况新问题，从而把思想统一到中共中央和国家的方针政策上来，为推进政治交接打下坚实的思想基础，为增强接受中国共产党领导的自觉性和坚定性打下坚实的基础。

七、始终围绕履行参政党职能和建设高素质参政党来开展工作。要适应时代的要求，不断转换工作思路和方法，进一步加强高素质参政党建设，不断提高全面履行职能的能力和水平，紧紧围绕社会主义经济建设、政治建设、文化建设和社会建设的全面推进，贯彻落实科学发展观，发挥自身优势，切实把广大成员和所联系群众的智慧集中起来，加速推进参政议政能力建设，以参政议政作用的发挥进一步体现政治交接的成果。

王佐书强调，民主党派的政治交接是一项长期的任务，必须贯穿于工作的始终。中共十七大给各民主党派指明了前进的方向，我会将进一步坚定走中国特色社会主义政治发展道路的信心和决心，进一步增强接受中国共产党领导的自觉性和坚定性，进一步继承和发扬老一辈的政治信念、优良传统和高尚风范，进一步加强自身建设，不断提高履职能力和水平，为全面建设小康社会和构建社会主义和谐社会作出新的贡献。

王佐书带队走访教育部
座谈教师队伍建设

2008 年 5 月 4 日，全国人大常委、全国人大教科文卫委员会副主任、民进中央副主席王佐书带领教育委员会课题调研组，于上午走访教育部，受到教育部副部长陈小娅等热情接待。民进中央教育委员会将教师队伍建设特别是农村义务教育教师身份、地位、待遇等问题作为今年的重点调研课题。王佐书说，民进应充分发挥界别特色，为中国教育事业的发展积极建言献策。

全国人大常委、民进中央教育委员会主任庞丽娟介绍来意。一是向教育部相关司局了解当前我国教师队伍建设的整体情况和相关政策，特别是农村义务教育教师队伍建设问题；二是就教育队伍建设中的重点难点问题进行交流，共同探讨研究对策；三是了解教育部关于教师问题的政策动态和方向，为教育委员会确定课题调研内容、重点提供参考。

陈小娅介绍了我国教师队伍的整体情况，国家促进教师队伍发展的主要政策和措施，存在的主要问题以及教育部下一步的思路和对策。教育部基础教育司司长姜沛民、督导办主任郑富芝、师范司副司长宋永刚、政策法规司副巡视员柯春晖、人事司副巡视员谢志敏也就不同角度介绍了教育队伍建设的相关情况。座谈会形成了以下意见：一是义务教育法明确了义务教育阶段教师的待遇问题，但仍需要进一步落实；二是教师的补充机制建设，特别是农村义务教育阶段学校教师特设岗位计划取得很好的效果，应继续实施和推进；三是义务教育均衡发展的关键是师资配置问题，而师资合理配置的关键又是教师的待遇问题，特别是教师周转房、津补贴、特殊岗位津贴和医疗保障等问题；四是教师培养的源头是师范教育，免费师范教育推进的重点应是如何培养高水平的教师；五是农村和边远少数民族地区的教师培训工作是政府的责任，国家应进一步加大专项经费的投入；六是应纠正教师素质就是要求学历的错误倾向，要着重提高教师专业化程度；七是解决教师待遇问题的关键是教师的身份、地位问题，要从根本上予以保障，即治标又治本。教育部希望民进中央能够从国家和政策层面提出意见和建议，共同推进我国的教育事业特别是教师队伍的建设与发展。

全国政协委员、民进中央经济委员会主任、清华大学人文社会科学学院教授蔡继明，民进中央教育委员会副主任、北京朝阳区教委调研员诸平，民进中央教育委员会委员、北京师范大学教育学院教授肖川，民进中央教育委员会委员、首都师范大学教育科学院副院长张景斌，特邀专家北京师范大学社科处处长、教育学院教授刘复兴，北京师范大学财经处处长、教育管理学院教授杜育红，北京师范大学教育学院副院长、教授曾晓东，民进中央参政议政部负责人出席座谈会。

民进中央考察团在江苏进行文化投入机制专题调研

2008 年 5 月 7 日，全国人大常委会副委员长、民进中央主席严隽琪，全国政协副主席、民进中央常务副主席罗富和，率民进中央考察团抵达江苏，开始为期 9 天的“完善文化投入机制、保障人民文化权益”专题调研。中共中央统战部副部长黄跃金，民进中央副主席蔡达峰、朱永新参加调研。此次调研活动是一年一度中共中央委托中共中央统战部组织各民主党派中央、全国工商联和无党派人士开展专题考察活动的重要组成部分。中共中央统战部和国家文化部对于调研给予了大力支持。考察团在江苏省的省会南京和地处苏北地区的徐州、扬州，地处苏南地区的无锡、苏州等 5 个代表性城市进行实地考察调研，力图通过了解中央和地方、社会对公共文化事业的投入情况，着重分析研究公共文化服务体系建设中的投入机制、管理模式和效益产出等问题，并提出相关政策建议，更好地保障人民群众的基本文化权益。

民进中央考察团下午出席江苏省人大常委会、省人民政府、省政协举办的江苏省文化建设情况汇报会。会议由江苏省人民政府副省长张桃林主持。江苏省人大常委会副主任柏苏宁，省政协副主席、中共省委统战部部长周珉出席汇报会。会上，张桃林介绍了全省加快构建文化服务体系所做的主要工作和文化投入方面的扶持政策与重要举措。与会的江苏省委宣传部、省文化厅、省广电集团、凤凰出版传媒集团、新华日报报业集团、省演艺集团、省文化产业集团等负责同志逐一做了相关汇报。大家从各自不同的角度诠释了江苏由文化大省向文化强省跨越的坚定决心和执著努力，同时也提出了在推进公共文化服务体系建设过程中，所遇到的“瓶颈”与难题，并贡献了建设性的意见和建议。

严隽琪认真听取汇报并讲话。她首先代表民进中央考察团由衷感谢中共中央统战部对于民进的信任，感谢国家文化部和江苏省委、省人大、省政府、省政协各方对于民进工作的关心与协助。她说，今天与会的文化部门的负责同志都是各路的领军人物，大家的发言精彩、内容丰富，对我们做好此次考察调研具有很好的启示、很大的帮助。严隽琪说，中共中央近年来始终将文化建设摆在重要的位置上，公共文化服务体系是与人民群众的切身利益最为相关、与各级政府的公共职能联系最为紧密一项重要工作。民进是一个与文化渊源很深的参政党，促进社会主义文化的大繁荣、大发展是我们责无旁贷的职责和任务。她强调，民进这次调研不仅是民进贯彻落实中共十七大精神的一次具体实践，也是民进对文化领域相关课题研究的再一次延续和深化。她说，考察团的同志们有一个基本共识，即构筑公共文化服务体系是保障人民群众基本文化权益的重要载体，那么在增加和保障投入的过程中，政府如何科学定位、如何调动各方积极性、如何确保投入的效率则是我们应予以关注的问题。

严隽琪指出，公共文化服务体系至少有三方面功能，一是愉悦百姓身心，二是提高群众文化素养，三是促进社会和谐。也正基于此，我们所提供的公共文化服务形式必须是群众喜闻乐见的，内容必须是健康文明的，组织形式必须是开放多元的。严隽琪说，江苏省的基础条件非常好，已经初步形成了经济、政治、社会、文化“四位一体”发展的格局。江苏在文化体制改革、文化社区建设、文化产品生产、文化人才培养、文化政策法规制定、文化投入保障、文化监督考核机制等方面有许多宝贵经验，值得我们很好地总结。江苏省内的发展并不平衡，苏北和苏南有一定差距，这种地区间的差异类似于全国经济欠发达地区与经济发达地区的差异；同时，江苏在公共文化服务体系建设过程中，不可避免地会遇到一些新情况、新问题和新矛盾，对这些问题很好地加以解决，将会对其他省份的公共文化服务体系建设提供借鉴。因此，从各个方面来看，江苏都是十分具有调查研究价值的省份。考察团成员希望可以和江苏方面的同志一起总结成功的经验，研究存在的困难、不足，及其产生的原因，探索解决的思路与方法，共同做好此次调研。

黄跃金在讲话中指出，要加快公共服务体系建设的法治化进程，出台相关政策法规，提供法律保障。

民进中央考察团分为两队，由严隽琪带队赴苏北的徐州、扬州，由罗富和带队赴苏南的苏州、无锡，分别进行下一阶段的调研。江苏省政协副主席、民进江苏省委会主委陈凌孚，副主委徐菊英，国家文化部社会文化司副巡视员李建军，民进中央文化艺术委员会和民进江苏省委会相关专门工作委员会的专家王岗、徐丽桥、王华宝、刘志权参加调研。

考察期间，考察团共听取了7场“文化建设情况汇报交流会”，考察了2个图书馆、12个博物馆、1个体育馆、12个文化街区和文物点、1个文化院团、4个城乡社区、1所老年大学、5个文化产业园区、2个文化产业集团和1家企业。听取当地党委、政府有关部门的情况介绍，与基层社区、文化事业单位、文化团体、文化企业的管理人员进行形式多样的交流，并通过问卷等形式了解文化工作者、社区居民的公共文化服务需求。

5月15日，民进中央考察团在江苏省圆满完成“完善文化投入机制、保障人民文化权益”的专题调研。当日下午，江苏文化建设调研情况通报会在南京召开。全国人大常委会副委员长、民进中央主席严隽琪主持会议并讲话。全国政协副主席、民进中央常务副主席罗富和，民进中央副主席蔡达峰、朱永新，中共江苏省委副书记王国生，江苏省政协副主席、省委统战部部长周珉，江苏省政协副主席、民进江苏省委会主委陈凌孚，副主委徐菊英，民进江苏省委会副主委、省文化厅副厅长高云，民进江苏省委会秘书长王鲁彬等考察团成员出席会议。

严隽琪指出，加强公共文化服务体系建设，推动社会主义文化大发展大繁荣，贯彻落实中共十七大精神，贯彻落实科学发展观，提高国家文化软实力、构建和谐社会的必然要求，也是满足人民群众日益增长的精神文化需求、更好地保障人民基本文化权益的重要途径。而完善文化投入机制，则是构建公共文化服务体系的重要保障。

严隽琪说，民进中央此次考察的过程是学习的过程，是受教育的过程，是对公共文化服务体系和文化投入机制建设认识提高的过程，也是我们享受文化、丰富实践经验的过程。考察团的同志们在考察过程中深受教育，收获很大。

罗富和高度肯定了江苏省公共文化服务体系所取得的丰富成果。认为无论苏北、苏中还是苏南，都以科学发展观为指导，以保障人民基本文化权益为核心，坚持文化保护与开发相结合、文化服务形式与文化内涵相结合、普及性文化服务与提高人民文化素质相结合。目前，江苏省覆盖城乡的公共文化服务体系基本形成，正在从建设文化大省向文化强省的目标迈进。江苏省委、省政府采取了一系列有效举措，保障了公共文化服务体系的建设。认识到位、定位准确、因地制宜、规划先行、人才为本是江苏公共文化服务体系建设的成功经验，这些经验值得在全国推广。

考察团希望，江苏在已有成绩基础上先行先试，探索新路子，创造新经验。继续把公共文化服务体系建设的重点下移，着力做好基层、农村的公共文化服务网络建设；根据不同地区发展情况，分类指导，制定公共文化服务标准体系；建立公共文化服务体系的经费投入保障机制；建立激励机制，鼓励社会力量参与公共文化服务体系建设。在有条件的地区，还要通过发展原创和精品生产满足人民不断增长的文化需求。

按照整体调研计划，民进中央还将在宁夏、北京开展后续调研，并委托部分民进省级组织在当地开展调研。

潘贵玉视察民进陕西省委会并讲话

2008 年 5 月 8 日，民进中央副主席潘贵玉上午视察民进陕西省委会，举行座谈会并讲话。她认真听取陕西省政协副主席、民进陕西省委会主委李进权汇报民进陕西省委会近期工作后，对民进陕西省委会换届以来的工作给予充分肯定。她强调指出，民进不管是解放前还是解放后，都在老一辈民进领导人的领导下，与中国共产党风雨同舟，肝胆相照，亲密合作。民进十二届中央委员会选举严隽琪为民进中央主席，罗富和任常务副主席，他们在全国两会上分别当选为全国人大常委会副委员长、全国政协副主席，这是全国近 11 万民进会员的骄傲。民进是高素质的参政党，无论什么时候都要从大局出发，与中共中央保持高度一致，坚持接受中国共产党的领导，走中国特色社会主义政治发展道路，广大民进会员在做好本职工作的同时，要协助中共各级党委和政府做好维护政治稳定、促进科学发展与社会和谐的工作，积极发挥参政党的职能和作用，为实现全面建设小康社会的宏伟目标和中华民族的伟大复兴贡献力量。

座谈会由民进陕西省委会专职副主委董家蕙主持，民进陕西省委会副主委高正红、刘宽忍，秘书长郭绍敏以及省委常委、各专委会主任、企业联谊会会长、副会长等出席。潘贵玉与参会人员合影留念。她还走访了民进陕西省委会机关各处室，看望机关同志。

再现历史　以史资政　以史育人

——民进中央代表出席党派史陈列馆开馆仪式和党派史研讨会

2008 年 5 月 12 日，中央统战部、各民主党派中央领导人和有关方面负责人，与四川省委统战部和全国九个统战理论研究基地负责人聚集重庆，同重庆市委统战部领导、市各民主党派组织成员一道，参加特园中国民主党派历史陈列馆开馆仪式和中国民主党派历史研讨会。民进中央原副秘书长、中国民主促进会年鉴编辑部主任徐德骁，民进中央宣传部部长高保华代表民进中央参加活动和会议。

重庆具有统一战线和多党合作的光辉历史和丰富资源，先后于 2004、2005 年被中央统战部命名为全国统一战线传统教育基地并正式挂牌。位于重庆渝中区上清寺特园（又称“康庄”特园）的中国民主党派历史陈列馆，于当日正式开馆。该馆建设得到了重庆市委、市政府的大力支持，各民主党派中央为此馆提供了丰富的陈列内容，重庆市委统战部为收集陈列品、组织策划展出做了大量工作。

陈列馆通过历史图片、文物资料、多媒体及各民主党派主要创始人塑像、景观浮雕、语录墙等多种形式，充分展示民革、民盟、民建、民进、农工党、致公党、九三学社、台盟的成立和发展的光辉历程，充分展示他们与中国共产党风雨同舟、荣辱与共的光荣历史，从而广泛宣传中国共产党领导的多党合作和政治协商制度的历史必然性、伟大的独创性和巨大的优越性。

当日上午，中共中央政治局委员、重庆市委书记薄熙来，全国人大常委会副委员长韩启德，全国政协副主席、民建中央第一副主席张榕明，全国政协副主席、民革中央常务副主席厉无畏，中央统战部副部长陈喜庆，民盟中央常务副主席张宝文，农工党中央副主席刘晓峰，台盟中央副主席黄志贤等，先后参加了特园中国民主党派历史陈列馆开馆仪式和“风雨同舟、共商国是”纪念雕塑揭幕仪式，并在重庆市委常委、统战部部长翁杰明的陪同下，参观了特园中国民主党派历史陈列馆。徐德骁代表民进中央参加上述活动。

中国民主促进会展室位于陈列馆二号楼内，室内不仅陈列着民进成立和早期斗争的珍贵图片、史料和部分实物，还全面展示了民进在新中国成立后，特别是在新的历史时期，努力加强自身建设，积极开展参政议政、社会服务、海外联谊等工作，为推进改革开放和社会主义现代化建设，促进祖国和平统一发挥了积极作用。中共重庆市委一位主要负责同志参观这里时，听说了民进创始人马叙伦当年在沦陷的上海贫病交加，宁愿饿死，也决不接受汉奸陈公博送来的一粒大米的故事，动情地对讲解同志说，像这样真实感人的小故事，要整理出来加以传扬，让更多的后来人知道。

当日下午，徐德骁代表民进中央在中国民主党派历史研讨会上作《民进在新民主主义革命时期的三件大事》的发言。他说，中国民主促进会是1945年12月30日在上海成立的。60多年来，民进同中国共产党风雨同舟，肝胆相照，共同奋斗，一道前进，为中国的革命、建设和改革事业作出了自己应有的贡献。在新民主主义革命时期，民进组织在老一辈领导人的带领下，经历“南京下关事件”、响应中共中央“五一口号”、参与民主协商建国三件大事。

关于“南京下关事件”，他说，这一事件具有重大的历史意义，它教育了人民群众，也教育了民进广大成员，使他们打破了对国民党政府的幻想，认识到中国共产党才是中国真正的希望所在。因而“南京下关事件”后，民进组织和成员更趋成熟和坚强，自觉接受中国共产党的领导，结成了广泛的统一战线。“南京下关事件”从此写进中国人民近代争民主、争自由的史册，成了中国民主促进会历史上光荣的一页。

关于响应中共中央“五一口号”，他说，1948年4月30日，中共中央发布纪念“五一”劳动节口号，提出“各民主党派、各人民团体及社会贤达迅速召开政治协商会议，讨论并实现召集人民代表大会，成立民主联合政府。”这一号召迅速得到各民主党派、各人民团体、无党派民主人士的热烈响应。这时的民进在斗争的实践中已经深刻认识到，中国共产党是真正代表人民根本利益的，是为人民的利益而奋斗的，只有紧跟共产党，中国才能实现真正的民主和平，人民才能真正自强幸福。因此，“五一口号”一发表，民进就立即表示坚决支持和热烈拥护。这是民进在中国新民主主义革命的关键时刻，作出的正确的历史选择。

关于参与民主协商建国，他说，民进老一辈领导人参与了新政协筹备工作的各个环节。民进领导人出席了1949年6月在北平举行的中国人民政治协商会议筹备会议。马叙伦被选为新政协筹备会常务委员，并担任“国旗、国徽、国都、纪年方式审查委员会”召集人。民进领导人对国旗、国歌、国庆日都提出了具体的建议。民进委员的建议得到了与会委员的一致赞同。民进的这些提议，当然不仅仅代表中国民主促进会，而是反映了几亿人民的意志，反映了历史发展的规律。他说，历史是一面镜子，了解过去是为了指导现在和将来。民进在新民主主义革命时期的三件大事，真实生动地体现了民进接受中国共产党的领导，走中国特色社会主义政治发展道路的历史必然性。民进组织逐步形成了坚持接受中国共产党的领导，坚持爱国、民主、团结、求实，坚持立会为公的优良传统。重温这段历史，将进一步引导广大民进会员继承民进老一辈领导人的光荣传统，增强接受中国共产党的领导，走中国特色社会主义政治发展道路的自觉性和坚定性，实现新老交替基础上的政治交接，进一步加强高素质参政党建设。铭记这段历史，将进一步激发民进全会团结奋斗的精神，高举中国特色社会主义伟大旗帜，坚持中国特色社会主义道路和理论体系，不断提高参政议政能力和民主监督水平，为推进全面建设小康社会的伟大事业，推进社会主义民主政治建设，作出无愧于历史和前辈的贡献。

在研讨会上发言的还有民革中央、民盟中央、民建中央、农工党中央、致公党中央、九三学社中央、台盟中央的领导同志和有关方面负责人，重庆部分党派负责人和专家学者。

民进中央召开抗震救灾工作专题会议
严隽琪主持会议并作重要讲话

四川汶川特大地震灾害发生后，民进中央很快向全会发出了《关于积极支援四川省抗震救灾工作的通知》，全会各级组织、机关和广大会员迅速动员起来，全力以赴投入抗震救灾工作，纷纷向灾区人民发出慰问信、踊跃捐款捐物。在大地震发生一周之后，民进中央于 5 月 19 日在京召开了抗震救灾工作专题会议，分析了当前抗震救灾的形势，研究部署了全会下一步的工作。全国人大常委会副委员长、民进中央主席严隽琪，全国政协副主席、民进中央常务副主席罗富和，民进中央副主席王佐书、朱永新出席会议。严隽琪主持会议并作重要讲话。她说，在突如其来的特大地震灾害面前，民进各级领导干部和广大会员，特别是奋战在抗震救灾第一线的民进四川省委会以及各市委会的领导同志和机关干部，都表现出了立会为公、同舟共济、心系人民、拼搏奉献的精神。这种精神是我会的优良传统在严重自然灾害考验面前的生动展现。

严隽琪对全会下一步的抗震救灾工作，提出了如下意见。

第一，在抗震救灾斗争中，要注意精神与物质的结合，从捐款捐物提升到思想激励、精神传承、人心凝聚。党中央、国务院始终坚持以人为本、把保护人民的生命安全放在第一位的指挥部署，广大会员能够从抗震救灾中体会到中国共产党立党为公、执政为民的本质和本色；从人民子弟兵、党员领导干部和人民教师临危不惧、奋不顾身、舍己救人的英雄行为，体会到中华民族高尚的道德情操和社会主义核心价值观；从全国人民对灾区人民的深切关怀和全力支持，体会到我国社会主义制度“一方有难、八方支援”的巨大优越性。当前要把抗震救灾斗争与正在全会开展的中国特色社会主义主题教育活动结合起来，引导广大会员通过亲身体验，加深对中国共产党的先进性和执政地位的认识，更加热爱中国共产党，热爱社会主义制度，热爱人民子弟兵，更加坚定自觉地接受中国共产党的领导，走中国特色社会主义道路。

第二，目前抗震救灾斗争正处在刻不容缓阶段，无论是抢救生命、安置灾民，还是重建家园，都需要全国人民伸出援助之手，仅有一次捐助是不够的，会中央已决定继续开展多种形式的爱心捐助活动。各级组织和广大会员可以捐给慈善机构，也可以捐给民进中央。会中央对于收到的捐款，每分钱都要公开，做到来源清、去向明、统计好，并在民进宣传网页上滚动播出。这些捐款将用于定点、定项支援，集中使用办几件大事。

第三，这次地震灾害造成了巨大的伤亡和损失，抗震救灾的任务相当艰巨繁重。当前我会要发挥自身特点和优势，及时跟进参政议政和社会服务工作，为灾区恢复生产、重建家园，特别是在重建中小学校、对中小学生和学龄前儿童实施灾后心理救援等方面献计出力。同时，要研究汶川大地震对于我国经济、政治、文化、社会的影响，广泛收集、反映社情民意，促进灾后各项重大决策的科学化、民主化。

第四，在这场特大地震灾害面前，广大会员与灾区人民守望相助，共度时艰，表现出了与祖国人民同命运的强烈责任感和使命感。到灾区参加抢险救灾工作是作贡献，在本职岗位上恪尽职守也可以作贡献。要号召广大会员发扬爱岗敬业精神，踏踏实实做好本职工作，以实际行动为灾区人民作贡献。

第五，民进近 11 万会员是一个大家庭，我们有很多四川籍的会员，在这次地震灾害中他们的家庭、亲人也遭遇生命危险和财产损失。各级组织要关心身边的会员，帮助他们寻找家人、安顿好生活，对遇到困难的会员要伸出援助之手，为他们遮风挡雨，共度难关。

第六，大灾面前，我会各级领导班子要把抗震救灾工作作为当前最重要的工作，切实加强领导，以顽强的精神、得力的举措、深入的作风、模范的言行，带领广大会员通过多种方式和途径，为灾区群众送温暖、献爱心、作贡献；积极协助党和政府做好稳定人心的工作；围绕抢险救灾、恢复生产和灾后重建，建有用之言，献务实之策，办有益之事；大力宣传各级领导干部和广大会员抗震救灾的好人好事，升华精神，鼓舞人心。今年全会的工作要及时作出调整，要把抗震救灾斗争作为坚定理想信念的课堂，锤炼考验干部的熔炉，真实生动地开展中国特色社会主义主题教育活动，进一步推进全会的政治交接，加强自身建设，提高参政议政能力和水平。

罗富和对民进中央各部门下一步的工作作了具体部署，提出明确要求，特别要求组织部门和宣传部门紧密配合，尽快做好对全会捐款捐物情况的统计和先进人物和事迹的宣传。王佐书传达了中共中央统战部关于统一战线做好抗震救灾工作的意见。朱永新提出民进进一步开展抗震救灾工作的建议。民进中央秘书长赵光华，各部门负责人等参加会议并提出有关建议。

民进新任中央委员、省级组织副主委培训班在京举行
严隽琪主讲第一课

2008年5月23日，民进新任中央委员、省级组织副主委培训班在京举行。民进中央主席严隽琪上午出席开班仪式，并为培训班主讲第一课。她就抗震救灾、政治交接、我会近期的工作部署和提高自我修养等四个问题进行了系统而深入的阐述，并提出了希望和要求。她指出，此次突如其来的特大地震虽然灾情严重，但由于党中央的坚强领导，政府的举措及时有力，军队英勇顽强、舍生忘死，人民齐心协力，使抗震救灾工作有力、有序、有效的进行。地震发生以后，民进各级领导干部和广大会员，特别是在地震灾区的民进四川省委会和下属基层组织的干部，都表现出了立会为公、同舟共济、心系人民、拼搏奉献的精神。各地民进组织踊跃捐款捐物，民进的优良传统在严重自然灾害面前得到生动的表现。对于全会如何开展下一步的抗震救灾工作，她提出了七点要求：一、全会加强宣传工作和思想政治工作，继续捐款捐物，同时要提升到思想的激励、精神的传承和人心的激励的高度；二、全会要把抗震救灾工作与正在开展的中国特色社会主义主题教育活动结合起来，通过在这次抗震救灾中的亲身体验，加深对中国共产党先进性和执政理念的认识，更加坚定自觉接受中国共产党的领导，走中国特色社会主义道路；三、会中央继续开展多形式的爱心帮扶活动，对捐至会中央的捐款做到来源清、去向明、决策民主、做好统计；四、民进各级组织要发挥自身特点和优势，积极跟进参政议政和社会服务工作，为灾区恢复生产、重建家园，特别是重建中小学校、对中小学生和学龄前儿童提供心理和物质等方面的援助献计出力，同时加强研究特大灾害对我国经济、社会的影响；五、倡导爱岗敬业，在本职岗位上恪尽职守、踏实工作；六、各级组织要主动关心川籍会员，同他们共度难关；七、各级领导班子要把抗震救灾作为当前的重要工作，切实加强领导，以得力的举措、务实的作风、模范的言行带动广大会员通过多种途径为灾区重建献计出力，帮助当地的党委和政府做好稳定人心的工作。

严隽琪说，政治交接是一项长期的、综合性的系统工作，政治交接的内容也是随着社会的发展而不断丰富和发展的。要坚持在继承中发展，在发展中继承的原则，不断研究多党合作面临的新情况新问题，探索多党合作的新机制新方式，使中国共产党领导的多党合作和政治协商内容更加丰富、机制更加健全、程序更加规范。为了政治交接的持续平稳进行，严隽琪要求全会坚持以科学理论为指导，鼓励因地制宜、创新形式地开展教育活动；以领导班子和骨干队伍为重点又兼顾全体会员；学习教育活动与促进各项工作相结合，理论联系实际，要始终结合履行参政党职能和参政党自身建设实践来开展，知行合一，提高政治把握能力、参政议政能力、组织领导能力、合作共事能力；阶段性的活动与长效机制的完善相结合，注意及

时发现、总结和交流好的做法和经验，发现规律性的东西，促进我会政治交接的长效机制进一步完善；预定的计划与形势发展相适应，当前特别要加强学习党的十七大精神，要将纪念“五一口号”60周年、改革开放30周年，将抗震救灾与灾后重建中体现出的党的执政理念和执政能力、社会主义制度的优越性、中华民族的凝聚力结合起来，以此来丰富主题教育活动，提高学习实效。

严隽琪指出，民进中央2007年换届后，新一届民进中央领导集体在继承和发扬我会优良传统的基础上，按照民进“十大”确定的任务，提出“无懈无滞，有思有行”的要求，确定了以中国特色社会主义主题教育活动贯彻于各项工作的思路。要建设适应时代要求的高素质参政党，全会在今后还应在加强理论建设、抓好领导班子建设、提高参政议政能力、服务社会、推进机关建设等方面进行扎实的工作。

严隽琪希望，培训班学员们加强自身修养，做“海绵”——勤学善悟，做“铜板”——思方行圆，做“弹簧”——收放有度，也以此与大家共勉，共同学习，共同进步。

民进中央副主席朱永新主持开班仪式。民进新任中央委员、省级组织副主委50余人参加开班仪式。未担任中央委员的民进中央部门负责人列席会议。

5月25日，民进中央新任中央委员、省级组织副主委培训班下午举行结业仪式。全国政协副主席、民进中央常务副主席罗富和出席并讲话。他指出，此次培训班紧扣大局、内容丰富、节奏紧凑；学员们态度认真、学有所获。通过学习，同志们加深了对贯彻和落实科学发展观、坚持走中国特色社会主义政治发展道路、坚持中国共产党领导的多党合作和政治协商制度重大意义的理解，坚定了政治信念；深化了对民主党派工作政策，以及民主党派面临的新形势、新任务的认识，增强了政党意识，明确了自己身肩的使命，交流了履行参政党职能的经验。他希望，学员们认真消化和吸收此次学习的成果，并运用到具体工作实践中。

在培训班的分组讨论中，学员们就如何更好地参政议政、如何加强领导班子建设、基层组织建设，如何搞好政治交接，如何处理好会务工作与本职工作的关系，有了更深的思考，并提出了中肯的意见建议。罗富和对学员们提出的建议表示肯定，并在结业式上对相关问题进行了集中的回应。学员们讨论最多的除了学习内容，就是关于抢险救灾、恢复生产和灾后重建的话题。他们结合民进工作的性质和特点、结合各人的专业、结合本职工作，为抗震救灾建有用之言，献务实之策，并形成了一份完整的建议书，紧密结合时事，赋予了培训班以新的时代内容和意义。罗富和要求，全会各级领导都要把抗震救灾作为当前最重要、最紧迫的工作去推动落实，将抗震救灾与中国特色社会主义主题教育活动相结合，注重民进优良传统的传承，加强参政党建设，发挥参政党职能，为抗震救灾和灾区重建积极献计出力。

民进中央副主席王佐书主持结业式。会议听取培训班总结和学员代表的学习心得。通过举办短期培训班的方式对各级领导班子成员及骨干会员进行培训，是民进加强自身建设，特别是领导班子建设的重要举措，也是当前在全会开展的坚持走中国特色社会主义政治发展道路为主题的政治交接学习教育活动的重要组成部分。今年是会中央和全会省级组织完成换届后的第一年，一批新同志刚刚走上各级领导岗位，亟待理论上的系统学习、会务工作中的具体指导。因此，会中央组织部对此次培训课程进行了精心设计，在培训前对学员就授课内容和形式进行了问卷调查，并邀请严隽琪主席，王佐书、朱永新副主席，原副秘书长徐德骁就做好政治交接、坚持多党合作制度、搞好参政议政工作、学习了解民进会史进行授课。结业式上，培训班班长陶凯元总结培训班学习情况，谷峪、方志远、唐援朝、成锡锋汇报学习心得。培训班学员参加结业式。

贺旻视察民进上海市委会并讲话

2008年5月28日，正在中国浦东干部学院学习的民进中央副主席贺旻下午视察民进上海市委会机关，并与机关各部室负责人座谈。民进中央副主席、民进上海市委会主委蔡达峰出席座谈会。贺旻在听取各部室负责人工作汇报后指出，民进上海市委会参政议政、社会服务、思想建设、组织建设和机关建设一直走在全国民进的前列，出了许多好的经验与做法，在全国民进起到了带头和示范作用。她强调，民进上海市委会在开展主题教育活动中，要继续探索总结经验，为全会推进政治交接起到打基础的作用；要将主题教育活动与抗震救灾工作紧密结合，教育引导会员积极参与抗震救灾工作，特别是要引导会员立足岗位建功立业，以实际行动支援灾区人民和灾后重建工作；要充分利用上海改革开放前沿的优势和人才优势，发挥好对全国民进的辐射作用。

蔡达峰说，民进上海市委会按照民进中央要求，通过多种方式和途径，为地震灾区人民送温暖、献爱心、作贡献。下一步民进上海市委会将在继续做好向地震灾区人民捐款献爱心和参与医疗救护工作的基础上，重点做好灾后重建的建言献策工作。要将正在开展的主题教育活动与抗震救灾工作结合起来，要及时报送抗震救灾工作方面的信息，要大力宣传抗震救灾中的好人好事，要及时开展灾后重建工作的调查研究，要抓紧筹备建立“人文关怀阳光基金”，开展好针对性的扶助项目。

“为了灾区的孩子们——中国民主促进会抗震救灾书画义卖捐赠活动”在京举行

2008年6月1日，由中国民主促进会主办，民进中央办公厅、民进北京市委会和筹办中的中国开明公益基金会、开明书画院共同承办的“为了灾区的孩子们——中国民主促进会抗震救灾书画义卖捐赠活动”在京举行。全国人大常委会副委员长、民进中央主席严隽琪，全国政协副主席、民进中央常务副主席罗富和，全国人大常委会原副委员长、民进中央原主席许嘉璐，全国政协原副主席、民进中央原第一副主席张怀西，民进中央副主席冯骥才、王佐书、刘新成、朱永新，民进中央原副主席王立平出席活动。

严隽琪提议，全体与会同志为汶川大地震死难同胞默哀1分钟。她说，在这场特大地震灾害面前，在亿万同胞戮力同心、顽强抗争之时，民进不能缺席，民进没有缺席！灾情就是命令，民进中央和各级组织、广大会员紧急行动起来，踊跃捐款捐物，积极建言献策，努力做好本职工作、积极服务灾区。民进四川省委会和干部群众奋战在灾区一线，更是不怕牺牲、不怕疲劳、奋勇靠前、克服悲痛、不辱使命，涌现出许多令人感动和钦佩的人物与事迹。灾难是特殊的教育，我们更加体会到中国共产党的先进性与坚强领导、社会主义制度的优越性、人民军队是新时代“最可爱的人”，体会到改革开放极大提升了我国的综合国力，具有伟大民族精神的中国人民是压不垮的。这次到灾区去慰问，在坍塌的校舍前、倒塌的农舍旁，我们看到了复习迎考的高三学生和忙着插秧的农民，显示了生命的顽强与希望。在一个临时灾民安置点，一个5岁孩子的吻和一个11岁少年噙满泪水的双眼，显露了心底的哀伤和对成年人的信任、对抚慰的渴望，我们有责任抹去孩子们眼中的泪水，还给孩子们童年的欢乐，点燃孩子们心中的希望。

严隽琪朗诵了在四川地震灾区写下的《感言》：

天灾骤降　神州一方

同胞苦难　举国神伤
幼苗受摧　尤令断肠

守望相助　救死扶伤
坚苦卓绝　不屈炎黄
师德高扬　民族脊梁

尺幅翰墨　爱心无疆
苍生为怀　民进情长
为了孩子　重建希望

民进这次义卖捐赠活动策划于为汶川特大地震死难同胞举行全国哀悼期间，倡议发出后，得到了全会各级组织和广大会员的积极响应。为了在六一儿童节以实际行动为灾区孩子尽一份爱心、出一份力，民进各省级组织和民进中央各专门委员会的书画界会员，拿出自己心爱的作品，不分昼夜倾心创作，真情荡漾笔端、力量跃然纸上。冯骥才、段成桂、吴山明、陈国桢、言恭达等391位书画家的783幅饱含着爱心和温暖的书画力作在不到十天的时间里，纷纷送达民进中央。在艺术家们挥动豪情之笔的同时，民进企业界会员也在多次捐款捐物之后，再次倾注爱心，踊跃致电民进中央认购书画作品。截止5月31日，大部分准备在活动当日义卖的书画作品已经被提前预约认购。

严隽琪、罗富和、许嘉璐、张怀西、冯骥才、王佐书、刘新成、朱永新、王立平等民进中央新老领导人在这次活动中再次捐款。冯骥才带着为这次义卖特意赶制的画作《万壑奔流》来到活动现场，王立平还义捐其手书歌词两幅。

民进中央联络委员会副主任、西安华海医疗信息技术公司董事长张孝林特别捐出价值100.4万元的进口原装急救监护仪器；开明出版社捐献了价值37万元的《形音义小学生字典》和图书；北京市和平里四小的小学生为灾区的小朋友送来了充满童趣的画作和学习用品；民进中央各专门委员会委员自发捐款40万元；民进中央全体工作人员再度募捐达5.4万元。一份份承载祈盼与祝福的善款不断投入募捐箱中，每一个民进成员都希望借此机会表达自己对灾区孩子的一份心意。“也许这些钱微不足道，也许仅仅杯水车薪，但我们只是希望发挥自身优势，多做一些力所能及的事情，与灾区同胞共度难关，帮助孩子们尽快重返课堂、捧起课本、好好读书。”大家朴实而又恳切的心里话应该是对此次活动的最好诠释和注解。2个小时的活动共募得善款429万余元。

许嘉璐说，中华民族自古就是在种种灾难中，磨炼得无比坚强、勇敢。面对这次特大地震灾害，中华民族几千年文明留下的基因，在瞬间被激活，并迸发出来。人们的无私奉献、友爱相助，显示出世间难得高贵的品质。从抗震救灾的行动中，我看到了国家与民族的希望。我相信，中国人一定能挺得住！今天我们的踊跃捐献，既是为了灾区的孩子，也是为了祖国的未来！

罗富和说，民进中央对这些捐赠一定做到来源清楚、统计准确、去向明晰、用途透明，全部用于灾区学校的重建和救助受灾师生。他表示，此次民进书画义卖捐赠活动，是民进抗震救灾系列活动的重要组成部分，是民进掀起抗震救灾工作新高潮的重要环节。未来的日子里，民进的抗震救灾会从应急行动转变为一项长期工作，民进要按照党中央国务院的统一部署，充分发挥民进自身特点和优势，竭尽全力参与抗震救灾和灾后重建工作。

陈铎、阚丽君主持抗震救灾书画义卖捐赠活动。中共中央统战部有关同志，来自灾区正在北京接受治疗的孩子代表，民进书画界、企业界会员代表，民进中央各部门和各专门委员会负责人，民进各省级组织和开明出版社的负责同志等200余人出席活动。

严隽琪出席紧急保护羌族文化遗产座谈会并发出呼吁

2008年6月1日，中国民主促进会中央委员会、中国民间文艺家协会、中华文化学院在北京人民大会堂联合召开“紧急保护羌族文化遗产座谈会”，来自北京和四川的文物、历史、民俗、民间文艺、非物质文化遗产方面的著名专家学者纷纷为“如何抢救、传承、延续羌族文化”建言献策，并向全国民间文化工作者发出倡议书。

全国人大常委会副委员长、民进中央主席严隽琪，中国文联党组书记、副主席胡振民，民进中央副主席、中国民间文艺家协会主席冯骥才，民进中央副主席朱永新，来自北京和四川的文物、历史、民俗、民间文艺、非物质文化遗产方面的著名专家学者罗哲文、李学勤、刘锡诚、宋兆麟等50余人出席会议。

严隽琪在座谈会上指出，此次受灾严重的北川县是我国唯一的羌族自治县，又是古代治水英雄大禹的故乡，北川的大禹遗存丰富，北川的羌族村寨、羌族史诗、羌族雕镂、羌族民间歌舞等物质和非物质文化遗产多姿多彩，是中华民族文化宝库中的奇葩。她希望文化界专家积极投身灾后文化重建工作，深入调查与了解羌族文化和灾区各民族文化遗产在震中受损情况，贡献专家智慧，提供建设性意见。

冯骥才在会上介绍了实施紧急保护羌族文化遗产工作的具体措施和目的。他说，作为一名文化人，承受着失去同胞和文化遗产双重的焦愁，羌族文化在还未来得及整理之时，受到迎头一击，少数民族文化大部分是非物质文化，一旦传承人消失，根脉易断绝。羌族许多古村落位于河谷之中，此前尚未进行文化遗产的全面整理、普查，地震过后，羌族文化遗产不能再受更大损失。他呼吁民间文艺专家：尽快前往灾区，到北川等羌族聚居地展开文化遗产调查、寻找民间文艺传承人；其次，对调查结果进行归纳、分类；第三，提出具体保护方案。

罗哲文、李学勤、刘锡诚、宋兆麟等曾经深入考察和研究过羌族文化遗产的专家学者就如何抢救、保护羌族文化遗产发言。专家们深入讨论了灾区各民族文化遗产的重要性和历史文化价值，纷纷为灾后重建的文化保护建言献策。

会上成立了紧急保护羌族文化遗产工作委员会，决定成立由冯骥才为主任、朱永新为副主任的专家调研组，迅速组建工作小组赴灾区调查民族民间文化遗产受损情况，提出保护规划。

与会专家学者还向全国文化工作者发出了《倡议书》，倡议书说，发生在汶川的大地震不仅造成了大量的人员伤亡，也使很多文化遗产受到重创，特别是独具特色的羌族文化遗产正面临毁灭性劫难。非物质文化遗产保护是世界性的文化难题，遭受巨大损毁的羌族非物质文化遗产如何劫后重生、重现辉煌，这是一个空前的挑战和考验。

倡议书呼吁，请让你与我们一起与灾区人民共同承担和应对这场劫难；请让你与我们一起带上行囊，去灾区做特殊的田野调查，去记录、整理、呈现灾区各民族的民间文化遗产；请让你与我们一起探索和研究这些珍贵文化遗产的价值，弘扬它们在中华文化历史中的地位与贡献，积极为各地重建家园建言献策，让古老的民族文化传统世代赓续。

严隽琪、罗富和出席民进中央金沙县支边扶贫座谈会及民进捐赠签约仪式

2008年6月8日，民进中央金沙县支边扶贫座谈会及民进捐赠签约仪式在毕节地区金沙县举行。全国人大常委会副委员长、民进中央主席严隽琪，全国政协副主席、民进中央常务副主席罗富和出席。民进中央副主席朱永新，贵州省人大常委会副主任许正维，贵州省人民政府副省长禄智明，贵州省政协副主席、民进贵州省委会主委左定超一同出席活动。

座谈会上，在听取金沙县县委副书记、县长韩平关于县域经济社会发展情况以及毕节地委副书记、行署专员曹国江关于毕节试验区工作情况的汇报后，严隽琪作重要讲话。她说，虽然第一次到金沙县来，但感到很亲切，听了同志们的工作情况介绍，既为毕节试验区和金沙县这些年来发生的历史性变化和取得的巨大成就感到由衷的高兴，也对毕节地区和金沙县的未来充满信心。她特别指出，民进要感谢贵州毕节给我们提供了一个发挥作用的平台，当地的领导和人民给我们提供了很多的支持和帮助，所以民进和毕节的合作，帮助和收益都是相互的。

严隽琪说，实地到金沙看了以后，体会和感触很深，主要有三点。一是要坚持团结合作。特别是坚持和完善多党合作制度，需要民主党派搞好政治交接，把民进老一辈60年前的政治信念和历史选择转变成民进当代人的自觉行动。20年前，胡锦涛同志高瞻远瞩，提出建立毕节试验区；中央统战部组织各民主党派和工商联参与试验区建设，为民主党派发挥作用提供了平台，执政党和参政党同舟共济、肝胆相照、荣辱与共在毕节试验区得到了很好的体现，这也是我国政治制度的巨大优越性。民进要把上一届班子留下的好传统，包括与毕节建立的合作和情谊继承下去，并在新的时代与时俱进地发扬光大。二是要坚持科学发展。当前学习贯彻十七大精神很重要的就是要贯彻落实科学发展观，毕节20年来在经济社会、生态环境方方面面取得的巨大成绩更让我们感到了科学发展观的重要性。科学发展一方面要以人为本，要让人脱贫致富并有进一步发展的可能；另一方面，科学发展也必须是协调可持续的发展。毕节试验区在这方面做出了很好的示范。三是要进一步解放思想、改革开放。今年要纪念改革开放30周年，纪念是为了更好地面向未来。改革开放的精神要继承、原则要坚持，但是具体的路径还要不断探索。我们需要继续转变观念，破除体制机制和思想观念上的障碍。毕节试验区是科学发展观最早萌芽的地方，全国都寄予希望。她指出，毕节试验区的未来任重道远，民进愿意与毕节的同志们一道携手并行，走向更加美好的未来。

罗富和出席民进常熟市委会捐建沙土镇常熟希望小学、华南农业大学新农村建设中心与金沙县政府农业合作项目签约仪式并讲话。他代表民进中央对协议的成功签约表示热烈祝贺，对民进常熟市委会、华南农业大学以及参与捐赠的民进会员和各界人士表示诚挚的感谢。他表示，有大家的共同参与，金沙县的对口帮扶工作一定会取得更大成绩。他同时指出，在参与毕节试验区建设和金沙县的对口帮扶活动中，民进深刻感受到履行参政党职能，参与中国特色社会主义建设的责任和使命，民进也是受教育者和受益者。他强调，民进对贵州、毕节和金沙的帮扶将一如既往、一抓到底、一往情深，民进会继续为试验区的建设和发展贡献自己的力量。

朱永新出席农里学校签约仪式并讲话。他说，西洛乡是我们民进在贵州的新农村建设示范乡，我们对这里有着很深的感情。我们愿意调动我们能够调动的力量为金沙县、为西洛乡提供更多的帮助与支持。李国庆先生捐建农里学校电教室和教学设备，潘海君女士捐赠农里学校行健楼的签字仪式在隆重热烈的气氛中进行。出席活动的领导和嘉宾随后共同为农里学校行健楼奠基，并在校园内植树留念。

禄智明在讲话中对民进中央多年来在毕节的支边扶贫工作给予充分肯定。他说，民进的帮扶工作动脑

筋、动感情、动真情，今天和严隽琪主席一行参加捐赠仪式，确实很受感动。试验区走过20年的风风雨雨，民进20年的帮扶工作是艰苦奋斗的20年、卓有成效的20年、成果辉煌的20年。对口帮扶把民进和毕节联系在一起，毕节人民也和民进结下了深厚的友谊，毕节的老百姓会永远记住民进为毕节所做的一件件实事、一桩桩好事。

严隽琪、罗富和在农里学校校长的陪同下，参观了民进捐赠的农里学校图书室和计算机房，并与列队欢迎的学生亲切交谈。离开农里学校，严隽琪、罗富和一行来到西洛乡“民心”有机农业试验示范园参观考察经果林基地。严隽琪一边参观一边仔细听取了西洛乡经果林基地建设情况的汇报。当听到民进帮助引进的山东欧式樱桃已经开花结果时，她十分高兴，并鼓励大家再接再厉，把示范园建设得更好，为农民增收、保护生态环境和促进地区经济社会发展发挥更加积极的作用。

民进中央参政议政部、社会服务部，贵州省政府，毕节地区人大工委，毕节地区政协工委，金沙县等方面同志参加活动。

严隽琪、罗富和出席中国(毕节)石漠化治理与生态文明高层论坛

2008年6月9日，由民进中央、国家林业局、贵州省人民政府共同主办的“中国（毕节）石漠化治理与生态文明高层论坛”在贵州毕节开幕。全国人大常委会副委员长、民进中央主席严隽琪出席论坛开幕式并讲话，全国政协副主席、民进中央常务副主席罗富和主持开幕式。

严隽琪指出，目前正值抗震救灾的紧要关头，自然灾害使人们对生态文明的重要性有了更深的感悟，所以我们这个论坛在这个时候召开具有了特别重要的意义。20年前的今天，国务院正式批复成立毕节“开发扶贫、生态建设”试验区，我们选择这个日子，是要对试验区成立20周年有一个很好的纪念，也是展望未来，规划未来，更好地谋划推动试验区今后的发展。

严隽琪强调，毕节试验区成立20年来，为解决制约岩溶地区的人民贫困、生态恶化、人口膨胀等问题，走出了一条科学发展之路，成为了推行科学发展观的试验田，彰显了对实践科学发展观和构建和谐社会进行先期探索的价值，使试验区成为中国共产党领导的多党合作和政治协商制度在经济建设时期推动区域经济社会发展的成功范例。毕节试验区不仅是中国的也是世界反贫困的伟大创举；是喀斯特地区走可持续发展、和谐发展的科学发展道路的有效探索，为世界做出了榜样。

严隽琪指出，20年来民进参与了试验区建设的全过程，这是我们参政党的责任和使命，也是我们的光荣。民进多年来有组织、有计划、持之以恒地开展了智力支边的工作，其中包括民进的老领导经过深入的调研，向国务院提出了启动石漠化治理国家工程的建议，得到国家的重视和采纳；民进还联合国家林业局在黔西南州启动了30万亩金银花项目，为治理石漠化和促进农民增收探索了经验。

罗富和在开幕式上指出，贵州省在石漠化治理方面结合实际，采取生物措施与工程措施相结合，生态与经济相结合，摸索出了一些成功的经验，取得了较好的试验示范效果。为进一步推动西南地区石漠化综合治理和促进当地脱贫致富，民进中央与国家林业局、贵州省人民政府共同主办“中国（毕节）生态文明与石漠化治理高层论坛”，就石漠化治理政策、措施进行研讨，提供可供决策参考的意见建议，并组织开展面向毕节石漠化治理试点地区的咨询服务活动。

本次论坛的主题是石漠化治理与生态文明建设。中国科学院院士袁道先在毕节论坛上作《岩溶石漠化问题的国际视野和我国的治理对策和经验》主题报告。与会的中国科学院、中国林业科学院等科研院所和高校科研单位的专家学者，围绕石漠化治理与生态环境改善、石漠化的治理模式与措施、石漠化治理

与农民增收和贵州石漠化治理示范点经验等议题进行了广泛而深入的研讨。

论坛通过了《毕节宣言》。宣言提出，毕节模式是石漠化综合治理的成功范例，毕节模式证明，石漠化是可防可治的，生态建设和经济发展是相辅相成、相互促进的。石漠化防治刻不容缓，必须坚持政府主导与全社会参与相结合，石漠化综合治理与扶贫、扶智相结合，同时注重提高石漠化防治的科技水平。

开幕式前，严隽琪、罗富和亲切会见了出席毕节论坛的各位专家学者。

民进中央副主席朱永新，民革中央副主席何丕洁，国家林业局党组成员、纪检组长杨继平，国家林业局副局长祝列克，贵州省人大副主任许正维，贵州省政府副省长禄智明，贵州省政协副主席、民进贵州省委会主委左定超一同出席论坛。

中共中央统战部，民建、农工党、致公党、九三学社、台盟等民主党派中央，国家发改委、国家民委、科技部、水利部、农业部、国务院扶贫办等有关部门的同志，贵州省、贵州毕节地区有关单位的负责同志等100多人参加论坛。

当日，严隽琪、罗富和、朱永新还出席由民进贵州省委会副主委周世立任董事长的贵州省青利集团与毕节市人民政府举行的贵州青利毕节氯碱磷煤生态工业园签约仪式。青利集团积极参与民进中央在毕节开展的支边扶贫工作，先后为毕节的石漠化治理和教育扶贫给予资金支持。为配合民进中央进一步加大参与毕节试验区建设的工作力度，集团决定在毕节启动氯碱磷煤生态工业园项目。项目总投资106.3亿元，7年后建成可解决5000人就业，项目的实施将对毕节的经济发展和生态文明建设产生积极的推动和示范作用。自公司创办以来，青利集团始终致力于“希望工程”、“送温暖工程”和其他社会公益事业。1999年，公司将25%的股权捐助给贵州省青少年发展基金会，2005年，青利矿业有限公司又将公司30%的股权分别捐赠给贵州省慈善总会和贵州省送温暖基金会。青利集团还积极捐款，以实际行动参与四川地震灾区的抗震救灾工作。

罗富和出席最高人民法院情况通报会并发言

2008年6月12日，全国政协副主席、民进中央常务副主席罗富和出席最高人民法院情况通报会并发言。罗富和对最高人民法院的工作给予充分肯定，并就进一步做好人民法院工作提出三点建议。

第一，希望最高人民法院从规范司法解释、严格执行错案追究制度、支持地方人大加强对同级人民法院的监督三方面入手，加强对基层法院的指导和监督。

第二，针对案件数量迅速上升、案多人少矛盾突出的情况，建议人民法院从以下三方面入手提高办案效率：一是加大庭外调解的力度；二是加强对典型案件的分析，为今后同类案件审理提供参照；三是推广简易速裁程序，缩短案件审理时间。

第三，对于目前人民群众反映比较大的案件执行难情况，建议人民法院参考借鉴国外经验，将法院的执行职能分离出去。在目前，可以大力加强不同部门之间的合作，开展多部门联合执行。

最高人民法院常务副院长沈德咏出席会议并介绍了2003年至2007年全国法院的办案情况，最高人民法院和各级人民法院的人员和机构现状，深入推进司法改革、加强司法队伍建设过程中取得的成绩和面临的问题，以及近期为抗震救灾所做工作。沈德咏说，多年来，各民主党派和全国工商联关心和重视人民法院工作，为人民法院做好工作提供了有力的支持和帮助。最高人民法院也高度重视与各民主党派和全国工商联之间的交流与联系，王胜俊院长上任伊始就组织对各民主党派进行了走访，并要求落实具体部门负责牵头联系，将交流与联系制度化、规范化、常态化，此次会议就是交流联系制度的开端。会议由最高人民法院副院长、民革中央副主席万鄂湘主持。

各民主党派中央和全国工商联分管副主席及部门负责人等出席此次会议。与会代表对于最高人民法院建立与各民主党派和全国工商联之间的联系机制表示赞同，并提出了明确会议周期、提前确定会议主题等具体意见。与会代表针对解决执行难问题、预防和惩治司法过程中的腐败现象、加强信访工作、深化司法体制改革等，畅所欲言。

民进中国特色社会主义主题教育活动经验交流会在北京举行

2008年6月15日上午，民进中国特色社会主义主题教育活动经验交流会在北京召开。全国人大常委会副委员长、民进中央主席严隽琪，全国政协副主席、民进中央常务副主席罗富和，民进中央副主席王佐书、朱永新出席开幕式。

严隽琪在开幕式上作题为《认真总结经验继续开展好主题教育活动》的重要报告。严隽琪从加强对开展主题教育活动的领导、认真学习中国特色社会主义科学理论、加强领导班子建设、结合“五一口号”发布60周年开展继承多党合作优良传统教育，以及为抗震救灾献爱心作贡献等几个方面回顾了主题教育活动的总体情况。她指出，一年多来，在中共各级党委的高度重视和统战部门的支持下，通过全会的共同努力，我会的主题教育活动取得了阶段性成果，主要体现在四个方面。第一，进一步坚定了我会干部和会员走中国特色社会主义政治发展道路的信念；第二，进一步继承发扬了我会老一辈领导人与中国共产党长期合作形成的优良传统；第三，进一步增强了各级组织和广大会员服务全面建设小康社会伟大目标的责任感和使命感，履行职能的水平不断提高；第四，进一步加强了我会的自身建设，领导干部和广大会员的自身素质不断提高，组织凝聚力不断增强。

严隽琪强调，近期发生的汶川特大地震是灾难，是考验，也是特殊的教育。面对突如其来的地震灾害，民进表现出一个立会为公的参政党应有的爱国心、苍生情和责任感。民进全会紧急动员起来，以实际行动为受灾群众解难、为国家分忧、为抗震救灾进言，涌现了许多奋力拼搏、无私奉献的动人事迹与优秀人物。可以说，抗震救灾斗争实际上已成为主题教育活动的有机组成部分，是对主题教育活动成果的检验，也是推进和丰富主题教育活动的生动实践。民进全会要在抗震救灾斗争中更深刻地理解主题教育活动的精神内涵；通过深入开展主题教育活动，为抗震救灾、恢复重建凝聚起更大的力量。

严隽琪指出，在开展主题教育活动中，我会从中央到地方各级组织，探索和建立了一整套行之有效的方式方法，积累了许多新的宝贵经验，主要是：全会始终坚持科学理论的指导，确保主题教育活动的正确方向；切实开展思想政治工作，力求入脑入心；既坚持基本原则，又鼓励自觉、自主、自为地创造经验；坚持知行并举，做到主题教育与实际工作两促进；与时俱进，不断丰富内容，常抓常新；重视制度建设，建立健全长效机制。会中央召开这次经验交流大会，目的就是及时地回顾总结、交流经验、发现和解决问题，根据形势的发展，使下阶段的主题教育活动取得更好的成效。

严隽琪说，搞好政治交接是参政党长期的任务。为进一步深入开展主题教育活动，她提出三点意见：第一，把抗震救灾、灾后恢复重建与主题教育活动结合起来，在迎战困难中进一步坚定政治信念，锤炼和考验班子与队伍；第二，把纪念改革开放30周年与主题教育活动结合起来，在搞建设、谋发展中进一步坚定政治信念，提高我会的履职能力；第三，继续深入学习贯彻中共十七大精神，不断改进我会的思想建设工作，把主题教育活动的有效经验和做法转化为政治交接的长效机制。她强调，全会必须以中共十七大精神为指导，坚持中国特色社会主义这个主题，抓住思想建设这个根本，突出队伍建设这个重点，随着形势的发展，把握重大事件的契机，加强制度建设，提高履行职能的能力，使主题教育活动取得进一步的实效。

严隽琪向与会同志传达了中共中央、国务院于6月13日召开的省区市和中央部门主要负责同志会议精神。这次会议是在国际国内形势出现不少新的复杂因素、党和国家工作面临不少新的严峻挑战的情况下，在抗震救灾工作进入安置受灾群众和恢复重建前期准备阶段，实现今年经济社会发展预期目标进入关键时期，北京奥运会开幕在即召开的一次极其重要的会议。

严隽琪重点传达了胡锦涛同志和温家宝同志的讲话精神。胡锦涛同志的讲话全面分析了当前的形势，提出了做好抗震救灾和恢复重建、推动经济社会又好又快发展、筹办北京奥运会等工作的总体要求和主要任务。温家宝同志在讲话中通报了前一阶段抗震救灾工作情况和当前经济形势，对地震灾后恢复重建对口支援、保持经济发展良好势头等工作做了具体部署。

严隽琪指出，形势逼人，任务艰巨。她要求民进各级组织和广大会员要认真学习会议精神，在国家面临新的复杂局面和新的严峻挑战的关键时刻，认清形势，坚定必胜信心。民进的各项工作要紧紧围绕中心，服从服务于大局，切实加强领导，进一步动员全会的力量，为夺取抗震救灾斗争的最后胜利和促进经济社会发展作出应有贡献。要发挥民进的特点和优势，建有用之言，献务实之策，办有益之事。民进各级组织要多挖掘这次抗震救灾斗争中涌现出的民进会员的先进、感人事迹，与民进中国特色社会主义主题教育活动结合起来，大力弘扬中华民族传统美德和民进优良传统，进一步坚定中国特色社会主义的理想信念。

罗富和主持开幕式。王佐书作题为《民主党派开展政治交接的主要经验》的重要讲话。他详细阐述了民主党派政治交接的基本概念和主要内容，概括了民主党派政治交接政治性、长期性、综合性的特点，强调了民主党派政治交接的重大意义，并系统总结了我会开展政治交接的基本经验。

民进中央秘书长赵光华，民进中央各部门负责人，民进各省级组织和主题教育活动试点单位的代表70余人出席开幕式。

民进中国特色社会主义主题教育活动经验交流会6月15日下午举行小组交流，与会代表分成三个小组，围绕严隽琪报告、王佐书讲话、开展主题教育活动的经验体会以及参与抗震救灾和灾后恢复重建工作进行了广泛而深入的讨论。

罗富和出席第一小组交流会并讲话。当听到广大会员积极参与抗震救灾斗争，并涌现出很多感人至深的人物和事件时，他指出，民进各级组织要把这些感人的事例总结出来、报道好，在会内、会外做好宣传。他说，这些会内的感人事例对会员的教育和影响作用是很大的，这个过程中的点滴积累，都是优良传统的继承，我们要通过会员所做的每一件具体的事情，看到会员一颗颗诚挚热情的心，我们要靠这种互相的支持、感动、升华和共振来形成合力，不断增强民进组织的凝聚力。

大家在讨论中认为，严隽琪报告是对全会主题教育活动全面、深刻、严谨的总结，非常切合民进工作的实际，对主题教育活动下一阶段的工作部署非常科学，操作性很强，对指导我会下一阶段开展好主题教育活动必将产生积极的推动作用。王佐书讲话无论从理论上、内容上还是方法上对省级组织开展主题教育活动都具有重要的指导意义。大家表示，要把会议精神带回去，按照民进中央的工作部署，学习借鉴其他省级组织的做法和经验，进一步做好下一阶段的主题教育活动，使主题教育活动与会务工作紧密结合，推进会内政治意识、政党意识和服务意识的全面提高。

罗富和16日上午出席民进中国特色社会主义主题教育活动经验交流会大会。民进北京市委会，上海市委会，民进山东省委会、江西省委会、江苏省委会、天津市委会、广东省委会和民进太原市中心医院支部的代表等8位同志向大会介绍了各自开展主题教育活动的主要做法和经验体会。民进四川省委会副主委刘激涛充满感情地向与会者介绍了四川民进会员在抗震救灾第一线的英勇表现和感人事迹。

王佐书6月16日下午主持民进中国特色社会主义主题教育活动经验交流会大会发言。大会发言重点研讨如何建立健全政治交接长效机制。来自民进广西区委会、湖南省委会、河南省委会、浙江省委会和安徽省委会的5位同志发言。本次会议共收到来自民进29个省级组织、主题教育活动试点单位或会员个人的共30篇关于政治交接长效机制的论文交流材料。

民进中国特色社会主义主题教育活动经验交流会6月16日下午在京闭幕。罗富和作总结讲话，王佐书主持会议，朱永新出席。

罗富和在讲话中强调，主题教育活动必须继续做实、继续向纵深推进。他充分肯定本次会议的成果：第一，进一步明确了开展主题教育活动的重要意义、工作思路和方法；第二，总结交流了我会开展主题教育活动的新鲜经验；第三，初步形成了建立健全政治交接长效机制的思路和框架；第四，为抗震救灾、重建家园继续献计出力。

罗富和提出关于贯彻会议精神的几点意见：第一，要认真学习贯彻胡锦涛同志6月13日重要讲话精神。第二，继续扎实深入推进主题教育活动。第三，要从实际出发，逐步推进建立政治交接长效机制的工作。

民进中央举行"为了灾区的孩子们"捐款仪式，并宣读致地震灾区民进组织和广大会员慰问信

2008年6月15日，民进中央举行"为了灾区的孩子们"民进各省级组织捐款仪式。罗富和主持，王佐书、朱永新出席。此次捐款仪式是由民进中央发起的"为了灾区的孩子们"系列爱心捐助活动之一。自6月1日启动爱心捐助活动以来，得到了民进各级组织和广大会员积极的响应，截至6月13日，民进各级组织和广大会员共为这一系列活动捐款7108359元，到帐4384235元，此外还有1093250元的捐款和价值1004000元的医疗设备已经直接捐给了民进四川省委会。捐赠仪式上，与会的各省级组织领导同志以及民进中央的代表分别上台捐款，踊跃参与爱心捐助。

汶川特大地震发生后，民进四川、甘肃、陕西、重庆等省市委员会带领各级民进组织和广大会员始终战斗在抗震救灾第一线，其中，四川成都、广元、德阳、绵阳4个重灾区的民进市委会在严酷的考验面前，表现英勇，事迹感人。这四个地区的主委都临危授命，接受重任。三个地区的主委傅勇林、赵爱武、赵晓平分别担任成都、广元、德阳市抗震救灾指挥部成员，另一位主委李京平担任绵阳指挥部下属的维稳领导小组副组长。他们和民进四川省委会副主委、省教育厅副厅长王康都不顾疲劳与个人安危，不辱使命，始终奋战在抗震救灾第一线，作出突出贡献。还有不少会员在地震发生后第一时间奋不顾身赶赴灾区，从废墟中抢救幸存者、背运伤员，用自己的车转运伤员、灾民和物资，参加各种志愿者活动。

民进中央宣传部负责人在捐款仪式上宣读了与会全体同志致奋战在四川、甘肃、陕西、重庆等灾区一线民进组织和广大会员的慰问信，向他们在举国同哀、共度难关的艰苦日子里挺身而出，奋勇靠前，主动承担起抗震救灾、重建家园的重任，以及所表现出来的立会为公、心系人民、奋力拼搏、无私奉献的精神，表示崇高的敬意和亲切的慰问！

慰问信说，一个多月以来，民进全会始终按照中共中央的决策部署，充分发挥自身优势，广泛动员各方面的力量，支援和参与抗震救灾斗争。5月29日至31日，严隽琪主席代表民进随同全国政协主席贾庆林赴四川地震灾区，察看受灾情况，慰问受灾群众和民进四川省委会。为了做好参与抗震救灾的组织动员工作，民进中央在第一时间发出了《致民进四川省委会关于抗震救灾的慰问信》，先后召开主席办公会议和多次专题会议，研究部署全会抗震救灾工作，并四次发出通知，要求全会把抗震救灾作为当前最重要最紧迫的任务，切实加强领导，进一步动员全会的力量，支援灾区人民打胜抗震救灾这场硬仗。

信中说，民进全会各级组织和广大会员紧急行动起来，与党同心，为国分忧，为民解难，通过多种形

式向灾区人民伸援手、送温暖、献爱心。据不完全统计，截至 6 月 12 日上午 10 点，民进各级组织机关、民进会员及民进会员所办企业、学校等共捐款物计人民币 66404864 元。

信中说，民进中央还注重加强社情民意信息工作，两次发出征集抗震救灾、恢复重建信息的通知，呼吁民进各地信息员积极为救灾行动出谋划策，主动为灾区恢复重建献计出力。截至 6 月 2 日 12 点，民进中央收到来自各地的抗震救灾信息 316 期，向中共中央统战部、全国政协研究室信息局报送信息 61 期，其中已有多篇信息或建议由全国政协上报中共中央。

冯骥才、朱永新出席紧急保护羌族文化遗产四川工作基地成立暨专家调研工作会并深入考察

2008 年 6 月 18 至 20 日，民进中央副主席、中国文联副主席、中国民间文艺家协会主席、紧急保护羌族文化遗产工作委员会主任、专家调研组主任冯骥才，民进中央副主席、中国教育学会副会长、紧急保护羌族文化遗产工作委员会副主任朱永新率有关专家，就紧急保护羌族文化遗产工作赴四川省考察。紧急保护羌族文化遗产行动，是经冯骥才倡议，由中国民主促进会中央委员会、中国民间文艺家协会、中华文化学院联合发起的，旨在推动在抗震救灾和灾后重建过程中羌族文化遗产的保护工作。

羌族是中国历史最悠久的民族之一，是甲骨文中有记载并一直延续至今的唯一一个民族。羌族对推动中国历史的发展作出重要贡献，是很多民族，尤其是西南地区羌语支民族形成和发展的基础。羌族文化有着鲜明特色，其高碉和碉房，作为一种建筑艺术，在中国乃至世界建筑史上都有重要的地位；他们的服饰、歌舞、乐器富有民族特色；“释比”等宗教文化，意义重大。

考察组 6 月 18 日一早冒雨来到位于任家坪村的北川中学原址，考察这里的受损情况，考察组全体成员向死难师生默哀。在任家坪的救灾物资发放点，考察组向灾民详细了解有关情况。随后，考察组来到北川县城遗址，看到整个北川县城已经成为一片废墟，大家心情十分沉重。作为中国唯一的羌族自治县，北川是羌族的历史、文化、风俗保存最为集中的地方之一，拥有 9 万多羌族人口，约占全国羌族人口的三分之一。北川县文化体育局局长林川介绍说，此次地震导致该县 6 位专门研究羌族音乐、舞蹈创作的工作者全部遇难，全县有关羌族研究资料几乎全部被毁或掩埋在废墟中。考察组认为，非物质文化遗产的特性就是口传心授，心领神会，当传承者、研究者故去后，就根本无法衡量这样的损失究竟意味着什么。地震后受灾群众大规模迁徙他处，也会导致羌族文化载体的消失。所以，加紧抢救发掘羌族文化已经刻不容缓。

在擂鼓镇红星爱民新村安置点，来自青片乡小寨子沟的王安莲为考察组唱起了羌族歌曲《沙米》，同行的羌族姑娘跳起了萨朗，北川县文化体育局给考察组送来了他们从废墟中抢救回来的有关羌族文化的光盘。看到当地政府和羌族群众对羌族文化十分重视，考察组既感动欣慰，也更增加了责任感。考察组还到北川县城新址——安县板凳桥考察。

紧急保护羌族文化遗产四川工作基地成立暨专家调研工作会 6 月 19 日在西南民族大学召开。会上，正式成立了紧急保护羌族文化遗产四川工作基地，宣读了基地组成人员名单。来自北京和四川的专家在会上纷纷就保护和恢复羌族文化遗产发言，提出意见建议。

冯骥才指出，将“紧急抢救羌族文化基地”设在成都，便于研究、保护羌族文化。四川工作基地成立后，一支由历史学家、羌族文化研究专家、古建筑专家、民俗专家等各方面专家学者组成的调研队将就羌族文化遗产等文化遗产在地震中受到的损害情况展开调研，对调查结果进行归纳分类并分出等级后，根据等级提出保护方案。要千方百计找到健在的文化传人，并妥善安置，为今后口授文化遗产做好准备。

朱永新代表民进中央和严隽琪主席、罗富和常务副主席表示，一定会做好这项重要的工作。他说，冯

骥才抢救和保护民间文化遗产的精神令人感动。在这次地震中，羌族文化遭受到沉重打击，在保护羌文化的过程中，要把羌族文化的教育放在重要位置。紧急保护羌族文化遗产工作委员会将尽快组织力量编写《羌族文化读本》，使羌族文化进学校、进课堂，使孩子们认识、了解、认同和热爱自己的文化。

在川期间，朱永新还考察了位于绵阳市的“八一帐篷学校”。受民进中央委派，新教育研究院的老师们已经在这里工作了一个多月，对受灾学生进行心理辅导，帮助学校恢复教学。朱永新亲切慰问学校师生，他说，民进中央一定会全力以赴支持灾区教育的重建工作。

罗富和在宁夏调研农村改革与发展事业

2008年6月22日至26日，全国政协副主席、民进中央常务副主席罗富和赴宁夏就“农村改革与发展”开展专题考察，着重就新农村建设、农村公共文化服务体系建设、义务教育师资情况等进行调研。

罗富和23日上午出席宁夏回族自治区党委、政府、政协举办的宁夏农村改革与发展情况座谈会。宁夏回族自治区副主席、民进宁夏区委会主委姚爱兴主持会议并介绍了宁夏的基本情况；农牧厅副厅长张柱汇报了宁夏特色高效农（牧）业、农牧产品加工业发展、节水农业技术应用、农业科技投入及科技创新推广、新型农村培训工作等情况；文化厅副厅长陶雨芳汇报了宁夏农村公共文化服务体系建设情况；教育厅副厅长王铎汇报了宁夏教师队伍建设情况。他们从不同的角度介绍了宁夏为农村改革与发展所做的执著努力，同时也提出了在此过程中所遇到的“瓶颈”与难题，以及破解难题的意见和建议。

罗富和在座谈会上讲话。他首先代表民进中央考察团对自治区党委、政府、政协的高度重视和精心安排表示衷心的感谢。罗富和指出，今年是改革开放30周年，也是宁夏回族自治区成立50周年。50年来，宁夏人民取得的成就令人鼓舞，特别是近5年来，宁夏在新农村建设、公共文化建设和师资队伍建设方面做了大量的工作，取得了显著的成绩。目前，宁夏经济社会发展步入了一个最好的时期，在贯彻落实科学发展观方面，为全国提供了很多可以借鉴的经验。罗富和强调，在农业方面，宁夏要充分挖掘科技的力量，提高农产品科技转化率，坚持走一条“污染少、见效快”的道路。在现代农业发展上，着力提高农业技术和劳动者素质，大力发展农业深加工，鼓励农民自办营销企业，带动农村经济发展。在教育方面，宁夏农村师资队伍建设工作有很多创新的地方，特别是在城镇教师职称评定标准中加入了农村任教经历，对城乡义务教育师资队伍的均衡发展会发挥很好的促进作用。在文化建设方面，宁夏在农村公共文化服务体系建设中，坚持以政策为导向，以活动为抓手，着力推进，成效明显。宁夏的做法和经验值得我们认真研究。

座谈中，考察团成员与自治区相关部门的负责人分别就农村金融改革试点工作、农民的科技培训情况、村镇文化工作的开展情况、农村代课教师问题、中等职业教育的发展进行了交流。

自治区政协主席项宗西，自治区党委常委、统战部部长马金虎，自治区政协副主席李淑芬，自治区政协秘书长朱玉华出席座谈会。民进中央文化艺术委员会副主任、中央民族大学哲学与宗教学系教授赵士林，民进中央参政议政部副部长闻连利，自治区统计局局长、民进宁夏区委会副主委梅廷彦，民进宁夏区委会副主委杨瑞生，宁夏大学机械工程学院副院长、民进宁夏区委会副主委王春秀也出席了座谈会。

罗富和率民进中央考察团于24日至26日先后来到宁夏农林科学院、宁夏公共文化场馆（科技馆、博物馆、图书馆）、永宁县望远镇宣传文化中心、永宁县小任果业设施园艺基地、永宁县天天鲜设施园艺果蔬基地信息服务点、宁夏建成农林开发有限公司、中华回乡文化园、同心县清水河综合治理工程、红军西征纪念园、同心县大清真寺、同心县宣传文化中心、同心县河西镇上河湾移民点、红寺堡大河乡开元村设施温棚、红寺堡中圈塘万亩葡萄基地、红寺堡宣传文化活动中心，就宁夏农村的改革与发展情况进行实地考察。

特色农业、市场发展——打造农村发展新思路。面对干旱少雨的自然环境，宁夏选择了发挥农业资源优势，大力发展枸杞、酿酒葡萄等耐干旱、需水量少、产值高的特色农业产业。在宁夏农林科学院的枸杞试验田里，当得知作为全区重要的枸杞种植、加工和研究基地，他们目前已经完成了1.3万亩的枸杞示范园区和6千亩的酿酒葡萄基地建设，吸纳了当地3000多农民剩余劳动力，并带动了全区50万亩枸杞种植田实现了26亿的产值后，罗富和表示宁夏依靠科技发展农村特色产业的值得全国学习，宁夏立足本地实际，充分发挥本地资源优势来推广特色农业、谋求市场发展创新的思路改变了农民们“盯着自己饭碗搞农业”的传统理念，使他们体会到了“依靠科技特色、盯着全国市场搞农业”所带来的经济实惠。只有这样，农村发展与改革之路才能越走越宽。

科技支撑、品牌经营——形成农村发展新动力。在永宁县考察农业项目时，罗富和详细询问了永宁县的农业是如何以科技为支撑的。县长李建军说，一是依托科技项目，带动农业发展；二是采取双定、双考、双聘的管理方法，充分发挥科技人员的作用；三是鼓励科技特派员自主创业，以规模、效益做好示范，带动农民积极跟进。罗富和对三项措施给予充分肯定。他说，永宁县采取的做法，较好的解决了科技为农业服务的问题，要认真总结，加以推广。在天天鲜果蔬基地信息服务点，当罗富和看到天天鲜独特的包装箱时强调，农业企业一定要打造自己的品牌，要有向下延伸经营的意识，要调动员工的积极性，创造企业文化，让企业能走的更好、更远。

公共文化服务体系——推进农村全面发展。在望远镇宣传文化中心，罗富和听取了关于公共文化服务体系建设工作情况的汇报。近年来，望远镇通过采取制定政策法规、加大经费投入、完善设施建设、健全机构和队伍建设等措施，积极为社会公众提供公共文化产品和服务，为丰富人民群众的文化生活、满足文化需求创造条件、提供保障。罗富和对望远镇的公共文化服务体系建设工作给予了高度评价。他说，现在人民群众还不富裕，建设公共文化服务体系是维护好、实现好、发展好人民群众基本文化权益的重要途径。政府一定要加强引导，通过公共文化体系把群众文化不断向基层延伸，向社会延伸。罗富和希望他们进一步加大实施农村重点文化工程力度，组织开展各种文化活动，使农村公共文化服务能力不断得到增强。

自治区副主席、民进宁夏区委会主委姚爱兴，自治区政协副主席李淑芬、袁汉民、解孟林、安纯人等先后陪同考察。

期间，罗富和与民进宁夏区委会及民进银川、石嘴山、吴忠、固原、中卫市委会负责人座谈。姚爱兴主持座谈会。会上，民进宁夏区委会副主委杨瑞生、民进银川市委会副主委赵云萍、民进石嘴山市委会主委李耀宗、民进吴忠市委会副主委冯炜、民进固原市委会主委高云海、民进中卫市委会副主委赵建忠等分别汇报在自身建设、参政议政、社会服务等方面的工作情况，并对此次考察的调研课题“农村改革与发展”提出意见建议。

罗富和认真听取汇报并讲话。他高度评价宁夏区委会及5个市委会的工作。罗富和指出，近年来，宁夏民进按会中央的要求，积极开展主题教育活动，在组织建设、宣传工作、参政议政、社会服务等各方面都创造了新经验，取得了新进展，充分体现了宁夏“小省区、大志气”的精神。罗富和介绍了民进中央在政治交接主题学习教育活动、参政议政机制和网络平台建设等方面的近期工作，并希望宁夏民进和民进中央一道在光荣传统的继承和核心价值的形成两方面共同探索研究。

罗富和亲切看望民进宁夏区委会原主委高文华、曹维新，对他们为民进作出的贡献表示衷心的感谢，并就宁夏区委的工作进行了交流。

严隽琪、许嘉璐考察上海鼓励大学生创新创业工作

2008年6月28日上午，全国人大常委会副委员长、民进中央主席、上海市大学生科技创业基金会会长严隽琪，全国人大常委会原副委员长、民进中央原主席、国家教育中短期规划纲要顾问许嘉璐，专程来到上海市大学生科技创业基金会，考察上海鼓励大学生创新创业工作。

严隽琪、许嘉璐与基金会主要领导和创业学生代表座谈。基金会秘书处汇报了基金会在鼓励大学生创新、创业方面的有关做法、主要工作成效，表示，基金会将继续学习、借鉴民进多年来推进我国教育事业发展的经验，使基金会成为民进推进创业教育的良好载体。两位受科技创业基金资助的大学生创业代表介绍了各自在创业过程中的努力和现状以及基金会对其提供的资金支持、营运模式选择、发展战略咨询等方面给予的大力帮助。

严隽琪在讲话中指出基金会下一步的工作方向，鼓励基金会勇于尝试创新管理，应对各方挑战，把这项工作深入、踏实、长期开展下去。

许嘉璐对上海市鼓励大学生创新创业工作予以高度肯定，对基金会成为民进推进创业教育工作平台的建议予以高度赞赏。他说，上海具有创新创业的传统，在地理位置上有着便于国际交流的先天优势，理应成为全国推动该项工作的领跑者。大学生科技创业基金会成立两年多来，精心扶植了一大批大学生创业的企业，这些企业多数具备自主知识产权、各项管理规范基本完善、服务社会能力强，成为推动创新创业和科技成果转化的有效载体。应该看到，大学生年轻、思维活跃，最容易开展创新活动，以大学生作为切入点，进而鼓励影响高校的创新创业的思路是行之有效的。基金会应及时总结这些方面的做法和成果，有关方面也要积极推广、示范，为我国的高等教育改革和教育事业的发展、科技创新和科技成果转化等方面不断提供新的思路和借鉴。

许嘉璐指出，在现有的社会环境下，基金会在推动创业软环境建设存在着不小的压力，是在“石头缝”中发掘创业“新芽”。他勉励基金会在做好点上的工作的同时，进而影响创新的社会大环境，通过进一步加大宣传、培养大学生的创业意识，逐步唤醒中华民族本身具有的创新精神。许嘉璐希望创业企业能通过努力，积极探索发展之路，在市场环境中磨练自己，不断成长壮大，更好地服务社会贡献社会。

基金会秘书处将大学生创业企业产品——数码油画作为礼品赠予严隽琪、许嘉璐留念。

上海市科委党组书记、副主任、基金会副理事长陈克宏，上海市教委副主任、基金会副理事长王奇，基金会秘书处领导出席会议。上海市人大常委会副秘书长朱言文、民进上海市委会副主委胡卫等陪同考察。

民进中央十二届三次主席会议在上海召开

2008年6月28日，中国民主促进会第十二届中央委员会第三次主席会议在上海召开。民进中央主席严隽琪主持会议。常务副主席罗富和，副主席潘贵玉、王佐书、刘新成、蔡达峰、朱永新、张帆出席会议。民进中央秘书长赵光华、各部门负责人列席会议。

会议学习传达了胡锦涛同志在中共中央、国务院召开的省区市和中央部门主要负责同志会议上的讲话精神；审议通过了中国民主促进会第十二届中央常务委员会第三次会议议程、日程；传达了中央统战部于

6 月 25 日召开的各民主党派中央常务副主席会议精神，部署了相关工作。

会议总结了 2008 年上半年工作，研究了下半年和 2009 年民进主要工作安排。会议认为，2008 年上半年我会工作“无懈无滞，有思有行”。下半年工作要按照全年工作部署，突出重点；要继续按照时代发展的要求，紧紧抓牢中国特色社会主义主题教育活动这一主线，在行动上要巩固和发展成果，在思考上要不断总结深化。要继续发挥民进界别特色，做好抗震救灾有关工作，同时要尽早谋划 2009 年的主要工作。会议指出，全会要适应形势发展需要，不断加强领导班子自身建设。要在领导工作中增强大局意识、忧患意识、创新意识；在班子内提倡群众观念、集体观念和民主观念。努力做到政治坚定、团结和谐、务实进取、作风民主。会议还就机关建设、组织工作、参政议政工作、社会服务工作等进行了讨论。

会议交流了换届以来主席、副主席的工作体会和下基层情况。大家深感责任重大，压力与信心并存。大家认为，换届以来，全会以中国特色社会主义主题教育活动为主线，加强领导班子建设，取得了明显成效。领导干部坚持下基层，既能深入了解全会工作情况，又能增进与会员间的感情，增强会内凝聚力。大家表示，将继续从会中央做起，从自身做起，加强班子建设，适应形势发展需要。

会议审议了民进中央关于捐赠款物（特殊会费）管理使用的规定（草案）。会议指出，要对规定（草案）进一步修改完善，注重弘扬我会优良传统，体现立会为公，体现民进对国家对人民的责任，并能产生联动效应。会议决定，将修改后的规定（草案）提交民进十二届三次中常会审议。

会议审议通过了民进中央会史工作领导小组工作制度和领导小组组长名单；审议通过了民进中央关于举办已故领导同志诞辰纪念活动实施办法；审议通过了中国民主促进会年鉴编委会名单。

会议听取了关于《中国民主促进会六十年》会史光盘制作发行事宜的通报。

会议还研究了其他事项。

中国民主促进会第十二届中央常务委员会第三次会议在上海召开

2008 年 6 月 29 日，中国民主促进会第十二届中央常务委员会第三次会议在上海召开。全国人大常委会副委员长、民进中央主席严隽琪主持会议并讲话。全国政协副主席、民进中央常务副主席罗富和，民进中央副主席潘贵玉、王佐书、刘新成、蔡达峰、朱永新出席会议。会议以中共十七大精神为指导，学习贯彻胡锦涛同志在中共中央、国务院召开的省区市和中央部门主要负责同志会议上的讲话精神，进一步部署民进抗震救灾工作，交流开展中国特色社会主义主题教育活动和加强领导班子建设经验。

严隽琪在讲话中指出，前不久胡锦涛同志的重要讲话对当前形势作出重要判断，进行总体部署，提出明确要求，是对民进下半年工作的重要指导。地震灾难是对民进的一次严峻考验和特殊教育，民进各级组织和全体会员心忧国家、情系灾区，与中国共产党风雨同舟，踊跃奉献爱心，积极参政议政，更加做好本职工作，集中体现了民进立会为公的优良传统。当前，抗震救灾工作已进入安置受灾群众和恢复重建前期准备阶段，任务艰巨繁重。民进要发挥好自身特点和优势，围绕灾区生产自救和恢复重建，建有用之言，献务实之策，办有益之事，为灾区重建和促进经济又好又快发展作出新的贡献。

严隽琪说，面对当前的形势和任务，民进要无懈无滞、有思有行、顺势而为。要坚定不移地接受中国共产党的领导，走中国特色社会主义道路，顺应时代要求，体现民进特色，加强领导班子和全会的团结，了解国情和会情，把握国际国内两个大局和参政党工作规律，在自身建设和履行职能方面有所作为。

罗富和通报民进中央 2008 年上半年工作情况。他指出，半年来，民进中央认真落实 2008 年会中央工作的总体思路和“无懈无滞、有思有行”的工作要求，把主题教育活动和抗震救灾工作紧密结合起来，带领全会坚定不移地走中国特色社会主义政治发展道路，继承发扬我会的优良传统，进一步巩固了多党合作的思想政治基础，大力加强领导班子的思想建设、制度建设和作风建设，努力探索参政议政和社会服务的机制创新，使我会的各项工作有了一个良好开局。

民进十二届三次中常会29日下午举行专题报告会，严隽琪、罗富和、潘贵玉、王佐书、刘新成、蔡达峰、朱永新出席。会议邀请中央社会主义学院副院长张峰教授作《以中共十七大精神为指导，加强民主党派领导班子建设》专题报告。王佐书主持并讲话。他说，报告从深刻领会中国共产党十七大精神，特别是中国特色社会主义的重大意义、科学发展观的精神实质、社会主义民主政治的战略思想、改革创新精神加强党的建设新思路四个方面，提出民主党派领导班子如何提高政治把握能力、参政议政能力、组织领导能力和合作共事能力，对我会加强领导班子建设提供了很好的启发和借鉴。他希望，各位常委结合报告，进一步深入学习领会中共十七大精神，切实加强领导班子建设，从自身做起，搞好政治交接，努力提高“四种能力”，进一步推动我会高素质参政党建设。

常委会上，民进29个省级组织主委就领导班子建设经验和抗震救灾工作继续进行大会交流。换届以来，民进各省级组织以中国特色社会主义主题教育活动为平台，以纪念中共中央“五一口号”发布60周年为契机，从思想建设、制度建设、作风建设和后备干部队伍建设等方面加强领导班子建设，促进了领导班子“四种能力”的提高，努力开创民进工作新局面，各项工作取得了新成绩。

思想建设是领导班子建设的核心。民进各省级组织以中国特色社会主义主题教育活动为契机，加强领导班子的政治理论学习，提高了领导班子成员的思想政治素质和理论水平。民进上海市委会编写了《政治交接学习教育活动学习资料汇编》，并要求各级领导班子和骨干成员自学时间不少于30小时，撰写不少于3000字的读书报告。民进辽宁省委会编印了20多万字的学习材料，为系统学习提供了辅助。民进河南省委会建立和严格执行集中学习考勤制度、学习体会和读书笔记交流制度、年度中心组学习情况通报制度，切实保证学习时间、人员、内容、效果“四落实”。民进重庆市委会成立理论研究工作委员会，通过开展统战理论研讨，提高班子成员政治理论水平。民进江苏省委会首次采取增加召开一次常委会的形式，把两会精神和两会期间民进大会发言、提案工作情况传达作为常委会议的重要学习内容。民进江西省委会将学习与宣传相结合，开展宣传十七大“三下乡”系列活动。民进广东省委会充分利用广东作为民主革命大本营和改革开放先行区的优势，将学习教育活动与广东改革开放的实践结合起来，开展革命传统和坚持改革开放的教育。

制度建设是领导班子建设的保障。民进各省级组织以贯彻民主集中制为重点，进一步健全并不断完善主委会议制度、常委会议制度、全委会议制度、主委办公会议制度等一系列会议制度、工作制度和议事规则，促进了领导决策的科学化、民主化和工作的制度化、规范化、程序化。民进浙江省委会制定了省委制度建设的总体框架，新建了4个制度，决定在本届省委期间修订和新制订30个规章制度。民进新疆区委会2007年制定出台了11个新制度，进一步完善了议事和决策机制。天津市委会换届以来，市委会的机构设置和职能部门人员的配制，市委会各部门负责人的任免，全国和市两级人大代表、政协委员以及民进中央委员的推荐分别经过常委会或主委办公会议集体研究讨论通过的。

组织建设是领导班子建设的基础。在后备干部队伍的建设上，许多民进省级组织都制定了后备干部队伍建设工作规划。民进山西省委会、天津市委会、内蒙古区委会、辽宁省委会、江西省委会、陕西省委会、宁夏区委会坚持培养与使用相结合的方针，确定重点后备干部人选的标准要求，对后备干部实行省市区委会、市委会、总支、支部四级管理制度。民进湖北省委会收集整理全省教育文化出版等界别的前100名无党派优秀人士名单，制定2008年百名重点发展对象名册。民进福建省委会着力在后备干部建设发展、培养、选拔和推荐四个环节上下工夫，并做到选拔后备干部政治标准和代表性相结合，与组织发展相结合，与培养、锻炼、使用相结合，与中共党委和政府的后备干部工作规划、步骤相结合。

作风建设是领导班子建设的重点。民进各省级组织采取多种措施促进领导班子内部关系和谐，形成深入实际、求真务实的作风，团结、民主的作风，深入基层、联系会员的作风，廉洁自律、做好表率的作风。民进北京市委会、河北省委会、吉林省委会、黑龙江省委会、山东省委会、云南省委会制定实施领导班子成员下基层试行办法，坚持领导班子成员与各市委的联系分工制度，探索建立民进省（自治区、直辖市）委会基层工作联系点联系制度。民进新疆区委会要求领导班子成员每年投入调研的时间平均不少于30天。民进安徽省委会将全省17个地方组织和省直工委，划分成6个片区，分别成立由省委会主委班子成员任组长，片区内的省委常委任副组长，省委委员任组员的工作小组，代表民进省委会负责指导地方组织的全面工作。

民进河南省委会、湖南省委会、广东省委会、海南省委会、贵州省委会、甘肃省委会建立健全谈心会制度、述职和民主评议制度，重点对省委会主委会及其组成人员进行监督，将述职、考核、评议结合起来，将考核、评议情况作为选拔任用的重要依据。民进广西区委会拟在2008年选择有条件的市级组织进行主委述职评议工作的推广试点工作，在进一步完善述职评议的工作方案之后，将在2009年开展区委会主要领导届中述职评议工作。

各省级组织的经验交流，真实地反映了我会换届以来加强领导班子建设，带动全会自身建设、推进政治交接，提高参政议政、民主监督能力和水平的成果。

7月1日，民进29个省级组织主委就领导班子建设经验和抗震救灾工作继续进行大会交流。当日上午，会议审议并原则通过了《“为了灾区的孩子们”捐赠款物管理使用的规定》（草案），并就民进参政议政工作进行了讨论。

是日，中国民主促进会第十二届中央常务委员会第三次会议在上海闭幕。严隽琪主席作重要讲话。罗富和常务副主席主持会议，并通报了有关人事事项，传达了中共中央统战部有关会议精神。潘贵玉、王佐书、刘新成、蔡达峰、朱永新、张帆副主席出席闭幕会。

严隽琪在讲话中指出，这次中常会进一步学习中共十七大和胡锦涛总书记6·13重要讲话精神，认清形势与任务，回顾工作，总结经验，鼓舞精神，研究部署工作，是一次学习、讨论、交流的会议，也是发扬民主、集中集体智慧的研究工作的会议。

严隽琪指出，改革开放30年来，世界和中国正在进行着广泛而深刻的变化，为改革和发展提出了重大理论问题和实际问题。中国共产党党内民主的推进和对多党合作与政治协商制度的坚持与发展，也给参政党提供了新的发展空间和机遇。我们必须准确把握国内国际两个大局，准确认识经济全球化对中国政治发展的影响，准确认识我国发展的阶段性特征和我国经济社会发展面临的主要问题，始终保持清醒头脑，切实增强在中国共产党的领导下，走中国特色社会主义政治发展道路的自觉性和坚定性。

严隽琪指出，建设适应时代要求的高素质参政党，领导班子建设是关键，要加强大局意识、忧患意识、创新意识，提倡群众观、集体观和民主观；理论建设是灵魂，要研究新时期、新形势下参政党自身建设和全面履行职能的有关理论问题；组织工作是保障，人才建设要有新招，制度建设要有力度，作风建设要有新气象，基层组织要有活力；参政议政能力建设是根本，要充分整合全会资源，注重发挥界别特色，在老阵地上有新作为，在新领域上顺势开拓；社会服务工作要树形象，把社会服务与参政议政紧密结合起来，坚持以智力服务为主，突出工作重点，创新工作机制，真心实意服务社会。

严隽琪指出，下半年工作要进一步深化对时代新要求的认识，继续抓牢主题教育活动这条主线，全面推动各项工作开展，完成年初确定的工作目标。要围绕抗震救灾、举办北京奥运会和纪念改革开放30周年等重大事件，进一步加强自身建设，切实履行参政党职能，为维护社会稳定、促进经济社会又好又快发展、推进和谐社会等方面全力做好工作。

民进中央常委30余人出席会议。民进中央各部门负责人、民进部分省级组织负责人列席会议。

刘新成视察民进内蒙古区委会并讲话

2008年7月3日至6日，民进中央副主席、北京市人大常委会副主任、首都师范大学校长刘新成，应邀赴内蒙古考察讲学。期间，刘新成视察民进内蒙古自治区委员会以及各处室办公室，与中共内蒙古自治区委统战部、民进内蒙古区委会领导班子以及区委干部亲切座谈。

民进内蒙古区委会主委郑福田汇报工作情况。中共内蒙古区委统战部副部长施文学向民进中央对民进内蒙古区委工作的重视和支持表示感谢，对民进内蒙古区委会近年来在组织建设、参政议政、机关建设等方面取得的成绩表示充分肯定。民进内蒙古区委会成立于1985年6月29日，现有会员1055人，高中级职称占86%，现有4个市级委员会、64个基层组织。会员中，各级人大代表20人，各级政协委员115人，担任政府县处级以上实职5人。

刘新成代表民进中央向中共内蒙古区委统战部对内蒙古民进工作多年的关心和支持表示感谢，转达了民进中央对内蒙古民进领导班子、机关干部及全体会员的问候。

刘新成指出，目前民进成员主要在教育界别，成分单一在某种程度上会限制参政议政作用的发挥和实职的安排。组织发展界别上也要“巩固老阵地，开拓新领域”，发展多界别会员，扩大民进参政议政领域；同时，要保持住民进的界别特色，避免“趋同”。其次，组织发展要抓数量，也要注重质量，做足“30%”的文章，特别是针对新阶层，既要积极发展，又要谨慎，量力而行，掌握好“度”。再次，根据最新精神，各民主党派发展界别有所调整，要敏感于社会上出现的新领域，主动发展。

刘新成指出，民进内蒙古区委会领导班子团结，会员素质高，机关形象好，人数不多，但社会影响不小，贡献也不小，人气旺，士气旺。他勉励民进内蒙古区委会不辜负会中央、区委统战部的期望，狠抓自身建设，为京津冀蒙晋区域的协调发展提出更多意见和建议，在“三北”（东北、西北、华北）社会服务等横向联系工作中发挥更多作用，同时，在文化建设方面能弘扬草原特色，创新发展模式。

中共内蒙古区委统战部党派处处长曹洪利，民进内蒙古区委会专职副主委兼秘书长邢洁晨等出席座谈会。

刘新成在内蒙古出席了内蒙古大学历史与旅游文化学院成立庆典系列活动，为内蒙古大学师生作有关全球史观的学术报告。刘新成的报告，从宏观史学的角度讲述了全球史研究的基本状况。全球史研究是20世纪下半叶在美国兴起的一个史学流派，目前在西方乃至世界正在产生越来越大的影响。刘新成长期从事世界古代史、世界史的教学和研究，是教育部历史教学指导委员会委员、国家社科基金世界史学科评审委员和中国英国史研究会副会长，其主要学术研究成果是英国中世纪议会史、西欧中世纪社会史等，同时也特别关注全球史的研究领域。

严隽琪、蔡达峰出席上海市慈善基金会“人文关怀阳光基金”成立仪式暨赈灾义演义卖活动

2008年7月5日下午，上海市慈善基金会“人文关怀阳光基金”成立仪式暨赈灾义演义卖活动在上海市教科院民办教育研究所报告厅举行。全国人大常委会副委员长、民进中央主席严隽琪，民进中央副主席、上海市人大常委会副主任、民进上海市委会主委蔡达峰出席并讲话。严隽琪和上海市慈善基金会理事

长陈铁迪为基金成立揭牌。中共上海市委统战部副部长周箴，民进上海市委会副主委、上海市作家协会副主席赵丽宏，民进市委会副主委吴毅、黄震、陈振楼、陈强努，民进市委会原专职副主委王慧敏，上海市慈善基金会副理事长袁采等出席。民进市委会副主委、上海民办中小学协会会长胡卫代表“人文关怀阳光基金”筹备委员会介绍基金的筹备情况。

上海市慈善基金会“人文关怀阳光基金”是由上海市慈善基金会、上海市作家协会、上海市民办中小学协会和上海市民进企业家联谊会联合发起设立，隶属于上海市慈善基金会“共享阳光基金”。作为教育扶贫、文化帮困的专项基金，人文关怀阳光基金将致力于协助相关部门做好四川汶川大地震灾区的重建及灾后基础教育的恢复和发展工作，提高对贫困地区儿童帮困与助学的人文关怀扶助力度，进一步落实进城务工人员子女的教育权利，促进其在城市化进程中的文化适应和身心健康发展，发展上海慈善公益事业。

严隽琪在讲话中指出，慈善事业是崇高的事业，可以净化人的心灵，面对的是民生的需要，增强了社会的凝聚力。特别是这次汶川特大地震灾害以来，全国人民努力同心，守望相助，爱心涌动，这是中华民族的优秀传统在现代的延续，也是“一方有难八方支援”社会主义制度优越性的集中体现。这次抗震救灾充分体现了社会主义的优越性。民进 29 个省级组织、11 万会员在这次抗震救灾中也行动起来，一方面踊跃地捐款捐物，一方面积极地参政议政，为抗震救灾、灾后重建建言献策，同时努力做好本职工作。阳光基金的成立，为奉献爱心多搭设了一个有效平台。她坚信，只要人人向地震灾区奉献一份爱心，灾区的明天就一定会更加美好。

蔡达峰在讲话中说，“人文关怀阳光基金”的成立，能够集合上海民办中小学协会、上海作家协会和上海民进企业家联谊会的资源优势，把对灾区教育的支援工作、上海青少年儿童中的弱势群体尤其是外来务工人员的子女教育环境的改善工作向纵深展开，从而为构建和谐社会奉献一己之力。

“人文关怀阳光基金”成立仪式上还进行了义演义卖活动。赵丽宏创作的一首《阳光属于每一个人》深深地打动了每一个人的心。著名男中音歌唱家张峰、著名沪剧演员陈瑜、著名女高音歌唱家陈小群、著名越剧演员方亚芬等上海民进成员中的表演艺术家给大家带来了精彩纷呈的义演节目，共同表达了对灾区孩子的一片真情。

上海市作家协会主席王安忆和孙颙、赵长天、叶辛等十位知名作家捐献出自己的优秀作品丛书共 30 套，赵长天还当场捐出其珍藏的巴金签名孤本《巴金随想录》，上海著名的书画家周慧珺、张森、俞晓夫、管齐骏等也纷纷捐出自己的书画作品和书画藏品，积极参加现场义卖活动。上海民进企业家联谊会成员、民办中小学协会所属各校园的校长、园长、教师和部分家长代表都纷纷加入到爱心奉献的行列之中。上海市慈善基金会向所有参加义卖活动的爱心人士颁发了荣誉证书。人文关怀阳光基金成立仪式暨赈灾义卖活动共募得善款近人民币 300 万元。

部分捐献作品的作家、书画家、上海民进企业家联谊会成员，教师及学生家长代表近 400 人参加了成立仪式和捐赠活动。

历史见证：民进没有缺席

——中国民主促进会抗震救灾纪实

2008 年 5 月 12 日 14 时 28 分，在北纬 31 度，东经 103.4 度发生的 8.0 级强烈地震，虽然只有短短 80 秒，但山崩地陷的惨烈场面，注定这一刻就是国殇。也就是从这一刻开始，凝聚的生命大救援可谓气壮山河，铸造的中国速度不得不让世人叹服；也就是从这一刻开始，让我们见证了中国力量的巨大潜力，体悟了中国精神的厚重博大！也就是从这一刻开始，中国民主促进会从中央到地方全力以赴、紧急行动，会员和机关干部积极参与到了或挽救生命于废墟、或救助灾民于饥寒、或抚慰学子于帐篷、或坚守职责于岗位的大军中，其力虽薄，其心确诚，其志更嘉，不仅传递了心手相连、共克时艰的手足情谊，也谱写了与党同心、为国分忧的壮丽诗篇！

民进中央：快速反映　全力以赴

全国人大常委会副委员长、民进中央主席严隽琪，全国政协副主席、民进中央常务副主席罗富和，在特大地震发生后，立即致电民进中央相关部门，全面部署抗震救灾的各项工作，并打电话给民进四川省委会以及民进成都、德阳等市委会，询问灾情，表示慰问。

5月12日晚，罗富和致电正在重庆出差的宣传部负责人，要求连夜起草民进中央向地震灾区民进四川省委会的慰问信，迅速号召民进各级组织和广大会员紧急行动起来，协助做好抗震救灾工作。

5月13日上午，民进中央在向四川省委会发出关于抗震救灾的慰问信的同时，机关举行了支援灾区爱心捐款活动，仅一个上午就募捐20450元，半月之后机关全体工作人员再度捐款5.4万元。

5月14日，民进中央向民进各省、自治区、直辖市委员会发出《关于积极支援四川省抗震救灾工作的通知》。同日，民进中央网站“抗震救灾，民进在行动”专题开通，截至6月27日，专题的9个栏目共登反映民进各级组织和会员参加抗震救灾情况的各类报道1256篇。

5月15日上午，严隽琪致电民进成都市委会主委、成都市人民政府副市长傅勇林，向成都市受灾群众和奋战在抗震救灾第一线的全体人员表示亲切的慰问，并表示民进中央将组织和动员一切力量全力援助和支援成都抗震救灾及灾后重建工作。

5月19日，民进中央在京召开抗震救灾工作专题会议，分析当前抗震救灾的形势，研究部署全会下一步的工作。严隽琪主持会议并作重要讲话；同日向各省级组织发出关于举行“民进抗震救灾书画义卖会”的通知。

5月21日，民进中央副主席冯骥才通过中新网发表文章，呼吁建立“汶川地震博物馆”。

5月22日，民进中央再次下发《关于进一步动员全会力量做好抗震救灾工作的通知》。

5月23日下午，罗富和再次召集民进中央各部门负责同志，就目前民进抗震救灾工作进行了研究和部署。

5月24日，受民进中央委托，新教育研究院团队第一拨队伍一行6人前往绵阳，开始为北川小学生复学进行协助工作。

5月26日上午，罗富和在民进中央主持召开会议，布置和落实“书画义卖捐赠活动”相关事宜。民进中央副主席朱永新和部分民进中央部门负责人参加会议。

5月29日下午，严隽琪带着民进中央的牵挂和民进全会的关爱飞赴四川。同日，罗富和出席民进广东省委会为地震灾区重建校园捐款启动仪式。

5月30日，各民主党派、工商联抗震救灾座谈会在成都召开，严隽琪代表民进中央就对口支援和灾区重建规划提出重要建议。

5月31日下午，民进中央副主席冯骥才、朱永新，民进中央联络委员会副主任张孝林做客新浪网，结合“为了灾区的孩子们——中国民主促进会抗震救灾书画义卖捐赠活动”，谈灾区的教育和灾区重建。

6月1日上午，民进中央抗震救灾书画义卖捐赠活动在京举行，新老领导严隽琪、罗富和、许嘉璐、张怀西、冯骥才、王佐书、刘新成、朱永新、王立平，中共中央统战部有关同志，正在北京接受治疗的灾区孩子代表，民进书画界、企业界会员代表，民进中央各部门、各专门委员会负责人，民进各省级组织和开明出版社的负责同志，共200余人出席活动。活动从创意到正式举行不到十天，民进中央收到783幅作品，两个小时的活动共募得善款429万余元。

6月1日下午，由中国民主促进会中央委员会、中国民间文艺家协会、中华文化学院联合召开的“紧急保护羌族文化遗产座谈会”在京举行。严隽琪出席并讲话，提出建议。冯骥才、朱永新出席。

6月3日，广元市举办“众志成城　重建家园——挺起不屈的脊梁”专题大型晚会，民进中央委托民进四川省委会在晚会现场踊跃捐款人民币220万元。

6月5日，严隽琪在《人民日报》发表文章《按高标准建设边远贫困地区学校》，提出灾后教育重建建议。

6月15日，民进中央中国特色社会主义主题教育活动经验交流会在京举行。会议期间特意安排了“为了灾区的孩子们”民进各省级组织捐款仪式；民进中央宣传部部长宣读与会全体同志致奋战在四川、甘肃、陕西、重庆等灾区一线民进组织和广大会员的慰问信。与此同时，来自民进各级组织的慰问信（电）纷至沓来。

7月4日，在政协十一届全国委员会常务委员会第二次会议上，张帆副主席代表民进中央作《总结抗震救灾经验　完善“教育系统突发公共事件应急预案”》的大会发言，建议教育部门和建设部门要联合开展学校建筑标准修订工作，并要建立学校建筑年检制度。

民进会员：真情救助　爱心如炬

全国人大原副委员长、民进中央原主席许嘉璐5月12日晚就与民进中央领导们商议，号召全会捐款支援灾区，并给四川省委会发慰问电，鼓励他们抗震救灾，重建家园。次日上午，他拿出1500元送到民进中央；“六一”义卖捐赠活动时再次捐出2万元。

全国政协原副主席、民进中央原第一副主席张怀西5月13日上午委托民进中央工作人员代他向地震灾区捐款1000元；5月19日下午，他到机关参加“向汶川大地震遇难同胞致哀”活动，再次向灾区捐款1万元。

民进中央副主席冯骥才在得知四川省发生重大地震灾害之后，在国外即刻通过工作人员致电民进中央，询问民进四川地方组织受损情况和在川广大会员是否有伤亡，并通过国家有关部门，向地震重灾区——四川绵竹地区捐款10万元人民币；回国后又捐出1万元；“六一”义卖捐赠活动时再一次捐出力作——一幅价值30万元的《万壑奔流》图；针对地震中文化传人大量遇难，6月17日，冯骥才与朱永新率领专家入川抢救羌文化，两天后，“紧急保护羌文化遗产工作基地”在西南民族大学成立。

民进中央原副主席王立平大地震时正在外地参加活动，立即捐出了身上携带的2000元现金；“六一”义卖捐赠活动时再次捐款2万元，并以他自己作词曲的《大海啊　故乡》为题材，精心创作了两幅书法作品，参加义卖。

民进中央副主席潘贵玉专电民进四川省委会原主委苟建丽，拜托她帮助自己的儿子联系六一前夕献爱心的学校；民进中央副主席贺旻第一次捐款1000元，后又交了特别会费7000元。

沈阳恒光集团董事长、省政协委员、民进会员张永财在地震发生后通过多种渠道向灾区累计捐款已达902万元；民进中央联络委员会副主任、西安华海医疗信息技术公司董事长张孝林特别捐出价值100.4万元的进口原装急救监护仪器；开明出版社捐献了价值37万元的《形音义小学生字典》和图书；民进中央各专门委员会委员自发捐款40万元。

民进上海市委会副主委赵丽宏只用了9天时间，就主编了《惊天地　泣鬼神——汶川大地震诗钞》一书。并表示出版后一半赠送给四川灾区，另一半上市销售，销售所得也将全部捐献给灾区人民。

民进武汉市委会秘书长张忠华一行历时三天三夜，驱车三千余里，将价值16万元的1700套精心制作的校服送到了成都彭州敖平小学学生手中。

民进会员、华耐建材有限公司总经理贾锋，5月15日就主动与民进四川省委会秘书长张宏联系，随后将在公司组织募捐筹得的30万元善款直接寄与民进四川省委会。

据不完全统计，截至6月23日上午10点，全国民进各级组织、民进会员及会员所办企业、学校等共捐款物计人民币112432506元。其中，民进江苏省委会的70万元、重庆市委会的5万元、广东省委会的

14550元、安徽省委会的12000元、浙江宁波市经济支部的16200元和湖州市德清县总支的15300元、内蒙直属总支的500元，直接寄与民进四川省委会。

四川民进：应急及时　履职到位

一个多月来，民进四川省委会在主委张雨东领导下，积极发挥参政党地方组织的作用，有序组织抗震救灾工作。4个处于重灾区的民进市委会有效组织和动员会员参加抗震救灾战斗，其他未处重灾区的6个市级组织以及直属支部，在领导、引导会员以实际行动支援灾区人民度过眼前难关以及今后灾区重建方面出了不少实力，献了不少实招。

发出紧急通知、慰问信和感谢信。5月13日上午，民进四川省委会即向全川各级民进组织及会员发出紧急通知。《通知》要求各基层组织及全体会员紧急行动起来，积极投入抗震救灾工作。在当地中共党委、政府的统一安排和部署下，以多种形式向灾区伸援手、送温暖、献爱心，以实际行动为受灾群众解困、为国家分忧。同时，也要求各市级组织及时宣传本地民进会员在积极参加抗震救灾活动中涌现出的感人事迹。

民进四川省委会5月26日向战斗在抗震救灾前沿的民进成都、绵阳、德阳、广元市委会发出慰问信，向投身抗震救灾战斗的民进组织和会员、机关干部表达了最亲切的慰问和最崇高的敬意。同日，针对大地震发生以来，民进中央及各兄弟省市组织给予四川民进各级组织和会员精神上的莫大鼓励和物资上的无私援助，民进四川省委拟定感谢信，表达了对“天下民进一家人”的血肉情谊的切身体会。

成立相应机构并发挥积极作用。5月14日上午，民进四川省委会从抗震救灾工作的实际出发，成立了联络工作组、爱心救助工作组、宣传报道工作组等3个临时工作机构。一个多月来，3个组在驻会领导的协调下，自觉克服困难，出色完成工作任务。

联络工作组做到了主动与各级民进组织保持联系，在高度关注处于受灾严重地区市委会、基层组织和会员情况的同时，作好相关统计工作，为省委会合理安排救援物资提供参考。

爱心救助活动工作组注意对会内外、省内外、组织与个人，以及各种方式、各种途径的献爱心、捐助、救援活动进行有效协调、引导、登记，做到了有序、务实、统计全面。据不完全统计，截止6月25日，全省各级组织募集各类救灾物品折合人民币1493.23万元，其中，民进四川省委会募集765.5万元；收到“特别会费”321363.4元。

宣传报道工作小组在加强与各市级组织驻会领导联系的同时，注重发挥两级专职干部和特约通讯员的作用，注意处理好报道领导受命一线抗灾的作为与普通会员自觉出力的感人事迹、报道动态与深挖素材、报道组织作用发挥与反映作用体现等关系。5月13日在四川民进网站开辟“众志成城，抗震救灾”专题，截至6月24日，网站已登载抗震救灾各类稿件725篇。此外，民进中央网站登载反映四川民进各级组织和会员积极投身抗震救灾的各类稿件达195篇；人民政协报、团结报、民主、四川政协报、四川统一战线等登载反映四川民进各级组织和会员积极参加抗震救灾斗争的稿件18篇。

从5月16日开始，张雨东主委带领班子成员分赴成、德、绵、广重灾区，把全国民进各级组织和会员募集的各类抗灾物品、医疗器械及时送到灾区，并慰问战斗在一线的民进会员和机关干部。

民进成都市委会组织机关干部和部分会员，先后奔赴都江堰3次、彭州9次、青川2次、绵阳2次，奔赴德阳、安县、绵竹、什邡等重灾区各1次，冒着生命危险，前后行程逾10000公里，将10多名来自北京、南京的志愿者和电视台记者、广东和香港捐赠者，以及香港特区政府捐赠的3300条棉被、药品、帐篷、彩条布、1700套校服等送往上述灾区。

基层民进：真情救灾　义无返顾

这次四川民进的10个市级组织中，有4个市级组织地处重灾区，4名主委中，傅勇林、赵爱武、赵晓平3人分别担任了成都、广元、德阳市抗震救灾指挥部成员；李京平先后担任指挥部下属的维稳领导小组副联组长、北川擂鼓第二安置点指挥长。省委会领导班子成员中，3名担任政府实职的王康（教育厅副厅长）、傅勇林（成都市副市长）、赵爱武（广元市副市长）始终战斗在抗震救灾斗争的最前线。民进各级组织在驻会领导的协调下，以多种形式参加抗震救灾斗争。

直接参加抗震救灾。地处重灾区的4个市级组织以及所属基层组织，动员会员服从当地党委和政府的统一部署，积极参加抗震救灾和互救、自救行动。抗震救灾全面展开后，4个民进市委的领导和部分会员作为政府救灾力量的成员一直战斗在抗灾一线外，还有相当多的会员自发参与到抗灾战斗中。

民进四川省委会副主委、教育厅副厅长王康，地震当晚奉命前往什邡、绵竹，并到地处汉旺镇的东汽中学现场，紧急协调抢救埋在废墟下的师生。

民进四川省委会副主委、成都市委会主委、成都市人民政府副市长傅勇林，在地震发生1个小时后就赶赴地震极重灾区都江堰市。得知温家宝总理要赶往汶川查看灾情，傅勇林奉命陪同四川省委书记刘奇葆前往。当越野车行至白沙乡附近时，由于沿途四周山体崩塌和路况全线瘫痪，道路不通，只能返回。从13日凌晨2点开始，一直坚守120急救指挥中心，在前三天的70多个小时里，只休息了五六个小时，以后平均每天也只休息三四个小时。《团结报》以《成都副市长的一天》，对他作了特别报道。

民进四川省委会副主委、广元市委会主委、广元市人民政府副市长赵爱武，在地震发生后，接受的第一项任务就是代表市委、市政府马上发表广播讲话，随即投入了指挥医院医疗救治和学校师生安全的战斗，之后又承担了医疗卫生救援等工作。5月14日，她果断决定医疗卫生救援指挥部前移青川，27日在请示上级同意后，又作出了全市除高三学生复课外，其余全部推迟至8月1日的决定。当大家对她的镇定、果断决策表达敬意时，她总是以“我个人的作用是微小的，大家的力量才是巨大的”作为回应。

德阳市政协副主席、民进德阳市委会主委、德阳市公积金管理中心主任赵晓平，在地震发生后，立即组织干部职工抢救重要档案，研究有关公积金信贷的应急对策，发出调查业务损失通知，并出台灾后重建期间使用公共维修基金的暂行规定、灾后办理住房公积金个人贷款办法等一系列政策性文件，为此，《团结报》以《给群众一颗定心丸》为题，作专门报道。

民进绵阳市委会主委、绵阳市司法局副局长李京平，先后两次奉命负责灾民救助点建设，由于科学有序的组织管理，使数以千计的灾民得以安身、安心，最大限度地发挥了救助点接待、收留、安抚、转送灾民的功能和作用。他服务的绵阳市受灾群众擂鼓第二集中安置点赢得广大灾民群众的高度评价，先后被中央电视台、四川、山东、江苏等电视台和新华社、人民日报、人民网、英国路透社采访。

民进德阳市委会副主委、德阳市政协副秘书长张清良，无论是前往土门镇负责督导工作，还是转战红白镇承担维稳重任，均克服诸多难以想象的困难，出色完成工作，受到上级的充分肯定和许多媒体的关注。

民进绵阳市委会副主委、涪城区政协副主席周先忧，先后担任南河救助站副总指挥兼环境整治组组长、涪城区唐家山堰塞湖撤离疏散指挥部副指挥长和物质保障组副指挥长，有序安置几万灾民。其中，南河救助站的工作，受到中共中央总书记胡锦涛的高度赞扬。

民进广元市委会副主委刘孝琼，地震时正在中央社会主义学院学习，她在注意与市委会保持密切联系、收集灾情的同时，向民进四川省委会和民进中央及时反映，争取上级组织对广元灾区的支持。返回广元后，迅速组织宣传组和调研组，报道会员在抗震救灾中的感人事迹，收集广元市灾后教育损失情况、就教育重建以及民进中央教育援助计划做好选址工作。

青川县人大常委会副主任罗超盛，地震发生时正住院治病，但他立即停止治疗回到青川，先后担任城建电力抢险组和居民区安置建设组副组长、乔庄片区副指挥长重任。在没有交通工具的情况下，自己或租车或徒步到各乡、镇查实灾情，了解灾民物资供给、临时过渡房安置等情况。每天超负荷工作，曾创造了6天未脱过一次鞋的记录。

省人大代表、民进四川省委会科技工作委员会副主任、四川大学水力学与山区河流开发保护国家重点实验室主任许唯临，临危受命担任唐家山堰塞湖抢险技术咨询，经过与有关专家和包括武警官兵等全体抢险人员数日辛勤的努力和连续奋战，终于圆满完成任务。

内江市第二人民医院骨科主任余华伟，于13日凌晨就向所在医院提出参加抗震救灾医疗队，前往极重灾区德阳，在短短7天时间，做了48台手术。

真情援助灾区和灾民。5月16日，张雨东主委在自己担任所长的中科院光电所发募捐助活动。短短几分钟，捐款总额就突破30万元。随后，光电所和全所职工向广元重灾区定向捐助100万元。

民进会员朱义领导的四川百利药业（集团）公司参与抗震救灾，在组织全体员工募捐7.5万元现金的同时，还向德阳、什邡、绵竹等重灾区红十字会捐赠了价值633万元的灾区急需药品。

绵阳民进西山路小学支部主任杜明泉，5月14日下午亲驾私家车，从任家坪四次向永安、永兴转运伤员共21人。15日又冲进北川老县城，用双手在废墟中救人，并于当日下午3时救出一名中年妇女。绵阳民进文艺总支副主任邹绍华，是第一批赶到北川的自愿者，他连续从现场背出15名伤员。

民进德阳市委会干部江淑一了解到救灾物资没有考虑穆斯林信众的饮食习惯，她发挥个人优势，联络朋友，为灾区穆斯林信众争取特殊救灾帮助。同为德阳市委会干部的云沃田，在什邡、绵竹的灾民送到德阳之后，她和会员李高不仅为受灾群众送去了饮用水、食品、衣物等救灾物资，还尽自己的能力为9名素不相识的受灾群众提供食宿。

民进会员谢嘉琼提前结束在美国探望儿子的假期，赶回成都，当天即到川大为灾区捐款1200元。5月27日，她赶到都江堰，向四川省水利职业技术学院捐款10万元，设立受灾贫困学生助学金。

在企业自身受损惨重的情况下，绵阳民进会员刘莉、杜碧海、邓志元先后分别捐款物100万元、42万元和18万元；成都会员徐家彬为当地灾民购买了3000多元食品、水和1吨大米、100公斤食用油。

民进会员、四川安盛企业集团董事长雍波个人及旗下企业，捐赠物资价值60余万元，分三批次将灾区急需的帐篷、饮用水等生活、居住用品，送往德阳什邡、绵竹等地。

民进四川省委委员、四川先锋汽车销售公司董事长费永刚在汶川大地震之后，即以特别会费的形式个人捐款20万元人民币，同时，费永刚组织旗下企业捐献价值10余万元的物资送往灾区，并着手为蒲江县重建一座价值10万元的水塔。

民进会员、新都总支副主任卿山友于5月20日，带领志愿者前往彭州重灾区小鱼洞、龙门山等镇，开展动物防疫工作，掩埋动物尸体，对环境进行消毒。

全国政协委员、民进四川省委常委、省律协副会长施杰，除了个人捐款捐物，发动所在事务所律师奉献爱心外，还把在各个组织中的“职务”作为对社会承担的“职责”，在政协、民进、律协、青联、法学会等组织中都发挥了积极的作用。

民进会员、华耐集团四川分公司总经理郝玉海，先后向都江堰、什邡、广元等重灾区捐献价值3万元的矿泉水、食物、帐篷等物质。

民进会员谭旸个人捐款累计3000元，并组织越野车队到绵竹、增道、金花送发面包1万个，矿泉水30箱，医药用品30件、医药口罩1万2千个、大米4000斤、调料榨菜30箱等累计约4万余元的物品。

民进会员冯庆个人捐款2万元、献血400毫升，并组织公司人员到北川协助抬伤员和遇难者，还将400件矿泉水、5000个面包送到都江堰、青川、北川灾民手中。

民进会员刘艳组织四川大学公共管理学院的30余名心理学、社会学硕士，先后到四川省人民医院，对受灾群众进行灾后心理干预。截至5月27日他们已进行灾后心理干预培训8次，培训人员近千人。张玉玲坚信，一个肩膀，一次抚摸，一次倾听可以改变人生。

民进四川省委会5月19日启动“特别会费”行动。当日，老领导苟建丽到机关参加致哀活动后即交出1000元，机关18名干部也自觉参加该活动，当天机关共收到“特别会费”1.7万元。此后，彭英文、费永刚、戴雯、龙照泉、李晋、樊斌、余晓葵、李星炜、张雨东、杨国辉、刘凌莉、宋成均等都在多渠道捐助之外，又向省、市委会交了大额“特别会费”。截至7月2日，省委会收到“特别会费”321363.4

元。其中，民进遂宁中专校40023.4元，民进遂宁市委会22850元，南充市委会18890元，攀枝花市委会13730元，乐山市委会12640元，广元市委会10550元，内江市委会7080元，民进巴中支部3500元，资阳支部3200元，广安支部1600元。

坚守工作岗位。5月12日晚，因公在外出差的张雨东主委连夜赶回成都。13日清晨，他主持召开光电所全所干部抗震救灾动员会，分析面临的抗震救灾形势，提出紧急自救方案，应对震后可能出现的各种问题。15日光电所开始恢复科研生产。

地震重灾区的民进广元、绵阳、德阳三个市委会的干部在岗的只有5名同志，承担着抢险应急分队以及驻村蹲点的任务，晚上还要克服困难，通过电话或手机信息等渠道向民进四川省委会传递抗震救灾信息、报送稿件。此外，他们还注意组织会内宣传骨干，通过座谈、走访、采访等多种形式，收集素材，为保证报刊有文、电台有声、电视有影立下了汗马功劳。5·12汶川大地震发生后，四川省五位民进会员艺术家张莉、孙贤储、秦渊、周维民、白真诚不约而同选择演唱和创作抗震歌曲的方式表达他们的情感，为抗震救灾提供精神支柱。民进四川省委会副主委、绵阳市政协副主席吴因易策划主创的电视连续剧《生命无价》，已由广电总局批准立项；5月17日，民进会员、著名作家郭同旭受中国电影集团之邀，与何茂林飞往北京，参加大型电视连续剧《从汶川176小时》的剧本创作。民进会员王华民，废寝忘食二十多个日日夜夜，以彩色毛线编织的形式，再现了被网民热议为“最柔情的微笑”珍贵新闻图片的独特魅力。

切实关注会员情绪和关心会员生活。四川省委会机关联络组在成立之后，积极联系各市委会，及时了解会员受灾情况；各市委会也对会员受灾情况进行了排查。地震发生的当日下午，成都市委会机关就开始通过发信息的方式，向各基层组织和会员了解情况，前后一共发出信息4000多条次。其中，由唐明远副主委草拟的“民进本是一家人，福祸甘苦共担承。地震虽然为害烈，组织为你排忧心。若有困难打电话，机关做你勤务兵。共同携手打硬仗，祝你全家都太平！”短信息，给了会员极大的安慰和温馨。

建有用之言，献务实之策。地震发生以来的一个多月中，民进四川省委会已向民进中央和四川省政协报送了高质量有深度的抗震救灾、恢复生产和灾后重建工作的社情民意信息78条；向四川省政协和中共四川省委统战部报送了工作动态112条；向省委省政府提交了集体提案4份；在各类建言献策会议上提出建议意见25份，这些建议和意见为当地政府科学决策提供了重要参考。

张雨东主委针对全省有300多万户、500多万名急需安置的受灾群众，制造安装数百万套活动板房需耗时数月，且会在日后拆除时产生大量垃圾影响自然环境，提出了“安置四川受灾农民工家庭省外生活”的建议。该建议发表于《人民政协报》和《团结报》的相关栏目。

全国政协委员、民进四川省委会副主委、省高院副院长陈智伦针对灾后民事审判工作出现的新的法律问题和新类型案件问题，着手建立新制度和完善已有制度，加强规范和指导等工作，力求在加强灾后民事审判工作方面，为维护社会稳定提供有力的司法保障。

四川省人大代表、民进省委常委谢元鲁，在地震之后的第五天就向民进四川省委会提交了一份题为《启动灾后公共心理危机公关行动，维护与重塑成都城市形象和品牌》的报告，该篇报告所陈述的许多观点已为决策部门采纳。

……

血与泪伴随、悲与痛交织的岁月，已真实记录了中国民主促进会以人为本的人文情怀、知难而进的履职态度、身先士卒的工作作风、连续作战的拼搏精神！换言之，历史已经见证，作为参政党的中国民主促进会面对这场特大灾害，没有丝毫迟疑，更没有缺席任何一个阶段的战斗！因此，我们在坚信胜利一定属于伟大的中国人民的同时，也可以自豪地说，光荣同样属于中国民主促进会会员！

民进组织和广大会员为抗震救灾倾情奉献

在民进十二届中央常务委员会第三次会议上，我会29个省级组织主委在汇报抗震救灾工作时，介绍了各地民进组织和广大会员为抗震救灾倾情奉献的感人事迹。

在第一时间

特大地震袭来时，正是幼儿园午休的时候。重庆震感强烈，一些房屋、校舍倒塌，幼儿的生命安全受到威胁。民进会员、重庆市聋儿康复中心主任邓小玲在第一时间，镇定地组织教师往返多次，或抱或牵，将69名正在睡午觉的幼童全部迅速转移到安全地带。

灾难突如其来，灾区群众猝不及防，立刻陷入危难和困境之中：抢救伤员需要鲜血——正在北京出差的景德镇民进会员徐桃生听到四川发生8.0级地震的当天就到北京的献血点，为灾区人民献血400毫升；灾区需要大批志愿者——上海民进会员俞利峰自费赶往灾区，冒着生命危险驾车运送20多名受伤群众和30多吨救灾物资；安置灾民需要大批物资——贵州民进新会员高海翔很快组织了一支由30人和16辆车组成的援助队伍，装载着价值76万元的物资赶赴灾区；山西民进会员、仙竹酒业有限公司董事长郝鸿峰火速采购了价值12万元的帐篷连夜运往灾区；江西民进会员、女企业家涂红英把自己准备扩大经营、订购的1000套、价值5万元的新款服装直接从厂家发往灾区；重庆民进会员、浙江大学网新控股集团重庆公司董事长田鹰购买了10万元的救灾物资，带领员工亲赴灾区慰问。

特殊会费

地震灾害发生后，民进中央、29个省级组织和近11万会员通过多种形式和渠道，为灾区人民捐款捐物共计一亿一千二百四十三万余元。其中，缴纳“特殊会费”就是由民进组织发出倡议、广大会员积极参与的一种有效形式。无论是东部经济发达地区，还是西部欠发达地区的民进组织，无论是会的领导干部、机关专职干部，还是企业界会员和其他界别的会员，都踊跃交纳“特殊会费”，向灾区人民献出一片爱心。这里只列举其中几例：

地震发生的当天下午，民进山西省委会原主委秦国栋就给省委会打来电话，表示要通过组织献爱心，次日一早年近九旬的他亲赴机关把2000元特殊会费交给组织，省委会原主委张正明也来到机关捐出了2000元，远在北京的原副主委兰文英打来电话委托缴纳1000元特殊会费。民进湖北省委会主委周洪宇先后五次共捐出4300元；民进绵阳市委会主委李京平在几次捐款后，又一次性缴纳特殊会费1万元。

民进江苏省委会3800名会员缴纳特殊会费161万余元，目前这一行动还在继续；民进贵州省委会40多名会员缴纳特殊会费近5万元，会员古丽出差在外，委托其母到民进贵州省委会缴纳2000元特殊会费；河北民营企业界会员缴纳特殊会费在1万元以上的就有36人，唐山民进会员86岁高龄的张润兰亲自到民进河北省委会缴纳特殊会费500元；江西民进会员、省农机局副局长孙员将3200元交到民进江西省委会，他说：“我拿出一个月工资作为特殊会费捐给灾区的孩子，希望他们早日重返校园”。

国事第一，救灾第一

地震灾害发生后，湖北荆州民进会员、市政协委员徐国清率两个直升机机组飞赴四川汶川地震灾区参加抗震救灾“空中运输”的战斗。今年入春以来徐国清经营的同诚通航公司就在履约农林灭虫，公司所辖四个直升机机组分赴京、豫、鄂、湘各作业区按业务合同开展工作。5·12汶川特大地震发生后，徐国清心系灾区，一方面组织公司向灾区捐款，同时代表公司多次向上级业务部门主管部门请战赴灾区救灾。民航总局和国家林业局下令征调同诚通航公司两个直升机组到地震灾区参加抗震救灾，徐国清马上安排在外地作业的两个机组紧急转场飞赴四川绵阳，并向合同客户说明履约暂停的原因。此次转场会给公司带来百万元以上的经济损失，但徐国清说：国事第一，救灾第一。如果需要，就是把公司的四个直升机机组全调上抗震救灾一线也不会犹豫！

救死扶伤

在这场全民抗震救灾的壮举中，上海、重庆、江西、辽宁、浙江、山西等省市民进组织的医卫界会员，或奔赴灾区一线抢救伤员、开展卫生防疫工作，或坚守本职岗位，救治转来的灾区伤员，谱写了一曲曲救死扶伤的赞歌。

辽宁民进会员马晓英在地震第二天就主动要求到灾区一线参加救援和防疫工作，由于她态度坚决诚恳，被破例批准作为辽宁省卫生监督抗震救灾队伍中唯一的女同志赶赴灾区。当第一批队员返辽时，她又主动申请留下来继续工作，战胜常人难以想象的艰苦和疲劳，在灾区一直工作了 27 天。

民进上饶市委委员、上饶医卫支部主任阎海洋是上饶市皮肤性病防治所副主任医师。地震发生后主动请缨到灾区救灾，5 月 22 日作为江西省医疗卫生队队员赴四川参加抗震救灾。入川后要求到灾情最严重、条件最艰苦的地区工作。在都江堰市，他在废墟与帐篷之间忙碌穿梭，克服蚊虫叮咬、水土不服、余震困扰、食物短缺等重重困难，冒着生命危险救死扶伤、防病治病。每天像陀螺一样忙个不停，平均每天接诊四五十人，最多时一天接诊一百多人次。他忘我工作得到了灾区干部群众的充分肯定与高度赞扬。6 月 5 日在灾区考察的国家卫生部部长陈竺亲切接见了他，对他的工作给予高度评价。省直支部会员、省卫生防疫站副主任医师周炳华，顾不上家中就要参加高考的孩子，按时随队前往四川灾区开展卫生防疫工作。在炎热的天气里每天身穿厚实的防护服，走进灾后严重污染的现场，消毒、杀虫、灭菌，进行流行病调查，不留下一个防疫死角。

汶川特大地震发生后，四川内江市第二人民医院骨科主任、民进会员余华伟于 13 日凌晨赶到德阳，7 天之内做了 48 台手术。他说："国家从废墟中刨出每一个幸存者都要付出巨大的代价，我不全心全意抢救，对不起国家，对不起伤员。"面对前来换班的同事，他只说了一句话："我不能走，这里需要骨科医生。"

重庆医学院第一附属医院转来一名来自北川中学患有气性坏疽的伤员。气性坏疽是一种严重的创伤并发症，具有强烈的传染性，通常需要截肢。重医附一院骨科副主任、民进会员黄伟与骨科副教授余学东，甘冒被传染的危险，果断、细心地为这名伤员做了清创手术，全力进行抗感染、抗坏死治疗，最终保住了这名学生的肢体。

民进山西省委会主委、山西大学第二附属医院副院长卫小春一方面带领全省民进组织和广大会员投入抗震救灾斗争，一方面发挥自己骨科专业优势，收治了山西第一位灾区病人，为多名灾区患者实施手术，以其精湛的医术为伤员解除了痛苦，赢得了康复。山西卫视新闻联播和山西日报的头版对此都作了报道。

科技赈灾

民进会员、中国地质大学（武汉）国土资源信息所所长吴冲龙教授参加学校组织的科技赈灾专家组，于 5 月 26 日至 6 月 12 日奔赴灾区，现场勘查灾区地质状况，为灾区预防次生灾害、做好灾后重建与城镇选址等工作提供帮助。吴冲龙教授曾被评为全国优秀教师，国家有突出贡献的中青年专家，湖北省突出贡献的专家。上世纪 70 年代曾在龙山门地区工作，对包括汶川、北川在内的龙山门地震强震带的强震活动长期关注。在四川科技赈灾期间，吴冲龙教授发挥专业优势，发扬特别能吃苦、特别能战斗的优良传统，不畏艰险，积极建言献策。他在地震灾区的工作得到国土资源部、四川省地震局、四川省国土资源厅和各级地方政府的充分肯定和一致好评。学校对吴冲龙等11位科技赈灾专家组成员予以表彰。

民进有80%的会员在中小学教师岗位，民进武汉市委结合目前正在开展的防震救灾工作，与湖北省武昌实验中学联合举办《汶川地震及地震救灾》科普专题报告会，率先让他们了解地震发生后自救和互救，以及如何把人员伤亡程度降到最低程度。

一线审计

李莉是甘肃省审计厅经贸处一名年轻的审计干部，去年8月加入民进。在这次汶川特大地震中，甘肃陇南灾情最严重，全国各地援助的资金和物资源源不断地拨付和运到灾区。国家审计署很快下达了跟踪审计的意见，要求资金和物资到哪里，审计就到哪里。

李莉的爱人在深圳工作，她要照顾正在上小学的孩子，还有刚刚做了股骨头手术、不能下地的父亲。灾情发生时，她刚从一家大型企业完成三个月的审计任务归来，立刻报名参加了工作组，赴陇南的武都、康县开展审计工作。从6月1日到15日，她随工作组翻山越岭、展转各地，根据从省、市、县得到的数字，逐一审核乡和村二级救灾资金和物资的去向。陇南灾区最近的地方距汶川只有9公里，沿途山体滑坡，不断有滚石落下，山高沟深，有时连汽车也爬不上去，她就坚持爬到山顶，到每一户老乡家里查看救灾款物，特别是“三无”、“三孤”人员的生活补助、遇难同胞的抚恤金的落实情况。白天她走村入户采集数据，晚上开会沟通情况、反映问题，夜里12点以前填写报表，由于资金物资的数字是动态的，工作量很大，经常忙到凌晨一两点、甚至两三点才合眼。她从来不在老乡家吃饭，午饭都是随便凑合一顿，回到驻地七八点、八九点才吃晚饭。每到一地，她都要宣传党和政府的政策规定，耐心做群众的思想工作，及时化解矛盾和纠纷，指出在分配、保管和公示等方面存在的问题。她说：“我的工作不仅要保证资金物资及时到位，有了问题还要边审边改”。在审计工作中她发现甘肃灾区并不缺少粮食和饮用水，而是缺少帐篷和活动板房，就逐级向省审计厅和国家审计署反馈，使这种情况很快得到调整，避免了救灾物资的浪费。由于工作出色，她作为省审计厅唯一的代表，受到国家审计署的嘉奖。

随着抗震救灾从应急救灾转向恢复重建，资金和物资的项目越来越多，李莉和她的同事们的任务更加繁重复杂，此后她又奔赴陇南成县执行新的审计任务。

心理援助

民进河南省委十分关心震区移豫就读学生的心理援助问题。6月6日，省委会依托民进河南省直和河南省教育学会的有关专家，组成“震区移豫就读学生心理救助专家团”来到北大附中河南分校，对四川地震灾区转移来该校就读的100名学生进行心理援助。专家们针对每一位学生的家庭状况、个性特点、学习及生活情况进行了面对面的交流。对下一步如何针对性地和学生接触、进行心理抚慰提出了意见和建议。按计划，专家团将定期来校与老师和学生进行交流，开展系列心理辅导活动。还将在全面分析震区抑郁学生心理评估报告的基础上，选择部分疑难对象，开展专家会诊，制定重点对象心理救治计划，科学规划，分布推进，进行渐进式干预。针对心理救治工作的长期性、复杂性特点，从当日起，专家团进行了轮值制度，每天固定两名专家全天候值班，负责解答师生们遇到的问题和困惑，进行相关心理咨询。

用诗歌鼓舞人心

灾难发生后，举国哀恸，全民援助，万众一心，共度时艰。民进文艺界会员不但义演义卖募集捐款，还拿起笔来抒发真情实感，创作了不少诗词歌曲，在社会上广为流传，发挥了鼓舞人心、凝聚力量的作用。

民进上海市委会副主委、著名作家赵丽宏，地震后第三天就创作出了长诗《血脉相连》，又用了九天时间，精心策划、主编和出版了《惊天地　泣鬼神——汶川大地震诗钞》，收录了“在网上传播，在人群上朗诵，在手机上流传”的“使无数读者心灵共鸣震颤”的诗篇。他说：“这是历史的见证，是中国人血脉相连、生死不离的纪念”。

民进山西省歌舞剧院支部主任、国家一级演员郭虎绛谱写的歌曲《大爱无边》在山西电视台播放，表达了对灾区人民的深情，鼓舞了人民群众抗震救灾的信心。四川音乐学院教授、民进会员张莉创作并演唱了《让美丽的世界更美丽》，寄托了对遇难少年儿童的深切哀悼，被一家电视台作为固定曲目每天几次播放；会员孙贤储创作的《抗震救灾　众志成城》表达了对对奋战在抗震救灾第一线所有勇士的崇敬；会员秦渊创作的歌曲《孩子啊，你别哭》由四川人民广播电台滚动播出，全国多家网络媒体相继转贴，在社会上引起强烈反响。

（民进中央宣传部）

心手相牵　倾力相扶

——民进会员在汶川大地震中

2008 年 5 月 12 日汶川大地震发生后，举世震惊，党中央、国务院立即动员、组织全国人民，对灾区人民竭尽全力实施救援。灾难中，千千万万中华儿女守望相助，一方有难，万众关情，举国上下涌现出无数感天动地的抗震救灾事迹。广大民进会员在这场特大地震灾害中，积极响应党中央的号召，坚决服从有关部门的统一指挥，经受了前所未有的严峻考验，舍己忘我地投身于抗震救灾、赈灾重建之中。在国有危难之际，他们以社会责任为重，以职业道德为重，以民进事业为重，充分展现了民主党派成员以国事为重、不计私利的崇高精神风貌和为国分忧、肝胆相照的感人风采。

四川民进会员：忠于职守　奋勇救援

地震发生后，灾区告急，生命告急！四川地区的民进会员冒着余震频繁发生的危险迅速行动起来，不舍昼夜地投入到抗震救灾斗争中，民进德阳市委会副主委、德阳市政协副秘书长张清良在地震发生当天晚上即调整了机关的工作重点，将机关工作宗旨定位为“一切服从服务于抗震救灾工作”，并按照市政协领导的指示，发出紧急通知，动员政协各级组织和广大政协委员全力以赴投身救灾，拉开了市政协救灾工作的帷幕。12 日夜晚他带头值班，为支持一线人员开展救援，他带领机关干部想方设法，为救援队伍组织车辆、燃油、食品等必须物资，接待自愿者，帮助本单位受灾职工及家庭解决各种实际困难。作为抗震救灾督导工作组第三小组成员，他前往绵竹市土门镇进行救灾督导。在土门镇，张清良和同事们早出晚归，带着干粮，逐户走访土门镇 9 个村的村民，了解他们受灾情况和对救灾工作的意见，主动寻找工作切入点，在兼顾全局的同时，特别注重加强对卫生防疫、有线广播开通、生产自救、维护稳定等重点工作的督导。他共为九龙、遵道、土门 3 个重灾乡镇落实了帐篷 800 顶、棉被 800 套、药品 8 万余元、大米 8 吨、面粉 20 袋、方便食品 200 件、矿泉水 4.3 万瓶、牛奶等饮料 11 件、不锈钢锅 200 口、篷布 15000 平米、雨鞋 800 双、收音机 2000 个（电池 4000 对）。

地震发生时，民进广元市委会副主委兼秘书长刘孝琼正在北京中央社院民主党派干部培训班学习。她立即通过互联网和电视收寻有关地震的信息，并设法与民进广元市委会联系。5 月 31 日，归心似箭的她终于返回广元，凌晨 4 时 30 分下车后，她顾不上休息，就在上午 9 点召开小型会议，听取市委会和各支部在地震期间的工作情况介绍，并就下一步的工作与大家交换了意见。下午 2 点，她又顶着烈日前往广师支部和老城区，看望慰问会员，了解抗震救灾的情况。6 月 1 日，她还前往青川马鹿乡了解灾情。6 月 4 日，她和机关的同志将民进四川省委会送来的帐篷亲自发放到房屋危险住在外面躲避余震的会员手中。由于机关用房已成危房，刘孝琼通过协调，6 月 5 日将机关办公地移到广元师范，在连续不断的余震中开展紧张的工作。针对机关人员极少，前期广元市委会宣传报道力度不够，以及抗震救灾进入灾后重建阶段急需民主党派建言献策的情况，刘孝琼决定抽调具有较高写作水平和调研能力的10多名会员，成立市委会宣传组和调研组。经过20天的努力，广元市委会的抗震宣传工作有了很大改观。截至6月24日，16篇深度报道稿件在民进中央网站和四川民进网站上登载。同时，在深入调查广元教育事业在地震的损失、仔细分析灾后教育重建的困境、认真研究重建对应之策的基础上，调研组写出了《关于建立中国西部教育培训基地的建议》和《关于职业教育灾后重建的困境与对策的建议》和《关于会中央援助四川广元教育灾后重建资金投放建议》等多篇调研文章，并提交民进中央、民进省委会和其他相关部门，为广元乃至四川的教育重建提供了来自基层的一手资料和贴近实际的建议。

全国政协委员、民进四川省委常委、省律师协会副会长施杰，在大灾面前，除了个人捐款捐物，发动所在事务所律师奉献爱心外，他还把在各个组织中的"职务"作为对社会承担的"职责"，在政协、民进、律协、青联、法学会等组织中发挥了积极的作用。5月14日，施杰赶到省青联抗震救灾捐赠中心，个人先后捐赠现金12500元，捐赠药品、食品等物资3000多元。除了个人捐款捐物，带动身边同事奉献爱心外，作为省律协副会长的施杰同省律协领导成员一起，组织动员全省律师迅速投入抗震救灾战斗。5月15日，成立"四川省律师协会抗震救灾指挥部"，施杰任副指挥长，会议号召全省各地律协和律师积极抗震救灾，灾区律师展开自救，非灾区律师发扬"一方有难，八方支援"的精神。为了让灾区人民及时了解自己的权利，正确掌握相关法律知识，针对灾区群众关注的法律问题，他与省政协社法委研究，决定立即组织力量编印出版《抗震救灾基础法律常识》宣传册，为灾区群众免费提供实在、易懂、适用的法律读本。施杰参加了法理学会的专题会议，和与会法学专家们重点对"依法赈灾、依法重建"等法律问题进行研究讨论，提出了很多建设性意见，为当地党委和政府制定相关法规和政策提供参考。同时，他还以一个法律人的身份在《成都商报》上连续载文，就收养、继承、无主财产等灾后法律问题进行解答。5月26日，在省纪委、监察厅与民主党派负责人的专题研究会上，施杰代表民进四川省委会就捐赠款物公开合理使用的监督问题提出了中肯的建议。6月1日，施杰被省抗震救灾指挥部聘任为监督员，履行对全省抗震救灾款物筹集、分配、拨付、发放和使用等情况的社会监督责任。

医务界会员：发挥专长　救死扶伤

大爱如渊。汶川大地震造成重大人员伤亡，在这场争分夺秒与死神生死竞速的特殊战斗中，民进医务界会员心系灾区，奋勇争先，拯危济困，发挥革命人道主义精神，充分体现出良好的职业道德。他们救死扶伤的事迹，为当地人民啧啧称赞，在这场空前绝后的大抢救中，留下了民进医务界会员默默奉献的足迹。

民进上海长宁区医卫支部会员，在获知灾情的第一时间，即纷纷写下了慷慨激昂的请战书，随时准备奔赴抗震救灾第一线。作为肾脏疾病诊疗方面的专家，民进会员、长宁区中心医院肾内科副主任医师陈惠萍被医院选拔为赴地震灾区医疗队成员在德阳市一所临时搭建的医院，投入到紧张的抢救伤员工作之中。5月23日，陈惠萍与其他11名医疗队成员一同将20名伤病患者护送到长沙治疗。5月25日，青川发生里氏6.4级余震，德阳市震感明显，但陈惠萍等医疗队成员不顾个人安危，迅速把伤病患者转移至安全地方。由于水土不服，陈惠萍等医疗队成员都患上了严重的皮炎，药物治疗基本没有效果。尽管如此，他们仍然坚守岗位、紧张工作。陈惠萍还积极报名，要求赴受灾最严重的汶川，替换先期前往的医疗成员。

浙江民进会员、浙医二院脑重症监护室主任胡颖红于5月14日参加浙江省医疗救援队，飞赴四川地震灾区，参加灾后救援。她不顾旅途劳顿，只在临时帐篷休息了5个多小时，便和同伴一起连续抢救数十名伤员，其中3个重症病人。

5月29日，民进会员、南昌第三医院优秀青年医生张江华随江西援川医疗队奔赴四川省青川县木鱼镇参加抗震救灾。6月16日，零点14分，一个憨厚的中年汉子，抱着孕妇，急匆匆下了摩托，呼喊着，直冲冲地奔向医疗队用帐篷搭成的简易产房。张江华医师见状，指挥医生们对孕妇进行急救："大家接好氧管，准备复苏囊，随时心肺复苏；接好吸痰器，准备吸痰，保证呼吸道通畅；避免羊水吸入；现在是深夜，温度很低，治疗台上要铺棉衣，注意保暖；同时准备好 1: 10000 肾二腺素，以备不测……”凌晨 2 时，婴儿终于出生了。产科医生断脐后，迅速把婴儿放到治疗台上，张江华医生指挥道:“护士快拍足底，让孩子哭出声来，麻醉师快给他供氧，我来吸痰。大家动作要快，但要轻柔，不要伤着小孩。”吸痰后，伴随着新生命“哇哇”的一声长哭，打破了夜晚的万籁俱寂，婴儿青紫的嘴唇开始变得红润起来。这时，张江华医生把孩子的父亲叫进了产房，告诉他:“母子平安，是个男孩，重 4 斤 8 两。”孩子父亲抱着小孩，热泪盈眶，哽咽地告诉医生：他叫唐映良，他的妻子叫陈蓉章，今年 37 岁，这次是第四胎第二产，曾有过先兆流产史，上一个是早产，这次又是早产，仅孕 34 周，为高危新生儿。他们家住青川县板桥乡大山深处的浮案村，当天深夜翻山越岭，冒着余震不断，随时可能山体坍塌，岩石滑落的危险，走了一个多小时，才赶到江西医疗队营地。他噙着泪花说：“感谢你们，感谢政府，感谢共产党。没有共产党，没有人民政府，地震后就没有江西医疗队来到我们灾区，没有你们，我就要家破人亡。我恳请你们给小孩起个名字，让他能永远不忘自己是怎么出生的。正是你们给他的爱，他才能不虚此生。”在孩子的父亲坚持与恳切的要求下，医生们为孩子起了一个响亮的名字：陈江川。它代表着江西人民与四川人民永远在一起，同舟共济，共度难关！

2008 年 5 月 22 日，由民进中央联络委员会副主任张孝林任董事长的西安华海医疗信息技术股份有限公司，通过民进中央向四川灾区捐赠了 19 台价值 100. 4 万的进口原装急救监护仪器，支持灾区医院救助病人。捐赠仪器包括由美国 GE 公司生产的 GE 监护、GE 中央监护、胎儿监护、太空监护和 B 型超声诊断仪等，是灾区最急需的医疗设备，可随时监测病人各种生理机能参数。

书画界会员：艺海情深　义卖赈灾

汶川大地震，令山河齐哀，举国同殇。在大灾面前，全国人民众志成城，共赴国难。温家宝总理发出“举国之力”救灾的口号迅即演化为活生生的现实。民进会员、岭南画派大师陈永锵，在地震后的第二天，决定把筹划已久的“树 · 生命 · 年轮”个人画展开幕式从简，将本来用于 6 月 1 日画展开幕式后招待亲朋好友的酒会取消，原定用于酒会的 6 万元全部捐献给汶川灾后学校作为重建及救助孤儿之用。5 月 18 日，陈永锵向广州市文联为支援四川汶川地震灾区组织的“翰墨寄真情，挥毫献爱心——广州市书画家赈灾挥毫”活动捐出作品《雄风》。接着，又向广东省文联捐献《红棉》一幅；向广州美术学院捐赠 8 尺整纸《骏马图》、四尺整纸《红棉》共两幅新作。5 月 21 日，民进广州市委会发出紧急通知，号召会员加入民进中央为灾区重建校园的行动，缴纳特别会费、捐献书画艺术品。当天晚上，民进广州市委会主委陈国安亲自上门把这一信息告诉陈永锵。陈永锵当即激情澎湃地挥毫画了一幅丈二整纸的国画《奋进骏马图》，通过民进广州市委会捐献给民进中央。这幅画作为热心的马来西亚籍企业家认购，筹得善款 50 万元。在陈永锵的带动下，广州民进书画界会员纷纷挥毫献画，仅 8 天时间，民进广州市委会就收到 60 多幅书画、剪纸艺术作品（根据画家本人意愿，有的送北京参加民进中央书法义卖赈灾活动，有的交有关方面处理直接用于抗震救灾活动）。陈永锵大善大爱、热心赈灾的义举见诸各报端、各大网站，全国政协副主席、民进中央常务副主席罗富和称之为“大师，大帅”！

佛山书法家协会副主席、著名书法家庞国钟积极参加佛山市禅城区文化系统举办的救灾义卖活动。他表示：“国难当头，我们虽然不能像前方的解放军、武警那样抢险救灾，但可以用我们的作品为灾区人民尽绵薄之力。一定拿出最好的作品，表达最真挚的心意。”在义卖活动中，他的作品共卖出 10000 元。作为民进佛山市委会书画艺术社社长，庞国钟除了忘我地投入赈灾工作之外，还充分利用自己的影响力，组织、发动社里的书画艺术家参与各种形式的救灾义卖活动。他说：“一个人，也许无力改变什么，但，亿万人，亿万只手，就会汇成一股不可战胜的力量。”在他发动和影响下，佛山民进共有 7 位艺术家捐赠作品参与民进中央的义卖赈灾活动。

佛山市知名画家、民进会员伍志成认真准备民进中央的义卖赈灾作品，连夜创作了以荷花和鱼为题材的《鱼水情》画作，表现抗震救灾中军民深厚的鱼水情谊，表达了一位岭南画家对人民军队的无限敬意。民进会员梁建华，虽然才30岁出头，但书画功底非常深厚，书法、油画、国画均已精通，其书画作品入选不久前结束的全国第九届书画艺术展。听说民进中央要义卖赈灾，他就毫不犹豫地把这件心爱的非卖品捐了出来。佛山市南海区美术家协会副主席、民进会员梁国荣，大地震发生前不久，曾把自己一幅作品拍卖的7万元捐赠给广东省慈善总会，资助孤儿。震后赈灾，他又走到了捐赠的前列，在佛山市南海区美术家协会组织的赈灾义卖会上，他把拍卖作品获得的7000元全都捐赠。他为民进中央义卖赈灾创作的作品是一幅能代表自己最高水平的山水画——《金太行》，他解释说，太行山对于我们的共和国来说是一座有特殊意义的山，它犹如铜墙铁壁，象征我们伟大祖国拥有坚不可摧的力量。地震可以震坏我们的家园，但不能摧毁我们的人民和军队。金色，是阳光，这个时候的灾区，是需要太阳，需要温暖的。广东省文艺美术大师、民进会员封伟民上送民进中央的作品是表现古代勇士大无畏英雄气概的《无惧》，他表示，只要有党在，有人民军队在，有我们伟大的人民在，我们的民族在大灾大难面前是无所畏惧的。安琪是个很有爱心的女艺术家，她上送民进中央的是自己刚刚创作出来的《美女清江畔》，表现了她对灾区重建家园的美好期盼。佛山知名书画家、民进会员伍海成，近两年多次参与扶贫助学书画拍卖活动。这次义卖，他的作品《秋实》当场拍卖5万元，台下义卖书画作品共7000元，他把义卖所得5.7万元全部捐给灾区。

在灾难面前，佛山民进的艺术家们没有缺席，他们用一双双艺术之手努力协作，推开沉重的废墟瓦砾。他们相信，灾难终将会远去，人间至爱将会在这里生长、延伸，同时还有艺术之花，以及生命的力量和尊严。

特殊的爱心使者：临终善举　无私奉献

广大民进会员积极响应民进组织发出的倡议，踊跃交纳特殊会费，向灾区人民献出一片爱心。除此之外，民进会员中还有几位捐献者堪称特殊的爱心使者，值得介绍。

5月19日，常德市武陵区工农小学的募捐现场，走来了一位特殊的爱心使者，她是该校的一位退休教师，身患胆管癌的晚期病人，生命垂危的民进会员——杨惠珍。四川汶川发生了强烈地震，灾区的灾情牵扯着杨惠珍的心，她不顾身体的疼痛，天天收看电视，时刻关注灾区的灾情。好几次，她伤心落泪，好几天，她吃不下饭，好几晚，她夜不能寐。生病以来她第一次感觉身体疲乏、心力憔悴，最后她拨通了民进工农小学支部主任徐建民的电话："我要捐款，我要为灾民尽一点爱心。"于是，她不顾身体的疼痛，不顾家人的阻拦，从病床上走下来，身上还挂着点滴瓶，举步艰难地来到了募捐现场，在女儿的搀扶下缓慢走向募捐箱，她满含深情地为四川地震灾区捐款100元。

2008年5月23日，在民进重庆市委会主委、重庆市政协副主席陈景秋提议下，再次为四川灾区的同胞们举行一次捐款活动。有两位特别的老人，虽然没有事先通知，但同样是那么的默契，那么的真情参与。民进重庆市委会原专职副主委许大福同志专程带来了他的500元和一首为灾区人民所作的诗《了我心愿》，他表示，"我作为一名民进会员，中华民族的炎黄子孙，支援灾区是我应尽的责任，微薄的捐献，虽不成敬意，但它表达我及家人的心愿"。身染重疾的民进重庆市委会原副秘书长邓树仁在其夫人的搀扶下也赶来了，他在说话十分困难的情况下说出了此刻最能表达其心意的话：我向灾区人民捐100块钱。

民进镇江市委会主委徐平先后三次捐款的行动，无言地起到了引领的作用；老主委解信鹏是最早赶到市委交特殊会费的人，他平淡地说，只是表达一点心意。

大爱擎天。汶川地震，天灾无情人有情。在这场使无前例的特殊战斗中，民进会员同擎共举，用爱心撑起一片蓝天，让受伤的心灵遮风避雨，他们交出的都是一份份让党和人民满意的答卷。大灾之后无大疫，灾后重建已经启动。广大民进会员与全国人民一道，又精神焕发地投入新的战斗之中。

严隽琪在内蒙古考察基层教师队伍建设和职业教育工作

2008年7月22日至23日，全国人大常委会副委员长、民进中央主席严隽琪在内蒙古自治区呼和浩特市和包头市考察基层教师队伍建设和职业教育工作，并分别举行座谈会，内蒙古自治区党委书记、自治区人大常委会主任储波到机场迎接，并同自治区党委副书记、自治区代主席巴特尔与严隽琪亲切会谈。

内蒙古自治区副主席连辑、包头市副市长李秉荣分别作汇报。内蒙古自治区人大常委会副主任柳秀，自治区党委常委、包头市委书记莫建成分别主持座谈会。

严隽琪对内蒙古自治区和包头市在基础教育和职业教育方面取得的成绩给予充分肯定。她说，内蒙古地域辽阔，农牧区占很大比例，而且是民族区域自治地区，这些情况给教育带来许多问题，如教育布局结构调整带来的幼童寄宿问题、教育均衡发展问题、教育如何传承民族文化问题等等。内蒙古自治区和包头市政府既有扎扎实实的举措，又有务实理性的思考，取得了显著的成绩，创造了许多宝贵的经验，如在教师培训方面，通过制度建设，使教师“进得来、用的好、流得动、提得高”等，很有启发。民进将把这次调研中遇到的问题和经验带回去分析研究，更好地参政议政。

严隽琪指出，民进和教育有很深的渊源，教育是民进的主要界别特色之一，也是民进多年来参政议政的老阵地。国家实行科教兴国战略后，把教育摆在优先发展的战略地位，不断加大投入，我国的教育事业取得了长足的进步。但是，中国幅员辽阔，各地基础不同，情况不同，而且随着国家经济社会的发展、科技的进步，以及人的观念的不断变化，教育改革不断被赋予新的内涵，面临新的挑战。民进希望通过调查研究，更多地了解基层教育的情况、困难和需求，为我国教育的发展和科教兴国战略的实施献计出力。

严隽琪强调，职业教育不仅对经济发展、技术进步、社会转型具有十分重要的意义，同时也是人的全面发展的需要。当前，职业教育要取得更大发展，必须进一步解放思想，把它放在构建终身教育体系中考虑，走多元化办学的道路，努力打通职业教育和普通教育、学历教育和非学历教育的渠道。要扬长避短，研究职业教育的特殊规律和特殊需要，和行业特点相结合，和地区实情相结合，更好地服务社会。

座谈会上，来自全国人大、民进中央的教育专家和内蒙古区旗县的教育主管领导、中小学校长、职业教育学校校长，围绕当前教育改革发展中遇到的实际问题，如企业剥离办社会中的教育问题，职业教育中校企合作、工学结合及师资培训问题，农村义务教育经费保障新机制实施过程中出现的办学难的问题等，进行深入探讨。

全国人大常委、民进中央教育委员会主任庞丽娟，内蒙古自治区政协副主席、民进内蒙古区委会主委郑福田，内蒙古自治区人大、教育厅、财政厅、人事厅、发改委，包头市党委、人大、政府、政协、相关厅局，民进中央组织部、参政议政部，民进内蒙古区委会负责同志参加座谈。

严隽琪还参观考察了伊利实业股份有限公司、北方兵器城、第一机械制造集团、包头稀土高新技术产业开发区。

严隽琪在内蒙古考察期间，视察了民进内蒙古区委会，并同民进内蒙古区委会、呼和浩特市委会、包头市委会领导班子、机关干部和基层支部负责同志亲切座谈。全国人大常委、民进中央教育委员会主任庞丽娟参加座谈。

内蒙古自治区政协副主席、民进内蒙古区委会主委郑福田，民进呼和浩特市委会主委张润锁、民进包头市委会主委李凤斌，分别汇报区委会、市委会开展政治交接活动、履行参政党职能、加强自身建设和参与抗震救灾等方面的工作情况。

严隽琪认真听取汇报，她指出，在中共内蒙古党委的正确领导和统战部的大力支持下，在民进内蒙古各级领导班子和全体会员的共同努力下，内蒙古民进扎实推进主题教育活动，切实加强领导班子建设，在履行参政党职能、加强自身建设方面取得显著成绩，为内蒙古自治区的经济社会发展作出了应有的贡献。

严隽琪指出，民进要成为一个适应时代发展要求的高素质参政党，一要顺势而为。参政党建设，离不开国家的大局，离不开民进的基础和传统，民进要准确认识和把握自己在中国特色社会主义政治制度中的定位，认真总结参政党建设规律，抓重点，抓时机，抓制度，不断加强自身建设，提高履职能力。二要做到“两个促进”。参政党建设与执政党建设互相促进，中国共产党以改革创新的精神推进党的建设的新的伟大工程，必然会影响到中共领导的多党合作的政治格局和方式，从而促进参政党建设，参政党也可以通过履行参政议政、民主监督的职能来促进执政党的建设；地方组织的建设与民进中央工作互相促进，民进中央要在政治方向的把握，基本工作思路和重大举措的出台等方面发挥主要作用，同时，民进各级地方组织根据本地的实际情况创造了很多鲜活的经验，民进中央要及时了解，主动沟通，善于吸收，以利于全会工作的改进。

严隽琪说，高素质参政党，首先体现在政治立场上，要坚定不移地坚持接受中国共产党的领导，坚持走中国特色社会主义政治发展道路；其次体现在工作的实效上，要不断提高履行职能的能力，坚持“巩固老阵地，开拓新领域”的工作思路，在老阵地上有新作为，顺势开拓新领域，在交叉中推进，在统筹中突破。高素质参政党还体现在要有强大的凝聚力，要做到这一点，必须要有共同的奋斗目标、共同的政治立场、共同的价值观，即“同道”；要为会员提供实现报国愿望、体现自身价值的渠道和平台；要增强基层组织的活力，做到守望相助，有困难互相帮助,有心里话可以倾诉,让民进成为全体会员的心灵家园。

严隽琪强调，要实现建设高素质参政党的目标，必须有实实在在的行动和举措。下一步，全会要认真总结主题教育活动的规律，并转变为我会思想政治工作和自身建设的长效机制。突出重点，在继续巩固扩大已经取得的各项工作成果的同时，做好后备干部队伍建设工作。加强基层组织建设，积极主动争取地方党委和统战部的支持和帮助，使基层活动更丰富多彩，更入脑入心，更有效。理论研究要通过梳理经验、总结规律，回答我会自身建设和履行职能中的各种问题，为会中央领导决策提供依据，为加强自身建设提供理论基础和支持。

严隽琪号召，要继续发扬抗震救灾中凸显出来的坚强不屈、众志成城的优秀民族精神，下半年，通过纪念改革开放30周年的系列活动，进一步解放思想、实事求是，掀起主题教育活动的新高潮，为推动科学发展、促进社会和谐作出应有贡献。

内蒙古自治区人大常委会副主任柳秀出席座谈会。中共内蒙古自治区党委统战部部长伏来旺高度评价了民进内蒙古区委会近年来的工作，并对下一步如何建言献策、提高履职能力提出建议。区委统战部、民进内蒙古区委会，中共包头市委、人大、政府、政协有关负责人参加座谈会。民进中央组织部、参政议政部负责人分别介绍了组织和参政议政工作基本思路和近期工作情况。

中国教育学会走访民进中央
严隽琪、罗富和、王佐书、朱永新出席座谈

2008年7月31日，民进中央主席严隽琪，常务副主席罗富和，副主席王佐书、朱永新，在机关会见了中国教育学会会长顾明远等一行8人并亲切座谈。

顾明远回顾了中国教育学会与中国民主促进会在过去30年来的密切关系和长期合作。他说，这次登门拜访民进中央新一届领导人，希望双方将过去的友谊、友好合作关系继续下去，希望民进中央多支持中

国教育学会的工作，双方开展多层次、多领域的合作，为中国教育改革和发展作出新贡献。顾明远还以民进中央原主席周建人亲属的身份，向民进中央赠送了周建老曾收藏和使用过的部分珍贵文物。

严隽琪向顾明远捐赠珍贵文物表示衷心感谢。她说，时代在前进，但有些要求是不能变的。民进发展首先要继承老一代领导人的优良传统和高尚品德。民进会史展览对会员继承我会优良传统具有非常好的教育作用。我会正在充实民进会史展览的展品，顾会长的捐赠恰逢其时，一定会对广大民进会员学习周建老的高尚风范，将优良传统一代一代的继承下去，对丰富我会的会史展览具有重要的意义。

严隽琪说，民进的优良传统不仅有立会为公，还有倾心教育。民进历届领导人大部分是教育界人士，民进会员 70% 在教育界，无论从成员，还是从成果来讲，民进与中国教育学会都密不可分。民进与中国教育学会的合作，实际上从一个重要侧面，反映了新中国教育事业发展的历程，见证了教育改革走过的步伐。所以将来还要携手，共同面对未来的挑战和任务。

严隽琪说，中国教育学会是中国教育界层次最高、人数最多、权威性很强的组织，同时得到政府的大力支持。民进要建成高素质的参政党，又是以教育为主要界别之一，与中国教育学会的合作是民进提高参政议政能力，在教育领域更好发挥参政党作用的一个重要举措。

严隽琪说，随着国家的重视，教育经费的保障力度越来越大，也使以前许多被掩盖的问题暴露出来了。基础教育面临的问题很多，老百姓反响也很强烈。民进与教育学会的合作，既是历史传统的延续，也是民进履行历史责任必须要寻求的。

严隽琪强调，除教育发展本身不断提出新问题外，中国社会正处在转型期，政府职能在不断转变，社会组织的作用越来越受到重视。同时，多党合作事业的发展，也对民进参政议政提出更高要求，所以民进与教育学会的工作既是为教育作贡献，也是为中国民主政治的发展作贡献，意义很大。

严隽琪说，民进中央新一届班子一定会把老一代的优良传统继承下去，跑好我们这一棒。

民进中央秘书长赵光华，办公厅、组织部、参政议政部负责人参加了会见。

中国教育学会与中国民主促进会关系密切。学会首任会长董纯才是第六届民进中央常委，民进中央原常务副主席张怀西曾任上届中国教育学会副会长，朱永新为本届学会副会长。

民进中央：一场为“一件提案”召开的办理协商会

——民进中央关注中小企业发展状况纪实

2008 年 8 月 1 日，民进中央社会和法制委员会委员、北京市义方律师事务所主任律师方志远专门起了个大早，因为要赶到全国政协参加提案办理协商会。

这是一场特殊的提案办理协商会。在现场，提案委员会部分委员，国家发改委、财政部、商务部、国土资源部、银监会等部门有关负责人悉数出席。协商办理的提案却只有一件，就是民进中央 2008 年两会期间向全国政协提交的“关于完善政府支撑服务体系，促进我国中小企业发展”的党派提案，也是该年度的重点办理提案之一。

“要知道这是唯一一个由全国政协与国家相关部委于今年下半年，专门召开重点提案办理协商会单独办案的党派提案。”作为课题组成员，方志远的口气中颇有些自豪。民进中央近年来参政议政工作不断“巩固老阵地，开拓新领域”，其中对中小企业发展状况的鼓呼更是深入而有建设性，这无疑成为民进中央过去的 2008 年值得回眸的突出亮点。

盯住中小企业发展

两年前，民进北京市委会一则《关于优化我市中小企业生存发展环境的建议案》引起了民进中央的注意。“对中小企业发展的研究，关乎经济的持续发展，关乎就业和社会稳定，关乎经济结构的有效调整。可以这样讲，搞好了中小企业的发展，就找准了经济持续发展的增长点，就能增加就业，减少两极分化，实现社会稳定，就能实现不断的有效的区域经济结构的调整。”民进北京市委会有关负责人在谈到建议时表示。

2008 年，“支持中小企业发展的政策和服务体系研究”成为民进中央社会与法制委员会的重点调研课题，民进中央相关专门委员会的专家学者组成专门课题组。“希望通过调研，为政府通过合理运用经济、法律、行政等手段，营造有利于中小企业发展的良好环境，做到政策上支持、服务上配套，尽快建立力促中小企业发展的政策和服务体系建言献策。”调研课题组组长、民进中央社会与法制委员会主任委员吴文彦道出调研课题确定的初衷。

北京和温州，两个经济活跃，尤其后者更是中小企业“标杆”的地方，毫无争议地成为调研组探访的“不二选择”。

改革开放以来，中小企业顺势而起。据统计，目前，我国中小企业占全部企业户数的 99%，占工业总产值 60% 左右，由中小企业提供的就业人数为劳动力总数的 75%。在社会新增就业机会中，中小企业约占 80%，为我国的社会稳定和经济发展作出了重要贡献。但在汹涌的经济浪潮中，中小企业自身的发展历程却如神经末梢，冷暖自知。

“一定要真正地深入到中小企业里去，倾听他们的心声，了解他们的喜怒哀乐，毕竟整个社会经济的发展还有赖于这些‘细胞’的成长。”在民进中央的调研方案上，“走访民营企业、与企业家座谈，收集中小企业发展过程中的经验、教训的一手资料”被放在了重要的位置。

6 月 27 日到 29 日，温州。

调研组一行抵达温州随即组织了与温州中小企业发展促进会、企业界会员座谈，紧接着考察中小企业，结束后又立即踏上了返程。

“对大企业和中小企业的区别对待是突出问题，政府没有更多关注到大批中小企业亟待发展、需要支持，相反企业越大越支持。”

“温州的中小企业从家族企业发展起来，缺乏技术和管理人才，矛盾很大。”

“资金短缺是中小企业发展最大的瓶颈。虽然温州比较富裕，如何让大量的民间游资进入中小企业发展，缺乏平台。”

“规模小的企业，抗拒风险的能力很弱，我们希望同行业企业走向联合。”

……

8 月 21 日，北京。

针对北京企业的特点，调研组重点针对科技型中小企业的发展进行调研。

“作为科技企业，孵化器和绿色通道，这些都是政府给予的发展便利。”

“公司发展到一定阶段，我们认识到资金对于公司发展和保障十分重要，于是引入了风投。”

……

在倾听了企业的心声后，民进中央社法委调研组紧接着走访了温州市经济贸易委员会和北京市发改委中小企业处，为企业发展寻求解决途径搜集尽可能多方面的材料。

时刻关注提案落实情况

带着第一手调研材料，归来后的课题组组织了多场专家学者座谈会，为促进中小企业发展的提案

《关于完善政府支撑服务体系，促进我国中小企业发展》最终形成。提案提出了调研中汇集的中小企业发展目前遭遇的问题和瓶颈，并结合相关部门的意见，提出了促进我国中小企业发展的建议。这份提案最终被列为2008年的民进中央的党派提案，在当年两会期间递交。

提案递交之后，民进中央一直关注落实情况。2008年8月1日，全国政协提案委员会召开“完善政府支撑体系，促进我国中小企业发展”提案办理协商会。

全国政协提案委员会副主任孙淦针对民进中央提出的这件提案说，改革开放以来，党中央、国务院高度重视中小企业发展，先后出台一系列鼓励和扶持政策，中小企业迅速发展并壮大，已占据我国经济的半壁江山，在我国经济社会发展中发挥着越来越重要的作用，但在发展的同时也面临着许多困难和问题。提案单位和提案人在深入调研的基础上，对促进中小企业发展提出了很好的意见和建议。各承办、会办单位对提案高度重视，结合各部门职能加以研究，做了大量工作并对建议认真吸纳。

在办理现场，发改委、财政部、商务部、国土资源部、银监会等提案承办、会办单位有关负责人就本部门对提案的办理情况作了详细地介绍。对提案的办理情况，民进中央表示十分满意，而民进对中小企业发展的关注也会持续下去。

（《人民政协报》）

体育的盛会　文化的盛会

——严隽琪就北京奥运会接受新华社专访

2008年8月13日，第29届北京奥运会赛程进入第5天。全国人大常委会副委员长、民进中央主席严隽琪在机关愉快地接受了新华社记者的专访。采访中，严隽琪重点就对人文奥运内涵的理解，民进全会参与奥运作贡献以及自己与奥运的缘分等问题谈了看法和体会。

人文奥运——彰显中华文化之美

严隽琪说，7年前北京就提出了奥运会的三大理念——人文奥运、绿色奥运和科技奥运。其中，人文奥运可谓是其中的特色和亮点。北京奥运会蕴涵着中华民族几代人的梦想，是历经了一个世纪的期盼和7年的精心准备后召开的。我们这一代人生逢其时，能够参与到这样一个百年盛会之中，是非常幸运的和光荣的。现在，全世界的镜头和电视画面都锁定中国，使得我们可以借这个难得的机会把中华五千年的灿烂文明、优秀传统和辉煌成就，在集中的时间段和宽阔的大舞台上展现出去。

严隽琪认为，中国传统文化与奥运精神的内核有许多契合点，奥运精神中有许多都能够从中华文化中找到轨迹。比如顽强拼搏、超越自我，公开、公平、公正，以及友好、包容，真、善、美等品质，都是深入中国人骨髓和血液的普世价值和共同认同。

严隽琪说，在开幕式现场，大家强烈感受到了中国对奥运精神独到的诠释与演绎，并向世界人民再一次证明通过30年的改革开放和对外交流，中国的见识更广阔、胸怀更宽容、感情更和睦。北京奥运会开幕式之所以能够倾倒世界，恰恰是因为它展现了我们对传统文化的认知，也呈现出当代中国人的国际化视野，是中华文化进一步面向世界、面向未来、面向现代化的新的推动力。

严隽琪说，北京奥运彰显了中国人民的胸怀和大气，无论是拿到金牌、为国争光的运动员，还是没拿到金牌、但已尽力的运动员，无论是奥运赛场内为双方喝彩的观众，还是场外微笑服务的上百万志愿者，都表现了我们这样一个优秀的民族、这样一个泱泱大国所应有的姿态。奥运会某种程度上是主办国国民文化程度的大检阅和大展示。到目前为止，中国人交出的答卷无疑是令人满意的，相信奥运会的到来既向世界传达了以往中国文化建设的若干成就，也必将推动我们新时代文化建设的伟大进程。她借用费孝通的名言“各美其美、美人之美、美美与共、天下大同”，期待北京奥运将中华文化之“美”展现得更加淋漓尽致。

奉献奥运——民进没有缺席

谈到民进为奥运所做的工作，严隽琪不无骄傲。她说，民进的11万会员，遍布全国29个省市，大家都在积极努力的参与奥运、奉献奥运。北京奥运会不仅是体育的盛会，也是文化的盛会。作为以教育、文化、出版为主要界别的参政党，一直把为奥运建言、助力作为自己义不容辞的责任与义务。仅2007年1月以来，民进中央就收到与筹办奥运有关的信息近百条，民进各级组织以及广大会员也和全国人民一样，始终以高度的责任意识和主人翁姿态在筹备过程中关心奥运、支持奥运。

严隽琪说，许多民进骨干会员在奥运工作中担当重任，立足岗位和专业为奥运会的成功举办添砖加瓦。比如，民进天津市委会主委张俊芳是天津市副市长，天津市协办奥运工作领导小组副组长，奥运会足球比赛天津赛区领导小组副组长，并分管奥运文化广场等工作；北京市民进会员张黎从北京市水产技术推广站借调到北京理工大学奥运比赛场馆任副秘书长；人民教育出版社会员刘玲编辑出版了《奥林匹克知识小词典》，收录了2000多个与奥运有关的词条；92岁高龄的安徽安庆民进会员萧亚辉经过一年多的酝酿和十二次易稿，撰写成一幅200字的长联，充分表达了中国人民和世界人民为北京奥运会举办而欢欣鼓舞、融融和谐的场景和氛围。严隽琪还特别提及云南民进会员金飞豹，这位与奥运有着不解情缘的著名探险家，在2006年5月就将奥运旗帜带到了珠穆朗玛峰；2006年5月至2007年12月，金飞豹一举创造了迄今为止全世界最短时间内完成九大极点探险的世界纪录，以及在九大极点展示奥运旗帜全球第一人的世界纪录。这些会员用自己的方式向世界生动演绎了更快、更高、更强的奥林匹克精神和“同一个世界、同一个梦想”的奥运主题。

亲历奥运——扬眉吐气的自豪

采访中，严隽琪回忆起自己当年在国外读书时经历。她说，不少外国人非常不了解当代中国，印象依然停留在中国国门刚刚被西方列强的枪炮打开时的阶段，虽然西方国家一些人士的这种认识并无恶意，但也绝非少数，作为中国人感到非常委屈和心疼。某种程度上，体育是一个国家国力、国民文明程度和身体素质、精神风貌等多方面的综合体现。因此，我们需要这样一个契机、一个平台来向世人宣告中国人民早已摆脱了“东亚病夫”的厄运，中国正在和平发展中崛起。

谈及自己为奥运的贡献，严隽琪十分谦虚地表示只能说是有些间接贡献，那就是自己担任上海市副市长期间，曾支持成立了上海大学生创业基金会，支持了200多名大学生自主创业。现在，这些大学生创业公司凭借自身实力，拿下奥运订单，并纷纷通过最终工程验收。例如，上海灵信公司承担的是北京快速公交系统上LED显示屏的研发；上海基诺广告有限公司是北京奥运会赞助商主题馆“2008北京奥运会——中国移动通信馆”的主要配套商。因而自己也算通过支持大学生创业，间接服务了奥运。

严隽琪调到北京工作一年半了。她很兴奋地说，我目睹了北京的市容越来越美丽，管理越来越规范，市民文明程度越来越进步，中国人民正在敞开怀抱，拥抱世界各国人民，兑现中国对世界的承诺。

民进全国优秀通讯员表彰暨宣传报道工作网络会议在民进中央举行

2008 年 8 月 20 日，民进全国优秀通讯员表彰暨宣传报道工作网络会议在民进中央举行。召开网络会议，是民进在抗震救灾进入灾后恢复重建重要阶段，在北京举办奥运会期间，加强特约通讯员队伍建设，推动全会宣传报道工作进行的一次工作创新。全国政协副主席、民进中央常务副主席罗富和出席会议并为优秀通讯员代表颁奖。民进中央副主席王佐书出席会议并讲话。

会议指出，换届以来，民进全会坚持团结稳定鼓劲、正面宣传为主的方针，贯彻“巩固规模数量、提高质量层次、落实制度机制，进一步扩大我会对外宣传”的工作思路，使这项基础性工作开局良好，取得了新的进展。民进的宣传报道始终注意抓好学习贯彻中共十七大精神的宣传；注意抓好纪念中共“五一口号”发布 60 周年、参与抗击冰冻雨雪灾害和抗震救灾斗争、迎接北京奥运会等重要活动和重大事件的宣传；注意抓好典型的宣传和常规宣传，不断扩大全会宣传报道的覆盖面。

会议强调，2008 年是全面贯彻落实中共十七大作出的战略部署的重要一年，是实施“十一五”规划承上启下的一年，民进的宣传工作要坚持高举旗帜、围绕大局、服务人民、改革创新，紧密结合当前多党合作的新发展、民进工作的新实践，重点做好民进学习贯彻中共十七大精神的宣传工作；重点做好民进贯彻落实科学发展观、促进经济社会又好又快发展的宣传工作；重点做好民进纪念改革开放 30 周年活动的宣传工作。

会议就加强和改进全会的宣传报道工作提出四点要求，一是要提高认识，统一思想，进一步加强和改进对我会宣传报道工作的领导；二是要提高工作的主动性和时效性，加强对民进宣传报道的策划、协调和把关；三是要坚持深入实际、改革创新，不断增强民进宣传报道的说服力和影响力；四是要拓展阵地、统筹协调、突出特色，切实发挥不同宣传媒体的独特作用。会议同时希望宣传干部要坚定理想信念，保持清醒的政治头脑；要勤奋刻苦学习，努力提高自身素质；要增强事业心和责任感，勇于在工作中历练成长；要培养良好的工作作风，促进宣传工作深入有效。

会议宣读关于表彰民进全国第三届（2007—2008 年）新闻宣传优秀通讯员的决定。为表彰先进、促进工作，民进中央宣传部、《民主》杂志社授予康朴川等 26 位同志“民进全国第三届（2007—2008 年）新闻宣传优秀通讯员”的荣誉称号，并颁发证书和奖杯。

民进各省级组织、副省级组织和省会市级组织的宣传干部在当地通过网络视频直播收看会议实况。各地方组织表示，民进中央充分利用现代技术，在网上直播会议全程，扩大了会议的影响和规模，让更多的同志对宣传报道工作有了深刻的了解和认识，必将有力地推动全会的宣传报道工作上一个新台阶。网络会议既节约成本，又扩大参与面，取得了很好的宣传效果，希望今后能多举办类似的学习会、报告会。

民进中央各部门负责人出席会议。民进中央网管员、部分机关干部、北京市委宣传干部共 50 余人参加会议。

民进各级组织和会员广泛参与迎奥运活动积极为奥运作贡献

民进北京市委会

为了普及奥运基本知识和文明礼仪常识，倡导践行礼仪规范，提升公民文明素养，根据北京市统一战线迎奥运讲文明树新风活动协调小组办公室的要求，民进北京市委会积极响应号召，发动各基层组织、广大会员及机关干部踊跃参与“迎奥运讲文明树新风”礼仪知识竞赛活动。通过书面答题和网上竞答活动，大家学习了相关礼仪知识，开阔了眼界，并决心将所学的文明礼仪知识付诸实践，为北京办好一届有特色、高水平的奥运会作出一份贡献。

民进北京市委会工会开展了“奥运年”系列比赛活动，丰富了机关的业余文化生活，展示了机关干部的良好精神风貌以及对北京奥运会的期盼之情。

民进北京市委会召开“迎奥运，讲文明，树新风”活动阶段总结会。自北京市统战系统开展“迎奥运、讲文明、树新风”活动以来，民进北京市委会始终以饱满的热情、主动的精神组织参加各类活动，在积极参加统战部组织的运动会和书画摄影展的同时，重点组织了“迎奥运、献良策”信息征集、“心理健康进社区”科普培训、“迎奥运，弘扬中国文化”专题报告会等活动，并鼓励全会开展多层次、多形式的“迎讲树”活动。据不完统计，各级各类组织共举办活动40多次，参与会员1000多人次。

民进北京市委会积极参加首都统战系统迎奥运书画摄影展。为迎接2008年北京奥运会的召开，彰示“人文奥运”理念，由中共北京市委统战部倡议，北京市各民主党派和统战系统各社会团体共同主办、中华书画协会承办、北京东方星河投资有限公司独家支持的“首都统一战线系统迎奥运、讲文明、树新风主题书画摄影展览”于9月26日在首都图书馆隆重举行，《同一个世界，同一个心愿》书画摄影展览作品集同时公开发行。开幕式上，中华书画协会主席、民进会员陈养群介绍了此次书画摄影展的筹备情况。民进北京市委会积极响应北京市委统战部的倡议，围绕“迎奥运、讲文明、树新风”的主题，精心选送了著名书画家会员张书范、陈昔未、王树声、陈养群等23人的57件作品入展，这些参展作品表现出创作者的深厚功底和娴熟技艺，展示了他们企盼奥运、参与奥运、奉献奥运的精神风貌，表达了民进会员企盼祖国繁荣、预祝奥运会圆满召开的美好心愿，也显示了北京2008年奥运会“中国风格、时代风貌、广泛参与”的特色。民进北京市委会获得展览的优秀组织奖。此次为期5天的展览共接待观众26000余名，观众给予此次展览很高的评介，称赞规模之大、作品之精是统战系统最好的一届，希望能够到全国去巡展，以弘扬“人文奥运”理念。

为响应民进北京市委会在全市民进系统中开展“迎，讲，树”活动的号召，民进北京市门头沟区总支举办了“迎奥运、筑同心——和外来务工人员子女手拉手活动”。民进门头沟区总支特别精心设计了“迎奥运，筑同心”主题活动，希望通过活动体现社会各界对外来务工人员子女的关心和关爱，引起全社会对外来务工人员子女心理问题的重视，也让这些孩子与北京孩子通过游戏方式共同感受奥运精神，拉近彼此间的距离。活动中，50名外来务工人员子女和本地小学生分组穿着蓝、黑、红、黄、绿代表奥运五环的彩色服装，分别进行了奥运五环传递、过河、快乐传递、奥运福娃拼图等互动游戏，并在游戏中穿插进行了奥运知识问答。整个活动既有游戏的快乐，又有奥运知识的学习，孩子们兴高采烈，活动现场气氛活泼，生动感人。民进北京市委会和民进门头沟总支在活动现场向外来务工人员子女赠送了价值万余元的图书和学习用品。

民进朝阳区委会参与慰问奥运工作者及志愿者主题活动。在朝阳区政协、中共朝阳区委统战部的大力支持下，由民进朝阳区委会倡议，朝阳区各民主党派联合主办了慰问奥运工作者及志愿者主题活动。会上，朝阳区各民主党派主委分别向朝阳区奥运工程建设指挥部、环境建设指挥部、朝阳区奥运场馆外围保障工作指挥部、人文奥运建设指挥部、奥运社会安保指挥部赠送了民主党派成员的书法作品。会后，朝阳区民主党派人文奥运志愿者服务团文艺演出队为广大奥运工作者及志愿者献上了精彩纷呈的演出。文艺演出由民进会员、著名艺术家杜声显，民进会员、国家一级演员宋雪主持。

民进上海市委会

金晶由于4月份在巴黎举行的北京奥运会火炬传递仪式上，当“藏独”分子抢夺火炬时奋不顾身勇敢保护火炬的英雄行为，而受到举国上下的齐声赞誉。金晶1999年作学生时曾经在民进市委会实习过几个月时间，因此，民进市委会邀请她重返曾经实习过的地方，与大家共同分享保护火炬及其后的许多感想和体会。座谈会上，机关干部们纷纷向金晶提问。金晶说，当时看到“藏独”分子如此猖狂，她感到非常愤怒，那时她只有一个念头，就是一定要保护好火炬，决不能让他们得逞。她还回顾了曾经在民进市委会实习的经历，那段时光让她感到很温暖。在与大家交流人生的目标和理想时，她认为，人生可以不是很精彩，但是一定要很充实，充实的人生才更有意义。其实在大家看来，有了在巴黎保护奥运火炬的这一壮举，她的人生已经增添了一曲精彩无比的乐章。

民进静安区两会员参加奥运会兴奋剂检查工作。万众瞩目的第29届夏季奥林匹克运动会在北京拉开了大幕。实现“同一个世界，同一个梦想”的奥运会主题口号，体现“绿色奥运、科技奥运、人文奥运”三大理念是全体中国人民的追求。在奥运会上，兴奋剂是永恒的话题和悬念。为了保证比赛的公平和公正，北京奥组委兴奋剂检查处也是人们关注的目标。在这里，民进静安区体育支部的两名会员杨薇、金浩敏正在紧张有序地工作着。杨薇、金浩敏从去年开始经过北京奥运会兴奋剂检查工作的统一培训及考试，有幸成为兴奋剂检查工作的成员之一。杨薇的工作岗位是射箭项目兴奋剂检查站经理，她肩负着领导检查站圆满完成奥运会检查任务的责任，从抽签到通知运动员，从收样到送样结束，每一个程序都必须严格按照奥运会的标准进行。在这样一场举世瞩目的赛事中，这种责任，这种压力对她来说是非常大的。尤其目前，“兴奋剂”已经成为体育界的一个敏感话题，不能容许出任何的差错。同时，在工作中还需要做好和国际箭联代表、国际奥委会代表等国际官员的沟通和协调，以优秀的工作质量取得他们的肯定。到北京后，杨薇和同事们一起立即开始布置检查站、与场馆各业务口深入沟通、并对检查站的人员进行进一步的业务培训，大家对于参与奥运会都充满了热情和期待，在培训、演练过程中都非常的认真。除了正常情况下的操作外，大家还想出了许多突发性的情况，讨论了相应的应急预案，努力做到对各种情况都能应付自如。金浩敏担任射击场馆兴奋剂检查陪护主管，承担着运动员赛后兴奋剂检查的通知、陪护工作管理。

参与奥运会的工作，让杨薇和金浩敏深刻地体会到举办一届奥运会是多么不容易的事情。在大家所熟知的精彩和热闹后面，是无数工作人员辛苦的付出和汗水。到北京后，她们没有一天休息，每天都在忙碌中度过。她们说，能够参加北京奥运会的兴奋剂检测是一项光荣而神圣的工作，非常自豪，一定要认真做好。虽然很辛苦，但是很快乐！

民进天津市委会

8月1日8时10分，北京奥运会火炬接力天津站首日传递正式开始。在奥运圣火天津站的传递中，全国政协常委、民进中央副主席、中国文联副主席、中国民协主席冯骥才作为第4棒火炬手传递了奥运圣火。在传递中，冯骥才右手高擎“祥云”火炬，左手不断向周围的助威观众和摄影记者挥手示意，他步履轻盈，脸上始终洋溢着笑容，兴奋之情溢于言表。冯骥才感慨地说；“这一时刻真是太美妙了，我将永生难忘！”

民进河北省委会

民进唐山市委会、唐山人民广播电台、唐山市截瘫疗养院在渤海影剧院联合举办了“落实科学发展观，弘扬新唐山人文精神，迎奥运建文明城”大型文艺演出及爱心捐赠活动。演出现场，来自市截瘫疗养院的院友们用歌声和诗朗诵表达了他们感恩社会、回报社会的心情，以民进文艺界会员为主体的演员们以多种文艺形式展现了社会各界在深入学习实践科学发展观活动中的成果，讴歌了“感恩、博爱、开放、超越”的新唐山人文精神，抒发了唐山人民喜迎奥运圣火、祝福北京奥运盛会、创建文明城市的豪迈情怀。

为动员和引导统战系统各单位、统一战线各界人士立足本职，发挥优势，支持奥运，参与奥运，服务奥运，为保证奥足赛顺利进行，实现“平安奥运”与“和谐暑期”目标献计出力作贡献，中共秦皇岛市委统战部举行的全市统战系统“保稳定促发展迎奥运”情况报告会。秦皇岛市政协副主席、民进市委会主委、奥足赛秦皇岛赛区场馆团队常务副主任关敏应邀出席会议，并向统战系统各单位、统一战线各界人士就赛事安排、相关筹备、接待服务保障等项工作的情况作了通报。

民进山西省委会

民进吕梁市委会开展“迎奥运、促和谐”——文化、医疗、科技“三下乡”活动。在距北京奥运会开幕仅剩5天，吕梁市上下各种迎奥运活动开展的如火如荼之际。8月3日，民进吕梁市委会组织会员中的部分技术骨干到柳林县王家沟乡荣西村开展“迎奥运、促和谐”——文化、医疗、科技“三下乡”活动。这次活动组织了会员中的文艺骨干、医疗骨干和法律顾问，一方面为基层群众义演，丰富群众精神生活；一方面为基层群众义诊，解决基层群众特别是老弱病残者看病难问题；同时还为大家免费提供法律咨询以化解矛盾，维护稳定。通过开展这次“三下乡”活动，为基层群众“健康迎奥运、快乐盼奥运，和谐看奥运”营造祥和的氛围。在开展下乡活动过程中，会员们近距离与基层群众接触，可以更加深入地关注民生、了解民情、集中民智、反映民意，切实履行参政党职能，为构建和谐社会作出应有的贡献。这次义诊共接诊病人100余人，仪器检查达90人次，许多老年人经年的痼疾得到名医的诊治，当地群众感激不已，交口称赞。

2008年7月20日，民进运城市委会召开“促稳定、保安全、迎奥运”专题工作会议。各基层组织负责人及市委委员以上干部与会，会上，与会人员共同学习了市委会刚刚修订完善的5个工作制度，传达了上级有关“促稳定、保安全、迎奥运”的有关会议精神要求。

在8月5日太原市各界人士“迎奥运、促和谐、展风采”书画展中，太原民进会员席德生获得书法类特邀奖，会员史彦鹏获得二等奖，谢永发获得优秀奖；绘画类中，会员马杰生和谢永发又分别获得三等奖。

我骄傲，我是奥运火炬手。吕梁市民进会员张桂香当选奥运火炬手。她感到，作为一名民进会员，一名吕梁山区普通的小学体育教师，能这样近距离的参与其中，有机会见证这件百年不遇的国家大事，倍感自豪与荣耀！看到希腊古神庙前那庄严、肃穆的采火仪式，想到将亲执祥云圣火进行传递，那是多么神圣的使命啊！这是一生的荣光，奥运圣火将永远在心中燃烧，并照亮人生道路，指引她，鞭策她，激励她！

朔州市民进会员李成当选为奥运火炬手。民进朔州市综合支部主委李成在朔州市的火炬手选拔中脱颖而出，光荣当选为朔州市火炬传递的火炬手。李成是朔州市信息中心主任，朔州市第十一届政协委员，他工作认真负责，勤劳踏实，连续6年被省信息中心评为先进工作者，并获得国家信息中心的表彰。在获知自己当选奥运火炬手后，他激动地表示，一定不辜负广大会员和市委会领导的殷切希望，出色完成祥云火炬传递任务，为朔州民进争光，为朔州市人民争光。

6月3日至16日，山西大学体育学院副院长、国际级跳水裁判陈安平随中国跳水队参加了国际泳联在德国罗斯托克和意大利罗马举办的国际跳水大奖赛。

民进辽宁省委会

由辽宁电视台、民进丹东市委会、丹东慈善总会主办，丹东广播电视局、元宝区政府、丹东郭氏眼科医院协办的“第一时间”迎奥运慈善光明行活动启动仪式正式在丹东举行，辽宁电视台新闻中心总监孟苏石，副市长、民进丹东市委会主委于梅，民进原主委王振纲，中共丹东市委统战部副部长耿仁波，民进丹东市委会副主委李明及丹东市委宣传部、广播电视局、民政局、体育局、卫生局的领导，省市新闻媒体的朋友和在慈善光明行活动中受益的白内障患者代表及民进会员、丹东郭氏眼科医院院长郭凌云、医院的医生、护士代表等百余人参加了该项活动的启动仪式。

今年年初，中央电视台在新闻栏目报道了民进会员、丹东郭氏眼科医院院长郭凌云免费为百岁老人做白内障手术后重见光明的消息，此新闻播出后，在全国引起很大反响，辽宁电视台新闻中心迅速做出反映，决定以辽宁电视台的名牌栏目“第一时间”参与策化“迎奥运慈善光明行”为主题的系列新闻报道活动。据了解，郭凌云在10年前就已经开始在丹东市范围内开展白内障复明活动，同时对70岁以上老人采取医药费用减半甚至免费的方式进行手术治疗。至今已经成功地为1000多名老人进行了白内障手术，减免各种医药费用20多万元。郭凌云也多次被评为丹东市“十大杰出青年”等光荣称号。

民进江苏省委会

8月7日，民进盐城市委会和市文化馆联合举办了“迎奥运何山师生管乐演奏会”——中央音乐学院校外音乐水平考级优秀考生汇报演出，以此共同祝福北京、唱响奥运。音乐会指导老师，民进会员、盐城市著名管乐演奏家何山先生在音乐会上演奏了唢呐独奏曲《一枝花》，萨克斯独奏曲《甜蜜蜜》，参加演出的同学最小5岁、最大10岁，5岁小朋友何啸和何山老师合作的改编版《月光下的凤尾竹》将音乐会推向了高潮。

姚建萍绣品挂进奥林匹克世博厅，《和谐——百年奥运中华圆梦》正式封针起运北京。7月21日，由我会会员、高级工艺美术师姚建萍领衔创作、绣制的大型原创苏绣作品《和谐——百年奥运中华圆梦》，在苏州会议中心举行隆重的封针仪式。这将是北京奥组委接受的第一份来自地市级城市的礼物，7月25日北京奥组委将举行交接仪式和新闻发布会。北京奥运会期间，该作品将陈列于奥林匹克世界博览会贵宾厅，代表中国人民热情迎接来自五大洲的朋友们，也将成为我国人民与世界人民友谊的桥梁与纽带。《和谐——百年奥运中华圆梦》长2.9米，象征第29届奥运会；高1.12米，象征现代奥林匹克运动会诞辰112周年。画面以蓝天祥云为背景，从左往右依次为雅典卫城、爱琴海、北京天坛、长城和珠穆朗玛峰等著名人文景观和自然景观，象征奥运会从雅典传递至中国；空中飞翔着29只来自五大洲的吉祥鸟，寓意世界各国运动健儿相聚北京，吉祥鸟也代表了和平与和谐，吉祥鸟振翅高飞象征着更快更高更强的奥林匹克精神。

民进会员盛玉红携“祥云”凯旋。5月27日，奥运圣火传递在南京进行，9位无锡奥运火炬手代表450万无锡人民传递圣火。我会会员、残奥会冠军盛玉红光荣地高擎祥云火炬为奥运加油。奥运圣火经过208名火炬手的手手传递，经梦都大街、扬子江大道、草场门大街、北京西路，最后到达鼓楼公园，全程12.9公里。日前，盛玉红已携“祥云”凯旋，并立即将投入到紧张的坐排训练当中，备战奥运。盛玉红表示，能担任火炬手对她而言将是一生的荣耀，同时更将激励她在北京残奥会赛场上奋力拼搏、再夺金牌。

南京民进市委会副主委陶琪成为江苏段火炬接力的火炬手，参加奥运火炬接力传送。

民进浙江省委会

8 月 26 日，民进会员、中国微雕家协会筹委会主席、浙江省工艺美术大师冯耀忠专门为奥运会创作的火炬微雕作品《中国力量》创作完成，在杭州天石微雕艺术馆召开新闻发布会并举行了作品揭幕仪式。这件微雕作品是冯耀忠专门为北京奥运会创作的，作品在 1.6cm×2.4cm 的象牙板上，雕刻了第 23 届到第 29 届奥运会上获得金牌的中国运动员和获奖项目，总字数为 4286 个，平均每平方毫米 16 个字，浓缩了中国体坛的精华，展示了中国在奥运史上的辉煌历程。

民进安徽省委会

安庆民进会员萧亚辉撰写奥运长联。为庆祝北京举办第 29 届现代国际奥林匹克运动会，弘扬奥林匹克精神和我中华历代相传的公平正义、和平友好、团结互助、和谐共生、和睦相处的美德，特撰写《二百长联》，以资纪念。所谓《二百长联》即上下联各一百字，共有二百字。此联经过一年多的酝酿和十二次易稿，力求主题明朗，结构严谨，对偶工整，音韵协调。

民进江西省委会

“纪念改革开放 30 周年暨迎奥运江西民进书画摄影作品展”在南昌举办。6 月 28 日上午，由民进江西省委会主办，江西民进书画院承办的为期 3 天的“纪念改革开放 30 周年暨迎奥运江西民进书画摄影作品展”在南昌美术馆开幕。此次作品展汇集了民进的知名书画家、摄影家和特邀摄影家的作品近 100 幅，艺术家们以独到的眼光、新颖的构图、别具的风格表达了江西民进对改革开放 30 年来祖国各项事业繁荣昌盛和迎接 2008 年北京奥运会的喜悦之情。

民进山东省委会

民进山东省委会向民进各市委会、省直（总）支部发出通知，要求全省民进各级组织和广大会员积极行动起来，为迎接奥运、办好奥运协助各级党委和政府做好安全保卫和维护社会稳定工作。通知指出，举办本次奥运会是中华民族的百年盛事。在这迎接奥运、办好奥运的重要时刻，山东省作为奥帆赛的承办地区和首都北京的南大门，做好维护社会稳定工作，确保奥运顺利进行尤为重要。

在举世瞩目的奥运圣火即将传递到珠穆朗玛峰之际，民进烟台市委会综合二支部主任、烟台日报社记者孙泓炜受中共烟台市委的委派，于 5 月 5 日晚乘飞机到西藏聂拉木采访。据悉，此次采访为期 10 天左右。采访内容包括：烟台市第四批援藏干部在聂拉木干事创业的艰辛和事迹；同时对奥运圣火在珠穆朗玛峰传递现场进行采访报道。所有采访内容将在《烟台日报》、《烟台晚报》、《今晨 6 点》、水母网站、手机报及光速传媒等多家新闻媒体刊登和播放。此次采访意义重大，亲临现场的采访记者是经过烟台日报传媒集团推荐、中共市委组织部严格把关后而确定的，他们不但政治素质过硬，同时具有较高的文字和摄影摄像水平。

民进青岛市南区一支部会员雨田提出构建群众性奥运文化体系的建议：一、调动各方面的力量，以奥运文化普及为基本目的，编辑出版奥运文化“校本读物”和“乡土教材”；二、立足市民的奥运文化需求，编辑充分体现我市文化特色的奥运文化“市民手册”；三、针对国内外游客的需要，应加大对青岛市城市特色和帆船之都内涵的宣传力度。

民进河南省委会

民进河南省委会副主委陈国桢圆满完成开封奥运火炬传递。他说，作为 191 棒火炬手，是在开封市标志性雕塑“黄河风”前完成火炬接力的。颇具动感的“黄河风”雕塑造型似顺风鼓张的风帆，寓意着开封像一艘巨轮，开足马力，勇往直前；展现了开封人民坚韧不拔、奋发有为的精神状态。他感觉跑那一段特别有意义。因此，跑得英姿勃勃、意气风发。他坚信，勤劳智慧的开封人民一定能够将“更快、更高、更强”的奥运精神转化为加快开封又好又快发展的不竭动力。正像提出的口号：点燃激情，传递梦想。在他平时的书画创作当中，其实就是用笔墨来点燃激情，对生活对人生的激情，来传递梦想。所以，他觉得自己的人生准则和奥运精神是一脉贯通的，那就是不满足于眼前的成绩，要不断地超越自己。

民进开封市委会举办庆奥运、文化广场活动。8 月 15 日晚，开封市著名旅游景点开封府门前广场灯火通明，人头攒动，一场由民进开封市委会倡导，文化支部、经济支部的联合主办的“庆奥运、文化广场活动”在这里精彩上演，为市民送上了一顿丰盛的文化大餐，吸引了众多群众驻足观看。这次活动是民进开封市委庆奥运系列活动的一部分，今后他们还将联合其他单位，继续举办类似的主题文化活动，让群众更多地感受奥运气氛。

民进商丘市委会开展“迎奥运、树新风，爱我家乡，保护母亲河”系列活动。近日，民进商丘市委会在商丘市水上公园举行了“迎奥运、树新风，爱我家乡，保护母亲河”系列活动启动仪式暨签名活动。全市近千名社会各界群众先后在印有“迎奥运、树新风，爱我家乡，保护母亲河”活动的百米长卷上庄严的签上了自己的名字，表达了迎奥运会召开、树文明新风、保护母亲河的心声。签名活动现场氛围热烈，前来参观和游玩的市民积极参与，使签名活动一度达到高潮。

让圣火传递中国人的梦想，开封歌舞剧院副院长、民进会员周晏生当选火炬手。周晏生多部作品在全国、省级舞蹈比赛中获奖，其中由他编排的舞蹈《绣》获国际民间歌舞比赛铜奖，创编的舞蹈《梁祝》、《钧窑神火》分获河南省民族民间歌舞比赛金、银奖。2007 年，由周晏生担任总导演的大型歌舞剧《清明上河图》（青春版）又获得巨大成功。在得知自己成为奥运火炬手后，他说，能有幸成为奥运圣火的传递者，是终身的荣耀和骄傲，要以实际行动为奥运加油，为中国加油。

民进广东省委会

8 月 22 日晚上，佛山民进机关支部在御城宾馆举行“燃点梦想，创造辉煌”畅谈会，畅谈北京奥运。畅谈会特别邀请北京奥运圣火燃点火炬手、体操王子李宁的父亲李世波老师参加。李世波是民进会员，他培养出了李宁这样一位伟大的运动员、杰出的企业家，令人敬仰。当 70 多岁的李世波老师精神矍铄地走进会场时，大家起身迎接，鼓掌欢迎，并向李老敬献了鲜花，表达了民进会员由衷的敬意。6 点多，大家和李世波老师一起观看奥运赛况，重温奥运开幕式。奥运赛场捷报频传，凯歌回旋；开幕式气势恢弘，独领风骚，虽然是重温，但大家还是禁不住击节赞叹。当开幕式点火仪式出现在大家面前时，参加畅谈会的同志坐不住了，大家都站起来，挥舞着旗子，为奥运欢呼，为李宁欢呼。有的会员好奇地问李老师：您是否事先知道儿子要承担燃点火炬这一伟大使命？李世波老人笑呵呵地说：我也不知道！当天晚上即 8 月 8 号 11 点 30 分左右，我收到李宁的短信。他说，国家决定让我点燃主火炬，这是我的福气，爸爸，让我们好好共享福气。感谢爸爸从小对我的培养，我一定要努力完成国家交给的使命。看来，李宁参加点火仪式对亲爱的父亲也是守口如瓶的。心中有父亲，在 8 月 8 号下午 3 点去“鸟巢”的路上，李宁不忘给父亲发短信：睡好午觉，看开幕式。

畅谈会上，大家兴致勃勃地向李老询问了李宁的成长经历、成才之路以及最近的生活和工作简况，李老一一作了回答。从李宁谈到李小双，从李小双谈到杨威谈到中国体操，从中国体操谈到中国跳水、中国举重、中国乒乓，从奥运的金牌的创记录到改革开放的成果斐然，大家有说不完的话，表达不完的情。大家为中国军团在北京奥运上的杰出表现而喝彩，为中国的发展进步深受鼓舞，每个人的脸上都写满了自豪，畅谈会始终充满着欢声和笑语、激情和快乐。随后，全体人员合影留念，并由原民进佛山市委会主委陈世菲代表支部向李世波老师赠送北京奥运会开幕式录像 DVD。

民进深圳市委会委员、深圳市体育局副局长杜勤同志，作为北京 2008 奥运会火炬接力广东深圳站副总指挥，尽心尽力、全力以赴，圆满地完成了深圳站的火炬接力工作。之后，又被推荐为火炬手，于8月1日参加了天津站新区的火炬接力活动。

民进四川省委会

2008年8月11日晚，参加中国民主促进会乐山市委员会第五次代表大会的全体代表，在嘉州宾馆三楼会议室举行联欢晚会，共庆奥运。

民进贵州省委会

为了营造稳定、和谐的社会氛围，以饱满的精神状态迎接即将开幕的2008北京奥运会，8月7日，民进贵州省委会召开了以“迎奥运、构和谐、促发展”为主题的会员座谈会。座谈会上，会员们畅所欲言，谈体会、说感受、议发展，表达对奥运会的激情。大家纷纷表示，在北京奥运会期间，要尽心尽责做好本职工作，为奥运贡献力量。

民进新疆区委会

民进新疆区委会文化艺术出版委员会委员吴凤翔作为摄影家应邀参加了北京奥运圣火在新疆乌鲁木齐、喀什、石河子、昌吉等地传递过程的拍摄任务，短短三天时间里，她与北京奥运圣火同行3000余公里，短短3天时间里，她拍摄下了近3000张北京奥运圣火在新疆传递的珍贵镜头，短短三天时间里，她每天都及时向北京奥委会官方网站和新疆有关媒体发送圣火传递新闻图片。

民进会员王军光荣入选乌鲁木齐市奥运火炬接力手。6月17日，2008年北京奥运会火炬在乌鲁木齐市传递，王军光荣入选为火炬接力手之一，参加了火炬在乌鲁木齐市的传递。王军同志是头屯河区文化稽查队队长，2003年任区文体局副局长期间，曾荣获自治区十运会突出贡献奖。他说，能够参加奥运火炬接力，点燃激情，传递梦想，这是我很久的愿望，我一定要全力投入，为奥运添彩，为乌鲁木齐市争光，为组织争光。

民进会员沈秉昌被石河子市选为2008年迎奥运会火炬接力手。沈秉昌今年69岁，是石河子市火炬接力手中年龄最大，也是石河子市民主党派成员里唯一入选的奥运火炬接力手。

民进会员、流行歌曲创作人刘江涛被石河子市团委选为石河子市迎奥运火炬接力志愿者。刘江涛同志专为北京奥运会创作的歌曲《爱的力量》曾在石河子人民广播电台播出。

民进会员吴凤翔、齐亮夫参加迎奥运南疆采风活动。2008年5月上旬，由新疆国画院组织的迎奥运中国西部实力派书画家、摄影家一行集聚新疆的南部，阿克苏、拜城、库车等县进行采风创作活动，民进会员、著名摄影师吴凤翔、民进会员、著名画家齐亮夫等参加了这次采风活动。参加此次采风活动的有西部书画名家和新疆本土的著名书画家。这次活动中最引人注目的是齐亮夫先生在拜城世纪广场万人迎奥运徒步活动开幕式上，捐赠了两幅巨作《龙虾图》和《新疆瓜果飘香图》。在烈日炎炎下，74岁高龄的齐亮夫先生走在采风队伍的前面，并跟随徒步队走完了5公里的路程。民进新疆区委会文化艺术出版委员会委员、著名摄影师吴凤翔女士以认真的态度，不怕苦与累，尽职尽责，积极创作，得到活动组织者和各县领导的好评。

（民进中央宣传部根据民进各省区市委会网站报道整理）

民进纪念改革开放30周年参政党建设理论研讨会暨民进中央与上海社会科学院合作签约揭牌仪式在沪举行

2008年9月7日，全国人大常委会副委员长、民进中央主席严隽琪在上海华东政法学院出席民进纪念改革开放30周年参政党建设理论研讨会开幕式并讲话。她强调，建设适应时代要求的高素质参政党，迫切需要加强参政党理论建设。会议拉开了民进中央纪念改革开放30周年系列活动的序幕。今年上半年民进中央在调整统战理论研究会人员的基础上，成立了民进中央参政党理论研究会。这次会议在上海召开，将与上海社科院、华东政法大学政党理论研究所合作，开展参政党建设理论的专题研究。

严隽琪在讲话中指出，30年前全国掀起的真理标准大讨论，向全国人民吹响了解放思想的号角，为我国实现历史转折、迈向改革开放新时期作了思想准备，为坚持和发展中国特色社会主义道路、形成中国特色社会主义理论体系提供了强大精神动力。30年来，民进积极参与了改革开放的实践，见证了改革开放的伟大历程，同时也在改革开放的大潮中得到锻炼、发展和提高。

严隽琪说，当今世界正在发生广泛而深刻的变化，当代中国正在发生广泛而深刻的变革。随着全球化进一步推进，我们所面临的不仅有国际上显形的矛盾与摩擦，还有更加危险的、跨国界的陷阱和埋伏。经过30年的改革开放，我国的社会结构发生了前所未有的深刻变化，社会分层出现了许多引人注目的新情况，社会主要矛盾也出现了许多阶段性特点，存在具体利益的差异和冲突，为改革和发展提出了重大理论问题和实际问题，也给执政党和参政党提出了许多必须研究和解决的难题。

严隽琪说，从民进来讲，改革开放后入会的会员成为主体，五六十年代出生、九十年代入会的新成员大批进入各级领导班子，已成为各级组织的主体。他们基本素质好，思想活跃，年富力强，但是对民主党派的性质、地位、作用的认识有待加深，对我国革命和建设以及多党合作的历史有待增强了解，从事会务工作的经验有待加强。面对新形势新任务，新一届会中央领导集体高度重视参政党理论建设，因为理论建设是思想建设、组织建设、作风建设、制度建设的基础和内涵所在。结合纪念改革开放30周年加强参政党理论建设，是全面贯彻落实中共十七大和民进十大精神的重要举措，对于我会坚持解放思想、与时俱进，把民进建设成为符合时代要求的高素质参政党具有重要意义。

严隽琪强调，要深刻认识理论研究的重要性，努力打造理论研究的平台，进一步明确理论研究的方向。她指出，理论上的成熟是一个政党成熟的重要标志，只有理论上的清醒和坚定，才能保证政治上的清醒与坚定。参政党的自身建设，必须有科学理论作为指导，必须建立在完整的理论体系基础之上。在打造理论研究的平台上，要通过联合调研、召开研讨会、设立专项奖等方式，充分发挥统战理论研究会会员和特邀专家的作用，逐步建立一支相对稳定，熟悉中国特色的参政党理论与实践，研究水准较高的专业队伍，不断提高为领导决策提供咨询服务的能力和水平。在理论研究的方向上，必须以中国特色社会主义理论体系为指导，深入贯彻落实科学发展观，按照中国共产党领导的多党合作和政治协商制度的本质要求，把参政党理论作为主要研究方向，把应用理论作为研究的重点，通过科学总结多党合作和参政党建设的实践经验，研究新时期、新形势下参政党自身建设和全面履行职能的有关问题。在理论建设中要积极通过体制、机制创新和人才队伍建设来扩大理论研究的资源。

民进中央副主席王佐书主持开幕式，并通报了民进中央参政党理论研究会、华东政法大学政党理论研究所成立情况。民进中央副主席、上海市人大常委会副主任、民进上海市委会主委蔡达峰，中共华东政法大学委员会书记杜志淳，中共松江区委书记盛亚飞分别致词，中共上海市委常委、市委统战部部长杨晓渡出席开幕式并讲话。

当日上午，复旦大学教授、博导余源培作《发展社会主义民主与民主党派的自身建设》报告；上海社会科学院研究员、博导杨宇立作《普及民主知识，增加民进的政治资源》报告；华东政法大学政党理论研究所所长、教授蒋德海作《参政党的实效是参政党的灵魂》报告；上海市社会主义学院副院长、市统战理论研究会副会长彭镇秋作《提高参政议政能力是加强参政党建设的重要任务》报告；上海大学教授、博导邓伟志作《民主是民主党派的生命线》报告。

中共上海市委统战部副部长周箴，中共上海社会科学院委员会副书记童世骏，上海市社会主义学院副院长、市统战理论研究会副会长张颖，民进中央宣传部、研究室和民进各省级组织负责人，统战理论研究会、统战理论研究专家，民进上海市委会同志近50人参加开幕式。

9月8日，民进纪念改革开放30周年参政党建设理论研讨会在上海华东政法大学闭幕。王佐书作总结讲话，蔡达峰出席会议。王佐书指出，本次研讨会简短、紧张、精彩，有收获有启发有激励有鞭策，通过专家发言、小组讨论、大会交流等多种形式，总结了经验，收集了信息，交流了思想，体现了与会同志在参政党理论研究中的深入思考与逐步提高的研究水平，同时会议收到的论文质量普遍较高，本次会议对今后的理论研究将起到很好的促进作用。

王佐书说，本次研讨会取得收获，一是深刻认识改革开放的伟大意义，更加坚定了走中国特色社会主义道路的信心和决心；二是把参政党理论作为主要研究方向，把应用理论作为研究的重点和着力点，明确了理论研究的方向和重点；三是总结了改革开放以来我会理论研究的部分经验，为今后的理论研究工作提供了有益的建议和思考。

王佐书强调，民进的理论研究要以中国特色社会主义科学理论体系武装全会，探索高素质参政党建设的理论体系和基本框架，不断提高在实践基础上的理论水平，以理论创新带动工作创新，努力探索适合我会要求的思想政治工作的手段和方法，切实改进思想政治工作。当前民进理论研究的具体要求是，坚持以中国特色社会主义理论体系为指导，以服务决策为重点，以队伍建设为基础，以工作平台为依托，以制度建设为保障，不断提高综合政治素质和业务水平，努力搞好领导决策服务。

王佐书对民进理论研究工作提出三点具体要求，一是始终保持清醒的头脑，坚定正确的政治方向和政治立场，明辨是非，永不迷路，永远走中国特色社会主义政治发展道路；二是加强研究规划，认真实践，努力推动，促进理论研究常态化；三是创新活动形式，增进互相交流，深入开展理论研究工作。

当日上午，研讨会举行大会交流。民进北京市委会秘书长王报换，民进山东省委会秘书长郭永军，民进云南省委会副主委陈友康，民进新疆区委会副主委、民进乌鲁木齐市委会主委童兆玲，民进江苏省委会副秘书长、参政议政处处长云建，民进河北省委会统战理论研究会副主任林保民，民进辽宁省委会宣传部部长李宝平和民进广东省委统战理论研究会副会长陈剑安，就参政党建设文化生态研究、参政党职责、中国特色社会主义政治发展道路、民主监督、民主党派领导班子建设等主题发言。

民进中央与上海社会科学院合作签约揭牌仪式7日上午在上海社科院举行。严隽琪与上海社科院党委书记、院长王荣华共同为民进中央—上海社科院合作中心揭牌，王佐书与上海社科院常务副院长左学金在合作协议书上签字。蔡达峰出席仪式，上海社会科学院党委副书记童世骏主持签约揭牌仪式。

严隽琪在签约揭牌仪式上首先向上海社会科学院建院50周年表示热烈祝贺。她在讲话中简要介绍了民进成立以来在国家政治、经济和社会生活中的主要作为和发挥的作用。她指出，民进十大选举产生的新一届民进中央领导集体坚决贯彻中共十七大精神，坚持走中国特色社会主义政治发展道路，决心以创新的精神全面推进高素质参政党建设，增强全会的生机与活力；以科学发展观指导全会工作，全面加强自身建设，认真履行参政党职能，为促进科学发展、社会和谐、实现祖国统一贡献智慧和力量。

严隽琪说，中共中央对于多党合作和民主党派工作越来越重视，对参政党的参政议政能力提出更高要求，民进作为同中国共产党通力合作，共同致力于建设中国特色社会主义事业的参政党，为了更好地履行职能，不仅要充分整合全会资源，举全会之力，而且要充分借助社会资源，广泛开展会内会外的互动。民进与社会科学界渊源很深，不仅会内有高水平的专家学者会员，还与会外许多专家学者保持密切的联系。民进中央—上海社科院合作中心的建设就是民进积极寻找合作的一个新尝试。

严隽琪对合作中心的建设提出三点希望：一是进一步解放思想，清醒认识当今世界和当代中国发展的大趋势，全面把握我国经济社会发展的新要求，不断提高理论研究水平；二是坚持理论联系实际，以波澜壮阔的中国特色社会主义建设实践为研究问题的来源和检验标准；三是探索和创新合作的方式，充分发挥双方的优势，通过良性互动，互相学习、共同进步。

王佐书在仪式上介绍了民进中央与上海社会科学院合作的情况。他指出，上海社会科学院建院半个世纪以来，坚持厚德笃学、求真务实，取得了辉煌的成就，积淀了厚实的底蕴，产生了广泛的影响，成为国际知名的综合性哲学社会科学研究与教育机构，成为中国共产党和政府信赖的思想库、智囊团。民进中央—上海社科院合作中心的成立，必将为中国民主促进会高素质参政党建设和履行参政党职能提供良好的机遇、条件、动力和力量。

民进中央—上海社科院合作中心将根据双方领导的统一部署，围绕民进中央关注的实际问题和重大理论课题，特别是政治、经济、文化、社会、政党制度、参政党人才建设等方面，完成民进中央委托的研究课题，为民进中央提供相应的理论咨询与评估服务。

民进中央研究室、民进上海市委会和上海社会科学院有关负责人参加仪式。

践行师德　铸就师魂
——民进中央庆祝第24个教师节座谈会在京举行

2008年9月9日下午，民进中央在机关举行庆祝第24个教师节座谈会。全国政协副主席、民进中央常务副主席罗富和，国家教育部副部长陈小娅出席并讲话。会议由民进中央副主席刘新成主持。民进中央副主席朱永新出席会议。会议以弘扬新时期人民教师的高尚师德和无私奉献精神为宗旨，通过深入学习宣传汶川地震灾害中英雄教师的先进事迹，号召民进广大教师会员提高自身综合素质，为进一步促进全社会尊师重教的良好风尚，推动我国教育事业的健康发展贡献力量。

罗富和代表民进中央向民进广大教师会员致以节日的祝贺和诚挚的问候。他说，长期以来，民进全会广大教师和教育工作者自觉贯彻党的教育方针，在教书育人的岗位上勤奋工作、无私奉献，为我国教育事业发展和推进社会主义现代化建设作出了重要贡献。改革开放30年来，民进各级组织围绕推动教育立法、促进教育改革、提高教育质量、加强教师队伍建设等问题所提出的建议，多数都得到党和政府的高度重视并被采纳。在这次汶川特大地震中，民进教育界会员用实际行动履行了人民教师的职责，践行了民进人对党的教育事业的忠诚，交出了让民进和人民满意的答卷。

罗富和强调，民进各级组织、广大教师和教育工作者要抓住开展向抗震救灾英雄教师学习活动的契机，大力宣传新时期人民教师的高尚师德和无私奉献精神，把英模教师的先进事迹和崇高精神作为师德教育的重要内容和生动教材，使抗震救灾精神成为推动教育事业发展和改革的强大精神动力。他希望广大民进教师会员要爱岗敬业、乐于奉献，忠诚于人民教育事业，树立崇高的职业理想和坚定的职业信念，做爱岗敬业的模范；要淡泊名利、勤于治学，自觉坚持社会主义核心价值体系，带头实践社会主义荣辱观，静下心来教书，潜下心来育人，努力做受学生爱戴、让人民满意的教师；要勇于创新、精心育人，踊跃投身教育创新实践，努力培养适应社会主义现代化建设需要、具有创新精神和实践能力的一代新人；要当好助手、为会争光，在本职岗位上发挥好民主党派成员的作用，用一流的工作水平和成绩，为推动我国教育事业发展贡献出应尽的力量。

陈小娅在讲话中说，教育部今年将庆祝教师节的主题定位为“学习英模教师，弘扬伟大师魂”，当前正在全国教育系统开展向抗震救灾英模教师学习的活动，广大教师和教育工作者在突发地震灾害面前，临危不惧、恪尽职守、舍生忘死，为夺取全国抗震救灾斗争的重大阶段性胜利作出了重要贡献，民进中央“践行师德，铸就师魂”的座谈主题与今年教师节的主题定位十分切合。

陈小娅说，近年来教育部加强中小学教师队伍建设的工作一直秉承“标本兼治、立足治本”的基本原则，并着重在创新教师补充机制，实施高校免费师范教育，推进农村教育硕士计划，推广城镇教师支教活动和加强农村、中西部边远贫困地区教师培训等方面做了一些实际工作。她指出，目前农村教师队伍依然是提高义务教育教学质量的薄弱环节，在师资培训、教师待遇、教师队伍结构等方面仍存在一些问题，希望民进中央继续关注这些问题的解决，提出意见和建议，为进一步推动建设一支高素质的农村教师队伍营造良好的政策环境。

朱永新在会上介绍了民进中央委派新教育研究院参与灾区教育重建，深入绵阳八一帐篷学校开展心理救助的情况。

民进中央教育委员会主任、北京师范大学教育学院教授庞丽娟，北京教科院基础教育研究中心小学数学教研室主任吴正宪，北京 31 中学校长张礼斌在会上汇报了向抗震救灾英雄教师学习、帮助农村教师研修培训、构建教师团队核心价值体系等方面的经验和体会。

会议宣读了民进中央致民进全体教师会员的慰问信。

国家教育部师范教育司副司长宋永刚，民进中央秘书长赵光华，民进中央各部门负责人，民进教师会员代表约 60 余人出席座谈会。

给四川灾区的孩子一叶绿色方舟

——朱永新教师节谈四川灾后教育重建援助

“向着明亮那方，向着明亮那方，哪怕只是分寸的宽敞，也要向着阳光照射的方向。……”在四川灾区新教育灾后重建援助小组援助的帐篷学校里，早晨通常是用诗歌来开启黎明。低年级的唱着《毛虫与蛾子》、《早安，小松鼠》；中年级的吟诵《我是一只小蝴蝶》、《向着明亮那方》、《全世界都在对我微笑》；高年级的朗诵《千屈菜》、《相信未来》……

全国人大常委、中国民主促进会中央委员会副主席朱永新说，这些诗歌，往往不是直接与灾难关联，但诗歌中天然有一种明朗的力量，能够不知不觉中给儿童心理以很大支撑。

“民进中央庆祝 2008 年教师节座谈会”9 日在北京举行。朱永新在会上介绍了民进中央派新教育灾后重建援助小组援助参与灾后教育重建情况。

“5・12”汶川大地震发生以后，民进中央第一时间就做出反应。朱永新介绍，作为以教育为主要界别的参政党，援助灾区教育重建自然就成为我们的工作重点。其中一项工作，就是委派新教育灾后重建援助小组深入一线，援助绵阳八一帐篷学校。

这项援助行动有一个充满希望的名称——绿色方舟；主题是“抚慰受伤心灵，重建灾后教育”；神圣目标是心灵的重建。

每天要展开的课程主要有：读写绘，讲故事，体育及游戏，唱歌，语文学习，诗歌（晨诵），看电影，写作，谈话……

课程要点：一让学生在绘画、作文中宣泄与讲述，在音乐、电影和故事中转移与遗忘，在经典结构性的故事中谋求升华的可能；二是逐渐恢复日常教育教学，从而恢复儿童正常的生活。

课程目标最后指向是：通过一种仪式，一个长久的课程，儿童学会将灾难纳入到自己的生命叙事中，理解、接纳本次灾难，从而重建自己的生活。

朱永新说，对于初次接触课程的孩子，我们总要通过简单示范告诉他：将生命视为一个故事，将每一天视为一页或者数页由自己书写的纸。这雪白的纸页，将被你涂抹生命的颜色，如新叶般生机勃勃的绿，如火般热情洋溢的红，也有各种颜色都汇聚在一起后，变得深沉含蓄的黑色。时光会逝去，生命会逝去，但生命的足迹却每一天，留在这纸上，来变成一个故事。因此，写绘本的第一页，要呈现一个精彩独特的自画像。

在八一帐篷小学四（一）班曾静同学写绘本的第一页上，记者看到花丛中，一个自信、神采飞扬小姑娘，小蝴蝶在她脚边舞姿翩翩。

此外，新教育的儿童心理干预项目还投入十五万元人民币制作了五千个儿童童话音乐盒，分为高中低段，连同耳机和电池，运往灾区。音乐盒由专业人员配合受灾儿童心理救助精心选择的故事与音乐组成，成为灾区的学生儿童们的好礼物，为儿童心理干预发挥了作用。

帐篷外，文具书籍捐赠、《羌族文化学生读本》的出版捐赠都在持续不断进行中……

中国民主促进会是以从事教育文化出版工作的高中级知识分子为主、具有政治联盟性质、致力于建设中国特色社会主义事业的政党，是中国八个民主党派之一。

朱永新说，目前，民进中央委派的新教育灾后重建援助小组的专家还继续在绵阳八一帐篷学校工作着。应该说，民进中央支持北川教育重建的序幕，才刚刚正式拉开……

（中新社）

普及羌族文化知识　共建灾区精神家园

——民进中央、中国民协、中华文化学院、冯骥才民间文化基金会、中华书局联合在京举办《羌族文化学生读本》首发式暨向地震灾区学生捐书仪式

2008 年 9 月 7 日，在新学期开始之际，一本精美的《羌族文化学生读本》及时面世，奉献给四川地震灾区的广大中小学生。由中国民间文艺家协会、中国民主促进会、中华文化学院、冯骥才民间文化基金会、中华书局联合举办的《羌族文化学生读本》首发式暨向四川地震灾区学生捐书仪式今天在北京人民大会堂举行。全国政协副主席罗富和，中国文联党组副书记、副主席覃志刚，国务院扶贫领导小组副组长刘坚，中共中央统战部副部长楼志豪，中国文联副主席、民进中央副主席、中国民协主席冯骥才，联合国教科文组织文化官员卡贝丝，民进中央副主席朱永新，中国民协分党组书记罗杨，中国文联国内联络部主任夏潮，中华文化学院副院长黄易宇，中宣部文艺局副局长汤恒，国家民委文化宣传司司长金星华，文化部非物质文化遗产司屈盛瑞等相关单位领导，张锠、曹保明、刘铁梁、余未人、夏挽群、常嗣新、陶立璠、李玉祥、雍继荣、巫允明等民间文艺界专家学者，来自四川地震灾区的师生代表以及首都各大新闻媒体的记者出席了捐书仪式。与会的领导、专家学者对读本的出版给予了高度评价。会上，主办单位还联合向四川地震灾区学校学生捐赠读本 1 万册。来自灾区的北川中学、八一帐篷学校的师生在会上发言并代表灾区学校师生接受图书捐赠。

羌族是我国多民族大家庭中的重要成员，也是我国最古老的民族之一，曾经为中华文明史做出过杰出的贡献。羌族口头文学、史诗、长诗、民俗、节日、音乐、舞蹈、民居、建筑、工艺、服饰等方面，都极具民族特色和历史文化价值。四川汶川地震使千百年来的珍贵文化遗产遭到毁灭性破坏，其中主要分布在

震区的羌族人民的生命财产和文化遗产更是遭遇了前所未有的损毁。

9月1日，温家宝总理再次亲赴北川中学，参加开学仪式。在地震发生后，温总理曾经多次亲赴灾区，并且在北川县城受灾现场发出了殷切的期望，要保护羌族文化遗产。为了响应温总理的号召，6月1日，民进中央、中国民协、中华文化学院等单位联合启动了紧急保护羌族文化遗产的项目。组织专家奔赴灾区，实地调研羌族文化遗产保护的现状、问题、措施，并多次召开了有数百人参加的多个层次的专家学者研讨会；中国民间文化遗产抢救工程在第一时间启动了紧急保护羌族文化遗产项目，向全国民间文艺界发出了《紧急保护羌族文化遗产倡议书》。在一大批著名学者的参与下，经过实地调查和学术研究，中国民协向国务院领导提交了《关于四川汶川地震灾后重建中保护羌族文化遗产的建议书》，并以最快的时间出版了《羌去何处——紧急保护羌族文化遗产专家建言录》。这些工作，得到了国务院领导的高度肯定与评价。国家发改委8月13日发布的《国家汶川地震灾后恢复重建总体规划》（公开征求意见稿）在文化遗产保护的相关条款中吸纳了有关建议和意见。

针对羌族文化遗产面临失传的危境，民进中央提出了编写《羌族文化学生读本》的建议，以便使羌族中小学生了解自己民族伟大的历史文化和树立民族自信、传承民族文化；使其他民族的学生了解中华文明史和羌族人民在其中的贡献，普及羌族文化知识，促进羌族文化的代代相传。

冯骥才与我国非物质文化遗产专家、中国民协秘书长向云驹联袂担任读本写作任务。在多种多样的文化读本写作方法中，作者采取了文学性、知识性统一的写法，全书共计8章，选取了羌族文化最经典、最具特色和影响的文化形式，以深入浅出、娓娓道来的笔法，贴近中小学生的阅读习惯和接受能力，在鉴赏中传播知识与文化。全书配以大量精美图片，图文并茂地展现了羌族文化灿烂迷人的风采。为一个少数民族的文化写作学生读本，这在全国还是首创。如此集中各个方面的力量与智慧为灾区学生编写的读本，创下我国图书出版的先例，也是全国人民万众一心抗震救灾、重建家园的一个生动写照。

（《中国艺术报》）

朱永新出席毕节试验区20周年座谈会并发言

2008年9月23日，“开发扶贫、生态建设”试验区20周年座谈会在毕节市隆重举行。中共中央统战部、各民主党派中央、全国工商联、试验区专家顾问组、深圳市对口帮扶部门和贵州省各民主党派省委、省工商联、省智力支边办、省试验区工作领导小组成员单位、省直有关部门及在毕投资优强企业代表等100多位专家、学者和企业界人士齐聚毕节，共话试验区成立20年来取得的辉煌成就。

中共贵州省委常委、省委统战部部长龙超云代表省委、省政府向长期以来关心支持贵州发展、支持毕节试验区建设的中共中央统战部、各民主党派中央、全国工商联、试验区专家顾问组、对口帮扶的深圳市表示感谢，向毕节全区人民迎来试验区20周年这一大喜日子表示祝贺。

民进中央副主席朱永新出席座谈会并发言。他说，20年来试验区取得的成就令人倍感振奋。试验区各族干部群众紧紧围绕“开发扶贫、生态建设、人口控制”三大主题，坚持从实际出发，积极探索符合喀斯特高寒贫困山区科学发展之路，全区呈现出健康良好发展势头。毕节试验区是科学发展观的成功实践，是中国共产党领导的多党合作和政治协商制度在经济建设时期推动区域经济社会发展的生动写照，毕节试验区的发展实践为我国西部乃至更大区域扶贫开发提供了借鉴。

20年来，民进中央及各地方组织在中央智力支边协调小组的统一协调下，与有关方面精诚合作，分别在考察论证、规划制定，人才培养、智力开发，项目介绍、资金引进，定点帮扶等方面做了一些实事。20年来民进中央领导和教育、科技、企业、医卫界会员共650余人次到毕节开展智力支边活动，完成各类支边项目70余个，培训各类人员5000余人次，捐资近400万元人民币，捐赠各类物资折合人民币100万元，提供规划、项目咨询与各类建议40多个。今年6月，我会会员与毕节市人民政府签订了总投资106.3亿元人民币的循环经济项目——“青利毕节氯碱磷煤生态化工工业园项目”。

民进中央以对口支援的金沙县为重点，突出特色，支持金沙教育等社会事业发展。民进把加强师资队伍建设作为突破口，自1988年开始，通过请进来、走出去的方式，为改善对口支援的金沙县师资水平做了大量工作，捐建教学楼、图书楼三座。

民进中央抓住关键点，围绕生态建设做文章，积极推动试验区的生态建设。2005年，在民进中央、国家林业局的建议、支持下，毕节生态保护、林业建设发展规划得到国家发改委的批准。民进中央还向中共中央提出了关于我国石漠化治理的构想与建议，建议尽快启动石漠化综合治理工程、加大投入力度，建议在毕节率先启动试点项目。民进中央的建议得到了中共中央的高度重视，国家发改委等六部门制定了《岩溶地区石漠化综合治理规划大纲》，在全国确定了100个综合治理试点县，将贵州省的55个县纳入试点范围，毕节8个县全部纳入试点范围。今年6月9日至11日，民进中央又与国家林业局、贵州省人民政府联合主办了“中国（毕节）生态文明与石漠化治理高层论坛”，就石漠化治理政策、措施进行研讨，提供可供决策参考的意见建议，并组织开展面向毕节石漠化治理试点地区的咨询服务活动。

民进中央依靠科技，推动社会主义新农村建设，对毕节多个项目给予技术支持。民进中央协调华南农业大学与毕节农业产业结合，对毕节畜牧、茶叶、蔬菜方面给予技术支持。民进中央支持金沙县的民心生态有机示范园，到2007年底，经果林基地项目覆盖100多农户，规模达到500余亩，形成了“公司+基地+农户”的运作机制，让科技之花在贫困山区结出了累累硕果。

朱永新在发言中郑重表示，中国民主促进会将适应新的形势发展要求，从促进科学发展和社会主义和谐社会建设高度出发，为试验区发展建良言，献良策，办实事，继续和毕节人民携起手来推动试验区发展。

座谈会由毕节地委书记秦如培主持，地委副书记、行署专员张吉勇向与会代表通报了毕节试验区成立20年来的情况。

在毕节期间，朱永新参观了力帆骏马振兴车辆有限公司、毕节节河化工有限公司、毕节顺泰烟叶公司、倒天河二期工程、毕节人民公园、毕节实验区建立20周年成果展览。民进中央社会服务部负责人参加活动。

冯骥才被授予“全国抗震救灾模范”荣誉称号

2008年10月8日上午，全国抗震救灾总结表彰大会在北京人民大会堂举行。党和国家领导人胡锦涛、吴邦国、温家宝、贾庆林、李长春、习近平、李克强、贺国强、周永康出席大会。中共中央政治局常委、国务院总理温家宝主持会议。中共中央政治局常委、国务院副总理李克强在会上宣读了《中共中央、国务院、中央军委关于表彰全国抗震救灾英雄集体和抗震救灾模范的决定》。民进中央副主席、中国文联副主席、天津市文联主席冯骥才等517人被授予“全国抗震救灾模范”荣誉称号。

为保护传承震后羌族文化鼓与呼

冯骥才，男，汉族，1942年2月生，民进会员，现任民进中央副主席、中国文联副主席、天津市文联主席。

抗震救灾工作中，冯骥才为震后羌族非物质文化遗产保护工作做出了不懈的努力。

一捐再捐：这是很自然的事情

5 月 13 日傍晚，正在斯洛文尼亚陪同贾庆林同志进行友好访问的冯骥才，得知发生重大地震灾害之后，第一时间给民进中央打电话，询问受损情况。委托“冯骥才民间文化基金会”向四川地震灾区绵竹捐款 10 万元。18 日，冯骥才参加中央电视台、中国文联等单位举行的“爱的奉献”晚会，现场捐款 1 万元。6 月 1 日，由冯骥才提议，民进中央在北京举办“为了灾区的孩子们——中国民主促进会抗震救灾书画义卖捐赠活动”，募得善款 429 万余元。冯骥才捐出力作——一幅价值 30 万元的《万壑奔流》图。当人们问起为何一捐再捐时，冯骥才说：“这是很自然的事”。

延续民族精神　倡议建立汶川地震博物馆

冯骥才呼吁“建立汶川地震博物馆”，撰写了《要想到建立汶川地震博物馆》。他指出：“汶川大地震无疑是百年来罕见的大自然的灾难。建立一座博物馆首先是要见证这一灾害的巨大破坏力，见证这一悲剧的事实。无论在地震学、地质学、建筑学还是科学抗震救灾方面都有重要的价值。更重要的是，它将见证当代中国人面对这一特大灾难表现出的特有的气质与崇高境界。”文章对博物馆的结构等具体问题提出了建议。该文由新华社以快讯形式发表，全国众多报刊和网站转载，引起很大社会反响。6 月 13 日，冯骥才在文化部参加国家文物局召开的“汶川地震遗址博物馆专家座谈会”，并发表《建立地震博物馆之我见》。

传承文明　积极投身保护羌族文化遗产

羌族是中国历史最悠久的民族之一，是甲骨文中有记载并一直延续至今的民族。汶川大地震对羌族文化造成了极大的损毁。冯骥才积极呼吁抢救羌族文化。6 月 1 日，在紧急保护羌族文化遗产座谈会上，冯骥才作了题为《抢救羌族文化刻不容缓》的发言，呼吁民间文艺专家尽快前往灾区，到北川等羌族聚居地展开文化遗产调查，寻找民间文艺传承人，对调查结果进行归纳、分类，提出具体保护方案。冯骥才还与数十位专家学者向全国民间文化工作者发出了《紧急保护羌族文化遗产倡议书》。6 月 16 日，冯骥才出席文化部“地震灾区非物质文化遗产保护工作会议”，并作了题为《羌文化的脆弱性和保护工作的不确定因素》的发言。6 月 17 日至 20 日，冯骥才先后赴北川县、汉旺镇、绵竹市等地考察羌族文化受灾情况，确定了年内工作：一是全面摸清羌文化及传承人损失情况，二是编写《羌族文化学生读本》，三是筹备大型羌文化图片展，四是制定《中国羌族文化集成》编撰计划。6 月 26 日，冯骥才完成《关于四川汶川地震灾后重建中保护羌族文化遗产的建议书》，呈送刘延东同志，建议书于 7 月 6 日得到了温家宝总理的重要批示。6 月 28 日至 6 月 30 日，冯骥才先后撰写了《羌去何处》和《废墟里钻出的绿枝》，发表于京、津、沪各大媒体，呼吁更多人关注羌族的文化生态现状，重视羌族非物质文化遗产的价值。目前，冯骥才正主持编写《羌族文化学生读本》。

（民进中央宣传部）

第三届海峡两岸企业发展与合作暨滨海新区开发开放高层论坛在天津召开

2008 年 10 月 14 日，第三届海峡两岸企业发展与合作论坛暨天津滨海新区开发开放高层论坛在天津滨海新区隆重开幕。此届论坛以“海峡两岸企业发展与合作暨滨海新区建设”为主题，由天津市人民政府、民进中央共同主办，旨在推动海峡两岸经贸交流与合作，促进天津经济社会发展和滨海新区开发开放，促进祖国统一和中华民族振兴。

全国人大常委会副委员长、民进中央主席严隽琪出席开幕式并讲话。她说，祖国大陆改革开放 30 年来，经济与社会发展发生了举世瞩目的变化，海峡两岸的经济交流与合作登上了一个新的历史平台。目前海峡两岸关系的发展进入了一个新的历史时期，两岸同胞对于加强交流往来的愿望更为强烈，两岸各个领域开展交流合作的前景更富期待。在经济全球化趋势发展背景下，推进两岸全面合作，有利于两岸企业提升应对各种风险的能力，迎接挑战，共同发展。

严隽琪说，中国民主促进会将继续与有关各方真诚合作，以中华传统文化和经贸合作为纽带，鼓励与帮助台湾企业界人士到内地考察、投资，增进同台湾各界人士的友谊，促进大陆与台湾在教育、文化和经济等多方面交流。她希望，两岸同胞继续努力，“建立互信、搁置争议、求同存异、共创双赢”，携手并肩实现共同和平发展，推进中华民族的伟大复兴。

全国政协副主席、民进中央常务副主席罗富和主持开幕式。

叶克冬副主任代表中共中央台湾工作办公室、国务院台湾事务办公室致词。他说，多年来经过两岸同胞的共同努力，两岸经济交流与合作从无到有，由小到大逐步发展起来，两岸经济互补互利的格局基本形成。今年以来，台海局势发生了重大的积极变化，我们愿与台湾各界人士一道牢牢把握两岸和平发展这一主题，从中华民族和两岸同胞的根本利益出发，不失时机地开展两岸同胞大交流，推动两岸经贸大合作，促进两岸关系大发展。当前，国际金融市场动荡加剧，全球经济增长明显放缓，两岸同胞尤其是企业家们理应携起手来，充分利用和创造条件，加强合作，共同应对挑战，共享经验、共谋发展。

天津市市长黄兴国致欢迎词。他代表中共中央政治局委员、天津市委书记张高丽，代表天津市政府和 1100 多万天津人民对莅临论坛的嘉宾表示欢迎。他说，当前，两岸关系呈现出良好的发展势头，面临难得的发展机遇，近年来，津台两地合作领域不断扩大，人员往来日益频繁，友好交流更加密切。2007 年，连战先生、吴伯雄先生、江丙坤先生分别率团来津，就加强津台交流进行会晤，达成广泛共识，对推动津台合作向深层次发展起到重要作用。他说，天津是我国北方最大的沿海开放城市和历史文化名城，改革开放以来，天津经济社会发展取得了令人瞩目的巨大成就。当前，天津发展迎来了千载难逢的机遇。天津滨海新区开发开放纳入国家总体发展战略布局。滨海新区开发开放的热潮蓬勃兴起，为海外投资者带来了巨大商机。天津与台湾在经济上互补性很强，经贸合作空间广阔，希望与台湾各界开展更深层次的合作，为增进两岸人民的福祉，实现中华民族的复兴作出应有的贡献。

民进中央原主席许嘉璐在开幕式后做主旨演讲。他用“缤纷掩映明珠在，迟发尤成耀眼红”两句诗来形容环渤海经济圈和天津滨海新区的后发优势和可持续发展能力。他认为，天津的人才科技优势、人文沉淀优势和地下资源优势将助力环渤海经济圈的腾飞。他形象地比喻海峡两岸的关系如同“早春三月”，乍暖还寒，但不会再是“冬天”了。他希望海峡两岸能够进一步“和”与“融”，以经济合作一体化作为未来永久和平的保证。

台湾新党主席郁慕明用“纵横神州一弹指，来去海峡两岸情”来描述海峡两岸的骨肉情深。他认为，中华经济合作区和中华经济生活区是当前两岸企业合作发展的主要方向。

中国国民党中评会主席团主席、台湾“中华海峡两岸客家文经交流协会”理事长饶颖奇宣读了台湾海峡交流基金会董事长江丙坤致论坛的贺词，并代表中国国民党荣誉主席连战先生、吴伯雄主席预祝论坛圆满成功。

民进中央原第一副主席张怀西出席开幕式，并主持主旨演讲。出席开幕式的还有海峡两岸关系协会副会长王富卿，全国人大常委、民进中央副主席朱永新，天津市委常委、滨海新区管委会主任苟利军，天津市人大常委会副主任张元龙，天津市副市长、民进天津市委会主委张俊芳，天津市副市长任学锋，天津市政协副主席刘长喜，天津市政府秘书长李泉山，中国国民党中常委、中华两岸文化经济协会理事长廖万隆，台湾中华工商建设研究会副理事长吴嘉璘，以及海峡两岸企业界、经济界、学术界和政界的知名人士300余人。

第三届海峡两岸企业发展与合作暨天津滨海新区开发开放高层论坛14日进行主旨演讲和主题演讲。罗富和、朱永新到会。主题演讲由清华大学社会学系教授罗家德和民进中央联络委员会主任、中国流行色协会常务副会长梁勇主持，由国务院发展研究中心企业研究所副所长张文魁和台湾经济日报总主笔马凯担任点评嘉宾。

来自海峡两岸的9位专家学者的演讲内容翔实、见解精辟，他们从不同角度阐述了当前海峡两岸面临的经济形势、推动海峡两岸经济交流与合作，支持天津滨海新区开发开放的重要性和紧迫性，提出了两岸合作双赢、共同发展的经贸合作思想，表明了积极为台湾、天津人民谋福祉、办实事的诚意。

观点之一：关于海峡两岸关系的新变化与两岸经贸合作发展的新形势

台湾中华工商建设研究会副理事长吴嘉璘认为，近年来两岸经贸合作在政治形势发生改变之后也有了新的变化。他概括了四点：一是政府主导成分增多；二是双向发展力度加大；三是即将形成政经一体的共同市场；四是合作对外的脚步加快。他说，津台两地有共同的地理特点，都是面向海湾的地区，这样的地区最容易做国际化方面的合作，台湾在这一方面的经验可以提供给天津，相信只要大家能够把握这个机遇，互通有无，携手合作，一定可以取得双赢。

台北市企业家菁英会会长吴木川说，目前世界各地都在以对话代替对抗，合作代替战争。在这样和平协商的潮流趋势下，未来两岸必将可以以和解、和平、合作的方式来促进彼此的交流，共同为两岸人民谋求最大福祉。他说，近期海峡两岸关系发生重要的积极转变，在这种难得的历史机遇下，在“九二共识”的基础上，秉持着“建立互信、搁置争议、求同存异、共创双赢”的精神，两岸的经济合作必定会向前迈进，为两岸的和平发展打下良好的基础。

观点之二：关于滨海新区开发开放与环渤海经济圈发展新格局

中共天津市委常委、滨海新区管委会主任苟利军总结了滨海新区的几大优势：作为内陆腹地辐射范围很广；产业基础雄厚，优势产业众多；对外开放程度高，是中国唯一聚集了各种开放形态的区域；科教资源丰富，环渤海经济圈聚集了全国27%的高科技人才；发展前景广阔，滨海新区是盐碱荒地不占用国家的粮田。他认为，当前天津滨海新区的开发纳入到国家的发展战略，已经进入了由点到面，由局部到整体，全面开发建设的新局面。他提出四点建议：一是双方可以围绕提高创新能力，进一步加强先进制造业领域的合作；二是优化产业结构，加强现代服务业领域的合作；三是共同开发旅游事业；四是进行专业人才的交流与合作。

南开大学滨海开发研究院常务副院长周立群说，中国的改革开放从南到北、从沿海到内陆逐步展开，继珠三角、长三角开发和开放之后，环渤海经济圈成为又一焦点，天津是这个经济圈中吸引台资较为集中的地区之一。天津滨海新区和环渤海经济圈其他省市、地区发展的重新定位，对区域经济合作都开始赋予了新的内涵。环渤海经济圈内部的合作越来越受到重视和强调，从基础设施到产业、贸易、物流、旅游，再到科技等方面的合作不仅日益密切，而且从政府层面到企业层面，包括民间合作，都在破冰之旅中迈出了关键一步，形成了区域发展的全新格局。

观点之三：关于津台两地发展与合作蕴含的巨大潜力

花旗资讯集团总裁冯军用“1+1=11”的公式来形象比喻海峡两岸整合力量、共创价值、共享价值的重要性，他认为只要方向一致，即使定位不同，也可以既形成合理的互补关系，又具有共同的发展目标，如此才能产生最大的增值。他提出，中国人具有很强的团队精神，一旦大家团结起来，产生“1+1=11”的效果，就可以为全世界创造巨大的价值。他特别强调了自主创新民族品牌的重要性，提议津台两地共同努力把中国已经有的制造优势转化为中国创造，团结起来，齐心协力，共同努力。

中国社会科学院台湾研究所经济室主任孙升亮认为，目前海峡两岸经贸交流发展的速度非常快，两岸的经济相互依赖度也很高，虽然还是存在单向间接不平衡的问题（台湾从两岸经贸中得到的顺差比较高），但潜力是非常巨大的。他说，两岸未来的变化和走势将包括在金融合作的拉动下，从不对称性的依赖关系转移到全面的经济整合；从数量增长转向结构升级；从民间性单方面鼓励转向制订一些共同的政策。同时，两岸经贸会更加注重利益平衡与民意环境，使更多的人都可以从两岸经贸交流中得到好处。

观点之四：关于海峡两岸未来进一步携手发展的期许

清华大学人文学院经济研究所副教授黄德海说，滨海新区是环渤海地区的一个制高点，有很多优势。他认为，台商经过几十年的发展，今天所积累的实力值得大陆出台一些相应的政策去扶植，尤其是台商身上具有的一些非常难得的品质，也正是滨海新区目前发展所需要的。他希望，海峡两岸能够为企业营造公平有序竞争的政策环境，让两地同享一样的待遇，降低在某些产业准入的门槛。他提出两点政策性思考：一是对于已经进入世界500强的台商，大陆方面出台一些相关的扶植政策，帮助这些企业巩固他们的地位，为前移他们的排名提供一些支持；二是对于没有入榜的企业，除了优惠政策以外还可以给予他们“大台商”的地位。

苟利军表示，天津滨海新区将一如既往地支持和鼓励台商在天津滨海新区投资兴业，一如既往地认真观测台湾同胞投资保护法和实施细则，不断改善投资环境切实友好地保护好台商的合法权益。

孙升亮相信，在强有力的政策支持下，在海峡两岸企业界、经济界双方的共同努力下，两岸合作会更加顺畅，发挥作用会更大，未来发展的形势将非常有利。

演讲中，中国科技金融促进会风险投资专业委员会常务副秘书长蒋国平，纬创软体股份有限公司执行长萧清志，台湾尖端先进生技医药股份有限公司副总经理黄崇铭还分别就强化天津私募股权投资中心地位、两岸在软体外包服务领域合作的现状与展望，以及中外药品流通渠道等问题作了分析与论述，并提出了若干建议。

罗富和、朱永新14日在天津万丽泰达酒店万丽宴会厅亲切会见参加第三届海峡两岸企业发展与合作暨天津滨海新区开发开放高层论坛的民进会员。

罗富和向与会的民进企业家、经济领域的专家学者，特别是参与论坛筹备、为论坛服务的民进天津市委会的领导和会员们，表示衷心地感谢。他说，感谢各位代表在百忙之中参加论坛并积极研讨。当前，我们正面临着全球性的金融危机，最近一段时间欧美国家的经济可能会出现一定程度的下滑，世界经济发展速度减缓。我们坚信在中共中央和国务院的正确领导下，我国一定能够应对这个挑战，抓住这个机遇，吸取经验教训，发挥自己的优势，维护国家的金融安全，使国民经济继续保持稳定较快的发展，夺取全面建设小康社会的新胜利，开创中国特色社会主义事业的新局面。

罗富和指出，民进中央换届后，严主席反复强调，发挥好参政党作用、履行好参政议政职能，要依靠整个参政党组织的支撑。严主席明确提出，要聚全会之力、集全会之智做好参政议政工作。希望大家把在一线工作中遇到的困难、体会、利益诉求表达出来，通过民主党派这个平台，反映给执政党，充分发挥我们参政议政职能，为我国经济建设、政治建设、文化建设、社会建设作出积极贡献。

民进天津市委会副主委邱立成、罗小明、刘福林，民进贵州省委会副主委、贵州青利集团有限公司董事长周世立，民进中央联络委员会主任、中国流行色协会常务副会长梁勇，民进中央联络委员会副主任邓莹、刘红、张雅晶，民进中央联络委员会原副主任郑忠秀等民进代表40余人参加会见。民进中央秘书长赵光华，民进中央宣传部、社会服务部负责人陪同会见。

天津滨海新区专题论坛15日在天津万丽泰达酒店会议中心举行。论坛组委会邀请天津经济技术开发区管委会副主任倪祥玉、天津港保税区管委会副主任陈炯、天津东疆保税港区管委会副主任杨仲强、天津中新生态城管委会副主任张彦发分别作专题演讲。南开大学物流管理学院教授刘秉镰主持专题论坛。

倪祥玉说，天津经济技术开发区是我国建立最早的以制造业为主的经济开发区之一。目前已经聚集了4000多家外资企业、六七万家内资企业在此投资建厂。年平均工业总产值一万三千多亿，预计今年将达到4000亿。除此之外，开发区管委会非常重视管理人员的培养，每年向区内客户所在国家或地区派出大量公务员进行联合培训或学历培训，以便掌握最新的客户需求信息。天津经济技术开发区经过几年的开发与建设，已经形成了一系列的产业链，拥有了一支高素质的管理队伍，配套的生活设施也已建设齐备，欢迎两岸的企业界人士到天津经济技术开发区投资经营。

陈炯说，天津港保税区是滨海新区的核心区之一，它拥有自己独特的面貌并具有五大优势。一是经济总量的优势，保税区定位于依托京津两大城市，辐射三北广阔的腹地，经济始终保持以年30%以上的增长速度快速增长。二是在区位交通的优势，整个空港加工区是滨海新区内距市区和北京最近的一个功能区。三是配套环境的优势，目前已经有自己的投资服务中心、星级酒店、国际医院、国际学校、金融服务、高尔夫球场等一系列高档的生活配套设施，形成了符合国际化的商务环境和生态化的宜居环境。四是产业配套的优势，区内聚集了包括航空、国际贸易、现代物流、汽车、橡胶、有色金属、工程机械等一大批具有国际竞争力的企业。他希望广大的企业家多关注保税区的发展，多到保税区来考察投资环境，在保税区找到更好的发展机会。

杨仲强说，天津东疆保税港区设立于2007年12月11日，是我国改革开放30年之后经济功能区的一个最高的对外开放的形态。按照国务院批复的要求，这个区域的功能定位为发展国际中转、国际配送、国际采购和国际转口贸易，同时进行进出口加工。东疆保税港区集各个方面的政策为一体，有包括税收、口岸监管、外汇管理以及涉及到离岸金融等现代金融业的优惠政策。海关按照我们“一线放开、区内自由、入区退税”的原则对企业进行海关的监管。服务便利、减少层次、减少程序、减少事项，并实行诚信体系管理的口岸管理是我们的工作理念。未来我们将会一如既往、全力以赴、积极地创造更加良好的环境，为中外客商在新一轮的全球经济应对方面创造一个适应发展，能够寻求发展、稳定发展和持续加快发展的载体和平台。

张彦发说，中新天津生态城是世界上唯一的由两个不同体制的国家——中国和新加坡共同合作建设的生态城市，生态城积极开发和推广节能减排、资源循环利用、生态修复、污染治理等先进科学技术，重点发展高端、高知、高新产业。坚持生态有限、保证利用的原则，完整保护水系。积极推广地热、太阳能、风能等可再生能源的应用。建立符合国际化标准的文化教育、体育健身及医疗卫生保健体系，满足居民多样化的精神文化需求。我们非常欢迎来自海峡两岸及其他地区的投身于环保节能事业的企业和组织积极参与中新天津生态城的建设，用我们的共同努力，将中新天津生态城建设成为一座倡导环保节能的生态之城，一座促进持续发展的活力之城，一座推动城市进程的示范之城，一座引领健康生活的宜居之城，一座实现互惠互生的和谐之城，一座展示现代文明的未来之城。

四位嘉宾的演讲，引起与会两岸企业家的共同兴趣。专题论坛结束后，两岸企业界人士考察了滨海新区规划展览馆、中新天津生态城、天津东疆保税港区。

第三届海峡两岸企业发展与合作暨天津滨海新区开发开放高层论坛15日下午在津闭幕。许嘉璐出席。朱永新致闭幕词。他说，与会嘉宾通过论坛演讲，全面了解了天津滨海新区的现状与未来；通过实地考察滨海新区的东疆保税港和中新天津生态城，对天津滨海新区的开发开放有了更加清晰的感受。论坛期间，与会嘉宾深入交流研讨，发表真知灼见，为天津滨海新区的经济战略决策增加了新的智慧资源，对两岸企业合作、金融合作、滨海新区建设与环渤海区域发展将起到积极的促进作用，产生实际的推动效果。所有这些，不仅是论坛的重要成果，也是促进天津滨海新区发展、推动两岸交流合作的宝贵财富。

朱永新说，天津是一座具有悠久历史的文化名城，也是一个与海外交流合作上有着丰富历史和辉煌成就的城市。天津的发展充满活力，蕴藏着无限商机。论坛虽然落下帷幕，但大家的情谊依旧延续，津台两地的经贸合作的大幕也才刚刚开启。他衷心地希望各位嘉宾继续关注天津的发展，积极参与滨海新区的开发建设。

天津市副市长任学锋，中国国民党中评会主席团主席、台湾“中华海峡两岸客家文经交流协会”理事长饶颖奇，台湾中华工商建设研究会副理事长吴嘉璘出席闭幕式。闭幕式由天津市副市长、民进天津市委会主委张俊芳主持。

闭幕式前，论坛进行了分会场交流总结。四个分会场的召集人作了观点综述，在两岸经贸合作形势、需进一步解决的问题、滨海新区的发展策略等方面达成共识。一是台商投资大陆不仅是要取得共赢，更是为了促进中华民族的振兴，政府应给予高度关注，适当降低门槛、放宽政策，应制定公平透明的游戏规则，提供有助于创造双赢的、优质的投资环境。在公平竞争的环境里才能够真正发挥企业精神，创造更大价值。二是希望台湾企业家能够把大陆当作真正的、自己的家，同样，也希望大陆能够把台商当作自己的人。台商进入内地投资会面临税务上、融资上的众多问题，尤其难免会产生经济纠纷，所以，在发展经济的同时，应加强两岸司法合作，从法律上保障两岸经济合作的顺利进行。三是天津滨海新区的招商服务意识发生了明显变化，但应注重整体服务意识，加强国际化都市形象的设计和塑造，特别在一些细节方面给予关注。四是大陆的经贸发展也要改变一些思路，变“招商引资”为“招商选资”，不是所有资金都可以进来，对什么样的产业能够进来要有所评估。五是滨海新区的资源优势非常适合于现代制造业的发展，但发展的关键是引进人才，目前天津滨海新区的当务之急是造就一批新滨海人，引进新的观点和思想，形成人才政策的优势。六是滨海新区仅引进大企业、大项目是不够的，还应看到中小企业的贡献度，成为中小企业的孵化器，才能够有助于整个北方地区的经济发展。

本届论坛期间，来自海峡两岸企业界、经济界、学术界和政界的知名人士就国际金融走势、海峡两岸关系新形势、两岸经济合作与发展新格局、两岸经贸协商议题设置、自主创新民族品牌与国际化、滨海新区开发开放等问题进行了广泛深入的交流探讨。

民进华东六省一市第十次工作研讨会在烟台召开
王佐书致词并作报告

2008年10月16日，民进华东六省一市第十次工作研讨会在山东烟台召开。民进中央副主席王佐书代表民进中央向大会致词。王佐书指出，十七大报告明确提出“推动社会主义文化大发展大繁荣”的任务，首次在党代会报告中提出文化软实力，把文化软实力作为“综合国力竞争的重要因素”，高度强调加强文化软实力建设的重要意义。在即将兴起的全国文化建设新高潮中，民进如何秉承传统、发挥自身特色和优势，在促进文化发展方面有所作为，是摆在民进各级组织面前的一个重大而迫切的实践性课题。

王佐书说，长期以来，华东地区工作研讨会为本地区民进组织之间加强合作与交流提供了良好平台。华东六省一市各级民进组织通过该平台进一步加强合作、密切联系、相互学习与借鉴，不断促进各项会务工作的开展，为提高我会参政党素质作出积极的贡献，为履行民主党派的职责贡献力量。山东是经济文化大省，物产丰富，人杰地灵，孕育了绵延数千年的齐鲁文明和底蕴深厚的儒家文化；今日山东，朝气蓬勃，开拓创新，经济社会长足进步，人民生活总体小康。本次以“推动文化大发展大繁荣，提高文化软实力”为主题的研讨会安排在山东省举行，具有特殊的意义。相信本次华东六省一市会议一定会有丰硕的收获，为山东省和烟台市文化发展与繁荣贡献力量。

开幕式由大会主席团执行主席、民进浙江省委会主委盛昌黎主持。中共山东省委宣传部、统战部领导，华东地区各省市党委统战部领导，民进江西省委会主委汤建人、民进山东省委会主委栗甲等华东六省一市委员会负责同志、专职干部近百人参加会议。

王佐书当日下午为与会同志作《为研究中国文化战略与安全研究提供一些研究的线索》专题报告。报告从国际国内形势，文化安全研究的背景，形势趋势的作用，文化的定义、结构、基本特征，文化安全、语言文字安全，对中国文化产品（作品）参加国际评奖的分析，国家文化发展战略理论框架体系研究，文化实力命题式框架体系研究，影响国家文化安全的关键因素和维护国家文化安全方法的研究等十四个方面系统阐述了中国文化战略和安全，为研究中国文化战略和安全提供了一系列方式方法。与会者一致表示，报告高屋建瓴，视角新颖，结构严整，引导性强，信息量大，予人警示，富有启发，通过对报告的学习进一步加深了对文化软实力的理解，增强了为建设文化软实力贡献力量的信心。报告会由大会主席团执行主席、民进江苏省委会副主委徐菊英主持。

民进华东六省一市工作研讨会自上世纪八十年代首次召开以来，每两年在华东地区省市召开一次，至今已举行十次。华东六省一市各级民进组织通过该平台加强日常联系与合作，相互学习与借鉴，有效促进了各项会务工作的开展，为提升华东地区民进组织的影响力、履行参政党职责作出了积极的贡献。

王佐书在烟台期间出席了第二届烟台国际动漫艺术节晚会暨开幕式、开馆仪式和获奖动漫作品奖励暨企业入驻签约仪式。

民进中央十二届四次主席会议在北京召开

2008 年 10 月 18 日，民进中央十二届四次主席会议在京召开。严隽琪主席主持会议。罗富和常务副主席，王佐书、贺旻、蔡达峰、朱永新、张帆副主席出席会议。赵光华秘书长、徐德骁原副秘书长、部门负责人列席会议。

会议学习了中共十七届三中全会精神，交流了学习体会。会议认为，深入学习贯彻中共十七届三中全会精神，是当前和今后一个时期民进全会一项重要的政治任务。民进要深入学习领会中共十七届三中全会的主要内容和精神实质，进一步解放思想，统一认识，把学习贯彻中共十七届三中全会精神同学习贯彻科学发展观结合起来，同纪念改革开放 30 周年结合起来，把思想和行动统一到中共十七届三中全会的精神和中共中央的决策部署上来。

会议交流了主席、副主席下基层情况。会议认为，下基层是了解基层组织情况和社情民意的有效途径，增加了直接与会员、基层干部谈心的机会，对会员、干部、退下来的老同志进行慰问是对地方工作最大的鼓励；领导下基层可以对各省级组织换届之后的领导班子情况有直接认识，提供了与当地统战部门直接沟通的机会，有利于了解和促进地方民进工作。

会议审议通过了民进十二届四次中常会议程、日程草案。本次中常会主要是认真学习中共十七届三中全会精神，审议《民进中央关于认真学习贯彻中共十七届三中全会精神的通知（草案）》和《中国民主促进会中央监督委员会工作条例（试行）》（草案）。

会议审议了《民进中央关于学习贯彻中共十七届三中全会精神的通知（草案）》，同意将《通知（草案）》提交民进十二届四次中常会审议。

会议听取了关于民进十二届二中全会工作报告（草稿）起草情况的汇报，讨论了民进十二届二中全会工作报告提纲（草稿）。会议要求，工作报告要注意虚实结合，以实为主，要对今年的工作和思考认真总结、提炼，对明年的工作提前做好规划。

会议审议了《中国民主促进会中央监督委员会工作条例（试行）》（草案），根据《中国民主促进会章程》第四十七条的规定，会中央于年初提出了研究和起草民进会内监督条例的事项，组织部赴上海、江苏、安徽、湖北进行调研，就会内监督条例起草事宜广泛听取了当地民进基层组织、市级组织和省级组织的意见。在调研的基础上，组织部起草了《中国民主促进会中央监督委员会工作条例（试行）》（初稿）。该初稿已根据常委意见进行了修改，会议通过了试行草案，同意提交民进十二届四次中常会审议。

会议讨论了民进中央2009年参政议政重点调研项目。

会议听取了民进中央纪念改革开放30周年系列活动方案的汇报。

会议还研究了其他事项。

中国民主促进会第十二届中央常务委员会第四次会议在北京举行

2008年10月19日，中国民主促进会第十二届中央常务委员会第四次会议在北京举行。全国人大常委会副委员长、民进中央主席严隽琪出席并讲话。全国政协副主席、民进中央常务副主席罗富和主持会议。民进中央副主席潘贵玉、王佐书、贺旻、刘新成、蔡达峰、朱永新、张帆和常委出席会议。民进中央部门负责人，部分专委会主任、副主任列席会议。

会议以学习贯彻中国共产党第十七届中央委员会第三次全体会议精神为主题，举行报告会和学习座谈。

严隽琪在讲话中指出，中共十七届三中全会的召开，对于全国人民深入贯彻落实中共十七大精神，进一步解放思想、落实科学发展观，加快推进社会主义新农村建设，努力开创中国特色社会主义事业新局面，具有重大而深远的意义。民进全会要认真学习、准确把握三中全会精神，把思想和行动统一到中共中央的决策部署上来。

严隽琪强调，学习中共十七届三中全会精神，要深刻认识新形势下推进农村改革发展的重要性和紧迫性，进一步解放思想、转变观念，毫不动摇地促进农村改革发展；要认真学习领会中共中央关于推进农村改革发展的重要论述和重大部署，确定我会促进农村改革发展的指导思想和工作重点，把对农业、农村、农民的关注关心关爱落实到贯彻《决定》的行动上；要发挥民进的优势和特色，就推进农村体制创新、发展现代农业、促进农村全面进步等问题深入调查研究，积极建言献策，及时反映社情民意；要继续开展以科技扶贫、智力支边、教师培训等为主要内容的社会服务工作，为社会主义新农村建设作出新的更大贡献。

严隽琪指出，认清形势、把握大局，是中国共产党制定路线方针政策的根本依据，也是我会履行参政党职责的重要前提。当前面对美国次贷危机引发全球金融动荡，国际国内不确定因素增加的新变化，我会各级领导干部要树立世界眼光和忧患意识，结合纪念改革开放30周年，引导广大会员进一步坚定接受中国共产党的领导、走中国特色社会主义道路的信念，理性看待当前的经济形势，正确理解中共中央加强宏观调控的一系列决策和举措，积极协助党和政府做好发展经济、理顺情绪、化解矛盾的工作，自觉维护改革发展稳定的大局。

严隽琪说，当前正在中共党内开展的学习实践科学发展观活动，是中国共产党在新形势下加强自身建设的又一项重大举措，对民主党派将产生重要影响。民进要做到与中共真正的互相促进，不但要“以党为师”，还要“与党俱进”。民进全会要在深入学习、思考和实践的过程中，转变不适应不符合科学发展观的思想观念，解决制约科学发展的突出问题，建立有利于科学发展的体制机制，切实提高促进科学发展、社会和谐的能力。

罗富和对会议有关文件的起草情况以及第四季度的工作作了说明和部署。

会议讨论通过了《民进中央关于认真学习贯彻中共十七届三中全会精神的通知》。《通知》要求，民进各级组织和广大会员要深刻认识中共十七届三中全会重大而深远的意义，认真学习领会推进农村改革发展的重要论述和重大部署，积极为实现推进农村改革发展的目标任务作贡献。

与会同志在座谈中一致拥护中共十七届三中全会通过的《决定》，认为当前中共中央作出“毫不动摇地推进农村改革发展”的重大战略决策，正逢其时；提出的重大改革措施全面积极稳妥，特别是把制度建设摆在重要位置，标志着我国农村的改革发展进入了一个新阶段。民进学习贯彻中共十七届三中全会精神，要在结合和转化上下工夫，增强关注“三农问题”的主动性，把握解决“三农”问题的规律性，提高服务“三农”工作的有效性。

会议还讨论通过了《民进中央监督委员会工作条例（试行）》（草案）。

会议期间，特别邀请了中共中央政策研究室副主任郑新立就学习贯彻中共十七届三中全会精神作专题辅导报告。

罗富和考察调研水库清淤工程和水资源可持续利用

2008年10月中下旬、11月中旬，全国政协副主席、民进中央常务副主席罗富和在广东、浙江等地考察调研水库清淤工程和水资源可持续利用。

罗富和10月21日至25日在广东深圳、梅州兴宁等地就水库清淤工程和水资源可持续利用等问题进行调研。

调研组实地考察深圳市石岩水库环保清淤工程的进展情况，听取深圳市水务局就水库清淤工程项目建设背景、清淤工程总体规划和实施情况、环保清淤工程的创新点与创新、综合措施保障供水水质等情况的汇报。

调研组考察了梅州兴宁市合水水库主坝、罗岗河排沙渠节制闸、龙北造地等工程项目，视察了梅城一江两岸、东堤芹黄段加固建设工程。

调研组结束实地考察后，与有关专家座谈，听取专家就广东省水库基本现状、水库清淤工程的开展和进展情况、水资源开发利用、管理保护、泥沙淤积防治措施和水库淤积物资源化利用等问题全面详细的介绍。

罗富和调研期间还分别会见了民进深圳市委会和民进梅州市委会领导班子成员，通报民进中央近期工作，并与参加座谈会的成员就纪念改革开放30年和进一步实践落实科学发展观进行了讨论交流。

罗富和在兴宁前往叶剑英纪念园，向叶剑英雕像敬献了花篮，视察了东山教育基地和广东客家博物馆。

广东省政协、省水利水电科学研究院、民进广东省科工委、省农科院、民进中央参政议政部有关同志陪同调研。

罗富和10月31日在浙江省政协副主席盛昌黎陪同下，到杭州市余杭区视察指导水库清淤工作。罗富和指出，开展水库清淤工程，是一项利国利民的大事，对促进水资源可持续利用产生积极的影响。他说，余杭区领导高度重视，连续五年投入8000万元进行水库清淤和除险加固，换来的是相当于投入几亿元新建一座100万立方的中型水库。这一经验和做法符合科学发展观，深得民心。杭州市政协副主席赵光育陪同视察。

罗富和实地查看了良渚康门水库、瓶窑西中水库，并听取了余杭区水库清淤、除险加固工作汇报。自2003年以来，余杭区对所有山塘水库进行了排查，凡发现险情的水库全部列入改造规划和立项。至2006年底，全区26座10万立方以上的中二型水库彻底进行了清淤和加固，按标准化建设，累计投入资金8000万元。同时，按年度对10万立方以下的47座山塘水库进行清淤加固，目前已完成了38座。通过清淤和加固，不仅确保了水库安全，改善了水质，还累计增加蓄水量100万立方。

罗富和在调研中指出，水资源是农业生产和人民生活的命脉。余杭的做法充分体现了事关“三农”、事关环境、事关民生利益，值得全国各地学习。目前，全国的水资源人均占有只有2200立方米。在水资源相对匮乏的情况下，如何促进水资源可持续利用应引起各级政府的高度重视。

罗富和强调，贯彻党的十七届三中全会精神，加强对农村水利建设投入，其中开展水库清淤工程，是促进水资源可持续利用的一项重要措施。新建一座水库代价很高，需要移民安置，而将现有水库进行一次清淤并结合除险加固，其投入的成本远比新建一座水库节省的多。看了余杭的水库清淤工程，对全国政协调研的“开展水库清淤工程，促进水资源可持续利用”这一课题充满了信心。他希望余杭总结经验，加大宣传，让百姓都知道这是一项利国利民的工程，赢得民众的支持，使大家都来保护好、利用好宝贵的水资源。

罗富和11月23日在福建厦门湖边水库就水库综合整治情况展开调研。湖边水库于50年代建成，到上世纪末，湖水严重污染，于2002年停止向周边居民供水。2006年厦门市动工建设湖边水库整治工程，通过清淤、截污箱涵、补水调水、景观绿化、水源周边环境整治等五项工程措施，不仅使水库成为厦门市的应急水源，也成为一处新的城市景观。根据有关部门的检测，清淤后，水中的污染物含量已经比整治前有了大幅度的降低，有效库容恢复了90万立方米左右。

罗富和在实地察看了湖边水库综合整治工程进展情况，并听取了工程指挥部相关负责人情况介绍后，对湖边水库整治给予了肯定。他认为，厦门对水资源的战略地位认识明确，整治湖边水库具有前瞻性，规划设计合理，将水利、市政、环境整治相结合，不仅为水资源体系提供重要的保障，也将提升周边居民的生活品质。而且施工组织坚强有力，实施的五大工程都有针对性的措施，整体效果明显，留下了深刻的印象。

罗富和指出，此行调研的目的在于进一步呼吁对水资源进行综合利用。水资源将成为制约一个国家长远发展的重要因素，我国目前对于水资源的综合利用过于强调建设新的水库，忽视了对原有水库的清淤治理，在经济实力增强、技术提高的情况下，要把原有水库清淤作为水库效益可持续发挥、水资源可持续利用的重要措施来做，现在新建水库的可能性越来越小，代价越来越高，而我国人均水资源2200立方米左右，仅是世界平均水平的四分之一，水资源对我国的长远发展仍是制约性因素。他认为，湖边水库不仅将成为水资源可持续发展的重要保障措施，也是环境改善的重要基础性项目。把水库清淤作为水库效益充分发挥、水资源可持续利用的一项重要工作，甚至要和新建水库摆在同样重要的位置。厦门湖边水库综合整治工程的具体做法为全国水库的治理树立了一个典型，非常值得全国推广。

民进中央副主席、福建省政协副主席张帆，厦门市副市长裴金佳，厦门市政协副主席桂其明陪同调研。

刘新成出席首届华北五省（市、区）民进主委联席会并讲话

2008年10月21日，民进中央副主席、民进北京市委会主委刘新成在北京出席首届华北五省（市、区）民进主委联席会并讲话。他指出，严隽琪主席和民进中央一直积极倡导、高度重视民进省级组织之间跨行政区域的横向协作，多次在工作规划中把促进省级组织的合作作为一项重要任务。筹办好华北五省（市、区）民进主委联席会不仅是民进华北五省的事，也是民进全会的事，是贯彻落实会中央工作部署的重要内容。

刘新成说，首届联席会的筹办，得到中共北京市委统战部的支持与帮助，也得到民进华北五省（市、

区）的积极响应。建立华北五省（市、区）民进主委联席制度，一是适应当前经济社会发展的需要，有利于扩展民进参政议政的空间。深入贯彻落实科学发展观，促进地区经济又好又快发展，需要根据目前经济发展的新趋势和新要求，突破行政区划的地域限制，统筹考虑区域资源、人口和环境的关系，民进作为参政党应当为此作出自己的努力和贡献；二是开展区域性的合作，有利于搭建省级组织之间相互学习和交流的平台。随着我国多党合作事业的发展，民主党派的工作从理论到实践都面临着许多新的任务和挑战，省级组织之间需要加强相互交流和相互学习，以便共同提高。

刘新成同时代表首届联席会承办方民进北京市委会对大家的到来表示欢迎。

中共北京市委统战部副部长楚国清应邀出席会议并讲话。他在介绍了北京市经济社会发展情况和首都多党合作形势后指出，长期以来，五省（市、区）的民进组织为推进地区的经济社会发展和现代化建设做了大量卓有成效的工作。建立华北五省（市、区）民进主委联席会制度，能够增进地区间的交流与合作，有利于搭建信息平台，交流工作思路，共享参政议政和社会服务资源，有助于认真研究自身建设和五省（市、区）经济社会建设中的共性问题，为高素质参政党建设探索一条新的途径，为民进组织在新的历史起点再创辉煌业绩作出积极贡献。

民进天津市委会主委张俊芳、民进河北省委会主委王刚、民进山西省委会主委卫小春、民进内蒙古区委会负责人，共同参与座谈华北五省（市、区）民进主委联席会议机制（草案），对进一步落实联席会制度提出了具体意见。民进中央组织部负责人出席会议，并介绍了民进全会组织建设工作的有关情况。

华北五省（市、区）民进主委联席会，由民进北京市、天津市、河北省、山西省和内蒙古自治区五省（市、区）委员会共同倡议召开，原则上每年召开一次，由各省市区轮流承办。华北地区具有人才、科技、信息以及交通便利等优势，对我国的经济社会发展具有举足轻重的作用。华北地区区位优势突出，但目前也存在一些发展的制约因素。建立民进华北地区省际合作机制——华北五省（市、区）民进主委联席会议制度，开展区域内的交流与合作，是民进在新时期创新工作机制的有益尝试，同时也为全会如何更有效地集智聚力、切实履行参政党职能拓宽了思路。

会议由民进北京市委会常务副主委吴文彦主持。民进北京市委会副主委胡军、庞丽娟、李焕喜，秘书长王报换，民进天津市委会副主委兼秘书长李敏龙，民进河北省委会副主委兼秘书长解观安，民进内蒙古区委会副主委兼秘书长邢洁晨等出席会议。

冯骥才被聘请为国务院参事

2008 年 10 月 27 日，新华社电近日，作家冯骥才被聘请为国务院参事，聘期 5 年。

国务院参事由国务院总理聘任，年龄一般在 60 岁左右，大多是有影响、有代表性、有参政议政能力的爱国民主人士。他们在政府内以个人身份，以“直通车”的方式反映社情民意，参政议政，建言献策，咨询国是，开展统战联谊工作。

冯骥才表示：“被聘为国务院参事，对我来说，今后的工作会更实一些，在继续对非物质文化遗产抢救和保护的同时，将更加关注中国文化的当代命运和国家文化发展战略。”

严隽琪出席何梁何利基金2008年度颁奖大会
蔡睿贤荣获"科学与技术进步奖"

2008年10月29日，何梁何利基金2008年度颁奖大会在北京隆重举行。中共中央政治局委员、国务委员刘延东向大会发来贺信。全国人大常委会副委员长、民进中央主席严隽琪出席。57位科学家获此殊荣。其中，"科学与技术成就奖"获奖人1名，每人颁发奖牌1枚、奖金100万港币，"科学与技术进步奖"获奖人38名、"科学与技术创新奖"获奖人18名，每人颁发奖牌1枚、奖金20万港币。颁奖大会在北京钓鱼台国宾馆隆重举行。

民进中央原副主席、中科院院士蔡睿贤荣获"科学与技术进步奖"。蔡睿贤院士主要从事与能源利用有关的科学研究，早年全面发展了吴促华院士创建用于计算叶栅的中心流线法，使其计算速度与准确度均有数量级的提高，且为国内外所应用。在热力系统分析方法方面，创建了比较法与重视评价准则的思路，由此在国际上领先给出了联合循环等系统的简明性能表达以及其他创新见解。近年从事理论性研究，导出了工程热物理学科等已多年极少获得的各种数理基本方程的创新严格简明显式解析解，如非定常激波流、场协同传热等的解，发展了一些新求解方法，这些解既有重要的理论价值，也对发展数值计算有帮助。

何梁何利基金是香港爱国金融家何善衡、梁銶琚、何添、利国伟先生基于崇尚科学、振兴中华的热忱，各捐资1亿港元于1994年3月30日在香港注册成立的社会公益性慈善基金。基金的宗旨是通过奖励取得杰出成就的我国科技工作者，促进中国的科学与技术发展，倡导尊重知识、尊重人才、崇尚科学的良好社会风尚，激励科技工作者不断攀登科学技术高峰，加速国家现代化建设进程。基金共设"科学与技术成就奖"、"科学与技术进步奖"、"科学与技术创新奖"三大奖项。何梁何利基金每年颁发奖金总额，由基金信托委员会根据基金资本运作情况确定，但最多不超过1500万港元。其中，"科学与技术成就奖"不超过5人，每人奖金100万港元；"科学与技术进步奖"和"科学与技术创新奖"至多不超过65人，每人奖金20万港元，14年来共有800多位优秀科技工作者获奖。据悉，今年"科学与技术进步奖"获奖人的科研成果，约有90%科研成果进入世界前列。"科学与技术创新奖"获奖人的创新成果，原创性突出，18位获奖人，获得授权专利231项，其中授权发明专利162项，占70.1%。

严隽琪就"民进与改革开放30年"的主题
接受新华社、人民日报记者采访

2008年10月30日，民进中央主席严隽琪就"民进与改革开放30年"的主题接受新华社、人民日报记者采访，作为经历了改革开放前后两个不同时代的知识分子，她由衷感到，改革开放是决定当代中国命运的关键抉择，是发展中国特色社会主义的强大动力，是实现中华民族伟大复兴的必由之路。

严隽琪用"意料之中"、"意料之外"两个词描述了对改革开放取得的伟大成就和艰辛探索历程的感受。她认为，改革开放的巨大成就来之不易，必须十分珍惜今天的大好局面：一方面，改革发展的速度之快、成就之大是最初没有想到的；另一方面，国内外形势复杂多变，一路走来的艰辛程度还是有些出乎预想。但尽管道路坎坷，在中国共产党的正确领导和全国各族人民的不懈努力下，我们开创了迈向现代化的新局面，实现了伟大的历史巨变，同时取得了非常宝贵的经验：一是必须坚持解放思想、实事求是、与时

俱进，审时度势、把握机遇；二是必须坚持一个坚强的领导核心——中国共产党的领导；三是对于民主党派而言，必须坚持继承传统、立会为公、参政为民。

严隽琪简要回顾了民进在改革开放30年中的发展历程。她将这30年大致按每个10年分为三个阶段：第一阶段是拨乱反正、恢复发展阶段，第二阶段是明确参政党定位，为两个文明建设服务阶段，第三阶段是实现新老交替、政治交接，为全面建设小康社会作贡献阶段。她说，民进的发展与改革开放是一致的，也是与建设和发展中国特色社会主义一致的，民进成员在改革开放大潮中不断得到锻炼和提高。老一辈民进人的政治信念、优秀品质、崇高风范，以及与中国共产党同心同德、和衷共济的和谐局面将会一代一代传承下去。

严隽琪说，改革开放30年为多党合作事业开辟了更广阔的空间，理论上有发展，政策上有突破，贯彻上也有许多新举措。她认为，参政党在中国特色社会主义事业中作出了两点重要贡献：其一，民主党派是和中国共产党团结合作的亲密友党，是进步性和广泛性相统一、致力于中国特色社会主义事业的参政党，推动了对中国特色社会主义政治发展道路的道路认同，推动了民族解放、人民幸福、国家富强、全面建设小康社会的共同目标认同，推动了以社会主义核心价值体系为代表的价值认同。其二，民主党派在推进和发扬社会主义民主的进程中作用功不可没，社会主义民主不仅有利于中共“广开言路”、“广收众益”，作出科学的决策，也有利于从多角度、多层次、多方面了解社会各阶层成员的诉求与愿望，协调兼顾各阶层之间的利益，维护社会稳定，促进和谐发展。

严隽琪对于民主党派在多党合作事业中有更大的发展，有三点期待：一要进一步巩固和壮大最广泛的爱国统一战线，把改革开放以来多党合作事业中的优良传统和宝贵经验传承下去。二要加强参政党理论建设，参政党理论是中国政党理论，也是中国特色社会主义理论的应有之义和有机组成部分，理论的建设和发展会将有助于增强社会主义民主的自觉性和坚定性，有助于发展和谐的政党关系，有助于执政党和参政党建设的相互促进，有助于参政党在今后的历史进程中继续当好共产党的挚友和诤友。三要学习贯彻好科学发展观，加强对改革开放所面临的重大问题的研究和思考，尤其要深入调查研究，加强自身建设，不断提高参政议政的能力和水平。

严隽琪说，无论是民进，还是我个人，能够见证、参与和分享中华民族历史上难得的空前盛世——改革开放30年，是非常幸福的。她表示，民进新一届领导班子将以党为师、与党俱进，集智聚力、顺势而为，带领广大民进会员“以新作为巩固老阵地，在顺势中开辟新领域”。

严隽琪还就当前教育改革等问题回答了记者的提问。

朱永新出席“中国西部农村义务教育教师培训能力建设”项目总结与推广会议并讲话

2008年10月30日，民进中央“中国西部农村义务教育教师培训能力建设”项目总结与推广会议在云南省大理州鹤庆县召开。民进中央副主席朱永新出席会议并讲话。“中国西部农村义务教育教师培训能力建设”项目是由民进中央组织，云南、甘肃、内蒙古三省（区）共同参与的重点调研课题，是民进中央长期关注西部大开发、关注“三农”、关注教育均衡发展的一个重要组成部分。项目通过总结教师培训资源整合和培训管理体制改革的先进经验，尝试在三个项目省（区）统筹教研机构与教师进修机构资源实验，设计、推广适合西部农村地区的新型教师培训模式，进而为建立教师专业可持续发展的长效机制建言献策。这既是一项民主党派参政议政性质的专题调研，也是服务西部农村教育的办实事的活动。该项目历时两年，在经过前期6个项目县60余所中小学和进修学校的调研，形成调研总报告和三省（区）分报告，召开教师培训管理体制改革研讨会，在教师培训工作典型地区召开现场会，12 所项目学校试点等项目活动的基础上，召开了本项目的总结和推广会议。

朱永新在讲话中指出，“中国西部农村义务教育教师培训能力建设项目”把“西部”、“农村”、“义务教育”、“教师”、“培训”等中国教育最重要、最关键的问题提了出来，在其中任何一个主题上所进行的工作都将对中国教育发展有着重大的意义。三省（区）通过项目的实施，很大程度上提升了对教师培训工作的重视，结合实际探索了一些教师培训的新模式、新方法，为今后教师培训能力建设和教师培训工作的推进打了良好的基础。

朱永新结合“新教育实验”给大家讲授了如何研究把握教师成长的规律，抓住教师培训中的几个关键问题等。他对全国人大、全国政协、北师大、首师大专家和鹤庆县政府对本次会议的大力支持表示感谢，并希望六个项目县将今后教育管理和实践中遇到的问题和建议告诉民进中央，这也将成为民进中央参政议政工作的重要线索。

云南省政协副秘书长、民进云南省委会专职副主委阎堃，云南省教育厅副厅长王建颖，民进中央项目组专家，甘肃、内蒙和云南三个项目省（区）教育行政部门领导，六个项目县教育部门负责同志和教师进修学校校长等 30 余人出席会议。会议由民进中央参政议政部负责人主持。

会上，六个项目县交流了项目实施的经验和做法，对新型教师培训模式进行了介绍。云南省鹤庆县提出了“县教育局统筹，教师进修学校、县教研室（电教馆）共同实施，乡（镇）中心学校协同参与”的培训模式。云南省弥勒县提出了“研训一体，以校为本；专家引领，名师辐射；网络培训，学科研讨”的培训模式。内蒙古奈曼旗提出了“请进来、走出去、学校结对、远程学习、伙伴研修”的培训模式。内蒙古九原区提出了“专家指导、院校培训、校本培训三结合”的培训模式。甘肃省临洮县提出“1 +4 +1”教师培训模式，即一个中心：课堂教学；四种形式：外出培训、校本培训、基地培训、校际交流；一条途径：教、学、研、训一体化。甘肃省宕昌县提出了“整校推进”的培训模式，使项目校教师成为“种子教师”，再以项目校为培训基地辐射周边。三个项目省（区）的教育行政部门负责同志分别就项目实施的总体情况和进一步推广的计划进行了介绍。

全国人大科教文卫委员会教育室原主任侯小娟代表民进中央专家组对六个项目县的实施情况进行了评估，她充分肯定了项目的实施和试点工作，希望三个项目省（区）以此为契机，进一步加强教师培训资源的整合，将试点基础上总结的教师培训模式进行有效的推广，努力使之成为西部农村义务教育教师培训模式的典型。民进中央教育委员会委员、全国政协科教文卫委员会办公室原副巡视员袁敏，北京师范大学物理系教授、教育学博士项华等就教师培训管理体制、教师培训方式的转变等发言。

会后，与会代表还前往项目试点学校鹤庆县西邑镇初级中学和松桂镇中心小学进行了参观调研，与学校校长和教师进行了座谈。学校普遍反映项目的实施促进了教师的培训工作，随着新型培训模式的开展，教师的素质有了明显的提高。

潘贵玉当选全国妇联副主席

2008 年 10 月 31 日下午，中国妇女第十次全国代表大会在北京人民大会堂闭幕。会议通过了关于中华全国妇女联合会第九届执行委员会报告的决议。大会还通过了关于《中华全国妇女联合会章程（修正案）》的决议，决定这一修正案自通过之日起生效。

中共中央政治局委员、国务委员、国务院妇女儿童工作委员会主任刘延东代表国务院和国务院妇女儿童工作委员会对大会圆满成功表示祝贺。

新当选的全国妇联主席陈至立在闭幕词中说，中国妇女第十次全国代表大会是一次承前启后、开拓创新、求真务实、催人奋进的大会，为在新的历史起点上开创我国妇女事业新局面奠定了坚实的基础。

九届全国妇联主席顾秀莲在闭幕式上也作了讲话。

乌云其木格、严隽琪、张梅颖等出席闭幕式。闭幕式由全国妇联副主席、书记处第一书记黄晴宜主持。

在31日上午召开的全国妇联第十届执行委员会第一次全体会议上，推举陈慕华、彭佩云为全国妇联名誉主席。会议以无记名投票方式选举陈至立为全国妇联主席，黄晴宜、陈秀榕、孟晓驷、潘贵玉、赵实、乔传秀、汪纪戎、姜力、徐莉莉、唐晓青、洪天慧、热孜万·艾拜、甄砚为全国妇联副主席。

朱永新谈“解放教育思想，激发教育活力”

2008年10月31日，朱永新副主席在民进中央接受人民日报和人民政协报记者的专访。采访中，朱永新就改革开放30年来民进在教育领域做的主要工作，民进正在关注和即将关注的教育问题，以及他本人对30年来教育改革的评价等问题回答了记者的提问。

朱永新指出，30年来民进在推动教育事业发展的道路上从未止步。一是围绕推动教育立法，坚持以法治教、参政议政。从对《义务教育法》贯彻实施的督促检查，到四易其稿修改《教师法》草案的执著如一，从对职业教育十余年调查研究的坚持不懈，到《学前教育法》顺势而出的大声疾呼，民进始终不渝致力于推动教育立法。二是围绕推动教育改革，提高教育质量参政议政。多年来民进对学前教育、基础教育、高等教育、职业教育、办学体制的倾心关注，30年的调查研究，30年的建言献策，30年的研讨交流，民进始终不渝致力于推动教育改革。三是围绕推动教师队伍建设，提高教师素质参政议政。当教师的合法权益受到侵害时、社会地位亟须提高时，当尊师重教的社会风尚急需倡导时，民进都在呼吁，始终不渝致力于推动教师队伍建设。四是民进组织以及民进会员积极参与发展民办教育。312所民办学校、24215名教师、在校生276883人、1900239名毕业生、297891.77万元资产、资助15714名贫困生、3281472元捐款、捐赠99118件学习用品、197367册图书，这一系列数字无一不证明民进始终不渝致力于推动民办教育的实效性。

朱永新高度评价30年来教育改革的成绩。他说，30年来，通过一系列教育改革我们创造了穷国办大教育的奇迹，中国以世界1%左右的教育经费支撑着占世界20%人口的教育，很不简单。我们真正意义上全面普及了九年制义务教育，实现了高等教育从精英化迈向大众化，开始实现从人口大国向人力资源大国的转变。近年来，我国还在教育改革方面做了一些有益的尝试和探索，比如，民间的教育就得到了一定程度的成长。同时他也指出，教育领域的变革与国家经济社会其他领域的变革相比还是有些滞后，人民群众对教育的期望和教育所能提供的优质服务之间还有很大差距，因此，他希望教育行政部门更多地汲取民间的教育智慧，更多地引入民间的教育资本，更多地释放民间的教育能量，解放教育思想、激发教育活力。

朱永新说，民进正在和即将关注的问题有，继续参与北川震后的教育重建工作，继续关注教师队伍建设，继续为农村教师编制和经费问题呼吁，继续为职业教育的发展建言献策等。

朱永新说，最初加入民进是因为受到民进老一辈教育人的影响，作为知识分子，报效国家、报效民族、报效人民，传统的做法是做好自己的学问，但在加入民进后，又多了另外一条报国之路，那就是通过参政议政、建言献策，来将自己的研究转化为实践，去执行、去实施。同时，民进也促使我们更宏观、更深刻地去思考教育问题。朱永新认为，是民进提供了一个更加宽广的工作平台，希望通过自己的努力让更多的教育人认识民进、走进民进。

严隽琪出席2008上海民进教育论坛暨中国民办教育研究院揭牌仪式并讲话

2008年11月1日下午，“2008上海民进教育论坛暨中国民办教育研究院揭牌仪式”在上海市教科院民办教育研究所会议中心举行。全国人大常委会副委员长、民进中央主席严隽琪出席并讲话。联合国教科文组织协会世界联合会主席、中国民办教育协会会长陶西平出席并讲话，民进中央副主席、中国民办教育协会常务副会长王佐书主持论坛，民进中央副主席、民进上海市委会主委蔡达峰致开幕词，中共上海市委统战部原副部长、上海市政协科教文卫委员会常务副主任周箴出席并讲话。民进上海市委会副主委赵丽宏、吴毅、张辰、陈强努、胡卫和来自本市及外地的教育部门领导、专家学者、民办学校校长及教育工作者等200多人参加论坛。

这次以“民办教育目标、定位和制度创新”为主题的教育论坛由民进上海市委会、中国民办教育协会主办，上海市教科院民办教育研究所、上海市民办中小学协会、上海市民办高等教育协会承办。

严隽琪在讲话中指出，上海民进教育论坛至今已经举办6次，民进中央历届领导一直十分关注这个论坛。上海民进教育论坛在民进上海市委会和有关各方的共同关注下，正在成为民进履行参政党职能的一个平台，成为推进教育改革与发展的一个阵地，成为教育界专家和关心教育事业的有识之士集思广益、学习交流的一个讲堂。目前我们正在隆重纪念改革开放30周年和深入学习贯彻落实科学发展观，此次论坛选择以“民办教育目标、定位和制度创新”为主题，就显得更加有意义。

陶西平在讲话中首先代表中国民办教育协会对“2008上海民进教育论坛”的顺利举行表示祝贺，同时对民进各位领导和社会各界对中国民办教育协会、民办教育研究院的成立所寄予的关注和支持表示衷心的感谢。他指出，中国民办教育协会是经过民政部注册由教育部主管的唯一的全国性的民办教育的社会团体。民办教育的发展是改革开放30年来的重要成果，随着80年代开始以后的改革开放的推进的文化，在各级政府的关心和支持之下，我国的民办教育工作者以高度的社会责任感在推动着民办教育的健康发展。当前，推动民办教育发展应该关注教育公平和教育选择的关系、公益性质和办学体系的关系、重视教育与政府职责的关系、健康发展和管好管活的关系等问题。中国民办教育研究院的成立面对着一系列民办教育发展中遇到的重大课题，希望民办教育研究院能够全心全意的为民办教育的发展服务，成为民办教育工作者，民办教育研究人员之家，为我国民办教育的发展，为我国教育事业的繁荣不断作出新的努力，为提高我们民族的文化素质和构建社会主义社会和谐社会作出更大的贡献。

蔡达峰在致词中指出，自2003年以来，民进上海市委会每年举办一次民进教育论坛，专门研讨上海教育发展中的热点和难点问题。促进民办教育发展，对满足人民多元化的教育需求，有重要的意义。10年多来，各种类型的民办教育机构不断增长，社会效应日益显现。但是民办教育整体实力仍然相当弱小，实际困难还有很多。从国情和实际出发，把握民办教育经济利益和社会利益的关系，不断推进制度创新，确实推动民办教育发展壮大。民进作为一个以教育为主的参政党，长期关注教育的发展。在民进中央的关注下，今年6月成立了中国民办教育协会，在此基础上成立了中国民办教育研究院，推进了教育实践科研和行业的结合。祝愿上海民进教育论坛与中国民办教育研究院共同努力，为上海建设与发展作出新的贡献。

周箴在讲话中对民进上海市委会举办上海民进教育论坛所发挥的作用给予了充分肯定。他指出，中国民办教育研究院的成立，意义重大；借助论坛形式，对教育领域中的一些热点难点问题进行讨论，值得肯定；论坛较好地发挥了社会效用。他强调，当前，中共正在全面深入地开展学习实践科学发展观的活动，上海也正在按照坚持科学发展观要求，全面推进“四个率先”、加快建设“四个中心”。他希望上海民进各级组织在这次学习贯彻科学发展观的过程中，进一步自觉维护党的领导，进一步坚定走中国特色社会主义的理想信念，努力在思想认识上有新的提高；进一步明确为科学发展服务的目标、任务、主要内容和途径载体，更加主动地围绕经济社会又好又快地发展建言献策，努力在履行职能上有新的作为；进一步提高以科学发展观来指导参政党建设的能力，更加积极地加强领导班子建设，努力在自身建设上有新的进步。

王绍鏊同志诞辰120周年纪念座谈会暨王绍鏊纪念馆落成仪式在同里举行

2008年11月3日，中国民主促进会中央委员会在江苏省吴江市同里镇隆重举行王绍鏊同志诞辰120周年纪念座谈会暨王绍鏊纪念馆落成仪式。全国人大常委会副委员长、民进中央主席严隽琪，全国政协副主席、民进中央常务副主席罗富和出席并讲话。全国人大常委会原副委员长、民进中央原主席许嘉璐为纪念馆题写馆名。全国政协原副主席、民进中央原第一副主席张怀西出席并讲话。民进中央副主席王佐书主持纪念座谈会。民进中央副主席朱永新主持纪念馆落成仪式。

王绍鏊同志1888年出生于吴江市同里镇，是中国民主促进会的主要创始人之一，著名爱国民主人士，著名社会活动家。新中国成立后，王绍鏊先后担任过财政部副部长、全国人大预算委员会副主任、全国政协常委、民进中央副主席等重要职务，为中国革命和统一战线事业，为民进的创立和发展作出了重要贡献。

严隽琪在讲话中回顾了王绍鏊同志矢志追求祖国的民主、和平与民族解放的一生。她说，王绍鏊同志对党无限忠诚，不论是在严酷的战争年代，还是在和平建设年代，甚至是在蒙冤受屈时，他始终坚信党能辨明是非。长期以来，不管遇到多大的困难和风浪，民进老一辈领导始终坚持自觉接受中国共产党领导的政治立场，始终坚持与中国共产党亲密合作、同心同德的政治态度，始终坚持致力于社会主义事业发展的奋斗精神，这已成为民进的政治财富与优良传统。

严隽琪强调，我们追忆缅怀王绍鏊同志一生的探索，为的是使各级领导干部和广大会员对新形势下坚持中国特色社会主义旗帜、道路和理论体系的决心和信心更加坚定，对科学发展观及中国特色社会主义总体布局的理解和把握更加深刻，从而把思想认识统一到中国特色社会主义旗帜下来，统一到中共中央关于当前形势的科学判断和作出的重大决策部署上来，统一到全面建设小康社会的宏伟目标上来。使民进在中国共产党的领导下，努力履行好参政党职能，积极为全面建设小康社会发挥更大的作用。

严隽琪说，民进各级组织正在学习、贯彻中共十七届三中全会精神，这对于民进更好地履行参政党职责具有重要的意义和指导作用。贯彻十七届三中全会精神，要结合民进的工作实际，同时结合中国特色社会主义主题教育活动的成果，自觉地以王绍鏊等民进老前辈为榜样，紧密地团结在中国共产党的周围，继往开来、扎实工作，为中华民族的伟大复兴谱写新的篇章。

罗富和在致词中说，民进中央倡议并直接推动建立王绍鏊纪念馆，是为了缅怀王绍鏊同志为我国社会主义革命和建设事业献计出力，为爱国统一战线和民进事业竭智竭力的光荣事迹；是为了弘扬以王绍鏊同志为代表的民进创始人和民进老一辈领导人，始终坚持自觉接受中国共产党的领导，坚持与中国共产党同心同德亲密合作，坚持致力于社会主义事业发展的优良传统。王绍鏊纪念馆的修建，既为中国民主促进会的会史研究和自身建设提供了新的基地，又为大家了解多党合作历史提供了新的平台。

吴江市市长温祥华也在纪念仪式上致词。江苏省、苏州市和吴江市负责人为王绍鏊铜像揭幕。与会者参观了王绍鏊纪念馆。民进中央领导以及民进江苏省委会、民进苏州市委会、民进吴江市总支委负责人亲切会见王绍鏊同志的亲属。

在王绍鏊同志诞辰120周年纪念座谈会上，中共吴江市委副书记孙悦良，江苏省政协副主席、中共江苏省委统战部部长周珉，财政部部长助理张通，全国人大常委会预算工作委员会副主任姚胜，王绍鏊的外孙女王晓琳，分别代表王绍鏊同志家乡、生前工作过的单位和亲属发言。

出席座谈会和纪念馆落成仪式的还有，全国政协研究室巡视员杜亚利，江苏省人大常委会副主任赵龙，江苏省政协副主席、民进江苏省委会主委陈凌孚，民进中央研究室负责人和王绍鏊同志的亲属共70余人。

王绍鏊纪念馆的筹建，肇始于十届全国政协副主席张怀西的倡议和推动，严隽琪非常重视和关注纪念馆的建设工作。纪念馆的筹建、故居修缮和资料征集工作，得到全国人大、全国政协、中共中央统战部、国家财政部，江苏省人大、省政协，中共苏州市委、市政府，中共吴江市委、市政府，民进江苏省委会、苏州市委会等方面的大力支持，民进吴江市总支、吴江市同里镇政府承担了大量的具体工作，王绍鏊同志的家属也予以全力协助。

严隽琪出席改革开放30周年义务教育事业发展座谈会并讲话
罗富和主持会议

2008年11月6日，民进中央在京召开改革开放30周年义务教育事业发展座谈会，全国人大常委会副委员长、民进中央主席严隽琪出席会议并讲话，全国政协副主席、民进中央常务副主席罗富和主持会议。

严隽琪在讲话中指出，改革开放30年来，我国义务教育事业取得了辉煌的成就，实现了历史性的跨越，主要体现在义务教育的普及率大大提高，同时真正实现了免费义务教育。截至2007年底，全国普及九年义务教育人口覆盖率达到99.3%，实现“普九”的县数已占全国总县数的98.5%，我国义务教育的普及程度走在了世界9个人口大国的前列。改革开放以来，党和国家把普及九年义务教育作为教育工作的重中之重，采取了一系列重大举措，特别是进行了义务教育经费保障机制改革，明确将义务教育全面纳入财政保障范围。目前近1.5亿名农村中小学生享受免除学杂费和免费教科书政策，2821万城市中小学生享受免除学杂费政策，近1100万名学生还享受了寄宿生生活补助，这一改革在我国教育史上具有重要意义。

严隽琪强调，民进是以从事教育文化出版工作的高中级知识分子为主的参政党，和教育有着天然而密切的联系，对义务教育有着特别深厚的感情和强烈的责任心，始终把义务教育作为履行参政党职能的重点领域，并为此作出了自己应有的贡献。如民进为《义务教育法》、《教师法》等重要法律的制定建言献策，不少意见得到了中共中央和国家教育部的采纳；为促进贫困边远山区和少数民族地区的义务教育发展，民进中央主要领导多次亲自带队深入基层开展调查研究，提出意见建议；近年来，民进中央就中西部地区的城乡教育均衡发展和西部农村教师队伍建设开展调研，并相继在全国政协大会上提交了相关内容的党派提案。

严隽琪说，站在新的历史起点上，民进要学习贯彻中共十七大和十七届三中全会精神，深入贯彻落实科学发展观，以不懈的努力和创造性的工作为推进我国义务教育乃至整个教育事业的改革与发展作出新贡献。民进要为正在起草的《国家中长期教育改革和发展规划纲要》献计献策；要继续就加强教师队伍建设深入调研，把参政议政、建言献策的重点放在加强农村教师队伍建设，促进城乡教育均衡发展上；会员中的教师要以忠诚于人民教育事业为价值追求，爱岗敬业、为会争光，做教书育人的良师。

罗富和向出席座谈会的各界人士表示欢迎，并对全国人大、全国政协、教育部等有关方面对民进工作多年来的支持表示感谢。

教育部基础教育司副司长杨念鲁应邀出席座谈会并介绍了改革开放 30 年我国义务教育的发展情况。他说，20 世纪末，我国实现了基本普及九年义务教育，基本扫除青壮年文盲的奋斗目标，义务教育的普及程度排在发展中人口大国的前列，这是我国教育事业发展史上的一个重要里程碑；九年义务教育的普及为我国人口文化素质的提高作出了巨大贡献，目前我国国民人均受教育年限已经提高到近 8.5 年，实现了历史性的跨越式发展，这是我国教育事业发展史上的又一个里程碑。杨念鲁在讲话中介绍了国家为推进义务教育事业发展采取的一系列重要举措，包括实施西部地区“两基”攻坚工程，进一步提高义务教育普及程度；改革农村义务教育管理体制和经费保障机制，全面实现免费义务教育；推进义务教育均衡发展，努力缩小城乡之间义务教育发展差距；采取多种措施，大力加强农村中小学教师队伍建设；采取切实措施，做好农民工子女的义务教育工作等等。他同时介绍了今后一个时期推进义务教育事业发展的工作思路。

教育部基础教育质量监测中心副主任、国家督学胡平平介绍了改革开放 30 年农村义务教育的发展和变化。全国人大教科文卫委员会教育室原主任侯小娟，北京师范大学教师教育研究中心常务副主任朱旭东分别介绍了改革开放 30 年教育法制建设和义务教育教师队伍建设的情况。

民进中央秘书长赵光华介绍了改革开放 30 年来民进在义务教育领域参政议政的主要工作。

民进中央各部门、民进北京市委会负责人，民进中央教育委员会部分委员、北京市教育界会员代表 30 多人参加座谈会。

严隽琪出席纪念改革开放 30 周年文化事业发展座谈会并讲话 罗富和主持会议

2008 年 11 月 7 日，由民进中央主办的纪念改革开放 30 周年文化事业发展座谈会在京举行。全国人大常委会副委员长、民进中央主席严隽琪出席并讲话。全国政协副主席、民进中央常务副主席罗富和主持会议。

严隽琪在讲话中说，回顾改革开放 30 年来我国文化事业发展的辉煌历程，有助于我们深化对改革开放伟大实践的历史认识。她认为，对中国改革开放的思考，一定要深入到文化层面，进行“中国崛起”的精神动力或文化因素的探讨。她说，改革开放 30 年是我国文化事业发展最稳定、成果最丰富的时期，解放思想、改革开放，极大激发了当代中国的文化创造力，为文化事业发展提供了广阔的舞台，大大提高了中华民族的文化自觉意识。体现在文艺创作日益繁荣，文化理论研究成绩斐然；公共文化服务体系基本形成；文化产业发展形势喜人；文化体制改革从局部到整体、从机制到体制顺利推进；对文化遗产的保护和传承得到前所未有的重视。她说，30 年来中共中央、国务院高度重视文化建设，从三个方面入手推动文化大发展大繁荣。一是坚持改革创新，不断深化文化体制改革；二是明确政府定位，加强公共文化服务，保障人民基本文化权益；三是倡导市场导向，推动文化产业发展。

严隽琪说，30 年来民进始终关注文化事业改革与发展，各级组织和会员坚持党的文艺方针，坚持深入调研，坚持以改革推进文化事业发展的方向，坚持发挥党派界别特色，围绕国家文化事业发展的大政方针和重大法律的制定，围绕不同时期党的中心工作献计出力。在出版体制改革、文化市场管理、民族文化保护、农村文化建设、校园文化、边境地区文化安全、文化体制改革、社区文化和公共文化服务体系建设等与人民群众切身利益相关的热点、难点问题上，民进不遗余力地反映民意、提出建议。进入新时期，民进作为具有深厚文化底蕴的参政党，更要站在文化自觉的高度，在推动大文化建设方面力争有新作为。

严隽琪强调，当今时代，文化已成为综合国力竞争的重要因素，成为民族凝聚力和创造力的重要源泉。民进要深刻领会文化建设在全面建设小康社会中的重要意义，为实现文化事业的大发展大繁荣作出新贡献。一是要以“围绕中心，服务大局”为工作方针，树立大局意识和服务意识，切实履行好参政党职能，对文化、出版等领域在新形势下已经或可能出现的新问题进行深入调查研究，提出具有前瞻性或切实可行的意见、建议。二是围绕“体制改革”、“公共文化服务”和“文化产业发展”为主题，进一步聚集重点，持续关注、做好规划、形成系列成果。三是以深化改革为基本思路，创新公共文化服务运行机制、推进经营性文化单位转企改制、深化艺术院团改革、健全完善文化市场体系，促进文化事业进一步发展。四是以科学发展观为指导，坚持先进文化的前进方向，坚持社会主义核心价值观，共同构筑中华民族伟大复兴的精神支柱。

文化部政策法规司司长雷喜宁对改革开放30年来我国文化建设的主要成就和基本经验作了详细的介绍。他说，30年来，中国文化建设踏着解放思想、改革开放的坚定步伐，从被动走向主动，从封闭走向开放，从片面走向全面。在曲折前进的历程中，建设、发展、成就是主流。他指出，当前文化建设还面临诸多困难和问题，他诚恳希望民进能够在今后的工作中，继续发挥界别优势和特点，为促进社会主义文化的更加繁荣和可持续发展发挥更大的作用。

座谈会上，江苏省文化厅副厅长高云，中国广播艺术团副团长艾立群，首都师范大学教授王德胜分别介绍改革开放30年公共文化服务体系建设、院团体制改革和文化产业发展的主要情况。民进中央文化艺术委员会副主任、中央民族大学哲学与宗教学系教授赵士林介绍了改革开放30年来，民进在文化领域所做的参政议政工作。

民进中央文化艺术委员会部分委员和民进文化界会员，民进中央各部门负责人等近40人参加座谈会。

周建人同志诞辰120周年纪念座谈会在北京召开

2008年11月11日，民进创始人和主要领导人之一，著名社会活动家、生物学家，坚定的统一战线工作者周建人同志诞辰120周年纪念座谈会在全国政协礼堂举行。全国人大常委会副委员长、民进中央主席严隽琪出席并讲话。全国政协原副主席、民进中央原第一副主席张怀西，中共中央统战部副部长楼志豪，民进中央原名誉副主席楚庄，民进中央原副主席蔡睿贤，全国人大常委会副秘书长李连宁出席座谈会。座谈会由全国政协副秘书长、民进中央副主席潘贵玉主持。

周建人同志1888年11月12日出生于浙江绍兴，是中国民主促进会的主要创始人之一，新中国成立后先后担任出版总署副署长、浙江省人民政府副主席、高教部副部长、民进中央副主席、浙江省人民政府省长、民进中央主席、全国人大常委会副委员长和全国政协副主席等重要职务。周建人同志为巩固、扩大统一战线，为人民政协和民进工作，以及在我国的生物科技领域，作出了杰出贡献。

严隽琪在讲话中说，周建人同志的一生，是革命的光荣的一生，是全心全意为人民服务的一生。他的光辉事迹和高尚品德是我们学习的榜样，他的崇高精神永远激励我们前进。周建人同志从一个爱国的民主主义者转变成一个忠诚的共产主义战士，为我国革命和社会主义事业，为中国民主促进会的建设和发展作出了卓越贡献。以周建人同志为代表的民进老一辈领导人，无论是在民主革命时期，还是在社会主义建设时期，自觉选择并始终坚定不移地坚持中国共产党的领导，坚持与中国共产党同心同德亲密合作，形成了民进“立会为公，参政为民，以党为师”的优良传统。

严隽琪强调，当前民进正在全会开展中国特色社会主义主题教育活动，通过这项活动引导广大会员进一步深化对我会优良传统的认识，加深对坚持中国特色社会主义政治发展道路，特别是对我国政党制度必然性、合理性和优越性的理解。我们要自觉地以周建人同志等民进老一辈领导人为榜样，继往开来、扎实工作，将中国特色社会主义主题教育活动与学习贯彻科学发展观、与落实中共十七届三中全会精神、与民进的工作实际相结合，为构建社会主义和谐社会，为把中国特色社会主义伟大事业继续推向前进努力奋斗。

座谈会上，教育部原副部长吴启迪，新闻出版总署副署长、国家版权局副局长阎晓宏，周建人同志家属代表、中国教育学会会长顾明远分别发言。他们怀着对周建人同志的崇敬之情，从不同侧面缅怀周建人同志对新中国的教育事业、新闻出版事业作出的重大贡献，回忆他的道德文章和高风亮节。

吴启迪说，一定要学习、继承和发扬周建人同志勇于探索、善于思考的科学精神，积极推进我国教育事业的改革和发展；他的特色办学的思想，脚踏实地、敢于负责的精神，办好人民的教育；他活到老、学到老的精神，努力为构建我国的终身教育体系而奋斗。

阎晓宏说，要学习周建人同志的崇高品格，深入研究他的出版思想，建立我国新闻出版业的宏观调控体系、市场体系和传媒体系，进一步促进新闻出版事业的大繁荣、大发展。

顾明远介绍了周建人同志的几件生活小事：他任浙江省副省长时到北京办事往返都坐列车普通车厢。晚年他住在护国寺，听到邻居反映家里锅炉的鼓风机声音太大，立即让把鼓风机搬到自家的院子里，生怕影响邻居休息。他时时不忘读书，晚年几近失明，每天用放大镜看书。他有几方印章：“爱真理”、“明辨是非”、“学无止境”、“学然后知不足”，真实地反映了他的思想境界。顾明远深情地表示，要学习和发扬周建人同志热爱祖国、关心国事、勤奋学习、追求真理、平易近人的精神。

出席座谈会的还有中共中央统战部、浙江省人民政府有关同志，民进中央秘书长赵光华以及各部门负责人近 50 人。

严隽琪出席第二届杨浦发展国际论坛并作主旨演讲

2008 年 11 月 12 日上午，全国人大常委会副委员长、民进中央主席严隽琪出席了在上海举行的第二届杨浦发展国际论坛，并作了题为《让风险投资在建设创新型国家中发挥更大作用》的主旨演讲。

严隽琪用三个“紧迫需要”来概括建设创新型国家的重大意义：建设创新型国家是实现可持续发展，对地球家园和子孙后代负责的紧迫需要；建设创新型国家是优化产业结构，有效应对全球性经济衰退风险，为亿万人民谋取更大福祉的紧迫需要；建设创新型国家是应对科技日新月异，知识更新空前加速、国际竞争更加激烈的紧迫需要。

严隽琪指出，建设创新型体系是实现创新型国家目标的一个带有根本性和全局性的问题。创新型体系是由多个层次、多元主体、多种资源要素构成的。发展风险投资是建设创新型体系的重要环节。风险投资适应高技术高风险的特征、适应科技创新链上不同的环节具有对资本特性的不同要求、是市场经济体系的组成部分。建设创新型国家，就要重视创新体系的建设；创新体系中风险投资不能缺席。

严隽琪指出，上海是中国改革开放的前沿阵地，而杨浦又是最能体现上海近代以来经济社会发展缩影的一个重要区域。杨浦区域内多种要素资源密集，创新创业十分活跃，是风险资本最为看好的投资区域之一。杨浦发展风险投资大有可为，希望杨浦“风投先导、自主创新、产业集聚、规模发展、国际合作、服务集聚、统筹兼顾”，再创佳绩。

本届论坛以发展风险投资为主题，共有亚洲、欧洲、北美等地的风险投资专家、知名学者300多人与会。在论坛上，硅谷银行宣布成立硅谷银行中国代表处，并落户杨浦，上海市大学生创业接力引导基金、东方汇富科技基金也签约成立。

杨浦区得天独厚的高校和人才条件、丰富的创业创新资源，为杨浦发展风险投资产业提供了重要助力。目前，杨浦区集聚的风险投资企业已基本涵盖了种子期、初创期、成长期和成熟期四个投资阶段，初步形成了从天使投资、风险投资到产业投资的完整资金链。为了让风险投资机构及被风险投资机构投资的各类创新型企业都能“如鱼得水”，杨浦区出台了多项具体举措。

杨浦风险投资服务园办公室介绍，是否得到风险投资也将成为政府给予企业政策聚焦的一个重要衡量标准，对于得到风投的企业，将根据相关政策给予最优惠的条件，以进一步支持企业做大做强。

王佐书出席四川民进抗震救灾先进表彰大会并讲话

2008年11月13日，民进中央副主席王佐书出席四川民进抗震救灾先进表彰大会并讲话。他代表民进中央高度评价了四川民进各级组织和会员在抗震救灾中的表现，称赞受到表彰的抗震救灾先进集体和先进个人在危险关头不负组织培养，为民进争得荣誉，希望广大会员学习他们的优良品质和高尚风范，以更加饱满的热情投入到本职工作中，并积极支持灾后重建，为民进组织赢得更大的光荣。

四川省政协副主席、民进省委会主委张雨东，省政协原副主席、民进省委会原主委苟建丽出席会议。民进四川省委会领导班子成员、各市委会和省直属机构负责人、受表彰集体代表、省市委会机关干部共100余人参加了会议。64个先进集体和299名先进个人受到表彰。会议由四川省委会副主委陈智伦主持。

张雨东代表省委会向受表彰的先进集体和先进个人表示热烈的祝贺和衷心的感谢。对未来工作，提出要进一步坚持中国共产党的领导，深入贯彻科学发展观，大力弘扬抗震救灾精神，进一步强化民进自身建设，积极为灾后重建献智履职，为推进四川省“两个加快”的目标而努力奋斗！

民进成都、绵阳、德阳、广元市委会代表受表彰的先进集体发言。

大会全面总结了四川民进抗震救灾工作。地震发生后，民进四川省委会紧急研究部署应对措施，迅速发出紧急通知动员各级组织和会员，成立3个临时工作机构组织全省民进抗震救灾工作。全省会员和机关干部积极响应，各级领导奋勇当先，战斗在第一线；各级地方组织和广大会员奋力抗震救灾，感人事迹不断涌现。据不完全统计，截至6月25日，通过各种渠道向灾区捐款捐物共计1493.23万元。民进省委会还大力开展交纳“特别会费”活动，广大会员纷纷慷慨解囊，截至7月2日共收到“特别会费”667028.4元。

民进四川省委会注重发挥参政党职能，为抗震救灾和灾后重建献计出力。截至7月31日，向民进中央和四川省政协报送了有质量、有深度的社情民意信息121条，其中，《注意防止受灾高校成为救灾和重建工作的死角》报告，得到了中共中央政治局委员、国务委员刘延东同志亲笔批示。截至9月末，提交了8份集体提案；在各类建言献策会上提出建议意见25份。民进省委会还积极协调联系了多个灾后援助和重建项目，注重用宣传报道颂扬感人事迹，鼓舞抗灾干劲。

严隽琪出席第二届中国小学校长大会并讲话

2008年11月17日，由中国教育学会、天津市教委、天津师范大学共同主办的“第二届中国小学校长大会”在天津大礼堂举行。全国人大常委会副委员长、民进中央主席严隽琪出席会议并讲话。国家总督学、教育部副部长陈小娅，天津市人民政府副市长张俊芳，中国教育学会会长顾明远，国家总督学顾问陶西平，中国工程院院士、天津大学教授王静康出席。来自全国近30个省、自治区、直辖市的1200余名小学校长和教育专家参加了会议。

此次会议主题为“学校的科学发展与校长的时代使命”。大会围绕这一主题邀请著名教育专家为来自全国的小学校长进行有关主题报告，与会小学校长就“校长成长与自身建设”、“以人为本与制度创新”、“课程改革与高效教学”等专题进行广泛的交流和探讨。

严隽琪首先对大会的召开表示祝贺，对辛勤耕耘在教育领域的小学教育工作者表示亲切问候。她指出，教育是民族振兴的基石，关系到全民素质的提高，关系到国家和民族的未来。教育面对的是人，教育的最终目的是人的全面可持续发展。校长在学校中，不仅是行政管理者，更是思想的引领者。从某种意义上讲，一个好的校长就是一所好的学校。这次大会的召开，是为贯彻落实科学发展观，充分发挥小学教育在建设社会主义和谐社会进程中的基础性作用，为政府宏观调控提供有价值的信息。严隽琪希望广大教育工作者要始终坚持教育的公益性，促进教育的公平与公正；始终坚持遵循教育规律，育人为本，因材施教；始终坚持教育理论与教育实践的相互结合，以理论指导实践，以实践推动理论创新。

张俊芳在讲话中首先代表天津市政府，对广大小学教育工作者来津出席会议表示欢迎。她说，天津是我国近代教育的发祥地之一。市委、市政府始终坚持优先发展教育事业，积极推进小学教育改革，取得显著成效。特别是近年来，本市小学教育大力实施“均衡配置资源、建立合作发展学区、推进高效课堂教学”三项改革实践，向教育更加均衡、更加公平迈出了坚实的一步。随着滨海新区开发开放纳入国家总体发展战略，天津正面临着新的发展机遇。此次会议在津召开，为我们提供了一个难得的学习和交流机会。

陈小娅在讲话中说，在整个教育事业中，小学校长的岗位非常特殊，职责特别神圣，工作格外重要。校长的教育理念、教育思想、专业素养、管理能力如何，直接关系到整个小学教育的质量，关系到党和国家教育方针的落实，关系到中华民族的未来。当前，全党正在开展深入学习实践科学发展观活动。要把科学发展观贯彻落实到教育工作的各个方面，为推动教育事业科学发展、办好人民满意教育、建设人力资源强国努力奋斗。广大教育工作者要静下心来教书，潜下心来育人，以学生为本，全面提高学生综合素质，切实办好人民满意的教育。

罗富和出席《贵州草海湿地生态环境综合治理总体规划》评审会并讲话

2008年11月19日，国家林业局、贵州省人民政府、民进中央、九三学社中央在京召开《贵州草海湿地生态环境综合治理总体规划》专家评审会。全国政协副主席、民进中央常务副主席罗富和出席并讲话。民进中央副主席朱永新、九三学社中央副主席贺铿出席会议。贵州省副省长谢庆生作总结发言。

罗富和在讲话中指出，毕节作为“开发扶贫、生态建设试验区”，自觉贯彻落实科学发展观，按照胡锦涛同志当初提出的富有前瞻性的工作要求，扎实推进生态建设，成效显著。八个民主党派中央、全国工商联分工合作重点帮扶贵州毕节地区8个县市，把探索贫困山区可持续发展之路作为党派的历史责任，重点关注试验区林业工程建设和石漠化治理等工作，有组织、有计划、持之以恒地开展了智力支边工作。

罗富和强调，草海湿地退化问题是贵州严重的生态问题．也是毕节试验区经济社会发展中面临的突出战略问题之一。加快推进草海湿地生态环境综合治理工作，是加快生态文明建设和实现区域经济社会发展的需要，对保护生物多样性和促进人与自然和谐，调节气候、涵养水源、保持水土具有十分重要的意义。

罗富和表示，民进中央将在规划论证的基础上进行专门研究，选择恰当时机，利用各种渠道积极向党中央、国务院呼吁，争取使《贵州草海湿地生态环境综合治理》项目得到国家有关部委的支持。

位于毕节地区的草海国家级自然保护区，与青海湖、滇池同为中国高原三大淡水湖群，被称为“物种基因库”、“天然博物馆”、“鸟的王国”。为了保护好草海湿地，促进毕节试验区生态建设再上新台阶，由毕节地委、行署委托国家林业局中南规划院编制《贵州草海湿地生态环境综合治理总体规划》。参加评审会的20位院士、专家一致认为，草海湿地生态与环境的综合治理十分紧迫和必要，《总体规划》指导思想正确，目标明确，符合综合治理的思路和原则，具有科学性和可行性，符合当地社会经济发展和项目实施的实际。同时建议进一步修改完善。

国家林业局计资司、湿地办，毕节地区行署、民进中央社会服务部有关同志参加了会议。

严隽琪出席民进重庆市委会成立50周年纪念大会并讲话

2008年11月20日，中国民主促进会重庆市委员会成立50周年纪念大会在市委小礼堂举行。全国人大常委会副委员长、民进中央主席严隽琪出席并讲话。她说，回首50年岁月，民进重庆市委从73人发展到了近3000人，为多党合作事业作出了不可磨灭的贡献。尤其是重庆直辖后，作为民进最年轻的省级组织，重庆民进展现出了其团结民主、奋发有为的活力。对“农村文化建设”、“城乡职教统筹”、“三峡库区劳动力转移”等40多个关系民生的课题进行了调研，提交提案、建议、信息2700多件；15年来坚持在万盛区定点扶持，在教育、文化、科技、旅游等方面开展社会服务的“进盛合作”；持续开展“手拉手”、“三下乡”、“薪火工程”等社会服务活动，为推动重庆又好又快发展贡献了力量。

严隽琪对民进重庆市委会提出了三点要求：在当前形势下，要开展深入学习实践科学发展观活动，根据国内外形势变化，根据重庆市情，根据民进会员的思想情况，结合改革开放30周年活动、结合民进主题教育活动、结合贯彻三中全会精神和党派的自身建设，扎实工作，务求实效；要开拓参政议政新局面，增强责任心、使命感，了解社会各阶层的诉求和愿望，为重庆城乡统筹、库区建设和区县脱贫献计出力；要巩固已取得的成果，继续开展主题教育，在党派建设上，以组织建设与后备队伍建设为重点，探索民主党派内部的监督机制，实现民主党派内民主。

中共重庆市委常委、统战部部长翁杰明出席会议并致词。他说，作为参政党，民进是我国民主党派的重要组成部分。民进重庆市委会自建立以来，发扬和传承了爱国的光荣传统，为爱国统一战线多党合作作出了重要贡献。50年来，尤其是直辖以后，民进重庆市委会围绕西部大开发、统筹城乡和内陆开放型城市的建设展开调研，建言献策，是我市经济社会和民主政治发展的一支重要力量。他希望，民进重庆市委会加强参政党建设，为重庆加快建设内陆开放高地继续贡献力量。

50年来，民进重庆市委会坚持接受中国共产党的领导，坚持爱国、民主、团结、求实和立会为公的优良传统，以政治交接为主线，以参政议政和自身建设为重点，认真履行职能，扎实推进各项工作，为重庆市经济、政治、文化、社会建设作出了积极贡献。

严隽琪会后观看了文艺汇演，参观了特园中国民主党派历史陈列馆。重庆市人大常委会副主任卢晓钟，副市长周慕冰，市政协副主席夏培度、彭永辉、陈景秋分别陪同活动。

第六届海峡两岸中华传统文化与现代化研讨会在厦门市召开

2008年11月22日，第六届海峡两岸中华传统文化与现代化研讨会在福建省厦门市隆重开幕。全国人大常委会副委员长、民进中央主席严隽琪出席并讲话。全国政协副主席、民进中央常务副主席罗富和主持开幕式。全国人大常委会原副委员长、民进中央原主席许嘉璐，全国政协原副主席、民进中央原第一副主席张怀西，海协两岸关系协会副会长张铭清，中共福建省委常委、宣传部部长唐国忠，中华民族文化促进会副主席王石，中国国民党中央评议委员会主席团主席、中华海峡两岸客家文经交流协会理事长饶颖奇，文化部原部长、著名作家王蒙，东方人文学术研究基金会荣誉董事长陈癸淼，民进中央副主席朱永新，福建省人大常委会副主任庄先，省政协副主席、中共省委统战部部长张燮飞，中共福建省委原副书记、福建省炎黄文化研究会会长何少川，民进中央副主席、福建省政协副主席张帆，浙江省政协副主席、民进浙江省委会主委盛昌黎，国务院台湾事务办公室、民进中央、台湾会馆、中共厦门市委、厦门市人大、市政府、市政协有关同志，海峡两岸文化界、学术界的知名人士近200人出席会议。

本届研讨会由民进中央、叶圣陶研究会、中华民族文化促进会、中共厦门市委、厦门市人民政府共同主办，由民进福建省委会、中共厦门市委统战部承办。研讨会的主题是中华传统文化与现代化，主要议题有：闽台文化的源与缘及其在现代化过程中的意义，客家文化在中华文化中的地位和价值，历代人群迁徙对中华文化发展的影响。

严隽琪在开幕式讲话中说，中国民主促进会是以从事教育文化出版工作的中高级知识分子为主的参政党，建会六十余年来，一直十分关注祖国文化事业的发展。近十年来，又对推进海峡两岸文化交流合作，促进两岸关系和平发展给予极大关注。

严隽琪指出，任何文化与精神都是一定历史条件下人类活动的产物和情感的表达。文化自觉表现为主动自觉地维护一种文化的历史、传统和精华，同时加强适应新环境、新时代而进行文化转型的自主能力，要从传统和创造的结合中去看待未来。改革开放三十年一个巨大的变化是中国人更加宽容，更愿意与其他国家、其他民族进行平等的对话，更愿意学习别人的长处。中华文化与其他文化“各美其美、美美共生”，在适应世界的同时，也以民族的特色为世界文明作出了独到的贡献。

严隽琪强调，中华文化之所以绵延千年，具有坚韧的生命力，一个重要原因就是它的包容性和融合力，闽台文化和客家文化都体现了这一特点。目前大陆以闽南文化为主要文化根基的区域已形成了独具特色的海峡西岸经济区，并在两岸交流合作中发挥着越来越重要的作用。当前两岸形势发展面临历史难得的机遇，两岸文化界有着来自于祖先、来自于故土、来自于中华文化的浸润所形成的深厚的感情基础和共同的研讨需求，中国民主促进会将继续与有关各方真诚合作，为谋求两岸关系和平发展，为增进两岸同胞的福祉尽力。

许嘉璐在主旨演讲中说，本届研讨会在两岸关系出现积极变化的时候举行，与会者的心情就像窗外的阳光一样灿烂。他结合当前金融危机在全球蔓延的形势，从中华传统文化的视角，分析了中国大陆和台湾经济的共同特点，提出海峡两岸的学人应该为两岸化干戈为玉帛、促进两岸永久和平与共同繁荣、携手合力地走向世界，贡献自己的力量。

张铭清代表国务院台湾事务办公室和海峡两岸关系学会致词，对研讨会的顺利举办表示热烈祝贺。他说，两岸关系和平发展已经成为两岸同胞的共同愿望，共同的利益所在，是一个不可逆转的历史潮流。优秀的中华传统文化是维系两岸同胞的精神纽带，也是实现祖国和平统一的基础。本届研讨会不仅将促进海峡两岸传统文化研究水平的提高，为促进海峡两岸同胞了解历史、增进共识起到积极的作用，而且通过进一步弘扬客家文化和闽南文化，必将为推动两岸关系的和平发展注入新的活力。

唐国忠在开幕式致词，他代表中共福建省委、福建省人民政府，对研讨会的举办表示热烈的祝贺，向来自海峡两岸的专家学者表示诚挚的欢迎。他说，福建最大的特色、优势和潜力在对台。为了更好地服务祖国统一大业，服务全国发展大局，省委、省政府于 2004 年 1 月提出了“建设对外开放、协调发展、全面繁荣的海峡西岸经济区”的战略构想。在去年底召开的省委八届三次全会上，提出要努力把海峡西岸经济区建设成为科学发展的先行区、两岸人民交流合作的先行区，现在，围绕推进“两个先行区”建设，全省上下创新、创业、创造的热情与活力进一步迸发，海峡西岸经济区呈现出良好的形势、态势、趋势和气势。唐国忠说，继承传播和弘扬中华文化，是两岸中华儿女的神圣职责，由民进中央创立的海峡两岸中华传统文化与现代化研讨会，已经成功举办了五届，每届都有新议题、新拓展、新实效，品牌效应持续扩大，社会影响不断增强。在厦门召开的第六届研讨会，突出以闽台历史渊源和文化联系为议题，对于唤起人们对闽台文化的珍视，挖掘闽台“五缘”资源，搭建两岸人民心灵之桥，具有重要意义。希望两岸专家学者以学人的智慧和力量，用丰硕的成果和成效，积极促进两岸文化交流，推动海西“两个先行区”的建设，构建两岸命运共同体的文化精神纽带。

王石在开幕词中说，中华传统文化与现代化这个主题，不仅对于两岸学人具有重要的意义，而且它所涉及的“传统”与“现代化”这两个范畴，同时也具有世界性的意义。

饶颖奇在开幕式致词。他说，北京奥运让全世界所有的国家和人民都对我们刮目相看，不但提升了中国在国际上的声誉和形象，并且促进了政治和经济上的成就，遍布全世界的中国人，深感骄傲和庆幸。我和夫人也参加了开幕典礼的盛况，那种身历其境的临场感觉实在是太激动了，也太伟大了，尤其看到中华台北奥运代表团进入会场获得全场观众热烈的鼓掌，那是大陆同胞发自内心的欢迎，也是中华民族优秀文化的表现。饶颖奇说，海协、海基两会，隔绝十几年之后，现在终于恢复了谈判，而且在台北隆重举行完毕，这次“陈江”会谈，达成了四项有关海空直航与食品安全等为民兴利的协议，不仅对两岸和平发展的前景作出了历史性的积极贡献，为海峡两岸制度性的协商奠定了厚实的基础，更重要的是达成了未来两岸和平发展的一致愿景。台湾各界对陈云林会长此次到访台湾所获得的成就大多都给予热烈的支持与肯定。但是美中不足的是，极少数的“台独”分子借此滋扰，企图破坏两会协商的和谐气氛，扭曲抹黑会谈的美意，这样的行为实在令人心痛。陈会长这次到台湾有三次重大的宴会，我都应邀参加，也都参加与陈会长会晤。陈会长来台湾是代表大陆，是为两岸同胞兴利所贡献，是在谋求两岸同胞的福祉，这些少数激进分子，不但不心存感谢，反而借此滋事。我们都知道中华传统文化源于中华民族的儒家思想，那就是包容、宽厚、和谐、融洽，这些少数人的不当作为，就是在破坏中华传统文化，反观陈云林会长所表现出的风范与气度，则正是这些优良品德的体现与实践。我在这里深表敬意。饶颖奇说，我今天的任务就是要代表台湾客家人，热烈地欢迎各位实践中华传统文化的先生、女士，能够在明年三月份到台湾来参加我们的客家高峰论坛，共襄盛举。

开幕式后，王蒙、陈癸淼分别发表了“推动与补充：中华传统文化的当代使命”、“最古老的汉语——闽南语，以声母为例”的主旨演讲。

22 日下午，第六届中华传统文化与现代化研讨会在厦门宾馆富园厅举行大会交流。罗富和、许嘉璐、朱永新、张帆出席。民进中央秘书长赵光华也出席了交流大会。交流会分为两段，由中国训诂学会会长、教育部语文出版社副总编辑李建国和香港大学文学院副院长施仲谋先后担任主持。台湾文化大学中文系教授赵林和中国艺术研究院非物质文化遗产研究保护中心主任田青分别对两段大会专家学者的发言进行了精彩的点评。与会专家学者就闽台文化与中国现代化，台湾客家文化探源，闽台文化的血缘特质，两岸生肖文化俗谚，传统、移民、社会结构与现代化进程，闽台文化与慈济精神，客家文化与彭祖文化的特有价值等进行了广泛深入的探讨。

国务院发展研究中心港澳研究所高级研究员、福建社会科学院海峡文化研究中心主任杨华基说，闽台之间的“五缘”关系形成了闽台“共同文化区”。闽台文化在中国现代化过程中具有重要的意义。福建文化是台湾文化的祖地文化。在福建，保留了众多历史上反映福建与台湾之间政治、经济、文化交往交流，以及体现两岸同胞同宗同源的亲缘关系，并且有历史、艺术、科学价值等方面的各类文化遗产。闽台文化在中国现代化过程中具有促进现代化建设科学发展、促进中国与世界和谐发展、促进海峡两岸关系和平发展的重要意义。

台湾淡江大学国际事务与战略研究所教授魏萼阐述了客家人的由来，台湾的客家人由来以及客家人同闽南人的关系等，认为振兴客家文化和闽南文化需要台湾以及闽南、客家发源地，以及海外闽南客家乡亲的共同努力，使富有传统文化特色的闽南文化以及客家文化发扬光大。他认为，一国的文化必须是多元的，中华民族是多元民族，中华文化也是多元文化，发展客家文化以及闽南文化相当重要。

中国闽台源博物馆馆长杨彦杰阐述了跨海宗族：闽台文化的血缘特质，从闽台宗族文化这个角度来进行了分析，认为闽台宗族文化具有很高的同质性，而且非常强韧，可以跨越像日本占领台湾 50 年那么长时间的隔离，这样的文化意义相当重要。

台湾屏东教育大学客家文化研究所所长刘明宗认为从两岸三地生肖俗谚的相近、相似、相同地方很多，可以看到两岸的文化、语言词汇等到现在还是保留相当大的相同性和相似处，但因为各地不同的发展，不同的面貌，也出现了相当多的相异的俗谚，各具风采。客家文化民俗、文化的同一性，成就了客家所以为客家的独特性，由于客家民俗、文化的多样性，形成了客家文化缤纷多彩的优质内涵。不管是同一或殊异，都是客家文化呈现的面向，也是中华文化重要的精髓。

北京大学中文系副主任陈跃红教授认为，在现代化发展的路途上，我们不仅要解决跨文化的壁垒、差异和冲突问题，同时我们还必须回过头来，认真面对同一文化共同体之内不同文化族群之间的文化差异，文化误读，文化理解和文化的整合问题。我们必须意识到这一问题的严重性和紧迫性，不妥善的解决这一文化难题，我们自身传统的现代性转化和创新，中华民族多元一体社会的融合、和谐以及未来发展，都会遭遇到突出的内部文化矛盾的瓶颈。

台湾大学历史系教授赵雅书分析了台湾近三百年来汉人增加的趋势以及现今所谓的族群问题，认为，台湾所谓的族群问题实际是人为的操作，事实上无论居台的本省人及外省人 99% 都是汉人，在文化上也是一个小中国的文化，硬要讲与中国的不同，是自己骗自己，完全是政治的操作，完全没有社会上的意义。两岸加强互动，这所谓的族群会随着时间慢慢的消失，他们都是中国人，都是汉人，都是华裔。

广东湛江师范学院历史系教授刘佐泉对台湾客家源流进行了考证，他说，客家人走遍天下也忘不了乡亲，忘不了根。“同是梅花岭外人”的海峡两岸的客家人，彼此在关怀、在思念、在鼓励。

台湾慈济基金会副总执行长林碧玉说，我们所有的思维应该都是来自中原的。我们是一个宗教的团体，也是一个慈善的团体，更重要的我们是一个实践的团体，实现的是儒、释两家的基本精神，也就是说，不断地用佛家的“慈悲”思想去影响人、教化人，更重要的是让大家了解佛教是有灵魂的，是生生不息的，端正自己的行为，不为现在，而为更长远的未来。

广西师范大学教授、客家文化研究所副所长彭会资认为，客家文化与彭祖文化皆缘自中华炎黄文化，又是世界文化中很有特色、很有生命力的组成部分，有它的特有价值，其特有价值有多重性。一是鲜明的民族性与世界性；二是独特的守成性与开创性；三是可贵的思维合理性与超越性。

两岸专家学者的精彩发言受到与会代表的热烈欢迎，尤其是嘉宾的精彩点评更是引起了阵阵掌声。

23 日进入分会场讨论交流阶段，两岸专家学者有理有据地探讨了闽台文化渊源，客家文化发展等问题。厦门大学台湾研究院林仁川教授用“交融”二字概括了闽台文化渊源。他认为，闽台文化是一个传承、交融的历史过程，可以说早在远古时期，台湾的原始文化就已经深受福建影响。后及宋元时期，闽台关系进一步密切，明代以后，两岸经济文化交流进入新阶段，特别是郑氏治台时期，大陆文化得以系统移入台湾，在台湾初步建立了中华文化制度。清朝统一台湾后，设立台湾府，隶属福建省，使闽台两地文化交融更为密切。林仁川举例说，台湾歌仔戏，正是由漳州锦歌发展而来，但经过台湾艺人的加工和发展，成为台湾本土的主要剧种，歌仔戏形成后，又传回闽南地区，后又演变为当地十分流行的芗剧。这一发生发展演变的过程，充分体现了闽台两地文化的交流与交融。

台湾师范大学的文幸福，是与文天祥同族的兄弟文天瑞的后代，对与文天祥有关的文化做过深入研究。文幸福自认为祖先文天祥是一位客家人，而他所著名篇《正气歌》也正体现了客家人不屈不挠的精神，正所谓融合孔子的“仁气”，兼具孟子的“义气”，乃成“正气”，可以说是对孔孟学说的一种弘扬。文幸福表示，发扬文天祥的正气精神有很强的现实意义，一个民族特别是青少年，需要受益于“正气”教学。

文幸福作诗两首抒发感怀：

其一

厦门鼓浪共研磨
海峡三通发浩歌
旧学商量新见解
各抒怀抱泻长河

其二

闽台文化客家亲
传统中华现代人
相与融和探源委
五缘广结见情真

王华宝作为江苏凤凰出版社编审参与整理研究《史记》，他曾到过台湾求教，还亲自背回台湾学界整理出版的《史记》全册。他希望借此机会，有更多两岸学人共同参与到这一巨著的整理研究工作中去，加强交流，相互学习，共襄盛举。

台湾贤德惜福文教基金会董事长周荃女士是分会场主持人之一，她接受记者采访时表示，两岸学人的观点新颖独特，颇多内容自己知之甚少，可见中华文化的博大精深。这么好的文化不应该仅仅停留在研讨会上，论文集里，而应好好考虑如何使其具体化、形象化、民间化，使其能够为普通民众所理解、认同并接受。两岸学人甚至政府，未来还有很多工作要做。

11 月 23 日下午，第六届海峡两岸中华传统文化与现代化研讨会圆满完成了各项议程，落下帷幕。严隽琪、许嘉璐出席闭幕式。罗富和致闭幕词。他说，中华传统文化博大精深，光辉灿烂，五千年来源远流长，养育了一代又一代的祖国优秀儿女。闽南文化作为中华民族文化的重要组成部分，它承接中原，延续台湾、海外，磨炼出闽南人无畏的气概，孕育了广阔的胸怀。长期以来，闽南文化以其丰富的积淀、深厚的根基、独特的魅力，联系、培育、滋养和吸引着闽南籍海外侨胞和台湾同胞，顽强、鲜明地向世人昭示着海峡两岸人民同根同源、血脉相连、手足情深的历史渊源。事实表明，闽南文化对促进海西乃至闽南经济社会快速发展、加强海峡两岸乃至海内外闽南人的联系与交往，推进祖国和平统一进程，具有独特的优势和作用，产生着广泛而深刻的影响。

罗富和说，文化对民族的凝聚力和民族对文化的认同感，是一个民族团结统一的心理基础和精神支柱。客家人千年迁徙、创业、发展的历史，反映了中华民族的发展和繁衍，客家人超强的生命力、创造力、亲和力和吸引力，是中华民族的缩影，也构成了中华文明宝库的重要组成部分。与世界移民史相比，客家人无论到哪里，都是和平的立足，和平的创业，吸引周围族群共荣。经过千年迁徙，客家人不仅在大陆、台湾、香港创业繁衍，而且遍布全世界。“凡是有阳光照耀的地方都有中国人，凡是有中国人的地方就有客家人”。爱国爱家的客家人，也是海峡两岸人民信息沟通的最好管道。

罗富和说，开展海峡两岸客家文化交流合作，促进客家文化发展，增强台湾客家人对客家文化、乃至中华文化和中华民族的认同感、向心力、凝聚力，加快两岸和平统一步伐，具有十分重要的现实意义和深远的历史意义。我们相信，闽南文化、客家文化必将不断传承延绵、推陈出新、发扬光大，在祖国和平统一和中华民族的伟大复兴中绽放出更加绚丽光彩。

罗富和说，我们围绕着传统文化与现代化进行了认真的研讨。中国的现代化离不开中华传统文化的现代化，中华民族的伟大复兴离不开中华传统文化在新时代重新放射出璀璨的光芒。目前，全球一体化进程进一步加快，国际政治、经济形势复杂多变。面对金融风暴的冲击，支撑着我们坦然应付的不仅仅是坚实的粮食储备和外汇储备，更重要的是爱国主义为核心的民族精神，与改革创新为核心的时代精神与传统文化的结合。我们正处在深刻的变革之中，新形势下，如何继承、弘扬并创造性地发展中华传统文化，使其贡献于中国、世界，贡献于全人类，是两岸文化界专家、学者的重要责任和义务。

罗富和说，我们围绕着促进两岸交流合作，加快海峡西岸经济区发展进行了热烈的研讨。此次研讨会适逢两岸关系呈现出积极局面，海协会、海基会通过突破性的商谈，签署了两岸空运直航、海运直航、邮政合作、食品安全等四项协议，就两岸合作应对当前国际金融危机等两岸同胞关心的诸多问题交换了意见。这些重要成果，有力地促进了两岸直接“三通”的进程，扩大了两岸经济合作，便利了两岸同胞往来，给两岸同胞带来了实实在在的利益，为两岸关系和平发展注入了新的动力。两岸同胞普遍对此表示高度肯定，国际舆论也给予积极评价。

罗富和指出，当前，两岸关系和平发展呈现出前所未有的光明前景，两岸同胞比以往任何时候都更有条件也更加需要携手合作、共同发展。海峡两岸传统文化与现代化研讨会积极推进两岸文化界朋友们的了解、交流、合作，中国民主促进会非常愿意、希望促成两岸学者携手，共同推动国人深入思考传统文化内涵、认真探求民族精神实质、努力将传统与现代有机结合，为国家、为民族做出自己的贡献。我相信，这不仅是研讨会的宗旨和希望，更是两岸文化界广大专家、学者的共同心声，让我们更加亲密地携手合作，为了肩头这份神圣的职责与希望一同奋进！

国民党中常委、中华两岸文化经济协会理事长廖万隆先生在闭幕式上致词。他以国民党中央委员会的名义和厦门市荣誉市民的身份，向与会的两岸专家学者表示敬意和欢迎。他从300年前祖先从漳州到台湾讨生活、300年后自己从台湾来厦门开创事业的历史谈起，激动地表示，中华民族几千年流传下来的文化伦理是中华民族实现现代化的精神动力。传统文化要和现代化结合起来，使两岸共享经济繁荣成果，社会族群和谐。

研讨会期间，11位两岸知名学者作了各具特色的主题讲演，100多位两岸文化界人士围绕闽南文化、客家文化对中华传统文化的影响，传统文化与现代化，促进两岸交流合作、加快海西经济区建设等议题进行了深入的研讨，各种学术观点异彩纷呈，取得了可喜的成果。

闭幕式由张帆主持。饶颖奇、张铭清、朱永新，中共厦门市委常委、统战部部长欧阳建，厦门市人大常委会副主任曾国玲，厦门市政协副主席桂其明出席闭幕式。

闭幕式前，论坛进行了分会场交流总结。来自台湾师范大学的林安梧教授，厦门大学的林仁川教授，福建省社会科学院的刘登翰研究员，厦门市闽南文化研究会的常务副会长陈耕分别介绍了各分会场交流的情况。

23日晚，饶颖奇、朱永新和参加研讨会的百余位专家学者，在中共厦门市委统战部副部长曾汉中，民进福建省委会副主委金铁平、厦门市委会副主委魏刚等的陪同下，来到风格古朴典雅的中山南音阁，兴致勃勃地观看了一台由厦门市文化局组织的、独具闽南地方特色的戏曲文艺演出。短短一个小时的演出，浓缩了歌仔戏《厦门新娘》、南音表演《出画堂》、民间舞《惠女风情》、高甲戏《十五贯》片断等闽南地方精彩传统剧目，浓郁的乡音乡情沁人心脾。台下不时传来的阵阵掌声，让与会者进一步体会到第六届海峡两岸中华传统文化与现代化研讨会选择在厦门举办所具有的特殊意义——乡音浓浓、乡情融融。中华海峡两岸客家文经交流协会顾问刘昌仑先生一连用了几个“太好了!”，来表达此刻内心无法按捺的激动和兴奋之情。演出在高甲戏《和谐春》中进入高潮。《和谐春》由中国梅花奖得主、厦门金莲升高甲剧团副团长、民进会员吴晶晶领衔主演。演出结束后，朱永新、饶颖奇和嘉宾上台祝贺演出成功，并与演员们一一握手，合影留念。

24 日，朱永新、张帆、饶颖奇与参加第六届海峡两岸中华传统文化与现代化研讨会的百余名两岸嘉宾，兴致勃勃地来到全国首批历史文化名城、闽南文化的主要发源地和核心区——泉州进行参观考察。闽南文化是海峡两岸人民血脉相亲、文脉相承的历史见证，是海峡两岸人民同根同源、不可分割的精神纽带。“闽台文化的源与缘及其在现代化过程中的意义”，是本届研讨会的主要议题之一，与会嘉宾在开展理论研讨的同时又可以亲身实地考察，自然感到格外的兴奋。与会嘉宾一行首先来到位于泉州古城北郊的中国闽台缘博物馆，这座国家级博物馆的建筑体现了“天圆地方”的理念，定位于“立足闽台、涵盖两岸、面向全球”，馆藏了一大批翔实的文物、图片、雕像、器件展品，直观生动地展示了海峡两岸同属中国的历史事实和源远流长的历史渊源。随着解说员的引导和介绍，嘉宾们仿佛穿越时空隧道，阅读着一部海峡两岸隶属与共的画卷，聆听着一曲闽台同胞开发同功的乐章。

下午，嘉宾们一行来到千年古刹开元寺，共同领略和感受中华传统文化在泉州这座历史文化名城的深厚积淀。开元寺始建于唐朝垂拱二年（公元 686 年），初名“莲花寺”。唐开元二十六年（公元 738 年），唐玄宗下诏天下诸州各建一寺以纪念，遂改成“开元寺”至今。泉州的开元寺与北京的广济寺、杭州的灵隐寺齐名，是我国少有的现存最大的佛教寺院之一，也是我国东南沿海重要的文物古迹。开元寺坐拥紫云屏、天王殿、拜亭、大雄宝殿、甘露戒台和藏经阁等主要建筑，寺内至今还保存着国内最高石塔——镇国塔，1300 年的古桑树，从损毁的印度教寺庙移来的狮身人首的石雕，枝繁叶茂的菩提树，以及南宋大理学家朱熹所题的木制对联“此地古称佛国，满街都是圣人”等一大批文物古迹，对研究中国佛教文化和中国古代建筑史都具有重要的参考价值。嘉宾们细细聆听讲解，低声交流观感，纷纷在东西二塔前合影留念。

中共泉州市委副书记黄少萍，中共泉州市委常委、统战部长王亚君，民进泉州市委会主委张锦川热情接待了第六届海峡两岸中华传统文化与现代化研讨会赴泉州参观考察的领导和嘉宾。

第六届海峡两岸中华传统文化与现代化研讨会新闻通气会 21 日在厦门市举行。朱永新出席并讲话。他说，民进是以教育文化出版为主要界别的参政党，如何发挥民进的界别特色和组织优势，为发展两岸关系、推进祖国和平统一进程作贡献，是民进中央领导集体一直在思考的一项重要工作。为此，自 2002 年以来，民进中央连续在江苏苏州、淮安、陕西咸阳、甘肃天水和重庆成功举办了五届海峡两岸中华传统文化与现代化研讨会，历届研讨会以中华传统文化为纽带，以“弘扬中华传统文化，促进祖国和平统一”为宗旨，为推动海峡两岸的文化交流作出了积极的贡献。

中共厦门市委、市政府 21 日为出席第六届海峡两岸中华传统文化与现代化研讨会的两岸专家学者举行欢迎晚宴。

贺旻出席民进辽宁省委会纪念改革开放30周年大会并讲话

2008年11月26日，民进辽宁省委会纪念改革开放30周年大会在沈阳金城宾馆召开。民进中央副主席、辽宁省政协副主席、民进辽宁省委会主委贺旻出席并讲话。民进辽宁省委会副主委陆迎一主持大会，副主委王玲、王燕玲，秘书长赵佼，民进省、市委会老领导郭燕杰、高士品，辽宁省社会主义学院院长曲宏明，民进省直工委、民进沈阳市委会部分会员，民进省、市委会机关干部共计100余人参加报告会。

贺旻作题为《纪念改革开放振奋民族精神，坚持多党合作续写新的华章》的讲话。她在讲话中回顾了我国改革开放30年来的不平凡发展历程，肯定了全省民进在改革开放30年中作出的重要贡献。她说，在我国开展改革开放30周年之际开展隆重的纪念活动，是全面贯彻落实中共十七大精神的重要举措，是民主党派开展政治交接主题教育活动中的一项重要内容，对于加强我会的思想建设，坚持解放思想、与时俱进、开拓创新，具有重要的现实意义和深远的历史意义。改革开放30年，我国的政局稳定、经济发展、社会进步，我们取得的丰硕成果来之不易，应该倍感珍惜。展望未来，我们对于我国在本世纪中叶实现全面建设小康社会、构建社会主义和谐社会的奋斗充满了信心。共和国的诞生，我们曾断言：没有共产党就没有新中国。今天，实践将再次论断：没有共产党，就没有改革开放，就不可能出现如今国泰民安的大好局面。抚今追昔，我们要更加坚定接受中国共产党领导的自觉性，更加坚定走中国特色社会主义政治发展道路，更加坚定坚持和完善中国共产党领导的多党合作和政治协商制度的信念，深入贯彻落实科学发展观，引导广大会员充分认识改革开放的伟大意义、巨大成就、成功经验和前进方向，加强自身建设，履行参政党职能，为夺取全面建设小康社会新胜利、实现中华民族伟大复兴做出新贡献。

辽宁省社会主义学院院长曲宏明作为会外专家代表发言。民进省直工委副秘书长尹岩和民进沈阳市第十一中学支部主任田业宁分别代表民进辽宁省委会省直工委和民进沈阳市委会发言。

蔡达峰出席《国家中长期教育改革和发展规划纲要》座谈会并讲话

2008年11月27日，民进中央在上海民主党派大厦召开《国家中长期教育改革和发展规划纲要》座谈会。民进中央副主席、上海市人大常委会副主任、民进上海市委会主委蔡达峰出席并讲话。民进上海市委会专职副主委兼秘书长陈强努，民进上海市委会副主委、民进中央教育委员会副主任胡卫，华东师范大学教育管理学院公共政策研究中心主任刘海波，闸北区教育局副局长袁园，上海市教科院民办教育研究所副所长唐晓杰，民进上海市委会参政议政部副部长干建达及有关人员参加了座谈会。民进中央参政议政部有关负责人主持座谈会。

蔡达峰在讲话中指出，正在制定中的《国家中长期教育改革和发展规划纲要》是进入21世纪以来我国第一个教育规划纲要，是指导我国未来12年教育改革和发展的纲领性文件，对进一步优先发展教育、促进教育公平、提高国民素质、培养创新型人才、提高服务经济社会发展的能力，实现科教兴国、人才强国战略具有重大的战略意义。

蔡达峰说，我国未来教育改革和发展要适应市场经济发展的需要，适应法制社会建设的需要，适应进一步开放（国际化）的需要。要积极把握住教育的本质，即人格教育与能力教育。教育要培养健全的人格，通过统一的人格教育与培育，实现全民素质的提高。能力教育应多样化，多样化的能力教育不仅符合受教育者个性多样化的需求，也有利于国家发展战略对人才的需求。

蔡达峰强调，教育改革发展应走向多元的格局。在教育多元化的格局中，政府职能部门要树立为教育服务的理念；要处理好义务教育与非义务教育的关系，并优先考虑民办教育的发展；要建立统一的义务教育标准、质量标准和能力标准，在确保师资均衡的前提下，促进义务教育的均衡发展；要严格规范各类教育及其主体（政府、学校、教师、学生），建立完善各类教育法规，坚持以法教育；要加强对国家投入教育经费的全方位监管，确保教育经费使用公开、透明。

座谈会上，与会同志分别就建立独立的教育监督体制、教育干部任用管理制度改革、建立权责明晰的政府与学校关系、去学校行政化的改革、教师教育体系和人才培养模式等教育制度改革问题提出意见建议。

民进中央纪念改革开放30周年座谈会在京举行

2008年11月28日，民进中央在京举办纪念改革开放30周年座谈会。全国人大常委会副委员长、民进中央主席严隽琪作重要讲话。全国政协副主席、民进中央常务副主席罗富和主持座谈会。全国政协原副主席、民进中央原第一副主席张怀西，民进中央副主席王佐书、朱永新出席会议。

严隽琪在讲话中指出，改革开放的伟大实践，开辟了中国特色社会主义道路，形成了中国特色社会主义理论体系。今天我们回顾总结改革开放的伟大历程、光辉成就和宝贵经验，最根本的就是要高举中国特色社会主义伟大旗帜，坚持这条道路和这个理论体系。

严隽琪说，改革开放30年，中国共产党带领全国人民不仅取得了经济社会发展的丰硕成果，也扎实推进了政治体制改革和社会主义民主政治建设。她在讲话中回顾了民进与改革开放一同前进的重大历程。第一阶段是拨乱反正、恢复发展，积极探索为四化建设服务阶段；第二阶段是明确参政党定位，积极探索加强自身建设、全面发挥参政党作用阶段；第三阶段是民进顺利实现了整体性的新老交替和政治交接，积极探索建设高素质参政党、为全面建设小康社会作贡献的大发展大提高阶段。回顾历史我们深切地感受到，我国多党合作和民进事业的发展与改革开放息息相关：随着中国特色社会主义理论的发展，民进的指导思想、政治纲领和奋斗目标不断与时俱进；随着中国特色社会主义道路的形成，民进的工作领域不断开拓、地位作用日益重要；随着中国共产党全面推进党的建设新的伟大工程，民进的自身建设不断适应新要求。

严隽琪指出，总结改革开放促进民进工作的重要经验，对于民进在新世纪新阶段举什么旗、走什么路，以什么样的精神状态实现什么样的发展，具有十分重要的启示和教益。她总结了改革开放带给民进的六点宝贵经验：必须坚持中国共产党的领导，始终高举中国特色社会主义伟大旗帜；必须努力发扬社会主义民主，促进社会主义民主政治发展；必须坚持解放思想、实事求是、与时俱进、开拓创新；必须坚持立足大局，围绕中心、服务大局，发挥优势和特色，为落实国家发展战略和发展目标而奋斗；必须坚持执政党自身建设和参政党自身建设互相促进；必须坚持民进继承传统、立会为公、参政为民的共同价值理念。

严隽琪说，站在历史新起点上，多党合作制度和民主党派有更大的发展空间，也必然面临更为艰巨繁重的历史任务。她表示，民进要担负起时代和人民赋予的光荣使命，和兄弟党派一道，进一步巩固和壮大最广泛的爱国统一战线，把改革开放以来多党合作事业的优良传统和宝贵经验传承下去；要进一步加强参政党理论建设，使中国政党理论作为中国特色社会主义理论的有机组成部分日臻完善，以增强全会“跟着共产党在正道上行”的自觉性和坚定性，发展和谐的政党关系，继续当好共产党的挚友和诤友；要进一步学习贯彻科学发展观，加强对改革开放面临的重大问题和突出矛盾的研究和思考，提高民进服务科学发展和促进自身科学发展的能力和水平。

罗富和在讲话中指出，纪念改革开放30周年，就是要深刻认识改革开放的伟大意义和巨大成就，深刻认识改革开放的成功经验和前进方向，深刻认识民进在改革开放中的使命和作用，并把纪念活动与学习贯彻中共十七届三中全会精神结合起来，与深入学习贯彻科学发展观结合起来，与应对全球性金融危机、促进经济社会又好又快发展结合起来。

座谈会上，北京师范大学历史系教授罗炳良，民进中央科技医卫委员会主任王毅，国家审计署副审计长石爱中，民进北京市委会常务副主委吴文彦分别发言。他们结合各自工作和经历，从不同角度、不同领域，回顾了改革开放30年来民进走过的道路，并表示在新的历史时期和新的发展形势下，将以胸怀天下为情怀，以国家兴亡为己任，以服务大众为基本价值取向，努力为国家、为社会、为人民作贡献，不辱历史赋予民进的神圣使命。

民进中央秘书长赵光华，部分在京民进中央委员，民进中央专委会在京主任、副主任，民进中央各部门负责人等约50人参加会议。

纪念改革开放30周年民进担任政府和司法机关实职人员座谈会在京举行

2008年11月29日，为纪念改革开放30周年，民进中央召开担任政府和司法机关实职人员座谈会。全国人大常委会副委员长、民进中央主席严隽琪出席并讲话。全国政协副主席、民进中央常务副主席罗富和，民进中央副主席刘新成出席座谈会。民进中央副主席王佐书主持座谈会。

严隽琪指出，改革开放30年来，我国发生了翻天覆地的变化，经济快速增长，民生得到大幅的改善和提高，多党合作事业更加具有活力。特别是中共中央两个“五号文件”的颁布实施，有力推动了多党合作制度的发展和完善，越来越多的民主党派人士走上重要的实职领导岗位，这些同志在各自的工作岗位上作出了突出的贡献，这是对多党合作事业的贡献，是对民进的重要贡献，也是对国际社会展示中国特色社会主义政治发展道路的重要形式。

严隽琪强调，要充分认识民主党派成员从政工作的重要意义。中国共产党领导的多党合作和政治协商制度，是我国的一项基本政治制度，民主党派成员参与国家事务管理，是坚持和完善多党合作和政治协商制度的重要内容。积极有效地参与国家事务管理，是民进履行职能的重要任务。参与国家事务管理是民主党派参政议政的一项重要内容，是民进参政能力的具体体现，民进只有在参政议政工作中有所作为，得到党和人民的认可，才能有自己的地位。在政府或司法机关担任实职，是干部成长的重要经历。对会员个人来讲，是一个难得的机遇，对民进组织来说可以在实践中锻炼干部，在实践中发现人才，因此无论对于干部自身的成长，还是对于全会的干部队伍建设，在政府或司法机关担任实职的会员都是宝贵的财富。

严隽琪结合自己的经历和与会同志分享了从政工作的经验和体会，勉励大家要不断加强学习，要遵从党和国家事业的需要，完成好从学者到从政人员的角色转换，要注意处理好官员和会员的关系、处理好专家业务和行政工作的关系。她同时对民进会内从政人员提出了几点殷切希望。一是要加强学习。学习是做好工作的基础，勤于学习、善于学习是基本功。民主党派从政人员必须要加强中国特色社会主义理论的学习和研究，始终做到在政治上与党中央保持一致，必须要虚心向基层学习，做到倾听在发言之前，决策在调研之后，推广在试点基础之上。二是要注意工作方法。从政之后要讲究工作方法，尽快提高行政工作能力，特别是组织协调能力、合作共事能力。三要保持情操。历史上从政的民进老前辈以“立会为公、参政为民”的一身正气而青史留名，他们的高风亮节已经成为民进的优良传统，成为民进当代人追思学习的楷模。从政人员要以民进前辈为榜样，正确面对权力，拒绝官僚习气，清清白白做人，认认真真做事。

甘肃省农牧厅副厅长、民进甘肃省委会副主委尚勋武，江苏省文化厅副厅长、民进江苏省委会副主委高云，山东省教育厅副厅长、民进山东省委会副主委张志勇，四川省高级人民法院副院长、民进四川省委会副主委陈智伦，广东省知识产权局局长、民进广东省委会副主委陶凯元等同志先后在座谈会上发言。

中国民主促进会目前共有640人担任政府及司法机关实职，其中省、部级5人，司局、厅局、地市级102人。

民进中央秘书长赵光华、民进中央委员中担任政府和司法机关的实职人员、民进中央部门负责人参加了会议。

罗富和出席改革开放30年之中国民办教育纪念论坛 王佐书致词

2008年11月29日，中国民办教育论坛在北京举办。论坛由中国民主促进会中央委员会、中国民办教育协会和人民政协报联合主办，人民政协报教育在线周刊承办。全国政协副主席、民进中央常务副主席罗富和到会祝贺，全国人大常委会常委、民进中央副主席王佐书，教育部发展规划司副司长宋德民，中国民办教育协会会长陶希平，人民政协报社长、党组书记郳旦生等同志以及中国民办教育工作者、专家学者及各主要新闻媒体记者等一百余人出席了论坛。

王佐书代表民进中央在开幕式上致词。他说，改革开放30年来，民办教育迅速发展壮大，实现了历史性的跨越式发展。这是几代民办教育工作者辛勤耕耘结出的硕果，更是中国共产党和国家坚持民办教育与公办教育并举的教育理念，采取一系列重大措施并扎扎实实推动民办教育改革与发展的必然结果。

王佐书说，中国民主促进会是以从事教育文化出版工作的高中级知识分子为主的参政党，和教育有着天然的密切的联系。三十年的改革开放中，民进始终致力于推动我国民办教育事业的发展，始终把推动民办教育立法、民办教育管理体制改革、民办教师队伍建设和民办教育实践的发展，作为履行参政党职能的重点领域。在近年来民进提交全国政协大会的发言和提案中，都有涉及促进民办教育发展的内容。在过去的三十年里，民进为促进民办教育的发展尽了应尽的一份力量，在今后的岁月中，民进将一如既往地关注和支持民办教育事业的发展，为促进公办教育共同发展，构建中国特色教育体系，为推动我国教育现代化进程作出应有的贡献。

宋德民代表教育部对论坛的召开表示祝贺，他高度评价改革开放30年来民办教育对中国教育改革和发展作出的贡献，认为民办教育的兴起和发展是新时期我国改革开放一项标志性成果。他说，30年来的实践表明，发展民办教育事业，对增强国家教育能力，增加教育服务品种，扩大教育资源，促进教育公平，建设全民学习，终身学习的学习型社会，具有不可替代的作用。特别是民办教育满足了社会多样化的教育需求，民办教育所呈现的成长性和活力展示了教育事业广阔的发展空间，中国特色社会主义教育体系将始终坚持公办教育与民办教育共同发展的格局，引导民办教育健康发展，将始终是各级政府公共管理和教育行政的重要职责。

陶西平主持开幕式。他说，这次会议是在中央正在制定中国教育中长期改革与发展规划纲要的背景下进行的，有着重要的意义。中国民办教育协会在论坛前夕已经广泛地开展了关于民办教育的调研，并且正在汇总有关调研的情况，为国家制定中长期教育改革与发展规划纲要提出意见，贡献力量。陶西平同时在大会上汇报了中国民办教育协会成立以来的工作推进情况。陶西平说，希望这次论坛成为所有关注民办教育事业的同仁的一个温暖的驿站，成为中国民办教育的一个新的起点。

郛旦生代表人民政协报社对各位嘉宾的到来表示热烈的欢迎，也衷心感谢大家对这次具有特别意义的论坛的活动给予的支持和帮助。他说，作为全国政协的机关报——人民政协报，今天能参与在其中，我们感到十分的自豪和荣幸，我们荣幸的见证了中国民办教育30年走过的风雨历程，也记录了中国民办教育发展、壮大的辉煌历史。他说，今天的论坛之所以叫“责任和使命”，是想说促进中国教育改革的发展，不仅是教育工作者的使命，也是新闻人的使命。他表示，人民政协报将和各媒体的同仁们一道，为民办教育的发展提供更加宽松的舆论环境，为助推中国教育包括民办教育的发展贡献力量。

论坛协办单位正保远程教育集团董事长朱正东也在论坛开幕式上发言。

论坛为期一天，分开幕、主题报告“背景与趋势”、主题谈话“30年：足迹回顾与发展展望”三部分。与会专家分别从中国的崛起与民办教育、中国民办教育的新视野与新选择、公共财政视野下民办教育存在的客观必然性、中国教育未来的发展走势与民办教育的挑战和机遇、促进民办教育可持续发展等多角度、多方位地探讨了中国民办教育发展的背景与趋势。民办教育工作者和管理者还就民办基础教育、区域民办教育发展与地方制度创新，民办幼儿教育、社会培训机构、民办高等教育等内容展开了深入探讨与交流。

中国民办教育工作者、专家学者、新闻记者等100余人出席论坛。

民进中央十二届五次主席会议在北京召开

2008年11月30日上午，民进中央十二届五次主席会议在北京召开。民进中央主席严隽琪主持会议。常务副主席罗富和，副主席冯骥才、潘贵玉、王佐书、贺旻、刘新成、蔡达峰、朱永新、张帆出席会议。秘书长赵光华、民进中央部门负责人列席会议。

会议审议通过了中国民主促进会第十二届中央常务委员会第五次会议议程（草案）、中国民主促进会第十二届中央委员会第二次全体会议议程（草案）、日程（草案），同意将二中全会议程（草案）、日程（草案）提交中国民主促进会第十二届中央常务委员会第五次会议审议。

会议确定了民进中央领导班子成员在中国民主促进会第十二届中央委员会第二次全体会议上的分工，听取了《中国民主促进会第十二届中央常务委员会工作报告》（草案）的起草说明，审议了《工作报告》（草案）。会议提出，严隽琪同志为报告人。会议听取了《中国民主促进会中央监督委员会工作条例（试行）》（草案）的修改说明，审议了《中国民主促进会中央监督委员会主任、副主任、委员产生办法》（草案），同意将《产生办法》（草案）提交中国民主促进会第十二届中央常务委员会第五次会议审议。会议研究了《中国民主促进会第一届中央监督委员会主任、副主任、委员建议名单》（草案），审议通过了《民进中央关于表彰民进全国抗震救灾先进集体和优秀会员的决定》，听取了民进中央关于表彰省级组织专项工作先进单位的情况汇报，研究了民进中央2009年工作要点（草案），听取了民进中央关于“为了灾区的孩子们”捐款（特殊会费）使用情况的汇报，通报了2008年民进中央领导下基层情况。会议还研究了其他事项。

中国民主促进会第十二届中央常务委员会第五次会议在北京召开

2008年11月30日下午，中国民主促进会第十二届中央常务委员会第五次会议在北京召开。民进中央主席严隽琪主持会议。民进中央常务副主席罗富和，副主席潘贵玉、王佐书、贺旻、蔡达峰、朱永新、张帆等民进中央常委共38人出席。

会议审议通过了中国民主促进会第十二届中央委员会第二次全体会议议程和日程；听取《中国民主促进会第十二届中央常务委员会向二中全会作的工作报告（草案）》起草说明，并一致推定严隽琪同志为报告人；听取《中国民主促进会中央监督委员会工作条例（试行）》（草案）的修改说明，审议通过《中国民主促进会中央监督委员会主任、副主任、委员产生办法》（草案），并审议《中国民主促进会第一届中央监督委员会主任、副主任、委员名单》（草案）；听取民进中央关于表彰全国抗震救灾先进集体和优秀会员决定的说明；审议通过二中全会分组召集人名单（草案）；听取民进中央关于“为了灾区的孩子们”捐款（特殊会费）使用情况的说明；会议还通报了其他事项。

严隽琪在会上发表重要讲话。她说，本次常委会学习贯彻中共十七届三中全会精神，对大会各项议程进行审议，对统一思想，提高认识，开好民进十二届二中全会具有十分重要的意义。“民主、团结、求真、务实”是民进的优良传统，也是本次中央全会追求的目标。希望新一届的中央委员在已经取得共识的基础上，努力把大会开好。

严隽琪对中央全会提出两点要求：第一，全会要按照科学发展观的要求，从大局出发，从实际出发，从党派工作出发，着眼于民进的长远发展，着眼于高素质参政党建设，全面、客观、实事求是地审议大会议程；第二要按照《中央委员会会议制度》的要求，保持良好的精神状态，以高度负责的精神，集中精力，认真参会，保障会议顺利完成各项议程。

民进中央各部门负责人、部分省级组织负责同志列席了会议。

朱永新谈民进与中国教育的不解情缘

2008年11月30日《人民政协报》发表专访《朱永新：民进与中国教育的不解情缘》。

“中国民主促进会（以下简称‘民进’）是一个以从事教育文化出版工作的高中级知识分子为主的政党，近70%的会员来自教育界，而且绝大部分来自于基础教育界，所以从某种意义上来说，民进是一个‘教育党’。”回顾民进过去30年在中国教育发展历程中所扮演的重要角色，朱永新感慨万千。尽管不能一一呈现民进在教育领域的建言和重大事件，但我们希望从一些历史事件中对民进与中国教育的不解情缘见微知著。

（一）

解放初期，民进的创始人之一马叙伦先生就担任了共和国的第一任教育部长和高教部长，为新中国的教育发展作出了重要贡献。后来，民进中央主席、著名教育家叶圣陶先生和民进中央常委张承先先生又先后担任教育部副部长，直接参与了国家教育决策与教育管理工作。上个世纪70年代末期，周建人、叶圣陶、冰心等民进老一辈领导人就多次撰写文章、发表谈话，呼吁和倡导在全社会树立尊师重教的良好风气。1981 年在全国政协五届四次会议上，民进的 17 位全国政协委员联名提交了《建议确定全国教师节日期及活动内容》的党派提案。1983 年，在全国政协六届一次会议上，民进 19 位政协委员再次联名提出《为提高教师的社会地位，造成尊师重教的社会风尚，建议恢复教师节案》。这些建议受到党和政府的高度重视。

1985 年 1 月，全国人大常委会批准 9 月 10 日为教师节，这对全国广大教育工作者是个巨大鼓舞。“民进绝大多数领导人都来自于教育界，他们对教育都有特殊的感情。原民进中央主席雷洁琼，大力倡导尊师重教社会风尚的形成，于 1989 年在民进全会发起了‘尊师重教一元钱奉献’，建立‘尊师重教基金会’的活动，在民进全会和社会上都起到了非常好的推动作用。民进中央第十、十一届主席许嘉璐曾经出版过一本《未安集》，未安就是不安，挂念，他对教育一直不能释怀。民进第十一届第一副主席张怀西，当过普通教师、教育局副局长，主管教育的副市长、副省长，终生关注教育事业。从领导人的教育情怀，到一些机构的设置，都决定了民进是一个把教育作为参政议政的最重要内容，把教育作为建言献策的传统领域的参政党。”朱永新一言以蔽之，概括了民进和民进人对教育领域的关注。

现任民进中央主席严隽琪也是教师出身，一直非常关注教育改革问题，从教师队伍建设、高等教育人才培养、高考制度改革到农村义务教育问题再到推动民办教育的发展，严隽琪不遗余力地关注和呼吁。她曾经说过：“教育改革是个永恒的课题，我本人长期从事教育工作。我觉得教育决定着我们国家的人力资源是强还是弱，同时它和科技创新有关系，因为既有培养创新人才的任务，同时它的科研成果也是我们自主创新所需要的。”

近年来，民办教育的生存环境出现困难，全国政协副主席、民进中央副主席罗富和对此给予了高度关注，并呼吁发展民办教育利国利民，提高民办教育质量稳固生存根基。

在民进，我国的教育事业成为从领导人到普通会员都普遍关注和关心的问题。

30 年的改革开放，民进在推动教育事业发展的道路上从未止步。

1980 年 3 月，中共中央提议要制订适合国民经济发展需要的教育计划和教育体制。4 月 7 日，民进中常会作出决定，在全会开展一次为制订教育计划和教育体制献计献策的群众运动，从对《义务教育法》贯彻实施的督促检查，到四易其稿修改《教师法》草案的执著如一，从对职业教育十余年调查研究的坚持不懈，到《学前教育法》顺势而出的大声疾呼，三十年的调查研究，三十年的建言献策，三十年的研讨交流，民进始终不渝致力于推动教育改革。

“30 年来，民进不仅见证了中国教育的发展，实际上也直接参与了整个国家教育的建设和改革。”截止 2007 年底，民进各级组织和会员创办的民办学校有 312 所，有教师 24215 名，在校生 276883 人，毕业生已达 1900239 名，资产 297891. 77 万元。仅去年一年，民进各级组织和广大会员资助贫困生 15714 名，捐款 3281472 元，学习用品 99118 件、图书 197367 册。穿越宏阔的时空背景，民进将这份浓浓的教育情怀化作一股柔韧的力量，在鼓呼，也在践行。

（二）

“民进给每位会员提供了一个很好的平台。拿我来说，如果仅仅是一名知识分子，我的很多研究成果，很多对教育的想法，很难像今天一样受到关注，但是参加民进之后，从全国政协常委，再到全国人大常委，给我提供了一个参政议政的通道，可以把许多我对教育的理念、意见和建议表达出来，继而引起政府重视，付诸实践。像我一样，广大民进会员以教育为切入点，不仅表达了作为民主党派成员参政议政的热情，而且为中国教育的发展作出了应有的贡献。”朱永新说。

个人的力量是有限的，民进十分注重发挥党派组织的作用，会员们都自觉地把自己的研究、实践、参政议政，与民进组织紧密结合起来。民进中央曾多次呼吁免费义务教育和农村代课教师问题，朱永新结合民进中央的工作，对这些问题也进行了深入研究。而且，在他任苏州市主管教育的副市长期间，苏州在全国第一个实现了免费义务教育。

民进中央也十分注重把会中央和地方组织的力量结合起来。如，民进中央十分关注西部地区与贫困地区的教育问题，关注教育公平，积极展开调研，如“中国少数民族义务教育发展研究”是民进中央 2005 年一项重点专题调研，民进中央组织北京、重庆、内蒙古、新疆等 14 个省级组织在当地开展调研，在此基础上完成了如是多份党派提案。

“应该说，报效国家、报效民族、报效人民，传统的做法是做好自己的学问，以学问报国，以科研报国。实际上参加民进之后，还有另外一条报国之路，那就是参政议政、建言献策。”

（三）

从活跃在教育一线的教育实践者和改革家来看，我们不难发现他们很多都是民进会员。

“民进是教育界会员占多数的参政党，我国的多党合作和政治协商制度为广大民进会员的教育实践提供了一个平台，在这个平台上他们的视野更开阔，事业的舞台更宏大。”

民进中央一直非常支持教育界广大会员的教育探索，这 30 年来，涌现了一大批在教育领域有突出成就的人物。

现任湖北省人大常委会副主任的周洪宇教授，长期从事教育现实问题的研究，近年来对基础教育，特别是农村义务教育和城市薄弱学校以及高等教育改革做了不少探索，有的政策性建议（如关于农村义务教育全免费、高等教育助学贷款改革等），还凭借其全国人大代表的身份，通过全国人大反映到国务院和教育部、财政部等部门，积极促成了有关政策的出台。

2007 年末，一股前所未有的教育改革风暴从山东刮起。义务教育阶段全面减负，高中强制取消加班加点、假期补课等拼体力的做法，同时出台中考和高考的配套改革措施。改革力度之大，措施之配套，覆盖面之广，不仅在全省学生家长老师中间引起了震动，也引起了国内教育界的高度关注。而这一举措的主要推行者就是山东省教育厅副厅长、民进会员张志勇，几年来，他大力推行素质教育，在全国树立了地方制度创新的典范。

一直对农村教育投以极大关注的全国人大常委、北京师范大学教授庞丽娟一直呼吁建立国家贫困地区义务教育教师特殊津贴制度、建立国家教育公务员制度，以法律等刚性制度切实保障农村教师待遇、地位的提升。

朱永新列举了很多民进在教育领域的杰出人物，但是没有提他自己，其实，他本人就是一位非常著名的教育家。作为学者，他发动了被称为“新希望工程”的新教育实验，今年，他的十卷本的教育文集被韩国引进，中国学者的教育理论著作如此大规模输出，是非常少见的。他担任全国政协常委五年，撰写了 80 多篇提案，其中大部分是关于教育的，被新闻媒体称为“撰写教育提案最多的全国政协委员”。

“挂一漏万，民进聚集了一批在中国教育界有影响力的专家学者。他们既要做好本职工作，发挥自己的专业特长和优势，又是带着这样一种教育责任和教育期待去思考教育的。”朱永新总结。

民进全国抗震救灾先进集体和优秀会员表彰会在北京召开

2008 年 12 月 1 日，民进全国抗震救灾先进集体和优秀会员表彰会在北京召开。全国人大常委会副委员长、民进中央主席严隽琪，全国政协副主席、民进中央常务副主席罗富和，民进中央副主席潘贵玉、王佐书、贺旻、刘新成、蔡达峰、朱永新、张帆向民进全国抗震救灾先进集体和优秀会员的代表颁奖。

会议对民进四川省委会等12个民进全国抗震救灾先进集体和吴文彦等113名民进全国抗震救灾优秀会员进行表彰，并对民进上海市委会等24个民进组织进行表扬。

王作书代表民进中央，向受到表彰的抗震救灾先进集体、优秀会员和受到表扬的民进组织，以及在抗震救灾工作中作出贡献的全国各级组织和广大会员，致以崇高的敬意和亲切的问候。他指出，在此次抗震救灾斗争中，民进全会紧急动员起来，以实际行动为国家分忧、为受灾群众解难，涌现出许多动人事迹与优秀人物，表现出一个立会为公的参政党应有的爱国之心和高度的责任感。面对特大地震灾害，民进从中央到地方，各级组织快速反应、迅速行动、有力组织，充分发挥了领导核心作用；参加抗震救灾的民进各级领导干部奋不顾身、靠前指挥、执行有力，充分发挥了表率作用；广大民进会员义无反顾、尽其所能、舍己为人，充分体现了无私奉献的精神。

王佐书说，抗震救灾斗争的伟大胜利，取决于中国共产党的坚强领导，取决于中国特色社会主义的优越性和我国改革开放30年积累的强大物质基础，取决于中华民族强大的凝聚力。在同特大地震灾害的艰苦斗争中，全国人民展示出十分崇高的精神。这就是万众一心、众志成城，不畏艰险、百折不挠，以人为本、尊重科学的伟大抗震救灾精神。在抗震救灾这场斗争中，民进与中国共产党同心同德、和衷共济、共度难关，集中体现了新时期民进的光荣传统和优良作风。这也是我会多年来不断加强自身建设、认真开展中国特色社会主义主题教育活动成果的生动展现。

关于民进全会如何认真学习贯彻胡锦涛同志在抗震救灾先进基层党组织和优秀共产党员代表座谈会上重要讲话精神，进一步弘扬抗震救灾伟大精神，把抗震救灾斗争中培育和体现出来的好思想、好作风、好精神长期坚持下去，王佐书提出四点要求：第一，引导全会进一步坚定接受中国共产党的领导，走中国特色社会主义道路的理想信念；第二，组织全会进一步深入学习贯彻科学发展观，为灾区重建和促进经济又好又快发展献计出力；第三，促进全会在实践中培养造就干部，切实加强领导班子建设和后备干部队伍建设；第四，推进宣传思想工作更加深入有效，为全会的各项工作提供思想保证。

刘新成主持表彰会。

朱永新宣读“民进中央关于表彰民进全国抗震救灾先进集体和优秀会员的决定”，先进集体、优秀会员和受到表扬单位的名单。

出席民进十二届二中全会的民进中央委员，列席全会的民进各省级组织负责同志，民进中央各专门委员会主任、副主任，民进中央各部门负责人参加表彰会。

中国民主促进会第十二届中央委员会第二次全体会议在北京举行

2008年12月1日，中国民主促进会第十二届中央委员会第二次全体会议在北京开幕。会议的主要任务是：进一步学习贯彻中共十七届三中全会精神，深入学习贯彻科学发展观；听取和审议民进第十二届中央常务委员会工作报告；审议通过《中国民主促进会中央监督委员会工作条例（试行）》；表彰民进全国抗震救灾先进集体和优秀会员等。

全国人大常委会副委员长、民进中央主席严隽琪，全国政协副主席、民进中央常务副主席罗富和，民进中央副主席王佐书、贺旻、刘新成、蔡达峰、朱永新、张帆和民进中央委员出席开幕式。民进中央副主席潘贵玉主持开幕式。

严隽琪代表民进第十二届中央常务委员会作了题为《继往开来，科学发展，开创民进工作新局面》

的工作报告。报告指出，2008 年是中华民族发展史上极不平凡的一年，中共中央、国务院带领全国人民齐心奋斗，我国经济保持平稳较快发展，改革开放迈出新步伐，民生改善取得了积极成效。

2008 年是民进新一届中央委员会的开局之年，报告对民进全会的工作进行了全面的回顾。一年来，民进中央认真贯彻中共十七大精神，努力学习贯彻科学发展观，落实民进十大提出的各项任务，坚持以政治交接为主线，以领导班子建设为重点，继承和发扬民进的优良传统，实事求是、开拓创新。按照“执政党建设和参政党建设相互促进”的要求，努力推动会中央工作和地方工作相互促进、高素质参政党建设与履行参政党职能相互促进，全会呈现出无懈无滞、有思有行，团结、务实、奋进的良好局面。

民进坚持以中共十七大精神为指导，以纪念中共发布“五一口号”60 周年和改革开放 30 周年为契机，深入开展中国特色社会主义主题教育活动，巩固了全会的思想政治基础。各级组织和广大会员在当前复杂多变的国际国内形势下，进一步坚定了走中国特色社会主义道路的决心和信念。

民进中央根据换届后的实际情况，把领导班子建设作为自身建设的重点，努力把高素质参政党建设与履行参政党职能相结合，以理论创新促进工作创新，大力加强领导班子的思想建设、制度建设、作风建设，加强对领导班子新成员和后备干部的培养，研究会内监督机制的建设，推动了全会的自身建设。

民进坚持发挥自身特色和整体优势，紧紧围绕国家的中心任务，努力把握改革与发展的大局，不断创新履职工作的体制和机制，围绕“完善文化投入机制、保障人民文化权益”和“中国西部农村义务教师培训能力建设”等重点课题，深入开展调查研究，积极反映社情民意，取得了参政议政与民主监督的积极成效。努力推进智力支边，推动西南地区石漠化综合治理，为西部地区培训教师、捐款捐物、捐建希望小学。积极促进海峡两岸民间交流，增进了解和互信。

报告还特别回顾了民进主动部署，有效指导全会抗震救灾工作的情况。全会开展了“为了灾区的孩子们”系列爱心捐助活动，通过多种形式向灾区人民捐款 1.4 亿元，其中有 800 万元“特别会费”。冯骥才副主席被中共中央、国务院、中央军委授予“全国抗震救灾模范”荣誉称号。

报告在对明年工作的部署中指出，当前国际国内形势继续发生深刻变化，我们面临前所未有的压力和挑战，压力面前更需要坚定信心，困难面前更需要同心同德。民进全会必须认清形势，保持清醒头脑，按照科学发展观的要求，巩固和扩大开局之年的工作成果。在新的一年里，要继续坚持高举中国特色社会主义伟大旗帜，以中国特色社会主义理论为指导，坚定不移地走中国特色社会主义政治发展道路；坚持继承和发扬我会自觉接受中国共产党的领导，爱国、民主、团结、求实，立会为公、参政为民的优良传统与作风；坚持深入学习贯彻科学发展观，用科学发展观武装头脑、指导实践，增强贯彻落实科学发展观的自觉性和坚定性，推动全会各项工作更加符合科学发展观的要求。要把组织工作和后备干部队伍建设作为 2009 年工作的重点，进一步抓好思想建设、制度建设、作风建设和理论建设，认真履行参政党职能，以更好的工作成绩，最佳的精神状态，迎接人民政协成立 60 周年和我们伟大的社会主义祖国建国 60 周年。

罗富和作了《中国民主促进会中央监督委员会工作条例（试行）》（草案）的起草说明。

民进各省级组织会务工作负责同志、民进中央各专门委员会副主任、民进中央各部门负责人列席会议。

开幕式前，举行了民进全国抗震救灾先进集体和优秀会员表彰会。

12 月 1 日下午，民进十二届二中全会举行学习贯彻科学发展观报告会。严隽琪、罗富和、潘贵玉、王佐书、贺旻、刘新成、蔡达峰、朱永新出席。张帆主持报告会。

中央党校教授、博士生导师秦刚作了题为“继续解放思想　促进科学发展”的专题报告。当前，中国共产党正在开展深入学习实践科学发展观活动。各民主党派中央坚持执政党建设和参政党建设相互促进，不久前就学习贯彻科学发展观的有关问题达成共识并形成了座谈会纪要。根据纪要精神，民进中央决定在全会深入学习贯彻科学发展观，并向各省级组织下发了通知和方案。科学发展观是马克思主义中国化的最新成果，是管全局、管长远的战略思想，民主党派如何学习贯彻科学发展观，如何服务科学发展和促进自身科学发展有待进一步学习研究。

秦刚把解放思想与学习贯彻科学发展观结合起来，从我国当前经济社会发展中出现的问题，社会结构的变化，世界发展的趋势，国内外的经验教训和落实科学发展观、构建社会主义和谐社会的思想理论基础等方面，分析了为什么要提出科学发展观和继续开展解放思想工作的重要性和紧迫性。

秦刚指出，科学发展观是与时俱进的科学理论，是指导中国特色社会主义事业发展的继往开来的战略思想，是马克思主义中国化的新成果，是中国特色理论体系的新内容。是治国理政的新理念，是社会发展的新要求。报告紧密联系当前国际国内形势和我国改革开放发展的实际，运用理论研究的最新成果，内容翔实丰富，分析透彻精辟，具有很强的思想性和指导性，为全会更好地学习贯彻科学发展观提供了基本思路和大量信息，有助于全会更深刻地认识当前影响和制约科学发展的思想观念和突出问题，了解什么是科学发展的体制机制和怎样建立有利于科学发展的体制机制等问题。

民进十二届二中全会出列席同志聆听报告。

12 月 2 日上午，民进十二届二中全会举行分组讨论，围绕民进十二届常委会工作报告和学习贯彻科学发展观的辅导报告进行了广泛而热烈的讨论。严隽琪参加第三组讨论，认真听取发言并讲话。她感谢民进各省级组织所作的工作，以及在座同志和广大民进会员在本职岗位上所取得的成绩。她说，这是民进组织的工作基础和社会基础。严隽琪指出，民进的会务工作要注意处理好以下四个关系。一是要处理好“虚”和“实”的关系。会中央领导班子建立了务虚谈心会的会议制度，大家感觉这是一种比较好的工作方式，可以在务虚中碰撞出思想火花，进一步明确工作思路。新一届会中央领导班子提出“有思有行”，就是要回答“虚”和“实”的关系问题，要有工作思路，也要有实际行动。二是要处理好统一意志和宽松环境的关系。作为民主党派，在举什么旗、走什么路这样重要的原则问题上必须做到统一，但是中国幅员辽阔，各地情况有很大的不同，因此各地民进组织要有工作的自主权，要因地制宜地结合各地的资源和条件。保持宽松的工作环境，就要求我们要按照民主集中制的原则，通过个别协商等方式尽可能在事前听取大家的意见，调动各方面的积极性，集中会内外的智慧和力量做好工作。三是要处理好快和慢的关系。在实践中推动工作不能完全靠主观意志，还要注意条件是否成熟，要注意结合社会客观实际，有序分步推进。这次全会上提交的会内监督条例，是加强会内民主、会内监督，推动执政党建设和参政党建设相互促进的要求，但还只是起步，只能是试行，会中央将充分参考大家的意见，不断在实践中探索，在探索中完善。四是要处理好变和不变的关系。坚持接受中国共产党的领导，坚持爱国、民主、团结、求实的优良传统，以及继承传统、以党为师、立会为公、参政为民的价值理念是任何时候都不能变的，但是复杂多变的形势又要求我们要看清形势、发挥优势、顺应规律，真正做到“顺势而为”，这也是一对辩证的关系。

罗富和 12 月 2 日上午和下午分别参加了第八组和第七组的讨论。与会同志结合《学习贯彻科学发展观》辅导报告，联系本地民进工作实际和本人分管工作，认真审议《工作报告》，畅谈体会和感想，并提出意见建议。罗富和认真听取讨论并发言。他说，《工作报告》全面总结了全会的工作，特别是常委会一年来的工作，可以看出新一届会中央领导集体做到了“无懈无滞，有思有行”。“无懈无滞”是许主席对新班子提出的要求，“有思有行”是严主席提出的，“思”有两层含义，一是对会中央历届班子留给我们的传统，要认真领会、传承，新班子要向老领导学习。二是要思考，形成既继承又创新的工作思路。“行”指我们要重在实践，工作要求实，有了思路的创新还不够，还要在实际工作中有所创新——机制、方式、方法都要有所创新。

罗富和结合会中央领导班子一年的工作，谈了听取《工作报告》的三点体会。第一点是会中央注重领导班子带头，以身作则。特别是严主席带头，要求大家做的，她带头做，得到大家的公认和肯定。领导班子带头表现在：一是带头学习理论。严主席明确要求理论学习一年至少看一本书，要谈体会，并且她自己带头写体会。她的行动带动了班子的同志，这对坚定政治立场、搞好政治交接非常重要。二是带头建章立制。特别是本届班子，我们要求健全制度首先就是规范自己的行为。一年来，我们全面系统梳理了原有的各项制度，并补充、完善了新的制度。民进各项制度的建立和完善，得到了中央统战部的肯定。三是带头深入基层，调查研究。各位主席到基层无论是调研、开会，还是执法检查，无论多忙，都一定要安排时间与会员见面。因为我们的力量来自基层，来自会员，从基层吸取力量，可以帮助我们增强对工作的指导，增强全会工作的信心。四是带头创新工作。要求各项工作都要有创新，在继承的基础上，工作的方式、方法、形式、机制等各方面，都要结合实际，不断创新、切实推进。五是带头团结合作。比如主席办公会议需要决策许多事项，一项议程表决可能不到10分钟，不同意见肯定表达不充分。因此，为了充分发扬民主，中央设立专题会议制度，规定有不同意见的决策事项先不上会，大家畅所欲言，充分交流沟通，形成比较一致的意见后再上会。

第二点是注意发挥常委会集体领导的作用。中央委员会闭会期间常委会是领导机构，民主党派讲究集体领导决策，不能把党派看成行政机关，只由一把手说了算。我们要靠制度来发挥集体领导的作用，重大决策必须经常委会审定，才能保证决策的科学性。会中央必须向常委会报告工作，重视听取每一位常委对中央决策的意见。如这次《监督条例》的制定中，常委们发表了许多意见。我们反复听取意见、了解想法，尽量吸取常委建议，发挥常委会集体领导的作用。

第三点是充分发挥全会的整体作用。严主席在年初专门委员会工作会议报告中明确提出我会参政议政要“举全会之力，聚全会之智”。我们认为，进中南海政治协商不是个人表现的舞台，是党派参政的舞台，要体现整个党派的素质和水平。因此我们非常注重发挥专家的智慧，汇聚全会之力，在方式、方法上都特别注意整合。如十七届三中全会前，中共中央就“三农”问题征求党派意见。我们在会内广泛征求了农业领域专家学者和实职人员的意见，汇聚了民进各省委会的调研报告、提案、发言，做了专题调研，开了研讨会，这样把全会的智慧和力量汇聚在一起，提出了我们的观点，得到了中共中央领导的肯定。这次党和政府表彰全国抗震救灾先进，统战系统先进个人仅有冯骥才副主席一名，他是我们全会推出的抗震救灾的先进代表人物。冯副主席提出的抢救羌族文化等重大建议，既是他冒着危险深入灾区调查研究得出的结论，也是民进中央在广泛征集抗震救灾信息的基础上形成的意见建议。他的获奖，是民进参政议政整体作用发挥的结果。

罗富和说，明年民进将以组织建设为重点，会中央将召开全国组织工作会议，把班子建设经验推广到全会，着重完善决策程序、规章制度，加强干部队伍的培养锻炼，思路都是比较明确的。会中央也希望在有序推进会内民主方面作出努力，积极尝试发挥代表和会员的主体作用。

潘贵玉2日下午参加第三小组讨论并发言。她说，2008年是不平凡的一年，中国经历了低温雨雪冰冻灾害和汶川特大地震灾害，成功举办两个奥运会、神州七号载人航天飞行圆了中国人的太空梦，又遇到了食品安全事件和金融海啸。逆境锻炼人，困难塑造人，机遇和挑战激励人、考验人。以严主席、罗副主席为代表的民进新一届中央领导集体政治上接得好，开局之年保持了全会的团结稳定，继续把民进的事业向前推进；班子上带得好，体现了他们真诚团结的胸怀和求真务实的作风；工作上取得的成效好，一年来制度建设、参政议政、中央与地方的联系、参政党理论建设等方面都有良好的开端。自己作为兼职副主席，以欣喜的心情和支持的态度，关注着会中央和全会的工作。

潘贵玉说，中国特色社会主义的政党制度体现了中共领导、多党合作，中共执政、多党参政的政党格局和政治体制。改革开放30年来，国家综合国力的增强、人民生活水平的提高、国际地位的提升，这些都是伟大、光荣、正确的中国共产党带领全国各族人民团结奋斗的结果，也是坚持中国特色社会主义政党制度、走中国特色社会主义政治发展道路的结果。这个制度、这条道路对维护国家的团结稳定、促进改革开放和现代化建设发挥了重要作用。

潘贵玉用三句话概括了自己对中国特色社会主义政党制度的心得体会：一是前无古人的经验可继承，二是现无别国的做法可借鉴，三是需要中国人发挥自己的聪明才智不断地探索、完善和创新。她说，面对国内外形势的新变化、经济社会发展的新要求，以及执政党和人民群众的新期待，提高参政党素质和能力的任务非常艰巨。需要民进中央、省级组织和基层组织、民进会员不断地探索。参政议政能力和水平，与参政党成员的素质、信息量以及事业心有关。第一要发现问题，第二要有解决问题的办法，第三要通过适当形式送达解决问题的关键部门。

潘贵玉说，严主席在报告中提出了2009年的工作任务，需要集中全会的智慧和力量去实现。面对金融危机在全球的蔓延和世界经济增长速度变缓，2009年我国经济社会的发展将遇到更大的压力和挑战。民进全会要进一步学习贯彻科学发展观，在政治上学习贯彻科学发展观，就是要坚持和完善共产党领导的多党合作制度，充分发挥民主党派的作用，增强参政党意识。她表示，在新的一年要以普通会员的身份要求自己，继续提高个人的素质和能力，支持协助会中央带领全会搞好参政议政能力建设，努力使我们的工作具有中国特色，符合时代特征，体现民进特点。

王佐书3日上午参加第三小组的讨论并发言。他说，成立中国民主促进会中央监督委员会，制定监督委员会工作条例，是新形势下执政党建设和参政党建设相互促进的重大举措，符合三个规律。一是符合“存在决定意识”的马克思主义认识论的规律。民主党派的成员，特别是各级领导干部，不是生活在真空里，社会上形形色色的意识形态、生活方式和价值观念也会反映到民主党派内部中来，也会危害民主党派健康的肌体。二是符合“不受监督的权力必然产生腐败”的权力发展规律。民主党派各级领导干部具备一定的权力，对这种权力需要加强监督，防止不受约束的权力滋生腐败。三是符合民主党派自身建设的规律。这是民主党派自己管理自己、自己教育自己、自己监督自己的一种好办法。他表示，作为民进中央的副主席，要带头严格要求自己，在加强会内监督机制建设方面作出表率。

贺旻2日下午参加第八组的讨论并发言。她说，各位委员非常认真地审议了常委会的工作报告，对报告的修改和明年的工作都提出宝贵的意见和建议，我代表民进中央对各位委员给予的大力支持表示感谢。今年是民进新一届领导班子的开局之年，报告对今年的工作和取得的成绩进行了全面的总结，这些成绩是在民进中央新一届领导班子的正确领导下，全会共同努力取得的。报告对我会明年的工作作了部署、提出了要求，就是要在今年取得成绩的基础上有发展、有创新，继续按照无懈无滞、有思有行、集智聚力、顺势开拓，更加注重内容和形式的结合，继续保持上下联动的大好局面，在全会形成共同的认识，增强履行参政党职能的前瞻性和预见性，加强两个五号文件落实情况的调研，推动多党合作制度和我会各项工作向前发展。

蔡达峰2日参加第四组和第五组的讨论并发言。他说，参政议政是民主党派的一项基本职能，是民主党派存在的依据。一年来民进中央抓住经济社会发展中重点难点问题，围绕中心，服务大局，开展深入细致调研活动，提出一系列重要意见建议，反映社情民意更加灵活广泛，但是从实际效果和社会影响看，还需加大力度，提高质量。现在国家面临的形势确实需要参政党更好地贡献力量。为了更好地履行参政党的职责，民进中央全面加强自身建设，持续开展培训活动，组织各种宣讲活动等等。民进的参政议政工作必须要清醒地把握本质，客观地审视问题。当前，国家关注的更多是经济问题，但经济问题最终是要反映到社会问题中。政府现在治理经济问题的能力比处理社会问题的能力强得多，怎样在这种情况下帮助政府改善社会关系，是值得我们研究的问题。在参政议政中要注意提出重要的观点，或者提出独到的信息，这样更有助于帮助政府解决实际的问题。

蔡达峰说，在明年工作中，我们要积极有效地履行职责，根据形势发展要求，关注农村改革发展、应对金融危机、改善民生、灾后重建等问题，探索参政党如何更好地发挥作用；特别要投入更大的力量关注社会建设、民生改善和社会稳定的问题，充分利用反映社情民意这个渠道，收集来自社会各方面的信息向党和政府反映，促进对政策措施的评估调整。总之，对民生和社会建设问题要更关切一些，要具备强烈的忧患意识，同时有针对性地解决我们工作中存在的不足，提高工作效率。

朱永新2日上午参加第二组的讨论并发言。他说，去年代表大会后，新一届会中央领导班子全身心投入到会中央的工作中，严隽琪主席要求会中央领导班子尽可能到基层去，参加基层活动，了解基层工作。

组织建设是民进发展的关键，其基础是基层组织建设和领导班子建设。因此，我们要综合考虑干部队伍结构，合理搭配代表性人物和热心会务的会员的比例，形成后备干部队伍梯队，打造好基层组织领导班子，激发基层组织的活力和凝聚力。

朱永新说，民进参政议政课题的选择要围绕当今社会的热点、人民关心的问题，在实践中创新机制和平台，根据需要和形势变化进行调研，力争在老阵地、新领域都有所作为。

朱永新对开展社会服务工作提出四个基本思路。第一，党派的社会服务要体现党派特点，要与参政议政相结合，要善于在社会服务中发现问题、提出建议，从社会服务走向参政议政。第二，发挥民进的独特优势，在社会服务工作中结合教育、文化、出版，进一步彰显民进特点。第三，继承优良传统，将多年来所做的体现民进特色的品牌活动做好、做深入，提升民进的影响力。第四，创新工作平台，整合民进自身的资源，借力、借势开展社会服务活动。

严隽琪代表民进十二届中央常务委员会所作的工作报告中指出，加强参政党自身建设，是多党合作制度长期存在和发展的必然要求。2007 年换届以来，会中央根据不断发展的新形势和换届后的实际情况，审时度势地把领导班子建设作为新班子开局之年加强自身建设的重点，并采取了多项有效措施。一是紧密结合主题教育活动，坚持和改进中心组学习制度，进一步加强理论学习，加强领导班子的思想建设；二是强调集体领导，从完善制度入手，减少工作盲目性、随意性，切实贯彻民主集中制；三是进一步加强领导班子作风建设，大力倡导求真务实的工作作风，大兴调查研究之风；四是努力在领导班子中营造民主务实、团结和谐的氛围。

新一届会中央领导班子建设取得了显著的成效，也赢得了与会中央委员的充分肯定。“新一届民进中央领导集体有两个显著特点：一是认真贯彻民主集中制，充分发扬民主，常委会就会内监督机制建设等重大问题，反复进行协商、征求意见，体现了民主的作风；二是会中央领导注重调查研究，深入基层，作风务实，更加贴近地方，使会中央的工作和地方工作联系更加紧密，更重视发挥全会整体的力量。”“会中央领导班子着力加强制度建设和作风建设，体现了决策者的大谋划。”这是民进十二届二中全会分组讨论期间，与会的中央委员谈得比较多的内容之一。

为切实贯彻民主集中制，会中央制订了《民进中央主席、常务副主席、副主席工作规则》、《中央委员会会议制度》，建立了专题会议制度，扩大了主席会议和主席办公会议的出席范围，明确了领导集体和个人分工负责相结合的原则，明确了领导班子成员岗位责任，明确了主席办公会议、主席会议、中常会、中央全会的职责和组成，以及议事规则和程序，形成了以主席会议、中常会和中央全会为主要形式的重大事项决策体系，以部门负责人会议、专题会议和主席办公会议为主要形式的重大事项研究机制，并严格要求对重大事项的决定必须放到决策体系中来，必须经过“研究机制”进行充分深入的研究，有效地提高了决策的效率和质量。

2008 年初，会中央制定了《民进中央领导下基层试行办法》，对主席、副主席下基层的基本原则、活动方式、程序安排等作出规定，明确要求会中央领导利用会内或会外工作到地方时，要尽量安排到民进地方组织了解情况、看望会员，并强调轻车简从、节约简朴。据不完全统计，一年来会中央主席、副主席利用调研或参加各种社会活动的机会，已赴民进全国 26 个省级组织、60 余个市级组织进行了调研。会中央领导深入基层的活动安排包括，与地方组织领导班子成员谈心，了解当地民进领导班子建设和民进组织工作情况；组织召开座谈会，加强对地方组织工作的检查和指导，听取基层组织和普通会员对会中央工作的意见和建议；结合开展政治交接学习教育活动安排专题辅导报告，亲自给基层会员授课；与当地统战部门加强联系和沟通，为推动地方民进组织工作创造有利的条件。据悉，会中央领导已经做出具体安排，将在年底前完成全国 29 个民进省级组织的调研。

12 月 2 日，民进十二届二中全会第六小组分会场，来自四川的两位中央委员先后就进一步做好抗震救灾工作发言。

王康委员（民进四川省委会副主委、四川省教育厅副厅长）说，救灾的特点是急，灾后安置的特点是难，灾后重建的特点是重。我负责的一项主要工作是阿坝师范专科学校的迁移、重建和复学工作。这是震中唯一的高校，是高校中唯一一所全面离开校址，唯一一所涉及多个民族的少数民族高校，是唯一一所需要全面重建，唯一没有校产可置换抵押的学校。如果不能把这项任务完成好，阿坝地区的百姓肯定不会接受这样一所民族高校的消失。他说，对民进组织总有一丝内疚，因为地震之后的工作太多太繁重，民进省委会的活动必然不能经常参加，但他也请组织放心，在自己的工作中一定会讲政治、顾大局，维护稳定的同时抓紧建设，发挥党派成员的身份特点，多作化解矛盾的工作，多出力多贡献。

杨建德委员（成都市锦江区副区长）说，救灾要急，重建要缓。灾后重建是个长期过程，投资大，项目多，如果过分强调速度，就容易不按客观规律办事，该走的程序没走，很容易滋生腐败现象。杨建德主抓的是成都市青城山地区的灾后重建工作，他说自己学经济，不懂建筑，但是在修建救灾板房的工作中，他利用自己经济学的积累，反复核算，将板房建设的单位成本降到了最低。身为民进会员，他经常感到很骄傲，民进组织“立会为公、参政为民”的优良传统影响着自己，培养了自己严格自律的责任感，自己没有让组织失望。他建议，希望民进中央针对灾区重建过程中防止冒进方面，开展针对性调研。

周洪宇委员在12月3日上午的民进十二届二中全会分组讨论上提出，民进中央应向教育部建议，尽快成立国家教育政策咨询委员会，以广纳社会各界智慧，推进国家教育政策的民主化、科学化。他说，随着我国各项改革的深化，文化、教育面临许多深层次的矛盾和问题，作为以文化教育界中高级知识分子为主体的参政党，民进应该也有实力系统地为我国文化教育的改革和发展贡献智慧和力量。在文化、教育的参政议政上，可向前再走一步，除配合文化、教育部门调研、论证外，也可进行独立的研究，就中国教育、文化、出版改革的若干重大问题，包括改革的方向、目标、突破口、时间表等，提出民进的政策建议。可以考虑在教育、文化、出版方面，每年以民进的名义推出一本《蓝皮书》（咨询报告），提出我们的看法及政策方针建议，也可就教师教育、基础教育、职业教育、高等教育、幼儿教育等专题做研究，撰写发表民进的专题研究报告。

严隽琪在民进十二届二中全会开幕式上所作的工作报告中，对明年全会的工作进行了部署，其中第五项是“坚持以人为本，切实加强机关建设”。报告指出：“参政党机关在全会工作中发挥着纽带和枢纽作用。全会各级组织要切实加强机关建设，重视机关干部队伍建设，加强和改善干部选拔、交流和任用的机制；切实加大干部业务培训、轮岗和挂职锻炼的力度……努力造就一支政治坚定、作风优良、学识丰富、业务熟练的高素质干部队伍。”这些部署和要求引起了列席会议的各省级组织会务负责人的共鸣。1日上午大会的议程刚刚结束，民进北京、上海、天津、重庆四个市委会的秘书长王报换、陈强努、李敏龙、邓昌金就在会场开起了小会，研究如何推进民进京津沪渝机关干部交流锻炼一事。早在今年9月四位秘书长就在重庆召开了专题会议，签订了四地机关干部交流锻炼的协议，并商定每年推举一位主持人负责牵头，重庆市委会秘书长是第一位主持人。四位秘书长认真研究了民进京津沪渝机关干部交流锻炼的具体问题，达成以下共识：第一，这是培养锻炼党派机关干部的一种方式，有利于今后建立党派干部培养锻炼成长的长效机制。这项动议已经得到统战部门的重视和支持。要取得实质性突破，还要争取纳入当地党管干部的序列。第二，要积极争取列入财政预算，使干部交流锻炼所需费用有专项经费的保证。第三，要发挥当地民进组织和会员的作用，如会员所办的学校，想办法解决干部交流锻炼的食宿问题。第四，干部交流锻炼最好是部门相同相近、工作对口。这样既可以培养锻炼干部，又可以保持机关工作的连续性。第五，这项工作明年上半年要推开，一年搞几次，以短期为主。几位秘书长一致表示，实施民进机关干部异地交流锻炼是一种创新的举措，符合严主席工作报告中提出的机关干部队伍建设的方向和目标，民进京津沪渝机关要从自己的实际出发，以创新行动落实工作报告对机关干部队伍建设的要求。

中国民主促进会第十二届中央委员会第二次全体会议顺利完成会议各项议程，于12月3日圆满闭幕。严隽琪作闭幕讲话。罗富和、王佐书、刘新成、蔡达峰、朱永新、张帆和民进中央委员出席闭幕式。闭幕式由贺旻主持。

严隽琪在讲话中指出，民进十二届二中全会是在国际形势复杂多变、我国改革和发展进入新的关键时期，以及民进全会深入学习贯彻科学发展观，学习贯彻中共十七届三中全会精神的背景下召开的。会议达到了学习总结，巩固成果和明确任务的目的，是一次团结民主、务实鼓劲的会议。

严隽琪强调，我们要继续保持团结务实的精神风貌，把高素质参政党建设与履行参政党职能相结合，认真做好明年的各项工作。首先要认清形势，同舟共济。当前国际金融危机迅速在全球扩散，影响不断加深，外部的风险与我国长期存在的制约经济又好又快发展的因素交织在一起，所以明年的任务更艰巨。我们既要有忧患意识，保持清醒头脑，同时更需要增强应对挑战的信心。广大民进会员一方面要在本职岗位上努力工作，另一方面要积极建言献策，帮助或协助党中央、国务院的决策更富预见性、针对性和有效性，在确保经济平稳较快发展，确保社会和谐稳定中形成合力。

严隽琪指出，民进要深入学习贯彻科学发展观，推动我会自身建设和履职能力再上新台阶，为改革发展大业与社会和谐多作贡献。她说，学习贯彻科学发展观是提高我会参政议政能力，为解决经济社会发展中的突出问题，促进科学发展、社会和谐贡献力量的基本要求，也是我会在履行职能中必须遵循的工作方针。民进要按照中共十七届三中全会的工作部署，围绕推进农村改革发展的目标任务，出实招，讲实话，办实事，求实效，为加快形成城乡经济社会发展一体化新格局作出新的更大贡献；深入学习贯彻科学发展观必须与加强自身建设和履行参政党职能结合起来，努力转变不适应、不符合科学发展要求的思想观念，明年要着力抓好组织建设这个重点，并以这个工作重点带动我会的全面工作；要更加关注人民群众最关心、最直接、最现实的利益问题，更加关注事关社会和谐的各种重大问题，进一步通过体制与机制的创新，更好地达到“举全会之力，聚全会之智”，切实履行参政党职能。

严隽琪指出，本次会议审议通过了《中国民主促进会中央监督委员会工作条例（试行）》和中央监督委员会组成人员名单，成立了中央监督委员会，为我会有序推进会内民主迈开了新的一步。

会议通过了《中国民主促进会第十二届中央委员会第二次全体会议决议》。决议指出，全会充分肯定民进十大以来新一届中央常委会的工作。一致认为，中央常委会以中共十七大精神为指导，带领我会深入学习贯彻科学发展观，认真落实民进十大提出的各项任务，继承和发扬我会优良传统，坚持以政治交接为主线，开展中国特色社会主义主题教育活动，以领导班子建设为重点，积极履行参政党职能，无懈无滞，有思有行，团结、务实、奋进，努力推进高素质参政党建设，取得了突出的成绩。

全会认为，2009 年是推进“十一五”规划顺利实施的关键一年。面对复杂多变的国际国内形势和前所未有的机遇与挑战，民进要与中国共产党风雨同舟，共度时艰；要从理论和实践的结合点上深刻理解和全面把握科学发展观的科学内涵、精神实质、根本要求，积极推动科学发展，促进社会和谐；要巩固和扩大开局之年的工作成果，突出工作重点，创新工作机制，推动会中央工作和地方工作相互促进、高素质参政党建设和履行参政党职能相互促进，以优异的成绩迎接新中国成立 60 周年，迎接人民政协成立 60 周年。

民进各省级组织会务工作负责同志、民进中央各专门委员会副主任、民进中央各部门负责人列席闭幕式。

民进省级组织负责人会议暨纪念“五一口号”发布 60 周年征文活动颁奖仪式在京举行

2008 年 12 月 3 日，民进省级组织负责人会议暨纪念“五一口号”发布 60 周年征文活动颁奖仪式下午在京举行。全国人大常委会副委员长、民进中央主席严隽琪，全国政协副主席、民进中央常务副主席罗富和，民进中央副主席王佐书、蔡达峰、朱永新出席会议。

会议表彰了2008年民进省级组织专项工作先进单位，通报了《民进中央2009年工作要点》，举行了纪念“五一口号”发布60周年征文活动颁奖仪式。罗富和就专项工作先进单位的评选和表彰、民进中央2009年工作要点作了重要指示。王佐书宣读了《2008年民进中央关于表彰省级组织专项工作先进单位的决定》，公布了2008年省级组织专项工作先进单位和受表扬单位的名单。朱永新就民进中央2009年工作要点作了说明。

民进中央秘书长赵光华，民进省级组织负责人、民进中央部门负责人和征文活动的部分获奖作者出席会议。

获得专项工作先进单位如下：

一、参政议政工作先进单位（6个）

民进广东省委会、民进江苏省委会、民进四川省委会、民进福建省委会、民进安徽省委会、民进内蒙古区委会

二、信息工作先进单位（4个）

民进北京市委会、民进上海市委会、民进浙江省委会、民进重庆市委会

三、新闻宣传工作先进单位（3个）

民进上海市委会、民进山西省委会、民进内蒙古区委会

四、会刊（报）工作先进单位（4个）

民进北京市委会、民进浙江省委会、民进湖北省委会、民进四川省委会

五、电子信息化建设工作先进单位（2个）

民进云南省委会、民进贵州省委会

六、社会服务工作先进单位（6个）

民进广东省委会、民进江苏省委会、民进湖南省委会、民进福建省委会、民进天津市委会、民进山东省委会

获专项工作表扬单位如下：

一、参政议政工作表扬单位（2个）

民进宁夏区委会、民进贵州省委会

二、信息工作表扬单位（2个）

民进辽宁省委会、民进河南省委会

三、新闻宣传工作表扬单位（2个）

民进甘肃省委会、民进陕西省委会

四、会刊（报）工作表扬单位（2个）

民进河南省委会、民进湖南省委会

五、电子信息化建设工作表扬单位（1个）

民进广西区委会

六、社会服务工作表扬单位（2个）

民进辽宁省委会、民进陕西省委会

在纪念“五一口号”发布60周年征文活动颁奖仪式上，严隽琪、罗富和、王佐书、蔡达峰、朱永新为获奖单位代表颁奖。王佐书宣读获奖作者及篇目名单。

为纪念中共发布“五一口号”60周年，民进中央宣传部联合统战系统报刊及民进网站、民进会刊，从2008年3月15日开始，举办了“薪火相传，共创未来——纪念中共发布‘五一口号’60周年”征文

活动。本次活动得到了各级地方组织和全体会员的积极响应和大力支持，截至5月底，评委会共收到应征文稿445篇，经过评审委员会的初评和复评，从中评选出获奖征文49篇，其中一等奖3篇，二等奖7篇，三等奖15篇，优秀奖24篇。本次征文活动的成果，已有30余篇在统战报刊和《民主》杂志上发表，140余篇在民进网站发表。朱永新和民进中央原副主席邓伟志的征文荣获统战系统征文活动一等奖。

2008年民进中央参政议政年会暨信息工作会议在京举行

12月4日，2008年民进中央参政议政年会暨信息工作会议在北京召开。会议的主要任务是：进一步学习贯彻中共十七届三中全会精神，深入学习贯彻科学发展观；总结交流民进全会加强参政议政能力建设取得的阶段性成果和经验，研究如何改善参政议政课题立项工作和加强网上参政议政平台建设；讨论《民进中央关于加强和改进反映社情民意信息工作的意见（框架稿）》。

全国人大常委会副委员长、民进中央主席严隽琪做主题报告。全国政协副主席、民进中央常务副主席罗富和主持开幕式。民进中央副主席王佐书、朱永新出席会议。

严隽琪对2008年民进中央参政议政工作作了系统的回顾。她说，2008年民进中央带领全会学习贯彻科学发展观，围绕国家的中心任务，把握我国改革与发展的大局，"举全会之力、集全会之智"，创新参政议政工作体制和机制，形成"以新作为来巩固老阵地，在顺势中开拓新领域"的共识，较好地发挥了我会的特色与优势，较好地整合了全会的智慧与力量，参政议政工作取得可喜的成绩。她指出，成绩的取得有三个方面原因：一是上一届会中央领导集体给本届领导班子奠定了基础、提供了经验；二是民进各省级组织和民进中央专门委员会所做的大量工作，对提高参政议政工作的质量和水平起了很大的促进和推动作用；三是本届民进中央领导集体高度重视参政议政工作，着力打造参政议政平台，提倡信息及时向参政议政成果转化，以民进中央专门委员会和参政议政特邀研究员队伍，以及各省级组织的参政议政工作队伍和专家队伍为依托，建立起了参政议政课题申报立项机制、提案形成机制和成果奖励机制。

严隽琪在讲话中特别提出深入学习贯彻科学发展观，对进一步提高参政议政能力的重要意义。她说，世界金融危机的蔓延对我国经济发展已经产生影响，与我们在改革和发展中自身体制机制中原有的问题、矛盾交织在一起，参政议政工作面临前所未有的压力和挑战。面对新形势、新任务，要用科学发展观来统领民进全会的参政议政工作，树立科学发展的参政议政理念。把发展作为参政议政一以贯之的着力点，把维护最广大人民群众的根本利益作为出发点和归宿，把全面协调、可持续发展作为内涵要求，把实事求是、统筹兼顾作为根本方法，处理好各种重大关系，把握住参政议政的正确方向。

严隽琪指出，参政议政工作必须与时俱进、顺势而为，民进全会必须按照科学发展观的要求，强化、深化对"参政议政是民主党派生命线"的理解和认识，坚持改革创新，不断完善参政议政工作机制，这是适应形势与任务的需要，是服务科学发展的需要。

严隽琪强调，关于本次会议的主题——社情民意信息反映工作，一方面，要提高对信息工作重要性的认识。信息工作是党派履行政治协商、民主监督、参政议政职能的重要基础和快捷渠道，是长效机制与应急机制的结合点；是党和国家发扬社会主义民主、促进科学民主决策的重要形式，是社会舆情汇集和分析机制的重要组成部分。一方面，要改进信息工作的机制和工作方式。信息工作不仅应注意和其他方面的参政议政工作相互转化，更要注意和党派其他各项工作互动、结合；同时，应建立健全社情民意信息的汇集机制、策划和分析机制、提炼和成果转化机制等。

严隽琪希望，民进全会加大信息工作理论研究和宣传工作力度，对行之有效的做法和经验，要进行总结和理论概括，为加强和改进工作提供理论指导，努力营造重视和支持反映社情民意的良好氛围，影响和带动更多的会员积极反映社情民意。

朱永新12月5日参加2008年民进中央参政议政年会第二小组讨论，并重点结合自己多年做参政议政工作的体会，对全会进一步加强参政议政工作提出建议。他说，参政议政工作最能彰显参政党的凝聚力和战斗力。在多年的参政议政工作中，自己有三点经验性体会。一是立足专业背景，将学术研究、本职工作和参政议政结合起来。很多专业研究，往前再走一步就可以成为参政议政成果，很多原来只是学术性的成果，经过更多的关注其社会性、实用性，就可以成为参政议政的好成果。课题的专业性越强，针对性就越强，说服力就越强，最终参政议政的效果也越好。因此，全会要鼓励专家学者发挥专业优势开展参政议政工作。二是立足中国国情，将报国情怀、民主监督、建言献策统一起来。中国的国情特点决定了我们在参政议政的过程中，要考虑法律上是否允许，经济上是否合理，政治上能否广为各界所接受，操作上能否可执行，进度上能否张弛有度易于控制。三是立足民间社会，将国家大事、百姓生活、网络民声整合起来。党派的建议要切实关注老百姓切身利益、关注百姓疾苦，否则就缺乏生命力。网络平台已经逐渐成为我们了解民生的重要途径。

朱永新从会中央参政议政角度出发，提出如下建议。第一，深入贯彻落实科学发展观，加强学习、认清形势、把握大局，是做好参政议政工作的重要前提。第二，发挥集体力量，集全会之智、聚社会之力，是做好参政议政工作的重要基础。第三，加强体制机制建设，促进制度化、规范化，是做好参政议政工作的重要保障。第四，"巩固老阵地、开拓新领域"，仍然是民进开展参政议政工作的重要指导性原则。第五，加强信息化建设是促进参政议政资源整合的有效手段。

信息工作作为会议的主要议题，成为与会同志讨论的焦点。大家在发言中，分享了各自对如何做好信息工作的经验和做法，也提出了许多迫切的期望和要求。民进北京市委会认为，当前，参政议政工作存在三点趋势上的明显变化。首先，参政议政从形式上参与转变到实质上参与，要有真知灼见，表态性的东西已经不能满足党和政府对党派履行职能的需要。其次，参政议政工作从界别参政议政到全方位参政议政，仅停留在教育、文化、出版"老阵地"是不够的，要有意识的尽力拓延"新领域"。第三，参政议政从会员自定课题转变为民进市委会主导调研方向，不仅是会员擅长什么做什么，也要根据形势发展变化的需要适当调整当年的调研方向。

民进北京市委会提出，党派参政议政工作面临一些亟待改进和解决的问题。从外部来看，党派参政的成员相对少，议政的成员相对多，如何使日常工作较为繁忙的参政会员拥有的信息量，辐射到广大会员中，尽量避免盲目议政，提高参政议政工作的实效，是需要研究的问题。从内部来看，党派人才储备、资金保障、运行机制与实际需要的不相适应，议政调研成果转化与党派成员期望值的不相适应，也是有待逾越的"瓶颈"。

民进北京市委会连续三年获得民进信息工作先进单位。一是抓住重大事件建言献策。如，2008年民进北京市委会把"平安奥运"列为当年工作的重中之重，各专委会先后多次召开工作会议并进行调研，提出了多篇高质量的社情民意信息。在中共北京市委统战部汇编的《群言荟萃——首都统一战线建言献策选编》一书中，有近四分之一篇幅刊载了北京民进会员的建议。二是探索创新工作机制。如，建立了信息工作顾问制度和信息工作团队；引入了信息策划机制；制定了工作动态信息报送办法；充实了信息员网络；对重点信息进行实地取证，丰富论据；及时通过《信息工作通讯》对信息报送情况进行反馈等等。民进北京市委会还十分重视对信息员的培养和锻炼，创造一切机会让他们参会听会、熟悉会员和积累各方面专业知识。三是领导高度重视。截至2008年10月底，民进市委会领导班子亲自撰写的信息合计51篇。刘新成主委把信息工作作为市委会2008年的重点工作进行部署，领导班子利用各种会议和活动不断宣传信息工作的重要作用和意义。四是把握一切机会使信息向参政议政成果转化。民进北京市委会将每年暂时未被采用的信息集结成册，提供人大代表、政协委员带到"两会"上完善使用。

12 月 6 日，2008 年民进中央参政议政年会进行大会交流。罗富和听取交流。朱永新主持会议。民进湖北省委会副主委、湖北省统计局副局长叶青，民进中央参政议政特邀研究员陈守义，民进江苏、四川、山西省委会的代表进行了大会发言。5 位同志从个人或省级组织的角度出发，重点介绍了做好信息工作的基本思路和主要做法。

叶青作了题为《把信息工作与专业研究有机结合起来》的发言。他提出，只要想做，每一个最普通的民进会员都可以开展参政议政活动。他在发言中谈到自己做信息工作中的三点体会。一是要把握好党派信息工作的特点。时间上，信息强调苗头性、及时性；空间上，信息反映的问题更为宏观、更具普遍性；内涵上，信息的目的更多的是引起党中央、国务院的重视，提出新思路；渠道上，信息提交的途径更多，命中率、采用率较高；形式上，信息要在题目和内容上下工夫，要力求抓人“眼球”。二是写信息与专业研究并不矛盾。信息工作往往是专业研究成果的运用，是专业研究的合乎理性的延伸；同时，在专业研究促进信息工作的同时，信息工作也反过来推进专业研究，通过进一步了解各级政府对相关领域的关心问题，修正研究计划。三是投入信息工作需要激情与智慧。民主党派成员应该既善于谈已经存在的问题，又敢于谈执政党尚未意识到的问题。

陈守义认为，撰写信息应处理好四种关系，坚持好三个原则。他说，信息的选择要处理好百姓呼声与中央决策的关系，反映的问题力求是百姓高度关注的焦点，也是政府部门想要解决的难点；处理好区域性与全局性的关系，牢牢把握发展这一根本任务，站在地方看全国的问题；处理好本专业与多领域的关系，参政党成员应该比其他成员、比党派之外的同行知道得更多、思考得更多；处理好个体与集体的关系，在调动广大成员和基层组织积极性的基础上，整合组织整体优势，充分利用各方面的资源，使信息工作跨上新台阶。所谓三个原则，是指撰写信息要坚持“快、准、狠”的原则，坚持帮忙不添乱、切实不表面的原则，坚持持之以恒的原则。

民进江苏、四川和山西省委会在做好信息工作中有许多好的经验和体会。首先，坚持不懈，提升信息工作地位。民进江苏省委会在安排全省总体工作布局时都要对信息工作进行重点安排，优先考虑，利用每次重要会议和活动的时机，以适当形式宣传信息工作，深入发动各级组织及会员积极参与信息工作；苏北5 个民进市级组织每年都自发轮流组织一次片会。民进山西省委会从省委到各市委领导养成了期期阅信息、时时写信息的良好习惯，给予了信息工作极大的关心和重视。民进四川省委会在定期的主委会上，主要领导都对信息工作进行阶段性布置，保证了信息工作能够在会内受到足够重视，得以顺利开展。

第二，大胆培养，强化信息工作人员素质。民进江苏省委会认为，信息工作岗位尤其能够锻炼年轻干部的政策把握能力、调研并发现问题能力、分析和解决问题能力以及文字组织能力。他们大胆实行轮岗，并给予信息员在工作时间上以最大的自由度，鼓励其多下基层、多接触会员、多了解情况。民进山西省委会多次举办信息工作培训班，对各专委会和各市委从事信息工作人员进行培训，邀请在信息工作方面经验丰富的人员进行授课；加强专门辅导和培训，对各市委会和各专委会的信息实行点评，找出工作中存在的问题。民进四川省委会规定，定期开展信息工作培训，通过聘请专家授课、编发辅导材料等方式，让各级组织的信息员对信息和信息工作有更充分的了解，进而熟知与应用。

第三，统筹安排，拓宽信息工作来源渠道。民进江苏省委会切实把信息工作纳入到整体工作中考虑，要求省委各职能处室在开展各自工作中把一些成果积极转化为信息；省委会多年来把包括信息工作能力在内的参政议政能力作为后备干部选拔的重要条件，同时又给他们提供调研、撰写信息和提案在内的更多机会。民进山西省委会以网络为重点，夯实信息工作基础，按照“横向抓覆盖，纵向抓延伸”的思路，不断延伸信息网络，在全省系统形成了以民进省委会参政议政部为龙头，以各市委为依托的信息网络体系。民进四川省委会对各级组织提出要求，尽量由机关专干担任信息员，同时在省委会直属的专门工作委员会内确定了信息员，加之特邀信息员，形成了覆盖全省的相对稳定的信息员网络，为信息来稿提供了最大限度的保障。

第四，完善机制，形成信息工作可持续发展的动力。民进江苏省委会规范了信息的报送、反馈、通报、奖励等制度，在每年的省委会全体会上例行对年度信息工作成绩突出的民进市级组织进行表彰，并把信息工作纳入对基层组织的目标考核管理中。民进山西省委会建立健全了工作职能、检查督促、激励奖惩等三项机制，有效保证了信息网络的高效运转。民进四川省委会对于信息工作机制的探索则更成体系，包括信息工作会议制度、信息员工作制度、细化稿件处理制度、分析总结制度、评比表彰制度、定期学习培训制度等。

三省的信息工作各具特色。民进江苏省委会、市级组织负责人以身作则，有意识的在参加各种活动中留心观察，搜集资料，或亲自撰写信息，或把这些材料加上自己的思考提供给机关信息员进一步调研、整理，不仅有力提高了信息质量，也极大强化了机关干部全体争做信息员的意识，更扩大了信息员的知情面，坚定了专职信息员做好信息工作的信心。民进山西省委会始终把抓质量放在信息服务的首位，不断创新信息服务方式，着重从“报什么”和“怎么报”两个环节入手，狠抓了信息质量的提升。民进四川省委会每过一段时间就要对各级组织报送稿件的情况，稿件的时效性、内容和效果作系统分析，通过总结提出改进意见与下阶段重点方向，分析既有定性也有定量，工作目标更加明确，有的放矢。

2008 年民进中央参政议政年会圆满完成各项议程，12 月 6 日上午在北京闭幕。罗富和作总结讲话。他在讲话中首先肯定了全会参政议政专职干部在工作中所付出的努力和辛劳。他说，参政议政专职干部平日里压力很大，但大家能吃苦、能战斗，为全会的参政议政工作能够正常运转立下功劳。罗富和代表民进中央领导班子对全会参政议政专职干部表示衷心问候。

罗富和对全会加强参政议政工作提出五点意见：一要关注重点领域。2009 年，全会应在如何保持金融海啸冲击后的经济平稳发展，如何保持社会稳定等方面积极建言；同时，也要着重关注“国家中长期教育改革与发展规划”的制定，以及灾后重建，特别是教育重建等问题。二要突出问题对策。尽量找到问题和原因，并有针对性的提出对策，是民主党派当前必须努力的方向。民进专职干部和广大会员要在日常工作中坚持早学习、广浏览、多调研、勤思考、常研讨，来弥补我们的人才、信息和资源等薄弱环节。三要壮大人才队伍。参政议政骨干会员和后备干部队伍建设必须和组织工作相结合，将参政议政能力作为我们物色人才、挖掘人才、发现人才的重要标准，并将后备干部队伍尽量放到参政议政工作中去培养、锻炼。四要加强能力建设。通过专门的培训辅导和各种会议“以会代训”，切实提高专职干部的文字能力和服务水平；通过网络平台的进一步建设和延伸，为全会特别是偏远地区的省、市级组织提供信息和成果分享、整合的平台；通过强化区域联动、领域（各领域的专委会）联动，真正达到集智聚力，发挥全会参政议政整体力量的目的。五要加强信息工作。全会必须深刻认识到“信息是参政议政的基础性工作”这一重要意义，也要清醒的意识到，与新形势、新任务、新要求相比，我们的信息工作还存在一定的差距和不足。一方面，要注意选派政治素质高、业务能力强的同志充实到信息员队伍中来；另一方面，要注意发挥各级组织专门委员会和会内基层组织的巨大作用，尽可能调动各方积极性，将有价值的信息及时转化为成果，以保证信息“源”的质量充足和稳定。

罗富和指出，当前，随着中国共产党领导的多党合作事业的不断发展，在学习贯彻科学发展观和构建社会主义和谐社会的过程中，还有很多问题等待我们提出对策性建议。因此，要始终具备居安思危的忧患意识，只有这样，协商民主的优越性、多党合作制度的优越性才能得到最大程度的展现。

闭幕式前，民进河北省委会参政议政部部长李建强，民进云南省委会副主委阎堃还就会议期间的分组讨论情况进行了汇报交流。

全国政协信息局局长朱京生在开幕式上作了关于政协反映社情民意信息工作的辅导报告。

民进中央秘书长赵光华，民进省级组织和参政议政部门负责同志，民进中央各专门委员会主任、副主任，民进中央部门负责人约 150 人参加会议。

中国民主促进会第一届中央监督委员会召开第一次会议

2008 年 12 月 3 日，民进十二届二中全会通过了《中国民主促进会中央监督委员会工作条例（试行）》、《中国民主促进会第一届中央监督委员会主任、副主任、委员名单》。民进十二届二中全会结束后，第一届中央监督委员会即召开第一次会议。全国人大常委会副委员长、民进中央主席严隽琪出席会议并讲话。会议由全国政协副主席、民进中央常务副主席、第一届中央监督委员会主任罗富和主持。

严隽琪指出，建立健全内部监督机制是我会加强自身建设的一项全新尝试，是探索建立我会各级领导班子建设长效机制的客观需要。第一届中央监督委员会承载着全会上下的信任和期待，责任重大。

严隽琪强调，在推进民进会内监督工作的过程中，要提高认识，要开好步、把好度、出经验。在工作条例试行的过程中，应抓住重点、制定切实可行的措施，勤思善务、积极探索规律性，有序推进会内民主。同时，会中央应加强对中央监督委员会的领导和支持，会中央领导班子应带头接受监督。

罗富和宣布第一届监督委员会下设办公室，与民进中央组织部合署办公，办公室主任由民进中央组织部长兼任。

与会的第一届监督委员会组成人员就如何有效开展工作提出了意见和建议。

民进中央组织部、研究室负责人列席会议。

中国民主促进会第一届中央监督委员会主任、副主任、委员名单如下：

主　任：罗富和　全国政协副主席、民进中央常务副主席

副主任：潘贵玉（女）　国家人口和计划生育委员会副主任、全国妇联副主席、民进中央副主席

委　员：（以姓氏笔画为序）

邓宗全　民进中央常委、民进黑龙江省委会副主委、哈尔滨工业大学副校长

朱晓进　民进中央委员、民进江苏省委会副主委、南京师范大学文学院院长

吴正宪（女）　民进中央委员、民进北京市委会常委、北京教育科学研究院基础教育教学研究中心小学数学教研室主任

陈智伦　民进中央委员、民进四川省委会副主委、四川省高级人民法院副院长

尚勋武　民进中央委员、民进甘肃省委会副主委、甘肃省农牧厅副厅长

陶凯元（女）　民进中央委员、民进广东省委会副主委、广东省知识产权局局长

黄　震　民进中央常委、民进上海市委会副主委、上海交通大学能源研究院院长

严隽琪出席民进中央机关纪念改革开放 30 周年座谈会并讲话

2008 年 12 月 15 日，民进中央机关举办纪念改革开放 30 周年座谈会。全国人大常委会副委员长、民进中央主席严隽琪出席并讲话。民进中央副主席朱永新出席座谈会。

严隽琪指出，民进机关的变化与成绩是多党合作事业发展的一部分，体现了改革开放的时代特点。30 年来，民进机关建设不断加强，特别是会中央机关工作水平的大幅提升，在全会的机关建设中起到了示范和带动作用，为民进的发展尽到了应有的责任。会中央机关的进步可谓是民进事业发展的缩影，这些成绩

的取得与改革开放大局分不开，与中国特色社会主义政治发展道路分不开，也与一代代机关干部持续不断的努力和支持分不开。

严隽琪强调，在我国多党合作的政党体制中，参政党的机关建设居于极其重要的保证地位，发挥着不可或缺的纽带、桥梁、参谋、窗口、文秘与后勤保障的作用。机关是承上启下的办事机构，是常设的工作班子。机关作风和工作效率，反映了党派的精神面貌，关系到参政党履行职能的水平、影响到参政党自身的健康发展、影响到多党合作事业的巩固发展。因而，我们要从加强中国共产党领导的多党合作和政治协商制度的政治要求，从参政党建设可持续发展的历史要求，从坚持改革开放事业的时代要求，进一步提高对建设高素质参政党机关的重要性、必要性和紧迫性的认识，努力把机关工作提高到新水平，为把我会建设成为适应新形势要求的高素质参政党提供坚实的基础和有力的保障。

严隽琪说，我们所处的环境在不断变化，形势的发展和任务的增多，对参政党机关建设提出的要求越来越高，对机关工作人员的要求越来越高，我们不能停下前进的步伐。当前，经济全球化的发展，深刻影响着国际、国内大局，不确定不稳定因素明显增多；中共十七大提出以改革创新推动共产党建设的新的伟大工程，执政党的重要进步和变化必然对参政党建设产生重大影响；科学技术的日新月异导致新方式、新节奏、新关系的出现，由此对参政党提出如何用好“双刃剑”，如何趋利避害的新挑战；民主党派内部正在经历新老交替，如何发扬传统，实现新的飞跃，是摆在新一届领导班子和机关干部面前的新任务。

严隽琪希望，民进全会各级组织机关要从三方面着手，进一步适应建设高素质参政党的时代要求。一要在理想信念和指导思想上形成坚定的共识，努力推进坚持走中国特色社会主义政治发展道路的“道路认同”；推进全面建设小康社会、发展中国特色社会主义的“目标认同”；推进新时期新阶段社会主义核心价值体系的“文化认同”。二要加强作风建设，提高工作效率，进一步增强学习意识、大局意识、合作意识和服务意识。三要重视机关干部队伍建设，努力营造有利于优秀人才迅速成长，支持每个人干事业、干成事业的良好环境。

座谈会上，七位民进中央机关的同志做了发言，他们从不同角度讴歌了我国改革开放30年取得的伟大成就，回顾了在我国多党合作事业进一步发展、参政党建设不断加强的背景下，民进机关建设走过的不平凡的历程。大家表示，要充分认识国家30年来改革开放的伟大意义，清醒认识到肩上的责任，加强学习、勇于实践、不断创新，把机关建设提高到新的水平。

座谈会由民进中央秘书长赵光华主持。民进中央各部门负责人和机关全体同志参加会议。

罗富和出席民进中央机关支部纪念改革开放30周年座谈会并讲话

2008年12月18日，民进中央机关支部召开纪念改革开放30周年座谈会，全国政协副主席、民进中央常务副主席罗富和出席并讲话。他指出，12月18日是一个很有纪念意义的日子，上午在人民大会堂隆重召开了纪念中共十一届三中全会召开30周年大会，胡锦涛同志发表了重要讲话。胡锦涛同志在讲话中高度评价了党的十一届三中全会的历史地位和伟大意义，充分肯定了我国始终以改革开放为强大动力，推动党和国家各项事业取得的举世瞩目的伟大成就，全面阐述了在30年的创造性实践中，经过艰辛探索积累的宝贵经验。民进全会要认真学习、深刻领会讲话的精神实质，把思想和行动统一到讲话精神上来，坚定不移地推进改革开放，坚定不移地走中国特色社会主义道路。

罗富和强调，改革开放30年来，随着多党合作和政治协商制度的不断完善，民进亲身经历和参与了改革开放的伟大事业，也在推进改革开放的历史进程中得到了锻炼和提高。站在新的历史起点上，民进要按照执政党建设和参政党建设相互促进的新要求，不断推进适应时代要求的高素质参政党建设，为全面建设小康社会，建设富强民主文明和谐的社会主义现代化国家作出新贡献。多年来，民进中央机关支部，特别是在座的老领导、老同志为加强会中央机关建设做了大量工作，积累了宝贵经验，也树立了很好的榜样，大家要继续关心民进工作，为进一步推进机关建设献计出力。他在讲话中代表严隽琪主席和会中央领导集体提前向大家致以新年的问候和良好的祝愿。

民进中央原名誉副主席楚庄出席座谈会。他在讲话中以文化出版界发生在改革开放前后不同历史时期的故事为例，生动而又深刻地说明了改革开放不仅使中国的经济建设取得巨大的成就，人民生活水平得到很大的提高，同时也极大地推进了民主政治建设的进程，使中国人的思想观念和精神面貌发生了根本性的变化。

“30 年的改革开放，使中国取得了举世瞩目的辉煌成就，发生了翻天覆地的变化。回顾过去、珍视现在、展望未来，我们可以自豪地说，没有改革开放，就没有中国的今天。”“改革开放 30 年对中国是伟大的转折，给中国带来了伟大的变化。其中最深刻的变化就是举起了中国特色社会主义这面旗帜，开创了中国特色社会主义伟大道路。”“作为从旧社会过来的知识分子，我深深感到邓小平先生提出的中国特色社会主义的伟大理论光芒，照亮了中国走向繁荣富强的前进道路。”与会同志结合自身经历畅谈了对改革开放的认识和体会。

民进中央秘书长赵光华，民进中央原秘书长陈益群、原副秘书长等民进中央机关支部新老同志参加座谈会。

严隽琪出席最高人民法院座谈会并发言

2008 年 12 月 22 日，最高人民法院召开各民主党派中央、全国工商联负责同志座谈会。严隽琪主席出席会议并代表民进中央发言。

最高人民法院院长王胜俊通报了人民法院工作情况。常务副院长沈德咏主持会议。

严隽琪在发言中说，最高人民法院召开各民主党派中央和全国工商联负责同志座谈会，体现了最高人民法院维护社会公平正义的责任意识、不断改进法院工作的认真态度、自觉接受监督的民主精神和发挥多党合作作用的统战意识。改革开放 30 年来，全国各级人民法院围绕党和国家工作大局，推动发展、促进和谐、保障民生、维护社会公平，作出了突出贡献。最高人民法院面对 2008 年新形势新问题，工作务实、抓住主线、突出重点，思路清、力度大，取得了新的成绩。严隽琪还就解决涉诉信访居高不下问题和法官队伍建设问题提出意见建议。

民革中央主席周铁农、民盟中央主席蒋树声、民建中央主席陈昌智、农工党中央主席桑国卫、致公党中央副主席李卓彬、九三学社中央主席韩启德、台盟中央副主席黄志贤、全国工商联主席黄孟复出席会议并发言。中共中央统战部副部长楼志豪、最高人民法院副院长万鄂湘等也出席了会议。

严隽琪做客人民网强国论坛

［**嘉宾访谈**］2008 年 6 月 20 日，胡锦涛总书记视察人民日报并通过人民网强国论坛与网民在线交流，在国内外引起极其热烈的反响，人民网作为党政领导与普通网民的对话平台作用进一步突出。为了进一步

扩大胡锦涛总书记同网民在线交流所产生的巨大影响，人民网举办“对话民主党派”系列访谈，邀请各民主党派领导人做客强国论坛与网友进行在线交流，试图展示民主党派风采，加强民主党派与社会各界的交流。

12 月 26 日 10 时，全国人大常委会副委员长、民进中央主席严隽琪做客强国论坛，以风险投资与创新型国家建设为主题与网友进行在线交流，现征集网友提问，欢迎参与。

[主持人] 各位网友，我们今天很荣幸邀请到全国人大常委会副委员长、民进中央主席严隽琪做客强国论坛。和大家就创新型国家建设做一个交流。

[严隽琪] 网友朋友们，大家好。

[主持人] 严主席，首先非常欢迎您再次做客人民网。记得今年“两会”期间，您曾经来过人民网，就教育改革与广大网友做了一个交流。这次我看您选择的题目是创新型国家，能不能讲一讲您选择这个题目的理由？

[严隽琪] 我觉得创新型国家是太重要了，而且建设创新型国家对我们中国来说是时不我待，非常紧迫。我认为，建设创新型国家是实现可持续发展的迫切要求。改革开放 30 年，大家都看到我们的综合国力有了极大的提高。但是我们也面临着很多矛盾和问题，最突出的是我们的资源环境代价太大，而且区域发展不平衡。所以，要缓解在资源、环境、人口方面的压力，就必须以科技作为出路。同时，建设创新型国家也是产业结构调整的需要。这次的金融危机，给我们大家一个很大的警示。就是说，按照世界历史经济发展规律，它的经济都有波动。当然这一轮产业革命会带动一轮经济增长，走下坡路的时候，这时候经济危机会频繁出现，但同时也孕育着新一轮的产业革命。

如果一个国家有良好的创新体系，有技术创新能力，就可能成为下一轮产业革命的策源地，所以这对我们来说，产业结构调整，就是抓住这次金融危机中的机遇，这也需要创新。另外现在科技革命日新月异，知识更新的速度越来越快，如何发挥后发优势？现在这个时代就是不进则退。所以，要保持我们的持续发展，保持我们的国际竞争力，应对各种突发危机。所以，我认为这个命题是太重要了，值得我们大家共同努力。

[主持人] 我们知道严主席是国家 863 项目的首批专家，原来也是一个科技工作者。您关注这个问题，估计也应该有个人的因素在里面。从一个曾经做过科技工作者的角度来谈，您对现在科技体制创新需要解决的问题应该有一些切身的体会，能不能给大家谈一谈？

[严隽琪] 的确像你说的，我在科研第一线工作了很长时间，所以我对微观层面上如何操作、如何争取资源、如何获得条件有很多值得改善的地方和努力的地方。但是我作为国家 863 项目的专家，作为宏观层面上的组织者、策划者，再加上由于工作的需要，又在地方分管科技工作，我越来越感到创新型国家要落实到创新型体系的建设。所谓体系就是一个系统，它包括一种丰富的内容和一个合理的架构，这才构成体系。比如这个内容，我们说科学创新，它包含了科学的发现，包含了技术的突破，包含了产品的更新换代，也包含了市场的开拓，还有制度的更新。所以，这个内容应该有多个层次，并不是一点。所以，我们称为体系和单个问题的区别就是它有多个层次。

另外，在这个体系里面有很多主角。有企业、有学校、有科研院所、有政府，还有民间组织。就拿企业来说，有国营的，有民营的。就企业规模来说，有大企业、有中小企业。所以我认为这个体系要包含多个主体。

再有，作为科技创新有很多要素，人才、资金、设备，制度也是一种要素，所以它应该多种要素。这个体系应该考虑那么多，所以有丰富的内容。

我心目中合理的体系有一个架构的安排。这个架构安排使得那么多主体都能各安其位，都能找到自己的位置，都能发挥自己的所长，都有合理的评价和利益的分配机制。这是各安其位。

作为体系，必须是开放的，就是能流动的。就像水一样，活水才能永葆新鲜。这些要素，无论是人才、资金，都能够畅通地流动，保持活力。当然这个流动之间，各个环节之间要无缝连接。一个环节要紧扣一个环节，没有壕沟。

再有就是整个社会的文化环境，应该提出一种宽容和便利。这是我为什么讲创新型国家，它要有单点的突破，要有单个要素的保障。但是作为一个国家层面，更重要的是一个体系的构成。什么时候我们的体系在国际中间都是比较优良的，那我们就能不断地抓住成为我们新技术革命的策源地，而且产业革命的机遇我们不断地能够抓住，甚至引领这个潮流，这是我们的希望，要一代一代人的不懈努力。

[主持人] 现在我们基本还属于消费知识，当我们创造知识、输出知识的时候，我们就是创新型国家了。

[严隽琪] 就是体系建立了。体系建立了以后，就像党的十七大和我们党中央说的，一切创新的活力能够充分地迸发，创新的源泉能够很畅通的涌现出来。我觉得这就是我们的目标。

[主持人] 我看您的题目当中还提到了一个名词——风险投资。有一些网友不是太了解这个词。因为在中国，它应该算是一个新兴事物，能不能给我们具体谈一谈，介绍一下风险投资这个概念？

[严隽琪] 我接触风险投资这个概念，一个来源是从我的学生那里。因为我原来在交大任教的时候，有一个研究生告诉我说，严老师我想暂时休学一段时间，因为我拿到了 50 万美金外国风险投资，我想去创业。这是给我的一个信息的刺激。另外一个就是我在分管科技的时候，我到美国硅谷去访问，想了解他们的创新型体系。看到硅谷，特别是在 IT 技术、信息技术的兴起和产业化中的风险投资发挥了至关重要的作用。所以，我就很想在我们国内也能够向这些先进的做法学习。

前面我说的一个完整的创新体系要环环相扣，风险投资应该是这个创新体系中非常重要的环节。因为它对于高新技术、对于鼓励创新和成果的转化，把它变成实实在在的生产力，有着非常至关重要的作用。

为什么叫“风险投资”？我理解就是它是高风险的。就像一个幼苗，在种子期，它能不能长成参天大树，有很多不确定因素。所以，这时候要投资它，你的风险很大。可能它就夭折了，长不成你预想的那么大的一棵大树，但是一旦成功了，你的回报也是非常丰厚的，因为你冒了大风险了。而在种子期，一般现在的金融融资渠道，都不大愿意冒这个风险。一个是风险大，另外需求量不是很大，因为它还在种子期。同样贷一笔款，你也花那么多的手续，但是贷出去的钱就比较少。所以你要几十万、几百万，甚至上千万，可能一般的商业银行不会去做这个事情。他们看重的是几千万、几个亿，风险又比较小。但是偏偏这时候是创新的要素最浓最需要投入的时候。所以，我觉得这是非常重要的。

[主持人] 他们说现在好多国内的风险投资比较热衷于非风险投资，一见到没有风险了，才去投资。

[严隽琪] 是有这个问题存在。一个原因就是风险投资要冒风险，这对投资者来说，他的风险承受能力怎么样。另外我觉得，包括对这个投资公司本身也有关系，如果你对他的评估就是不允许他冒很多风险，那当然他找风险最小的去投。另外对于我们创新型企业的生长完全的生命周期还缺乏完善的配套设施。对它的诞生、成长，乃至它的退出机制，如果我们构建得比较完善的话，也会降低它的风险。另外，从事风险投资，对管理人员要求比较高。它不仅有金融给予支持，还对企业成长、企业管理也有一定的判断能力和扶持能力。风险投资一般不仅仅给这些小企业金融的支持，还要在它的成长中从管理上给予帮助和支持。所以对风险投资人的要求也特别高。我想这方面还是需要努力的。所以，我在上海工作的时候，得到了市委市政府的支持和决策，最后我们支持大学生的科技创业，专门拨出了一笔资金。近两年，我们支持了 200 多个企业，其中有一些发展良好，当然大部分还处于观望期。我从自己的推动工作中，感到困难还是很大。正因为有困难，还需要我们更加关注和加大力度。

[主持人] 因为这些东西确实有用。

[严隽琪] 有用，对我们鼓励创新是非常重要的。因为从一个点子出来，到最后变成现实的生产力。就像人成长一样，有很多环节，每个环节需要的是不一样的。需要帮助的类型和力度是不一样的，所以我为什么强调体系？体系就要关注整个生长环节，而不能只关注把资金仅仅集中在一个环节，这样会欲速不

达，达不到我们预想的效果。

［主持人］ 我们注意到一个观点，美国的硅谷应该说是现在一个信息界的奇迹。很多人总结硅谷经验的时候，都说到一个因素，就是风险投资的发达。他们认为，包括雅虎等一些重要的高科技公司，它的成长过程中都能看到风投的影子。中国现在的风投行业越来越引起大家的关注，您怎么评价中国风投的现状，有没有比较成功的经验跟大家分享一下？

［严隽琪］ 我们现在的风险投资，我觉得至少近十年来越来越得到各方面的重视，包括从政府到民间。除了政府和国内，国外的风险投资也越来越看好中国的创新人才、创新源泉。所以，也会到中国开展风险投资。这方面例子太多了，而且也有很多的企业，在它的成长过程中得到了风险投资的支持。我现在觉得特别是在种子期，更需要“天使投资”，为什么叫“天使”呢？“天使”就是更助于付出。因为越到早期，它的风险越大。特别是我们现在很多的国营企业从事风险投资，事实上它对越早期的风险很有畏惧感。因为它拿的是国营资本，有它的考核，万一投砸了怎么办？这是一种担心。另外，它本身的素质能力，还要有一个锻炼。因为风险投资人的队伍还有一个建设过程。再有我们中小企业创业板的建设，还没有到位。所以，我觉得应该继续呼唤，来加大这方面的制度建设、体系建设，出台一些鼓励政策。

［主持人］ 风险投资和自主创新之间，我的理解应该是风险投资算是一种发动机的作用，推动自主创新去发展。您怎么理解这种关系？

［严隽琪］ 是“发动机”也是“加油器”，我觉得都可以那么说。因为我刚才说了，风险投资一旦成功还是会有巨额的回报，而且有利于吸引社会资本。因为我们有很多事情光靠公共财政是远远不够的。公共财政要做太多的事情。所以，我觉得它本身还有一个吸引社会资本的问题。

就金钱来说，是吸引。同时有更多创业经验的人，有成果转化经验的人进入这个行列，所以本身也是一个智力吸引，有智力的人来帮助我们初创企业的年轻人，他们有这个激情，有这个愿望，但是缺乏阅历，缺乏经验，缺乏创业的能力，所以有这样的一些有经验的人通过风险投资的机制来对接帮助他，还有一个智力的吸引。所以，创新应该降低门槛，同时，获得各方面的资源支持，让他有一个成长壮大的空间。所以我觉得从这一点来说，它是一个创新体系中的重要环节。

我还想指出的是，风险投资是市场机制的引入、资金的引入、人才智力的引入，实际上还有一个机制的引入。因为它是市场机制来运行的，所以它愿意投资的项目，必然会从市场需求来看，有没有市场前景，它是不是形成现实生产力发展。这样一来有利于促进我们科技成果的转化，也是一种制度的引进。我觉得这非常有意义。

［主持人］ 我们知道民进是以教育、文化高中级知识分子组成的，成员本身应该富有一定的创新使命和职责。尤其从教育界来讲，创新毕竟还需要人去创新，您对教育的现状和创新之间不对接的状况怎么看？

［严隽琪］ 现在教育综合改革是非常重要的。教育改革体现了一种综合性和一种永恒性。因为教育承担了一种基础性、公益性的责任，同时还有一种稳定性。因为它需要相当长的时间才能见效，不能折腾得太厉害。课程的设计和教育要有一个计划。另外，它本身也是一种现代服务业。教育培训可以成为里面一个重要组成部分。所以教育非常重要，它是决定我们建设人力资源强国的关键。刚才我说的科教兴国，产业结构调整，就是按照科学发展观的要求促进经济又好又快发展，其中要把我们的经济增长模式转变到真正依靠科技进步和高素质的人力资源上来。所以我想教育就承担着培养高素质人力资源的任务。但是，社会需求的人才是各式各样的，所以每种人都要高质量的，并不是只有一种人才，所以教育要面向多样化的人才需求。

［主持人］ 不只是培养科学家。

［严隽琪］ 不只是科学家，还要工程师、技术工人，还要新农村建设人才，还要社工人员，还有公务员。所以本身人才需求是多种的。另外，我觉得随着人对自身发展的需求越来越自觉、越主动、越迫切，

人和工业产品不一样，他不是标准化，拿把量尺去量就可以了。所以教育本身有一个因材施教的问题，所以教育公平是相对的。另外前面提到科学技术日新月异，所以我们更多的已经不是学习现成的知识，而是学习的习惯和方法。如果说几十年以前，我大学毕业，我学的知识这辈子工作基本够用了，但是现在主要是授人以渔，不能授人以鱼。打渔的本领就是对学习、工作和生活的积极态度，这都对我们的教育提出了与时俱进的要求。所以你也看到，不仅仅是教育系统本身要改革，而且社会环境要改革，要改善。而且这个问题会永恒地推进下去，因为这些要素都在不断变化，不可能一劳永逸。我觉得贯彻科教兴国、人才强国战略过程中，教育需要改革，而且要综合改革。这次纪念改革开放 30 周年，胡总书记说的，不动摇、不懈怠、不折腾，这句话用在我们教育改革上也完全适用。

［**主持人**］刚才您讲了社会导向的问题。其实教育产生什么样的人才，社会拿着一个指挥棒，我需要什么样的人才。现在包括用人指标，对我们的教育产生一定的影响。

［**严隽琪**］所以我们素质教育已经推行了很多年，但是各方面都觉得不够满意，觉得还需要加大力度，这也是我们一直关心，面临困惑，一直在推动的问题。当然这个事情正像你说的，一方面是社会，因为孩子的问题实际上是成人的问题。所以，社会、家庭、学校，要共同努力。包括您说社会的各种各样的人，三百六十行，行行出状元，不管从事哪一种工作，我都要做到最好。但是它的前提就是，我做每一行都得到充分的尊重，都能让我的生活无忧。就是每一行都尽力把自己那一行做得最好，这和我们的人事制度和人才评价标准，就是你说的招聘制度、福利制度有关，千万不要把人打上职业和身份的烙印。

另外，现在我们的教育体系，我觉得还是要开放。因为人一生中不断地发展，阶段也会发生变化。千万不要一考定终身，一个校门就定了他在社会上的等级了。创新体系，人员流动，一旦他找到更有兴趣的方向的时候，他需要提高的时候，都能找到一个入口，能得到提高，能得到流动、转换，这样他就不会斤斤计较某一场考试和某一阶段的自己所处的地位。因为只要他努力，他都有求学的途径，都有改变命运的途径。我觉得，这对我们教育制度也提出了很大的挑战。这和现在的人事制度，包括社会保险等等都有关，如果社会保险都能跟着人的转移，就不会出现一个岗位、一个工作，没有改变命运的机会了。这就是综合改革。素质教育要有这样的一个良好环境。

［**主持人**］应该说这种创新不仅仅是一种科技的创新。

［**严隽琪**］制度创新。

［**主持人**］创新型国家需要每个人迸发自己的创新活力，包括技术工人、包括科学家等等。

［**严隽琪**］所以我觉得让一切创新的源泉都能够涌流，这是我们建设创新型国家的一个根本目的，也是衡量我们创新型体系是不是建立的一个重要指标。

［**主持人**］关于创新型国家您还有什么与广大网友一起共享的?

［**严隽琪**］我觉得创新型国家的建立，作为我们每一个人，都有自己的责任。解放思想、实事求是，改革开放给我们带来了前所未有的发挥我们创新潜力的一个大的时代背景。我们要珍惜这样一个大好时代，在自己的工作岗位上，只要你尽心，只要你去努力，我想都能实现自己的一份价值，都是为我们这个创新型体系和创新型国家添砖加瓦。

［**主持人**］谢谢严主席。各位网友，今天的视频直播到这里结束了。严主席接下来还要在强国论坛与大家做文字交流。

［**一天一地一广仔**］请问嘉宾，今年以来您最关心的问题是什么?

［**严隽琪**］今年的确是不平凡的一年，很突出的一个问题是汶川大地震，怎么样进行灾后重建，特别是让灾区的孩子们恢复正常的学习，是我和我们民进都非常关心的问题。另外教育的改革，现在中央正在制定中长期的发展战略，怎么样让我们的教育改革的力度进一步和时代的要求吻合，这也是我们非常关注的。再一个就是，现在的德育教育和素质教育。

［**赵天成**］民主进步是一顶无比崇高的桂冠，请问你们为中国的民主与进步做了些什么？今后要做些

什么？

[**严隽琪**] 我想，人民民主是社会主义的生命，所以发展民主政治是中国共产党的目标，也是我们各民主党派共同的奋斗目标。

1945年12月30日，我们中国民主促进会正式成立，当时的主席是马叙伦。当时提出的宗旨就是“发扬民主精神，推进中国民主政治与实践”，这是我们民主促进会成立的宗旨。如何来推进民主政治？我的体会就是，我们要借鉴世界上人类文明民主政治发展的有益的成果，但是不能盲目地照搬别国的模式，要根据自己的国情，走中国特色的社会主义民主政治发展道路，也就是说，不能以西方的民主模式作为我们中国民主政治建设的唯一标准。

我觉得中国的国情就是体现在中国共产党领导、人民当家做主和依法治国三者的统一。而且民主政治建设是一个逐步推进的过程，逐步制度化、规范化和程序化。而中国政党制度，这样一个共产党执政、民主党派参政，共产党领导、民主党派合作的政党制度，它的存在我认为是有利于扩大公民有序的政治参与，畅通社会各阶层利益表达的渠道，推进执政党决策的科学化和民主化，因此也可以保障人民享有更多、更切实的民主权利。

我想举一个例子来说明民进在履行民主监督职能、推进执政党和政府决策科学化、民主化。北京人都记得1994年王府井大街改扩建工程，引发了全国最大的书店——王府井新华书店发生是否存留的问题，当时雷洁琼主席和九位副主席一起在《光明日报》上发表了《我们呼吁》的文章，在社会上引起很大的反响，也得到了中共北京市委市政府的高度重视。决定在书店的原址附近建造新的王府井新华书店，而且面积大幅度扩大。事后，中共北京市委对雷洁琼主席、对民进的各位领导提出这一意见表示感谢。我想这是我们对政府工作的成功地进行了一次监督的例子。中国民主促进会的宗旨是“立会为公、参政为民”，我们一定会在这个方面继续履行我们的职能。

[**老萎**] 我想参加民进，可以吗？怎么办手续？

[**严隽琪**] 大家从网上和各种其他渠道都可以知道，民进是一个以从事教育、文化、出版工作的高中级知识分子为主的，具有政治联盟性质，致力于建设中国特色社会主义事业的参政党。所以这就对什么人能够参加我们民进，实际上就已经说明了。要是高中级的知识分子，从事教育、文化、出版为主，其他方面也不是不可以，在比例上可能会少一些，但也是可以的。既然是政治联盟性质的参政党，所以要有一个政治态度，就是愿意致力于建设中国特色社会主义，同中国共产党通力合作，能够遵守民进会章的公民都可以申请加入。

[**IP地址218.26.176网友**] 民进有自己的宣传工具吗？

[**严隽琪**] 民进的宣传渠道是两大方面。今天我坐在人民网在宣传我们的民进www.mj.org.cn。其实在社会媒体上，除了人民网、人民日报以外，还有光明日报、人民政协报、团结报。另外一个渠道，我们自己主管主办的《民主》杂志、出版社——开明出版社，以及民进的宣传网站，我宣传一下，域名是www.mj.org.cn。还有叶圣陶研究会，大家都知道，叶圣陶先生是著名的作家、教育家、出版家，他曾经担任民进的中央主席，这个研究会就是为了开展海外联谊活动和联系团结中小学教师的一个平台。另外我们还举办了一系列的论坛，刚才说的是民进中央的，实际上我们省级组织都有自己的杂志和网站。所以我想网友提这个问题，说明我们的社会宣传做得还不够，还需要不断地改善我们的宣传工作。

[**童年柴夹岙**] 作为参政党，你们是怎样向中央反映比较尖锐的问题的？我们很好奇。

[**v三人行**] 外国国会/议会经常因意见不合而争吵或辩论，我们似乎很少有这种情况，为什么呢？

[**严隽琪**] 政党履行职能的途径有好几个方面。我自己感觉做了主席以后，中国共产党和人民群众对我们的期望很高，现在我们对国家的发展要提出真知灼见，这方面的需求很大。这些年来，随着中国共产党对多党合作制度的推进，我们的参政议政越来越程序化和规范化。我们现在要准备在两会上提出我们党派的提案和会员代表的议案，要进行政协大会的发言，这是我们非常重要的工作。因为这既有社会影响，

而且可以帮助政府和党中央做科学和民主决策，这是我们履行职能一个很重要的渠道。

但是要提出好的议案和提案，需要深入的调查研究，了解社情民意。这一年我们在准备今年两会发言的同时，已经在研究、部署明年要开展的调研工作，因为现在很多涉及国计民生的问题都是系统性、深层次的矛盾，而且国家这么大，各方面情况都不一样，要作为全国性的提案，就要做很多深入的调研工作。在这个方面，有执政党的大力支持，每年都有财政经费。

中共中央和国务院在做重大决策之前，都会把我们党派的领导人请到中南海进行协商。前一个时期，司法改革、经济工作、农村改革若干重大问题决定等等这些重要文件、重大改革措施、重要会议的决议，事先都会听取我们的意见。我们都是把了解到的社情民意和会内外专家、学者以及会员对这个问题的意见和建议进行综合梳理以后，向中共中央、国务院领导当面提出来。

再有，现在国务院各个部委都非常重视民主党派的作用。所以也经常和我们进行沟通，主动向我们报告情况和说出他们的打算，希望把我们了解的情况和意见告诉他们。我们定期互相走访，或者他们来，或者我们去，对他们的工作来说，这也是加强与党派联系与沟通的一个途径。

再有，我们有一些骨干的会员，进入了各级政府和司法机关担任实职，直接参与国家政权建设，这也是我们参政议政的一个重要的渠道。

［**普通百姓有话说 4**］你是否同意，不想当执政党的政党不是好政党？

［**严隽琪**］我当然不能同意这个观点。因为我们的政党制度是共产党领导、多党合作，共产党执政、民主党派参政。各民主党派在新民主主义革命时期自觉地做出了接受中国共产党领导的历史抉择。接受中国共产党的领导是我们民进的一个优良传统，在社会主义初级阶段我们有几个认同：一个是，对于我们的目标，建设中国特色的社会主义，致力于建设全面小康社会，这个目标是认同的。第二，对于我们的发展道路是认同的。走中国特色社会主义的道路，特别是中国特色社会主义政治发展道路是认同的。第三，我们在价值观上是认同的，社会主义的核心价值观是认同的。所以，按照多党合作的政治准则，提建议作批评是一种形式，目的是做成事情。作为后发的发展中国家，积贫积弱这么多年，当前世界形势变化这么快，更需要我们参政党和执政党同心同德、凝聚实力，把国家发展好、建设好。小平同志曾经说过，发展就是硬道理；胡锦涛同志最近也说过，稳定是硬任务，所以我认为能够促进我们经济社会发展，能够保持国家的稳定，促进社会和谐，让人民受益，实现国家富强、民族振兴、人民幸福的愿望，我觉得这就是衡量是否是好政党唯一的标准。

［**赶着马车到乌巢**］严主席，您心目中的创新型国家应该是什么样？

［**严隽琪**］我认为关键是创新型体系建立了，这就是一个创新型国家。因为这个体系的建立，肯定带来的结果是好的。所以你可以从结果来说，比如说，现在也有很多的指标，但是我认为最最关键是这个体系要建立起来。衡量这个体系的建立，就是所有人创新的才能可以得到发挥。他需要提高的时候，能够得到提高的机会；他要发挥时，需要资源帮助时，有途径得到相应的资源支持，成果转化为现实生产力的时候比较顺畅。我认为这就是衡量我们这个体系建立的内容。

［**漫游世界**］民进中央严隽琪主席您好，请问要实现创新型国家，我们整个社会的教育观念需要实现哪些方面的转变，我们国家的教育体制需要得到哪些方面的完善？谢谢！

［**严隽琪**］这是一个非常好的问题。教育是为了人的发展。但是这样一个教育理念，在实施的时候，为了局部、阶段性考核的需要，或者在一些压力下，往往会事与愿违。比如说我们现在谈到的素质教育的问题，按道理这是一个没有异议的问题，教育就是要提高人的素质，这个素质当然包括身体要健康，包括为人要正派，包括他有学习的能力和有扎实的基础知识，这应该是毫无疑问的。但是为什么大家对教育改革还不够满意呢？我认为，我们的教育改革要有一个系统观念，要综合推进。我希望社会、家庭、学校来共同作用，形成合力，把这样一个大教育体系概念架构起来。这个大的教育体系如果让我用一句话来描述，就是任何人在任何时候、在任何地方，只要他自己有深造和提高的愿望，都有一个可循的通道，这个

可循的通道就是成本是可以接受的，资格是可以得到认定的，受到的教育服务是到位的。我觉得这样一个教育改革是合理的，所以它必然是开放的，是终身教育的，不能一考定终身，进一个校门就带一辈子的身份等级。只要他有潜能，到适当的时候都可以随时迸发出来。

我特别想强调的是人才不是工业品，所以我们现在制定的教育标准，我希望是一个最低要求。而对于优质教育，应该放开，不要政府去做一个统一的口径。让我们的教育能包容多层次的、多元化、多时段的方式，而且每一种教育都是在它那一种教育质量中追求最优。

另外，各种教育之间应该有“立交桥”，需要的时候，它完全能够很方便地跨越。今年我比较关注职业教育问题。因为这和我们中国目前的发展阶段有关。现在中国还处在工业化阶段，需要大量的职业人才，而我们的职业教育无论从质量方面，从人们的接受程度来说，都还有进一步改革和发展的余地。

［翠鸟 1］请问严主席对于共产党根治反腐，作为民主党派的您是否有信心？

［严隽琪］我想反腐败太重要了。我相信大家看过胡锦涛同志所作的十七大报告，我认为中国共产党也高度认识到这个问题的重要性。他在报告中这样说到，坚决惩治和有效预防腐败，关系人心向背和党的生死存亡，是党必须始终抓好的重大政治任务。我觉得这代表了中共中央坚决惩治腐败的态度和决心，我想这也是我们都有共识的，是非常重要的。应该说，现在在这个重视的前提下，在反腐倡廉方面工作的力度很大，取得了阶段性成效。比如说，我们严厉查办了一批大案，包括官商勾结、权钱交易、权色交易。另外一个表现，我们的监督范围在扩大。比如说生态环境的保护、食品药品的质量、安全生产，针对拆迁、教育乱收费、社保基金、扶贫专项款的使用等等，都纳入了监督范围。

我认为阶段性成效是一个抓体制机制的问题。我觉得根本的是重在源头，需要教育和防范。比如说巡视机构的加强，比如说政府信息的公开，比如说国家预防腐败局的成立等。当然我们国家正在转型，市场经济在逐步完善，所以惩治和预防腐败，我们的德育教育还需要加强。惩治和预防腐败是艰巨的工程，我想加强监督十分重要，共产党现在在加强党内的监督，我觉得还有一个权力的监督、行政监督、群众监督，同时还可以发挥民主监督和舆论监督，包括人民网在内的新闻媒体，也都可以履行自己的监督职能。我们民进通过反映社情民意、通过参政议政，也在履行参政党的民主监督。

［看报看报］嘉宾，创新与国家竞争力有什么关系？

［严隽琪］我想大家都可以看到我们国家 30 年来经济大幅度增长，但是我们的资源、环境代价，使得这种增长究竟能不能持续下去，这是非常严峻的问题。缓解资源环境对经济增长形成的压力，就要发展相应的科技，比如说节能的技术、清洁生产的技术、环保技术等等，这就是我们说要使经济可持续发展，出路在科技、关键在创新。原来用汽油的，现在可能要用清洁能源了等等。

我们都知道，中国改革开放以后，我们经济有了一个腾飞，但是我们老说我们处于产业结构的低端，大钱我们没有赚到，结果把我们的资源都贴进去了。如何能站到产业结构的高端上去？这时候就要看你能不能抓住产业革命、能不能有创新能力、是不是技术创新的策源地。只有调整好知识结构、产业结构和人口结构，我们的经济才能又好又快的发展，才能走节约型的路，而不是粗放型的路。所以，我们要把经济社会发展动力真正转移到依靠科技进步和提高劳动者素质上来，这是创新。牵扯到国家安全和重大利益的技术是引进不来的，即使引进来，它也不会让你好好掌握，必须要依靠自己的创新力量来掌握。这是中国作为幅员辽阔的发展中国家所必须要清醒认识到的问题，因此必须要自力更生。

［飒沓天尊］严大姐，实际上干任何事情都有风险，比如航天的风险就很大，为什么要单独搞出个“风险投资”概念来？这是不是一种“泡沫”？

［严隽琪］我同意你的概念，任何事情都有风险，因为天上不会掉馅饼的。但是这里的风险投资，是已经有了一个既定的含义。当科技在种子期、萌芽期时，它有这样一个好的创业理念时，建立在科技创新基础上，要进行创业理念时，在这个早期，这个钱从哪来，因为掌握科技创新成果的人不一定有钱。而你通过一般的商业融资渠道，他又看不上这样小的投资，更不能冒这样的风险。所以这次专门提出了风险投

资的概念，它是专门对科技型企业成长早期而言的。

[强国一派] 2009 年两会，民进是否会提风险投资与创新型国家建设方面的议案？在这方面，民进做了哪些工作？

[严隽琪] 这个问题提得很好，这也是对我们的一个鞭策。每年两会都是我们参政议政的一个大的结点，是我们全会 11 万多会员，包括会外很多的同志支持下，做了大量调研以后，提意见的一个很好的渠道。现在我们还没有最后决定哪个真正放在大会上，下个月要开主席会议研究。我们目前已经有教育方面的，还有科技创新方面的。比方说，关于新农村建设，要提高我们现代农业所占的比例，就有一个科技服务体系的问题，还有农村科技推广和科技培训，包括人才队伍建设的问题。另外我们还有关于民生的问题，关于职业教育的问题等等，这些都是在我们考虑之中的建议。我们有的是拿到大会上发言，有的是作为书面发言，有的是作为建议直接送中央和国务院。

[不是我不爱你] 创新也有风险，国家如何为创新者提供一些必要的保障？

[严隽琪] 我前面说了创新是一个体系，所以这个保障也是在各个层面、各个方面、各个角度。这里面有些我们已经做的比较好，有一些做得还比较弱，有一些还比较缺乏，所以这是一个大问题。我想至少在创新方面，我们要有必要的经费支持。我们在重大的科技攻关和成果转换方面，国家每年都拿出相当的经费来进行支持。而且，我觉得还是要宽容失败，因为创新就有风险，只要尽了力，哪怕这个路没有走通，但是对后人还是有经验和益处的。所以我觉得，不宜单纯以成败论英雄。

对创新链条上的各个环节，从一开始的研究费用到后来成果转换，到现在很多的“孵化器”，现在全国各地都有很多“孵化器”的建立，实际上就是使它转换，能够降低成本，可以得到各种支持。

对它的出口，就是上创业板还是被大企业收购，这中间有一定的市场秩序。

知识产权制度，实际上也是对创新的一种保护，它使得创新的人的权益得到保障。我想这个问题很重要。我觉得我们对这个问题从系统的角度、从各个方面进行调研，一旦发现有缺口和弱处，我们如有好的建议会马上提出。

[水木一丁] 请问嘉宾，你们民进设立党校吗？你们是如何让党员保持先进性的。

[严隽琪] 我想这位网友至少对我们民主党派很关心，也希望我们党派随着时代进步，提出学习进步的问题。党员先进性是共产党提出的。我们有一个党派的联合党校就是中央社会主义学院，我刚刚被任命为这个学院的院长。我们民主党派的骨干和领导人，几乎都会定期到中央社会主义学院进行培训，它就是我们的党校。另外还有多种渠道进行培训。我们党派组织建设中一个很重要的内容，就是让各级干部、各类会员都能够在各个层面上（中央、省级）得到培训的机会。因为我们民主党派是体现团结性、进步性，所以我们党派要与时俱进，与时代共同前进、与执政党共同前进。所以我们要学习，这一点非常重要。

[IP 地址 58.219.234] 民进在国内有多大作用？

[严隽琪] 我们是多党合作的重要组成部分。中国有 8 个民主党派，我们是其中之一。今年我们刚刚纪念中共中央发布“五一口号”60 周年。60 年前，当中国面临两条道路选择时，为了反独裁、反内战，民进的老领导、创始人发挥了重要的作用。当时是响应中共的号召，结成统一战线，为新中国的建立作出了历史的贡献。新中国成立以后，为了社会主义建设事业，特别是改革开放以来，我们在参政议政、民主监督、社会服务方面也是竭尽全力。我们的特色是教育文化出版，为了推动这些事业的改革和发展，我们一直是不断努力的，包括在推动教育改革、促进教育立法、提高教育质量、加强教师队伍建设、提高教师地位等方面建言献策、献计出力，进行民主监督。时间关系，我就举一个例子。《教师法》出台、教师节的设立，都有民进历代领导人坚持不懈的努力，因为教师节是我们民进中央在 1986 年提出的，最终促成了教师节的设立和《教师法》的出台，对《教师法》的出台，我们付出了 10 年不懈的努力。《教师法》是我们在 1984 年进行调研，1986 年我们民进组提出尽早制定《教师法》。我这里只是举一个例子。

包括出版工作，1981 年，民进中央向中共中央提出出版工作的建议，到 1983 年时，中共中央国务院就出台有关的文件。原来的老署长曾经在回忆中说，民进中央对出版工作的建议受到了胡耀邦等中央领导同志重视，对出版工作问题的解决起到促进作用。

其实我们对“三农”问题、保护资源作为基本国策，促进“生态家园富民计划”，还有西部大开发，推动“星火西进”，这中间我们都有一定的前瞻性，对后来中央的决策发挥了很好的促进作用。

教育扶贫方面，我就说一个例子。因为我们的教育扶贫有我们自己直接做的，还有调动社会资源做的。我们民进的各级组织、会员通过自己直接捐款，或者调动社会资源，捐款修建希望学校就有一千多所，另外我们促进了西部教师的培训。

[**登泰山而小鲁**] 建国这么多年，在自然科学方面，我们没拿到一个诺贝尔奖，你觉得这是不是中国科技界的耻辱？这是不是反映了我国科技体制存在的一些根本性的问题？

[**严隽琪**] 我是工科，是应用科学的，对诺贝尔奖，我没有特殊关注。但是我认为对于一个国家科技进步的衡量，并不能局限在一个奖项上。特别是我们国家并没有开放，开放也是近30年的事，所以对评奖的过程和评奖的标准，我现在没有发言权。但是我认为一个体系的建立是我最关注的，而且实实在在地说，我们中国科技的一些举世瞩目的成就，像今年最典型的就是“神七”发射。我想用一个奖项来说明我们是不是耻辱与否太绝对、太片面了。

[00686935] 你是秘密共产党员？（民进）为何不开放普通民众加入？（民进）中央专职党工工资及党的经费由国库发放属公务员吗？

[**严隽琪**] 首先我的确不是共产党，主要是因为我们经过文革以后，我就是专于我的专业为国效力。以中高级知识分子为发展对象是我们会章和我们党派性质所决定的。至于我们的民进经费，因为政党制度已经写进我们的宪法，所以我们党派专职干部是属于国家公务员，我们运行经费是得到国家财政的支持的。另外，我们会员也会交会费。我们收费标准很少，指导标准每个月只有十块钱，而且基层组织收就给基层组织用，不用缴的。当然我们这次汶川大地震也搞了一次特殊的会费，我们收集到近900万的特殊会费，现在已经完全拨到我们的灾区，用于灾区孩子教育使用。另外我们的调研经费，因为我们搞参政议政要进行调研，这个调研经费进行立项以后也是由财政拨付。其他的社会活动和社会服务，我们是牵线搭桥，我们发现有社会需求，为需要社会资源的地方牵线搭桥，让这些社会的资源流向社会需求，我们自己的经费不需要增加，我们也没有任何附加利益的金钱需求。

[**想唱就唱**] 有人说中国人是一个创造力低下的民族，您认同这个观点吗？您觉得是什么制约了中国人创造力的发挥？

[**严隽琪**] 我一直为我是中国人而感到自豪。我在国外也留学过，我一直认为中国人的素质、中国人的创造力在世界各民族里完全可以屹立于世界民族之林的，我认为不需要自卑。当然也不要妄自尊大，我觉得我们的祖先有过辉煌的历史，我们现代人有必要实现我们民族新的复兴，我对这个还是充满信心的。当然，创造力能不能充分涌流，我觉得任何社会不能绝对地说没有不足的地方，而作为我们这个国家在转型中，我们的基础还比较薄弱，我们的制度还不完善。为什么要坚持改革开放？要改就是有不完善的地方，否则就不用坚持改革了。要向国外一切好的地方学习。胡锦涛总书记说，我们要经过十几代人、几十代人的努力，一代人有一代人的使命，我们这一代人就要做好我们这一代人的事情，中国人的明天是大有作为的，也会对世界的文明作出应有的贡献。

谢谢各位网友与我交流思想，给我很多启发。

严隽琪出席全国社会主义学院院长会议并讲话

2008年12月26日至27日，第五次全国社会主义学院院长会议在北京召开。全国人大常委会副委员长、民进中央主席、中央社会主义学院院长严隽琪出席会议并讲话。她指出，面对国际国内不断发展变化的形势和统一战线的新任务，我们要紧紧抓住发展的重要战略机遇期，不断开创社会主义学院事业发展新局面。她强调，当前，全国正在开展深入学习实践科学发展观活动，其目的在于促进我国经济平稳较快发展。社会主义学院也要以科学发展观为指导，解放思想，更新观念，突出特色，开拓创新，科学分析形势，主动谋划对策，积极应对挑战，实现社会主义学院的科学发展：一是要牢固树立大局意识，把围绕中心、服务大局作为社院工作的根本要求；二是要牢固树立政治意识，把走中国特色社会主义道路作为社院工作的根本方向；三是要牢固树立发展意识，把实现全面、协调、可持续发展作为社院工作的长远目标；四是要牢固树立创新意识，把解放思想、开拓创新作为社院工作的不竭动力。

中央统战部副部长、中央社会主义学院党组书记楼志豪在讲话中系统阐述了人才建设在我国经济社会发展中的重要地位，指出统一战线要实现科学发展关键在于人才，并从人才培养角度对社会主义学院工作提出了四点要求：一是在培训方向上，坚持走中国特色社会主义道路；二是结合国际国内形势，进一步加强培训工作的针对性；三是进一步改进教学方法和手段；四是不断加强社会主义学院教师干部队伍建设。

全国政协副秘书长蒋作君，九三学社中央副主席、中央社会主义学院副院长邵鸿以及中央统战部有关部门负责人，各省、自治区、直辖市及副省级城市社会主义学院院长等参加会议。

（《人民政协报》）

罗富和出席民进广西区委会成立50周年纪念大会并讲话

2008年12月28日，民进广西区委会成立50周年纪念大会在南宁国际会展中心隆重开幕。全国政协副主席、民进中央常务副主席罗富和出席纪念大会并讲话。他说，民进广西区委会成立50年来，在民进中央和中共广西区委的领导下，在中共广西区委统战部的指导和帮助下，始终坚持“以党为师、立会为公”的宗旨，带领广西民进各级组织，认真履行参政党职能，不断探索参政议政新机制，为广西地方的经济社会发展、为广西统一战线和多党合作事业作出了应有的贡献。

罗富和指出，当前，广西正处在加快发展的关键时期，希望广西民进各级组织和广大会员认真学习贯彻中共十七大和十七届三中全会精神，高举中国特色社会主义伟大旗帜，深入贯彻落实科学发展观，以纪念我国改革开放30周年、庆祝民进广西区委会成立50周年为契机，认真总结经验，不断深化政治交接学习教育活动，继往开来，奋发进取，开展深入学习实践科学发展观活动，开创参政议政工作新局面，稳步推进组织建设工作，努力在继续解放思想上迈出新步伐，在推动科学发展上有新作为，在参政议政上有新成果，在促进社会和谐上有新贡献，为建设富裕文明和谐新广西作出更大贡献。

自治区政协副主席、农工民主党广西区委主委彭钊，自治区政协副主席、九三学社广西区委主委李彬，全国政协常委、民进广西区委会主委陈自力，民建广西区委主委钱学明，自治区党委统战部、南宁市领导以及俞曙霞等民进广西区委会老领导也出席了纪念大会。

纪念大会召开之前，罗富和参观了“纪念改革开放30周年暨民进广西区委会成立50周年会员摄影作品展”。

在南宁期间，罗富和会见了广西壮族自治区人民政府主席马飚。

严隽琪被评为人民网2008年度最受网友欢迎的嘉宾

2008年12月29日，经网友投票，严隽琪被评为人民网2008年度最受网友欢迎的十大嘉宾之一。与严隽琪一同被评为十大嘉宾的还有党和国家领导人、各行各业的知名人士：胡锦涛、刘亚春、赵洪祝、修济刚、周济、路甬祥、柳斌杰、王勇平、苏荣。

严隽琪2008年两次做客人民网强国论坛，先后于3月13日、12月26日与网友进行在线交流，人民网对两次访谈都进行了视频和图文直播。

严隽琪12月31日晚给人民网强国论坛发去了感言：“倾听民声，促社会和谐；交流思想，论强国良策。”

（六）大事日志

2008年1月

1月1日　中国人民政治协商会议全国委员会上午在全国政协礼堂举行新年茶话会。胡锦涛、吴邦国、温家宝、贾庆林、李长春、习近平、李克强、贺国强、周永康等党和国家领导人同各民主党派中央、全国工商联负责人和无党派人士、中央和国家机关有关方面负责人以及首都各界代表欢聚一堂，共庆2008年元旦。中共中央总书记、国家主席、中央军委主席胡锦涛在茶话会上发表重要讲话。茶话会由中共中央政治局常委、全国政协主席贾庆林主持。民进中央主席严隽琪代表各民主党派中央、全国工商联和无党派人士讲话。民进中央副主席潘贵玉、王佐书、刘新成出席茶话会。

1月2日　全国人大常委会副委员长许嘉璐、全国政协副主席张怀西、民进中央主席严隽琪上午在民进中央会见科技部、甘肃省有关领导，并就甘肃省科技厅关于《甘肃省河西走廊星火产业带建设情况汇报》举行座谈。科技部党组书记、副部长李学勇，中共甘肃省委副书记刘伟平，省委常委、省人民政府副省长冯健身，省长助理郝远出席会议。民进中央副主席朱永新主持会议。

1月2日　民进中央社会服务部与甘肃省科技厅下午在民进中央共同举办甘肃省河西走廊星火产业带建设专家顾问组第二次工作会议。民进中央副主席朱永新，中共甘肃省委常委、副省长冯健身，甘肃省省长助理郝远，科技部农村科技司副司长曹一化，中共中央统战部五局副局长高卫东，甘肃省科技厅、民进中央社会服务部负责人与15位专家顾问组顾问出席会议。会议由郝远主持。河西走廊星火产业带建设专家顾问组由科技部、甘肃省、民进中央有关部门共同组建。会议广泛征求专家对推动产业带建设的意见建议。会议首先听取了关于河西走廊星火产业带建设总体情况介绍。之后，中国林业科学院院长张守攻、中科院科技政策与管理科学研究所副所长王毅等先后围绕更好地发挥专家顾问组的作用、建设资源节约型产业带、石羊河流域综合治理、农产品精深加工、河西地区特色优势产业发展、产业带科技创新与服务体系建设等问题发表了意见建议。专家们竞相发言，会场气氛热烈。

曹一化说，河西走廊星火产业带建设成绩显著，积累了好的经验与做法。专家顾问组的工作将为产业带建设提供更多的智力支持，起到更大的促进作用，科技部农村科技司会加强与有关方面的配合，多做工作。

冯健身说，工作会议开得很及时，很有必要。专家们所提意见建议非常重要，非常宝贵，值得认真研究，作为推动产业带建设决策参考。在今后推动产业带建设的进程中要有更加科学的观念，更加合理的规划，更加有力的政策，做到工作更加扎实深入，工作成效更加显著。

朱永新说，河西走廊星火产业带建设意义重大，是落实科学发展观的重要体现。民进中央在今后工作中要继续发挥智力、政治等优势，在提高河西地区农民科技文化素质、智力咨询服务等方面发挥自身作用；以专家顾问组为平台，凝聚各方面的智慧与力量，努力推动形成共同促进产业带建设的良好局面。

1月3日 《人民政协报》报道全国政协常委、民进中央副主席、苏州市人民政府副市长朱永新关于充分利用民间资本化解高校巨额债务的建议。

1月4日 《人民日报》发表民进中央副主席、中国文联副主席冯骥才文章《人文精神是教育的灵魂》。

1月4日 中央统战部召开统战系统对台工作交流会，民进中央副主席朱永新出席并发言。

1月5日 中国民主促进会第十二届中央委员会专门委员会第一次全体会议在京召开。民进中央主席严隽琪，常务副主席罗富和，副主席潘贵玉、刘新成、朱永新出席会议。副主席王佐书主持会议。民进中央新一届8个专门委员会在会议上成立。

1月7日 全国人大常委会副委员长许嘉璐、民进中央常务副主席罗富和下午在民进中央出席中华炎黄文化研究会第三届常务理事会第三次全体会议。民进中央办公厅、宣传部负责人参加会议。

1月7日 民进中央常务副主席罗富和、副主席王佐书走访农业部。农业部副部长危朝安及部分司局负责同志热情接待并举行座谈。

1月8日 民进中央主席严隽琪主持召开中国民主促进会章程修改专题会议。常务副主席罗富和、副主席王佐书出席。秘书长赵光华、原副秘书长徐德骁和组织部、宣传部、研究室负责人参加会议。

1月8日 民进中央主席严隽琪上午主持召开民进中央机关2007年考核委员会会议。副主席王佐书出席。秘书长赵光华、原副秘书长徐德骁、办公厅有关负责人和群众代表等考核委员会成员出席会议。

1月8日 民进中央主席严隽琪下午在机关主持召开政治交接主题活动专题会议。常务副主席罗富和、副主席王佐书出席。秘书长赵光华，组织部、宣传部、研究室负责人，原副秘书长参加会议。

1月8日 中共中央统战部副部长楼志豪主持召开民主党派中央常务副主席会议。民进中央常务副主席罗富和出席。

1月9日 民进中央主席严隽琪主持召开专题会议，常务副主席罗富和、副主席王佐书出席。会议研究2008年工作要点和领导班子建设思路。秘书长赵光华，组织部、研究室负责人，原副秘书长参加会议。

1月9日 民进中央常务副主席罗富和、副主席王佐书走访国土资源部。国土资源部部长、党组书记、国家土地总督察徐绍史，副部长贠小苏热情接待并举行座谈。

1月9日 民进中央副主席、民进网站管理委员会主任王佐书出席民进网站2007年工作总结暨“好编辑”表彰会并讲话。王佐书充分肯定了民进中央网站试运行和正式开通5年多来取得的成绩。他指出，民进中央以有限的人力、物力、财力和时间，经过多年的努力，已经初步把民进网站办成一个受到社会欢迎，得到广大民进会员认可，具有一定特色的网站。民进网站已经成为统一战线和多党合作的宣传阵地，在宣传国家的方针政策、树立参政党形象、团结会员、凝聚力量等方面发挥着越来越大的作用。王佐书强调，网站的编辑要加强学习，提高理论政策水平和业务水平。他向网站编辑提出了16个字的要求，即：政治方向、服务功能、精选精编、看有收获。他说，网站编辑要始终把握正确的政治方向，树立第一责任人意识，把好政治关，确保不出任何差错；要体现服务功能，为民进各级组织和广大会员以及社会各界的网友做好服务工作；在选择材料上要做到精选精编；在效果上要使广大会员和网友看有所获。会上，有7

位同志获得“好编辑”荣誉，对4名编辑提出表扬。民进中央各部门审稿负责人、民进网站栏目编辑共30余人参加会议。

1月9日　“第七届中国改革人物”颁奖盛典上午在人民大会堂河南厅举行。民进中央副主席、苏州大学博士生导师朱永新获得2007“中国改革十大新闻人物”荣誉称号。

1月10日—13日　全国人大常委会副委员长许嘉璐在广东省考察。民进中央常务副主席罗富和陪同考察。

1月11日　民进中央副主席、民进上海市委会主委蔡达峰赴民进嘉定区委会调研政治交接学习教育活动开展情况并讲话。蔡达峰指出，民进各级组织和领导班子成员要深入学习，深入思考。要不断增强自我学习的能力，加强政治修养，继承中国民主促进会优良传统；要培养良好的学习习惯，用顽强的毅力坚持学习；要深入思考，关注民生问题，关注地域发展中最困难的问题，努力为政府解决这些困难出谋划策；要继承民族优秀传统，为建立中华民族的共同家园，建立民族归属感贡献绵薄之力。蔡达峰强调，要增强组织活力，充分发挥好自身优势和作用，不断提高调查研究能力，努力提高参政议政质量；要坚持求真务实，多讲真话、多关注基层、多关注社会真实；要在参政议政的过程中实现自身的价值，提升人格，在公益性的社会活动中提升民主党派的形象。调研期间，蔡达峰走访中共嘉定区委并进行座谈交流。

1月12日　民进中央副主席王佐书上午在学都艺术培训中心出席“绍兴残疾人创业培训基地”成立揭牌仪式暨“送温暖、献爱心”扶残助残活动并讲话。王佐书对“绍兴残疾人创业培训基地”的成立给予了高度评价，提出殷切希望，并祝愿“绍兴残疾人创业培训基地”有所建树，为促进绍兴残疾人事业更好更快发展，构建和谐绍兴贡献力量。浙江省人民政府副省长、民进浙江省委会主委盛昌黎，中国残联文化宣传部部长王涛，民进浙江省委会副主委、杭州市政协副主席赵光育，中共绍兴市委副书记史济锡，绍兴市政协副主席、市委统战部部长赵传涛等参加了揭牌仪式及扶残助残活动。仪式和活动由绍兴市政协副主席、民进市委会主委陈伯怀主持。活动由民进浙江省委会、民进绍兴市委会主办，民进浙江企业家联谊会、民进绍兴市委会社会服务处、绍兴市越城区残联承办。民进浙江省委会、民进绍兴市委会积极响应民进中央“扶贫助残”号召，联合创办绍兴残疾人创业培训基地，由绍兴民进会员曹兴强资助。培训基地依托绍兴学都艺术培训中心，面向全市残疾人，开设电脑、盲人推拿等培训项目。

1月12日　王佐书应民进绍兴市委会邀请，下午在绍兴市建功中学报告厅举行学术报告会，作《教师的发展》学术报告。报告会由民进绍兴市委会专职副主委孟建新主持。民进浙江省委会副主委、杭州市政协副主席赵光育，绍兴市政协副主席、民进绍兴市委会主委陈伯怀，副主委胡青蓝，绍兴市民进会员，绍兴市建功中学全体教师，市灵芝中学、锡麟中学骨干教师等270余人参加了报告会。

1月13日　陪同全国人大常委会副委员长许嘉璐在珠海考察的民进中央常务副主席、广东省政协副主席、民进广东省委会主委罗富和，晚间亲切会见珠海民进会员并座谈。罗富和要求珠海民进围绕改革开放30周年开展富有特色的活动，通过现实教育提高广大会员坚持走中国特色社会主义道路，坚持改革开放的信心和决心，进一步坚定自觉接受中国共产党领导信念，把政治交接学习教育活动推向深入。罗富和谈到民进广东省委会针对广东省现行高考模式存在的问题建言献策而引起社会强烈反响和广泛关注，他强调，参政议政一定要抓住群众所关心的、关系到老百姓切身利益的热点问题，抓住问题的关键，参到点子上，这样才能取得好的效果。他鼓励珠海民进不断提高参政议政能力，围绕珠海经济可持续发展和社会建设中的有关问题建言献策，提出有针对性、前瞻性、科学性的意见、建议，为珠海经济社会发展作出新贡献。罗富和建议，珠海在经济发展过程中，要以中共广东省委书记汪洋同志在省委十届二次全会上的讲话精神为指导，深入贯彻落实科学发展观，解放思想，学习借鉴新加坡苏州工业园区的经验，打造高质量的工业园区，吸引欧美高质量的企业落户，以促进珠海经济可持续、和谐发展。

1月15日　民进中央主席严隽琪、副主席朱永新走访科技部、科技部部长万钢，科技部副部长、党组成员曹健林热情接待并座谈。

1 月 15 日　民进中央上午召开 2007 年考核总结汇报会。严隽琪主席讲话。朱永新副主席出席。会议由赵光华秘书长主持。会议宣布 2007 年机关干部职工考核结果，颁发优秀公务员证书和先进职工证书，优秀公务员代表发言。

1 月 15 日　中国计划生育协会第六届三次全国理事会暨先进表彰会在京召开。全国政协副主席张怀西，全国政协副秘书长、中国计划生育协会常务副会长潘贵玉出席会议。

1 月 15 日　应中国民间文艺家协会邀请，民进中央副主席、全国政协常委、中国文联副主席、中国民间文艺家协会副主席、国务院国家非物质文化遗产名录评定工作领导小组副组长、专家委员会主任冯骥才一行赴河南开封出席中国木板年画抢救保护发展国际高峰论坛，并主持全国木板年画抢救工作会议。河南省人大常委会副主任、民进河南省委会主委袁祖亮参加会议。

1 月 16 日　民进中央主席严隽琪、副主席朱永新下午走访民政部。民政部党组书记、部长李学举，党组成员、副部长窦玉沛及部分司局负责人热情接待并座谈。

1 月 16 日　民进中央主席严隽琪、副主席朱永新上午在机关会见民进中央原顾问方明。参政议政部负责人参加会见。

1 月 17 日　民进中央向民进各省、自治区、直辖市委员会发出《民进中央关于认真学习贯彻胡锦涛同志在各民主党派中央、全国工商联新老主要领导人座谈会上重要讲话精神的决定》。

1 月 17 日　民进中央向民进各省、自治区、直辖市委员会发出《民进中央关于 2008 年在全会开展中国特色社会主义主题教育活动的通知》。

1 月 17 日　教育部部长周济、副部长陈小娅上午走访民进中央，听取关于教育领域相关问题的意见、建议。民进中央主席严隽琪，副主席刘新成、朱永新，民进中央教育委员会部分成员出席座谈会。

1 月 17 日　《人民政协报》发表专题报道《调动一切资源共建铮铮之言——民进中央开创参政议政新机制纪实》。文章指出，民进中央 2007 年获得了 4 个全国政协优秀集体提案，17 个优秀个人提案。被采纳和上报的调研报告、社情民意更是不胜枚举。新年伊始，民进中央在总结 2007 年参政议政工作经验时认为，参政议政所呈现的“两多两好”，参政议政成果多、形式多，参政议政效果好、社会影响好的现象，得益于开拓思路，不断拓宽参政议政渠道的开放机制。

1 月 18 日　民进中央主席严隽琪、副主席朱永新下午走访国务院台湾事务办公室。国台办主任陈云林、常务副主任郑立中、副主任王富卿热接待并座谈。

1 月 19 日　正在广州市参加广东省政协会议的民进中央常务副主席、广东省政协副主席罗富和下午会见民进中山市委会新老主委周信、姚本棠等同志，听取民进中山市委会工作汇报并亲切座谈。罗富和对民进中山市委会新老主委一直以来对民进中央、民进广东省委会工作的大力支持表示感谢，并希望民进中山市委会一如既往地搞好政治交接，加强自身建设，履行好参政党地方组织的职责，为中山发展作出新贡献。

1 月 19 日　民进中央副主席朱永新出席中国老年保健医学研究会、中国老年健康事业发展基金会、上海国际医学交流中心、中国老年健康论坛组委会联合举办的“赞美‘夕阳红’——2008 新春联谊会”。

1 月 20 日—21 日　民进中央主席严隽琪，常务副主席罗富和，副主席潘贵玉、王佐书、刘新成、朱永新分别在中共中央统战部阅读了政府工作报告。20 日上午，中央统战部部长杜青林作有关说明。

1 月 20 日　朱永新在京出席承德市人民政府主办的“情系承德，共谋发展——承德·北京 2008 新春联谊恳谈会”。

1 月 21 日—25 日　国务院总理温家宝在中南海主持召开五次座谈会，征求对即将提请十一届全国人大一次会议审议的《政府工作报告》（征求意见稿）的意见。各民主党派中央、全国工商联负责人和无党派人士，经济、社会和自然科学领域的专家学者，科技、教育、卫生、文化、体育界代表，企业界代表和工人、农民等基层群众代表，分别出席了座谈会。

1月21日　国务院总理温家宝在中南海主持召开座谈会，征求对即将提请十一届全国人大一次会议审议的《政府工作报告》（征求意见稿）的意见。民进中央主席严隽琪出席座谈会并发言。

1月22日　正在奥克兰参加亚太议会论坛第16届年会的中国全国人大常委会副委员长许嘉璐来到驻奥克兰总领馆，与60多名当地华人华侨、学者、留学生代表、台湾同胞亲切座谈。大家向许嘉璐畅谈了在海外生活的所思所想，并就中国国内的环保建设、留学生回国后的就业和创业问题、中国教育体制改革、北京奥运会、弘扬中华道德文化、当地华人社团开展活动的情况、双重国籍和回国签证问题等发表了看法和意见。许嘉璐认真听取了侨学界代表们的发言，对大家所提问题详细作答，深入介绍了中国改革开放30年取得的成就和遇到的主要问题，具体介绍了中国近年来治理环境的情况，阐述了对中华文化的思考和理解，介绍了民主党派参政的情况。许嘉璐表示，经过30年的改革开放，中国正在走向强大。在这个进程中海外华人华侨发挥了重要作用，功不可没。他赞扬奥克兰的华人华侨心系祖国，并表示祖国一直在关心着海外华人华侨的生存和发展。他希望奥克兰的华人华侨们“应认他乡作故乡，莫把故乡作他乡”，勉励大家在居住国积极有为地融入主流社会，为新西兰的发展作出应有的贡献。同时不忘经常回祖国看看。座谈会上，华人华侨们畅所欲言，并以浓厚的兴趣与许嘉璐进行了交流。马崇仁总领事主持了座谈会。

1月22日　中央统战部部长杜青林，副部长楼志豪下午视察民进中央。民进中央主席严隽琪，常务副主席罗富和，副主席潘贵玉、刘新成、朱永新热情接待并座谈。

1月22日—25日　民进中央副主席冯骥才、潘贵玉、贺旻、朱永新、张帆在京出席全国政协十届二十次常委会。

1月23日　民进中央主席严隽琪上午走访国家知识产权局，与知识产权局局长田力普和部分司局负责同志座谈。

1月23日　全国政协副主席、民进中央原第一副主席张怀西，民进中央主席严隽琪，常务副主席罗富和，副主席刘新成、朱永新，原副主席陈难先、王立平、蔡睿贤，原名誉副主席梅向明，原顾问王鸿桢、方明，下午出席中共中央统战部举行的迎春餐叙会。

1月23日　民进中央主席严隽琪、常务副主席罗富和下午到民进中央原名誉副主席梅向明家中看望并致新春祝福。

1月23日　民进中央常务副主席罗富和上午到民进中央原名誉副主席楚庄家中看望并致新春祝福。

1月25日　中共中央政治局委员、全国政协副主席刘延东到民进中央召开基础教育座谈。民进中央主席严隽琪、常务副主席罗富和、副主席刘新成、朱永新和民进教育界会员代表出席座谈会。

1月26日　民进中央主席严隽琪、常务副主席罗富和、副主席朱永新上午来到民进中央原名誉主席、著名社会学家雷洁琼先生的家中，探望这位103岁的高寿老人，并致新春的美好祝愿。

1月26日　民进中央迎新春联欢会下午在长安大剧院隆重举行。民进中央主席严隽琪出席并讲话，她对社会各界在2007年给予民进的大力帮助和鼎力支持表示深深谢意，并致节日的祝福。民进中央原第一副主席张怀西，常务副主席罗富和，副主席朱永新、张帆，原副主席陈难先、蔡睿贤，原名誉副主席楚庄、梅向明，一同欣赏中央民族歌舞团的精彩演出。

1月26日　民进中央副主席朱永新上午出席在中央社会主义学院举行的《中国政党制度年鉴2006》首发式。

1月27日—29日　民进中央十二届二次主席会议在京召开。严隽琪主席主持会议。罗富和常务副主席，冯骥才、潘贵玉、王佐书、贺旻、刘新成、蔡达峰、朱永新、张帆副主席出席会议。

1月27日　民进中央学习中共十七大精神报告会在京举行。民进中央主席严隽琪主持并讲话。会议邀请中共中央党校副校长李君如作中国特色社会主义理论体系的专题报告。民进中央常务副主席罗富和，副主席冯骥才、潘贵玉、王佐书、刘新成、朱永新、张帆出席报告会。

1月28日　民进中央主席严隽琪在京会见来访的贵州省毕节地委、行署领导并讲话。她说，毕节近年的发展情况令人振奋，由此看到毕节的前景非常美好。毕节试验区20周年纪念活动非常重要，毕节试验区是科学发展观的试验田，是多党合作的范例，民进有机会参与到毕节的发展过程中，是民进的荣幸，也是民进的责任。她说，民进的老一辈对三农有着深厚的感情，他们身体力行的工作很有成效。她介绍，民进这几天正在开会，主要是谈政治交接，政治交接不是空的，是要有工作为依托的。她说，我向毕节表个态，我们要向老领导学习，一如既往参与毕节的扶贫工作。

民进中央常务副主席罗富和主持会见。副主席朱永新参加会见并介绍了民进在毕节工作情况与下一步工作打算。他指出，20年来，围绕试验区建设三大主题，民进从中央到地方组织与有关方面精诚合作，分别在考察论证、规划制定，人才培养、智力开发，项目、资金引进，定点帮扶等方面做了一些实事，不遗余力参与试验区建设，与试验区干部群众结下了深厚友谊。朱永新说，民进中央领导准备在春节后带队到毕节地区进行考察，进一步了解情况，明确工作思路；建议在试验区总结纪念活动前夕举办一次石漠化治理高层论坛，纳入系列总结纪念活动之中。毕节行署专员秦如培介绍了毕节试验区2007年经济社会发展情况与2008年工作安排特别是做好试验区20周年总结纪念活动有关情况。双方就有关具体工作进行了讨论交流。毕节地委、行署和民进中央社会服务部、参政议政部负责人参加会见。

1月28日　《天津今晚报》报道，探索文人画美学价值，民进中央副主席冯骥才新作《文人画宣言》出版。

1月29日　全国人大常委会副委员长许嘉璐下午在北京师范大学会见“2008年寒假台湾青年学生中华文化研习营”学员。民进中央副主席朱永新出席活动。

1月30日　中央纪委在北京向党外人士通报党风廉政建设和反腐败工作情况，并听取各民主党派中央、全国工商联领导人和无党派人士的意见和建议。中共中央政治局常委、中央纪委书记贺国强出席会议并讲话。民进中央主席严隽琪出席并发言。民进中央原主席许嘉璐、原第一副主席张怀西，常务副主席罗富和，副主席潘贵玉、王佐书、朱永新出席会议。

1月30日　民进中央常务副主席罗富和上午出席中共中央在人民大会堂举行的老同志茶话会。

1月30日　学习贯彻中共十七大精神座谈会在民进中央召开。民进中央副主席王佐书出席并作学习报告。

1月30日　民进中央副主席朱永新走访国务院扶贫办。国务院扶贫开发领导小组副组长、办公室主任范小建等热情接待并座谈。

1月31日　民进中央2008年中学校长教育改革座谈会在民进中央举行。全国人大常委会副委员长许嘉璐，民进中央主席严隽琪，国家教育部副部长、党组成员陈小娅，民进中央常务副主席罗富和、副主席朱永新出席会议。

1月31日　《民进会讯》发布《民进中央2008年工作要点》。

1月31日　《民进会讯》向民进各省、自治区、直辖市委员会发布《民进中央关于认真学习贯彻胡锦涛同志在各民主党派中央、全国工商联新老主要领导人座谈会上重要讲话精神的决定》。

1月31日　《民进会讯》发布《民进中央主席、常务副主席、副主席工作规则（试行）》。

2008年2月

2月1日　民进中央主席严隽琪、常务副主席罗富和、副主席王佐书、刘新成、朱永新，看望全国人大常委会副委员长、民进中央原主席许嘉璐，并祝贺春节愉快。

2月1日　民进中央主席严隽琪、常务副主席罗富和、副主席刘新成，看望全国政协副主席、民进中央原第一副主席张怀西同志，并祝贺春节愉快。民进中央秘书长赵光华和组织部负责人随同看望。

2月1日　民进中央主席严隽琪、副主席朱永新看望民进中央原副主席王立平，并祝贺春节愉快。

2月1日—2日　民进中央常务副主席罗富和分别看望民进中央原顾问王鸿祯、方明，原秘书长陈益群，原名誉主席赵朴初的夫人陈邦织等同志，并祝贺春节愉快。

2月1日　民进中央机关工会下午举行迎新春联欢会。严隽琪主席出席并讲话。她指出，民进中央过去一年所取得的成绩，离不开机关全体干部职工的奉献和努力。大家所共同营造的团结、和谐的文化和工作氛围，是民进的事业不断向前健康发展的根本保障。她说，我在这里给大家道一声：辛苦了！她祝愿民进中央的各项工作在2008年取得更大的收获。

罗富和常务副主席致词说，今天，我们欢聚在一起，不仅仅是共同迎接中国人的传统节日——春节，更重要的意义是共同分享完成这一年工作的喜悦。这喜悦来自于大家能够高质量地完成本职工作，来自于我们思想觉悟的不断提高，来自于每个人对自己工作的满足感，来自于作为参政党的一分子能够为国家繁荣昌盛贡献力量的自豪感。

朱永新副主席放歌一曲《我爱我的台湾岛》。他说，如果没有改革开放，就没有中国的今天。

2月2日　民进中央办公厅发出《民进中央给受灾地区民进省级组织的慰问信》。

2月2日　根据中共中央统战部《关于发挥统一战线的优势和作用，做好抗击雨雪冰冻灾害工作的通知》精神，响应民进中央领导人的号召，民进中央机关工会、民进支部、中共支部和共青团总支发出通知，指出，最近一个时期，我国部分地区遭受雨雪冰冻灾害，给受灾地区人民生产生活带来严重影响。为协助党和政府做好抗灾救灾工作，帮助灾区人民过好春节，民进中央机关工会、民进支部、党支部和团总支号召机关全体工作人员开展多种形式的“送温暖、献爱心”活动。当日中午，机关全体工作人员踊跃参加献爱心捐助活动。

全国人大常委会副委员长许嘉璐，全国政协副主席张怀西，民进中央主席严隽琪，民进中央常务副主席罗富和，民进中央所属的开明出版社和《民主》杂志社，民进中央全体工作人员积极捐赠，共捐款3万元。

2月2日　民进中央主席严隽琪看望民进中央原副主席陈难先，并祝贺春节愉快。

2月2日　民进中央副主席朱永新下午在中共苏州市委统战部出席民进苏州市委会向甘肃省平凉市捐赠羽绒服仪式并讲话。朱永新转达了民进中央主席严隽琪对民进苏州市委会积极支持民进中央社会服务工作的感谢。他说，冰雪袭击了大半个中国，造成重大灾害，给我们带来严峻挑战，政府正在尽一切努力恢复交通、电力等，以保障人民群众的正常生活。在抗击灾害中涌现出了许多感人的事迹，这次捐赠也是感人浪潮中的一朵小花，它体现出的精神将温暖人间。他感谢中共苏州市委统战部长期对民进工作的关心，对举办这次活动的支持。中共苏州市委常委、统战部部长周向群，苏州市政协副主席、民进苏州市委会主委府采芹等出席捐赠仪式。民进苏州市委会副主委曹友德宣读了民进中央发来的感谢信。民进苏州市委会社会服务工作委员会委员、民营企业家徐圭逊，通过民进苏州市委会向遭受极端天气灾害的甘肃省平凉市崆峒区人民政府赠送300件羽绒服，供山区师生过冬使用。专程赶来的崆峒区人民政府负责人对苏州人民的深情厚意表示感谢。

2月3日　中共中央下午在中南海召开党外人士迎春座谈会。会上，民进中央主席严隽琪发言。民进中央原主席许嘉璐、原第一副主席张怀西，以及民进中央有关负责人应邀出席座谈会。

2月3日　民进中央常务副主席罗富和、副主席王佐书下午热情接待国家教育部高等教育司和教育教学评估中心负责人。民进中央教育委员会副主任诸平、程方平，民进中央参政议政特邀研究员臧铁军、朱旭东出席座谈会。大家就当前高等教育教学评估工作的意义、成效和问题进行了探讨和交流，并提出有价值和可操作性的改进建议。

评估中心主任季平和原主任刘凤泰简要介绍了近年来高等教育教学评估工作的情况。1999年高校大规模扩招以来，教育部随之全方位的推进评估工作，不仅对扩招后引起的质量下降起到了一定的抑制作用，并在一定程度上促进了各高校的硬件建设水平，师生的荣誉感、责任感、积极性、团结性也大大加强。自 2003 年起，教育部正式确立了五年一次的周期性教学评估制度，现在第一个五年的工作即将接近尾声，下一个五年的工作如何在这个五年的基础上做得更好，希望民进提出宝贵的建设性意见。

王佐书强调，评估工作是管理高校的一种十分有效的手段，我们万万不可因噎废食，由于有一些困难和问题就否定它的效用。但是，对于今后如何才能将评估工作做的更加公平、科学和客观，还有很多工作需要研究和探索。他建议，评估的方法和手段要与时俱进，评估的内容要全面、可操作，评估的专家组成员要构成合理，评估的纪律要严肃认真，评估工作要能够体现分类指导的原则。

民进专家指出，评估工作应力求常态化，将常规性的评估资料、数据的积累与随机的专项评估相结合，以最少的精力事半功倍的解决最大的问题；评估的标准要力争实事求是，落在实处，提高可监测性，尽可能避免形式主义，弄虚作假；评估工作重在制度和机制建设，加强评估工作的准确性和客观性，真正达到以评促改、以评促管、以评促建的目标；对于各级各类高校应有不同的评价体系和评价指标，评估工作也不是简单的重复性工作，而是应该通过这项工作促进高校不断明确办学指导思想和定位。民进中央参政议政部负责人出席座谈。

2 月 4 日　民进中央主席严隽琪做客中国国际广播电台《CRI 会客厅》节目，就民进事业的发展、参政议政的重点和个人工作的经历体会等接受采访。

2 月 5 日　民进中央网站发布《发扬科学精神　丰富科学宝库——民进中央主席严隽琪新春寄语全国科教界人士》。

2 月 5 日　民进中央副主席王佐书在机关出席中国民办教育协会筹备工作会议。秘书长赵光华也出席会议。

2 月 5 日　民进中央副主席刘新成、朱永新出席中共中央举行的迎新春团拜会。

2 月 15 日　民进中央主席严隽琪、常务副主席罗富和下午出席中央统战部召开的关于全国人大、全国政协常委人选协商会。

2 月 15 日—16 日　民进中央第七届部门工作研讨会在机关召开。严隽琪主席，罗富和常务副主席，王佐书、朱永新副主席出席。会议围绕“如何当好部门负责人，搞好部门工作”进行研讨。赵光华秘书长主持会议。民进中央部门负责人参加会议。

2 月 15 日　民进中央副主席朱永新下午看望国家总督学顾问陶西平，并就即将成立的中国民办教育协会相关事宜进行了研究。

2 月 17 日—19 日　民进中央副主席朱永新就社会服务工作赴天津进行调研。朱永新与民进中央副主席、中国文联副主席、天津大学冯骥才文学艺术研究院院长冯骥才，就成立“开明书画院”事宜进行了商讨。对此，冯冀才表示赞成和支持，并就画院内部机制建设提出了开展交流、开展研究、建画廊、搞拍卖等四点建议。

朱永新 19 日上午与天津市人民政府就“第三届海峡两岸企业发展与合作论坛”筹备事宜进行座谈。天津市副市长、民进天津市委会主委张俊芳，天津市台办主任廖晓愚，民进天津市委会副主委兼秘书长李敏龙及天津市政府接待办的同志出席座谈。会议就论坛的时间、主题、议题、规模、经费等进行了协商。张俊芳转达了天津市市长黄兴国的意见，表示，论坛是民进中央对台工作的品牌，是新一届民进中央领导班子与地方政府合作的第一个大活动，欢迎到天津举办，一定支持办好。

在津期间，朱永新看望了中科院院士、民进天津市委会原主委姚建铨、余国琮，走访了民进塘沽区委会，参观了天津滨海新区。民进中央社会服务部负责人随同调研。

2 月 18 日　中国民主促进会网站报道，今年 1 月 13 日以来，贵州省毕节地区遭受了历史罕见的特大冰冻雪凝灾害，给广大人民群众的生命财产造成了严重的损失。近日，毕节地区行政公署向民进中央报告了受灾情况。毕节是民进中央开展智力支边的定点扶贫地区。得知灾情，严隽琪主席、罗富和常务副主席、朱永新副主席作出批示，决定以民进中央名义，从以往民进企业界会员的捐赠款中拨出 10 万元，捐献给毕节金沙县灾区人民，帮助灾后重建和尽快恢复灾区人民的生产生活。

2月18日　民进中央副主席王佐书出席中央统战部召开的关于思想态势的座谈会。民进中央宣传部负责人参加会议。

2月19日　来自世界40多个国家和地区的500多位海外侨胞、台湾同胞、港澳同胞齐聚福州，参加“海峡西岸闹元宵　全球华人盼团圆”活动，共同表达广大海内外中华儿女期望两岸早日统一的良好愿望。全国人大常委会副委员长许嘉璐接见参会代表，并向他们致以节日的问候和新春的祝福。此次活动在福州、泉州、厦门举办，将持续到21日。

2月19日　全国人大常委会副委员长许嘉璐晚上会见民进福建省委会领导班子成员和会员代表并亲切座谈。民进中央副主席、福建省政协副主席、民进福建省委会主委张帆，省政协原副主席、民进福建省委会原名誉主委林逸和民进省委领导集体，以及民进各市级组织负责人等参加座谈。

2月19日　《人民日报》发表民进中央副主席朱永新文章《期待教育回到“原点”》。

2月19日　中国民主促进会网站发布民进中央研究室撰文《莫道桑榆晚　为霞尚满天——＜赵朴初文集＞（民进部分）编辑手记》。文章说，2007年是赵朴老诞辰100周年，由中央统战部牵头，全国政协民族宗教委员会、国家宗教局、民进中央、中国佛教协会和华文出版社共同组成编委会，编辑出版了《赵朴初文集》。《文集》主要收录了赵朴老晚年有关民主党派、宗教工作和文化艺术等方面的讲话和论述。民进中央研究室负责《文集》民进部分的编辑工作，收入有关文件共26篇。

2月20日　民进中央主席严隽琪考察北京市门头沟区龙泉务村，民进北京市委会下属农业科技支部科技支农品牌——龙泉生态园，并出席民进服务北京新农村暨龙泉生态园建设座谈会。

2月21日　民进网站报道，应泰国泰中艺术家联合会邀请，民进中央副主席、中国文联副主席、天津文联主席冯骥才近日率中国文联代表团赴泰国访问，并与当地艺术家交流。民进中央常委、著名导演冯小宁等随团访问。

2月21日　民进中央副主席王佐书出席在人民大会堂举行的元宵节庆祝活动。

2月22日　民进珠海市委会网站报道，日前，全国人大常委会副委员长许嘉璐在珠海参加浸会大学成立50周年暨北师大—香港浸会大学联合国际学院新校舍启用典礼。

2月22日　民进中央常务副主席罗富和上午出席中央统战部召开的党派中央机关贯彻民主集中制交流研讨会，并代表民进中央发言。

2月22日　民进中央副主席朱永新下午与民进贵州省委会领导、省委会机关各部门负责人、会员代表座谈。朱永新说，民进新一届中央领导集体加强了与基层的联系与交流，强调要倾听声音，加强服务，并出台了相关规定。他介绍了民进中央社会服务思路：一是体现党派特点。要与参政议政紧密结合，在社会服务过程中调查研究，发现问题，为国家宏观政策提供建议。要与组织发展结合，扩大民进影响力。二是体现民进教育、文化优势。三是继承民进优良传统。继续做好支边扶贫、对台交流、民企民教三项主要工作。四是创新工作机制和平台。筹备设立开明公益基金会、开明书画院。充分发挥叶圣陶研究会的作用，对会员中一线中小学校长、教师进行奖励。他强调，民进中央的社会服务工作要与省级组织紧密结合。

会上，民进贵州省委会主委左定超、驻会副主委张才凤、副主委周世立、教育委员会主任殷全生、科技委员会主任梁宁、贵阳实验小学校长周云、贵州大学科技处处长何林等发言，分别就贵州此次遭受凝冻灾害的情况及灾后重建工作，贵州教育发展面临的教师培训不足、教育体制改革等问题，威宁草海污染问题和喀斯特地貌治理问题发表了看法。民进贵州省委会秘书长向建军汇报了民进贵州省委会社会服务工作情况。

朱永新指出，大家的发言都是在各自工作实践的基础上，经过深入思考提出的，对民进中央进一步做好各方面工作很有帮助，感谢大家对民进事业的投入和奉献。会后，朱永新参观了会员周云任校长的贵阳实验小学和会员蒲邦顺创办的兴农中学，并与两校领导和教师代表座谈。在贵阳期间，朱永新看望了民进贵州省委会原主委相小青。

2 月 22 日　民进中央副主席王佐书在机关出席中国民办教育协会筹备委员会会议。秘书长赵光华参加会议。

2 月 22 日—24 日　民进中央副主席朱永新参加中央统战部、国家科技部、各民主党派中央、全国工商联赴毕节考察调研活动。

中央统战部 2 月 23 日下午在毕节召开座谈会。朱永新代表民进中央发言，他说，通过此次考察，有一个感动、两点体会，民进中央今后将做好三项工作，对毕节试验区的发展有四条建议。一个感动，就是看了毕节的新农村建设、石漠化治理、抗灾救灾的情况后，为毕节人民战胜困难，在艰苦的条件下推动科学发展的精神所感动，为毕节试验区 20 年实践科学发展观的历程所感动。20 年来毕节在财政收入、粮食产量、减少贫困人口、人口控制、生态建设等各方面都取得了了不起的成就，这些成就来之不易。两点体会，一是毕节试验区用行动和实践证明科学发展观是中国经济社会发展的指针。科学发展观 20 年前从这里萌芽，当时总书记所提出的试验区三大主题，体现了远见卓识和理论勇气。二是毕节实验区是中国共产党领导的多党合作制度的成功范例，是党领导的多党合作在区域发展上的生动体现，这个实践在很大程度上丰富了多党合作的内涵，开辟了参政议政的新途径。由中共发起，各民主党派携手参与，努力工作，调动资源，共同推动毕节的发展，体现出多党合作的能量和活力。他指出，民进中央今后将在试验区做好三项工作。一是初步定于 6 月 5 日（世界环境日），在毕节举办中国石漠化治理与生态建设高层论坛，总结经验教训，提出对策建议。二是发挥民进优势，推动毕节教育事业的发展。教育是区域长远发展的真正基础。如果说经济是果，科技是花，那么教育就是土。要努力推动毕节从人口大区向人力资源和人才集中大区转变。要长远规划，动员全国民进的力量，推动毕节教育事业，特别是基础教育事业的发展。三是进一步调动民进会内外力量，做好在毕节的工作。他提出对毕节试验区发展的四条建议：一是进一步加大退耕还林力度，这样才能巩固和加强生态建设的成果；二是进一步调整产业结构，根据专家建议，毕节的环境适合发展畜牧业，而不适合种粮食；三是进一步加强城市规划和整治，加强交通等基础设施建设；四是进一步加大教育投入和发展力度，特别是加大农村教师发展培训力度。

朱永新 24 日上午在毕节一中出席民进中央毕节试验区教育发展座谈会并讲话。他说，教育是毕节发展的基础，而教师，特别农村教师的专业培训和素质提高，又是当前毕节教育发展的重中之重。民进中央将大力支持毕节教育事业的发展，在金沙县进行新教育试点，帮助解决农村教师培训问题；帮助毕节的职业学校与东部沿海职业学校合作，解决出口问题。朱永新还回答了与会同志就新教育试验中如何开展教育评价，怎样培养教师幸福感等问题的提问。毕节行署党委、毕节教育局、教研室、毕节一中、毕节实验高中、金沙县教育局、金沙逸夫中学等单位的负责人和教师代表参加座谈。

2 月 25 日　民进中央主席严隽琪上午在机关主持召开关于干部培养的专题会。常务副主席罗富和、副主席朱永新出席。秘书长赵光华、办公厅有关负责人参加会议。

2 月 25 日　民进中央主席严隽琪上午在机关主持召开关于思想态势的专题会。常务副主席罗富和、副主席朱永新出席。秘书长赵光华及宣传部负责人参加会议。

2 月 25 日　中华职业教育社在京举办了“科学发展观引领下的中国创业教育恳谈会”。民进中央副主席、中华职业教育社副理事长王佐书出席并讲话。

2 月 26 日　《人民日报海外版》第一版刊载专文《与时俱进　参政议政——访中国民主促进会主席严隽琪》。

2 月 26 日　民进中央常务副主席罗富和、副主席朱永新下午走访国家林业局。国家林业局党组成员、中央纪委驻国家林业局纪检组组长杨继平，国家林业局党组成员、副局长祝列克热情接待并座谈。

2 月 26 日—28 日　全国人大常委、民进中央副主席王佐书出席十届全国人大常委会第三十二次会议。

2 月 27 日　中共中央上午在中南海怀仁堂举行民主协商会，就深化行政管理体制和机构改革、中共中央拟向十一届全国人大一次会议推荐的国家机构领导人员人选建议名单和拟向全国政协十一届一次会议推荐的全国政协领导人员人选建议名单，向各民主党派、全国工商联和无党派人士通报情况，听取意见。民进中央主席严隽琪出席并发言。民进中央原主席许嘉璐、原第一副主席张怀西、常务副主席罗富和出席会议。

2 月 27 日　民进中央与首都新闻界联谊会暨“两会”新闻通气会下午在机关召开。民进中央常务副主席罗富和讲话。副主席朱永新主持。各部门负责人参加会议。

2 月 27 日　民进中央副主席、复旦大学副校长蔡达峰远程做客人民网强国论坛，就“素质教育与教育改革”为题与网友进行在线交流。蔡达峰即将出席全国政协十一届一次会议。他说，我今年准备了三个提案：一个是关于高考改革方面的；第二是关于农村义务教育师资队伍建设方面的；第三个是关于如何帮助未就业大学生的一些建议。

2 月 27 日　民进中央副主席朱永新上午参加了中央电视台法制频道《我建议》节目的录制，主要谈有关农村代课教师的问题。

2 月 28 日　民进中央十二届二次主席办公会上午在机关召开。严隽琪主席主持。罗富和常务副主席，王佐书、刘新成、朱永新副主席，赵光华秘书长出席会议。各部门负责人列席会议。会议听取了严隽琪关于在即将召开的民进十二届二次中常会上讲话要点的介绍。严隽琪在中常会上重点传达十二届二次主席会议精神有两点：一、这次主席会议上领导班子成员进行了集体学习和第一次谈心。会议重温了胡锦涛同志 2007 年 12 月 24 日讲话中对党派新领导班子讲话的精神与要求；听取了中央党校副校长李君如同志关于“中国特色社会主义理论体系”的辅导报告；领导班子成员结合自身工作和会中央所担任的职责，座谈了自己的学习心得体会和对民进工作的思考。二、主席会议对 2008 年工作进行了全面的规划。会议提出：1. 学习中共十七大精神，高举中国特色社会主义伟大旗帜，将中国特色社会主义主题教育活动贯穿全会的工作；2. 深入贯彻落实科学发展观，认清形势，把握大局，发挥特色和优势，履行好参政党职能；3. 以领导班子和干部队伍建设为重点，完善制度，推进我会的组织建设；4. 大力加强理论建设。

会议听取了罗富和在中常会上介绍我会开展中国特色社会主义主题教育活动的总体部署和工作要求：一是介绍主题教育活动的指导思想；二是主题教育活动的任务和部署；三是介绍主题教育活动的领导机构和工作班子：领导小组组长为严隽琪主席；副组长为罗富和常务副主席；各位副主席为领导小组成员。领导小组下设办公室，成员有秘书长赵光华、组织部部长王建国、宣传部部长高保华、研究室副主任高友东。罗富和、王佐书领导办公室开展工作；四是明确关于主题教育活动的要求：1. 提高认识，加强领导；2. 创新方式，注重实效；3. 及时反馈，加强交流。

会议审议了《民进中央关于学习贯彻十一届全国人大一次会议和全国政协十一届一次会议精神的通知（草案)》。会议原则同意这个文件，并要求结合政府工作报告和全国“两会”的具体情况，对《通知（草案)》做进一步的修改与完善。

会议听取了参政议政部关于民进中央在全国政协十一届一次全体会议上的大会发言准备情况的汇报。会中央将向全国政协大会提交大会发言 5 份，联组会发言 6 份。这些大会发言主要是在会中央 2007 年重点调研、部分省级组织调研以及会中央专门委员会重点调研成果的基础上形成的。会议在听取汇报后，提出了几点意见：一是今后会中央的参政议政重点调研课题要选择有一定调研基础的项目，尽量避免从零做起；在调研课题操作上，努力做到想一批，做一批，冲刺一批。二是要注意进一步将参政议政工作与社会服务工作相结合，通过社会服务工作实践形成一批强有力的参政议政提案。三是注意在参政议政和社会服务工作中培养、发现人才，并向我会的组织部门推荐人才，进一步壮大队伍。

会议审议通过了 3 月 4 日晚全国人大常委会副委员长许嘉璐、民进中央主席严隽琪宴请出席全国“两会”的香港人大代表、政协委员活动方案（草案）。会议认为，会中央继续按惯例宴请部分出席全国“两会”的香港人大代表、政协委员，是增进与香港新老朋友交流的重要机会，同时又是一项服务统战工作的重要活动，要认真做好会务筹备与服务工作，对工作人员做必要的培训。

会议审议通过了“民进出席2008年全国‘两会’的人大代表、政协委员座谈会方案（草案）”。民进出席全国“两会”的人大代表、政协委员座谈会将在3月9日晚上召开。会议确定了代表发言人选的遴选原则，审定了座谈会的议程。会议强调，本次座谈会是由会中央组织的全国“两会”期间的重要活动之一，是新一届“两会”代表、委员中的民进会员了解会中央机关的一个窗口，是大家相互认识、畅叙友谊的机会。会议要求，要认真做好各项筹备与服务工作，机关各部门发挥团结互助的精神，以饱满的精神状态做好接送和服务工作。

会议研究了《民进中央关于会史工作的方案（草案）》。会议认为，民进中央会史工作领导小组是民进会史工作的领导机构，承担着会史资料抢救、收集、整理，组织开展会史研究，进行会史宣传学习活动的重要职责。2008年是会中央换届后的第一年，为更好地开展会史工作，会议同意对会史工作领导机构进行调整。会议决定，由严隽琪主席任会史工作领导小组组长；成员为罗富和、王佐书、朱永新、赵光华、徐德骁、高保华、高友东、王建国。近期，将就会史工作召开专题会议，研究成员的具体分工和增设会史工作委员会的相关事宜。

会议研究了开展我会已故领导人相关纪念活动方案（草案）。根据以往惯例，我会已故领导人诞辰逢十周年举行纪念会。会中央研究室提出了2008年逢十诞辰的周建人、王绍鏊、许广平、车向忱同志纪念活动方案（草案）。会议认为，举办我会已故领导同志纪念活动，对于缅怀他们的丰功伟绩，继承先辈的优良作风具有重要的意义。会议要求，一是尽快制定我会已故领导同志纪念活动的相关制度，明确不同级别已故领导同志纪念活动的形式和规格；二是要将今年举办的纪念活动与会中央开展的纪念“五一口号”发布60周年活动和开展中国特色社会主义主题教育活动相结合，切实把此类纪念活动作为创新形式、丰富内容、深入开展主题教育活动的重要内容。

会议审议通过了《民进中央机关干部2008年培养计划（草案）》。会议认为，根据会中央机关2006－2010年干部队伍建设和培训规划以及机关干部队伍的现状，办公厅制定了2008年度机关干部培养计划。会议认为，干部培养是会中央机关当前一项重要的任务，培养计划中提出了一系列具体干部培养措施，旨在拓宽干部锻炼和培养的途径，将对进一步加快会中央机关干部队伍建设起到推动作用。

会议审议通过了《民进中央机关各部门2008年工作项目进程表（草案）》。会议同意机关各部门工作进程安排，并要求各部门把需要在主席办公会议审议的工作项目在会前与分管领导专题研究、做好充分准备，提高主席办公会议效率。会议还研究了其他事项。

2月28日　民进中央主席严隽琪、常务副主席罗富和到北京老年医院看望住院接受治疗的民进中央顾问方明同志，并听取医院关于有关病情、治疗方案的介绍，对院方所作的努力表示感谢。秘书长赵光华陪同看望。

2月28日　民进中央庆祝“三八”国际妇女节联谊会在机关举行。民进中央常务副主席罗富和出席并讲话。民进中央各专委会在京女委员、民进北京市委妇女儿童委员会委员、民进中央女同志近百人参加活动。民进中央办公厅负责人也到会祝贺。

2月29日　全国人大常委会副委员长、民进中央原主席许嘉璐上午前往北京老年医院亲切看望方明同志，并认真听取医院院长有关方老医疗情况汇报，对院方的辛勤工作表示感谢。

2月29日—3月1日　民进中央主席严隽琪、常务副主席罗富和、副主席朱永新参加新任全国人大代表和全国政协委员学习活动。

2008年3月

3月1日　民进中央副主席王佐书出席中央社会主义学院2008年春季开学典礼。

3月2日　民进中央主席严隽琪，常务副主席罗富和，副主席王佐书、朱永新出席在京举行的各民主党派中央、全国工商联与各省、自治区、直辖市统战部长联谊会。秘书长赵光华、组织部负责人参加了联谊会。

3月2日　出席全国政协十一届一次会议的民进组委员陆续入住北京建银大厦，他们将在即将召开的盛会上履行政协委员的神圣职责。中国人民政治协商会议第十一届全国委员会中国民主促进会届别的45名委员中，有50%以上为新当选的全国政协委员。

3月2日　中新网报道，民进中央将在本次政协会议上递交提案，提醒相关部门注意“未来二十年，长江上游地区将有一批水电工程开工建设。这些水电站及水库投入运行后，将对长江上游及全流域的生态与环境产生重要影响。”提案指出，在长江干支流水资源综合规划中，应从全流域角度，根据各河段特点制定河流生态流量标准，作为水电站规划、设计、建设和运行的依据；在“长江流域综合规划”的修编过程中，审慎论证和安排水电和水库建设；对于已经造成影响的，采取必要的工程和非工程措施进行修复。

3月2日　我国著名教育家、社会活动家、中国陶行知研究会会长、中国民主促进会第九、十届中央委员会顾问方明上午在京去世，享年91岁。方明是著名教育家陶行知先生的学生。1917年出生，江苏无锡县人。曾历任中国教育工会全国委员会副主席、主席、分党组书记，世界工联产业一教育工会国际（FISE）副主席；第三届全国人大代表，第五、六、七、八届全国政协委员，政协第七届教育文化委员会副主任。方明生前曾参与发起和制定教师节与《教师法》，并一直积极致力于中国教育改革，特别是农村教育改革。直到病重入院前，他还在为农村教育问题而四处奔走。

3月3日　全国政协十一届一次会议15时在人民大会堂开幕。党和国家领导人胡锦涛、吴邦国、温家宝、曾庆红、李长春、习近平、李克强、贺国强、周永康等在主席台就座，祝贺大会召开。开幕会听取贾庆林主席关于政协全国委员会常务委员会工作的报告，听取张梅颖副主席关于政协全国委员会常务委员会关于提案工作情况的报告。许嘉璐、张怀西等领导在主席台就座。民进中央常务副主席罗富和，副主席冯骥才、潘贵玉、蔡达峰、张帆出席会议。

3月3日　民进中央主席严隽琪在机关接受中央电视台《聚焦三农》栏目的采访。

3月3日　严隽琪主席、朱永新副主席在民进中央会见来访的江苏省政协副主席、中共江苏省委统战部部长周珉。严隽琪对周珉一行表示诚挚的欢迎，她说，中共江苏省委统战部在参政议政、人才队伍、干部培养等方面给予了民进中央和民进江苏省委会大力支持，在此表示衷心感谢，并希望江苏省委统战部继续一如既往地支持民进的工作。严隽琪向客人介绍了民进新一届中央领导集体全面规划，在体制机制方面不断开拓，整合中央、省级组织和108000多名会员以及会外资源，做好参政议政工作的情况。周珉表示，将进一步加强与民进中央的合作，支持民进中央和民进江苏省委会的工作。

3月3日　民进中央办公厅向民进各省、自治区、直辖市委员会发出《关于在民进全会举办“薪火相传，共创未来——纪念中共发布‘五一口号’60周年”征文活动通知》。

3月3日　新华网报道，全国政协常委、民进中央副主席朱永新呼吁，教科书循环使用，已经不是应该不应该做、能不能做的问题，而是如何通过行政的力量，尽快去推动的问题。早一天使用，我们就可以少砍许多大树，就可以在老师和孩子心中播下环保与节约的种子。

3月4日　全国人大常委会副委员长许嘉璐，全国政协副主席张怀西，民进中央主席严隽琪，常务副主席罗富和，副主席王佐书、朱永新，在北京饭店会见了前来北京参加两会的近30位香港特区的全国人大代表和全国政协委员。

许嘉璐代表张怀西和中国民主促进会致词。他说，一年来，香港的发展快速且平稳，民生问题也进一步得到大力解决，同时，内地也在经济建设和社会建设方面取得了举世瞩目的成绩。虽然不时有人搞“唱衰”，但相信香港与内地必定能够顶住压力，越“唱”越不“衰”。许嘉璐提及年初中国大陆14个省份所遭受的50年未有的雨雪冰冻灾害，他认为之所以我们的损失如此之大，也可以从一个侧面说明我们的经济提升幅度大，各种公共设施建设步伐正在加快，因而当我们遇到灾害时，百姓生活中所受到影响的程度也会不同以往。但另一方面，灾区人民在中共中央、国务院和各级领导机构的带领下，万众一心，很快战胜了灾害，正在恢复重建家园，这更加显现了我国政治体制的优越性，说明它可以调动起方方面面的积极性、智慧和能量，集中力量办大事。他动情地说，大家都是怀着对祖国内地和香港特区改革与发展的关切心情来参加“两会”的，可以说，“两会”为我们提供了一个团聚的机会，现在，十届人大和政协的任务即将完成，但希望我们的友谊不要因为换届而有所改变。许嘉璐希望民进中央新一届领导班子在日后的工作中一如既往地得到各位香港代表、委员们的帮助和支持。

严隽琪致词说，伴随和煦的春风，我们重聚北京，加深了解，畅叙友情，现在民进的接力棒传到了我们这届班子手中，我会把老一届领导班子倡导的工作形式和方法延续下去。香港特区经济和社会管理方面有许多我们可以参考借鉴的好经验、好做法，希望今后可以有更多与大家交流学习的机会。严隽琪最后举杯祝福香港的明天更加繁荣稳定，祝福祖国的明天更加繁荣富强。民进中央秘书长赵光华，民进中央办公厅负责人参加会见。

3月4日　新华网报道，民进中央向全国政协十一届一次会议提交了一份《发展民办教育利国利民，促进民办教育合法合理》的提案，呼吁政府坚决停止“名校办民校”，使政府权力从一般竞争性领域逐步退出。

3月4日　全国政协十一届一次会议民进组上午就开幕会上全国政协主席贾庆林所作的常委会工作报告和副主席张梅颖所作提案工作情况的报告进行小组讨论。讨论由罗富和委员主持。蔡达峰委员传达了委员小组召集人会议精神。赵光华委员介绍今年民进组拟提交提案的情况。

蔡达峰委员说，大力弘扬以爱国主义为核心的民族精神和以改革创新为核心的时代精神，这是社会主义核心价值体系的重要组成部分。从整个民族和社会的健康发展角度来说，需要发展和繁荣我们的文化，文化能对人的心灵起到培育作用，这才是文化发展的最本质的意义。在关于文化大发展、大繁荣问题上，政协要发挥作用，要抓住文化的本质作用。我们不应仅仅把文化作为一种载体，文化的目的是为了整个民族的发展。尤其是文化对于未成年人的意义和作用十分重大，文化最重要的是如何使青少年得到良好的教育。教育的力量和文化的力量一样，使年轻人能够感受到自己的人格，通过各种方式培养青少年的人格意识是十分重要的。

言恭达委员说，贾庆林主席所作的报告高起点，大目标，言简意赅、令人鼓舞，对5年工作做了六个方面的总结，对5年工作的主要经验做了六条归纳，对今后5年工作提出了六点建议。充分体现了人民政协在社会主义民主政治建设中起到了不可替代的作用，真正履行了人民政协，政治协商、民主监督、参政议政的职能。做到了四个方面：坚持围绕中心，服务大局；坚持团结和民主两大主题并济；坚持突出特点，发挥优势；坚持找准位置，选准角度，真正体现了人民政协工作的全局性、战略性、前瞻性。

王康、张群、陶凯元、盛昌黎等委员畅所欲言、各抒己见。委员们表示，今年政协大会开幕会振奋人心。常委会工作报告内容言简意赅，富于创新，报告中部署的2008年全国政协工作，指导性强、重点突出。委员们认为，全国政协是民主党派参政议政的一个重要平台，每年的政协大会是各民主党派和政协委员行使话语权的一个最佳场合。民进组委员要认真履行职责，珍惜参政议政机会，肩负起自己的光荣使命。

3月5日　第十一届全国人民代表大会第一次会议9时在人民大会堂开幕。胡锦涛、温家宝、贾庆林、曾庆红、李长春、李克强、贺国强、周永康等和大会主席团成员在主席台就座。温家宝代表国务院向大会作政府工作报告。许嘉璐、张怀西等在主席台就座。严隽琪、王佐书、贺旻、刘新成、朱永新出席会议。出席全国政协十一届一次会议的政协委员列席大会。

3月6日　全国政协十一届一次会议下午在人民大会堂举行中外记者招待会。民进中央主席严隽琪等八个民主党派中央主席回答了记者提问。

3 月 6 日　中国民主促进会网站报道，民进中央主席严隽琪接受中央电视台《聚焦三农·高端人物话三农》栏目的专访，畅谈农村的义务教育问题。报道说，从上世纪 80 年代到进入新世纪，将近 30 年来，以雷洁琼、许嘉璐、严隽琪为主席的民进中央领导集体始终关注着农村的义务教育问题，从上学难到办学难，从办学难到办好学，民进各级组织为呼吁解决农村义务教育投入、中小学教师待遇、校舍危房改造、实行免费赠送教科书、推行“两免一补”等问题，提出了很多提案和建议。近年来，民进中央又把解决农村义务教育发展中出现的新问题，即农村教师发展、城乡教育均衡化发展问题作为参政议政的重要内容。今年的两会，民进中央将围绕大力加强西部农村地区义务教育教师培训能力建设，推动我国教育质量均衡发展的课题，提交更具操作性的意见和建议。

严隽琪就相关问题在两会期间接受中央电视台的专访，回答了几个问题：一、目标：让全体人民共享改革开放 30 年的成果；二、问题：教育质量有待提高；三、对策：尊严和地位离不开待遇。

3 月 6 日　人民政协网报道《民进中央建议　动漫产业需要统筹扶持政策》。

3 月 7 日　农业报报道《严隽琪：创新体制从根本上促进城乡师资均衡发展》。全国人大代表严隽琪建议：一、以支教与进修制度促城乡师资均衡发展；二、以利益补偿机制促城乡师资均衡发展；三、以教师培训制度促城乡师资均衡发展；四、以免费师范教育制度促城乡师资均衡发展。严隽琪呼吁，全国义务教育的提高，亟待国家加强城乡师资的建设，建设国家创新体制，从根本上促进城乡教育均衡发展。

3 月 7 日　全国政协十一届一次会议民进组委员上午继续就政府工作报告进行小组讨论，讨论会由民进中央常务副主席罗富和主持。教育部副部长陈小娅，文化部纪检组组长李洪峰出席并认真听取发言。

史贻云委员说，从高等教育的结构布局来看，部属院校和重点院校在学校规模中只占一小部分，高等教育事业主要是靠地方院校来承担，高等教育质量的提高取决于地方院校教育质量的提高。目前，国家对重点院校无论是在经费上还是项目上，都给予了充分的支持，但是高等教育的发展必须要体现协调发展，建议从国家层面上在高等教育投入保障机制方面进行研究，出台相关的措施，促进地方高等教育的发展，真正把优先发展教育落到实处。

罗黎辉委员说，政府应解决农村教师的住房等待遇问题，把农村教师留住，吸引优秀人才到农村任教。

张群委员说，对基础教育的目的和性质要明确认识，对于课程的设计、课程难度的设计要有明确的界定。

李前宽委员说，推动文化大发展大繁荣，需要解放思想，开拓创新，杜绝浮躁；需要完善调控机制，加大对文化的投入力度。

言恭达委员说，一方面要推动文化创作的精品化，另一方面要让广大人民群众都能享受到精品文化的陶冶、教育与传承。

李洪峰表示，听了各位委员的发言深受启发，对于各位委员提出的问题，回去后会认真研究、采纳。陈小娅表示，民进的很多委员来自教育界，熟悉教育、关心教育、支持教育，对教育事业有很深的感情。委员们提了很多建议，帮助我们改进工作，我们一定会认真研究、改进落实、积极协调、及时报告。

3 月 8 日　十一届全国人大一次会议代表、民进中央副主席朱永新在京出席“教育改变中国”——第二届信孚公益论坛，并作关于《教育改革，从教育原点再出发》的演讲。

3 月 9 日　中国民主促进会第十二届中央常务委员会第二次会议在京召开。民进中央主席严隽琪主持会议并讲话。常务副主席罗富和，副主席潘贵玉、王佐书、贺旻、刘新成、蔡达峰、朱永新、张帆等常委出席会议。会议报告了民进十二届二次主席会议情况，对民进全会学习贯彻两会精神、深入开展中国特色社会主义主题教育活动进行了研究和部署。民进中央各部门负责人列席会议。

3 月 9 日　适逢“两会”换届之年，民进中央下午邀请出席两会的全国人大代表和政协委员中的民进会员座谈，相互认识、彼此熟悉、畅叙友情，共话两会精神，共议国家发展和民进建设大计。全国政协副主席张怀西，民进中央主席严隽琪，常务副主席罗富和，副主席潘贵玉、王佐书、贺旻、刘新成、蔡达峰、朱永新、张帆出席座谈会。

张怀西说，来参加今天的聚会非常高兴，无论老朋友，还是新朋友，大家都是我最真诚的朋友。大家前来参加两会，就是民进成功实现新老交替、政治交接的最好体现。民进是一个有前途、有希望的参政党，不仅大有可为，而且大有作为。他由衷祝愿民进永远欣欣向荣、生机勃勃，成为团结、和谐、友谊长存的大家庭。

严隽琪代表民进中央向本次新当选和继任的人大代表、政协委员表示热烈祝贺，欢迎大家回家。她说，大家地域不同、专业背景不同、经历不同，但却有着共同的身份——民进会员，大家是民进会员中的佼佼者，有着优秀的业绩和社会影响力；大家能成为全国人大代表和全国政协委员，也是我国政党制度先进性的体现，是宝贵政治资源优化配置的结果。严隽琪强调，今年的两会意义非同寻常。首先，今年是换届年，议程丰富；其次，今年恰逢我国改革开放 30 周年，我们又处在“改革发展关键阶段”，因而可谓改革年；第三，我国的 14 个省份刚刚战胜了冰雪灾害，全国上下万众一心，展现了社会主义制度的优越性。严隽琪指出，新的一年，民进全会的工作要在三个方面着力。一是继续解放思想、坚持改革开放，推动科学发展、促进社会和谐，加强对改革开放中一些深层次问题的研究；二是进一步学习贯彻中共十七大精神，扎实搞好“中国特色社会主义主题学习教育活动”，迎接纪念改革开放 30 周年和中共中央“五一口号”发布 60 周年两个高潮；三是完善创新民进的参政议政工作机制，集成全会资源，提升参政议政能力和水平。她热切希望大家全心投入开好两会，会后将会议精神传达到各级组织和会员中，并在日后的参政议政工作中发挥出应有的重要作用。

王佐书致词说，回顾过去的 5 年，在科学发展观的指导下，我会积极履行参政议政、民主监督职能，为国家大政方针建言献策，做了很多工作。这其中，会员中的全国人大代表和政协委员发挥了重要作用。民进中央坚信大家一定能继承我会的优良传统，认真履行职责，作出更大成绩。

会上，全国人大代表、民进四川省委会主委、中科院光电技术研究所所长张雨东，全国政协委员、民进广东省委会副主委、广东省知识产权局局长陶凯元，全国人大代表、民进上海市委会副主委、华东师范大学资源与环境科学学院院长陈振楼，全国政协委员、民进河北省委会主委、石家庄市副市长王刚等第一次履行代表、委员职责的同志，分别结合各自参加两会的感受谈了体会和认识。他们都深刻意识到，当选人大代表和政协委员不仅是荣誉，更意味着一份责任。他们一致表示，不会辜负组织的信任和人民的重托，将民进前辈低调、求真、务实的工作作风和爱岗敬业的良好形象继承并发扬下去。要不断加强学习，尽快适应新的角色变化；要积极参政议政、建言献策，反映社情民意；要踏实做人做事，虚心向老代表、老委员学习取经。据统计，目前民进共有各级人大代表 1800 名、各级政协委员 9807 名，其中全国人大代表 58 名，全国政协委员 77 名。民进中央秘书长赵光华和各部门负责人也出席了座谈会。

3 月 9 日 《文汇报》发表民进中央常务副主席罗富和署名文章《发展民办教育利国利民》。

3 月 9 日 人民网·天津视窗报道，出席全国政协十一届一次会议的冯骥才委员说，国家文化建设的战略结构应是“金字塔”型，分为塔尖、底部和中层三个部分。一个国家的文化必须有它的峰顶。就像金字塔的塔尖，它显示着一个国家的文化所达到的时代高度，彰显着一个时代文化创造的极致。这个塔尖是被一批卓越的文艺大家、艺术精英及其经典作品表现出来的，当然不包括国家级的文化艺术机构、设施和历史文化遗产。国家要对这个攸关国家文化形象与高度的塔尖大力投入，不能任由市场操作。在大力支持这个塔尖的同时，还要建立一整套机制和管理办法，养护和加强这个塔尖是国家文化建设的核心。“金字塔”的底部是大众文化。大众文化有其自身规律，应由市场调节。国家对这个层面的文化的主要责任是管理，既是市场管理，也是文化管理。市场管理是使市场良性和有序；文化管理是保持其活力与健康。处在“金字塔”中层的是中档文化，它处在底部与塔尖之间。国家和各级地方政府应抓住中档文化，积极支持与推进，对于提高整个民族的文化素质它是重要的一环。

3 月 9 日　全国政协十一届一次会议上午 9 时在人民大会堂举行第三次全体会议。民进中央副主席蔡达峰代表民进中央在会上作《加强社区文化建设　培育社会生活共同体》发言。

3 月 9 日　民进中央副主席朱永新上午会见台湾佛教慈济慈善事业基金会副执行长林碧玉一行。台湾佛教慈济慈善事业基金会是一家涵盖医疗、教育、文化等领域机构，又是台湾佛教界知名的民间慈善团体。从 1991 年始，已在祖国大陆 21 个省区市开展救助项目，建立了 30 所希望小学，资助近万名失学儿童重返学校。

3 月 10 日　民进中央主席严隽琪出席上海市政协在京举行的上海全国政协代表座谈会。

3 月 10 日　2008 年第 3 期《民主》杂志头条刊发全国人大代表、民进中央主席严隽琪的文章《将道德教育融入中小学生的养成教育之中》。

3 月 10 日　人民政协网发表报道《民进中央发言侧记：发挥联动作用　开展重点调研》。报道说，针对社区文化中存在的问题，全国政协委员蔡达峰代表民进中央 9 日在全国政协十一届一次会议第三次全体会议上发言。民进一直关注文化建设在构建社会主义和谐社会中的作用，并将其作为参政议政的重要方向，将不断建言，继续为之鼓呼。

3 月 10 日　民进中央副主席朱永新在“教育改变中国”——第二届信孚公益论坛发表演讲。他提出了三个观点：回到教育原点，要关注农村教育，建设精神家园。

3 月 10 日　2008 年第 3 期《民主》杂志刊登民进中央副主席朱永新文章《完善本科教学评估　提高高等教育质量》。

3 月 10 日　全国政协十一届一次会议民进组委员下午围绕最高人民法院和最高人民检察院的工作报告进行小组讨论。民进中央副主席张帆主持讨论。委员们认为，“两高”报告实事求是地总结了最高人民法院和最高人民检察院 5 年来的工作成绩，报告内容精炼、务实，总结了过去的工作经验，同时指出了自身工作存在的不足，并对 2008 年的工作作出了重要部署。

黄震委员说，司法系统最好能垂直领导，努力保证司法公正，要在机制、体制上走出一条新路。

唐瑾委员说，从“两高”报告的内容可以看出，两院在落实依法治国基本方略，为全面建设小康社会作出了许多积极有效的工作；另一方面，在强化法律监督、维护百姓的公平正义方面前进了一大步。她说，听完报告后有两个很深的感触：一是，在打击刑事犯罪方面的力度比以往有所加大、加强；二是，近年来，两院在积极预防职务犯罪，促进反腐倡廉建设方面作了很多工作，对减少职务犯罪起到了很好的警示作用。她同时希望刑法要适应时代的发展，在某些地方需要作出修改；希望两院工作进一步贯彻落实中共十七大报告与本次政府工作报告的精神，加强查处执法涉及民生的经济犯罪案；希望两院的工作要真正为文化大发展大繁荣保驾护航。

言恭达委员说，在如何坚持依法治国，彰显社会正义，维护司法廉洁，促进司法公正方面，最重要的是司法要独立。在真正做到坚决监督纠正执法不严、执法不公，维护社会主义法制的统一、尊严和权威的基础上，要注重保护改善民生，坚持执法为民。

陶凯元委员说，最高人民法院的工作报告有四个特点：一是，简明、务实；二是，主题鲜明、重点突出；三是，求真务实，用大量的数据说话，用大量的事实明理；四是，对人民法院五年来的成绩和进步集中归纳了十条经验和体会。同时，最高人民法院的工作报告亮点突出，在刑事审判、民事审判、行政审判、执行、民事再审制度、司法为民、司法解释工作、审判工作监督和人民陪审员制度、法官队伍建设、基层基础建设方面具有十大亮点。她同时建议，在法官队伍建设方面，要强调法官的大局意识和社会责任；在体制、机制等方面，需要进一步完善，应努力寻求探索一条具有中国特色的解决方式；法院的外部环境需要进一步完善、保障；对法官的人文关怀要加大；法院要高度重视应对新问题的能力。

贾宝兰、张群、陈景秋、汤建人等委员也就“两高”报告发言。

3 月 11 日 《光明日报》发表民进中央副主席王佐书撰文《传统节日有利于促进和谐文化》。

3 月 12 日 民进中央主席严隽琪、副主席王佐书上午出席在京举行的孙中山逝世 83 周年纪念活动。

3 月 12 日 《中国教师报》报道《朱永新：继续为教师说话》。朱永新建议有关部门重新核定农村中小学教职工编制，调整城乡师生比例标准；建议立法保障教师的休息权。

3 月 12 日 民进中央副主席朱永新出席中央教科所举行的教育界全国两会代表、委员座谈会。

3 月 13 日 全国政协十一届一次会议下午在人民大会堂举行第四次全体会议。民进中央常务副主席罗富和当选全国政协副主席。

3 月 13 日 全国人大常委会副委员长许嘉璐在两会间隙，应邀到中国东方歌舞团参观考察。中央纪委驻文化部纪检组组长李洪峰，东方歌舞团团长、党委书记田利军等热情接待。民进中央办公厅负责人陪同考察。

3 月 13 日 民进中央常务副主席罗富和在机关会见了参加两会的民进广东省委会、民进珠海市委会有关负责人。

3 月 13 日 《光明日报》发布报道《潘贵玉：抑制出生人口性别比持续升高》。全国政协委员、国家人口和计划生育委员会副主任、民进中央副主席潘贵玉建议，尽快扭转出生人口性别比持续升高的被动局面。

3 月 13 日 新华社报道，政协委员、国家人口和计划生育委员会副主任潘贵玉和 16 位政协委员一起，向大会提交了提案，呼吁保护女职工合法生育权。

3 月 14 日 中国人民政治协商会议第十一届全国委员会第一次会议在圆满完成各项议程后，于上午在人民大会堂闭幕。罗富和在主席台前排就座。许嘉璐、张怀西出席闭幕会。民进组 45 位全国政协委员参加本次会议。

3 月 14 日—15 日 政协第十一届全国委员会常务委员会第一次会议在北京举行。中共中央政治局常委、全国政协主席贾庆林主持开幕会并在闭幕会上讲话。会议审议通过了政协十一届常委会关于设置专门委员会的决定，各专门委员会主任、副主任名单和政协十一届全国委员会副秘书长任命名单。全国政协副主席罗富和等出席会议。

3 月 14 日 全国人大常委会副委员长李铁映、许嘉璐下午在京召开文化界人士座谈会。民进中央副主席朱永新、张帆出席座谈会。

3 月 14 日 全国人大代表、民进中央主席严隽琪做客强国论坛，主题为：教育改革。本场访谈由人民网、新浪网联合直播。严隽琪阐述了几个教育热点、重点和难点问题：一、阶段性考评不能淡化教育的根本目的；二、研究生热需要回归理性；三、高考既要改“一考”，还要改“定终身”；四、农村义务教育既要解决上学难，也要解决办学难问题；五、校园的人文素质首先体现在教师身上；六、不要轻易对学生下“是不是人才苗子”的结论；七、评估体系要跟随教改一起改。

3 月 15 日 十一届全国人大一次会议上午在人民大会堂举行第五次全体会议。民进中央主席严隽琪当选第十一届全国人民代表大会常务委员会副委员长。

3 月 15 日 人民网发布民进中央副主席朱永新著文《我在政协这五年——一个民主党派成员见证的中国民主政治进程》。

3 月 16 日 民进中央新老领导人在北京八宝山东厅深情送别方明同志。

3 月 18 日 中华人民共和国第十一届全国人民代表大会第一次会议，在圆满完成各项议程，产生新一届国家机构组成人员后，上午在人民大会堂闭幕。严隽琪在主席台前排就座。罗富和、许嘉璐、张怀西在主席台就座。各民主党派中央、全国工商联负责人和无党派代表人士列席大会。

3 月 18 日 民进中央向民进各省、自治区、直辖市委员会发出《民进中央关于学习贯彻十一届全国人大一次会议和全国政协十一届一次会议精神的通知》。

3月19日　民进中央副主席朱永新上午走访人民教育出版社。人民教育出版社社长李志军、总编辑助理魏运华、社长助理王志刚热情接待并座谈。

3月21日　全国政协副主席、民进中央常务副主席罗富和下午在民进中央与参加中央社会主义学院第十九期进修班、培训班学习的民进学员亲切座谈。罗富和说，作为参政党的成员，要认真学习中共十七大精神，坚持走中国特色社会主义道路，无论是从理论上，还是从体制上，进一步认识中国特色社会主义民主政治。各位学员回去后，要教育和团结广大会员，提高认识，居安思危，不断提高参政议政能力，加强参政党建设。

3月22日　民进中央办公厅、民进北京市委会上午在民进北京市委会联合举行"民进学习传达两会精神报告会"。

3月24日　全国人大常委会副委员长、民进中央主席严隽琪下午在上海出席"养成教育"座谈会，并作总结讲话。她指出，一、教育的目的是培养人，养成教育是初始阶段的一种教育，不只存在于中小学和幼儿园；二、不能把养成教育简单等同于德育，养成教育应该有科学的课程体系，不能成人教育需要什么，养成教育就教什么。各门课程中都有养成教育，养成教育可以融入各门课程的教学中，而不是孤立进行的；三、教育部门的政府职能转变势在必行，不能对教育的内容作硬性规定，而是定出基本标准，让每个地区、每个学校在标准的规定内根据自己的实际情况有发挥的余地。与会者围绕养成教育的现状、问题、改进措施等进行了座谈和交流。

民进中央副主席、民进上海市委会主委蔡达峰主持座谈会。民进中央秘书长赵光华，宣传部、研究室、参政议政部负责人，民进上海市委会有关负责人，上海部分区县教育局、教育学院负责人，部分中小学校长、幼儿园园长、教师等参加了座谈会。

严隽琪会后参观了民进上海市委会制作的政治交接学习教育活动展板。在沪期间，严隽琪还会见了民进上海市委会领导班子成员，听取了上海交通大学相关情况汇报，考察了上海市大学生创业基金会并出席理事长会议。

3月25日　民进中央副主席朱永新在北京出席2008年中央智力支边协调小组工作会议。会议总结和交流了各民主党派中央、全国工商联2007年度智力支边工作的经验和体会，研究和部署2008年度及今后一段时期智力支边工作任务。中共中央统战部副部长、中央智力支边协调小组组长胡德平，国家民委副主任、中央智力支边协调小组副组长杨健强出席会议并讲话。胡德平指出，要认真贯彻学习党的十七大精神，用科学发展观来统领与指导新时期民主党派、工商联所开展的智力支边工作。在开展工作过程中，要加强与地方党委、政府的配合，找好位置，选好角度，要充分体现民主党派、工商联自身的工作特色和优势，力争把工作做到位。智力支边工作既是一项政治性较强的工作，它体现的是一种政治参与；同时也是民主党派、工商联在国家建设与发展过程中所履行的一种社会责任。各民主党派中央、全国工商联有关领导，国家科技部、国家民委和贵州毕节专家顾问组、黔西南联合推动组领导及智力支边协调小组国家部委联络员、企业家代表出席会议。民进中央社会服务部负责人参加会议。

朱永新在发言中介绍了2007年民进中央智力支边工作概况，2008年智力支边工作设想，提出进一步做好工作的几点意见建议。他指出，民进中央及各级组织在过去一年坚持"量力而行、尽力而为、务求实效"的原则，通过科技示范、决策咨询、文化下乡、医疗服务、捐资助学、招商引资等各种方式为帮扶地区兴办了一些实事，为改善贫困地区面貌和农户增收脱贫作出了贡献；2008年是民进中央换届后的第一年，也是毕节试验区成立20周年，要在中央智力支边协调小组的指导和支持下重点抓好如下工作：1. 积极参与毕节试验区成立20周年总结纪念活动，总结民进毕节试验区智力支边扶贫工作的经验与成果，宣传多党合作成绩与意义。2. 推进毕节和黔西南州生态建设与石漠化治理工作。拟于2008年6月上旬与国家林业局、贵州省人民政府共同主办"中国（毕节）生态文明与石漠化治理高层论坛"。就石漠化治理政策、措施作研讨，提供可供决策参考的意见建议；开展面向毕节石漠化治理试点地区的咨询服务活动。3. 巩固与扩大民进中央在毕节的新农村建设示范联系点的辐射带动作用。4. 发挥民进优势，推动毕节教育事业的发展。拟组织优秀退休教师开展对贵州贫困地区的支教活动，努力推动毕节从人口大区向人力资源和人才集中大区转变。调动民进全会力量开展农村教师培训活动，开展过程中将民进中央定点联系的金沙等地的示范学校作为工作重点，力争使培训活动取得实效。他建议，要制定中央智力支边工作新时期的规划，将其纳入到国家扶贫和三农工作整体规划之中；不断加大对民主党派支边工作的支持力度，包括加大人、财、物各方面的投入；坚持与参政议政相结合，智力支边参与实施的一些成功的国家计划项目，可以利用参政议政渠道予以协调和呼吁。

据统计，2007 年各民主党派中央、全国工商联率队到贫困地区进行扶贫考察人数达 100 人次以上，组织各类专家 238 人次，帮助引进各类经济项目 77 个，签订项目资金 5. 64 亿元，帮助建希望小学 23 所，培训各类技能型人才 1. 58 万人，帮助贫困家庭子女解决上学难问题 1. 6 万人。此外，还与国务院有关部门建立智力支边协调机制，为更好地开展智力支边工作创造了条件。

3 月 26 日　民进中央联络委员会课题组就 2008 年重点调研课题“海峡两岸农业合作试验区和台湾农民创业园情况调查”，下午专程拜访了农业部台湾事务办公室。海峡两岸农业交流协会会长于永维、农业部台办副主任李永华接待了课题组成员张雅晶、张军军、刘磊一行。根据课题所涉及的部门单位，农业部台办还邀请了国台办经济局、商务部台港澳司、农业部农村经济研究中心的有关负责同志参加座谈。三部委的同志一致认为，民进中央联络委员会此举对扎实做好对台工作、保持两岸稳定繁荣具有重要意义，也有利于改进自身的工作。他们表示，将全力支持课题调研组做好相关工作，并参与部分调研活动。于永维说，对两岸农业合作与交流的认识是一个不断深化、不断改进和完善的过程。经过 10 多年的发展，海峡两岸农业合作试验区和台湾农民创业园确实使两岸农业在一定程度上实现了优势互补，达到了双赢的目的。他希望通过多方的共同努力，进一步促进两岸农业合作与交流。国台办经济局处长于红简要介绍了国台办在推动海峡两岸农业合作试验区和台湾农民创业园发展方面所做的工作；农业部台办副主任李永华详细介绍了设立的时代背景、指导思想、工作思路，园区整体发展情况包括基本做法、成效和存在的问题，以及下一步工作打算；商务部台港澳司副处长杨涛简要介绍了两岸农产品贸易的有关情况；农村经济研究中心研究员朱守银谈对两岸农业交流的看法。民进中央社会服务部负责人代表民进中央社会服务部和民进中央联络委员会，对国台办、商务部、农业部给予的大力支持表示感谢，并介绍有关工作情况。

3 月 27 日　全国人大常委会副委员长、民进中央主席严隽琪出席在江苏省淮安市召开的关于中国特色社会主义主题教育活动座谈会。民进淮安市委会主委朱毅民主持座谈会，并汇报了开展中国特色社会主义主题教育活动的情况。民进淮安市委会围绕主题教育活动开展了四个方面的工作。一、以主题教育活动为抓手，进一步提高思想素质。民进市委会从成立领导小组、制定活动方案、举办专题讲座、班子带头学习、广泛动员基层、撰写心得体会、开展问卷调查、进行警示教育等多个方面创新了做法、落实了措施。二、以主题教育活动为引领，进一步提高组织能力。民进市委会在提高组织能力方面主要做了吸收优秀人士入会、加强中青年会员培养、加大政治推荐力度、加强基层组织建设等工作。三、以主题教育活动为动力，提高参政议政能力。民进市委会把主题教育活动与履行参政党职能、发挥参政党作用有机结合起来，深入开展调查研究、建言献策、反映社情民意等工作，更好地体现了主题教育活动的成果。四、以主题教育活动为契机，提高社会服务能力。市委会在助学、开展社会帮扶、协助举办重要活动等工作上充分发挥了自身优势。

严隽琪认真听取汇报后指出，民进淮安市委会会务工作扎实，会员结构较合理、素质较高，政治安排、实职安排较好，工作做法上具有一定的创新，如对任实职的干部进行警示教育的做法富有创造性。严隽琪说，去年，全会开展了以走中国特色社会主义政治发展道路为主题的政治交接学习教育活动，民进十大以后，根据贯彻中共十七大精神的需要，开展了中国特色社会主义主题教育活动。这两者没有实质性的区别。主题教育活动是贯穿今年工作的主线，希望民进淮安市委会能够继续努力，推动主题教育活动扎扎实实地开展，坚定广大会员的政治信念、继承民进的优良传统，使当年老一代民进人作出的接受中国共产党领导的历史抉择成为当代民进人的政治共识和行为准则。淮安是改革开放的一片新热土，但在面临新机遇的同时也面临了很多新情况、新问题，我们民主党派在参政议政时，首先要深刻理解科学发展观的内涵，发挥自身特色和优势，要树立大局观念，坚持参政为民。既要在老阵地上继续有所作为，也要在新领域开拓前进，在教育、三农、环境保护等问题上建言献策，为促进淮安实现科学发展、社会和谐共同努力，同时协助中共党委和政府做好团结人心、化解矛盾、理顺情绪等工作，发挥参政党地方组织应有的作用。

民进中央宣传部、研究室、参政议政部，民进江苏省委会，民进淮安市委会等方面负责人，淮安市委会委员、机关干部，民进中央在淮安挂职锻炼干部参加了座谈会。

在淮安期间，严隽琪会见了江苏省淮安市委书记、市人大主任丁解民，市委副书记、市人民政府市长樊金龙等，并听取了淮安市、楚州区、涟水县的情况汇报。听取了民进中央在淮安挂职锻炼的两位女干部的工作汇报。

3 月 27 日　全国政协原副主席、民进中央原第一副主席张怀西在无锡视察工作。由全国人大代表、民进无锡市委会副主委、无锡灵山实业集团总经理吴国平陪同，张怀西参观了位于灵山景区的“无尽意斋”——赵朴初纪念馆，考察了无锡灵山景区三期工程建设情况，详细询问了 11 月上旬将在无锡举行的“第二届世界佛教论坛”的筹备工作进展情况。民进无锡市委会原主委顾磐曾、民进无锡市委会副主委李宁陪同视察。

3 月 28 日　全国人大常委会副委员长、民进中央主席严隽琪在江苏省淮安市出席农村义务教育工作座谈会并讲话。她指出，江苏是一个教育大省，历来对教育十分重视，提供了充分的财政保证，在教育改革方面也勇于创新、积极探索，经验值得总结。随着我国城乡人口流动性的加剧，老百姓对教育的需求也增加了，各种矛盾也会逐渐凸现出来。教育问题仅靠教育系统内部是无法解决的，需要全社会共同探索解决。希望通过此次调研，了解真实情况，对相关法律法规——《义务教育法》、《民办教育促进法》执行情况、实际效果、问题进行调研，发现实践中出现的好作法并进行推广。严隽琪强调，民进是以教育为主要界别的，广大教育界会员在本职岗位上作贡献的同时，还要通过参政议政为党和国家重大决策提供依据，瞄准要点、难点、盲点，多提真知灼见。地方组织要通过参政议政为本地区、为国家的教育事业积极建言献策。

中共淮安市委书记丁解民出席座谈会。淮安市人大副主任、党组副书记范学恕主持座谈会。淮安市人民政府副市长朱毅民汇报了淮安市教育事业发展概况、近年来在农村义务教育方面的主要措施及成效、问题与不足，并提出了促进农村义务教育均衡发展的建议。民进中央秘书长赵光华，民进中央办公厅、宣传部、参政议政部、研究室和民进江苏省委会负责人，淮安市有关局办负责人，部分中小学校长参加座谈会。

在淮安市，严隽琪还看望和听取民进中央两位挂职锻炼干部汇报。她对江苏省及淮安市中共和民进各级组织给予民进中央干部挂职工作的关心与支持表示感谢，并表示今后民进中央还将继续选派干部到淮安来挂职锻炼。她指出，挂职锻炼作为干部培养的一种方式，可以帮助从学校直接进入机关的干部熟悉基层工作的情况，了解基层社情民意，对干部特别是青年干部的成长将会发挥重要作用。通过挂职锻炼，可以磨练意志、拓展眼界、提高能力、结交朋友、建立渠道；挂职干部要能够做到严自律、善学习、深调研、干实事、提建议、做纽带。近年来，机关多次选派干部到基层挂职锻炼，积累了一些经验。机关将对这些经验进行认真总结和研究，在今后的挂职工作中，要进一步加强挂职培养工作的计划性，加强对挂职干部的过程管理，丰富挂职锻炼模式和经验分享的多样性，因人而异地开展干部挂职工作，帮助更多的青年干部尽快成长，承担重担。

民进中央两位挂职锻炼同志表示，挂职锻炼的时间虽只有短短的一年，但在中共淮安市委、市政府，楚州区委、区政府，涟水县委、县政府，以及民进江苏省委会、民进淮安市委会的关心和指导下，通过深入基层，对国情、民情有了更加深入的了解和认识，既磨练了意志，又提高了能力，对个人成长起到了非常重要的作用。作为挂职干部，她们在工作中严格要求自己，勤政廉政，努力做到以品行服人，以才智服人，调研先行，谨言慎行，虚心向基层干部群众学习，自觉接受锻炼和考验，并发挥在民主党派中央机关工作中积累的经验和优势，竭尽所能地为当地经济发展和社会稳定献计献策、牵线搭桥，实实在在为区域发展做实事。

3 月 29 日　全国人大常委会副委员长、民进中央主席严隽琪下午在南京出席中国特色社会主义主题教育活动座谈会并讲话。她说，民进江苏省委会和南京市委会在开展中国特色社会主义主题教育活动中，领导重视、措施有力、深入调研，创造了不少好的经验，特别是领导带头学习、宣讲，形成了良好的风气。严隽琪指出，主题教育活动是贯穿我会今年工作的一条主线，要结合纪念中共中央发布“五一口号”60 周年和纪念改革开放 30 周年掀起活动的两个高潮。要利用当地资源，自主、自为、有效地开展各项活动。她希望，江苏民进作为成立较早的地方组织，要认真做好会史工作，充分发挥会史在主题教育活动中的作用；利用文化教育人才集中的优势，积极研究参政党理论建设，在探索我会自身建设的长效机制上多作贡献，为全会多创造经验。

民进江苏省委会主委陈凌孚主持座谈会，并汇报民进江苏省委会开展中国特色社会主义主题教育活动的情况。民进江苏省委会副主委、民进南京市委会主委朱晓进汇报民进南京市委会开展主题教育活动的情况。民进江苏省委会副主委、江苏省文化厅副厅长高云，原副主委罗炳权、虞志敏等在座谈会上发言。民进中央秘书长赵光华，民进中央办公厅、宣传部、参政议政部、研究室负责人，民进江苏省委会以及民进南京市委会新老负责人，省委机关干部等参加座谈会。

3 月 29 日　全国政协副主席、民进中央常务副主席罗富和在北京大红门国际会展中心出席“曼特劳”杯首届中国休闲裤设计大赛颁奖典礼，并为获奖者颁奖。中国流行色协会常务副会长、民进中央联络委员会主任梁勇，民进中央社会服务部负责人参加颁奖典礼。

3 月 31 日　民进中央十二届三次主席办公会议在京召开。严隽琪主席主持会议。罗富和常务副主席，潘贵玉、王佐书、朱永新副主席，赵光华秘书长出席会议。民进中央各部门负责人、原副秘书长列席会议。

会议首先听取了关于中共中央统战部召开的党派常务副主席会议精神的通报，并就有关工作部署逐一进行了安排和落实。

会议听取了关于民进中央纪念中共发布“五一口号”60 周年座谈会筹备情况的汇报。为深入开展中国特色社会主义主题教育活动，努力推进政治交接，会中央定于 4 月 8 日召开纪念中共发布“五一口号”60 周年座谈会。会议审定了座谈会的方案（草案），并强调要高度重视本次会议的重要意义，各部门按照分工，各司其责，做好会议的筹备与服务工作，确保会议取得圆满成功。

会议听取了关于政治交接主题教育活动经验交流会筹备情况的汇报。4 月下旬中央统战部将召开政治交接学习教育活动经验交流会，要求各党派推荐地方组织经验进行交流。会议审议了宣传部提供的我会 7 个试点单位相关经验总结材料。会议同意推荐民进河北省委会、民进青岛市委会的经验材料报送统战部，并强调试点单位材料总结要围绕主线、突出特色，进一步凝炼经验。

会议听取了关于纪念中共发布“五一口号”60 周年征文活动进展情况的汇报。作为纪念中共发布“五一口号”60 周年的系列活动之一，会中央将协助中央统战部在全会开展“薪火相传，共创未来——纪念中共发布‘五一口号’60 周年征文活动”，并在征文结束后结集出版。会议审议通过了征文评选工作方案（草案），会议要求进一步加强与各地方组织的沟通，保证各地方组织文稿的数量和质量。

会议审议了《民进中央关于信访接待工作的规定（试行）》（草案）。会议指出，要进一步细化来访和信访接待处理的部门分工和工作流程，使《办法》有更强的操作性；要召开相关部门参加的专题会议再行研究，使会中央信访工作更加完善、规范、有序。

会议审议通过了2008年民进中央参政议政重点考察调研方案（草案）。会中央初定于5月上旬在江苏省的南京、无锡、扬州、徐州等地开展题为“完善文化投入机制，保障人民文化权益”的重点调研。会议指出，要高度重视重点调研的预调研和补充调研环节，并做好相关资料的收集工作，进一步修改完善调研提纲，为重点调研取得成功打好基础。

会议研究了民进中央关于参政议政工作制度和机制建设事项。为进一步完善会中央参政议政工作的制度、规范和程序，参政议政部拟定了《民进中央参政议政课题立项试行办法（草案）》、《民进中央参政议政提案形成试行办法（草案）》和《民进中央参政议政成果奖励试行办法（草案）》。会议认为，目前的参政议政课题立项试行办法，提案形成试行办法和参政议政成果奖励试行办法（草案）涵盖了参政议政课题立项到提案形成，以及成果奖励的全过程，形成了一套参政议政工作机制，有利于举全会之力、集全会之智，形成高质量提案和大会发言。会议同意上述三个办法试行一年，并在工作实践中逐步修改完善。

会议审议通过了民进中央专门委员会秘书设置方案（草案）。为进一步提高会中央专委会服务工作专业化水平，更好发挥参政议政作用，同时为进一步培养年轻干部宏观思维、协调关系和合作共事能力，为年轻干部搭建发展的平台，会议同意各专委会秘书主要由职能部门年轻干部担任，任期一般为两年。

会议研究了新一届民进中央参政议政特邀研究员人选名单（草案）。新一届中央委员会继续聘请一部分专家学者担任参政议政特邀研究员。会议审议通过了这一名单（草案），并指出，要制定相关的工作制度与机制，充分发挥他们专业、智力资源优势，为我会履行参政党职能提供智力支持。会议强调，要进一步与组织部协商落实有关聘任事宜，并适时将高层次的会员补充到参政议政特邀研究员队伍中。

会议审议通过了中国（毕节）石漠化治理与生态文明高层论坛方案（草案）。会议同意，6月8日—10日民进中央与国家林业局、贵州省人民政府联合在贵州毕节地区举办主题为“石漠化治理与生态文明建设”的论坛。会议认为，论坛的召开具有鲜明的政治意义，是展示民进近20年来在毕节地区所作一系列支边扶贫工作的契机，要尽快确定与会的专家学者，与贵州方面商定论坛的各项筹备工作，保证论坛的顺利召开。

会议通过了《中国民主促进会年鉴（试刊）》编纂方案。

会议还研究了人事事项和其他事项。

2008年4月

4月1日　民进中央原名誉副主席楚庄80华诞，民进中央举行祝贺活动。民进中央主席严隽琪，民进中央常务副主席罗富和，民进中央副主席王佐书、朱永新莅会祝寿。

严隽琪代表民进中央向楚老敬送了贺礼——一个绘有“鹤寿图”的景泰蓝花瓶。严隽琪说，中国向来有尊老敬贤的传统美德。楚老的才识和人品确实值得我们敬重。

朱永新情之所至，高歌一曲“今天是你的生日”，表达了民进中央新一届领导集体对楚老的深深祝愿。楚庄夫人董平及其家人出席祝寿活动。民进中央秘书长赵光华，民进中央办公厅、组织部负责人参加祝寿。

4月2日　全国政协副主席、民进中央常务副主席罗富和上午在十三陵水库参加由全国政协机关组织的“迎奥运，共建绿色家园”义务植树活动。

4月8日　民进中央纪念中国共产党发布“五一口号”60周年座谈会上午在机关隆重举行。严隽琪主席作重要讲话。罗富和常务副主席主持会议。王佐书、朱永新副主席出席。刘新成副主席作《历史的回顾与启示——重温“五一口号”》的发言。

4月9日—12日　民进中央副主席朱永新赴甘肃武威就河西走廊星火产业带建设、石羊河流域重点治理等考察调研。朱永新考察了天祝县食用菌菌种场（农牧民星火培训学校）、达利食品公司、红崖山水库、薛百乡宋河村龙王庙治沙现场、民勤防沙治沙展览馆、薛百乡张麻小学、金苹果公司和武威阳光产业示范园区。期间，朱永新与甘肃省人民政府副省长郝远及有关部门，中共武威市委书记张绪胜等领导和有关部门进行座谈，听取了甘肃省科技厅、水利厅，武威市政府关于河西走廊星火产业带建设和石羊河流域整治情况的介绍。

朱永新在座谈讲话中说，这次是受全国人大常委会副委员长、民进中央主席严隽琪，全国政协副主席、民进中央常务副主席罗富和的委托来考察调研，了解情况。通过这次考察，被温家宝总理心系民勤的精神所感动；被武威四套班子真抓实干，推动生态建设的精神所感动；被民勤人民长期在恶劣的环境下英勇拼搏，改善生态、发展生产的精神所感动。朱永新说，作为与中国共产党通力合作的参政党，中国民主促进会心系“三农”，情系西部，许嘉璐、张怀西等老一辈民进领导同志身体力行，为我们树立了榜样，创造了很多好的经验。民进在武威的成功实践，也是对中国共产党领导的多党合作制度的成功探索。严隽琪、罗富和同志均表示，民进新一代领导集体一定会沿着民进老一辈领导开辟的道路，坚定不移的走下去，进一步发挥优势，整合资源，继续把支持甘肃以及武威、民勤的工作作为民进社会服务工作的重中之重。朱永新指出，河西走廊星火产业带的建设，是科学发展观的生动体现。实施星火计划，首先要体现科学发展的精神，其次要帮助农村更好地发展、农民更快地致富。他希望甘肃不断提高群众素质，把保护和建设河西走廊的生态变成全社会的自觉行动；增强为农民服务的意识和能力，让农民真正分享到河西走廊星火产业带的成果。朱永新说，民进中央为武威培训星火产业星火科技带头人的工作，还要继续开展，要加强针对性，如增加设施农业、农产品深加工和营销等内容。同时，要发挥民进的教育优势，群策群力，集思广益，为武威新一轮的腾飞提供帮助，和武威的领导、人民一起，为建设经济、社会、生态和谐发展的新武威而努力。相信武威的发展，石羊河的治理，会不断取得新的进展，希望发展的每一步都有民进的贡献，民进的身影。

考察期间，朱永新还与民进甘肃省委会、兰州市委会和武威市委会干部和会员代表进行座谈。他转达了严隽琪主席和罗富和常务副主席对大家的问候，介绍了民进中央近期的社会服务工作思路。他希望民进甘肃省委会以及兰州市委会、武威市委会积极参与民进中央在甘肃的工作，心往一处想，劲往一处使，形成合力。民进甘肃省委会主委李国璋、副主委尚勋武，甘肃省政府副秘书长张翀及省科技厅、水利厅、林业局、省委统战部等单位的负责同志，民进中央社会服务部负责人陪同考察。

4 月 10 日—12 日　全国人大常委会副委员长、民进中央主席严隽琪在天津市考察。在津期间，严隽琪与中共中央政治局委员、天津市委书记张高丽进行会谈；会见民进天津市委会原主委姚建铨、余国琮和新一届领导班子成员，并听取民进天津市委会的工作汇报；民进中央副主席冯骥才陪同参观天津大学冯骥才文学艺术研究院；考察天津市滨海新区。

天津市人大常委会副主任李润兰，天津市人民政府副市长、民进天津市委会主委张俊芳，民进中央组织部、参政议政部、研究室，民进天津市委会负责人陪同考察。

4 月 10 日　全国政协副主席、民进中央常务副主席罗富和会见来访的国家文化部文化市场司副司长庹祖海，双方就民进中央在今年两会提交的《关于推动我国动漫产业发展的建议》提案沟通意见。

罗富和代表全国人大常委会副委员长、民进中央主席严隽琪向文化部多年来对民进参政议政工作的鼎立支持和帮助，以及如此重视民进中央的建议表示真诚感谢。他说，促进国家文化产业的发展是我们共同的事业，只是角度略有不同。部委和党派同处在我国多党合作和政治协商的格局中，应加强日常联系，充分沟通意见，让工作往来常态化，只有做到真正意义上的合作，才能达到共同推动事业发展的目的。

参政议政部负责人主持座谈并介绍提案形成过程。他表示，此份提案是在民进中央文化艺术委员会比较充分的调研和论证基础上提出的，但掌握的资料还是比较有限，请文化部给予指正，并希望双方在某些领域还可以进行更加深入的沟通与合作。民进中央文化艺术委员会副主任、中央民族大学哲学与宗教学系教授赵士林，民进中央文化艺术委员会、北京大学文化产业研究院动漫中心主任邓丽丽，民进中央出版委员会委员，中央美院城市设计学院动画系主任温德斌，民进会员、北京师范大学艺术与传媒学院副院长肖永亮，民进会员、光盘专业委员会秘书长王勤也参加座谈。大家说，目前的动漫产品不仅要注重技术包装，更应强调内容品位的提升；动漫产业链的管理体系需要调整，投入机制需要完善，动漫制作队伍需要增强；动漫市场必须以严格的准入制度来杜绝低水平和重复交叉产品的进入。大家还指出，我们在动漫产品中展现的审美理念不够轻松化、生活化、趣味化；我们的文化理念过于强调民族化，而在某种意义上忽视了对外来先进经验的汲取；我们的产业理念还是与真正的市场化概念有一定差距；我们的艺术教育理念未免死板，制约了打造真正意义上的“大家”等等。

庹祖海认真听取发言。他指出，民进中央的提案的确抓住了当前动漫产业发展的关键性问题，引起了动漫界的共鸣和文化部领导的重视，文化部正在着手开展一系列调研，以便更加透彻地了解问题，提出有针对性的对策。他说，动漫产业是一个高投入、高技术、高回报和高风险的产业，当前国内动漫产业的生产数量和质量都有了一定上升，但也存在不少一时难以跨越的障碍，如动漫基地的申报管理制度不够理想、布局规划不够合理；产品类型雷同；产品播出环节过多、价格过低；产品出版环境不健康，存在垄断；周边衍生产品侵权盗版现象严重；涉及动漫管理的部门责权不清，“你中有我、我中有你”；部际联席会议制度也有许多亟待商榷和改进之处等等。同时，他也强调，虽然动漫产业发展存在着诸多“瓶颈”，文化部会想尽一切办法把产业规划好，内聚一切优势资源把产业统筹好，也很希望借助民进中央的力量把工作做得更加细致、扎实。

4月11日　民进中央常务副主席罗富和应邀出席民进中央机关团总支换届大会并讲话。他首先向新一届团总支委员会表示祝贺，并以过去的光荣、现实的光荣和未来的光荣为题指出了参政党中央机关团员青年面临的形势任务和努力方向。他指出，今年是中共“五一口号”发布60周年，团员青年要进一步深刻学习民进老一辈领导人与中国共产党亲密合作、为民分忧的高尚情怀和人格魅力，进一步深刻领会民主党派和中国共产党亲密合作的光荣历史。今年是改革开放30周年，团员青年要充分领会“改革开放也是一场革命”，从改革开放前与后的巨大变化中进一步坚定接受中国共产党领导的信心。他指出，中国特色社会主义道路的提出，充分说明中国共产党执政的清醒头脑和忧患意识，团员青年要努力使自己与伟大事业共同前进，为未来的光荣添砖加瓦。他说，作为参政党机关的团组织，新一届委员会要进一步思考如何为建设高素质参政党服务，发挥团组织应有的作用。希望团总支委员会带领全体团员青年加强学习，具备崇高的理想、精湛的才干和务实的作风并努力形成亲密合作的团队。

会议宣读了中共中央统战部团委的贺信。机关党支部负责人发言。机关团总支上一届委员会书记作报告。机关和开明出版社30余名团员参加大会。

4月13日—15日　民进中央副主席朱永新由贵州省政协副主席、民进贵州省委会主委左定超陪同，到黔西南州兴义、安龙等地考察调研，与当地商讨进一步推动黔西南州“星火计划、科技扶贫”试验区建设和民进帮扶工作。

30万亩金银花基地建设由民进中央倡导并全力推动，圆满完成种植任务，成为智力支边工作品牌项目，是此次考察重点。朱永新到安龙德卧金银花基地，考察金银花种植对石漠化治理、农民增收的作用与效果。当看到昔日石漠荒山被金银花所覆盖，农户因为种植金银花增收在万元以上时，他感到非常高兴。农民兄弟称赞金银花是幸福花、生态花、经济花。在吉仁堂中药饮片厂和飞龙雨公司，朱永新向企业负责人详细了解收购与加工金银花以及金银花市场销售情况，勉励他们为做大做强金银花产业，促进农民增收作贡献。

兴义市民族村是中央智力支边协调领导小组联合推动组帮扶点，其帮扶工作由民进中央牵头。朱永新参观了民族村布依民俗博物馆、间歇泉等景点，到一家农户作客，了解农家乐发展情况，考察了民族村村小，并与市、镇、村各级干部、农民代表座谈推动民族村发展。

朱永新非常关心黔西南州教育事业发展，到安龙县德卧中学考察，并与州教育行政部门负责人进行座谈。他称赞德卧中学创造了普通高中创新职业教育的新模式，进一步推进了素质教育，经验和做法值得推广与总结。他还就推进教育公平与素质教育，做好教师培训工作，制定教育发展规划等发表意见和看法。参加座谈的州教育行政部门领导、教师代表纷纷表示获益匪浅，深受启发。

朱永新 14 日晚与中共黔西南州委、黔西南州人民政府领导座谈并讲话。他指出，第一，要坚持中国共产党领导的多党合作制度，探索民主党派参与区域经济社会建设的新途径。黔西南州“星火计划、科技扶贫”试验区成立以来，各民主党派为促进区域经济发展作了大量工作，取得了重大成就，证明了多党合作制度的优越性。民主党派参与区域经济社会建设不仅是智力支边扶贫，还具有重要的政治价值与意义，在今后工作中要以这样的认识高度来推进试验区建设。其次，要坚持科学发展观，探索生态扶贫、科技富民发展金银花产业的新途径。发展金银花产业要提高到贯彻落实科学发展观的高度来认识，金银花具有良好的生态、经济效益，是一箭双雕的产业，产业发展还有很大的空间，可以从优良品种培育与攻关研究，新产品研发等工作切入，更好地推动金银花产业发展。再次，要坚持中央提出的社会主义新农村建设的方针，探索西部山区少数民族聚居地新农村建设新途径。民族村建设的魂应是弘扬与体现民族文化，充分展示少数民族风貌特征，保护特有的建筑文化、服饰文化、饮食文化等；坚持规划先行，做好整体规划，做到富规划、穷开发。第四，要坚持科教兴州战略，探索教育作为第一民生，经济、教育、社会、文化和谐发展的新途径。一个区域长远发展基础是教育，教育对经济发展具有很强的支撑作用。今天的教育是明天的科技，明天的科技就是后天的经济。黔西南州教育发展还存在一些突出问题，农村幼儿教育与高中阶段教育发展滞后，教育质量与教师素质有待提高，素质教育亟待推进。民进作为参政党最大优势在教育方面，可以调动力量提供更多的帮助与支持。

考察期间，朱永新与民进黔西南州委会领导集体、会员代表亲切座谈，倾听民进地方同志意见建议，介绍民进中央工作思路，共同探讨进一步加强基层组织建设，做到会员本职工作与党派工作互为促进。苗族会员代表身着盛装参加座谈并演唱苗族歌曲。座谈在团结就是力量的歌声中结束。

期间，朱永新会见了中共黔西南州委书记陈敏、黔西南州州长陈鸣明。中共黔西南州委常委、副州长贺登祥，副州长童其芳，州政协副主席、州委统战部部长潘立德，州政协副主席、民进州委会主委黄健勇等陪同考察或参加座谈。民进中央科技医卫委员会副主任、中国农业大学教授黄卫东，民进中央社会服务部负责人随同考察。中国农业大学园艺学院教授贾克功应邀参加考察。

4 月 14 日　全国人大常委会副委员长、民进中央主席严隽琪，全国政协副主席、民进中央常务副主席罗富和，全国人大常委、民进中央副主席王佐书，与来访的最高人民法院院长、首席大法官王胜俊，最高人民法院副院长、大法官万鄂湘座谈。

4 月 14 日　民进中央常务副主席罗富和到中央统战部培训基地集贤山庄看望参加民主党派中青年干部培训班的民进学员并座谈。他说，民进十大换届以来，新一届领导班子深感责任重大，任务艰巨，中共中央也十分重视民主党派的意见和建议，多次邀请党派领导人参加协商座谈。作为民主党派成员，必须不懈不滞、有思有行，举全会之力，集全会之智，共同建设高素质参政党。座谈中，各位学员结合本职工作，提出意见建议。

4 月 15 日　《光明日报》发表《参政议政　参政党的生命力——访民进中央主席严隽琪》采访报道。

4 月 15 日—17 日　民进中央副主席朱永新到贵州省毕节地区金沙县考察调研，与当地共同商讨进一步推动帮扶工作。行前，朱永新在贵阳会见中共贵州省委常委、省委统战部部长龙超云，贵州省人民政府副省长、中共毕地委书记刘晓凯。朱永新在与金沙县领导座谈中，谈了三个想法。

首先，以毕节试验区 20 周年为契机，进一步加大民进参与金沙县精神文明、物质文明、政治文明、生态文明建设进程的力度。这是一个参政党参与一个区域经济建设的探索，金沙县给了我们一个发挥智力优势的平台。我们在毕节不是简单的帮扶工作，是来实践中国共产党领导的多党合作政治制度的，是八个民主党派在一个区域参与经济、社会发展的典范。20 年，毕节的进步值得我们自豪，这里面，多多少少有我们民进的一点贡献。他说，这次来毕节，我们选了一个好时机，再过几天就是中国共产党“五一口号”发布60周年，中国共产党领导的多党合作和政治协商制度是60年前中国共产党和各民主党派的共同选择。毕节20年的实践，也是中国共产党领导的多党合作的成功范例。

第二，我们要以科学发展观为指导，进一步做好总书记提出的生态富民、科学发展、人口控制这三篇大文章。这里的政治优势是任何其他地方都很难比拟的。他说真正体现一个社会的公平是民生问题，这也是各级政府一切工作的出发点，这对我们民进中央是责无旁贷的。关于石漠化治理，朱永新详细介绍了黔西南州种植金银花的情况，希望金沙县尽快带队到黔西南州去考察，也请山东金银花协会过来，提供一些花苗在金沙县的一些生态林中补种，这样可以使生态恶化得到遏制，也使农民增加收益。关于煤电产业的问题，他提出要最大限度地减少排污，政府要出台煤电生产条例，要强化管理。他说，既要金山银山，更要绿水青山。关于人口问题，他说，要变人口为人力资源，成为人才，提高人口素质，事实上今天的教育是明天的科技、后天的经济，是明天的核心竞争力。

第三，以城乡规划为龙头，“富规划、穷开发”，进一步加强基础设施建设，控制开发节奏，改变经济结构，发展订单农业。他表示，金沙是民进社会服务工作的重中之重，民进中央有关部门要着手制定参与金沙四个文明建设的工作计划，落实好有关项目。金沙今后会有更好的发展，将是一个实现科学发展的区域。

4月16日　民进中央主席严隽琪、副主席王佐书上午与民进中央研究室全体干部座谈，逐位听取个人工作汇报和意见建议。严隽琪充分肯定研究室以及工作人员取得的成绩和辛勤劳动，勉励大家善于学习，善于思考，善于表达。她阐述了要用历史唯物主义观和辩证唯物主义方法论，正确对待和真实反映中国民主促进会历史。她指出，研究室的理论研究要以应用型为主，并带动地方相关工作。会史工作一方面，要完成既往民进会史编写工作；一方面，要抓好当下的会史编写工作。编写中国民主促进会年鉴，是要为后人研究民进会史提供真实准确翔实系统全面的史料。

王佐书指出，研究室工作定位要准确，认真负责完成领导交办的每一项政治任务，时间紧任务重也是一种锻炼和提高的机遇，要在学习、工作和磨练中加强研究室的自身建设。他向分管研究室工作的民进中央主席建议，研究室人员要相对稳定，并适当补充干部。

民进中央秘书长赵光华，中国民主促进会年鉴编辑部主任徐德骁，民进中央研究室副主任、中国民主促进会年鉴编辑部副主任高友东参加座谈。

4月16日　严隽琪下午在民进中央亲切会见民进宁夏区委会赴西柏坡学习考察团并座谈。严隽琪希望民进宁夏区委会充分利用此次考察的成果，更好地推进主题教育活动深入开展。她说，宁夏是我国少数民族自治地区之一，同时又是西部大开发战略中的重地，在国家发展中具有十分重要的意义，20多年来民进宁夏区委会带领全区会员为民族团结、推动当地经济社会发展，为我国多党合作事业的发展作出了很大的贡献，今后要在促进民族团结、维护社会稳定，化解矛盾、理顺情绪等方面继续发挥自己的作用。

严隽琪指出，中共十七大和民进十大之后，民进中央决定在政治交接学习教育活动的基础上，今年深入开展中国特色社会主义主题教育活动，这不是另起炉灶，而是学习教育活动的进一步丰富和拓展。主题教育活动要抓好领导干部和骨干队伍建设，领导干部要担负起自身的政治责任，充分发挥自己的影响力，带头学习，带领全体干部共同学习；同时结合今年的实际情况，要抓好两个重点内容。一是结合纪念中共“五一口号”发布60周年，深入开展多党合作历史经验和我会优良传统的学习教育，进一步在全会巩固多党合作的思想政治基础。二是结合纪念改革开放30周年，深入开展改革开放历史成就和宝贵经验的教育，进一步坚定各级领导干部和广大会员高举“一面旗帜”，坚持“一条道路”，坚持“一个理论体系”的决心和信心。

严隽琪强调，开展主题教育活动要与会员的思想动态相结合，与时事形势相结合，与宁夏自治区的实际情况相结合，与自身队伍建设相结合，把教育活动落到实处，促进民进宁夏区委会参政议政能力、民主监督水平的提高。

座谈会上，民进宁夏区委会副主委王春秀，民进银川市委会专职副主委赵云萍，民进吴忠市委会秘书长刘玉敏，宁夏电力公司宁东供电局副局长张冀安，民进银川市委会副主委、恒丰不锈钢型材制造有限公司总经理吴方鑫等分别发言。他们表示，与民进中央领导人见面并座谈，畅所欲言，就像回家一样；同时，在民进中央参观、学习，观看会史展览，也受到生动教育。今后工作中要用诚心、用心和恒心更好地服务民进，服务社会。民进中央组织部、宣传部、研究室负责人参加会见。

4 月 16 日—19 日　全国政协副主席、民进中央常务副主席罗富和在湖北省武汉市考察调研。罗富和会见了中共湖北省委书记罗清泉，武汉市人民政府市长阮成发；与湖北省人民政府副省长汤涛就湖北省新农村建设、农村公共文化服务体系建设、边远贫困地区义务教育阶段师资工作情况等问题举行座谈会；考察了武汉市东西湖区石榴红村、江夏区山坡乡光星村新农村建设示范点；与湖北省农科院就农业科技推广与应用举行座谈会。期间，罗富和前往看望民进湖北省委会原主委蔡述明。

罗富和 16 日与湖北省委统战部常务副部长程传忠会谈。罗富和向统战部对民进湖北省委会的指导与关心表示感谢，对统战部协助湖北民进加强自身建设表示感谢，希望中共湖北省委统战部一如既往的支持与帮助民进湖北省委会的各项工作。民进湖北省委会主委周洪宇参加会谈。

罗富和 18 日视察民进湖北省委会并座谈。民进湖北省委会专职副主委朱曙霞汇报民进湖北省委的基本情况、省委会换届以来在思想建设、组织建设、参政议政、社会服务等方面所做的主要工作以及省委在中国特色社会主义主题教育活动中开展的有关工作。民进湖北省委会副主委唐瑾、龚胜生分别就社会主义新农村建设中农村公共文化发展、农村改革与发展过程中存在的问题和不足，提出意见建议。在与民进基层组织负责人座谈会上，10 位与会同志分别结合本职工作，从不同角度总结民进基层组织工作经验，提出意见建议。

罗富和认真听取民进湖北省委会、基层组织负责人汇报，他指出，民进湖北省委会换届以来，在老一代领导人奠定的基础上，在民进湖北省委会主委周洪宇的带领下，继承传统、坚持正确的政治方向，进一步开展各项工作，取得了较好的成绩。各位基层组织负责人提出了许多好的经验和做法。民进中央将进一步加强与基层组织的联系，发挥基层人才的优势，举全会之力，集全会之智，进一步加强参政议政能力，建设高素质参政党。民进中央参政议政部负责人随同考察和座谈。

4 月 16 日—18 日　民进中央联络委员会课题组赴广东省广州、佛山、珠海，就“海峡两岸农业合作试验区和台湾农民创业园”课题开展调研。粤台农业合作也是民进广东省委会联络工作委员会关注的课题之一。作为课题合作单位，民进广东省委会联络工作委员会组成调研小组，共同参加调研。

4 月 17 日　纪念中共中央发布“五一口号”60 周年理论研讨会在京召开。民进中央副主席王佐书出席并作《民主党派开展政治交接的主要经验》的发言。他将这些经验归纳为七个方面：一、坚持以政治交接为主线。二、坚持以科学理论为指导。三、坚持创造性地继承和发扬老一辈的优良传统。四、坚持以领导班子建设为重点。五、始终做好后备干部的培养工作。六、把思想政治工作贯穿始终。七、始终围绕履行参政党职能和建设高素质参政党来开展工作。

4 月 18 日　民进中央副主席王佐书上午出席民进内蒙古区委会、内蒙古社会主义学院联合举办的中国共产党领导的多党合作和政治协商制度与和谐社会专题报告会并作报告。

4 月 19 日　全国政协原副主席、民进中央原第一副主席张怀西下午出席庆祝中国民主促进会无锡市委员会成立 50 周年活动并讲话。他深情地回忆了自己在无锡工作特别是担任会务工作期间的感受，对家乡无锡、对无锡民进的发展和取得的成绩表示由衷的祝贺。他希望民进广大会员进一步深刻理解“五一口号”的意义及其重要性，继承光荣传统，通过深入开展中国特色社会主义主题教育活动，把民进老一辈当时的历史选择转化为现代民进人自觉的现实选择；认真贯彻科学发展观，积极履行好参政党职能，为把民进建设成为高素质的参政党，为坚持和完善中国共产党领导的多党合作和政治协商制度、为巩固和发展中国特色社会主义政治发展道路作出新的贡献。江苏省政协副主席、民进江苏省委会主委陈凌孚到会祝贺并讲话。

4月20日—21日 民进中央主席严隽琪、常务副主席罗富和、原第一副主席张怀西等与各民主党派中央新老领导人和无党派人士代表赴当年中共中央所在地西柏坡参观学习并举行纪念会，纪念民主党派、无党派人士响应中共“五一口号”60周年。

4月21日—22日 民进中央参政议政部赴北京市延庆县就当地文化投入机制问题开展调研。民进中央文化艺术委员会副主任、中央民族大学哲学与宗教学系教授赵士林，民进中央文化艺术委员会委员，北京社科院历史研究所所长王岗和参政议政部负责人参加调研。通过调研他们建议：市、县级政府要扩大对镇、村一级的文化投入规模。同时，为了最大限度地满足群众对文化的渴求，应鼓励吸收社会和个人资金办文化，建立各类文艺基金，变目前社会上个人偶发的、情感性的赞助，为经常性的、可持续性的投入。此外，还应有意识地建立由下而上的需求传达机制，确保文化资金投入到群众最需要的文化项目上，避免重复投入。

4月22日 民进中央十二届四次主席办公会议在京举行。严隽琪主席主持会议。罗富和常务副主席，王佐书、刘新成、朱永新副主席，赵光华秘书长出席会议。机关部门负责人、原副秘书长列席会议。

会议首先审议了民进十二届三次中常会方案（草案）。民进十二届三次中常会定于6月29日至7月1日在上海召开。主要议程有：学习中共十七大精神，听取专题报告；贯彻落实开展中国特色社会主义主题教育活动部署，交流民进中央、省级组织领导班子建设经验；进行优良传统教育，参观中共“一大”会址、民进成立旧址。会议要求，要尽快发出通知，结合中共中央发布“五一口号”60周年和政治交接主题教育活动，请29个省级组织做好大会交流的准备。

会议报告了民进中央2008年重点调研项目筹备情况，审议通过了民进中央“完善文化投入机制，保障人民文化权益”江苏专题考察调研方案（草案）。拟定于5月7日—15日在江苏省南京市、徐州市、扬州市、苏州市、无锡市就省、市文化建设的部署及措施，公共文化服务体系建设的情况，公共文化投入机制的现状、评价及存在的问题，公共文化机构及设施的运行情况和存在的问题开展调研。近期会中央参政议政部赴文化部、北京郊区进行了预调研活动。会议对参加考察的专家人员和考察地点提出建议。

会议审议了“第三届海峡两岸企业合作与发展论坛”筹备方案（草案）。论坛以海峡两岸企业发展与合作为主题。会议要求继续与有关方面进行协商，对论坛时间、地点等作进一步落实。

会议审议通过了“第六届海峡两岸中华传统文化与现代化研讨会”筹备方案（草案）。研讨会拟定于2008年11月初在厦门举办。研讨会以中华传统文化与现代化为主题，研讨会的宗旨为：按照中共中央对台工作的精神，以中华传统文化为纽带，加强海峡两岸学术界的交流交往。在“中华传统文化与现代化”这个大主题之下，选择两岸学者共同关注的课题，进行深入的探讨和研究。通过学术研究和实地考察，增进台湾学者对“和平统一、一国两制”的认识和信心，为促进祖国和平统一大业的早日实现发挥积极作用。会议就研讨会邀请专家和参考议题进行了研究。

会议审议通过了关于举办民进中国特色社会主义主题教育活动经验交流大会方案（草案）。为进一步总结交流我会开展中国特色社会主义主题教育活动的经验，研讨如何进一步建立健全政治交接的长效机制，民进中央拟于今年6月中旬在北京举办民进中国特色社会主义主题教育活动经验交流大会。会议要求，征集各省级组织开展主题教育活动的图片，大会期间举办民进开展主题教育活动图片展；要提前通知省级组织做好交流和论文准备；要在发言中突出主题教育活动的做法、经验和成果。会议指出，今年是中共中央发布“五一口号”60周年和改革开放30周年，要结合纪念中共中央发布“五一口号”60周年和改革开放30周年整体设计，把政治交接贯穿始终。

会议审议了民进中央统战理论研究会调整方案（草案）。为了全面推动民进的理论研究工作，为民进建设高素质参政党和履行职能提供理论指导，不断提高统战理论水平，根据新形势的需要，提出民进中央统战理论研究会的调整方案（草案）。会议原则通过了这个方案，并要求对方案（草案）作进一步修改完善。

会议审议了《民进中央机关关于信访工作的规定（试行）》（草案）。会议要求，信访事项的受理要根据来件的内容和形式再进一步细化。会议原则通过了这个规定。

会议通报了主席、副主席近期调研情况。

会议听取了关于全国政协情况通报会的情况汇报和关于教育部召开的国家教育中长期规划座谈会的情况汇报。

会议还研究了机关人事事项。

4 月 25 日—26 日　全国政协副主席、民进中央常务副主席罗富和在山西太原考察。罗富和与中共山西省委、省政协领导交换了意见，专程拜会中共山西省委统战部，走访民进山西省委会、民进山西太原中心医院支部，看望民进山西省委会的老同志，并视察山西省农科院。

罗富和 25 日上午走访民进山西省委会，并与山西省委会领导班子座谈。山西省政协副主席、民进山西省委会主委卫小春首先向罗富和汇报民进山西省委会的总体情况和换届以来的工作情况，汇报围绕民进省委会自身建设、参政议政工作、社会服务工作、政治交接学习教育活动和中国特色社会主义主题教育活动 4 个方面展开，体现了省委会的工作思路、工作重点、成绩及取得的经验。山西省委会副主委张政、成锡锋、陈维毅、任建国和高新文分别发言。

罗富和高度评价民进山西省委会在老一辈领导带领下取得的成绩和形成的优良作风，充分肯定新一届委员会自换届以来开展的各项工作，对省委会在工作中形成的将社会服务工作与参政议政工作相结合、将社会服务工作与党派社会实践相结合的做法表示高度肯定。针对中国特色社会主义主题教育活动，他建议，省委会要抓好今年纪念中共发布“五一口号”60 周年和改革开放 30 周年两大契机，通过开展各项活动，带领全体民进会员进一步增强接受中国共产党领导的自觉性和坚定性，进一步坚定只有中国共产党才能带领中国人民迎接各种挑战和困难、走向中华民族伟大复兴的信念。罗富和还介绍了民进中央在参政议政工作中建立的课题立项机制、提案形成机制、成果奖励机制和参政议政内部平台建设等举措，希望在全会的参政议政工作中做到地方组织和会中央的资源共享、地方组织各专门委员会和会中央各专门委员会的资源共享、会内外专家的资源共享。

罗富和 26 日上午走访民进山西太原中心医院支部，了解中国特色社会主义主题教育活动的开展情况并参加支部组织生活会。作为民进中国特色社会主义主题教育活动 7 个试点单位之一，同时也是 2 个基层组织试点单位之一，民进山西太原中心医院支部立足本职工作，发挥自身优势，将主题教育活动与参政议政工作相结合、与社会服务工作相结合，深入开展了一系列行之有效的活动，进一步提高了思想认识，增强了责任感和使命感，保障了政治交接的顺利进行，并取得了突出的成绩。支部主任王永兴代表支部作开展主题教育活动的汇报，介绍了支部的总体情况，开展主题教育活动的主要做法、体会和收获。民进山西省委会副主委、民进山西太原市委会主委、太原市人民政府副市长张政，中共山西太原市委、市政协及太原中心医院等方面负责人也参加了会议。

会上，罗富和首先向支部全体成员转达了全国人大常委会副委员长、民进中央主席严隽琪对大家的亲切问候，向辛勤工作在医务第一线的支部成员表示衷心的感谢。罗富和对支部开展主题教育活动取得的成绩给予高度评价，认为民进山西太原中心医院支部工作和经验总结令人信服，各项工作开展得扎扎实实、轰轰烈烈，并充分肯定了支部在开展活动中的创新做法和纪律要求，如支部对骨干会员提出“参加活动有记录，聆听讲座有笔记，参观学习有心得，座谈讨论有讲稿，阶段学习有总结，活动信息有专报”的要求，开展“以考促学”、“以讲促学”、“以看促学”、“以听促学”四项促学活动，注重将主题教育活动与参政议政工作相结合、与社会服务工作相结合等。他指出，民进山西太原中心医院支部为民进全国基层组织开展政治交接学习教育活动提供了许多宝贵的经验，希望支部在政治交接学习教育活动取得突出成绩的基础上，做好中国特色社会主义主题教育活动和学习教育活动的衔接工作，进一步认识到“主题教育活动是贯穿全会工作的一条主线”，进一步深入开展中国特色社会主义主题教育活动。

罗富和认真听取了原支部主任、现太原市委会副主委梁淑仙，支部副主任郭志杰，杨泽萍等支部成员的发言，与支部成员坦诚交谈，并对全会基层组织发展和民进山西太原中心医院支部发展提出具体要求和希望。他指出，民进要完成建设适应21世纪的高素质参政党的目标，自身的核心价值体系建设是一项至关重要的内容，会中央、各级地方组织和基层组织要共同探讨我会的核心价值体系建设。作为基层组织，要进一步思考基层组织核心价值体系建设，这也是把建设高素质参政党的基层组织工作推向一个新水平的需要。

罗富和对民进山西太原中心医院支部发展提出四点希望。一是希望支部把继承并提升传统作为凝聚组织的核心价值，建立支部的核心价值体系；二是希望支部继续立足会员本职工作，帮助每一位同志提高业务水平和能力，从而进一步增强支部的凝聚力；三是希望支部继续发挥特长和优势，不仅从医务工作者、知识分子的角度提出具体意见建议，更要从民生问题、医疗体制改革等重大问题和方向上提出意见建议，为山西经济社会发展献计献策，为民进省委会的社会服务工作贡献力量；四是希望支部继续发扬会员间互相关心、互相帮助的精神。

在晋期间，罗富和会见了中共山西省委副书记、山西省政协主席金银焕，双方就山西省经济社会发展、农村改革与发展等问题交换意见；专程拜会了中共山西省委统战部，与统战部领导交换意见，高度评价了省委统战部围绕提升山西省统一战线凝聚力开展的各项工作，并衷心感谢省委统战部长期以来对民进山西省委会的大力支持和指导。他专程看望了民进山西省委会两位老主委秦国栋、张正明和省委会农林工作委员会主任、老会员马恩正，亲切询问了他们的身体情况和近况，并对他们为民进山西省委会作出的贡献表示诚挚的感谢，希望他们一如既往地关心山西民进事业的发展。

作为曾长期担任广东省农科院院长的农业专家，罗富和视察了山西省农科院，并与该院科研人员亲切座谈，了解农业科研及推广等工作情况。他认真听取了该院院长、党委书记牛西午就农科院整体情况所作的汇报，对农科院取得的成绩与经验表示肯定，并就农科院农业科技推广投入、成果转化、技术市场建设、农村农业生产合作组织建设、国家农业科研与推广投入等多个问题听取了与会人员的意见和建议。

山西省政协副主席、民进山西省委会主委卫小春，民进山西省委会专职副主委兼秘书长高新文，山西省政协领导及有关方面负责人陪同参加考察活动。

4月27日　纪念海峡两岸出版交流20周年座谈会召开。全国人大常委会原副委员长、民进中央原主席许嘉璐发表讲话。民进中央副主席朱永新出席会议。

许嘉璐在讲话中说，1988年至今20年来，两岸出版界人士克服重重困难，推动两岸出版交流从无到有，从间接到直接，从单向到双向，从一般交流到实质性合作，取得了突破性进展，为促进两岸合作交流作出了积极贡献。展望未来，许嘉璐指出，最强有力的沟通，莫过于文化的交流。出版承担着传承人类文化、记录人类文明的重要作用，两岸出版界优势互补、合作空间广阔，要在充分总结过去20年出版交流经验的基础上，进一步携起手来，为增强中华文明在世界范围的影响力、促进两岸交流合作作出新的更大的贡献。

4月28日　中央统战部召开民主党派政治交接主题学习教育活动经验交流会。民进中央主席严隽琪，副主席王佐书、朱永新出席。常务副主席罗富和作《以政治交接主题学习教育活动为主线，推进高素质参政党建设》的交流发言，总结四条行之有效的方式方法和六条基本经验。

罗富和指出，我会开展学习教育活动的做法和成效是：（一）坚持把学习教育活动作为贯穿全会工作的主线，从会中央自身做起，带动全会各级组织，层层抓落实；（二）坚持在全会大兴学习之风，以科学理论为指导，全面加强思想建设，夯实多党合作的思想政治基础；（三）坚持以学习教育活动为抓手，大力推进领导班子建设，促进“四种能力”的提高和各项制度的完善；（四）坚持以学习教育活动为动力，推动各级组织和广大会员自觉贯彻落实科学发展观，更好地履行参政党职能。

罗富和说，一年来，学习教育活动为我会履行参政议政、民主监督、社会服务等职能，提供了科学的理论指导、强大的精神动力和有力的制度保障。各级组织和广大会员的积极性、主动性和创造性空前高涨，思想建设、组织建设、作风建设和制度建设的成果集中体现在参政议政能力和民主监督水平的提高上。

罗富和指出，我会开展学习教育活动的经验和体会是：（一）坚持科学理论的指导，注重学习的系统性和完整性；（二）既要坚持以党为师，又要自觉、自主、自为；（三）坚持知行并举，做到学习教育与服务大局两不误、两促进；（四）坚持润物无声，因地、因人制宜，力求深入人心；（五）坚持发挥网络的优势，使宣传方式和途径更加深入有效；（六）坚持与时俱进，常抓常新，把阶段性成果转化为长效机制。

罗富和说，政治交接是民主党派永恒的主题，将贯穿我会所有工作的始终。同时，政治交接的内涵是随着时代的发展和形势的变化不断丰富完善的。开展政治交接学习教育活动，既要按照既定的计划方案开展工作，也要切合实际不断与时俱进，不能机械地固守原定的学习内容、形式和工作阶段。要随着形势的发展，不断丰富内容，创新形式，做到常抓常新。同时，这种集中的、轰轰烈烈的阶段性学习教育活动，最终的成效还是要转化为长效机制，长期地影响民主党派的建设和发展。因此，在开展学习教育活动时，要保持清醒头脑，深入思考，及时总结，把握规律，把行之有效的经验做法转化为长效机制。

罗富和还就下一步工作的计划和安排作了说明：（一）围绕今年的两件大事，掀起中国特色社会主义主题教育活动的新高潮；（二）进一步形成加强领导班子建设的制度成果；（三）开展各级各类的学习和培训，使主题教育活动覆盖全会各级组织；（四）把学习教育活动的做法经验转化为长效机制。

4 月 28 日　罗富和、王佐书下午继续出席“民主党派政治交接主题学习教育活动经验交流会”。民进青岛市委会副主委赵高潮代表民进试点单位作《做好三个促学、三个督学、实现三个推动》的经验交流发言。民进河北省委会作《突出重点、创新思路、注重实效，深入扎实地开展政治交接学习教育活动》的书面交流。

4 月 29 日　纪念中共中央发布“五一口号”60 周年座谈会在北京举行。会上，民进中央主席严隽琪作《在正道上行　开创多党合作事业的光辉未来》发言。民进中央常务副主席罗富和、原主席许嘉璐、原第一副主席张怀西和有关负责人出席座谈会。

4 月 29 日　民进中央主席严隽琪、常务副主席罗富和、原主席许嘉璐出席纪念中国共产党发布“五一口号”60 周年文艺晚会。民进中央机关支部和北京市各界的部分会员参加晚会和演出。

4 月 29 日　十届全国政协常委、民进中央副主席朱永新的新作《我在政协这五年》近日由人民出版社出版发行。他在书中以一个民主党派成员参政议政的经历，反映了中国民主政治进程。《我在政协这五年》全书 50 余万字，分为“年度提案”、“参政感言”、“议政网事”、“媒体关注”和“两会走笔”五卷，为政协委员如何参政议政提供了可资借鉴的范例，具有较强的理论和实用价值。

4 月 29 日　中共民进中央支部联合共青团总支下午召开纪念中共中央发布“五一口号”60 周年专题学习会。大家表示，民主党派机关内的中共党员要熟悉历史，继承传统，坚定信念，提高素质，锻炼能力，发挥党员的先锋模范作用，为统一战线和多党合作事业贡献力量。民进中央在职党员、团员，开明出版社全体党员共 40 余人出席会议。

4 月 30 日　民进中央主席严隽琪、常务副主席罗富和、副主席朱永新上午出席民进中央机关第六届职工运动会。严隽琪致开幕辞。她说，在奥运会倒计时 100 天的喜庆日子里，民进中央机关召开本届运动会，是以实际行动“迎奥运、讲文明、树新风”。春天是一个充满生机、播撒希望的季节，希望机关干部职工能够通过运动会去拥抱春天、愉悦身心、增强体质、增进友谊、提升干劲。希望大家能在运动会中发扬友谊第一、比赛第二的精神，积极参与、尽力而为。严隽琪饶有兴致地参加“夹花生”比赛。罗富和为拔河比赛开哨。朱永新为拔河比赛作裁判。开幕式上，严隽琪、罗富和、朱永新与全体职工共同做广播体操和太极拳。

4 月 30 日　知名摄影家郑云峰“拥抱母亲河”摄影艺术展和冯骥才“戊子之春”绘画新作展在天津大学冯骥才文学艺术研究院北洋美术馆开展，免费对公众开放。中共天津市委常委、市委宣传部部长肖怀远，天津市人大常委会副主任李润兰，天津市政协副主席、中共天津市委统战部部长刘长喜，全国政协常委、民进中央副主席、中国文联副主席冯骥才，全国人大常委、民进中央副主席朱永新，天津大学党委书记刘建平，老同志姚建铨、曹秀荣等参加开幕仪式。韩美林、宋雨桂、何家英等知名画家以及京津两地艺术家代表专程赴津参观展览。

4 月 30 日　民进中央副主席王佐书上午出席民进广西区委会举办的广西民进网站开通仪式。民进广西区委会主委陈自力主持仪式并致词。全国人大常委、区委会老领导俞曙霞、彭庆山应邀出席仪式。王佐书和俞曙霞共同为网站揭开帷幕。王佐书与区委会机关同志亲切的交谈，嘱咐大家要充分利用好网站这个先进的平台，发挥其积极作用，为民进事业服务。对网站要加强维护管理，加强制度建设，要特别注意增强安全意识，保证网站安全。

王佐书于当日上午出席由民进广西区委会主办的纪念中共中央“五一口号”发布60周年书画美术作品展开展仪式。

王佐书下午在南宁绿都大酒店举行了一场题为“坚持中国共产党领导的多党合作和政治协商制度与和谐社会”的专题讲座。陈自力出席并主持讲座开讲仪式。在邕的区委会委员、常委，区市委会机关干部等近百人聆听讲座。

2008 年 5 月

5 月 4 日　应罗马尼亚参议院、匈牙利国会、斯洛文尼亚国民委员会和克罗地亚议会邀请，全国政协主席贾庆林上午乘专机离开北京，对上述四国进行正式友好访问。全国政协常委、民进中央副主席冯骥才陪同出访。

5 月 4 日　北京大学 110 周年暨“985 工程”十周年大会在北京大学百年讲堂举行。在这次大会上，北京大学颁发第三届杰出校友奖，10 位北大校友获此殊荣。全国人大常委会原副委员长、民进中央原名誉主席雷洁琼名列第一位。雷洁琼 1971 年任北京大学教授至今。

5 月 4 日　全国人大常委、全国人大教科文卫委员会副主任、民进中央副主席王佐书上午带领教育委员会课题调研组走访国家教育部，受到教育部副部长陈小娅等热情接待，并重点就农村义务教育教师身份、地位、待遇等问题座谈。

5 月 5 日—8 日　民进中央联络委员会课题组赴福建福州、漳州、龙岩，就“海峡两岸农业合作试验区和台湾农民创业园”课题开展调研。此次调研是课题组一行的第二站。期间，课题组先后与福建省及福州、漳州地区的海峡两岸农业合作试验区工作领导小组、福建省对外贸易经济合作厅台港澳处、福建省台办经济处，福建省社会科学院台湾研究所等单位以及部分台商座谈，实地考察了漳平永福台湾农民创业园和漳浦台湾农民创业园。

民进中央联络委员会副主任邓利娟、委员张军军，民进中央社会服务部负责人参加调研。受课题组之邀，民进中央委员、江苏省淮安市副市长朱毅民，厦门大学台湾研究院副教授赵玉榕，商务部台港澳司台湾处有关同志也参加调研活动。

民进福建省委会高度重视和全力配合调研活动。民进福建省委会副主委金铁平参加了 5 日下午的座谈，民进福建省委会副主委、省政府绿色食品发展中心主任严可仕，民进福建省委会调研处的同志全程陪同调研。民进漳州市委会给予课题组大力支持，副主委郭伯龄参加课题组在当地的调研活动。

5 月 6 日　全国人大常委会副委员长、民进中央主席严隽琪上午在上海交通大学视察与调研。期间，她亲切看望民进上海交通大学委员会会员，座谈并合影留念。严隽琪说，60 年前，我们的前辈自觉选择共产党领导，因为看到，只有共产党才有这个力量，才能领导中国人民摆脱那个积贫积弱的局面，能够把一团散沙凝聚起来，走向光明。60 年来，人一茬又一茬地换了，中国发生了深刻的变化，今天，我们要把当时前辈的历史选择变成现在年轻人的现实选择，政治交接的意义就在这里。中国的崛起、中国的富强，机遇稍纵即逝，我们把自己的事情做好是最重要的。

严隽琪谈到上海交通大学正在开展的教学大讨论，她指出，高等教育迎来了新的时期，交大也迎来了新的发展机遇。现在学校要发展，更要强调内涵建设。她强调，内涵就是精神。交大自诞生起，交大人就有爱国的传统——以天下为己任。在历史上，交大人治学的风气特别严谨、求实——做学问要老老实实，要十年、二十年以后见分晓。所以，不管外边再浮躁，我们交大人还是要踏踏实实。

会上，民进上海市委会副主委、民进上海交大委员会主委黄震汇报了民进上海交大委员会开展政治交接活动、参政议政和组织发展工作情况，中共上海交大党委统战部部长刘银芳介绍了交大统战工作情况。

严隽琪对母校民进组织所取得的成绩和发展给予了高度评价，并向中共上海交大党委统战部和民进上海交大委员会全体会员表示感谢，她说，每到基层一次，就给我补充了一次养料，增加了我的信心。看到基层组织这么好，我们基层的同志那么优秀，我就觉得由衷的高兴。

严隽琪深情地回顾道，交大培养了我，给了我事业的平台。加入民进，又使我多了一个信息的窗口，多了一条交友之路，多了一条报国之路。她勉励交大的民进会员，希望交大这个平台和民进这个平台，为大家实现自己的人生价值，为大家生活得更有意义，提供一个更好的环境。

严隽琪希望交大民进会员再接再厉，在本职岗位上多作贡献，同时，把民进基层组织建设得更好。

5 月 6 日　中新网埃德蒙顿电，前来参加埃德蒙顿孔子学院揭牌庆典的中国全国人大常委会原副委员长许嘉璐一行，连日来深入此间中小学，与教育官员座谈，跟中文教师谈心，共同探讨提高汉语教学方法。

5 月 7 日　全国人大常委会副委员长、民进中央主席严隽琪，全国政协副主席、民进中央常务副主席罗富和，率民进中央考察团抵达江苏，开始为期 9 天的“完善文化投入机制、保障人民文化权益”专题调研。

5 月 7 日—8 日　民进中央教育委员会副主任诸平率“义务教育阶段教师待遇问题”课题调研组赴山东济南市开展调研。课题组围绕当地中小学教师待遇问题现状以及免除城市义务教育学杂费对公、民办学校的影响等情况进行了综合调研。本次调研得到了民进山东省委会的大力支持，民进山东省委会副主委骆宝臻参与调研。上海教科院民办教育研究所规划与鉴证研究室主任、上海现代教育鉴证评估事务所副所长方建锋等参加调研活动。

5 月 8 日　民进中央副主席潘贵玉上午视察民进陕西省委会并讲话。

5 月 9 日　严隽琪率领民进中央考察团抵徐州市，开始“完善文化投入机制、保障人民文化权益”的苏北线路调研。

5 月 9 日　罗富和、朱永新上午在南京市玄武区考察群众文化场所。

5 月 10 日　徐州市委、人大、政府、政协上午举行徐州市文化建设情况汇报会。严隽琪听取汇报并讲话。

5 月 10 日　严隽琪晚间亲切会见民进徐州市委会的新老领导班子成员和部分骨干会员。严隽琪认真听取工作汇报并讲话。她肯定了徐州民进各项工作做得十分出色，对他们取得的丰硕成果表示欣慰。她向民进徐州市委会新老领导班子和会员表示问候，并致以诚挚的谢意。她满含深情地说，见到大家有双重亲切感，因为自己曾在徐州煤矿工作生活过 10 年，徐州就是自己的第二故乡，见到大家就是见到了“家乡人”，大家又是民进人，那么自然也是“自家人”。她以“依稀旧相识、分明新天地”来形容 30 年后再回徐州的真切体会，在惊叹徐州翻天覆地变化的同时，也高度肯定了民进会员的努力和奉献。

严隽琪说，参政党的价值很大程度上体现在为党和政府的科学决策贡献智慧、提供依据，正所谓“有作为才有地位、有贡献才有形象”。我们加入民进就意味着多了一扇报国之门，多了一面信息之窗，多了一条交友之道。我们应该不断地思考自己为加入民进为什么，能够做什么，能够留下什么。惟有如此，我们的事业才能蒸蒸日上。

严隽琪对民进徐州市委会今后的工作提出三点要求。一是履行好参政议政这一基本职能，充分发挥民进的界别优势，把现有的参政议政资源整合好、利用好，并注意参政议政成果的运用和转化，脚踏实地的把工作推向前进。二是发自内心的去学习和体会政治交接主题教育活动的要义和精髓。中国特色社会主义道路是光明之路、胜利之路，领导班子要带头谈体会、谈思想，注意结合实际、结合地域，采取灵活多样、会员易于接受的形式，提高工作效率，确保此项工作真正落实到位。三是注意会史资料的收集、整理和保存，徐州民进已有20年的历史，今天的事情就是明天的历史，徐州的历史也是全会会史资料研究的重要组成部分，因此要充分重视此项基础性工作。

严隽琪强调，基层组织要始终坚定正确的政治方向，团结凝聚基层会员，成为基层会员能够畅所欲言的场所。她真诚祝愿老同志身体健康，年轻同志朝气蓬勃，并邀请大家常回民进中央这个“娘家”看看、坐坐。

民进徐州市委会主委孙红旗汇报了徐州民进目前的会员构成比例、领导班子组成情况和参政议政、政治交接主题学习教育活动等工作的进展情况。

江苏省政协副主席、省委统战部部长周珉，江苏省文化厅副厅长高云，民进中央参政议政部、研究室负责人参加会见。

5月10日　罗富和、朱永新和民进中央文化建设专题调研考察团调研组在苏州会议中心听取苏州市人民政府有关文化建设的情况汇报。

5月11日—13日　罗富和带领民进中央考察团一行在江苏省张家港、无锡两市调研公共文化服务体系建设。

5月12日　严隽琪、蔡达峰和民进中央考察团在扬州市进行“完善文化投入机制、保障人民文化权益”调研。

5月12日　严隽琪、蔡达峰于晚间亲切会见民进扬州市委会领导班子、部分基层支部主任、市委机关干部。严隽琪认真听取民进扬州市委会主委、扬州市副市长董玉海关于扬州民进的工作汇报并讲话。她说，扬州民进的组织建设生机勃勃，参政议政掷地有声，政治交接主题教育活动丰富多彩。今天见到这么多骨干会员，年龄梯次合理，界别结构优化，反映出扬州民进的组织发展工作成果很大。严隽琪向扬州民进与会的同志介绍了会中央近期的工作重点。她说，党中央在新时期更加重视多党合作和政治协商，形势逼人、重任在肩。2008年是民进中央和各级组织换届后的开局之年，一定要将中国特色社会主义主题教育活动贯穿于工作的始终，切实推进高素质参政党建设。她强调，政治交接是每一代民进人的责任。一个政党的政治立场和政治信念非常重要，民进的老一辈领导人做出了“我们只有跟着共产党走，才是在正道上行”的历史选择。在今天，坚持中国特色社会主义政治发展道路也应当成为我们内心自觉的信念。她要求扬州市委会的领导班子带头学习，各项工作都做到会员前面，真正加强作风建设、制度建设和自身建设。同时，注意结合扬州地域特色和市委会实际情况，积极争取党委、统战部的支持，努力将工作做好、做到位。她说，作为知识分子，我们都有报国为民的情怀，希望民进组织可以让大家找到精神的归宿，多一条交友之道和获取信息的渠道。她认为，民主党派一要讲政治，二要讲团结，即既要有共同的价值取向和奋斗目标，又要解决广大会员的合理要求。她热情邀请大家常到民进中央来，回家看看。

蔡达峰说，当前我们处在新时期关键时刻，许多工作需要参政党不断探索，特别是思考我们的参政议政工作立足点在哪里。他说，党派成员的身份是伴随我们一生的，加入党派使我们有了更崇高的理想，更开阔的心胸，更宽广的关注范畴。民主党派对社会的贡献很大程度上取决于我们对自己使命和角色的认识，要将个人与天下结合起来，要将为党和为人民统一起来，利用每个个体的力量为更广大人民服务，在党派工作中体现更大的人生价值，获得更大的幸福感。

江苏省政协副主席、省委统战部部长周珉，江苏省文化厅副厅长高云，民进中央参政议政部、研究室负责人参加会见。

5 月 12 日　全国人大常委会原副委员长、民进中央原主席许嘉璐在民进中央亲切会见日中新世纪会理事长吉村善和。许嘉璐积极评价吉村善和以及日中新世纪会为中日友好所作的努力。民进中央社会服务部负责人会见时在座。

5 月 12 日　许嘉璐下午在民进中央接受中央电视台关于毕节专题片的采访。许嘉璐说，20 年前，时任贵州省委书记的胡锦涛同志对毕节地区提出了“开发扶贫、生态建设、人口控制”为主题的试验区，这一主题就是后来提出的科学发展观的雏形。20 年来，毕节地区发生翻天覆地的变化，经济快速增长，人民生产生活水平得到很大提高，毕节地区取得的成就是当地人民在贵州省委省政府的领导下，战天斗地，艰苦奋斗的结果，民进不过是发挥智力优势，从旁帮助而已。事实充分证明，只要遵循科学发展观，重视民生，重视社会的和谐，任何贫困的地方都会有办法走出自己的发展之路。

许嘉璐指出，民主党派的参政议政，社会服务和自身建设密不可分。民主党派的主要成员都是中高级知识分子，知识分子的一个特点就是忧国忧民，愿为国家，为老百姓做点实实在在的事情。我们在毕节地区连续几年深入调查，向专家讨教，又和政府有关部门进行了沟通，最后证明，造成毕节地区和贵州的其他地区贫困的原因是自然条件的逐步恶化。于是向党中央和国务院提出建议，把治理西南地区的石漠化作为一项国家工程，这项建议马上就被接受了。通过在毕节地区的调研和扶贫，民进会员中的知识分子得以了解了国情，这不仅增进了和人民的感情，本身的素质也得到了提高。所以说，中国民主促进会和其他民主党派一起，对毕节地区进行科技扶贫，意义非常重大。这不仅仅是民生问题，也是民主党派的参政议政和社会服务，是民主党派的自身建设。

许嘉璐说，20 年来，民进在毕节地区做了一些工作，取得了一定的成果，今后我们还要继续为毕节地区的发展做更多的工作，直到毕节地区的人民和全国人民一起进入小康社会。

5 月 12 日　正在江苏调研的全国政协副主席、民进中央常务副主席罗富和，民进中央副主席朱永新，在无锡市湖滨饭店亲切会见民进无锡市委会领导班子成员和部分常委并座谈。中共江苏省委会统战部副部长李熙诚、民进江苏省委会副主委徐菊英等会见时在座。罗富和对民进无锡市委会的工作特别是社会服务、参政议政等方面所取得的成绩给予充分肯定，他还和大家一起探讨如何发展农民专业合作社、加强社区医疗工作等问题，对无锡同志提出的建议很感兴趣，当即指示民进中央参政议政部进行整理采纳。座谈中，民进无锡市委会主委章一中汇报了民进无锡市委会的发展情况和近阶段的工作，并向罗副主席赠送了《民进无锡市委成立五十周年纪念册》。

5 月 12 日　中央统战部、各民主党派中央领导人和有关方面负责人，与四川省委统战部和全国 9 个统战理论研究基地负责人聚集重庆，同重庆市委统战部领导、市各民主党派组织成员一道，参加特园中国民主党派历史陈列馆开馆仪式和中国民主党派历史研讨会。民进中央原副秘书长、中国民主促进会年鉴编辑部主任徐德骁，民进中央宣传部部长高保华代表民进中央参加活动和会议。下午，徐德骁在研讨会上作《民进在新民主主义革命时期的三件大事》的发言。

5 月 13 日　民进中央向民进各省、自治区、直辖市委员会发出关于积极支援四川省抗震救灾工作的通知，提出 4 点具体工作要求，号召在党和政府坚强领导下，戮力同心，众志成城，战胜灾难。

5 月 13 日　民进中央办公厅发出致民进四川省委会关于抗震救灾的慰问信。

5 月 13 日　四川省汶川县 12 日发生严重地震灾害后，在江苏调研的全国人大常委会副委员长、民进中央主席严隽琪，全国政协副主席、民进中央常务副主席罗富和等民进中央领导同志，都非常关心四川的灾情以及民进会员的安危，及时通过多个途径联系四川省委会，对地震灾区的境况表示关切，并向四川全体民进会员表示慰问。

严隽琪、罗富和、王佐书、朱永新和许嘉璐、张怀西等民进中央新老领导同志主动捐款。正在国外访问的冯骥才得知四川惨重灾情后，立即以民进中央副主席名义通过国家慈善机构捐出救灾款10万元。民进中央干部职工和离退休职工踊跃捐款，以实际行动为灾区群众送温暖、献爱心、作贡献。

四川发生特大地震后，民进中央主管的开明出版社迅速作出反应，响应党中央和国务院的号召，积极配合会中央，以实际行动投入到抗震救灾活动中。开明出版社一方面积极为灾区捐款捐物，一方面发挥自身优势，迅速组织编写了《创伤事件后中小学受冲击群体的危机干预》、《台湾9·21大地震后的心理干预》两篇有针对性的文章，发表在所属杂志《中小学心理健康教育》上，希望在第一时间从专业的角度为灾区人民提供心理方面的援助。同时该社正争分夺秒会同有关心理专家编写《中小学突发事件心理危机干预指导手册》，拟在最短的时间内出版，无偿捐赠给战斗在灾区第一线的广大中小学教师。

5月13日　民进四川省委会中午向民进中央报告抗震救灾工作。发生震灾后，四川省政协副主席、民进四川省委会主委张雨东及时与各市级组织主委联系，在表达慰问的同时，要求省委会机关通过各种方式向基层组织和全体会员表达关心之情。

民进组织在四川的10个地区设有市委会（成都市、内江市、绵阳市、广元市、乐山市、南充市、攀枝花市、德阳市、遂宁市、眉山市），另在资阳、广安和巴中市设有省直属支部。其中绵阳、德阳、广元、成都市所辖部分县、镇，在这次地震灾情较重，民进基层组织和我会会员尚无直接损失和伤害。民进省委会副主委、成都市委会主委、副市长傅勇林，省委会副主委、广元市委会主委、副市长赵爱武，德阳市委会主委、市政协副主席赵晓平，绵阳市委会主委、市司法局副局长李京平，都在所在党委、政府领导组织下，从12日起就奋勇战斗在抗震救灾第一线。这4个市的部分民进组织干部、会员也都投身于抗震救灾战斗之中。

民进四川省委会于13日上午将民进中央和严主席、罗副主席、张雨东主委的关怀、慰问通过电话和电子邮件等方式，转达给各市委会和广大会员。值此危难之际，得到民进中央领导和民进省委会领导的关怀与温暖，大家特别感到鼓舞和感动。德阳赵晓平主委的一句话，也正反映了奋战在抗震救灾前线的民进会员们的心声：感谢会中央！请放心，我们现在虽然已经十分疲惫，但为了当地老百姓的生命和利益，我们一定竭尽全力，奋勇苦战，也决不给民进组织丢脸面！其他民进各市委会的干部和会员也都积极认真地参与到当地抗震防震和维护稳定的工作之中。

目前，抢险救灾的任务艰巨繁重，民进四川省委会要求四川全体民进会员紧急动员起来，积极投入抗震减灾工作。在当地中共党委、政府的统一安排和部署下，以多种形式向灾区伸援手、送温暖、献爱心，以实际行动为受灾群众解困、为国家分忧。

民进四川省委会于13日上午通过四川民进网站，向全川会员发出了慰问信。

5月15日　民进中央考察团在江苏省圆满完成“完善文化投入机制、保障人民文化权益”的专题调研。当日下午，江苏文化建设调研情况通报会在南京召开的。严隽琪主持会议并讲话。罗富和、蔡达峰、朱永新出席会议。

5月16日　全国政协常委、民进中央副主席、中国文联副主席、中国民协主席冯骥才，在欧洲访问期间，通过工作人员向地震灾区捐款10万元人民币。回国后，积极响应中共中央号召，再次以个人名义通过财政部赈灾专用账号，为灾区捐款1万元人民币，支援灾区人民抗震减灾、重建家园。

5月17日　天津市人民政府副市长、天津市援助四川地震灾区协调小组组长只升华下午为冯骥才颁发勋章。鉴于冯骥才在四川抗震救灾工作中，无私奉献，慷慨捐款，天津市红十字会决定授予冯骥才同志“红十字博爱勋章”。

5月19日　民进中央在京召开抗震救灾工作专题会议。全国人大常委会副委员长、民进中央主席严隽琪，全国政协副主席、民进中央常务副主席罗富和，民进中央副主席王佐书、朱永新出席会议。严隽琪主持会议并作重要讲话。她说，在突如其来的特大地震灾害面前，民进各级领导干部和广大会员，特别是奋战在抗震救灾第一线的民进四川省委会以及各市委会的领导同志和机关干部，都表现出了立会为公、同舟共济、心系人民、拼搏奉献的精神。这种精神是我会的优良传统在严重自然灾害考验面前的生动展现。严隽琪对全会下一步的抗震救灾工作提出六点意见。罗富和对民进中央各部门下一步的工作作出具体部署，特别要求组织部门和宣传部门紧密配合，尽快做好对全会捐款捐物情况的统计和先进人物和事迹的宣传。王佐书传达了中共中央统战部关于统一战线做好抗震救灾工作的意见。朱永新提出民进进一步开展抗震救灾工作的建议。民进中央秘书长赵光华、各部门负责人等参加会议并提出有关建议。

5 月 19 日　严隽琪、罗富和上午在民进中央会见民进深圳市委会赴西柏坡、北京考察团并座谈。严隽琪欢迎考察团来民进中央考察座谈，并询问西柏坡考察情况。她指出，面对 5·12 特大地震灾害，全会要继续发挥立会为公、同舟共济、心系人民、拼搏奉献的精神，把抗震救灾工作作为当前最重要的工作。她希望，民进深圳市委会加强宣传我会会员在抗震救灾工作中表现出的民族精神，特别是战斗在一线、做了大量工作的民进四川省委会。全会各级组织也要发挥优势，就抗震救灾和灾后重建积极建言献策。民进中央将积极组织各方力量，为灾后学校的重建工作作出积极的贡献。她鼓励广大会员发扬爱岗敬业精神，踏踏实实做好本职工作，以实际行动为灾区人民作贡献。

罗富和向考察团介绍民进中央近期政治交接主题学习教育活动、纪念“五一口号”发布 60 周年等一系列相关活动，以及抗震救灾的相应举措。此次四川汶川 8.0 级特大地震灾害发生后，民进中央和民进各级组织、机关和广大会员迅速行动起来，通过向灾区人民发出慰问信、捐款、捐物、书画义卖等各种方式投入到抗震救灾的工作中。

民进中央委员、民进深圳市委会主委、考察团团长张效民介绍了考察团成员和此次赴西柏坡学习的有关情况。面对此次地震灾难，民进深圳市委在民进中央和地方党委的领导下，要在抗震救灾和灾后重建工作中贡献自己的一份力量。考察团参观中国民主促进会会史教育图片展和陈列室。民进中央组织部负责人陪同参加。

5 月 19 日　14:28，民进中央原第一副主席张怀西，副主席王佐书、朱永新和机关全体干部职工与全中国人民一道，为四川汶川大地震遇难同胞沉痛默哀 3 分钟。

张怀西在致哀活动之后，再次向灾区捐款 1 万元。此前，张怀西委托工作人员代向地震灾区捐款 1000 元。他每天都在关注灾情发展和救援情况，对灾民遭受的巨大痛苦和损失深表同情，对中共中央正确领导抗震救灾工作表示由衷敬佩。

5 月 19 日　民进中央办公厅发出《关于举行“民进抗震救灾书画义卖会”的通知》。

5 月 19 日　民建中央、民进中央、台盟中央和全国工商联帮扶贵州黔西南州兴义市郑屯镇民族村工作会议上午在民进中央举行，民进中央副主席朱永新出席会议并讲话。他指出，民族村帮扶工作不仅仅是简单的扶贫工作，有着重要的政治、社会意义，是多党合作事业的具体表现之一，也是民主党派发挥自身智力优势开展扶贫工作的具体实践，同时也是探索民族地区科学发展、积极建设社会主义新农村的具体试点，具有重大的示范意义。他希望参与民族村帮扶工作的各帮扶单位发挥自身优势，既有适当分工又要通力合作，携手将民族村的帮扶工作做好。与会同志先后发言，讨论了民族村发展中存在的问题，研讨了民族村帮扶工作机制、开展方式和各帮扶单位工作分工。民进中央社会服务部、台盟中央社会服务部负责人参加会议。

5 月 21 日　中新网电　中国文联副主席冯骥才今日通过本网发表文章，呼吁建立“汶川地震博物馆”。

5 月 21 日　“第三届海峡两岸企业合作与发展暨天津滨海新区开发开放高层论坛”筹备会议在天津市政协俱乐部举行。民进中央副主席朱永新，天津市政府副市长、民进市委会主委张俊芳，天津市政府副市长任学锋，民进中央社会服务部副部长刘志奇，天津市贸促会会长赵学鸣、秘书长张全生，民进天津市委会副主委李敏龙出席会议。张俊芳主持会议。张全生首先对天津方面修改论坛初步方案作了说明。会议围绕举办论坛的目的、意义、宗旨及筹备工作中重要相关事宜进行会商，并达成共识。

会后，朱永新在李敏龙陪同下，出席了“民进天津市委会为四川汶川大地震灾区孤儿捐助活动”捐赠仪式。并到市委会各部门视察，亲切看望机关干部。

5 月 22 日　严隽琪主席、罗富和常务副主席上午来到民进中央各部门办公室，亲切看望工作人员。汶川县发生 8.0 级特别重大地震灾害后，民进中央快速反应，积极应对，并召开了专题会议研究部署全面工作。机关各个部门积极落实领导指示，全力投入工作。

严隽琪、罗富和首先来到组织部，地方处的张宏锋和施海燕两位同志正在联系地方组织和书画界会员，积极筹备 6 月 1 日的民进抗震救灾书画义卖活动，严隽琪询问她们的工作情况，和地方组织联系的过程中是否有困难。严隽琪指出，在与地方联系中，要注意保持良好的工作态度，不急不躁，多说几句谢谢，多一些体谅。她说，你们的工作很辛苦，向你们表示感谢！

严隽琪、罗富和又先后看望了宣传部、社会服务部、参政议政部、研究室、办公厅各办公室的工作人员，向一直坚守工作岗位的机关干部表示感谢，询问各部门最近重点工作的情况，并提出具体要求。

严隽琪指出，机关干部要发挥爱岗敬业的精神，坚守岗位，踏踏实实做好本职工作，以实际行动为灾区人民作贡献。目前的几项重点工作要抓紧落实好，要在民进网站大力宣传各级干部和广大会员抗震救灾的好人好事，升华精神，鼓舞人心；要发挥自身特点和优势，及时跟进参政议政和社会服务工作，为灾区恢复生产、重建家园，特别是在重建中小学校、对中小学生和学龄前儿童实施灾后心理救援等方面献计出力；要研究汶川大地震对于我国经济、政治、文化、社会的影响，广泛收集、反映社情民意，促进灾后各项重大决策的科学化、民主化。

罗富和强调，抗震救灾工作是民进中央现阶段最紧要的任务，有些工作任务依靠传统的方法很难划清分工界限。他希望机关工作人员要积极思考，在自身职责范围内能够为抗震救灾工作做些什么，要主动承担工作任务；各部门、各工作人员之间要团结协作，多沟通、多协调，认真完成各项工作任务，以实际行动帮助灾区人民夺取抗震救灾斗争的胜利！

5 月 22 日　民进中央向民进各省、自治区、直辖市委员会发出《民进中央关于进一步动员全会力量做好抗震救灾工作的通知》。

5 月 23 日　民进新任中央委员、省级组织副主委培训班在京举行。民进中央主席严隽琪上午出席开班仪式并主讲第一课。

5 月 23 日　民进中央常务副主席罗富和下午召集民进中央各部门负责人，再次就目前民进抗震救灾工作进行研究和部署。罗富和指出，当前，民进中央干部要增强公务员意识和参政党机关意识，各个部门都要行动起来，结合部门工作内容和特点在抗震救灾中发挥应有作用，进而体现出民进作为一个参政党应该履行的职能。参政议政工作要快速收集、整理和上报在灾区重建方面的意见、建议；宣传工作要最大限度地利用网络，及时通报全会的捐款捐物情况，第一时间报道民进各级领导干部和广大会员抗震救灾中的突出事迹，对地方组织的网络宣传工作也要有相应的指导；办公厅要坚持做好抗震救灾简报工作，坚持每日一报、一事一报，同时统筹协调好机关各部门工作。

罗富和强调，即将在 6 月 1 日举办的“为了灾区的孩子们——民进抗震救灾义捐义卖”活动，是民进抗震救灾系列活动的重要组成部分，也是民进掀起抗震救灾工作新高潮的重要环节，因此各个部门要有分工、重落实，并努力取得地方组织的通力合作，做好各项准备工作。

据悉，由民进中央主办，民进中央办公厅、民进北京市委会、中国开明基金会（筹）、开明书画院（筹）承办的“为了灾区的孩子们——民进抗震救灾义捐义卖”活动得到民进各级组织积极回应。新疆、厦门、荣昌、北京等地民进书画家捐赠的《西域瓜果香飘万里》、《赤壁赋》、《虎》、《西湖》、《野趣》等 12 幅作品已送到民进中央，准备参加此次爱心捐助活动。民进天津市委会捐款 21.5 万元，民进贵州省委会副主委周世立捐款30万元，民进中央联委会委员、清华紫光新源科技有限公司总经理宋歌捐款10万元，以上款项用于认购书画作品。

又悉，民进中央副主席冯骥才格外关心和支持民进中央举办的抗震救灾书画义卖活动，积极参与，挥毫泼墨，捐赠书画作品，向灾区人民表达心意。冯骥才说，在全国的民间美术品中，年画排第一，而绵竹年画在全国木版年画中绝对算一流，而且绵竹年画保存得很好，整理比较完全。2004年4月，我曾到绵竹考察木版年画，所见所闻所感，都让我震撼，也让我对绵竹这个地方情有独钟。绵竹是四川地震受灾最为严重的地区之一，作为重要的民间文化之乡，冯骥才非常关心在那里深入一线进行文化遗产田野考察的工作人员，祝愿他们能够保护自己的生命安全，团结一致战胜困难。

著名书法家、吉林省政协副主席段成桂挥毫写下“自强不息”四个刚劲有力的大字，捐献义卖。民进中央社会和法制委员会委员孟庆法为义卖会捐赠两幅作品，为三米卷的《桃花源记》和草书《赤壁赋》。著名书法家封俊虎，为义卖会捐赠出2008年元月以朱砂为颜料六尺整张的书法作品《龙》，该作品曾在马来西亚展出。

会上，各部门负责人分别汇报本部门在抗震救灾工作中所做的工作、取得的进展，以及工作中需要协调的问题。民进中央原副秘书长徐德骁参加会议。

5月23日　受民进中央委托，由民进四川省委会、民进绵阳市委会支持，四川省红十字会为团队发放通行证，新教育研究院团队第一拨队伍一行6人赶往新教育开展救灾活动的目的地——绵阳市高新区火炬实验初中。根据需要，新教育团队、新教育基地小学（宝应实验小学）及其他新教育实验区还将有第二拨队伍前往开展教学等相关工作。

5月24日—26日　全国人大常委会副委员长、民进中央主席严隽琪在辽宁省大连市考察调研。辽宁省政协副主席、民进中央副主席、民进辽宁省委会主委贺旻一同参加24日的考察调研活动。

严隽琪24日下午来到民进大连市委会，看望机关干部并与市委会部分新老领导班子成员及部分会员代表座谈。严隽琪认真听取发言，她指出，作风建设至关重要。一、学风建设。目前我会正在开展主题教育活动，主题教育活动如何扎实有效的开展，有好的学风很重要。主题教育活动不能脱离形势，今年要结合中共发布“五一口号”60周年和改革开放30周年两大热潮，现在就要跟抗震救灾工作相结合，还要与履行参政党职能相结合，与自身岗位相结合，与提升人生观、价值观和加强自身修养相结合。二、民主作风建设。在不断完善民主集中制的建设中要注意做到有民主、有集中、有原则、有规范，也要讲团结，有协商。三、求真务实是我会的优良传统，要始终继承和发扬。求真务实体现在我们要发挥党派的特色和优势，因地制宜、与时俱进的开展工作。

严隽琪对在政府部门担任实职的干部说，实职干部有了一定的位置，掌握了一定的权力，就要对自己提出更高的要求，一定要做到敬业和廉政，要始终不忘“立会为公”的精神，要多一分责任感；记住民进是我家，民进是你们坚强的后盾；注重人才的培养，做好会员的发展工作；要深入调研、深入基层。

关于抗震救灾工作，严隽琪指出，抗争救灾工作不是一个短期的过程，灾后重建是长期任务，十分艰巨。我们要抓好几方面工作：一、宣传和思想工作；二、继续奉献爱心；三、在参政议政方面提出真知灼见；四、爱岗敬业，做好本职工作；五、协助党和政府做好稳定人心等各项工作。

座谈会上，民进大连市委会主委张传吉汇报市委会关于自身建设、参政议政、社会服务和机关建设等方面的工作情况。王彤、傅维力等民进市委会老领导及会员代表发言。

严隽琪25日上午就高校教育改革与发展问题在大连理工大学召开座谈会。大连理工大学前校长程耿东、校党委副书记邵龙潭、副校长李志义、校长助理李俊杰，校统战部负责人，校民主党派负责人等参加座谈。严隽琪听取关于大连理工大学近年来在人才培养、学科建设、师资队伍建设、科学研究、校区规划及建设等方面发展情况的介绍，并同大家一起从高等教育的培养质量、高校的定位、大众教育与精英教育的关系、中国高等教育如何与国际接轨、应提供给教师的环境和考核方式、高等教育立法、企业需求与高校学生培养的矛盾、高等教育的投入、教育资源的合理配置、大学生学习的积极性和主动性、基础教育改革等方面进行了座谈。

严隽琪认真听取发言并讲话。她首先对大连理工大学取得的成就表示祝贺。她说，大连理工大学的情况实际上是中国高等教育的一个缩影，你们碰到的困惑也是其他学校碰到的困惑，大连理工大学是我们对高等教育调研跟踪的对象之一。严隽琪还提出了几点希望：一、希望大连理工大学的民主党派紧密团结，在校党委的领导下，为学校的发展作出贡献；二、加强统战理论研究；三、希望民进大工委员会的所有成员爱岗敬业、在教书育人方面做爱岗敬业的模范。会后，严隽琪一行参观了大连理工大学精密与特种加工实验室、大学生创新实验学院。

严隽琪25日下午来到民进大连市西岗区基层委员会与会员代表座谈。严隽琪认真听取关于西岗区多党合作事业发展的汇报和会员代表的发言并讲话。她指出，如何加强基层组织的建设是参政党在新时期面临和思考的一个新问题。基层组织直接面向广大的会员，会员首先从基层组织认识和了解政党；基层组织是收集社情民意信息的网络前端；基层组织扎根于群众，是会员发展的直接来源。基层组织的工作一定要基于实效性，各项活动的开展要与履行职能相结合。会后，严隽琪一行参观了与民进西岗区基层委员会进行和谐共建的香炉礁街道社区。

考察期间，严隽琪会见了中共大连市委书记张成寅、市人大常委会主任怀忠民、市长夏德仁、市委统战部部长董长海等。民进中央组织部、研究室负责人，民进辽宁省委会副主委陆迎一参加考察调研活动。

5月25日　民进中央新任中央委员、省级组织副主委培训班下午举行结业仪式。全国政协副主席、民进中央常务副主席罗富和出席并讲话。民进中央副主席王佐书主持会议。结业式上，培训班班长陶凯元总结培训班学习情况，谷峪、方志远、唐援朝、成锡锋汇报学习心得。培训班学员40余人参加结业式。

5月25日　民进中央副主席朱永新下午在民进中央会见由中共黔西南州委书记陈敏带队的黔西南州“星火计划、科技扶贫”试验区进京工作汇报团一行。他说，民进与黔西南州的友谊源远流长，民进中央愿一如既往地为黔西南州的发展作出贡献。他讲到今年4月份曾到黔西南州进行的工作考察，重申了在黔西南考察时提出的四点意见，他说，试验区建设有着重大的政治意义和经济意义。首先，要坚持中国共产党领导的多党合作制度，探索民主党派参与区域经济社会发展的新途径。各民主党派参与一个地区经济社会发展，是多党合作的生动体现，这是毕节模式，也是贵州模式。胡主席对毕节提出的20字方针，实际上对黔西南州也是适用的。第二，坚持科学发展观，探索科技扶贫、生态富民的新途径，做到可持续、又好又快发展。第三，要坚持中央提出的社会主义新农村建设的20字方针，探索西部民族地区新农村建设的新途径。兴义市郑屯镇民族村是中央智力支边协调小组联合推动组的帮扶点，民族村自然条件很好，在做旅游规划时，要在民族风情内涵挖掘方面做文章，保护好富有民族特色的建筑风貌，要与周围生态环境协调一致。第四，坚持科教兴州战略，探索把教育作为第一民生，经济、社会、文化、教育和谐发展的新途径。黔西南州的德卧中学，坚持普通教育与职业教育互相渗透结合的教学模式，既解决了学生升学问题，又解决学生就业出路问题，创造了新的教学模式，是农村中学发展的很好路子。还有幼儿教育阶段怎么进一步提高质量的问题。劳动者素质问题说到底是关乎一个地区经济的后劲问题。朱永新表示，对黔西南州提请民进中央和联合推动组帮助解决的问题，民进中央将尽力而为。他还对一些具体问题提出解决思路。

陈敏对民进中央长期以来对黔西南州试验区的支持表示衷心感谢，对朱永新为黔西南州进一步打开工作思路给出的针对性建议表示感谢。他表示，黔西南州在民进中央等单位的帮助支持下，必将呈现出天蓝、山绿、水清、人和、业兴的美好景象。

5月26日　民进中央办公厅发出在全会开展“为了灾区的孩子们——捐款献爱心活动”的通知。

5月26日　民进中央会史工作委员会第一次会议在京举行。民进中央副主席、会史工作委员会主任王佐书出席会议并讲话。他指出，加强会史工作是继承优良传统，深化政治交接的需要；是加强自身建设，把我会建设成为适应21世纪的高素质的参政党的需要；是我会铸造高素质会员和干部队伍的需要。民进中央新一届领导集体高度重视会史工作，对我会的会史工作提出了具体要求。现阶段主要以收集、整理、抢救和编辑会史资料为工作重点，要求会史工作委员会不断加强自身建设，提高工作质量，努力实现“新账不欠，老账抓紧还”的工作目标，为我会的会史工作作出应用的贡献。

民进中央研究室副主任、会史工作委员会副主任高友东宣布了《民进中央关于成立会史工作委员会的决定》，并向会议通报了《会中央2008年会史工作计划》和目前正在开展的主要工作；会中央原副秘书长、会史工作委员会副主任徐德骁向会议通报了《中国民进主促进会年鉴（试刊）方案》等。会议对《民进中央会史工作委员会五年工作规划（草案）（2008—2012年）》及今后民进中央如何更好地开展会史工作进行了热烈的讨论。会议认真学习了《民进中央关于2008年在全会开展中国特色社会主义主题教育活动的通知》精神，研究了《民进中央会史工作委员会工作制度（草案）》，研究部署了今后会史工作等。

民进中央办公厅主任吴新秋，宣传部部长高保华，原秘书长陈益群，原副秘书长雍冠生、王炳舟、虞音，宣传部原副部长毛启邠，中国清史编撰委员会委员、社会服务部原副部长李庚其，民进上海市委会宣传部原部长明浩，民进北京市委会组织处副处长鲁剑等会史工作委员会相关成员出席会议。

5月27日　全国人大常委会副委员长严隽琪上午在北京会见了来访的汤加外交兼国防大臣索纳塔内·图普一行。严隽琪说，中汤建交10年来，双边关系发展顺利，各领域交流合作不断扩大。自1999年以来，两军在高层互访、人员培训等领域的交流与合作也保持着良好的发展势头。中国政府愿以两国建交10周年为契机，与汤方共同努力，把双边关系提升到新的水平。

严隽琪重申了中国政府在台湾问题上的原则立场，并向客人介绍了四川汶川等地区发生严重地震灾害后中国政府和人民积极投入抗震救灾行动等情况。

图普代表汤加政府对中国人民遭受特大地震灾害表示慰问和同情，表示汤加乐于与国际社会一道向中方提供支持和援助。他重申汤加政府坚持一个中国政策，认为台湾是中国的一个省，反对“台独”。他表示汤中关系发展良好，并有着进一步发展的巨大前景。

5月27日　民进中央十二届五次主席办公会议在北京召开。严隽琪主席，罗富和常务副主席，潘贵玉、王佐书、朱永新副主席出席会议。各部门负责人、原副秘书长列席会议。会议由严隽琪主持。

这次主席办公会议是在抗震救灾关键时期召开的。会议首先传达了5月26日下午中共中央统战部召开的党外人士关于抗震救灾情况通报会的有关精神，汇报了民进中央抗震救灾工作进展情况。5月12日四川汶川地震发生后，民进中央迅速作出反应。正在江苏考察的严隽琪主席、罗富和常务副主席第一时间全面部署民进抗震救灾工作，电话慰问民进四川省委会。民进中央及时发出《民进中央致民进四川省委会关于抗震救灾的慰问信》、《民进中央关于积极支援四川省抗震救灾工作的通知》、《民进中央关于进一步动员全会力量做好抗震救灾工作的通知》和《“为了灾区的孩子们——民进抗震救灾书画义卖捐赠活动”的通知》、《民进中央关于在全会开展“为了灾区的孩子们——捐款献爱心活动”的通知》。参政议政部迅速收集、整理和上报在灾区重建方面的意见、建议，发动专门委员会骨干的力量，拓宽信息采集的渠道；宣传部最大程度地利用网络，及时通报全会的捐款捐物情况，第一时间报道民进各级领导干部和广大会员抗震救灾中的突出事迹，加强对地方组织网络宣传工作的指导；办公厅及时汇总各部门的每日一报、一事一报，做好抗震救灾简报工作，同时统筹协调好民进中央各个部门的工作。

会议汇报了“为了灾区的孩子们——民进抗震救灾书画义卖捐赠活动”筹备情况。

会议审议通过了民进中央十二届三次主席会议议程（草案）。民进中央十二届三次主席会议定于6月28日在上海召开。主要内容有：审议通过民进十二届三次中常会议程、日程；分析抗震救灾工作形势，报告民进中央上半年工作概况，讨论下半年工作，听取意见；主席、副主席交流信息。

会议汇报了民进十二届三次中常会的各项筹备工作。民进十二届三次中常会定于6月29日至7月1

日在上海召开。主要议程有：学习中共十七大精神，听取专题报告；报告民进中央上半年工作概况、民进抗震救灾工作；贯彻落实开展中国特色社会主义主题教育活动部署，交流民进中央、省级组织领导班子建设经验；进行优良传统教育，参观中共“一大”会址、民进成立旧址。

会议审议了关于举办民进中国特色社会主义主题教育活动经验交流大会的方案。为纪念中共发布“五一口号”60周年，进一步总结交流我会开展中国特色社会主义主题教育活动的经验，研讨如何进一步建立健全政治交接的长效机制，民进中央定于6月15日至17日在京举办民进中国特色社会主义主题教育活动经验交流大会。会议认为，要将民进抗震救灾工作与中国特色社会主义主题教育活动紧密结合起来，赋予主题教育活动新的内涵，使会议开得更加深入、务实。会议原则通过了这个方案。

会议审议通过了中国（毕节）石漠化治理与生态文明高层论坛筹备方案（草案）。论坛定于6月9日至10日在贵州毕节召开，由民进中央、国家林业局、贵州省人民政府共同主办。论坛的主题为：石漠化治理与生态文明建设。会议要求，要节约办会，轻车简从，重视活动的实效，希望通过活动能为当地老百姓提供实实在在的帮助。

会议审议通过了会中央领导赴贵州毕节金沙县考察方案。

会议报告了全国政协十一届二次常委会发言准备情况。会议对参政议政部提交的四份备选发言进行了研究，初步确定了报送政协的发言题目，并商定了发言人。

会议汇报了民进中央赴江苏省考察公共文化服务体系建设的情况。5月7日至5月14日，民进中央考察团在江苏省及南京、徐州、苏州、扬州、无锡五市就公共文化服务体系建设情况进行了考察和调研。会中央还拟定于6月18号至22号对宁夏进行进一步调研。

会议审议通过了关于召开民进西部农村教师培训工作座谈会的报告。为了进一步总结民进西部农村教师培训工作，深入研究工作方法，形成良好的工作机制和合力，利用暑期开展培训西部教师工作，社会服务部拟于7月2日在上海召开民进西部农村教师培训工作座谈会，交流工作、总结经验，推进西部农村教师培训工作更好地开展。

会议审议通过了民进公益基金会筹建方案（草案）。为了整合全会力量，建立长效机制，为热心公益的会员和民进之友参与社会服务工作、参与社会公益事业提供平台，经过研究，民进中央拟成立中国开明公益基金会。

会议审议通过了民进中央会史工作委员会名单（草案）和民进中央统战理论研究会组成人员名单（草案）。

会议还研究了民进全国信息工作座谈会会议方案（草案）。座谈会初步定于9月18至19日在南京召开。座谈会的主题是：总结我会五年来开展信息工作的经验，进一步明确今后五年信息工作的任务；研讨加强和改进信息工作的思路，进一步健全信息工作制度。

会议还研究了机关人事事项和其他事项。

5月28日　民进中央副主席贺旻下午视察民进上海市委会并讲话。民进中央副主席、民进上海市委会主委蔡达峰出席座谈会。

5月29日　中共中央政治局常委、全国政协主席贾庆林中午专程奔赴四川地震灾区，慰问受灾群众，看望救援人员，实地察看灾情，了解抗震救灾工作进展，指导抗震救灾工作。全国政协副主席、中共中央统战部部长杜青林，民进中央主席严隽琪和其他各民主党派中央、全国工商联领导人一同前往。

严隽琪29日下午，在民进中央宣传部负责人陪同下，风尘仆仆赶往民进四川省委会，慰问机关全体干部和部分在此次抗震救灾中表现突出的民进会员。严隽琪代表民进中央向经历此次大地震的会员和机关干部，以及战斗在抗震救灾一线的民进斗士们表示亲切慰问和关心。她表示，会中央对此次重大灾情高度关注和重视，在第一时间下发通知号召全会各级组织、机关和广大会员积极投入抗震救灾工作，并策划举办了“为了灾区的孩子”抗震救灾书画义卖捐赠等系列活动为灾区重建筹集资金，会中央将把为灾区重建建言献策作为今后参政议政工作的重点之一。严隽琪强调，灾区民进组织要带领广大会员继续顽强奋战，民进全会将举全会之力和灾区人民一起团结一心、共度时艰，支援灾区重建美好家园。严隽琪和此次抗震救灾中表现突出的民进会员朱义、雷润、费永刚等民进会员亲切交谈，并给继续战斗在抗震第一线的民进四川省委会副主委、广元市人民政府副市长、民进广元市委会主委赵爱武和民进绵阳市委会主委、绵阳司法局副局长李京平打去慰问电话。

5月29日　全国政协副主席、民进中央常务副主席、民进广东省委会主委罗富和在广东省民主大楼出席“为了灾区的孩子”捐款活动并讲话。罗富和说，在国家发生这么大的灾难的时候，作为民进会员不仅应该捐款帮助灾区重建，更应该维护好社会的稳定与和谐，广东对口帮扶重灾区汶川，广东民进应该充分发挥自身优秀教师众多的优势，在对口帮扶汶川教育重建方面发挥作用，比如，可以定期派一些优秀会员教师过去支教，接一些汶川的小朋友到广东参加夏令营等。

捐款活动仪式由民进广东省委会副主委陶凯元主持。广州市周边的部分民进市委会负责人、各省直总支、支部主任、省直文教支部、机关支部的会员参加捐款仪式。与会同志首先为地震中的死难者默哀1分钟。5·12特大地震发生后，民进广东省委会与全国人民一道尽其绵薄支援灾区，广东民进6700多名会员至5月底已经为灾区人民捐款356万元，捐赠价值200多万元的救灾物资和价值250万元的书画作品。在“六一”儿童节来临之际，民进广东省委会在会内再次发动会员进行捐款。

5月29日　民进中央下午再次召开民进抗震救灾书画义卖捐赠活动筹备工作会议。民进中央副主席朱永新主持会议并讲话。他指出，此次书画义卖捐赠活动是民进中央以“为了灾区的孩子们”为主题的系列捐赠活动的重要组成部分，是一次非常重要的活动，不仅是前一阶段工作的总结和展示，更是新一轮抗震救灾工作的序幕。民进中央各部门的筹备工作开展得积极主动，配合得很好，信息交流很畅通；民进各级会员也对此次活动给予大力支持，积极捐赠、认购作品，他代表严隽琪主席和罗富和常务副主席对大家表示感谢。民进中央各部门负责人出席会议，东方歌舞团团长助理、民进会员徐丽桥作为此次活动的导演列席会议。会议修改审议了书画义卖捐赠活动的议程，并就相关细节进行进一步的讨论与明确。

5月30日　中共中央政治局常委、全国政协主席贾庆林先后来到汶川特大地震震中区的映秀镇和都江堰市等重灾区，实地察看灾情，慰问看望灾区干部群众和救援人员，指导抗震救灾工作。他代表中共中央和胡锦涛总书记，在成都主持召开各民主党派、工商联抗震救灾座谈会。民进中央主席严隽琪结合实地察看情况发言。严隽琪和各民主党派中央、全国工商联领导人还一同参加了看望慰问。

5月31日　各民主党派中央和全国工商联领导人分别赴北川和德阳查看灾情和抗震救灾工作。严隽琪一行前往什邡市、广汉市重点查看了学校受灾和学生安置与复课的情况。绵竹和什邡是德阳灾情最重的两个县级市，地震使周围的山河改道，沿途所见县城、乡镇的房屋坍塌了90%，生产全部瘫痪；但是干部群众奋力自救，精神不倒。在查看灾情和安置情况中，严隽琪三次落泪，也多次露出欣慰的笑容。

在德阳三中、东汽中学临时教学点，严隽琪等查看了学生住的帐篷，看望了正在复习备考的两个高三理科班的学生。严隽琪说，我们代表全国人大、全国政协和各民主党派来慰问你们，同时作为一名老师和一名母亲，希望你们战胜地震灾害带来的痛苦和哀伤，更加聚精会神地做好复习迎考的准备，因为重建家园还要靠你们！同时也感谢老师有一份难得的情怀，把学生的成功视为自己的成功，爱学生胜过爱自己！

严隽琪说，强震时人民教师挺身而出，用血肉之躯谱写了一曲师德高尚的壮歌，我们回去后要宣传他们的事迹和精神。严隽琪在东汽中学见到校长周德祥，她说，我们中国民主促进会不会忘记你，全国人民不会忘记你，你是我们教师中的英雄！严隽琪说，今后建设学校有什么困难，可以和我们联系，又叮嘱陪同的民进德阳市委会主委赵晓平要和周校长保持联系。

严隽琪在广汉市高坪乡受灾群众安置中心宽慰孩子们说，我们都为你们遭受地震灾难而心痛，有政府和老师的关怀，你一定会更有出息！

5月31日　民进中央副主席冯骥才、朱永新，民进中央联络委员会副主任、西安华海医疗信息技术股份有限公司董事长张孝林，17:00 做客新浪网博客频道，与广大网友畅谈“六一”的义卖捐赠活动、震灾后的教育与重建。

冯骥才说，在这个地震中，我们民族所表现出来的精神高度是空前的，应该有一个博物馆把这些东西保留下来。这个地震所能到达的强度，灾害所能到达的程度，只有博物馆才能做见证。这个时代人们所表现出来的精神，中国人的民族的气质，比如说我们民族，比如经常说的成语“患难与共”、“生死与共”、“拔刀相助”、“生死相依”、“舍己为人”，这些词汇平常在日常生活中不见得能看得见，不见得能感受得到。这时全民几乎都是一样的，因为它是共同的灾难。在这个大灾难的时候，我们整个民族所表现出的一种精神，可以讲是一种提升起来的一种精神，这种精神使我们民族看见了自己，看见了自己的本质，看见了自己的精神，增强了我们的自信，对我们自己充满希望，这样的精神也需要博物馆见证。有些事情必须得马上做。有些最珍贵的细节，需要有文博眼光的人或者是有历史眼光的人到现场去收集。博物馆最终是要让人身临其境，是要再现历史或者复活历史，这些东西是博物馆独有的一种功能。在北川这个地方留一片废墟非常必要的，建一个形式非常独特的一个博物馆。应该有两个纪念意义的纪念物，一个应该是一个抗震救灾的纪念碑，显示我们这个时代，我们民族的这种精神，这种大爱的精神。另外还要有一个遇难者的“人名墙”，把所有遇难者的名字刻在墙上留一个纪念。但是博物馆的方式很多，博物馆还需要有创造性，博物馆的手段还需要有创造性。尤其是在高科技的时代，有各种各样的方法。我在网上看到有一位国家文物局的副局长提出，应该有一间房子，人坐在里边能够利用高科技，让人能够感受到八级的地震，应该是怎么摇晃，这是可以的。当然很多博物馆里都会有电影，都会有录像，一个好的博物馆，应该是充满创意的。

朱永新谈灾后教育重建的三个重点。他说，当务之急要有教育建设的规划。孩子们要有学校，所以我们大量的帐篷学校在产生。这个时候对灾区整个学校应该有一个布局的规划。当我们灾区还没有办法来解决孩子就读的时候，可以采取对口城市支援的方式，把一些失去父母双亲、亲友的这些孩子转移到其他的地区去，让这些孩子能够有读书的地方。其次，灾后整个教学秩序的重建。因为灾后高考的问题，现在教育部出台一系列的政策，对高考进行了比较妥善的安排，其他教学问题，包括什么时候学校能够建成，什么时候能够复学。第三，教学内容的重建。因为从汶川大地震以后，大家反思教育中对生命教育这一块相对比较薄弱。要教会孩子们如何去应对灾难，因为教育本身是为生命而存在的，在很大程度上，生命教育很大一块，从最基本的生存的、安全的这样一种生命教育的体系，比如说在各种灾难面前人怎么去应对。朱永新指出，不仅仅是指地震灾害，包括其他的灾害，像飓风、洪水，实际上都应该有各种教育的内涵。包括在人的心脏、身体各种突变的情况下，生命教育都是丰富的，我们应该把这方面的内容加进我们的学校去。其次，在教育重建的过程中一个最大的问题，最紧迫的问题就是孩子和教师的心理救援的问题。事实上孩子固然很重要，教师也非常重要，因为教师每天面对着孩子，教师的情绪会感染着孩子。在这次大地震中，很多老师都是受害者，也出现了很多非常感人的故事。很多老师灾后回到课堂以后，他自己会面临很多问题。因此，首先要解决教师的问题，因为老师的心理救助，会用他的情绪，他的人生和对世界的认识，会影响孩子。对孩子来说当然就是怎么样帮助他们去面对，也是一个问题。民进派了一个队伍去，我们去做了什么呢？首先给孩子送了一个童话盒，里面有各式各样的童话，教孩子怎么样坚强面对，有最好的歌曲，我们有一个儿童课程，能够把最好的课程放在童话盒里，同时我们每天用绘本和孩子进行交流。我们不是简单让孩子你要坚强，不是简单让他喊几句口号就能解决他的心理问题，他需要大量的心理学专家。这时相对来说我们国家心理学的专业人数本身非常之少，我们非常迫切需要把心理救援基本知识和要点能够让普通的老师能够把握。

张孝林说，大地震造成这么大的伤害，政府和军警、全国人民大规模地反应，作为民进会员我们非常感动。企业界的民进会员纷纷慷慨解囊，以各种方式，通过各种渠道，向灾区伸出支援之手捐款捐物，到目前的数据是空前的。这样一个举动，民进的企业会员在以往一直都在做，比如过去上海的民办大学校长一直在贵州做一个支援贵州贫困教育的工作。西安的黄腾院长也做了很多这样的事情。最近一次做的让我比较震撼的是一个民办大学招生了将近两千多个学生之后办不下去，引起社会问题，各地家长都要来闹事，民进会员黄腾义务免费接收2000学生，为政府解难。民进会员来自各行各业，但是素质都比较高，社会责任也比较高。我们公司过去在抗“非典”的过程中，向国家非典办、省市非典办作了一些贡献。因为当前灾区急需急救设备，我们捐了100万的急救设备，全体员工也捐款10几万元。我只是民进的一个会员，大家都做了很多工作。中国民主促进会一直以来都是一支重要的爱国力量。

2008年6月

6月1日　由中国民主促进会主办，民进中央办公厅、民进北京市委会和筹办中的中国开明公益基金会、开明书画院共同承办的“为了灾区的孩子们——中国民主促进会抗震救灾书画义卖捐赠活动”上午在民进北京市委会举行。全国人大常委会副委员长、民进中央主席严隽琪，全国政协副主席、民进中央常务副主席罗富和，全国人大常委会原副委员长、民进中央原主席许嘉璐，全国政协原副主席、民进中央原第一副主席张怀西，民进中央副主席冯骥才、王佐书、刘新成、朱永新，民进中央原副主席王立平出席活动。

严隽琪、许嘉璐、罗富和发表讲话。中央统战部有关同志，来自灾区正在北京接受治疗的孩子代表，民进书画界、企业界会员代表，民进中央各部门和各专门委员会负责人，民进各省级组织和开明出版社的负责同志等200余人出席活动。活动共募得善款429万余元。

6月1日　民进中央主席严隽琪、副主席冯骥才、朱永新下午在北京人民大会堂出席民进中央、中国民间文艺家协会等单位联合主办的“紧急保护羌族文化遗产座谈会”。严隽琪指出，此次受灾严重的北川县是我国唯一的羌族自治县，又是古代治水英雄大禹的故乡，北川的大禹遗存丰富，北川的羌族村寨、羌族史诗、羌族雕镂、羌族民间歌舞等物质和非物质文化遗产多姿多彩，是中华民族文化宝库中的奇葩。她希望文化界专家积极投身灾后文化重建工作，深入调查与了解羌族文化和灾区各民族文化遗产在震中受损情况，贡献专家智慧，提供建设性意见。

冯骥才、羌族文化研究专家李绍明等数十位与会专家学者向全国民间文化工作者发出《紧急保护羌族文化遗产倡议书》。

6月5日　《人民日报》发表民进中央主席严隽琪文章《按高标准建设边远贫困地区学校》。文章强调，在灾区重建中，按高标准建设学校是一个不容忽视的问题。文章建议政府有关部门在开展震灾调查的同时，结合工程科研的最新成果进行研究，修订建筑抗震设计标准，提高学校特别是边远贫困地区学校的抗震设计标准，并通过法律程序予以规范。政府应下拨专项财政经费，并通过各种渠道广募社会资金，对各地学校特别是边远贫困地区学校的建筑进行一次安全普查，下大力气全面整修不符合标准的学校；新建的校舍必须严格按照有关工程建设标准和抗震设防要求设计和建设，真正把学校建设这件大事办好。

6月5日　中国民主促进会网站发布民进中央宣传部撰文《危急关头不负党的培养平凡岗位透射爱的光芒——记绵阳市司法局副局长、民进绵阳市委主委李京平》、《灾难面前忠实维护人民利益——记民进德阳市委主委、市住房公积金管理中心主任赵晓平》，歌颂主人公在汶川大地震中的英雄事迹。

6月6日　民进中央网站发布民进中央副主席蔡达峰撰写的《学习抗震救灾精神，坚持生命关怀第一》。文章指出，5月12日四川等地区开始抗震救灾以来，涌现出大量可歌可泣的感人事迹。患难见真情，真情是无价的。家园需要修复，真情需要永记，这是美好生活必要的基础。

6月6日　民进中央网站发布民进中央宣传部宣传稿《深入一线　科学指挥　顾全大局　执行有力——记成都市副市长、民进成都市委会主委傅勇林》，歌颂主人公在汶川大地震中的英雄事迹。

6月8日　民进中央金沙县支边扶贫座谈会及民进捐赠签约仪式在毕节地区金沙县举行。全国人大常委会副委员长、民进中央主席严隽琪，全国政协副主席、民进中央常务副主席罗富和出席。民进中央副主席朱永新，贵州省人大常委会副主任许正维，贵州省人民政府副省长禄智明，贵州省政协副主席、民进贵州省委会主委左定超一同出席活动。

严隽琪认真听取关于毕节试验区工作情况的汇报并讲话。她说，实地到金沙看了以后，体会和感触很深，主要有三点。一是要坚持团结合作。二是要坚持科学发展。三是要进一步解放思想、改革开放。她指出，毕节试验区的未来任重道远，民进愿意与毕节的同志们一道携手并行，走向更加美好的未来。

罗富和出席民进常熟市委会捐建沙土镇常熟希望小学、华南农业大学新农村建设中心与金沙县政府农业合作项目签约仪式并讲话。

朱永新出席农里学校签约仪式并讲话。

6月9日　由民进中央、国家林业局、贵州省人民政府共同主办的“中国（毕节）石漠化治理与生态文明高层论坛”在贵州毕节开幕。严隽琪出席并讲话。罗富和主持开幕式。

严隽琪在讲话中指出，目前正值抗震救灾的紧要关头，自然灾害使人们对生态文明的重要性有了更深的感悟，所以我们这个论坛在这个时候召开具有了特别重要的意义。20年前的今天，国务院正式批复成立毕节“开发扶贫、生态建设”试验区，我们选择这个日子，是要对试验区成立20周年有一个很好的纪念，也是展望未来，规划未来，更好地谋划推动试验区今后的发展。

本次论坛的主题是石漠化治理与生态文明建设。中国科学院袁道先院士在毕节论坛上作《岩溶石漠化问题的国际视野和我国的治理对策和经验》主题报告。论坛通过了《毕节宣言》。

民进中央副主席朱永新，民革中央副主席何丕洁，国家林业局党组成员、纪检组长杨继平，国家林业局副局长祝列克，贵州省人大常委会副主任许正维，贵州省人民政府副省长禄智明，贵州省政协副主席、民进贵州省委会主委左定超一同出席论坛。

中共中央统战部，民建、农工党、致公党、九三学社、台盟等民主党派中央，国家发改委、国家民委、科技部、水利部、农业部、国务院扶贫办等有关部门的同志，以及贵州省、贵州毕节地区有关单位的负责同志共100多人参加论坛。

6月9日　民进中央主席严隽琪、常务副主席罗富和出席由民进贵州省委会副主委周世立任董事长的贵州省青利集团与毕节市人民政府举行的贵州青利毕节氯碱磷煤生态工业园签约仪式。青利集团积极参与民进中央在毕节开展的支边扶贫工作，先后为毕节的石漠化治理和教育扶贫给予资金支持。为配合民进中央进一步加大参与毕节试验区建设的工作力度，集团决定在毕节启动氯碱磷煤生态工业园项目。项目总投资106.3亿元，7年建成后可解决5000人就业，项目的实施将对毕节的经济发展和生态文明建设产生积极的推动和示范作用。自公司创办以来，青利集团始终致力于“希望工程”、“送温暖工程”和其他社会公益事业。1999年，公司将25%的股权捐助给贵州省青少年发展基金会，2005年，青利矿业有限公司又将公司30%的股权分别捐赠给贵州省慈善总会和贵州省送温暖基金会。青利集团还积极捐款，以实际行动参与四川地震灾区的抗震救灾工作。

民进中央副主席朱永新，贵州省人大常委会副主任许正维，贵州省人民政府副省长禄智明，贵州省政协副主席、民进贵州省委会主委左定超出席签约仪式。

6月11日　由文化部、广电总局、解放军总政治部等单位共同推出的“中华56民族之歌”音乐火炬接力启动仪式在京举行。全国人大常委会原副委员长、民进中央原主席许嘉璐点燃音乐火炬。许嘉璐说，奥运会不仅是中国人百年来的梦想，也是第一次在发展中国家举行，它的意义远远超出中国的960万平方公里。中国需要走向世界，世界需要了解中国，奥运会是一个很好的机遇和平台。“56个民族组成的中国文化，少了谁都不行。”许嘉璐表示，在奥运会之前举行“中华56民族之歌”音乐火炬接力启动仪式具有重要意义。许嘉璐指出，正是因为中华民族的传统文化和不断演变的时代相互结合，才使得中华民族即使经历了无数次像汶川大地震这样的灾难，仍然能够绵延不绝。中华传统文化正处于“为往圣继绝学”的阶段，迫切需要把挖掘、抢救、保护、传承、弘扬传统文化提上议事日程。同时，弘扬传统文化不是拒绝外国文化，而要把大门打开。要由人民群众决定吸收的对象，民族的、大众的、为人民喜闻乐见的、促进社会和谐与发展的文化就是先进文化，这种先进文化的建设是无休止的。相信到 2020 年全面建成小康社会时，人们的文化生活将远远高于现在。

6 月 12 日　全国政协副主席、民进中央常务副主席罗富和出席最高人民法院情况通报会并发言。罗富和对最高人民法院的工作给予充分肯定，并就进一步做好人民法院工作提出三点建议。

6 月 12 日—14 日　民进中央副主席朱永新赴闽，与福建省有关领导就民进中央与福建省共同举办“第六届海峡两岸中华传统文化与现代化研讨会”有关事宜交换意见。13 日上午，朱永新与中共福建省委常委、宣传部长唐国忠，省政协副主席、省委统战部部长张燮飞，民进中央副主席、省政协副主席张帆，福建省委统战部常务副部长翁卡进行会谈。民进福建省委会专职副主委金铁平主持会议。副主委杜民、陈奇、魏刚、郑家建、严可仕和何强参加会谈。朱永新 14 日上午赴厦门，与中共厦门市委常委、统战部长欧阳建进行会谈。

在闽期间，朱永新分别到民进福建省委会，民进厦门大学总支，参加了省直一支部生活会和厦门大学总支座谈会，看望了林逸、郑颐寿、谢植桂等老同志，并应思明区政府的邀请，为思明区校（园）长及部分骨干教师作《阅读与中国教育改造》学术报告。

朱永新 13 日上午考察民进福建省委会，看望机关同志，参加省直一支部的生活会。省直一支部是个综合支部，现有成员 41 人，有机关退休干部、医生、律师、中小学教师、事业单位的职员等。成员总体文化素质比较高，思想活跃，在做好本职工作的同时，开展了多项活动，积极参政议政，做到了有活动有活力，有人才有实力，有创新有魅力。现任支部主任林华汇报了支部总体情况。省肿瘤医院刘健等会员先后发言。

朱永新认真听取发言，充分肯定民进福建省委在参政议政、社会服务、机关建设等方面的工作。朱永新介绍了民进中央近期的工作。他阐述了民进中央社会服务工作的总体思路和工作项目，希望民进福建省委会调动全体会员的力量，上下联动，齐心协力，心往一起想，劲往一处使，共同做好民进的社会服务工作。

朱永新 13 日晚应厦门大学的邀请会见了厦门大学党委副书记陈力文。陈力文介绍了厦门办学情况和发展规划，对民进厦大总支在厦门大学发展中所起的作用给予充分肯定。朱永新对厦大的办学成就给予了高度评价并感谢学校党委对民进厦大总支的大力支持。在随后举行的厦大总支座谈会上，朱永新就如何加强民进基层组织建设及如何发挥参政党的作用，与总支会员座谈。民进厦大总支主任郑海雷汇报工作。89 岁的厦门第一批老会员谢植桂、民进厦门市委会原主委林仁川、支部前任主任邓利娟等先后发言，对国家建设和民进的发展提出宝贵意见建议，就如何做好参政议政工作，建言献策。

朱永新认真听取发言并讲话。他说，大学是政党组织一个有战斗力的堡垒，是民主党派智力优势的集中体现，是党派参政议政的基地。作为知识分子参加党派，就多了一条报效国家的渠道，几乎每个学科的研究都能转化为生产力，都能转化成参政议政的提案。他充分肯定老同志在民进基层组织发展中的作用，在对台研究、参政议政、社会服务中所做的大量工作。他祝愿老会员健康长寿，鼓励在岗会员努力工作，积极履行党派成员职责，多建科学发展之言，多献共建和谐之策，多做富民惠民之事，促进国家经济社会又好又快发展。民进厦门市委会主委魏刚，副主委吴丽冰、傅晓春、张咏参加座谈。

6 月 13 日　中共中央国务院在京召开省区市和中央部门主要负责同志会议。全国人大常委会副委员长、民进中央主席严隽琪，全国政协副主席、民进中央常务副主席罗富和代表民进中央出席。

6 月 15 日　民进中国特色社会主义主题教育活动经验交流会上午在北京召开。全国人大常委会副委员长、民进中央主席严隽琪，全国政协副主席、民进中央常务副主席罗富和，民进中央副主席王佐书、朱永新出席开幕式。

严隽琪在开幕式上作题为《认真总结经验　继续开展好主题教育活动》的重要报告。严隽琪从加强对开展主题教育活动的领导、认真学习中国特色社会主义科学理论、加强领导班子建设、结合“五一口号”发布60周年开展继承多党合作优良传统教育，以及为抗震救灾献爱心作贡献等几个方面回顾了主题教育活动的总体情况。

严隽琪向与会同志传达了中共中央、国务院于6月13日召开的省区市和中央部门主要负责同志会议精神，重点传达了胡锦涛同志和温家宝同志的讲话精神。

罗富和主持开幕式。王佐书作题为《民主党派开展政治交接的主要经验》的重要讲话。他详细阐述了民主党派政治交接的基本概念和主要内容，概括了民主党派政治交接政治性、长期性、综合性的特点，强调了民主党派政治交接的重大意义，并系统总结了我会开展政治交接的基本经验。

民进中央秘书长赵光华，民进中央各部门负责人，民进各省级组织和主题教育活动试点单位的代表70余人出席开幕式。

会后，民进中央举行“为了灾区的孩子们”民进各省级组织捐款仪式。罗富和主持，王佐书、朱永新出席。此次捐款活动是由民进中央发起的“为了灾区的孩子们”系列爱心捐助活动之一。自6月1日启动爱心捐助活动以来，得到了民进各级组织和广大会员积极的响应，截至6月13日，民进各级组织和广大会员共为这一系列活动捐款7，108，359元，到帐4，384，235元，此外还有1，093，250元的捐款和价值1，004，000元的医疗设备已经直接捐给了民进四川省委会。捐赠仪式上，与会的各省级组织领导同志以及民进中央的代表分别上台捐款，踊跃参与爱心捐助。

民进中央宣传部负责人在捐款仪式上宣读了与会全体同志致奋战在四川、甘肃、陕西、重庆等灾区一线民进组织和广大会员的慰问信，向他们表示崇高的敬意和亲切的慰问。

6月15日　民进中国特色社会主义主题教育活动经验交流会下午举行小组交流，与会代表分成三个小组，围绕严隽琪报告、王佐书讲话、开展主题教育活动的经验体会以及参与抗震救灾和灾后恢复重建工作进行了广泛而深入的讨论。

罗富和出席第一小组的交流和讨论活动。当听到广大会员积极参与抗震救灾斗争，并涌现出很多感人至深的人物和事件时，他指出，民进各级组织要把这些感人的事例总结出来，在会内、会外做好宣传。他说，这些会内的感人事例对会员的教育和影响作用是很大的，这个过程中的点滴积累，都是优良传统的继承，我们要通过会员所做的每一件具体的事情，看到会员一颗颗诚挚热情的心，我们要靠这种互相的支持、感动、升华和共振来形成合力，不断增强民进组织的凝聚力。

大家在讨论中认为，严隽琪报告是对全会主题教育活动全面、深刻、严谨的总结，非常切合民进工作的实际，对主题教育活动下一阶段的工作部署非常科学，操作性很强，对指导我会下一阶段开展好主题教育活动必将产生积极的推动作用。王佐书讲话无论从理论上、内容上还是方法上对省级组织开展主题教育活动都具有重要的指导意义。大家表示，要把会议精神带回去，按照民进中央的工作部署，学习借鉴其他省级组织的做法和经验，进一步做好下一阶段的主题教育活动，使主题教育活动与会务工作紧密结合，推进会内政治意识、政党意识和服务意识的全面提高。

小组讨论交流了省级组织在开展主题教育活动中的做法、经验和体会。主题教育活动开展以来，各省级组织根据民进中央的总体部署，结合各省市工作的实际，开展了丰富多彩、独具特色的活动，包括通过报告、座谈、研讨、征文等多种形式深入学习中共十七大精神；结合纪念“五一口号”发布60周年，开展“四讲二赛一参观”活动，深入开展多党合作历史经验和优良传统教育；举办“风雨同舟、继往开来”图片展巡展；编印《永远在正道上行——民进基层工作手册》等。在谈到主题教育活动的经验和体会时，大家表示，主题教育活动既是一项长期的战略任务，又有明显的阶段性特征；政治交接是一项实实在在的政治任务，不能只停留在思想的层面，必须落实到实处；领导班子、骨干会员、机关干部是主题教育活动的重点，充分发挥他们的带头和示范作用，对开展好活动至关重要；开展主题教育活动必须与领导班子建设、后备干部队伍建设、机关建设等各项会务工作紧密结合，要以开展主题教育活动为契机，进一步全面推动省级组织的各项工作。

大家认为，下一阶段要继续深入学习中共十七大精神，结合参与抗震救灾和灾后恢复重建工作，结合庆祝改革开放30周年，把主题教育活动的有效经验和做法转化为政治交接的长效机制建设，进一步制定和完善各项规章制度及相关落实措施，推进参政党的自身建设，切实提高参政党履行职能的能力和水平。

小组还交流了参与抗震救灾工作的情况。大家在发言中一致认为，四川汶川特大地震灾情牵动着13亿中国人的心，也牵动着全体民进会员的心。面对突然袭来的灾情，民进各级组织迅速组织动员广大会员积极参与。其中有的省级组织与红十字会合作，设立专项捐款用于灾区损毁教育设施的重建；有的省级组织在很短的时间里积极组织会内外艺术家捐赠书画作品，参与民进中央组织的系列爱心捐助活动；有的省级组织密切关注奔赴抗震救灾一线会员的情况，及时给予关心和支持。有很多会员打电话到民进组织机关，表示要为抗震救灾慷慨解囊，以自己的绵薄之力表达一份爱心和责任，一些会员还委托家属到民进组织机关代为捐款；部分医卫界会员纷纷向所在医院领导请缨，坚决要求参加医疗队奔赴灾区；还有奥运火炬手、老艺术家向民进组织表达心愿，愿意将奥运火炬、获奖艺术作品拍卖所得用于支援灾区的恢复重建。大家认为，抗震救灾斗争检阅了民进组织的凝聚力，检阅了主题教育活动的实际效果。

各小组民主推荐了第二天参加大会交流的省级组织9位代表。民进中央宣传部、研究室负责人参加小组交流。

6月16日　民进中国特色社会主义主题教育活动经验交流会上午举行大会交流发言。罗富和出席会议。民进北京市委会、上海市委会、民进山东省委会、江西省委会、江苏省委会、天津市委会、广东省委会和民进太原市中心医院支部的代表等8位同志向大会介绍了各自开展主题教育活动的主要做法和经验体会。民进四川省委会副主委刘激涛充满感情地向与会者介绍了四川民进会员在抗震救灾第一线的英勇表现和感人事迹。

民进各级组织的中国特色社会主义主题教育活动在民进中央的统一部署下扎实有序进行，大家认真完成规定的四个阶段工作任务，做法和经验既有共同点，也有很多自身特点和创新。各级组织都对主题教育活动高度重视，周密部署，明确要求，在深入调研，掌握情况的基础上，注重服务，搭建平台，加强引导。这次主题学习教育活动非常注意结合多党合作的实践，力求与工作结合起来，取得了实实在在的成效，民进各级领导班子和会员的素质有了大幅提升，参政党各项工作有了切实提高。同时，各地民进组织还根据自身特点，在实践中创造出许多行之有效的学习教育方法。

民进北京市委会针对主题教育活动各阶段的特点，科学设计，开展特色活动。在调查摸底阶段，运用社会学方法，从问卷设计、调查对象和方法的选择，统计分析，到调查报告的写作都力求做到科学规范；在学习教育阶段，针对会员知识层次高的特点开展理论征文活动；在查找差距和不足阶段，在各个层次广泛听取意见；在制定改进措施阶段，以机关工作的改革创新为突破点，带动北京民进的整体提升。

民进山东省委会注重在“结合”上作文章，在“做实”上下工夫，坚持“五个结合”的原则，即“上下结合”、“点面结合”、“长短结合”、“虚实结合”、“知行结合”，通过开展多种多样的活动，确保政治交接学习教育活动落到实处。

民进上海市委会注重发扬民主，充分利用自己的特有资源。他们将调查摸底工作与换届大会上代表提出的建议相结合，以条块结合的方式形成学习教育活动的组织构架，充分发挥上海改革开放前沿阵地参政党的参政议政作用，注重发挥机关支部在学习教育活动中的引领和示范作用，加强对会史工作的专门研究，充分发挥民进成立旧址教育基地的作用。

民进江西省委会将开展学习教育活动与省委会开展自身建设与履行职能的各项工作紧密结合起来，以主题教育活动的开展为各项常规工作提供方向保证和精神动力，以各项常规工作开展的成果来检验主题教育活动的成效，实现了“两不误，两提高”。

民进江苏省委会抓好把继承弘扬民进的优良传统与学习新时期优秀典型的先进事迹结合起来，把积极开展理论学习研讨与深入社会实践、了解国情、省情结合起来，把读书学习与开展生动活泼的活动、交流结合起来的“三个结合”，紧紧抓住主题教育活动契机，推动江苏民进工作再上新台阶。

民进天津市委会“以会促学”、“以训促学”，中期推动引导学，开展活动辅助学，通过各种培训、会议、参观、讨论，促进了政治交接主题教育活动的深入开展。

民进广东省委会在开展主题学习教育活动中，注重弘扬广东民进的核心价值，通过开展核心价值的大讨论，举办弘扬核心价值研讨会，在网站和《广东民进》杂志上开设专栏等方式，加强了多党合作历史经验和民进优良传统教育；创新工作机制，通过送理论下基层、开展会务大调研、创新学习教育方式、建立健全参政议政机制、构建良好的信息交流平台等，提高了主题教育的实效。

太原中心医院支部是发言中唯一的基层组织代表，他们的主题学习教育活动开展得扎扎实实，有条不紊，在学习方式方法上不断创新。比如，开展四项“促学”活动，即以答促学、强化学习，以讲促学、强化读书，以看促学、强化感悟，以听促学、强化理解。他们结合医疗工作开展参政议政活动，成立了提案库，评出最有价值的“十大提案”，积极履行参政党成员的职责和义务。

同志们认为，通过政治交接学习教育活动的开展，进一步增强了大家坚持走中国特色社会主义政治发展道路的信念，进一步增强了履行参政党职能的责任感和使命感，进一步继承和发扬了民进的优良传统，进一步增强了民进组织的凝聚力和号召力，切实推进了参政党的自身建设，切实提高了参政党履行职能的能力和水平。

大家还纷纷介绍了本级组织及会员在抗震救灾斗争中的表现情况。同志们一致认为，抗震救灾的各项活动，是一次心灵的洗礼和思想的升华。大家在中国共产党领导下空前团结，也感受到了我会的凝聚力和号召力。这不但标志着学习教育活动收到了实实在在的效果，也将学习教育活动推向了一个新的高潮。

民进中央宣传部、研究室负责人出席会议。

6月16日　王佐书下午主持民进中国特色社会主义主题教育活动经验交流会大会发言。大会发言重点研讨如何建立健全政治交接长效机制。来自民进广西区委会、湖南省委会、河南省委会、浙江省委会和安徽省委会的5位同志发言。

民进广西区委会副主委杨静华的发言题目为《政治交接长期性与阶段性的工作思考》。发言认为，民主党派政治交接是一项必须长期坚持不断深化的经常性工作，需要较长时间的教育引导和实践锻炼；又是一项在不同历史时期，呈现出不同具体内容和侧重点，具有明显阶段性特征的工作。发言提出，要切实提高对政治交接长期性的认识，打好“持久战”；要把政治交接作为民主党派贯穿一切工作的主线和提高参政党素质的首要任务，切实抓紧抓好；要把握好政治交接的阶段性特征，有步骤分阶段的有序推进；要完善和拓展学习教育和社会实践两个平台，确保政治交接长期有效的不断推进。

民进湖南省委会宣传信息室主任张军才的发言题目为《论民主党派建立健全政治交接长效机制的五个维度》。发言强调，建立健全民主党派政治交接的长效机制，必须从新的历史高度作多维度的探索和实践。一是必须从坚持走中国特色社会主义道路的政治信念高度，切实提升和夯实新世纪新阶段政治交接长效机制的思想政治基础；二是必须从坚持和完善中国共产党领导的多党合作和政治协商政治制度的高度，切实提升参政党自觉接受中国共产党领导，坚持走中国特色社会主义政治发展道路的坚定性、自觉性和主动性；三是必须从继承和发扬中国共产党与民主党派合作的优良传统高度，切实提升参政党在新的历史条件下坚持科学发展观，构建和谐社会、和谐政党关系的职能和作用；四是必须高举爱国主义、社会主义两面大旗，从自觉维护改革发展稳定的大局高度，切实提升参政党自觉抵制西方势力的渗透干扰和西化分化图谋的能力；五是必须从加强参政党自身建设特别是后备干部队伍建设重要性、必要性、紧迫性的多维视角，切实提升参政议政建言献策能力。

民进河南省委会正厅级巡视员祁葆珠的发言题目为《求实创新、系统统筹、构筑政治交接长效机制》。发言认为，长效机制是一个动态开放的体系，是一个内在科学联系的系统，具有长期性、根本性、整体性和稳定性四个鲜明特点。构筑长效机制应把握好针对性、实践性和创造性原则，秉承经常化、制度化、科学化和系统化原则，重点突出十个方面的内容。包括系统的学习培训机制、科学的考核评议机制、严谨的会内组织生活机制、民主的决策机制、有效的会内监督机制、灵活的激励机制、贴心的沟通关怀机制、可贵的领导干部示范带头机制、健全的后备干部培养机制和完备的组织保障机制。

民进浙江省委会宣传处调研员陈军的发言题目为《对民主党派新一代领导班子成员能力培养途径的思考》。发言指出，民主党派领导班子建设是参政党自身建设的关键，也是政治交接的重中之重。民主党派新一代领导班子成员能力培养，是全面建设参政党素质、健全政治交接长效机制的重要课题，是一项系统工程，既需要民主党派新一代领导班子成员在政治上加强锻炼，自我修炼；也需要中共党组织给予悉心关怀，创造条件，大力培养；更需要从体制和机制的完善上创造环境，为提高民主党派新一代领导班子成员的能力提供根本保证。发言提出，个人修炼是能力培养的基础前提，组织培养是能力培养的关键途径，机制改革是能力培养的根本保证。

民进安徽省委会宣传部部长李权弟的发言题目为《关于参政党政治交接长效机制建设的几点思考》。发言认为，及时开展政治交接长效机制建设工作，做好集中教育与经常性教育管理的衔接，是当前亟待加强的重要工作，也是参政党自身建设长期的工作重点。加强长效机制建设，应着重解决三方面问题：一是要认识到位，认识到政治交接长效机制是建设高素质参政党的需要；二是要有监督机制，通过制度建设建立起参政党的内部监督机制；三是要确立有关原则，从严治党、求真务实、开拓创新，确保长效机制建设取得实效。发言指出，制度建设应具体包括民主集中制、民主评议制、党派普通成员监督制、长效机制评价考核体系和问责制，以及联系会议制等。

本次会议共收到来自民进29个省级组织、主题教育活动试点单位或会员个人的共30篇关于政治交接长效机制的论文交流材料。

下午，民进中国特色社会主义主题教育活动经验交流会闭幕。罗富和作总结讲话。王佐书主持会议。朱永新出席。罗富和指出，这次会议是在民进深入学习贯彻中共十七大精神和民进十大精神，主题教育活动取得阶段性成果、需要巩固转化的新形势下，在抗震救灾工作进入恢复重建前期准备和对口支援阶段的关键时刻，召开的一次重要的会议。会议开得成功、务实、高效，既是经验交流会，也是学习研讨会和工作动员会。

罗富和强调，主题教育活动必须继续做实、继续向纵深推进。他重点就贯彻本次会议精神提出三点指导性意见。第一，要认真学习贯彻胡锦涛同志6月13日重要讲话精神。第二，要以纪念改革开放30周年为重要抓手，继续扎实深入推进主题教育活动。第三，要从实际出发，逐步推进建立政治交接长效机制的工作。

6月16日　民进网站发布民进中央宣传部编写的《临危不惧　顽强有序　忠于职守　不辱使命——民进四川各级组织及会员抗震救灾工作纪实》。文章说，5月12日14时28分，四川汶川发生了8.0级特大地震。一时间山崩地裂，数万同胞的生命瞬间淹没于废墟和泥石之中。汶川成为国人血脉同搏、泪水涌动之所在。地震发生后，民进四川省委会克服重重困难，在频繁的余震中积极行动，带领四川各级民进组织和广大会员第一时间投入到抗震救灾工作中。文章由三部分组成：一、快速反应　紧急动员；二、众志成城　抗震救灾；三、建有用之言　献务实之策。

6月18—20日　民进中央副主席、中国文联副主席、中国民间文艺家协会主席、紧急保护羌族文化遗产工作委员会主任、专家调研组主任冯骥才，民进中央副主席、中国教育学会副会长、紧急保护羌族文化遗产工作委员会副主任朱永新率有关专家，就紧急保护羌族文化遗产工作赴四川省考察。

考察组考察了北川中学原址和北川县城遗址，向死难者默哀。在任家坪的救灾物资发放点，考察组向灾民详细了解有关情况。考察组还到擂鼓镇红星爱民新村安置点和北川县城新址——安县板凳桥考察。

紧急保护羌族文化遗产四川工作基地成立暨专家调研工作会6月19日在西南民族大学召开。冯骥才指出，将“紧急抢救羌族文化基地”设在成都，便于研究、保护羌族文化。四川工作基地成立后，一支由历史学家、羌族文化研究专家、古建筑专家、民俗专家等各方面专家学者组成的调研队将就羌族文化遗产等文化遗产在地震中受到的损害情况展开调研，对调查结果进行归纳分类并分出等级后，根据等级提出保护方案。要千方百计找到健在的文化传人，并妥善安置，为今后口授文化遗产做好准备。朱永新代表民进中央讲话。

在川期间，朱永新还考察了位于绵阳市的“八一帐篷学校”。受民进中央委派，新教育研究院的老师们已经在这里工作了一个多月，对受灾学生进行心理辅导，帮助学校恢复教学。朱永新亲切慰问学校师生，他说，民进中央一定会全力以赴支持灾区教育的重建工作。

6月18日—19日　民进中央出版和传媒委员会主任、人民出版社社长助理李春生带领调研组在湖北省武汉市就“我国出版集团的现状、问题及对策建议”进行调研。

调研组与湖北民进出版界会员进行座谈。大家针对目前出版社转制过程中编辑的薪酬偏低、素质参差不齐、缺乏福利保障、出版市场监管不力、市场化运作不畅等问题发表意见和建议。

调研组与湖北省新闻出版局举行座谈会，听取有关负责同志关于湖北省出版业发展现状的情况介绍，双方就出版社转制过程后的人才培养、上市融资、管理模式力度、书号管理、跨行业经营等问题进行深入交流。调研组与长江出版传媒集团进行座谈，听取了有关负责人关于长江出版集团的发展历程、重大举措、取得的成绩、面临的问题、未来发展模式和前景等情况介绍，双方就出版社转制后面临的员工福利待遇、出版社业务趋同、对外宣传、社会舆论导向、融资、政府采购资金回笼等问题进行交流探讨，调研组还参观了长江出版传媒集团陈列室。

调研中，调研组与湖北教育出版社、崇文书局、长江文艺出版社、湖北少年儿童出版社、湖北科学技术出版社等十余家出版单位进行了广泛交流，调研取得成效。民进中央出版和传媒委员会还将根据实际需要，在辽宁、北京等地开展后续调研。

民进中央出版和传媒委员会副主任、中国摄影出版社副总编辑陈申，民进中央出版和传媒委员会委员、中国书籍出版社副编审张瑞参加调研。

民进湖北省委会给予调研大力支持，驻会副主委朱曙霞，巡视员祝湘洲，副主委、湖北教育出版社副社长唐瑾认真部署并参加调研。

6月22日—26日　全国政协副主席、民进中央常务副主席罗富和赴宁夏就“农村改革与发展”开展专题考察，着重就新农村建设、农村公共文化服务体系建设、义务教育师资情况等进行调研。罗富和出席宁夏回族自治区党委、区政府、区政协举办的宁夏农村改革与发展情况座谈会并讲话。他指出，今年是改革开放30周年，也是宁夏回族自治区成立50周年。50年来，宁夏人民取得的成就令人鼓舞，特别是近5年来，宁夏在新农村建设、公共文化建设和师资队伍建设方面做了大量的工作，取得了显著的成绩。目前，宁夏经济社会发展步入了一个最好的时期，在贯彻落实科学发展观方面，为全国提供了很多可以借鉴的经验。

民进中央考察团先后来到宁夏农林科学院、宁夏公共文化场馆（科技馆、博物馆、图书馆）、永宁县望远镇宣传文化中心、永宁县小任果业设施园艺基地、永宁县天天鲜设施园艺果蔬基地信息服务点、宁夏建成农林开发有限公司、中华回乡文化园、同心县清水河综合治理工程、红军西征纪念园、同心县大清真寺、同心县宣传文化中心、同心县河西镇上河湾移民点、红寺堡大河乡开元村设施温棚、红寺堡中圈塘万亩葡萄基地、红寺堡宣传文化活动中心，就宁夏农村的改革与发展情况进行实地考察。自治区人民政府副主席、民进宁夏区委主委姚爱兴，自治区政协副主席李淑芬、袁汉民、解孟林、安纯人等先后陪同考察。

6月22日　全国政协主席贾庆林在北京会见了罗马尼亚参议长沃克罗尤。他希望双方保持高层接触的连续性，搞好建交60周年庆祝活动，抓好具体合作项目的落实工作，推动两国关系迈入更高发展阶段。民进中央副主席冯骥才等会见时在座并参加宴请。

6月23日 国家主席胡锦涛今天下午在人民大会堂举行仪式，欢迎希腊总统帕普利亚斯访华。中方出席欢迎仪式的有：全国人大常委会副委员长、民进中央主席严隽琪，国务委员戴秉国，全国政协副主席郑万通。随同帕普利亚斯总统来访的有希腊政府高级官员等。帕普利亚斯总统是应胡锦涛主席邀请前来对我国进行国事访问的，这也是他就任总统后首次访华。

6月23日 全国政协副主席、民进中央常务副主席罗富和同民进中央“农村改革与发展”考察组，下午与民进宁夏区委会干部、各市委负责人座谈并讲话。他高度评价民进宁夏区委会及5个市委会的工作。罗富和指出，近年来，宁夏民进按照会中央的要求，积极开展主题教育活动，在组织建设、宣传工作、参政议政、民主监督、社会服务等各方面都创造新经验，取得新进展，进一步突出地方特色，充分体现宁夏“小省区、大志气”的精神。罗富和介绍了民进中央近期在政治交接主题学习教育活动、参政议政机制和网络平台建设等方面的工作，并希望民进宁夏区委会和民进中央一道在光荣传统的传承和核心价值的形成两方面共同探索研究，总结新经验；同时，希望民进宁夏区委会在科学发展观指导下，利用自身优势，在参政议政领域发挥更大作用。

宁夏回族自治区人民政府副主席、民进区委会主委姚爱兴主持座谈会并作总结讲话。他说，罗富和副主席调研深入、内容丰富，体现了党派中央领导人务实的工作作风，值得我们尤其是区委领导班子学习；罗副主席对民进中央近期工作情况的介绍为我们今后的工作指明了方向，具有很强的指导性；我们会尽快地把罗副主席此次调研中对我们的一些重要指示精神和对基层会员的关心传达下去，更好地按照会中央的要求团结带领我区广大会员进一步深化政治交接学习教育活动和主题教育活动的成果，围绕各地党委政府中心工作发挥我会作用，作出更大贡献。

民进宁夏区委会、各基层组织负责人分别就自身建设、参政议政、社会服务等方面的工作情况作汇报，并对民进中央此次赴宁调研的课题“农村改革与发展”提出意见建议。民进中央参政议政部、区委会有关负责人出席会议。

在宁期间，宁夏回族自治区党委书记陈建国，自治区人民政府主席王正伟，自治区政协主席项宗西，自治区党委常委、统战部部长马金虎看望罗富和与考察组一行。

罗富和看望了民进原区委会主委曹维新、高文华，对他们为民进作出的贡献表示衷心感谢，与他们就区委会工作进行交谈，并合影留念。

6月23日 全国人大常委会原副委员长、民进中央原主席许嘉璐到北京林业大学，看望我国著名梅花专家、中国工程院院士陈俊愉教授，考察北京林业大学工作。许嘉璐来到陈俊愉家中看望并亲切交谈。年届九旬的陈院士向许嘉璐介绍了自己多年来倡导将梅花和牡丹定为国花所作的努力，提出，从我国的国情和实际出发定梅花、牡丹为双国花最合适。许嘉璐认真地倾听陈老意见，对陈老几十年如一日这种执著的精神给予了充分肯定。他希望学校和有关部门加大宣传力度、采取多种形式，让更多的人了解梅花、支持梅花，学习和发扬梅花居安思危、在逆境中前进的精神。许嘉璐还与陈院士相约，一同为国花的最终确定而努力。

许嘉璐亲切看望北京林业大学师生员工并与学校领导进行座谈，就高校加快改革步伐讲话。许嘉璐充分肯定林大改革开放30年来取得的成就。他说，北京林业大学精英荟萃，在学科建设、学术发展等方面取得很多成绩，特别是近年来有了可喜的进步，为国家作出很大贡献；学校发展得非常好，有准确的定位，形成了富有特色的办学理念；特别是学校提出的引领绿色文化的理念，更是具有一定的高度和前瞻性，赋予林业行业新思路。他希望学校在今后改革中进一步解放思想，加强创新，作出更大成绩。

许嘉璐指出，高校发展不仅面临良好的机遇，同时也面临着严峻的挑战。高校未来的发展必须进一步解放思想、深化改革，包括在管理体制、管理机制、教学内容、教学方式等各方面的改革。改革任务很艰巨，但必须要抓住机遇，迎接挑战。

国家林业局党组成员、中纪委驻国家林业局纪检组组长杨继平陪同看望和考察。北京林业大学党委书记吴斌作学校工作汇报。

6月23日　民进中央副主席王佐书上午应邀为北京师范大学化学院首届免费师范生作题为《教师的发展》报告，近200人参加报告会。王佐书首先祝贺同学们通过自己的努力以优异的成绩考取北京师范大学首届免费师范生，同时也是国家首届免费师范生。他紧密结合师范学生实际，从教师发展的具体含义、研究教师发展涉及的基本问题、研究方法、从哪些方面思考研究教师发展和从教学目的看教师发展等5个方面展开报告，介绍了研究教师发展问题的若干方法、角度，指出了从教学目的看教师发展的重要性，深入剖析了教学目的12个方面的内容，并着重强调了培养师德高尚、教风严谨、具有创新精神和实践能力的教师的关键性。

王佐书在报告中引用实例丰富，数据翔实，重点突出，既是一场关于教师发展的专题报告，同时也对未来教师进行了"润物无痕"的思想政治教育。报告结束后，王佐书和同学们进行交流。同学们就教师综合素质、教师人格、如何培养学生的非智力因素等问题纷纷提问，现场气氛热烈。同学们一致表示，报告内容深刻，形式新颖，予人启发，获益良多。王佐书勉励同学们珍惜机会、把握机会，努力学习、茁壮成长，立足西部、报效祖国。

6月23日—25日　民进中央妇女儿童委员会主任、北京师范大学心理学院学术委员会主任邹泓带领调研组就"城市已婚女职工生育后社会支持系统"参政议政重点课题在浙江省杭州市和宁波市开展调研。

调研组与民进会员创办的杭州笑笑幼儿园、杭州余杭小博士幼儿园、宁波李惠利幼儿园、宁波中原幼儿园的负责人就如何加强幼儿教育，更好地促进幼儿园健康发展访谈和问卷调查，就受访者的基本情况、婚育情况、婴儿养育情况、社会支持需求以及如何保障已婚女职工生育权益等问题进行摸底和探讨。

民进中央妇女儿童委员会委员、中国少年报社《中国儿童报》编辑部记者于红，民进中央妇女儿童委员会委员、北京西城区华新幼儿园副园长关毅等参加调研。

民进浙江省委会，民进杭州、宁波市委会对此次调研给予了大力支持。省委会驻会副主委穆建平、宁波市委会驻会副主委赵夏娟等认真部署并参加调研。

6月24日　全国人大常委会原副委员长许嘉璐上午在北京会见了以日本内阁财务副大臣、公明党众议员、日中新世纪会会长远藤乙彦为团长的日本日中新世纪会代表团。代表团主要成员有民主党众议员古贺一诚，日本内阁文部科学副大臣、自民党众议员松浪健四郎，自民党众议员竹下亘等。

日本日中新世纪会代表团是应中国人民对外友好协会的邀请来华访问的。

对外友协副会长、中日友协副会长井顿泉等陪同会见。

6月24日　中国人民外交学会高级顾问许嘉璐下午会见了以美国立法领袖基金会总裁Stephen Lakis、桑顿亚洲基础设施集团董事长James Bulger为正副团长的美国客人一行。

代表团是应北大方正集团的邀请来华访问的。

中国国际友好联络会副会长沈卫平，外交学会副秘书长毕刚，全国人大外事委员会办公室主任彭放，北大方正集团总裁魏新等会见时在座。

6月27日　"台湾客家乡亲捐赠北京奥运景观石落成仪式"上午在北京奥林匹克森林公园举行，承载台湾客家乡亲一片赤诚之心的花莲巨石正式落户北京。全国人大常委会原副委员长、"客家之友"许嘉璐出席落成仪式并讲话。许嘉璐对客家人的硬颈精神和聪明才智大加赞赏。他说，能有幸不断地参加海峡两岸客家人的聚会，亲眼看到天下客家人一家亲，也从和客家朋友的交往中了解到，客家文化、客家精神就是中华民族文化、中华民族精神的缩影：坚韧、聪慧、永远不服输！50多吨的巨石运到北京，不是简单的事情，但是客家人都用聪明才智化解了种种难题。这不仅仅是奥运前夕一系列有关奥运活动中的一个，是海峡两岸的客家人之间的一件盛举，也是客家历史上的一件重要的事情。

北京奥组委秘书行政部副部长郝铁川和台湾中华海峡两岸客家文经交流协会会长饶颖奇共同为景观石落成揭幕。饶颖奇表示，花莲巨石能够耸立在北京奥林匹克森林公园，不仅说明了两岸的客家乡亲同文同种、血脉相连，为了两岸的和平繁荣共同奋发努力，更说明了全球客家乡亲对于2008年奥运会能够在北京隆重举行，共同表达振奋和支持。他希望未来世世代代的客家乡亲，来到这座奥运公园，看到耸立的这座巨石，内心必然肃然起敬，油生追远的情怀，也必定为生为客家人而骄傲！

北京市台湾事务办公室主任马玉萍在致词中感谢台湾客家乡亲对奥运的支持。据马玉萍介绍，奥林匹克森林公园计划于今年10月1日国庆日时才正式对外开放，之前是谢绝外人入园的，当天为两岸客家乡亲破了这个例。

台湾客家乡亲捐赠的奥运景观石，是一块采自台湾花莲的著名特产——“花石”，高3.6米，宽2.6米，重达50余吨，其上镌刻“两岸客家，心系奥运”8个朱红大字，挺拔雄伟，气势不凡。这尊巨石漂洋过海，历经波折才安放到奥林匹克森林公园，中间的历程令宾主双方都颇为感慨：这尊“花石”是2006年11月首届“海峡两岸客家高峰论坛”期间，由台湾中华海峡两岸客家文经交流协会理事长饶颖奇代表台湾450万客家乡亲专门捐献给2008年北京奥运会的。花莲巨石运抵北京后，由于奥林匹克森林公园正在建设之中，因此暂时寄存在北京联合大学校园内。如今，北京奥林匹克森林公园建设进入尾声，这尊代表台湾客家乡亲一片赤诚之心的花莲巨石被正式移入公园内安放，成为园内一处具有特殊意义的景观。

客家人是汉民族中的一支，早年由中原迁移至南方，现散居世界各地。据不完全统计，目前全世界约有1亿客家人，台湾地区约有450万客家人。2006年，北京联合大学台湾研究院和台湾中华海峡两岸客家文经交流协会倡议成立海峡两岸客家高峰论坛，11月，首届论坛在北京成功召开，引起了很大的反响。会上，许嘉璐获两岸客家代表赠送“客家之友”字匾。2007年9月，在福建厦门成功召开了第二届海峡两岸客家高峰论坛。海峡两岸客家高峰论坛的成功举办，对于两岸客家乡亲感情的融合交流、客家精神和文化的弘扬起到了显著的促进作用。据悉，第三届海峡两岸客家高峰论坛将于2009年夏天在台北市举办。

海峡两岸关系协会副会长张铭清等有关方面负责人以及来自台湾和北京客家乡亲约200人出席仪式。民进中央社会服务部负责人参加仪式。

6月28日　全国人大常委会副委员长、民进中央主席、上海市大学生科技创业基金会会长严隽琪，全国人大常委会原副委员长、民进中央原主席、国家教育中短期规划纲要顾问许嘉璐，上午来到上海市大学生科技创业基金会，考察上海鼓励大学生创新创业工作。

6月28日　民进中央十二届三次主席会议下午在上海召开。民进中央主席严隽琪主持会议。常务副主席罗富和，副主席潘贵玉、王佐书、刘新成、蔡达峰、朱永新、张帆出席会议。秘书长赵光华、各部门负责人列席会议。

会议学习传达了胡锦涛同志在中共中央、国务院召开的省区市和中央部门主要负责同志会议上的讲话精神；审议通过了中国民主促进会第十二届中央常务委员会第三次会议议程、日程；传达了中央统战部于6月25日召开的各民主党派中央常务副主席会议精神，部署了相关工作。会议总结了2008年上半年工作，研究了下半年和2009年民进主要工作安排。

6月29日　中国民主促进会第十二届中央常务委员会第三次会议在上海召开。全国人大常委会副委员长、民进中央主席严隽琪主持会议并讲话。全国政协副主席、民进中央常务副主席罗富和通报民进中央2008年上半年工作情况。民进中央副主席潘贵玉、王佐书、刘新成、蔡达峰、朱永新出席。会议以中共十七大精神为指导，学习贯彻胡锦涛同志在中共中央、国务院召开的省区市和中央部门主要负责同志会议上的讲话精神，进一步部署民进抗震救灾工作，交流开展中国特色社会主义主题教育活动和加强领导班子建设经验。

当日上午，民进北京、上海、天津、重庆市委和民进湖北省委会进行了大会交流。

民进十二届三次中常会下午举行专题报告会。严隽琪、罗富和、潘贵玉、王佐书、刘新成、蔡达峰、朱永新出席。会议邀请中央社会主义学院副院长张峰教授作《以中共十七大精神为指导，加强民主党派领导班子建设》专题报告。王佐书主持报告会并讲话。

民进中央常委30余人出席会议。民进中央各部门负责人、民进部分省级组织负责人列席会议。

2008年7月

7月1日　民进29个省级组织主委就领导班子建设经验和抗震救灾工作继续进行大会交流。严隽琪、罗富和、潘贵玉、王佐书、刘新成、蔡达峰、朱永新等民进中央常委出席。大家指出，换届以来，民进各省级组织以中国特色社会主义主题教育活动为平台，以纪念中共中央“五一口号”发布60周年为契机，从思想建设、制度建设、作风建设和后备干部队伍建设等方面加强领导班子建设，促进了领导班子“四种能力”的提高，努力开创民进工作新局面，各项工作取得了新成绩。各省级组织的经验交流，真实地反映了民进换届以来加强领导班子建设，带动全会自身建设、推进政治交接，提高参政议政、民主监督能力和水平的成果。

当日上午，会议审议并原则通过了《“为了灾区的孩子们”捐赠款物管理使用的规定（草案）》，并就民进参政议政工作进行了讨论。

是日，中国民主促进会第十二届中央常务委员会第三次会议在上海闭幕。严隽琪主席作重要讲话。罗富和常务副主席主持会议，并通报了有关人事事项，传达了中共中央统战部有关会议精神。潘贵玉、王佐书、刘新成、蔡达峰、朱永新、张帆副主席出席闭幕会。

严隽琪在讲话中指出，这次中常会进一步学习中共十七大和胡锦涛总书记6·13重要讲话精神，认清形势与任务，回顾工作，总结经验，鼓舞精神，研究部署工作，是一次学习、讨论、交流的会议，也是发扬民主、集中集体智慧的研究工作的会议。

严隽琪指出，下半年工作要进一步深化对时代新要求的认识，继续抓牢主题教育活动这条主线，全面推动各项工作开展，完成年初确定的工作目标。要围绕抗震救灾、举办北京奥运会和纪念改革开放30周年等重大事件，进一步加强自身建设，切实履行参政党职能，为维护社会稳定、促进经济社会又好又快发展、推进和谐社会等方面全力做好工作。

中常会结束后，民进上海市委会快乐合唱团为与会同志献上一场精彩的演出。

7月1日　全国人大常委会副委员长、民进中央主席严隽琪，民进中央副主席、福建省社会科学院院长张帆，下午来到上海社会科学院考察，并与院领导和部分专家学者座谈。

上海社科院党委书记、院长王荣华主持座谈会并介绍社科院工作情况。张幼文、杨建文、刘杰、花建、尤俊意等专家学者就经济形势、参政党理论研究、文化建设研究、统战理论研究等发言。

严隽琪认真听取发言。她说，大家的发言水平很高，充分展示了上海社科院的研究实力和功底。上海社科院提出建设国内一流、国际知名的社会主义新智库，思路明确、定位准确。

严隽琪指出，中共中央对于多党合作和民主党派越来越重视，每年召开多次高层民主协商会议，民主党派有机会面对面地向中共中央和国务院建言献策，这也对参政党的参政议政质量提出更高的要求。

严隽琪说，新时期、新形势下，中共中央对参政党进一步提升自身的参政议政能力提出更高的要求。为此，要注意把握以下三点：一是要广泛开展会内、会外资源的互动；二是要深化理论联系实际，把社科界的研究优势与民主党派的工作优势更好地结合起来；三是要加强民进中央和地方组织的互动。同时，执政党的理论和路线、方针、政策在不断与时俱进，参政党的理论建设也要不断发展。民进中央今后要与上海社科院密切联系，通过课题、项目和人员等多种形式合作，在中国特色社会主义政党制度、社会经济发展、文化建设等方面开展广泛、深层次的合作研究。

严隽琪希望，上海社科院利用地域特殊的环境条件产生辐射效果，发挥更大的作用，为我国社会科学事业的进一步发展贡献力量。

严隽琪会前参观了上海社科院成果展览室和图书馆。民进中央秘书长赵光华，民进中央宣传部、参政议政部、研究室和民进上海市委会负责人陪同考察。

7月1日　全国政协副主席、民进中央常务副主席罗富和，民进十二届三次中常会与会同志，下午参观中共“一大”会址和民进成立旧址，深切缅怀中国共产党革命先烈和民进老一辈创始人，切实增强在中国共产党的领导下，走中国特色社会主义政治发展道路的自觉性和坚定性。大家一致表示，作为中国共产党的亲密友党，民进将进一步继承和发扬老一辈领导人“坚持接受中国共产党的领导，坚持爱国、民主、团结、求实，坚持立会为公”的优良传统，不断深化政治交接，推动和实现我国统一战线和多党合作事业的可持续发展，为把民进建设成为适应21世纪的高素质参政党而不懈努力。

部分民进中央常委，民进中央部门负责人、部分省级组织负责人参加本次活动。

7月1日　民进中央副主席朱永新下午在民进上海市委会听取了社会服务工作汇报，并出席“上海民进企业家联谊会一届九次会议”。朱永新介绍了民进智力支边扶贫、海外联谊、支持民企民教等几项主要社会服务工作的开展情况。他说，民进的社会服务工作，要体现党派特点，发挥民进优势，继承优良传统，创新服务机制。无论哪项社会服务工作，都要服务于参政议政，在社会服务的同时发现问题，提出建议或提案。

朱永新指出，改革开放以来企业在市场经济中占有越来越重要的地位，上海民进企业家在各自所在的行业都是杰出代表，你们的成绩、成功及对社会的贡献必然会影响到一大批人。上海民进企业家联谊会把这些人才有效集聚起来，建立了共同学习、交流与合作的平台。在过去的几年中，联谊会成员通过这个平台，广交朋友，互通信息，热心社会服务，在自身企业帮助社会困难群体的同时，还为民进开展的各项支边扶贫、教师培训等工作提供了大力支持。在抗震救灾过程中，上海民进企业家联谊会成员反应迅速，积极捐款，奉献爱心，充分体现了参政党成员高度的社会责任感和使命感。作为民进组织，在关注企业家们积极回报社会的同时，更要关注他们经营企业的发展；联谊会成员也可以把经营企业过程中面临的问题、困难及想法及时反映上来，通过民进组织这个渠道，以参政议政的形式，有效地反映到政府决策层，为国家制定更有利于民企健康发展的方针与政策提供意见和建议。

民进上海市委会社会服务部汇报了近期社会服务工作情况。近年来，民进上海市委会发挥优势、突出特色，社会服务工作取得了很大成绩。积极开展智力支边工作，支持西部教育；开展海外联谊及联委会工作，接待台湾访问团，组织联委会成员开展调研；做好社会力量办学工作，热心服务下属各级各类18所办学机构；发挥自身优势，组织民进会员“送医、送戏下乡”，开展义演义诊及法律咨询活动。

上海企业家联谊会会长邓莹汇报了联谊会近期工作情况。联谊会于2005年5月成立以来，引导和组织民营企业界会员紧紧围绕发展、稳定大局和民主党派职能开展工作，形成了定期举行全体会议的交流机制；组织理事学习考察，提出参政议政提案。联谊会成员积极参与社会公益事业，今年累计社会公益捐资超过1190万元，其中在四川地震发生后，向灾区捐款达690余万元、捐物价值达1000余万元。

会上，何培新、陈国强、奚剑鑫、陈世春、吴范宏等先后发言，谈了自身企业发展和作为民进会员参加组织活动、参政议政等方面的感受。

民进中央社会服务部、民进上海市委会负责人出席座谈会。

7月2日　民进西部农村教师培训工作座谈会在上海民主党派大厦召开。全国人大常委会副委员长、民进中央主席严隽琪会前会见全体与会代表。民进中央副主席朱永新出席座谈会。严隽琪对与会的民进各省级组织在社会服务工作中，特别是在开展西部教师培训工作中所作出的努力和成绩表示衷心感谢。

严隽琪指出，民进要建设高素质参政党，社会服务是很重要的内容。民进通过对社会真心实意的服务，体现党派存在的价值。当前经济社会发展过程中，需要面对的问题太多，民进要结合自身在智力方面的优势，以科学发展观为指导，突出社会服务工作的重点。民进长期以来开展的西部教师培训工作，正体现了这种“聚智合力”的指导思想。一个地区要发展，教育是关键，而教师素质则决定着教育质量的高低。西部地区与东部地区是共生共荣的关系，祖国的繁荣需要两者携手共进。同时，社会服务还要与参政议政相结合，民进的社会服务是在“点”上做试验，更重要的是把点上的问题分析归类，转化为指导“面”上的提案，通过这种方式产生的提案，不仅经过了调查研究，还经过了实践，为政府如何更完善的制定方针政策提供了有力依据，使得民进履行职能更富实效。

朱永新在讲话中介绍了民进中央近期的社会服务工作思路，即体现党派特点，发挥民进优势，继承优良传统，创新服务机制。他强调，一定要上下互动，左右联动，整合全会力量做好社会服务工作。

朱永新说，西部教育在一定程度上是关系到中国的未来，而教师是西部教育的关键。民进各级组织要系统梳理总结前一阶段西部教师培训工作的经验，进行深化细化，做出品牌和影响力，把这项工作做成智力支边扶贫工作一个新的亮点；要推动培训工作向方法多元化、培训模式多元化、管理规范化发展。他还就民进参与四川等地的灾后重建工作谈了看法。

民进上海市委会负责人致欢迎词。民进上海市委会、四川省委会、山东省委会、贵州省委会负责人，民进北京、上海、天津、广东、浙江、江苏、湖南等市委会省委会社会服务工作负责同志，四川广元市委会的负责同志，分别在会上发言，交流了开展西部教师培训工作的情况、经验和工作计划。民进中央社会服务部负责人总结了民进前一阶段西部教师培训工作。会议讨论了《民进西部农村教师培训中心、基地（站）命名条例（试行）》。

7 月 2—5 日　全国政协副主席、民进中央常务副主席罗富和出席全国政协第十一届常委会第二次会议。

7 月 2 日　民进中央副主席王佐书应无锡市文化广播新闻出版局邀请，在无锡市体育馆国际报告厅做主题为《文化的实力与发展战略》的专题讲座。王佐书从当今世界文化的背景、文化的形和魂、文化的层次和结构、文化实力的表现形式以及文化的评价体系等五大问题，紧密结合文化发展实际，进行深入分析，精彩的演讲博得与会听众阵阵掌声。

无锡市人民政府副市长刘鸿志出席讲座。市文化广播新闻出版局领导，各市（县）、区文化（文体、社会事业）局分管局长、文化馆（站）长、图书馆长、社区文化辅导员，市文化艺术管理中心及市文化馆、市图书馆等单位工作人员参加了讲座。

7 月 3 日—6 日　民进中央副主席、北京市人大常委会副主任、首都师范大学校长刘新成，应邀赴内蒙古考察讲学。期间，刘新成视察民进内蒙古区委并座谈。

7 月 3 日—4 日　民进中央副主席朱永新赴浙江就社会服务工作调研。朱永新考察了位于杭州河坊街历史文化街区的浙江开明画院。他认真地观看画院展出的会员作品，并详细询问有关情况。参观结束后，朱永新与民进浙江省委和开明画院的同志座谈。民进会员、浙江开明画院院长、中国美术学院博士生导师吴山明，开明画院常务副院长沈曙介绍画院情况，对民进中央筹建画院工作提出建议。由民进浙江省委员会发起创立的浙江开明画院成立于 1999 年，是由省民政厅、省文化厅正式批准的艺术社团。画院由著名书画家们组成艺术顾问与院务委员会，有画师百余名，大多是活跃在浙江美术界的知名人士。画院成立 10 年来，“以服务赢声誉，以实干求发展”，通过广泛联络美术界人士，积极开展工作，举办各种形式的展览 50 多次，参加多次重大艺术交流，举行丰富的普及、教育和社会服务活动，在社会上产生一定的影响。

朱永新高度评价浙江开明画院成立 10 年来取得的成绩，他指出，民进组织创办的画院，是团结文化艺术界会员，开展社会服务的良好平台。他希望浙江开明画院坚持服务宗旨，不断开拓创新，走出一条公益性艺术团体生存发展的成功之路。

朱永新 7 月 3 日下午走访民进浙江省委会，并与省委会领导班子座谈。盛昌黎主委介绍浙江民进的历史和基本情况，汇报了省委会参政议政、社会服务等各方面工作取得的成绩。省委会各位领导就如何进一步拓展社会服务渠道、建立社会服务新平台、通过中华传统文化做好对台工作、提升社会服务工作地位、处理好社会服务工作和参政议政工作的关系等问题畅谈感想，提出意见建议。

朱永新介绍民进中央社会服务工作思路，对省委会在社会服务工作中取得的成绩，特别在抗震救灾工作中作出的贡献给予充分肯定，对省委会发挥优势，以传统文化为桥梁促进海峡两岸交流提出建议。

朱永新4日赴萧山区考察教育。他参观了民进会员金霞创办的金帆学校，并与教师座谈。中共萧山区委常委、统战部长沃岳兴向朱永新介绍萧山经济社会的发展情况，民进萧山区委主委汤金友汇报了全国第一个民进区（县）级组织——民进萧山区委工作情况，萧山区副区长、民进萧山区委会副主委张爱莲汇报萧山区的教育情况，会员金霞汇报了金帆学校情况。在金山学校（银河小学），朱永新听取了萧山区教育局董茶仙副局长关于该区开展新教育的情况汇报，和金山学校开展新教育的情况介绍，他对萧山区的新教育工作给予高度评价。

在杭州期间，朱永新参观了民进会员冯耀忠创办的天石微雕艺术馆。

浙江省政协副主席、民进浙江省委会主委盛昌黎，民进浙江省委会副主委徐博侯、连建伟、赵光育、蔡秀军、王旭烽、谢双成、穆建平，民进山东省委会副主委骆宝臻，民进中央社会服务部负责人等参加调研。

7月4日　民进中央常务副主席罗富和到北大第一附属医院看望在京疗养的民进江西省委会原主委刘运来。

7月4日　全国人大常委会原副委员长、民进中央原主席许嘉璐应邀出席绵阳灾区重建薯业产业北京座谈会并讲话。许嘉璐对绵阳市以薯业产业带动灾区灾后重建的思路表示肯定，对光友薯业能想到规划、请专家帮助制定规划的努力表示赞许。他指出，灾区在重建的过程中一定要本着科学规律办事，薯业产业重建要把坚持自主知识创新放在第一位，只有这样，才能充分调动起广大农民群众的积极性，把灾区重建政策落到实处，让广大农民群众尽快恢复生产、走上富裕道路。

许嘉璐深情回忆起三年前率民进中央考察团赴绵阳考察星火产业建设工作和考察光友薯业的情景，对绵阳市和光友薯业多年来坚持科技创新、惠农富农的努力表示肯定，对绵阳乃至全国的薯业发展前景充满希望。他说，薯业产业在农民致富和保证人民的食品健康方面有十分重要的作用，薯业加工企业要以科学、质量为第一要素；社会、政府应该在政策上和其他方面给予这些企业倾斜和扶持；在保证健康发展的前提下占有更大的市场份额，在产品形式方面、品种方面要有创新。许嘉璐说，希望光友薯业的富农计划能尽快全面付诸实施、成为川北振兴的支柱之一。许嘉璐以“爱国爱民，情浓感人。奋斗无止，勇于创新”题赠邹光友及光友薯业，表达他对绵阳灾区薯业产业的支持与鼓励。

7月4日—6日　民进中央副主席朱永新率民进中央联络委员会课题组赴山东烟台、栖霞，就“海峡两岸农业合作试验区和台湾农民创业园”课题开展调研。山东栖霞台湾农民创业园于2006年4月由国台办、农业部和商务部联合批准设立。4日下午，课题组与烟台市台办、地税、工商、海关、检验检疫、经贸、农业、国土、建设、科技等有关部门负责同志座谈，详细了解栖霞台湾农民创业园的发展情况。

朱永新5日上午考察栖霞台湾农民创业园。他认真听取创业园发展情况以及创业园叠加“出口加工区”的构想和前期工作汇报。朱永新说，栖霞台湾农民创业园是目前大陆八个台湾农民创业园中唯一一个位于北方地区的园区，要珍惜并发挥这一政策优势，合理规划，稳步健康地发展。课题组要把园区发展中遇到的实际问题和困难，及时向有关部门反映，切实推动有关部门继续采取务实措施，推动两岸农业实现优势互补和台湾农民创业园健康发展。

朱永新一行6日上午参加民进烟台市委会四届八次全委（扩大）会议。会上，民进烟台市委会主委张隽秋简要汇报了民进烟台市委的发展、组织开展政治交接学习教育活动以及抗震救灾赈灾活动的工作情况。民进烟台市委会名誉主委陈文卿代表老会员发言。民进烟台市委会副主委曲荣君、栾波，委员季华丽、王惠莲，会员姜洪波，宋华西、张宝英等，以及莱山支部、体育学院支部、综合二支部、综合三支部等多个基层支部的负责人或会员代表竞相发言，他们在汇报支部工作的同时，欢迎民进中央领导下基层、与基层会员面对面交流，并提出建议。

朱永新祝贺烟台民进会员在为促进烟台“四个文明”建设中作出的贡献，感谢基层会员为推进民进事业付出的努力，他希望通过在座的会员代表转达会中央对全市180余名会员的问候。

朱永新介绍了近期会中央在政治交接、思想建设、组织发展、参政议政和社会服务方面的工作，着重介绍了四川“5·12”大地震以来民进迅速将工作重点转移到抗震救灾上来所做的一系列有特色有影响的工作。截至7月，民进中央、民进29个省级组织和近11万会员通过多种形式和渠道，为灾区人民捐款捐物共计1.2亿余元，“为了灾区的孩子们”的书画义卖和捐赠已达703万余元。民进北京、上海、重庆、辽宁、江西、浙江、山西等市委会省委会医卫界会员谱写救死扶伤的赞歌。民进发挥教育、文化、出版、科技等方面的特色和优势，以多种形式多种渠道多种方法抗震救灾，献计出力，鼓舞人心。

朱永新强调，政治交接是一个长期的任务，会中央新一届领导班子将继承民进的优良传统，依靠班子集体和全会整体的力量，在自身建设、思想建设上多下工夫，不断增强坚持中国共产党领导的坚定性和自觉性。继承马老“只有跟着共产党走，才是在正道上行”的政治遗产，接过上一辈民进领导人接力棒，无滞无懈，带领民进朝着正道、健康光明的大道坚定的前行。

朱永新向烟台民进基层的会员们提出期望：一是要加强基层组织建设，不仅要把优秀人才吸引入民进、团结到民进周围，还要为他们的成长创造更好的机会，搭建更好的平台。二是要正常开展有特色的活动，基层组织一定要围绕会员的需求，设计丰富多彩、形式新颖的活动，以加强凝聚力。三是要参政议政，这体现的是各民主党派的风采、素质和水平。参政议政是全会的事，全体会员都要参与，在此基础上还要培养参政议政骨干，通过骨干去带动他周围的会员参政议政。四是开展社会服务活动。参政议政是“知”，社会服务是“行”，社会服务不仅可以为参政议政提供素材，还可以为参政议政提供解决办法。

中共山东省委统战部，烟台市委、市政协、市委统战部，栖霞市委、市政协、统战部，民进山东省委会、烟台市委会负责人陪同参与有关活动。

民进中央联络委员会主任梁勇，委员张军军、闫薇，民进中央社会服务部负责人参加调研。

7月4日　在政协十一届全国委员会常务委员会第二次会议上，张帆代表民进中央作《总结抗震救灾经验　完善“教育系统突发公共事件应急预案”》的大会发言，建议教育部门和建设部门要联合开展学校建筑标准修订工作，还要建立学校建筑年检制度。

7月5日　上海市慈善基金会“人文关怀阳光基金”成立仪式暨赈灾义演义卖活动，下午在上海市教科院民办教育研究所报告厅举行。全国人大常委会副委员长、民进中央主席严隽琪，民进中央副主席、上海市人大常委会副主任、民进上海市委会主委蔡达峰出席并讲话。

7月7日　中共中央统战部召开情况通报会，民进中央副主席朱永新出席。

7月8日　全国人大常委会原副委员长、民进中央原主席许嘉璐当晚在长沙会见罗马尼亚、秘鲁、保加利亚、孟加拉、印尼等国驻华使节，进行了关于全球化背景下语言作用的深刻对话。驻华使节们是随55个国家的100多名大学生汉语爱好者一道来到湖南长沙，这些学生将参加第七届“汉语桥”世界大学生中文比赛。

许嘉璐说，世界发展到今天，各国既享受到现代科技快速发展、经济全球化浪潮的好处，同时也感到民族文化受到严重冲击的威胁，因此不得不思考“在经济全球化过程中，是否必然产生文化一体化”这个共同的问题。但直觉和理性思考都告诉我们，如果世界文化真正一体化，或朝着一体化发展，都将是人类的灾难。

许嘉璐说，世界各国都在努力保存、弘扬各自的传统文化，在这一过程中，各国之间唯有加强沟通、相互借鉴，才能使自己的文化不断更新、充满活力，立于世界民族之林。在这种形势下，“汉语桥”的出现，无疑为中国与世界各国搭建了一座心灵与思想的桥梁。

许嘉璐说，中国人民坚信不同民族都有自己的优秀文化传统，但绝不认为中国文化便是世界唯一、最优秀的文化。我曾多次对从外国来到中国的留学生说，你在掌握汉语、代表自己国家了解中国文化的同时，有责任把你们国家的价值观和文化形态介绍给中国人民。世界不同国家和民族不能只有一架心灵桥梁，愿汉语桥、英语桥、德语桥等桥梁纵横于五大洲之间，让各国人民的感情畅通无阻。

7月8日—9日　全国人大常委会原副委员长、民进中央原主席许嘉璐在湖南省考察时强调，牢固打造“汉语桥”品牌，向世界推广汉语，弘扬中华文化，让汉语成为连接中国与世界的文化之桥、心灵之桥、思想之桥，增进世界各国对中国的了解和友谊，促进世界和平与发展。

许嘉璐7月8日下午会见了参加第七届“汉语桥”世界大学生中文比赛的外国驻华使节。他指出，在当今世界经济全球化和文化多元化进程中，语言发挥着越来越重要的作用。随着中国经济的持续发展和国际地位不断提高，尤其是中国加入世贸组织、北京申奥成功后，汉语日益受到各国政府、部门及社会各界重视，并在国际经济贸易中发挥着越来越重要的作用。

许嘉璐7月8日晚出席第七届“汉语桥”世界大学生中文比赛开幕式并宣布开幕，观看了来自55个国家的汉语爱好者现场表演的说汉语、唱京剧、背唐诗等节目。许嘉璐表示，这次比赛在具有深厚湖湘文化底蕴、人才辈出的湖南举行，有着非比寻常的意义，为世界人民增进对湖南的了解，为湖南向世界展示良好形象以及湖湘文化走向世界提供了良好契机。

许嘉璐表示，中华文化源远流长、博大精深，之所以经过几千年的发展越来越丰硕，越来越成熟，是因为它不断吸收其他民族的文化精髓。现在是“地球变小、世界变平”的时候，中国人有义务把自己的文化介绍给世界各国，如果可以被吸收，则各国的文化都会有进步，其结果必然是人类文化的繁荣与提高。随着人类文化的繁荣与提高，一个更加和谐、进步、繁荣的世界也就出现了。他真诚祝愿“汉语桥”越走越宽、越走越长、走在“汉语桥”上的人越来越多。

教育部副部长赵沁平，国家汉语国际推广领导小组办公室主任许琳，湖南省人大常委会副主任肖雅瑜，副省长郭开朗，省政协副主席魏文彬，省人大常委会原副主任颜永盛，省政府秘书长袁建尧陪同考察。

7月8日　民进中央2008年参政议政课题申报专家评审会在民进中央召开。会议通报了民进中央开展参政议政课题立项申报工作有关情况，民进省级组织及民进中央专门委员会、参政议政特邀研究员初审意见和建议。自民进中央开展参政议政课题立项申报工作以来，得到民进全会的积极响应。25个民进省级组织、6个民进中央专门委员会合计申报参与评审课题51个，内容涉及中国特色社会主义经济建设、政治建设、文化建设、社会建设的各方面。民进中央参政议政部借助业已开通试运行的民进中央网上参政议政平台在全会范围内进行广泛评议，收效良好。此次专家评审会即是在公开、民主评议的基础上开展的。

民进中央新一届领导集体高度重视参政议政工作，通过骨干队伍的建设、合作联动机制的完善、信息网络的加强、调查研究的深入，举全会之力，集全会之智，不懈不滞、有思有行，继续加强参政议政能力建设，提高参政议政的能力和水平。如今年上半年，会中央在发展、发现高素质的参政议政骨干力量，建立开放的体制和集成资源的机制这两方面做了积极有益的工作和探索：成立了新一届专门委员会、聘请了参政议政特邀研究员，加强队伍建设，提升成果质量；创立了会内参政议政课题申报立项、提案形成、成果奖励机制，调动民进全会的参政议政工作积极性；构建了网上参政议政平台，加强信息沟通与交流，用信息化手段整合全会参政议政资源等，以保证参政议政工作迈上新的台阶。

北京朝阳区教委调研员、民进中央教育委员会副主任诸平，三联书店《读书》杂志编辑部编审、民进中央出版和传媒委员会委员贾宝兰，北京大学哲学系副系主任、民进中央文化艺术委员会主任胡军，北京师范大学地理学与遥感科学学院教授、民进中央科技医卫委员会副主任王民，北京市民政局副局长、民进中央社会和法制委员会主任吴文彦，北京师范大学心理学院副院长、民进中央妇女儿童委员会主任邹泓，北京康信知识产权代理有限公司董事长、民进中央联络委员会副主任余刚，国务院参事室参事、中国人口与发展研究中心研究员、民进中央参政议政特邀研究员魏津生，分别代表各自工作机构和群体发表评审意见并提出相关建议。民进中央社会服务部、参政议政部负责人，各专委会秘书和有关部门工作人员参加评审会议。

7月9日　民进网站报道，民进中央副主席王佐书近日应邀为清华大学师生作题为《学习目的与教学目的的研究》专题讲座。王佐书以其深厚的教育理论和富有哲理的语言，针对教师与学生共同感兴趣的话题，深刻阐释了教与学目的的一致性、差异性。他结合教师与学生的实际情况、面临的问题和未来之路，从教师教学、学生学习等基本问题、研究方法展开报告，在知识与知识结构、技能与能力、智力与非智力因素、学习与科研方法、思维习惯与态度、思想理念、创新精力与能力、团队精神等的阐释中，贯穿着政治、经济、文化、社会等诸多方面的知识，渗透着对祖国、对事业的热爱，以及做人的道理，起到了德育教学“润物无痕”的效果，赢得了在场师生和学校领导的称赞。报告结束后，王佐书与师生进行沟通与交流，并参加了民进清华大学基层委员会的活动。

清华大学党委副书记程建平，民进中央委员、清华大学生物系教授罗永章，生物系部分专家，清华附中师生等近百人聆听报告。民进中央研究室负责人随同参加活动。

7月9日　民进2008年企业界会员联谊会会长联席会议在湖南省张家界市举行。民进中央副主席朱永新出席会议并讲话。他代表民进中央感谢民进企业家会员长期以来为民进、为国家作出的贡献。朱永新从抗震救灾工作、政治交接主题教育、参政议政、社会服务和自身建设等方面介绍了民进中央换届以来所做的工作，特别是与企业家有关的工作。

朱永新指出，民进企业界会员工作是我会社会服务工作的重要组成部分，各联谊会直接面对广大的企业界会员，可以说是开展企业界会员工作的桥头堡。企业界会员是服务社会的重要力量，而服务社会是参政党的重要职能，也是为构建社会主义和谐社会作贡献的基本途径。

朱永新对联谊会今后的工作提出了五点建议：一、认真学习贯彻党的十七大精神；二、继承我会的优良传统、体现党派的工作特点；三、切实做好为会员服务工作；四、大力推进工作创新；五、坚持正确方向，积极引导教育。他勉励企业家要有社会责任感，有民进的情怀，有学习的情怀。

民进中央社会服务部负责人主持会议。来自北京、上海等21个省市的民进企业界会员联谊会会长、副会长、企业家和社会服务处（部）的负责人等50余人参加会议，民进湖南省企业界会员联谊会常务理事和部分理事列席会议。

会上，11个省市的企业家联谊会负责人汇报了工作情况。会议讨论并原则通过了《民进企业界会员联谊会轮值主席制度（试行）》，会议一致推选江苏省企业家联谊会会长祝义才为第一任轮值主席。

会后，部分企业家与张家界市有关委办局负责同志举行经贸洽谈会，对张家界市的经济发展，投资环境和项目包装等提出意见建议。

7月9日　朱永新副主席会见民进张家界市筹委会领导班子并座谈。民进张家界市筹委会主委、市旅游局副局长周芳汇报了张家界民进组织的基本情况，筹委会其他成员谈了工作中的感受与体会。朱永新说，会中央新一届领导集体非常关注基层，重视基层组织建设。与基层组织见面和沟通，是为会中央组织建设提供经验，更多地听取参政议政的意见。

朱永新指出，民进张家界市筹委会在工作条件相对困难，工作基础相对薄弱的情况下，新的班子成员人心齐，风气正，素质高，为张家界市经济社会建设，参政议政、建言献策作了大量的工作。他鼓励大家，做好基层工作，最重要是人的问题，要把最优秀人才发展进来；每个月要固定一个时间开展有特色的组织活动；要积极参政议政，提出高质量建议；要与统战部门、党委保持密切联系，“跟着共产党走才是在正道上行”；班子要保持团结，团结才有凝聚力。

7月9日—10日　民进中央出版和传媒委员会主任、人民出版社社长助理李春生带领调研组在辽宁省沈阳市就“我国出版集团的现状、问题及对策建议”进行调研。

调研组与辽宁出版集团、辽宁出版传媒股份有限公司座谈，双方就出版集团与出版传媒股份有限公司的治理架构、发展战略、融资、多元化经营、人员安置和人才培养等问题进行交流探讨。调研组观看了介绍辽宁出版集团发展历程和经营业绩的智能演示光盘，参观了出版集团信息控制中心、辽宁北方出版物配送有限公司。调研组与辽宁省新闻出版局举行座谈会，听取关于辽宁省出版业发展现状的情况介绍，双方就开拓国际出版市场、行业协会与行政管理机关之间的关系定位、期刊音像市场的管理、资源整合等问题进行深入交流。

民进中央出版和传媒委员会副主任、语文世界杂志社总编王晨，民进中央出版和传媒委员会副主任、人民出版社编审张秀平，民进中央出版和传媒委员会委员、中国人民大学新闻传播技术教育与实验中心主任殷强，民进中央出版和传媒委员会委员、商务印书馆译作室副主任王明毅，民进中央出版和传媒委员会委员、人民教育出版社课程教材研究所辞书编辑室主任刘玲，民进中央出版和传媒委员会委员、中国出版科学研究所副研究员孙鲁燕参加调研。民进辽宁省委会给予调研大力支持，驻会副主委陆迎一认真部署并参加调研。

7 月 10 日　全国人大常委会原副委员长、民进中央原主席许嘉璐在福建省永定县湖坑镇振成楼出席中国福建（永定）土楼客家文化节、龙岩市第六届旅游节开幕式并讲话。他说，客家文化博大精深，内涵十分丰富。客家人从黄河流域辗转南迁，经历了漫长的岁月，形成了独特的客家文化。作为客家文化的重要载体，永定客家土楼有着厚重的客家文化积淀，体现了客家人对中原文化的传承和创造，体现了客家人特有的匠心和智慧。土楼是客家文化的象征，客家文化是土楼文化的灵魂。福建土楼列入世界文化遗产，是永定的光荣，龙岩的光荣，也是全世界客家人的光荣。客家人走遍天下，无论走到哪里，无论经历了多少历史风云，客家人都永远不离根，都根据不同时代、不同环境，以各种方式体现、守护着祖先的教诲和优秀文化。客家人的这种精神，是中华民族精神的缩影。客家土楼以全世界独有的文化形态列入世界文化遗产，预示着客家文化将进一步走向全世界，并将进一步促进海峡两岸、全世界客家乡亲联谊，促进海峡两岸的交流，共同走向中华民族的繁荣与复兴。

中共龙岩市委书记张健致欢迎词。祖籍龙岩武平的台湾中华两岸客家文经交流协会理事长饶颖奇宣读了中国国民党主席吴伯雄发来的贺信，并代表台湾及海外客家乡亲对福建土楼“申遗”成功表示热烈祝贺。

许嘉璐和全国政协副主席王志珍、福建省人大常委会副主任袁锦贵、福建省政协副主席叶家松等嘉宾共同启动文化节开幕仪式。

开幕式后，许嘉璐和饶颖奇亲切座谈，共同对龙岩取得的发展成绩表示高兴，对土楼申报世遗成功表示祝贺，感到自豪，希望客家土楼在列入世界遗产名录后得到更好的保护，在新时期客家文化得到进一步传承，客家精神得到更好的弘扬，祝愿龙岩越来越繁荣，人民生活越来越幸福。这是许嘉璐和饶颖奇第二次在龙岩见面。去年 9 月 26 日，正在龙岩视察工作的许嘉璐，在龙岩会见了首次回乡省亲祭祖的饶颖奇。

在闽期间，中共福建省委常委、厦门市委书记何立峰看望许嘉璐一行。

许嘉璐还与民进厦门市委会领导班子亲切会面并座谈。

7 月 10 日　朱永新副主席视察张家界市永定区崇实小学和张家界市民族中学，并与张家界市教育局及两所学校的有关负责人座谈。朱永新详细了解两所学校的学校建设、师资队伍等方面的的情况，询问了张家界市义务教育阶段中控流保学、师资培训方面的相关数据，对两所学校建设及张家界市教育发展面临的困难给予了高度关注，对学校如何进一步提升办学水平提出建议。

湖南省人大常委会副主任、民进湖南省委会主委谢勇，省委统战部常务副部长彭军良，民进湖南省委会专职副主委汤泽培，中共张家界市委书记胡伯俊，张家界市常务副市长卢建国，张家界市委统战部部长王莉莉，张家界市委秘书长黄惠勇和张家界市委统战部常务副部长阳益新，共同参加考察活动。

7 月 10 日　民进中央参政议政部、社会服务部下午走访国家林业局宣传办和湿地保护管理中心并座谈，以全面了解我国湿地保护状况、工作规划及未来发展前景，重点了解贵州威宁草海湿地保护现状及存在问题。走访和座谈受到国家林业局热情接待和周到安排。

湿地保护管理中心主任马广仁从中国湿地的现状、湿地对生态安全和经济社会发展的重要作用、中国湿地保护工作的战略目标三个方面，全面介绍了我国在湿地保护方面开展的工作。他指出，湿地是“地球之肾”，对我国生态安全和经济社会发展至关重要，而现有的多部门管理体制难以适应经济社会快速发展对湿地保护管理提出的新要求。他强调，目前湿地保护工作的难点和重点在于加快湿地保护立法的进程，从国家层面加大湿地保护力度。谈到威宁草海，马广仁介绍，我国共有173个国家级保护区，草海是其中典型的高原湿地保护区，是国家一级保护动物黑颈鹤的重要栖息地之一。由于与城镇距离过近，目前草海污染比较严重，退化很快，生态非常脆弱，加强草海保护工作非常重要。

座谈双方充分交换意见，希望加强交流与合作，就共同关注的话题呼吁全社会参与湿地保护问题，共同促进立法进程。国家林业局宣传办、民进中央参政议政部负责人参加座谈。

7月11日　严隽琪主席上午与民进中央研究室全体工作人员亲切座谈。她指出，要把民进建设成为适应时代发展要求的高素质参政党，必须从历史和现实的视角出发，加大理论建设的力度。理论是对内在规律的一种解释，民进的理论研究主要是应用型研究，要通过梳理经验、总结规律，回答我会自身建设和履行职能中的各种问题，为会中央领导决策提供依据，为加强自身建设提供理论基础和支持。会史工作既要抓紧对过去史料的收集整理和抢救，也通过编纂《中国民主促进会年鉴（试刊)》，对现在资料进行整理编辑，努力实现“新账不欠，老账抓紧还”的工作目标，在这一过程中，要积极发挥和挖掘会史的教育功能，宣传民进的光辉历程和前辈的高尚情操，坚定全会走中国特色社会主义的信念。

严隽琪强调，研究室作为会中央的政务性机构，担负着为会中央领导决策服务的重要职能，要做好这项工作，必须不断加强部门建设，做到有思路、有抓手、有落实、有总结，通过制度设计、资源共享等提升研究能力，为领导提供高质量的资讯和信息，切实发挥“外脑”的作用。她特别勉励研究室全体同志，要加强学习，做有心人，在读书中学，更要在工作中学。要虚心求教、勤于动手、善于动脑，学会欣赏别人的优点，勤于笔头的锻炼，善于总结反思，不断提高自身修养和业务水平。

民进中央秘书长赵光华出席座谈会，研究室负责人汇报工作情况和计划。

7月11日　中国国家主席胡锦涛上午在人民大会堂主持仪式欢迎墨西哥合众国总统费利佩·卡尔德龙·伊诺霍萨访华。卡尔德龙是应中国国家主席胡锦涛邀请，于7月9日至12日对中国进行国事访问。中国全国人大常委会副委员长桑国卫，国务委员戴秉国，全国政协副主席罗富和出席欢迎仪式。

7月11日　经教育部人事司推荐，民进中央副主席王佐书应邀在武夷山为福建省高校领导干部办学治校能力专题培训班作专题报告。本次活动由福建省委教育工委主办，王佐书围绕“高校领导干部的角色定位与能力要求”，为福建省公办高校党委书记、校长及部分本科高校副厅级领导干部一百余人，作了五个半小时的报告。

7月11日　民进中央副主席、上海市人大常委会副主任、民进上海市委会主委蔡达峰下午为民进上海市委会各专门委员会正副主任作“关于新时期民主党派履职能力的思考”的专题报告。他说，民主党派成员要努力学习，不断提高理解国家发展大局的能力。作为民主党派成员要突破业务局限，开拓眼界，关心社会，进一步增强政治意识和大局意识；要牢牢把握国家发展中的本质要求，对改革、发展、稳定中的一些重大问题、难点问题，要深入调查研究；要深刻理解和把握科学发展观的第一要义是发展，核心是以人为本，基本要求是全面协调可持续，根本方法是统筹兼顾；要充分认识构建和谐社会的目的、原则、途径和保障措施，努力为促进社会和谐建言献策。

蔡达峰指出，上海民进各级组织和广大会员要深入实践，努力改进和提高履行职能的效果。民进要把坚持为国家发展发挥最大作用作为首要任务，要继承和发扬立会为公的优良传统，为国家经济社会发展作出积极贡献；要坚持把参政议政放在第一位，通过课题调研、大会及书面发言和提案及信息，为国家和地区发展提供高水平建议；要着力提高履行职能的质量，参政议政要追求质量，兼顾数量，并将重心移向提高质量，参政议政不仅要聚焦难点、争取突破，还要体现民主党派政治特征；要处理好发挥界别优势与服务大局的关系，要注重研究民进在老领域中的新课题和界别中的一些难点问题，努力为社会广泛关注的大局问题建言献策；要加强统战理论和会史研究，重点加强民进创立时期历史与理论和新时期实践与理论的探索，努力为围绕中心、服务大局作出新贡献。

会上，与会人员还就如何体现民主党派特色，进一步提高参政议政质量等问题作交流发言。会后，各专门委员会分别召开会议，就今年的专题调研课题及相关提案准备进行专门研究和讨论。

7 月 11 日—15 日　民进中央副主席朱永新在浙江省温州市苍南县出席新教育实验第八届年会。期间，朱永新分别与民进温州市委会、民进苍南县总支领导班子成员和会员代表座谈。

7 月 12 日　在民进中央、科技部、教育部、共青团中央、上海市政府等指导单位的支持下，由上海市大学生科技创业基金会主办的，主题为“放飞梦想·创响中国”的 2008 创业周暨全球创业周中国站系列活动正式启动。

全国人大常委会副委员长、民进中央主席、上海市大学生科技创业基金会会长严隽琪出席启动仪式并宣布创业周正式启动。团中央书记处书记贺军科，全国人大常委、民进中央副主席刘新成，上海市副市长沈晓明，教育部部长助理郭尚远出席启动仪式。

2008 全球创业周是一次全球性的开创性主题活动，旨在鼓励年轻人激发创新能力、想象力及创造力，通过推动当地和全球的创业活动，加速全球创业事业的发展。2008 大学生创业周暨全球创业周中国站的主题活动将于 2008 年 11 月 17 日至 11 月 23 日举办，这既是一个向世界展示中国创业实践和创业文化的舞台，也是中国创业实践活动融入全球创业浪潮的开端。大学生创业实践可以促使传统教育模式中具有创新潜能的大学生去进行大胆的尝试与突破。2008 创业周暨全球创业周中国站期望通过旨在加强大学生创业的软环境建设，更好地营造鼓励创新创业的社会氛围，进一步提升大学生科技创业的激情和潜力，为建设创新型国家、创新型城市贡献力量；同时，广泛聚集社会资源，搭建公共服务平台，为大学生创业提供良好的服务与支撑。

7 月 12 日—18 日　全国政协常委、民进中央副主席、中国文联副主席、中国民间文艺家协会主席冯骥才在山西省考察。15 日中午，山西省委常委、省委宣传部部长高建民，副省长张平在迎泽国宾馆会见冯骥才，代表中共山西省委书记张宝顺、省长孟学农，感谢冯骥才多年来对山西文化建设的关心和支持，希望骥才主席多到三晋大地走一走，多为山西和谐文化建设提出宝贵意见。冯骥才感谢山西省委、省政府对民间文化遗产抢救工作的支持。山西省政协副主席、民进山西省委会主委卫小春在太原打来电话表示问候。

冯骥才 14 日晚在绵山召开晋南年画保护座谈会。中共运城市委宣传部、新绛县委宣传部负责同志分别汇报晋南年画保护工作进展情况。

冯骥才在介休市市长的陪同下考察了介休历史文化遗迹，并对绵山民间造像进行为期 4 天的地毯式普查。

大同市市长 15 日至 18 日全程陪同冯骥才在大同市考察。冯骥才考察了大同老城保护工程，参观了大同规划展。

冯骥才 17 日下午在山西省大同市雁北宾馆世纪厅作《名城保护的时代意义》报告。冯骥才说，他这是第二次来大同，每次都是“朝圣之旅”，是艺术的朝圣、文化的朝圣，因为大同是古代雕塑的博物馆，是中国雕塑之都，从北魏到明各个阶段都留下无数杰作。他提出，大同要打出“中国古代雕塑之都”城市名片的全新理念。他强调“文化政绩”的新观点，干部为官一任，不仅要有政治政绩、经济政绩，还要有文化政绩。通过发掘并塑造城市的文化个性，来强化市民的文化自豪感，形成鲜明的城市性格，并进而实现城市振兴。冯骥才通过对“名城”概念的诠释与对“旧城改造”观念的反思，来告诉人们如何保护城市的历史文脉，保持城市的文化身份。他说，保护历史遗产并不单纯要实现旅游价值，而是要实现历史鉴证价值、文化认识价值、研究价值、审美价值和旅游价值等多重价值。古城保护要保留原真性，要进行全面普查，摸清家底，要进行深入研究，明确城市的象征是什么，确定文化定位就是城市品牌，要与国际先进的理念接轨，处理好城市发展与古城保护的关系等等。

冯骥才还回答了现场观众的提问，并随后举行记者见面会，接受全市各媒体记者的采访，进一步阐释了他对古城保护的思考与观点。

大同市领导、大同古城保护和修复研究会负责人出席报告会。报告会由城区区委、区政府、市文联、大同古城保护和修复研究会主办。500 人聆听报告。

期间，冯骥才还亲切会见了民进大同市委会全体成员和会员代表，充分肯定大同民进的工作。

7 月 13 日　全国政协副主席、民进中央常务副主席罗富和在京出席“爱国者的心声——七年之后的北京”纪念北京申奥成功 7 周年主题活动。罗富和与国际奥委会中国委员何振梁先生共同为我会会员、著名书法家言恭达与著名书法家沈鹏携手用心撰写的大型草书长卷《我的中国心》揭幕。

7 月 14 日　民进中央主席严隽琪、常务副主席罗富和、副主席王佐书在民进中央出席关于纪念改革开放 30 周年活动专题会。秘书长赵光华、各部门负责人参加会议。

7 月 14 日　民进中央副主席朱永新上午考察民进温州市委会，并与市委会领导班子成员座谈。朱永新介绍了新一届会中央领导集体“无懈无滞，有思有行”的工作要求，全会参与抗震救灾工作的情况，会中央近期的参政议政、社会服务等各项工作思路和重点工作。他指出，基层组织是我会的细胞，是我会的活力所在。民进温州市委会要在民进浙江省委会和中共温州市委的领导下，围绕温州经济社会发展的大局，积极履行参政党职能，建言献策，服务社会，同时加强自身建设，努力建设高素质的基层参政党组织。

民进温州市委会主委夏克栋汇报民进温州市委会 2006 年换届以来的工作情况。副主委周德文、董伟光、林济晚、叶育登等发言，就加强全会的参政议政工作上下联动提出建议。

此前，朱永新于 7 月 11 日下午与民进苍南总支全体会员座谈。民进苍南总支主委高亚男汇报苍南民进的工作，一些会员结合各自的工作和作为参政党成员的感受发言。朱永新对会员们表示亲切的问候，并介绍了新一届会中央领导集体的有关工作。他勉励民进会员，要为苍南的经济社会和教育事业发展不断贡献自己的才智。

7 月 16 日　民进中央主席严隽琪、常务副主席罗富和在机关出席组织工作专题会。秘书长赵光华、组织部干部参加会议。

7 月 16 日　各民主党派中央、全国工商联负责人、无党派人士和全国性宗教团体负责人考察了北京奥运会的比赛场馆和各项设施。考察前，中共中央政治局委员、北京市委书记、北京奥组委主席刘淇与全国政协副主席、中共中央统战部部长杜青林一行进行了座谈。全国政协副主席、民进中央常务副主席罗富和参加考察。

7 月 16 日　民进中央副主席王佐书应邀在北戴河为天津市民主党派政治交接专题研讨班作《为提高参政议政和合作共事能力提供研究的线索》专题报告。研讨班由中共天津市委统战部主办，天津市各民主党派负责人、统战部门负责人、专职干部 60 余人聆听报告。

7 月 16 日　民进中央副主席朱永新在苏州国际博览中心出席 2008ROBOCUP 机器人世界杯大赛开幕式并致词。

7 月 16 日　朱永新副主席下午在苏州市立医院晖园出席《一个人与一座城市——谢孝思与苏州文化》首发式并致词。他说，编辑出版此书的意义不在于为谢老个人立传，而是要记住为城市发展为文化事业作出过贡献的人物。苏州之所以是苏州，离不开谢老这样一批人用智慧、生命进行的一次次呼吁和抗争。用书记录下来，是对历史的尊重，对文化人的尊重。他希望民进苏州市委会进一步多做抢救文化遗产、抢救会史的工作。

《一个人与一座城市——谢孝思与苏州文化》比较全面地反映了民进苏州市委会原主委谢孝思移居苏州62年的时光，记录了他为苏州城市的科学发展殚精竭力的不凡经历。他和苏州城一起，经受了这个时代中最为复杂、痛苦和惊喜的变迁，毁坏和建设均超出了历史的想象。作为文化名人，著名书画家、美术教育家和社会活动家，谢孝思六十多年来始终为苏州的文化保护与建设呕心沥血，也为苏州三十年来改革开放所取得的巨大成就欢欣鼓舞。作为一位民主党派的领导，谢老身上典型地体现出了老一辈民主人士坚持中国共产党领导，与中国共产党风雨同舟、荣辱与共的精神。

民进苏州市委会向到会的市园林绿化管理局等谢老曾工作、关心过的有关部门，市各民主党派，市图书馆等单位赠送了《一个人与一座城市——谢孝思与苏州文化》一书。

中共苏州市委、市政协、市委统战部、市社会主义学院、民进市委会负责人出席首发式。

7月17日　民进中央主席严隽琪下午来到敬爱的民进中央原名誉主席雷洁琼家，看望雷老和她身边的工作人员。严隽琪特意抱来一个大大的福娃送给雷老，告诉雷老奥运会马上就要开幕了，这是吉祥物火娃欢欢，是福娃中的大哥哥，象征奥林匹克圣火。望着大家，雷老会心地笑了。

严隽琪说，雷老在百岁之后，还获得了许多国际国内社会学界颁发的权威学术奖项，这不仅是雷老个人的荣耀，也是民进全会的荣耀。在民进，无论是老会员还是新会员，都把雷老作为自己学习的楷模，都对雷老充满了敬仰和崇拜之情，足以见得雷老巨大的个人魅力和社会影响力。民进中央秘书长赵光华、办公厅负责人陪同看望。

7月17日　全国政协副主席、民进中央常务副主席罗富和在广东省农科院会见了来访的几内亚国民议会议长松帕雷。

7月21日　中共中央上午在中南海召开党外人士座谈会，就经济工作听取各民主党派中央、全国工商联领导人和无党派人士的意见和建议。严隽琪主席代表民进中央发言，罗富和常务副主席出席座谈会。

7月21日　民进中央副主席王佐书在北戴河为哈尔滨市人大代表作报告《从国际国内形势看人大代表责任》。

7月22日—23日　全国人大常委会副委员长、民进中央主席严隽琪在内蒙古自治区呼和浩特市和包头市考察基层教师队伍建设和职业教育工作，并分别举行座谈会。期间，她视察了民进内蒙古区委会，并同民进内蒙古区委会、呼和浩特市委会、包头市委会领导班子、机关干部和基层支部负责同志亲切座谈。

7月22日—27日　全国人大常委王佐书率全国人大代表视察团在黑龙江省考察。

7月22日　民进中央联络委员会下午在民进中央召开2008年参政议政重点课题“海峡两岸农业合作试验区和台湾农民创业园情况调查”结题会。民进中央副主席朱永新出席会议并讲话。会议由民进中央联络委员会主任、课题组组长梁勇主持。联委会课题组成员、在京副主任余刚、张雅晶，委员张军军、闫薇参加会议。会议邀请民进中央联络委员会原副主任郑忠秀（参与广东地区实地调研），国台办、农业部、商务部有关司局同志参加。

梁勇介绍课题调研和《关于进一步促进海峡两岸农业合作试验区和台湾农民创业园发展的建议》（以下简称“《建议》”）的有关情况。课题组成员根据实地了解的情况，谈了各自的想法，对《建议》提出具体的修改意见。

国台办、农业部、商务部的同志感谢民进中央对两岸农业合作的关注，并对完善《建议》提出意见。国台办经济局于红介绍海峡两岸农业合作试验区和台湾农民创业园设立的政策背景和初衷，她表示，这个课题选得好，有些问题也是国台办希望了解的。农业部台办于永华就《建议》反映的困难和问题作了详细说明和解释，他希望反映的问题和困难要更准确，建议更具体、更具有操作性。商务部的同志也对进一步修改《建议》发言。

朱永新在讲话中代表民进中央欢迎国台办、农业部、商务部同志参加会议，感谢三部、办对课题调研工作的大力支持和帮助，感谢课题组成员为完成课题所付出的辛勤劳动，感谢与会各位同志开诚布公，各抒己见，畅所欲言，为进一步修改和完善《建议》提出意见建议。

朱永新说，从1997年国台办、农业部、商务部设立第一批海峡两岸农业合作试验区、2006年设立第一批台湾农民创业园以来，现在从沿海到内陆共有9个试验区和8个创业园，经过十多年的发展，已经成为两岸农业合作交流的重要形式，对推进两岸农业合作与交流，促进两岸经济发展起到重要作用。他强调，两岸形势从“5·20”后特别是海协会、海基会重启商谈后发展很快，民进将会长期关注对台农业合作交流领域中问题，抓住一点，做深做透，他希望三部、办的同志一如既往的支持联委会的课题调研并协助做好该课题的修改和完善。他希望课题组汇总梳理各方建议，抓紧时间认真修改建议稿，对调研中发现的非常具体的问题，《建议》中没有反映的可通过其他方式如民进信息、专报等形式，上报国家有关方面。

此前，朱永新带队参加课题组在山东的实地调研活动。

民进中央社会服务部负责人，社会服务部、参政议政部有关同志列席会议。

7月23日　朱永新副主席上午在北京师范大学出席“2008基础教育质量监测专题论证会”。

7月23日　朱永新副主席出席中国少年儿童新闻出版总社主办的中少期刊宣传推广会，并应邀作报告《改变，从阅读开始》。

7月24日—25日　全国人大常委会原副委员长、民进中央原主席许嘉璐就科学发展示范区建设和推动环渤海区域经济发展在河北省唐山市调研。许嘉璐强调，要进一步解放思想，把科学发展示范区建设引向深入，助推环渤海区域快速崛起。中共河北省委常委、唐山市委书记赵勇，河北省人大常委会副主任宋长瑞，民进唐山市委会负责人等陪同考察。

7月25日　民进中央常务副主席罗富和在机关主持召开民进中央信息资源综合管理平台建设汇报会。秘书长赵光华、办公厅负责人出席会议。

7月25日　民进中央副主席朱永新出席最高人民检察院举行的征求各民主党派中央、全国工商联负责人和无党派人士代表意见座谈会，并代表民进中央发言。

7月27日　朱永新副主席在内蒙古鄂尔多斯市出席中国少儿报刊发展高峰论坛，并作题为《改变，从阅读开始》的演讲。他还参加了新教育实验课题组专家赴内蒙古鄂尔多斯市东胜区专题报告会，并为东胜区教育系统的干部和语文教师作关于新教育实验的行动与未来的演讲。

7月28日　民进中央副主席王佐书为进一步推进民进地方组织中国特色社会主义主题教育活动深入开展，应邀在西安为陕西民进作《民主党派的政治交接与合作共事》专题辅导报告。报告会由陕西省政协副主席、民进陕西省委会主委李进权主持。

7月28日—8月1日　民进中央经济委员会、社会和法制委员会调研组赴广东省，围绕“农村宅基地与小产权房及农村住房保障问题”在广州省以及深圳市调研。调研组先后与广州市白云区、深圳市龙岗区的国土局、规划局、发改委、建设局、税务局、拆违办等单位座谈，并深入两市的郊区、城中村、街道、农户进行实地调研，掌握大量一手资料。调研组初步分析指出，小产权房不仅涉及城乡房地产市场管理的政策层面的问题，而且涉及到农民宅基地的产权属性以及城乡土地资源统筹规划等制度层面的问题，问题的解决必须要在立法和政策两个层面寻求突破。当务之急，应从解决城镇居民住房问题入手，杜绝小产权房的继续蔓延；同时，尊重历史，针对不同情况，研究政策层面的解决方案。调研组还将在河北、河南、天津、吉林、北京周边地区展开调研。

民进中央经济委员会主任、清华大学政治经济学研究中心主任蔡继明，民进中央社会和法制委员会委员、北京市隆安律师事务所律师李大中，民进中央经济委员会委员、华夏经济研究所研究员付英奇参加调研。民进广东省委会、深圳市委会对此次调研给予了大力支持。省委会副主委鲁开垠、市委会主委张效民等参与部署和调研。

7月29日　民进中央2008年晋升局级干部民主推荐会议14：00在机关举行。严隽琪主席，罗富和常务副主席，王佐书、朱永新副主席出席会议。机关副处级以上干部参加会议。

严隽琪作动员讲话。她说，民进中央晋升干部的事情是经常发生的，但是，我们今天要做得更加民主更加规范更加公开。经民进中央主席办公会议决定，举行本次民主推荐会议。谈三点意见。

一、要充分认识民主推荐的重要性。干部任用程序要由原来的伯乐相马，转变为赛场赛马。要避免少数人特别是一把手包括我本人说了算。要依照《中华人民共和国公务员法》以及中央统战部有关办法，依法人事。干部任用的原则要坚持德才兼备、重视实绩、群众公认、公平平等，要有领导有原则有落实办法。公务员晋升必须经过民主推荐，这也是广泛了解民意的一个有效措施，同时，也提供了制度保证。

二、希望同志们以高度的责任心参加干部民主推荐。处级干部之间相互比较了解，要秉持公心，不投感情票，不投随意票，严肃庄重公正。

三、要全面客观公正评价干部。优点突出的人，可能个性突出。不是有缺点的人就不能晋升。评价干部的标准从德、能、勤、绩、廉诸个方面考察。要摒弃个人好恶，遵守纪律，正确行使权力。做好民主推荐工作与每个干部息息相关。民进中央要继续探索选人用人方式。

罗富和主持会议，并宣布民主推荐一个副局级一个正局级干部的基本要求，介绍 4 位候选人基本情况。其后，全体与会同志分 A、B、C 三类表格，填写推荐表并投票。中央统战部干部到会。

7 月 29 日　民进中央十二届六次主席办公会议下午在机关召开。严隽琪主席主持会议。罗富和常务副主席，王佐书、朱永新副主席，赵光华秘书长出席会议。原副秘书长徐德骁和机关部门负责人列席会议。会议审议了民进中央关于加强省级组织领导班子后备干部队伍建设的意见（草案）、民进中央监督委员会工作条例（试行草案）、民进十二届二次中全会工作报告的起草方案（草案）、民进中央与上海社会科学院合作协议书（草案）、民进中央关于在全会开展纪念改革开放 30 周年活动的方案（草案）、民进中央关于开展改革开放 30 周年纪念活动的通知（征求意见稿）、民进纪念改革开放 30 周年参政党建设理论研讨会方案（草案）、民进中央关于“为了灾区的孩子们”捐款（特殊会费）管理使用原则意见（草案）；听取了关于民进中央 2008 年参政议政课题立项申报有关情况的汇报，2009 年“两会”提案和发言准备方向的情况说明和民进中央 2009 年专题调研选题征求常委意见有关情况的汇报；研究了民进中央 2009 年工作要点的起草工作、支援地震灾区爱心捐款分配办法（草案）；通报了民进中央参与 2008 年全球创业周中国站活动的有关事项；听取了中国民主促进会年鉴（试刊）编辑工作进展情况和出版经费预算的汇报。会议还审议了机关人事事项，研究了其他事项。

7 月 29 日　严隽琪主席、朱永新副主席在民进中央会见 7 名在京参加昆剧《班昭》演出的民进上海昆剧团支部会员。严隽琪对 7 名会员的来访表示欢迎，对上海昆剧团进京的成功演出表示祝贺。她说，昆曲是联合国教科文组织宣布的第一批非物质文化遗产代表作之一，浓缩了中国古典文学、歌舞、戏剧、美术等多种艺术成分，是中国戏曲艺术的瑰宝。虽然昆曲曾多次面临传承危机，但正是由于一代又一代艺术工作者的不懈努力，昆曲艺术不但被继承下来，而且创作出了《牡丹亭》、《长生殿》、《班昭》这样的优秀剧目，正在逐渐被更多的观众熟悉和喜爱。她对 7 名民进会员对艺术的执著和坚守表示感谢，希望他们再接再厉，为弘扬民族艺术作出更大的贡献。朱永新向会员们介绍了民进中央近期工作。会员们观看了会史展览。民进中央办公厅负责人陪同会见。

此次上海昆剧团是受文化部邀请，携《班昭》进京参加“迎奥运国家舞台艺术精品工程剧目展演”，民进会员、国家一级演员张静娴饰演班昭。部分民进中央领导应邀观看了演出。

7 月 29 日　朱永新副主席在人民教育出版社出席中国教育学会会长会议。

7 月 30 日　朱永新副主席在浙江省教育学院为浙江省教育局长专题培训班作讲座《过一种幸福完整的教育生活》。

7 月 30 日　民进中央抗震救灾慈善酒会下午在上海贵都酒店举行。酒会由民进中央主办，民进上海市委会和几位热心的民进之友共同承办。朱永新副主席在酒会上讲话，并为义购书画的企业家颁发证书。

酒会上，一批热心的企业家认购了十余幅民进会员向民进中央“为了灾区的孩子们”书画义卖活动捐赠的书画作品，筹集善款50余万元。

朱永新在讲话中说，中国民主促进会作为参政党，始终与中国共产党风雨同舟，与全国人民同呼吸共命运，发挥自身优势，积极参与抗震救灾工作，在灾区教育和文化重建方面贡献力量。各位企业家积极参与此次活动，既是为灾区教育重建贡献力量，也是对中国民主促进会的信任和支持，大家都是“民进之友”。他代表民进中央，向各位企业家表示衷心的感谢。

民进上海市委会副主委陈强努介绍了民进组织的历史和基本情况，以及民进参与抗震救灾的情况。画家汤兆基现场讲解书画知识，并为每一位认购书画的企业家现场书写捐赠证书。

7 月 31 日　民进中央主席严隽琪，常务副主席罗富和，副主席王佐书、朱永新，在民进中央会见中国教育学会会长顾明远等一行 8 人并亲切座谈。

7 月 31 日　严隽琪主席、罗富和常务副主席上午在民进中央会见新近由民进北京市委调入的两位处级干部。

2008 年 8 月

8 月 1 日　北京奥运会火炬接力天津站首日传递 8 时 10 分正式开始。在奥运圣火天津站的传递中，全国政协常委、民进中央副主席、中国文联副主席、中国民协主席冯骥才作为第 4 棒火炬手传递了奥运圣火。在传递中，冯骥才右手高擎“祥云”火炬，左手不断向周围的助威观众和摄影记者挥手示意，他步履轻盈，脸上始终洋溢着笑容，兴奋之情溢于言表。在成功地将火炬传递给下一棒火炬手刘欢之后，冯骥才感慨地说，这一时刻真是太美妙了，我将永生难忘!

冯骥才说，天津市是奥运协办城市之一，天津养育了我，能够作为火炬手去参与传递圣火，从心里感到骄傲和光荣。为了这次火炬传递，每天都坚持在跑步机上锻炼，为的是找到状态。这是件很神圣的事，必须虔诚面对。

冯骥才说，成为奥运火炬手是很幸运的事，这是公众对我多年来对非物质文化遗产抢救工作所作的各种努力的一种肯定，是一种理解和信任。祥云火炬托起奥运圣火，是人类文明之火的传递，保护和抢救民间文化遗产是保护我们自己的根脉。我觉得，奥运火炬手和我现在做的事是一样的，每代人都有责任把文明之火接过来，并留给后世子孙。保护和抢救民间文化不是一朝一夕能完成的，希望能有更多的人加入到抢救民间文化遗产行动中去，让珍贵的民间文化遗产薪火相传。冯骥才打算把火炬放在天津大学冯骥才文学艺术研究院，让学生们能亲眼看看、亲手摸摸火炬，感受“有形”火炬背后“无形”的东西。

全国人大常委会副委员长、民进中央主席严隽琪，全国政协副主席、民进中央常务副主席罗富和分别致电祝贺冯骥才成功传递奥运圣火。

8 月 1 日　民进中央副主席朱永新在国家图书馆出席北京奥运会世界画信展开幕式。这一活动由中国奥委会新闻委员会、中国教育学会和 IEC 国际画信村社等共同主办，由苏州画信协会承办。画信的创作者不分年龄、性别，也不分文化、信仰和国籍，作品不评名次、优劣，有着极大的包容性，可以让更多、更广泛的人群参与。同时，画信提倡毛笔、烟墨为书写工具，这也是对中国传统笔墨文化的弘扬和创新。“北京奥运会世界画信展”以“我心中的奥运”为主题，面向全球爱好者征集画有写生画、写有祝福语的画信，表达人们对“同一个世界，同一个梦想”的追求，得到 80 多个国家及地区广大画信爱好者的响应。

8 月 1 日　全国政协就民进中央 2008 年两会期间提交的《关于完善政府支撑服务体系，促进我国中小企业发展》的党派提案，召开提案办理协商会。国家发改委、财政部、商务部、国土资源部、银监会等部门有关负责人出席。

8 月 3 日　民进中央常务副主席罗富和在福建武夷山学院与民进南平市委基层组织骨干会员、武夷山支部会员座谈。今年是民进组织在南平创建10周年，罗富和代表民进中央向民进南平市委会表示祝贺。罗富和介绍了民进中央换届以来，在严隽琪主席带领下，继承老一辈领导的光荣传统，无懈无滞、有思有行，进一步完善了工作机制，明确了民进中央领导班子工作职责，制定民进中央领导下基层等一系列制度，建立参政议政网上工作平台，制定参政议政课题立项调研机制、形成机制和成果奖励机制。

罗富和通报民进中央纪念“五一口号”60周年活动、毕节石漠化治理与生态文明高层论坛、围绕抗震救灾在全会开展的“为了灾区的孩子们”书画义卖捐赠活动等工作，下半年的重点工作。罗富和希望民进会员面对当前国内外不利因素的挑战和考验，进一步坚定政治信念，坚持接受中国共产党的领导，走中国特色社会主义道路，自觉学习中国特色社会主义理论体系，努力提高政治把握能力、参政议政能力、组织领导能力和合作共事能力，不断加强组织发展工作，搞好政治交接，推进自身建设。

座谈会由民进福建省委会专职副主委金铁平主持。民进南平市委会主委郭翠莲汇报市委会工作。与会基层组织骨干会员结合本职工作和民进工作畅谈感想和体会，同时提出意见建议。

会后，罗富和考察了武夷山学院。

罗富和下午参加了广东省各民主党派负责人暑期座谈会，听取中共广东省委常委、统战部部长周镇宏就进一步加强各民主党派领导班子建设的讲话，福建省政协副主席、统战部部长张燮飞就福建省经济社会发展作的情况介绍。

8月4日　民进中央下发关于开展改革开放30周年纪念活动的通知。

8月5日　民进中央副主席王佐书在机关出席中国民办教育协会2008年第一次会长办公会议。

8月5日　朱永新副主席在中国青年政治学院出席《少年儿童研究》理论版的征求意见会。

8月5日—7日　朱永新副主席陪同中国国民党中央评议委员会主席饶颖奇和夫人在天津、唐山考察。饶颖奇夫妇参观了天津大学冯骥才艺术中心、滨海新区中心商务商业区规划展、大沽口炮台。

民进中央副主席冯骥才在冯骥才艺术中心接待了饶颖奇夫妇，详细介绍了艺术中心的发展情况，并陪同饶颖奇夫妇参观了设在艺术中心的跳龙门乡土艺术博物馆和中心收藏的其他大陆民族民间民俗物品，以及冯骥才的“大树画馆”。饶先生称自己是民进之友，他说，此次天津之行得到了民进中央的高度重视和细致周到的安排，感到很亲切。这些年自己致力于推动两岸客家文化的发展，但对中国民间民俗文化不是很了解，此次能到冯骥才艺术中心参观，感到很幸运，特别是冯骥才的详细解说让我们充分体会到了中华民族民俗文化的丰富多彩和冯骥才作为文化大家的个人魅力，民进不愧是文化大家的组织。他还盛情邀请冯骥才和民进中央出席明年在台湾举办的“第三届海峡两岸客家高峰论坛”，尽双方之力共同推动两岸客家文化的交流与发展。

天津市副市长、民进天津市委会主委张俊芳会见饶颖奇夫妇。民进天津市委会有关负责人陪同考察。

8月6日—7日　民进中央原主席许嘉璐在唐山会见饶颖奇夫妇，并一同参观了在建中的唐山地震遗址纪念馆。中共唐山市委书记赵勇，中共唐山市委副书记、市长陈国鹰，河北省人大副主任马兰翠，民进河北省委会主委王刚，市人大副主任董宝泉等参加会见和参观活动。赵勇代表中共唐山市委、市政府欢迎饶颖奇夫妇到唐山考察，并简要介绍了唐山的历史沿革和1978年大地震后的唐山重建和发展的情况。

在市委常委、曹妃甸工业区党工委书记、管委会主任姚自敏的陪同下，饶颖奇夫妇于7日上午参观了曹妃甸工业区。考察结束后，许嘉璐与饶颖奇夫妇一同返京，并送至下榻宾馆。

8月7日　民进中央副主席王佐书上午出席在中央统战部召开的关于北京奥运会、残奥会期间做好安全保障工作的紧急会议。下午，王佐书出席民进中央第九次机关部门负责人会议并传达统战部会议精神。

8月8日　国家主席胡锦涛在人民大会堂为出席北京奥运会贵宾举行欢迎宴会。全国人大常委会副委员长、民进中央主席严隽琪出席欢迎宴会。

8月8日　北京奥运会开幕式当晚在中国国家体育场“鸟巢”举行，中国国家主席胡锦涛宣布第29届奥林匹克运动会开幕。民进中央主席严隽琪，常务副主席罗富和，副主席潘贵玉、王佐书、刘新成、朱永新及秘书长赵光华出席开幕式。

8月9日　严隽琪主席、罗富和常务副主席、朱永新副主席会见并宴请中国国民党中央评议委员会主席饶颖奇和夫人。由中央统战部安排，饶颖奇和夫人8月8日观看了奥运会开幕式。饶颖奇和夫人10日离京返回台湾，民进中央办公厅、社会服务部负责人到首都机场送行。

8月10日　朱永新副主席在民进中央主持召开《国家中长期教育改革和发展规划纲要》座谈会，论证中小学教师队伍建设课题。

8月11日　王佐书副主席出席全国人大教科文卫委员会主任办公会议。

8月12日　中央统战部部长杜青林在统战部与严隽琪主席会谈。

8月12日　中央统战部部长杜青林在统战部与罗富和常务副主席会谈。

8月12日　王佐书、朱永新副主席出席全国人大教科文卫委员会第九次全体会议，会议主要内容是讨论关于《中华人民共和国专利法修正案（草案）》的审议报告。

8月13日　全国人大常委会副委员长、民进中央主席严隽琪在民进中央接受新华社记者专访。严隽琪重点就对人文奥运内涵的理解，民进全会参与奥运作贡献以及自己与奥运的缘分等问题谈了看法和体会。

8月13日　严隽琪主席在民进中央会见湘潭大学校长罗和安。

8月13日　中国长城学会会长许嘉璐在山海关考察长城保护开发工作时指出，长城是中华民族的宝贵财富，我们一定要动员社会各界一切力量，把长城保护好、开发好、利用好。长城沿线各地应该积极研究探索新的长城保护模式，如鼓励民营企业和个人出资修复长城，同时要向古人学习，继续研究长城修复技术，使修复后的长城能够长久保存。

河北省人大常委会副主任王增力，中国长城学会常务副秘书长吴国强陪同考察。

8月15日　民进中央常务副主席罗富和出席机关2008年第十次部门负责人会议，并对近期工作作出部署。会议研究了民进中央十二届七次主席办公会议筹备工作，研究了民进十二届四次主席会议、中常会方案草案，民进中央纪念教师节活动方案草案，王绍鏊、周建人同志诞辰120周年纪念座谈会方案（草案），听取社会服务部关于海峡两岸企业合作与发展论坛和海峡两岸传统文化与现代化研讨会筹备工作的汇报，交流了各部门近期工作。

8月17日　民进中央副主席王佐书应邀在银川为民进宁夏区委会中国特色社会主义主题教育活动学习班作《为研究政治交接提供线索》专题辅导报告。宁夏回族自治区人民政府副主席、民进宁夏区委会主委姚爱兴，民进宁夏区委会副主委梅廷彦、王春秀和学习班成员60余人听取报告。报告会由民进宁夏区委会副主委兼秘书长杨瑞生主持。

在银川期间，王佐书拜会了民进宁夏区委会原主委高文华、曹维新，并与中共宁夏区委常委、统战部长马金虎亲切会面。

8月18日　全国人大常委会副委员长严隽琪上午出席委员长会议。

8月18日　民进中央主席严隽琪，常务副主席罗富和，副主席潘贵玉、王佐书、刘新成下午在中央统战部阅读中共十七届三中全会相关文件。

8月19日　民进中央出版和传媒委员会调研组到中国出版集团就“我国出版集团的现状、问题及对策建议”课题进行调研。调研组与中国出版集团总部领导座谈，双方就出版社转制过程中的资源整合和开发、上市融资、管理模式、跨媒体经营、人才培养、行业协会定位等问题进行交流探讨。

调研组与中国出版集团下属的中华书局、中国美术出版总社、商务印书馆、人民文学出版社、三联书店等出版单位领导座谈，就共同关注的问题作深入的探讨和交流。

民进中央出版和传媒委员会主任、人民出版社社长助理李春生，民进中央出版和传媒委员会副主任、语文世界杂志社总编王晨，人民出版社编审张秀平，现代出版社副总编辑陈红，民进中央出版和传媒委员会委员、商务印书馆译作室副主任王明毅，三联书店《读书》杂志编辑部副编审贾宝兰，中国出版科学研究所副研究员孙鲁燕等参加调研。

8 月 20 日　民进全国优秀通讯员表彰暨宣传报道工作网络会议在民进中央举行。民进中央常务副主席罗富和出席并为优秀通讯员代表颁奖。副主席王佐书作《努力把我会的宣传报道工作提高到新水平》的讲话。会议宣读关于表彰民进全国第三届（2007—2008 年）新闻宣传优秀通讯员的决定。为表彰先进、促进工作，民进中央宣传部、《民主》杂志社授予 26 位同志“民进全国第三届（2007—2008 年）新闻宣传优秀通讯员”的荣誉称号，并颁发证书和奖杯。民进中央部门负责人、原副秘书长、民进中央网管员、部分机关干部、北京市委宣传干部共 50 余人参加会议。

8 月 21 日　民进中央主席严隽琪、常务副主席罗富和出席中共中央召开的党外人士座谈会，严隽琪就《中共中央关于推进农村改革发展若干重大问题的决定（征求意见稿）》发言。

8 月 21 日　作为北京第 29 届奥运会重要文化活动之一，由文化部、北京市政府、国家广电总局、第 29 届奥组委主办的“相约北京—2008 东亚视觉艺术展”，在北京首都图书馆艺术展厅隆重开幕。民进常州市委会文化工作委员会副主任、青年艺术家许琪萍所作彩墨平面作品《太阳光》（120cm×70cm）与来自东亚 11 国的 60 余件作品共同展出。民进中央有关部门负责人应邀出席。

8 月 22 日　民进中央十二届七次主席办公会议上午在机关召开。严隽琪主席，罗富和常务副主席，王佐书、刘新成、朱永副主席，赵光华秘书长出席会议。会议审议了中国民主促进会第十二届中央委员会第四次主席会议方案（草案）和中国民主促进会第十二届中央常务委员会第四次会议方案（草案）；审议通过了民进中央庆祝 2008 年教师节座谈会方案（草案）；审议通过了周建人同志诞辰 120 周年纪念座谈会方案（草案）和王绍鏊同志诞辰 120 周年纪念座谈会暨王绍鏊故居纪念馆落成仪式方案（草案）；审议通过了中国民办教育 30 年（系列纪念活动）方案（草案）。会议听取了关于民进四川、甘肃、陕西和重庆四省市委员会上报抗震救灾款使用情况的汇报。会议还研究了其他事项。原副秘书长徐德骁和部门负责人列席会议。

8 月 22 日　严隽琪主席、罗富和常务副主席晚上在天桥剧场观看民族舞剧《西施》首场演出。

8 月 22 日　朱永新副主席在机关亲切会见北京民进企业界会员联谊会一行。朱永新指出，企业界会员是全会的一支重要力量，企业界会员联谊会是会员企业家们交流、合作、沟通、发展的重要平台，民进中央将采取多种形式促进联谊会等会员自治组织的健康发展。他希望企业家们要具备社会责任感，认真思考办企业、做生意的目的意义，时刻不忘回馈社会；民进企业家还要具备民进情怀，利用民进组织的渠道积极反映问题，参政议政，参与会务活动和国家政治文明建设。朱永新要求民进各级社会服务工作部门要做好对企业界会员的服务工作，保持密切联系，帮助企业家更好地发展事业，更好地报效国家与社会。

民进中央秘书长赵光华向联谊会成员介绍民进中央工作思路和进展情况；民进中央社会服务部负责人介绍有关工作情况。

联谊会会长、清华紫光集团副总裁郑忠秀一一介绍了参加会见的联谊会各位成员，并对联谊会近期工作和下一阶段计划开展活动作了说明。联谊会副会长王树声、陈养群、杨庆徽，联谊会顾问李庚其等相继发言，表达了对民进中央领导关心的感谢之情，表示要在做大做强事业的同时时刻牢记自己是一位民进成员，牢记企业对社会的责任。会后，大家参观了民进会史展览。

联谊会各位副会长、顾问、理事共 36 位成员参加会见活动。民进中央社会服务部一处和民进北京市委会社会服务处负责人也参加了会见活动。

8 月 22 日　朱永新副主席在民进中央会见民进商丘市委会主委李德民。

8 月 24 日　严隽琪主席、罗富和常务副主席、王佐书副主席出席第 29 届北京奥运会闭幕式。民进中央部分部门负责人也参加了闭幕式。

8 月 25 日　中共北京市委、北京市人民政府向民进中央发出感谢信，感谢民进中央对奥运筹办工作的大力支持和帮助，希望能够一如既往地关心支持北京市的各项工作。全文如下：

中共北京市委、北京市人民政府致民进中央感谢信

（2008 年 8 月 25 日）

民进中央：

举办奥运会，是中华民族的百年期盼，是海内外中华儿女的共同心愿，也是我们对国际社会的郑重承诺。在党中央、国务院和中央奥运筹办工作领导小组的坚强领导下，在中央各部门、各兄弟省区市的大力支持和帮助下，经过七年的努力，北京奥运会圆满成功，实现了举办一届有特色、高水平奥运会的目标。

值此北京奥运会圆满成功之际，我们衷心感谢贵单位对北京奥运会筹办工作给予的巨大的支持和帮助，正是这种强有力的支持为北京奥运会的成功举办奠定了坚实的基础。

北京残奥会即将于 9 月 6 日开幕。我们相信，在党中央、国务院和中央奥运筹办工作领导小组的坚强领导下，我们一定能够按照两个奥运“同时筹办、同样精彩”的要求，圆满完成北京残奥会的各项筹办任务，向世界奉献一场同样精彩的残奥盛会。希望贵单位能够继续支持我们做好北京残奥会的各项筹办工作。

最后，再一次感谢贵单位对奥运筹办工作的大力支持和帮助，希望贵单位能够一如既往地关心支持北京市的各项工作，同时，也祝愿贵单位的各项工作再创佳绩！

中共北京市委
北京市人民政府
2008 年 8 月 25 日

8 月 25 日—29 日　全国人大常委会副委员长严隽琪、全国人大常委王佐书、朱永新出席第十一届全国人民代表大会常务委员会第四次全体会议。

8 月 26 日　全国政协副主席罗富和出席政协主席会议。

8 月 26 日　“2008 年民进中南地区理论研讨会”在海南省海口市召开。本次研讨会的主题确定为“加强会内监督机制和自身民主建设”。民进长沙理工大学支部副主委向常水作《认真搞好会内监督　切实建设高素质参政党》大会发言；民进湖北襄樊市委会关学贵作《发挥会员主体性地位　加快民主党派自身民主建设》大会发言；民进河南省委会张军善作《发展会内民主　构建主委班子向全委会述职制度》大会发言；民进广东省委会秘书长胡献作《建立健全会内监督制度和机制之浅见》大会发言；民进广西区直工委会主任魏敦友作《民心是民主政治的基础》大会发言；民进海南省澄迈县委会专职副主委蒙梅昌作《积极探索各级组织全委会对主委班子的民主评议制度》大会发言。

会上，代表们围绕着加强会内监督机制和会内民主建设的必要性和紧迫性，会内监督机制和民主建设的内容、形式、方法、原则，以及发挥会员主体作用、逐步加强会内民主建设的重要举措各抒己见，既有对实践中经验做法的提升，又有学理上的前瞻研究，还有可行性、操作性上的探讨，得到了与会代表的肯定。大会交流的 10 篇论文提出和回答了一些十分重要的问题，反映了我会各级组织对会内民主建设的一种自觉。研讨会达到沟通思想、启迪创新、互相学习的效果。

研讨会由民进海南省委会主办。海南省政协副主席、民进海南省委会主委史贻云，民进广西区委会主委陈自立，来自海南、湖南、湖北、河南、广东、广西 6 个省级组织的代表，以及民进海口市、三亚市、文昌市、东方市、五指山市、澄迈县等委员会负责人出席研讨会。民进中央组织部、宣传部负责人参加会议，并分别作《做好新形势下的组织工作》和《学好用好新会章》讲座。

8 月 27 日　罗富和常务副主席看望民进中央宣传部原副部长张志正同志遗孀刘明哲。

8月30日　作为纪念改革开放30周年系列活动之一，民进中央机关工会组织干部职工参观社会主义新农村——北京市丰台区王佐镇南宫村。

2008年9月

9月1日　全国人大常委会副委员长严隽琪与全国人大教育室、外事局负责人座谈。

9月1日　中央社会主义学院2008年秋季开学典礼暨全国统一战线干部教育教学改革表彰大会在北京隆重举行。大会表彰了15名优秀教师和10项教学改革优秀成果。全国政协副主席、中央统战部部长杜青林，中央社会主义学院院长何鲁丽出席并讲话。全国政协副主席、民进中央常务副主席罗富和出席开学典礼并会见民进学员。罗富和希望学员们抓住时机，静下心来认真学习理论知识，提高政治素养，在纪念改革开放30周年之际，回顾历史，继承传统，进一步坚定坚持接受中国共产党的领导和走有中国特色社会主义道路的信念。参加此次中央社会主义学院2008年秋季进修班和培训班学习的民进会员有15位。

9月1日　民进中央副主席王佐书应邀在中央社会主义学院为统战部、国资委第6期培训班作《合作共事的体会》专题讲座。

9月1日　朱永新副主席出席民进中央社会服务部工作会议，听取工作汇报并讲话，对下半年社会服务工作作出部署。

9月2日　全国政协副主席、民进中央常务副主席罗富和出席在全国政协召开的统筹城乡发展，促进形成城乡经济社会发展一体化新格局专题协商会。

9月2日　凤凰出版传媒集团译林出版社上午在天津国展中心举办新书《符号中国》首发式暨著名作家冯骥才读者见面会。仪式上，民进中央副主席、该书主编冯骥才以及民进中央委员、北京大学中国文化研究中心主任张颐武进行演讲；同时，译林出版社还将价值数千元的新书捐赠给南开区教育局，让更多的青少年了解中华民族的优秀文化。

《符号中国》被列入国家“十一五”重点图书规划。全书精选数千张上自远古、下至21世纪的具有公认的中华文化基因意义的“文化符号”高清图片，以海外普通读者、中国及海外华人圈青少年为主要对象，让他们直接或经提示，可见、可听、可触摸、可感知中华文化，且能从中理解中国人生存状态的“文化符号”——从器具到食物，从风俗到礼仪，从人物到景观等方方面面，均由专家逐一进行权威解读，以这种形式向世界传播中华文化之精髓。

《符号中国》除主编为冯骥才外，各分类卷的主编也均为文化研究和遗产保护领域里的专家学者。该书中文版共6卷，主要内容涵盖了中国物质与非物质文化遗产、自然遗产、历史遗产等诸多方面。据悉，《符号中国》英文版已入选“2009年法兰克福书展中国主宾国翻译百种图书”，译林出版社还将推出其他语种的版本。

9月2日　人民教育出版社与韩国语文学社在天津国际会展中心签订协议，人教版《朱永新教育文集》（十卷本）的韩语版版权将输往韩国。这标志着，我国当代教育家的个人教育理论著作将首次输往海外。《朱永新教育文集》自2004年出版以来，受到广大读者尤其是中小学教师的广泛好评，迄今为止第一卷已经重印7次，第二至第十卷已经连续重印5次，并荣获全国教育理论优秀畅销书奖、首届中国教育学会奖、全国高校出版社优秀畅销书奖等奖项。

9月2日　朱永新副主席与天津市人民政府协商海峡两岸企业合作与发展论坛事宜。

9月3日—5日　朱永新副主席在苏州市出席光明日报和中共苏州市委联合主办的“母校礼赞”研讨会并讲话。朱永新在园区二实小参观并题词：“过一种幸福完整的教育生活。”

9月4日　民进中央副主席、民进网站管理委员会主任王佐书上午在机关出席民进网站管理委员会全体会议并讲话。王佐书指出，网站建设利用的是现代科技和手段，民进网站应通过最优化的管理来实现最大的社会效益。针对今后的工作，他提出，民进网站在建设中应坚持精品意识、服务意识、职能意识；加强网站制度建设，确保制度切合时宜、切实有效、切实可行；建立定期、长效的激励机制，面向社会加大对民进网站的宣传力度；加强软硬件建设，在做好宣传工作的同时注意网络安全问题。他希望，网站编辑加强理论研究，在日常工作中多搜集问题，并归纳整理，提出相应的解决办法，改进工作，改出实效。

会议围绕民进网站加强管理、改进工作，调整栏目和完善功能等问题进行探讨。民进中央各部门负责人参加了会议。

9月5日　民进中央常务副主席罗富和在中央统战部出席各民主党派中央常务副主席工作会议，交流近期工作。

9月5日　民进中央机关支部下午组织会员到世界艺术馆参观“伟大的世界文明”和“同一个世界、同一个梦想”展览，丰富文化生活，感受奥运氛围。

9月6日　全国政协副主席、民进中央常务副主席罗富和，民进中央副主席潘贵玉、朱永新及秘书长赵光华等出席观看北京残奥会开幕式。

9月6日　民进中央副主席王佐书在杭州参加中国民办教育协会调研工作会议暨国家中长期民办教育改革和发展研讨会。

9月7日　民进纪念改革开放30周年参政党建设理论研讨会在沪举行。全国人大常委会副委员长、民进中央主席严隽琪出席并讲话。她强调，建设适应时代要求的高素质参政党，迫切需要加强参政党理论建设。研讨会拉开了民进中央纪念改革开放30周年系列活动的序幕。民进中央副主席王佐书主持开幕式，并通报了民进中央参政党理论研究会、华东政法大学政党理论研究所成立情况。民进中央副主席、上海市人大常委会副主任、民进上海市委会主委蔡达峰致词。

9月7日　民进中央与上海社会科学院合作签约揭牌仪式上午在沪举行，严隽琪主席出席。下午严隽琪委托王佐书出席上海社会科学院建院50周年庆祝大会。民进中央原副主席邓伟志教授作为校友代表发言。民进中央研究室、民进上海市委会参政议政部负责人陪同参加活动。

9月7日　民进中央、中国民协、中华文化学院、冯骥才民间文化基金会、中华书局在人民大会堂联合举办《羌族文化学生读本》首发式暨向地震灾区学生捐书仪式。全国政协副主席、民进中央常务副主席罗富和，民进中央副主席冯骥才、朱永新出席。冯骥才发表《传承羌族文化是我们的神圣职责》讲话。

9月7日—11日　民进中央副主席、中国文联副主席、中国民协主席冯骥才应呼和浩特市委邀请，专程前往调研呼市文化遗产保护情况。内蒙古自治区党委常委、呼和浩特市委书记韩志然、呼和浩特市副市长吕惠生会见冯骥才一行，并举行座谈。

冯骥才等考察了呼和浩特市大昭寺周边的旧城改造和老街建设项目，调研了呼市物质文化遗产资源和非物质文化遗产保护现状，还专程考察了合和置业公司和蒙牛集团。

冯骥才9月10日与当地领导和新闻媒体座谈。冯骥才对内蒙古各民族经济、文化、社会和谐发展给予高度评价。他认为呼和浩特和内蒙古当前的发展充满生机，党的民族政策在内蒙古得到很好的贯彻与落实，城市充满张力并努力突出民族特色。他指出，内蒙古在处理传统与现代、经济与文化的关系上立意好、起点高、思路新。蒙牛集团的企业文化超越了文化搭台、经济唱戏和经济搭台、文化唱戏的旧套子，通过人的境界、品质、品格的提升来实现产品的提升，无论是高科技的发展、环境与生态理念，还是企业管理，都回答了什么是真正的企业文化。他还高度评价了和林格尔的剪纸，认为其具有长城内外融合鲜卑历史文化的根基，是有突出价值的非物质文化遗产形式，可以推向全国。冯骥才还介绍了中国民协近些年在少数民族文化遗产保护方面所开展的工作与取得的成绩。

期间，冯骥才看望了内蒙古自治区政协原副主席、民进自治区委会原主委盖山林，民进自治区委会副主委邢洁晨，听取内蒙古民进组织建设情况和盖老对我国岩画保护现状的介绍。冯骥才充分肯定了民进内蒙古区委会在文化领域参政议政和政治交接工作中所取得的成绩，并对岩画申遗工作提出意见建议。

9月8日　全国政协副主席、民进中央常务副主席罗富和上午出席甘肃省农业科学院建院70周年庆典，并在庆典后参观了甘肃省农科院农业科技创新成果展，参加了甘肃农业科技创新大厦奠基仪式。

当日，罗富和与民进甘肃省委会、民进兰州市委会干部座谈。他对干部们的辛勤工作和努力表示感谢，对省委会有序工作和取得成绩感到欣慰。他通报了民进中央上半年工作及下半年工作重点，希望大家不懈不滞，有思有行，对会中央的工作多提宝贵意见，集全会之力，共同为建设高素质参政党努力。机关干部纷纷发言，结合全会政治交接主题教育活动和抗震救灾等活动，畅谈工作体会和感想，并对全会组织建设、参政议政、社会服务、机关建设等工作提出意见建议。罗富和为机关干部送去月饼，在中秋佳节即将到来之际，祝贺节日快乐。期间，罗富和与中共甘肃省委统战部部长刘立军进行了会谈。

9 月 8 日　民进中央原主席许嘉璐应第六届中国庆阳香包民俗文化节组委会、中共庆阳市委、市政府邀请出席开幕式。当晚，在庆阳宾馆贵宾楼听取民进西峰总支负责人工作汇报并座谈。许嘉璐对民进西峰总支的工作给予充分肯定，希望民进西峰总支继承和发扬中国民主促进会老一辈领导人长期与中国共产党团结合作形成的政治信念、优良传统和高尚风范，为坚持和完善中国共产党领导的多党合作和政治协商制度，为庆阳经济和社会发展作出新贡献。他说，民主党派的主要成员都是中高级知识分子。知识分子的一个特点就是忧国忧民，愿为国家为老百姓做点实实在在的事情。他要求民进西峰总支要带领广大会员不断加强自身建设，内强素质，外树形象，积极围绕当地的石油、煤炭资源开发与建设两大课题调查研究，做好参政议政工作。民进甘肃省委会副主委、省农牧厅副厅长尚勋武参加座谈。

9 月 8 日　民进纪念改革开放 30 周年参政党建设理论研讨会在上海华东政法大学闭幕，当日上午进行了大会发言。王佐书副主席作总结讲话，并提出三点希望。蔡达峰副主席出席会议。

王佐书下午应邀为上海建桥学院教职员工作教学方法专题报告。报告围绕教学目的展开，结合教育教学中常见问题与实例，系统阐述了教学目的的 12 个基本点，详细介绍了各基本点的内容与具体要求，厘清了教学目的各基本点之间的逻辑联系，并归纳出教学方法和学习方法的 4 条定律。

王佐书在报告中说，任何教学方法都有优点和不足，要因材施教，因人施教；在教学目的上，教师要把学习方法的教授放在首位，重视学生的非智力因素、情商，加强并改进思想政治教育，培养学生解决问题的能力。他强调，教学有法，但无定法，搞好教学，贵在得法，一种在一地实践成功的教学方法不能在异地原版复制；同时，学习有法，但无定法，搞好学习，贵在得法，在一个学生实践成功的学习方法不能在其他人身上原版复制。王佐书还结合当前高校思想政治教育工作中存在的不足和问题提出解决办法。

上海建桥学院院长黄清云主持报告会。民进上海市委会副主委胡卫、民进上海市委会参政议政部负责人、建桥学院教职员工和部分学生 200 余人参加报告会。

9 月 8 日　朱永新副主席赴民进中央定点扶贫县——河北省滦平县考察扶贫工作。朱永新先后考察了付营子乡邢家沟门村、羊草沟门村农业产业发展和教育发展情况，参观了民进中央帮助建设的付营子乡网站，滦平县办公新区、滦平职教中心等，并与中共滦平县委、县政府领导座谈，听取情况介绍以及县教育局、职教中心工作汇报。

朱永新在座谈中说，我们为滦平县经济社会等各项事业的蓬勃发展感动高兴。近几年，滦平经济实现了跳跃式发展，全县财政收入从 2003 年的几千万，跃升到 2007 年的 9.58 亿元，综合经济实力在河北省 100 多个县中排名第 35 位。他说，滦平县的发展是在科学发展观的指导下，执行正确的发展战略的结果。他特别称赞滦平县在经济发展后优先发展教育的举措。滦平不但提前两年实现了义务教育阶段免费，而且从今年起对高中教育实施免费。他希望滦平县珍惜发展机遇，抓住发展机遇，乘势而上。除了发挥矿产资源和农业资源优势，从长远来看，更重要的是用好区位优势，按照“服务京津，承接产业，发挥优势，提供配套”的思路，创造条件、争取机会，承接京津的外资流转扩散、产业转移，提供能源和劳务输出，发展高科技产业配套、现代物流仓储、休闲旅游度假和农副产品供应等相关产业。

朱永新建议，滦平要大力发展教育事业，挖掘人力资源，最重要的资源是人力资源。希望滦平在教师专业发展、幼儿教育、职业教育等方面加大力度，加快发展，带动全县教育事业快速健康发展。

朱永新强调，要发挥民进中央和滦平县两个积极性，推动民进中央在滦平的扶贫工作在新时期实现新的跨越。他说，在这十六年的扶贫工作中，民进中央和滦平县建立了深厚的感情，我们一定要继承传统，一如既往地做好在滦平县的扶贫工作。今后，民进中央要多与滦平县沟通协调，在确定扶贫开发项目时要符合当地的实际需求，要结合参政议政工作，在社会服务过程中及时发现问题组织调研，为政府决策提供参考。

河北省政协副主席、民进河北省委会主委王刚，民进中央社会服务部、民进承德市委会负责人陪同考察。

9月9日　民进中央下午在机关举行庆祝第24个教师节座谈会。全国政协副主席、民进中央常务副主席罗富和出席并讲话。他指出，民进是以从事教育文化出版工作的高中级知识分子为主的参政党，其中教育界会员的比例接近70%。我们和教育有着天然而密切的联系。民进中央首任主席、著名的教育家马叙伦先生曾担任新中国成立后国家教育部部长和高等教育部部长，民进中央主席、著名的教育家叶圣陶先生也曾担任国家教育部副部长。民进作为一个以教育界成员为主的参政党，十分重视和关注教育事业的发展。改革开放30年来，民进各级组织积极为推动教育立法、推动教育改革、提高教育质量、提高教师队伍建设等问题建言献策、献计出力。

罗富和说，我们今天和大家一起庆祝的教师节，就是在民进等社会各界的倡导下建立的。自七十年代末起，民进中央叶圣陶、冰心等老一辈领导人就多次撰写文章、发表谈话，呼吁设立教师节。1981年在全国政协五届四次会议上，民进中央的17位政协委员徐伯昕、吴贻芳、史念海、李霁野、张明养、叶至善、徐楚波、郑效洵、马力可、霍懋征、葛志成、方明、巫宝三、张景宁、叶圣陶、雷洁琼、柯灵联名提交《建议确定全国教师节日期及活动内容》的党派提案。1983年在全国政协六届一次会议上，民进19位政协委员再次联名提出"为提高教师的社会地位，造成尊师重教的社会风尚，建议恢复教师节案"。这些建议均受到党和政府的高度重视。1985年，全国人大常委会批准确定每年的9月10日为教师节。

罗富和说，30年来，民进还为义务教育法、教师法、教育法、职业教育法、高等教育法、民办教育促进法，还有即将制定的学前教育法等教育法律、法规的制定、修订贡献了绵薄之力。以1993年10月颁布的《中华人民共和国教师法》的制定过程为例。从酝酿、调研、起草到颁布，民进付出了10年不懈的努力。1984年，民进中央和全国教育工会、全国政协教育组联合对教师流失问题进行调研。通过调研，我们提出，必须用法律保障教师的政治地位、社会地位和合法权益，从根本上稳定教师队伍。1986年在全国政协六届四次会议上，民进组21位全国政协委员联名提出《尽早制定"教师法"案》。1986年初，受有关部门委托，民进中央和全国教育工会、中国陶行知研究会、北京市教育科学研究所、北师大教育科学研究所共同组成《中华人民共和国教师法》联合起草小组。同年4月，民进在全会范围内组织讨论《中华人民共和国教师法》草案（一稿）。在综合社会各界意见的基础上，起草小组历时逾两年先后修改了四稿草案。1988年在全国政协七届一次大会上，全国政协常委、民进中央副主席葛志成作了"制定《教师法》，提高教师地位和待遇"的发言。

罗富和说，民进非常关注教师队伍建设，特别是农村教师队伍建设。自2004年起，民进中央一直都在就教师队伍建设进行调研。2004年，民进中央和14个省级组织共同就少数民族地区义务教育和教师队伍建设问题进行了调研。2005年，民进中央和重庆、内蒙、甘肃、云南等省级民进组织合作就教师队伍建设问题进行了调研。2006年—2008年，民进中央和内蒙、甘肃、云南等省级民进组织合作就教师培训问题进行了调研。2007年，民进中央在杭州市举办了"中国教师发展论坛"，教育部陈小娅副部长出席了论坛并讲话。自2004年起，民进中央在全国政协大会上每年都要就教师队伍建设问题，包括教师队伍建设的均衡发展、教师培训、代课教师等，提出相应的提案，总共提出了此类提案8件。

罗富和说，自教师节设立以来，民进中央每年都要举办庆祝活动，在节日期间慰问基层教师、为教师办实事。今天，我们在这里召开座谈会庆祝2008年的教师节，但座谈的内容却与往年不同。在百年不遇的特大地震灾难考验面前，广大民进教育界会员，用实际行动履行着人民教师的职责，践行了民进人对党的教育事业的忠诚，交出了让民进和人民满意的答卷。民进作为以教育界成员为主要界别的参政党，要在全会范围内进一步推进向抗震救灾英雄教师学习的活动，号召全会的教育界会员向抗震救灾英模教师和全国教育战线优秀教师学习。

罗富和对全会广大教师提出四点希望：一是爱岗敬业、乐于奉献；二是淡泊名利、勤于治学；三是勇于创新、精心育人；四是当好助手、为会争光。

9 月 9 日　全国人大常委会原副委员长、民进中央原主席许嘉璐上午在甘肃省人大常委会副主任洛桑·灵智多杰、民进省委会副主委尚勋武、省教育厅副厅长李富贵陪同下，考察陇东学院并座谈。许嘉璐表示，在第 24 个教师节来临之际，请在座的各位把他的问候带给陇东学院广大教师，庆阳市八县（区）所有教师。许嘉璐在讲话中阐述了高等教育为地方经济社会发展服务，抓好高校思想政治教育工作，进行高校办学以及改革发展等重要问题。他论述了即将出台的国家未来教育发展纲要，分析了地方高校办学的方向，指出主要是为本地经济建设和文化发展服务。

会前，许嘉璐参观了学生宿舍，并和学生亲切交谈，在陇东学院新校区参观了图书馆并了解情况。中共庆阳市委、政府、人大、政协、军分区负责人陪同视察。民进陇东学院支部主委参加座谈。

9 月 9 日　朱永新副主席在民进中央接待来访的山西省政协原副主席吕日周，并就农村教育改革等问题交换意见。

9 月 10 日　民进中央发出《致民进全体教师会员的慰问信》。

9 月 10 日　民进中央副主席王佐书应中央社会主义学院邀请，为中央国家机关无党派人士政治交接主题教育活动培训班作《为提高参政议政能力提供研究的线索》专题报告。中央国家机关司局级干部 100 余人听取报告。

9 月 10 日　应民进河北省委会、民进张家口市委会邀请，民进中央副主席朱永新赴张家口就扶贫开发、教育发展等项工作进行考察。朱永新到张北县战海乡头号村，走访农户、学校，与市、县、乡、村干部座谈，并就推进扶贫开发、社会主义新农村建设、教育发展等项工作提出建议。朱永新希望当地政府、有关部门、企业要帮助头号村积极推进产业扶贫，增强农民致富后劲。他建议，头号村要立足蔬菜种植实际，招商投资蔬菜精深加工项目，延伸蔬菜产业链条，同时要对节水灌溉、调整种植结构等方面加以研究，促进蔬菜增效、农民增收。他说，社会主义新农村建设，要按照二十字方针要求，结合本地实际，创出特色、建出新意；要加强村小学的基础设施建设和教师队伍建设，努力提升教育水平。他表示，民进中央、民进河北省委、民进张家口市委要整合力量，突出重点，劲儿往一处使，共同推动扶贫等社会服务工作的开展。

期间，朱永新与民进张家口市委会全体机关干部举行座谈。

当日，朱永新出席在万全中学举行的 2008 年度张家口民进华耐助学金颁发仪式，并为获得助学金的贫困学生颁发助学金。朱永新向张家口市的民进会员教师，以及全市的教师，致以教师节的祝贺和亲切的慰问；代表民进中央，向获得民进华耐助学金的各位同学表示祝贺，希望他们珍惜这来之不易的机会，好好学习，立志成才，回报家乡，服务社会，报效祖国。他高度赞扬民进会员、华耐集团的贾锋和贾俊兄弟，艰苦创业、致富不忘家乡，热心教育事业的高尚精神，并代表民进中央感谢民进河北省委会、民进张家口市委会所做的工作；感谢中共张家口市委、张家口市人民政府，对民进工作的大力支持。

民进华耐助学金于 2003 年正式启动，由民进张家口市委会、华耐集团、张家口市教育局共同发起，旨在发扬重教爱生的优良传统，培养高素质人才，积极资助品学兼优、家庭经济特别困难的学生就读国家重点院校。6 年来，他们深入张家口 17 个县区的 180 多户贫困家庭中，认真调查、逐人核实，行程 2 万多公里。截至目前，捐款 100 多万元，已为 113 名特优特困生圆了大学梦想。2008 年，华耐集团向从张家口市选出的 20 位升入重点大学的特困高中毕业生颁发了助学金。

河北省政协副主席、民进河北省委会主委王刚，民进中央社会服务部、张家口市负责人出席助学金颁发仪式并陪同考察。

9月11日 全国人大常委会副委员长严隽琪在新西兰议会大厦会见了新西兰议长玛格丽特·威尔逊，双方就两国关系、议会交往和共同关心的问题坦诚友好地交换了意见。严隽琪首先转达了吴邦国委员长对威尔逊的亲切问候，并感谢她的盛情邀请。严隽琪说，中新两国近年来高层互访频繁，政治互信不断增强，经贸联系日益紧密，立法机构交往不断加强，各领域合作富有成效。中方一贯重视中新关系，愿同新方共同努力，本着平等互利、共同发展的精神，加强对话、深化合作，推动双方全面合作关系不断迈上新的台阶，更好地造福两国人民。

威尔逊表示，加强议会交往对于两国关系发展具有重要意义。她对中国四川汶川遭遇大地震灾害表示同情和慰问，祝贺北京奥运会取得巨大成功，盛赞中国人民为举办奥运会和残奥会所做的卓越工作，认为北京奥运会使世界各国人民深入了解和认识了一个崭新的中国。

严隽琪高度评价新西兰政府和议会长期以来坚定奉行一个中国政策，感谢新方对中国抗震救灾、举办奥运会和残奥会给予的支持和帮助，祝贺新西兰运动员在北京取得的优异成绩。

严隽琪于8日率全国人大代表团抵达奥克兰，开始对新西兰进行正式友好访问。访问期间，她还会见了新西兰内务部长里克·巴克等政府官员。严隽琪还将访问澳大利亚和萨摩亚。

9月11日 民进中央新老两届领导来到民进中央原名誉主席雷洁琼住所，看望德高望重的雷老，向她祝贺103岁生日。9：00，全国人大常委会原副委员长、民进中央原主席许嘉璐带着鲜花来到雷洁琼家里，他拉着雷老的手，亲切地说："雷老，我来给您拜寿来了，祝您身体健康，寿比南山！"雷老面色红润、神采奕奕，非常高兴，连说："谢谢你！谢谢你！"许嘉璐向家属和工作人员详细询问雷老生活起居和保健情况，看到雷老身体健康他非常欣慰，说"雷老身体健康是我们的福分啊"！10：00，全国政协副主席、民进中央常务副主席罗富和、民进中央副主席朱永新来到雷老家。罗富和说："雷老，我和朱副主席代表严隽琪主席和全国民进会员给您祝寿来了，祝您身体健康，生日快乐！"罗富和叮嘱工作人员一定要照顾好雷老的生活起居，保证她老人家有一个健康快乐的晚年生活。

9月11日 王佐书副主席应邀在沈阳为民进辽宁省委会纪念改革开放30周年暨统战理论研讨会作《为中国文化战略与安全研究提供线索》专题报告。中共辽宁省委统战部常务副部长王春生出席，民进辽宁省委会专职副主委陆迎一主持会议。民进辽宁省、各市统战理论研讨会会员，省直工委、沈阳市委会会员和机关干部100余人参加报告会。在沈期间，王佐书与民进中央副主席贺旻会面。

9月11日 朱永新副主席下午为民进中央机关干部职工作专题讲座《改变从阅读开始》，他强调，一个民族的精神世界取决于这个民族的阅读水平，一个民族的竞争力取决于这个民族的精神力量，一个民族的精神力量取决于他的阅读力量。他还预留时间，认真回答听众提问。

9月11日 中新社发布报道《给四川灾区的孩子一叶绿色方舟——朱永新教师节谈四川灾后教育重建援助》。

9月12日 全国政协副主席、民进中央常务副主席罗富和出席全国政协十一届三次常委会大会发言协调会。

9月12日 朱永新副主席出席天津市社会主义学院举办的民进天津市2008年中青年会员培训班，作题为《对参政议政工作几点思考》的主题报告。朱永新阐述了民主党派为什么要参政议政，并谈了个人参政议政的实践与体会：立足专业背景，将学术研究、本职工作和参政议政结合起来，以学术研究促进本职工作，从本职工作中挖掘提案参政议政；立足中国国情，将报国情怀、民主监督、建言献策统一起来；立足民间社会，将国家大事、百姓生活、网络民声整合起来。朱永新介绍了民进中央新一届领导集体对参政议政工作的一些思考：深入贯彻落实科学发展观，加强学习，认清形势，围绕中心，把握大局，是做好参政议政工作的前提；发挥集体智慧，整合人才资源，是做好参政议政工作的基础；加强体制机制建设，促进参政议政的制度化、规范化，是做好参政议政工作的重要保障；“巩固老阵地、开拓新领域”仍是参政议政工作的重要指导原则；信息化建设是促进参政议政资源整合的有效手段。

中共天津市委统战部、民进天津市委会负责人出席培训班。

9月13日　罗富和常务副主席、朱永新副主席出席全国政协中秋联谊会。

9月13日—15日　全国政协原副主席、民进中央原第一副主席张怀西在泉州考察经济社会发展情况。张怀西对泉州市经济社会发展表示肯定。他说，泉州近几年来发展变化速度很快，民营经济在全市经济中占有“十分天下有其九”的格局，对泉州发展贡献巨大。在今年国内外经济形势的影响下，企业发展遇到了一些困难，但要坚定信心，正视困难和机遇，努力保持经济社会平稳、持续发展。他指出，泉州是国务院首批公布的24个历史文化名城之一，文化积淀深厚，对台交流合作具有“五缘”优势。要加大闽南文化保护力度，力求在文化保护和建设中有更大作为。民进市委会主委张锦川、专职副主委蒋炯等陪同考察。

9月14日　民进中央副主席朱永新在国家大剧院出席民进会员、旅美著名女高音歌唱家张莉独唱音乐会——“祖国，我为你尽情歌唱”。这是国家大剧院建成之后首次主办的中国歌唱家个人独唱音乐会。音乐会结束后，张莉专门为声乐爱好者作了“怎样演唱声乐作品”的大师讲座。

9月15日　全国人大常委会副委员长严隽琪在堪培拉会见了澳大利亚众议院议长詹金斯和参议院议长霍格。詹金斯和霍格表示，很高兴在“中秋逢奥运”这样一个美好时刻欢迎中国全国人大代表团来访。世界各国人民都认为，北京奥运会、残奥会取得了圆满成功，一个现代化的中国展现在世人面前。中国人民为此付出了巨大努力，应该感到无比自豪。

严隽琪感谢澳大利亚政府、议会和社会各界对北京奥运会、残奥会的支持。她指出，中澳都是亚太地区重要国家，双方拥有广泛的共同利益和牢固的合作基础。中方一贯重视中澳关系，始终把澳大利亚视为长期的重要合作伙伴。希望双方进一步加强交往，增进了解，扩大友谊，推动两国关系取得更大进展。

严隽琪强调，议会关系是国家关系的重要组成部分。加强中国全国人大和澳大利亚议会的交往，能够增进中澳各领域合作务实深入发展。中国全国人大愿与澳大利亚议会一道，充分发挥已有交流机制的作用，加强交流，相互学习，促进合作。

詹金斯说，中国改革开放取得了显著成绩，其中的经验值得澳大利亚学习。澳大利亚议会愿与中国全国人大相互学习，交流治国理政的经验，推动双边关系全面发展。

严隽琪在澳期间还分别会见了澳大利亚外交部长史密斯、贸易部长克林和澳大利亚议会澳中友好小组主席乔治等政府官员和议员代表。

9月16日　全国政协副主席、民进中央常务副主席罗富和下午会见中央社会主义学院第20期民主党派干部进修班、培训班的民进学员并座谈。罗富和希望大家统筹安排，用心学习。他说，民主党派要搞好参政议政，首先要了解我国的政治制度和经济制度，了解我国的基本国情，了解我国的基本国策和重大战略，要围绕政治、经济、文化和社会生活中的重大问题及人民群众普遍关心的问题，选择一些具有综合性、全局性、前瞻性的课题，深入开展调查研究，提出有见解、有分量的意见和建议，为党和政府决策提供依据和参考。这既是民主党派参政议政的方向、指导、准则，也是民主党派参政议政的重要内容、重要方法和着力点。他指出，2008年是不平凡的一年，希望同志们认真学习十七大报告，深刻领会只有改革开放才能发展中国、发展社会主义、发展马克思主义，才能切实促进社会公平正义、实现人的全面发展，进一步坚定坚持中国特色社会主义道路、坚持中国特色社会主义理论体系的信心和决心，认真总结民进伴随改革开放伟大事业一道前进的光辉历程，在科学发展观的指导下，冷静看待成绩，坚强面对困难，在今后的工作中最大限度地激发广大会员参政议政的积极性，在改革开放的伟大进程中推动多党合作事业蓬勃发展。

参加座谈的学员们畅谈在中央社院的学习体会，感谢民进中央提供了一个系统学习理论知识的机会，表示一定会珍惜这次机会，认真学习中国特色社会主义理论体系，立足本职工作，努力提高参政议政水平，增强政治把握能力。民进中央组织部负责人主持座谈会。

9月16日　全国人大常委朱永新上午出席全国人大义务教育法执法检查组第一次工作会议。

9月16日　民进中央副主席朱永新下午出席中国教育学会举行的教育改革与制度创新座谈会。

9月16日　朱永新副主席晚上出席四川歌舞团在民族宫举行的答谢统一战线抗震救灾晚会。

9月16日—17日　全国人大常委朱永新出席全国人大教科文卫委员会全体会议。

9月16日　民进中央原副主席楚庄、原秘书长陈益群和民进中央机关支部离退休同志参观首都社会主义新农村——北京市丰台区王佐镇南宫村。民进支部会员也参加活动。

9月17日　中国全国人大常委会副委员长严隽琪在阿皮亚分别会见了萨摩亚国家元首埃菲和议长托洛富艾瓦莱莱。

严隽琪说，中萨建交33年来，两国在政治上相互尊重、平等相待，在经济上相互支持、互利合作，在国际和地区事务中相互协调、紧密配合。中萨关系已经成为中国同太平洋岛国友好合作的典范。中方重视中萨友好，愿与萨方一道努力，不断扩大在经贸、文教等领域的广泛合作，推动两国关系进一步向前发展。

埃菲愉快地回忆了他数次访华的经历，表示萨方一直视中国为值得信赖的真诚朋友，感谢中方长期以来对萨摩亚提供的无私援助。埃菲盛赞北京奥运会突出了和谐理念，展现了中国悠久的历史、从未间断的文化及对世界文明作出的杰出贡献。

托洛富艾瓦莱莱说，萨中两国关系密切友好，两国人民亲如兄弟。萨议会愿加强与中国全国人大的合作，推动两国关系全面发展。

严隽琪感谢萨摩亚政府和人民对北京奥运会、残奥会的支持。她说，萨摩亚政府在本国财政并不宽裕的情况下，慷慨解囊，支持中国四川抗震救灾，中国人民对此深表感谢。

严隽琪当日上午还与埃菲、托洛富艾瓦莱莱及萨副总理米萨一起出席了萨摩亚议会办公大楼竣工典礼。

严隽琪此前访问了新西兰和澳大利亚。

9月17日　全国政协副主席、民进中央常务副主席罗富和，民进中央副主席潘贵玉、王佐书、朱永新出席在国家体育场举行的北京残奥会闭幕式。

9月18日　王佐书副主席上午在国家行政学院为学员讲课。

9月18日　王佐书副主席下午在中央社会主义学院为培训班学员作合作共事专题报告。

9月18日　朱永新副主席主持中国教育学会召开的中小学教师队伍建设座谈会。

9月19日　罗富和常务副主席在民进中央出席公务员招录专题会议。

9月19日—21日　应山西省政协、山西省改革创新研究会邀请，民进中央副主席朱永新在山西省大同市左云县出席山西农村教育调查暨左云县综合技术学校案例论证会，作题为《农村教育的困境与出路》的发言。他说，中国民主促进会是一个以教育文化新闻出版为主要界别的参政党，教育始终是我们最为关注的领域。关注农村教育，尤其是关注农村教师的生存状态，一直是民进中央参政议政的主题之一。朱永新在充分肯定我国农村教育改革所取得的巨大成就的同时指出，目前仍然有许多制约农村教育健康发展的问题，并提出了对策建议：

一是农村教育的方向问题。要改变农村教育“城市化”的现状，改造农村教育的内容，让农村的孩子能够认识农村，热爱农村，具有改造农村的理想与本领。让农村教育真正姓“农”，让农村孩子真正学到有用的知识与技能，才能让农村教育有吸引力有生命力。

二是农村教育移民的问题。要解决农村教育移民，防止农村教育的空洞化，首先是要办好农村教育，切实提高农村教育的质量，让农民能够放心地让孩子进自己家门口的学校。

三是农村教育经费短缺的问题。建议国家进一步加大对农村教育的投入力度。

四是农村教师的问题。建议建立遴选农村中小学优秀校长的机制。建议国家开展提升农村教师的质量工程，鼓励每所城市学校对口支持一所乡村学校，由国家或者对口省市出资，帮助城市与农村的学校进行对口挂职定岗教学。建议国家出台鼓励城市优秀教师到农村支教和优秀大学生到农村做教师的政策，确保农村教师的待遇不低于城市教师。

五是农村幼儿教育的问题。建议把农村幼儿园建设纳入农村教育的重要内容。

六是农村寄宿制学校的问题。建议教育部与建设部出台农村寄宿制学校的建设标准和农村寄宿制学校的教师编制办法，要增加生活教师、后勤人员的专门编制。同时，加大对于农村困难家庭的补助力度，免除困难家庭孩子的伙食费，发放交通补贴。

山西省政协原副主席、山西省改革创新研究会会长吕日周，民进中央参政议政部负责人出席研讨会。

朱永新还考察了阳高县长城乡中心小学。

9 月 19 日　民进中央举行交流会，机关 2 位赴苏北挂职一年返回的女干部汇报学习锻炼体会。秘书长赵光华主持会议。

9 月 21 日　全国人大常委会副委员长严隽琪率全国人大代表团结束在新西兰、澳大利亚、萨摩亚三国的访问回国，抵达上海浦东国际机场。民进中央副主席蔡达峰到机场迎接。

9 月 22 日—28 日　全国人大常委会副委员长严隽琪率全国人大九年义务教育法执法检查组在黑龙江省进行执法检查，全国人大常委朱永新参加执法检查。

9 月 22 日—23 日　中国人民外交学会高级顾问许嘉璐率团在大韩民国首都首尔市出席第八届中韩知名人士论坛。中韩知名人士论坛由中国人民外交学会和韩国 21 世纪韩中交流协会共同举办，从 2001 年开始每年在中韩两国轮流举行，对加深两国民间友好关系起到了积极的推动作用。此次论坛共有两个议题，分别是“韩国李明博政府的外交政策对中韩关系及半岛和平的影响”和“中韩两国青年政治家之间交流合作的重要性和对两国关系发展的影响”。中、韩各界人士 200 余人出席论坛。

许嘉璐和中国代表团受到韩国 21 世纪韩中交流协会热烈欢迎。第八届中韩知名人士论坛 23 日上午在首尔举行，许嘉璐出席并致贺词。他说，中韩两国地缘相近、文化相通，两国人民在数千年的交往史中共同为古老的东方文明增添了浓墨重彩的华章。建交以来，中韩友好关系更是得到全面发展，双方高层交往不断，政治互信增强，各领域交流与合作取得的成就令人瞩目，这不仅给两国人民带来巨大利益，也为本地区的和平与发展作出重要贡献。许嘉璐强调，在不同民族、不同国家间的交往中，政治互信和经济合作是重要的组成部分和基础，但政治和经济都会受到国际和国内等诸多因素的影响，唯有文化交往才是永恒的、稳定的和持久的。我们应该珍惜“文化相通”这一宝贵财富，这是中韩两国人民几千年来努力的成果，我们也应该沿着前人的足迹，在加强政治和经济交流的同时，进一步扩大文化交流。随后，许嘉璐出席论坛并参加讨论。论坛下午圆满闭幕，许嘉璐发表闭幕讲话。

访韩期间，许嘉璐会见大韩民国国会议长金炯旿，参观大韩民国国会，专程拜会韩国前总统全斗焕，会见大韩贸易投资振兴公社社长赵焕益。

9 月 22 日—10 月 2 日　全国人大常委王佐书随同全国人大教科文卫考察团出访斯洛伐克、希腊等六国。

9 月 23 日　全国政协副主席、民进中央常务副主席罗富和，民进中央副主席、首都师范大学校长刘新成在首都师范大学出席中国戏曲研究中心成立暨揭牌仪式。罗富和代表全国政协主席贾庆林向研究中心的成立表示祝贺，同时希望首都师范大学、中国戏曲学院两校发挥各自优势，为中国戏剧事业的发展作出积极贡献。

中国戏曲研究中心由首都师范大学、中国戏曲学院联合组建，是集戏曲文化与舞台艺术研究为一体的教学、科研机构，对于今后培养复合型戏曲艺术人才、完善戏曲学学科建设具有积极的现实意义。中心名誉主任及学术学位委员会主任由欧阳中石担任。

9月23日 “开发扶贫、生态建设”试验区20周年座谈会在毕节市举行。中央统战部、各民主党派中央、全国工商联、试验区专家顾问组、深圳市对口帮扶部门和贵州省等100多位专家、学者和企业界人士齐聚毕节，共话试验区成立20年来取得的辉煌成就。民进中央副主席朱永新出席座谈会并发言。

9月24日 全国人大常委会副委员长、民进中央主席严隽琪在黑龙江省进行义务教育法执法检查期间，上午专门抽出半天时间来到民进黑龙江省委会，看望机关同志和部分会员代表，并亲切座谈。全国人大常委、民进中央副主席朱永新出席座谈。

严隽琪认真听取黑龙江省人民政府副省长、民进省委会主委程幼东工作汇报，以及部分市委会主委、在哈尔滨市的全国人大代表、省人大常委、省政协委员代表、政治交接主题教育活动试点单位负责人、基层支部代表和会员代表的汇报发言，和大家一起就全会政治交接主题教育活动等工作进行深入交流探讨。

严隽琪听取发言后讲话。她说，这次来民进黑龙江省委会主要是来看望和慰问大家，了解新一届民进黑龙江省委会近一年多来的工作情况，并和基层的同志们进行交流，听取大家对民进中央工作的意见和建议。她说，自民进黑龙江省委会换届以来，新一届领导班子在中共黑龙江省委的正确领导和省委统战部的大力指导下，紧紧依靠全省各级地方组织和广大会员，扎实工作，积极推进政治交接主题教育活动，认真履行参政议政职能，取得了可喜成绩，为黑龙江省的经济社会建设发挥了作用。

严隽琪说，当前我国的实力和国际地位有了重大提升，许多国家都称赞我国改革开放取得的伟大成就，对中国在国际事务上的作用寄予很高的期望，并希望与中国加强合作。这是改革开放取得的重大成果。今年适逢改革开放30周年纪念，各级民进组织和广大会员要以此为契机，认真回顾总结这段历史，进一步增强热爱祖国、热爱中国共产党、热爱社会主义的信心和自豪感，努力把推进民进各项重点工作与深刻认识我国的国际国内形势紧密结合，与纪念改革开放30周年紧密结合，与学习贯彻科学发展观紧密结合。

严隽琪指出，参政党建设要顺势而为，要按照参政党建设规律而为，这就需要不断总结思考在新的历史时期参政党建设的基本规律。要努力发挥“两个促进”：即执政党建设和参政党建设的互相促进；民进中央工作与民进地方组织工作的互相促进。要坚持不懈地推进政治交接主题教育活动，今年以领导班子建设为重点，重在加强对领导班子政治立场、政治方向和坚持民主集中制原则的培训。政治交接活动要常抓常新，努力做到入耳、入脑、入心，着力建立长效机制。高度重视机关建设，努力做到分工明确、制度规范，运转高效，通过提升机关运转效率促进领导班子工作效率的整体提升。大力加强组织建设，特别是后备干部队伍建设。要关心每一位会员，努力提升基层组织的凝聚力，让他们时时刻刻都能感受到组织的温暖。

严隽琪就基层同志提出的一些意见和建议给予答复，并鼓励大家在今后的工作中为民进中央多提好的意见和建议。

民进中央参政议政部、民进黑龙江省委会负责人和有关方面代表共30余人参加座谈。

9月24日 全国政协副主席、民进中央常务副主席罗富和在江苏省淮安市出席第四届中国大运河文化节—大运河保护与申遗高峰论坛开幕式，并代表政协全国委员会致开幕词，对活动的举办表示热烈祝贺。他说，大运河是中国悠久历史和灿烂文化的缩影，是中华文明传承发展的重要载体。保护好、继承好、发展好人类共有的这一宝贵文化遗产，对于推动社会主义文化大发展大繁荣，更好地传承人类文明具有十分重要的意义。罗富和强调，做好大运河保护与申遗工作，要坚持以人为本，统筹兼顾，以科学发展观指导大运河保护与申遗工作；要加强研究，深化认识，促进大运河保护与申遗工作扎实开展；要整合资源，统筹协调，尽快形成统一有效的联合工作机制；要抓紧编制《大运河文化遗产保护规划》，有计划、有步骤地做好大运河保护和申遗工作；要综合利用多种方式，加大宣传力度，动员全社会力量共同参与大运河的保护与申遗工作。

罗富和在淮安期间会见了民进淮安市委会干部和部分会员，听取淮安市副市长、民进淮安市委会主委朱毅民工作汇报，充分肯定淮安民进在组织发展、参政议政、社会服务等方面的工作。罗富和说，淮安民进虽然工作条件、工作环境与苏南有一定的差距，但淮安民进的工作很出色，有些工作甚至走在全省、乃至全国的前列。淮安民进积极吸收和发展社会各界的骨干精英，注重对民进会员的培养和发展；基层支部结合实际，开展形式多样的活动，各项工作整体推进，各方进展都比较顺利。明年，民进中央将召开组织工作会议。届时，淮安民进在基层组织建设、后备干部队伍建设、班子建设等方面的工作经验可以很好地总结和交流。会上，罗富和通报了民进中央下半年的工作计划，并就农村问题和民进会员进行交流和探讨。

罗富和还看望了淮安市政协原副主席、民进淮安市委会原主委卜健民。

9 月 25 日　全国人大常委会副委员长、民进中央主席严隽琪下午视察了牡丹江职业教育中心，并召开座谈会，听取牡丹江市职业教育发展情况汇报。全国人大常委、民进中央副主席朱永新参加视察和座谈。

严隽琪参观了牡丹江市职业教育中心学校汽车修理实验室、动漫设计实验室、广告设计实验室、网络实验室、服装裁剪实验室、餐饮服务实验室等，与学校教师和学生亲切交谈，详细了解有关情况，鼓励学生们好好学习本领，服务当地经济建设，建设美好家园。

严隽琪在座谈会上对牡丹江市职业教育事业所取得的成绩和经验给予充分肯定，对从事职业教育的教师和校长的敬业精神给予高度评价。她指出，职业教育是我国教育体系中非常重要的组成部分。职业教育对培养数亿计的高素质劳动者，提升产业结构发挥着重要作用；职业教育满足了人们多样化发展的需求，是实现以人为本的重要途径；职业教育对于加快教育改革，推进素质教育具有重要意义。

严隽琪强调，搞好职业教育，必须坚持统筹规划，面向市场，主动服务。发展职业教育关键是解决好“出口”问题。要理顺体制机制，开展校企合作，加强专业设置和学生培养计划的针对性，有效适应市场对人才的需求。要充分依靠社会力量，既要发挥学校的积极性和教师的积极性，还要发挥企业和行业协会的积极性。同时，要加强对职业教育的宣传，努力转变社会的就学和就业观念。

严隽琪说，作为以教育、文化、出版和科技为主要界别的参政党，中国民主促进会一直十分关注职业教育的发展，今后将进一步加强调研，为《国家中长期教育改革和发展规划纲要》的制定提供建议和参考，推动中国职业教育健康发展。

会上，牡丹江市教育局汇报职业教育改革和发展情况，牡丹江市职业学校校长和教师代表汇报发展职业教育的经验和体会，大家对职业教育的教师编制、教师待遇、经费投入、师资培养、中高职衔接等方面的问题提出意见和建议。

严隽琪、朱永新会前亲切会见民进牡丹江市委会领导班子并合影留念。

民进中央参政议政部、民进黑龙江省委会和黑龙江省、牡丹江市的有关方面负责人参加相关活动。

9 月 25 日　全国政协副主席、民进中央常务副主席罗富和出席 2008 中国·扬州世界运河名城博览会开幕式，并在扬州古运河东关古渡隆重宣布第二届“运博会”开幕。召开第二届运河名城博览会的目的是讨论运河城市的经济可持续性发展，推动运河城市之间的合作，促进世界和平和发展。近年来，扬州市致力于运河文化的传承保护，积极加强与国内外运河城市的交流与合作，并与大运河沿线城市共同组建了中国大运河保护与申遗城市联盟，就大运河保护规划的编制与申遗达成《扬州共识》。

联合国副秘书长诺林·海泽女士、江苏省人民政府副省长张卫国等在开幕式上致词。全国政协文史和学习委员会、江苏省政协、国家住房与城乡建设部负责人，国内外运河城市代表和专家学者参加开幕式。

9 月 26 日　罗富和常务副主席在民进中央出席关于民进十二届二中全会工作报告和民进中央 2009 年工作要点起草情况的专题会议。

9 月 28 日　民进中央副主席刘新成出席全国政协办公厅、中央统战部、国务院侨办、国务院港澳办和国务院台办在人民大会堂联合举行的国庆招待会。

9月29日　国务院晚上在人民大会堂举行国庆招待会，热烈庆祝中华人民共和国成立59周年。党和国家领导人与1000多名中外人士欢聚一堂，共庆佳节。全国政协副主席、民进中央常务副主席罗富和，全国人大常委会原副委员长、民进中央原主席许嘉璐，民进中央副主席朱永新出席招待会。

9月29日　朱永新副主席出席中共中央在人民大会堂举行的奥运表彰大会。

2008年10月

10月1日　全国政协副主席、民进中央常务副主席罗富和，民进中央副主席刘新成、朱永新，与社会各界代表一起来到天安门广场，向人民英雄纪念碑敬献花篮，深切缅怀革命先烈。

10月4日　朱永新副主席上午在浙江安吉参观民进会员吴民先“七十初度书画展”。

10月4日　朱永新副主席下午来到吴江同里，就王绍鏊纪念馆的筹建工作召开现场办公会议。苏州市政协副主席、民进苏州市委会主委府采芹，吴江副市长周志芳及有关部门负责人出席会议。

朱永新认真听取同里镇文物保护管理所负责人关于王绍鏊纪念馆筹建工作的情况，观看了王绍鏊纪念馆布馆多媒体演示。他对吴江市委市政府和民进苏州市委为王绍鏊纪念馆的筹建、故居的修缮规划所做的工作，给予了充分肯定，并对搞好纪念馆部分版块及故居修缮的相关工作提出了调整和补充意见，同时对王绍鏊诞辰120周年纪念活动提出要求。

10月6日　民进中央十二届八次主席办公会议在京召开。严隽琪主席主持会议。罗富和常务副主席，潘贵玉、王佐书、刘新成、朱永新副主席，赵光华秘书长出席会议。部门负责人、原副秘书长列席会议。

会议传达了中共中央统战部召开的民主党派中央常务副主席工作会议精神，并就贯彻落实会议精神进行了部署。

会议听取了民进中央十二届四次主席会议和民进十二届四次中常会筹备情况的汇报，审议了《民进中央关于认真学习贯彻中共十七届三中全会精神的通知（初稿）》，民进十二届二中全会工作报告提纲草稿，民进中央2008年参政议政重点调研项目成果，民进中央纪念改革开放30周年相关活动部署，《民进中央关于做好评选推荐民进全国抗震救灾先进集体和优秀会员的通知（草案）》和关于在民进十二届二中全会上表彰民进全国抗震救灾先进集体、优秀会员的方案草案，民进中央2009年工作要点修改稿等。

会议听取了第三届海峡两岸企业发展与合作暨滨海新区开发开放高层论坛筹备工作，赴河北省滦平县、张北县考察调研情况，第六届海峡两岸传统文化与现代化研讨会筹备工作，民进纪念改革开放30周年参政党建设理论研讨会和民进中央、上海社科院合作中心进展情况，民进中央网站编委会和总编室人员变化情况，民进中央监督委员会工作条例试行草案征求意见情况的汇报。

会议还研究了机关人事事项。

10月6日　朱永新副主席在京出席中国教育学会会长会议。

10月7日　全国政协副主席罗富和下午出席全国政协十一届七次主席会议。

10月7日　全国政协副主席、民进中央常务副主席罗富和晚间在军事博物馆观看“万众一心、众志成城”抗震救灾主题展览。

10月7日　《光明日报》报道《中央党校开设国学课程　许嘉璐主讲中国传统文化》。文章说，新学期伊始，中央党校为广大学员开设了一门新课：传统文化专题讲座。该课程第一讲由著名学者许嘉璐先生为大家主讲。许嘉璐先生的题目是《中国传统文化与现代化》。该专题针对传统文化如何为社会主义先进文化提供精神动力和智力支持作了深入的探讨。

许嘉璐在接受记者采访时指出：中央党校作为培养党的干部的高等学府，请专家来讲授关于中国传统文化的课程恐怕是中央党校历史上第一次。这也反映了一个时代动向：即党的最高学府开始重视如何在马克思主义指导下把传统文化与时代精神相结合，这是一个好的开端，一个民族的文化自觉要靠领导层和知识界的自觉。而此次课程的开办应该是这个工程的重要组成部分，这也更增强了我对于中华文化建设的信心。

10 月 7 日　民进中央副主席王佐书在北京出席中国民办教育协会专题会议。民进中央秘书长赵光华参加了会议。

10 月 7 日　民进中央副主席朱永新为海淀区四季青学区的教育管理干部和教师代表作题为“过一种幸福完整的教育生活”的演讲。

10 月 8 日　全国抗震救灾总结表彰大会上午在北京人民大会堂举行。党和国家领导人胡锦涛、吴邦国、温家宝、贾庆林、李长春、习近平、李克强、贺国强、周永康出席大会。中共中央政治局常委、国务院总理温家宝主持会议。中共中央政治局常委、国务院副总理李克强在会上宣读了《中共中央、国务院、中央军委关于表彰全国抗震救灾英雄集体和抗震救灾模范的决定》。全国人大常委会副委员长、民进中央主席严隽琪，全国政协副主席、民进中央常务副主席罗富和，民进中央副主席冯骥才、王佐书出席大会。冯骥才等 517 人被授予“全国抗震救灾模范”荣誉称号。

10 月 8 日　民进中央向民进各省、自治区、直辖市委员会发出《民进中央关于做好评选推荐民进全国抗震救灾先进集体和优秀会员的通知》。

10 月 8 日　全国人大常委会副委员长、民进中央主席严隽琪，全国政协副主席、民进中央常务副主席罗富和，民进中央副主席朱永新一行，就“第三届海峡两岸企业发展与合作暨天津滨海新区开发开放高层论坛”一事走访国务院台湾事务办公室。严隽琪向国台办主任王毅介绍此次拜访目的，希望国台办对民进工作继续给予支持帮助。朱永新介绍民进中央就“第三届论坛”的筹备情况，王毅介绍两岸合作与交流的总体形势以及两岸经济贸易往来的有关情况。双方还就其他有关问题进行沟通和交流。

10 月 8 日　罗富和常务副主席、朱永新副主席在民进中央会见民进杭州市委会主委赵光育一行 10 人。罗富和充分肯定了民进杭州市委会以参政议政和自身建设为重点，为杭州市三个文明建设和构建和谐社会作出积极贡献，鼓励杭州市委会领导班子在今后的工作中，与时俱进，再创佳绩。

10 月 8 日　罗富和常务副主席下午在民进中央会见台湾施明豪先生一行。

10 月 8 日　朱永新副主席在民进中央会见唐山市副市长于山、民进唐山市委会主委杨方一行。

10 月 10 日　罗富和常务副主席在京出席中共中央关于十七届三中全会经济情况通报会。

10 月 10 日　罗富和常务副主席晚间在人民大会堂观看中国生态文化协会成立文艺晚会。

10 月 10 日　全国人大常委王佐书、朱永新在全国人大会议中心出席全国人大教科文卫委员会第 12 次会议。

10 月 10 日　民进中央副主席朱永新在北京饭店出席芳草地国际学校揭牌仪式。

10 月 13 日　新华社北京电，中共中央日前在中南海召开党外人士座谈会，就中共十七届三中全会文件听取各民主党派中央、全国工商联领导人和无党派人士的意见和建议。民进中央主席严隽琪在会上发言，罗富和常务副主席出席座谈会。

10 月 13 日　受中共中央委托，全国政协副主席、中央统战部部长杜青林 13 日向各民主党派中央、全国工商联领导人和无党派人士通报了中共十七届三中全会精神。民进中央主席严隽琪，常务副主席罗富和，原第一副主席张怀西，副主席王佐书、刘新成等出席通报会。

10 月 13 日　第三届海峡两岸企业发展与合作暨天津滨海新区开发开放高层论坛下午召开新闻发布会。民进中央副主席朱永新出席发布会并讲话。他向与会记者介绍了“海峡两岸企业发展与合作论坛”的相关背景，内容、意义和已有的成果。他指出，促进两岸关系发展和祖国统一是包括中国民主促进会在内的各民主党派的一项重要职责。“海峡两岸企业发展与合作论坛”是民进的一个“品牌”项目，也是民进履行参政党职能的一个重要窗口。他说，迄今为止民进中央已于 2005 年和 2006 年与湖北省人民政府、陕西省人民政府成功举办了两届海峡两岸企业发展与合作论坛。两次论坛取得了众多经贸洽谈成果，对促进两岸企业发展与合作具有积极的意义和影响。

朱永新强调，坚持围绕经济建设这个中心和改革发展稳定的大局开展工作，是民进履行参政党职能的出发点和归宿。环渤海经济圈的开发开放是我国改革开放进程和社会经济发展规划中区域战略布局的重要一环，而天津又是其中的重点。作为同中国共产党亲密合作的参政党，中国民主促进会理应发挥自身优势，促进天津经济社会发展和滨海新区开发开放，进而推动海峡两岸的经贸交流与合作。

朱永新指出，本次论坛与会嘉宾规格高，内容充实，成果也必将十分丰富。他希望参与论坛报道的媒体朋友能够对党和政府发展两岸关系、促进祖国统一、鼓励台湾企业界人士到大陆投资发展、参与环渤海经济圈开发开放的方针政策，对于论坛弘扬中华优秀传统文化，增进互信、互利和互惠的效果等方面给予积极宣传。

天津市副市长、民进天津市委会主委张俊芳代表天津市人民政府讲话。她认为，本次论坛的宗旨有两方面：一是充分发挥参政党的作用和优势，推动海峡两岸经贸交流与合作，促进祖国统一，促进中华民族的振兴；二是让台湾同胞进一步了解天津和滨海新区，加强津台两地在经济领域的交流与合作。她说，天津是中国经济增长最具潜力的城市之一，特别是随着滨海新区开发开放纳入国家总体发展战略，天津滨海新区正在成为又一带动区域发展的新的经济增长极。本次论坛选在天津滨海新区举办，对于加快滨海新区开发开放，加强津台两地学术界、企业界的交流与合作，促进海峡两岸的和平稳定与繁荣发展，都具有十分重要的意义。

天津市政府新闻办副主任、论坛宣传组副组长龚铁鹰在发布会上就论坛宣传报道的相关问题作了说明。新闻发布会由民进中央宣传部部长、论坛宣传组组长高保华主持。中央各大媒体和香港部分媒体驻津记者站，天津市媒体以及统战报刊近40位记者出席了发布会。

10月14日—15日　全国人大常委会副委员长、民进中央主席严隽琪，全国政协副主席、民进中央常务副主席罗富和，民进中央副主席朱永新在天津出席第三届海峡两岸企业发展与合作论坛暨天津滨海新区开发开放高层论坛。

10月14日　民进中央副主席王佐书上午出席民进十二届二中全会工作报告起草小组会议，就工作报告起草进行专题指导。

10月14日　王佐书副主席下午会见民进丽水市委会考察团成员一行15人，合影留念，亲切座谈。王佐书说，民主党派要搞好参政议政，首先要了解我国的政治制度和经济制度，了解我国的基本国情，了解我国的基本国策和重大战略，能在关键时期，围绕政治、经济、文化和社会生活中的重大问题及人民群众普遍关心的问题，选择一些具有综合性、全局性、前瞻性的关键课题，深入开展调查研究，提出切合时宜、切实有效、切实可行的关键建议，为党和政府决策提供依据和参考。这既是民主党派参政议政的方向、指导准则，也是民主党派参政议政的重要内容、重要方法和着力点。他希望民主党派干部要在做好本职工作的同时，加强理论学习，切实提高政治把握能力、参政议政能力、组织领导能力和合作共事能力，增强自觉接受中国共产党领导的自觉性和坚定性，高水平地履行参政党的职能，与时俱进地搞好民进工作。

民进丽水市委会主委、丽水市人民政府副市长庄志清代表考察团介绍了丽水民进自成立以来围绕市委、市政府中心工作建言献策，在参政议政、社会服务等方面所做的一系列工作。表示一定认真学习中国特色社会主义理论体系，立足本职工作，努力提高参政议政水平，增强政治把握能力。民进中央组织部部长主持座谈。

10月15日　十一届全国人大常委会第十一次委员长会议上午在北京人民大会堂举行。吴邦国委员长主持会议。全国人大常委会副委员长严隽琪等出席会议。

10月15日—18日　全国政协十一届三次常委会召开。全国政协副主席罗富和，常委冯骥才、潘贵玉、蔡达峰、张帆出席。

10 月 15 日　第三届海峡两岸企业发展与合作暨天津滨海新区开发开放高层论坛下午在津闭幕。民进中央原主席许嘉璐出席。民进中央副主席朱永新致闭幕词。闭幕式前，论坛进行了分会场交流总结。

本届论坛期间，来自海峡两岸企业界、经济界、学术界和政界的知名人士就国际金融走势、海峡两岸关系新形势、两岸经济合作与发展新格局、两岸经贸协商议题设置、自主创新民族品牌与国际化、滨海新区开发开放等问题进行了广泛深入的交流探讨。

10 月 16 日　政协十一届全国委员会常务委员会第三次会议下午举行全体会议，16 位全国政协常委、委员围绕学习贯彻中共十七届三中全会精神作大会发言。中共中央政治局常委、全国政协主席贾庆林出席会议。全国政协副主席罗富和等出席会议。潘贵玉常委代表民进中央提出了“推进农科教一体化，促进农村可持续发展”的建议。潘贵玉和发言同志一致认为，中共十七届三中全会专题研究新形势下推进农村改革发展问题，通过《中共中央关于推进农村改革发展若干重大问题的决定》，充分体现了中国共产党一贯高度重视农业、农村、农民工作的战略思想，表示完全赞同中共中央对农村改革发展 30 年来的历程回顾和经验总结，一致拥护推进农村改革发展的指导思想、目标任务、重大原则、各项措施。解决好农业、农村、农民问题是人民政协参政议政的重要方面，要继续把“三农”问题作为围绕中心、服务大局的重中之重，深入调查研究，积极建言献策，不断探索服务农村改革发展的新思路新途径，为社会主义新农村建设作出更大的贡献。

10 月 16 日　民进华东六省一市第十次工作研讨会在山东烟台召开。王佐书副主席代表民进中央向大会致词，并作《为研究中国文化战略与安全研究提供一些研究的线索》专题报告。

10 月 16 日—17 日　王佐书副主席在山东烟台出席第二届烟台国际动漫艺术节。

10 月 16 日　民进中央副主席朱永新率台湾企业家代表团赴唐山考察，并出席唐山市投资说明会。

10 月 17 日　全国人大常委会副委员长、民进中央主席严隽琪在人民大会堂出席中华全国总工会第十五次全国代表大会。

10 月 17 日　民进中央副主席刘新成在云南大学参加教育部历史教学指导委员会主任会和全委会期间，视察民进云南省委会并亲切座谈。

10 月 17 日　朱永新副主席在首都师范大学出席“大学的责任：教师教育论坛”，并作关于新教育实验与教师成长的演讲。

10 月 18 日　民进中央十二届四次主席会议晚间在京召开。

10 月 18 日　严隽琪主席在中华世纪坛出席第三届《和平的旗帜》世界儿童呼唤和平绘旗展开幕式。

10 月 18 日　朱永新副主席在江苏扬州出席宝应中学 80 周年校庆庆典。

10 月 18 日　政协十一届全国委员会常务委员会第三次会议在北京闭幕。会议决定，任命严隽琪为中央社会主义学院院长。

10 月 19 日　中国民主促进会第十二届中央常务委员会第四次会议在北京举行。全国人大常委会副委员长、民进中央主席严隽琪出席并讲话。全国政协副主席、民进中央常务副主席罗富和主持会议。民进中央副主席潘贵玉、王佐书、贺旻、刘新成、蔡达峰、朱永新、张帆等常委出席会议。民进中央部门负责人，部分专委会主任、副主任列席会议。会议以学习贯彻中国共产党第十七届中央委员会第三次全体会议精神为主题，举行报告会和学习座谈。会议讨论通过了《民进中央关于认真学习贯彻中共十七届三中全会精神的通知》。

10 月 20 日　严隽琪主席、罗富和常务副主席在民进中央出席民进十二届二中全会工作报告起草专题会议。

10 月 20 日　民进中央向民进各省、自治区、直辖市委员会发出《民进中央关于认真学习贯彻中共十七届三中全会精神的通知》。

10 月 20 日　民进中央副主席朱永新下午在山西省太原市出席山西民进艺术团成立大会并讲话。他说，山西民进近年来在自身建设、组织发展方面做了大量卓有成效的工作，吸收了一大批优秀的文艺工作者入会；组织开展了文艺下乡、文艺汇演等多种有影响的社会活动；围绕文化建设等积极建言献策，集中展现了山西民进良好的社会形象。在新形势下，民进山西省委会抓住机遇，及时组织成立山西民进艺术团，为山西民进增添了一个团结、凝聚和服务文艺界会员的新平台，为文艺界会员增加了一个开展学习、实践、社会服务活动的新载体。

朱永新对艺术团提出了三点期望：一、为构建社会主义和谐社会作贡献。二、艺术团要更好地服务我会文艺工作者的成长发展。三、艺术团要大力加强自身建设。朱永新为艺术界会员颁发证书

山西省政协副主席、民进山西省委会主委卫小春出席会议并讲话。山西省政协原副主席、民进山西省委会原主委秦国栋、张正明，中共山西省委统战部、民进中央社会服务部、民进山西省委、省各民主党派、省文化厅、省歌舞剧院、省京剧院、省晋剧院、省曲艺团等方面负责人以及50余位文艺界会员代表出席会议。

10月21日　全国人大常委会副委员长严隽琪、全国人大常委刘新成在人民大会堂出席全国人大《义务教育法》执法检查组全体会议。

10月21日　全国政协副主席、民进中央常务副主席罗富和晚间出席民进深圳市委会在深圳迎宾馆召开的纪念改革开放30年座谈会并讲话。罗富和充分肯定了民进深圳市委会多年来在自身建设、参政议政和社会服务各方面工作所取得的成绩。他表示，改革开放30年来，中国发生了翻天覆地的变化，作为改革开放的前沿窗口，深圳更是从一个边陲小镇发展成为一个现代繁华都市，创造了工业化、城市化和现代化发展的世界奇迹。没有改革创新，就没有深圳这个城市的发展。而深圳的发展成果，成为中国改革开放以来取得巨大成就的一个精彩缩影与生动反映。回顾改革开放30年的历史，我们更加坚定了坚持中国共产党领导的多党合作制度、坚持中国特色社会主义发展道路，坚持改革开放的信心和决心。民进深圳市委会是沐浴着改革开放的春风，伴随着经济特区的发展而不断发展壮大的，同时为深圳建设发展作出了重要贡献。他希望民进深圳市委会不断总结好经验好做法，继续坚持解放思想，与时俱进，充分发扬深圳特别敢创新的精神，切实落实科学发展观，积极履行参政党职能，为深圳市经济社会建设作出更大贡献。

座谈会回顾改革开放以来深圳多党合作事业取得的重要成果以及民进深圳市委会30年发展历程，并结合党派自身工作为当前经济和社会发展积极建言献策。会议由市政协副主席、民进市委会主委张效民主持。

10月21日—25日　罗富和常务副主席在广东深圳、梅州兴宁等地就水库清淤工程和水资源可持续利用等问题进行调研。

10月21日　民进中央副主席、民进北京市委会主委刘新成在北京出席首届华北五省（市、区）民进主委联席会并讲话。民进天津市委会主委张俊芳、河北省委会主委王刚、山西省委会主委卫小春、内蒙古区委会负责人等，共同参与座谈讨论华北五省（市、区）民进主委联席会议机制（草案），同时对进一步落实联席会制度提出具体意见。民进中央组织部负责人出席会议。

10月21日　民进中央副主席朱永新出席在太原举行的“山西民进经济界会员联谊会成立大会”并讲话。他说，多年来，民进山西省委会团结了一批山西优秀的企业家，他们中有省市纳税大户，省市劳动模范，许多同志还是各级人大代表和政协委员。多年来，各位企业界会员在各自所从事的领域里，不但取得了很好的业绩，而且用不同方式回报社会，为履行我会职能作出了积极的贡献，为民进组织增添了光彩。

朱永新对联谊会提出了四点期望：一、继承我会优良传统，坚持正确的政治方向。二、树立服务意识，引导会员和会员企业健康发展。三、引导会员树立参政党意识，积极参政议政，服务社会。四、大力推进工作创新，加强联谊会自身建设。

山西省政协副主席、民进山西省委会主委卫小春出席会议并讲话。中共山西省委统战部、民盟山西省委负责人分别致词。新当选的联谊会会长徐文龙在会上发言。

民进北京市委会、民进内蒙古区委会和民进黑龙江、湖北、福建、辽宁、陕西、山东省委会向大会发来贺电。

山西省政协原副主席、民进山西省委会原主委秦国栋、张正明，民进中央社会服务部、民进山西省委会、省各民主党派、工商联负责人，来自山西全省的46位经济界会员代表出席会议。

在山西期间，朱永新看望了民进山西省委会老领导秦国栋、张正明。

10月21日　全国人大常委朱永新晚间在京出席全国人大常委会副委员长桑国卫会见英国国会下议院创新、大学、科学和技能委员会代表团活动，并出席全国人大教科文卫委员会举行的招待晚宴。

10月22日　由民进中央主管的开明公益基金会（筹）和中国防盲指导组联合主办，临沂市人民政府、北京同仁医院承办的“沂蒙老区光明行动”启动仪式在临沂市人民医院举行。全国政协原副主席、民进中央原第一副主席张怀西出席仪式，为启动活动剪彩，并到病房亲切看望医生和病人。

民进中央副主席朱永新出席并讲话。他希望通过本次活动的开展，既能让沂蒙老区部分患者重见光明，又能提高临沂市基层医生防盲治盲的能力和水平，打造一支水平比较高，业务比较强的本土防盲治盲队伍，为临沂防盲治盲工作的长期稳定开展创造条件。

山东省政协副主席、民进山东省委会主委栗甲，全国防盲指导组组长、北京同仁医院院长韩德民等出席仪式并剪彩。

“光明行动”开展5年来，在全国范围内免费开展了一系列以“防盲技术培训、白内障复明手术”为主要内容的活动，为1万多名白内障患者实施了免费手术，免费培训了数万名基层乡村医生，为改善边远地区、贫困地区、革命老区等地人民群众的健康状况、保障生产力、促进经济社会发展起到了积极的促进作用，为构建社会主义和谐社会、全面实现小康目标作出了应有的贡献。

此次行动中，来自北京同仁医院的眼科专家和临沂市人民医院的医护人员，共同为临沂市200多名从贫困户、五保户、重点优抚对象和贫困家庭中筛选出的白内障患者免费做了复明手术。同时，专家们还为部分乡村基层医生举办防盲知识培训班，到农村开展义诊活动。

民进中央联委会副主任、北京瑞星公司董事长刘红，民进中央社会服务部、民进山东省委会、中共临沂市委、市人大、市政府、市政协、民进临沂市委会等有关负责人参加有关活动。

10月23日—28日　全国人大常委会副委员长严隽琪，全国人大常委王佐书、贺旻、刘新成、朱永新在人民大会堂出席十一届全国人大常委会第四次会议。

10月23日　民进中央主席严隽琪、副主席朱永新上午在中央统战部出席关于学习贯彻科学发展观的会议。

10月23日　新华网巴黎电　中国全国人大常委会原副委员长许嘉璐当日在考察法国巴黎狄德罗第七大学孔子学院时表示，孔子学院承担着教授汉语和传播中国文化的任务，它在对外汉语教学中必须注重质量。

许嘉璐说，他此行的目的是了解孔子学院的教学情况和需求情况，以及在开展工作中遇到的困难。他指出，质量是任何一个教育机构的生命线，有了质量，才能保证数量。巴黎七大历史悠久，有着优良的教学传统，院方一直强调教学质量的重要性，许嘉璐认为这一点值得其他孔子学院学习和借鉴。

许嘉璐说，孔子学院为法国人提供了学习汉语和了解中国的机会，符合两国发展的需要。他相信未来法国还会有更多学习中文的需求。

中国国家汉语国际推广领导小组办公室主任许琳陪同考察。

10月23日　温家宝总理在京举行欢迎新加坡总理李显龙来访仪式。民进中央副主席王佐书出席欢迎仪式。

10月23日　民进中央举办纪念改革开放30周年读书论坛，秘书长赵光华主持论坛，机关各部门共10位公务员宣讲了读书心得。

10 月 24 日　由民进北京市青年工作委员会、天津市青年工作委员会、上海市中青年联谊会、河北省青年工作委员会、江苏省青年读书会联合举办的“民进青年庆祝改革开放三十周年暨奥运摄影诗歌展览”下午在民进中央开幕。本次展览共收到摄影作品 170 幅，诗歌 100 首，展出摄影作品 140 幅，诗歌 61 首。作品集中体现了当代民进青年的精神风貌。此次活动得到民进中央以及民进中央办公厅、民进中央组织部、民进北京市委会、民进天津市委会、民进上海市委会、民进河北省委会、民进江苏省委会领导和有关部门的大力支持，民进北京市青年工作委员会部分会员为此次活动提供了经费赞助。本次摄影和诗歌展览分别设一等奖 10 名，二等奖 20 名，三等奖 30 名，优秀奖若干名。本次展览首先在民进中央举行，其后将依次在北京、天津、河北、江苏和上海巡回展出，重在体现民进青年关注国家大事，积极参与，加强交流，互相学习，陶冶情操。在民进中央的展览将于 10 月 31 日下午结束。

10 月 25 日　全国政协副主席、民进中央常务副主席罗富和在广东省江门市出席“华人嘉年华”活动开幕式。

10 月 26 日　全国人大常委会副委员长严隽琪在人民大会堂出席全国人大常委会委员长会议。

10 月 26 日　朱永新副主席在京出席中国教育学会《国家中长期教育改革和发展规划纲要》调研会议。

10 月 27 日　全国人大常委会副委员长严隽琪在京出席 2008 年中国国际版权博览会开幕式。

10 月 27 日　中国林科院建院 50 周年庆祝大会在北京隆重举行。中共中央政治局委员、国务院副总理回良玉向大会发来贺信。全国政协副主席、民进中央常务副主席罗富和出席会议并讲话。罗富和从科技创新、成果推广、人才培养、平台建设、国际合作、体制改革以及党建和精神文明建设等方面，充分肯定了 50 年来林科院取得的辉煌成就，高度评价了林科院在不同的历史阶段，为林业发展和生态建设作出了不可磨灭的重大贡献。他结合林业发展新形势和新任务对林业科技的需求，对林科院加快发展提出了“围绕一个目标，发挥四个作用”的要求。

大会举行了“中国林科院重大成果奖”和“中国林科院首届杰出青年”颁奖仪式。

10 月 27 日　新华社电　近日，作家冯骥才被聘请为国务院参事，聘期 5 年。

10 月 27 日　朱永新副主席在民进中央会见来京学习参观的江苏省党外干部高级研修班的民进会员。

10 月 28 日　全国人大常委会副委员长严隽琪在北京会见了以日本全国市长会会长、秋田市市长佐竹敬久为团长的第十一次日本市长代表团一行。代表团是应中日友协邀请访华的。

10 月 28 日　民进中央常务副主席罗富和在中央统战部出席学习实践科学发展观报告会。

10 月 28 日—11 月 4 日　国务院参事、民进中央副主席冯骥才应陕西省邀请赴西安、咸阳、宝鸡、渭南等地考察中国民间文化遗产抢救工程和民间文化产业化情况。冯骥才一行奔赴华县、凤翔县等民间文化产业示范区，深入农民艺术家家中，了解民间文化产业化过程中的基本情况，召开工作座谈会，总结产业化经验并举行报告会。

冯骥才在陕期间，会见了陕西省副省长景俊海，省政协副主席、中共省委统战部部长周一波，省政协副主席、民进陕西省委会主委李进权等同志。

冯骥才感谢陕西省委、省政府对文化建设的支持，并高度评价了陕西文化保护工作。他说，陕西文化是令人放心的，因为不仅有政府提供支持的以现代科技手段展示的秦风汉韵、大唐盛景，也有民间力量开始加入文化遗产的收集和保护，其中最典型的是两位民营企业家以前瞻性的文化眼光，恢复昔日丝绸之路起点“大唐西市”和建立“关中民俗博物馆”的创举。

冯骥才感谢中共陕西省委统战部多年来对民进工作的支持，并希望能多帮助民进加强组织建设，为民进会员提供参政议政平台。

冯骥才在会见民进陕西省委会、宝鸡市委会班子成员时，充分肯定了陕西民进在政治交接、参政议政工作中取得的成绩，提出民进组织应该加强组织建设，多吸收一些各方面有影响的代表人士，加强队伍建设，用对党、对社会、对人民的一片赤情，积极参政议政，建言献策。

全国人大代表、民进会员王勇超，全国政协委员吕建中，中共陕西省委宣传部、省委统战部，民进中央组织部、民进陕西省委会，陕西省文联、省作协、省文物厅、文化厅负责人参加会见或陪同考察。

10 月 29 日　全国人大常委会副委员长、民进中央主席严隽琪出席何梁何利基金 2008 年度颁奖大会。民进中央原副主席、中科院院士蔡睿贤荣获“科学与技术进步奖”。

10 月 29 日　民进中央副主席刘新成在教育部出席《国家中长期教育改革和发展规划纲要》座谈会。

10 月 29 日　民进中央副主席朱永新在江苏无锡出席无锡教育国际化新区论坛，并作题为《教育创新的几个问题》的演讲。

10 月 30 日　严隽琪主席就“民进与改革开放 30 年”的主题在民进中央接受新华社、人民日报记者采访。她强调，改革开放是决定当代中国命运的关键抉择，是发展中国特色社会主义的强大动力，是实现中华民族伟大复兴的必由之路。

10 月 30 日—31 日　全国政协副主席、民进中央常务副主席罗富和前往浙江杭州余杭地区，调研考察水库清淤开展情况。调研组考察余杭地区西中水库，了解水库除险加固、清淤治理的有关情况，并听取余杭区人民政府关于水库清淤工作的汇报。

10 月 30 日　民进中央“中国西部农村义务教育教师培训能力建设”项目总结与推广会议在云南省大理州鹤庆县召开。朱永新副主席出席并讲话。

10 月 31 日　全国人大常委会副委员长、民进中央主席严隽琪上午在人民大会堂接见世界抗衰老再生医学会亚洲区分会长王桂良一行，并亲切座谈。全国人大常委、民进中央副主席王佐书、朱永新参加座谈。卫生部港澳台办、医政司有关人员应邀参加座谈。

严隽琪欢迎王桂良一行的到来。在听取王桂良对世界及台湾抗衰老健康医学发展情况介绍后，她说，大陆改革开放 30 年来，人民生活水平、生活质量有很大提高，对健康的追求越来越热切，抗衰老医学前途无量。我国已步入老龄化社会，抗衰老医学的重要性更加凸现，它不仅对个人的健康、幸福有着重要作用，对国家、社会的发展也至关重要。

严隽琪指出，目前两岸交流中还存在着一些问题，我们要发挥政治智慧，在现有框架下找出一条路，找到解决问题的办法，推动国家相关政策的完善，从而使两岸交流更顺畅，使更多的人在交流中受益。

卫生部同志针对王桂良等提出的“台湾医师换取大陆行医执照”、“抗衰老医学在大陆发展环境”等问题，作了具体分析解答。

王佐书向台湾客人提供了建议。朱永新介绍了民进中央拟于明年举办的主题为“医药卫生文化”的“第七届海峡两岸中华传统文化与现代化研讨会”，并邀请王桂良等人参加。

王桂良感谢民进中央给予他们一个反映问题、与相关部委对话交流的机会。

民进中央秘书长赵光华、社会服务部负责人也参加了座谈。

10 月 31 日　全国人大常委会副委员长严隽琪下午在北京人民大会堂出席中国妇女第十次全国代表大会闭幕式。

10 月 31 日　民进中央副主席潘贵玉上午在全国妇联第十届执行委员会第一次全体会议上，当选全国妇联副主席。

10 月 31 日　朱永新副主席在民进中央接受人民日报和人民政协报记者的专访。朱永新就改革开放 30 年来民进在教育领域做的主要工作，民进正在关注和即将关注的教育问题，以及他本人对 30 年来教育改革的评价等问题回答了记者的提问。

2008 年 11 月

11 月 1 日　“2008 上海民进教育论坛暨中国民办教育研究院揭牌仪式”下午在上海市教科院民办教

育研究所会议中心举行。全国人大常委会副委员长、民进中央主席严隽琪出席并讲话。联合国教科文组织协会世界联合会主席、中国民办教育协会会长陶西平出席并讲话，民进中央副主席、中国民办教育协会常务副会长王佐书主持论坛，民进中央副主席、民进上海市委会主委蔡达峰致开幕词，。

这次以“民办教育目标、定位和制度创新”为主题的教育论坛由民进上海市委会、中国民办教育协会主办，上海市教科院民办教育研究所、上海市民办中小学协会、上海市民办高等教育协会承办。

11月1日　“欢乐中国行·魅力张家港”2008中国（张家港）长江文化艺术节开幕式暨庆祝张家港口岸建港40周年文艺晚会在张家港体育场隆重举行。全国政协副主席、民进中央常务副主席罗富和宣布艺术节开幕。民进中央副主席朱永新出席活动。

罗富和在张家港期间参观视察了沙钢集团。他听取沙钢集团情况介绍，对集团33年来由一个投资45万元的小厂发展成为国内第三，世界第七的大型钢铁企业的发展历程表示赞赏。罗富和说，沙钢的发展历程，从一个侧面反映了中国改革开放的历程，体现了民营企业的体制优势；沙钢集团从引进技术设备到消化吸收，再到自主创新，设备和终端产品达到了国际先进水平，这是沙钢集团不断发展的重要原因。当前，沙钢集团又步入了改进工艺，提高质量，节能环保，提高综合效益的循环经济发展模式，更加增强了竞争力。他希望沙钢集团乘当前国际经济动荡时期，积极引进关键技术、设备和人才，变挑战为机遇，实现新的跨越。

江苏省政协、民进江苏省委会负责人陪同活动调研。

11月2日　民进中央副主席王佐书上午应邀在上海莘城学校为上海闵行区教育系统干部作题为《教学面对面：谈教学的几个问题》的专题报告。报告会由闵行区教育局局长竺建伟主持，全区教育行政官员、中小学、幼儿园负责人等300余人聆听报告。民进上海市委会副主委胡卫参加报告会。

11月3日　民进中央在江苏省吴江市同里镇隆重举行王绍鏊同志诞辰120周年纪念座谈会暨王绍鏊纪念馆落成仪式。全国人大常委会副委员长、民进中央主席严隽琪，全国政协副主席、民进中央常务副主席罗富和出席并讲话。全国人大常委会原副委员长、民进中央原主席许嘉璐为纪念馆题写馆名，全国政协原副主席、民进中央原第一副主席张怀西出席并讲话。民进中央副主席王佐书主持纪念座谈会，民进中央副主席朱永新主持纪念馆落成仪式。

11月3日　王佐书副主席下午在无锡出席徐霞客诞辰421周年暨《中华游圣徐霞客》出版座谈会并讲话。他指出，徐霞客是响誉中外的历史文化名人，是无锡人民的骄傲、江苏人民的骄傲，也是中华民族的骄傲。在徐霞客诞辰421周年之际举行座谈会，同时民进会员浦巍同志所著的《中华游圣徐霞客》正式出版，这既是纪念徐霞客、弘扬徐霞客精神的具体举措，表达了对徐霞客的尊重和敬仰，也是民进作为以教育文化出版界知识分子为主体的参政党，在文化领域发挥作用的具体表现。

王佐书说，江阴是徐霞客故里，拥有其他地方不具备的、与研究学习徐霞客息息相关的文化联系和物质土壤，更应发挥地缘优势，将徐霞客研究作为一项长期的、永久的文化工程，常研常新，常新常研，进一步贯彻落实温家宝总理对徐霞客研究作出的重要指示，“在传承与开发中取得更具深刻启悟，更能促进保护资源、环境和生态的作用”。

王佐书说，徐霞客精神是中华民族优秀传统文化的重要组成部分，在当今时代背景下又赋予了新的时代精神，作为一个历史悠久、文化底蕴丰厚的城市，无锡做大旅游、环境保护与生态产业，加强文化体制改革和文化事业发展，为推动社会主义文化大发展大繁荣、增强国家文化软实力必将作出自己独特的贡献。在这个宏伟历程中，民进也将不遗余力，协助当地有关部门做好各项工作，为早日实现宏伟目标贡献力量！

民进江苏省委会负责人与会。民进无锡市委会和无锡市旅游局、市社科联、市文联联合举办该活动。

11月3日　民进学习贯彻中共十七届三中全会精神报告会下午在民进北京市委会报告厅举行。会议邀请国务院发展研究中心农村经济研究部部长韩俊作报告。民进中央宣传部负责人主持会议。北京市民进会员，民进中央、民进市委在职和离退休干部职工聆听报告。

11 月 4 日—12 日　全国人大常委、民进中央副主席朱永新随同全国人大赴英国、土耳其访问。

11 月 5 日　民进中央常务副主席罗富和在中央统战部出席征求参政议政工作意见的民主党派座谈会。

11 月 6 日　民进中央在京召开改革开放三十周年义务教育事业发展座谈会，全国人大常委会副委员长、民进中央主席严隽琪出席会议并讲话，全国政协副主席、民进中央常务副主席罗富和主持会议。全国人大、全国政协、教育部、首都教育界等各方面人士和民进中央、民进北京市委会负责人参加座谈。

11 月 6 日　民进中央副主席王佐书在京为首都师范大学化学系师生讲课。

11 月 6 日—15 日　民进中央副主席、北京市人大常委会副主任刘新成率北京市人大代表团访问泰国和日本。

11 月 7 日　严隽琪主席、罗富和常务副主席、王佐书副主席上午在人民大会堂出席庆祝神舟七号载人航天飞行圆满成功大会。

11 月 7 日　纪念改革开放三十周年文化事业发展座谈会在民进中央举行，严隽琪主席出席并讲话，罗富和常务副主席主持会议。文化部、江苏省文化厅负责人，中国广播艺术团、首都部分高校、民进中央文化艺术委员会和民进文化界等各方面人士，民进中央各部门负责人等参加座谈会。

11 月 8 日　全国政协副主席、民进中央常务副主席罗富和上午视察民进海南省委会，与省委会常委和机关全体工作人员座谈并讲话。罗富和说，此次来海南了解地方组织的意见和想法，进行工作交流，是贯彻民进中央“举全会之力，集全会之智，开展参政议政工作，建设高素质参政党”的要求。他通报了民进中央工作，重点谈了主题教育活动、班子制度建设、参政议政和宣传工作方面创新的工作方式、抗震救灾等情况。

罗富和指出，后备干部队伍建设要规范程序，有序推进会内民主，夯实后备干部队伍组织基础，选拔培养任用要做到有依有据。民进还要秉承“发扬传统，以党为师，立会为公，参政为民”的核心价值观，反映民众的意见和诉求，理顺情绪，化解矛盾，为维护社会稳定作出贡献。他肯定了民进海南省委会思想建设、制度建设、人才建设方面的工作，特别肯定了民进海南省法律界会员，运用法律知识化解社会矛盾，维护社会公平正义，发挥了很大的作用。

民进海南省委会主委史贻云介绍了省委会领导班子情况，换届以来省委会在组织建设、制度建设、机关建设、社会服务、开展政治交接教育活动等方面情况。民进省委会副主委李格明、常委丁飞等结合本职工作汇报了思想和工作情况。

当日，罗富和在海南省政协副主席、海南省农垦总局党委书记张力夫的陪同下，到龙江农场考察调研。1968 年 11 月，在广州市一中就读的罗富和与数百名广州知青一起，来到龙江农场参加开发海南，建设祖国天然橡胶生产基地。在龙江的 5 年间，他当过战士、文书和军备参谋，后回城读书。

罗富和听取了张力夫有关海南农垦改革发展情况的汇报，当他得知垦区橡胶开割胶园职工家庭长期承包改革，使胶工的收入大幅度提高后，对此项改革给予充分肯定。

罗富和来到当年工作过的一队，到橡胶园里，察看橡胶管理。走进职工家庭里，看望了与他一起开荒种植橡胶的退休老职工。召开座谈会，与该队职工一道回忆了当年的创业历程，了解他们的生活与收入等情况，并与该队的干部职工一起合影留念。罗富和曾先后于 2004 年和 2006 年回到龙江农场，看望农场职工，并为农场的建设提出建议。

11 月 8 日　民进中央副主席王佐书出席浙江民进企业家联谊会 2008 年会，并作《企业发展与创新》专题报告。

11 月 9 日　海南省委副书记、省长罗保铭在海口寰岛泰得大酒店拜会了罗富和常务副主席。作为一位老知青，罗富和与罗保铭谈农垦发展、说农垦改革、话农垦民生，关切之情溢于言表。

罗保铭说，农垦改革是事关海南科学发展、和谐发展的一号改革工程，我们正在举全省之力，推动农垦融入地方，加快农垦政企分开，推动农垦机制创新，转变发展方式，最终把农垦建设成为充满活力、实力雄厚的大型现代农业产业集团，发挥其在海南热带特色现代农业中的示范带动作用，使之成为拉动地方经济发展的有力引擎。

省政协副主席、省农垦总局党委书记张力夫，省政协副主席、民进海南省委会主委史贻云，省政协原副主席、民进海南省委会原主委吴葵光一同参加会见。

11 月 10 日　国务院上午在北京召开省区市人民政府和国务院部门主要负责同志会议。国务院总理温家宝发表重要讲话。民进中央和各民主党派、工商联负责人也应邀参加会议。

11 月 10 日　民进中央副主席王佐书上午在中央社会主义学院为学员作合作共事专题报告。

11 月 11 日　周建人同志诞辰 120 周年纪念座谈会上午在全国政协礼堂举行。全国人大常委会副委员长、民进中央主席严隽琪出席并讲话。全国政协原副主席、民进中央原第一副主席张怀西，中央统战部副部长楼志豪，全国人大常委会副秘书长李连宁，民进中央原名誉副主席楚庄，民进中央原副主席蔡睿贤出席座谈会。座谈会由全国政协副秘书长、民进中央副主席潘贵玉主持。

11 月 11 日—14 日　全国政协副主席罗富和带队全国政协"推进金沙江龙头水库比选，实施滇中调水工程"专题调研组赴云南进行为期四天的考察调研。滇中地区作为云南省的经济中心，囊括了昆明、大理、丽江等多个州市，该地区长年缺水，旱灾严重，从上世纪 50 年代开始，滇中调水工程就已在酝酿之中，它涉及能源开放、防洪、移民安置、生态保护、区域经济社会协调发展等多方面的问题，是一项复杂而艰巨的工程。目前，对滇中调水工程的论证工作已进入金沙江取水的龙头水库比选阶段，水库的地址将在金沙江虎跳峡河段中选择。

罗富和在调研中指出，实施滇中调水工程意义重大，对解决滇中地区缺水问题、促进当地经济社会发展十分重要，它将成为长江流域防洪的重要支撑，还能充分发挥金沙江水电基地在我国能源战略中的重要作用。同时，这也符合国务院关于扩大内需、应对国际金融危机的政策方向，应积极推进，尽快落实。

罗富和强调，云南省相关部门在开展论证工作时要注意促进和谐，包括项目建设与区域经济社会发展的和谐，当地各民族之间的和谐，人的发展与生态环境的和谐。在这方面，政协能发挥广泛参与的优势，吸收各方意见，促进交流与沟通，积极推进该工程的实施。

罗富和指出，目前虎跳峡河段中龙盘、塔城、其宗这三地的水库建设方案已经准备得较为充分，但还需要进一步完善，尤其在三个方案的利弊对比上，要在现有基础上进一步细化。在移民安置方面，要探索和创新机制，让移民能够分享该工程创造的效益。

罗富和在调研期间走访了民进云南省委会，与民进云南省委会领导班子成员以及机关干部进行座谈。罗富和肯定了云南省委会所做的工作和取得的成绩，并向与会人员介绍了民进中央近期工作和今后一段时期的工作重点。

云南省政协副主席、民进云南省委会主委罗黎辉陪同调研。民进中央参政议政部负责人随同调研。

11 月 11 日　民进中央副主席王佐书在人民大会堂出席中国残联第五次全国代表大会开幕式。

11 月 12 日　全国人大常委会副委员长、民进中央主席严隽琪上午在上海出席第二届杨浦发展国际论坛，并作了题为《让风险投资在建设创新型国家中发挥更大作用》的主旨演讲。

11 月 12 日　民进中央副主席王佐书上午在中央社会主义学院为学员作合作共事专题报告。

11 月 13 日　王佐书出席四川民进抗震救灾先进表彰大会并讲话。四川省政协副主席、民进省委会主委张雨东，省政协原副主席、民进省委会原主委苟建丽出席会议。民进四川省委会领导集体、各市委会和省直属机构负责人、受表彰集体代表、省市委会机关干部共 100 余人参加会议。64 个先进集体和 299 名先进个人受到表彰。

王佐书下午为四川南充西华师范大学师生作专题报告。

11 月 14 日　民进中央副主席朱永新下午在京为中央教科所全国校长发展学校第二、三期学员作"过一种幸福完整的教育生活”的演讲。

朱永新当日晚间在北京出席职业教育与和谐发展论坛颁奖晚会。

11 月 16 日 民进中央十二届九次主席办公会议在京召开。民进中央主席严隽琪，常务副主席罗富和，副主席王佐书、朱永新，秘书长赵光华出席会议。民进中央部门负责人列席会议。会议由严隽琪主持。

会议听取了民进第十二届中央常务委员会工作报告（草案）起草情况的汇报，审议通过了民进十二届二中全会方案（草案），民进十二届五次主席会议、民进十二届五次中常会方案（草案），2008 年民进中央参政议政年会暨信息工作会议方案（草案），“纪念改革开放三十周年民进担任政府和司法机关实职人员座谈会”方案（草案），民进全国抗震救灾先进集体、优秀会员表彰会方案（草案），2008 年民进省级组织专项工作先进单位评选结果（草案）。会议讨论了中国民主促进会中央监督委员会的相关事宜，研究了民进中央 2009 年工作要点（草案）。会议听取了民进中央关于在全会深入学习贯彻科学发展观方案（草案）、“五一口号”征文情况、开明基金会和开明画院筹备情况的汇报。会议还研究了其他事项。

11 月 16 日 中国科协在北京发布“五个 10”系列评选活动的最终结果，民进中央已故原名誉副主席叶至善入选“十大科技传播人物”。

11 月 17 日 严隽琪主席、罗富和常务副主席、朱永新副主席在中央统战部阅读关于司法体制改革和工作机制改革的相关文件。

11 月 17 日 由中国教育学会、天津市教委、天津师范大学共同主办的“第二届中国小学校长大会”在天津大礼堂举行。全国人大常委会副委员长、民进中央主席严隽琪出席会议并讲话。国家总督学、教育部副部长陈小娅，天津市副市长张俊芳，民进中央副主席朱永新，中国教育学会会长顾明远，国家总督学顾问陶西平，中国工程院院士、天津大学教授王静康出席。来自全国近 30 个省、自治区、直辖市的 1200 余名小学校长和教育专家参加了会议。此次会议主题为“学校的科学发展与校长的时代使命”。

11 月 17 日 《学习时报》2008 年第 1 版载文《清醒地认识文化建设问题——十届全国人大常委会副委员长许嘉璐答本报记者问》。许嘉璐阐述了文化的深刻内涵和重要意义，并就文化建设提出建议。他指出，文化问题是一个民族得以强大的最根本问题。我们要清醒地认识文化建设的现状和存在的问题，在市场经济的大潮中，利用现代科技手段，靠观念的更新与开放，促成体制与机制的改革。

11 月 17 日 王佐书副主席在京出席全国人大教科文卫委员会第九次主任委员办公会议。

11 月 17 日 朱永新副主席在京主持召开第六届海峡两岸中华传统文化与现代化研讨会筹备工作会议。

11 月 18 日 全国人大常委会副委员长、民进中央主席严隽琪出席以“放飞梦想、创响中国”为主题的 2008 全球创业周中国站开幕式。严隽琪观看了 34 家大学生创业企业各自技术创新及发展成就的集中展示：有用于奥运交通工程和加拿大多伦多国际机场的 LED 显示屏，会割草、会做护理的机器人，能养在家里的人工水母，也有双效节电 50% 到 80% 的节能灯，节水率超过 60% 的节水系统，还有 3D 虚拟技术、天然高分子去甲醛、陶瓷超细粉体等高精尖项目。

2008 创业周暨全球创业周中国站，是在中国民主促进会、科技部、教育部、共青团中央和上海市人民政府的指导下，由上海市大学生科技创业基金会主办的。

11 月 18 日 《人民政协报》发表解艳华撰写的文章《许嘉璐：我是教育实践者》。许嘉璐在接受采访时指出，中国教育改革开放 30 年，是人类教育发展史上的奇迹。同时，这 30 年教育从来没有停止过对教育自身改革的探索，从来没有停止过对教育质量的提高。他说，我们的教育事业面临的任务依然很严峻，关键是不断提高各个层面教师的水平。最急迫的问题是要在教师的培训上花钱，要从以硬件投入为重点逐步过渡到以软件投入为主。他还讲述了多年来教育立法和汉语汉学走向世界的工作实践。

11 月 18 日 王佐书副主席在民进中央出席“民进全国抗震救灾先进集体和优秀会员”评选推荐工作

领导小组会议。

11 月 18 日　民进中央副主席朱永新在北京求实职业学校看望民进西部教师培训班学员，并参观学校。民进西部教师培训活动是民进部分省市组织响应民进中央的倡导，连续多年积极开展的一项社会服务工作，这些地方组织发动会员和当地学校为西部贫困地区培训教师，取得了很好的效果。由民进北京市委会主办的这期培训班，一共有 8 名学员，4 名来自民进中央对口支持的贵州金沙县，2 名来自四川广元，2 名来自新疆石河子。求实职业学校承担全部培训任务。

朱永新在座谈会上代表民进中央对各位学员到北京学习表示欢迎，对求实职业学校表示感谢。他勉励参加培训的教师不但把教育当成职业，还要把教育当成事业，当成志业，当作人生的理想和志向，享受教育过程带来的快乐。他鼓励参加培训的教师要实现自己的成长和专业发展，要做到这一点，一是要坚持读书；二是要坚持思考，坚持写教育日记；三是要有一批志同道合的人彼此激励。他希望此次培训能成为参加培训的教师人生旅途、教育生涯的转折点，从此用心对待教育，让自己有更好发展，享受教育带来的欢乐、惊喜，享受成长。会上，参加培训的教师畅谈了学习感受。

11 月 19 日—24 日　全国人大常委会副委员长、民进中央主席严隽琪，全国政协副主席、民进中央常务副主席罗富和，民进中央副主席朱永新、张帆在福建厦门出席第六届海峡两岸中华传统文化与现代化研讨会。

11 月 19 日　国家林业局、贵州省人民政府、民进中央、九三学社中央在京召开《贵州草海湿地生态环境综合治理总体规划》专家评审会。全国政协副主席、民进中央常务副主席罗富和出席并讲话。民进中央副主席朱永新、九三学社中央副主席贺铿出席会议。贵州省副省长谢庆生作总结发言。

11 月 19 日　王佐书副主席视察中国民办教育协会理事单位北京汇佳职业学院、IB 学校等。

11 月 20 日　中国民主促进会重庆市委员会成立 50 周年纪念大会在重庆市委小礼堂举行。全国人大常委会副委员长、民进中央主席严隽琪出席并讲话。

11 月 20 日　全国人大常委王佐书在京参加全国人大教科文卫委员会精神卫生法立法调研。

11 月 20 日　朱永新副主席在京出席“全国非智力因素研究会学术年会”并作教育创新与人才培养的讲座。

11 月 21 日　贾庆林下午在中南海主持召开党派人士关于司法工作的情况通报会。严隽琪主席、罗富和常务副主席出席。

11 月 21 日　第六届海峡两岸中华传统文化与现代化研讨会新闻通气会在厦门市举行。民进中央副主席朱永新出席并讲话。他说，民进是以教育文化出版为主要界别的参政党，如何发挥民进的界别特色和组织优势，为发展两岸关系、推进祖国和平统一进程作贡献，是民进中央领导集体一直在思考的一项重要工作。为此，自 2002 年以来，民进中央连续在江苏苏州、淮安、陕西咸阳、甘肃天水和重庆成功举办了五届海峡两岸中华传统文化与现代化研讨会，历届研讨会以中华传统文化为纽带，以“弘扬中华传统文化，促进祖国和平统一”为宗旨，为推动海峡两岸的文化交流作出了积极的贡献。

朱永新说，历届海峡两岸中华传统文化与现代化研讨会，选择了全球化和现代化背景下中华文化的传承与弘扬、秦汉文化、伏羲文化、巴渝文化等两岸学者共同关心的主要议题，进行了深入的研究和探讨，随着出席人数和会议规模的不断扩大，以及学术研究水平的不断提高，研讨会的影响也在进一步提升。与会人员的共识就是，中华传统文化博大精深、源远流长，是连接海峡两岸同胞的精神纽带，两岸学人应携起手来，共同继承和弘扬中华传统文化，这是促进两岸和平统一的根基。

朱永新强调，在两岸中国人的共同努力下，当前两岸关系呈现良好的发展势头，本届研讨会选择在厦门召开不仅抓住两岸关系新发展的“天时”，也凭借厦门的“地利”，再加上我们合作双方的“人和”，让我们对本届研讨会的成功、成果和影响充满期待。

中共厦门市委统战部副部长曾汉中出席会议，并介绍了本届研讨会的组织筹备情况；中共厦门市委宣传部新闻处处长汪金铭介绍了研讨会宣传工作安排及注意事项。通气会由民进中央宣传部部长高保华主持。

新华社、人民日报等中央媒体，以及福建日报、厦门日报等福建省和厦门市媒体的记者30多人参加了会议。

11月21日　中共厦门市委、市政府为出席第六届海峡两岸中华传统文化与现代化研讨会的两岸专家学者举行欢迎晚宴。

11月22日　第六届海峡两岸中华传统文化与现代化研讨会在福建省厦门市隆重开幕。全国人大常委会副委员长、民进中央主席严隽琪出席并讲话。全国政协副主席、民进中央常务副主席罗富和主持开幕式。全国人大常委会原副委员长、民进中央原主席许嘉璐，全国政协原副主席、民进中央原第一副主席张怀西，海峡两岸关系协会副会长张铭清，中共福建省委常委、宣传部部长唐国忠，中华民族文化促进会副主席王石，中国国民党中央评议委员会主席团主席、中华海峡两岸客家文经交流协会理事长饶颖奇，文化部原部长、著名作家王蒙，东方人文学术研究基金会荣誉董事长陈癸淼，民进中央副主席朱永新，福建省人大常委会副主任庄先，省政协副主席、中共省委统战部部长张燮飞，中共福建省委原副书记、福建省炎黄文化研究会会长何少川，民进中央副主席、福建省政协副主席张帆，浙江省政协副主席、民进浙江省委会主委盛昌黎，国务院台湾事务办公室、民进中央、台湾会馆、中共厦门市委、厦门市人大、市政府、市政协有关同志，海峡两岸文化界、学术界的知名人士近200人出席会议。本届研讨会由民进中央、叶圣陶研究会、中华民族文化促进会、中共厦门市委、厦门市人民政府共同主办，由民进福建省委会、中共厦门市委统战部承办。研讨会的主题是中华传统文化与现代化，主要议题有：闽台文化的源与缘及其在现代化过程中的意义，客家文化在中华文化中的地位和价值，历代人群迁徙对中华文化发展的影响。

11月23日　第六届海峡两岸中华传统文化与现代化研讨会上午进行分会场讨论交流，两岸专家学者有理有据地探讨了闽台文化渊源，客家文化发展等问题。

下午，第六届海峡两岸中华传统文化与现代化研讨会闭幕。

当晚，朱永新、饶颖奇和参加研讨会的百余位专家学者，在中共厦门市委统战部副部长曾汉中，民进福建省委会副主委金铁平和厦门市委会副主委魏刚等的陪同下，来到风格古朴典雅的中山南音阁，观看了一台由厦门市文化局组织的、独具闽南地方特色的戏曲文艺演出。

11月23日　罗富和常务副主席在福建厦门湖边水库考察水库综合整治情况。

11月24日　朱永新副主席、张帆副主席、饶颖奇先生与参加第六届海峡两岸中华传统文化与现代化研讨会的百余名两岸嘉宾，到泉州参观考察。

11月25日　民进中央常务副主席罗富和上午出席民进十二届二中全会筹备工作动员会并讲话。他阐述了中央全会的重要性，指出本次全会套会多的原因和必然性，向参与全会工作的机关人员提出希望，要求准备细致、加强协调、注意安全、查找漏洞、汲取教训，为中央全会服好务。秘书长赵光华布置全会会务工作。民进中央机关全体工作人员参加会议。

11月25日　全国人大常委王佐书在京出席全国人大教科文卫委员会第十二次会议。

11月25日—27日　朱永新副主席到江西考察会务工作。每到一处，他都详细询问会员有关情况，仔细聆听基层组织汇报，对会务工作进行细致指导。朱永新27日上午听取江西民进省委会换届以来的工作情况汇报，他说，这次来江西考察，感受很深，印象深刻，民进江西省委会换届以来，按照“坚持一条主线，突出三个重点，着力抓好五项工程”的工作思路，不断加强自身建设，认真履行参政党职能，在历届省委会工作的基础上，各项工作取得了新进展，产生了新成果，呈现了新面貌。他要求各级民进组织继续围绕“无懈无滞、有思有行”这八个字展开会务工作，通过加强自身建设和社会服务等工作，树立民进的新形象。

朱永新说，我们民进的社会服务工做主要按照四个原则展开，一是继承优良传统，社会服务以智力服务为主，以西部服务为主，以海峡两岸的三个论坛为主；二是发挥党派优势，体现党派特点，在社会服务中找到民主党派参政议政的热点，树立和扩大我们党派的形象；三是发挥我们民进的优势，民进是以教育文化出版为主，所以我们社会服务的重点也应侧重在这几个方面；四是创新服务机制，通过海峡两岸的三个论坛及民进企业家联谊会等平台，不断创新社会服务的机制体制，加强我们的社会服务工作。他强调，当前民进的社会服务工作要侧重三个重点，一是智力扶贫帮困，通过以点带面，逐步推动智力扶贫工作全面展开；二是加强海外的联络交流；三是大力支持民企、民教。他希望各级组织按照民进中央的部署，在中共党委的领导下，扎实工作，努力拼搏，不断开创各项工作的新局面，为民进再创辉煌作出新的更大贡献。

朱永新在赣期间先后出席了江西民进企业家联谊会第二届会员大会，参加了民进江西财经大学基层委员会的活动，考察了城乡交接处接收农民工子女的定点学校——南昌市昌北一中和民进会员创办的南昌女子职业学校及南昌创世纪学校，在江西师范大学给民进会员和师大教师作了“人才培养和教育创新”的报告，参观了民进会员创办的“王士成精微艺术馆”。

江西省政协副主席、民进江西省委会主委汤建人陪同考察。

11 月 26 日　民进中央副主席、辽宁省政协副主席、民进辽宁省委会主委贺旻出席民进辽宁省委会纪念改革开放 30 周年大会，并作了题为《纪念改革开放振奋民族精神，坚持多党合作续写新的华章》的讲话。

11 月 27 日　全国政协副主席、民进中央常务副主席罗富和在厦门出席“首届海峡两岸（厦门）文化产业博览交易会”开幕式。开幕式结束后，罗富和走访民进厦门市委会，听取民进厦门市委会工作汇报，并与领导班子成员和机关干部座谈。

11 月 27 日　民进中央在上海民主党派大厦召开《国家中长期教育改革和发展规划纲要》座谈会。民进中央副主席、上海市人大常委会副主任、民进上海市委会主委蔡达峰出席并讲话。

11 月 28 日　中共中央上午在中南海召开党外人士座谈会，就当前经济形势和明年经济工作听取各民主党派中央、全国工商联领导人和无党派人士的意见和建议。中共中央总书记胡锦涛主持座谈会并发表重要讲话。民进中央主席严隽琪作了发言，常务副主席罗富和出席座谈会。

11 月 28 日　新华社北京电　中共中央日前在中南海召开党外人士座谈会，就深化司法体制和工作机制改革问题听取各民主党派中央、全国工商联领导人和无党派人士的意见和建议。中共中央政治局常委、全国政协主席贾庆林主持座谈会并发表重要讲话。中共中央政治局常委、中央政法委书记周永康就深化司法体制和工作机制改革有关问题作了说明。座谈会上，民进中央主席严隽琪作了发言，民进中央常务副主席罗富和出席。

11 月 28 日　民进中央在全国政协礼堂召开纪念改革开放 30 周年座谈会。全国人大常委会副委员长、民进中央主席严隽琪作重要讲话。全国政协副主席、民进中央常务副主席罗富和主持座谈会。全国政协原副主席、民进中央原第一副主席张怀西，民进中央副主席王佐书、朱永新出席会议。

11 月 29 日　全国人大常委会副委员长、民进中央主席、中央社会主义学院院长严隽琪在中央社院出席“走向世界的中华文化——中华文化论坛”开幕式，并作了题为“推动中华文化走向世界　创造民族文化新辉煌”的主题报告。

11 月 29 日　严隽琪主席、罗富和常务副主席、王佐书副主席、刘新成副主席下午在京出席民进中央召开的担任政府和司法机关实职人员座谈会。

11 月 29 日　罗富和常务副主席、王佐书副主席上午在京出席由中国民主促进会中央委员会、中国民办教育协会和《人民政协报》社联合主办的“责任与使命”——改革开放 30 年之中国民办教育纪念论坛。中国民办教育协会常务副会长王佐书作《民办教育促进教育公平与均衡发展》的讲话。

11 月 29 日　由国家外国专家局等主办的“国际人才高峰论坛”在深圳召开，全国人大常委、民进中央副主席朱永新在论坛上作了“人才培育与教育创新”的演讲，批评我国现行教育中的三大“病症”，一是文理分家导致人文情怀缺失，二是教育行政化使知识分子无心学问，三是阅读能力下降导致国民素质降低。他同时提出，教育部应立即组织专家进行取消高中与高考文理分科的论证，取消大学行政级别，修改高等教育法，建立起大学的职员制等建议。

11 月 30 日　民进中央十二届五次主席会议上午在北京召开。民进中央主席严隽琪主持会议。常务副主席罗富和，副主席冯骥才、潘贵玉、王佐书、贺旻、刘新成、蔡达峰、朱永新、张帆出席会议。秘书长赵光华、民进中央部门负责人列席会议。

11 月 30 日　中国民主促进会第十二届中央常务委员会第五次会议下午在北京召开。民进中央主席严隽琪主持会议并讲话。民进中央常务副主席罗富和，副主席潘贵玉、王佐书、贺旻、蔡达峰、朱永新、张帆等民进中央常委共 38 人出席。民进中央各部门负责人、部分省级组织负责同志列席会议。

11 月 30 日　《人民政协报》发表《朱永新：民进与中国教育的不解情缘》报道文章。

2008 年 12 月

12 月 1 日　民进全国抗震救灾先进集体和优秀会员表彰会在北京召开。全国人大常委会副委员长、民进中央主席严隽琪，全国政协副主席、民进中央常务副主席罗富和，民进中央副主席潘贵玉、王佐书、贺旻、刘新成、蔡达峰、朱永新、张帆向民进全国抗震救灾先进集体和优秀会员的代表颁奖。

会议对民进四川省会委等 12 个民进全国抗震救灾先进集体和吴文彦等 113 名民进全国抗震救灾优秀会员进行表彰，并对民进上海市委会等 24 个民进组织进行表扬。

12 月 1 日　中国民主促进会第十二届中央委员会第二次全体会议在北京开幕。全国人大常委会副委员长、民进中央主席严隽琪代表民进第十二届中央常务委员会作了题为《继往开来　科学发展　开创民进工作新局面》的工作报告。全国政协副主席、民进中央常务副主席罗富和，民进中央副主席潘贵玉、王佐书、贺旻、刘新成、蔡达峰、朱永新、张帆和中央委员出席会议。罗富和作《中国民主促进会中央监督委员会工作条例（试行）》（草案）的起草说明。潘贵玉主持开幕式。

民进各省级组织会务工作负责同志、民进中央各专门委员会副主任、民进中央各部门负责人列席会议。

下午，民进十二届二中全会举行学习贯彻科学发展观报告会。严隽琪、罗富和、潘贵玉、王佐书、贺旻、刘新成、蔡达峰、朱永新出席。张帆主持报告会。中央党校教授、博士生导师秦刚作题为“继续解放思想　促进科学发展”的专题报告。民进十二届二中全会出列席同志聆听报告。

12 月 1 日　民进北京、上海、天津、重庆四个市委会的秘书长在上午大会议程刚刚结束，就在会场进一步研究商定推进民进京津沪渝机关干部交流锻炼一事。早在今年 9 月四位秘书长就在重庆召开专题会议，签订了四地机关干部交流锻炼的协议。

12 月 2 日　民进十二届二中全会上午举行分组讨论，围绕民进十二届常委会工作报告和学习贯彻科学发展观的辅导报告进行了广泛而热烈的讨论。严隽琪主席参加第三组讨论，认真听取发言并讲话。

罗富和常务副主席上午和下午分别参加了第八组和第七组的讨论。与会同志结合《学习贯彻科学发展观》辅导报告，认真审议《工作报告》。罗富和认真听取讨论并发言。

潘贵玉副主席下午参加第三小组讨论并发言。

贺旻副主席下午参加第八组的讨论并发言。

蔡达峰副主席参加第四组和第五组的讨论并发言。

朱永新副主席上午参加第二组的讨论并发言。

王佐书副主席 3 日上午参加第三小组的讨论并发言。

12 月 3 日　中国民主促进会第十二届中央委员会第二次全体会议顺利完成各项议程，下午圆满闭幕。

严隽琪主席作闭幕讲话。常务副主席罗富和、副主席王佐书、刘新成、蔡达峰、朱永新、张帆和中央委员出席闭幕式。闭幕式由副主席贺旻主持。

民进十二届二中全会通过了《中国民主促进会中央监督委员会工作条例（试行）》、《中国民主促进会第一届中央监督委员会主任、副主任、委员名单》。会议通过了《中国民主促进会第十二届中央委员会第二次全体会议决议》。

民进各省级组织会务工作负责同志、民进中央各专门委员会副主任、民进中央各部门负责人列席闭幕式。

12 月 3 日　第一届中央监督委员会下午召开第一次会议。严隽琪主席出席会议并讲话。民进第一届中央监督委员会主任罗富和主持会议，并宣布第一届监督委员会下设办公室，与民进中央组织部合署办公，办公室主任由民进中央组织部长兼任。与会的第一届监督委员会组成人员就如何有效开展工作提出了意见和建议。民进中央组织部、研究室负责人列席会议。

12 月 3 日　民进省级组织负责人会议暨纪念“五一口号”发布 60 周年征文活动颁奖仪式下午在京举行。严隽琪主席、罗富和常务副主席、王佐书、蔡达峰、朱永新副主席出席会议。

会议表彰了 2008 年民进省级组织专项工作先进单位，通报了《民进中央 2009 年工作要点》，举行了纪念“五一口号”发布 60 周年征文活动颁奖仪式。罗富和就专项工作先进单位的评选和表彰、民进中央 2009 年工作要点作了重要指示。王佐书宣读了《2008 年民进中央关于表彰省级组织专项工作先进单位的决定》，公布了 2008 年省级组织专项工作先进单位和受表扬单位的名单。朱永新就民进中央 2009 年工作要点作了说明。

在纪念“五一口号”发布 60 周年征文活动颁奖仪式上，严隽琪、罗富和、王佐书、蔡达峰、朱永新为获奖单位代表颁奖。王佐书宣读获奖作者及篇目名单。

民进中央秘书长赵光华，民进省级组织负责人、民进中央部门负责人和征文活动的部分获奖作者出席会议。

12 月 3 日　中国民主促进会网站发布民进中央宣传部报道说，民进中央 6 月 1 日在北京举办“为了灾区的孩子们——中国民主促进会抗震救灾书画义卖捐赠活动”。截至 11 月 17 日，共有 416 位画家捐赠 834 幅书画作品，共募得“为了灾区的孩子们”捐款（特殊会费）共 8624992 元。

民进中央领导班子反复思考反复讨论一定要善款善用。民进中央社会服务部依据国务院抗震救灾总指挥部发布的四省市遇难人数、受伤人数和直接经济损失等数据，设定了捐款分配比例：四川省占 78%；甘肃省占 15.5%；陕西占 5.2%；重庆市占 1.3%。现在，饱含民进人深情厚谊的“特殊会费”770 万元已陆续注入四省市的重建项目：四川省分配 600 万元；甘肃省分配 120 万元；陕西省分配 40 万元；重庆市分配 10 万元。

12 月 4 日　2008 年民进中央参政议政年会暨信息工作会议下午在京开幕。会议的主要任务是：进一步学习贯彻中共十七届三中全会精神，深入学习贯彻科学发展观；总结交流民进全会加强参政议政能力建设取得的阶段性成果和经验，研究如何改善参政议政课题立项工作和加强网上参政议政平台建设；讨论《民进中央关于加强和改进反映社情民意信息工作的意见（框架稿）》。

全国人大常委会副委员长、民进中央主席严隽琪做主题报告。全国政协副主席、民进中央常务副主席罗富和主持开幕式。民进中央副主席王佐书、朱永新出席会议。

全国政协信息局局长朱京生在开幕式上作了关于政协反映社情民意信息工作的辅导报告。

民进中央秘书长赵光华，民进省级组织和参政议政部门负责同志，民进中央各专门委员会主任、副主任，以及部门负责人近 150 人参加会议。

12 月 4 日　严隽琪主席、罗富和常务副主席、朱永新副主席在京出席开明画院筹备工作专题会议。秘书长赵光华参加了会议。

12 月 5 日　朱永新副主席参加 2008 年民进中央参政议政年会第二小组讨论，并重点结合自己多年做参政议政工作的体会，对全会进一步加强参政议政工作提出建议。

12 月 6 日　全国人大常委会副委员长严隽琪在人民大会堂出席第二届中国法治论坛暨钱端升法学研究成果颁奖大会开幕式。以钱端升先生命名的法学研究成果奖，其宗旨是纪念钱端升先生为法学教育事业作出的卓越贡献，促进我国法学研究的繁荣发展，鼓励法学工作者积极探索、勇于创新、潜心治学，多出精品。

全国人大常委会、司法部、最高人民法院等有关部门负责人，全国十几所高等学校的代表，中国政法大学各院部负责人、教师代表以及第二届钱端升法学成果奖获奖者共 200 余人参加了大会。

12 月 6 日　罗富和常务副主席听取 2008 年民进中央参政议政年会大会交流。朱永新主持会议和闭幕式。民进湖北省委会副主委、湖北省统计局副局长叶青，民进中央参政议政特邀研究员陈守义，民进江苏、四川、山西省委会的代表进行了大会发言。5 位同志从个人或省级组织的角度出发，重点介绍了做好信息工作的基本思路和主要做法。

闭幕式前，民进河北省委会参政议政部部长李建强，民进云南省委会副主委阎堃还就会议期间的分组讨论情况进行了汇报交流。

上午，2008 年民进中央参政议政年会闭幕。罗富和作总结讲话。

12 月 7 日　朱永新副主席在钓鱼台国宾馆出席 2008 中华十大财智人物颁奖典礼，并为获奖者颁奖。

12 月 8 日　民进中央副主席王佐书在国家教育行政学院为学员讲课。

12 月 8 日　朱永新副主席在人民教育出版社出席叶圣陶研究会第三届五次理事会。秘书长赵光华出席会议。

12 月 9 日—13 日　全国人大教科文卫委员会副主任委员王佐书率全国人大教科文卫委员会委员调研组到广东省调研《职业教育法》实施情况。

12 月 10 日　受中共中央委托，中共中央统战部常务副部长朱维群今天向各民主党派中央、全国工商联领导人和无党派代表人士通报了中央经济工作会议精神。民进中央领导人严隽琪、罗富和和张怀西、潘贵玉、刘新成、朱永新等出席通报会。各民主党派中央、全国工商联负责人和无党派人士，中央统战部及统战系统单位负责人参加会议。

12 月 10 日　罗富和常务副主席、朱永新副主席上午出席民进十二届二中全会总结和 2008 年总结考核动员大会。

12 月 10 日　中国民主促进会网站刊登民进中央原主席许嘉璐就改革开放 30 周年接受团结报记者专访文章《执政党和人民的期望催促着民进前进的步伐》。

12 月 11 日　全国人大常委会副委员长严隽琪在京会见并宴请蒙古国大呼拉尔主席登贝尔勒代表团。

12 月 11 日　全国政协副主席、民进中央常务副主席罗富和出席首届“农业职业教育改革发展”高层论坛并讲话，对农业职业教育取得的成绩给予充分肯定。他指出，近几年农业职业教育处于相对困难的境地，但是农业职业教育战线上的同志们，努力开拓进取、正确定位目标，通过教学模式改革、机制体制创新，与现代农业发展紧密结合，与产业、企业结合，改革成效显著。在推动农业职业教育事业大发展的同时，为推进农村改革、提高农民收入发挥了重要作用。

罗富和指出，当前农业职业教育改革面临新的发展机遇和挑战，但总体来说机遇大于挑战。党中央、国务院高度重视农业发展，为农业职业教育带来了前所未有的良好机遇，而如何培养新农村建设的主体——广大农民，是摆在广大农业工作者面前的最大问题。与国外相比，我国农业生产者科技文化素质还相对较低，农村专业大户还相对较少。另一方面，我国农业科技教育还存在着投入不足等一系列问题，因此在农业投入方面，不仅要加强农业基础设施等硬件条件建设，还要加大对农业科技教育的投入，进一步加强农业教育和农民培训工作，为发展现代农业、推动社会主义新农村建设提供人才支撑和智力保证。

论坛由中国教育发展战略学会农村教育专业委员会和江苏省农林厅主办，来自全国20多个农业职业院校的50多位代表参加了论坛，围绕农业职业教育的改革与发展，以及农业职业院校如何在培养现代农民、服务地方经济中发挥作用，农业职业教育的发展方向等问题进行了深入探讨。大家一致认为，政府应当更加重视农业职业教育工作，在政策和制度上提供更加有力的保障，加强行业部门对农业职业教育的指导作用；农业职业院校应当在“做专、做特、做精”上下工夫，进一步提高教育服务能力，在推动农村改革发展、促进社会主义新农村建设中发挥更大的作用。

12月11日—12日 民进中央副主席朱永新赴吉林考察民进工作。朱永新考察了民进吉林省委会和民进吉林市委会，并与省委会市委会领导班子成员、会员代表、机关干部座谈，看望了民进吉林省委原主委梁植文，参加了长春市第一实验小学民进支部读书活动。期间，朱永新对吉林省各级民进组织和全体会员所取得的成绩表示诚挚的祝贺，向吉林民进广大会员致以亲切的问候。他向吉林民进的干部和会员介绍了会中央新一届领导集体的工作思路和部署，要求吉林民进各级组织按照会中央“无懈无滞，有思有行”的要求，努力做好组织发展、参政议政、社会服务等各项工作。

朱永新在与民进吉林省委会领导班子座谈时指出，参政议政工作是民主党派的生命线，要按照会中央“以新作为巩固老阵地，在顺势中开拓新领域”的要求，积极做好参政议政工作。要发挥不同学科、不同专业、不同能力会员的参政议政积极性；要引导会员立足专业背景、立足中国国情、立足民间社会开展参政议政工作。会中央高度重视自身建设，会全各级组织必须依靠制度，依靠集体力量，大力加强自身建设，尤其是基层组织的建设。社会服务工作要体现党派特点，突出民进优势，并同参政议政结合起来，在社会服务的同时发现议题和参政议政优秀人才，增强民进的影响力。朱永新勉励大家，继承民进优良传统，结合自身发展创造工作平台，为吉林省各项事业的发展作出应有的贡献。

在参加“让读书丰富我们的生活——民进长春市第一实验小学支部读书交流会”活动时，朱永新听取了会员通过读书和学习提高自身教育技能和个人素质的体会和经验介绍后，与大家一起交流。他说，基层组织是民进的细胞，关乎民进组织的凝聚力和活力，开展多种形式的活动是加强民进组织凝聚力的有效手段。同志们为民进的事业和教育的发展默默奉献的精神十分可贵，代表会中央向大家表示衷心的感谢。

考察期间，朱永新会见了中共吉林省委书记王珉、省委统战部部长刚占标、吉林市委书记周化辰等，考察了吉林市第一实验小学。

12月12日 中央社会主义学院在京召开纪念改革开放30周年大会。全国人大常委会副委员长、民进中央主席、中央社会主义学院院长严隽琪出席并讲话。她指出，改革开放30年来，伴随着中国特色社会主义伟大进程，中国共产党领导的统一战线和多党合作理论与实践得到蓬勃发展，中国共产党领导的多党合作和政治协商制度成为中国特色社会主义理论和实践的重要组成部分。30年来，在中共中央的重视和关心下，社会主义学院致力于统一战线教育培训工作，培养了大批高素质的统一战线各类人才，实现了跨越式发展；培训规模不断扩大，培训领域不断增加；教学布局逐步完善，教学质量逐步提高；积极推进理论创新，资政作用崭露头角；全面加强自身建设，深化改革和谐发展。她强调，社会主义学院要总结经验，继承创新，继续坚持中国特色社会主义政治方向，服务统战工作大局，出成果、出人才，在科学发展观指引下不断前进。

中央社会主义学院全体教职员工、离退休人员以及部分在院学员参加纪念大会。

12月12日 全国政协副主席、民进中央常务副主席罗富和出席“江苏农林职业技术学院建校八十五周年庆典大会”，并和江苏省副省长黄莉新一同为该校立项建设国家示范性高等职业院校揭牌。

江苏农林职业技术学院前身是1923年美国文化人士开办的职业学校“中华三育研究社”、1946年南京政府建立的“江苏省立江阴农业职业学校”，两校1951年合并建立“江苏省句容农业学校”。

全国政协人口资源环境委员会副主任江泽慧，农业部原副部长、九三中央原副主席洪绂曾等出席庆典并致词。中国工程院院士任继周、张齐生、刘更另，中国林科院首席科学家彭镇华等莅临庆典。

12 月 13 日　清华大学政治经济学研究中心成立仪式在北京清华大学举行。全国人大常委会副委员长、民进中央主席严隽琪出席成立仪式，并与清华大学副校长汪劲松共同为政治经济学研究中心揭牌。著名经济学家吴敬琏、高尚全分别出任中心学术委员会名誉主席和理事会名誉主席。民进中央常委、清华大学教授蔡继明出任清华大学政治经济学研究中心主任。

严隽琪会前看望了民进清华大学委员会会员并合影。会后，严隽琪参观了民进中央委员罗永章教授任负责人的清华大学蛋白质化学实验室并座谈。座谈会上，严隽琪认真听取了罗永章关于世界首例内源性血管抑制剂类抗肿瘤药物“重组人血管内皮抑制素”（商品名：恩度），以及肿瘤早期诊断、肿瘤的个体化治疗及抗肿瘤药物研发等的研究报告。严隽琪对罗永章归国创业的实绩给予了高度评价，并就生物医药产业发展趋势及创新型生物医药科研团队建设问题，和与会专家进行了深入的讨论。

12 月 15 日　纪念中国科协成立 50 周年大会上午在人民大会堂举行。中共中央总书记、国家主席、中央军委主席胡锦涛出席大会并发表重要讲话。他强调，改革开放的伟大时代，建设创新型国家的伟大任务，赋予我国广大科技工作者和各级科协组织神圣而光荣的使命。全国广大科技工作者要同心同德，振奋精神，锐意进取，扎实工作，为建设创新型国家，为夺取全面建设小康社会新胜利、开创中国特色社会主义事业新局面，为实现中华民族伟大复兴，不断作出新的更大的贡献。全国政协副主席、民进中央常务副主席罗富和出席大会。

12 月 15 日　十一届全国人大常委会第十五次委员长会议下午在北京人民大会堂举行。吴邦国委员长主持会议。委员长会议决定，十一届全国人大常委会第六次会议 12 月 22 日至 27 日在北京举行。严隽琪副委员长等出席会议。

12 月 15 日　上午召开民进中央机关纪念改革开放 30 周年座谈会。全国人大常委会副委员长、民进中央主席严隽琪出席并讲话。民进中央副主席朱永新出席座谈会。民进中央全体干部职工参加座谈会。

12 月 15 日　民进中央副主席、中国民办教育协会常务副会长王佐书上午在京出席中国民办教育协会学前教育专业委员会成立大会。

12 月 15 日　全国人大常委、民进中央副主席刘新成在京出席全国人民代表大会代表资格审查委员会会议。

12 月 15 日—18 日　全国人大常委、民进中央副主席朱永新在江苏省参加全国人大教科文卫委员会组织的职业教育法调研活动。

12 月 16 日　第五届“中华宝钢环境奖”颁奖典礼在北京举行。全国政协副主席、民进中央常务副主席罗富和出席并颁奖。中华环境奖是我国环境保护领域最高的社会奖项，本届环境奖评选以“节能减排，建设生态文明”为主题，山东省青岛市、中国华电集团公司、国际野生生物保护学会乔治·夏勒博士荣获本届中华宝钢环境奖，厦门市环保局、江苏省环境科学院副总工程师季耿善等来自全国的 22 个集体和个人获得了本届中华宝钢环境优秀奖。

来自全国人大环境与资源保护委员会、全国政协人口资源环境委员会、民政部、环境保护部、全国总工会、全国妇联等方面的负责人，国内外环保组织、驻华机构的代表，新闻媒体人士等约 500 人参加颁奖典礼。

12 月 16 日　新任世界汉语教学学会会长、语言学家许嘉璐当天在接受新华网记者专访时说，全球“汉语热”才刚刚开始，但汉语国际传播的力量令人惊叹，并正在为提升中国软实力发挥积极作用。

12 月 17 日　国家主席胡锦涛下午在人民大会堂与安哥拉总统多斯桑托斯举行会谈。会谈前，胡锦涛主席在人民大会堂北大厅为多斯桑托斯总统访华举行欢迎仪式，全国人大常委会副委员长严隽琪，全国政协副主席罗富和等出席欢迎仪式。

12 月 18 日　纪念党的十一届三中全会召开 30 周年大会在北京人民大会堂隆重举行。中共中央总书记、国家主席、中央军委主席胡锦涛发表重要讲话。民进中央新老领导同志严隽琪、罗富和、许嘉璐、张怀西以及王佐书等出席大会。

12 月 18 日　中央电视台著名主持人陈铎晚上在北京全国政协礼堂举行个人诗歌朗诵会。作为新中国第一代电视工作者，陈铎见证了中国电视 50 年的光辉发展历程，此次诗歌朗诵会陈铎与观众共同回首自己 50 年的电视人生。民进中央主席严隽琪，民进中央常务副主席罗富和出席了朗诵会。

朗诵会以一首梁启超的《少年中国说》开篇，气势雄浑，“我中国少年，与国无疆!”更是在现场久久回荡。木笛配乐诗《乡愁》虽只有短短 16 句，但陈铎老人饱满的情感表达使得邮票、船票、坟冢、海峡等意象油然眼前。

陈铎的老搭档著名主持人虹云也特地从美国赶来为与其联袂再现的《话说长江》、《话说运河》中的精彩片断，使朗诵会现场高潮不断。孙正平、鞠萍、海霞等中央电视台老中青三代名嘴及方明、于洋等艺术家也特地前来友情助场。

陈铎二十年前以银发飘逸的哲人形象和情怀古今的诗人风采，主持大型电视专题片《话说长江》，在几代中国人心中留下深刻的印象。在中央电视台隆重推出的《丝绸之路》、《话说运河》、《开发大西南》、《万里海疆》、《话说五十亿人口日》、《长征・英雄的诗》、《长征・胜利的歌》等著名专题系列节目中，又以独特的个人魅力为“文化电视”注入凝重的品牌底蕴，开拓弘扬了一派儒雅博学的主持之风。

12 月 18 日　民进中央机关支部纪念改革开放 30 周年座谈会下午召开。全国政协副主席、民进中央常务副主席罗富和出席并讲话。民进中央原名誉副主席楚庄和支部新老同志参加座谈会。

12 月 18 日　民进中央联络委员会在民进北京市委召开全体会议。主任梁勇，副主任刘红、华生、余刚、佟伟、张孝林、张雅晶，委员张军军、晏双利、王大明、闫薇、任芳、赵彤、南国良、贾国安、周文涛等 17 人出席会议。会议由副主任邓莹主持。

梁勇作 2008 年联络委员会工作报告暨 2009 年工作计划的说明。梁勇说，2008 年是新一届民进中央联络委员会的开局之年。在民进中央领导下，民进中央社会服务部协助，经过全体委员共同努力，联络委员会基本完成了《民进中央联络委员会 2008 年工作计划》，在参政议政、海外联谊、社会服务等方面取得了可喜的进步与成绩。2009 年，联络委员会将根据民进十二届二中全会精神，结合会中央对联络委员会的工作定位，充分发挥全体委员的积极性和主观能动性，为做好参政议政工作，促进我国经济社会发展，推动两岸关系向着积极方向发展，作出新的贡献。

余刚传达了 2008 年民进中央参政议政年会暨信息工作会议精神。他说，严隽琪主席在开幕式上特别提出深入学习贯彻科学发展观对指导进一步提高参政议政能力的重要意义。强调参政议政工作必须与时俱进、顺势而为，民进全会必须按照科学发展观的要求，强化、深化对“参政议政是民主党派生命线”的理解和认识，坚持改革创新，不断完善参政议政工作机制，这是适应形势与任务的需要，是服务科学发展的需要。罗富和常务副主席在闭幕式上对全会加强参政议政工作，提出了要关注重点领域、突出问题对策、壮大人才队伍、加强能力建设以及加强信息工作等五个方面的意见。

与会委员热烈讨论联络委员会工作报告和 2009 年工作计划，提出意见建议。大家认为，加强联络委员会自身建设，对于增强委员会的凝聚力，推动各项工作具有重要意义，希望委员会 2009 年继续抓好自身建设。

民进中央社会服务部二处同志列席会议。

民进北京市委会副主委吴文彦、秘书长王报换下午出席民进中央联络委员会与民进北京市委会联络委员会联谊座谈。民进中央联络委员会副主任、民进北京市委会联络委员会主任余刚主持会议。

12 月 19 日　统一战线各界人士纪念中共十一届三中全会召开 30 周年座谈会在京举行。会议总结了 30 年统一战线的成就和经验，研究了改革开放条件下统一战线的发展规律，明确了新世纪新阶段统一战线的发展方向。民进中央主席严隽琪以“齐心协力迎来中华民族 21 世纪新的腾飞”为题，代表各民主党派中央在座谈会上发言。常务副主席罗富和、副主席朱永新出席座谈会。

12 月 20 日　民进中央十二届十次主席办公会议在京召开。民进中央主席严隽琪主持会议，常务副主席罗富和，副主席潘贵玉、王佐书、刘新成、朱永新，秘书长赵光华出席会议。部门负责人列席会议。

会议学习胡锦涛同志在纪念党的十一届三中全会召开 30 周年大会上的讲话精神，交流了学习体会。严隽琪、罗富和发言。会议要求，全会要深入学习贯彻讲话精神，以党为师，进一步加强全会的思想理论建设，不断巩固与中国共产党团结合作的思想政治基础。当前，特别要把学习胡锦涛同志重要讲话与学习贯彻科学发展观结合起来，在新的国际国内形势下和新的历史起点上，认清执政党和人民群众对参政党的新要求、新期待，努力解决在思想观念、工作体制机制方面存在的突出问题，切实提高服务科学发展和促进自身科学发展的能力，为协助中共中央和国务院应对复杂的矛盾与多变的形势，同舟共济，共克时艰，为促进经济社会又好又快发展作出实实在在的贡献。

会议研究了民进中央 2009 年在全国政协会议上的提案、大会发言（草案）。针对参政议政部提出的 7 项大会发言、28 项党派提案、11 项民进组提案，会议作了认真的讨论。会议指出，每年在全国政协会议上发言，是民进的一个重要的参政议政平台，不仅为全会瞩目，也为全社会所重视。要把这项工作作为目前最重要的工作之一，在充分发挥省级组织联动作用的基础上，整合力量，再行加工，着重在创新性、前瞻性、合理性、建议的可行性上下工夫。

会议研究了 2009 年民进中央重点调研建议课题。

会议审议通过了民进十二届六次主席会议方案（草案）。民进十二届六次主席会议定于 2009 年 1 月 20 至 21 日在京召开。会议要求各部门按照工作分工，及时准备会议文件，按程序报送分管领导审核后，提交主席会议审议。

会议听取了各部门负责人关于 2009 年重点工作进程的汇报。会议要求，要突出民进中央 2009 年工作重点，注意部门之间协调，资源整合。

会议研究了筹建民进开明画院方案（草案）。

会议研究了 2009 年对台交流工作方案（草案），审议通过了第七届海峡两岸中华传统文化与现代化研讨会方案（草案）、第三届海峡两岸中学校长教育论坛方案（草案）、第四届海峡两岸企业发展与合作论坛方案（草案）。

会议审议通过了 2009 年民进中央走访国家部委（局办）方案（草案）。走访时间初定在 2009 年 1 月上旬，拟走访国家教育部等 16 个有关国家部委（局办）。

会议审议通过了 2009 年春节慰问工作方案（草案）。初定于 2009 年 1 月上旬对第十一届民进中央委员会名誉主席、在京主席、副主席等 21 位领导和老同志及家属进行慰问。

会议报告了民进中央 2009 年迎新春活动方案（草案）。民进中央 2009 年迎新春活动定于 2009 年 1 月 17 日在京举行，2009 年的迎新春活动由民进中央办公厅和民进北京市委会联合承办。

12 月 21 日　严隽琪主席在京出席金开诚同志追悼会。著名学者，中国共产党的亲密朋友，全国政协第七、八、九、十届常委，九三学社第九、十、十一届中央委员会副主席，中央文史研究馆馆员，中央社会主义学院、中华文化学院副院长，北京大学教授、博士生导师金开诚同志，因病于 2008 年 12 月 14 日在北京逝世，享年 76 岁。

12 月 21 日　严隽琪主席晚间在京出席文化部迎新春音乐会。

12 月 21 日　全国政协副主席、民进中央常务副主席罗富和在京出席“赢在未来・商界领军人物”高峰论坛暨颁奖典礼。本次大型推选活动由东方人物周刊、《参考消息・北京参考》、北京电视台经济频道、新浪网共同发起，并联合全国数十家主流媒体隆重推出，历时半年，在改革开放 30 周年之际，提出“谁将影响下一个 30 年”展望。这次活动以改革开放 30 周年为一个历史节点，在回顾过去的同时，结合当下风云变化的国际国内经济形势，邀请优秀华人商界领袖共同参与一场赢在未来的较量，并推选出 30 名“赢在未来・商界领军人物”。

12 月 21 日　民进中央副主席、中国民办教育协会常务副会长王佐书在北京出席“2008 中国民办教育发展高峰论坛”开幕式。论坛以“中国民办教育可持续发展”为主题，围绕着民办教育的各个层次——基础教育、职业教育、高等教育、独立学院创新与发展、校企合作与人才培养、国际交流中存在的政策法规等议题进行专题演讲和展开广泛讨论。同时还邀请了国际组织、国内外投资机构和教育行政部门负责人和教育专家就民办教育的投融资问题进行了深入探讨。

12 月 22 日—27 日　十一届全国人大常委会第六次会议在北京举行。严隽琪副委员长，王佐书、贺旻、刘新成、朱永新等常委出席。

12 月 22 日　最高人民法院下午召开各民主党派中央、全国工商联负责同志座谈会。严隽琪主席出席会议并代表民进中央发言，充分肯定成绩，并就解决涉诉信访居高不下问题和法官队伍建设问题提出意见建议。

12 月 23 日—24 日　中国民主促进会广东省第六届委员会第三次全体会议在广州举行。全国政协副主席、民进中央常务副主席、民进广东省委会主委罗富和出席并讲话。中共广东省委统战部副部长何文洪到会祝贺。2008 年广东省民进在提案工作方面取得好成绩，在广东省政协十届一次会议上，省民进三件提案获得优秀提案奖。省民进提交的《推动构建粤港澳经济合作区，加快三地经济从合作迈向融合》提案，被中共广东省委书记汪洋选为书记督办提案，这是广东历史上首个由书记亲自督办的提案。《关于我省非物质文化遗产保护与发展的建议》被选为政协主席重点督办提案。

12 月 23 日　《团结报》发表严隽琪主席署名文章《与改革开放同行》。

12 月 24 日　民进中央副主席王佐书在中央统战部参加民主党派组织发展专题协调会。

12 月 24 日　民进中央机关中共支部、共青团总支、民进支部、工会上午举行学习贯彻胡锦涛总书记在纪念中共十一届三中全会召开 30 周年大会讲话精神座谈会。民进中央秘书长赵光华主持会议。中共支部、共青团总支、民进支部、工会的代表做主题交流。大家一致认为，胡锦涛同志的讲话进一步丰富了中国特色社会主义理论体系，反映了中国共产党人坚持改革开放的坚定立场、坚强意志和科学态度，是当代中国共产党人在新的历史起点上继续改革开放的宣言书，对继续改革开放的伟大实践具有重要指导意义，需要我们进一步认真学习领会。

12 月 25 日　广东统一战线纪念改革开放 30 周年书画展下午在广州美术学院隆重开幕。全国政协副主席、民进中央常务副主席、民进广东省委会主委罗富和出席并为开幕式剪彩。中共广东省委常委、省委统战部部长周镇宏出席并讲话。本次书画展由中共广东省委统战部主办，民进广东省委会及各市委会共选送 13 幅书画作品参与此次展览评选。民进著名书画家陈永锵、陈永康等作为特邀名家参加展览。民进广东省委会副主委鲁开垠出席开幕式。民进省委会机关干部当天参观了书画展。

12 月 26 日—27 日　第五次全国社会主义学院院长会议在北京召开。全国人大常委会副委员长、民进中央主席、中央社会主义学院院长严隽琪出席会议并讲话。

12 月 26 日　全国人大常委会副委员长、民进中央主席严隽琪做客人民网强国论坛，以风险投资与创新型国家建设为主题与网友进行在线交流，并回答了网友关于教育改革、民主政治建设、履行参政党职能等多个问题。这次活动是人民网举办的“对话民主党派”系列访谈之一。访谈开始之前，人民日报社副总编辑马利，人民网总裁何加正、副总裁官建文向严隽琪简要汇报了人民网目前在网站建设方面的主要情况。目前人民网日点击率在一亿四千万左右，强国论坛日点击率在一千万左右。

民进中央宣传部、研究室负责人陪同参加活动。

12 月 26 日　团结报发表文章《“民进的未来会更加璀璨”——访民进中央原主席许嘉璐》。许嘉璐说，2020 年中国要建成全面小康社会，民进自身建设和参政议政的任务也更加艰巨。我在卸下民进中央主席职务时曾说，民进人才济济，新领导集体生机勃勃、后来居上，他们年纪更轻，活力更足，知识更丰富，眼光更远大，心胸更宽阔，思想更敏锐，工作更勤奋。相信民进新一代领导人一定干得比我们更好，民进的未来会更加璀璨。对民进的未来，我有三点希望：一是希望民进新一届中央领导机构能够团结带领广大成员，深入开展中国特色社会主义主题学习教育活动，切实搞好政治交接，继承和发扬同中国共产党亲密合作的优良传统，肩负起历史赋予的使命和广大成员的重托，为促进我国经济、政治、文化、社会建设作出新贡献；二是希望民进努力适应新形势新任务的要求，以务实创新的精神，全面加强自身建设，积极开创民进工作新局面；三是充分发挥联系教育、文化、出版界高中级知识分子的特点和优势，切实履行参政议政、民主监督职能，在建设社会主义核心价值体系、弘扬中华文化、倡导良好思想道德风尚、提高全民族文明素质等方面发挥更大的作用，为推动社会主义文化大发展大繁荣作出更大的贡献。

12 月 26 日　中国电影家协会第八次全国代表大会选出了中国影协第八届领导班子，民进中央常委李前宽当选为中国电影家协会第八届主席。民进中央组织部代表会中央向李前宽同志发去了贺信。

12 月 27 日　全国人大常委会原副委员长许嘉璐和夫人在三亚出席参加“品牌中国”高峰论坛的活动后，前往三亚南山景区参观考察，并和南山寺方丈新成大和尚亲切交谈。

12 月 28 日　民进广西区委会成立 50 周年纪念大会在南宁国际会展中心隆重开幕。全国政协副主席、民进中央常务副主席罗富和出席纪念大会并讲话。

12 月 29 日　民进中央宣传部在民进网站报道，最近，民进中央驻会领导在十二届十次主席办公会议和会后，畅谈了学习胡锦涛同志在纪念中共十一届三中全会召开 30 周年大会上重要讲话的体会。

严隽琪主席说，胡锦涛同志 12 月 18 日的重要讲话，总结了改革开放 30 年来的重大意义、伟大历程、光辉成就和宝贵经验，指出了中国共产党和中国人民坚持改革开放的奋斗目标和前进方向，通篇闪耀着马克思主义真理光辉和解放思想、改革创新的时代精神，是一篇指导全党全国人民继续推进改革开放伟大事业的纲领性文件。这篇讲话理论性、思想性很强，同时非常有说服力，很能打动人心，给我感受最深的：一是坚定地表明了中国共产党坚持党的十一届三中全会以来开辟的中国特色社会主义道路，坚定不移地坚持党的基本理论、基本路线、基本纲领、基本经验的信心和决心。二是对中共十七大上提出的改革开放的十条经验又进行了新的充实，并对 30 年来党的全部理论和全部实践，对 30 年的历史经验，作了发人深省的概括。三是重申建党和建国两个 100 年的奋斗目标，鼓舞人心、催人奋进；提出“不动摇”、“不懈怠”、“不折腾”，排除一切干扰和疑虑，说出了我们的心里话。四是在巨大的成绩面前，保持清醒头脑，决不“骄傲自满”、“固步自封”，认清三个“世所罕见”，提出四个“一定要”，体现了一个始终走在时代前列、与人民群众息息相关的马克思主义政党的生机与活力。

严隽琪说，作为一个参政党，我们要把学习贯彻胡锦涛同志这篇讲话精神作为以党为师、与党俱进的最实际、最管用的教材，结合自身建设和履行职能的实际，认真研读、深刻领会，掌握贯穿其中的立场、观点和方法，进一步加强全会的思想理论建设，不断巩固与中国共产党团结合作的思想政治基础。当前，特别要把学习胡锦涛同志这篇重要讲话与学习贯彻科学发展观结合起来，在新的国际国内形势下和新的历史起点上，认清执政党和人民群众对参政党的新要求、新期待，努力解决在思想观念、工作和体制机制方面存在的突出问题，切实提高服务科学发展和促进自身科学发展的能力，为协助中共中央和国务院应对金融危机、促进经济社会又好又快发展作出实实在在的贡献。

罗富和常务副主席说，胡锦涛同志的重要讲话，既是对改革开放重大意义、伟大成就和历史经验的深刻总结，也是今后坚持推进改革开放的宣言书。当天我在人民大会堂聆听这篇讲话时，从中国特色社会主义事业取得的举世瞩目的成就，到多党合作制度和参政党的发展，再到民主党派成员的成长，深切地感受到：改革开放是决定当代中国命运的关键抉择，是发展中国特色社会主义、实现中华民族伟大复兴的必由之路。

罗富和说，我长期担任民进广东省委会主委，亲眼见证了 30 年来广东作为改革开放的排头兵所发生的翻天覆地的变化。从“时间就是金钱，效率就是生命”到邓小平南巡讲话，再到去年以来全省开展的解放思想大讨论，都让我们感受到人们思想观念的变化、生产力的解放和发展、人民生活水平和区域经济实力的提高；也更深体会到改革开放符合党心民心、顺应时代潮流，方向和道路是完全正确的，成效和功绩不容否定，停顿和倒退没有出路。我注意到，这篇讲话提出了一些新思想、新观点，例如："我们既不能把书本上的个别论断当作束缚自己思想和手脚的教条，也不能把实践中已见成效的东西看成完美无缺的模式"，这是胡锦涛同志从哲学的层面指出了我们对改革开放应该持有的科学态度。展望下一个30年，改革开放任重而道远，民进要协助执政党深化改革、完善改革、促进改革，这是我们参政党肩负的使命和应尽的职责。

王佐书副主席说，中国共产党十一届三中全会实现了建国以来中国共产党历史上具有深远意义的伟大转折，开启了我国改革开放历史新时期。改革开放30年中国取得了震惊世界的巨大成绩，充分说明改革开放是完全正确的，中国共产党的基本路线是完全正确的。改革开放三十年所取得的伟大成就，充分反映了我国社会主义制度的优越性，充分反映了中国共产党领导中国人民走中国特色社会主义道路是正确的，也充分反映了中国共产党的英明和伟大。实践证明，只有中国共产党才能救中国、发展中国、富强中国。

王佐书说，胡锦涛同志的重要讲话，高屋建瓴、内涵丰富、思想深刻、论述精辟，对于进一步统一全国人民的思想认识，继续解放思想，坚持改革开放，推动科学发展，促进社会和谐，更好地为夺取全面建设小康社会新胜利、开创中国特色社会主义事业新局面而继续奋斗，具有十分重要的指导意义。民进作为参政党，要真正把思想和行动统一到胡锦涛同志重要讲话精神上来，进一步增强接受中国共产党领导的自觉性和坚定性，进一步增强贯彻落实科学发展观的自觉性和坚定性，坚定不移地沿着中共十一届三中全会以来开辟的中国特色社会主义道路奋勇前进。

朱永新副主席说，胡锦涛同志的重要讲话，高度评价了中共十一届三中全会在我们中国共产党和国家发展历史上的重要地位和伟大意义，深刻总结了30年来中国共产党领导人民进行改革开放和社会主义现代化建设取得的伟大成就和宝贵经验，明确指出了继续推进改革开放伟大事业的前进方向，号召全党全军全国各族人民继续解放思想，坚持改革开放，推动科学发展，促进社会和谐。作为民主党派成员，我们一定要认真学习胡锦涛同志的重要讲话，深刻领会讲话精神，并全面贯彻到各项工作中去，落实到行动中去。

改革开放30年，我国的经济社会建设取得了令人瞩目的成绩。改革开放最大的成功奥秘，其实就是解放了生产力，解放了人民群众的创造力。因为解放了农民，我们的餐桌开始丰富起来；因为解放了工人，我们的日用消费品开始丰富起来；因为解放了资本，我们方方面面的发展速度快了起来。

朱永新说，作为教育工作者，我感触最深的还是教育。世界公认，我们创造了穷国办大教育的奇迹，全面普及了城乡免费义务教育，实现了高等教育从精英教育向大众化教育的转变等等。这些都与改革开放分不开。我相信，随着科学发展观的进一步落实，教育也必然会进一步发展，更加适合时代的需要，符合人民的需要。

12月29日　经网友投票，严隽琪主席被评为人民网2008年度最受网友欢迎的十大嘉宾。被评为十大嘉宾的有党和国家领导人、各行各业的知名人士等。2008年严隽琪两次做客人民网强国论坛，先后于3月13日、12月26日就教育改革、风险投资与创新型国家建设等主题与网友进行在线交流，人民网对两次访谈都进行了视频和图文直播。其中12月26日"对话民主党派"系列访谈活动中，网友累计提问1500多条，在线人数最高多达170万。面对网友的热心提问，严隽琪耐心回答了其中的31个问题，详细介绍了建设创新型国家的重要性，人才培养和教育改革对于科技创新意义等内容，受到网友广泛欢迎。

12月29日—30日　全国政协副主席、民进中央常务副主席罗富和赴安徽调研，与民进安徽省委会领导班子成员、省委会机关全体工作人员进行了座谈，并与中共安徽省委统战部领导就民进安徽省委会的工作交换了意见。在皖期间，中共安徽省委书记王金山、副书记王明方，省政协主席杨多良等到住地看望了罗富和。民进安徽省委会主委朱维芳，副主委胡平平、虞吉林、项纯文、张自立、吴永发参加座谈。

罗富和在与民进安徽省委会领导班子成员的座谈中强调，要进一步加强领导班子建设。一是要弘扬民进优良传统，树立“继承传统、立会为公、以党为师、参政为民”的核心价值观，时刻清醒认识和掂量肩上的政治责任；二是要注意民主协商，认真做好事前的协商；三是要贯彻民主集中制，任何个人都必须维护领导集体的决定；四是要保证工作的制度化、规范化和程序化，重点抓各项制度的贯彻落实，制定集体领导和分工负责的制度、决策层面和执行层面的会议制度、内部监督制度等；五是要开展批评与自我批评，要正确对待批评，通过批评和自我批评解决矛盾和问题；六要通过会内监督来督促和检查领导班子成员对各项规章制度的贯彻执行情况。

罗富和在与民进安徽省委会全体同志的座谈中强调，要进一步加强机关建设。一是坚定政治信念，树立政党观念，树立公务员意识，要有强烈的政治责任感，跟党不跟“派”，把自己看成是多党合作事业中的一员；二是加强作风建设，树立大局意识、合作意识和服务意识，机关各部门负责人要身体力行，对本部门作风建设起带动作用；三是加强制度建设，重点是建立主委会议制度和机关行政会议制度，机关各部门要根据主委会议的决策，分解、实施、落实、反馈各项任务；四是加强制度执行情况的检查、监督和督促，要召开民主生活会，交流工作并自我检查和督促制度的落实。

民进中央组织部负责人陪同调研。

12 月 29 日　民进网站报道，由于报表数据准确、报送及时，中国民主促进会中央委员会获得“2007 年北京市投入产出调查先进集体”称号，民进中央财务处王冬冬同志获得“2007 年全国投入产出调查先进个人”称号。投入产出调查是由国家统计局、国家发展和改革委员会、财政部联合组织的一项全国性国情国力调查，涉及国民经济各个领域。

12 月 30 日　民进中央副主席王佐书在京为第一期全国民办普通高校校级领导干部研修班作《高校校领导素质与能力提高》专题报告。

12 月 30 日　《团结报》发表文章《风雨同舟　共奏华章——中国民主促进会庆祝改革开放 30 周年》。

12 月 31 日　纪念《告台湾同胞书》发表 30 周年座谈会上午在人民大会堂隆重举行。中共中央总书记、国家主席、中央军委主席胡锦涛出席座谈会并发表重要讲话。他强调，我们要牢牢把握两岸关系和平发展的主题，把坚持大陆和台湾同属一个中国作为推动两岸关系和平发展的政治基础，把深化交流合作、推进协商谈判作为推动两岸关系和平发展的重要途径，把促进两岸同胞团结奋斗作为推动两岸关系和平发展的强大动力，携手共进，戮力同心，努力开创两岸关系和平发展新局面。

中共中央政治局常委、全国人大常委会委员长吴邦国主持座谈会，中共中央政治局常委、全国政协主席贾庆林出席。民进中央副主席潘贵玉参加座谈会。

12 月 31 日　民进中央主席严隽琪、常务副主席罗富和、副主席王佐书上午出席中国民主促进会 2008 年年鉴（试刊）暨民进中央研究室工作计划专题会议，研究和部署相关工作。民进中央秘书长赵光华，研究室、年鉴编辑部负责人等参加会议。

12 月 31 日　严隽琪主席晚间给人民网强国论坛发去感言：“倾听民声，促社会和谐；交流思想，论强国良策。”

三、省级委员会篇

民进北京市委会2008年工作概述

2008年是中华民族发展史上极不平凡的一年，也是新一届北京市委会的开局之年。一年来，在民进中央、中共北京市委领导下，市委会坚持以邓小平理论和“三个代表”重要思想为指导，以科学发展观统领全局，按照“执政党建设和参政党建设相互促进”的要求，把高素质参政党建设与履行参政党职能相结合，全面落实市委十三届二次全会提出的各项任务，凝聚和带领全体会员，锐意进取，扎实工作，积极推进各项工作。

一、以增强凝聚力建设为基点，扎实推进自身建设

（一）思想建设得到新提升

主题教育活动成效明显。一年来，在巩固第一、二阶段学习教育成果基础上，充分发挥试点支部示范效应和机关干部枢纽作用，通过骨干会员、基层支部、区级组织、常委会、全委会五个层面召开座谈会，广泛听取意见，总结归纳了六大类28条意见建议，并前往西柏坡参观学习、重温历史。在此基础上，研究制定了《民进北京市委关于建立政治交接长效机制的意见》。同时，把纪念“五一口号”发布60周年、纪念改革开放30周年、深入学习实践科学发展观、中共十七届三中全会精神与切实推进中国特色社会主义主题教育活动有机结合起来，广大会员较为系统地接受了中国特色社会主义理论教育，进一步增强了走中国特色社会主义政治发展道路的自觉性和坚定性，夯实了多党合作政治基础。

理论建设迈出新步伐。不断创新青年理论小组学习机制，相关经验在《政协研究》和中央社会主义学院实践教学交流会上被广泛推广。积极组织各类理论学习活动，全年共举办研讨班、报告会28场次，参加学习培训会员达2000人次。着力加强理论研究工作，一年来，共组织撰写参政党理论研究文章101篇。在首都统一战线各界人士纪念改革开放30周年座谈会上，民进作为八个党派代表之一进行了大会发言；在民进中央纪念改革开放30周年座谈会上，北京代表民进省级组织作了典型发言。理论建设的进一步加强，促进了解放思想、科学决策和工作创新。

思想政治工作载体不断拓展。新创刊《北京民进工作简报》，进一步完善了《北京民进》会刊和网站建设，基本形成了“一报、一刊、一网”三位一体的思想阵地和宣传格局。通过思想阵地和宣传载体的拓展，形成了思想政治工作的综合效应，切实加强了宣传思想工作的主动性和时效性。同时，注重加强重大活动的对外宣传报道力度。一年来，新闻媒体刊登对市委会工作的宣传报道共240条，同比增长近10%。在年终评选中，市委会荣获“北京市统战系统宣传成果优秀单位”，《北京民进》会刊获得2008年民进中央单项先进奖。

（二）组织建设得到新加强

领导班子建设呈现新气象。为了加强领导班子力量，增补了常务副主委和秘书长，配齐了专职领导，市委会机关形成了常务副主委、专职副主委和秘书长三人分工协作的领导格局，明确了领导班子成员的工作分工和具体责任，为全会工作的推进奠定了基础。不断健全全委会、常委会、主委会、主委办公会议制度，逐步完善领导班子民主生活会、常委联系基层组织、述职和民主评议等工作制度和议事规则，启动了领导班子及成员民主评议，对领导班子换届一年来的工作进行全面总结，查找存在的突出问题，努力建设一个学习型、研究型、创新型、服务型、和谐型领导班子。

后备干部队伍建设实现新突破。坚持以科学规划为先导，制定了后备干部工作规划，完成了新一轮后备干部队伍人才库建设。探索并实施了切实可行的后备干部培训工作，坚持全员培训与个性培养相结合，采取脱产学习、挂职锻炼、专委会任职等手段，一年来，共组织了8位市委委员、4位区级负责人参加市委统战部培训班，2人参加中央社院培训班，并通过搭建时政漫谈会平台，使他们关注时政，增强参政议政的意识和能力，为后续的培养和使用提供参考。在刚刚结束的全市公招工作中，民进市委会共推荐了30名会员参加考试。其中10名会员进入阶段考察，3位被录用为局级领导干部，在各民主党派中名列前茅。

基层组织建设和会员发展工作取得新进展。市委会始终把加强基层组织建设作为一项重点工作，建立了市委会常委、专职领导联系基层机制，向区工委派出了2名专职干部，恢复了中断多年的区级组织负责人联席会制度，规范了区级组织联络员定期例会制度，进一步加强对基层组织建设的指导。大兴区工委正式成立，密云、昌平、联大商务学院、北师大附中支部相继落成，至此，北京各区县均有了民进组织。2008年新发展会员274名，发展率4.2%。目前，全市会员已达6208名，平均年龄56岁，具有中高级职称所占比重84%，担任县处级以上政府部门、司法机关职务31人，各级人大代表44人，政协委员224人。

（三）和谐型机关建设迈上新台阶

为了全面推进机关建设，充分体现“分层管理、纵向负责、横向协作”的管理机制和“讲团结、守纪律、有水平、高效率”的工作理念，积极营造鼓励干事业、支持干成事业的文化氛围，极大地调动了各部门和工作人员的积极性。

在八个党派中率先实施了机关干部全员竞聘上岗工作，进一步明确了部门职能、岗位职责、工作任务，使各项工作有计划、有布置、有检查、有总结，机关工作运行有序。着力加强机关工作的超前谋划，各处室制定了五年工作规划，促进了工作的科学化、规范化、计划性。积极搭建市委会横向交流的信息和资源共享平台，召开首届华北五省（市、区）民进主委联席会，筹备首届四个直辖市机关建设工作研讨交流会，承办中央社会主义学院的“开门办学基地”，密切省级组织间的交流合作。举办了处级干部交流研讨会、机关新进人员及年轻干部培训班，着力提高机关人员的素质和能力。不断完善机关规章制度和工作流程，增强了制度的可操作性和实效性，工作效率和质量得到进一步提高。

二、以挖掘特色与优势为支点，积极履行参政党职能

（一）参政议政工作取得新成效

充分发挥会内专家优势，不断探索调研工作新机制。制定了专委会工作通则及实施细则，明确了各专委会的工作职责、任务目标、考核形式，为充分发挥专委会在参政议政方面的主体地位提供了机制保障。积极探索面向全会征集选题、组织专家论证、确定立项课题、给予经费扶持的调研工作新机制。力求在知情基础上，通过民主协商会、情况通报会、主委恳谈会、谈心会、议政会等平台建言献策，积极参与协商。机制创新产生了极大的集智聚力效应。一年来，共形成调研报告16篇，其中6篇在市委统战部年终评审中获得奖项。在市政协十一届一次全会的113件委员优秀提案中，有10个来自民进委员。《2008—2010年北京市中等职业教育改革与发展的政策建议》吸纳了我会对中等职业教育发展规模的分析与建议，将招生规模由原定的27万下调到17万；我会提出的关于“关于尽快制定符合首都实际情况、操作性强的北京物业管理规定实施办法（或细则）的意见”得到市建委等部门的肯定，《北京市住宅区业主大会和业主委员会指导规则（试行）》2008年底已出台；在议政会上所作的“畅通北京市农产品流通渠道，促进首都城乡经济社会协调发展”党派发言，被《北京观察》全文刊载，有关信息还得到苟仲文副市长的批示；《关于首都公益性社区文化建设状况的调研报告》获市委统战部调研报告评比一等奖，并转化为市政协十一届二次大会发言，先后被北京晚报、人民政协报等媒体报道；在西南区域经济发展论坛上，3篇论文分别在大兴、房山、丰台分论坛上进行交流发言，会员方志远受邀主论坛发言嘉宾。

探索了反映社情民意的双轨制。一方面努力把广大会员在工作和生活中发现的热点、难点问题，及时通过社情民意渠道予以反映；另一方面及时把具有前瞻性和全局性的社情民意信息整理成提案素材，供人大代表和政协委员履行参政议政职能参考。一年来，共报送社情民意类信息302篇，被采用70篇。其中，全国政协采用5篇，中央统战部《零讯》采用1篇，领导批示5篇。信息工作连续三年获民进中央先进。

（二）社会服务工作扎实推进

积极为首都新农村建设献智出力。近年来，我们在门头沟、通州、延庆、怀柔等京郊区县积极开展城乡共建活动，与门头沟区政府共建的“科技兴农示范基地”，带动龙泉村从传统农业逐步向高效农业、观光农业和生态农业转化，使当年的“上访村”一跃成为全区唯一可上缴利润的大村，农民年收入递增12%，直接经济效益2000余万元。目前，科技兴农示范基地已成为民进中央、市委统战部、市教育工委、市农学院、中国农学会科技兴农成果展示和现场教学服务的品牌基地。

支教工作成效显著。充分发挥界别优势，把延庆二中作为重点支教基地，聘请会员及会友中的特级、高级教师组成“名师指导团”，到二中培训教师187人次、指导学生2000人次，使延庆二中本科上线率同比提高11个百分点，专科上线率提高了22个百分点，创下历史最好水平。把通州区西集镇新东仪小学作为捐资助学基地，捐赠了11万多元的课桌、电子钢琴、体育器材等用品，并签署了三年的帮扶协议。努力搭建西部教师培训工作平台，建立了3个西部教师培训基地，先后为来自宁夏、贵州金沙、四川广元、新疆石河子等地区的中小学校长和骨干教师组织了进京培训学习。

（三）全力参与两个奥运会

广大会员围绕首都市民文明礼仪风尚、城市软硬件建设等积极建言献策，共提出建议154条。在中共北京市委统战部《群言荟萃——首都统一战线建言献策选编》收录的156条相关信息中，有35条来自民进。为进一步强化全会各级组织的中心意识、大局意识和服务意识，积极引领和发动广大会员参与“迎奥运、讲文明、树新风”活动。在统一战线参与奥运、服务奥运总结表彰大会上，47名会员被授予先进个人称号，各区委广泛开展的“心理健康进社区”系列活动，受到各区县和社区居民的好评。在统战系统“迎讲树”书画摄影展上，市委会荣获优秀组织奖，会员陈养群全程筹备，并给予100余万元经费支持。奥运闭幕后，及时举办了“奥运成功的意义与启示”研讨会，并与北京中华文化学院、北京奥运经济研究会联合举办“2008北京文化论坛——奥运影响力与中国发展”的主题研讨会。许多研究成果转化为社情民意信息和提案报送到了相关部门。

三、以参政党的高度责任感，同心协力抗灾救灾

2008年年初，我国遭受了历史罕见的低温雨雪灾害，5月份又发生了汶川特大地震。面对自然灾害，市委会在第一时间作出积极反应，迅速成立了领导小组，向地震灾区的民进组织发出慰问信，向全市会员发出倡议书，上下同心，动员全会力量支援灾区。据不完全统计，全市民进各级组织和会员通过各种渠道共捐款225多万元，捐赠书画作品140幅。为了帮助受灾师生早日重返校园，5月15日发起设立了“北京民进爱心助学专项资金”，目前专项资金筹集款项已超过56万元，全部交付北京慈善协会，用于四川什邡学校重建。

面对自然灾害，广大会员积极建言献策。共收到涉及善款充抵个税、保护地震孤儿隐私、地震孤儿安置、加强安全教育、提供心理救助、提高校舍建筑质量等方面的抗震救灾信息和建议30余篇。《关于对抗震救灾捐款应全额免征所得税的建议》、《关于加大抗震救灾中教师无私奉献的宣传的建议》等建议得到民进中央、市政协、市委统战部好评。在“民进抗震救灾表彰活动”中，海淀企业支部被授予先进集体称号，3名会员荣获优秀会员。

民进上海市委会2008年工作概述

一、重要会议和活动

1月9日　市委会召开十四届十次主委会议。

2月1日　市委会召开十四届十一次主委会议。

3月21日　市委会召开十四届十二次主委会议。

3月28日　市委会召开十四届五次常委会议，主委蔡达峰主持会议。

3月28日　市委会召开十四届三次全体（扩大）会议。主委蔡达峰，副主委吴毅、黄震、陈振楼、陈强努、胡卫出席会议。副主委李名慈主持会议。

4月8日　市委会召开十四届十三次主委会议。

5月9日　市委会召开十四届十四次主委会议。

6月11日　市委会召开十四届十五次主委会议。

7月9日　市委会召开十四届十六次主委会议。

7月9日　市委会召开十四届六次常委会议，主委蔡达峰主持会议。

8月8日　市委会召开十四届十七次主委会议。

9月9日　市委会召开十四届十八次主委会议。

10月7日　市委会召开十四届七次常委会议。主委蔡达峰主持会议。

10月7日　市委会召开十四届十九次主委会议。

11月11日　市委会召开十四届二十次主委会议。

12月2日　市委会召开十四届二十一次主委会议。

12月19日　市委会召开主委班子民主生活会，中共上海市委统战部副部长吴捷出席。

12月30日　市委会举行十四届八次常委会议。主委蔡达峰主持会议，会议讨论了常委会2008年工作报告。

12月30日　市委会召开十四届四次全体（扩大）会议，副主委李名慈主持会议，会议审议通过主委蔡达峰作的常委会2008年工作报告，民主推荐市委主委班子后备干部人选。

3月24日　民进中央主席严隽琪到民进上海市委会就“养成教育”问题进行专题调研并座谈。主委蔡达峰主持座谈会。

4月14日　上海市各民主党派联合举办的“风雨同舟、继往开来——上海市各民主党派纪念响应中共中央‘五一口号’60周年暨政治交接学习教育活动”图片巡展活动开展仪式。

4月29日　市委会举行纪念“五一口号”发布60周年座谈会。

5月6日　民进中央主席严隽琪到上海交通大学视察调研座谈。

5月19日　市委会组织机关干部向四川汶川大地震中遇难同胞表示深切哀悼并捐款。

5月28日　民进中央副主席贺旻到市委机关看望机关干部，并与各部室负责人进行座谈。主委蔡达峰出席座谈会。

6月30日—7月1日　民进中央在上海召开十二届三次中常会。

7月1日　市委会召开上海民进企业家联谊会一届九次全体会议。民进中央副主席朱永新出席会议并讲话。

7月2日　民进中央在上海召开民进西部农村教师培训工作座谈会。

7月5日　上海市慈善基金会在上海市教科院民办教育研究所举行“人文关怀阳光基金”成立仪式暨赈灾义演义卖活动。民进中央主席严隽琪、民进上海市委会主委蔡达峰出席活动并讲话。

7月31日　市委会举行抗震救灾事迹报告会。

8月15日　市委会、市妇联、市文管会联合在上海鲁迅纪念馆举行“许广平诞辰110周年纪念座谈会”。主委蔡达峰致辞。

9月7日—8日　民进中央在华东政法大学举行民进纪念改革开放30周年参政党建设理论研讨会。民进中央主席严隽琪出席开幕式并讲话，民进中央副主席王佐书主持开幕式。中共上海市委统战部部长杨晓渡出席开幕式并讲话。主委蔡达峰讲话。

9月7日　民进中央举行与上海社会科学院合作签约揭牌仪式。民进中央主席严隽琪出席揭牌仪式并讲话。副主席王佐书与上海社科院常务副院长左学金在合作协议书上签字。主委蔡达峰，上海社科院党委书记、院长王荣华出席仪式。

9月27日　市委会召开纪念改革开放30周年暨迎国庆座谈会。

10月18日　市委会、国家文物局、市文管会联合在上海鲁迅纪念馆举行“纪念郑振铎先生诞辰110周年纪念座谈会”。副主委赵丽宏致辞。

11月1日　“2008上海民进教育论坛暨中国民办教育研究院揭牌仪式”在上海市教科院民办教育研究所会议中心举行。民进中央主席严隽琪出席会议并讲话。民进中央副主席王佐书主持会议，主委蔡达峰致开幕辞。

二、参政议政

蔡达峰主委在中共上海市委政治协商会及相关会议上提出的意见和建议：

2月16日　提出“关于上海市《政府工作报告》的意见”。

6月18日　提出“关于公共文化服务体系建设的意见”。

6月23日　提出“对上海市社区“三个中心”建设的看法”。

7月12日　提出“关于中共市委全会工作报告（摘要）的建议”。

8月14日　提出“关于党风廉政建设的三点建议”。

9月4日　提出“准确认识社区建设的意义和任务”。

10月27日　在中共上海市委学习实践科学发展观活动座谈会发言。

11月18日　提出“关于浦东发展的几点建议”。

11月22日　提出“关于当前发挥行业协会作用的两点建议”。

11月30日　提出“对当前统战工作的建议”。

市委会年初提交上海市政协十一届一次会议的提案有：《加强学校体育工作，切实改善上海青少年体质健康状况》、《关于上海社区文化建设投入分析及社会化发展的若干建议》、等共13件。上述两件提案被评为优秀提案。市委会《加强学校体育工作，改善上海青少年体质健康状况研究》调研报告得到中共上海市委书记俞正声同志批示。

市委会2008年共承接并完成民进中央、中共上海市委、市政协、市委统战部、市政府有关部门等委托课题：“上海社区‘三个中心’建设后评估调研”；“十一五期间上海科技创新中的高端专业人才开发、引进政策研究”；“上海中小学教师专业发展标准研究”；“发展本市农业旅游的研究”；“解放思想，深化改革，进一步完善出版体制改革”；“公共文化服务体系建设中的文化投入机制研究”；“中小学生体质健康研究”；“长江三角洲地区联动发展研究”等共八项。

市委会十个专门委员会共完成调研课题23个，其中10个将转化为民进上海市委会提案提交上海市政协十一届二次会议（2009年1月12日召开）。

截至12月15日，市委会共向民进中央报送信息173条，向市政协报送信息243条，向中共市委统战部报送信息251条。其中，“加强学校体育工作，增强学生体质”、“私企协会半强制收费”等信息，得到中共市委书记俞正声、市长韩正和分管副市长艾俊宝的批示。“旧区改造”的信息得到市政协主席批示并转相关部门落实。

市委会被民进中央评为本年度信息工作先进单位。

三、社会服务

7月，民进企业家联谊会、上海市作家协会、教科院民办教育研究所共同筹资234万元，在上海市慈善基金会下设立了“人文关怀阳光基金”，用于助学支教和援助灾区；

在市委会组织下，民进会员向西部贫困地区和外来从业人员子女学校等捐赠了价值18万元的图书和学习用品，民进讲师团赴贵州省黔西南州开展了助学活动，举办了第四期西部教师培训班。市委会还参与组织了西部教师参加市希望办第37期“希望小学教师培训班”、民进浦东区委西部教师培训班。市委会关注两岸关系发展，举行台情报告会，与台湾“中华青年企业家协会”开展交流。

上海民进会员共向地震灾区捐款411万元，其中以特殊会费的形式通过民进中央向地震灾区捐款近100万元；企业界会员经营的企业向地震灾区捐款457万元，捐物价值1000余万元。

四、自身建设

1. 思想建设。市委会按照民进中央要求，结合学习会史会章和优良传统教育，结合上海民进各级组织和广大会员的思想实际，深入开展中国特色社会主义主题教育活动。

市委会认真组织学习中共十七大、《中国的政党制度》白皮书和胡锦涛同志重要讲话等精神，邀请浦东干部学院、市委党校的专家为常委集体学习作专题辅导报告。

市委会总结政治交接学习教育活动试点工作成果，拓展活动范围，推进活动深入，建立长效机制。市委会领导多次深入基层组织进行宣讲教育，帮助基层支部开展政治交接学习教育活动。广大会员通过主题教育活动中的政治理论学习、会史会章学习、传统风范教育，增加了参政党成员的责任感，进一步坚定了走中国特色社会主义道路的信念。市委会围绕履行职能，扎实做好会内外宣传报道工作，通过提高报刊网站质量、召开宣传报道工作先进表彰大会及与会外媒体联系沟通等，进一步发挥民进的作用，扩大民进的影响。今年共被会外媒体刊用的稿件为361篇，其中中央级媒体刊用87篇、地方媒体刊用274篇。

市委会被民进中央评为本年度新闻宣传工作先进单位。

2. 组织建设。民进上海市委会目前共有区县组织18个（下属支部共263个），直属委员会14个（下属支部共66个），直属支部共28个。截止12月31日，上海民进共有会员8280名，平均年龄54.2岁。具有中高级职称的会员占93.9%，女会员占44.6%。今年发展会员229人，平均年龄37.8岁，正高职称4人，副高职称54人，高中级职称会员占90%，女会员占65.9%。市委会建立了民进青浦区支部筹备组，完成了部分区委、直属委员会和支部领导班子的调整和增补。

市委会积极推进后备干部队伍建设，制订并启动了“民进上海市委领导班子后备干部队伍建设工作计划”；举办了第26期中青年会员学习班、直属基层组织负责人培训班；开展了2006—2008年先进支部和会务工作积极分子评选和表彰活动。

3. 作风建设。市委会完成了《民进上海市委规章制度汇编》的修订，进一步完善和规范各项工作制度。从今年5月至11月，市委会围绕提高参政议政和自身建设能力，开展了参政议政、社会服务、思想建设、组织建设、机关建设五个专题调研，召开了一系列研讨会，机关全体干部参加了大讨论和调研活动，各部室进行了专题研究。

市委机关努力服务会员，热情为会员提供各种便利和帮助。组织机关干部撰写了民进会员中的市人大代表、市政协委员的“人物小传”。市委机关出色完成了民进中央在沪召开的“民进十二届三次常委会”等三次大型会议的会务和接待任务，接待了民进中央各部门以及辽宁、安徽、浙江、重庆、广东等省民进组织的来沪调研考察活动。

民进天津市委会2008年工作概述

一、重要会议及活动

（一）常委会和全委会

2月2日　民进天津市第十届委员会常务委员会第四次会议召开。副市长、市委会主委张俊芳，副主委何志敏、袁希钢、邱立成、孙惠玲、李敏龙、黄田和常委21人出席会议。会议审议并通过了《中国民主促进会天津市第十届委员会常务委员会2007年工作报告》（草案），听取了部分常委对市委会2008年主要工作的意见和建议。会议推选张俊芳主委代表常委会在市十届二次全委会上作2007年工作报告。

同日　民进天津市第十届委员会第二次全体会议召开。副市长、市委会主委张俊芳，副主委何志敏、袁希钢、邱立成、孙惠玲、李敏龙、黄田和委员38人出席会议。会议由李敏龙副主委主持。会上，张俊芳主委代表民进天津市第十届常委会作2007年工作报告。张俊芳主委在总结2007年主要工作的同时，并对做好2008年的工作提出五点意见。会后，新的一届市委会领导慰问了市委会老领导。

6月24日　民进天津市第十届委员会常务委员会第五次会议召开。张俊芳主委主持会议，并作民进天津市委员会2008年上半年工作总结。会议通过了《民进天津市委员会关于加强领导班子建设的决定》。

本年度自1月12日至12月17日召开民进天津市委员会五次至十二次主委办公会。主委张俊芳主持会议。

（二）主要领导活动情况

1月15日　市委会机关召开2008年机关干部调整工作动员会。张俊芳主委出席会议并作重要讲话。李敏龙副主委作调整工作动员讲话。

2月5日　张俊芳主委率在津副主委何志敏、袁希钢、孙惠玲、李敏龙、黄田分别看望并慰问了民进中央副主席冯骥才和市委会老主委姚建铨先生和余国琮先生。

2月13日　中共市委副书记、市政协主席邢元敏到民进市委会机关慰问。市政协副主席王文华、陈质枫、刘长喜，秘书长刘琨陪同。副市长、市委会主委张俊芳等接待邢元敏主席一行。

2月21日　市政协副主席、中共市委统战部部长刘长喜到市委会调研。中共市委统战部副部长朱勇陪同。副市长、市委会主委张俊芳接待刘长喜部长一行。

3月9日　副市长、市委会主委张俊芳出席民进十二届二次中常会。

3月3日—14日　在津的全国政协常委、民进中央副主席冯骥才和我会全国政协委员市政府副市长、市委会主委张俊芳，副主委袁希钢、邱立成、孙惠玲出席全国政协十一届一次会议。

4月10日—13日　全国人大常委会副委员长、民进中央主席严隽琪来津调研。民进市委会主委张俊芳，副主委何志敏、李敏龙陪同严主席慰问了在津民进中央副主席冯骥才，市委会原主委余国琮、姚建铨，并视察了我市滨海新区。

4月11日　全国人大常委会副委员长、民进中央主席严隽琪一行来民进市委会机关视察并座谈。副市长、主委张俊芳等参加座谈。座谈会上，张俊芳主委汇报了民进天津市委换届后至近期的工作。严主席作重要讲话。

4月25日　本市召开纪念“五一口号”发布60周年座谈会。中共市委副书记、市政协主席邢元敏出席并讲话。民进市委会副主委袁希钢代表主委张俊芳出席会议并发言。

5月13日　市委会副主委罗小明出席市政协主席促办提案座谈会。年初，我会向市政协大会提交的提案《关于加快现代农业建设　促进城乡一体化发展》被市委副书记、市政协主席邢元敏选定为促办提案。

6月29日—7月1日　民进中央在上海召开十二届三次中常会，何志敏副主委出席会议，并代表张俊芳主委在会上交流市委会领导班子建设经验。

7月15日—20日　中共天津市委统战部在北戴河举办由八个民主党派市委领导班子全体成员参加的“天津市民主党派政治交接专题研讨班”。市政协副主席、中共市委统战部部长刘长喜作开班动员；中共天津市委副书记、市政协主席邢元敏出席闭幕会并作重要讲话。民进市委会副主委袁希钢受张俊芳主委的委托，代表参加研讨班的民进市委会领导班子成员在闭幕会上作了发言。

7月21日　全国政协主席贾庆林在天津调研期间，专程看望统战和政协系统干部。市委会专职副主委兼市政协副秘书长李敏龙参加贾庆林主席的会见，并合影留念。

8月5日—6日　受中共中央统战部之邀，中国国民党中评会主席团主席、台湾“中华海峡两岸客家文经交流协会”理事长、台湾“立法院”原副院长饶颖奇先生及夫人饶高淑瑞女士在全国人大常委、民进中央副主席朱永新，社会服务部副部长刘志奇陪同下赴津考察。在津期间，民进中央副主席冯骥才，副市长、民进天津市委会主委张俊芳，市政协副主席、市委统战部长刘长喜分别亲切会见了饶颖奇先生及夫人。李敏龙副主委受张俊芳主委委托全程陪同饶颖奇夫妇在津考察。

9月15日　市委会在市政协俱乐部举办纪念改革开放三十周年报告会。副市长、主委张俊芳等领导出席报告会。

10月20日—22日　首届华北五省（市、区）民进主委联席会议在北京召开。民进天津市委会主委张俊芳出席会议。

10月24日　中共天津市委召开座谈会，就《中共天津市委关于贯彻落实〈中共中央关于推进农村改革发展若干重大问题的决定〉的实施意见（征求意见稿）》听取各民主党派、工商联、有关人民团体和无党派人士的意见和建议。张俊芳主委在座谈会上发言。

11月7日　中共天津市委召开座谈会，听取各民主党派、工商联、有关人民团体和无党派人士的意见和建议。市委会主委张俊芳、副主委李敏龙出席座谈会。张俊芳主委在座谈会上发言。

11月18日　民进中央经济委员会主任、清华大学教授蔡继明率民进中央土地流转问题调研组来津调研。张俊芳主委召开调研座谈会，特别邀请中共市委副书记、市长黄兴国出席会议。

11月19日　中共天津市委召开统一战线人士座谈会，听取各民主党派和其他统战人士对中共市委2009年工作要点的意见。中共天津市委书记张高丽主持座谈会并作重要讲话。张俊芳主委代表民进天津市委会发言。

11月20日　民进天津市委会在政协俱乐部召开纪念改革开放30周年参政党建设理论研讨暨统战理论研究会换届大会。市政协及市委会有关领导参加。

12月9日　市委会机关召开干部职工会议，副主委李敏龙传达民进中央十二届二次全会精神。

12月30日　天津市政府召开民主党派座谈会，听取各党派对政府工作报告的意见。副主委李敏龙受主委张俊芳委托作大会发言。

二、参政议政

民进天津市委会认真贯彻落实《民进中央关于加强参政议政能力建设的意见》，始终将参政议政工作置于战略高度，致力于构建具有有效性、稳定性和规范性的参政机制，以完善的机制保障参政议政职能的发挥，使参政议政工作不断迈上新的台阶，为天津科学发展和谐发展率先发展做出贡献。

2008年，市委会向市政协十二届一次会议提交了26份调研报告和提案。其中，《统筹协调　推进滨海新区生态城区建设》作为大会发言；《加快现代农业建设　促进城乡一体化发展》被列为市政协主席邢元敏领衔促办提案，杨栋梁副市长做出重要批示，《天津日报》在头版作了报道。在市政协十二届二次常委会上，市委会《关于加快发展北方国际航运中心和国际物流中心的建议》发言，得到市委常委、滨海新区管委会主任苟利军的高度评价。课题执笔人受广播电台邀请走进直播间，接受记者采访。

2008年，各专委会成立了16个课题组，对17个课题开展调研，召开会议36次，深入区、县、委、局、乡镇、学校、报社调研或走访15次，召开调研座谈会23次。设计问卷8种，召开调查问卷培训说明会3次，发放问卷32700份，收回问卷30150份。组成联合调研课题组，开展重点调研课题《关于市属高校本科毕业生就业状况的调研与建议》、《关于中小学教师专业发展与培养的调研》的调研。编辑出版《民进天津市2008年特级教师论坛论文汇编》。2008年完成《关于扩大农村区县内需　拉动天津经济增长的建议》、《创新人才管理体制　集聚高层次人才　构建滨海新区人才高地》、《关于大学本科毕业生就业心态的调查及建议》、《关于我市农民工普法现状及其相关问题的调研和建议》、《大力扶持中小企业　促进天津经济又好又快发展》等10篇调研报告。其中5篇报市政协十二届二次会议作为大会发言，其余作为市委会团体提案。

三、社会服务

民进市委会继续贯彻落实中共天津市委统战部号召开展的“四个一”活动精神，积极探索服务社会的新途径、新形式，充分发挥民进组织人才优势和智力优势，为社会做了大量的有益工作，扩大了民进影响，为经济社会又好又快发展作出了自己的贡献。

2008年5月12日，我国四川汶川发生了特大地震灾害，市委会积极组织为汶川地震赈灾捐献活动。天津市经济界会员联谊会捐款21.59万元。参加市妇联“心系灾区孤儿，奉献爱心真情，为四川地震灾区孤儿捐款活动”，市委会领导捐款5.09万元。组织会员募捐和义演，参加“为了灾区的孩子们——中国民主促进会抗震救灾书画义卖捐赠活动”；举办“李莉从艺50年庆典晚会暨为汶川地震灾区募捐义演”。冯骥才副主席非常关心重灾区绵竹的文化遗产保护，捐款10万元。本市各级组织和民进会员累计捐款74.27万元。其中，企业家郑介甫捐款20万元。各基层组织和广大会员，以各种方式投入到抗震救灾中，涌现出许多模范人物和感人事迹。三名会员获得民进中央全国抗震救灾优秀会员称号；民进南开区委会受到民进中央表扬。

2008年10月，市委会在滨海新区承办民进中央和市政府主办的“第三届海峡两岸企业发展与合作暨天津滨海新区开发开放高层论坛”。来自海峡两岸和香港特区知名人士约300人出席论坛，会议研讨了两岸企业合作发展、滨海新区建设与环渤海区域经济发展，举办项目推介与洽谈活动。民进中央主席严隽琪出席会议，民进中央原主席许嘉璐，民进中央原常务副主席张怀西出席会议。本次论坛受到了国家和政府高层领导的高度重视。

2008 年 10 月，市委会与塘沽区委会联合举办“第二届西部教师在津培训班”，为甘肃省平凉市崆峒区 17 个贫困乡镇的小学教师进行义务培训；深入蓟县进行“支教扶贫献爱心考察活动”；以微山路中学为基地，开展对在津新疆学生艺术与教学开发活动；参与组织“创新型英语教学论坛”教学交流活动。与有关部门共同主办天津市首届“阳光义工杯”盲人艺术节；组织法律界会员为武警塘沽某中队官兵进行“三农”问题法律知识义务咨询；组织医务界会员为津南区咸水沽社区、本市部分中小学、职大教师进行义诊，达数百人次。

市委会荣获民进中央省级组织 2008 年社会服务工作先进单位。

四、自身建设

2008 年，市委会领导和推动全会开展中国特色社会主义为主题的学习教育活动，上半年顺利完成整改阶段任务。结合中共市委开展的“解放思想，干事创业，科学发展”大讨论和“迎奥运，讲文明，树新风”活动，领导班子成员以严格自律的态度做好自查和整改，召开生活会、谈心会、座谈会，统一思想，提高认识。市委会机关多次召开领导干部会、全体会，从思想观念、精神状态、工作作风、工作效率和办公环境等方面整改，严格工作要求，完善管理制度，提高工作效率和服务质量，整改收到明显成效。召开区级组织青年工作交流会，举办音乐会、参观滨海新区、迎奥运摄影诗歌展、关爱弱势群体等形式多样的活动。加强市经济界会员联谊会基础建设工作，开展了三胞会员、老龄、妇女会员特色活动，重新组建市老年净友合唱团，坚持活动并富于生气与活力。市委会向各区级组织下发《学习中共十七大精神辅导报告》录音光盘，举办录音报告会，制作 PPT 多媒体课件参加民进中央召开的经验交流会和图片展。完成政治交接学习教育活动工作总结，在中共市委统战部召开的经验交流会上，介绍了我会开展政治交接主题学习教育活动的经验。市委会坚持以“十七大”精神为指导，以主题教育为主线，以中共“五一口号”发布 60 周年作为全会加强思想宣传工作的契机，开展了系列活动。征文活动共征集纪念文章 28 篇，报民进中央并在《民进之声》报上开辟专版和增刊，发表相关介绍文章以及会员纪念专稿 19 篇。组织市委委员及有关同志赴革命圣地西柏坡参观学习，并隆重召开“纪念‘五一口号’发布 60 周年座谈会”，并以统战理论研究、组织演出会、联谊会等形式，区级组织通过学访、参观、参加社会公益活动等形式来表示纪念。今年是我国改革开放 30 周年，在全国各族人民隆重纪念改革开放 30 周年之际，市委会举办了系列活动。在《民进之声》开辟纪念专版；举办征文活动；举办改革开放 30 周年报告会；召开高层次座谈会，畅谈从改革开放的光辉历程看多党合作事业和民进事业的发展；组织召开《民进之声》创刊十周年纪念表彰会、参政党建设理论研讨会，并出版文集，12 月 4 日《人民政协报》以《民进天津市委参政党建设理论研究结硕果》为题予以报道；举办 2008 年特级教师论坛，就当前教育改革的热点问题进行研讨；隆重召开大规模纪念大会。

2008 年，民进市委会发展会员 121 人，平均年龄 37.47 岁。大学本科以上学历的 112 人（其中硕士 19 人，博士 6 人），具有中高级职称的 117 人，获得各种荣誉称号的 107 人；各级人大代表、政协委员 9 人，担任副处级以上干部 2 人；科级干部 5 人；市、区级学科带头 9 人。新生力量的增加使会员队伍的年龄结构和知识结构得到改善，具有高学历、高素质会员的比例不断上升。2008 年 12 月底，民进会员总数为 3390 人，其中男会员 1594 人，占 47.03%；女会员 1796 人，占 52.97%；离退休会员 1679 人，占 49.5%。具有中高级职称的会员 2995 人，占 88.34% 占，中共党员 316 人，占 9.3%。民进天津市第十届委员会现有市委委员 59 人，其中常委 27 人。主委 1 人，副主委 8 人。秘书长 1 人（由副主委兼）。民进会员在各级政府及司法机关担任副处级及副处级以上实职工作的有 19 人，其中副省级 1 人，正局级 1 人，副局级 2 人，正处级 3 人，副处级 12 人。天津民进会员中担任第十一届民进中央委员的有 10 人，其中中央副主席 1 人，常委 2 人。

市委会坚持加强制度建设，进一步完善学习制度、工作制度、会议制度、工作职责、机关管理制度等方面的制度建设，切实加强目标管理和科学考核，使各项制度能够得以落实。建立科学完善的考核评估体系，解决评价各项制度落实情况的问题。使职责分明，工作上水平。市委会推动区级和直属组织搞好自身建设，探索新机制和新方法，建立定期会议制度，加强基层组织之间的交流。制定了《民进天津市委员会关于区和直属组织委员会届中调整工作的原则意见》、《民进天津市委员会关于进一步加强参政议政工作的实施意见》、《民进天津市委员会调研经费管理暂行办法》。重新明确主委领导市委会全面工作，建立副主委除分管专项工作以外，每人都分管一个专委会的工作机制。进一步强化领导班子每一位成员对参政议政工作的领导责任，实行年度调研课题计划论证审定制度。

2008 年，市委会机关深入贯彻《民进市委会关于加强机关建设的意见》，以思想政治建设为核心，以干部队伍建设、机制和制度建设、作风建设、环境建设和文化建设为重点，着力加强机关干部政治理论学习、业务知识学习和文化知识学习，在进一步“创建学习型机关，做专业型干部”，服务全会、组织协调、开展活动方面，做了大量深入细致的工作，领导和全会的满意度不断提高。2008 年实施机关干部整合配制，完成各部门调整和干部轮岗。机关的凝聚力和战斗力普遍得到增强。

民进重庆市委会 2008 年工作概述

一、重要会议及活动

2 月 19 日　市委会召开由民进组织的区、县、高校统战部长迎春座谈会，陈景秋主委参加会议并讲话。

3 月 18 日　民进重庆市第一届主任委员、著名爱国进步人士、海内外著名教育家、重庆南开中学首任校长喻传鉴先生诞辰 120 周年座谈会在重庆南开中学隆重举行。市委会主委陈景秋、原主委窦瑞华出席座谈会，并为喻传鉴铜像揭幕。

3 月 27 日　召开民进重庆市三届六次常委（扩大）会议，学习传达“两会”精神。陈景秋主委主持会议并讲话。

4 月 24 日　召开民进重庆市三届七次常委（扩大）会议，纪念中共中央发布“五一口号”六十周年。陈景秋主委主持会议并讲话。

5 月 12 日　汶川大地震发生后，市委会发动全会以捐款、捐物、献血等方式支援抗震救灾，各级组织和会员通过不同渠道捐赠现金和物资达 425 万元。市委会向民进四川省委会发去慰问信，捐赠 5 万元用于灾后学校重建；参加会中央“为了灾区的孩子们——民进抗震救灾书画义卖捐赠活动”，募集书画作品 36 幅，再次捐资 5 万元。

7 月 15 日—17 日　市委会举办 2008 年暑期干部和新会员培训，240 余人参加了培训。

11 月 20 日　民进重庆市委会成立五十周年纪念大会隆重举行。全国人大常委会副委员长、民进中央主席严隽琪出席大会并作重要讲话。中共重庆市委常委、统战部翁杰明部长代表中共重庆市委致贺辞。市人大常委会副主任、民建重庆市委主委卢晓钟代表市级各民主党派、工商联致辞。市政协副主席、民进重庆市委会主委陈景秋讲话。日前，中共中央政治局委员、中共重庆市委书记薄熙来会见了严主席一行。

12 月 19 日　召开民进重庆市三届八次常委会，会议审议通过了三届四次全委会议程。

12 月 19 日　召开民进重庆市三届四次全委会，会议学习了中共十七届三中全会、中共重庆市委三届四次全会精神；审议并通过了陈景秋主委代表常委会向三届四次全委会作的工作报告；民主推荐了后备干部。

二、参政议政

2008 年，市委会领导参加双月座谈会、情况通报会、征求意见会和专题协商会近 20 次，就我市内陆开放、城乡统筹等中心工作及中共重庆市委、市政府重大事项的决策和重要文件的出台发表意见建议。

在市政协三届一次会议上，市委会提交集体提案18件，其中关于打好抗战文化牌和发展体育产业的2件提案被评为优秀提案；大会发言《对重庆新闻出版发行业的分析与建议》受到好评；我会政协委员、人大代表在市“两会”上提交个人提案63件、议案建议37件，在全国“两会”上提交建议、议案、提案20件。

认真完成“党委出题 党派调研”任务，市委会成立“三峡库区外迁移民稳定问题研究”课题组，课题组分赴江津、铜梁等7个外迁移民安置区县开展调研，发放调查问卷1000份，集体和个别访谈达726人次，调研历时6个月，完成调研报告《重庆市三峡库区外迁移民不稳定因素分析及对策》，提出针对性建议7条。

基础教育与职业教育工作委员会“中国农民工子女教育现状及对策研究”课题被民进中央确定为年度11个重点立项课题之一，科技与环卫工作委员会“三峡库区消落带、库岸带环境特征与质量研究”作为子课题被纳入民进中央“长江保护与发展”课题；文化出版工作委员会与市政协科教文卫体委就文化产业课题开展联合调研，农业工作委员会提交了多项调研成果。据统计，全年我会区县组织有14个调研课题得到当地党委、政府和统战部的表彰奖励。

市委会报送社情民意363篇，其中全国政协采用3篇，《民进信息》采用15篇，市政协采用33篇，转送国家部委4篇，转送市级部门30篇。《关于预防群体性事件的建议》等3篇社情民意得到市领导批示。市委会被民进中央评为信息工作先进单位，并再次获得市政协反映社情民意工作先进单位一等奖。

市委会不断探索提高参政议政能力和水平的有效途径。一是坚持和完善我会在长期参政议政实践中形成的定向征集、定期通报、量化评价、表彰奖励等做法，进一步规范调研课题的申报立项、进度跟踪、结题评审、经费使用等环节；二是充分利用参政议政年会、专题培训会、经验交流会、“议政日”活动等平台提高各级组织和会员的参政议政能力；三是注重借智引力，加强与民进中央、区县组织、基层支部的上下联动，加强与党政部门、政协专委会、对口联系单位、社会团体和高等院校的横向合作；四是继续强化工作委员会、特约人员、信息员等人才队伍建设，完善社情民意、提案、调研报告等参政议政资源库的建设。

三、社会服务

继续推进“进盛合作”，市委会积极做好“进盛教育基金”筹集工作，向万盛区贫困乡镇卫生院捐赠药品和器材，民进渝中区委会还组织优秀教师赴万盛支教献课。

开展“倡导经典诵读、建设书香校园”活动，市委会在江北召开现场培训会，并开展送文艺下乡活动。

协助民进中央命名的“星火西进”培训示范基地永川松溉职中培训农村劳动力300多人，通过会员办学培训转移农村劳动力2000多人。

向三峡库区石柱县中小学捐赠10万元工具书，向江津、渝北部分小学捐赠6200册教辅书籍。

举办专题讲座，为企业界会员应对金融危机提供智力支持。

四、自身建设

思想建设方面开展了主题教育活动。将中国特色社会主义主题教育活动与政治交接学习教育活动结合起来，从制定活动方案、广泛动员基层、开展问卷调查等多方面推动落实；丰富活动载体，举办征文、知识竞赛、主题报告会、参观传统教育基地等系列活动，并通过网络、报刊、简报等平台扩大影响；健全规章制度，建立长效机制，重点加强“学、思、行”结合，推进活动向纵深发展。

结合纪念中共中央发布“五一口号”60周年、改革开放30周年等重大事件，召开专题座谈会、理论研讨会，加强思想政治教育；结合民进重庆市委会成立50周年、参观中国民主党派历史陈列馆等重要活动，加强民进优良传统教育；抓好中共十七届三中全会等重要会议精神的学习宣传贯彻，组织座谈讨论，编印《学习资料》，发表专题文章；开展“区县党委落实多党合作制度化、规范化、程序化”和“民主党派成员思想状况”2个课题的调研，向市委统战部提交了调研报告。

2008年市委会和各区县组织在《人民政协报》、《团结报》、《重庆政协报》等媒体上发稿240多篇；《重庆民进》出刊4期，各区县组织出刊共计12期。

组织建设方面紧密结合主题教育活动，加强领导班子成员的理论学习，提高政治把握能力；按照民主集中制的原则，完善班子议事、决策、民主生活会制度；加强对区县组织的联系和指导，市委会班子成员分别到12个区县调研，认真吸纳基层和会员的意见建议。

后备干部队伍建设。举办2008年暑期干部和新会员培训，推荐22名会员参加中央和市社会主义学院的培训，帮助他们进一步提高政策理论水平和综合能力。各区县也举办各类培训活动，全市培训会员近1000人次。

各级组织认真贯彻民进《基层组织工作条例》，今年远郊5个区县组织和主城9个区组织分别举行了片区研讨会，增强了组织的活力和凝聚力。据不完全统计，今年我会有300多名会员获区县级以上表彰。如张礼慧被评为全国“三八红旗手”，于次被中共中央、国务院授予“北京奥运会残奥会先进个人”荣誉称号。在民进重庆市委会成立五十周年纪念大会上，市委会向15位会龄50年以上的老会员颁发了“民进会员特别荣誉奖”，表彰了28个先进支部和139名优秀会员。

在抗震救灾的各条战线上，广大会员发扬民进优良传统，涌现出许多感人事迹和先进典型，展现了新时期民进会员的“大爱之心”。沙坪坝区委会、重医支部获“民进中央抗震救灾先进集体”，戴鹤鹏、肖谦、张宏、王伟、陈勇、张珍容等6名同志获“民进全国抗震救灾优秀会员”称号。截止2008年底，我会共有会员2953人，平均年龄51.4岁；会员中具有高中级职称的占89.1%。全市有区县委员会12个，工委会1个，直属总支1个，直属支部4个，基层支部141个。全年新发展会员204人，平均年龄35.4岁，70%界别的占72%。成立了北碚区工委会。

2008年，围绕建设“学习型、务实型、服务型、和谐型”机关的目标，进一步完善规章制度和工作流程，明确处室和岗位职责，认真履行“参谋、实施、协调、服务”职能。机关选调招录了3名干部，有6位同志分别参加了中央社院、市委党校和重庆社院的学习培训，一名同志下派基层政府挂职锻炼。机关办事效率和工作质量不断得到提高。

民进河北省委会2008年工作概述

一、深入开展中国特色社会主义主题教育活动，切实加强思想建设

深入开展中国特色社会主义主题教育活动，是民主党派在新时期搞好政治交接的体现，是民进沿着正确方向前进的保障。民进河北省委会作为民进中央开展主题教育活动的一个省级试点单位，以中共十七大精神为指导，以主题教育为主线，以领导班子建设为重点，以纪念中共发布“五一口号”60周年和改革开放30周年为契机，精心筹划，扎实推进。民进河北省委会领导班子高度重视科学理论的指导作用，领导集体始终把加强理论学习列入重要议事日程，坚持科学理论的指导，明确主题教育活动的指导思想，确保主题教育活动的正确方向，把学习贯彻中共十七大精神贯穿学习教育活动中。

民进河北省委会结合纪念中共发布“五一口号”60周年、纪念改革开放30周年这些重大事件，带动全省民进组织丰富主题教育活动的内容和形式。通过组织召开座谈会、报告会、研讨会、专题征文、网页宣传、发表理论文章等带动全省民进组织深入学习。民进河北省委会青年工作委员会还和北京、上海、天津、江苏民进青年组织联合开展了庆奥运、纪念改革开放30周年摄影展。民进省委会领导带头参加学习，撰写体会文章。我省有两名会员的理论文章在民进中央组织的征文比赛中获奖。各市委会也积极组织了学习会、报告会、培训班，使广大会员接受了较为系统的中国特色社会主义理论教育。民进省委会通过组织会员赴革命老区西柏坡参观学习、举行报告会、座谈会，编辑出版画册《同舟共济开新篇》等，回顾多党合作的光辉历程和伟大成就，总结多党合作的宝贵经验，使广大会员深刻认识到中国共产党领导的多党合作和政治协商制度的历史必然性和现实优越性，进一步增强了走中国特色社会主义政治发展道路的自觉性和坚定性，进一步夯实了多党合作的政治基础。

二、健全制度，组织工作进一步规范化、程序化

为了加强组织建设，我省六个民主党派省委经过协商，共同制定了《河北省民主党派组织发展工作规程（试行）》，民进河北省委会及时印发各市委会施行，同时还制定并下发了《民进河北省委关于进一步规范会员入会手续及审批办法的意见》和《民进河北省委关于会费交纳及使用的指导意见》两个规范性文件。

民进河北省委会采取切实有效的措施，推进领导班子、后备干部队伍建设的制度化、规范化和程序化，积极培养与中国共产党真诚合作、素质好、有影响的新一代代表人士，把此项工作作为关系到中国共产党领导的多党合作和政治协商制度的长期存在和可持续发展的战略性的政治任务来抓。目前，在民进中央的指导和有关方面的帮助下，省级组织领导班子后备干部队伍建设正在按计划分步骤有序进行。民进省委制定了《民进河北省委关于加强市级组织领导班子后备干部队伍建设的意见》，指导各市委会开展工作。

民进河北省委会及各市委会采取积极措施，下大力抓基层组织工作，发现和培养一批优秀会员充实到基层组织领导班子。民进省委会通过撤并、新建支部和改组支部领导班子等一系列措施，对原有直属支部进行了调整，并制定了《关于直属支部会务工作的若干规定》，指导直属支部开展正常组织生活。部分市委会也通过新建、合并等形式整合基层组织，各市委会目前已基本完成基层组织的换届工作，有一批年富力强、责任心强的会员肩负起了基层组织负责人的责任。

在中共省委统战部的统一部署下，民进省委会推荐省委会委员中的部分中青年干部到省直厅局相关部门挂职、锻炼。

2008 年，全省新发展会员 268 名，其中女会员 141 名，具有大学以上文化程度的 200 名。截至 2008 年底，全省会员总数为 4195 人。

随着中央、省及各市换届工作的完成，我省民进成员的政治安排情况也有了较大改善。目前，全省会员中有全国人大代表 3 人，全国政协委员 4 人；省人大代表 16 人，其中常委 3 人，省政协委员 37 人，其中常委 10 人；市级人大代表 32 人，其中常委 12 人，市级政协委员 207 人，其中常委 44 人；县区级人大代表 27 人，其中常委 13 人，县区级政协委员 235 人，其中常委 37 人。担任省政协副主席职务的 1 人，担任市人大副主任职务的 1 人，担任市政府副市长职务的 1 人，担任市政协副主席职务的 7 人，担任省人大副秘书长的 1 人。在政府或司法机关担任副处级以上领导职务的 15 人。

三、进一步加强制度建设、创新工作机制，参政议政质量不断提高

民进河北省委会领导班子高度重视参政议政工作，不断完善参政议政机制，创新工作形式，不断提高参政议政工作质量。

2008 年，民进河北省委会领导前后 13 次参加中共省委、省政府、统战部召开的协商会、通报会，就我省进一步解放思想、深入落实科学发展观、就经济社会发展的重大安排部署提出意见和建议，受到有关领导的高度重视。会员中各级人大代表、政协委员、特约监察员、监督员也积极参加本系统的各项活动，履行参政议政职能，产生了广泛的社会影响。

在政协河北省十届一次会议上，民进河北省委会提交集体提案 10 件，提交大会发言 5 篇，大会发言篇数连续 8 年在政协各参加单位中最多。另外，在省政府确定的 10 件重点督办提案中有 3 件为民进河北省委会提交。其中《准确定位，加强整合，推动河北港口经济发展》受到省长和主管副省长的高度重视，河北省交通厅和省港务局领导亲自主抓提案落实，并和民进河北省委会有关领导座谈，深入征求意见；提案《促进产业集群，壮大民营经济》、《关于制定环渤海生态环境保护规划的建议》受到省政府领导的高度重视，主管副省长对提案作出了重要批示。民进河北省委会提交的提案《关于提高我省最低工资标准的建议》，成为省政协十届一次会议秘书处提案组收到的首份“民生提案”，被《河北日报》以“省民进建议提高我省最低工资标准”为题进行了报道，并被新华网河北频道转载，同时还被河北新闻网以“省民进建议：让百姓收入增长与经济发展同步”进行了报道。大会发言《打造特色优秀网络文化》被河北经济日报以“省民进建议：打造特色优秀网络文化”进行了报道。在政协河北省十届二次、三次常委会上，就节能减排、三年大变样工作专题建言献策，民进河北省委会提交三篇调研报告并作大会发言。同时，民进河北省委会的提案还得到民进中央领导的重视，《关于制定环渤海生态环境保护规划的建议》被民进中央采用为民进中央集体提案提交全国政协会议。《民主》、《团结报》对民进河北省委会的提案效绩进行了三次长篇报道。

在民进河北省委会主要领导的倡导下，2008年，加强了省市参政议政联合调研，由驻会副主委带队深入到有关市委会，邀请当地参政议政骨干进行联合调研，有效加强了信息沟通和协作。为整合会内参政议政资源，今年筹建了民进河北省委会参政议政人才库，全省推荐了147名骨干成员，有效地推进了参政议政的交流与合作，促进了参政议政水平的提高。在2008参政议政工作年会上，对参政议政先进工作者、信息工作先进单位及先进个人进行了表彰。

2008年，民进河北省委会围绕全国“两会”召开和新一届国家领导机构选举产生、3.14拉萨暴乱事件、抗震救灾、举办奥运会、中共十七届三中全会召开、神舟七号发射成功、学习贯彻科学发展观“四个征集”等国内重大事件，围绕关系经济和社会发展中出现的问题，广泛收集信息。截止到12月20日的统计，民进省委会全年共向全国政协、民进中央、省委等报送信息85期。本年度信息工作成绩比较突出的市委会是石家庄、保定、邢台、廊坊、承德、秦皇岛、唐山。

四、拓展渠道，积极开展社会服务工作

2008年5月12日，汶川发生了新中国成立以来最严重的特大地震灾害，给人民群众生命财产造成了重大损失。抗震救灾成为中国的头等大事。民进河北省委会积极投身到抗震救灾的洪流中，根据中共河北省委、统战部和民进中央的部署，民进河北省委会号召全省民进各级组织和广大会员，齐心协力，扎实工作，发挥各自的特点和优势，广泛调动各方面力量，在抗震救灾中发挥了积极作用。各级领导班子成员带头，全会上下发扬一方有难、八方支援的精神，纷纷向灾区人民伸出援手、奉献爱心，在捐款、捐献灾区急需物资、捐献书画作品等活动中表现非常踊跃，表现出参政党成员良好的政治素质，也涌现出很多感人事迹。据统计，我省会员通过各种方式捐款总额达367.2万余元，捐物（含书画义卖）折合67.1万元。在民进中央最近召开的十二届二次全会上，我省一个市级组织得到民进中央表扬，三名会员被民进中央授予“民进全国抗震救灾优秀会员”荣誉称号。

2008年，河北省扶贫开发工作进入了第三阶段，民进河北省委会的定点扶贫村调整为巨鹿县老马庄村。民进省委会非常重视扶贫工作，领导亲自进村考察并与县、乡、村一起制定帮扶计划。为庆祝六一儿童节，民进省委会向巨鹿县捐赠了《少年智力开发报》200多份。为帮助建设老马庄村委会办公室民进省委捐款2.3万元，会员甄金钟捐赠水泥30吨。9月份，中共邢台市委、邢台市人民政府向民进河北省委会赠送了题为“真心帮扶、情暖民心”的牌匾并授予民进省委帮扶队员“邢台市定点扶贫工作先进个人”荣誉称号。

少年智力开发报社是民进省委会唯一的下属事业单位，是服务于社会、扩大民进影响的窗口。民进省委会为了加强报社的管理，促使其健康稳定发展，2008年2月底调整了报社领导班子。新班子成立后树正气讲团结，锐意改革，对外树品牌，对内以科学发展观为指导狠抓管理，建章立制，在大家的共同努力下，克服了许多困难，稳定发展的大好形势已经形成。在国家新闻出版总署开展的“向全国少年儿童推荐优秀少儿报刊活动”中，《少年智力开发报》作为河北省新闻出版局唯一选送少儿报纸名列其中。

五、进一步加强机关建设

民进河北省委会高度重视机关建设，进一步完善了省委会机关的各项规章制度和工作流程，增强可操作性和实效性，增进部门之间的相互配合，进一步调动了机关各部门和工作人员的积极性，提高了机关的工作效率和质量。为了扩大机关干部视野，进一步提高政治思想水平和工作能力，民进省委会机关开展多种形式的学习交流会、组织机关干部与来冀的其他省市民进组织的机关干部交流座谈，积极支持机关工作人员参加业务培训，取得了很好的效果。

民进山西省委会 2008 年工作概述

【重要活动】 2008 年 1 月 14 日至 21 日和 1 月 16 日至 23 日，省政协十届一次会议和省十一届人大一次会议在太原分别召开。山西民进会员 36 人出席“两会”，政协委员 25 人，人大代表 11 人。会省委主委卫小春当选省政协副主席，副主委张政、成锡锋，副主委兼秘书长高新文，民进山西省委常委魏峰和会员冯雅琴当选省政协常委。会省委副主委张建豪当选十一届省人大常委，民进晋城市委主委、晋城市副市长李章宏当选为十一届全国人大代表。会省委向政协大会提交党派提案 22 件。卫小春主委代表会省委作了《关于加强我省农村文化建设的几点建议》大会发言。

4 月 7 日，民进山西省六届六次主委会议在机关会议室召开，会议通过了《民进山西省六届委员会第二次全委会议议程》(草案)，通过了举行纪念中共中央发布“五一口号”60 周年活动方案，研究决定筹备成立“山西民进企业界会员联谊会”和“山西民进艺术团”。

4 月 11 日，民进山西省六届三次常委会议在太原召开，卫小春主委传达了民进中央十二届二次常委会议精神，会议通过了《民进山西省六届委员会第二次全委会议议程》(草案)，并一致推选卫小春同志代表六届常委会向第二次全委会议作工作报告。

4 月 12 日，民进山西省六届二次全委会议在太原召开。中共山西省委常委、统战部部长李政文应邀出席会议开幕式。民进晋城市委主委、全国人大代表李章宏传达全国“两会”精神，李政文部长代表中共山西省委统战部作了重要讲话，卫小春代表民进山西省六届常委会向第二次全委会作了工作报告。

4 月 13 日上午，民进山西省委参政议政工作会议在太原召开。卫小春主委作了题为《切实加强参政议政能力建设，开创我会参政议政工作新局面》的主题报告。报告总结了会省委近年来的参政议政工作，并对今后一段时期的参政议政工作提出了具体要求。会议下发了《民进山西省委关于印发〈民进山西省委参政议政工作条例〉的通知》和《民进山西省委关于进一步加强参政议政能力建设的意见》。会议对 2007 年度参政议政工作先进集体和先进个人进行了表彰。

4 月 13 日下午，民进山西省委纪念中共中央发布“五一口号”60 周年大会在太原召开。中共山西省委统战部副部长马天荣应邀出席并作重要讲话。卫小春主委作了重要讲话。会省委原副主委杨伯豫作了纪念中共中央发布“五一口号”60 周年的主题报告。

4 月 24 日，全国政协副主席、民进中央常务副主席罗富和视察了民进山西省委机关，并召开座谈会。中共山西省委统战部常务副部长王大高，省政协副秘书长杨临生参加座谈会。卫小春主委代表民进山西省委向罗富和副主席汇报了山西民进基本情况和近年来各方面工作开展情况。王大高副部长代表中共山西省委统战部就近年来山西民进所取得的成绩向罗富和常务副主席作了介绍。罗富和常务副主席作了重要讲话，对山西民进近年来的工作给予充分肯定，对中共山西省委统战部对民进工作的支持表示感谢。

5 月 13 日至 14 日，由省政协副主席、会省委主委卫小春，省政协原副主席、会省委原主委张正明带队，民进界别政协委员任建国、高新文、朱丽、冯雅琴、高兴玺、梁淑仙、王辉，民进省委常委、山西财经大学经济学院副院长、省文化产业研究中心副主任焦斌龙，会省委副秘书长、参政议政部部长贺安黎等一行赴运城就关公文化情况进行考察调研。调研组实地考察了解州关帝庙和关帝冢庙，听取了运城市副市长张建喜关于“做大做强关公文化品牌”的汇报，并和运城市文化局、文物局、关公研究会、关公博物馆等有关部门的专家学者进行了座谈。5月23日，民进山西省委关于关公文化调研课题组研讨会在太原召开，结合在运城地区的考察，进行了深入探讨和详细论证。

5月27日，民进山西省委领导班子民主生活会暨六届七次（扩大）主委会在会省委机关会议室召开。会省委领导班子成员参加会议，机关各部门负责人列席会议。卫小春主委总结了换届以来领导班子建设情况、领导班子主要抓的工作、换届以来的工作经验和今后需要注意的问题。与会各位副主委分别发言总结了各自换届以来的工作体会。会议研究了下一阶段会省委进一步开展支援抗震救灾的具体工作和后半年全省民进工作。

6月20日至22日，由省政协副主席、会省委主委卫小春带队，省人大常委、会省委副主委张建豪，省政协常委、会省委副主委兼秘书长高新文，省政协委员、民进朔州市委主委谭建国，会省委副秘书长、参政议政部部长贺安黎等一行赴朔州就“失地农民社会保障情况”进行考察调研。中共朔州市委书记田喜荣，朔州市政协主席王耀斌、副主席樊田发等朔州市领导陪同调研。调研组考察了朔州地区部分市县旧城改造、新农村建设、拆迁安置等情况，听取了朔州市政府、农业局、国土资源局、平鲁区政府等有关部门关于失地农民安置情况汇报，并与有关方面的专业人士进行了座谈讨论。

8月7日晚，中共山西省委统战部、山西省民主党派联合主办的“迎奥运演唱会”在省城天一宫广场举行。由会省委领导班子全体成员，文艺界会员代表和机关全体工作人员组成的30余人合唱团在晚会演唱了歌曲《亚洲雄风》和《我是中国人》，受到各方好评。

9月9日，中国民主促进会中北大学支部委员会成立大会在中北大学召开。会省委主委卫小春，副主委张建豪、任建国，副主委兼秘书长高新文，副秘书长贺安黎，组织部副部长张文元莅临大会。熊继军代表中北大学筹备组做了中北大学支部筹备情况的报告。会议选举产生了民进中北大学支部委员会委员，熊继军当选为支部主委。

9月22日，会省委六届八次主委会议在会省委机关会议室召开。会议研究了关于成立“山西民进艺术团”和“山西民进经济界会员联谊会”事项，对这两个组织的《章程》(草案)、机构、人员和准备工作进行了研究。会议还研究了机关人事事宜。

10月20日，山西民进艺术团成立大会在太原召开，来自全省民进的50余名文艺界会员代表出席了会议。全国人大常委、民进中央副主席朱永新，社会服务部副部长刘志奇应邀出席大会。中共山西省委统战部常务副部长王大高，省各民主党派、省文化厅、省歌舞剧院、省京剧院、省晋剧院、省曲艺团、太原市歌舞剧院、西山煤电文工团等领导到会祝贺。全国人大常委、民进中央副主席朱永新在会上作了重要讲话。

10月21日，山西民进经济界会员联谊会成立大会在太原召开，来自全省民进的46位经济界会员代表出席了会议。全国人大常委、民进中央副主席朱永新，社会服务部副部长刘志奇应邀出席大会。中共山西省委统战部副部长郭海刚，省各民主党派及工商联的领导到会祝贺。全国人大常委、民进中央副主席朱永新在会上作了重要讲话。

10月26日，山西欧美同学会·山西留学人员联谊会成立大会暨第一届理事会第一次会议在太原召开。省政协副主席、会省委主委、山医大二院副院长、山西欧美同学会·山西留学人员联谊会筹委会主任卫小春出席会议并代表筹委会作了筹备工作报告。大会选举卫小春同志担任山西欧美同学会·山西留学人员联谊会第一届理事会会长。

11月1日，会省委在民主党派大楼九层会议厅举办学习中共十七届三中全会精神报告会，特别邀请临汾市政协副主席、民进临汾市委主委方熔作辅导报告。

11月3日至6日，由会省委副主委张建豪带队，组织会员专家学者赴江苏、浙江两省就“建立失地农民社会保障制度立法建议”进行调研。

11月22日，民进山西省六届四次常委会议在忻州召开。会议学习了中共第十七届三中全会精神和贯彻科学发展观；传达了民进中央十二届三次、四次中常会精神；市级组织汇报了今年以来的工作，重点就开展“凝聚力工程”活动、针对政治交接学习教育活动第三阶段查找问题和不足，第四阶段改进和提高情况向常委会作了汇报。会议转发了《民进中央关于在全会深入学习贯彻科学发展观的通知》和《民进中央关于在全会深入学习贯彻科学发展观的方案》。

12 月 12 日，山西民进经济界会员联谊会在太原以“应对挑战、共谋发展”为主题举行商务沙龙。会省委主委卫小春，副主委兼秘书长高新文，联谊会会长徐文龙和来自省城的部分理事参加了活动。特邀嘉宾、中国银监会山西监管局股份制银行检查处处长、中国银监会经济咨询专家王志刚就“美国次贷危机及影响”作了专题讲座。

12 月 13 日，山西民进艺术团在会省委机关会议室召开第一次工作会议。会省委主委卫小春，副主委陈维毅，副主委兼秘书长高新文，艺术团团长朱丽和省城 20 余名团员参加会议。会议就艺术团近期和今后的一些工作设想进行了交流和研究。

【思想建设】2008 年，民进山西省委按照民进中央和省委统战部的工作部署及《民进山西省委开展政治交接学习教育活动的实施方案》确定的目标，精心组织安排，开展了内容丰富、形式多样、富有成效的学习教育活动，民进山西省委将自身建设、参政议政、社会服务等各项工作与政治交接学习教育活动紧密结合起来，突出坚持走中国特色社会主义政治发展道路这一主题。民进山西省委与省委统战部、兄弟党派省委共同举办了六期政治交接学习教育活动系列讲座，其中两期分别由民进中央副主席王佐书和民进山西省委原主委张正明做专题辅导报告。2008 年 6 月，在“全国各民主党派政治交接学习教育活动交流会”和“民进中国特色社会主义主题教育活动经验交流会”上，民进山西省委介绍了我省开展主题教育活动的情况和经验。民进山西省委结合纪念中共发布“五一口号”60 周年、改革开放 30 周年活动和省委统战部开展的“凝聚力工程”活动，进一步丰富政治交接学习教育和中国特色社会主义主题教育活动的内涵。开展了纪念“五一口号”征文活动，收到征文 50 多篇。在全会开展“改革开放 30 年与山西民进”征文活动，收到征文 60 多篇。配合省政协开展了“改革开放 30 年亲历记”征文活动，有七位会员文章被选入征文选集。在 2009 年 2 月中共山西省委统战部隆重举行“凝聚力工程”总结表彰大会上，全省十个市级民进组织和 16 位先进个人受到了表彰。民进山西省委还通过山西民进网站、《工作简报》、《会刊》等途径做好宣传、引导工作。山西民进网站配合不同时期开展的主题教育学习活动和国家重大活动，开办了各种专题专栏，如“政治交接学习教育活动专栏”、“山西民进与灾区人民心连心专栏”、“奥运专栏”。

【组织建设】2008 年，民进山西省委以政治交接为主线，积极巩固“政治交接学习教育活动”的成果，不断开拓组织建设工作新局面。民进山西省委对加强领导班子建设作了专门部署，要求各级领导班子以政治交接学习教育活动为主线，以制度建设和作风建设为重点，扎实推进工作的开展。民进山西省委有计划地安排各级领导班子成员和骨干会员参加各类培训学习。全省各级领导班子成员分别参加了中央统战部组织的新任省级组织副主委、新任中央委员培训班，参加了中央社会主义学院、省委统战部组织的民主党派优秀青年干部培训班，任职培训班。各市委会主要领导也都参加了当地统战部组织的培训。通过培训，各级领导成员和骨干会员开展会务工作的能力和水平得到普遍提高。截止 2008 年底，全省会员中担任全国人大代表 1 人，担任全国政协委员 1 人；担任省人大代表 11 人（其中省人大常委 1 人），担任省政协委员 25 人（其中省政协常委 5 人）；市、县级人大代表 55 人（其中市县人大常委 8 人），市、县级政协委员 381 人（其中市县政协常委 72 人）。任政府及司法部门实职的副市长 3 人，副县区局处长 6 人，另有 60 余人受聘担任各级政府和有关部门的特约行风监督员、督导员、审计员等职务。2008 年 9 月，成立了省直属中北大学支部。截止 2008 年底，我省共有 11 个市级组织，5 个县级组织，154 个基层组织，全省共有会员 3693 名。

【参政议政】2008 年 4 月，民进山西省委召开了全省参政议政工作会议，出台了《民进山西省委关于加强参政议政能力建设的意见》、《民进山西省委参政议政工作条例》，对参政议政工作先进集体和个人进行了表彰，推动了全省参政议政工作的开展。民进山西省委在精心选题基础上，开展了形式多样的调查研究。由民进山西省委领导带队，组织民进界别的省人大代表、省政协委员和民进会员专家，于2008年5月和6月，分别赴运城市、朔州市就进一步做大做强关公文化和失地农民社会保障情况进行调研。形成关公文化系列提案4件，其中“建议将关帝庙纳入到晋商文化旅游线路中”的提案被《山西商报》登载。在民进中央面向全会的中央参政议政课题立项中，根据“公开、公平、择优的原则”，民进山西省委提交的《关于失地农民社会保障立法建议》课题入选，课题入选后，我省通过认真深入开展多次调研，完成了《关于制定“失地农民社会保险条例”的立法建议》的调研报告，被民进中央列为全国十大重点课题，并作为全国“两会”团体提案。在政协山西省十届一次会议上，民进山西省委提交党派提案22件，大会发言一篇。《山西民进信息》向民进中央、省政协和有关方面报送300多期。中央领导批示1件；全国政协采用4件；民进中央采用29件；省政协《社情民意》采用14件。被省政协评为“2008年度政协信息工作二等奖”。

【社会服务】2008年年初，我国南方大部分地区遭遇了罕见的低温、雨雪冰冻灾害，五月，四川汶川又遭受了特大地震灾害。民进山西省委积极组织广大会员以捐款捐物、义卖、创作等不同方式帮助灾区人民，累计捐款捐物170多万元。在“为了灾区的孩子们”的活动中，我省会员捐献会员特殊会费近32万元，捐义卖书画作品30幅。山西民进网站专门制作了专题栏目，及时对会员表现出的与灾区人民同呼吸、共患难的先进事迹予以报道和宣传。2008年10月，民进山西省委成立了山西民进艺术团和山西民进经济界会员联谊会。全国人大常委、民进中央副主席朱永新出席了这两个成立大会并分别作了重要讲话。民进山西省委农林工作委员会长期开展科技扶贫工作和农业技术培训工作，去年分别在安徽马鞍山、河北深州、内蒙古河套、河南三门峡、山西文水、临汾吉县、太原柴村等地培训农民5000人次以上；在晋祠和天龙山继续开展古树、名树保护工作，并于2008年4月至5月对太原地区的古树现状进行调研，向有关方面提出了加强古树保护的建议；同时积极开展新农药示范和推广工作，在临汾地区推广使用新农药收到良好效果。民进山西省委还组织了民进山西省委林业支部专家赴阳泉进行林业咨询服务工作；继续配合和支持了民进阳泉市委开展的“以农村中小学为基地，大力加强农村文化建设”的试点工作；多次组织会内教育专家和优秀教师开展送教下乡培训服务活动等。

民进内蒙古区委会2008年工作概述

一、参政议政工作注重调研、力出精品

（一）规模大、有深度的课题调研

1.“中国西部农村义务教育教师培训能力建设项目”

“中国西部农村义务教育教师培训能力建设”项目在民进中央领导下，历时三年，已进入试点和结题阶段。

2007年9月—2008年7月，根据民进中央有关试点工作要求精神，我们选择两个旗县的四所学校，进行“教师培训模式”试点工作。2008年7月4日—8日，民进中央项目组组长、民进中央参政议政部副部长闻连利在内蒙古包头市九原区和通辽市奈曼旗考察了“中国西部农村义务教育教师培训能力建设”项目试点工作进展情况。闻部长一行深入到乡镇、苏木，认真考察了项目旗县试点工作情况，听取了项目旗县教育局、进修校和项目校的工作汇报，检查了项目进度执行情况，观摩了教师培训课程，调阅了项目试点工作相关档案资料，对项目试点工作的继续推进和总结推广提出了重要意见和建议。闻部长指出，通过考察真切地感受到西部地区教师培训能力建设工作的希望，项目县对教师培训模式进行了很成功的实践，探索出了一种全新的由教师进修校牵头，项目校与先进校结对子，互相促进、共同进步的新型教师培训模式，这种模式是符合本地区实际情况，切实可行、成效显著的。

2. 民进内蒙古区委重点调研课题

2008年区委结合民进中央、自治区党委、政府工作重点和自身的特点、优势确定了两项重点调研课题——“我区中等职业教育发展研究”和“我区农村牧区义务教育师资队伍建设的调研”。郑福田主委、邢洁晨副主委在通辽市、呼伦贝尔市、包头市和赤峰市就这两个课题进行了专题调研，调研取得了圆满成功，区委正在对调研成果进行转化，准备作为集体提案提交2008年度自治区政协全会。

3. 其他课题

7月，民进内蒙古区委根据民进中央有关通知要求，向区委常委紧急下发通知，征求对国家经济工作的意见和建议，同时召集有关会员召开座谈会，就我国经济工作相关问题进行研讨，形成书面建议后报民进中央有关部门，受到了民进中央的书面表彰。

8月，区委根据民进中央通知要求，就发展现代农业等农村改革与发展中的重大问题向各级组织和会员征求意见和建议，汇总整理后向民进中央报送。

11月，区委按照民进中央的要求，就医药卫生体制改革和教育改革和发展的有关问题，分别向会内外有关领导、专家征求意见和建议，并召开座谈会，形成意见和建议上报民进中央。

（二）提案、信息工作扎实推进

2008年在政协十届一次会议上，区委提交集体提案20份，是区委历年来最多的一次，区委政协委员提交个人提案19份。作题为《民进内蒙古区委关于我区农村牧区教师队伍建设的几点建议》的大会发言。区委集体提案《关于实行城市大公交的建议》被定为主席督办提案，并受到自治区新闻媒体的关注和报道。《关于加强畜牧业养殖疾病防控体系建设，确保奶业兴区战略顺利实施的提案》被评为优秀提案。2008年初自治区政协九届二十次常委会上，区委集体提案《关于保护非物质文化遗产问题的几点建议的提案》被评为优秀提案奖。

在呼和浩特市政协十一届一次会议上，呼市市委会有2份市委会集体提案和1份个人提案获市政协优秀提案。《关于呼市中小学生课业负担过重》的调研报告，得到市委副书记杨飞云的批示。《关于加强首府社区文化建设的建议》的调研报告得到包钢副市长的批示。包头市委会建立和完善了参政议政委员会，为每位政协委员建立了“参政议政管理档案”，组织课题调研小组开展调研活动，召开会议专门研讨一些重要的集体提案。2008年赤峰市“两会”收到集体提案24件，民进15件，连续几年在党派中数量名列前茅，质量也属上乘，赤峰市委会提交的《关于规范教师继续教育行为，取消教师继续教育收费的建议》的提案被赤峰市政协专报全国政协信息局。乌海市委会在全市“两会”期间，所交提案是各党派中数量最多的，得到市政协提案委领导的肯定。

2008年，区委向民进中央参政议政部报送信息12份，向自治区政协办公厅报送信息26份，向自治区党委统战部报送信息25份。《关于全区农村牧区教师队伍建设的调研与建议》被政协《社情民意专报》第二十六期采用，向自治区党委、政府有关领导报送。

（三）加强参政议政队伍建设，组建专委会

换届以来，区委高度重视参政议政机构、机制建设，2008年4月18日民进内蒙古自治区五届二次常委会审议通过《民进内蒙古自治区第五届委员会设置专门委员会的决定》，设置了六个专门委员会同时选任了专门委员会主任、副主任和委员，并出台了《民进内蒙古区委专门委员会通则（草案）》，通过加强规章制度和专委会领导班子建设，全力推行课题、提案、信息征集制，项目调研课题制和优秀课题、提案、信息表彰制，进一步推进了参政议政工作的开展。

鉴于以上成绩，2008年区委被民进中央评为省级组织参政议政工作先进单位，受到民进中央表彰。

二、思想宣传工作内容丰富、形式多样

（一）卓有成效的政治交接学习教育活动

民进内蒙古区委非常重视开展政治交接学习教育活动，专门召开主委会议，对政治交接学习教育活动进行了全面动员、部署。及时制定了民进内蒙古区委开展学习教育活动的总体方案并下发到全区各级组织，成立了以郑福田主委为组长的学习教育活动领导小组和学习教育活动办公室，现将2008

年中国特色主题教育活动开展情况简介如下。

1. 充分利用传达贯彻全国“两会”精神开展中国特色主题教育活动。

2. 举办大型专题报告会。2008 年 4 月 18 日，民进内蒙古区委、内蒙古社会主义学院联合举办中国共产党领导的多党合作和政治协商制度与和谐社会专题报告会。全国人大常委、民进中央副主席王佐书做报告，自治区政协副主席、民进内蒙古区委主委郑福田出席了报告会，内蒙古党委统战部副部长、内蒙古社会主义学院党组书记侯世忠主持报告会。

3. 召开大型会议推进中国特色主题教育活动。2008 年 4 月 19 日民进内蒙古区委召开五届二次全委会。会议就就前一段开展中国特色主题教育活动情况做了总结，组织学习了中央统战部和民进中央关于中国特色主题教育活动的有关文件和指示精神，表彰了各市委会、区直总支、支部等基层组织在开展中国特色主题教育活动中涌现出的先进集体和先进个人，有力地推进了中国特色主题教育活动的开展。

4. 通过理论学习加强中国特色主题教育活动。民进内蒙古区委组织会员系统学习了相关书籍论述等，使广大会员丰富了理论知识，提高了认识。

5. 利用大型纪念活动深化中国特色主题教育活动。民进内蒙古区委利用开展纪念“五一口号”发布 60 周年，纪念改革开放 30 周年，迎接奥运会等系列活动，召开纪念会、座谈会、征集论文，把开展中国特色主题教育活动贯穿其中，深化了中国特色主题教育活动。

6. 通过下基层调研细化中国特色主题教育活动。2008 年 4 月，内蒙古政协副主席、民进内蒙古区委主委郑福田到乌海、包头调研，参加基层组织会议，组织座谈会、谈心会、主题笔会等多种形式灵活多样地开展中国特色主题教育活动。

7. 通过到外地学习考察搞活中国特色主题教育活动。为借鉴先进地区的成功经验，推进全会学习教育活动切实有效地开展，2008 年 5 月，民进内蒙古区委机关一行赴广西学习考察，有力地推动了中国特色社会主义主题教育活动的深入开展。

8. 把抗震救灾与正在开展的主题教育活动紧密结合起来。

5 月 12 日，汶川发生特大地震，民进内蒙古区委立即召开第八次主委会议，传达中央和自治区抗震救灾精神，部署抗震救灾工作。我区各级组织和广大会员坚决拥护和认真执行中共中央、民进中央、自治区党委政府关于抗震救灾工作的各项政策，以各种形式支援灾区。据不完全统计，截止 6 月 25 日，民进内蒙古区委筹集到赈灾善款合计 219250 元，其中民进内蒙古区委机关和区直总支、支部通过各种渠道，共为地震灾区捐款 54900 元，民进呼和浩特市委会捐款 25700 元，民进包头市委会捐款 68400 元，民进乌海市委会捐款 22250 元，民进赤峰市委会捐款 23450 元，民进通辽总支捐款 12500 元，民进海拉尔支部捐款 12050 元，还有不少会员为地震灾区伤员献血，内蒙古民进的书画家们也积极参与到抗震救灾书画义卖中来，为灾区人民献上自己的爱心。

通过以上活动，广大会员加深了对中国共产党的先进性的认识，对中华民族伟大凝聚力和社会主义核心价值观的认识，更加坚定自觉地接受中国共产党的领导，走中国特色社会主义道路的信念。

（二）宣传报道数量多效果好

2008 年，据不完全统计，民进内蒙古区委在电台、电视台、报纸和期刊等传统媒体上发表 80 件时效快、内容新、信息量大的新闻稿件，其中中央媒体报道 11 件，地方媒体报道 67 件，发表理论文章 2 篇，中央媒体深入报道 1 件，省级媒体深入报道 5 件。在会中央网站民进内蒙古区委网页年发稿 577 篇，多篇稿件被会中央网站首页转载。在“内蒙古统战网”发布消息较去年有所增加。

（三）组织多项富有影响的大型活动

12 月 28 日，区委召开纪念改革开放 30 周年座谈会。自治区政协副主席、民进内蒙古区委主委郑福田出席座谈会并讲话。为纪念改革开放 30 周年，区委组织了书画艺术展和书画笔会，民进呼市委员会召开了座谈会，民进包头委员会举办了书画展、书画笔会和纪念大会，将相关征文汇编成《纪念五一口号发表 60 周年文集》和《纪念改革开放三十周年文章汇编》。区委还组织民进书画家 20 多幅作品参加了统一战线纪念改革开放 30 周年书画展、内蒙古政协纪念改革开放 30 周年书画展、呼市书画院纪念改革开放 30 周年书画展。

为纪念“五一口号”发布60周年，区委组织了“五一口号”发布60周年书法笔会，民进呼市委员会、包头市委员会、乌海市委员会、赤峰市委员会分别组织了座谈会。乌海市委会还举办了书法笔会。

为抗震救灾捐献组织书法作品2幅，价值2万元。为奥运会捐献书法作品2幅，作品一幅陈列在水立方，一幅赠送国际奥委会官员，并编入《中国千名书法家精品走进奥运场馆志愿活动作品集》，中央电视台书画频道做了专题报道。并与内蒙古书协共同组织了送春联下乡活动。

在呼市市委会组织下，由全国政协提案委员会副主任，自治区政协原主席王占亲笔题匾的“创新书画社”，在呼和浩特市大学东路办事处林科院社区揭牌，开创了“文化社区建设”民主党派与社区共建先河。

（四）完成了《民进内蒙古会志》修订工作。编印了2008年4期《民进内蒙古区委工作简报》

鉴于以上成绩，荣获2008年民进中央“新闻宣传工作先进单位”荣誉称号，其中宣传部刘朝侠被评为“民进全国第三届（2007—2008年）新闻宣传优秀通讯员”。

三、社会服务突出特色、量力而行

（一）深入开展本溪市东明小学和通辽科尔沁区大林镇中心小学的“手拉手”活动。

2008年10月7日，受民进辽宁省委的邀请，民进通辽总支、科尔沁教育局、大林镇中心小学师生共20人，在科尔沁区政协副主席、统战部长曹坤杰的带领下，赴沈阳和本溪参加联谊活动。这项活动开展三年来，东明小学师生向林镇中心小学捐助价值3万多元的教学设备，款项2万余元，物品折合人民币4万多元，为促进西部地区教育的发展做出了贡献。

（二）组织教师参加民进西部农村教师（山东站）第二期培训班。

通过区委牵线搭桥，在民进山东省委、济南市历城区教育局和教研室的精心组织和周密安排下，来自内蒙古赤峰市敖汉旗的十名小学教师在中国教育学会试验基地——济南市历城区洪家楼小学进行了为期十天的培训学习。学员们在100多位历城区中小学校长的陪同下，听取了名家学者精彩的讲座。随后进行了为期一周的观摩学习，并参观考察了历城区四所山区中小学。济南市历城区洪家楼小学还和敖汉旗新惠镇第四小学、敖汉旗高家窝铺中心小学建立了“手拉手”伙伴学校关系。学习期间，学员们还受到了民进山东省委领导和济南市历城区教育局有关领导的亲切接见和盛情款待。

（三）帮助地方招商引资。会员秦继清协助呼和浩特托克托县对外经济协作办引进资金1.28亿元，促进了托克托县经济的发展，该同志受到了呼和浩特市领导的接见。

（四）联系会员捐资助学。民进北京市委吴文彦副主委今年第三次为内蒙古师范大学贫困学生包塞音娜资助学习费用4000元，以帮助她顺利完成学业，数额累计达10000元。

（五）基层组织部分社会服务活动。

呼和浩特市委会组织市里五名优秀教师，深入到武川县西乌兰不浪镇开展送教下乡活动。积极参与帮助农村学校建小图书室的捐书活动，会员们共捐图书180册。在会员中开展每年捐献用于“救助重病会员”10元钱和“为和谐首府做贡献”10元钱的活动。

乌海市委会进一步完善服务工作，举办中、高考讲座，捐助贫困学生，开展向残疾人捐赠图书活动。

赤峰市委会班子成员多次到民进中央、民进北京市委、天津市委和辽宁省委拜访联系，争取他们为赤峰经济建设和社会发展献智出力。促成了民进天津市委和天津市劳动局的领导共同到赤峰有关部门就劳务输出、职业技术培训等问题进行了洽谈，达成了广泛共识，一些项目已在实施中。

通辽总支成立了助残助学领导小组，广大会员积极响应捐款，用这笔钱分别慰问贫困户、特困生，并从经费中拿出一部分，向“手拉手”的联谊学校捐款捐物。

四、组织建设目的明确、效果突出

（一）组织发展积极主动、注重质量。

2008年区委把组织发展摆在重要位置，发动各级组织和广大会员，举全会之力，努力改善会员结构和质量，以适应新形势新任务对参政党加强自身建设和履行职能的要求。区委班子高度重视组织发展，到相关单位走访，主动争取单位党组织、统战部门的协助和支持，亲自物色、推荐合适人选，对申请入会人员亲自把关，把政治业务素质高、代表性强、热爱民进组织的优秀人才，吸收到各级组织中来，提高了会员的整体水平。

组织发展过程中，严格发展程序，落实《民进内蒙古区委关于进一步规范会员入会手续及审批办法的意见（试行）》；严格发展标准，发展高素质、高学历、高职称“三高”人才入会；坚持“巩固老阵地、拓展新领域”，在经济、科技、医卫、法律、政府机关、中介等界别发展了一批素质高、代表性强的会员；坚持数量和质量相结合的工作方法，既保证了会员队伍的不断壮大，打下良好的群众基础，又保证了代表性、旗帜性人物的吸收和培养。2008 年全年共发展会员 100 人，平均年龄 38 岁，其中，有大专以上学历的 97 人，有中高级职称的 73 人，重点分工范围所占比例 54%。截止 2008 年底，全区共有会员 1138 人。

（二）高度重视人才与后备干部队伍建设。

区委换届前，根据《民进内蒙古区委关于进一步加强人才与后备干部队伍的意见（试行）》，建立了 100 多人的后备干部队伍，保证了换届的顺利完成。目前，他们中的许多人已进入各级新的领导班子中。2008 年，区委着眼于会内现有人才，积极物色优秀人才及时充实到后备干部队伍中。年中，民进中央下发了《关于加强省级组织领导班子后备干部队伍建设的意见》，区委按照会中央《意见》精神，在原有后备干部名单的基础上，整合会内现有人才，初步确定了 50 多人的民进内蒙古区委领导班子后备干部被推荐人选名单。

同时，区委在现有人才的基础上，注重引进人才，把后备干部队伍建设和组织发展紧密结合起来，注意吸收政治素质好、层次高、代表性强、有发展潜力的无党派知识分子，条件成熟的就吸收到各级班子中，支持他们大胆工作。通过引进人才，区委顺利完成了呼伦贝尔支部升格、集宁总支部成立的工作。

区委注重对后备干部的培养，推选他们参加各种学习班、培训班，推荐他们担任各类社会职务，参加各种社会活动，为后备干部的成长搭建平台，创造条件。在各级组织换届、调整之际，一批后备干部被推选到各级班子中，如呼伦贝尔总支、集宁总支、区直农业大学支部、出版文艺支部、经济二支部、普通教育支部，努力为他们施展才能搭建平台。在各级人大、政协换届之际，区委各级组织积极推荐后备干部担任各级人大代表、政协委员、特邀人员。截止 2008 年 12 月底，会员中有各级人大代表 21 人（其中，全国人大代表 1 人，自治区人大常委 1 人、代表 1 人），各级政协委员 118 人（其中全国政协委员 1 人，自治区政协副主席 1 人、常委 3 人、委员 7 人），有 2 位会员被自治区政府聘为政府参事，1 位会员被自治区审计厅聘为特约审计员。

（三）切实加强基层组织建设。

2008 年，区委重点加强了对基层组织工作的领导和指导，帮助部分组织选拔政治素质好、业务能力高、代表性强、热爱民进的同志担任基层组织负责人，顺利成立了呼伦贝尔、乌兰察布两个盟市级总支部委员会，新建立了经济二支部、普通教育支部两个区委直属支部，区委直属农业大学支部、出版文艺支部增补了支部副主任、委员，建立健全了组织，激发了组织活力，为下一步做好工作打下了坚实的基础。

在五届二次全委会上，表彰奖励了在参政议政、新闻宣传和社会服务等专项工作中表现突出、成绩显著的 11 个单位和 24 名个人，激发了各级组织和广大会员不断加强自身建设和履行参政党职能的热情。

（四）“5·12”地震发生后，全区会员积极捐款捐物，涌现出许多感人事迹，我区 1 个单位和 3 名会员被会中央评为民进全国抗震救灾先进集体和优秀会员。

五、机关建设常抓不懈

（一）加强机关队伍建设

1. 加强政治思想建设，通过集中学习、传阅文件、自学、参加统战部等有关部门举办的报告会等多种方式，不断提高机关工作人员的政治思想素质。

2. 加强业务能力建设。在加强理论知识学习的基础上，通过多种途径，不断提高机关干部的业务水平及沟通、组织、协调能力。积极参加民进中央及自治区党委、政协等有关部门组织的各种活动。努力创造条件，组织机关干部赴民进广西区委会及桂林、北海、防城港等市委会和基层组织进行考察，就开展政治交接学教活动、基层组织建设、机关建设等内容进行学习交流，开阔了机关干部的思路，促进了工作。

2008 年选派一名机关干部到凉城县挂职，在实践中锻炼自己，增长才干。

3. 加强机关作风建设。使全体干部树立“为同级委员会服务、为上级领导服务、为基层组织服务、为全体成员服务”的观念。同时，大力提倡爱岗敬业、无私奉献、开拓创新、团结合作的精神，使机关具有良好的工作环境、和谐的氛围。

（二）加强制度建设

在继续健全、完善各项规章制度的基础上，强化工作程序，使机关工作良性推进、高效运行。强调用制度管理人，用制度激励人，用制度塑造人，使机关工作进一步规范化、制度化、程序化。

（三）加强硬件建设

区委购置了大量的理论书籍、业务书籍，更新了电脑等设备，进一步改善了机关的办公条件，为提高机关办公效率提供了物质基础。

六、重要会议活动

（一）常委会、全委会

2008 年 4 月 18 日召开民进内蒙古区委五届二次常委会议，会议通过了民进内蒙古区委五届二次全委会议程、民进内蒙古区委五届二次常委会工作报告、民进内蒙古区委五届二次全委会议政治决议，通过了组建专门委员会的事宜，通报了开展主题教育活动的相关情况。

2008 年 4 月 19 日民进内蒙古区委召开五届二次全委会。会议学习贯彻了中共十七大和全国两会精神，审议通过了民进内蒙古区委常委会工作报告和民进内蒙古区委五届二次全委会政治决议，表彰奖励了民进内蒙古区委专项工作先进单位和先进个人。

（二）领导其他重要活动

2008 年 1 月 7 日—8 日，郑福田主委参加内蒙古自治区政协九届二十次常委会。

2008 年 1 月 9 日，郑福田主委参加自治区党委、政府召开的《政府工作报告》征求意见座谈会并发言。

2008 年 1 月 12 日，中国民主促进会内蒙古自治区委员会举行新年联谊会。郑福田主委出席并讲话。

2008 年 1 月 18 日，郑福田主委参加政协内蒙古自治区第十届委员会第一次会议预备会议和政协内蒙古自治区第十届委员会第一次会议主席团第一次会议。并当选为主席团常务主席。

2008 年 1 月 19 日—26 日，郑福田主委参加政协内蒙古自治区第十届委员会第一次会议第一次全体会议，并当选为自治区政协副主席。

2008 年 1 月 28 日，郑福田主委出席全区中级法院院长会议。

2008 年 1 月 31 日，自治区党委书记储波，自治区党委副书记、自治区主席杨晶看望自治区各民主党派和工商联人士，郑福田主委出席并发言。

2008 年 1 月 31 日，自治区举行各族各界迎新茶话会，郑福田主委出席并代表自治区各民主党派、工商联、无党派人士发言。

2008 年 2 月 26 日—27 日，郑福田主委出席自治区统战理论培训班，并做《深入学习贯彻十七大精神，努力加强参政党建设》的发言。

2008 年 3 月 3 日—14 日，郑福田主委出席全国政协十一届一次会议。

2008 年 4 月 25 日—27 日，内蒙古政协副主席、民进内蒙古区委主委郑福田到乌海、包头调研，出席了“民进乌海市委会二届二次全体会员大会”，由乌海市党委统战部、乌海市政府、民进乌海市委会联合举办的纪念“五一口号”发布 60 周年书法笔会。在包头市调研期间，和包头市党委组织部、统战部、民进包头市委会领导和部分民进会员进行座谈，并对民进包头市委会今后的工作提出了希望和要求。

2008 年 4 月 30 日，郑福田主委出席自治区纪念中共中央五一口号发布六十周年座谈会并做题为《历史的选择　成功的实践》的发言。

2008 年 6 月 10 日—22 日，以内蒙古自治区政协副主席、民进内蒙古区委主委郑福田为组长的内蒙古政协科教文卫调研组一行，深入自治区东部通辽市、兴安盟、呼伦贝尔市、赤峰市等四个盟市，就职业教育、农村牧区文化建设、文物保护工作进行调研，调研期间郑福田主委还了解了民进基层组织建设及民进基层组织开展中国特色社会主义主题教育活动的情况。

2008 年 7 月 6 日—11 日，郑福田主委陪同全国政协大小兴安岭生态保护与建设调研组赴大兴安岭森工集团调研。

2008 年 7 月 21 日—28 日，全国人大常委会副委员长、民进中央主席严隽琪在内蒙古视察职业教育和基层教师队伍建设情况。郑福田主委陪同。

2008 年 7 月 29 日—30 日，内蒙古政协委员培训班在包头举办，郑福田主委出席。

2008 年 8 月 8 日，郑福田主委参加奥运会开幕式。

2008 年 8 月 22 日—29 日，郑福田主委陪同在甘全国政协委员考察团到我区东部进行考察。

2008 年 8 月 30 日，郑福田主委在赤峰出席中国・内蒙古第五届国际草原文化节暨第三届红山文化节。亲切接见了民进赤峰市委和各支部主要负责人。

2008 年 9 月 2 日—5 日，郑福田主委陪同湖北省民主党派考察团在我区中西部进行考察。

2008 年 9 月 6 日，郑福田主委出席第二届中国民族商品交易会开展仪式。

2008 年 9 月 6 日，郑福田主委出席中国呼和浩特“蒙牛情”第六届国际民间艺术节开幕式。

2008 年 9 月 6 日，郑福田主委出席内蒙古诗词学会诗词研讨会。

2008 年 9 月 8 日，郑福田主委在通辽市出席内蒙古民族大学建校 50 周年庆典。

2008 年 9 月 10 日，郑福田主委出席乌海文化节暨万人书太阳神活动。会见了乌海市委统战部领导、民进乌海市委领导和部分乌海市民进会员。

2008 年 9 月 11 日，郑福田主委在乌海出席自治区政协提案工作会议并讲话。

2008 年 9 月 24 日，郑福田主委出席自治区政协常委会并做《内蒙古自治区天保工程实施情况调研》的发言。

2008 年 10 月 9 日—10 日，郑福田主委陪同国家工业和信息化部副部长杨学山一行深入包头市、鄂尔多斯市等地进行信息化和工业化试验区建设调研。

2008 年 10 月 17 日，郑福田主委出席巴彦淖尔市政协工作经验交流会并讲话。

2008 年 10 月 21 日—27 日，郑福田主委陪同全国政协滕文生同志率领的调研组到阿拉善盟进行调研。

2008 年 10 月 31 日，郑福田主委出席统战系统纪念改革开放三十周年会议。

2008 年 11 月 1 日，郑福田主委在包头出席民进包头市委会举办的《丹青翰墨颂和谐》——纪念改革开放 30 周年书画艺术展和书画笔会。

2008 年 11 月 4 日，郑福田主委在乌海市应邀出席国道 110 海勃湾至麻黄沟段一级公路改建工程和乌海市新地至西来峰运煤通道二级公路新建工程开工仪式。

2008 年 11 月 4 日，郑福田主委应邀出席乌海市采煤沉陷区搬迁居民入住仪式，首批海勃湾区 253 户采煤沉陷区搬迁居民搬入新居。

2008 年 11 月 7 日，郑福田主委出席自治区政协举办的盟市政协主席经验交流会。

2008 年 11 月 14 日，郑福田主委应邀在赤峰市出席内蒙古鹿业技术创新战略联盟成立大会暨鹿产业高峰论坛。

2008 年 11 月 19 日，郑福田主委应邀出席内蒙古自治区民办教育协会年会并讲话。

2008 年 11 月 19 日，郑福田主委出席政协中心组学习会，并做题为《学习实践科学发展观，推动人民政协事业全面发展》发言。

2008 年 11 月 28 日，郑福田主委赴呼伦贝尔市出席中国民主促进会呼伦贝尔市总支委员会成立大会并讲话。

2008 年 12 月 1 日—3 日，郑福田主委出席民进中央全会。

2008 年 12 月 5 日，郑福田主委率政协提案委员会视察组到内蒙古自治区经委、安全生产监督局视察提案办理情况。

2008 年 12 月 5 日，郑福田主委率政协提案委员会视察组到内蒙古自治区教育厅视察提案办理情况。

2008 年 12 月 8 日，郑福田主委率政协提案委员会视察组到内蒙古自治区农业厅视察提案办理情况。

2008 年 12 月 12 日，郑福田主委出席自治区改革开放 30 年理论研讨会。

2008年12月16日，郑福田主委出席自治区庆祝改革开放三十年大会。会后参观内蒙古三十年成就展览。

2008年12月18日，郑福田主委在乌海市出席市政协举办的纪念改革开放30周年“全国书法名家作品邀请展暨乌海·庆阳书法联展”，为市政协百米长卷开笔，并讲话。

2008年12月23日，郑福田主委出席自治区经济工作会议。

2008年12月25日，郑福田主委出席自治区各民主党派迎春联谊会，并代表各民主党派和工商联讲话。

2008年12月26日，郑福田主委应邀出席呼和浩特市政协理论研究会成立大会。

2008年12月26日，内蒙古自治区代主席巴特尔主持召开座谈会，就即将提请自治区十一届人大二次会议审议的《政府工作报告》（草案），听取自治区各民主党派、工商联负责人、无党派人士及部分政府参事、文史馆馆员的意见和建议。郑福田主委出席会议并发言

2008年12月27日，郑福田主委出席中国民主促进会呼和浩特市委员会举办的书画展并讲话。

2008年12月28日，郑福田主委出席中国民主促进会呼和浩特市委员会成立二十年庆典并讲话。

2008年12月28日，中国民主促进会内蒙古自治区委员会召开纪念改革开放三十周年大会，郑福田主委出席并做题为《回顾与总结》的主题讲话。

民进辽宁省委会2008年工作概述

2008年，在民进中央和中共辽宁省委的领导下，辽宁民进各级组织以中共十七大和十七届三中全会精神为指导，深入学习贯彻科学发展观，以政治交接为主线，全面履行参政党职能，取得显著成效。

一、重要会议和活动

1. 全委会。1月18日，民进辽宁省委召开十届二次全会。

2. 常委会。1月18日，民进辽宁省委召开十届二次常委会。9月19日，民进辽宁省委召开十届三次常委会。

3. 主委会。9月3日，民进辽宁省委召开十届四次主委会。

4. 其他会议

9月11日至12日，民进辽宁省委召开统战理论研讨会。民进中央副主席王佐书应邀作专题报告。

11月5日至6日，民进辽宁省委召开组织工作会议。

11月26日，民进辽宁省委召开纪念改革开放30周年大会。

12月9日，民进辽宁省委与民进铁岭市委召开会员谢严森创办“素斋”报刊资料室座谈会。

12月17日，民进辽宁省委召开《辽宁民进》通讯员工作会议。

5. 领导活动

1月19日至24日，民进中央副主席、民进辽宁省委主委贺旻出席政协辽宁省十届一次会议，并再次当选辽宁省政协副主席。

2月28日，民进中央副主席、民进辽宁省委主委贺旻出席中共省委省级领导干部会议。

3月5日至18日，民进中央副主席、民进辽宁省委主委贺旻出席十一届全国人大一次会议。

4月30日，民进辽宁省委副主委陆迎一、梅冬、姜军、王玲、王燕玲、胡玉出席辽宁省纪念中共中央发布“五一口号”60周年座谈会。陆迎一发言。

5月23日至25日，全国人大常委会副委员长、民进中央主席严隽琪赴辽宁省大连市调研。民进中央副主席、民进辽宁省委主委贺旻，民进辽宁省委副主委陆迎一、王燕玲、张传吉陪同调研。

6月15日至16日，民进辽宁省委专职副主委

陆迎一出席民进中国特色社会主义主题教育活动经验交流会。

6月29日至7月1日，民进辽宁省委专职副主委陆迎一列席民进十二届三次中常会。

7月4日至18日，全国政协原副主席、民进中央原第一副主席张怀西到辽宁视察。民进中央副主席、民进辽宁省委主委贺旻，民进辽宁省委专职副主委陆迎一陪同视察。

9月4日至5日，民进中央副主席、民进辽宁省委主委贺旻赴朝阳、葫芦岛调研。

10月18日，民进中央副主席、民进辽宁省委主委贺旻出席民进中央十二届四次主席会议。

10月19日，民进中央副主席、民进辽宁省委主委贺旻出席民进十二届四次中常会。

12月1至3日，辽宁民进中央委员贺旻、陆迎一、王玲、王燕玲、刘明国、胡玉、耿金波出席民进十二届二中全会，民进省委秘书长赵佼列席会议。

12月3日，民进辽宁省委专职副主委陆迎一出席民进省级组织负责人会议。

12月19日，民进中央副主席、民进辽宁省委主委贺旻，民进省委专职副主委陆迎一出席民进铁岭市委成立20周年庆祝大会。

12月22日至27日，全国人大常委、民进中央副主席、民进辽宁省委主委贺旻出席十一届全国人大常委会第六次会议。

二、参政议政工作

1. 政治协商。民进省、市委领导共出席中共党委、政府协商会、通报会58次，提建议300多条。其中会省委领导参加7次，提建议近30条。辽宁民进的全国人大代表贺旻、王桂荣和全国政协委员杨赤、秦百兰在全国“两会”上提出了建议。

2. 省政协提案和大会发言。2008年，会省委共征集省政协十届一次全会提案56份，大会发言4件、集体提案16件。《关于发展现代物流业，促进环渤海区域物流一体化的建议》为省政协重点提案，《关于进一步关注老年人心身健康的建议》大会发言，受到中共辽宁省委张文岳书记肯定。

3. 反映社情民意信息。会省委共编写《辽宁民进信息》177期，被全国政协、民进中央、省政协和中共省委统战部采用79篇。《积极促进中医药事业发展的建议》等10篇信息得到多位省领导批示。会省委反映社情民意信息工作获省政协先进集体一等奖、中共省委统战部二等奖，得到民进中央表扬，2名同志获省政协信息工作先进个人奖。

4. 专题调研。2008年，辽宁民进共完成调研报告443篇，转化为大会发言和提案408篇，会省委7份调研报告均转化成政协大会发言和提案。调研成果获市级表彰137项，省级表彰45项。

5. 专委会。会省委选聘20名参政议政特邀研究员。完善专委会网络交流平台。在十届二次常委会上表彰了全省参政议政、信息工作先进单位和个人。

三、社会服务成果

1. 抗震救灾。辽宁民进捐赠款、物折合人民币1234.6万元。省直会员、沈阳恒光集团董事长张永财捐款902万元，会员胡劲松、马晓英、刘明等赴灾区参加救治。共募集书画作品160余幅，3名会员受到民进中央表彰，2名会员受到中共省委统战部表彰。编发信息80多期，出版《啼血杜鹃别样红—5·12大地震百日祭》纪念文集。

2. 社会服务工作。2008年，开展活动718次，捐赠款、物折合人民币共计1327.2万元，引进资金2.2亿元。资助贫困生150名，捐赠药品折合人民币5万余元、小型医疗器械110余件、图书3万余册、电脑和教学器材等4300余台（件），建文化站3个，举办培训班33次。6名会员担任奥运火炬手，辽宁丹东会员程国顺当选“奥运圣火登珠峰护航手”。丹东民进会员郭凌云积极参与“‘第一时间’慈善光明行”大型活动，义务救治白内障患者，受到中央电视台关注。会省委与沈阳市委会举办第二期辽宁西部农村教师培训班，培训农村教师60余名。与本溪市委会举办本溪、内蒙古通辽两市“城乡少年手拉手”助学活动，组织民进辽宁省实验中学支部赴通辽地区讲学示范。社会服务工作受到民进中央表扬。

四、自身建设情况

1. 思想建设。开展政治交接主题教育活动情况。辽宁民进组织开展纪念中共中央发布“五一口号”60周年和改革开放30周年征文、图片展等活动200余次，举办学习中共十七大和十七届三中全会精神专题讲座40余次，参加会员占总数90%

以上。编辑出版了《薪火相传，共创未来——纪念中共中央发布“五一口号”60周年》文集、《大潮礼赞——改革开放三十年纪念文集》和《辽宁民进史》（1952—2002年）一书。会省委报送的《发扬优良传统　继续开拓前进》文章获民进全国纪念“五一口号”发布60周年征文优秀奖。开展统战理论研讨工作情况。全省共有30篇统战论文在省级以上刊物发表。会省委的4篇论文分获中共省委统战部二、三等奖。会省委获2008年辽宁省统战理论研究工作优秀组织奖。会内外宣传工作。2008年，在省以上会内外刊物发表文章26篇，3名会员作品分获辽宁省哲学社会科学奖二、三等奖。

2. 制度和作风建设。修改并下发了8项民进省委规章制度，各市委会也作相应完善。推荐民进省、市委领导班子成员和机关干部参加中央统战部、中共省委统战部的培训班、学习班。领导班子带头撰写文章、信息100余篇。会省委领导班子走访基层50余人（次）。

3. 组织建设。培训支部主任和新会员800余人（次）。建立新一届委员会后备干部资料库。2008年辽宁民进有基层组织432个，会员9112名，606名会员获市级奖励，201名会员获省以上奖励。

4. 机关建设。健全完善机关工作制度，促进机关工作规范化、制度化、程序化。坚持学理论、学业务，不断提高机关干部服务本领，增强服务意识，改进工作作风。参与东北三省机关会务交流，增进机关活力。坚持机关青年俱乐部读书活动，营造机关的学习氛围。加强机关文化建设。发扬工会的组织作用，促进机关的团结与和谐。2008年，会省委机关被中共省委统战部评为机关工作目标责任制先进单位，机关工会被省直机关工委评为“先进工会之家”。

民进吉林省委会2008年工作概述

一、认真部署，扎实开展中国特色社会主义主题教育活动

深入开展中国特色社会主义主题教育活动，对于我会在新的历史起点上，继续搞好政治交接，进一步加强自身建设，切实提高履职能力，确保我会沿着正确的方向前进具有极为重要的意义和作用。按照民进中央的部署，2008年在深入开展政治交接学习教育活动的基础上，省委会认真部署了开展中国特色社会主义主题教育活动，制定了《关于在全省民进组织中开展中国特色社会主义主题教育活动的实施方案》。要求全省各级民进组织要充分认识开展主题教育活动的重大意义，高度重视，精心组织，要以学习培训为先导，以重大事件和活动为契机，以领导班子建设为重点，以班子建设带动队伍建设，扎实有效地开展主题教育活动。

一年来，民进吉林省委会坚持以中共十七大精神为指导，以领导班子和骨干会员为重点，结合省情和工作实际，深入开展学习。邀请省委会原主委梁植文同志和民进中央研究室主任高友东同志作了《在新形势下继承和发扬我会的优良传统》以及会章、会史的辅导报告，参加报告会的会员深受启发和教育，对中共领导的多党合作的历程和我会60多年的发展历史有了进一步的了解，对在新形势下搞好政治交接、继承和发扬我会的优良传统有更深刻的认识。2008年7月，在吉林省社会主义学院举办了全省骨干会员培训班，就我省省情、进一步解放思想、提高参政议政能力等安排专题讲座，使参加培训的骨干会员，进一步了解了省情，提高了继续解放思想、推动吉林振兴的责任感，增强了我会的凝聚力和做好参政议政等工作的信心。针对领导班子和骨干会员工作岗位比较分散、不易集中的特点，省委会要求发扬自我教育的传统，强调以自学为主，注重实效，不能流于形式。要做到理论联系实际，结合国内外形势和省情来学习，结合我会工作和肩负的职责来学习，使领导班子成员和骨干会员在思想上真正有所收获、有所提高，进一步增强了接受中国共产党领导的自觉性和坚持走中国特色社会主义政治发展道路的坚定性。

在中共中央发布“五一口号”60周年之际，省委会开展了一系列纪念活动。组织会员在《吉林民进》上发表纪念文章，参加了全省各民主党派纪念中共中央发布“五一口号”60周年座谈会，举行了纪念中共中央发布“五一口号”60周年报告会和座谈会，请省委统战部领导就“五一口号”的历史背景、重大意义以及我国多党合作制度的形成和发展作了专题报告，引导广大民进会员深刻认识只有在中国共产党的领导下，同心同德，共同奋斗，中华民族才能获得独立解放和走向伟大复兴。

《吉林民进》继续开辟专栏，举办“坚持走中国特色社会主义政治发展道路”理论征文活动。2008年7月，省委会举办了“坚持走中国特色社会主义政治发展道路暨第十次统战理论研讨会”，各市委会和省直工委组织会员撰写理论文章40余篇，用理论建设的成果，推动我会的思想建设。为配合主题教育活动的深入进行，省委会在全省广大会员中开展了统战理论知识竞赛活动，印发了2000份《吉林民进统战部知识竞赛50题》积极组织会员广泛参与，认真答题。通过这次活动，对全省广大会员普及一次统战知识，进行一次生动的多党合作历史和会章、会史教育。

结合纪念改革30周年，省委会举行了系列活动。召开部署开展改革30周年纪念活动工作会议，组织部分民进会员到长春市高新技术开发区和一些企业参观考察，切身感受改革30周年来取得的举世瞩目的成就。组织全省民进机关干部到外省参观学习，通过对比，深刻认识改革开放是富民强国的必由之路。举行纪念改革30周年座谈会，会员们畅谈了改革30年来我国发生的历史性巨变，表示要深刻理解和把握改革30年来的基本经验，高举旗帜，科学发展，发挥优势，履行职能，为全面建设小康社会贡献力量。

为了推动主题教育活动有效开展，省委会主题教育领导小组办公室共编发了工作简报11期。在民进中央召开的民进中国特色社会主义主题教育活动经验交流会上，民进吉林省委会交流了题为《深入开展主题教育活动，大力加强省委会自身建设》的经验材料。并以《用主题教育活动成果推动吉林民进自身建设》为标题，参加了民进中央举办的“民进中国特色社会主义主题教育活动图片展”。在中共吉林省委统战部召开的省级民主党派开展政治交接学习教育活动总结交流大会和省委会召开的开展政治交接学习教育活动总结大会上，省委会对分阶段深入开展政治交接学习教育活动进行了全面总结，对今后继续在全省各级民进组织中深入开展中国特色社会主义主题教育活动提出了明确要求。

通过一年来开展的主题教育活动，省委领导班子、骨干会员和机关干部的政治素质有了进一步提高，更加明确和坚定了政治方向，更加认清了自身的历史使命，在旗帜、道路、理论体系等重大原则问题上与中共中央保持高度一致，增强了我会的凝聚力。

二、奉献爱心，动员和组织广大会员投入抗震救灾斗争

四川大地震发生后，省委会及时向全省各级民进组织和广大会员发出倡议书，号召各级组织和广大会员发扬“一方有难，八方支援”的人道主义精神，向灾区人民献出爱心，伸出救援之手，帮助受灾同胞共度难关，重建家园。省委会领导带头捐款捐物，明确提出要把这次支援灾区作为对全体会员进行主题教育和我会优良传统教育的过程。广大民进会员立即行动起来，以各种方式和渠道，积极投入到抗震救灾斗争中来，涌现了许多感人事迹。比如，五十年代入会的老会员李昌钧同志，现已77岁，家境比较困难，和患有智障的儿子在一起生活。当他得知四川在地震的消息后，马上通过邮局寄给省委会500元钱捐献灾区。有的会员在单位看到中共组织的交特殊党费活动，就主动到省委会机关，要求交特殊会费。还有一批企业界会员，不仅自己慷慨解囊，捐款捐物，而且鼓励所属企业全体员工踊跃捐款，奉献爱心。医卫界、教育界的民进会员响应号召，积极参加赴灾区医疗队和赴灾区支教的工作，出色地完成了任务，表现突出，事迹感人。省委会特别召开座谈会，在全会上下弘扬他们不畏艰险、救死扶伤的精神。全省有3名参加赴地震灾区医疗队的民进会员受到中共吉林省委、省政府的表彰。

响应民进中央的号召，积极参与“为了灾区的孩子们——民进抗震救灾书画义卖活动”，有16位会员书画家捐赠了30幅书画作品，企业界会员踊跃认购。民进会员在这次活动中捐款18.17万元。据不完全统计，地震发生以来，全省各级民进组织和广大会员通过各种方式累计捐款、捐物达230余万元。在民进中央召开的民进全国抗震救灾先进集体和优秀会员表彰会上，我省有3名会员受到表彰，民进长春市委会受到表扬。

三、围绕大局，努力提高参政议政水平

2008年省委的参政议政工作，以继续完善工作机制，加强队伍建设，促进参政议政工作制度化、规范化和科学化为主要目标；以围绕省委、省政府中心工作，提出建设性、前瞻性、可行性意见和建议为工作重点，努力提高参政议政工作的质量和水平。

省委会非常重视参政议政队伍建设，扩大了参政议政研究员队伍，充分发挥参政议政资政会的作用，调整了各专门委员会，一批热心会务工作、有参政议政意识和能力的会员补充到各专委会中来。召开了专门委员会工作会议，对各专委会的工作进行了安排部署。各专委会利用自身优势，认真履行职责，共提出调研课题16个。经过参政议政资政会研究确定8个调研课题作为省委会的调研课题。

为使省委会的参政议政工作有针对性和实效性，省委会充分发挥特邀参政议政研究员和会内专家学者的作用，共组织召开五次参政议政资政会。分别就拟提交省政协的团体提案等进行论证，提出修改意见。特别是省委会按照民进中央工作安排，向会中央申报了《如何保障农民真正从粮食生产中得到收益》的课题，得到民进中央批准立项。立项后省委会召集部分特邀参政议政研究员、专家、学者，对该课题调研的指导思想、调研思路、调研内容、调研地点、调研方式等进行了详细研究和精心设计。同时，研究确定将我省社会主义新农村建设作为省委2008年重点调研课题。组成以省委会主委为组长、驻会副主委为副组长的省民进调研组，赴我省四个市县农村进行了深入调研，形成了专题调研报告报送民进中央。

结合省委会确立的重点调研课题，组织力量集中开展了调研，并召开专题论证会经过充分论证和修改，分别形成了《关于促进我省农村劳务经济发展服务体系建设的建议》等13份调研报告。

努力做好社情民意工作，2008年共向民进中央、省政协和省委统战部报送社情民意29件，向省委办公厅提供调研报告6份。其中省民进调研组在大安市调研时，了解到由于电力部门存在的霸王条款，致使农民安全用水用电问题得不到保障，现场立即形成了《关于解决大安市农民安全饮水的建议》的社情民意，引起省政府领导的重视，责成省农电局组成调研组进行调研，并采纳了省民进的意见，对大安市农民安全饮水用电问题给予政策和资金倾斜，使这一问题得到了彻底解决。

省委会还积极参加省政协组织的专题座谈会、专题议政会，围绕我省经济社会存在的突出问题建言献策，在省长与部分政协委员座谈会上，省民进驻会副主委代表省民进做了《建设服务型政府》的专题发言；在省政协专题议政会上代表省民进做了《我省农村教师队伍结构性困境及对策的建议》的发言。民进省委常委、省政协委员、省政府专家决策咨询委员会委员左斌同志在省长召集的省政府专家决策会议上作了《关于发展我省装备制造业的建议》的专题发言，引起了省长的高度重视。

在吉林省政协十届一次会议上，省民进向大会提交团体提案15件，占团体提案总数的19%。其中《关于加紧培养高技能人才的建议》、《关于在我省少建经济适用房，多建廉租房的建议》被评为优秀提案。

四、加大力度，切实加强自身建设

2008年，省委坚持把开展主题教育活动同加强自身建设有机结合起来，用主题教育活动取得的成果，推动省委会自身建设迈上新台阶。

努力抓好思想宣传工作，不断提高宣传工作的质量和水平。为办好会刊，举办了《吉林民进》特约通讯员培训班，对各市委会机关和省直工委特约通讯员集中进行了一次业务培训。组织和推动会员开展理论研究，参加了民进中央举行的纪念改革开放30周年参政党建设理论研讨会。加强与新闻媒体的联系，积极组织稿件，在省政协刊物《协商新报》、统战部的刊物《统战纵横》等刊物上宣传我会的工作和民进会员在各自工作领域取得的成绩。邀请民进中央《民主》杂志社副主编一行来吉林调研采访，在《民主》杂志相继宣传了省人大代表、吉林市保民律师事务所主任修保，省政协委员、吉林延安医院院长葛艳华，省政协委员、吉林中建公司副总经理左斌等一批会员的先进事迹。

不断加强组织建设。一年来，省委领导班子建设得到了进一步加强。一是成立省委会理论学习中心组，完善了学习制度，做到以学习提升思想、促进工作；二是发挥领导班子成员在开展主题教育活动中的表率和引导任用，通过召开六届四次常委会、全省会务工作会议和省委会机关干部讲评等三个层面的会议，认真查找省委会自身建设中存在的突出问题，提出整改措施，增强了履职的使命感；三是加强了领导班子的作风建设，注意发扬我会的优良传统，密切联系基层和广大会员，严格按照制度和程序办事，在班子内部树立起讲团结、讲正气，讲学习、讲奉献的良好风气。

加强了省委会制度建设。逐步建立和完善了《民进吉林省委员会全体会议制度》、《民进吉林省委员会常务委员会会议制度》、《民进吉林省委员会主委会议制度》、《民进吉林省委员会主委和副主委分工细则》、《民进吉林省委员会领导下基层试行办法》、《民进吉林省委员会中心学习组学习制度》等，这些制度保障了省委贯彻执行民主集中制，使会务工作进一步规范化和程序化。

努力做好组织发展工作。组织发展工作是组织建设的重要一环，是我会各项工作的基础。省委高度重视此项工作，对层次高、素质好、有一定社会影响的知名人士，省委及各市委会领导亲自抓发展工作。一年来，省委会按照《纪要》精神和“四个有利于”的组织发展指导思想，按照“三个为主”及发展为了工作和在工作中发展的原则，努力把握重点和非重点、发展骨干会员和一般会员等关系，以发展高素质人才为重点，2008 年全省共发展会员 141 名。

高度重视后备干部队伍建设，建立了全省三百余人的后备干部人才库，并及时进行调整和实行动态管理。对经过培养锻炼、综合素质特别突出的后备干部，省委会领导积极与省委统战部和会员所在单位进行沟通联系，努力推动会员的政协安排和在本单位及政府有关职务的任用。目前，由省委会培养推荐，并通过公开选拔，有一名会员走上了副厅级领导岗位，还有一批会员被安排担任了省政协委员和推选为省人大代表。

省委要求全省各组织认真贯彻《基层组织工作条例》，以支部换届为契机，建立健全相关制度，有计划地开展丰富多彩的支部活动，增强我会的凝聚力。注意发挥老会员的作用，通过举办老年会员健康讲座、重阳节茶话会等活动，丰富了离退休会员的生活。隆重召开了 2005 - 2007 年度先进基层支部和优秀会员表彰大会，25 个先进基层组织和 166 名优秀会员受到表彰。

切实加强机关建设。坚持抓好省委会机关的政治学习，组织全体机关干部集中学习了《胡锦涛同志在各民主党派、全国工商联新老主要领导人座谈会上的重要讲话》、国务院新闻办发表的《中国的政党制度》白皮书、中共十七届三中全会有关文件、胡锦涛总书记在纪念党的十一届三中全会召开 30 周年大会上的重要讲话和中共吉林省委九届五次会议精神等，积极参与“继续解放思想、推动吉林振兴”大讨论，努力把加强学习与做好机关工作紧密结合起来，在学习中提升素质，增长才干。承办了民进东北三省第八次会务工作会议，交流了三省会务工作的经验。去年省委机关招录了年轻干部，充实了力量。机关办公条件进一步得到了改善。注意发挥民进机关支部和机关工会的作用，活跃机关的文体生活，努力创建和谐机关。

五、注重实效，积极开展社会服务工作

2008 年省委会的社会服务工作，本着“量力而行，尽力而行”的原则，注意社会服务与参政议政工作相结合，根据自身条件和优势开展工作。

在省委会深入我省农村开展社会主义新农村调研时，了解到农村村级小学办学条件简陋，缺少教育资源，更缺乏现代化教学设备的现状，决定选一所学校进行重点帮扶。给该校捐赠了 11 台电脑及电脑桌、2 个书柜和价值 5000 余元的新图书，帮助该校建立了“雏鹰科技活动室”，受到当地干部群众和广大师生的热烈欢迎和好评。省委会还与吉林市委会共赴吉林市龙潭区大口钦镇老矿区走访慰问部分特困职工，送去慰问金 11000 元和大米、豆油等实物，使这些特困职工深受感动，扩大了民进的社会影响。

民进黑龙江省委会2008年工作概述

一、重要会议及活动

（一）2008年1月21日，民进省委召开六届二次常委会议，会议审议通过了民进省委六届二次全委会议议程、日程和民进省委六届常委会2007年工作报告。会议由民进省委主委程幼东主持。

（二）2008年1月21日，民进省委召开六届二次全委会议，开幕式上与会委员认真学习了中共十七大精神；民进省委副主委朱效利传达了民进第十次全国代表大会及十二届一中全会精神；民进省委主委程幼东作了《高举旗帜开拓创新努力建设高素质参政党》工作报告。副主委张显友主持开幕式。会议期间，与会委员围绕民进第十次全国代表大会及十二届一中全会精神进行了学习座谈，并分组讨论了工作报告，积极发表意见。大会闭幕式上，与会委员一致通过程幼东主委所作的工作报告。中共省委统战部常务副部长李传模同志出席了会议，并作重要讲话，他在讲话中对民进省委2007年工作给予充分肯定，并对2008年工作提出了希望和要求。程幼东主委最后做闭幕讲话，闭幕式由副主委邓宗全主持。各市委会驻会副主委或秘书长及民进省委机关各部办同志列席了会议。

（三）2008年4月22日，中共黑龙江省委召开纪念中共中央发布“五一口号”60周年座谈会。各民主党派省委、省工商联主要领导和无党派人士代表出席了会议并发言。民进省委会主委程幼东在会议上作了题为《回放历史　重温”口号“》的发言。

（四）2008年8月20日，由民进省委常委、大庄园食品有限公司董事长陈希滨捐赠20万元修筑的绥化市北林区永安镇正黄五村的庄园路正式竣工通车。民进省委主委程幼东、副主委康凤英和中共绥化市委、市政府、市政协等领导同志出席了通车剪彩仪式。

（五）2008年9月12日，中秋佳节来临之际，中共省委书记吉炳轩走访各民主党派省委和省工商联机关，并召开中秋节茶话会与各民主党派省委、无党派人士及省直统战系统各有关团体负责人同迎中秋佳节、共话龙江发展。座谈会上，民进省委主委程幼东向吉炳轩书记简要介绍了民进省委的基本概况，并就“如何发挥统一战线优势，为促进我省经济社会更好更快发展服务”问题从政治协商、参政议政和社会服务等方面作了专题汇报。民进省委副主委康凤英、温晓丽也参加了茶话会。

（六）2008年9月24日上午，民进中央主席严隽琪在黑龙江省进行义务教育法执法检查期间，专程来到民进黑龙江省委会机关，看望民进省委机关的同志和部分会员代表，并与大家亲切座谈。民进省委主委程幼东向严主席作了详细的工作汇报，部分市委会主委、在哈全国人大代表、省人大常委、省政协委员代表、政治交接主题教育活动试点单位负责人、基层支部代表和会员代表作了汇报发言。严主席和大家一起就全会政治交接主题教育活动等工作进行了深入的交流探讨。民进省委副主委邓宗全、康凤英、温晓丽、朱效利参加了座谈会。

（七）民进第十二届中央委员会第二次全体会议于2008年12月1日至3日在北京举行。民进黑龙江省委会主委程幼东，副主委张显友、邓宗全、康凤英出席会议。小组讨论中，程幼东主委提出，民主党派工作在各地的发展不平衡，虽然经过努力已经逐步得到了重视，但仍需进一步加强，需要慢慢推进。康凤英副主委发言时说，民进中央工作报告全面、客观、实事求是，特别是用事实说话，用数字说话，让人信服。工作报告对明年的工作起点高，任务明确。特别对新一届中央领导深入基层，到我会省委与会员座谈，倾听呼声，颇受感动，体现了新一届会中央领导集体扎实的工作作风。邓宗全副主委在审议《中国民主促进会中央监督委员会工作条例（试行）》时也提出了意见和建议。邓宗全还当选中国民主促进会第一届中央监督委员会委员。

（八）2008年9月25日下午，民进中央主席严隽琪视察了牡丹江职业教育中心，并召开座谈会。会前，严主席亲切接见了民进牡丹江市委会领导班子成员，并与大家合影留念。民进黑龙江省委副主委康凤英参加了相关活动。

（九）2008年11月13日，中共省委统战部主办的《世纪春潮——黑龙江省统一战线纪念改革开放30周年文艺晚会》在哈尔滨市北方剧场上演。其中，省委统战部、各民主党派省委和省工商联领导共同表演了诗朗诵《携手并进　共铸辉煌》，会省委副主委康凤英参加了该节目的演出。

（十）2008年4月25日，为纪念中共中央发布“五一口号”六十周年，中共黑龙江省委统战部、各民主党派省委、中共市委统战部、各民主党派市委联合举办了《薪火相传　共创未来——纪念中共中央发布“五一口号”六十周年图片书画展》。民进省委副主委兼秘书长温晓丽出席了开幕仪式。

二、参政议政

在参加中共黑龙江省委召开的《中共黑龙江省委关于落实科学发展观，加快新型工业化进程的决定》、《关于全省2007年经济社会发展情况和2008年经济社会发展的安排建议》、《中共省委十届五次全委会议省委书记吉炳轩讲话》、《中共省委十届五次全委会议省委副书记、省长栗战书代表省委常委会作关于今年经济形势分析和下半年经济工作安排的报告》和中共省委省政府领导班子关于深入学习实践科学发展观活动中等高层征求意见座谈会时，我们都提出了非常中肯的意见和建议，部分意见被采纳、吸收。在遴选2008年调研课题时，我们又突破传统的调研范围，积极采纳会中央信息处的建议，选定了《对俄边境贸易发展过程中的一些思考》和《关于我省养鹿业发展现状的调查及加快鹿产品深加工开发利用的几点建议》进行重点调研，2008年11月6日，在中共省委召开的关于学习实践科学发展观征求意见会上，我会省委就两个报告的内容进行了汇报。2008年年初，省“两会”期间，会省委在全省共征集建议52份，形成会省委团体提案并立案的31份。其中，比较突出的有《关于增设平山镇高速出口的建议》得到省交通厅高度重视并采纳，投资2400万元开工建设该项目；《关于加快平山至松峰山公路建设》受到省交通厅和哈尔滨市阿城区政府高度重视并被采纳，省交通厅又投资了2000多万元资金，我们经过到实地考察了解，该项目正在实施中；《关于哈尔滨市道路绿化带建设中存在问题的建议》得到哈尔滨市政府有关部门重视并被采纳实施。2008年初，民进省委被省政协评为提案工作先进承办单位。

三、社会服务

一是会省委充分利用会内资源优势，深入推进“9+1”智力扶贫工作。定点扶持、长期跟踪，开展了对兰西县的支教活动，成功举办“民进兰西农村教师上岗培训班”，培训教师350多名、小学行政干部30名；组织省旅游职业技术学院支部会员对兰西县下岗人员开展烹饪、导游等专业技术培训。多次组织教育专家和骨干教师赴兰西“送教下乡”，进行观摩教学、讲座和培训。陈希滨同志为绥化市北林区永安镇正黄五村捐赠20万元，修筑了一条长1715米的预制板村中公路，又联合民进省委无偿救助哈市巴彦县两名盲童复明。

二是在建设社会主义新农村工作中，会省委与宝清县原劝农村结成对子。会员董俊明和于长江分别捐赠10万元，用于村容村貌建设；会员刘传富协调资金30万元，专程带技术人员无偿为村活动室场院进行园林整体规划，并提供苗圃。为感谢民进省委和会内同志，原劝农村全体村民联名申请、经民政部门批准，将伪满时期起用的村名改名为以会员企业“黑龙江大庄园集团”命名的“庄园村”。

三是四川汶川等地发生重大地震灾害后，会省委领导带头多次重复捐款，省会员和省市机关同志捐款共计230万元，其中通过民进组织捐40多万元。

四、自身建设

（一）开展中国特色社会主义主题教育活动，深化政治交接。会省委围绕主题教育活动，创新学习教育方式，坚持理论培训和研讨与重大事件和纪念活动相结合，增强了学习效果和辐射效应。通过系统的中国特色社会主义理论和会章会史的学习教育，巩固了我会的思想政治基础。编制了《黑龙江民进大事记》、邀请上级领导和专家学者进行专题讲座、鼓励各级领导上一线上讲台，开展理论宣讲活动、并在会刊《黑龙江民进》“理论学习园地”栏目定期刊登各级领导理论学习文章，交流学习体会。2008年5月，会省委召开了主题教育经验交流会，三个试点单位以及9个市级组织和省直第一联合支部的领导分别介绍了经验，对深入推进全省教育活动起到了很好的促进作用。配合主题教育活动，会省委在全省范围内组织开展了“贯彻落实十七大和十七届三中全会精神”、“深入学习贯彻科学发展观构建和谐龙江”、“纪念‘五一口号’发布60周年”和“纪念改革开放30周年”等学习宣传活动。

（二）建立长效机制，强化自身建设。会省委坚持以领导班子建设推动制度建设、组织建设和作风建设，建立长效机制，为建设高素质参政党而努力。在主题教育活动中，坚持把贯彻执行民主集中制作为增进领导班子团结与活力、实现科学民主决策的重大措施来抓。一是完善了领导班子集体议事和个人分工负责制度。制定的《民进黑龙江省委关于加强领导班子建设细则》在中共省委召开的双月座谈会上进行了交流。二是建立健全了内部监督机制。通过健全谈心会制度、述职和民主评议制度，重点对领导集体及班子成员进行监督。三是建立了广泛的联系制度。加强与中共省委宣传部门、统战部门和新闻媒体以及重点分工界别部门的联系。制定了班子成员与基层组织“结对子”的重点联系制度。据统计，在学习教育活动中，省市两级班子召开征求意见会46次，情况反馈会40次，保证了班子在加强自身建设中能够充分采纳各方面意见，广泛集中各方智慧。四是进一步完善并规范了后备干部队伍培养制度。换届以来，对骨干会员进行比较系统的理论与实践教育和多党合作优良传统教育培训。目前，会省委后备干部的数量、结构和素质与领导班子建设的需要相适应，为领导班子建设提供了可靠的组织保证。截止2008年年底，全省会员数量已达到4091名。组织的界别结构、会员的年龄结构和知识层次结构均有较大改善。2008年各级人大、政协换届后，我省会员担任县级以上人大代表49名；担任县级以上政协委员449名；担任政府实职领导的同志有20名。

民进江苏省委会2008年工作概述

2008年，全省各级组织认真学习贯彻中共十七大和十七届三中全会精神，结合自身建设和抗震救灾工作实践，深入开展中国特色社会主义主题教育活动，推进领导班子和后备干部队伍建设，切实履行参政党职能，努力服务社会，各项工作取得新进展。在民进中央年度专项工作考评中，我省的信息和宣传工作再次双双名列各省级组织总分第一，省委参政议政工作和社会服务工作荣获2008年度民进中央专项工作表彰。

一、提高认识坚定信念，深入开展主题教育活动

深入开展中国特色社会主义主题教育活动，年初开展了第二次全省大调研，进一步明确了活动开展的阶段性目标任务；召开省八届四次、五次常委会，专门听取省辖市委主要领导主题教育活动推进情况的汇报；组织各省辖市委领导赴广东省委和珠海市委学习、考察。全省在主题教育活动开展以来的一年半时间，共组织主题教育报告会、座谈会、研讨会、培训班、社会实践、交流活动等500多场次，思想教育的深入性和广泛性，在我省民进历史上前所未有。

抓住纪念改革开放30周年、中共发布“五一口号”60周年和成功举办奥运等重要契机，全省各地方组织通过参观考察、专题座谈，举行爱国爱会教育基地挂牌仪式，出版《谢孝思与苏州文化》等活动，运用会刊、网站等宣传平台，举办书画展览、征文活动、参与奥运火炬接力和奥运开幕工作等多种方式，学习老一辈民进人“坚持中国共产党的领导，坚持爱国、民主、团结、求实，坚持立会为公”的高尚风范和优良传统，讴歌改革开放三十年的伟大成就。进一步增强了走中国特色社会主义政治发展道路的自觉性和坚定性，增强了履行参政党职能的使命感和责任感。

抗震救灾的斗争实践，丰富了主题教育的内

容，深化了主题教育活动的主题。5·12汶川地震发生后，省委迅速采取行动，向灾区民进组织发《慰问信》，开辟网络宣传专栏，在全国率先发出倡议，以“特殊会费”形式捐助灾区，发动各级组织和广大会员，围绕抗震救灾和恢复重建积极建言献策，反映社情民意。一些会员还赴灾区一线抗震救灾。据不完全统计，全省各级组织和会员通过各种渠道为灾区捐款捐物总价值达3812万多元，其中会员交纳的“特殊会费”165万多元。在民进全国抗震救灾先进集体和优秀会员表彰会上，省委被授予“民进全国抗震救灾先进集体”荣誉称号，府采芹、祝义材、蒋加平等3名会员被授予“民进全国抗震救灾优秀会员”荣誉称号。

以主题教育活动为主线，对外宣传工作卓有成效。全省各级组织和会员撰写的深度报道、理论文章和消息，被《人民政协报》、《中国统一战线》、《团结报》、《民主》、《新华日报》等中央、省级报刊媒体采用256篇，扩大了我会的社会影响。

二、拓宽思路发挥优势，不断提升参政议政水平

积极参与民进中央立项课题“非种粮高效农业的土地利用对粮食安全的影响问题”的申报与调研，协助配合民进中央严隽琪主席和罗富和常务副主席带队的“完善文化投入机制，保障人民文化权益”重点课题组在江苏的调研。就农村改革发展、宏观调控、新医药卫生体制改革方案、教育规划等问题，为会中央领导参加高层政治协商提供意见和建议。加强与长三角地区和民进安徽、湖南、山东、山西等兄弟省份之间的联合调研与合作，通过多种形式与省劳动和社会保障厅、文化厅、教育厅、广电局等政府相关部门保持对口交流，形成了上下联动、横向互动、内外借力的参政议政工作格局。

进一步完善专委会工作机制。继续推进省委重点调研课题招标和课题申报工作，11个省委重点招标课题如期完成了调研，调研成果全部转化为提交省政协十届二次会议大会发言和集体提案。精心筹划，邀请会内外专家参加，举办“文化强省”论坛，在此基础上，形成的省政协常委会议发言“全力打造名家名作名牌，实现文化强省质的跨越”，受到省政协主要领导及各方好评。由省委科技工作委员会课题组提交的省政协常委会议发言“大力推进规划环评，从源头构织环保屏障，将环境与发展矛盾解决在起点”引起广泛关注。

在中共省委、省政府召开的座谈会、情况通报会、专题协商会之前，省委高度重视，充分准备，启动快速应急机制，广泛征集专家学者意见和建议，形成我会意见，得到重视和采纳。省委承接了各党派“改善民生”联合调研课题“乡镇文化站建设”，集聚会内优势，深入多个地区广泛开展实地调研，形成详实的调研报告和建议，在向中共省委省政府主要领导专题调研汇报会上，所提意见建议受到高度重视。

在年初召开的省和全国“两会”上，5篇大会发言，15件集体提案提交省政协十届一次会议，其中1件被省政协确定为主席督办提案，2件分获赵克志常务副省长、何权副省长批示；10件作为全国政协委员、全国人大代表提案、建议。“让体育成为素质教育的突破口”作为省政协大会发言成为议论热点，赢得普遍赞誉，并被《光明日报》、《中国体育报》、《新华日报》全文刊载，所提建议写入政府文件，已经付诸实施。

在中共省委深入学习实践科学发展观活动中，省委及13名受聘省各主要职能部门和单位的特邀监督员，应邀对学习实践活动全过程予以监督和评议。本着认真负责的态度，对中共省委、省政府、省政协以及中共省委统战部、省法院、省检察院、教育厅等部门关于落实科学发展观评议报告发表意见，充分发挥了民主监督作用。

重视信息工作。汶川地震发生后，省委主要领导亲自撰写信息，省委共报送有关抗震救灾方面的信息34条，其中2条被全国政协综合采用。全年省委共报送反映社情民意信息236期，全国政协转送采用8篇，中共中央统战部采用4篇，民进中央采用89篇，省政协采用5篇。

三、突出重点把握全局，切实推进自身建设

以主题教育活动为契机，省委从自身做起，把领导班子建设作为今年自身建设的重点，在全省广泛征求对领导班子的意见，召开主委谈心会，认真总结经验，分析问题，提出省委领导班子参加主题教育活动自评报告。按照中央要求和江苏省各民主党派关于领导班子成员监督、考核工作若干问题纪要精神，建立完善了“民进江苏省委领导班子学习制度”、“民进江苏省委全体会议议事规则”和“民进江苏省委领导班子成员职责分工”等制度规范。领导班子成员深入基层，调查研究，与地方领导、骨干会员交流研讨，大力倡导求真务实的工作作风。省八届五次常委会议，审议通过了“民进江苏省委关于加强各级地方组织领导班子建设的意见”，对加强各级地方组织领导班子的思想建设、能力建设、作风建设以及机制建设提出了明确的工作目标和要求。

为了进一步加强对后备干部的培养，省八届六次主委会议审议通过了“2008—2013 年民进江苏省委后备干部工作规划”，根据中央的要求，省委还研究制定了贯彻“民进中央关于加强省级组织领导班子后备干部队伍建设的意见”的实施计划和“民进江苏省委关于加强市级组织领导班子后备干部队伍建设的意见”，推动了后备干部队伍建设工作的制度化、规范化。

召开全省组织工作会议，研讨交流了组织工作经验和新时期加强组织建设的总体思路；召开全省中小学基层组织建设研讨会，举办基层组织建设专题论坛，继续推进基层组织达标考核工作。完善省直工委工作机制，增强省直基层组织的活力和凝聚力。贯彻各民主党派中央“关于进一步做好民主党派组织发展工作座谈会纪要”的精神，全年共发展新会员 329 人，全省会员总数为 8317 人。

高度关注和重视机关工作。按照省八届五次常委会议的要求，在全省开展了机关建设工作调研，全面了解全省民进机关建设与发展现状。随后，在苏州召开的全省机关建设工作会议，全面系统地总结交流了近年来我省机关建设的经验，指明了新时期加强机关建设的总体思路，提出了建设学习型、文化型、服务型、健康型机关的工作目标。

四、拓展平台扩大影响，努力开展社会服务工作

着力拓展“经济界会员联谊会”工作平台，开辟社会服务工作新渠道。“经联会”响应中央号召做好对贵州、广西、甘肃等西部地区的支援工作。承办第二期“河西走廊星火产业带中小企业负责人培训班”，举办“江苏民进第四期西部地区青年教师（无锡）培训班”。与上海、浙江“经联会”建立江浙沪企业家“会员之家”，形成长三角社会服务区域联动机制。“经联会”开展了“雨润行”、“南通行”活动，组织新《劳动合同法》专题讲座，走访苏州地区会员企业，促进相互之间的交流与协作。继续开展面向苏北农村的支教活动，安排盱眙县农村小学 36 位老师到南京观摩学习，并邀请 23 位教师到农村送教。积极投身抗震救灾与灾区援建工作，捐钱捐物，奉献爱心。

发挥“江海书画会”优势，服务社会，是江苏民进社会服务工作的一个特色。书画界会员关注社会发展，积极参与文化强省建设建言献策活动，开展抗震救灾书画义卖捐赠活动，共募得善款 230 余万元。苏州、无锡、扬州市书画界会员前往驻地部队、武警总队、海军舰队等开展书画拥军活动；连云港、常熟等市书画界会员深入田间地头、企业社区作画、书写春联。这些活动扩大了民进的社会影响。

各地因地制宜，发挥优势开展对苏北以及西部贫困地区捐助希望小学、资助贫困学生、建立“爱心账户”、开展“扶贫助学营养工程”、联系爱德基金会拨款支持苏北贫困地区打井工程等活动，全省支持西部资金投入 78.6 万余元，资助贫困学生 502 名。省内扶贫资金投入 14.5 万元。

附：省委会议及主要领导活动情况：

1 月 24 日，民进省委召开八届五次主委会议。会议审议通过了民进省委 2008 年工作要点和民进省委机关 2008 年度工作计划，听取了民进省委机关 2007 年度考核工作总结汇报等。

1 月 24 日，江苏省政协十届一次会议在宁隆重召开，省政协十届一次会议主席团常务主席、民进省委主委陈凌孚向大会作政协江苏省第九届委员会常务委员会关于提案工作情况的报告。

3 月 3 日—15 日，全国政协常委、民进省委主委陈凌孚参加了在北京召开的政协第十一届全国委员会第一次会议。期间，陈凌孚主委还参加了全国政协十一届常务委员会第一次会议和中国民主促进会第十二届中央常务委员会第二次会议。

3 月 21 日，民进省委召开八届六次主委会议。会议审议了八届四次常委（扩大）会议议程及日程、关于调整省专门工作委员会主任的建议；通过了省专门工作委员会顾问、副主任名单，民进江苏省委后备干部队伍建设五年规划；学习讨论了《民进中央关于2008年在全会开展中国特色社会主义主题教育活动的方案》，讨论政治交接学习教育活动第三、四阶段的实施意见；确定八届四次常委（扩大）会议领导分工等。

3月21日—22日，民进省委召开八届四次常委（扩大）会议。与会人员参加了民进江苏省委暨南京市委传达全国“两会”精神报告会，全国政协常委、省政协副主席、民进省委主委陈凌孚，全国人大代表、民进盐城市委主委马成志分别传达了“两会”精神。

常委们学习座谈了全国“两会”精神。徐菊英副主委汇报了省委在全省开展的学教活动第二次调研的情况。会议听取了各省辖市委关于各市学教活动推进情况的汇报。会议还通过了省委专门工作委员会主任调整方案。

4月29日，民进省委召开省各专委会主任会议，会议通报了七个专委会领导调整和近期参政议政工作情况。各专委会分别开会研究今年的工作，汇报了今年的工作设想和调研课题申报情况。

6月20日，民进省委在扬州召开八届七次主委会议，会议听取了民进全省开展抗震救灾工作情况的汇报；审议了民进江苏省委关于加强省市级领导班子建设的意见（草案）；审议了进一步加强民进江苏省委领导班子建设的若干制度（草案）；听取了民进省委2008年度调研课题选题及招标情况的汇报；审议通过民进江苏省八届五次常委会议议程（草案）、日程（草案）；八届五次常委会议领导分工等事宜。

6月20日—22日，民进省八届五次常委会议在扬州举行。各省辖市委主委就认真学习贯彻中共十七大和民进十大精神，总结开展中国特色社会主义主题教育活动的情况，以及加强领导班子建设，推进建设政治交接长效机制交流了经验。会议审议通过了《民进江苏省委关于加强各级地方组织领导班子建设的意见》。会议邀请民进中央宣传部部长高保华作了题为“抗震救灾，重建家园——随严隽琪主席赴四川察看灾情和慰问情况汇报”的报告。

6月27日，民进省委各专委会会议在南京饭店召开，约140人参加了会议。民进省委陈凌孚主委出席会议并在会上讲话。会议通过了专委会工作报告，各专委会分别对各自去年工作做了总结，提出了工作计划和未来的工作规划。会议进行了表彰，举行了2008年省委招标课题的签约仪式。

7月27日，民进省八届八次主委会议在镇江召开。会议学习了民进十二届三次中常会精神，研讨政治交接长效机制建设，听取了民进省委2008年重点工作上半年完成情况的汇报。

9月7日，民进江苏省委暨南京市委在南京大行宫会堂集会，隆重庆祝教师节。省政协副主席、民进省委主委陈凌孚讲话，省市会员近千人出席。

9月22日—26日，民进全省2008机关建设工作会议在苏州昆山市召开。省政协副主席、民进省委主委陈凌孚出席会议并讲话。全省机关干部共100多人参加会议，会议邀请有关领导和专家做了“改革开放30年与江苏新一轮思想解放”和“如何当好一名机关公务员”的专题报告。会议期间，与会同志对怎样进一步加强我会的机关建设进行了热烈的交流研讨。会议还举办了机关建设论坛。与会同志在甪直叶圣陶纪念馆举行了民进省委“爱国爱会教育基地”的挂牌仪式。结合纪念改革开放30年，会议还组织参观考察了苏州工业园区等活动，并利用会议间隙，举办了文艺联欢活动。

10月8日—12日，省委主委陈凌孚、副主委徐菊英参加了由中共省委统战部组织的省各民主党派、工商联负责人国情考察团，赴四川地震灾区——绵竹、重庆“特园”考察、参观。

10月31日，民进省委召开八届九次主委会议，会议传达、学习了《民进中央关于加强省级组织领导班子后备干部队伍建设的意见》，审议了民进江苏省委关于贯彻《民进中央关于加强省级组织领导班子后备干部队伍建设的意见》实施计划（草案）、关于增补民进江苏省委副主委、委员的建议、关于召开民进江苏省八届六次常委会议和民进江苏省八届三次全委会议的建议；审定了推荐民进全国抗震救灾先进集体和优秀会员表彰活动的建议；审议了推荐上报民进中央2008年度表彰省级组织专项工作的建议；学习讨论了“民进中央监督委员会工作条例（试行）”（草案）及其他事项。

12月19日，民进省委召开八届十次主委会议，会议审议了八届六次常委会议和八届三次全委会议议程、日程（草案），常委会工作报告（审议稿）；讨论了省委2009年工作要点（讨论稿），拟提交省政协十届二次会议大会发言、集体提案目录；审定了2008年度专项工作表彰名单，表彰抗震救灾先进集体和优秀会员名单，关于在全省深入学习贯彻科学发展观的方案，关于在省八届三次全委会议上民主推荐省委领导班子后备干部的实施方案，民进江苏省委关于加强市级组织领导班子后备干部队伍建设的意见等事宜。

12月24日，民进省八届六次常委会议在南京召开。会议审议通过了2008年工作报告（审议稿）、省委2009年工作要点（讨论稿）和有关人事事项等。

12月25日—26日，民进省八届三次全委会议在南京召开，中共江苏省委统战部副部长李熙诚到会并做重要讲话。省政协副主席、民进省委主委陈凌孚作工作报告，朱晓进副主委作《关于民进全省开展中国特色社会主义主题教育活动的总结报告》。会议期间，与会同志结合学习贯彻中共十七届三中全会和民进十二届二中全会精神，认真审议了常委会工作报告和民进省委2009年工作要点。会议增补府采芹同志为民进江苏省第八届委员会副主委，增补钱鹤平同志为民进江苏省第八届委员会委员。会议表彰了民进全省抗震救灾先进集体和优秀会员，表彰奖励了民进全省新闻宣传工作、社情民意信息工作和会务服务工作先进单位。会议邀请南京大学商学院副院长沈坤荣教授作了“金融风暴背景下经济发展的挑战”的专题报告。会上民主推荐了省委领导班子后备干部，通过了会议决议。

2008年，省委主要领导还参加了会中央中全会、中常会，中共江苏省委、省政府、省政协举办的一系列重要会议和重要活动。

民进浙江省委会2008年工作概述

2008年，民进浙江省委会在民进中央和中共浙江省委的领导下，高举中国特色社会主义伟大旗帜，认真学习贯彻科学发展观，落实民进浙江省第八次代表大会提出的各项任务，振奋精神，无懈无滞，有思有行，不断完善工作机制，凝聚全会力量，认真履行参政党职能，切实加强自身建设，深入开展社会服务，各方面工作都取得了新的成绩。

一、切实加强思想建设

2008年省委会把开展中国特色社会主义主题教育活动作为工做主线，以学习、教育、培训为先导，以重大事件和活动为契机，以领导班子建设为重点，精心筹划，切实推进。省委会和各级组织坚持把学习摆在首要位置，领导集体以身作则，通过邀请专家作辅导报告，召开学习会、读书会，举行理论研讨、征文活动等形式，深入学习贯彻中共十七大、十七届三中全会、中共浙江省委十二届历次全会精神，开展学习贯彻科学发展观活动，及时了解把握经济社会发展新态势，引导全体会员把思想和行动统一到中央和省委的重大决策上来，坚定了在当前复杂多变的国际国内形势下，坚持走中国特色社会主义政治发展道路的决心和信念。4月，省委会召开了全省政治交接学习教育活动经验交流会，组织开展了20多次各种形式的宣讲，推动全省学习教育活动掀起了新的高潮。省委会制定了详尽的评估方案，对政治交接学习教育活动作了全面评估，结果显示，自评优秀率达95.40%、下评优秀率达93.79%。省委会还开展了政治交接学习教育活动成效问卷调查，了解会员在学习教育活动前后的思想变化状况，调查结果显示有91.5%的会员认为学习教育活动富有成效。

今年适逢中共发布“五一口号”60周年和改革开放30周年，省委会和全省各级组织因地制宜开展丰富多彩的纪念活动，组织广大会员广泛参与、营造了浓厚氛围，产生了良好的学习效果。省委会隆重召开了纪念中共“五一口号”发布60周年大会，召开了纪念改革开放30周年大会。举行了不同类型的座谈会、纪念会，制作了反映多党合作、改革开放成就的图片展览，还参与了大型广场为民服务和送医下乡活动，在嘉善举行了“浙江民进纪念改革开放三十周年”大型广场文艺演出。《开明》会刊和浙江民进网站开辟了专栏，制作了多媒体专题网页，还联合举行了专题征文活动。

省委会深入开展统战理论和参政党理论研究，召开了统战理论研究会理事会议，组织参与了会中央理论研讨会和省社会主义学院理论征文，编辑完成了《浙江民进老一辈》会史宣传资料，开展了学习贯彻新会章的活动，

二、全面推进组织建设

一年来，省委会和各地方组织领导班子不断巩固政治交接学习教育活动的成果，从完善制度、建立长效机制入手，切实贯彻民主集中制，逐步推进会内民主。省委会领导班子落实责任分工，强化与地方组织、专委会、联谊会和基层组织的联系，加强调查研究，改进工作作风。杭州、温州、舟山等市委会开展了领导班子届中述职、征询意见、年终述职考核等工作，金华等市委会调整充实了领导班子。省委会结合本省实际，研究制定了后备干部队伍建设的工作计划，着力推进后备干部队伍建设的规范化、制度化，开展了领导班子后备干部的民主推荐工作，共推荐各类工作骨干57人次参加中央和省社会主义学院举办的培训班、研讨班，联合省社会主义学院举办了为期一周的全省基层骨干培训班。省委会和各地方组织调整相关标准，不断改进全省基层组织达标考核工作，启动了新一轮全省组织发展规划的编制工作。全省发展新会员291名，平均年龄为37岁，增长率为4.2%。截至2008年底，全省有民进会员7198人，其中教育、文化艺术、新闻出版界占65.1%；科技界占2.7%；医卫界占15.5%；新的社会阶层人士占4.9%；机关及其他界别占9.6%。省委会机关推进制度化、规范化、程序化和信息化建设，充实了专职干部队伍，举行了全省专职干部工作研讨会。

三、扎实有效地履行参政议政职能

一年来，省委会领导积极参加中共省委、省政府召开的各种协商会、通报会、座谈会，就我省重大决策发表政见，各次重要协商前，省委会领导都精心组织专家研讨，征求领导班子成员意见，进行调查研究，努力形成集体意见。

在省政协十届一次会议上，省委会共提交7件集体提案，1件大会口头发言和13件书面发言，民进会员中的省政协委员提交个人提案39件，内容涉及我省农业和农村建设、教育和文化建设、资源和环境建设以及社会发展等各个领域。其中《保护利用好文化遗产，发展浙江城市文化特色》、《关于加大产品质量和食品安全监管力度，建立质量安全保障体系的建议》两件集体提案得到中共省委赵洪祝书记的批示，关于产品质量和食品安全的提案被列为省政协重点提案，受到领办的王建满副省长和承办部门的高度重视，举办了重点提案现场办理会，对解决提案涉及问题提出了工作计划。省委会向中共浙江省委、省政府报送的《把握CDM机遇，推进可持续发展》的建议案，也获得了赵洪祝书记的批示。

省委会继续实行课题申报立项制度，各市委会、专委会、基层组织和会员积极参与课题申报，共提交课题申报书30份，经常委会审议，正式立项16项。各课题组经过深入调研，顺利结题并上报材料15份。2008年全年共编发《浙江民进信息》140余期，50多期被上级部门采用。有10余期信息得到了中共浙江省委、省政府领导的批示。

省委会加强了参政议政工作机制建设，制定了《专门工作委员会开展参政议政工作的实施意见》，修订了参政议政优秀成果奖励办法，改进了参政议政工作年会制度，聘请了新一届参政议政特邀研究员。

四、积极开拓社会服务新领域

今年汶川特大地震后，省委会立即行动，组织和动员本省各级组织和各界会员，积极投入抗震救灾工作。全省广大会员齐心协力，围绕抗震救灾和灾后重建，通过各种渠道发挥作用。据不完全统计，全省各级组织和会员向灾区捐款捐物合人民币2360余万元，还以“特别会费”的形式通过民进中央再捐款40余万元。我省吴山明、胡颖红、王一平三位会员被会中央授予民进抗震救灾优秀会员称号，省委会受到通报表扬。

省委会连续四年作为协办单位参与中共省委、省政府主办的“山海协作”工程，2008年省委会联合金华市委会、企业家联谊会，组织科技、医卫专家和企业家代表赴金华婺城、沙畈等贫困乡镇开展了创业富民农业科技成果推介和送医赠药下农村

等活动。丽水、杭州、台州等市委会和省直有关支部也相继开展了扶贫支教助学行动、送文化下乡活动、科技为农系列服务日等活动，丰富了“山海协作”的内涵。

省委会组织开展科技创新竞赛行动，进行了会员中创新创业成果的调查，举办了“企业与科技创新对接”论坛，举行主题演讲会，激发全省会员创业创新、爱岗敬业的积极性。

省委会加强上下联动，继续深化扶贫助学、结对帮困等公益活动。据不完全统计，2008年民进省委会和各市委会共组织了各类社会服务活动130余次，派出会员中的专家650多人次参加服务，受益群众达6万余人。

省委会召开了全省社会服务工作研讨会，继续加强浙江民进企业家联谊会、浙江开明画院等社会服务平台的建设，加强海外联谊工作。

五、重要会议

八届二次全会：1月23日至24日，民进浙江省第八届委员会第二次全体会议在杭州召开。会议认真学习中国共产党第十七次代表大会精神和民进第十次全国代表大会精神，听取并审议了盛昌黎主委代表八届常委会向大会所作的题为《深入落实科学发展观　切实履行参政党职能　为全面建设惠及全省人民的小康社会贡献力量》的工作报告。谢双成副主委在会上传达了民进第十次全国代表大会精神。会议表彰了2007年度单项工作先进单位、先进支部，表彰了2007年参政议政优秀成果，并对王健等五名在本职岗位上做出突出贡献的会员进行了通报表扬。会议表决通过了《决议》。中共浙江省委统战部副部长方德根在会上作了重要讲话。会议期间还举行了学习十七大精神专题报告会。

纪念中共中央发布“五一口号”60周年大会暨政治交接学习教育活动经验交流会：4月15日，民进浙江省委会在杭州召开民进浙江省委会纪念中共中央发布“五一口号”60周年大会暨政治交接学习教育活动经验交流会。省委会主委盛昌黎作题为《继承光荣传统，坚持走中国特色的社会主义政治发展道路》的重要讲话。省委会老领导丁德云、省委委员吴一舟分别代表新、老两代会员发了言，谈了对“五一口号”的认识和感想。省委会宣传处调研员陈军作了题为《继承光荣传统　坚定政治信念》历史背景介绍。杭州、温州、绍兴、丽水、舟山等市委会的代表在会上交流了开展政治交接学习教育活动的情况、经验与体会。省委会副主委谢双成作会议小结，就切实做好政治交接学习教育活动第三、四阶段的工作，落实民进中央关于2008年在全会开展中国特色社会主义主题教育活动的实施意见提出了要求。

八届三次全会：12月30日至31日，民进浙江省第八届委员会第三次全体会议在杭州召开，会议学习中共十七届三中全会精神，传达学习民进十二届二中全会精神，审议并通过盛昌黎主委代表民进浙江省第八届常务委员会所作的题为《学习贯彻科学发展观　推进高素质参政党建设，有思有行、集智聚力，努力开创民进工作新局面》的工作报告。省委会副主委谢双成在会上传达了民进十二届二中全会精神。会上省委会领导为获得民进全国抗震救灾优秀会员称号的同志颁发了民进中央荣誉证书。表彰了2008年度单项工作先进单位、先进支部和优秀通讯员。会上还聘任了省委会参政议政特邀研究员。闭幕会上，中共浙江省委统战部常务副部长陈金彪莅临并作了重要讲话，民进省委委员进行了省委会领导班子后备干部的民主推荐，会议表决通过了决议，省委会副主委赵光育作会议总结。

改革开放30周年纪念大会暨“创业创新、爱岗敬业”演讲会：12月30日，省委会在杭州隆重举行改革开放30周年纪念大会暨“创业创新、爱岗敬业”演讲会。会上，盛昌黎主委作了题为《追昔抚今　温故知新　谱写浙江民进新篇章》的重要讲话。来自全省各地的13位会员代表围绕自己在改革开放年代中，创业创新，爱岗敬业的亲身经历上台演讲。陈英旭副主委代表省委会为演讲者颁发了证书。

2008年，省委会还召开了六次主委会议，四次常委会议。

民进安徽省委会2008年工作概述

2008年，民进省委团结带领全省民进各级组织和广大会员，深入学习贯彻科学发展观，全面开展中国特色社会主义主题教育活动，扎实推进自身建设，认真履行参政党职能，广泛开展社会服务，各项工作取得了新的成绩。

一、深入开展中国特色社会主义主题教育活动，进一步坚定政治信念

以政治交接为核心，扎实推进主题教育活动有序开展。4月，民进省委制定下发了《民进安徽省委关于2008年开展中国特色社会主义主题教育活动的方案》，指导推进全省民进各级组织的主题教育活动；7月，召开了六届四次常委会议，总结交流我省民进开展主题教育活动阶段性成果，研究部署下阶段主题教育活动；8月，在民进安徽省主题教育活动第三阶段会议上，民进省委主委班子集体听取了意见；会后，及时召开主委会议，对意见建议进行梳理分类，对整改工作提出明确要求；10月，召开了领导班子民主生活会，进行了认真坦诚的批评和自我批评；12月，在民进安徽省六届五次常委会上，领导班子通报了整改意见。

以重大纪念活动为契机，坚定走中国特色社会主义道路的信心和决心。民进省委将中共中央发布"五一口号"60周年和改革开放30周年纪念活动与主题教育活动紧密结合，以纪念座谈会、专题报告会、纪念征文、文艺演出等系列活动为载体，以网站和会刊为平台，引领全省民进各级组织开展了富有特色、形式多样的系列纪念活动，深化了对多党合作历史经验和优良传统教育以及对改革开放的伟大历程、光辉成就和宝贵经验的回顾思考。

二、以领导班子建设为重点，全面推进组织建设

以改革创新的精神，深入推进领导班子建设。民进省委着力加强以贯彻民主集中制为重点的制度建设和以深入基层为重点的作风建设。一年来，按照相关会议议事规则，先后召开了3次常委会议、11次主委会议、2次主委办公会议；制定下发了《民进安徽省委中心学习组学习制度》、《民进安徽省委领导下基层办法》等工作制度；研究规范了民进省委的表彰工作；继续推进以"主委分工负责制、常委分工负责制、常委联系地方工作制度和省委委员全面参与省委工作制度"为核心的领导体制和运行机制建设。民进省委领导班子成员分别带队深入基层，召开片区联席会议，参加基层组织活动，指导工作，征求意见，宣讲多党合作理论。

以大培训为抓手，切实加强后备干部队伍建设。4月，民进省委举办了全省骨干会员培训班，对全省17个地方组织和省直工委的96名骨干会员进行了为期四天的集中培训。培训班安排了专题讲座，举办了纪念中共中央发布"五一口号"60周年座谈会和文艺联欢会。期间，民进中央原副秘书长兼组织部部长徐德骁应邀授课，并带来严隽琪主席的关心和问候；朱维芳主委在纪念座谈会上作了主题讲话；胡平平、张自立副主委亲自作参政议政专题讲座。一年来，民进省委认真学习贯彻《民进中央关于加强省级组织领导班子后备干部队伍建设的意见》精神，研究制定了后备干部队伍建设工作计划，为下一步考察培养打下基础。

以可持续发展为前提，稳妥推进组织发展工作。至2008年11月底，全省共有民进会员3053名，平均年龄46.1岁。会员的界别组成为：教育界65.1%、文化艺术界3.4%、新闻出版界1.4%、医卫界8.4%、新的社会阶层4.3%，其他17.4%。2008年全省共发展新会员140名，平均年龄37岁。新会员中：高中级职称87.1%，教育界53.6%、文化艺术界2.9%、医卫界13.6%、新的社会阶层4.3%，其他25.6%。

目前，我省会员中有全国人大代表4名，全国政协委员1名，省人大代表14名（其中副主任1名，常委1名），省政协委员29名（其中常委7名），全省民进会员中有市人大代表44名（其中副主任3名，常委15名）、市政协委员208名（其中副主席5名、常委41名），县（市、区）人大代表30名（其中副主任4名）、政协委员174名（其中副主席7名）。担任县处级以上政府和司法机关实职的有26人。

以创建学习型、制度型、服务型、和谐型的“四型机关”为目标，积极推进机关建设。民进省委坚持完善机关学习等各项规章制度，不断强化机关干部的服务意识，着力营造具有民进特色的机关文化氛围，机关整体面貌展现新气象。

三、稳步推进思想政治工作，坚定走中国特色政治发展道路

加强时事政治学习，坚持正确的政治方向。民进省委始终把深入学习贯彻中共十七大精神作为首要的政治任务，通过举办培训班、报告会、研讨会、座谈会等多种形式，将学习贯彻中共十七大精神与学习民进十大精神结合起来，与学习胡锦涛总书记在各民主党派中央、全国工商联新老主要领导人座谈会上的讲话精神结合起来，与学习贯彻胡锦涛总书记两次视察安徽重要讲话精神结合起来，与学习贯彻中共十七届三中全会精神结合起来，围绕民进履行职能、加强自身建设的实践，深入开展讨论，把学习落到实处。

加强理论研究和会史工作，巩固全会多党合作的思想政治基础。10月下旬，成立了民进安徽省委统战理论研究会，召开了“民进安徽省参政党建设理论研讨会”，民进中央研究室主任高友东专程到会指导并作专题报告；10月中旬，民进华东六省一市第十次工作研讨会在山东烟台举行，民进省委从全省各级组织提交的19篇论文中遴选出3篇作为大会交流，受到与会代表的肯定。民进省委通过对《安徽民主党派史》和《安徽人民政协简史》中安徽民进部分的修改和完善，对过去史料进行了集中的整理和抢救；通过对安徽民进大事记的编撰，对现有会务资料进行了及时的梳理和编辑。

加强宣传思想工作，服务高素质参政党建设。民进省委在充分发挥“一刊一报一网站”主宣传阵地作用的同时，主动加强与省市新闻媒体的联系沟通及民进各地方组织的合作交流，围绕我会的中心工作及时有效地展开宣传。截至11月底，我会各级组织在市级以上主流媒体上发表稿件近200篇，其中在《江淮时报》、《工商导报》、《民主》、《团结报》等省级和中央级媒体上刊发宣传报道近100余篇。

四、以科学发展观为指导，进一步加强参政议政能力建设

建诤言，献良策，政治协商与民主监督成效显著。民进省委领导积极参与民进中央高层座谈相关专题的工作，先后就农村综合改革、医改、国家中长期教育改革与发展等专题积极建言献策，受到会中央表扬；积极参加中共省委、省政府召开的各种协商会、通报会、座谈会，诚恳地就我省经济、政治、文化、社会中的重大决策发表政见，就我省重大人事调整、重要文稿的修改提出意见建议，开展政治协商。担任各级各类社会特约职务的会员们也都恪尽职守，很好地履行了监督职责。

谋发展，构和谐，参政议政亮点频出。今年，在全国“两会”上，我会的全国人大代表和全国政协委员共提交了4件议案、19件建议和13件提案，围绕我国经济建设和社会发展中的热点、难点问题建言献策，累计接受中央及省级媒体采访40余次。在安徽省十届人大一次会议上，我会的人大代表提交了4件议案和4件建议。在安徽省政协十届一次会议上，我会提交了集体发言7件、委员个人发言4件，其中三件发言被推荐在政协大会上作口头发言，获得了省委、省政府领导现场批示；我会提交的23件集体提案和62件委员个人提案中有五件被评为重点提案，获得省领导的批示。在省政协召开的专题常委会上，安徽民进提交的发言材料多次被选为大会发言，列入会议《材料汇编》报省委省政府，并得到省领导的高度关注。民进省委的信息工作取得了新成绩，截至11月底，民进省委上报信息17篇，其中，被民进中央采用4篇，被省政协采用6篇。

深入调研，积极推动成果转化。今年，民进省委承接了民进中央《关于保障国家粮食安全的政策建议》的立项课题，省委会领导班子成员分别担任了课题组总负责人和具体负责人，多次牵头召开相关会议研究部署调研工作，并率调研组先后到省粮食局、省发改委、省农委、省财政厅、国元农业保险公司和亳州市、六安市开展调研；在调研材料形成和成果转化过程中，主持召开数次改稿会，保证了调研报告按期上报民进中央，为国家战略政策的制定做出了安徽民进的贡献。8月，民进省委将界别活动同省政协资政会调研、专委会工作结合起来，由省委会领导率队赴省外开展调研。

一年来，民进省委按照《民进安徽省委2008年参政议政拟用调研课题》、《民进省委2008年参政议政重点调研课题》和工作计划，将两批近30个重点课题，分解到民进各地方组织、省直工委、各专委会和省委会三个层级，积极推动调研和成果转化工作，为明年省“两会”作好充分准备。6月，民进省委召开2008年参政议政工作会议，推动了我会参政议政的制度和机制建设。12月，民进省委被民进中央授予“2008年民进省级组织参政议政工作先进单位”称号。

五、顺势而为，量力而行，不断增强服务和谐社会的能力

情系灾区、奉献爱心，积极参与抗震救灾和灾后重建工作。5月12日四川汶川地震发生后，民进省委紧急行动，迅速反应，第一时间召开机关全体人员会议，通报灾情，开展捐款活动。民进省委领导及时与民进四川省委取得联系，了解灾情，进行慰问，并以民进安徽省委的名义向四川民进发出了慰问信，汇去了12000元捐款。5月26日，民进省委领导和机关全体同志共同策划组织了“爱满中华——民进安徽省委机关抗震救灾诗歌朗诵会”，寄托哀思，凝聚力量。随后的一个多月，民进省委认真学习领会中共中央关于抗震救灾的重要指示精神和决策部署，及时转发民进中央有关抗震救灾、书画义卖捐赠、捐款献爱心活动等通知，号召全省民进各级组织和广大会员踊跃捐款、捐画支援灾区。截止6月23日，我省民进各级组织和广大会员通过多种渠道共捐款4338209元，其中参加社会捐款4066012元，参加民进中央“为了灾区的孩子们——捐款献爱心”活动捐款212197元，参加民进中央书画义卖活动认购书画作品款60000元。与此同时，民进省委呼吁全体会员发挥优势、建言献策，为抗震救灾、恢复重建提供智力支持；引导广大会员爱岗敬业、服务大局，为夺取抗震救灾斗争胜利和促进经济社会发展作出更大贡献。

巩固平台，整合资源，主动服务“三农”。民进省委连续第七年参与对口扶贫休宁工作，今年由省委会领导牵头，省直对口扶贫单位为休宁县筹集资金近5000万，同时组织发动省直会员捐赠图书2700余册，向休宁县援建一所“农家书屋”；继续推动民进专家进农网工程，重点整合会内医卫界人才资源，组成民进医卫专家服务团，参与安徽农网工作，积极服务新农村建设，成为安徽民进社会服务的新品牌；组织民进安医大总支会员，深入农村改革的发源地凤阳县开展义诊咨询活动，并与当地医卫人员座谈新医改。

民进福建省委会2008年工作概述

2008年，民进福建省委会认真学习贯彻中共十七大精神，学习贯彻科学发展观，落实民进十大提出的各项任务，加强参政党能力建设；围绕“建设海峡西岸两个先行区”的战略部署，履行参政党职能，全会呈现无懈无滞、有思有行，团结、务实、奋进的良好局面。

一、重要会议及活动

1. 重要会议：一年来，民进福建省委先后召开全委会1次、常委会4次，主委会8次，专委会15次，参政议政年会1次，参政党建设理论研讨会1次，配合会中央承办第六届海峡两岸中华传统文化与现代化研讨会，参与举办福建省统战系统“第四届全面建设海峡西岸经济区建设·建言献策论坛”，参加民进华东六省一市第十次工作研讨会和省政协理论研讨会等等。

2. 重要活动：深入开展中国特色社会主义主题教育活动；开展纪念中共中央“五一口号”发布60周年和纪念改革开放30周年系列活动；开展中共十七届三中全会精神大学习大讨论活动；深入开展学习贯彻科学发展观活动；开展服务海峡西岸“两个先行区”建设的重要调研活动；开展服务社会主义新农村的“海西春雨行动”和抗震救灾献

爱心活动；牵头筹办统一战线情系奥运“同心杯”运动会；组织会员开展“我为应对金融危机献一策”活动；成立福建民进经济界会员联谊会；等等。

3. 主要领导活动情况：会省委主要领导积极参加中共福建省委、省人大、省政府、省政协、省委统战部召开的政治协商会、情况通报会和多种座谈会，参加有关部门组织的视察、检查、行风评议和调研活动，带头履行参政党职能。张帆主委出席省委召开的谈心会、协商会、通报会，出席省委统战部“181”联席会，出席省政府工作报告征求意见会，参加中共福建省委“四个专题”调研和《关于大力推动我省文化创意产业发展的建议》省重点提案办理调研等活动。会省委领导深入全省各地开展政风行风民主评议工作，参加省重点提案《关于加快我省物流发展的对策建议》等调研活动，参加全国、民进中央和省里举办的重要会议、重要活动，认真履行参政党职能。

二、参政议政

1. 参加政治协商和民主监督。会省委积极参与全省大政方针、重大决策的协商讨论，参加省里重要会议、重大视察、检查、政风行风评议和调研活动。就重要人士安排、政府工作报告、重大事项、全省规划纲要等重大问题，认真听取通报，深入调查研究，坦诚发表意见和建议，在建言献策中体现参政党的职能。例如，在省政府工作报告、中共福建省委关于“贯彻落实《中共中央关于推进农村改革发展若干重大问题的决定》的实施意见”征求意见会上，会省委领导提出了具体的意见。在我省党外干部培养选拔推荐工作、省党外人士工作座谈会上，会省委主要领导提出了建设性意见和建议；会省委各级领导和人大代表、政协委员以及“四大员”积极对事关全局以及国计民生的一些重大问题，对经济与社会生活中存在的不良现象，通过高层政治协商、“两会”发言、提案议案和信息等方式，提出许多有价值的意见、建议和批评，积极发挥民主监督作用。

2. 本省“两会”期间履职情况。在2008年召开的省“两会”上，会省委提交了大会发言9件，大会提案36件。其中会省委单位提案20件，委员提案16件，反映社情民意信息2件。调研成果得到了省委、省政府领导的高度重视。其中，大会发言《以打造品牌为抓手　大力发展我省文化创意产业集群》，省委书记卢展工做了重要批示；大会发言《大力发展我省临港工业产业集群的建议》、《提升我省自主创新能力的建议》得到副省长李川批示；两件单位提案《关于加快我省物流业发展的对策建议》和《关于大力推动我省文化创意产业发展的建议》被十届省政协第二十次主席会议评为重点提案，主席会议共确定重点提案9件，我会占2件。单位提案《关于加快我省物流业发展的对策建议》还被作为重要提案摘报，得到黄小晶省长的批示；单位提案《大力发展我省文化创意产业集群的建议》，也得到黄小晶省长的批示。随后省政协副主席李祖可率领省政协重点提案《关于加快我省物流发展的对策建议》调研组赴福厦漳等地开展调研活动，根据调研情况，省经贸委出台了《关于加快发展我省现代物流业发展的若干建议》，黄小晶省长对该《建议》又做了重要批示。

3. 重点调研情况。一年来，围绕海峡西岸两个先行区建设战略部署和参政党自身建设问题，会省委各级组织共申报课题154个，参与课题组人员近500人，被立项课题99个，形成调研报告99篇，有92篇较高质量的立项课题调研报告通过专家评审验收，调研内容涉及文化、教育、经济、三农、社会、闽台等。一些转化而成的调研成果受到省委、省政府领导的重视。一年来，提案、调研成果、大会发言及信息被卢展工书记、黄小晶省长、梁绮萍主席等省领导批示的有20多件次，获得刘延东等中央领导和国务院、全国政协、中共中央宣传部、中共中央统战部、中央编办、国台办等部门领导的批示或反馈的有多件；被中共福建省委《呈阅件》采用的有1件，被省委政策研究室《调研内参》和《调研文稿》采用的有近10件，荣获2007年全省统战理论研究优秀调研成果二等奖和优秀奖的有2篇，被新闻媒体采访和刊登的有80多件，获第四届福建统一战线海西建言献策论坛一二三等奖的调研文稿有5件，其中《大力推动海峡西岸经济区对台金融合作的先行先试》获一等奖，《推动农业科技进步，促进海峡西岸农业发展的思考》获二等奖，《提升自主创新能力的政策选择》等3篇文稿获三等奖。同时，会省委还完成省委重点课题《改革创新、推动海峡西岸经济区文化大发展大繁荣的调研》，提交了子课题调研报告《闽台文化交流合作先行先试的研究》。会省委配合民进中央联络委员会来闽调研，形成关于"海峡两岸农业合作试验区和台湾农民创业园情况调查"的调研报告。由会省委牵头撰写、多个党派参与的调研课题《把政治协商纳入决策程序，完善民主监督机制，提高参政议政实效》获得中央统战部调研成果一等奖。由我会参与的调研课题《我国政党制度在扩大公民有序政治参与中发挥作用问题研究》获得中央统战部调研成果二等奖。由于参政议政调研工作成绩显著，2008年会省委被民进中央评为全国"参政议政先进单位"。

4. 信息和反映社情民意工作。2008年，向民进中央、省委统战部、省政协上报各类信息80多件次，被全国政协采用5件，被中央统战部采用8件，被中共省委办公厅采用15件次，多篇信息得到省部级领导的批示，信息《提高中小学校舍抗震标准》得到卢展工书记，黄小晶省长，梁绮萍主席，陈桦、苏增添副省长等5位省领导批示，省建设厅高度重视，专门对落实此信息批示作了反馈。另有3篇信息分别得到梁绮萍主席、叶家松副主席等领导批示。会省委荣获2008年度全省统战信息工作先进单位二等奖，信息员被评为先进个人。信息工作在省政协系统也名列前茅，目前居各民主党派第二名。

5. 参政议政能力建设。会省委不断推进履行参政议政职能制度化、规范化、程序化建设，参政议政能力建设进一步加强。一是整合人才资源，增强参政议政实力。重视发挥专委会成员、各级人大代表、政协委员、特邀研究员、特邀监察员、各种监督员和会内专家学者的作用，使他们成为参政议政的骨干力量；通过调研实践的磨练，不断培养出一批新的参政议政有生人员；注重调动基层组织参政议政的积极性，从中发现优秀人才，充实壮大参政议政队伍；注重培养民进各级机关专职干部，促使机关干部锻炼成参政议政骨干；加强与会中央的联合和兄弟党派的合作，积极营造上下协作、纵横互动的工作网络，有效提高参政议政的整体水平。二是完善工作机制，扩大参政议政工作参与面。会省委在继续完善已建立的11个参政议政工作机制的基础上，又先后制定出台了《民进福建省委招标课题及投标办法》、《民进福建省委特邀研究员聘任与管理办法（试行)》、《民进福建省委专门委员会工作守则》等；正式启动了会员参政议政实绩记录在案制和会员参政议政成果通报表扬激励机制。

三、社会服务

会省委认真响应会中央的号召，把社会服务和参政议政相结合，按照"体现党派特色、发挥民进优势、继承优良传统、创新服务机制"的工作思路开展工作，取得了良好的政治效益、社会效益和经济效益。一年来，会省委积极开展海西春雨行动，为永定老区高头乡高头村援建了农村文化中心，协建农村沼气工程，积极开展文化、科技、医疗三下乡和送医、送法、送岗进社区活动。与省女子监狱的服刑人员开展了亲情帮教活动。开展了助学、助困、助残和助残志愿者培训工作。捐助遭受冰雪灾害的宁化县水茜、河龙两个乡镇6万多元；四川汶川地震后，会省委及时动员全体会员开展"情系灾区，共度难关"捐赠活动，省委会领导班子成员带头多次捐款捐物。47位会员向灾区献血。教育界会员参加志愿者，赴灾区对青少年进行心理辅导。医务界会员积极参加救援队、防疫队奔赴灾区，精心医护从灾区转移到我省的伤病员。文艺界会员积极参加义演活动。18位书画界会员创作了24幅书画作品参加民进中央举办的"抗震救灾书画义卖捐赠活动"。会员还通过交"特别会费"，表达爱心。据统计，2008年，会省委各级组织开展社会服务活动200多次，举办各类讲座、培训班8期2000余人次，安置人员就业2500人次，落实项目资金和捐款捐物达1000万多元（其中为灾区捐款捐物总额达284.23万元)，受益群众达10万余人次，认真履行了民进省委应有的社会责任。由于成绩显著，会省委被民进中央评为民进全国社会服务工作先进单位和抗震救灾表扬单位。陈国栋、戴小力、蔡格花3名会员被民进中央评为抗震救灾先进个人。芮纲和戴小力2名会员被中共福建省委评为抗震救灾先进个人。会省委社会服务处和省直经科总支荣获我省"海西春雨行动"先进集体。会省委副主委严可仕、何强，福建民进经济界联谊会会长许维蓄等一批会员获“海西春雨行动”先进个人称号。

四、自身建设

1. 思想建设开创新局面。会省委通过深入开展中国特色社会主义主题教育活动，巩固我会的思想政治基础。一是以开展“高举旗帜永远跟党走”学习培训活动为抓手，以坚定理想信念为重点，加强思想建设，努力提高学习的实效。通过举办培训班、研讨班、短训班或“以会代训”等多种途径和方式，有计划地对各级新任领导班子成员及骨干会员进行集中培训。组织学习中国特色的社会主义科学理论，把学习与会史工作和多党合作理论研究相结合，会省委领导带头宣讲，带头研讨，引导广大会员深刻认识我国多党合作制度的历史必然性和现实优越性，巩固全会多党合作的思想政治基础；二是开展隆重纪念“五一口号”发布60周年活动。组织各种形式的座谈会、学习会、报告会和理论研讨会，赴爱国主义和统一战线教育基地接受教育，举办征文活动，获统战系统征文一、二、三等奖各1篇，获优秀奖2篇，在《福建统一战线》等刊物上发表会省委的纪念文章近20篇；三是开展纪念改革开放30周年系列活动。召开纪念改革开放30周年座谈会和征文活动，在《政协天地》等刊登10多篇会省委的纪念文章；四是召开纪念改革开放30周年参政党建设理论研讨会，成立民进福建省委参政党建设理论研究会；五是筹备和参与省各民主党派、工商联纪念改革开放30周年“春天的颂歌”文艺联欢会，会省委机关参赛节目《我们共同走过》荣获优秀演出奖第一名。

2. 作风建设深入开展。以继承和弘扬民进的优良传统为抓手，讲传统，重品行，加强领导班子作风建设。2008年，会省委出台《会省委领导干部转变作风深入基层若干制度》，加强领导班子的作风建设，初步形成了：一是深入调研，求真务实的作风；二是与基层保持广泛的接触和深入沟通，密切联系广大会员的作风；三是讲团结，促和谐，把发扬民主贯穿于议事和决策的全过程，团结民主的作风；四是廉洁自律的作风。通过作风建设，在领导班子中形成了风正气顺、人和心齐的良好氛围。

3. 组织建设健康有序。2008年，会省委以领导班子建设为重点，着力抓好队伍建设，积极探索会内监督，有序推进会内民主，不断增强基层组织活力，全会的组织工作上了一个新台阶。一是领导班子建设不断加强。出台了《关于加强会省委领导班子建设的意见》，切实加强会省委领导班子的思想建设、制度建设、能力建设、作风建设和后备干部队伍建设。以搞好政治交接为重点，坚持民主集中制原则，完善领导班子议事和决策机制，努力提高领导理班子的政治把握能力、参政议政能力、合作共事能力和组织领导能力。同时，积极呼应中共福建省委建设“两个先行区”的战略部署，提出以“建设先行区，民进要先行”为抓手，切实加强领导班子能力建设。二是加强后备干部队伍建设。在人才的发现、培养、选拔、推荐四个环节上做好工作，建立一支高素质的后备干部队伍。截止2008年底，福建共有7个设区市委会，1个县级市委会，151个支部，会员总数3115人。三是基层组织建设取得新成绩。会省委进一步建立健全组织工作机制，注意组织发展工作和后备干部队伍建设的紧密结合，在巩固老阵地的同时，拓展新领域，加强对基层支部的指导力度，增强基层支部的活力。全年发展新会员170多名，其中重点开拓龙岩组织工作，新发展了龙岩市会员12名。新成立了民进省直省立医院支部。

4. 制度建设不断加强。以贯彻落实民主集中制、加强内部监督为抓手，按照“集体领导、民主集中、个别酝酿、会议决定”的原则，进一步加强制度建设，增强班子的凝聚力，提高工作的透明度。一年来，建立和完善了集体领导和分工负责制，主委会议、常委会议、全委会议制度，机关会议制度，专门委员会工作制度，特邀研究员工作制度，调研和参政议政工作制度，以及宣传、社会服务、机关工作制度。出台《关于加强会省委领导班子建设的意见》和会省委领导转变作风深入基层三项制度，即会省委领导定点联系市委会、会省委领导分管和联络专门委员会和会省委领导定点联系基层组织制度。编印制度汇编，加强与各市委会、各基层支部和各专委会的联系和指导，促进沟通协调，增强班子的凝聚力。此外，会省委还积极探索和研究监督机制建设，提高工作的透明度。

5. 机关建设明显改善。以创建文明单位为契机，以建设文明、高效、务实、创新、廉洁的参政党机关为目标，以“三平”精神为工作要求，进一步加强机关思想、制度、效能、作风建设。坚持学习、教育培训制度，坚定信心，确保正确的政治方向。加强干部的培养、锻炼力度，选派1名干部挂职任邵武市副市长。加强机关管理工作，会省委机关被评为省档案规范化管理先进单位。参与福建省地方志（民进篇）编纂，被评为福建省地方志工作先进集体。严格标准，认真开展省级文明单位创建活动。注意发挥干部职工的积极性，发挥机关党支部、民进支部、工青妇的作用，营造积极、健康、向上的良好氛围。

民进江西省委会2008年工作概述

【概况】 民进江西省委会现有市级委员会9个，市级支部2个，省直工作委员会1个；基层组织116个，其中基层委员会7个（辖20个支部），总支委员会8个（辖44个支部，1个小组），支部100个，小组1个。2008年发展新会员159人，平均年龄37.8岁，其中具有高中级职称的有101人，博士（含在读）3人，硕士（含在读）19人。至2008年底，全省民进会员为2652人，平均年龄48.9岁，高中级职称和中上层人士会员分别占总数的84.8%和95.9%，教育文化出版界会员占总数的68.3%。担任政府和司法机关县（处）级以上职务的有26人，担任各级人大代表和政协委员的有467人（次）。

2008年，在政协江西省十届一次会议上，民进共提交提案103件，占提案总量的16.2%，其中民进省委会集体提案40件，会员中的政协委员提交提案63件；提交大会发言材料21篇，其中《关于支持我省国家食品质检中心发展的建议》、《构建和谐社会必须重视残疾人的就业工作》、《关于加快我省特殊教育发展的建议》三件提案被列为会中办理提案。在民进省委会提交的《关于鄱阳湖湿地保护开发利用的思考》大会发言材料上，中共江西省委书记苏荣作出批示。民进省委会四件提案被评为省政协九届五次会议以来的优秀提案。

由民进省委会牵头与政府有关部门联合调研，在全国政协十一届一次会议上递交的《关于加强对南方离子型稀土资源保护与合理开发利用的建议》提案，得到了国家有关部门的高度重视，国家发改委专程来江西进行了调研，表示支持江西发展离子型稀土产业，并抓紧研究建立稀土资源国家储备制度。目前，国家已正式建立了稀土资源的储备制度，消息传出，国际市场反响强烈，稀土价格已经有了较大上涨，这对江西省稀土资源的保护起了至关重要的作用。在省政协十届一次会议上，民进省委会提出的《关于我省稀土资源保护与合理开发利用的建议》的提案被列为重点督办提案，吴新雄省长及熊盛文、洪礼和两位副省长在提案上都作出批示，省政府专门召开督办会，要求加快落实提案中的建议；《关注“菜篮子”，建议在南昌市率先取消集贸市场工商管理费》的提案，曾引起媒体的高度关注，政府相关部门为此进行了专题调研，8月，财政部、国家发改委、国家工商总局联合发出通知，决定从2008年9月1日起，在全国统一停止征收个体工商户管理费和集贸市场管理费。

2008年，江西民进各级组织和会员在会内外各类媒体刊载文章167篇次，其中在《人民政协报》、《团结报》、《民主》等中央媒体上发稿14篇，在《江西卫视》、《江西日报》、《光华时报》等省内媒体上发稿47篇，全年出版江西民进报10期，刊载各类稿件400余篇，江西民进网全年共发各类文章700多篇。

【深入开展中国特色社会主义主题教育活动】 2008年，民进省委会按照民进中央的工作部署，坚持以中共十七大精神为指导，以主题教育为主线，以领导班子建设为重点，精心筹划，切实推进。

一是以纪念中共中央发布“五一口号”60周年和纪念改革开放30周年为契机，深入开展优良传统教育和思想政治教育。省委会开展了“四讲二赛一参观”活动。精心制作了以“薪火相传，共创伟业”为主题的多党合作图片展板，获得省委省政协领导的好评。在江西民进网站和《江西民进》报开展了“改革开放30周年回眸”征文活动，共收到征文30余篇；向民进中央择优推荐了4篇坚持走中国特色政治发展道路论文，参加了在上海举行的民进纪念改革开放20周年参政党建设理论研讨会，推荐2篇论文参加了全省各民主党派理论研讨会，1篇论文获得民进中央举办的“纪念改革开放30周年”征文活动二等奖。

二是开展各级各类的学习和培训，使主题教育活动覆盖全省各级组织。民进省委会中心学习组进一步完善并落实学习制度，改进学习方法，紧密围绕中国特色社会主义这个主题，结合主委会、常委会和全委会组织学习，民进省委会领导集体以身作则，带头学习，带动全省深入学习贯彻中共十七大精神和民进十大精神。两位副主委参加了新任中央委员，省、市级组织负责人培训班。全委会议期间，省委会举办了新一届省委委员、各市级组织负责人学习班。江西民进网站和江西民进报及时刊发民进会员的学习文章，并向统战系统报刊推荐发表，积极宣传各级组织主题教育活动的工作成果和实际效果。

【以领导班子建设为重点，加强自身建设】 2008年，省委会把改进作风作为领导班子建设的一个重要方面，制定了《民进江西省委会领导班子成员分工联系基层组织制度》，对主委、副主委下基层的基本原则、联系对象等作出规定，明确要求省委会领导每年要利用会内或会外工作到地方时，尽量安排到市级组织和基层组织指导工作、看望会员、了解情况。关心、尊重、爱护老同志是我会的优良传统，六届五次常委会议专门设了一项议程，看望以刘运来为代表的全省民进离退休老同志，表达新年的问候。还专门召开了老同志座谈会，向老同志汇报换届以来的工作，虚心听取老同志对省委会工作的意见和建议。

2008年，制定了《民进江西省委会领导班子成员职责》、《民进江西省委会工作简则》、《民进江西省委会领导班子谈心会制度》、《民进江西省委会领导班子及成员述职与民主评议制度》等制度，这些制度进一步明确了领导成员岗位责任，进一步健全和完善了有关民主程序和决策程序。

2008年，民进省委会加强机关建设，任命了二位部门负责人和二位科级干部，优化了机关干部队伍结构。进一步完善了机关的各项规章制度，先后制定了财务管理制度、财产管理制度、小车管理制度、档案管理办法、公务接待工作制度等，提升了机关工作的科学化、规范化、程序化水平。开展形式多样的学习培训活动，省委会机关干部和上饶市委会全体委员参观了爱国主义教育基地——上饶集中营，缅怀革命烈士的光辉事迹。省委会机关组织学习28次，举办各种知识竞赛2次，干部思想理论素质和业务能力得到进一步提高。2008年，民进省委会机关被评为省直文明单位和全省社会治安综合治理目标管理先进单位。

【召开民进江西省六届二次全委会议】 3月26日至27日，民进江西省六届二次全委会议在南昌召开。在开幕会上，中共江西省委常委、政法委书记舒晓琴出席会议并讲话，省政协副主席、民进省委会主委汤建人代表常委会作工作报告，省委统战部、省教育厅、省文化厅、省新闻出版局、江西出版集团领导应邀出席。民进省委会副主委、省委委员出席会议，各市委会专职副主委、省委会各专委会主任、省委会机关部门负责人列席会议。

与会同志认真学习了中共十七大和十七届二中全会精神，学习了胡锦涛同志在各民主党派中央、全国工商联新老主要领导人座谈会上的讲话精神，学习了中共省委十二届四次全会精神，听取了全国“两会”精神的传达，听取了民进第十次全国代表大会精神传达。会议还表彰了市级组织专项工作先进单位。审议通过了汤建人主委所作的常委会工作报告。

自2007年换届以来，民进江西省第六届委员会高举中国特色社会主义伟大旗帜，以邓小平理论和“三个代表”重要思想为指导，深入贯彻落实科学发展观，按照江西省第十二次党代会提出的要求，坚持以政治交接为主线，突出自身建设、参政议政和社会服务三个重点，着力抓好人才工程、思想作风建设工程、制度建设工程、参政议政精品工程和助学帮困工程，成果丰硕，亮点频出。

【召开民进江西省六届四次常委（扩大）会议】 8月29日，民进江西省六届四次常委（扩大）

会议在抚州市资溪县召开。省政协副主席、民进省委会主委汤建人主持会议并就开展中国特色主题教育活动向常委会议作《加强长效机制建设，为实现科学发展作贡献》的报告。民进省委会副主委、省委会常委出席了会议，民进省委会秘书长、各市级组织主委，民进省委会机关部门负责人列席了会议，省委统战部一处同志应邀出席了会议。

会议认真学习了“中共中央国务院省区市和中央部门主要负责同志会议”精神；传达了民进十二届三次中常会议精神；审议通过了《民进江西省委会关于加强参政议政能力建设的实施意见》等7个文件；重新恢复了社会服务部建制，任命了部门负责人。

【召开民进江西省委会专门委员会主任会议】民进省委会成立了新一届专门委员会，将一批具有一定政治把握能力、参政议政能力、合作共事能力，在参政议政和社会服务工作中有一定建树、成绩较为突出的会员充实到专门委员会队伍中。4月29日，民进省委会第六届专门委员会举行第一次主任会议，研究部署专门委员会2008年的工作。参加会议的12个专委会主任、副主任发言。汤建人主委在讲话中指出，专门委员会是省委会参政议政和社会服务的工作机构，是省委会联系相应界别的纽带，同时也是会员中专家、学者和会务骨干施展才华的重要场所，要充分发挥专家的智力优势，为省委会履行参政党职能提供有力支持。本届专委会共由12个委员会的250名会员组成。建立了省委会主委、副主委分工联系专委会的制度，在每个专委会安排了一名机关工作人员担任联络员，制定了《专门委员会工作通则》和各专门委员会《工作简则》。

【举办迎奥运系列活动】6月28日，由民进江西省委会主办，江西民进书画院承办的为期三天的“纪念改革开放三十周年暨迎奥运江西民进书画摄影作品展”在南昌美术馆开幕。省领导朱秉发、史文清、谢茹、王林森、陈清华、汤建人、郑小燕，老同志刘运来等出席开幕式并剪彩。近三千人观看了展览。此次作品展汇集了民进的知名书画家、摄影家和特邀摄影家的作品近100幅，艺术家们以独到的眼光、新颖的构图、别具的风格表达了江西民进对改革开放三十年来祖国各项事业繁荣昌盛和迎接2008年北京奥运会的喜悦之情。

由民进省委会、共青团江西省委和省体育局联合举办“梦想与未来”——奥运冠军事迹报告会于11月27日在江西财大隆重举行。来自江西财大、华东交大等在昌高校大学生共1600余人到场聆听了报告。在举世瞩目的2008北京奥运会上，有三位江西籍运动健儿勇夺金牌，为中国赢得了荣誉。他们是：男子双人划艇冠军杨文军，赛艇女子四人双桨冠军金紫薇，跆拳道女子49公斤级冠军吴静钰。三位奥运冠军用坦诚的心灵、质朴的话语，为大学生讲述了他们亲身经历的故事，既有生动感人的事例，也有发自肺腑的心声，让在场的每一位听众产生了强烈的共鸣。

【开展专题调研成绩突出】2008年，民进省委会共开展了五项专题调研，完成了《关于抓住机遇推进我省光伏产业加快发展的调研报告》、《顺应城镇化发展规律，加快推进新型城镇化进程的调研报告》、《我省义务教育经费保障机制改革情况的调研报告》、《关于加强我省食品质量监管能力建设的调研报告》、《应用人工湿地污水处理技术》五篇调研报告。其中：为做好省政协二季度专题协商“五河一湖”源头污染防治工作，4月8日至14日，省委会调研组深入修河源头地区及其流域调研考察，掌握了比较全面、真实的第一手资料，据此提出了有较强针对性和操作性的建议，并在省政协协商会上就“应用人工湿地污水处理技术”进行了专题发言，其中“加强农村生活污水处理，大力推广人工湿地农村生活污水处理”等建议被直接采纳到《中共江西省委关于贯彻落实<中共中央关于推进农村改革发展若干重大问题的决定>的意见》中；由《顺应城镇化发展规律，加快推进新型城镇化进程》的调研报告形成的大会发言，在“立足新起点，推进城镇化”统一战线服务科学发展献策会上得到吴新雄省长的高度评价；《关于抓住机遇推进我省光伏产业加快发展的调研报告》获副省长洪礼和的重要批示，新余市政府对调研报告中所提问题和建议进行了详细调研后，专门进行了书面汇报。《关于加强我省食品质量监管能力建设的调研报告》获副省长谢茹的批示。

【组织向地震灾区捐款捐物】5·12汶川地震发生后，江西民进各级组织和广大会员积极响应中共中央和民进中央的号召，以各种形式和途径向灾区伸援手、献爱心、送温暖，积极参加和大力支援抗震救灾工作。省委会向民进四川省委会发出了慰问信，下发《关于发挥民进优势做好抗震救灾工作的通知》，随后，积极组织会员开展向灾区捐款捐物献爱心活动，据不完全统计，截至7月18日，江西民进会员以各种形式通过各种渠道共向灾区捐款捐物221.3万元，其中捐款215.3万元。在会中央开展“为了灾区的孩子们——捐款献爱心活动”中，江西民进会员再一次积极捐款、捐画，为灾区筹得24.22万元善款，其中11.38万元专门用于江西民进助学帮困“海博工程”帮助四川地震灾区学生。

【启动助学帮困“海博工程”】新一届省委会增设了助学帮困委员会，专门开展助学帮困“海博工程”。通过民进基层组织推荐并经一定程序考察，确定真正需要受到帮助的家庭困难学生，通过动员社会各界人士奉献爱心，搭建一个让资助人放心、让受助人安心的有效平台。2008年江西民进“海博工程”共对全省12所高校139名贫困学生（其中50名来自地震灾区）共计发放13.9万元助学款。

【加强民进企业家联谊会工作】为促进民进经济界会员之间相互学习与交流，11月26日，江西民进企业家联谊会第二届会员大会在南昌举行，民进中央副主席朱永新出席开幕式并讲话，参加大会的是来自全省范围内的民进企业界会员百余名，大会选举产生了新一届的联谊会理事会成员，赵彤当选为新一届的理事长。换届大会后，联谊会组织企业家赴京参加了“全球创业型经济论坛”。12月27日，江西民进市级组织中首个企业家联谊会——赣州民进企业家联谊会成立。

【开展三下乡和扶贫济困活动】5月26日，民进省委会到丰城市筱塘乡开展了“送教送医送书”三下乡活动，将民进基层组织募集的2800多册书籍、2000多元的药品送给学生和卫生所，开展了义诊和示范课活动。12月23日，民进省委会医药卫生专委会和妇女儿童专委会在金溪县浒湾镇联合开展送医送药下乡活动，将2000余元药品全部赠给当地卫生所。中秋节前夕，民进省委会联络委员会前往南昌县幽兰镇敬老院，看望了48位孤寡老人，送去了中秋月饼与慰问金。

民进山东省委会2008年工作概述

一、进一步发挥参政党职能，参政议政取得新成就

省委会以提高参政议政质量、增强参政议政实效为目标，以加强骨干队伍建设和工作机制建设为基础，以文化教育领域为重点，加大调研力度，使参政议政工作迈上了新的台阶。

省委会领导参加中共山东省委、省政府举行的座谈会、通报会、协商会10余次，所做发言都引起良好反响，许多意见和建议得到省有关领导及有关部门的高度重视。

在省政协十一届一次会议上，省委会做了题为《全社会行动起来，共同推进素质教育发展》的大会发言，并就山东省文化软实力建设、加快黄河三角洲崛起、加快推进鲁南经济带规划建设、推进我省电子政务建设等关系国计民生和我省发展大局的重要问题提交了9项提案。其中《关于把“倒逼成本管理法”作为节能减排重要机制和抓手的建议》被省政协确定为重点提案，副省长王军民及省政协副主席齐乃贵做出重要批示，省发改委曾数次就此提案的办理与省委会沟通协商，相关媒体也进行了报道。今年6月，省政协十一届三次常委会议就加快文化产业发展问题进行专题议政，省委会做了题为《进一步加强民俗文化资源保护与开发，促进我省文化产业的发展》的大会发言，引起广泛重视和有关部门的肯定。

省委会积极配合民进中央及兄弟省级组织开展课题研究，先后到山东省教育厅、农业厅及部分学校和地市，就台湾农民创业园现状、中小学教师待遇问题、农产品质量安全状况、高中学生学业负担情况、民办教育发展现状等课题进行深入调研，掌握了大量第一手资料。省委会承担了民进中央关于涉诉上访的议政调研课题，课题组走访了省直与之相关的所有部门及部分地市，形成了题为《我国涉诉信访问题的成因及对策研究》的调研报告。省委会还在广泛调查研究的基础上，为民进中央严隽琪主席“进海”协商提供了12条意见和建议，为此会中央专门发来了感谢信。

10月，省委会成功举办了民进华东六省一市第十次工作研讨会，会议围绕“推动文化大发展大繁荣，提高文化软实力”这一主题，交流了华东地区文化建设方面的成果和经验，促进了民进组织在参政议政方面的交流与协作，会议的一些主要观点在《联合日报》进行了大篇幅报道。11月，省委会召开经济工作座谈会，就如何应对金融危机、促进经济平稳健康发展问题向会内外专家征集意见和建议，会后形成了《关于积极应对金融危机影响，促进我省经济健康发展20条建议》上报中共山东省委，《联合日报》也对其中的主要观点进行了报道。

省委会向会中央、省政协和省委统战部等相关部门报送各类信息80余篇，33条信息被会中央《民进信息》采用，10条信息被省政协采用。

省委会注重加强对参政议政实践经验的理论总结和交流。在上半年省政协召开的党派提案工作座谈会和信息工作会议上，省委会分别作了题为《论提案资源的开发与优化配置》和《夯实基础，采取有效措施，努力开创信息工作新局面》的大会发言；在刚刚闭幕的“2008年民进中央参政议政年会暨信息工作会议”上，省委会提交了题为《抓全面、突重点，开拓信息工作新局面》的发言。

省委会把增强会员的政党意识、参政议政责任感作为政治交接学习教育活动的重要内容，贯彻到巡回宣讲和各类培训、座谈活动之中。为了让会员全面掌握参政议政工作的有关知识，省委会印发了《山东民进参政议政工作手册》。省委会对各专门委员会进行了重新整合，把一批参政议政能力较强的会员充实到各专门委员会，使参政议政人才资源进一步得到优化配置，各专门委员会积极开展调查研究，在参政议政工作中发挥了前所未有的作用。

二、发挥优势，务求实效，社会服务工作呈现新局面

省委会始终以科学发展观为指导，把“围绕中心，服务大局”作为社会服务工作根本指针，紧紧围绕党和国家的中心任务积极有效地开展工作。

四川汶川大地震发生后，省委会立即召开会议研究部署抗震救灾工作，下发了《民进山东省委关于积极做好抗震救灾工作的通知》，号召全省民进各级组织和广大会员通过多种方式和渠道为灾区群众送温暖、献爱心、做贡献，要求围绕抢险救灾、恢复生产和灾后重建，及时跟进参政议政和社会服务工作。省委会还及时与四川省委会进行了联系，向他们了解灾情，发去了慰问信。5月26日，民进山东省委下发了《关于开展抗震救灾爱心捐助活动的通知》，在全省民进组织中开展抗震救灾爱心捐助活动，广大会员在前期多次捐款的情况下再次伸出援助之手，捐款总计276010元。另据不完全统计，山东民进会员通过其他各种社会渠道捐款达4010663元。省委会积极响应民进中央的号召，组织开展了抗震救灾书画义卖活动，捐赠义卖书画20幅，筹集认购款20600元。7月，为援助四川灾区抢救和传承羌族文化，省委会筹款两万元寄往四川绵阳市八一帐篷小学，供其购置羌鼓、羌服。在“民进全国抗震救灾先进集体和优秀会员表彰大会”上，我省1个市委会、3名会员受到会中央表彰。

扎实推进民办教育和国学教育“双促工程”，积极开辟社会服务工作新领域。5月，省委会联合烟台南山集团举办了“第二届民办教育南山论坛”，来自全国各地的100余位民办教育专家学者、民办学校及民办教育培训机构负责人，围绕“稳步发展、勇于创新、彰显特色、打造品牌”的主题，就民办教育的发展、创新、特色和品牌等问题进行了广泛探讨与交流。10月，省委会在烟台南山学院举办了首期“学术文化周”，邀请会内外专家就传统文化的传承等问题举行了一系列报告会，直接听众达6000余人次。省委会积极参与“山东省华夏文化促进会”的重建工作，力图以该社团组织作为省委会促进国学教育、开展海外联谊交流的平台。

省委会成立了“山东民进企业界会员联谊会”

和“山东民进书画院”，与企业界会员联合开展了爱心助学活动，举办了民进西部农村教师（山东站）第二期培训班。省委会协助民进中央到临沂开展了以帮助白内障患者复明为内容的“老区光明行动”。省委会的社会服务工作受到民进中央的专项工作表彰。

三、中国特色社会主义主题教育活动扎实推进，自身建设取得新进展

省委会以开展主题教育活动为主线，以领导班子建设为重点，切实加强自身建设。

省委会转发了《民进中央关于2008年在全会开展中国特色社会主义主题教育活动的通知》，制定了活动方案。省委会把纪念中共中央发布“五一口号”六十周年作为开展主题教育活动的重要载体，着力进行多党合作历史经验和优良传统教育。省委会下发了《关于开展中共“五一口号”发布六十周年纪念活动的通知》，开展了征文活动，组织省委委员和部分骨干会员赴西柏坡革命纪念馆参观学习，出席了由中共山东省委召开的座谈会，参加了中共山东省委统战部召开的理论研讨会，组织书画界会员举行了纪念笔会。省委会把纪念改革开放三十周年纳入主题教育活动，深入进行改革开放历史成就和宝贵经验的宣传教育。省委会转发了《民进中央关于开展改革开放三十周年纪念活动的通知》，开展了征文活动，其中2篇入选民进中央论文集，召开了座谈会，网站开设了专题网页。中共十七届三中全会和山东省委工作会议召开后，省委会两次召开了常委（扩大）会议学习传达会议精神。先后下发了《民进山东省委关于学习贯彻中共山东省委工作会议精神的通知》和《民进山东省委关于学习贯彻中共十七届三中全会精神的通知》，制定了学习方案，部署了学习活动的开展。4月中旬，省委会召开会议，组织驻济省委委员、省直（总）支部主任学习中共山东省委书记姜异康在省民主党派、工商联负责人座谈会上的讲话。10月底，省委会中心学习组召开座谈会，深入学习中共十七届三中全会精神。

省委会高度重视对主题教育活动的总结、交流，以领导班子建设为重点，努力把主题教育活动的成效转化为长效机制。3月，省委会召开五届六次常委（扩大）会议，对政治交接学习教育活动查找问题阶段工作做了动员和部署。会后，省委会通过发放征求意见表、召开征求意见座谈会等形式，从思想认识、工作作风和工作实效三个方面查找问题和不足，并形成意见汇总报告，提出了整改措施。4月，省委会参加了中共山东省委统战部召开的政治交接学习教育活动经验交流会，做了题为《在“结合”上做文章，在“做实”上下功夫》的大会发言，受到广泛好评。6月，民进山东省委五届六次主委办公会议决定，针对查找问题阶段反映出的问题重点加强学习制度、培训制度、联系会员制度和会内监督制度建设。8月，在民进山东省委五届七次常委（扩大）会议上，部分市委会和省直支部就各自开展学习教育活动的做法和经验作了大会交流，会议对全省学习教育活动的开展进行了阶段性总结。会议审议通过了《民进山东省委学习制度》、《民进山东省委领导干部联系基层、联系会员制度》和《山东民进教育培训工作制度》。同时，省委会组织开展了对会内监督问题的调研，形成了题为《关于建立健全民主党派监督制度和机制的思考》的调研报告，为下一步建立健全会内监督制度做了必要准备。

省委会在省级以上报刊发表文章和图片20余篇（幅），会刊和网站设立了“纪念五一口号发表六十周年”、“抗震救灾”、“纪念改革开放三十周年”等专题。

2008年，全省发展会员200人，会员总数已达3230人，平均年龄46.3岁，其中具有中高级职称的3001人，占92.9%。全省共有10个市级委员会，2个市级筹备委员会，1个县级委员会，3个省直总支部，29个省直支部，235个基层组织。会员中有49人担任各级人大代表，398人担任各级政协委员，38人担任各级政府及司法部门处级以上职务。

省委会对部分重点建设支部进行了检查督导，提出了整改意见。省委会在下半年开展了评选表彰先进基层组织和优秀会员活动，表彰了62个基层支部和339名会员。成立了民进东营市总支部，完成了民进曲阜师大支部、民进财政学院支部组织换届和民进山东大学总支部下属支部调整工作。完成了民进德州市委的领导班子调整和民进威海市委筹委会领导班子增补工作。9月，省委会举办了“省直驻济新会员培训班”，对30余名新会员进行了培训。

民进河南省委会2008年工作概述

一年多来，省委会在民进中央和中共河南省委的坚强领导下，在中共河南省委统战部的指导帮助下，高举邓小平理论和“三个代表”重要思想伟大旗帜，全面学习贯彻科学发展观，认真学习贯彻中共十七大、民进十大和中共省八届九次党代会精神，积极落实民进河南省第四次代表大会提出的各项任务，自身建设、参政议政、社会服务、宣传等各项工作都取得了显著成绩，为我省的经济发展、社会进步，为中原崛起作出了积极贡献。

一、深入开展中国特色社会主义主题教育活动，宣传思想工作有了新提高

深入开展中国特色社会主义主题教育活动，是民主党派在新时期搞好政治交接的体现，是民进沿着正确方向前进的保障。一年多来，省委会坚持以中共十七大和民进十大精神为指导，以主题教育活动为主线，以会刊和网站为有效载体，以纪念中共中央发布“五一口号”60周年和改革开放30周年为契机，精心筹划，切实推进。2008年年初，省委会下发《关于2008年在河南民进各级组织开展中国特色社会主义主题教育活动的通知》并制定了实施方案。一年多来，省委会围绕政治交接教育活动主题，先后在全省12个市级组织和省直各支部开展政治交接报告会并进行新会章培训。省委会利用会刊、网站等载体，开辟专题栏目、发表理论文章，带动广大会员深入学习。为了使活动扎实有效，民进省委采取走出去的办法，多次组织民进各市委负责人、机关专干及部分省直骨干会员到广西、江苏、上海、江西、湖南等地考察学习政治交接的先进经验和作法。全省各级组织积极响应民进省委号召，积极组织学习会、报告会、培训班。活动的开展，使广大会员接受了系统的中国特色社会主义理论教育，进一步认清了形势，明确了方向，坚定了在当前复杂多变的国际国内形势下，坚定不移地走中国特色社会主义道路的决心和信心。活动的理论成果——《求实创新、系统统筹、构筑政治交接长效机制》，在2008年6月16日，民进中国特色社会主义主题教育活动经验交流大会暨政治交接长效机制建设研讨会上，被列为讲座课题，受到与会代表一致好评。

2008年适逢中共中央发布“五一口号”60周年，这是我国统一战线政治生活中的大事。“五一口号”的发表标志着民主党派由爱国主义走向新民主主义，中国共产党领导的多党合作的形成。当年民进和兄弟党派积极响应“五一口号”，开创了中国共产党领导的多党合作和政治协商制度的新局面。为进一步巩固和深化我会政治交接的成果，继承和发扬我会优良传统，省委会以纪念这一重大历史事件为契机，组织召开座谈会，组织征文等，积极推动全省各级组织开展丰富多彩的纪念活动。省委会领导带头撰写纪念文章，引导我会把民进老一辈的历史选择化为当代民进人的现实选择。各级组织也通过举办座谈会、研讨会、参观历史旧址等活动，回顾多党合作的光辉历程和伟大成就，总结多党合作宝贵经验，使会员们进一步了解了中国民主促进会的奋斗历程和在中国革命与建设中的历史贡献，进一步了解了老一辈领导人在与中国共产党长期合作中形成的优良传统和高尚风范，进一步增强了走中国特色社会主义政治发展道路的自觉性和坚定性。纪念“五一口号”发布60周年征文活动所收到的稿件，收入《铭记历史谱新篇》一书中，成为我会精神文明建设又一成果。其中《铭记历史　谱写时代新篇章》和《坚定信念　风雨同舟》等文章发表在《团结报》上。

2008年是我国改革开放30周年。这30年是中国人民谱写中华民族自强不息、顽强拼搏，并取得辉煌成就的30年，也是中国共产党领导的多党合作事业健康发展的30年。在全国各族人民隆重纪念改革开放30周年之际，民进省委召开了纪念改革开放30周年座谈会等活动，深情回顾30年来我会为改革开放作出的积极贡献，认真总结改革开放促进河南民进发展的重要经验，努力探讨新的历史条件下参政党建设的规律。全省各级组织也结合自身实际，开展富有特色、形式多样的纪念活动，进一步坚定了继续解放思想、坚持改革开放的决心和信心，进一步增强了参政党职能的使命感和责任感。

二、以领导班子建设为核心，自身建设取得新成效

民主党派的自身建设关系到中国共产党领导的多党合作和政治协商制度的巩固和发展，关系到民主党派各项职能的发挥和在建设社会主义和谐社会中所能起到的作用。在全体同志的共同努力下，我会的思想建设、领导班子建设、后备干部队伍建设、组织发展工作、基层组织建设、机关建设都取得了可喜成绩。

领导班子建设是今年工作的重点，今年省委会推荐三名省副主委参加了民进中央举办的民进新任中央委员、省级组织副主委培训班，全面提高领导者素质。坚持中心组学习制度，切实提高政治把握力、参政议政能力、组织领导能力和合作共事能力。坚持主委会议议事规则、常委会议事规则，认真贯彻民主集中制，大力倡导求真务实的工作作风，大兴调查研究之风，提高了决策的科学性，保证了省委会各项工作顺利有序地推进。各级地方组织也采取了切实有效的方法，加强领导班子建设，对促进我会各项工作的开展，起到了积极的作用。

后备干部队伍建设是更好地发挥参政党作用、顺利实现政治交接的基础。省委会建立健全了后备干部的发现选拔、培养锻炼、管理考核、推荐使用的良性机制，积极营造育才、聚才、用才的良好环境。一年多来，省委会分两批选送新任市级组织负责人和机关干部16人次参加了省委统战部举办的“培训班”。使其较系统地了解统一战线和多党合作的历史经验、政策理论、面临的形势、任务与岗位要求，帮助他们开阔眼界，提高认识。目前，我会后备干部队伍已初具规模，这些同志年富力强，政治素质好，文化程度高，有较强的参政议政和组织领导能力，有较广泛的群众基础和代表性，已经成为河南民进新一代的骨干力量。

省委会高度重视组织发展工作，按照《关于进一步做好民主党派组织发展工作座谈会纪要》和《河南省各民主党派组织发展规程》（试行）的文件精神，坚持“三个为主”和“四个有利于”的原则，进一步规范组织发展程序，对教育文化出版界有侧重地做好组织发展工作。一年多来，我会共发展新会员124人，会员总数达2518人。截至目前，全省共有11个市级委员会、2个筹备组，省直有2个委员会、9个支部，基层组织共135个，教育文化出版界会员1641人，占会员总数的65.2%；女会员1134人，占会员总数的45%；高级职称943人，占会员总数的37.5%；中上层人士2299人，占会员总数的91.3%。会员队伍的知识结构、年龄结构得到进一步优化。

省委会高度重视地方组织建设。一年多来，顺利完成了平顶山市委会和信阳市委会的换届工作，民进郑州市委会、南阳市委会和新乡市委会顺利完成班子调整。民进焦作市和驻马店市筹备组认真做好筹备工作，明年成立市级委员会。基层组织担负着组织会员学习活动、发展会员、反馈情况、输送人才的任务，是我们民主促进会的细胞。省委会高度重视基层组织建设，全省市级组织换届后，大部分完成了对基层支部的换届工作。省委会领导每到一地都要与支部负责人座谈，了解组织活动开展情况，还去看望老同志，关心他们的生活，送去组织的温暖。基层组织围绕各市中心工作，在参政议政、社会服务、组织发展、开展活动等方面发挥积极作用。

机关建设是民主党派自身建设的关键环节，是体现民主党派工作水平的重要窗口，关系到党派基本职能的发挥和多党合作事业的发展。省委会高度重视机关建设，积极营造“鼓励干事业，支持干成事业”的良好环境。一年多来，民进省委坚持以人为本的理念，努力改善办公条件和办公环境，建设学习型、服务型机关。鼓励机关干部学习党和国家有关方针政策法规；注意对机关干部能力的培养和提高，促使机关干部树立服务意识。2007年11月，通过河南省公务员招考，招录两名公务员；2008年10月，省委会增加副巡视员一职，省委机关领导班子也进一步充实，这些为工作的开展创造了有利条件。

三、深入调研，发挥优势，参政议政工作又上新台阶

参政议政是参政党的主要职能，是其价值存在的具体体现，也是参政党崇高的使命和责任。目前，河南民进有全国人大代表2人，省人大代表5人；全国政协委员2人，省政协委员33人，其中省政协常委8人、副主席1人。民进省委以高度的政治责任感，围绕党和政府的中心工作、人民群众普遍关心的热点、难点问题，带领广大会员，深入广泛调研，积极建言献策，力争参政参到点子上，议政议到关键处，参政议政成效显著。

一年多来，省委会领导参加中共河南省委、省政府、省政协及省委统战部召开的民主协商会、情况通报会、征求意见会、恳谈会6次。会前都要组织会内专家学者认真座谈，集思广益，围绕我省的中心工作和人民群众关心的热点问题积极发表意见和建议，受到中共河南省委、省政府及党政部门的高度重视。各市级组织在当地中共市委、市政府组织的协商会、通报会、座谈会等政治协商活动中，就当地的经济繁荣、社会发展和政治稳定积极提出意见和建议。省市两级会组织主要领导积极参与政治协商，为促进全省各级党委、政府的科学决策、民主决策发挥了积极作用。

一年多来，省委会领导亲自带领我会参政议政专家队伍，深入群众，深入基层，开展大型调研活动3次，召开参政议政工作会议5次，认真思考筛选参政议政课题，制定调研规划，切实做好提案工作。在省十届一次政协会上，民进河南省委集体提案10篇，其中大会发言5篇，口头大会发言1篇。由我会全国政协委员提交给全国政协的提案《推行保证期制度，确保建筑物质量》，对推动我国的建筑质量立法起到了很好的助推作用，被新华网、《人民政协报》、《河南日报》等几十家媒体报道，并被收入全国政协所主编的《国是建言》一书中。我会提出的《关于解决城市交通拥堵问题的建议》的提案和我会省政协委员、信阳市政协副主席、民进信阳市委会主委周慧超提出的《关于我省农村垃圾处理问题的几点建议》、《关于培训新型农民的建议》的提案入选2008年省政协10件主席重点督办提案。2008年5月20日，省政协、省民进、省公安厅、省建设厅、郑州市人民政府等单位就《关于解决城市交通拥堵问题的建议》的提案进行会商，媒体也进行了报道。我会提交的《关于规范房产市场确保群众购房安全的建议》、《关于促进我省民办教育事业发展的若干建议》的提案和我会省政协委员、民进南阳市委主委刘荣阁《关于修建高速公路别毁坏地方公路的建议》的提案及我会省政协委员、民进许昌市委主委周为民《关于组建省级商业银行的建议》的提案均被《大河报》报道。《关于教育“高考化”与“文化缺失”问题的建议》、《规范风险代理行为　提高诉讼调解的成功率》的提案被《大河报》、《今日安报》报道。新华网以“河南省政协委员提案：个人合作建房风险大宜叫停”为题对《关于规范房产市场确保群众购房安全的建议》的提案进行了报道。我会省政协委员、民进平顶山市委主委马四海就城市交通拥堵问题接受了河南人民广播电台的专访。《大河报》对我会会员、省政协委员张玉林就“医患关系”问题的讨论发言进行了报道。

省委会高度重视信息工作，制定信息报送制度，组建全省信息员队伍，领导亲力亲为。一年多来，信息工作较以往相比，在数量和质量均实现了突破。截至目前，省委会共收集整理信息104篇，向民进中央报送信息55篇，《民进信息》采用篇数7篇，全国政协采用篇数1篇。其中部分高质量的信息或受到民进中央领导、省政协、相关政府部门的关注，或被重要刊物采用，或得到政府的采纳，推动了相关工作的开展。在四川汶川大地震期间，会内专家、会员积极撰写信息，共报送有关抗震救灾信息8篇。民进省委常委、郑州大学法学院副院长沈开举教授以高度的政治责任感经常深入农村基层调研，撰写多篇高质量的信息。其中，《地震灾区重建应与城乡一体化改革试点相结合》一文受到民进中央领导的高度重视并被全国政协采用。《从制度上推进农村全面改革》一文被列为省政协十届四次常委会发言稿，其有关内容被民进中央领导所采纳。我会《关于建立巨灾风险保险机制的建议》一文亦被列为省政协十届三次常委会议大会发言材料。由于工作突出，今年我会的信息工作在民进中央专项工作评比中首次荣获信息工作进步奖。

四、整合资源，拓展领域，社会服务工作取得新成果

积极开展社会服务工作是参政党履行职责，也是树立参政党形象的重要体现。社会服务工作是民主党派履行参政党职能的一个重要方面，是发挥民主党派人才优势和智力优势的重要形式，是为构建社会主义和谐社会贡献力量的重要渠道，是树立民主党派良好形象的重要窗口。

2008 年我国发生了历史罕见的低温雨雪冰冻和汶川地震等特大自然灾害，给人民群众生命财产造成了重大损失。灾情牵动着全国人民的心，也牵动着河南民进的心。民进河南省委积极行动，为抗灾助困做出了应有的贡献。南方低温雨雪冰冻灾害发生后，我会省直四支部会员、河南省第一工程有限公司工会主席闫雷同志作为河南省抗冰抢险第一分队队长，带领大家赴湖南抗冰抢险。他以身作则，坚守在除冰第一线，连续苦干四天五夜，完成受灾最严重的京珠高速郴州段的除冰任务，被评为全国交通行业抗灾保通先进个人并获得全国五一劳动奖章。汶川地震发生的当天，民进省委向四川民进发出慰问信，之后又发出通知，动员全省民进组织和会员支援灾区。收集遴选我会省委副主委陈国桢等著名书画家 15 幅作品，参加民进中央的书画义卖活动。我会省委委员、民进省直四支部主任、省教科所副所长周宝荣带领省直四支部组织“震区移豫学生心理援助专家团”到北大附中河南分校，对四川地震灾区转移来该校就读的 100 名学生进行的心理援助。10 月，民进省委机关又组织向灾区捐赠御寒衣被活动。在抗震救灾中还涌现出了众多先进和动人的事迹。我会会员、华北水院水利水电学院副院长康迎宾教授作为专家组负责人承担江油市 43 座小型水库的除险加固设计和地质勘察工作，冒着暴雨和不断的余震，翻山越岭，跋山涉水，为水库大坝排险提供翔实资料。我会会员、安阳市外出建筑队伍管理办公室主任刘鹏礼任安阳市援建四川灾区过渡安置房工程组副组长，满怀对灾区人民群众的深厚感情，出色完成援建灾区 1286 套过渡安置房及配套公共设施建设任务，使 5700 余名中小学生按时参加高考和复课。民进南阳市委副主委、南阳理工学院心理健康教育中心主任、学生处副处长葛宝岳教授作为心理学专家，亲赴灾区一线，奋战 22 个日日夜夜，采取集体讲座、个别谈心、电台广播等多种形式为受灾群众做心理辅导，帮助受灾群众重建“心灵家园”。由于省委会在抗争救灾工作中的突出表现，被民进中央评为抗震救灾先进单位。同时，康迎宾、刘鹏礼、葛宝岳被民进中央表彰为抗震救灾先进个人。

举办奥运会是中华民族的百年梦想，是我国综合国力和国际地位显著提升的具体体现。我会陈国桢、韩世昉和周晏生被选为火炬手，传递奥运圣火，点燃爱国热情，展示民进风采。商丘民进举行“迎奥运、树新风，爱我家乡，保护母亲河”系列活动启动仪式暨签名活动。表达了迎奥运会召开、树文明新风、保护母亲河的心声。焦作民进举办“我的中国印庆奥运篆刻艺术”展。筹备展出历时四年，参与制作的篆刻工作者有 88 人，精心刻制 74 方冠军印，以寓我国健儿 74 人次夺得 51 枚金牌，充分表达民进人关注奥运、参与奥运、热爱奥运的爱国之心。

省委会本着量力而行，尽力而为，突出特色，发挥优势的工作思路，努力推进智力扶贫、助学兴教、文化下乡等活动。省委会领导带队赴信阳市罗山调研，同当地教育主管领导和校长代表座谈，了解情况，并于 2008 年 10 月，在信阳市罗山县举办革命老区中小学校长第二期培训班，对 200 余名中小学校长进行培训，受到当地政府和与会校长们的一致欢迎。省直组织“‘根之情’唱响中原·‘好个大中原’”系列活动。民进信阳市委赴儿童福利院慰问残疾孤儿。安阳民进以“地球日”为契机，举办环保宣传活动。濮阳民进举办法律、心理健康知识进课堂活动。开封民进举办庆奥运文化广场活动。郑州、洛阳、焦作、商丘、许昌、平顶山、新乡积极组织教师、校长培训、图书捐赠和科技、医疗下乡等活动。

一年多来，我会广大会员在各自的工作岗位上，勤勤恳恳、兢兢业业、无私奉献，取得了优异的成绩，获得诸多奖项和荣誉，也为河南民进争了光。民进省委委员、郑州大学工程力学系副主任、郑州大学国家橡塑模具工程研究中心副主任李倩教授作为主要研发人员，研制完成“神州七号”飞船航天员宇航员出舱头盔面窗课题，所带领的科研团队获得河南省“五一劳动奖状”和“为神舟七号载人航天飞行任务圆满成功做出贡献”的荣誉奖牌。民进省委委员王海云顺利通过全省副厅级干部选拔，现任河南省人民政府法制办副主任。民进省委常委、全国人大代表、国家一级演员李金枝当选为河南省戏剧家协会副主席，荣获第八届中国艺术节观众最喜爱的演员奖。民进开封市委副主委陈冠义被选为河南省曲艺家协会副主席。洛阳民进会员王鸣被选为河南省书协副主席。省直会员、省政协委员马文章被任命为世界华人华侨总会副主席兼总会中华传统文化对外联络委员会会长。开封民进会员张建平入选第二届河南省十大教育新闻人物。省直会员耿志民和朱彤晖入选河南省宣传文化系统第二批“四个一批”人才行列。平顶山民进会员楚淑珍获河南省第十一届戏剧大赛文化表演一等奖。南阳民进会员周同宾获河南省第四届文学艺术优秀成果奖。开封民进会员金钟的汴绣《千手千眼观世音菩萨》获第九届中国工艺美术大师作品暨国际艺术精品博览会中国工艺美术精品奖金奖。省直会员解少勃获中国中青年雕塑家作品邀请展银奖。

民进湖北省委会2008年工作概述

【重要会议】3月30日，民进湖北省五届二次全委会议在武昌召开。会议传达学习了全国“两会”精神，听取、审议通过了周洪宇主委代表常委会作的工作报告。会议号召全省深入开展中国特色社会主义主题教育活动，将主题教育活动同学习中共十七大精神、全国“两会”精神和民进十大精神结合起来，同纪念中共中央“五一口号”发布60周年、纪念改革开放30周年结合起来，全面加强思想建设、制度建设和作风建设，积极履行参政议政、民主监督职能，针对经济社会发展中的重大问题和人民群众普遍关心的热点、难点问题，深入调查研究，提出更具针对性、更有价值的意见和建议，为把湖北建设成为中部崛起的重要战略支点、为武汉城市圈“两型社会”综合配套改革试验区建设做出更大的贡献！

3月29日，民进湖北省五届三次常委会议在武昌召开。会议审议了常委会工作报告和民进湖北省五届二次全委会议议程；审议通过了《民进湖北省委会2008年工作要点》。通报了《民进湖北省委会2008年课题调研安排》和民进湖北省委会2007年与2008年第一季度反映社情民意信息情况。会议由周洪宇主委主持。

4月26日，举行了纪念中共中央发布“五一口号”60周年座谈会，省委会领导、老领导、在汉省委会委员、省直属基层组织负责人出席会议。周洪宇主委作了讲话，指出回顾“五一口号”发布的历史背景，就是要把民进老一辈当时的历史选择转化为现代民进人自觉的现实选择，坚持自觉接受中国共产党的领导，坚持中国特色社会主义道路；就是要发扬民进的优良传统，搞好多党合作，联系实际来思考研究工作，推动民进湖北省委会的工作。

6月27日，民进湖北省五届四次常委扩大会议在武昌召开。会议传达了民进十二届三次中常会精神和民进中国特色社会主义主题教育活动经验交流会精神，通报了省委会2008年上半年工作情况，武汉市等8个市委会和省直属基层组织代表交流了开展以坚持走中国特色社会主义政治发展道路为主题的政治交接学习教育活动的经验和开展抗震救灾工作的情况。会议由周洪宇主委主持。

9月28日，民进湖北五届五次常委会议在武昌召开。会议主要通过了民进湖北省组织工作会议的日程和议程，并对《民进湖北省委会关于进一步加强组织建设的意见（试行）》进行了讨论。民进中央组织部部长王建国参加了会议。会议由周洪宇主委主持。

9月28日，召开了全省组织工作会议。省委会领导、各市委会、省直属基层组织分管组织工作的负责人60余人参加了会议。中共湖北省委统战部副部长黄波、民进中央组织部部长王建国出席会议并作重要讲话。会议总结成绩，交流经验，讨论了《民进湖北省委会关于进一步加强组织建设的意见》，为全省民进组织工作建设指明了方向。

12月12日，召开举行纪念改革开放30周年座谈会。省委会领导、老领导、在汉省委常委、委员、省直属基层组织负责人出席会议。周洪宇主委作了讲话，指出改革开放30年，是不断解放思想、实事求是、与时俱进，建设中国特色社会主义的30年；是中国共产党领导的多党合作和政治协商制度不断完善的30年，是湖北民进不断发展壮大做出贡献的30年。回顾历史，总结成绩，找出不足，进一步明确方向，有利于民进更好发展，更好地履行参政党职能，围绕省委省政府的中心工作献计献策。

12月27日，民进湖北省五届六次常委会议在武昌召开。会议传达了民进十二届二中全会精神，听取了对参政议政暨信息工作会议的有关筹备工作情况的汇报，讨论通过了《民进湖北省委会关于在全省深入学习贯彻科学发展观的方案》，并对民进湖北省抗震救灾先进集体和优秀会员进行了表彰。会议由周洪宇主委主持。

12月28日，民进湖北省参政议政暨信息工作会议在武昌召开。省委会领导，各市委会主委、参政议政工作分管副主委、机关专职干部，省委会专委会主任，省直属基层组织负责人50余人参加了会议。会上，传达了民进中央参政议政年会暨信息工作会议精神，并对换届以来全省参政议政暨信息工作情况进行了报告。会议指出，参政议政是党派的生命线，要把握政协大会、双月座谈会等各种大会发言的机会，注重议案提案的撰写，注重信息的收集和反馈；议政要围绕中心，服务大局，要巩固老阵地，同时开拓新领域；要进一步完善参政议政暨信息工作的机制，特别是组织机制、激励机制；要进一步加强参政议政队伍建设。

【参政议政】 修改、完善了《民进湖北省委会专门委员会工作通则》、《民进湖北省委会参政议政调研课题管理办法》、《民进湖北省委会参政议政成果奖励办法》、《民进湖北省委会走访省直机关工作程序》等制度，形成了以省委会领导挂帅、市委会、专委会和基层组织为依托、骨干会员为依靠、会员广泛参与的参政议政工作机制。

围绕省政府“双月座谈会”、省政协常委会和省委会自定的18个课题深入开展调研，形成向省委省政府的建议材料，就我省“两型社会”建设、新农村建设、旅游、文化出版事业的繁荣发展、基础教育和职业教育的改革与发展、湿地保护、光电子产业发展等重点课题深入开展调研，提出较高质量的意见和建议。在十届一次省政协会议上提交大会发言材料16篇，提交集体提案18件，其中2篇被选为大会口头发言，《关于加快湖北旅游业发展对策建议》被列为主席督办的重点提案。集体提案《关于大力发展湖北旅游产业发展的对策建议》和《加强农民工合法权益的法律保护，促进社会和谐稳定发展》，个人提案《关于筹建我省示范性养老服务机构的建议》、《开展政府绩效审计，提高资金使用效益，推进和谐湖北建设》被评为优秀提案。

6月，民进湖北省教育委员会赴黄石等地就农村义务教育经费保障机制进行调研；7月，民进湖北省科技委员会就湖北省湿地环境与血吸虫病疫情动态及防治策略赴鄂州、荆州等地进行调研；8月，民进湖北省委会同民进武汉市委会联合开展“汉阳造”文化创意产业调研；10月，民进湖北省出版委员会就“农家书屋”赴恩施进行调研；11月，民进湖北省妇女委员会赴襄樊等地调研鄂西生态旅游圈建设等。

2008年，省委会强化措施，进一步加大信息工作力度，向会中央报送信息110篇，被会中央《民进信息》采用31篇，全国政协单篇采用1篇，综合采用1篇。向省政协报送信息133篇，被省政协《各界反映》采用10篇，转报转送6篇，省政府办公厅《专报信息》采用1篇，省委办公厅《湖北今日重要信息》采用2篇，并获省政协信息工作二等奖。

【社会服务】 2008年5月12日，四川发生里氏8.0级特大地震灾害后，民进湖北省委会积极响应会中央、中共湖北省委、省政府号召，按照统一部署，号召全省各级组织紧急行动起来，发扬“一方有难、八方支援”的精神，充分发挥民进的智力优势，有钱出钱，有力出力，有智出智，从各个方面积极开展抗震救灾工作。据不完全统计，截止6月16日，湖北民进各级组织通过各种渠道捐款人民币125万余元。省委会在会中央组织的“为了灾区的孩子们——捐款献爱心活动”中，收集18位书画界会员的书画作品47幅，将26幅书画精品送达民进中央，并于6月12日在机关举行

"为了灾区的孩子们——民进湖北省委会抗震救灾书画义卖会"。民进武汉市委会被评为民进全国抗震救灾先进集体，吴冲龙、徐国清、李国庆被评为民进全国抗震救灾优秀会员。12 月，在五届六次常委会上，对全省抗震救灾先进集体和先进会员进行了表彰。

全省各级组织进一步发挥人才智力资源优势，开展定点扶贫和"三送下乡"活动，为农业农村农民服务，为建设和谐社会出力。11 月份，省委会组织医疗卫生界和新闻出版界会员到省委会扶贫点开展"送医、送药、送图书"活动，到现场就诊的病人数十名，捐书 2400 册，价值近四万元。

【自身建设】2008 年，省委会及时转发了民进中央关于在全会开展中国特色社会主义主题教育活动的通知，并制定了方案，印发了《民进湖北省委会关于政治交接学习教育活动第三、四阶段工作的意见》和《关于征求对省委会领导班子、省委会工作的意见的通知》，指导各级组织主题教育活动的开展，根据征集的意见并结合实际情况，制定了《民进湖北省委会关于领导班子政治交接学习教育活动整改措施》。中心学习组带头学习领会中共十七大和民进十大精神，组织会员学习全国"两会"精神和新会章。11 月，省委会组织巡回报告团赴襄樊等 7 个市委会巡回报告，学习新会章和如何搞好民主党派参政议政工作。围绕纪念中共中央发布"五一口号"60 周年和改革开放 30 周年，开展丰富多彩的纪念活动。参加了中共中央统战部、民进中央等有关单位组织的"薪火相传，共创未来"的征文活动，共上报征文 14 篇。省委会组织了纪念改革开放 30 周年征文活动，共收到征文 49 篇，并评出一等奖 5 篇，二等奖 10 篇。

会刊《湖北民进》全面改版，坚持贴近时代、贴近会务、贴近会员、贴近社会的办刊宗旨，努力办出特色，被评为民进全国会刊工作先进单位。湖北民进网站充分利用现代技术，密切配合形势，及时开辟了纪念中共中央发布"五一口号"60 周年、抗震救灾、纪念改革开放 30 周年等专栏，坚持正确的舆论导向，扩大宣传我会的渠道。

加强领导班子建设，制定了《民进湖北省委会领导联系各市委会制度》，4、5 月份，省委会领导根据分工到所联系的市委会进行调研。6 月，对省直属的 26 个基层组织建设情况进行调研，为了解基层组织的现状、总结工作经验和存在的困难和问题，为探索新形势下做好组织工作掌握了第一手材料。认真贯彻落实省委会关于加强组织发展、实施人才强会战略的工作思路，积极稳妥地做好组织发展和后备干部工作，并制定了《民进湖北省委会关于进一步加强组织建设的意见》和《民进湖北省委会新会员审批方案》，注重做好重点人士的发展工作。2008 年发展会员 177 人，全省共有会员 3359 人。选送副主委一名参加了会中央培训，选送 7 名骨干会员参加了湖北省民主党派中青年骨干培训班学习。7 月，举办了新会员培训班和骨干会员培训班。

加强制度建设。省委会修改完善了《民进湖北省委会全委会议制度》、《民进湖北省委会常委会议制度》、《民进湖北省委会主委会议制度》等会议制度，以及《民进湖北省委会机关财务管理暂行办法》、《民进湖北省委会车辆使用和管理办法》等工作制度共计 40 余个。

加强机关思想建设、制度建设和工作作风建设，坚持每周一次学习制度，组织机关干部赴红安老区接受革命传统教育，在机关开展了"提高党派机关执行力"大讨论活动，进一步提升了机关的精神面貌。机关开展了文明创建和档案省一级达标活动。

民进湖南省委会 2008 年工作概述

2008 年，民进湖南省委围绕湖南经济、社会发展的大局，切实加强自身建设，积极履行参政党职能，完成了全年目标任务，取得了可喜的成绩。

【参政议政】在省政协十届一次会议上，民进湖南省委提案《启动和培育农村文化市场，推进湖南新农村建设》被评为"优秀提案"；《关于湖南水安全保障和对策的建议》被列为 2 号提案，成为省政协主席重点督办的 3 个提案之一。7 月，在中共省委统战部举办的各民主党派省委、省工商联和无党派人士 2003—2007 年参政议政专题调研评比中，民进湖南省委共有 5 件成果获奖，专职副主委汤泽培获得“参政议政专题调研特殊贡献奖”，民进湖南省委获得“参政议政专题调研组织奖”。向中共省委、省政府汇报了 4 个重点调研课题，省政协大会发言和集体提案 15 件。其中《关于大力推进长株潭城市群“两型社会”生态文明与环境文化建设的建议》在 12 月举行的课题汇报会上获得广泛好评。在中共省委统战部组织面向全省的课题调研招标活动中，我会省委成为中标的两个党派之一，完成了《配备非中共正职的政府工作部门如何落实行政首长负责制》的调研课题。在做好调研的同时进一步健全参政议政管理机制。正式形成了主委亲自挂帅、副主委直接承担课题的工作模式，在议政调研过程中进一步拓展了联动机制，将 8 个专委会和 9 个市委会作为参政议政工作的主体，加大与政府和会外专家的合作，极大地促进了参政议政工作的组织化、社会化程度，实现了“四个联合”：一是加大与会中央及省外各兄弟省市级组织的联系，建立合作关系；二是加强与政府各级部门的横向联系与合作；三是加大与会外专家学者的合作；四是加强与会省、市、基层支部组织间纵向联合。为全面梳理和总结五届会省委在参政议政工作中的探索和成果，民进湖南省委组织编撰了《兴湘诤言》一书。

【组织建设】出台了《民进湖南省委关于加强组织建设工作的意见》。下发了《关于调整、完善组织工作“五库”建设的通知》，加强了组织信息管理系统建设。开展了“立足本职，我为富民强省做贡献”主题实践活动，经过各基层组织的民主推荐和会省委主委会议的综合评定，王东等八名在本职岗位上做出优异成绩的会员同志被推荐表彰。开展一系列活动，进一步提高了湖南民进各级组织领导班子素质。切实加强后备干部队伍建设，出台了《民进湖南省委关于省、市领导班子后备干部的推荐办法》切实加强基层组织建设，民进张家界市筹委和怀化市筹委正式成立，新成立了省直经济二支部；完成了省直法律支部成立的前期筹备工作；顺利完成了民进湖南师大委员会和医卫支部的换届工作。年内全省共发展新会员 167 名。

【社会服务】民进湖南省委高度重视社会服务工作，积极参与抗冰救灾和抗震救灾。加强对企业家联谊会工作的指导，组织承办了“民进 2008 年全国企业界会员联谊会会长联席会议”。继续开展西部教师培训。新型老年大学的筹建工作在年内取得了突破性的进展，已与投资方就新型老年大学的建设达成原则性意向，初步规划也已完成。《抢救、整理、传承中国传统戏曲》项目，已准备初步结题，十万张戏曲动漫光碟下乡进校活动也已启动。一年来，我省各级组织和广大会员通过开展社会服务工作，在教育文化、医疗卫生、农林科技等方面的投入达 2800 余万元，受众达 611 万余人次；在应对突发自然灾害的重大社会公益活动中共筹措捐赠资金 572 万余元；通过社会服务工作反应社情民意、提供参政议政素材 69 条次，向会中央报送社会服务工作信息 44 条次，联合新闻媒体对社会服务工作开展报道 37 项次。在民进中央年度专项工作评比中，民进湖南省委荣获“2008 年度社会服务工作先进单位”称号。

【宣传信息工作】民进湖南省委积极响应民进中央和中共省委的号召，在全会上下开展了进一步解放思想、深入学习贯彻科学发展观活动，在会刊《楚帆》上开设“解放思想大讨论”专栏，全省共有一千多会员通过会刊的专栏和网络平台参与了大讨论活动。结合纪念中共发布“五一口号”六十周年和改革开放三十周年，以政治交接学习教育活动的开展为主线，抓好了第三阶段和第四阶段的各项学教活动。协助确定由何炳麟先生创办的“岳云中学”作为湖南各民主党派政治交接学习教育基地。全年，共发表宣传稿件 300 多篇，其中会中央网站采用 119 篇，三湘统战网采用 16 篇，民进中央、省政协社情民意稿各采用 7 篇。其中，《建议中共十七届三中全会研究农村土地流转问题的建议》一文被全国政协采用。会刊《楚帆》办刊质量也有了进一步提高，会刊工作受到民进中央的表扬。

【制度建设】出台和完善了一批新的制度，进一步规范了各项会务工作。出台了《民进湖南省委专项工作考核试行办法》和《民进湖南省委关于加强对全省专职干部考评考核工作的意见》，着手编撰《民进湖南省委制度汇编》。

民进广东省委会2008年工作概述

【全体委员会议】六届三次会议　12月23日至24日在广州举行。全国政协副主席、民进中央常务副主席、民进广东省委主委罗富和出席会议并作了讲话。省委统战部何文洪副部长到会祝贺。会议听取并审议通过了陈国安副主委代表民进广东省六届常委会对六届三次全会作的工作报告，听取了张波副主委传达民进十二届二中全会精神，学习了中共十七届三中全会精神、胡锦涛在纪念党的十一届三中全会召开30周年大会上的讲话，学习贯彻了民进十二届二中全会精神。会议对抗震救灾先进集体和优秀会员、市级组织专项会务工作先进单位及优秀提案进行了表彰。推荐了领导班子后备干部人选，审议通过了大会决议。

【常务委员会会议】第6次会议　4月30日在广州召开。会议由区鉷副主委主持。会议传达了全国“两会”和民进十二届二次中常会精神；汇报了政治交接主题学习教育活动有关情况；讨论通过了《民进广东省委关于加强民主集中制改进领导作风的意见》、《民进广东省委会议制度》。会议审议并原则通过了各工委2008年工作计划。全国政协副主席、民进中央常务副主席、民进广东省委主委罗富和，副主委区鉷、陈国安、张波、陶凯元、鲁开垠，秘书长胡献等13位常委出席了会议。

第7次会议　6月19日在广州召开。会议由区鉷副主委主持。会议传达了民进中国特色社会主义主题教育活动经验交流会精神；审议通过了《民进广东省历届省委委员联谊会活动简则》、《民进广东省历届省委委员联谊会筹备方案》及《民进广东省历届省委委员联谊会名誉会长、会长、副会长和秘书长名单》；研究确定2008年重点议政调研课题。副主委区鉷、陈国安、陶凯元、鲁开垠，秘书长胡献等11位常委出席了会议。

第8、9次（扩大）会议　7月28日在广州召开。会议由区鉷副主委主持。会议贯彻中共广东省委组织部《关于公推公选43名副厅领导干部的实施意见》，通过无记名投票，确定了鲁修禄、洪岸作为我会推荐的副厅级领导干部人选。副主委区鉷、陈国安、张波、陶凯元等10位常委及8位地方组织负责人参加会议。

第10次会议　10月24日在广州召开。会议学习了中共十七届三中全会和民进十二届四次中常会精神；讨论并通过了《民进广东省委领导班子后备干部队伍建设方案》；通报并讨论了《民进广东省六届十八次主委会议关于解决东莞民进换届遗留问题的意见》。会议通报了领导班子民主生活会情况。会议还讨论了向会中央推荐抗震救灾的先进集体和优秀会员人选。全国政协副主席、民进中央常务副主席、民进广东省委主委罗富和出席并主持会议，副主委区鉷、张波，秘书长胡献等10位常委出席了会议。

第11次会议　12月23日晚在广州召开。会议讨论通过了民进广东省六届三次全会议程、日程；审议了工作报告（草稿）；讨论全会决议（草案），并同意提交六届三次全会讨论；通过了《关于表彰抗震救灾先进集体和优秀会员的决定》、《关于表彰市级组织专项工作先进单位的决定》、《关于表彰2008年提案的决定》及《民进广东省委后备干部人选推荐名单》。会议还对2008年立项的十个课题进行了结题论证。民进中央常务副主席、民进广东省委主委罗富和出席并主持会议，副主委区鉷、陈国安、张波、陶凯元、鲁开垠，秘书长胡献等15位常委出席了会议。

【主委会议】2008年共召开了11次（九次至十九次）主委会议，分别由罗富和主委、区鉷副主委主持。会议对2008年省委会工作进行充分的讨论与部署。把学习中共广东省十届二次全会精神作为今年我会中国特色社会主义主题学习教育活动的重要内容，通报了抗震救灾情况，对机关干部建设、会内监督制度等进行了讨论，形成初步意见。会议还对省委会日常工作、重大活动进行讨论和部署。

【专门委员会工作】

统战理论研究会　承办了纪念改革开放三十周年座谈会；开展了“纪念改革开放三十周年”征文活动；协助省委会开展纪念“五一口号”发布60周年系列活动；协助省委会举办了“薪火相传，共创未来——纪念中共中央发布‘五一口号’60周年座谈会”；到肇庆市委会举行理论宣讲，开展主题教育活动。

提案工作委员会　召开了提案工作情况通报会；协助举办了参政议政年会暨全省议政调研选题论证会议；审议省委会参政议政工作先进单位申报材料；积极参与了“我为广东自主创新献一策”活动；对部分提案工作人员进行培训；完成遴选市级组织申报课题和立项的课题结题会议；撰写提案《推动构建粤港澳经济合作区，加快三地经济从合作迈向融合》；就“建立和完善全省统筹的社会保障体系”进行调研和座谈。

教育工作委员会　完成《对我省特殊教育发展的调查和对策研究》的课题申报和调研工作；参加《广东省深化普通高校招生考试改革方案（征求意见稿）》座谈会，提出意见、建议；配合省委会征集关于《国家中长期教育改革和发展规划纲要》的意见建议并及时反馈给会中央；组织赴连南、连山的支教活动；举办民进全省教育领域参政议政工作座谈会。

文化出版工作委员会　提交的《关于加快我省文化创意产业发展的建议》被选为省委会重点立项调研课题，完成调研撰写工作；配合民进中央进行专题调研选题工作；发动委员就国家经济和社会发展中的重大问题开展了网上征集意见和建议；开展书面调研，协助民进中央完成关于“完善文化投入机制，保障人民文化权益”在广东的课题调研任务。

科技工作委员会　提交的《关于完善广东省高校和科研院所人才评价体系的建议》被选为省委会重点立项调研课题，完成调研撰写工作；就《关于深化医药卫生体制改革的意见（征求意见稿）》提出了建议；与广东科学中心联合向省科技厅申报“加强开展弱势群体的科普项目”，并获立项。

社会法制工作委员会　完成《关于进一步完善我省展会知识产权保护立法的若干建议》的课题申报和调研工作；先后组织开展了“对检察工作与检察队伍建设的意见”、“对《关于深化医药卫生体制改革的意见（征求意见稿）》的修改意见”、“关于在知识产权工作中践行科学发展观的建议”等调研，形成调研报告3篇，被省委会采用的信息5篇；积极配合浙江省委社法委的调研工作，召开了座谈会。

经济工作委员会　完成《关于构建广东省粮食安全预警体系及保障体系的建议》和《推进珠三角劳动密集型产业转移的建议》的课题申报和调研工作；为省委会参加省委省政府的相关专题协商会、专家座谈会等提供参考意见。

资源环境工作委员会　完成《关于在环珠江口地区开展生态农村创建工程的建议》的课题申报和调研工作；《关于推进我国城市污泥规范处理与资源化利用的建议》被确定为会中央2008年度参政议政课题，并完成课题撰写工作。

妇女工作委员会　就国家大政方针及有关政策组织委员参加学习活动；组织近150位女会员前往从化宝趣玫瑰园共庆三八节；进一步健全女性人才库，继续协助组织部门做好妇女干部的培养工作。

联络工作委员会　举行“如何做好海峡两岸经济文化交流”座谈会；参与了会中央调研组就“海峡两岸农业合作试验区和台湾农民创业园情况调查”课题进行的调研，并召开座谈会，形成了《关于海峡两岸农业合作试验区的调研报告》；举行了中秋思亲联谊活动；为省委会举办粤台传统中医学术研讨会做好前期工作。

离退休工作委员会　召开工作会议，分别出版了《老人保健手册》中的“保健篇”、“食物宜忌篇”、“饮食篇”和“用药篇（二）”四期，共1400份；组织近130名离退休会员到广东科学中心参观；联合部分总支以茶座聚会形式对十多位老同志进行慰问；组织编审小组，编辑《余热之光》书稿。

【重要活动】在省政协十届一次会议提交的提案情况　在省政协十届一次会议上，共向大会提交10件集体提案。其中，《积极稳妥改革我省现行高考模式，促进基础教育的良性发展》作为大会发言，《关于我省非物质文化遗产保护与发展的建议》，《关于加快制定颁布 < 广东省科学技术普及条例 > 的建议》，《关于在广东省着力推行陆源污染海域公益诉讼的建议》，《23 个省级产业转移工业园建设中的问题与建议》，《关于推进我省城市污泥规范处理与资源化利用的建议》作为书面发言。我会的 3 件提案，获得优秀提案奖。大会发言和大会即席发言，省委会都被安排在第一个。8 家省市主流媒体都在黄金时段或 A 版对我会的提案进行了报道，网络媒体共转载报道 100 多次。鲁开垠副主委的《破解广东发展十大难题的建议》一文，受到中共广东省委书记汪洋的重视，被《南方日报》整版刊登。

（1）省委书记督办提案　省委会的《推动构建粤港澳经济合作区，加快三地经济从合作迈向融合》提案，是汪洋书记来粤后督办的首个提案，也是广东历史上首个由书记亲自督办的提案。汪洋书记对该提案给予了高度评价，认为提案针对性强、创新性强、可操作性强，“真正表明了‘智库’的水平。”

（2）政协主席重点督办提案　《关于我省非物质文化遗产保护与发展的建议》被省政协主席会议确定为重点提案，由蔡东士副主席牵头督办。

开展“走中国特色社会主义道路”主题教育活动　组织会员参观王绍鏊故居和民进成立旧址；编制《广东民进大事记》，加强会史资料整理；成立民进广东省历届委员联谊会，发挥历届省委委员在弘扬民进传统、促进发展等方面的作用；加强了多党合作历史经验和我会优良传统的教育，深化了会员对广东民进“以党为师、立会为公、参政为民、服务为本”核心价值的理解和认同。以重大事件为契机，强化主题教育的效果：举办纪念中共发布“五一口号”60 周年和改革开放三十周年系列活动，共征集纪念文章 98 篇；举办座谈会进行交流和研讨；组织会员参观“敢为人先——广东改革开放三十周年成就展”；在广东民进网站和会刊开设专栏；积极参与会中央“改革开放三十周年回眸”专题网页观摩展。开展“抗震救灾感言”征文活动，共收到文章和诗词 81 篇。

（3）“解放思想大讨论”系列活动　召集民进“两会”委员和代表围绕“继续解放思想，积极参政议政”的主题进行座谈；召开了“解放思想，推进广东民进工作上新台阶”座谈会；将“思想大解放，推动大发展”作为地方组织主委学习座谈会的重要学习内容；《广东民进》迅速刊发一系列有关探讨文章，广东民进网站也开设了“继续解放思想，积极履行职能”专栏。

（4）教育领域参政议政工作座谈会　民进全省教育领域参政议政工作座谈会于 9 月 17 日至 19 日在顺德召开。民进广东省委副主委区鉷、鲁开垠出席会议并作讲话。教育工委全体成员、省直和各地方组织部分教育专家学者等近 40 人参加了座谈会。这次会议进一步发掘教育领域参政议政人才，研究了教育领域值得长期关注的课题。

（5）第二期信息员培训班　7 月 9 日至 11 日，在清远举办全省信息员培训班。全省各级组织信息员 36 人参加培训。秘书长胡献主持了培训班的学习，并作了开班动员和结业小结。省政协信息处赖南辉同志应邀作了关于如何做好信息工作的讲座。佛山秘书长陈晓东、广州市委会信息员蔡旻丰就本市委会做好信息工作的经验做了交流发言。参工处处长张庭有、宣教处副处长钟敏分别介绍了 2008 年上半年参政议政、会务信息工作情况。

（6）“我为广东自主创新献一策”活动　“我为广东自主创新献一策”交流会于 3 月 31 日在广州举行。副主委鲁开垠在会上发言。全省民进各级组织和广大会员共提交文章 60 多篇。其中 30 篇被省委统战部采用。

（7）抗震救灾系列活动　先后 4 次发出通知进行动员。组织会内知名书画家和企业家参加“民进抗震救灾书画义卖”活动，共收到价值 110 多万元的书画作品，落实书画款 80 多万元。广大会员还缴纳了 73 万多元的“特殊会费”用于灾区重建校园。至 6 月 12 日，广东民进共向灾区捐款 1421 万多元，捐赠价值 200 多万元的救灾物资。向会中央和省委统战部上报信息 14 篇。其中《关于灾区重建的若干建议》、《尽快引进用于地震救援的大型直升机和探测救援设备的建议》被全国政协采纳。被会中央评为“民进全国抗震救灾先进集体”，陈永锵、林炜、姚本棠被会中央评为“民进全国抗震救灾优秀会员”。

省委会还被民进中央评为“2008 民进全国社

会服务工作先进单位”“2008 年民进全国参政议政工作先进单位”。

（8）参加各级协商会、座谈会　省委会领导参加了中共省委召开的由汪洋书记主持的党外人士座谈会、省委组织部召开的《广东省领导班子和领导干部落实科学发展观评价指标体系及考核评价试行办法》征求意见座谈会、中共省委召开的《中共广东省委、广东省人民政府关于争当实践科学发展观排头兵的决定》征求意见座谈会、省政协召开的“关于解决我省非户籍务工人员子女接受义务教育问题”专题协商座谈会、省政协召开的听取民主党派“关于对省委、省政府领导班子及成员”的意见和建议座谈会、“推进我省文化产业机制创新，增强文化发展活力”专题协商座谈会、“关于对省政协工作、省政协领导班子及其成员的意见和建议”的座谈会等会议。

（9）“粤台传统中医（针灸推拿）学术研讨会”　11 月 14 日至 16 日，由民进广东省委等共同举办的“粤台传统中医（针灸推拿）学术研讨会”在广州举行。40 多位医学专家参加了研讨会。副主委鲁开垠宣读了全国政协副主席，民进中央常务副主席、广东省委主委罗富和的贺信。研讨会围绕传统中医（针灸推拿）疗法与现代医学如何相得益彰、中医独特疗法、推拿手法等多个课题进行交流。共收到论文 32 篇，共有 11 位专家作了主题发言。

（10）华农大总支配合会中央帮扶毕节　民进华农大总支促成该校新农村建设中心与贵州毕节地区农业项目的技术合作协议，配合会中央在毕节地区开展生态扶贫和产业帮扶。

（11）帮扶广西上思系列活动　与广西民进携手，分别于 7 月 22 日至 25 日，10 月 27 日下午至 31 日，成功举办“民进西部农村教师培训班”——广东站第四、五期，培训教师 350 多名、小学行政干部 30 名；发放“上思中学香港德惠奖学金”70000 元；开设“瑶胞女子班”并建立助学金 15 万元，发放助学金 5 万元。

【自身建设】 1. 领导班子建设。分别召开了省直总支（支部）主任座谈会、地方组织主委学习座谈会、机关座谈会，进而形成《关于解放思想，进一步改进省委会工作的建议》；领导班子召开了民主生活会，对照《建议》提出了 7 项整改措施；省委会还通过地方组织主委学习座谈会，对地方组织领导班子进行培训。2. 制度建设。重新修订了《民进广东省委关于加强民主集中制改进领导作风的意见》；制定了《民进广东省委会议制度》；进一步完善了正副主委分工联系地方组织、工委制度。3. 机关建设。通过了《民进广东省委机关“四项建设”的实施意见》；编制机关文化建设方案，建立读书和学习制度；加强机关制度建设，完成机关中层干部晋升、调任工作，完成机关公务员招考工作。4. 组织建设。完成部分总支、支部的换届工作；成立了民进清远小组；成立了历届省委委员联谊会；加强后备干部队伍建设；通过公推公选，民进珠海市委主委被任命为广东省发改委副主任；举办地方主委学习班与 2008 新会员学习班。

【重要文件】

常委会工作报告（2008 年 12 月 24 日）（略）

罗富和副主席在民进广东省六届三次全会上的讲话（2008 年 12 月 25 日）（略）

《民进广东省委关于加强民主集中制改进领导作风的意见》（略）

《民进广东省委会议制度》（略）

【组织概况】 我会现有省辖市委会 16 个，县区级委员会会 4 个。2008 年新发展会员 242 人，占会员总数（7008 人）的 3.4%，平均年龄 49.8 岁。高级职称 2003 人，占会员总数的 28.6%，各级人大代表 133 人。全国政协副主席 1 人，委员 2 人。省级政协常委 5 人，委员 24 人，市级政协副主席 10 人，常委 39 人，委员 131 人。

民进广西区委会 2008 年工作概述

【民进广西区委会概况】 2008 年，有地级市组织 8 个，筹委会 2 个，县级组织 1 个，基层组织

207 个；发展会员 139 人，会员总数 2823 人。会员中有全国人大代表 2 人，自治区人大代表 15 人，市级人大代表 34 人；有全国政协委员 1 人，自治区政协委员 32 人，市级政协委员 157 人；自治区特邀监察员、特约检察员和教育督导员各 1 人；担任政府部门副厅职务领导 3 人。

【重要会议】1 月 14 日，在南宁召开九届四次常委会议，主要内容：学习讨论中共十七大和民进十大精神；研究通过《民进广西九届常委向九届二次全会做的工作报告》和《民进广西区委会 2008 年工作要点》。1 月 15 日，在南宁召开九届二次全体委员会议，主要内容：学习讨论中共十七大和民进十大精神；听取和审议《民进广西九届常委 2008 年工作报告》，讨论《民进广西区委会 2008 年工作要点》。4 月 2 日，在南宁召开九届五次常委会议，主要内容：传达学习全国两会和民进十二届二次中常会精神；作《民进广西区委会关于成立议政调研工作领导小组和关于成立专门委员会的说明》。8 月 9 日—10 日，在梧州市召开九届六次常委扩大会议，主要内容：请中共梧州市委领导介绍梧州市经济建设和社会发展情况，传达学习民进十二届三次中常会和全区统战部长会议精神，汇报和研究民进广西区委会 2008 年上半年工作情况和下半年主要工作，审议制定有关制度，研究通过统战理论研究会名单。11 月 25 日，在南宁召开九届七次常委扩大会议，主要内容：学习中共十七届三中全会和民进十二届四次中常会精神，研究部署年终工作。12 月 28 日，在南宁国际会展中心隆重举行“民进广西区委会成立 50 周年纪念大会”，全国政协副主席、民进中央常务副主席罗富和应邀出席大会并作重要讲话，各市委会代表以及区直、南宁市的会员 600 人参加大会。

【自身建设】

组织建设　5 月，在来宾市召开民进新建市组织工作座谈会，总结成绩，分析困难和问题，理顺和调整工作思路，改进工作方法，推动新建市组织建设工作健康发展。6 月，在崇左市召开全区组织工作会议。总结近年来组织工作情况，形成《新时期　新阶段　面对新形势新任务　如何加强组织建设工作》的报告。会议就组织发展工作进行战略思考和研究，强调各级组织统一思想，按照各民主党派中央关于组织发展三个座谈会纪要精神，稳妥搞好组织发展和建设工作。7 月，举办新会员学习班，区委会领导与 36 名新会员共同学习会章、会史和会的光荣传统；10 月，举办基层组织骨干培训班，55 名骨干参加培训；全年分 4 批共选派 17 名骨干到广西社会主义学院学习。年内，按照九届四次常委会通过的《民进广西区委会关于继续开展全区基层组织重点建设工作的意见》，继续开展基层组织重点建设工作，修改补充了《民进广西区基层组织工作（活动）制度》和《民进广西区基层组织重点建设评估检查量化标准》，以结对子共建的形式，扩大基层组织重点建设工作范围。

机关建设　9 月，在资源县召开“广西民进机关工作会议”，以提高机关为领导服务、为基层服务、为会员服务的意识，提高机关办文、办事、办会能力为主要内容，对区、市机关工作人员 69 人进行培训。

思想建设　年内，根据《民进广西区委关于继续深入开展政治交接教育实践活动的决定》提出的“切实搞好三个系统配套，着力完善和拓展两个活动平台，重点开展八个专项建设”的要求，精心组织系列主题活动，推动政治交接教育实践活动不断深入。宣讲团继续开展活动，到柳州等四个市，宣讲有关中国政党制度、中国特色社会主义政治发展道路和会史会章等方面的报告，360 人次参加报告会。配合民进中央和自治区党委统战部，发动会员撰写统战理论和纪念“五一口号”发布 60 周年论文，收到论文 119 篇。选送 1 篇参加民进中央中国特色社会主义主题教育活动经验交流会，并作大会发言；选送 13 篇参加民进中央举办的征文活动，其中钟海秋获三等奖；选送 38 篇参加自治区党委统战部举办的征文活动，其中入选参会和入编论文选集共 19 篇，区委会领导和部分作者出席该纪念交流会。重大宣传工作还有：4 月 30 日，“广西民进网站”开通仪式在本机关举行，民进中央副主席王佐书为网站开通揭幕，实现了利用网络进行宣传零的突破；同日，请王佐书副主席为区委委员、常委和机关干部等 98 人，作题为“坚持中国共产党领导的多党合作和政治协商制度与和谐社会”的辅导报告。4 月和 12 月，在广西博物馆分别举办“纪念‘五一口号’发布60周年民进会员书画作品展”和“纪念改革开放30周年暨民进广西区委会成立50周年民进会员摄影作品展”，展出书画作品191幅和摄影作品252件，民进中央副主席王佐书，自治区党委常委、统战部部长黄道伟等领导莅临参观并高度评价；12月，编印《继往开来薪火传——民进广西区委会成立50周年纪念画册》。

【社会服务】

（一）发挥优势，开展各种社会服务活动。一是引进支援，为提高广西农村教师教学和教育管理水平开展培训活动。分别于4月、7月和10月，在江苏无锡市、广西上思县和广东中山市，分3批对185名来自田东县和上思县的一线骨干教师进行培训。二是牵线搭桥，扶贫助学。在9月新学期，与民进广东省委会联系企业爱心人士和香港德惠基金会分别出资15万元和5万元，帮助上思县瑶族女子班52名初中生完成学业和奖励上思中学100名优秀学生；组织爱心人士赴四川青川县大院民族中学考察，会员熊庆安为该校捐款8.9万元，资助44名回族学生完成学业；10月，联系民进无锡市惠山区总支部捐款3万元，在田东县江城镇供固小学开展“民进营养工程”项目，为该校120名小学生每天早上免费提供一杯牛奶和一个鸡蛋。三是开展“三下乡”活动。为群众送春联700幅；义诊300人次，培训医务人员85人次；发挥民进广西华蓝（设计）集团支部的作用，免费为上思县南屏瑶族乡汪乐屯和百色市田东县江城镇进行社会主义新农村建设做规划设计。

（二）广泛动员，组织力量，参加救灾赈灾活动。广西冰冻和暴雨灾害后，组织农业专家和医疗小分队到受灾严重的桂林市阳朔县、兴安县和百色市隆林县新州镇瑶族山寨开展灾后重建慰问活动，累计服务果农150人次，种养技术培训300人次，发放资料300份，义诊400人次，免费发放价值0.2万元的药品一批；走访特困户20户，发放粮、油和慰问金；捐赠种子一批，化肥4吨，价值1.6万元的新棉被200床。

“5·12”汶川大地震后，迅速向各级组织和会员发出为抗震救灾捐款捐物的通知，各级组织和广大会员积极响应。截至6月15日，共捐出327.36万元现款和价值100万元的药品。活动中，广西鑫凤置业投资有限公司董事长熊庆安捐款102万元，广西小龙集团公司董事长吴小龙捐款100万元，北海国发海洋生物产业股份有限公司总经理杨宁捐款20万元、捐赠药品价值100万元。在民进全国抗震救灾先进集体和优秀会员表彰大会上，这三位会员被授予民进全国抗震救灾优秀会员，贵港市委会被授予民进全国抗震救灾先进集体。

【参政议政】5月，在北海市举办首次民进全区信息员学习班，对36名信息员进行培训。6月，举办广西民进2008年提案议案学习班，对会内新一届自治区人大代表和政协委员30人进行培训。6月，召开首次广西民进特邀（特约）人员座谈会，对33名特邀（特约）人员进行培训。

一年来，加强信息工作，报送信息共55期。其中向民进中央报送38件，向自治区党委统战部报送31期，向自治区政协报送41期。《开发“平陆运河”有利于推进北部湾开发建设》和《广西北部湾经济区失地农民再就业应未雨绸缪》被广西政协信息采用后，由副主席林国强亲自做了批示。

年内，根据自治区党委的重大课题，重点开展对《关于开展广西桂东四市承接东部产业转移基地基础设施建设大会战》和《广西农产品质量安全问题》进行调研。根据民进中央参政议政调研课题，申报和承担《建立健全中医、中西医结合执业范围法律法规的建议》重点课题调研。

在广西“两会”上，人大代表和政协委员履行职责，向政协十届一次会议提交集体提案17件，大会书面发言材料6件。其中，被列为重点提案的第0009号《关于实施承接产业转移基础设施建设“大会战”的建议》，由自治区党委书记郭声琨亲自批阅，第0139号《关于抓紧制定地方性法规对博览会相关知识产权进行有效保护建议》由自治区主席马飚亲自批阅，第0006号《关于保障我区进城务工人员子女平等享受义务教育权利的建议》被自治区政协主席重点督办。

民进海南省委会2008年工作概述

一、重要会议及活动

1. 重要会议

（1）全委会

4月11日，会省委在海口市召开五届二次全委会，会议听取并审议了省政协副主席、会省委主委史贻云作的《高举旗帜，继承传统，为建设高素质参政党而努力奋斗》的工作报告。报告回顾了2007年会省委的工作，并对2008年全会的工作进行了部署。史主委还向全体委员传达了全国“两会”和民进十二届二次中常会精神。

会议期间，会省委邀请了省社会主义学院副教授林燕为全体委员作了《中国的政党制度》（白皮书）辅导报告。

（2）常委会

1）五届三次常委会

会省委五届三次常委会于4月11日在海口召开。会议的主要内容是讨论和审议通过五届二次全委会的会议内容和会议议程。

2）五届四次常委会

7月25日，会省委五届四次常委会在五指山市召开。本次会议的议程有：传达民进十二届三次常委会议精神；传达民进中央政治交接经验交流会议精神；学习中共海南省委五届三次（扩大）会议精神；学习中共省委书记卫留成6月16日在全省干部大会上的讲话；通报海南民进抗震救灾情况；通报会省委上半年工作情况及部署下半年工作；讨论民进重点调研课题。

会议还讨论通过了会省委重点调研课题。

3）五届五次常委会

会省委五届五次常委会议于11月7日下午在澄迈县信昌园酒店三楼会议室举行，史贻云主委主持会议。

史贻云主委通报了中共十七届三中全会情况，传达了民进十二届四次中常会精神，并介绍了会省委重点课题调研组在6个少数民族市县进行调研的情况。王传荣副主委向常委们通报了五届七次主委会情况。

4）五届六次常委会

12月23日下午，会省委召开了五届六次常委会。史贻云主委向全体常委传达了民进十二届二中全会精神，着重传达了民进中央主席严隽琪在全会上的工作报告。王传荣副主委传达了民进省级组织负责人会议、参政议政年会精神。王传荣副主委重点介绍了各省开展参政议政工作和信息工作的先进经验。会议讨论通过了《会省委关于在全省民进组织深入学习贯彻科学发展观的方案》、《会省委正副主任委员、秘书长职责》、《会省委员会工作规则》。会议还审议了提交省政协五届二次会议党派集体提案。

（3）专委会

自2007年11月21日，会省委召开新一届专委会成立大会以后，重新调整的8个专委会在专委会主任的带领下，都陆续展开了工作。

2008年4月11日，会省委在五届二次全委会期间专门召开了专委会主任会议。在会议上，专委会主任们向会省委领导反馈了各专委会的工作成绩。会省委史贻云主委、王传荣副主委认真听取了各专委会主任的汇报，并对各专委会今年的工作提出了新的要求。

在4月至5月期间，各个专委会都分别召开了全体委员会议，传达了会省委的工作要求，讨论了2008年的调研方向和调研课题，为下一步工作的开展打下了良好的基础。11月至12月期间，各个专委会分别召开年终会议，将各方提案汇总提交会省委，同时总结一年来的各专委会的工作情况，查缺补漏，并对2009年的工作进行了规划。

12月20日，提案委员会召开会议，就拟提交“两会”的党派集体提案进行了初审。

（4）民进中南六省理论研讨会`

8月26日，由会省委主办的“2008年民进中南地区理论研讨会”在海口召开。海南省政协副主席、会省委主委史贻云、民进广西区委会主委陈自立，民进中央组织部部长王建国、宣传部部长高保华，以及来自海南、湖南、湖北、河南、广东、广西6个省级组织的代表参加了本次研讨会。

本次研讨会的主题确定为“加强会内监督机制和自身民主建设”。

民进中央组织部部长王建国，宣传部部长高保华在研讨会上分别作了《做好新形势下的组织工作》和《学好用好新会章》的讲座。

2. 主要领导活动

1. 1月31日，省纪委省监察厅举行情况通报会，向我省各民主党派、省监察厅特邀监察员通报我省2007年反腐倡廉工作情况和今年反腐倡廉工作任务，并听取大家的意见和建议。会省委副主委王传荣、潘惠丽参加了座谈会。

2. 3月8日，王传荣副主委参与接待山西省民主党派干部赴广西、海南学习考察团一行34人，王传荣副主委向考察团交流介绍了会省委组织发展、2007年换届和当前开展政治交接学习教育活动等情况。

3. 3月17至19日，会省委机关工作人员在王传荣副主委的带领下，走访了民进文昌市委会、民进琼海支部和当地统战部。

4. 3月20日，由省委统战部和省社院共同举办的《中国的政党制度》学习研讨班在省社院举行。我会王传荣、李格明、林国辉、潘惠丽副主委参加了本次研讨班。

5. 4月，李格明副主委参加中央统战部举办的第15期民主党派中青年干部培训班。

6. 5月4日至18日，会省委副主委潘惠丽参加了由中共省委组织部委托清华大学继续教育学院举办的“海南省领导干部任职能力培训班”学习。

7. 5月23日至25日，会省委副主委林国辉参加民进中央举办的“民进新任中央委员、省级组织副主委培训班”。

8. 6月17日至23日，省政协副主席、会省委主委史贻云，省人大常委、会省委专职副主委王传荣带领会省委机关工作人员一行9人前往陕西省、山西省考察学习，分别与民进陕西省委、民进西安市委、民进山西省委进行座谈和交流。

9. 7月2日下午，中共海南省委在省委七楼会议室召开党外人士座谈会，征求对中共海南省委五届三次会议文件的意见。史贻云主委、王传荣副主委代表会省委参加了座谈会。在会上，史贻云主委就生态补偿、医疗人才队伍培训、高等教育规划等方面提出了意见。

10. 7月8日下午，会省委在会省委会议室召开民进博士（教授）座谈会，会议由史贻云主委主持，有11名博士（教授）参加了座谈会。

11. 7月15日至16日，中共海南省委统战部在海南博鳌召开了由各党派省委主委、专职副主委参加的政治交接主题学习教育活动座谈会。我会史贻云主委、王传荣专职副主委出席了座谈会。

12. 7月18日上午，省政协副主席、会省委主委史贻云一行走访中共海口市委统战部，会省委专职副主委王传荣随同走访。

13. 由会省委五届四次常委会议决定的2008年重点调研课题“挖掘黎族文化、促进海南国际旅游岛建设”，于10月底正式启动。

会省委主委史贻云带领课题组成员，分别于10月30日—11月1日赴琼中、五指山、保亭，11月5日—7日赴三亚、乐东、东方，开展调研活动。课题组通过市县政协的联系，与地方旅游局、文体局、民宗局、黎族文化界人士座谈，掌握了详实的资料；通过视察生产基础、人造景点，考察自然景观，丰富了感性认识。

14. 11月8日上午，全国政协副主席、民进中央常务副主席罗富和视察会省委机关。会省委主委史贻云、专职副主委王传荣、副主委李格明、林国辉带领部分会省委常委及全体机关人员热情接待了罗富和常务副主席。

15.“改革开放与统一战线”研讨会11月28日在海口召开。会省委主委史贻云、专职副主委王传荣参加了此次研讨会。

二、参政议政

2008年，海南民进全省会员中有全国政协委员1名，省政协委员19名（其中省政协副主席1名，省政协副秘书长1名，省政协常委2名），各市县（区）政协委员96名（其中副主席4名，常委16名）；省人大代表3名（其中常委1名）；各市县（区）人大代表19名（其中市县人大常委副主任3名，常委5名）。副市长1名，副县长1名，处长2名，副处长3名。

为加强参政议政工作，会省委专门成立了参政议政工作室。另外，专委会由原来的5个增加为8个，分别是：教育专委会、文化专委会、提案专委会、法制专委会、经济专委会、科技专委会、信息与联络专委会、妇女专委会。参政议政工作室的设立和专委会的调整在很大程度上调动了广大会员的积极性，为参政议政工作提供了组织保障。

7月25日，民进海南省五届四次常委会议研究，决定2008年会省委的重点调研课题为“挖掘黎族文化，促进海南国际旅游岛建设”，这是我会为了配合省委省政府建设国际旅游岛的中心工作采取的一大举措。该课题的调研活动已于10月底正式启动。会省委领导对该调研课题高度重视，调研课题组由会省委主委史贻云亲自挂帅领导。10月底至11月，史贻云主委带领课题组成员，赴6个少数民族市县开展了调研活动。11月13日，会省委又邀请了海南省原副省长、黎族老领导王学萍向课题组介绍黎族文化，以及目前对黎族文化的研究和保护存在的问题，并与调研课题组成员进行了座谈。目前，该调研课题已形成调研报告，拟于2009年“两会”前提交省委、省政府、省政协，并浓缩成政协大会发言。此调研得到了省委统战部和省旅游局的高度重视。目前部分调研成果已被省“国际旅游岛建设规划”所采纳。

在政协提案方面，2008年会省委向海南省政协五届一次会议提交集体提案24件，最后立案19件，比上年增长了46.2%。提案类别涉及农林水、城建旅游、交通邮电、教育、文化宣传、医卫体、政治法律、人事福利、政协统战、妇女儿童等10个类别，范围比较宽阔。其中教育类的提案最多，体现了我会传统界别巩固老阵地的作为；其次是城建旅游和医卫体类，这些提案紧贴人民群众生活，对人民最关心的教育、医疗等问题提出真知灼见。提案《关于在全省建立交通违法查询、处罚网络平台的建议》经海南省政协五届三次主席会议确定被列为主席会议成员8件重点督办提案之一，由省政协秘书长亲自带领督办组到海口市交巡警支队、海南省交警总队现场督办。海南电视台、海口广播电台等新闻媒体纷纷对此进行了采访报道。目前，我们从省交警总队获悉，全省道路交通违法信息异地查询系统已建成，该提案已产生了实质性的成果。政协大会发言《关于加强社区卫生医疗服务建设，规范社区门诊医疗行为的建议》得到中共海南省委书记卫留成的批示和有关部门的高度重视。提案《保护羊山地区环境，严禁乱采乱挖火山石》得到了海口市人民政府和海口市旅游局的重视，提案作者还被市旅游局邀请参加关于海口市规划的座谈会。提案《关于扶持黎族医药产业发展的建议》得到了省发展与改革厅的支持，该厅表示将协同有关部门根据黎族医药产业体系建设进展情况给予必要的政策和资金支持。提案《关于将海口市解放西路沿线设置为步行街的建议》得到了海口市人民政府的肯定，认为所提建议有很强的针对性，将在下一步规划编制工作中加以吸纳。此外，还有多个提案在社会上引起了广泛的影响，如《关于把公众应急知识和交通安全常识纳入中小学必修课的提案》、《关于海南省中考改革的提案》等均被媒体广泛关注。

三、社会服务

3月8日，会省委和省妇联在海口市明珠广场联合举办《妇女权益保障法》宣传咨询活动。活动中，会省委召集法律界会员为群众提供专业的法律咨询服务，特别是帮助妇女群众学法、知法、懂法、用法，取得了良好的效果。

5·12四川汶川大地震发生后，会省委迅速号召和组织全省会员捐款捐物。据不完全统计，全省会员和会员企业通过各种渠道累计向灾区捐献款项263万余元（其中以会省委名义共捐款19万余元），捐赠价值7.8万元的药品。此外，我省民进会员还积极通过捐款捐物以外的方式支援灾区：会员禹平亲自奔赴灾区参加重建工作，由我会会员谢玉英创办的海口华兴学校陆续接纳了20名灾区孩子免费入学等。

11月10日上午，海南省红十字会召开5·12抗震救灾先进集体和个人表彰大会。会省委荣获抗震救灾组织奖，会员企业海南涓华实业有限公司、海南华健药业有限公司、海南制药厂有限公司获抗震救灾奉献奖。

12月，民进全国抗震救灾先进集体和优秀会员评选，海南民进会员林克周、许尚华、禹平被评为民进全国抗震救灾优秀会员，民进海口市委会被评为民进全国抗震救灾表扬单位。

12 月 30 日，省政协副主席、会省委主委史贻云，专职副主委王传荣带领会省委机关、民进信息与联络委员会、民进妇女委员会和民进文昌市委的有关同志一行十多人来到文昌市特殊教育学校，看望在这里学习生活的聋哑学生，向辛勤工作在特教战线上的教师们致以节日的慰问。会省委向学校捐赠了空调、电脑、学生书柜，同时还给师生们捎去食品、文具等新年礼物。活动受到学校师生的热情欢迎。

四、自身建设

2008 年发展会员 57 人。至年底，全省有会员 1371 人。在新发展的会员中，具有大学以上学历者 40 人，占 70.2%；具有中高级职称者 30 人，占 52.6%；女会员 29 人，占 50.9%；平均年龄 36.3 岁。

2008 年海南经贸职业技术学院支部成立。至此，会省委下属 2 个地级市委员会，6 个县级市委员会，12 个省直总支、支部委员会。基层组织 53 个。

今年海南民进在全省范围内继续开展以“坚持走中国特色政治发展道路”为主题的政治交接学习教育活动。在学教活动中，会省委以各级领导班子和骨干会员为重点，围绕履行参政党的职能，始终把思想政治工作贯穿其中，分阶段、有步骤地逐步推进学习教育活动；领导班子成员发扬深入基层、联系会员的作风，深入到基层组织和广大会员中，了解各级组织的工作，了解会员工作状况，对出现的问题及时给予指导、帮助和解决；还充分发挥会省委机关的组织、服务功能，对学习教育活动起到了有力的推动作用。

今年是“五一口号”发布 60 周年，海南民进全体会员在会领导的带领下，掀起了学习“五一口号”的热潮。全会上下认真学习了史主委在中共海南省委举行的纪念中共中央发布“五一口号”60 周年座谈会上的讲话，并积极响应了民进中央发起的“五一口号”征文活动。

今年既是中国改革开放 30 周年，又是海南建省 20 周年，会省委和各级组织纷纷参与或举办了一系列的纪念活动。利用各种纪念活动，广大会员充分回顾了改革开放 30 周年和海南建省 20 周年的历史和所发生的巨大变化，以史为鉴，展望未来。

在组织工作方面，我会积极开创工作新方法，严把入口关。对于申请加入民进的人员，只要有条件，我会的领导和干部都到其所在单位进行考察，以力争所吸纳的新会员政治合格、业务拔尖、素质全面。

11 月，海南民进网站在紧张筹备后正式开通运行，这是海南民进的一件大事。该网站的开通为我会工作更好地开展起到了积极的作用。网站主要包括新闻动态、参政议政、社会服务、民进风采、专题报道、民进学坛等内容。通过网站，会省委及时地将会内外各方面的信息及时传达给会员，让广大会员更了解会内的工作，也为会员们提供了一个交流的平台，得到了会员的广泛好评。

民进四川省委会 2008 年工作概述

【抗震救灾】 5·12 汶川特大地震发生后，在民进中央和中共四川省委、省政府的领导和组织下，民进各级组织和广大会员立足本职岗位，奋勇投入抗震救灾斗争，做出了应有的贡献。一是献爱心，全力投入抗震救灾。特大地震发生后，省委会立即成立了联络、宣传和爱心救助活动工作小组，积极开展抗震救灾。省委会在全省会员中发起了“特别会费”募集活动，共收到“特别会费”667028.40 元。省委会用特别会费购买了急需物资送到灾区，并赴成都、德阳、绵阳、广元、乐山等灾区，向房屋垮塌的 67 名会员送去慰问金 14.2 万元。据不完全统计，全省各级民进组织和会员通过各种渠道向灾区捐款捐物近 1500 万元。民进中央开展“为了灾区的孩子们”书画义卖和缴纳特别会费活动，将所募集善款中的 600 万元用于四川灾后的教育重建。省委会和各市级组织的机关干部积极投身到抗震救灾的战斗中，涌现出了不少感人事迹。省委会和重灾区的 4 个市委会被会中央评为全国抗震救灾先进集体。二是促重建，围绕灾后重建积极调查研究、建言献策。5月28日，发出了《民进四川省委关于开展“我为重建献良策”参政议政主题建言活动的通知》，要求全省各级组织和会员为抗震救灾和灾后重建及未来发展建诤言、献良策；5月29日，省委会的20余条抢险救灾和灾后重建意见，由严隽琪主席在川期间亲自向中共四川省委、省政府领导提出；在各类建言献策会上提出建议意见46份，截至9月30日，省委会向会中央和省政协报送了救灾工作和重建工作方面的社情民意信息121条。其中，《注意防止受灾高校成为救灾和重建工作的死角》得到了中共中央政治局委员、国务委员刘延东同志的重视和亲笔批示。省委会安排各相关市委会和省委会8个专委会，迅速展开调研，现已完成22篇调研报告。在地震后的3个月内，省委会共向省政协提交了8件集体提案。由民进中央副主席冯骥才等发起，省委会参与的“紧急保护羌文化遗产四川工作基地”于6月中旬在成都成立，民进四川省委为该工作基地主任单位。三是充分发挥宣传工作在抗震救灾特殊时期凝聚力量、鼓舞士气的积极作用，为抗震救灾提供精神动力。宣传报道工作小组协调、发动全省宣传工作力量，将全省宣传工作重点转移到大力宣传我省各级组织及会员积极参加抗震救灾及灾后重建工作上来，全省民进从事宣传工作的干部、通讯员坚守岗位、克服困难，3个月内在网站刊登1307篇文章（其中中央网站278篇）、在省级以上公开报刊发表文章46篇，编辑出版一本164页的《特刊》。

【思想建设】一是围绕当前形势任务，加强理论学习和研究。省委会坚持以中共十七大精神为指导，在会中央和中共四川省委的领导下，在中共四川省委统战部的指导下，精心筹划、扎实推进主题学习教育活动，认真组织学习领会科学发展观和中共十七届三中全会精神，通过举办学习会、报告会等形式使广大会员接受了较为系统的中国特色社会主义理论教育，坚定了走中国特色社会主义政治道路的决心和信念。二是结合重大事件，开展多党合作的优良传统教育。省委会在“四川民进”网站开辟了“纪念“五一口号”发布60周年”专栏，开展了纪念中共中央发布“五一口号”60周年的征答活动和纪念改革开放30周年的征文活动。省委会在中共四川省委主持召开的统一战线纪念座谈会上，作了《彪炳史册　再励后人》的专题发言。

【参政议政】一是狠抓机制建设，大力推进“三库”建设。省委会今年新制定并实施了《民进四川省委参政议政优秀成果奖励办法》和《民进四川省委专门工作委员会优秀委员奖励办法》。初步建成了省委会提案库、信息库，不断充实和完善参政议政人才库。二是提案成果显著，调研课题超额完成。在今年省政协十届一次全会上，省委会共提交了16份集体提案，其中，《构建四川省食品安全行政综合执法模式的建议》被列为今年四川省政协重点提案，由一位省政协副主席率省政协专委会督办。《对四川农村金融创新的建议》得到了蒋巨峰省长的亲笔批示，2月28日的《四川日报》用半个版的篇幅对此作了专题报道。年初，由省委会确定的10项参政议政调研课题都已结题。三是积极建言献策。在今年11月召开的“四川省统一战线建言献策座谈会”上，省委会报送了3份调研报告均被省政府有关部门吸收或采纳。四是认真参与会中央参政议政专项工作。年初提交给民进中央的《进一步加强农村金融创新的建议》作为全国政协大会集体提案和民进中央在全国政协常委会上的大会发言；领衔并按时完成了会中央重点课题《进一步完善职业教育法规建设，为职业教育攻坚提供强力保障》；向会中央报送的5项重点调研课题已全面结题；参与了会中央今年所有就国家大政方针征求意见的工作，总共提交了18份调研报告；认真参加会中央征集2009年全国政协大会发言和集体提案工作，向会中央报送了8份调研报告。五是加强机制建设，信息工作及时有效。完善了基层组织信息员制度、信息稿件处理制度、信息工作分析总结制度，省委会的这项工作被作为典型安排在2008年全国民进参政议政年会上作大会交流。2008年，省委会共向外报送信息296条。与去年相比，被全国政协采用的稿件数量增长了20%，被省政协采用的稿件数量增长了200%。省委会在民进中央（38个参评单位）和省政协（52个参评单位）的信息工作评比中，排名均居第二位。省委会荣获民进中央颁发的“2008年参政议政工作先进单位”，四川省政协颁发的“全省信息工作先进单位”称号。

【宣传工作】完成了共计75.5万字的《四川民进》、抗震救灾《特刊》编辑工作；在自办的“四川民进”网站上稿2173篇，向民进中央网站投稿被登载453篇；全年在省级以上媒体登稿143篇，其中国家级媒体46篇。省委会再次被民进中央评为会刊工作先进单位，被省委统战部评为省级统战系统宣传工作先进单位，1人被民进中央评为全国优秀通讯员。一是紧紧围绕会务工作，注重对会内发生的大事、要事的多角度、全方位宣传，对外树立形象、对内推动工作。省委会以中共十七大召开、民进十大召开、纪念“五一口号”发布60周年、纪念改革开放30年为契机，指导会员对重大政治事件精神的学习，省委会还先后在网站及刊物上开辟了“学习十七大”、“民进十大”、“纪念‘五一口号’发布60年”等10个专栏。并通过开展“薪火相传，共创未来”、“践行师德，铸就师魂”、“纪念改革开放30年”3个征文，“记忆2007”编读互动、《中国的政党制度》白皮书学习、纪念中共发布“五一口号”60周年3个征答活动推动了宣传工作与时事政治、统战理论研究的很好结合。截至12月初，共收到征文168篇，目前，有19篇文章被省委会评奖，其中有2篇文章被民进中央评为一、二等奖；收到答卷1263份，评出获奖人员50名。二是与时俱进，积极探索宣传工作新形式，努力增强宣传工作新活力。省委会在增强“工作立交”栏目交流、指导性的同时，举办“定格四川民进精彩瞬间”等活动，此外，还注意了对“学教活动”的继续深入报道、机关建设调研活动的跟踪报道、市级组织换届工作的全面报道、基层组织最新动态以及会员先进事迹的及时报道。

【组织工作】一是认真做好国、省两级人大、政协换届人选推荐工作。2008年，四川民进在全国和省两级人大、政协换届中，有4人担任全国人大代表，3人担任全国政协委员，16人担任省人大代表（其中常委1名），28人担任省政协委员（其中副主席1名，常委7名）。二是稳步推进各级领导班子建设工作。省委会领导班子按照会中央《民进中央关于贯彻落实〈各民主党派中央关于加强地方组织领导班子建设座谈会纪要〉的意见》精神，采取切实有效的措施，认真贯彻落实：一是进一步加强理论学习，加强领导班子的思想建设；二是严格执行议事决策机制，坚持集体领导和个人分工负责相结合的工作制度；三是注重领导班子成员间的团结。三是切实做好后备干部队伍建设工作。省委会进一步完善了人才的物色、培养、选拔、推荐机制，建立健全了省、市两级组织两个层次的后备干部和骨干队伍名单。同时，注重后备干部及会内各级领导干部培训。今年，共组织了11人在中央、省社会主义学院的进修、培训学习。四是高度重视组织发展工作。今年又吸收了一批素质好、层次高、有一定代表性的中青年知识分子加入我会，全年共发展新会员242名，组织发展情况总体良好。五是积极推动地方组织建设工作。在省委会的指导帮助下，攀枝花、乐山两个市委会分别于7月和8月顺利进行了换届工作；绵阳、内江两个市委会的领导班子分别于2月和11月进行了中调。省委会在中共四川省委统战部的帮助下，今年3月，顺利完成了直属一、二支部支委会的改选工作，今年8月，顺利完成了直属资阳支部改建总支的工作。

【社会服务】一是捐资助学、支边扶贫。一年来，省委会和各市委会、基层组织通过各种渠道、方式积极开展包括捐资助学、支边扶贫、教师培训、送文化下乡、法律咨询等内容丰富的社会服务活动。例如：在洪雅县实施已3年的“东海助学金”项目，帮助150名贫困家庭中小学生减轻了学习和生活负担；推荐并组织广元贫困地区教师到北京参加民进中央西部教师培训活动；民进成都市委会多次组织专家、教师到乡镇中学、村小开展支教活动。今年，省委会组织省委常委廖果等会内外专家学者两次前往兴文县考察、指导，并为该县领导干部中心学习组作专题辅导报告。二是企业界会员联谊会换届。为吸纳社会办学力量、法律及中介组织等新阶层中的民进会员加入联谊会，经主委会研究决定，将“四川民进民营企业界会员联谊会”更名为“四川民进经济界会员联谊会”，并于12月14日进行了换届。

【机关建设】省委会历来重视机关建设工作，今年开始在全省开展机关建设调研。现已分赴攀枝花、乐山、内江、南充4个市委会机关，通过听取汇报、开展座谈等形式进行调研，分别形成了调研报告。省委会机关坚持抓好多种形式的学习。如：组织全体机关干部参加统一战线理论学习专题讲座；听取专家介绍当前经济形势；组织收看中共十七届三中全会开、闭幕式等等。省委会注重机关文化建设，订购相关的书刊、杂志供大家参阅，邀请心理学专家作辅导，参加各类知识竞赛，机关工会组织全体机关干部练习书法并举行书法比赛等。省委会更新并添置了部分电脑、打印机等办公设备，提高机关办公效率。财务、档案、老干工作、机关工会工作进一步规范，受到有关部门的好评。

民进贵州省委会2008年工作概述

一、领导班子建设

2008年3月21日，召开民进贵州省五届三次全委（扩大）会议，传达学习十一届全国人大一次会议和全国政协十一届一次会议精神；学习了胡锦涛2007年12月24日在各民主党派中央、全国工商联新老主要领导人座谈会的重要讲话；左定超主委发表了讲话；原秘书长龙长启作了民进会史报告。2008年4月25日，召开学习纪念中共发布“五一口号”60周年报告会，左定超主委出席会议并讲话。会议邀请省社会主义学院原副院长王守君教授作专题报告。民进省委委员、支部主任、各专委会主任，部分骨干会员、机关全体干部近50人参加了会议。2008年7月11日，召开民进贵州省五届五次常委会。会议学习了中共中央、国务院召开的省区市和中央部委主要负责同志会议和中共贵州省委召开的领导干部会议精神，传达贯彻民进十二届三次中常会精神，总结省委会上半年工作，安排部署下半年工作。讨论了《民进贵州省委关于开展各级组织和会员队伍进步性建设活动的意见》（试行），通报了省委会学教活动情况及民进中央召开的主题教育活动经验交流会情况。2008年7月25日，省委会召集部分会员和统战部研究室、社会主义学院的人员座谈，讨论修改“关于开展各级组织和会员队伍进步性建设活动的意见”。左定超主委参加了座谈。2008年8月19日至22日，以贵州省委常委、省委统战部长龙超云为团长，各民主党派省委、省工商联的领导组成的党外人士考察团赴黔西南州“星火计划、科技扶贫”试验区和安顺“多种经济成分共生繁荣改革”试验区考察调研。民进省委领导左定超、张才凤、向建军参加考察。2008年9月16日省委会在贵阳召开“民进贵州省委成立20周年庆祝大会”，来自各地方委员会的代表和省直支部的会员300余人参加大会。中共贵州省委常委、省委统战部部长龙超云、贵州省人大副主任唐世礼、贵州省政协常务副主席吴嘉甫应邀出席大会。左定超主委致辞，龙超云部长、吴嘉甫副主席分别讲话。2008年10月14日至15日，民进贵州省委组织部分班子成员，在左定超主委的带领下，赴毕节试验区金沙县进行考察调研。2008年11月17日召开民进贵州省五届六次常委会议，学习中共十七届三中全会精神，传达民进中常会精神，研究《民进贵州省委关于加强领导班子建设的意见》，传达《民进中央关于加强省级组织领导班子后备干部队伍建设的意见》。2008年12月17日召开民进贵州省五届七次常委会，会议学习贯彻中共贵州省委十届四次会议精神和民进十二届二中全会精神；研究召开民进贵州省五届四次全会有关事宜；作《民进贵州省第五届常委会工作报告》起草修改情况说明；审议《常委会工作报告》（草案）；作《关于加强领导班子建设的意见》和《关于在全省民进各级组织和广大会员中开展进步性建设活动的意见》起草修改情况说明；通报关于表彰先进集体、优秀会员的决定（草案）。2008年12月18日召开民进贵州省五届四次全会，学习贯彻中共十七届三中全会精神、中共省委十届四次会议精神和民进十二届二中全会精神；审议五届常委会2008年工作报告；审议通过《民进贵州省委关于加强领导班子建设的意见》、《民进贵州省委关于开展进步性建设的意见》。会上还对抗凝冻及抗震救灾行动中的先进集体及先进个人、2008 年度先进支部和优秀会员、地方组织专项先进、优秀调研报告和提案进行表彰。

二、参政议政

省委会出台了《民进贵州省委关于加强参政议政能力建设的意见》，就如何做好参政议政工作进行了系统全面的部署。参加中共贵州省委、省政府、省政协和省委统战部举行的民主协商会、通报会、座谈会 9 次，对涉及我省重大问题积极参与协商，并就我省经济建设和社会发展中的重大问题及群众关心的热点问题，为中共贵州省委、省政府决策的科学化、民主化和重大改革方案、重要法规的制定和实施建言献策，为贵州的发展和建设作出了积极贡献。在省政协十届一次会议上，省委会提交提案 12 件，其中，《关于建立贵州省产学研合作信息平台的建议》的政协提案被列为中共贵州省委办公厅督办提案。《“十五”期间我省产学研发展状况的调研》和《贵州城镇化战略实施和转移农村剩余劳动力的对策建议》的调研报告被中共贵州省委统战部评为优秀调研报告。《关于建立流动图书馆的建议》得到落实，惠水分馆、施秉分馆相继开馆。白云区、锦平县和福泉市等地的流动图书馆已列入建设计划。在省政协十届三次常委会期间的省长座谈会上，省委会提出《关于红枫、百花两湖科学治水和合理用水的建议》受到有关方面的重视。确定了《毕节实验区义务教育可持续发展的调研》等 4 个课题为 2008 年重点调研项目。省委会积极发挥专门委员会作用，为参政议政工作提供充分的智力支持，班子成员亲自率队，组织会内专家到省市有关部门、毕节地区、黔东南州等地就今年调研课题进行认真考察和调研。该年，被会中央评为 2008 年参政议政工作表扬单位。

三、社会服务

积极协助配合民进中央、兄弟省市民进组织在毕节地区和黔西南州智力支边的联络、沟通、协调。省委会领导班子成员先后陪同民进中央朱永新副主席前往毕节地区和黔西南州考察。6 月初，全国人大常委会副委员长、民进中央主席严隽琪，全国政协副主席、民进中央常务副主席罗富和到毕节出席“中国（毕节）石漠化治理高层论坛”并在毕节地区进行考察，左定超主委全程陪同前往。协助引资 71 万元用于修建金沙县的三所学校的教学楼。选送毕节、黔西南、遵义、黔东南的 20 余名农村一线教师到北京、上海、湖南参加民进西部教师培训班的学习培训。

7 月中旬，由民进省委、致公党省委、贵州文化薪火乡村发展基金会共同组织的“腾讯—文薪黎平乡村教师培训班”(第一期) 在黎平县开班，共为当地培训了 103 名农村边远地区的小学教师。

8 月中旬，副主委郭子仪率队赴万山特区进行智力支边，对该区中小学校长进行教育管理、心理学等方面的培训。

9 月下旬，由省委会协助引资 100 万兴建的普安县阳光幼儿园举行开园典礼。民进中央、民进浙江省委、宁波市委以及省委会的有关领导参加了开园典礼。

10 月中旬，省委会组织部分班子成员赴毕节试验区金沙县进行考察调研，并对该县部分中学校长进行了培训。

11 月中旬，省政协民进界别小组赴黔东南州雷山县西江镇连城村和千户苗寨进行新型农村合作医疗的调研，并组织医卫人员开展义诊活动，还免费赠送近 3000 元的药品给当地的农民群众。

11 月下旬，省委会组织专家赴黔南州平塘县进行教育和农业科技的培训，该县有 150 余名中小学教师参加了师风师德教育的培训，200 余名村干部及农民参加了家畜养殖和蔬菜种植方面的培训。

12 月上旬，由民进贵州省委、致公党贵州省委、贵州文化薪火乡村发展基金会共同组织的“腾讯—文薪黎平乡村教师培训班”(第二期) 在贵阳开班，左定超主委出席开班典礼。

积极参与“抗凝冻、保民生”行动，省委会班子成员和省委会机关为灾区捐款一万元，各级民进组织也纷纷为灾区捐款捐物。许多会员在各自岗位上作出了积极贡献。

5·12 汶川特大地震发生后，全省各级民进组织和广大会员慷慨解囊，通过多种方式和渠道共为地震灾区捐款捐物价值近 300 万元，缴纳“特殊会费”186640 元。其中，副主委周世立捐款 160 万元，会员高海翔组织 76 万元物资赶赴灾区。省委会副主委周世立、会员高海翔、张金萍和民进贵阳市四医支部得到了会中央的表彰。

四、自身建设

思想建设：省委会坚持把学习政治理论作为搞好思想建设的首要任务，健全学习制度。认真学习邓小平理论，“三个代表”重要思想，深入贯彻落实科学发展观，积极贯彻中共十七大、十七届三中全会、全国及全省“两会”、中共贵州省委十届四次全体（扩大）会议、民进十大精神。认真开展政治交接学习教育活动，探索建立长效机制，将学教活动的经验总结为“六个结合、六个必须”。高度重视新闻宣传工作，抓住各种时机，树立形象，扩大影响。《民主》、《当代贵州》等刊物分别刊登了会员的理论文章37篇、党派消息报道129条。加强编委会工作，不断提高刊物的质量，建立起了省、市（州）两级电子信息化网络，被民进中央评为2008年民进省级组织电子信息化建设工作先进单位。

在组织建设方面。省委会领导班子不断加强自身建设，坚持民主集中制原则。全年共发展会员108人，目前会员总数为1955人，地方组织7个、基层支部（小组）84个。会员平均年龄43.3岁，其中，中级职称1053人，占53.9%，高级职称568人，占29%。加强基层组织建设，建立省委会机关干部联系省直支部制度。召开“民进贵州省委加强基层支部建设构筑政治交接长效机制座谈会”，交流推广先进经验，促进基层组织活动的规范化。

重视加强机关建设，重点抓制度建设、办文办事程序和服务协调工作。坚持政治和业务学习，制定和完善机关工作制度，明确部门职责和岗位分工，不断增强机关工作人员的大局意识和服务意识，提高服务水平和能力，落实了专职干部对省直支部的联系分工，加强省委会与基层支部的联系和沟通。

省委会安排3名副主委、7名机关干部，选派18名会员参加了民进中央、中央社会主义学院、浦东干部学院和省社会主义学院举办的各类培训班。

民进云南省委会2008年工作概述

2008年，新一届民进云南省委领导集体，深入学习贯彻科学发展观，认真贯彻会中央“无懈无滞，有思有行”的工作要求，以政治交接为主线，着力推进自身建设，切实履行参政党职能，各项工作取得可喜成绩。

【领导班子】民进云南省第六次代表大会（2007年6月）选举产生了新一届领导班子：主委罗黎辉，副主委李玛琳、陈友康、汪叶菊、阎堃（专职）。同时任命赵映东为秘书长。

【组织概况】截至12月，云南民进有地方组织7个，总支9个，支部142个，小组33个。共有成员2881人：教育界会员2131人，占74%，文化、出版界会员177人，占6%，医卫、科技界会员228人，占8%，经济界会员64人，占2%，新的社会阶层及其他界别会员281人，占10%。会员中具有中高级职称的2380人，占会员总数的83%。会员中有：全国政协委员1人，省人大代表3人（其中常委1人），省政协委员18人（其中副主席1人，常委5人），州市级人大代表4人（其中副主任1人、常委1人），州市级政协委员60人（其中副主席5人，常委16人），县区级人大代表4人，县区级政协委员58人（其中常委9人）。我省会员中在政府机关担任副处级以上实职的有14人。有省监察厅特邀监察员3人，省地税局特约监察员1人，省国税局特邀监察员1人，省检察院特约检查员1人，省政府特聘督学1人。

【会中央领导莅临指导】会中央领导轻车简从，利用一切机会深入基层，检查指导工作。10月17日，民进中央副主席、首都师范大学副校长刘新成在昆明与会省委领导班子座谈；10月30日，全国人大常委、民进中央副主席朱永新在昆明与会省委领导班子座谈；11月13日，全国政协副主席、民进中央常务副主席罗富和到民进云南省委机关视察指导，并与会省委领导班子、机关干部和部分骨干会员座谈。

【主题教育活动硕果累累】 会省委 2007 年 6 月换届后，按照会中央、中共云南省委统战部的安排，制定《关于开展政治交接学习教育实践活动的总体方案》，开展了为期 18 个月的学教实践活动。2008 年，根据《民进中央关于 2008 年在全会开展中国特色社会主义主题教育活动的通知》精神和有关方案，会省委把“主题教育活动”与正在进行的“学教活动”紧密结合（以下统称主题教育活动），摆在 2008 年工作的突出位置，以中共十七大精神为指导，深入贯彻落实科学发展观，以纪念中共发布“五一口号”60 周年、纪念改革开放 30 周年及我省“解放思想，深化改革，扩大开放，科学发展”大讨论活动为契机和载体，以搞好政治交接，走中国特色社会主义政治发展道路为主线，以领导班子建设为重点，高度重视基层组织活力建设，按照“规定动作”不走样，“自选动作”要创新的要求，深入扎实地加以推进，实现了主题教育活动预定目标，取得了可喜的阶段性成果。

思想政治建设方面，会省委以会员喜闻乐见、亲历亲为、生动活泼的多样性形式，对广大会员进行了多党合作事业的发展历程、民进优良传统和风范、我国改革开放的成功实践和坚定不移走中国特色社会主义发展道路等方面的思想教育。在中共中央发布“五一口号”60 周年之际，认真组织开展了“五个一”系列纪念活动：召开一次座谈会，组织一次知识竞赛，搞好一次征文，制作一套展板，举行一场大型文艺演出。会省委主办，云南民进艺术团承办，在云南大剧院隆重举行的纪念中共中央发布“五一口号”60 周年大型专场文艺演出，中共云南省委、省人大、省政府、省政协领导、有关单位领导、民进会员等 1500 多人观看了演出。改革开放 30 周年之际，会省委举办了“纪念改革开放 30 周年大型书画摄影作品展”，按照会省委的安排，全省各级地方组织、基层组织开展了一系列相关纪念活动。民进昆明市委与民进大理州委在昆联合举办了“盛世书画　丹青共赏”纪念改革开放 30 周年书画展。会省委特别制作了图文并茂，便携实用，内容可不断更新的活动展板，分送各地方组织，作为会史会风教育的载体之一在大型活动中展示，收到了良好的宣传效果。

领导班子建设方面，会省委结合主题教育活动，把班子建设放在今年工作的重要位置，一是会省委领导班子率先垂范，在向全省各级组织广泛征求意见建议的基础上，认真召开民主生活会，针对查找梳理出来的主要问题和不足制定了《民进云南省委领导班子整改方案》，并认真抓好整改，收到实效。二是确立了把常委会建设为政治坚定、能力过硬、团结自律、作风向上、奋发有为的领导集体的目标，以制度安排来推进工作的规范化、程序化和决策的科学化、民主化。三是会省委领导深入各地方组织开展调研，与当地党委统战部、地方组织主要领导沟通交流，参加支部组织生活，与会员座谈。

后备干部队伍建设和发展代表性人士入会方面，会省委制定了《民进云南省委后备干部管理规定》、《民进云南省委会员发展审批管理规定》。会省委着重加强了在政府部门、大专院校等事业单位任职的代表性人士和有影响的民办教育、民营企业负责人入会工作，加大了人才储备力度。同时，积极创造条件，加强对他们的培训工作。这使我会后备干部的素质得到一定的增强，也为下次换届及早开始了准备。

制度建设方面，会省委按照主题教育活动的目标要求，把“三化”建设列入会省委 2008 年工作要点，进一步加大了制度化建设的步伐。成立了主要领导任组长的“三化”建设工作小组，在原有 9 项制度的基础上，坚持民主集中路线，共修订或制订规章制度 44 项，向适应时代要求的高素质参政党目标又迈进了坚实的一步。

基层组织建设方面，会省委按照主题教育活动的要求，在全省组织内进行了基层组织活力调查，分析了基层组织的“活力”现状，研究了存在的不足及其原因，提出了解决的对策。会省委领导带队深入多个地方组织，就如何加强基层组织建设进行了实地调研。针对云南民进基层组织的现状，对丧失活力的基层组织在认真分析成因的基础上，酌情进行了撤并。会省委将加强基层组织建设列为 2008 年全省组织工作会的主要内容，通过会议总结交流了基层组织活力建设的成功经验，反思了存在的问题，研讨了如何使基层组织运转有效、充满活力、发挥作用的对策，并审议通过了《民进云南省委关于进一步加强基层组织建设的意见》。基层组织负责人培训提上议程，全省73名基层支部主任（含支委）进行了5天的集中培训，帮助他们较为系统地学习了科学发展观、统战理论、会史会风，了解了云南经济社会发展形势、聆听了会中央参政议政部领导的报告、交流了当好支部主任的经验。

机关建设方面，会省委抓住换届的有利时机，在2007年工作的基础上，进一步增强机关干部的政治意识、全局意识、枢纽意识和服务意识等“四个意识”，进一步加强机关文化建设，注重调动机关干部的积极性，努力提高执行力，积极创造“想干事的有舞台，能干事的有事干”的工作氛围。修订和制订了30项会省委机关和内设机构的工作规章与制度，机关工作的正规化得到加强。

在会中央和会省委的正确领导下，在各级统战部门的具体指导下，通过全省各级组织的共同努力，历时18个月的学习教育实践活动和主题教育活动达到了预期目标，取得了可喜的阶段性成果。全省各地方组织在活动中涌现出来一批先进集体和个人，共有61名先进个人、12个先进支部、30篇优秀征文的作者受到了会省委的奖励和表彰；云南民进的7篇征文在会中央“薪火相传，共创未来”纪念“五一口号”征文评比中，受到奖励表彰。

【抗震救灾献爱心】汶川特大地震发生后，会省委主要领导于5月13日作出指示，动员全体会员向灾区同胞献爱心，为抗震救灾贡献力量。会省委当天向全省会员发出倡议书，号召云南民进各地方组织、省直各支部（小组）和广大会员积极行动起来，奉献爱心，支援灾区人民早日赢得抗震救灾的胜利。广大会员迅速响应，向民进组织、向工作单位、向红十字会等积极捐款，许多会员多次捐款。据不完全统计，云南民进共募集善款18万余元，通过中共云南省委统战部和民进中央送往灾区。会省委还积极配合会中央在京举行“民进抗震救灾书画义卖会”活动，向我会各地方组织的书画家们募集作品，动员在昆民办企业民办教育界的会员们认购书画作品，将认购现金和未认购的作品上报会中央。此后发生在四川攀枝花会理县的地震，波及云南省楚雄等地，会省委与楚雄民进市委联合开展了向灾区送温暖献爱心活动，为楚雄州元谋县江边中心完小的师生送去价值2万余元的新棉被。针对年初昭通市遭遇的冰雪灾害，会省委从有限的经费中拨出2万元通过昭通民进帮助受灾学校的建设；并为受地震影响的昭通市永善县水竹乡中心小学争取了100万元专款，进行学生宿舍改建。因抗震救灾工作成绩突出，会省委受到会中央表扬，3名会员被会中央评为“抗震救灾优秀会员”。

【发挥整体优势提高参政议政实效】会省委高度重视参政议政工作，坚持以科学发展观为指导，紧紧围绕省委省政府中心工作，服务大局，发挥优势，突出特色，精心选题，深入调研，为云南经济社会发展贡献应有力量。

在云南省政协十届一次全会上，会省委提出了在加快普及巩固义务教育中，逐步把软实力建设提高到与硬实力建设并重的位置上来；把大力发展文化创意产业，建立健全文化传承与创新贡献的激励机制；繁荣和发展哲学社会科学；重视“世界人类学与民族学第十六届大会”在云南的召开，更多更好地宣传云南等5方面的建议，在省人民政府《工作报告》中均被采纳。会省委在大会上作了《继续以义务教育为重中之重，把农村师资队伍建设提高到与硬件建设并重的位置上来》的发言，并提交了《关于抑制价格过快上涨　保障民生安定的建议》等8份大会书面发言材料；提出17项集体提案，内容涉及我省经济、教育、文化等方面的热点、难点问题。2008年，省政府正式启动了农村教师周转房的建设，这是我会参政议政积极推动结出的一项重大成果。《关于积极推动我省民族特色动漫产业发展的提案》，中共云南省委领导作出重要批示；《关于抑制价格过快上涨，保障民生安定的提案》，《人民政协报》以《民进云南省委就抑制价格上涨建言》和《民进云南省委调研后建议：建立物价与保障标准联动机制》为题，连续两次作了报道。我会的省政协委员就建立云南省各级政府部门行政首长问责制的问题连续提出提案，经过不懈努力，终于促成了省政府行政问责制的诞生。全省行政问责办法、服务承诺制、首问责任制、限时办结制等4项制度于2008年3月正式颁布实施。省纪委将此项提案作为推进我省政府决策科学化、民主化的成功案例，向省政协作了通报。这是我会对云南省政府改革和经济社会发展作出的又一项重要贡献。

在调研机制上加大探索力度，取得了良好效果。进一步加强与民进中央和甘肃、内蒙省级组织调研工作的联动，圆满完成会中央《中国西部农村义务教育教师培训能力建设项目》研究工作。此外，会省委在开展重点调研课题中，不断加强与地方组织的联动，充分发挥地方基层组织的积极性与参与性，形成了良好的互动格局。会省委与省政协社会与法制委员会联合组成调研组，完成了省政协2008年重点研究课题之一："关于我省建筑领域利益分配机制的专题调研"工作。会省委还与云南省社会主义学院联合对"云南省民主党派基层组织参政议政情况"进行了调研。联合调研机制促进了中央与地方组织的合作、各省级组织之间的合作、省级组织与对口联系单位及地方组织之间的交流与合作，实现了多层次、多方位纵向和横向联动，使会内外资源有效利用，促进了成果的转化。

《云南民进信息》共出刊15期，《云南民进统战信息》共出刊7期。其中，《关于建立长效机制确保完成"十一五"全省节能减排工作任务的建议》被《云南政协信息》第30期采用后，云南省人民政府领导作出重要批示，云南省经济委员会把民进省委建议落到实处，并以"云经节能［2008］265号"文件，提出了《省经委关于落实民进云南省委关于节能减排工作的五点建议情况的报告》。

会省委着力加强专门委员会建设，制定了《民进云南省委专门委员会工作通则》。调整成立了新一届的教育、文化出版、科技医卫、妇女联络、经济与社会法制五个工作委员会。各专委会分别召开全体会议，制定计划，积极展开工作。教育委员会和文化出版委员会还立足省情、依托优势，以纪念改革开放30年周年为契机，向会省委提交了《云南省教育改革发展回顾与展望》和《改革开放30年新闻出版视角云南》的专题报告，系统回顾了改革开放30年我省教育和新闻出版事业的发展。

各地方组织学习贯彻科学发展观，紧紧围绕党委政府工作大局，参大政、议大事，深入调研，关注民生，参政议政工作取得丰硕成果。如民进曲靖市委提出《关于切实解决曲靖中心城区入学难问题》受到市政府的高度重视，市政府已决定用两年时间在曲靖中心城区新建6所中小学、改扩建8所中小学，从根本上缓解中小学入学难问题；民进玉溪市委在《玉溪市现代农业发展重点、难点及对策研究》中提出的成立"玉溪市农产品质量安全检测中心"的建议被市政府采纳，计划在2009年实施，预计投资近1000万元。

【拓宽渠道做好社会服务工作】"民进省委建设社会主义新农村试点——科技示范基地"在红河州建水县南庄镇挂牌。"民进云南省委'春雨班'职业培训基地"在云南经济管理职业学院挂牌，第三期"春雨行动"职业技能培训班顺利举办。会省委、昆明理工大学联合向建水四中捐赠一批价值15万元的电教设备用于学校电教中心的建设。会省委、深圳企业家联谊会联合向建水县银霜焰畜联有限公司捐赠了价值21.5万元的电子监控设备；结合会中央的合作项目，为弥勒、鹤庆两县1千余名城乡镇骨干教师、学科带头人进行了专题培训。

各地方组织扬长避短，积极开展社会服务工作。如民进大理州委举办了"洱海天色"全国绘画书法作品展；以"文化建设，重在实践"为主题开展文化下乡活动为农民朋友作书画作品、写春联；联合大理学院共同开展了到贫困地区的"送温暖"活动。民进曲靖市委协调深圳艾美特电器公司为师宗县龙庆乡龙庆中心完小捐资35万元建盖教学楼。

【内外并重提高宣传工作水平】制定《<云南民进>管理规定》，充分利用会内外宣传平台大力宣传云南民进在各项工作中取得的成绩，特别是参政议政、社会服务中取得的成果，树立民进的良好形象，增强会员的荣誉感、凝聚力。据不完全统计，2008年民进云南省委在中央一级报刊发表文章8篇，在民进中央网站和刊物上发表73篇；在《云南日报》等省内报刊、网络上发表71篇；在云南电视台、云南广播电台播出新闻20余条。

进一步提高《云南民进》办刊质量，主动与会中央领导、知名人士及会内专家学者约稿，刊发了一批分量重、质量高、可读性强的文章；结合形势需要，组织专题稿件，开设了"两会专题"、"政治交接主题教育活动"、"纪念'五一口号'发布60周年"、"抗震救灾"等专题，更加紧密地配合党和国家大政方针的制定和形势的发展，与网站相互配合，积极宣传中共十七大精神，宣传中国特色政治发展道路，宣传云南民进；加强"服务会员、宣传会员"的意识，着力宣传民进代表性会员的先进事迹和贡献，刊物更加贴近会员，装帧设计日趋精美。《云南民进》被云南省新闻出版局评为全省"优秀连续性内部出版物"，一名编辑被评为"优秀编辑"，并被民进中央评为"优秀通讯员"。

云南民进网站稳定运行，提升了云南民进影响力，成为云南民进一张新名片。进一步完善了《云南民进网站章程》；新建了民进自有、高速、稳定、安全的电子邮件系统。截至12月1日，网站不间断稳定运行336天，点击率达到64.6万余次，比去年同期增长137.7%；网站更新周期为0.23个工作日，同比缩短了0.44个工作日。云南民进电子信息化建设取得突出成绩，2008年荣获会中央"电子信息化"工作先进单位称号，受到表彰。各地民进积极为会刊、网站供稿，同时加强与当地新闻媒体的合作，不断加大宣传力度。

【云南民进艺术团成立】2008年5月10日，会省委艺术团正式宣告成立。在会省委领导下，经过艺术团负责人和全体成员的辛勤努力，艺术团成立伊始便在云南民进纪念职工"五一口号"发布60周年活动中高调亮相，成为我会凝聚力量，宣传多党合作事业，服务社会的新载体和重要力量。

民进陕西省委会2008年工作概述

2008年是民进陕西省第十届常务委员会的开局之年，一年来，民进陕西省委在中共陕西省委和民进中央的正确领导下，以科学发展观为指导，团结带领全省各级民进组织和广大会员，坚持以政治交接学习教育活动为主线，以领导班子建设为重点，以机关建设为突破口，按照民进中央"无懈无滞，有思有行"的要求，不断加强自身建设，围绕落实科学发展、促进社会和谐两大主题，较好履行了参政议政职能，发挥了民主党派的作用。

一、政治交接学习教育活动深入开展，自身建设不断加强

政治交接学习教育活动扎实开展。新一届民进陕西省委把开展政治交接学习教育活动作为一项重要政治任务，扎实安排，精心组织，分步实施。全省各级民进组织相继制定了政治交接学习教育活动实施方案，召开了政治交接学习教育活动动员大会，确保学习教育活动落实到基层。民进陕西省委编写了政治交接学习教育活动资料，及时编发活动简报，召开了民进陕西省政治交接学习教育活动阶段性工作总结交流会，对全省的政治交接学习教育活动进行了总结交流，并对交流材料进行汇编。省委会还邀请全国人大常委、民进中央副主席王佐书作了题为《民主党派的政治交接与合作共事》的专题辅导报告。为了指导基层组织深入开展教育活动，省委会主要领导深入西安、渭南等地，作了题为《建设高素质参政党的基层组织》的辅导报告。通过开展一系列学习教育活动，促进了民进组织的思想建设、组织建设、作风建设和制度建设，为更好地履行职能、发挥作用提供了有力保障。

思想建设全面加强。民进陕西省委结合新形势发展的需要，积极开展思想政治工作。制定了详细的学习计划，建立了周学习制度，安排了丰富的学习内容，确保了学习活动的针对性和实效性。民进陕西省委建立了领导班子理论中心组学习制度，定期交流学习心得。胡锦涛总书记在全党深入学习实践科学发展观活动动员大会重要讲话发表后，民进省委除组织机关干部职工学习外，在今年召开的十届四次全会、五次常委（扩大）会议上进行部署，要求各级民进组织迅速掀起学习实践科学发展观和贯彻落实中共十七大、十七届三中全会精神的高潮，把智慧和力量凝聚到中央的重大战略部署上来。通过学习，全省广大会员对我国多党合作政治协商制度的理解不断加深，增强了贯彻落实科学发展观和建设中国特色社会主义的自觉性和坚定性，促进了民进会员自身政治素养、理论水平和参政议政能力的提高。

宣传工作富有成效。宣传工作坚持正确的舆论导向，不断丰富宣传手段和方式。开展了纪念“五一口号”发布60周年和改革开放30周年系列活动。通过会中央宣传部、中、省等新闻媒体，及时报道会务消息和会员先进事迹，全年在中、省各类媒体刊登宣传文章60篇，被民进中央评为新闻宣传表扬单位。全年编发《陕西民进工作简报》12期。顺利完成《陕西民进》全面改版，共出版《陕西民进》4期，刊登稿件200篇，照片60幅，发行8000余册。与西安市委会、直属工委多次举办书画展、笔会、文艺联欢等文化活动，宣传报道的信息量不断扩大，时效性、全面性和交互性不断增强，进一步扩大了我会的社会影响力。广泛宣传了多党合作政治制度，扩大了我会的影响力。

组织建设效果明显。民进陕西省委将组织建设作为基础工程来抓，把班子建设放在组织建设的首位。民进陕西省委领导班子坚决贯彻执行民主集中制原则，不断改进领导方法和工作作风，各项决策日益科学、合理，工作不断规范化、制度化。高度重视制度建设和机制创新，逐步探索健全完善政治交接长效机制。一是通过修订主委会、常委会、全委会等各项会议制度，修订议事规则，促进决策的民主化、科学化。二是通过细化班子成员的分工，明确任务，落实责任，班子成员之间，分管工作尽职尽责，中心工作全力以赴，急难工作争先恐后，进一步提高工作效率，形成了领导班子齐心协力、同心同德、团结和谐的良好工作氛围，班子的凝聚力和团队精神不断增强。三是制定了《民进陕西省委关于加强市级组织领导班子后备干部队伍建设的意见》。指导完成了直属工委和民进商州2个总支、15个支部的换届任务，新成立了金融支部和经济支部，促进了基层组织生活正常化、制度化。截止2008年12月底，我省民进会员总数为4323人，平均年龄48.8岁，其中女会员1960人，退离休会员1589人，中上层人士3575人，中共党员192人。从成员界别分布看，高教界11.5%，普教界占62.1%，文化界占6.4%，新闻出版界1.2%，科技界2.0%，医卫界3.3%，新的社会阶层3.3%，司法机关0.5%，政府机关5.1%，党派团体1.8%，其他0.6%。

民进陕西省现有地方组织14个，其中省级委员会1个，市级委员会8个，县级委员会5个。现有基层组织273个，其中基层委员会3个，总支部委员会13个，支部246个，小组11个。

机关建设再上新台阶。民进陕西省委以加强省级机关建设为突破口，从机关工作的制度化、程序化、规范化入手，着力培养机关的学习精神、创新精神、敬业精神、奉献精神，树立了民进陕西省委机关“团结、高效、和谐、奉献”的新形象。民进陕西省委结合实际，对原有36项机关规章制度逐一修改、完善，修订完善了议事规则、岗位职责、工作制度和工作规程等四大类61项制度规定，使机关工作不断规范，有章可循。省委会制定了详细的机关目标绩效评估考核责任制。建立了机关工作联系会议制度，会领导定期召开全体干部职工会议，听取各部室工作汇报，掌握工作进度，解决存在问题，增加了工作的透明度和公开、公正性，调动了职工的积极性和主动性，提高了工作效率，增进了处室之间的沟通和协作，增强了职工的凝聚力，营造了机关团结和谐的工作氛围，确保了抗震救灾、议政调研、组织培训等重点工作及民进中央副主席潘贵玉、冯骥才来陕调研视察和民进海南省委来陕考察交流等重要接待工作的顺利进行。

二、创新机制，参政议政工作成果不断扩大

参政议政是民进工作的重要内容。新一届民进陕西省委努力把握参政议政工作规律，完善参政议政工作机制，研究制定了《民进陕西省委参政议政调研课题管理办法》、《民进陕西省委参政议政成果管理办法》，完善了《民进陕西省委专委会工作制度》，健全了我会参政议政课题申报、立项、奖励机制，调整、成立了各专门工作委员会，探索建立了参政议政联动机制，实现了全省各级组织、专兼职工作队伍及会员与会友的资源整合，参政议政工作逐步进入了制度化、规范化轨道。召开了民进陕西省参政议政工作会议。省委会不断拓宽参政议政工作思路，积极参加中共陕西省委、省政府召开的意见征询会、座谈会、情况通报会，并就全省经济建设、城乡社会保障等重大发展问题建言献策，在较高层次履行了民主党派参政议政、民主监督的职能。民进各级组织和各专委会高度关注全省经济社会发展，围绕建设西部强省目标和关注民生等问题，积极开展调研活动，精心选择参政议政课题，会领导亲自担任调研组组长，深入调研，提出全局性、前瞻性的意见和建议。研究课题《陕西青年农民创业政策研究》和《我国西北地区中等职业教育发展存在的问题与对策研究》被民进中央立项为2008年度重点调研课题，实现了民进陕西省参政议政工作的新突破。在陕西省政协十届一次会议上，我会共提出集体提案10个，委员个人提案80个。其中两个集体提案、七个会员提案被评为省政协十届一次会议以来优秀提案，一个集体提案和一个会员提案被列为省长重点督办提案。民进延安市委会提出的《关于公交车延长站点增加线路和延长营运时间的建议》被确定为2008年度延安市政府督办的重点提案。省委会撰写的调研报告《我省职业教育和技能培训状况的调研报告》，引起了省政府有关工作部门的重视，《大力发展旅游产业　促进陕南经济突破发展》在省政协常委会上专题发言，广受好评。

三、注重实效，社会服务工作取得新进展

民进陕西省委努力发挥群体优势，精心组织，尽力而为，扎实开展各项社会服务工作。省委会班子成员多次深入农村访贫问苦，积极开展送温暖，献爱心活动，数次给特困户家庭和村民送去慰问品和慰问金。为促进黄陵县城区街道办事处南城村发展经济支柱产业，民进陕西省委争取资金5.96万元为该村实施核桃产业嫁接工程，嫁接改良核桃园约130亩。省委会和民进各市委会积极引导广大会员积极开展扶贫济困、捐资助学、投身慈善公益事业、抗震救灾等活动。民进咸阳市委经组织会员赴基层农村开展教育、文化、科技三下乡活动。宝鸡民进会员、旦角演员全凤琴举办专场个人秦腔交响乐义演，支持慈善事业。省民进企业联谊会副会长杨全民投入30万元援建陕南山区农村小学，并为困难群众捐赠价值人民币4.3万元的生活物资和救助款。省委会邀请专家，就民进企业联谊会成员关心的应对金融危机、企业发展战略、构筑企业赢利模式、投融资风险管理、企业文化等问题，进行专题辅导讲座，团结企业联谊会成员共谋发展。“5·12”四川汶川地震发生后，民进陕西省委及时动员全省民进各地方组织及广大会员以最快速度积极投入抗震救灾工作，开展向灾区献爱心活动。西安、咸阳、延安、榆林市委会还开展了交纳特殊会费等活动，支援灾区建设。民进陕西省委向灾区捐赠了60630元的救灾专款和价值10万元的救灾物资。民进西安市委争取美国扶贫教育基金会1万美元助学金，资助宝鸡市陈仓区灾区100名因震致贫学生完成学业。省委会积极为民进会员搭建服务平台，合力抗震救灾。促成陕西民进企业联谊会会长张孝林向四川灾区捐赠价值104万元的医疗器械。联谊会副会长杨勇及理事贺生利向宁强灾区学校捐赠了价值13.5万元的爱心帐篷及课桌椅。西安凯华技术学院院长王超出资百万元援助30名地震灾区的学生来西安接受3年免费职业教育。民进汉中、宝鸡市委和安康支部带领广大会员为抗震救灾和灾后重建工作做出了积极的贡献。广大民进会员在抗震救灾中充分展现了与灾区同胞同呼吸共命运，同抗震共克难的崇高精神风貌，涌现出了许多先进集体和优秀会员。民进陕西省委抗震救灾工作受到民进中央大会表扬；陕西民进企业联谊会被民进中央评为“民进全国抗震救灾先进集体”，张孝林等6人被评为“民进全国抗震救灾先进个人”。

民进甘肃省委会2008年工作概述

2008年，民进甘肃省委会团结带领全省广大会员，坚持以邓小平理论、“三个代表”重要思想和科学发展观为指导，认真贯彻落实会中央“无懈无滞、有思有行”的工作要求，积极履行参政党职能，取得了一定的成绩。

一、重要会议及活动

（一）民进中央领导人甘肃重要活动

1月3日，民进中央在北京举行甘肃河西走廊星火产业带建设会商会议及专家顾问组会议。全国人大常委会副委员长许嘉璐、全国政协副主席张怀西、民进中央主席严隽琪、中共甘肃省委副书记刘伟平、副省长冯健身等出席会议。尚勋武副主委出席会议。

4 月 9 日，全国人大常委、民进中央副主席朱永新一行到省委会机关视察，并与省委会、兰州市委会领导和机关干部、会员代表亲切座谈。

4 月 10 日—12 日，全国人大常委、民进中央副主席朱永新一行赴武威市考察调研石羊河流域重点治理与星火特色产业发展情况，并与省、市有关单位负责人进行了座谈。

9 月 8 日—9 日，全国人大常委会原副委员长、民进中央原主席许嘉璐应第六届中国庆阳香包民俗文化节组委会、中共庆阳市委、市政府之邀出席开幕式。许嘉璐视察了庆阳油田，陇东学院等单位，会见了庆阳市民进组织负责同志、会员代表并与大家亲切座谈。

9 月 8 日，全国政协副主席、民进中央常务副主席罗富和在省政协副主席郜克文的陪同下，来到省委会机关与机关干部和部分会员进行了亲切的座谈。

（二）召开全委会议、常委会议、主委会议

1 月 16 日下午，省委会召开六届三次常委会议，会议学习了胡锦涛同志在 2007 年 12 月 24 日在各民主党派中央、全国工商联新老主要领导人座谈会上的重要讲话精神。讨论通过了《2008 年民进甘肃省委员会工作要点》。

7 月 19 日上午，省委会召开了六届五次主委会议。李国璋主委传达了民进十二届三次中常会精神，确定了 2008 年省委会调研课题，确定了各调研课题牵头人。讨论通过了提交省委会六届四次常委会审议的议事规则。

7 月 19 日下午，民进甘肃省六届四次常委（扩大）会议在兰州召开。会议传达民进十二届三次中常会议精神，各市委会主委汇报交流开展中国特色社会主义主题教育活动情况和组织发展情况，通报省委会抗震救灾工作，通过修订的省委会议事规则，研究今年年底举行民进甘肃省六届二次全委会议事宜。

12 月 22 日—23 日，民进甘肃省第六届委员会第二次全体会议在兰州召开。会议学习贯彻中共十七届三中全会精神，传达贯彻民进十二届二中全会精神，听取和审议李国璋代表民进甘肃省第六届常务委员会作的题为《顺势而上，科学发展，开创甘肃民进工作新局面》的工作报告。审议通过民进甘肃省第六届委员会第二次全体会议决议，表彰了民进甘肃省委员会先进集体和优秀会员。

（三）参加恳谈会、座谈会

1 月 11 日下午，省委会主委李国璋，副主委尚勋武、康金成、李凤民、马天义，秘书长温艳出席了中共甘肃省委统战部召开的全省各民主党派、工商联、无党派代表人士学习恳谈会。

4 月 25 日下午，中共甘肃省委召开“甘肃省纪念‘五一口号’发布 60 周年座谈会”。省委会主委李国璋，副主委康金成、唐援朝，秘书长温艳出席座谈会。

10 月 14 日，省委统战部召开省级各民主党派和无党派代表人士深入学习实践科学发展观座谈会。尚勋武副主委代表民进省委会发言。副主委康金成、唐援朝参加了会议。

（四）重要活动及事件

3 月 13 日下午，省委会主委李国璋在全国政协十一届一次会议第四次全体会议上当选为第十一届全国政协常委。

5 月 15 日上午，省委会机关举行了向 5·12 大地震中的灾区捐款活动，此次机关干部共捐款 8000 多元。

6 月 18 日—21 日，省委会主委李国璋随同中共甘肃省委常委、省委统战部部长刘立军深入陇南地震灾区，调研灾情和灾后重建工作。民进省委会秘书长温艳一同参加调研。

7 月 25 日，甘肃民进企业家联谊会成立大会在兰州召开。民进甘肃省委会主委李国璋、副主委康金成、唐援朝、秘书长温艳出席了成立大会。

9 月 2 日，全国政协在京召开专题协商会，中共中央政治局常委、全国政协主席贾庆林出席并讲话。国务院副总理回良玉到会听取意见并讲话。全国政协常委、民进中央常委、省委会主委李国璋代表民进中央作《关于推进农村金融创新的建议》的发言。

9 月 6 日，省委会在兰州邓园举行茶话会，纪念第 24 个教师节的到来。省、市民进会员 150 余人参加活动。

12 月 1 日，民进全国抗震救灾先进集体和优秀会员表彰会在京召开。省委会荣膺“民进全国抗震救灾先进集体”。民进兰州市委会被评为“民进全国抗震救灾表扬单位”。我会的李莉、李晓荣、贾义民、马刚、赵军、雷永正等 6 人被评“民进全国抗震救灾优秀会员”。

12 月 22 日上午，民进甘肃省委会纪念改革开放三十周年书画展在兰州市博物馆隆重开幕。

二、参政议政工作

（一）参加全国“两会”和省“两会”情况

2008 年全国“两会”上，全国政协委员、省委会主委李国璋，全国政协委员、省委会副主委尚勋武向全国政协提出提案共 8 件。在我省“两会”上，省委会向省政协十届一次大会提交提案 11 件，省委会领导做了《关于积极推进民勤县“生态移民计划”的建议》的大会发言。我会参加会议的 5 位省人大代表和 17 位省政协委员积极建言献策，向大会提交议案、提案 76 件。省委会向省政协大会提交的《关于促进我省工业集中区、示范园区健康发展的建议》的提案，被省政协列为主席督办提案。在省政协召开的九届二十次常委会议上，省委会在省政协九届三次、五次会议期间提出的《关于提升我省少数民族地区人力资本质量，促进经济发展的建议》、《关于推进实施“生态家园富民计划”的建议》提案，被评为优秀提案，受到省政协表彰奖励。

（二）重要调查研究活动

省委会按照省委副书记刘伟平同志关于邀请各民主党派联系调研全省“玉米全膜双垄沟播”项目实施情况的指示，开展了“全膜双垄沟播”技术推广农业项目落实情况的调研。省委会成立了调研组，于 2008 年 4 月 14 日—17 日在白银、武威两市开展了调研和督察任务，向中共甘肃省委提交了书面汇报。

“中国西部农村义务教育教师培训能力建设”是民进中央在甘肃、云南和内蒙三省（区）以项目运作方式开展的调研。2008 年初，会中央项目组决定在我省临洮县实验一小、洮阳初中、宕昌县城关三小、旧城中学开展新型教师培训试验项目。通过省委会的精心组织和指导，经过半年的培训实验，使项目学校成为引领当地教师培训工作的基地，有力地推动了两县教师培训能力建设。2008 年 10 月，该项目已顺利通过会中央专家组的评审。

9 月 10 日—12 日，全国政协委员、民进甘肃省委会副主委、甘肃省农牧厅副厅长尚勋武带领调研组在平凉市就农业科技服务体系建设情况进行了调研。

10 月 13 日，民进甘肃省委会副主委唐援朝一行赴天祝藏族自治县，就农村义务教育阶段特设岗位教师工作情况开展调研。调研组一行与天祝县教育局有关负责人和特岗教师进行座谈，听取意见建议。

11 月 20 日，全国政协常委、民进甘肃省委会主委李国璋一行到定西调研农村中小学师生饮水情况。听取定西市教育局负责人对有关全市农村中小学师生饮水困难的情况介绍，实地走访了定西市安定区石峡湾初级中学、葛家岔初级中学详细了解学校师生饮水情况、雨水截流的效益、校园场地的硬化、学校食堂的建设等情况。

三、社会服务

1. 加强与东部地区民进组织的联动，充分发挥东部地区教育科技资源的优势，继续开展教育科技培训。今年 9 月，在民进江苏省委会、天津市委会和杭州、湖州等地民进支持下，省委会协助、组织人员赴江苏省参加“河西走廊星火产业带中小企业负责人培训班”，赴天津市参加农产品检测技术人员培训班和首届甘肃西部教师进津培训班，赴杭州参加贫困地区教师培训，赴湖州参加为期一个月的第一期西部地区骨干教师培训班，共培训星火带头人、中小企业负责人和骨干教师 99 人。

2. 拓展“手拉手”助学活动的形式。省委会联系民进江苏省委会，由江苏民进的企业界会员捐款 5.3 万元，在定西市葛家岔初级中学和安定区北坪小学修建 5 眼“爱心水窖”，硬化了学校的地面。民进湖州市委会带领 20 多名企业家两次到白银，投资 11 万多元，建立了两个“爱心图书室”，并为另外两所学校投入了启动资金，还给白银市 6 位贫困学生每人 600 元的资助。

3. 积极发挥民进经济界会员的作用。省委会经过积极筹备，于今年 7 月成立了“甘肃民进企业家联谊会”，并在 9 月份召开了第一次会长会议，完善了工作机制，制定了工作制度。11 月，省委会组织联谊会会员赴天水，向百泉初级中学捐赠价值4万余元的教学用品。

四、自身建设

（一）思想建设

省委会按照民进中央在全会开展“坚持走中国特色政治发展道路”为主题的政治交接学习教育活动的工作部署，在全省各级民进组织中继续开展多层次、大规模、集中进行的政治交接学习教育活动。省、市级组织举办各种培训班、理论学习会、基层组织负责人会议，邀请有关领导和党校、社院专家作专题辅导报告。省委会编发了政治交接的学习资料，在会刊上开辟了学习教育专栏，在甘肃民进网站开设专题栏目，组织开展了理论征文活动。结合当地实际开展了丰富多彩的学习教育活动，就深入开展学习教育活动进行交流和研讨。

2008年是中共中央发布“五一口号”60周年和我国改革开放30周年。省委会和各地方组织以纪念重大历史事件为契机，通过召开座谈会、研讨会和组织征文等开展丰富多样的纪念活动。省委会收到“薪火相传，共创未来——纪念中共发布‘五一口号’60周年”征文29篇，选送会中央24篇，其中征文《“五一口号”——新民主主义民主政治的伟大创举》获得了会中央三等奖。省委会和兰州市委会联合举办庆祝中共中央发布“五一口号”60周年纪念活动，举办了纪念改革开放30周年大型书画展。

（二）领导班子建设

一是就加强领导班子自身建设进行专题研究。修订了主委会议议事规则、主委办公会议议事规则、常委会议议事规则等，对领导班子落实民主集中制提出了要求。省委会领导班子实行了分工负责制，每位主、副委都分工负责会务工作，联系地方组织和专委会。二是形成领导班子集体领导、民主集中、个别酝酿、会议决定的工作程序，自觉地以老一辈领导人为楷模，从政治上、思想上、作风上、制度上不断提升班子的领导水平。三是各市委会积极响应，上下联动，结合各自实际努力加强领导班子队伍建设。白银、张掖市委会领导班子进行了届中调整，张掖、酒泉市委会增补了市委会委员。定西成立市委会的筹备工作已经就绪，平凉正在筹备当中。民进西北师大支部等6个支部进行了换届。四是省委会把加强领导班子的学习放在重要位置。常委会及中心学习组多次召开会议，深入学习中共十七大、民进十大和中共十七届三中全会精神。省、市委会领导分别参加了中央统战部和中央社院举办的第十五期、第十六期民主党派中青年干部培训班、第十八期民主党派干部进修班，会中央举办的中国浦东干部学院培训班以及省级组织副主委培训班。各市委会有80多人参加了各市委统战部、社会主义学院举办的统战理论培训班和以政治交接学习教育活动为主题的培训班。

（三）组织建设

省委会和各地方组织认真做好人大代表、政协委员的推荐、协商工作，一批年富力强、德才兼备、热爱组织的优秀会员代表，进入了各级领导集体和参政议政的重要岗位。目前，我省会员中有全国政协委员2人（其中常委1人）；省人大代表5人（其中常委1人）；省政协委员18人（其中常委5人）；市、县人大代表28人（其中常委4人，县区人大副主任4人）；市、县政协委员195人（其中市政协副主席5人，县政协副主席2人，市、县政协常委39人）。

2008年，省委会共发展新会员243名，其中省政协委员1人、副县长1人，高中级职称131人。截止2008年年底，全省共有民进会员2527人，平均年龄48.8岁。按界别，教育界会员占68%，文化艺术界占6.2%，科学技术界占2.3%，新闻出版界占1%，医卫界占3.9%，公有制经济占5.7%，新的社会阶层占3.3%，司法机关占0.4%，政府机关占4.8%。

（四）机关建设

省委会十分重视机关建设，积极营造“鼓励干事业，干成事业”的工作环境。一是坚持以人为本的理念，建设学习型、服务型和谐机关。努力改善办公条件，增进部门之间的相互配合，调动各部门和工作人员的积极性。加大了与地方组织机关的交流与合作，组织开展了丰富多样的活动，努力营造团结、和谐的机关文化。二是加强机关工作的计划性，机关工作在制度化和规范化方面有较大改观。在原有制度的基础上，重新修订、完善了《民进甘肃省委会机关管理制度汇编》，共收入各项规章制度28项，进一步完善了各项规章制度和工作流程，增强了各项制度的可操作性和时效性。三是开展有针对性的业务培训，提高机关干部的综合素质。通过实行公务员录用制度、干部挂职锻炼、竞争上岗等制度，开展有针对性的业务培训，有效地提高了机关干部的综合素质。

五、开展抗震救灾活动

今年5月12日，汶川发生特大地震灾害。省委会按照会中央的部署，立即做出反应，紧急行动，及时指导全省各级民进组织紧急投入抗震救灾之中。省委会及时转发了《民进中央关于积极支援四川抗震救灾工作的通知》，向四川省委会发去了慰问信，并向市委会、省直总支、支部发出了倡议书，号召我省广大民进会员积极参与到抗震救灾当中。

据不完全统计，我省民进会员通过各种渠道向灾区累计捐款88万元。省委会积极响应民进中央在全会开展“为了灾区的孩子们——捐款献爱心活动”的号召，组织会内的知名书画家参加书画义卖活动。会员中的书画家积极响应，捐献自己最好的作品，省委会为会中央选送了24幅书画作品。

会中央捐助100万元资金支援我省陇南市青少年图书馆灾后重建，捐助20万元资金支援平凉市崆峒区香莲乡图书室灾后重建。

在民进全国抗震救灾先进集体和优秀会员表彰会上，民进甘肃省委会被会中央评为“民进全国抗震救灾先进集体”，李莉、李晓荣、贾义民、马刚、赵军、雷永正6同志被评为优秀会员，兰州市委会被评为“民进全国抗震救灾表扬单位”。

民进宁夏区委会2008年工作概述

一、重要会议及活动

【六届二次全体会议】

2008年1月22日至23日，民进宁夏第六届委员会第二次全体会议在银川召开。自治区政府副主席、区委会主委姚爱兴主持，副主委梅廷彦、杨瑞生、王春秀参加了会议。

会议认真学习了中共十七大精神和民进十大精神。审议通过了民进宁夏区委会2007年工作报告和民进宁夏第六届委员会第二次全体会议决议。

【六届五次常委会】

4月2日，区委会召开了六届五次常委会。自治区政府副主席、区委会主委姚爱兴主持了会议并传达了全国“两会”精神及民进中央十二届二次常委会精神。会议总结了区委会开展政治交接学习教育活动情况，安排部署了在全会开展中国特色社会主义教育主题活动。

王春秀副主委传达了《民进中央关于学习贯彻十一届全国人大一次会议和全国政协十一届一次会议精神的通知》，杨瑞生副主委通报了区委会2008年一季度的工作情况，梅廷彦副主委就《民进宁夏区委会关于2008年开展中国特色社会主义教育主题活动方案》作了说明，会议通过了此方案。

【罗富和常务副主席莅宁调研】

6月22日至26日，全国政协副主席、民进中央常务副主席罗富和一行来宁夏进行课题为“农村改革与发展”的调研。自治区党委书记陈建国、自治区政府主席王正伟，自治区政协主席项宗西，自治区党委常委、统战部部长马金虎，自治区政府副主席、民进宁夏区委会主委姚爱兴看望了考察组一行。考察组在自治区政府副主席、民进宁夏区委会主委姚爱兴，自治区政协副主席李淑芬、袁汉民、解孟林、安纯人等陪同下，先后到宁夏农林科学院、银川市永宁县、吴忠市同心县、红寺堡移民开发区等地进行了实地考察。姚爱兴代表自治区政府就宁夏农村教育、科技和文化发展情况做了汇报。

6月23日下午，全国政协副主席、民进中央常务副主席罗富和一行与民进宁夏区委会机关干部及各市委会负责人进行了座谈。姚爱兴主持座谈会，区委会副主委杨瑞生及各基层组织负责人分别就自身建设、参政议政、社会服务等方面的工作情况作了汇报，并就调研课题提出了建议。罗富和常务副主席在座谈会上做了重要讲话。他高度评价了民进宁夏区委会的工作。同时希望宁夏民进在科学发展观的指导下，利用自身优势，在参政议政领域发挥更大作用。

【纪念改革开放三十周年暨自治区成立五十周年座谈会】

11 月 14 日，区委会举办纪念改革开放 30 周年暨自治区成立 50 周年座谈会。区委会常委、在银委员及部分基层组织负责人参加了座谈。

与会人员结合自身感受，回顾了改革开放以来取得的辉煌成就和自治区 50 年走过的风雨历程。大家一致认为，改革开放的 30 年，是中国共产党领导的改革开放和社会主义现代化建设取得辉煌成就的 30 年，也是中国共产党领导的多党合作事业阔步前进的 30 年。民进宁夏区委会要继续发扬光荣传统，坚持中国共产党领导的多党合作和政治协商制度，与全区各族人民共同奋斗，努力为宁夏的跨越式发展作出更多贡献。

【六届六次常委会议】

11 月 15 日，区委会召开了六届六次常委会。姚爱兴主委主持了会议。会议学习了中共十七届三中全会精神，学习了民进十二届三次、四次常委会议精神，审议通过了《民进宁夏区委会中心组学习制度》等六项工作制度及办法，部署了自治区“两会”提案和大会发言的准备工作。

二、参政议政

【参政议政】

区委会在自治区政协九届一次会议上，提交党派提案 14 件，委员个人及联名提案 38 件。区委会《关于加强我区卫生监督工作的建议》被列为自治区政协主席督办提案并重点办理，工程总投资 1500 万元、建筑面积近 4800 平方米的宁夏自治区卫生监督所综合楼已开工建设。《关于大力发展循环经济，提升宁东能源基地核心竞争力的建议》，得到自治区发改委和经委的充分肯定，决定采取措施进一步加大产业结构调整力度，延长产业链，在工业企业中推行先进节能工艺和技术设备，加大宁东能源化工基地和石嘴山市两个全国循环经济试点工作力度，抓紧制定循环经济试点实施方案。区委会关于加快发展宁东社会事业、加大对农民文化大院扶持力度、预防和减少重大安全事故、加快我区非公有制工业企业发展等多项建议，受到各承办单位的高度重视。

【调研工作】

2008 年区委会开展了“少数民族地区出版改制与政策保障的调研”和“关于我区机械装备行业的调研”两项调研。调研组广泛征求了我区相关领域的会内外专家、学者意见。调研报告已报自治区党委政研室和统战部。其中《关于少数民族地区出版改制与政策保障》的调研作为政协九届二次会议的书面发言提交。

【反映社情民意信息工作】

区委会通过社情民意反映经济社会发展中的重大问题和关系群众切身利益的突出问题，《关于请求延续国家“三西”农业建设专项资金的建议》、《关于解决西部农村农业发展所需资金和政策问题的几点建议》和《关于减轻小规模纳税人税负促进全民创业的建议》等信息，均被自治区政协编发为《建言》，主送全国政协信息局。国务院决定再次延长“三西”农业建设专项补助资金使用期限，即从 2009 年起延续至 2015 年，并将资金总量从目前的每年 2 亿元增加到 3 亿元。《关于加快宁东社会事业发展的建议》得到了自治区政府主席王正伟的批示，自治区宁东办对该信息中建议的办理情况作了答复。《关于加大对农村文化大院扶持力度的建议》，得到了自治区政府副主席李堂堂的批示。

三、社会服务

【抗震救灾】

5·12 汶川地震后，区委会十分关注灾区救援工作，及时向广大会员发出赈灾倡议。举行了“献爱心、抗震救灾书画捐赠义卖会”活动，共募集到书画作品 99 幅，其中 21 幅被当场认购，所得四万元善款通过民进中央送往灾区，其余作品被送往民进中央参加“全国民进抗震救灾书画义卖会”，宁夏电视台、银川电视台、中国书画报、华兴时报对这一活动做了专题报道。区委会机关和各级组织积极奉献爱心，组织了捐款。据不完全统计，全区会员共捐款 21.1 万元。民进银川市委会到永宁县敬老院慰问来宁休养的四川灾区孤寡老人，送去大米、电风扇等价值 2 万元的生活用品。在民进全国抗震救灾先进集体和优秀会员表彰会上，区委会受到表扬，赵浩宁、赵清、杨少军获民进全国抗震救灾优秀会员称号。区委会也对抗震救灾中的先进集体和优秀会员进行了表彰。

【支教助农活动】

区委会和各级组织先后开展了一系列社会服务活动。区委会与民进吴忠市委会联合举办中小学教师心理健康教育专题培训活动，240 多名教师参加了学习。民进宁夏大学总支与民进石嘴山市、民进中卫市委会联合举办“服务三农科技培训班”，培训奶牛养殖、设施农业、蔬菜种植专业户 600 余名。民进宁夏医学院支部先后与民进固原市委会、民进青铜峡市委会联合在西吉县医院和青铜峡市举办义诊活动。宁夏附属医院各科专家为群众提供了现场医疗服务，对边远山区医护人员技术的提高也起到了积极的促进作用，受到了当地群众和医护人员的好评。

四、自身建设

【主题教育活动】

民进中央《关于 2008 年在全会开展中国特色社会主义主题教育活动的通知》及其方案下发后，区委会及时召开主委会议和常委会议，认真学习，积极部署。组建了主题教育活动办公室，制定下发了《民进宁夏区委会关于 2008 年开展中国特色社会主义主题教育活动的通知》及其活动方案，围绕“坚持走中国特色政治发展道路，做老一辈优良传统和高尚风范的传承者，做巩固和发展政治交接成果的实践者”这一主题，引导广大会员把思想认识统一到中国特色社会主义的理论、路线和方针政策上来，把智慧和力量凝聚到坚持改革开放，推动科学发展，促进社会和谐，全面建设小康社会的伟大实践上来。各市委会也积极开展了“立足本职、建功立业、争创先进支部、争当优秀会员”，“三下乡四进社区”，“送书画进军营到农村”，“我加入民进为了什么我为民进做了什么”的大讨论等各具特色的活动。

【学习培训】

8 月 15 日至 19 日，区委会在宁夏社会主义学院举办了“中国特色社会主义主题教育活动”学习班，区委会委员、各市委会及区直属组织的骨干会员和部分新会员参加了学习。全国人大常委、民进中央副主席王佐书，民进中央宣传部部长高保华应邀专程来宁授课。

中共中央“五一口号”发布 60 周年之际，区委会组织委员和会内专职干部一行赴西柏坡和民进中央参观考察。其间，与民进河北省委会进行了工作交流。严隽琪主席和民进中央有关部门负责同志听取了考察团汇报后对此次考察活动给予了高度肯定，严主席希望区委会深入扎实地推进主题教育活动，在促进民族团结、保持社会稳定、化解矛盾、理顺情绪等方面继续发挥好自己的作用，更好地服务于社会。

【领导班子建设】

紧密结合主题教育活动，区委会领导班子加强理论学习，建立了中心组学习制度；强化集体领导，克服和杜绝工作盲目性、随意性，切实贯彻民主集中制；努力在班子中营造民主务实、团结和谐的氛围，加强与基层组织沟通，在民主决策、联系基层、搞好服务、有效指导工作等方面取得了可喜的进步；开展班子成员谈心和诫勉谈话等，提出了班子建设“五个相互”：相互理解、相互尊重、相互补充、相互鼓励、相互欣赏。

【建章立制】

为了使区委会工作和机关建设科学化、规范化、制度化，六届六次常委会研究通过了《民进宁夏区委会中心组学习制度》、《专门委员会工作通则》、《机关岗位责任制度》、《参政议政工作表彰奖励办法》、《社会服务工作表彰奖励办法》、《思想宣传工作表彰奖励办法》等。

【组织建设】

本着控制数量，保证质量的原则，新发展了一批能自觉接受中国共产党的领导、承认民进章程、具有较高专业水平和一定影响力的人士入会，充实和改善了参政议政队伍结构。截止 2008 年底，全区会员总数为 1030 名。有地级市委员会 5 个，县（市）级委员会 2 个，基层组织 75 个。批准成立宁夏医科大学总支委员会。

【信息网络建设】

建成开通了宁夏民进信息网。自治区党委常委、统战部部长马金虎，自治区政府副主席、区委会主委姚爱兴，副主委梅廷彦、杨瑞生、王春秀及各市委会负责人参加了开通仪式。信息网的开通，开辟了思想宣传工作的新阵地，加强了区委会与民进中央、基层会员的联系沟通，实现了重要信息及时上网，在工作质量和时效性等方面有了很大提高。

【宣传工作】

区委会对《宁夏民进》期刊栏目做了进一步优化调整。针对“五一口号”发布60周年和改革开放30周年相关纪念活动设置了专栏，及时对主题教育活动的进展情况和好的做法、经验和成效进行宣传，对会员正确认识、深刻理解学习主题教育活动的意义、目标和任务起到了积极的引导作用。

民进新疆区委会2008年工作概述

一、重要会议及领导活动

1. 领导班子

民进新疆维吾尔自治区第五届委员会

主任委员：牛汝极

副主任委员：童兆玲（女）、史建新

2. 全委会议

12月16日，中国民主促进会新疆维吾尔自治区第五届委员会第三次全体（扩大）会议在乌鲁木齐召开，主委牛汝极代表常委会作了《中国民主促进会新疆维吾尔自治区第五届常务委员会工作报告》，童兆玲副主委主持会议，中共新疆维吾尔自治区委员会统战部副部长王宗社应邀参加会议并讲话。民进新疆区委会副主委童兆玲、史建新等和全体委员出席会议，会议的主要议程是：学习贯彻中共十七届三中全会精神；传达学习民进中央关于在全会深入学习贯彻科学发展观的通知；传达学习中国民主促进会第十二届中央委员会第二次全体会议精神；审议通过《中国民主促进会新疆维吾尔自治区第五届常务委员会工作报告》；审议通过《中国民主促进会新疆维吾尔自治区第五届委员会第三次全体会议决议》（草案）。

3. 常委会议

7月22日，民进新疆维吾尔自治区第五届常务委员会第四次会议（扩大）在常委会议室召开。主委牛汝极报告了民进新疆区委会上半年工作情况和下半年工作安排部署，会议认真学习贯彻中共十七大精神和胡锦涛总书记6·13重要讲话精神；传达学习了中国民主促进会第十二届中央常务委员会第三次会议精神等；会议听取了民进新疆区委会开展中国特色社会主义政治发展道路主题教育活动阶段性总结报告、民进新疆区委会开展领导班子建设情况和抗震救灾工作情况报告。10月25日，民进新疆区委会第五届常务委员会第五次会议（扩大）在常委会议室召开，会议的主要议程是：学习贯彻中共十七届三中全会精神；学习贯彻中共中央关于在全党开展深入学习实践科学发展观活动的意见；传达学习中国民主促进会第十二届中央常务委员会第四次会议精神。12月16日，民进新疆区委会第五届常务委员会第六次会议（扩大）在乌鲁木齐召开，会议主要议程是学习贯彻中共十七届三中全会精神；传达学习民进中央关于在全会深入学习贯彻科学发展观的通知；传达学习中国民主促进会第十二届中央委员会第二次全体会议精神；讨论通过《中国民主促进会新疆维吾尔自治区第五届常务委员会工作报告》（草案）和《中国民主促进会新疆维吾尔自治区第五届委员会第三次全体会议决议》（草案）。

4. 专委会议

4月12日，五个专门委员会向民进新疆区委会汇报了2008年调研工作计划；12月16日，五个专门委员会向民进新疆区委会第五届常务委员会第六次会议汇报了2008年工作。

5. 领导活动

1月，主委牛汝极参加了自治区党校举办的地厅级及县市主要领导学习贯彻党的十七大精神专题培训班的培训学习；1月8日，主委牛汝极、副主委童兆玲就民进新疆区委会的调研、提案工作接受了新疆电视台记者的专访；1月至7月，主委牛汝极教授应邀参加了“中部欧亚地区和民族问题”国际学术报告会、中国—欧盟欧洲研究中心项目结项座谈会、“良好区域合作与中亚”工作讨论国际会议、“德国，欧盟与中亚”夏季培训项目会议和第四届龟兹学学术研讨会等；并应邀在德国科学院利用多媒体用英语作了题为“中国发现的叙利亚语—突厥语基督教碑铭”的报告；2月28日，在自治区十一届人大一次会议上，牛汝极主委再次当选为十一届全国人民代表大会代表；6月29日，牛汝极主委出席了在上海召开的民进十二届三次常委会，并就民进新疆区委会领导班子建设经验和抗震救灾工作情况，在大会作了题为《在抗震救灾工作中锤炼领导班子的思想和作风，坚定走中国特色社会主义政治发展道路》的发言；8月30日，牛汝极主委被自治区人民政府任命为新疆师范大学副校长；12月29日，牛汝极主委参加了自治区党委召开的征求对《分析检查报告》座谈会并提出了建议。

二、参政议政

民进新疆区委会紧紧围绕自治区党委和政府的中心工作，积极建言献策，反映社情民意。召开了“参政议政和信息工作（培训）会议”，邀请自治区人民政府发展研究中心领导作了《围绕中心，服务大局，努力提高建言献策水平》的专题讲座。重新调整了五个专门委员会组成人员，首次建立了特邀研究员队伍，主要领导先后带队走访了自治区文化厅、教育厅等政府部门。建立了参政议政工作网上平台，实现了参政议政工作资源的存储和使用电子网络化。深入调查研究，完成了重点课题“新疆新农村文化事业建设的对策研究”，主委带队的专题调研组先后深入到阿克苏地区和昌吉州的7个市县调研，实地考察了10余个乡村文化室建设情况。另外就自治区打击“三股势力”、抵制非法出版物渗透、保证北京奥运会安全、维护新疆稳定等问题进行了专题调研；就自治区招生就业政策贯彻落实情况、内地新疆高中班情况和职业技能教育情况和自治区职业教育发展中亟待解决的问题及对策等三个专题进行了调研。五个专门委员会完成了5个调研课题。截至12月30日，产生了6件调研报告和23件提案。

建言献策成果多。一是区委会领导在全国人大会上提出了《关于尽快建立对边疆民族地区资源开发补偿机制的建议》等15件议案、建议。引起数十家媒体的关注。二是积极为民进中央在中共中央召开党外人士座谈会上就推进农村改革与发展问题建议发言提供调研资料。三是在自治区政协十届二次、三次常委会议上，区委会领导两人次作了《抵制非法出版物渗透　维护我区文化安全》等大会发言；四是在自治区党委召开的三次专题座谈会上，区委会提出了《关于进一步推进自治区农业结构战略性调整，促进畜牧业可持续发展的建议》和《关于进一步加强自治区农村环境保护，促进农业可持续发展》等数件建议；五是在自治区政协十届一次会议上，区委会作了《挖掘丝路文化资源，加快发展新疆文化产业》、《充分发挥自治区农村‘田秀才’服务三农的建议》和《自治区城市化过程中“村改居”中存在的问题及对策》三篇大会发言。并有《新疆文化安全亟待解决的问题及对策建议》等15件提案被立案办理。其中，《充分发挥自治区农村“田秀才”服务三农的建议》，得到了自治区政协副主席的批示：“农业厅：民进新疆区委会关于《充分发挥自治区农村“田秀才”服务三农的建议》的团体提案很好，建议贵厅认真阅研和办理”。

反映社情民意信息工作实效显著，坚持选题上的全局性、内容上的真实性、处理上的时效性、成效上的实用性工作原则，2008年共向民进中央、自治区政协、自治区党委统战部报送信息160余篇，其中1篇被民进中央专报全国政协。民进新疆区委会荣获自治区九届政协反映社情民意信息工作先进单位称号；办公室副主任徐立中同志荣获反映社情民意信息工作先进个人称号。

三、社会服务

民进新疆区委会把社会服务工作列为考核参政议政能力的重要方面，积极探索社会服务工作与参政议政工作相结合的新路子，积极服务于自治区的经济社会建设，使2008年的社会服务工作迈上了新台阶。

一是机制与制度创新，民进新疆区委会认真贯彻落实民进中央关于社会服务工作的指导思想和精神，高度重视社会服务工作的开展和成效，选好社会服务项目。开展的科教扶贫、“凝聚力工程”和“捐书惠农”等项目，成效显著。为达坂城哈萨克族牧场等两所小学捐建了新图书室，解决了哈萨克族少儿读书难问题，得到民进中央的大力支持。民进乌鲁木齐市委会在“凝聚力工程”项目中开展了医疗义诊扶贫活动，组织医疗专家为农牧区少数民族群众送医送药。

二是广大会员参与面广。动员700余名会员为抗震救灾第二次捐款11万余元；动员会内著名书画家为北京“民进抗震救灾书画义卖会”捐赠了价值34万元的国画作品。民进会员范晓明为南北疆贫困地区的中小学讲课20余场，带头为新疆清河县塔克什肯中学建立了校园艺术馆；民进会员巴寅亮先后无偿指导麦盖提县、和田地区和博乐州等三地建起了农民技能培训基地，并为三地的培训基地捐赠了价值8万元的发动机、自动变速器等实训用教具；民进会员武凤莲，举办青少年教育和当好21世纪家长讲座48场，听讲人数近3万人。民进会员孙钰华带着最新的研究成果题为《追求教师职业的幸福》的讲座，在和布克赛尔县和塔城市分两场进行讲座和座谈。听讲教师包括两地选派的教师代表400余人。

三是服务平台的凝聚力作用大。民进新疆区委会认真贯彻落实民进中央“引导、教育、支持、服务”的民企工作方针，积极为会员热心搭建服务社会的平台，民进会员主办的乌鲁木齐仟叶学校等多所学校为社会培训人才总计数千人次。据不完全统计，2008年由民进会员独立创办参与的民教、民企等7所（院、校）和智力咨询机构共产生社会效益上亿元。

四、自身建设

1. 思想建设

民进新疆区委会认真贯彻落实《民进中央关于认真学习贯彻中共十七届三中全会精神的通知》和《民进中央关于在全会深入学习贯彻科学发展观的通知》精神，向各级组织及时转发了民进中央文件，制定了学习贯彻方案，通过中心组认真学习贯彻中共十七届三中全会精神，集中学习了《科学发展观重要论述摘编》，真正做到学习贯彻科学发展观和主题教育活动与民进中央同步，坚持把走中国特色政治发展道路作为学习教育活动的核心。

坚持以传统教育为切入点。民进新疆各级组织通过隆重纪念中共“五一口号”发布60周年和举行以“畅谈改革开放30周年的辉煌成就”为主题的座谈会等系列活动，进一步坚定走中国特色社会主义道路的信念和信心，进一步巩固多党合作的政治基础和思想基础，增强接受中共产党的领导、坚持和完善中国共产党领导的多党合作和政治协商制度的自觉性和坚定性。

以北京奥运和抗震救灾等重大事件为主题教育切入点，积极贯彻落实《民进中央关于配合党和政府积极支援四川省抗震救灾工作的通知》和《民进中央关于进一步动员全会力量做好抗震救灾工作的通知》精神，通过引导广大会员踊跃参与抗震救灾和“为奥运喝彩　为中国加油”、庆祝北京奥运会开幕登山等活动，加深对中国共产党的先进性的认识，对中华民族伟大凝聚力和社会主义核心价值观的认识，更加热爱中国共产党、热爱社会主义制度。

召开了统战理论研讨会、开展了纪念“五一口号”发布60周年和改革开放30周年征文等活动，其中一篇论文获民进中央优秀论文奖；三篇入选民进参政党建设理论研讨会，一篇在“民进中国特色社会主义主题教育活动经验交流会”交流，民进新疆区委会网站共上传各类信息稿件800余篇（张）。《新疆民进》杂志发行了四期，共文13万余字。共外发新闻稿件近500篇，发表108篇，其中《团结报》头版刊发6篇新闻稿。有一人获得民进全国第三届新闻宣传优秀通讯员荣誉称号。

2. 作风建设

领导班子提倡求真务实的作风，大兴调查研究之风，主要领导带头深入基层，参与支部组织生活会，密切联系会员、关心会员。树立良好的学风，牢固树立理论联系实际的马克思主义学风，通过举办有关专家教授作辅导报告，不断提高理论素养，提高决策水平。发扬民主作风，营造团结共事的氛围。领导班子特别注重发扬民主作风，在议事和决策的过程中，注意充分发扬民主，充分协商一致，充分透明公正，实现了高水平议事和科学决策。人人养成廉洁自律的作风，召开了领导班子成员民主生活会。

3. 组织建设

民进新疆区委会认真学习贯彻《民进中央关于贯彻落实<各民主党派中央关于加强地方组织领导班子建设座谈会纪要>的意见》精神，明确提出了加强领导班子建设的指导思想和总体目标，确定了领导班子建设的“三项目标”，即思想建设、制度建设、作风建设等；着重提高领导班子成员的“四种能力”，使领导班子建设上了一个新台阶。

领导班子成员有5人次参加了全国人大、国家行政学院、自治区党校等举办的各类培训班的系统学习。

认真贯彻落实《民进中央关于加强省级组织领导班子后备干部队伍建设的意见》，开展了被推荐人选的普查，将会员中自觉接受中国共产党领导，遵守会章，有较强代表性、年富力强的成员及时纳入后备干部队伍。召开了“2008年组织工作会议（培训）”会议部署了2008年的组织工作并提出了新要求，按照巩固、稳定、提高的组织工作思路，使组织发展由数量型转为质量型。

民进乌鲁木齐市委会完成了十四个基层组织的换届工作，各支部酝酿确定的候选人全部高票当选。

截至12月末，有市级组织2个，基层支部45个，会员总数766人。

4. 制度建设

民进新疆区委会通过制度建设年，共制定出台了40多个制度，进一步建立健全了全委会、常委会和主委会的会议制度、议事规则和决策程序，形成了制度的系列化和规范化。

5. 机关建设

机关开展了文明礼仪教育实践活动，文明机关通过了自治区直属机关文明委的届满检查验收。坚持电子信息化和无纸化办公，积极开展了节约型机关建设，制定了“机关贯彻《公共机构节能条例》实施办法”。组织机关干部开展了学习贯彻科学发展观专题讲座、辅导报告会、社会实践和谈心会等一系列活动，服务质量和水平等明显提高。完成了《新疆民进志》的编纂工作，印刷出版了制度汇编。

后　记

民进十大以后，新一届会中央领导集体十分重视会史工作，提出了"新账不欠，老账抓紧还"的方针。为全面、系统、真实地载录中国民主促进会每年度工作情况、经验、成果等，反映民进发展情况和取得的主要成绩，为各级领导科学决策提供依据，为民进广大会员及社会各界人士了解民进提供资料，为研究民进自身建设和履职情况提供依据，并加强对民进的宣传和积累会史资料，民进中央决定自 2008 年度起，编辑出版《中国民主促进会年鉴（试刊）》。

2008 年 3 月 31 日，民进十二届三次主席办公会议通过了《中国民主促进会年鉴（试刊）》编辑方案及《中国民主促进会年鉴（试刊）》编委会名单、《中国民主促进会年鉴（试刊）》编辑部名单。《中国民主促进会年鉴（试刊）》的编辑工作得到了会中央领导的高度重视与关怀，严隽琪主席担任编委会主任，罗富和常务副主席和其他副主席担任副主任。《年鉴》编辑部在编委会的领导下，着手收集、整理相关文献，编写《中国民主促进会 2008 年年鉴（试刊）》，在编辑过程中力求做到内容全面、翔实，结构清晰、合理。

在《年鉴》的编辑工作过程中，编委会及时给予指导和支持。为及时解决编辑过程中所遇到的困难、问题，2008 年 12 月 31 日召开了《中国民主促进会年鉴（试刊）》专题会，严隽琪主席亲自主持会议，专题会深入研究了年鉴编写过程中遇到的问题和困难，并作出部署，进一步完善了编纂方案。2009 年 1 月 20 日，召开了《中国民主促进会年鉴（试刊）》编委会第一次全体会议。会议由民进中央主席、《年鉴》编委会主任严隽琪主持，会议听取了《年鉴》编辑情况的汇报，对《年鉴》的编辑提出修改意见。

《年鉴》的编辑工作还得到了民进各省级组织的大力支持和帮助，在此一并表示谢意。

经过反复讨论、修改，《中国民主促进会年鉴（试刊）》（2008）终于和广大读者见面了。由于我们是首次编辑《年鉴》，缺乏经验，难免有不妥之处，望民进各级组织和广大会员以及社会各界人士提出宝贵意见。

《中国民主促进会年鉴（试刊）》编辑部

2009 年 7 月

图书在版编目（CIP）数据

中国民主促进会年鉴．2008/《中国民主促进会年鉴》编辑部编．
—北京：开明出版社，2009．9
ISBN 978-7-80205-821-7
Ⅰ．中…　Ⅱ．中…　Ⅲ．中国民主促进会-年鉴-2008
Ⅳ．D665．3-54

中国版本图书馆 CIP 数据核字（2009）第 157346 号

书　　名：中国民主促进会年鉴（试刊）．2008
编　　者：《中国民主促进会年鉴（试刊）》编辑部
出　　版：开明出版社出版（北京海淀区西三环北路 19 号　邮编 100089）
责任编辑：焦向英　高　军
装帧设计：羽人设计中心
经　　销：全国新华书店
印　　刷：北京佳信达新艺术印刷有限公司印刷
开　　本：880 × 1230　1/16
印　　张：42
字　　数：1000 千字
版　　次：2009 年 9 月　北京第 1 版
印　　次：2009 年 9 月　北京第 1 次印刷
定　　价：120．00 元